김병일
김종해
배영석

신탁과
세제

박영사

머리말

이 책은 저자들이 지난 10여 년간에 걸쳐 신탁세제와 관련하여 꾸준히 각종 전문학술지 등에 기고한 20여 편의 논문을 모아서 한 권의 책으로 엮은 것이다. 신탁세제와 관련된 그동안의 작은 노력의 결과를 집약하고자 하는 소망을 담은 것이기도 하면서 동시에 현재 많이 논의되고 있는 신탁세제의 개선에 조금이라도 도움이 되고자 하는 바람에서 발간하게 된 것이다.

신탁은 원래 영미에서 발전된 제도이나 오늘날에는 대륙법계 국가에도 널리 뿌리내리고 있다. 우리나라 신탁관련 법제는 당초 신탁법과 신탁업법 체제였으나 신탁업법이 2007.8.3. 폐지되어 2009.2.4. 시행된 자본시장법으로 통합되고, 신탁법상 공익신탁을 규율하는 공익신탁법이 2014.3.18. 제정, 2015.3.19. 시행되어 이제는 신탁법, 자본시장법 및 공익신탁법으로 나누어져 있다. 신탁에 관한 기본적인 법률관계를 규율하는 신탁법은 1961.12.30. 법률 제900호로 제정·시행되었다. 그 후 1997년, 2000년 및 2005년에 걸쳐 세 차례의 개정이 있었으나 모두 다른 법률의 개정에 의한 것이므로 실질적인 개정이라고 볼 수 없다. 따라서 2011.7.25. 법률 제10924호로 전부개정되고 2012.7.26. 시행된 신탁법이야말로 처음으로 실질적인 개정이 되었다고 볼 수 있다. 개정 신탁법의 개정이유는 사해신탁(詐害信託) 취소 소송의 요건 및 수탁자의 의무를 강화하고, 수익자의 의사결정방법 및 신탁당사자 간의 법률관계를 구체화하며, 신탁의 합병·분할, 수익증권, 신탁사채, 유한책임신탁 등 새로운 제도를 도입하는 등 1961년 제정 이래 내용 개정이 전혀 없었던 신탁법에 변화된 경제현실을 반영하고 신탁제도를 글로벌스탠더드에 부합하도록 개선하기 위하여 신탁법 체계를 전면적으로 수정함으로써 신탁의 활성화를 위한 법적 기반을 마련하려는 것이다.

일본에서도 2006.12.15. 신탁법이 실로 84년 만에 대대적으로 개정되어 신신탁법이 2007.9.30. 시행되었다. 신신탁법의 제정에 의해 새로운 유형의 신탁이 창설되는 등 다양한 신탁의 이용 형태에 대응하기 위한 제도가 정비되고 다양한 유형의 신탁이 가능하게 되었다. 신탁법의 개정에 발맞추어 세제개정도 행하여져 개정 신탁세제 또한 신신탁법의 시행일부터 시행되고 있다. 이에 반하여 우리의 경우 신탁법이 전면 개정되어 자기신탁, 유언대용신탁, 수익자연속신탁 등 새로운 유형의 신탁이 도입되었음에도 불구하고 이에 대응한 신탁세제의 개편은 매우 미흡하여 관련 세법은 개정신탁법의 도입목적과는 유리되어 있었다.

그런데 개정신탁법이 도입된지 9년만에 정부는 신탁업의 활성화를 위하여 신탁세제의 개선안이 포함된 2020년 세법 개정안을 2020.7.22. 발표한 후, 2020.8.31.에는 소득세법, 법인세법, 부가가치세법, 상속세 및 증여세법, 종합부동산세법, 2020.9.25.에는 지방세법 등 관련 법률의 개정안을 국회에 제출한 바 있다. 다소 늦은 감은 있지만 금번 세법 개정안에서 신탁법 전면 개정에 대응한 신탁세제 개선안을 마련함으로써 신탁제도의 활성화에 기여할 것으로 생각된다.

현행 신탁세제에 비하여 2020년 신탁세제 개정안에서 주목할 만한 변화는, 우선 소득세법이나 법인세법에서 수익자에 대한 과세를 원칙으로 하면서 수탁자 단계에서 수탁자에게 법인세를 과세한다는 소위 '법인과세신탁'을 선택적으로 도입하였다는 점이다. 즉 신탁법에 따른 목적신탁, 수익증권발행신탁, 유한책임신탁, 수탁자가 신탁재산 처분권 및 수익의 유보배분의 결정권을 갖는 경우 등의 신탁 등에 해당하는 경우 신탁재산에 귀속되는 소득에 대하여 신탁재산(법인과세 신탁재산)을 내국법인으로 보아 그 신탁의 수탁자가 납세의무를 부담할 수 있다. 다음으로 수익자가 특별히 정해지지 않거나 존재하지 아니하는 경우에만 위탁자(그 상속인 포함)를 납세의무자로 하던 것을 위탁자가 신탁을 통제·지배하는 경우에도 위탁자 과세를 허용함으로써 위탁자 과세범위를 확대하였다는 점이다. 또한 최근 아파트 가격의 급상승에 따른 종합부동산세의 부담을 회피하기 위하여 다주택자들이 소유 아파트를 관리신탁하는 사례가 발생하자 이를 방지하기 위하여 종합부동산세 납세의무자를 수탁자에서 위탁자로 변경하는 입법안도 마련되었다. 아울러 2017.5.18. 대법원 전원합의체에서 신탁재산의 공급에 따른 부가가치세의 납세의무자는 신탁재산에 대한 권리와 의무의 귀속주체인 수탁자라고 판시하여 그동안의 실무관행을 뒤집는 판결을 함에 따라, 정부는 2017.12.19. 부가가치세법을 개정한 후 다시 1년 만에 원칙적으로 위탁자(예외적 수탁자)에서 수탁자(예외적 위탁자) 과세방식으로 변경하는 방안이 마련되어 2022.1.1.부터 시행될 예정이다.

영미에서는 기업이 신탁을 자금조달, M&A·합병분할 등 사업재편은 물론 적대적 기업매수 방지책(trust-type rights plans)이나 담보권신탁(security trust) 등 다양한 수단으로 활용하고 있다. 개인 또한 자산승계나 가업승계 등 상속대책이나 재산관리시스템, 그리고 저출산·고령화 사회에 대비한 요양, 복지, 결혼, 자녀양육, 장애인의 대책에도 신탁을 활용하고 있다. 이와 같이 경제주체들의 변화하는 욕구에 걸맞는 경제활동을 원활히 지원하는 데에 신탁제도가 크게 기여하고 있다. 우리도 고령화 사회를 맞이하여 여러 사회적 요구를 신탁제도의 활성화에 의해 해결하고 개선하기 위한 논의가 각 관련 학회뿐만 아니라 국회, 정부 능에서도 세미나, 심포지엄 등을 통하여 활발히 전개되고 있다. 유언대용신탁, 수익자연속신탁 등 소위 가족신탁 등에 대한 논의가 그 예이다. 그리고 대단위 건설사업 등을 할 경우 PF(projet financing)를 통하여 자금조달을 하고 있으며 이 경우 대부분 신탁제도를 활용한다. 이와 같이 신탁은 대단위 건설사업 분야에서 유언 등의 가족 관련 문제에 이르기까지 각종 분야에 많이 활용되고 있다.

신탁은 외형적·법률적으로는 수탁자의 재산이지만 내용적·경제적으로는 위탁자 내지 수익자의 재산이어서 재산의 소유권이 이원화된 것이 특징이다. 신탁을 활용한 경제행위에는 이렇게 소유권이 이원화 됨에 따른 신탁세제의 문제가 뒤따르게 된다. 따라서 신탁세제를 어떻게 운영할 것인가에 대한 논의는 소유권의 취급에 관한 그 나라의 법률체계와 경제사정 그리고 그 나라의 문화 등과도 맞물려 있다. 또한 종래부터 신탁은 'nobody's property'라고 불리우고, 그 소유권의 권능이 분산되는 것이 신탁의 이점이지만, 그 배후에 소득이나 재산의 은폐수단으로 이용되는 것이 염려되고 있다. 따라서 조세공평의 관점에서 신탁을 이용한 조세회피를 방지할 수 있는 방안을 마련하되, 신탁이 다방면에서 순기능적으로 활용되어 국민의 다양한 활동을 지원하고 경제활성화를 위하여 활용되는 신탁의 이용에 애로가 없도록 조화를 이루어야 할 것이다.

이 책은 저자들이 소득세법, 법인세법, 상속세 및 증여세법, 부가가치세법, 지방세법 등과 관련한 현행 신탁세제의 개편방향에 대한 제안뿐만 아니라 영국·미국 등 선진국의 신탁세제의 소개와 더불어 그 시사점을 탐색한 내용을 담고 있다. 동시에 신탁이익의 평가, 신탁관계자(위탁자, 수익자, 수탁자 등)의 과세제도, 신탁유형별 상속세 및 증여세의 과세방안, 신탁재산에 대한 지방세의 과세방안 등 각 신탁 내용별로 신탁세제의 문제점을 분석한 후 그 개선방안을 제시한 내용 등으로 이루어져 있으며 이를 이해하기 쉽게 주제별로 분류 편집하였다.

천학비재한 저자들의 신탁관련 논문 등을 수록한 이 책의 내용에 대하여 독자들의 기탄없는 비판을 기대하며 지도편달을 바란다. 또한 현재 논의되고 있는 신탁관련 세제의 연구에 조금이라도 이 책이 도움이 되었으면 하는 작은 소망이다. 끝으로 이 자리를 빌어 저자들이 학문을 연구할 수 있도록 터전을 마련해준 강남대학교 당국과 어려운 여건 속에서도 출판을 배려해 주신 박영사 관계자 여러분께 감사의 말씀을 드린다.

2021년 1월
저자 일동

차례

제1장 신탁세제 총론

1.1. 신탁세제 개편방향

1.1.1. 신탁법 개정에 따른 신탁세제 개편 방향에 관한 연구

1.1.2. 신탁세제 개편 과제에 관한 소고

1.1.3. 개정 신탁법 시행에 따른 신탁과세구조의 개선방안

1.1.1. 신탁법 개정에 따른 신탁세제 개편방향에 관한 연구*

金炳日
(강남대학교 사회과학대학 세무학과 조교수)

국문요약

1961년 제정 이래 내용개정이 전혀 없었던 신탁법을 변화된 경제현실을 반영하고, 글로벌스탠더드에 부합하도록 개선하기 위해 현재 정부 주도로 신탁법의 개정작업이 진행되어 동 개정법률안이 국회에 제출 중에 있다. 앞으로 동 법률안이 국회를 통과되어 시행될 경우 자기신탁, 수익자연속신탁 등 새로운 신탁의 유형에 대응한 신탁세제의 개편이 예상된다. 이에 따라 본고는 신탁법 전부개정법률안에 대응한 신탁세제의 개편방향에 대하여 검토하는 것을 그 목적으로 한다. 이를 요약하면 다음과 같다.

첫째, 금번 신탁법 개정작업은 신탁과세의 구조를 재검토·재구축할 수 있는 좋은 기회라고 말할 수 있다. 기존의 신탁유형과 새로이 신설될 신탁유형을 신탁의 내용, 특성 및 신탁과세이론에 적합하게 분류하여 이에 상응하는 신탁세제를 체계적으로 정비하여야 할 것이다.

둘째, 새로운 유형의 신탁인 수익증권발행신탁, 수익자의 정함이 없는 신탁(목적신탁), 법인인 위탁자가 스스로 수탁자가 되는 신탁(자기신탁), 수익자연속형신탁 및 신탁의 병합·분할에 대응하기 위한 과세관계를 명확히 하여야 할 것이다.

셋째, 조세공평의 관점에서 신탁을 이용한 조세회피를 방지할 수 있는 방안을 마련하되 경제활성화를 위하여 활용되는 신탁의 이용이 억제되지 않도록 조화를 이루어야 할 것이다. 최근 신탁법을 전면개정하고 신탁세제를 개편한 일본의 제도 중 법인과세신탁의 도입문제 등도 검토되어야 할 것이다.

넷째, 국제신탁의 과세관계에서는 수익자의 거주지국, 위탁자의 거주지국, 소득의 원천지국이 중요한 요소로 작용한다. 이와 관련하여 국제적 신탁의 이론적 검토와 규정의 정비 또한 게을리 해서는 아니될 것이다.

☑ 신탁, 신탁법 개정, 자기신탁, 수익자연속신탁, 조세회피방지, 법인과세신탁, 국제신탁

---

* 『조세연구』 제10-2집(2010.8, 한국조세연구포럼)에 게재된 논문이다.

I. 머리말

최근 정부는 신탁법을 전면 개정하는 법안을 입법예고하고[1] 국무회의에서 수익증권 발행신탁제도 도입 등을 주요 내용으로 하는 신탁법 전면개정안을 통과시키고[2] 국회에 상정하는 등 일련의 신탁법 개정절차를 추진하고 있다. 신탁법 전부(全部)개정법률안의 제안이유에 따르면 "사해신탁(詐害信託) 취소소송의 요건 및 수탁자의 의무를 강화하고 수익자의 의사결정방법 및 신탁당사자 간의 법률관계를 구체화하며 신탁의 합병·분할, 수익증권, 신탁사채, 유한책임신탁 등 새로운 제도를 도입하는 등 1961년 제정 이래 내용개정이 전혀 없었던 현행법에 변화된 경제현실을 반영하고 신탁제도를 글로벌스탠더드에 부합하도록 개선하기 위하여 현행법 체계를 전면적으로 수정함으로써 신탁의 활성화를 위한 법적 기반을 마련하려는 것임"을 명백히 밝히고 있다.[3]

일본에서도 2006년 12월 15일에 신탁법이 실로 84년만에 대대적으로 개정되어 개정된 신(新)신탁법이 2007년 9월 30일에 시행되었다. 신신탁법의 제정에 의해 새로운 유형의 신탁이 창설되는 등 다양한 신탁의 이용형태에 대응하기 위한 제도가 정비되었다. 신탁법의 개정에 발맞추어 세제개정도 행하여져 개정신탁세제 또한 신신탁법의 시행일부터 시행되고 있다.

이와 같이 앞으로 신탁법의 전부개정법률안이 국회에서 통과되어 시행될 경우 자기신탁, 수익자연속신탁 등 새로운 신탁의 유형에 대응한 신탁세제의 개편이 예상된다. 따라서 본고는 신탁법 전부개정법률안에 대응한 신탁세제의 개편방향에 대하여 검토하는 것을 그 목적으로 한다.

본 연구의 구성은 다음과 같다. 머리말에 이어 제II장에서는 일반론으로 신탁의 법적구조와 신탁에 대한 과세이론을 간단히 살펴보고, 제III장에서는 최근 일본의 신탁법의 주요 개정내용과 세제개편내용을 소개하여 우리나라 세제개편에 대한 시사점을 얻고자 한다. 제IV장에서는 우리나라의 신탁법 전면개정안을 국회제출안을 중심으로 살펴본 후, 제V장에서 신탁법 전부개정법률안에 대응한 신탁세제의 개편방향에 대하여 살펴보기로 한다. 끝으로 제VI장에서는 본 연구의 요약 및 결론을 맺고자 한다.

---

1) 법무부공고 제2009-164호, 2009.10.27.
2) 법무부, "보도자료: 수익증권발행신탁 제도 도입 등을 위한 신탁법 전면개정안 국무회의 통과", 2010.2.16.
3) 국회, "신탁법 전부개정법률안(의안번호: 1807672, 제출자: 정부)", 2010.2.24. 1면.

Ⅱ. 신탁의 법적구조와 신탁과세이론

1. 신탁의 법적 구조

(1) 신탁의 개념

신탁법상 신탁이라 함은 신탁설정자(이하 "위탁자"라 한다)와 신탁을 인수하는 자(이하 "수탁자"라 한다)와의 사이에 특별한 신임관계에 기하여 위탁자가 특정의 재산권을 수탁자에게 이전하거나 기타의 처분을 하고 수탁자로 하여금 일정한 자(이하 "수익자"라 한다)의 이익을 위하여 또는 특정의 목적을 위하여 그 재산권을 관리·처분하게 하는 법률관계를 말한다(신탁법 1조). 신탁이라는 법률관계는 신탁의 설정이라는 단계를 거쳐서 성립하고, 신탁의 설정을 내용으로 하는 행위를 신탁행위 또는 신탁설정행위라고 부른다.[4]

(2) 신탁의 당사자

1) 위탁자

위탁자(settlor)는 신탁설정시 주도권을 갖는 신탁행위의 당사자[5]로서 자신의 재산을 신탁재산으로 출연함(재산출연자로서의 지위)과 동시에 신탁행위를 통하여 당해 신탁의 목적설정(신탁목적 설정자로서의 지위)을 행하게 된다.[6] 신탁법상 위탁자의 자격은 특별히 제한되지 아니하므로 민법상의 권리능력, 행위능력, 유언능력, 법인의 권리능력 및 행위능력 등 민법의 일반원칙에 따른다.[7] 영미의 전통적인 사고에서는 신탁은 위탁자 스스로는 할 수 없는 재산관리·운용을 수탁자에게 위임하기 위한 제도이므로 위탁자가 설정된 신탁에 관하여 간섭을 하는 것은 바람직하지 아니하고, 특히 권리를 유보하지 않는 한 위탁자에게는 간섭을 할 권한도 없다고 생각하여 왔다. 반면에 현행 신탁법은 위탁자에게 인정하는 권한의 범위가 넓고, 위탁자의 권한의 대부분은 위탁자 사망 후에는 그 상속인이 행사할 수 있다.[8]

---

4) 최동식, 『신탁법』, 법문사, 2006, 53~54면.
5) 계약신탁에서는 신탁계약의 일방당사자, 유언신탁에서는 단독행위인 유언의 작성자, 신탁선언에서는 수탁자를 말한다.
6) 新井誠, 『信託法』, 有斐閣, 2002, 127面.
7) 上揭書, 127面.
8) 최동식, 전게서, 160면.

2) 수탁자

수탁자(trustee)는 신탁계약에 의하여 위탁자로부터 위탁받은 신탁재산을 관리·처분하고, 신탁재산에서 발생한 경제적 이익을 수익자에게 이전하는 역할을 하는 자를 말하며, 형식적으로 신탁재산의 소유자로서 역할을 담당하는 등 신탁관계에서 가장 중요한 존재이다. 따라서 신탁재산의 관리·운용은 수탁자가 있어야 비로소 가능해지므로 신탁에 있어서 필수적 요소이다.[9] 신탁재산의 관리와 관련된 수탁자의 의무로는 신탁사무 처리의무, 선관주의의무(신탁법 28조), 분별관리의무(동법 30조),[10] 충실의무(동법 31조), 공평의무 등을 들 수 있다.

3) 수익자

신탁의 수익자(beneficiary)란 위탁자가 신탁의 이익을 주려고 의도한 자들 또는 이들의 권리를 승계한 자들을 말한다.[11] 수익자는 신탁의 이익을 향수하는 주체로서 신탁으로부터 발생하는 각종의 권리를 가지게 되는데, 이를 '수익권'이라고 부른다. 이러한 수익권에는 신탁재산으로부터 급부를 받을 권리인 신탁수급권[12]과 수탁자를 감독하는 신탁감독권능이 있다. 또한 수익자는 신탁의 사무처리에 소요된 비용 등을 지급할 의무(신탁법 42조 2항 보상의무)나 신탁보수지급의무(동법 43조) 등의 의무를 부담하는 경우가 있다.[13] 한편, 단일신탁의 복수수익자는 서로 다른 수익권에 의하여 자기의 수익권이 제약을 받는다. 동종의 신탁수익권의 경우에는 수량적, 비율적으로 서로 제약을 받게 된다.

4) 집합투자기구[14]에서의 특수성

① 위탁회사

위탁회사(집합투자업자)란 투자신탁의 위탁회사가 되거나[15] 투자회사의 법인이사가

---

9) 명순구·오영걸역, 『현대미국신탁법』, 세창출판사, 2005, 160면.
10) 분별관리의무란 수탁자가 신탁재산을 고유재산 또는 당해 수탁자가 수탁한 다른 신탁재산과 분별하여 관리해야 하고 이들 재산을 혼합하지 아니할 의무를 말한다.
11) 四宮和夫, 『信託法』, 有斐閣, 1990, 307面.
12) 구체화된 개별적인 수급권을 '수익채권'이라 하기도 한다.
13) 최동식, 상게서, 321면.
14) 자본시장과 금융투자업에 관한 법률 제9조 ⑱ 이 법에서 "집합투자기구"란 집합투자를 수행하기 위한 기구로서 다음 각 호의 것을 말한다.
  1. 집합투자업자인 위탁자가 신탁업자에게 신탁한 재산을 신탁업자로 하여금 그 집합투자업자의 지시에 따라 투자·운용하게 하는 신탁 형태의 집합투자기구(이하 "투자신탁"이라 한다)
  2~7(생략).
15) 투자신탁의 경우에는 투자자로부터 재산을 이전받아 운용하는 자산운용회사를 위탁자로 표현하고 그로

되어 집합투자재산을 운용하는 자로 금융위원회의 인가를 받아야 한다.[16] 위탁회사는 집합투자재산을 직접 운용하는 주체로서 투자신탁과 투자회사에서 집합투자업자의 지위를 구분하여 살펴보면 다음과 같다.

첫째, 위탁회사는 투자신탁의 설정자 및 운용자로서의 지위를 가진다. 위탁회사는 투자신탁약관을 제정하여 금융위원회에 사전 보고한 후 투자신탁의 약관내용에 따라 수탁회사와 함께 투자신탁계약을 체결함으로써 수탁회사와 공동으로 투자신탁을 설정한다(자본시장과 금융투자업에 관한 법률(이하 "자본시장법"이라 한다) 188조 1항). 또한 위탁회사는 수익증권을 발행하고 이를 수익증권원부에 관리하며, 수익증권을 환매하고, 신탁재산을 평가하여 기준가격을 산정하고 신탁재산의 회계를 처리하는 등 신탁재산관리인으로서의 지위도 갖게 된다.

둘째, 투자회사는 투자자들이 납입한 자금을 자본금으로 하여 설립되는 상법상 회사이다. 투자회사의 위탁회사는 투자회사의 법인이사가 되어 집합투자재산을 운용하는 지위를 갖는다.[17] 위탁회사는 수탁회사에게 자산보관을 위임하고 보관업무를 맡게 한다.

부터 다시 투자대상 재산을 이전받아 투자목적물을 취득하는 자를 수탁자라고 부르므로 투자신탁은 투자자가 위탁자가 되고 자산운용회사가 수탁자가 되는 제1차적 신탁관계와 자산운용회사가 위탁자가 되고 수탁회사가 수탁자가 되는 제2차적 신탁관계가 중첩적으로 존재한다. 한만수, "투자신탁소득의 성격 분류 및 이중과세 문제에 관한 고찰", 『인권과 정의』 통권 362호, 2006.10, 179면; 이중교, "신탁법상의 신탁에 관한 과세상 논점", 『법조』 통권 639호, 2009.12, 324면.

16) 자본시장법 제12조(금융투자업의 인가) ① 금융투자업을 영위하려는 자는 다음 각 호의 사항을 구성요소로 하여 대통령령으로 정하는 업무 단위(이하 "인가업무 단위"라 한다)의 전부나 일부를 선택하여 금융위원회로부터 하나의 금융투자업인가를 받아야 한다.

1. 금융투자업의 종류(투자매매업, 투자중개업, 집합투자업 및 신탁업을 말하되, 투자매매업 중 인수업을 포함한다)

2. 금융투자상품(집합투자업의 경우에는 제229조에 따른 집합투자기구의 종류를 말하며, 신탁업의 경우에는 제103조제1항 각 호의 신탁재산을 말한다)의 범위(증권, 장내파생상품 및 장외파생상품을 말하되, 증권 중 국채증권, 사채권, 그 밖에 대통령령으로 정하는 것을 포함하고 파생상품 중 주권을 기초자산으로 하는 파생상품·그 밖에 대통령령으로 정하는 것을 포함한다)

3. 투자자의 유형(전문투자자 및 일반투자자를 말한다. 이하 같다)

17) 자본시장법 제197조(이사의 구분 등) ① 투자회사의 이사는 집합투자업자인 이사(이하 이 관에서 "법인이사"라 한다)와 감독이사로 구분한다.

② 투자회사는 법인이사 1인과 감독이사 2인 이상을 선임하여야 한다.

제198조(법인이사) ① 법인이사는 투자회사를 대표하고 투자회사의 업무를 집행한다.

② 법인이사는 다음 각 호의 어느 하나에 해당하는 업무를 집행하고자 하는 경우에는 이사회 결의를 거쳐야 한다.

1. 집합투자업자·신탁업자투자매매업자·투자중개업자 및 일반사무관리회사와의 업무위탁계약(변경계약을 포함한다)의 체결

2~4(생략).

② 수탁회사

집합투자재산을 보관·관리하는 수탁회사(신탁업자)에는 금융위원회에 등록하여 신탁업을 겸영하는 금융기관으로 국내 은행, 외국은행 국내지점 및 생명보험회사가 포함된다. 신탁업자의 주요업무는 투자신탁재산의 보관 및 관리, 집합투자업자의 투자신탁운용지시에 따른 자산의 취득 및 처분의 이행, 집합투자업자의 투자신탁운용지시에 따른 수익증권의 환매대금 및 이익금의 지급, 집합투자업자의 투자신탁운용지시 등에 대한 감시, 집합투자재산에서 발생하는 이자·배당수익금·임대료 등의 수령, 무상으로 발행된 신주의 인수, 공사채 상환금의 수입, 여유자금운용에 의한 이자의 수입 등이 해당된다.

③ 투자자

집합투자기구의 수익자는 위탁회사의 자산운용에 따라 발생하는 수익권 보유자의 지위를 갖고 있다. 집합투자기구의 수익자는 모집식의 경우에 위탁회사 또는 판매회사에 대하여 수익증권의 매입의 청약을 할 때, 매출식의 경우에는 위탁회사 또는 판매회사로부터 수익증권을 매입한 때에 투자신탁계약에 구속된다. 하지만 투자신탁계약이 존속하는 동안에는 수탁자에 대하여 직접적인 수익권을 행사하지 못하는 환매청구권을 행사할 수 있을 뿐이다.[18] 투자신탁에서 수익권은 단순히 신탁재산의 수익자로서의 권리만을 표창하는 것이 아니라 위탁회사와 수탁회사가 투자신탁계약을 체결할 때 약속한 권리의 집합이다. 수익권은 자유롭게 양도 가능한 재산의 일종이며, 그 경제적 실질에 있어 주식회사의 주식에 대응되는 종류의 재산권이다. 투자신탁의 수익자는 신탁원본의 상환 및 이익의 분배 등에 관하여 수익권의 좌수에 따라 균등한 권리를 갖는다.[19]

2. 신탁의 기본구조에 관한 학설

신탁의 설정에 관한 신탁행위를 이해하고 신탁과세의 이론적 고찰을 위해서는 신탁의 기본구조에 관한 연구가 필요하다. 이와 관련된 대표적인 학설은 신탁재산 이중영유설[20]을 제외한 채권설, 물권설 및 신탁재산 실질적 법주체성설을 들 수 있다.[21]

---

18) 박삼철, "투자펀드의 법적구조와 환매규제에 관한 연구", 고려대학교 대학원 박사학위논문, 2003, 159면.
19) 자본시장법 제189조(수익증권 등) ① 투자신탁을 설정한 집합투자업자는 투자신탁의 수익권을 균등하게 분할하여 수익증권으로 표시하여야 한다.
    ② 수익자는 신탁원본의 상환 및 이익의 분배 등에 관하여 수익증권의 좌수에 따라 균등한 권리를 가진다.
20) 최동식, 전게서, 55~56면에 의하면, 신탁재산 이중영유설은 신탁재산에 관하여 수탁자와 수익자가 각각 별개의 차원의 권리를 가진다고 보는 학설로서 19세기까지 영국에서 보통법(common law) 법원과 형평법(equity)법원에 의하여 여러 판례법이 별개 차원에서 적용되어 온 것을 배경으로 하고 있다. 보

(1) 채권설

신탁재산에 관한 권리가 완전히 수탁자에게 귀속하고, 수익자는 신탁재산에 관한 권리를 가지는 것은 아니고, 수탁자에 대하여 신탁재산의 관리 · 처분에 기인한 이익을 향유하는 채권을 가지고 있다는 학설이다.[22] 이 설에 의하면 신탁행위는 재산권의 이전 기타의 처분과 일정한 목적에 따른 관리처분이라는 두 가지의 구성요소로 이루어져 있다. 전자를 신탁행위가 가지는 물권적 효력으로 후자를 신탁행위가 가지는 채권적 효력으로 위치를 부여하고 있다.[23] 전자의 재산권의 이전은 관리권 · 처분권뿐만 아니라 그 명의까지 포함하여 위탁자로부터 수탁자에게로 법률상 완전히 이전하게 된다. 한편, 수탁자는 채권적 구속력을 통하여 신탁재산의 관리처분에 관한 제약을 받게 된다. 그리고 이 구속력은 수익자의 수탁자에 대한 채권적 청구권이라는 형태로 나타나기 때문에 채권설이라고 불리운다.[24]

채권설에 의하면, 수익자는 원칙적으로 수탁자 이외에 제3자에 대하여 수익권의 효과를 주장할 수 없는 것이고, 신탁법 제52조 이하의 규정에 기하여 신탁위반처분을 수익자가 취소할 수 있는 것은 신탁법이 수익자의 이익을 보호하기 위하여 특별히 규정한 효과라고 한다.[25]

(2) 물권설

물권설은 수익권을 신탁재산에 관한 물권 또는 물권적 권리로 파악하는 학설로서 수익자가 신탁재산에 관하여 가지는 수익권을 신탁재산의 실질적인 소유권으로 파악하는 '수익자 실질소유권설'과 신탁재산을 구성하는 소유권 등의 권리는 수탁자에게 귀속하고, 수익권은 신탁재산의 소유권과는 다른 권리라고 보고, 수익권은 신탁재산에 관한

통법법원은 보통법의 권원을 보유하는 수탁자가, 형평법을 취급하는 형평법법원에 의하여 신탁재산에 대하여 형평법상의 이익을 가지는 수익자를 위하여 신탁재산을 관리 · 처분하는 것이 강제되었다는 신탁의 역사적인 발전과정을 이론구성한 것으로 영국과 같은 보통법과 형평법이라는 이중의 법체계를 가지지 아닌 한 우리나라에서 이 학설의 이론구성을 지지하기 어렵다고 한다.

21) 이러한 학설의 대립은 크게 보아 두 가지 점에서 차이를 보이고 있다. 즉 첫째, 신탁의 '내부관계'에 관한 측면에서 신탁관계 당사자인 위탁자, 수탁자 및 수익자 3자간의 법률관계, 특히 수익자가 신탁관계에서 가지는 수익권의 법적 성질이고, 둘째, 신탁의 '외부관계'에 관한 측면에서 수탁자가 신탁의 목적에 위반한 신탁재산의 관리처분(신탁위반)을 하여 신탁재산을 제3자에게 양도한 경우에 수익자와 제3자간 이해조정에 관한 것이다. 최동식, 전게서, 55면.

22) 상게서, 56면.

23) 新井誠, 前揭書, 31面.

24) 松尾弘 · 益子良一, 『民法と税法の接点』, きょうせい, 2007, 273面.

25) 최동식, 상게서, 57면.

불권적 권리라고 보는 견해로 나누어 볼 수 있다.[26] 전자에 의하면 수탁자는 신탁재산의 형식적 또는 외형적인 권리자임에 지나지 아니하고, 신탁관계에서 부여된 권한의 범위 내에서 신탁재산을 관리·처분하는 권능을 가질 뿐이다. 따라서 수탁자가 부여된 권한을 위반하여 신탁재산을 관리·처분하는 경우에는 이러한 관리·처분이 수탁자의 권능에 포함되지 않는 한 이러한 관리·처분은 무효이므로, 수익자는 신탁재산의 실질적 소유권자임을 이유로 신탁재산을 취득한 제3자에 대하여 당해 재산이 신탁재산이라는 것의 효과를 주장할 수 있다.[27] 한편, 후자의 견해에 의하면 수익자가 신탁재산에 대한 수익권은 신탁재산에 관한 권리라는 의미에서 물권적 권리로 분류되지만 권리의 구체적인 내용으로서는 신탁관계로부터 이익을 향유하는 것을 목적으로 한 신탁재산에 대한 일종의 채권적 권리로 보고 있다.[28]

(3) 신탁재산 법주체설

이 설은 신탁재산에 불완전하지만 법주체성을 인정하여 수탁자는 신탁재산의 소유권에 대하여 형식적 명의를 가지는데 그치고 실질적으로는 신탁재산의 관리권을 가지는 것에 불과하며, 수익자의 권리는 단순한 채권이 아니고 오히려 물권적 성질을 인정해야 한다고 하는 입장이다.[29] 이 견해의 특색 내지 핵심으로는 신탁재산의 실질적 법주체성의 승인(신탁재산의 독립성의 강조), 수탁자의 관리자적 성격의 승인(수탁자의 소유자성의 부인), 수익권의 물적 권리성의 승인(수익권의 단순한 채권성의 부인)의 세 가지를 들 수 있다.[30] 이 견해에 의하면 신탁위반처분이 있은 경우에 수익자와 제3자간의 이해조정에 관하여 물권설과 동일하게 수탁자의 권한 이외의 행위가 무효임을 전제로 하여, 제3자의 보호를 주된 검토대상으로 한 다음 그 반사적 효과로서 수익자의 보호를 설정하고 있다. 이는 신탁재산에 실질적인 법주체성을 인정하는 것이므로, 수탁자와 신탁재산과의 관계를 대리인과 본인 또는 이사와 회사와의 관계와 마찬가지로 보고 있다고 추측할 수 있다.[31]

---

26) 최동식, 전게서, 57~58면.
27) 상게서, 58면. 수탁자는 신탁재산에 대한 보통법상의 권원(legal title)과 신탁목적에 따라 관리처분할 수 있는 수탁소유권(trust ownership)을 가지는 데 불과하고, 수익자가 가지는 수익권은 신탁재산에 관한 물권적 권리(jus in rem)라고 본다. 정순섭, "신탁의 기본구조에 관한 연구", 『BFL』 제17호, 2006.5, 11면.
28) 상게서, 58면. 신탁재산의 소유권이 수탁자에게 완전히 귀속하고, 수익자는 신탁목적에 따라 관리처분할 것을 수탁자에게 요구할 수 있는 채권적 권리(jus in personam)을 가진다고 본다. 정순섭, 상게논문, 11면.
29) 松尾弘·益子良一, 上揭書, 273面. 四宮和夫에 의해 전개된 학설로서 '四宮說'라고도 일컬어진다.
30) 新井誠, 上揭書, 35面; 정순섭, 상게논문, 12면.
31) 최동식, 상게서, 59면.

3. 신탁과세이론

(1) 신탁실체이론

신탁실체이론(the trust entity theory)은 개인 또는 법인을 독립된 실체로 보고 이에 따라 과세한다고 하는 실체이론에 그 이론적 기반을 두고 있다. 이와 같은 신탁실체이론은 다음과 같은 논리에 근거를 두고 있다. 첫째, 신탁에 있어서의 법률상 소유권이 수탁자에게 있다는 점. 둘째, 신탁재산에 귀속되는 모든 수입과 지출은 외형상으로도 수탁자에게 귀속되는 것으로 보인다는 점. 셋째, 법인의 구성원인 주주 등 사원에게 법인의 이익을 분배해주는 법인도 사실상 경제적 관점에서의 도관에 불과하다는 점. 넷째, 외부에 나타는 법적 형식에 따른 과세이기 때문에 과세처리가 간명하다는 점 등이다. 여기서 신탁실체이론이 신탁재산을 독립된 과세대상으로 보고 있는 이유는 신탁제도의 사회적·경제적 역할을 고려하고 있기 때문이다. 신탁소득이 최종적 귀속자인 수익자에게 귀속되기까지는 일단 여러 가지 형태의 소득이 독립된 사회적·경제적 제도로서의 풀(pool)인 신탁재산에 혼입되었다가 일정기간 후에 신탁이익이라는 하나의 과세소득으로 여과되는 과정을 거치게 된다는 생각에 바탕을 두고 있다.[32]

이 이론에 의하면 수익자는 자신이 보유하고 있는 신탁수익권을 신탁에 대한 채권 또는 유가증권으로 인식한다. 그리고 신탁에서 발생하는 손익은 신탁계약에서 정한 방법에 따라 분배를 받거나 부담하는 것이며, 분배되는 신탁손익은 신탁에서 인식되는 개별손익에 반영되지 않고 신탁재산의 운용실적을 순액으로 계산하게 된다.[33]

(2) 신탁도관이론

신탁도관이론(the trust conduit theory)은 신탁재산을 독립적인 실체로 인정하지 않고 단순히 수익자에게 신탁수익을 분배하기 위한 수단 또는 도관(conduit, pipe)으로 보아 신탁소득에 대한 과세는 분배하기 전의 운용과정에서 발생된 소득의 내용에 따라 세법을 적용하여야 한다는 견해이다.[34] 이 견해에 의하면 신탁은 과세상의 실체로 인정되지 않기 때문에 신탁수익에 대해서 납부의무를 부담시키지 않고 신탁 수익을 각 수익자에게 그 지분비율에 따라 분배한 것으로 간주하고 수익자에게 법인·소득세를 부과한다. 다만, 신탁도관이론은 일반적 도관이론과 달리 신탁의 신탁보수에 대해서는 납세

---

32) 김재진·홍용식, 『신탁과세제도의 합리화 방안』, 1998, 102면.
33) 久禮義継, 『流動化·證券化 の會計と税務』, 中央經濟社, 2001, 105面.
34) 김재진·홍용식, 상게서, 104면.

의무를 부담한다.

그러나 신탁도관이론은 경제적인 관점에서 과세한다는 측면에서 실질과세원칙에 충실한 이론인 반면 다음과 같은 이론상 한계가 지적된다. 첫째, 신탁재산에 귀속되는 수입이나 지출이 즉시 수익자에게 분배되지 않고 일단 신탁재산에 머물렀다가 신탁계약에서 정한 신탁수익의 지급시기에 수익자에게 지급됨에 따른 과세상의 시차가 발생됨을 설명할 수 없으며, 둘째, 수탁자가 수익자에게 신탁이익을 분배해주는 측면은 잘 설명하고 있지만, 금전신탁의 경우 수탁자가 신탁재산을 운용할 경우에 신탁재산에 대해서 소득을 지급하는 측면은 설명하거나 적용할 수 없다는 점이다.[35]

4. 신탁구조에 관한 학설과 신탁과세이론과의 관계

(1) 신탁실체이론과 신탁재산 법주체설 및 채권설

신탁실체이론은 신탁재산 그 자체를 하나의 과세상 독립된 주체로 인정하여 세법을 적용하자는 견해와 신탁재산이 아닌 수탁자를 과세주체로 하여 신탁세제를 운영하자는 견해로 나누어 볼 수 있다.[36] 전자의 신탁재산설은 신탁재산이 독립된 법적주체라는 입장을 취하는 신탁재산 법주체설의 영향을 받은 견해이며, 후자의 수탁자설은 신탁재산은 수탁자에게 완전히 귀속된다는 신탁행위에 관한 채권설의 영향을 받은 입장이라고 볼 수 있다.[37] 신탁실체이론이 신탁을 실체로 보고 과세한다는 점에서 신탁재산 법주체설에 의한 신탁재산설이 타당하다고 볼 수 있으나, 채권설의 영향을 받은 수탁자설도 신탁재산을 수탁자의 고유재산과 분리하여 독립된 실체로 본다는 점에서 결과적으로 신탁재산설과 별다른 차이가 없다.[38]

(2) 신탁도관이론과 물권설(수익자 실질소유권설)

신탁도관이론은 수익권을 신탁재산에 관한 물권 또는 물권적 권리로 파악하는 물권설 중 수탁자는 신탁재산의 형식적 소유자에 불과하고 수익자가 신탁재산에 관하여 가지는 수익권을 신탁재산의 실질적인 소유권으로 파악하는 '수익자 실질소유권설'과 관련성이 깊다고 볼 수 있다.

---

35) 김재진·홍용식, 전게서, 104면.
36) 상게서, 102면 참조.
37) 홍용식, "신탁소득 과세에 관한 연구", 『사회과학논집』 제12집 제2호, 한성대사회과학연구소, 1999, 154면.
38) 상게논문, 154면; 이중교, 전게논문, 328면.

III. 일본의 신탁법 전면개정과 세제개편

1. 신탁법의 전면개정

(1) 신탁법 개정의 목적 및 특색

2006년 12월 신탁법이 전면 개정됨에 따라 2007년도에 법인세법을 비롯한 세제개정이 행하여졌다. 신탁법의 개정목적에 대하여 일본 법무부는 "최근의 사회경제의 발전에 적확(的確)히 대응한 신탁법제를 정비한다는 관점에서 다양한 신탁의 이용형태에 대응하기 위하여 신탁의 병합 및 분할, 위탁자가 스스로 수탁자가 되는 신탁, 수익증권발행신탁, 한정책임신탁, 수익자의 정함이 없는 신탁 등 새로운 제도를 도입한다"라고 기술하고 있다.[39]

신신탁법의 특색으로는 다음의 세 가지를 들 수 있다.[40] 첫째, 당사자의 사적자치를 기본적으로 존중한다는 관점에서 현행 신탁법상 과도하게 규제적인 규정을 개정하고 수탁자의 의무의 내용을 적절한 요건 하에서 합리화하고 있다는 점이다.[41] 둘째, 수익자를 위한 재산관리제도로서의 신뢰성을 확보한다는 관점에서 수익자의 권리행사의 실효성·기동성을 제고하기 위한 규정이나 제도를 정비하고 있다는 점이다.[42] 셋째, 다양한 신탁이용 요구에 대응하기 위하여 새로운 유형의 신탁제도를 창설하고 있다는 점이다.[43]

(2) 신탁법 개정의 개요

신탁법은 민사법으로 당연히 위탁자, 수탁자 및 수익자의 권리의무관계를 명백히 하고, 위탁자나 수익자의 재산권의 보호, 특히 투자가의 보호가 중시되고 있지만, 신신탁법에서는 새로운 신탁의 형태가 인정되고, 세제개정에서는 이와 같은 새로운 신탁의 과세관계를 명백히 하는 것에 주안점을 두고 있다.[44]

---

39) 水野忠恒, "信託法の全面改正と平成19年度税制改正", 『税研』 No. 133, 2007.5, 66面; 寺本昌廣外4人, "新信託法の解説(1)", 『金融法務事情』 No. 1793, 2007.2.5, 8面.
40) 寺本昌廣外4人, 上揭論文, 11~12面.
41) 수탁자의 충실의무나 자기집행의무(신탁사무처리의 제3자에 대한 위탁)에 관한 규정 등을 그 예로 들 수 있다.
42) 장부 등의 작성·보존·보고·열람 등의 규정의 정비, 수익자에 의한 수탁자 행위의 금지청구제도의 도입, 복수수익자의 의사결정에 있어서 다수결제도의 도입, 신탁감독인 및 수익자대리인 제도의 신설 등을 그 예로 들 수 있다.
43) 자기신탁, 수익증권발행신탁, 한정책임신탁, 수익자의 정함이 없는 신탁 등 각 제도의 창설 등을 그 예로 들 수 있다.

1) 수탁자의 의무범위의 합리화

신탁행위의 규정이나 수익자의 동의 등이 있는 경우 수탁자의 이익과 수익자의 이익이 형식적으로 상반되는 행위를 허용하고,[45] 신탁의 목적에 비추어 상당하다고 인정될 때에는 신탁행위에 정함이 없는 경우라도 수탁자가 제3자에게 신탁사무의 처리를 위탁할 수 있다.[46]

2) 수익자 권리행사의 실효성·기동성 제고를 위한 규정 정비

수탁자의 신탁행위의 규정에 위반한 신탁재산의 처분 등 수탁자의 임무위반행위를 사전에 방지할 수 있도록 사전적 구제수단으로서 수익자에 의한 수탁자의 행위의 금지청구권(差止請求權)을 인정하고,[47] 수익자의 합리적인 의사결정의 기회를 확보함과 동시에 신탁실무의 원활한 처리를 실현하기 위하여 수익자가 복수 존재하는 신탁의 의사결정[48]에 대해서는 신탁행위의 정함에 의해 수익자의 다수결에 의한 결정이 가능하도록 하였다.[49] 그리고 수익자의 권리행사를 보조 내지 지원하는 제도로서 신탁관리인제도를 대폭 보완함과 동시에 신탁감독인[50] 및 수익자대리인제도[51]를 각각 창설하였다.

3) 다양한 신탁의 이용형태에 대응하기 위한 제도의 정비

① 신탁의 병합·분할제도 마련

신탁의 병합이란 수탁자가 동일한 2 이상의 신탁의 신탁재산의 전부를 하나의 새로운 신탁의 신탁재산으로 하는 것을 말한다.[52] 신탁의 분할은 흡수신탁분할과 신규신탁

---

44) 水野忠恒, 前揭論文, 66~67面.
45) 예컨대 수탁자가 신탁재산인 빌딩의 임차인(tenant)이 되는 것을 허용한다. 이익상반행위가 예외적으로 허용되기 위한 요건 등에 대하여는 일본 개정 신탁법 제31조 제1항 제1호 내지 제4호 및 福田政之外3人, 『詳解 新信託法』, 淸文社, 2007, 212~213面 參照.
46) 예컨대, 신탁재산인 빌딩의 임차인 모집을 전문업자에게 위탁하는 것이 허용된다. 일본 개정 신탁법 제28조.
47) 일본 개정 신탁법 제44조 제1항.
48) 예컨대, 운용대상 재산의 범위의 변경 등을 들 수 있다.
49) 일본 개정 신탁법 제105조 제1항; 서희석, "일본 신탁법의 개정", 『아시아법제연구』 제8호, 2007.9, 189면.
50) 신탁감독인은 수익자가 고령 등의 이유로 수탁자를 충분히 감시·감독할 수 없는 경우에 수익자 대신에 수탁자를 감독하거나 권리행사를 대리하는 자이다. 상계논문, 190면. 이는 자신의 이름으로 수익자에게 인정된 일정한 감시·감독적인 권리에 관한 일체의 행위를 하는 권한을 가지고 수익자와 중첩적으로 권리행사를 할 수 있다.
51) 수익자대리인은 수익자가 단독으로 행사할 수 있는 권리는 그대로 행사가 가능하지만 수익자가 2인 이상인 경우의 의사결정에 관한 의결권에 대해서는 수익자대리인이 전속으로 행하고 수익자는 중첩적인 형식으로 행사할 수 없다. 新井誠, 『新信託法の基礎と運用』, 日本評論社, 2007, 86面.
52) 일본 개정 신탁법 제2조 제10호. 회사의 합병에 수반하여 별개로 존재하였던 각 회사의 연금신탁에 대하여 규모의 이익을 추구하여 신탁의 투자효율을 올리는 동시에 리스크의 분산을 도모하기 위하여 하나의 연금신탁으로 통합하여 운용하는 것을 그 예로 들 수 있다. 寺本昌廣, "新しい信託法の概要", 『ジュリスト』 No. 1335, 2007.6.1, 6面.

분할로 나누어 볼 수 있는 바, 전자는 어떤 신탁의 신탁재산의 일부를 수탁자가 동일한 다른 신탁의 신탁재산으로 이전하는 것을 말하며, 후자는 어떤 신탁의 신탁재산의 일부를 수탁자가 동일한 새로운 신탁의 신탁재산으로 이전하는 것을 말한다.[53]

② 수익권의 유가증권화에 관한 규정 정비

개정전의 신탁법 하에서는 수익권의 유가증권화는 개별 특별법에 의하여 한정적으로 인정되었으나[54] 신신탁법에서는 수익권의 유통성의 강화에 의한 자금조달 등의 수요에 부응하기 위하여 신탁의 유형에 관계없이 신탁행위에 의해 수익권을 표시하는 유가증권을 발행할 수 있는 수익증권발행신탁제도를 신설하였다.[55]

③ 새로운 신탁의 유형을 창설

첫째, 위탁자가 스스로 수탁자로 되는 신탁인 자기신탁을 허용하였다.[56]

둘째, 수익자의 정함이 없는 신탁인 목적신탁을 허용하였는 바, 이는 특정의 수익자를 상정하지 않고 특정의 신탁목적에 따라 신탁재산의 관리처분을 수탁자에게 맡기는 신탁을 말한다.[57]

셋째, 수탁자의 이행책임의 범위가 신탁재산에 한정되는 신탁을 인정함과 동시에 강제집행요건의 완화, 공익확보를 위한 신탁의 종료를 명하는 재판 등 그 남용을 방지하기 위한 규정을 정비하였다.[58]

넷째, 수익자의 사망에 의해 당해 수익자가 가지는 수익권이 소멸하고 다른 자가 새로이 수익권을 취득한다는 취지의 정함[59]이 있는 신탁인 수익자연속신탁을 허용하고[60] 이에 대해서는 유효기간의 제한(30년)을 두고 있다.[61]

---

53) 일본 개정 신탁법 제2조 제11호. 수탁자가 복수의 연금신탁을 수탁하고 있는 경우에 기업재편에 수반하여 사업의 선택과 집중을 도모하는 것에 의해 그 효율화를 실현하기 위하여 어느 일방의 연금을 분할하여 그 일부를 다른 연금신탁에 통합하여 운용하는 것 등을 그 예로 들 수 있다. 寺本昌廣, 前揭論文, 6面.
54) 투자신탁, 은행 등의 대부채권을 신탁재산으로 하는 대부신탁, 특정목적신탁 등을 그 예로 들 수 있다. 서희석, 전게논문, 193면.
55) 일본 개정 신탁법 제8장. 寺本昌廣, 上揭論文, 6面.
56) 신탁선언의 방법에 의하여 제3자가 아닌 자기자신에게 신탁한다는 의미에서 자기신탁이라고 부른다. 道垣內弘人, "新信託法によって認められた新たな信託の形態",『稅硏』No. 132, 2007.3, 26面.
57) 서희석, 전게논문, 195면. 이는 애완동물의 사육을 위해 신탁을 설정하는 경우라 든가, 자기의 주거를 기념관으로서 사후에 관리하는 내용의 신탁을 설정하는 경우 등 공익목적 이외에 수익자를 확정할 수 없는 신탁의 수요가 증대되고 있는 상황에 대처하기 위한 제도라 말할 수 있다. 목적신탁이 부정적으로 이용될 소지도 배제할 수 없으므로 신탁의 존속기간을 20년으로 한정(일본 개정 신탁법 259조)하여 영구적으로 소유자 또는 권리자가 존재하지 않고 또한 처분되지 않는 신탁재산이 발생할 가능성에 대비하는 등 목적신탁에 대한 감시·감독기능을 강화하였다. 상게논문, 195~196면.
58) 일본 개정 신탁법 제9장(216조~247조) 참조.
59) 수익자의 사망에 의해 순차적으로 다른 자가 수익권을 취득한다는 취지의 정함을 포함한다.
60) 일본 개정 신탁법 제91조.
61) 道垣內弘人, 上揭論文, 31面.

다섯째, 채무를 신탁재산으로 하는 신탁, 소위 사업신탁에 관한 규정이 마련되었다.[62]

2. 신탁법의 개정과 2007년도 세제개정 개요

(1) 새로운 유형의 신탁에의 대응

새로운 유형의 신탁인 수익증권발행신탁, 수익자의 정함이 없는 신탁(목적신탁), 법인인 위탁자가 스스로 수탁자가 되는 신탁(자기신탁), 수익자연속형신탁, 신탁의 병합·분할에 대응하기 위한 과세관계를 마련하였다.[63]

(2) 종전의 신탁과세 정비 및 세제 독자의 제도마련

1) 법인과세신탁

신탁법상 새로운 유형의 신탁인 목적신탁이나 자기신탁에 대응하는 것과 종전의 특정목적신탁이나 일정한 투자신탁을 포함하는 세제 독자의 개념을 창설하였다.

2) 집단투자신탁

신탁법상 새로운 수익증권발행신탁 중 일정한 것과 종전의 특정수익증권발행신탁, 합동운영신탁, 일정한 투자신탁을 포함하는 개념으로 마련되었다.

3) 신탁소득 귀속에 관한 원칙의 정비

그 중에서도 특히 법인과세신탁은 신탁법상의 새로운 신탁형태를 수용하여 최근 수탁자과세가 시작된 일부 투자신탁을 포함한 조세법상의 새로운 개념이다.[64]

3. 개별신탁의 과세관계[65]

(1) 소득과세

(가) 특정수익증권발행신탁

신탁법의 중요한 개정중의 하나로 신탁법에 의한 신탁의 수익증권을 발행할 수 있게 되었다. 이에 대하여 불특정다수의 자가 수익증권을 소유하는 것이 예정되어 있고 신

---

62) 일본 개정 신탁법 제21조 제1항 제3호. 적극재산의 신탁과 동시에 사업에 관한 채무를 아울러 인수할 수 있는 것에 의해 사업이 신탁되는 것과 같은 상태를 발생시킬 수가 있다고 생각되어지기 때문에 소위 사업신탁이 가능하게 되었다고 일컬어진다. 藤本幸彦·鬼頭朱實, 『信託の稅務』, 稅務經理協會. 2007, 13面.
63) 水野忠恒, 前揭論文, 67面.
64) 上揭論文, 67面.
65) 上揭論文, 67~71面에 의거하여 재정리한 것이다.

탁재산의 수익의 대부분이 분배되는 등 일정한 요건을 충족한 특정수익증권발행신탁에 대해서는 투자신탁과 동일하게 수익분배시에 배당소득으로서 수익자과세를 행하며, 수익증권의 양도에 대해서는 주식 등과 마찬가지로 양도차익에 대한 과세가 행하여진다.

(나) 법인과세신탁

1) 법인과세신탁의 유형

종래 특정투자신탁과 특정목적신탁을 아울러 특정신탁이라고 부르고 법인세를 과세하여 왔지만, 수탁자에 대하여 법인세를 과세하는 신탁을 확대하였다. 다음의 신탁에 대하여는 수탁자에 대하여 법인세가 과세되고 법인과세신탁이라 칭한다.[66] 법인과세신탁의 수탁자는 각 법인과세신탁의 신탁재산에 속하는 자산, 부채, 해당 신탁재산에 귀속되는 수익 및 비용 등에 대하여 각각 별개의 자로 간주하여 각자에게 귀속되는 것으로 한다.[67]

첫째, 특정수익증권발행신탁 이외의 수익증권발행신탁에 대해서는 신탁재산의 수익 대부분이 분배되지 않기 때문에 수탁자에 대하여 법인세를 과세한다.

둘째, 신탁재산에서 발생하는 수익은 통상 수익자에게 과세되지만, 수익자가 존재하지 않는 신탁(목적신탁)에 대해서는 수익에 관하여 수탁자에게 과세하게 된다.

셋째, 법인인 위탁자가 스스로 수탁자로 되는 신탁(자기신탁)에 대해서는 목적신탁보다도 전형적으로 위탁자와 수탁자간에 이익의 공통성이 고려되므로 신탁재산에서 발생하는 수익에 대해서는 수탁자에게 과세된다. 특히 장기의 자기신탁을 통하여 법인세를 면탈할 가능성이 있으므로 신탁기간이 20년을 초과하는 경우에는 법인과세신탁으로서 수탁자에게 과세한다. 법인이 자기신탁에 의해 자회사를 수익자로 하는 경우에는 흑자 사업을 신탁재산으로 하여 그 이익을 자회사에게 분배·이전함으로써 법인세를 회피·조작하기가 용이하므로 수탁자에게 법인세를 과세한다. 또한 자기신탁이 아니라도 법인이 위탁자이고 사업의 전부 또는 중요한 일부에 대하여 신탁이 설정되고 수익권이 그 주주에게 분배된 경우에는 일반적으로 법인세를 과세할 수 없으므로 법인과세신탁으로서 수탁자에게 과세한다.

넷째, 증권투자신탁 및 국내공모 등에 의한 투자신탁이외의 투자신탁에 대해서는 신탁재산 수익의 대부분이 반드시 분배된다고는 볼 수 없고 수탁자에게 수익이 유보될 가능성이 있기 때문에 그 수익에 대해서는 법인세를 과세한다. 특정목적신탁에 대해서는 종전부터 특정신탁으로서 법인세를 과세하여 왔다.

---

66) 일본 법인세법 제2조 제29의 2호.
67) 일본 법인세법 제4조의6 제1항.

2) 수익자의 정함이 없는 신탁 등

수익자가 존재하지 않는 신탁의 수익자로 된 경우에는 그 수익자가 수탁법인의 신탁재산에 속하는 자산 등을 인계받는 것으로 하고 그 인계에 의해 발생하는 수익액은 그 수익자의 총수입금액이라고는 할 수 없다.[68] 또한 신탁의 위탁자가 그가 소유하는 자산을 신탁한 경우에 적정한 대가를 부담하지 않고 수익자등으로 되는 자가 있을 때에는 그 수익자등에 대하여 증여에 의한 자산의 이전이 이루어진 것으로 본다.[69]

3) 법인과세신탁의 수탁법인의 취급

법인과세신탁의 수탁법인은 회사로 간주한다.[70]

4) 법인과세신탁의 과세방법

법인과세신탁에 대해서는 각 법인과세신탁의 신탁재산등 및 고유자산에서 발생하는 소득을 각각 별개로 간주하여 과세한다.[71] 또한 법인과세신탁에 있어서 수익자의 정함이 있는 신탁에 대해서는 수탁사에 대하여 신탁재산 상당액의 수증익이 있는 것으로 보고 법인세가 과세된다. 그리고 수익자가 존재하지 않게 된 신탁에 대해서는 수탁자에게 신탁기간 중의 소득을 과세한다.

(다) 집단투자신탁의 병합 및 분할

종전의 합동운영신탁, 증권투자신탁에 추가하여 특정수익권발행신탁 등을 집단투자신탁이라 칭하고 집단투자신탁에 대해서는 수익자가 수익을 배분받는 단계에서 수익자과세가 행하여진다.[72] 또한 신탁법의 개정에 의해 법인과 같이 신탁의 분할이나 병합을 행할 수 있게 되었다. 이에 따라 병합에 의해 구신탁의 수익자가 새로운 신탁의 수익권만을 교부받은 경우에는 구신탁 수익권의 양도손익의 계상이 이연된다. 이는 투자의 계속성에 따른 것이라고 여겨진다.

(라) 신탁과 국제과세
1) 외국법인의 납세의무

외국법인은 법인과세신탁의 신탁재산에 귀속되는 내국법인 과세소득을 국내에서 지급받을 때에는 소득세의 납세의무자로 된다.[73] 또한 법인과세신탁의 수탁자인 법인·

---

68) 일본 소득세법 제67조의3 제2항.
69) 일본 소득세법 제67조의3 제3항.
70) 일본 소득세법 제6조의3 제3조.
71) 일본 소득세법 제6조의2 제2항.
72) 일본 법인세법 제12조 제1항.
73) 일본 소득세법 제5조 제4항.

개인은 수탁법인이라 한다.[74] 수탁법인에 대해서는 법인과세신탁이 신탁된 영업소, 사무소 기타 이에 준하는 것이 국내에 있는 경우에는 당해 법인과세신탁에 관계되는 수탁법인은 내국법인으로 된다. 법인과세신탁이 신탁된 영업소가 국내에 없는 경우에는 당해 법인과세신탁에 관계되는 수탁법인은 외국법인으로 된다. 요컨대, 국내 영업소에 신탁된 재산에서 발생한 소득에 대해서는 내국법인과 동일하게 과세되고 국외 영업소에 신탁된 경우에는 외국법인과 동일하게 과세된다.

2) 특정외국신탁에 관계되는 소득과세 특례의 폐지

특정외국신탁이라 함은 투자신탁 및 투자법인에 관한 법률 제2조 제28항에 규정하는 외국투자신탁 중 구법인세법 제2조 제29호의3 가목에 규정된 특정신탁에 유사한 것(구조세특별조치법 66조의9의2 2항)으로, 내국법인이 그 수익권의 총구좌수의 50%를 직접 및 간접적으로 초과하여 소유하는 외국신탁(외국관계신탁)이고, 그 신탁된 국가 혹은 지역이 일본에서 과세되는 소득과세가 25% 이하일 것임을 요한다. 신탁에 대한 소득과세가 존재하지 않는 것에 대해서는 그 유보소득 중 수익자인 내국법인이 소유하는 수익권의 구좌수에 대응하는 부분의 금액을 그 내국법인의 소득에 합산되는 것으로 되어 있지만(구조세특별조치법 66조의9의2 1항), 특정신탁에 대신해 법인과세신탁의 개념이 채용된 것에 수반하여 개정이 행하여졌다.

3) 특수관계주주등인 내국법인에 관계되는 특정외국법인에 관계되는 소득과세의 특례

2007년도 세제개정에 의해 조세피난처(tax haven)대책세제에 있어서 소위 경과세국의 모법인에 유보된 소득을 합산과세하는 규정[75]이 마련되어 내국법인과 그 특수관계 주주(자본관계가 80% 이상)와의 사이에 조직재편성 등에 의해 경과세국에 실체가 없는 외국법인이 개재된 경우에는 그 외국법인에 유보된 소득에 대하여 그 외국법인의 주주인 거주자 및 내국법인의 소득에 합산하여 과세하게 되었다. 특수관계주주등인 내국법인이 외국신탁(투자신탁 중 법인과세신탁에 해당하는 특정 투자신탁)의 수익권을 직접 또는 간접적으로 보유하는 경우에는 당해 외국신탁의 수탁자는 당해 외국신탁의 신탁자산마다 조세피난처대책세제가 적용된다.

---

74) 일본 소득세법 제6조의3.
75) 일본 조세특별조치법 제66조의9의6.

(2) 상속세·증여세

(가) 신탁과 증여의제

신탁법의 전면개정에 따라 상속세법의 경우 신탁의 효력발생시, 수익자 변경시, 신탁의 종료시 등에 대하여 그 과세관계를 명백히 하는 신탁의 특례규정이 마련되었다.[76]

1) 적정한 대가를 부담하지 않고 신탁의 수익자등으로 된 경우

신탁의 효력이 발생된 시점에 적정한 대가를 부담하지 않고 당해 신탁의 수익자등(신탁을 변경하는 권한을 가지는 특정 위탁자를 포함)으로 되는 자가 있는 때에는 당해 신탁의 효력이 발생한 때에 당해 신탁에 관한 권리를 위탁자로부터 증여 또는 유증에 의해 취득한 것으로 간주한다.[77]

수익자 등이 존재하는 신탁에 대하여 적정한 대가를 부담하지 않고 당해 신탁의 수익자등으로 된 자에 대하여는 당해 신탁에 관한 권리를 당해 신탁의 수익자 등으로부터 증여 또는 유증에 의해 취득한 것으로 간주한다.[78] 수익자등이 존재하는 신탁에 대해서는 당해신탁의 일부의 수익자등이 존재하지 않게 된 경우 적정한 대가를 부담하지 않고 이미 당해신탁의 수익자등인 자가 당해신탁에 관한 권리에 대하여 새로이 이익을 받게 되는 경우에는 당해신탁의 일부의 수익자등이 존재하지 않게 된 때에 이익을 받는 자는 당해 이익을 당해 신탁의 일부의 수익자였던 자등으로부터 증여 또는 유증에 의해 취득한 것으로 간주한다.[79]

수익자등이 존재하는 신탁이 종료한 경우에 있어서 적정한 대가를 부담하지 않고 당해 신탁의 잔여재산의 급부를 받아야 할 또는 귀속될 자는 당해 급부를 받아야 할 또는 귀속될 자로 된 때에 당해신탁의 잔여재산을 당해신탁의 수익자등으로부터 증여 또는 유증에 의해 취득한 것으로 간주한다.[80]

2) 수익자등이 존재하지 않는 신탁의 특례

수익자등이 존재하지 않는 신탁의 효력이 발생하는 경우에 있어서 당해신탁의 수익자로 되는 자가 당해 신탁의 위탁자의 일정한 친족인 경우에는 당해 신탁의 효력이 발생하는 때에 당해 신탁의 수탁자는 당해 신탁의 위탁자로부터 당해 신탁에 관한 권리를 증여 또는 유증에 의해 취득한 것으로 간주한다.[81]

---

76) 일본 상속세법 제9조의2.
77) 일본 상속세법 제9조의2 제1항.
78) 일본 상속세법 제9조의2 제2항.
79) 일본 상속세법 제9조의2 제3항.
80) 일본 상속세법 제9조의2 제4항.
81) 일본 상속세법 제9조의4 제1항.

수익자등이 존재하는 신탁에 대하여 당해신탁의 수익자등이 존재하지 않게 된 경우에 있어서 당해신탁의 수익자등의 다음 수익자등으로 된 자가 당해신탁의 효력이 발생된 때의 위탁자 또는 다음 수익자등으로 되는 자의 이전의 수익자등의 친족인 때는 당해 수익자등이 부존재로 된 경우에 해당하는 것으로 된 때는 당해신탁의 수탁자는 다음 수익자등으로 되는 자의 이전 수익자등으로부터 당해신탁에 관한 권리를 증여 또는 유증에 의해 취득한 것으로 간주한다.[82]

(나) 수익자연속형신탁 등

2006년 12월에 신탁법 개정에 의해 수익자연속형신탁등이 제도화되어 2007년도 세제개정에 의해 수익자연속형신탁등에 대하여서는 ① 설정시에 수익자등에 대하여 위탁자로부터 수익권을 유증등에 의해 취득한 것으로 간주하여 상속세등이 과세된다. 또한 ② 유언 등에 의해 지정된 다음 수익자 이후의 자에 대해서는, 그 직전의 수익자등으로부터 유증등에 의해 수익권을 취득한 것과 그 직전의 수익자등은 수익권을 유증등을 한 것으로 각각 간주하여 상속세등을 과세하게 되었다. 일반적인 신탁에 있어서 위탁자가 수익자를 특정한 단계에서 증여의제로 인정되는 것과 동일한 견해라고 생각된다.

(3) 신탁과 소비세

신탁재산에 관계되는 자산의 양도등의 귀속에 대하여 신탁의 수익자는 신탁재산에 속하는 자산을 소유하는 것으로 보고, 동시에 당해신탁재산에 관계되는 자산등 거래(자산의 양도, 과세매입 등)는 당해 수익자의 자산 등 거래로 간주한다.[83] 다만, 집단투자신탁이나 법인과세신탁은 제외된다. 신탁의 변경권한을 가지고 당해 신탁의 신탁재산의 급부를 받는 자는 신탁의 수익자로 간주한다.[84] 법인과세신탁의 수탁자는 각 법인과세신탁의 신탁자산 등 및 그 이외의 고유자산 등마다 각각 별개의 자로 간주하여 소비세를 적용한다.[85]

---

82) 일본 상속세법 제9조의4 제2항.
83) 일본 소비세법 제14조 제1항.
84) 일본 소비세법 제14조 제2항.
85) 일본 소비세법 제15조.

Ⅳ. 우리나라 신탁법 개정법률안의 주요 내용[86]

1. 총칙 및 신탁관계인 규정에서 당사자 자율성 확대

(1) 신탁 가능재산의 확대

현행법은 "재산권"이라는 표현을 사용하고 있어 적극재산 외 소극재산이나, 적극·소극재산이 일체로 된 영업 등이 신탁재산으로 될 수 있는지 논란이 있었으나, 개정안에서는 "재산"이라는 용어를 사용하여 소극재산도 신탁재산임을 분명히 하고, 영업의 일체나 저작재산권의 일부가 신탁재산이 될 수 있음을 명문화하여 관련 문제점을 입법적으로 해결하였다.[87]

(2) 자기신탁의 허용

위탁자와 수탁자가 동일인이 되면 신탁재산의 독립성을 악용하여 집행면탈 목적으로 신탁이 이용될 수 있어 현행법은 위탁자와 수탁자가 동일인인 자기신탁을 인정하지 않고 있었으나, 실무상 위탁자가 임시로 자기 재산을 스스로에게 신탁하여야 하는 경우나 자산유동화의 편의를 위해서도 자기신탁을 허용할 필요성이 대두되었다. 이에 따라 위탁자가 스스로 수탁자임을 선언하는 방식으로 신탁을 설정할 수 있도록 허용하였다.[88]

(3) 사해신탁 취소소송 요건의 강화

현행법은 사해 목적으로 설정된 사해신탁 취소소송에서 수탁자나 수익자의 선·악의를 문제삼지 않아 사해성(詐害性)을 전혀 알지 못한 상태에서 수익권을 취득한 수익자가 신탁설정의 취소로 불측의 손해를 입을 위험성이 있고, 상사신탁에서 자기 자본을 투여하여 부동산개발 등 신탁사무를 수행한 수탁자가 투여자본을 잃는 손해를 입을 가능성이 상존하였다. 이에 따라 신탁을 둘러싼 법률관계의 불안정성을 제거하기 위해 수

---

86) 법무부, "수익증권발행신탁 제도 도입 등을 주요 내용으로 하는 신탁법 전면개정안 입법예고", 2009.10.27, 4~18면 및 국회, "신탁법 전부개정법률안(의안번호: 1807672, 제출자: 정부)", 2010.2.24, 1~88면에 의거하여 재정리한 것이다.
87) 신탁법 전부개정법률안 제2조.
88) 신탁법 전부개정법률안 제3조 제1항 제3호. 자기신탁이 집행면탈 목적으로 남용되는 것을 방지하기 위해 공정증서 작성을 효력발생요건으로 하고, 위탁자의 채권자 등이 부당하게 설정된 자기신탁의 종료를 법원에 청구할 수 있도록 하며, 단독 해지권을 유보하지 못하도록 제한하였다(동법 동개정법률안 3조 2항 내지 5항).

탁자가 유상으로 신탁을 인수하거나 수익자가 유상으로 수익권을 취득한 경우 수탁자와 수익자가 선의이면 취소소송이 인용되지 않도록 하였다.[89]

(4) 수탁자의 임무종료 사유 정비

수탁자의 임무는 사망, 금치산·한정치산 선고, 파산선고 등의 사유로 종료하나, 「채무자회생 및 파산에 관한 법률」 제정으로 회생·개인회생절차가 도입되었으므로 수탁자가 회생절차개시결정이나 개인회생절차개시결정을 받은 경우도 수탁자의 임무가 종료하도록 하였다.[90] 또한 위탁자와 수익자의 의사를 최대한 보장하기 위해 위탁자와 수익자간의 합의만으로도 수탁자 해임이 가능하도록 하였다.[91]

2. 신탁재산 규정의 정비

신탁의 고유한 특성이자 장점은 '신탁재산의 독립성'[92]이 인정된다는 것이다. 이러한 신탁재산의 독립성과 관련된 규정인 신탁재산에 대한 강제집행의 제한, 수탁자 파산과 사망시 신탁재산의 독립, 신탁재산에 속한 채권에 대한 상계금지, 혼동의 예외인정 등 관련 조항을 한 곳으로 모아 체계를 정비하였다.[93] 또한, 신탁재산과 고유재산 사이뿐만 아니라 여러 개의 신탁재산 간에도 독립성이 인정됨을 명문화하고, 신탁재산과 고유재산 간의 귀속관계가 불분명한 경우에는 신탁재산으로 추정되도록 하였다.[94]

3. 수탁자 의무의 강화와 권리의 현실화

수탁자는 타인재산의 관리자로서 신탁재산의 실질적 소유자인 수익자를 위해서만 행위하여야 할 의무를 지는데 이를 '충실의무'라 하는 바, 해석상 수탁자에게 충실의무가 있다는 점에 의문이 없고 외국에서도 마찬가지이므로 개정안에서도 수탁자의 충실의무

---

89) 신탁법 전부개정법률안 제8조 제1항. 다만, 수탁자와 수익자 중 하나가 선의여서 취소소송이 인용되지 않은 경우라도 악의인 수탁자나 수익자는 얻은 이익을 신탁재산에 반환토록 하여 위탁자의 채권자 보호와 균형을 꾀하고자 하였다.
90) 신탁법 전부개정법률안 제12조 제1항.
91) 신탁법 전부개정법률안 제16조 제1항.
92) 신탁재산은 대내외적으로 모두 수탁자의 재산이나 수탁자의 고유재산과는 별개의 것으로 취급되어야 한다는 의미로, 그 결과 수탁자의 개인채권자는 신탁재산에 대해 강제집행을 할 수 없고, 위탁자의 채권자는 수탁자 명의 재산인 신탁재산에 대해 강제집행을 할 수 없다.
93) 신탁법 전부개정법률안 제22조 내지 제26조.
94) 신탁법 전부개정법률안 제29조 제1항.

틀 별분으로 ㅠ성하였다.[95] 그 내용으로는 이익상반행위[96]의 금지의무(no conflict rule), 여러 수익자간 공평의무,[97] 이익향수금지의무(no profit rule)[98]를 들 수 있다. 그리고 개정안에서는 수익자가 신탁의 목적에 반해 신탁재산을 처분한 경우 신탁재산의 유지를 우선시하여 원상회복청구를 원칙으로 하고, 원상회복이 되지 않는 경우에만 손해배상을 청구하도록 규정을 정비하였다.[99] 한편, 충실의무는 수탁자의 근본적 의무이므로 그 위반의 경우에는 그로 인해 신탁재산이 손해를 입지 않은 경우에도 취득한 이익 전부를 신탁재산에 반환토록 규정하였다.[100]

4. 수익자의 권리·의무의 현대화

(1) 유언대용신탁과 수익자연속신탁의 신설

위탁자 사망시에 수익권을 취득하는 수익자를 미리 지정하거나, 수익자로 지정하되 위탁자 사망시에 비로소 수익권을 취득하는 것으로 정할 수 있도록 하는 유언대용신탁(遺言代用信託)을 신설하여 신탁이 상속의 기능을 수행할 수 있도록 하고,[101] 수익자 사망시 그 뒤를 이어 제3자가 자동적으로 수익자가 되도록 하는 수익자연속신탁을 신설하여 기업경영의 후계자 확보, 재산의 불균등 상속을 가능하게 하는 등 상속재산 관리의 자율성을 확대하고자 하였다.[102]

(2) 수익권의 제한 금지 규정 신설 및 수익권 양도 규정의 정비

수익자의 권리는 크게 신탁에 대한 감독권 등 공익적 성격을 지닌 권리와 급부수령권 등 재산적 권리로 나눌 수 있는데, 그 중 공익적 권리에 대해서는 신탁행위로도 이를 박탈하거나 제한할 수 없도록 하여 수익자 보호를 강화하였다.[103] 그리고 현행법은 수

---

95) 신탁법 전부개정법률안 제33조.
96) 이익상반행위란 수탁자는 오직 수익자의 이익을 위하여 행동해야 하므로 수익자의 이익과 자기 또는 제3자의 이익이 충돌하는 행위를 금지하는 것을 말한다.
97) 공평의무란 하나의 신탁에 다수의 수익자가 있는 경우 수탁자가 이들 수익자를 공평하게 취급하여야 할 의무를 말한다.
98) 이익향수금지의무란 수탁자는 수탁보수 이외에 누구의 명의로도 신탁재산으로부터 이익을 취득해서는 안된다는 의무를 말한다.
99) 신탁법 전부개정법률안 제43조 제1항.
100) 신탁법 전부개정법률안 제43조 제3항. 신탁재산을 운용하는 과정에서 고유재산도 함께 투자하여 이익을 본 경우, 신탁재산을 투자하여 이익을 얻을 수 있는 상황에서 고유재산으로 투자하여 이익을 얻은 경우 등에는 신탁재산에는 손해가 없으나 수탁자는 개인적인 이익을 취득하게 된다.
101) 신탁법 전부개정법률안 제59조 제1항 및 제2항.
102) 신탁법 전부개정법률안 제60조.
103) 그 핵심적 내용으로는 수익자의 신탁사무 취소청구권 등 법원에 대한 각종 청구권, 신탁서류의 열람·

익권이 양도될 수 있다는 점에는 이견이 없으나 양도의 방법 등 구체적 법률관계에 대한 규정은 두고 있지 않았다. 개정안에서는 수익권이 원칙적으로 양도가능함을 선언하고, 민법상 지명채권양도의 방법에 준해 수익권을 양도하도록 하며, 수익권에 대해 질권을 설정할 수 있도록 허용하여 수익권 양도를 둘러싼 법률관계를 구체화하였다.[104]

(3) 수익자가 여럿인 경우의 법률관계 명확화

현행법은 수익자가 1인인 경우만을 예상하여 투자신탁과 같이 수익자가 여럿인 신탁에서 수익자간 법률관계에 대해서는 규정하고 있지 않았으나, 개정안에서는 수익자가 여럿인 경우 원칙적으로 만장일치로 의사결정을 하도록 하되, 신탁행위로 자유롭게 의사결정 방식을 정할 수 있도록 하고, 주주총회나 사채권자집회와 유사하게 수익자간 모임인 수익자집회를 둘 수 있도록 하며, 수익자집회를 둔 경우에 의결권은 수익권의 가치에 따라 비례적으로 부여하고, 수탁자해임이나 신탁내용의 중대한 변경은 가중다수결의로만 할 수 있도록 하였다.[105]

(4) 수익권의 증권화 및 신탁채권의 발행 허용

현재는 수익권을 표시하는 증서로 수익권증서를 발행할 수는 있으나, 이는 유가증권이 아니어서 유통성이 제약되고 있다. 이에 따라 다수의 수익자로부터 신탁재산을 조달하기 위해서는 수익권을 유가증권 형태로 발행, 유통할 수 있도록 할 필요가 있으므로 특별법에서 인정되는 경우 외에 일반적인 신탁 모두다 수익권을 표시하는 유가증권인 수익증권을 발행할 수 있도록 하였다.[106] 수익증권 발행이 허용되면 위탁자는 신탁을 통한 대규모 자금조달이 가능해지고, 수익권의 유통성이 증대되어 투자가 용이해지며, 수탁자는 수익권관리를 위한 비용을 절감할 수 있다.

그리고 수익증권발행신탁이면서, 유한책임신탁인 경우 신탁재산을 근거로 한 사채발행을 허용하여 신탁을 매개로 한 대규모의 자금조달이 가능하도록 하였다.[107] 신탁사채에는 사채발행 한도가 없으며, 상법상 사채발행에 관한 관련 규정이 준용된다.

등사권, 신탁위반행위에 대한 유지청구권 등을 들 수 있다(신탁법 전부개정법률안 제61조).
104) 신탁법 전부개정법률안 제64조 내지 제66조.
105) 신탁법 전부개정법률안 제71조 내지 제74조.
106) 신탁법 전부개정법률안 제78조.
107) 신탁법 전부개정법률안 제87조.

5. 신탁의 변경과 종료 방법의 구체화 및 다양화

(1) 합의에 의한 신탁변경의 허용

현재는 신탁행위 당시 예견하지 못한 특별한 사정이 있는 경우 법원의 결정을 통해서만 신탁의 내용 등을 변경할 수 있으나, 신탁이 변화된 사정에 능동적으로 대처할 수 있도록 당사자간 합의로 자유롭게 신탁변경이 가능하도록 하고, 예외적으로만 법원에 변경청구하도록 개선하였다.[108]

(2) 신탁의 합병과 분할

여러 개의 신탁을 합쳐 하나의 신탁으로 만들어 규모의 경제를 달성하거나, 이해관계가 다른 여러 수익자별로 신탁을 쪼개어 이해관계를 개별적으로 반영하기 위해서 현행법은 기존의 신탁을 종료시키고 새로운 신탁을 설정할 수밖에 없었다. 이는 비효율적일 뿐만 아니라 신탁의 탄력성을 살리지 못하는 측면이 있으므로 신탁의 합병과 분할제도를 도입하여 신탁의 유연성을 최대한 보장하고자 하였다.[109] 신탁의 합병과 분할시에는 계획서를 작성하여 수익자의 승인을 받도록 하고, 신탁채권자에게 이의제출권을 부여하여 채권자보호에 소홀함이 없도록 하였다.

(3) 신탁의 종료와 청산

현행법은 신탁행위로 정한 사유가 발생하거나 신탁의 목적을 달성하거나 달성할 수 없는 때 신탁이 종료되도록 규정하고 있을 뿐이나, 개정안에서는 그 외에도 신탁이 합병된 때, 신탁파산이 있는 때 등도 신탁의 종료 사유로 하고, 위탁자와 수익자가 언제든지 합의에 의해 신탁을 종료시킬 수 있도록 하였다.[110]

---

108) 신탁법 전부개정법률안 제88조.
109) 신탁법 전부개정법률안 제90조 및 제94조. 이중기, 『신탁법』, 삼우사, 2007, 659면에 의하면 "신탁재산의 가치가 300인 신탁 甲(수익자 A, B, C)이 신탁재산의 가치가 150인 신탁 乙(수익자 D, E, F)을 흡수합병하는 경우 합병전 甲 의신탁의 수익자 A, B, C는 각자 대등하고 그 수익권의 가치는 신탁재산에 대해 각 100이다. 乙신탁수익자 D, E, F는 신탁재산에 대해 각 50을 갖는다. 이러한 합병의 경우에 수익자의 입장에서는 甲, 乙 어느 쪽의 신탁이 존속하고 어느 쪽이 소멸했는가는 중요하지 않다. 하지만, 신탁을 관리하는 수탁자의 입장에서는 관리편의상 큰 신탁을 중심으로 통일할 필요가 있다"고 한다.
110) 신탁법 전부개정법률안 제98조 및 제99조.

6. 유한책임신탁 제도의 도입

수탁자는 신탁채무에 대해 고유재산으로도 무한책임을 져야하는 것이 원칙이나, 상사신탁에서는 신탁의 부실이 수탁자의 파산으로 이어지는 불합리한 현상이 발생하기도 하므로, 수탁자가 안심하고 신탁을 맡고 적극적인 활동을 할 수 있도록 보장하기 위해 고유재산이 아닌 신탁재산만으로 신탁채무에 대해 책임을 지는 유한책임신탁 제도를 새롭게 도입하였다.[111] 이러한 유한책임신탁을 설정하려면 이를 등기하도록 하여 제3자가 쉽게 이를 알 수 있도록 하고, 신탁재산의 철저한 관리를 위해 회계서류 작성의무 등을 일반신탁보다 강화하여 제3자 보호에 소홀함이 없도록 제도적 장치를 마련하였다.[112] 또한, 수탁자가 위법행위를 한 경우에는 고유재산으로도 책임을 지도록 하고, 제3자의 채권액을 지나치게 넘어 신탁재산에서 수익자에게 수익권을 지급할 수 없도록 하였다.

V. 신탁세제의 개편 방향

1. 신탁세제의 체계적인 검토 및 정비 필요

(1) 신탁세제의 체계적인 검토

신탁법의 개정안에서 간단히 살펴본 바와 같이 신탁은 앞으로 광범위하게 동시에 다양한 형태로 이용될 것으로 예상되므로 이에 발맞추어 신탁세제를 정비할 필요가 있다고 생각된다. 이를 위해서는 예를 들어 법인의 사업에 유사한 형태의 자기신탁을 활용함으로써 법인세를 실질적으로 회피하는 수단으로 이용되는 것은 아닌지 또는 유언에 의해 수익자의 정함이 없는 신탁이 설정된 경우 상속세의 회피와 연결되는 것은 아닌지, 이외에도 다양하고 복잡한 형태의 신탁이 설정된 경우 세제로서 대처할 수 없는 과세관계가 나타나는 것은 아닌지 등에 대한 체계적인 검토가 이루어져야 할 것이다.

(2) 현행 신탁세제의 정비

현행 신탁소득 과세제도를 체계적으로 정비할 필요가 있을 것이다. 우리의 경우 예

---

111) 신탁법 전부개정법률안 제114조.
112) 신탁법 전부개정법률안 제124조 내지 제131조.

컨대, 소득세법 제2조의2 제6항에서 신탁소득의 납세의무에 관하여 "신탁재산에 귀속되는 소득은 그 신탁의 수익자(수익자가 특별히 정해지지 아니하거나 존재하지 아니하는 경우에는 신탁의 위탁자 또는 그 상속인)에게 귀속되는 것으로 본다"라고 규정하여 원칙적으로 수익자과세원칙을 천명하고 있으며,[113] 동법 제17조 제1항 제5호에서 '국내 또는 국외에서 받는 대통령령으로 정하는 집합투자기구[114]로부터의 이익'을 배당소득으로 규정하고 있다. 신탁업을 경영하는 자는 각 과세기간의 소득금액을 계산할 때 신탁재산에 귀속되는 소득과 그 밖의 소득을 구분하여 경리하는 등 신탁소득금액의 계산은 동법 시행령 제4조의2에서 규정하고 있다.[115] 아울러 동법 제4조 제2항에서 "제1항에 따른 소득을 구분할 때 제17조 제1항 제5호에 따른 집합투자기구 외의 신탁(「자본시장과 금융투

---

113) 소득세법 시행령 제4조의2(신탁소득금액의 계산) ① 신탁업을 경영하는 자는 각 과세기간의 소득금액을 계산할 때 신탁재산에 귀속되는 소득과 그 밖의 소득을 구분하여 경리하여야 한다.<개정 2010.2.18>
② 법 제2조의2제6항에 따른 수익자의 특정 여부 또는 존재 여부는 신탁재산과 관련되는 수입 및 지출이 있는 때의 상황에 따른다.<개정 2010.2.18>
③ 「자본시장과 금융투자업에 관한 법률 시행령」 제103조제1호에 따른 특정금전신탁으로서 법 제4조 제2항을 적용받는 신탁은 제26조의2제6항을 준용하여 신탁의 이익을 계산한다. <신설 2010.2.18>[본조신설 2008.2.22]

114) 소득세법 시행령 제26조의2(집합투자기구의 범위 등) ① 법 제17조제1항제5호에서 "대통령령으로 정하는 집합투자기구"란 다음 각 호의 요건을 모두 갖춘 집합투자기구를 말한다.
1. 「자본시장과 금융투자업에 관한 법률」에 따른 집합투자기구(같은 법 제251조에 따른 보험회사의 특별계정은 제외하되, 금전의 신탁으로서 원본을 보전하는 것을 포함한다. 이하 "집합투자기구"라 한다)일 것
2. 해당 집합투자기구의 설정일부터 매년 1회 이상 결산·분배할 것. 다만, 다음 각 목의 어느 하나에 해당하는 이익금은 분배를 유보할 수 있으며, 「자본시장과 금융투자업에 관한 법률」 제242조에 따른 이익금이 0보다 적은 경우에도 분배를 유보할 수 있다(같은 법 제9조제22항에 따른 집합투자규약에서 정하는 경우에 한정한다).
가. 「자본시장과 금융투자업에 관한 법률」 제234조에 따른 상장지수집합투자기구가 지수 구성종목을 교체하거나 파생상품에 투자함에 따라 계산되는 이익
나. 「자본시장과 금융투자업에 관한 법률」 제238조에 따라 평가한 집합투자재산의 평가이익
3. 금전으로 위탁받아 금전으로 환급할 것(금전 외의 자산으로 위탁받아 환급하는 경우로서 해당 위탁가액과 환급가액이 모두 금전으로 표시된 것을 포함한다)
② 제1항을 적용할 때 국외에서 설정된 신탁은 제1항 각 호의 요건을 갖추지 아니하는 경우에도 제1항에 따른 집합투자기구로 본다.
③ ~⑩ (생략)

115) 소득세법 시행령 제46조(배당소득의 수입시기) 배당소득의 수입시기는 다음 각 호에 따른 날로 한다. <개정 2010.2.18>
1~6. (생략)
7. 집합투자기구로부터의 이익
집합투자기구로부터의 이익을 지급받은 날. 다만, 원본에 전입하는 뜻의 특약이 있는 분배금은 그 특약에 따라 원본에 전입되는 날로 한다.
8. (생략)

자업에 관한 법률」제251조에 따른 집합투자업겸영보험회사의 특별계정은 제외한다)의 이익은 「신탁법」제1조 제2항에 따라 수탁자에게 이전되거나 그 밖에 처분된 재산권에서 발생하는 소득의 내용별로 구분한다"라고 규정하고 있다. 그리고 동법 제12조 제1호에서는 '「신탁법」제65조에 따른 공익신탁의 이익'을 비과세소득으로 규정하고 있다.

이와 같이 현행 세법상 신탁에 관한 관련 조문이 산재되어 있어 앞으로 신설될 다양한 신탁 유형에 유연히 대처하기가 쉽지 않을 것으로 생각된다. 따라서 소득세법, 법인세법에서 기존의 신탁유형과 새로이 신설될 신탁유형을 신탁의 내용, 특성 및 신탁과세이론에 적합하게 분류하여 이에 상응하는 신탁세제의 체제를 정비하는 것이 바람직할 것이다. 일본 소득세법의 경우 제2조(법인세법의 경우에도 제2조)에서 신탁과세대상이 되는 신탁의 종류마다 용어의 정의를 하고 동법 제13조에서 신탁의 내용 및 형태 등에 따라 수익자과세, 분배시과세 및 신탁단계법인세과세로 나누어 규정하고 동법 제67조의3에서 신탁소득금액의 계산에 관한 근거규정을 마련하고 있다. 일본의 신탁법의 개정에 따른 신탁세제를 간단히 요약하면 다음과 같다.[116]

〈신탁의 종류와 신탁과세의 기본적 구조〉

신탁의 종류	납세의무자	과세구분	과세방법	과세시기
수익자등 과세신탁	수익자 등	발생시과세	수익자단계 과세	신탁수익이 발생한 때
집단투자신탁	수익자	수령시과세	수익자단계 과세	신탁수익을 현실적으로 수령한 때
법인과세신탁	수탁자	신탁시과세	신탁단계 법인과세	신탁단계에서 수탁자를 납세의무자로 하여 법인세를 과세

2. 새로운 유형의 신탁에 대응한 세제의 마련

(1) 목적신탁

신탁법 전부개정법률안 제2조에서는 "특정의 목적을 위하여" 신탁을 설정할 수 있는 것으로 규정하고 있고, 동 법률안 제3조 제1항은 "특정의 목적을 위한 신탁"은 신탁선언으로 신탁을 설정할 수 없는 것으로 규정하면서 '사익목적신탁'을 허용하고 있다. 이

---

116) 奧村眞吾, 『信託法の活用と税務』, 清文社, 2008, 98面.

는 비공익목적 등을 위하여 수익자를 확정할 수 없는 경우에 유용한 신탁이라고 말할 수 있다. 수익자가 존재하지 않는 신탁의 경우에도 신탁으로부터 소득이 발생하므로 이에 과세를 하여야 할 것이다. 우리의 경우 수익자의 정함이 없으므로 위탁자나 그 상속인에게 과세하여야 하는 것으로 일응 생각되나 유언에 의한 신탁이 행해진 경우 위탁자 자신은 신탁이 발행된 순간에 사망한 상태이므로 당해 위탁자에게는 과세할 수 없다. 그리고 상속인이 위탁자의 지위를 승계할 수 없는 경우에는 상속인에게도 과세할 수 없다. 따라서 소득의 귀속자인 수탁자에게 과세하여야 할 것이다.

일본의 경우 수익자가 존재하지 않으므로 법인과세신탁의 한 형태로 된다. 또한 신탁설정시점에 수탁자에 대하여 수증익이 과세된다. 그 후 수익자가 출현한 경우 법인과세신탁은 해산된 것으로 간주되지만 그 경우에도 청산소득에 대해서는 법인세가 과세되지 않는다.[117] 한편, 수익자는 그 장부가에 의해 신탁재산을 인계하지만 이미 수증익과세가 이루어졌기 때문에 이 단계에서는 수증익과세가 행하여지지 않는다.[118]

(2) 자기신탁

신탁법 개정안에서는 위탁자가 스스로 수탁자가 되는 것, 즉 개인이나 기업이 재산을 자신에게 신탁하는 자기신탁 또는 신탁선언을 허용하고 있다. 예컨대, 리스회사가 대출채권을 스스로 신탁하여 채권 대금을 받을 수 있는 권리(수익권)를 투자가에게 판매함으로써 자금을 조달할 수 있게 된다. 즉 지금까지는 수탁자는 신탁은행이 일반적이었지만 자기신탁의 경우에는 신탁은행에 의존함이 없이 채권을 유동화하는 것이 가능해지므로 적은 비용으로 채권을 현금화할 수 있다.[119] 이러한 자기신탁은 위탁자와 수탁자가 동일인이라는 점이 특이하다고 할 수 있다. 일본의 경우 자기신탁만을 별도로 취급하여 규정하고 있지 않지만, 기본적으로 개인이 자기신탁을 하는 경우에는 당해 신탁재산은 어디에도 이전되는 것이 아니며, 법인이 자기신탁을 하는 경우에는 법인세법 제2조 29호의2에 의거 법인과세가 행해지기 때문에 자기신탁만을 들어 세제상의 조치를 할 필요는 없는 것으로 생각된다.

(3) 수익증권발행신탁

현행 신탁법 하에서 수익권을 기명증권 또는 무기명증권에 표창하는 것이 가능하다는 견해와 권리에 관한 유가증권은 법률의 규정이 있는 경우에만 가능하다는 전제하에

---

117) 일본 법인세법 제92조.
118) 일본 법인세법 제64조의3 제3항 및 제4항.
119) 서희석, 전게논문, 183면.

서 이에 관한 규정이 없어 불가능하다는 견해가 대립하고 있었는 바, 그 근거규정을 신설함으로써 이러한 견해의 대립을 입법적으로 해결하였다. 수익증권을 발행에 의해 증권의 유통성이 제고되기 때문에 일반 투자가로부터 자금조달이 용이하게 된다.

수익증권발행신탁의 수익분배에 관한 과세상의 취급에 대하여 수익자가 개인인 경우에는 그 수익의 분배는 배당소득으로, 수익증권의 양도에 의한 소득은 주식등과 관련된 양도소득으로서 소득세가 과세되어야 할 것이다. 수익자가 법인인 경우에는 그 수익의 분배는 각사업연도의 소득금액 계산시 익금에 산입되어야 할 것이다. 일본의 경우 수탁자가 세무서장의 승인을 얻고, 당해 신탁에 관계되는 이익유보비율이 신탁원본 총액의 1,000분의 25를 넘지 않고, 신탁수익분배의 계산기간이 1년을 초과하지 않을 경우에는 특정수익증권발행신탁이라 하여 수익자에게 신탁의 수익이 분배될 때에 소득세 또는 법인세가 과세된다.

(4) 유언대용신탁 및 수익자연속신탁

유언대용신탁의 경우에는 고령자나 장애인의 재산관리를 위한 신탁이나, 부모사망후 장애인등 보호가 필요한 자의 부양을 위한 신탁 등으로 활용될 수 있으며, 수익자연속신탁은 생존배우자나 그 밖의 친족의 생활을 보장할 필요가 있거나 개인기업 경영, 농업경영 등에 유능한 후계자를 확보하기 위하여 공동균분상속과는 다른 재산승계를 가능하도록 하기 위한 수단으로 이용될 수 있다.[120]

이 경우 최초의 수익자는 위탁자로부터 증여에 의해 취득된 것으로 보아야 할 것이다. 다만, 그 위탁자였던 자의 사망에 기인하여 최초의 수익자가 된 경우에는 유증에 의해 취득된 것으로 보아 상속세가 과세되어야 할 것이다. 제2의 수익자도 최초의 수익자로부터 증여에 의해 취득한 것으로 보아야 하며, 최초의 수익자인 자의 사망으로 다음의 수익자로 된 경우에는 유증에 의해 취득된 것으로 보아 과세하여야 할 것이다. 그 이후의 수익자도 이와 같은 방법으로 과세된다. 법인이 법인에게 수익자가 연속하는 경우에는 최초의 법인에 대하여는 기부금으로 취급되고, 수익권을 취득한 다음의 법인에 대해서는 수증익으로서 과세된다.

그리고 수익권이 이전하는 경우에 연속하여 지정된 자가 한정되어 있기 때문에 불특정다수에 의한 거래가액이 존재하지 않든가 아니면 통상의 시장가격보다 낮은 가격으로 될 가능성이 있으므로 당해 수익권이 통상의 시장가격으로 평가되어야 할 것이다.

---

120) 법무부, 『신탁법공청회자료』, 2009.9.25, 30면.

3. 조세회피방지방안

법인의 사업의 전부 또는 중요한 사업부문을 떼어내어 이를 신탁으로 할 경우 법인세를 면탈할 가능성이 있으므로 조세회피를 방지하는 방안을 강구하여야 할 것이다. 예컨대, 법인이 위탁자로 되는 신탁 중 중요사업의 신탁 등으로 인하여 발생한 소득에 대해서는 당해 수탁자의 고유재산에서 발생한 소득과 구별하여 신탁단계에서 과세를 함으로써 이를 방지할 수 있다. 일본의 경우 법인과세신탁 중 법인의 사업을 신탁하고 법인의 주주등이 수익권의 과반수를 차지한다든가, 법인의 특수관계자가 수탁자이고 존속기간이 20년을 넘는 경우에는 신탁단계에서 법인세를 과세한다. 특히 법인세등의 조세회피에 관련된 조치를 다음과 같이 구분하여 볼 수 있다.[121]

(1) 법인과세신탁의 도입

법인이 위탁자로 되는 일정한 신탁에 대하여 위탁자에게 법인세를 과세하는 소위 법인과세신탁을 들 수 있다. 법인과세신탁이란 법인이 위탁자로 되는 신탁 중 다음의 유형에 해당하는 것에 대하여 법인세의 회피를 방지하는 관점에서 그 수탁자에 대하여 수탁자의 신탁재산에서 발생하는 소득에 대하여 법인세를 과세하는 제도를 말한다.[122]

첫째, 법인의 중요사업을 신탁으로 분리하는 유형이다. 이 경우 수탁자에 대하여 신탁사업에 관련되는 법인세를 과세하는 취지는 법인이 본래 영위하고 있던 사업이 신탁되어 수익권이 그 주주에게 교부된 경우 신탁된 사업에 귀속되어져야 하는 수익이 주주에게 귀속되는 것으로 간주되면 사업수익에 대한 법인세가 과세되지 않는 점을 고려한 것이라 볼 수 있다.

둘째, 법인이 당해사업의 전부 또는 일부를 장기간 자기를 수탁자로 하는 신탁을 설정하는 유형이다. 이는 사업체의 법형식이 변경된 것일뿐 사업의 실체는 변경되지 않는 것이므로 과세상으로는 법형식의 변경을 무시하고 종전대로 법인세를 부과하는 것으로 조세회피부인의 전형적인 방법이라고 말할 수 있다.[123]

셋째, 법인이 손익분배를 조작하기 위하여 자기신탁 등을 설정하는 유형이다. 자기신탁등으로 수익권을 자회사등에게 취득시켜 사업의 이익을 자회사등으로 변환하는 경

---

121) 岩崎政明, "信託課税の理論と運用", 新埼井誠 編, 前揭書, 342面.
122) 이준봉, "일본 신탁과세제도와 그 시사점",『성균관법학』제21권 제3호, 2009.12, 988~989면에 의하면 신탁의 합병 및 분할제도의 도입, 사업신탁제도의 도입 및 조세조약 적용시 투자신탁 등의 수익적소유자에 해당될 수 있도록 하기 위해 일정한 신탁에 대하여 법인세를 과세할 필요가 있다고 하면서 법인과세신탁의 도입을 주장하고 있다.
123) 岩崎政明, 上揭論文, 344面.

우에는 적자인 자회사등에 흑자인 신탁의 이익을 귀속시켜 손익통산에 의해 법인세를 회피할 가능성이 있다.

(2) 집단투자신탁을 이용한 과세이연의 적정화

신신탁법이나 신신탁업법 하에서 규제가 완화된 것을 기화로 친족 등 실질적으로 공동성이 인정되는 위탁자끼리 공동이 아닌 다수의 위탁자로서 형식만을 갖추어 합동운용신탁을 설정하고 신탁수익을 신탁단계에서 유보하는 것에 의해 과세의 이연을 도모할 가능성이 있다. 이에 따라 특수관계자만을 위탁자로 하는 신탁을 합동신탁의 범위에서 제외하고 있다.[124]

그리고 원본에 대한 미분배이익의 비율이 2.5% 이하인 수익증권발행신탁을 특정수익증권발행신탁이라고 부르고, 이러한 신탁의 수익에 대해서는 수익자에게 현실적으로 분배된 부분에 대하여 과세하고 위 비율의 미분배이익 즉 신탁유보수익에 대해서는 소득세등의 과세이연을 인정하였다.[125]

(3) 신탁의 손실배분에 관한 제한조치

신탁의 수익자인 법인 또는 개인이 오로지 신탁손실의 분배를 받을 목적으로 사업신탁을 설정하고 분배된 손실을 자신의 익금 혹은 수입금액과 통산함으로써 소득을 줄여 법인세나 소득세의 부담을 경감하거나 회피하는 것을 방지하기 위하여 신탁손실을 수익자에게 배분하는 것을 제한하는 조치를 강구하였다.[126] 예컨대, 소득세에 관한 조치로서 수익자인 개인에게 분배된 신탁에 관계되는 부동산소득의 손실에 대해서는 발생되지 않았던 것으로 간주한다.[127]

4. 부가가치세 관련사항

일반적으로 부가가치세는 사업상 독립적으로 재화 또는 용역을 공급하는 자, 즉 사업자가 이를 납부할 의무를 진다. 한편, 대법원은 신탁계약에서 위탁자 이외의 수익자

---

124) 일본 소득세법 제2조 제11호 및 법인세법 제2조 제26호. 이를 특수관계를 이용한 조세회피의 방지책이라고도 말할 수 있지만 다른 관점에서 보면 소득에 관한 당해년도 과세원칙을 관철시키기 위한 조치라고도 말할 수 있다. 岩崎政明, 前揭論文, 345面.
125) 岩崎政明, 上揭論文, 346面.
126) 上揭論文, 347面.
127) 일본 조세특별조치법 제41조의4의2 제1항. 高橋硏一, 『信託の會計·稅務 ケーススタディ』, 中央經濟社 2007, 144面.

가 지정되어 신탁의 수익이 우선적으로 수익자에게 귀속하게 되어 있는 타익신탁의 경우에는 "그 우선수익권이 미치는 범위 내에서는 신탁재산의 관리·처분 등으로 발생한 이익과 비용도 최종적으로 수익자에게 귀속되어 실질적으로는 수익자의 계산에 의한 것으로 되므로, 이 경우 사업자 및 이에 따른 부가가치세 납세의무자는 위탁자가 아닌 수익자로 봄이 상당하다"고 판시하고 있다.[128] 이에 대하여 기본적으로 수익자는 사업자라기보다는 투자자에 해당하고, 수익자가 납세의무자라는 법리를 확대하면 수익자가 불특정다수인 투자신탁의 경우 이들을 모두 사업자로 보아야 하는 어려운 문제에 봉착하게 되므로 신탁재산을 관리하고 처분하는 주체인 수탁자를 납세의무자로 하는 것이 타당하다는 의견이 개진되고 있다.[129]

그리고 일본의 경우와 같이 법인과세신탁이 마련될 경우 이에 대해서도 신탁재산의 실질귀속자인 수익자가 부가가치세의 납세의무를 지는 것보다는 현실적으로 신탁재산을 소유하고 그 운용을 행하고 있는 수탁자가 신탁재산에 속하는 재산을 가지고 그 신탁재산에 관계되는 자산거래를 행하는 것으로 보아 이를 부가가치세의 납세의무자로 하여야 할 것이다. 일본의 경우 집단투자신탁, 퇴직연금신탁 및 특정공익신탁에 대하여 법인세법이나 소득세법에서는 수익자가 수익분배를 받은 단계 즉, 수익자의 수령시과세가 행하여지고 있으나, 소비세법에서는 수탁자단계에서 과세가 이루어지고 있다.[130]

5. 국세조세 관련사항

세법상 신탁관련규정은 당연하지만 우리나라의 신탁법을 기반으로 하여 규정되어 있기 때문에 외국법을 준거법으로 하는 신탁이 우리나라 신탁법을 준거로 한 신탁의 성격을 가지지 않는 경우에는 외국신탁에 대한 과세관계에 대하여 쉽게 판단할 수 없는 경우가 발생될 것으로 예상된다. 이에 대한 심도있는 검토가 기대된다. 특히 외국신탁과 관련하여 거주지 문제에 대한 검토가 이루어져야 할 것이다. 신탁관계의 당사자로서는 위탁자, 수탁자, 수익자, 신탁재산의 소재지 네 가지를 생각할 수 있고 이들이 각각 다른 국가에 존재하는 경우 신탁의 거주지가 어디로 될 것인가가 문제로 된다. 가령 경제관계에 착안하여 수익자의 거주지라 해석하더라도 수익자가 다수 존재하고 서로 다른 국가에 거주하는 경우에는 판단이 쉽지 않을 것이다.[131]

---

128) 대법원 2008.12.24. 선고 2006두8372 판결; 대법원 2003.4.25. 선고 99다59290 판결.
129) 이중교, 전게논문, 356면.
130) 奧村眞吾, 前揭書, 270面.
131) 김병일, "자산유동화 과세제도에 관한 연구", 경희대학교 대학원 박사학위논문, 2002, 184~188면; 中里實, 『金融取引と課稅』, 有斐閣, 1998, 361~371面 참조.

6. 국세기본법 관련사항

(1) 신탁에 관한 수탁자의 납세의무의 승계

수탁자의 변경에 의해 신탁에 관한 권리의무가 승계된 경우 수탁자가 지는 신탁재산 책임부담채무로 되는 국세의 납세의무도 신수탁자가 승계하게 된다. 수탁자의 변경이 있는 경우와 마찬가지로 임무종료수탁자가 부담하는 신탁재산책임부담채무로 되는 국세의 납세의무에 대해서도 그 신탁사무를 인계받은 수탁자가 승계하게 된다.

(2) 청산수탁자 등의 제2차납세의무

신탁이 종료한 경우에는 청산수탁자에 의해 신탁의 청산이 행하여지지만 신탁에 관련된 채무를 변제한 후가 아니면 잔여재산을 잔여재산수익자 등에게 급부할 수가 없는 것과 마찬가지로 국세가 미납인 상태인 때에는 청산수탁인 및 잔여재산수익자등은 제2차납세의무를 져야 할 것이다.[132]

7. 국세징수법 관련사항

(1) 수탁자의 변경과 체납처분

신탁재산에 속하는 재산에 대한 체납처분이 집행된 후에 수탁자가 변경되어 신수탁자가 취임할 경우 또는 수탁자인 법인의 분할에 의해 분할승계법인이 수탁자로서의 권리의무를 승계한 경우에는 그 재산에 대하여 체납처분을 속행할 수 있어야 할 것이다.

(2) 사해신탁취소와 압류

채무자가 채권자를 해함을 알고 신탁을 설정한 경우에는 수탁자가 선의인 경우에도 채권자가 사해신탁취소권을 행사할 수 있으므로[133] 조세채권자인 국가등은 사해신탁을 취소한 후에 압류를 행하게 된다.

8. 기타사항

위에서 언급한 사항 이외에도 공익신탁규정의 목적신탁규정과의 통합문제,[134] 종합

---

132) 奧村眞喆, 前揭書, 284面.
133) 신탁법 전부개정법률안 제8조 제1항. 다만, 수탁자가 유상으로 신탁을 인수하거나 수익자가 유상으로 수익권을 취득할 당시 채권자를 해함을 알지 못하는 경우에는 그러하지 아니하다.

부동산세, 지방세 등 전반의 세목에 미치는 영향을 검토하여야 할 것이다. 그리고 수익증권발행신탁도 유가증권으로 인정되므로 인지세의 과세대상으로 되어야 할 것이다.

VI. 맺음말

이상에서 살펴본 바와 같이 현재 정부의 주도로 신탁법의 개정작업이 진행되어 동법률 개정안이 국회에 제출 중에 있다. 신탁법이 개정될 경우 신탁세제 또한 많은 손질을 가해야 할 것이다. 금번의 신탁법 개정작업은 신탁과세의 구조를 재검토·재구축할 수 있는 좋은 기회라고 말할 수 있다. 따라서 다음과 같은 논의가 필요할 것으로 생각된다.

첫째, 기존의 신탁유형과 새로이 신설될 신탁유형을 신탁의 내용, 특성 및 신탁과세이론에 적합하게 분류하여 이에 상응하는 신탁세제를 체계적으로 정비하여야 할 것이다. 최근에 신탁법을 전면개정하고 신탁세제를 개편한 일본의 제도도 참고가 될 수 있을 것이다. 아울러 신탁재산을 수탁자, 위탁자 또는 수익자와 다른 별개의 납세의무자로 삼아 신탁재산에서 발생하는 소득에 대하여 과세하는 미국의 제도[135]도 면밀히 검토할 필요가 있을 것이다.

둘째, 새로운 유형의 신탁인 수익증권발행신탁, 수익자의 정함이 없는 신탁(목적신탁), 법인인 위탁자가 스스로 수탁자가 되는 신탁(자기신탁), 수익자연속형신탁 및 신탁의 병합·분할에 대응하기 위한 과세관계를 명확히 하여야 할 것이다.

셋째, 종래부터 신탁이라 함은 "nobody's property"라고 불리우고,[136] 그 소유권의 권능이 분산되는 것이 신탁의 이점이지만, 그 배후에 신탁은 소득이나 재산은폐수단으로 이용되는 것이 염려된다. 특히 수익자를 지정하지 않는 목적신탁이나 위탁자가 수익자를 겸하는 자기신탁의 경우 법인에 있어서 법인분할과 동일하게 이용될 가능성이 있고, 과세관계가 다양화질 것으로 생각된다.[137] 따라서 조세공평의 관점에서 신탁을 이용한 조세회피를 방지할 수 있는 방안을 마련하되 경제활성화를 위하여 활용되는 신탁의 이용이 억제되지 않도록 조화를 이루어야 할 것이다. 최근 신탁법을 전면개정하고 신탁세제를 개편한 일본의 제도 중 법인과세신탁의 도입문제등도 검토되어야 할 것이다.

---

134) 이준봉, 전게논문, 990면.
135) 이창희,『제8판 세법강의』, 2009, 박영사, 506~507면.
136) 水野忠恒,『租稅法(第4版)』, 有斐閣, 2009, 295面.
137) 水野忠恒, 前揭論文, 71面.

넷째, 국제신탁의 과세관계에서는 수익자의 거주지국, 위탁자의 거주지국, 소득의 원천지국이 중요한 요소로 작용한다. 이와 관련하여 국제적 신탁의 이론적 검토와 규정의 정비 또한 게을리 해서는 아니될 것이다.

참 | 고 | 문 | 헌

국회, "신탁법 전부개정법률안(의안번호: 1807672, 제출자: 정부)", 2010.2.24.

김병일, "자산유동화 과세제도에 관한 연구", 경희대학교 대학원 박사학위논문, 2002.

김재진 · 홍용식, 『신탁과세제도의 합리화 방안』, 1998.

명순구 · 오영걸역, 『현대미국신탁법』, 세창출판사, 2005.

박삼철, "투자펀드의 법적구조와 환매규제에 관한 연구", 고려대학교 대학원 박사학위논문, 2003.

법무부, "보도자료: 수익증권발행신탁 제도 도입 등을 위한 신탁법 전면개정안 국무회의 통과", 2010.2.16.

법무부, "수익증권발행신탁 제도 도입 등을 주요 내용으로 하는 신탁법 전면개정안 입법예고", 2009.10.27.

법무부, 『신탁법공청회자료』, 2009.9.25.

서희석, "일본 신탁법의 개정", 『아시아법제연구』 제8호, 2007.9.

이준봉, "일본 신탁과세제도와 그 시사점", 『성균관법학』 제21권 제3호, 2009.12.

이중교, "신탁법상의 신탁에 관한 과세상 논점", 『법조』 통권 639호, 2009.12.

이중기, 『신탁법』, 삼우사, 2007.

이창희, 『제8판 세법강의』, 2009, 박영사.

정순섭, "신탁의 기본구조에 관한 연구", 『BFL』 제17호, 2006.5

최동식, 『신탁법』, 법문사, 2006.

한만수, "투자신탁소득의 성격분류 및 이중과세 문제에 관한 고찰", 『인권과 정의』 통권 362호.

홍용식, "신탁소득 과세에 관한 연구", 『사회과학논집』 제12집 제2호, 한성대사회과학연구소, 1999.

高橋研一, 『信託の會計·稅務 ケーススタディ』, 中央經濟社, 2007.

久禮義継, 『流動化·證券化 の會計と稅務』, 中央經濟社, 2001.

道垣內弘人, "新信託法によって認められた新たな信託の形態", 『稅研』 No. 132, 2007.3.

藤本幸彦·鬼頭朱實, 『信託の稅務』, 稅務經理協會, 2007.

福田政之外3人, 『詳解 新信託法』, 淸文社, 2007.

四宮和夫, 『信託法』, 有斐閣, 1990.

寺本昌廣, "新しい信託法の槪要", 『ジュリスト』 No. 1335, 2007.6.1.

寺本昌廣外4人, "新信託法の解說(1)", 『金融法務事情』 No. 1793, 2007.2.5.

松尾弘·益子良一, 『民法と稅法の接點』, きょうせい, 2007.

水野忠恒, 『租稅法(第4版)』, 有斐閣, 2009.

水野忠恒, "信託法の全面改正と平成19年度稅制改正", 『稅研』 No. 133, 2007.5.

新井誠, 『信託法』, 有斐閣, 2002.

新井誠 編, 『新信託法の基礎と運用』, 日本評論社, 2007.

奧村眞吾, 『信託法の活用と稅務』, 淸文社, 2008.

中里 實, 『金融取引と課稅』, 有斐閣, 1998.

Abstract

Amendment of the Trust Act and Future Plans
for the Reformation of the Trust Taxation System

The government is currently leading in the amendment of the Trust Act, and has submitted a revision bill to the National Assembly. If the bill passes the National Assembly and is enforced, the reformation of the trust taxation system is expected in response to new types of trust such as "trust created by self-declaration of trusts" and "trust with successive beneficiaries." Thus, in line with the proposed total amendment bill on the Trust Act, this study aims to examine measures to reform the trust system. They are outlined below.

First, the proposed amendment of the Trust Act offers a good opportunity to review and rebuild the trust taxation system. Existing and expected new types of trust should be properly classified according to the content and characteristics of trust and to theories on trust taxation in a bid to systematically refine the corresponding trust system.

Second, the taxation system should be clearly defined in order to effectively respond to the merger and division of various types of trust, as well as to new types of trust, such as beneficiary certificates issuing trust, trust with the beneficiary not designated (purpose trust), trust with the corporate trustor as trustee, and trust with successive beneficiaries.

Third, from the perspectives of fair taxation, measures should be prepared to prevent tax avoidance using the means of trust, with being mindful of the fact that this measure should not dampen the trust system aimed at invigorating economy. Japan has recently amended its Trust Act totally and reformed the trust taxation system. In this regard, efforts should also be made to consider introducing the trust taxed as corporation of Japan's reformed trust taxation system.

Fourth, in offshore trust taxation, the beneficiary's country of residence, the trustor's country of residence, and the country of the origin of income are important factors. In this regard, theories on offshore trust should be reviewed, and relevant regulations should be revamped.

☑ Key Words : trust, amendment of trust act, trust created by self-declaration of trusts, trust with successive beneficiaries, tax avoidance, trust taxed as corporation, offshore trust

1.1.2. 신탁세제 개편 과제에 관한 소고*

김병일**

Ⅰ. 머리말

우리나라의 경우 신탁에 관한 기본적인 법률관계를 규율하는 신탁법은 1961.12 법률 제900호로 제정·시행되었다. 그 후 1997, 2002 및 2005년에 걸쳐 3차례의 개정이 있었으나 전부 다른 법률의 개정에 의한 것이므로 실질적인 개정이라고 볼 수 없다. 따라서 2011.7.25. 법률 제10924호(시행 2012.7.26)로 처음 신탁법이 전면 개정되었다고 볼 수 있다.

개정신탁법의 개정이유는 사해신탁(詐害信託) 취소소송의 요건 및 수탁자의 의무를 강화하고 수익자의 의사결정방법 및 신탁당사자 간의 법률관계를 구체화하며 신탁의 합병·분할, 수익증권, 신탁사채, 유한책임신탁 등 새로운 제도를 도입하는 등 1961년 제정 이래 내용개정이 전혀 없었던 현행법에 변화된 경제현실을 반영하고 신탁제도를 글로벌스탠더드에 부합하도록 개선하기 위하여 현행법 체계를 전면적으로 수정함으로써 신탁의 활성화를 위한 법적 기반을 마련하려는 것이다.

일본에서도 2006.12.15 신탁법이 실로 84년만에 대대적으로 개정되어 개정된 신신탁법이 2007.9.30 시행되었다. 신신탁법의 제정에 의해 새로운 유형의 신탁이 창설되는 등 다양한 신탁의 이용형태에 대응하기 위한 제도가 정비되고 다양한 유형의 신탁이 가능하게 되었다. 신탁법의 개정에 발맞추어 세제개정도 행하여져 개정 신탁세제 또한 신신탁법의 시행일부터 시행되고 있다.

그런데 우리의 경우 이와 같이 신탁법이 전면 개정되어 자기신탁, 수익자연속신탁

---

* 『(월간)조세』 통권 354호(2017.11, 영화조세통람)에 게재된 논문이다.
** 강남대학교 경제세무학과 교수

등 새로운 신탁의 유형이 도입되었음에도 불구하고 이에 대응한 신탁세제의 개편은 매우 미흡한 실정이다. 따라서 본고는 신탁법 전면 개정에 대응한 신탁세제의 개편과제에 관하여 간단히 살펴보는 것을 그 목적으로 한다.

II. 개정 신탁법 시행과 그 후 신탁세제의 개정 및 판례 동향

1. 개정 신탁법의 주요 내용

개정 신탁법의 주요 내용은 다음과 같다. ① 종전 법은 "재산권"이라는 표현을 사용하고 있어 적극재산 외 소극재산이나, 적극·소극재산이 일체로 된 영업 등이 신탁재산으로 될 수 있는지 논란이 있었으나, 개정법에서는 "재산"이라는 용어를 사용하여 소극재산도 신탁재산임을 분명히 하고, 영업의 일체나 저작재산권의 일부가 신탁재산이 될 수 있음을 명문화하는 등 신탁재산의 범위를 확대하였다. ② 위탁자가 스스로 수탁자임을 선언하는 방식으로 신탁을 설정할 수 있도록 허용하고, 집행면탈 목적으로 남용되는 것을 방지하기 위해 공정증서 작성을 효력발생요건으로 하였다. ③ 신탁을 둘러싼 법률관계의 불안정성을 제거하기 위해 수탁자가 유상으로 신탁을 인수하거나 수익자가 유상으로 수익권을 취득한 경우 수탁자와 수익자가 선의이면 취소소송이 인용되지 않도록 사해신탁 취소소송 요건을 강화하였다. ④ 수탁자의 충실의무를 명문으로 규정하고 충실의무의 기본전제가 되는 신탁재산과 고유재산의 분별관리의무를 구체화하였다. ⑤ 수탁자가 여럿인 경우 업무처리를 공동으로 하도록 하되, 신탁행위로 달리 정한 경우에는 예외로 하였으며, 제3자에 대한 채무는 수탁자가 연대하여 책임지되, 과실 없는 수탁자는 면책 가능하도록 하였다. ⑥ 위탁자 사망 시에 수익권을 취득하는 수익자를 미리 지정하거나, 수익자로 지정하되 위탁자 사망 시에 비로소 수익권을 취득하는 것으로 정할 수 있도록 하는 유언대용신탁(遺言代用信託)을 신설하여 신탁이 상속의 기능을 수행할 수 있도록 하고, 수익자 사망시 그 뒤를 이어 제3자가 자동적으로 수익자가 되도록 하는 수익자연속신탁을 신설하여 기업경영의 후계자 확보, 재산의 불균등 상속을 가능하게 하는 등 상속재산 관리의 자율성을 확대하고자 하였다. ⑦ 기타 수익권의 제한 금지 규정 신설, 수익권 양도 규정의 정비, 신탁관리인 제도의 확대 개편, 수익자가 다수인 경우의 법률관계 명확화, 수익자의 취소권과 유지청구권 부여에 의한 수익자 보호, 수익권의 증권화, 신탁채권의 발행 허용 등에 의하여 수익자의 권리·의무를 현대화하였다. ⑧ 또한 합의에 의한 신탁변경의 허용, 수익권매수정구권 도입, 신탁의 합병과 분할, 합의에 의한 신탁의 종료와 청산 등 신탁의 변경과 종료 방법의 구체화 및 다양화를 모색하였다. ⑨ 끝으로 수탁자는 신탁채무에 대해 고유재산으로도 무한책임을 져야하는 것이 원칙이나, 상사신탁에서는 신탁의 부실이 수탁자의 파산으로 이어지는 불합리한 현상이 발생하기도 하므로, 수탁자가 안심하고 신탁을 맡고 적극적인 활동을 할 수 있도록 보장하기 위해 고유재산이 아닌 신탁재산만으로 신탁채무에 대해 책임을 지는 유한책임신탁 제도를 새롭게 도입하였다.

2. 개정 신탁법 시행 후 신탁세제의 개정 및 판례 동향

2012.7.26 개정 신탁법이 시행된 이후 신탁세제의 개정내용은 한정적으로 이루어졌다. 신탁 관련 규정이 있는 소득세법, 법인세법, 상속세 및 증여세법(이하 '상증세법'이라 함), 및 지방세법의 경우와 신탁관련 규정이 없는 부가가치세법으로 나누어 살펴보고자 한다.

(1) 소득세법 및 법인세법

소득세법 제2조의2(납세의무의 범위) 제6항에서 "신탁재산에 귀속되는 소득은 그 신탁의 수익자(수익자가 특별히 정해지지 아니하거나 존재하지 아니하는 경우에는 신탁의 위탁자 또는 그 상속인)에게 귀속되는 것으로 본다"고 규정하고 있으며, 법인세법 또한 같은 법 제5조(신탁소득) 제1항에서 "신탁재산에 귀속되는 소득은 그 신탁의 이익을 받을 수익자(수익자가 특정되지 아니하거나 존재하지 아니하는 경우에는 그 신탁의 위탁자 또는 그 상속인)가 그 신탁재산을 가진 것으로 보고 이 법을 적용한다"고 하여 신탁법 개정된 후에도 소득세법 및 법인세법상 신탁관련 규정은 개정된 바가 없었다.

(2) 상증세법

피상속인이 신탁한 재산(피상속인이 신탁으로 인하여 타인으로부터 신탁의 이익을 받을 권리를 소유하고 있는 경우에는 그 이익에 상당하는 가액)은 상속재산으로 본다는 것을 주요 내용으로 하는 상증세법 제9조는 개정된 바가 없다. 다만, 2015.12.15 상증세법 제33조의 신탁이익의 증여 조항 및 2017.2.7. 신탁의 이익을 받을 권리의 평가 조항인 같은 법 시행령 제61조가 개정되었다. 즉, 신탁의 이익을 받을 권리에 대한 계산방법이 1) 원본과 수익의 이익의 수익자가 동일한 경우에는 상증세법에 의하여 평가한 신탁재산의 가액에 대하여 수익시기까지의 기간 및 수익의 이익에 대한 원천징수세액상당액 등을 감안하여 다음과 같은 방법에 의하여 환산한 가액을 말한다.

$$\frac{\text{신탁재산가액 + 각 연도에 받을 원본 및 수익의 이익 - 원천징수세액상당액}}{(1 + \text{신탁재산의 평균 수익률 등을 감안하여 기획재정부령으로 정하는 이자율})^n}$$
n: 평가기준일부터 수익시기까지의 연수

2) 원본과 수익의 이익의 수익자가 다른 경우 중 ① 원본의 이익을 수익하는 경우에는 평가기준일 현재 원본의 가액에 수익시기까지의 기간에 대하여 다음의 계산식에 따라 계산한 금액의 합계액이며, 다음의 산식에서 "기획재정부령으로 정하는 이자율"이란 연간 1,000분의 30을 말한다.

$$\frac{\text{평가기준일 현재 원본의 가액}}{(1 + \text{신탁재산의 평균 수익률 등을 감안하여 기획재정부령으로 정하는 이자율})^n}$$
n: 평가기준일부터 수익시기까지의 연수

② 수익의 이익을 수익하는 경우에는 평가기준일 현재 기획재정부령으로 정하는 방법에 따라 추산한 장래에 받을 각 연도의 수익금에 대하여 수익의 이익에 대한 원천징수세액상당액등을 고려하여 다음의 계산식에 따라 계산한 금액의 합계액이다. 여기서 "기획재정부령이 정하는 방법에 따라 추산한 장래받을 각 연도의 수익금"이라 함은 평가기준일 현재 신탁재산의 수익에 대한 수익률이 확정되지 아니한 경우 원본의 가액에 1,000분의 30을 곱하여 계산한 금액을 말한다.

$$\frac{\text{각 연도에 받을 수익의 이익 - 원천징수세액상당액}}{(1 + \text{신탁재산의 평균 수익률 등을 감안하여 기획재정부령으로 정하는 이자율})^n}$$
n: 평가기준일부터 수익시기까지의 연수

이와 같이 평가조항의 개정으로 신탁의 이익 평가액 산정시 이자율을 종전의 10%에서 3%로 대폭 낮추어 현실화하였다. 이에 따라 재산평가 금액이 커져 세부담이 증가하게 되었다.

(3) 지방세법

2014.1.1 지방세법 제107조 제1항 제3호의 개정으로 신탁재산에 대한 재산세 납세의무자를 위탁자에서 신탁재산의 소유자인 수탁자로 변경한 바 있다. 이에 따라 신탁법 해석상 위탁자에 대한 재산세임을 이유로 법률상 소유자인 수탁자의 신탁재산 체납처분을 통한 재산세 등 당해세의 징수가 불가능 했던 문제점이 해소되었다. 헌법재판소는 신탁재산에 대한 납세의무자를 위탁자에서 수탁자로 변경한 지방세법 조항은 헌법에 위배되지 않는다는 결정을 한 바 있다(헌법재판소 2016.2.25. 2015헌바185결정 등).

(4) 부가가치세법

부가가치세법에는 신탁관련 규정을 두고 있지 않고 해석에 의존하고 있다. 자익신탁에 대해서는 대법원이나 과세당국 모두 위탁자를 부가가치세의 납세의무자로 보고 있다. 그러나 타익신탁에 대해서는 대법원은 전원합의체 판결로 수탁자를 납세의무자로 판시(대법원 2017.5.8. 선고 2012두22485 판결)하여 실질적 지배력의 이전여부에 따라 수익자를 납세의무자로 보아 온 과세당국과 다른 견해를 제시하였다. 이에 정부는 2017.8.2. 위탁자를 부가가치세법상 납세의무자로 규정하는 세법개정안을 마련한 바 있다. 대법원과 과세당국의 입장이 달라 신탁관련 당사자들에게 법적 안정성을 훼손시킬 가능성이 있다.

III. 신탁세제의 개편 과제

1. 신탁세제의 체계적인 검토 및 정비 필요

신탁은 앞으로 광범위하게 동시에 다양한 형태로 이용될 것으로 예상되므로 이에 발맞추어 신탁세제를 정비할 필요가 있다고 생각된다. 이를 위해서는 예컨대 법인의 사업에 유사한 형태의 자기신탁을 활용함으로써 법인세를 실질적으로 회피하는 수단으로 이용되는 것은 아닌지 또는 유언에 의해 수익자의 정함이 없는 신탁이 설정된 경우 상속세의 회피와 연결되는 것은 아닌지, 그 밖에도 다양하고 복잡한 형태의 신탁이 설정된 경우 세제로서 대처할 수 없는 과세관계가 나타나는 것은 아닌지 등에 대한 체계적인 검토가 이루어져야 할 것이다.

아울러 현행 신탁소득 과세제도를 체계적으로 정비할 필요가 있을 것이다. 우리의 경우 소득세법 제2조의2 제6항에서 신탁소득의 납세의무에 관하여 원칙적으로 수익자 과세원칙을 천명하고 있으며, 같은 법 제17조 제1항 제5호에서 '집합투자기구로부터의 이익'을 배당소득으로 규정하고 있다. 신탁업을 경영하는 자는 각 과세기간의 소득금액을 계산할 때 신탁재산에 귀속되는 소득과 그 밖의 소득을 구분하여 경리하는 등 신탁소득금액의 계산은 같은 법 시행령 제4조의2에서 규정하고 있다. 아울러 같은 법 제4조 제2항에서 "제1항에 따른 소득을 구분할 때 제17조 제1항 제5호에 따른 집합투자기구 외의 신탁의 이익은 「신탁법」제2조 제2항에 따라 수탁자에게 이전되거나 그 밖에 처분된 재산권에서 발생하는 소득의 내용별로 구분한다"라고 규정하고 있다. 그리고 같은 법 제12조 제1호에서는 '「공익신탁법」에 따른 공익신탁의 이익'을 비과세소득으로 규정하고 있다.

이와 같이 현행 세법상 신탁에 관한 관련 조문이 산재되어 있어 앞으로 신설될 다양한 신탁 유형에 유연히 대처하기가 쉽지 않을 것으로 생각된다. 따라서 소득세법, 법인세법에서 기존의 신탁유형과 새로이 신설될 신탁유형을 신탁의 내용, 특성 및 신탁과세이론에 적합하게 분류하여 이에 상응하는 신탁세제의 체제를 정비하는 것이 바람직할 것이다. 일본 소득세법의 경우 제2조(법인세법의 경우에도 제2조)에서 신탁과세대상이 되는 신탁의 종류마다 용어의 정의를 하고 동법 제13조에서 신탁의 내용 및 형태 등에 따라 수익자과세, 분배시과세 및 신탁단계법인세과세로 나누어 규정하고 같은 법 제67조의3에서 신탁소득금액의 계산에 관한 근거규정을 마련하고 있다.

2. 새로운 유형의 신탁에 대응한 세제의 마련

(1) 목적신탁

신탁법 제2조에서는 "특정의 목적을 위하여"신탁을 설정할 수 있고, 같은 법 제3조 제1항은 "특정의 목적을 위한 신탁"은 신탁선언으로 신탁을 설정할 수 없는 것으로 규정하면서 '사익목적신탁'을 허용하고 있다. 이는 비공익목적 등을 위하여 수익자를 확정할 수 없는 경우에 유용한 신탁이라고 말할 수 있다. 수익자가 존재하지 않는 신탁의 경우에도 신탁으로부터 소득이 발생하므로 이에 과세를 하여야 할 것이다. 수익자의 정함이 없으므로 위탁자나 그 상속인에게 과세해야 할 것으로 일응 생각되나 유언에 의한 신탁이 행해진 경우 위탁자 자신은 신탁이 발행된 순간에 사망한 상태이므로 해당 위탁자에게는 과세할 수 없다. 그리고 상속인이 위탁자의 지위를 승계할 수 없는 경우에는 상속인에게도 과세할 수 없다. 따라서 소득의 귀속자인 수탁자에게 과세하여야 할 것이다.

일본의 경우 수익자가 존재하지 않으므로 법인과세신탁의 한 형태로 된다. 또한 신탁설정시점에 수탁자에 대하여 수증익이 과세된다. 그 후 수익자가 출현한 경우 법인과세신탁은 해산된 것으로 간주되지만 그 경우에도 청산소득에 대해서는 법인세가 과세되지 않는다(일본 법인세법 제92조). 한편, 수익자는 그 장부가에 의해 신탁재산을 인계하지만 이미 수증익과세가 이루어졌기 때문에 이 단계에서는 수증익과세가 행하여지지 않는다(일본 법인세법 제64조의3 제3항 및 제4항).

(2) 자기신탁

신탁법상 위탁자가 스스로 수탁자가 되는 것, 즉 개인이나 기업이 재산을 자신에게 신탁하는 자기신탁 또는 신탁선언을 허용하고 있다. 예컨대, 리스회사가 대출채권을 스스로 신탁하여 채권 대금을 받을 수 있는 권리(수익권)를 투자가에게 판매함으로써 자금을 조달할 수 있게 된다. 즉 지금까지는 수탁자는 신탁은행이 일반적이었지만 자기신탁의 경우에는 신탁은행에 의존함이 없이 채권을 유동화하는 것이 가능해지므로 적은 비용으로 채권을 현금화할 수 있다. 이러한 자기신탁은 위탁자와 수탁자가 동일인이라는 점이 특이하다고 할 수 있다. 일본의 경우 자기신탁만을 별도로 취급하여 규정하고 있지 않지만, 기본적으로 개인이 자기신탁을 하는 경우에는 해당 신탁재산은 어디에도 이전되는 것이 아니며, 법인이 자기신탁을 하는 경우에는 법인세법 제2조 29호의2에 의거 법인과세가 행해지기 때문에 자기신탁만을 들어 세제상의 조치를 할 필요는 없는 것으로 생각된다.

(3) 수익증권발행신탁

종전 신탁법 하에서 수익권을 기명증권 또는 무기명증권에 표창하는 것이 가능하다는 견해와 권리에 관한 유가증권은 법률의 규정이 있는 경우에만 가능하다는 전제하에서 이에 관한 규정이 없어 불가능하다는 견해가 대립하고 있었는 바, 그 근거규정을 마련함으로써 이러한 견해의 대립을 입법적으로 해결하였다. 수익증권을 발행에 의해 증권의 유통성이 제고되기 때문에 일반 투자가로부터 자금조달이 용이하게 된다.

수익증권발행신탁의 수익분배에 관한 과세상의 취급에 대하여 수익자가 개인인 경우에는 그 수익의 분배는 배당소득으로, 수익증권의 양도에 의한 소득은 주식 등과 관련된 양도소득으로서 소득세가 과세되어야 할 것이다. 수익자가 법인인 경우에는 그 수익의 분배는 각사업연도의 소득금액 계산시 익금에 산입되어야 할 것이다. 일본의 경우 수탁자가 세무서장의 승인을 얻고, 해당 신탁에 관계되는 이익유보비율이 신탁원본 총액의 1,000분의 25를 넘지 않고, 신탁수익분배의 계산기간이 1년을 초과하지 않을 경우에는 특정수익증권발행신탁이라 하여 수익자에게 신탁의 수익이 분배될 때에 소득세 또는 법인세가 과세된다.

(4) 유언대용신탁 및 수익자연속신탁

유언대용신탁의 경우에는 고령자나 장애인의 재산관리를 위한 신탁이나, 부모 사망 후 장애인등 보호가 필요한 자의 부양을 위한 신탁 등으로 활용될 수 있으며, 수익자연속신탁은 생존배우자나 그 밖의 친족의 생활을 보장할 필요가 있거나 개인기업 경영, 농업경영 등에 유능한 후계자를 확보하기 위하여 공동균분상속과는 다른 재산승계를 가능하도록 하기 위한 수단으로 이용될 수 있다.

이 경우 최초의 수익자는 위탁자로부터 증여에 의해 취득된 것으로 보아야 할 것이다. 다만, 그 위탁자였던 자의 사망에 기인하여 최초의 수익자가 된 경우에는 유증에 의해 취득된 것으로 보아 상속세가 과세되어야 할 것이다. 제2의 수익자도 최초의 수익자로부터 증여에 의해 취득한 것으로 보아야 하며, 최초의 수익자인 자의 사망으로 다음의 수익자로 된 경우에는 유증에 의해 취득된 것으로 보아 과세하여야 할 것이다. 그 이후의 수익자도 이와 같은 방법으로 과세된다. 법인이 법인에게 수익자가 연속하는 경우에는 최초의 법인에 대하여는 기부금으로 취급되고, 수익권을 취득한 다음의 법인에 대해서는 수증익으로 과세된다.

그리고 수익권이 이전하는 경우에 연속하여 지정된 자가 한정되어 있기 때문에 불특정다수에 의한 거래가액이 존재하지 않든가 아니면 통상의 시장가격보다 낮은 가격으로 될 가능성이 있으므로 해당 수익권이 통상의 사장가격으로 평가되어야 할 것이다. 또한 상증세법상 신탁이익의 평가방법은 소득개념에 기초한 원본과 수익의 취득자(수익자)를 기준으로 산정한 각 평가액의 합계액을 상속가액으로 보고 있다. 그러나 이러한 신탁은 상속목적상 신탁이익이 동일한 재산을 연속하여 수익권을 승계하는 방식을 취하고 있어서, 상속재산인 신탁이익을 소득개념이 아닌 무상이전자(위탁자)를 기준으로 승계하는 재산개념을 적용하는 것이 바람직할 것이다.

3. 조세회피방지방안

법인의 사업의 전부 또는 중요한 사업부문을 떼어내어 이를 신탁으로 할 경우 법인세를 면탈할 가능성이 있으므로 조세회피를 방지하는 방안을 강구하여야 할 것이다. 예컨대, 법인이 위탁자로 되는 신탁 중 중요사업의 신탁 등으로 인하여 발생한 소득에 대해서는 해당 수탁자의 고유재산에서 발생한 소득과 구별하여 신탁단계에서 과세를 함으로써 이를 방지할 수 있다. 일본의 경우 법인과세신탁 중 법인의 사업을 신탁하고 법인의 주주등이 수익권의 과반수를 차지한다든가, 법인의 특수관계자가 수탁자이고 존속기간이 20년을 넘는 경우에는 신탁단계에서 법인세를 과세한다. 즉 법인이 위탁자로 되는 일정한 신탁에 대하여 위탁자에게 법인세를 과세하는 소위 법인과세신탁을 들수 있다. 법인과세신탁이란 법인이 위탁자로 되는 신탁 중 다음의 유형에 해당하는 것에 대하여 법인세의 회피를 방지하는 관점에서 그 수탁자에 대하여 수탁자의 신탁재산에서 발생하는 소득에 대하여 법인세를 과세하는 제도를 말한다.

첫째, 법인의 중요사업을 신탁으로 분리하는 유형이다. 이 경우 수탁자에 대하여 신탁사업에 관련되는 법인세를 과세하는 취지는 법인이 본래 영위하고 있던 사업이 신탁되어 수익권이 그 주주에게 교부된 경우 신탁된 사업에 귀속되어져야 하는 수익이 주주에게 귀속되는 것으로 간주되면 사업수익에 대한 법인세가 과세되지 않는 점을 고려한 것이라 볼 수 있다. 둘째, 법인이 해당 사업의 전부 또는 일부를 장기간 자기를 수탁자로 하는 신탁을 설정하는 유형이다. 이는 사업체의 법형식이 변경된 것일 뿐 사업의 실체는 변경되지 않는 것이므로 과세상으로는 법형식의 변경을 무시하고 종전대로 법인세를 부과하는 것으로 조세회피부인의 전형적인 방법이라고 말할 수 있다. 셋째, 법인이 손익분배를 조작하기 위하여 자기신탁 등을 설정하는 유형이다. 자기신탁 등으로 수익권을 자회사 등에게 취득시켜 사업의 이익을 자회사 등으로 변환하는 경우에는 적자인 자회사 등에 흑자인 신탁의 이익을 귀속시켜 손익통산에 의해 법인세를 회피할 가능성이 있다.

4. 국세조세 관련사항

세법상 신탁관련규정은 신탁법을 기반으로 하여 규정되어 있기 때문에 외국법을 준거법으로 하는 신탁이 우리 신탁법을 준거로 한 신탁의 성격을 가지지 않는 경우에는 외국신탁에 대한 과세관계에 대하여 쉽게 판단할 수 없는 경우가 발생될 것으로 예상된다. 이에 대한 심도있는 검토가 기대된다. 특히 외국신탁과 관련하여 거주지 문제에 대한 검토가 이루어져야 할 것이다. 신탁관계의 당사자로서는 위탁자, 수탁자, 수익자, 신탁재산의 소재지 네 가지를 생각할 수 있고 이들이 각각 다른 국가에 존재하는 경우 신탁의 거주지가 어디로 될 것인가가 문제로 된다. 가령 경제관계에 착안하여 수익자의 거주지라 해석하더라도 수익자가 다수 존재하고 서로 다른 국가에 거주하는 경우에는 판단이 쉽지 않을 것이다.

5. 국세기본법 관련사항

수탁자의 변경에 의해 신탁에 관한 권리의무가 승계된 경우 수탁자가 지는 신탁재산책임부담채무로 되는 국세의 납세의무도 신수탁자가 승계하게 된다. 수탁자의 변경이 있는 경우와 마찬가지로 임무종료수탁자가 부담하는 신탁재산책임부담채무로 되는 국세의 납세의무에 대해서도 그 신탁사무를 인계받은 수탁자가 승계하게 된다. 그리고 신탁이 종료한 경우에는 청산수탁자에 의해 신탁의 청산이 행하여지지만 신탁에 관련된 채무를 변제한 후가 아니면 잔여재산을 잔여재산수익자 등에게 급부할 수가 없는 것과 마찬가지로 국세가 미납인 상태인 때에는 청산수탁인 및 잔여재산수익자등은 제2차납세의무를 져야 할 것이다.

6. 국세징수법 관련사항

신탁재산에 속하는 재산에 대한 체납처분이 집행된 후에 수탁자가 변경되어 신수탁자가 취임할 경우 또는 수탁자인 법인의 분할에 의해 분할승계법인이 수탁자로서의 권리의무를 승계한 경우에는 그 재산에 대하여 체납처분을 속행할 수 있어야 할 것이다. 그리고 채무자가 채권자를 해함을 알고 신탁을 설정한 경우에는 수탁자가 선의인 경우에도 채권자가 사해신탁취소권을 행사할 수 있으므로 조세채권자인 국가 등은 사해신탁을 취소한 후에 압류를 행하게 된다.

7. 기타사항

위에서 언급한 사항 이외에도 공익신탁규정의 목적신탁규정과의 통합문제, 부가가치세, 종합부동산세, 인지세, 지방세 등 전반의 세목에 미치는 영향을 검토하여야 할 것이다.

Ⅳ. 맺음말

신탁법의 개정으로 신탁과세의 구조를 재검토·재구축할 수 있는 좋은 기회라고 말할 수 있다. 따라서 다음과 같은 논의가 필요할 것으로 생각된다.

첫째, 기존의 신탁유형과 새로이 신설될 신탁유형을 신탁의 내용, 특성 및 신탁과세 이론에 적합하게 분류하여 이에 상응하는 신탁세제를 체계적으로 정비하여야 할 것이다. 최근에 신탁법을 전면개정하고 신탁세제를 개편한 일본의 제도도 참고가 될 수 있을 것이다. 아울러 신탁재산을 수탁자, 위탁자 또는 수익자와 다른 별개의 납세의무자로 삼아 신탁재산에서 발생하는 소득에 대하여 과세하는 미국의 제도도 면밀히 검토할 필요가 있을 것이다.

둘째, 새로운 유형의 신탁인 수익증권발행신탁, 수익자의 정함이 없는 신탁(목적신탁), 법인인 위탁자가 스스로 수탁자가 되는 신탁(자기신탁), 수익자연속형신탁 및 신탁의 병합·분할에 대응하기 위한 과세관계를 명확히 하여야 할 것이다.

셋째, 종래부터 신탁이라 함은 "nobody's property"라고 불리우고, 그 소유권의 권능이 분산되는 것이 신탁의 이점이지만, 그 배후에 신탁은 소득이나 재산은폐수단으로 이용되는 것이 염려된다. 특히 수익자를 지정하지 않는 목적신탁이나 위탁자가 수익자를 겸하는 자기신탁의 경우 법인에 있어서 법인분할과 동일하게 이용될 가능성이 있고, 과세관계가 다양화질 것으로 생각된다. 따라서 조세공평의 관점에서 신탁을 이용한 조세회피를 방지할 수 있는 방안을 마련하되 경제활성화를 위하여 활용되는 신탁의 이용이 억제되지 않도록 조화를 이루어야 할 것이다. 일본의 제도 중 법인과세신탁의 도입문제 등도 검토되어야 할 것이다.

넷째, 국제신탁의 과세관계에서는 수익자의 거주지국, 위탁자의 거주지국, 소득의 원천지국이 중요한 요소로 작용한다. 따라서 국제적 신탁의 이론적 검토와 규정의 정비 또한 게을리 해서는 아니될 것이다.

1.1.3. 개정신탁법 시행에 따른 신탁과세구조의 개선방안*

김종해** · 황명철***

국문요약

개정신탁법이 2012년 7월 26일부터 시행되었다. 개정신탁법의 취지는 변화된 경제현실을 반영하고 글로벌스탠더드에 부합하도록 개선하며, 신탁의 활성화를 위한 법적 기반을 마련하기 위한 것이다. 이는 우리나라의 노령화의 진행에 따른 기존 금융시스템 이외의 다양한 자산 및 자금운용에 대한 욕구가 증대되고 있는 상황에서 신탁에 대한 관심이 높아지는 것과 맥을 같이 한다.

본 연구는 신탁을 통한 조세회피가능성을 최소화함과 동시에 신탁과세제도의 법적 안정성을 높이기 위하여 다음의 사항을 검토하여 현행 신탁과세구조를 개선해 보고자 한다.

첫째, 현행 신탁과세이론이 도관이론만을 적용하고 있어 위탁자를 통한 과세이연 등의 문제를 해소하기에는 역부족이다. 따라서 현행신탁과세이론에 실체이론을 도입하여 위탁자중심의 신탁운용방식에서 수탁자중심의 신탁운용방식으로 전환할 필요가 있다.

둘째, 손익분배기준을 규정할 필요가 있다. 손액분배기준은 개별수익자의 손익이 아닌 전체신탁재산손익이 기준이 되어야 하며, 분배비율은 신탁계약에 따르고 수익비율과 손실비율이 다를 경우에는 수익비율에 따라 손실비율을 정하여야 한다.

셋째, 신탁존속기간을 제한할 필요가 있다. 개정신탁법에서도 이에 대한 규정이 없어 신탁을 통한 조세회피가능성이 여전히 존재하고 있는 상황이다. 이를 최소화하기 위해 경제적 효율성측면에서 신탁존속기간을 제한할 필요가 있다.

넷째, 개정신탁법에서 도입한 수익자연속신탁과 유언대용신탁에서 존재하는 장래이익(future interest)에 대한 적절한 대응 규정을 마련할 필요가 있다. 이러한 이익은 현행 사법상 소유권의 개념과 충돌할 수 있는 여지가 있기 때문에 먼저 사법에서 정리할 필요가 있고, 과세당국이 장래이익의 과세근거를 명확히 할 수 없어 불필요한 조세마찰을 초래할 수 있기 때문이다.

다섯째, 상속세 및 증여세법 제13조 제1항과 제53조와 관련된 증여재산공제방식인 증여행위별 과세방식에서

* 『세무와 회계저널』 제13권 제3호(2012.9, 한국세무학회)에 게재된 논문이다.
** 강남대학교 세무학과 겸임교수, dawnsea5@naver.com, 제1저자
*** 서울디지털대학교 재경회계학과 교수, taxmch@sdu.ac.kr, 교신저자

기간단위과세방식으로 선환할 필요가 있다. 이는 생선승여로 인하여 승여세 및 상속세 회피를 방지하는데 한계가 있기 때문이다. 이는 신탁이 다른 제도 비하여 설정기간이 장기이므로 현행 규정이 이에 적절하게 대응하기 어려운 측면이 존재하기 때문이다.

위에서 제시한 본 연구의 개선안이 현행 신탁세제에 반영되어 신탁법과 신탁세제가 서로 안정된 조화를 이루는데 기여하고자 한다.

☑ 신탁존속기간, 신탁실체이론, 기간단위과세방식, 장래이익

Ⅰ. 서 론

신탁이란 신탁을 설정하는 자(이하 '위탁자'라 한다)와 신탁을 인수하는 자(이하 '수탁자'라 한다) 간의 신임관계에 기하여 위탁자가 수탁자에게 특정의 재산(영업이나 저작재산권의 일부를 포함)을 이전하거나 담보권이 설정 또는 그 밖의 처분을 하고 수탁자로 하여금 일정한 자(이하 "수익자"라 한다)의 이익 또는 특정의 목적을 위하여 그 재산의 관리, 처분, 운용, 개발, 그 밖에 신탁 목적의 달성을 위하여 필요한 행위를 하게 하는 법률관계를 말한다(신탁법 제2조).

이러한 신탁은 2009년에 신탁법개정안이 마련되었고, 신탁법의 개정취지는 신탁법을 변화된 경제현실을 반영하고, 글로벌스탠더드에 부합하도록 개선하기 위해 기존 신탁법체계를 전면 수정하여 신탁의 활성화를 위한 법적 기반을 마련하려는 것임을 명백히 밝히고 있다. 이러한 개정취지는 우리나라의 노령화의 진행에 따른 기존 금융시스템 이외의 다양한 자산 및 자금운용에 대한 욕구가 증대되고 있는 상황에서 신탁에 대한 관심이 높아지는 것과 맥을 같이 한다.

이러한 신탁은 2012년 7월 26일 개정신탁법이 시행되었고, 이에 따라 현행 신탁세제의 개정을 요구하고 있는 시점이다. 현시점에서 고려해야 할 신탁세제의 주요 논점은 다음과 같다.

첫째, 현행 신탁과세이론이 도관이론만을 적용하고 있어 위탁자를 통한 과세이연 등의 문제를 해소하기에는 역부족이다. 따라서 현행신탁과세이론에 실체이론을 도입하여 위탁자중심의 신탁운용방식에서 수탁자중심의 신탁운용방식으로 전환할 필요가 있다. 이에 따라 신탁을 납세의무자로 간주할 필요가 있다. 둘째, 손익분배기준을 규정할 필요가 있다. 손액분배기준은 개별수익자의 손익이 아닌 전체신탁재산손익이 기준이 되어야 하며, 분배비율은 신탁계약에 따르고 수익비율과 손실비율이 다를 경우에는 수익

비율에 따라 손실비율을 정할 필요가 있다. 셋째, 신탁존속기간을 제한할 필요가 있다는 점이다. 개정신탁법에서도 이에 대한 제한이 없어 신탁당사자들이 신탁을 통한 조세회피가능성이 여전히 상존하고 있는 상황이다. 이는 조세평등주의를 저해하는 요소 중 하나이다. 넷째, 개정신탁법에서 도입한 수익자연속신탁과 유언대용신탁에서 존재하는 장래이익(future interest)에 대한 적절한 대응방법을 마련할 필요가 있다. 이러한 이익은 현행 사법상 소유권의 개념과 충돌을 예고하고 있어 사법에서 먼저 정리할 필요가 있다. 이는 과세당국이 장래이익의 과세근거를 명확히 할 수 없어 불필요한 조세마찰을 초래할 수 있기 때문이다. 다섯째, 상속세 및 증여세법 제13조 제1항과 제53조와 관련된 증여재산공제방식인 증여행위별과세방식에서 기간단위과세방식으로 전환할 필요가 있다. 이는 생전증여로 인하여 증여세 및 상속세 회피를 방지하는데 한계가 있기 때문이다. 이는 신탁이 다른 제도 비하여 설정기간이 장기이므로 현행 규정이 이에 적절하게 대응하기 어려운 측면이 존재하기 때문이다.

본 연구는 이러한 주요 논점을 중심으로 신탁법개정에 따른 신탁세제의 개선방안을 제시하여 신탁법과 신탁세제가 서로 안정된 조화를 이루는데 기여하고자 한다.

연구의 구성은 1장의 서론에 이어 제2장에서 신탁의 일반이론을 살펴보고, 제3장에서 우리나라의 현행 신탁과세구조를 검토한다. 제4장에서는 개정신탁법 시행에 따른 우리나라 신탁과세구조의 개선방안을 제시하고, 제5장에서 요약 및 결론을 기술한다.

II. 신탁의 일반이론

1. 신탁의 기본구조

가. 신탁의 성립요건

신탁의 구성요소는 신탁설정의사(trust intent), 신탁재산, 수익자의 확정이나 신탁의 목적, 위탁자, 수탁자, 수익자이고, 이 중 신탁설정의사, 신탁재산, 수익자는 확정될 것을 전제로 한다(Penner 2008, 168~169).

신탁은 계약(위탁자와 수탁자), 유언(위탁자), 신탁선언(신탁의 목적, 신탁재산, 수익자(제106조의 공익신탁의 경우에는 제67조 제1항의 신탁관리인을 말한다)) 등을 특정하고 자신을 수탁자로 정한 위탁자의 선언을 통하여 성립한다. 이 중 신탁선언은 과거에는 위탁자에 의한 신탁재산의 잠탈 등을 이유로 허용되지 않았지만, 개정신탁법에서 이를 신탁성립방식의 하나로 채택했다.

나. 신탁의 당사자

(1) 위탁자

위탁자(settlor)는 신탁목적의 설정자이자 신탁행위의 당사자[1]이며 재산출연자의 지위를 가진다. 영미법에서는 위탁자가 수탁자에게 재산을 위임함으로써 위탁자에 의한 신탁의 간섭을 최소화했다. 왜냐하면 위탁자와 수탁자의 권리의무가 중복적으로 전개됨으로 인하여 신탁운용의 법률관계가 복잡해지기 때문이다(최수정 2007, 157). 이에 따라 개정신탁법은 수탁자에게 신탁의 변경, 합병·분할, 종료와 같은 중대한 사항이나 신탁목적에 반할 경우에는 위탁자와 합의할 것을 규정하여 위탁자의 권한을 한정하고 있다.

(2) 수탁자

수탁자(trustee)는 신탁계약에 의하여 위탁자로부터 위탁받은 신탁재산을 관리·처분하고, 신탁재산에서 발생한 경제적 이익을 수익자에게 이전하는 역할을 하는 자를 말한다. 수탁자는 신탁재산의 형식적인 소유자로서 신탁사무 등의 역할을 담당하는 등 신탁관계에서 가장 중요한 존재이다. 수탁자의 신탁재산 관리 및 처분과 관련된 의무는 선관주의의무, 충실의무, 공평의무 등이 있다.[2]

(3) 수익자

수익자(beneficiary)는 수탁자, 신탁재산 등과 함께 신탁에서 기본적인 요소의 하나이며 신탁행위에 기인한 신탁이익을 향수하는 자를 말한다. 현행법상 수익자는 수입수익자(income beneficiary)와 귀속권리자(remaniderman)로 구분된다. 수입수익자는 신탁소득(trust income)의 귀속자로서 소득세와 관련되어 있고, 귀속권리자는 신탁원본을 수령하고 모든 다른 수익자들의 이익이 종료되었을 때 발생하게 된다. 수익자는 신탁법 및 신탁행위에 의하여 인정되는 각종 권리를 갖게 되는데 이러한 권리를 수익권이라고 한다.[3] 수익자는 신탁의 사무 처리에 소요된 비용 등을 지급할 의무나 신탁보수지급의무

---

1) 계약신탁에서는 신탁계약의 일방당사자, 유언신탁에서는 단독행위인 유언의 작성자, 신탁선언에서는 수탁자의 지위를 갖는다.
2) 이 중 선관주의의무는 수탁자의 재량권범위와 관련되고, 충실의무는 신탁재산의 실질적 소유자인 수익자를 위해서만 행해지는 의무로서 개정신탁법에서 이를 명문화했다. 또한 공평의무는 신탁재산의 수익 및 비용의 분배에 있어서 수탁자의 자의적 분배를 최소화하는 기능을 수행한다.
3) 이러한 수익권에는 현재이익(present interests)과 장래이익 또는 기대권(future intersts)으로 구분되며, 수익자는 수익권을 포기나 양도할 수 있다. 또한 수익권은 수익자 고유의 권리(interests of the benefi-ciaries)로서 수익자 지위를 보호하는 중요한 역할을 수행한다. 그리고 복수수익자의 수익권은 서로 다른 수익권에 의하여 자기의 수익권을 제약받으며, 동종 수익권도 수량이나 비율에 의해 서로 제약된다.

등이 있다. 한편, 수익자와 관련된 개념은 수익자원칙(beneficiary princle)과 수익자확정성을 들 수 있다.

2. 신탁의 기본구조에 관한 학실

신탁의 기본구조에 관한 학설에는 채권설, 물권설(수익자 실질소유권설), 신탁재산의 실질적 법주체설을 들 수 있다.

가. 채권설

신탁재산에 관한 권리가 완전히 수탁자에게 귀속하고, 수익자는 신탁재산에 관한 권리를 가지는 것은 아니고, 수탁자에 대하여 신탁재산의 관리·처분에 기인한 이익을 향유하는 채권을 가지고 있다는 학설이다(최동식 2006, 56). 이 학설은 19세기 말에 영국과 미국에서 동시에 주장된 학설로서 일본 신탁법에 반영된 통설적 견해이다.[4]

나. 물권설

물권설은 수익권을 신탁재산에 관한 물권 또는 물권적 권리로 파악하는 학설이다. 이 견해는 수익자가 신탁재산에 대하여 갖는 수익권을 신탁재산의 실질적인 소유권으로 파악하는 '수익자 실질소유권설'과 신탁재산을 구성하는 소유권 등의 권리는 수탁자에게 귀속하고, 수익권은 신탁재산의 소유권과 다른 권리로서 신탁재산에 관한 '물권적 권리'로 보는 견해로 나누어진다.[5]

---

4) 이 설에 의하면 신탁행위는 '재산권의 이전 또는 기타의 처분'과 '일정한 목적을 위한 관리·처분'이라는 두 가지 요소로 구성되어 있다. 전자의 신탁행위는 물권적 효력을 부여하고, 후자의 신탁행위는 채권적 효력을 부여하고 있다(新井誠 2002, 35). 전자의 재산권이전은 관리권·처분권뿐만 아니라 그 명의까지 포함하여 위탁자로부터 수탁자에게 법률상 완전히 이전하는 것을 말한다. 후자의 재산권이전은 일정한 목적을 위한 관리·처분의 채권적 구속력을 통하여 신탁재산의 관리·처분을 제한하는 것을 말한다. 그리고 이러한 구속력은 수익자에 대하여 수탁자에 관한 채권적 청구 형태로 나타나게 된다(안성포 2007, 755). 이를 채권설이라 한다.

5) 전자는 영국의 물권설로서 수탁자는 신탁재산의 형식적인 권리자로서, 신탁관계에서 부여된 권한의 범위 내에서 신탁재산을 관리·처분하는 권능만을 갖게 된다. 따라서 수탁자가 부여된 권한을 위반하여 신탁재산을 관리·처분하는 경우, 이러한 관리·처분은 수탁자의 권능에 포함되지 않는 한 관리·처분은 무효이므로, 수익자는 신탁재산의 실질적 소유권자로서 신탁재산을 취득한 제3자에게 자신의 권리를 주장할 수 있다(최동식 2006, 58). 다만, 수탁자는 형식적인 소유권자이지만, 제3자에 관한 관계에서 신탁재산의 '소유권자'이므로 제3자가 수탁자의 신탁위반에 대하여 선의·무과실인 경우에는 예외적으로 제3자에게 신탁재산에 관한 소유권을 인정하고 있다.

후자는 미국의 물권설로서 신탁재산에 관한 소유권 등의 권리는 수탁자에게 귀속하고, 수익권을 소유권과 분리하여 신탁재산에 관한 물권적 권리로 보고 있다. 이 견해에 의하면, 신탁재산에 관한 수익권은 신탁재산에 관한 권리로서 물권적 권리로 분류되지만 구체적인 내용에는 신탁관계로부터 이익을 향유

다. 실질적 법주체성설(신탁재산 법주체설)

실질적 법주체성설은 신탁이란 신탁관계 각 당사자로부터 독립한 실질적인 법주체성을 가지는 신탁재산에 관하여 명의 및 배타적 관리권을 가지는 수탁자가 신탁의 이익을 향유하는 수익자의 이익을 위하여 신탁목적에 따라 관리·처분하는 형태를 말한다. 이 관계에서 수익자가 갖는 수익권은 신탁재산의 소유권은 아니고 원칙적으로 실질적 법주체성을 가지는 신탁재산에 관한 채권이지만, 신탁재산과의 물적 상관관계를 가지는 물적 권리를 갖고 있다(四宮和夫 1989, 76~77).[6]

3. 신탁 기본구조의 학설과 신탁과세이론과의 관계

가. 신탁실체이론과 신탁재산 법주체설(실질적 법주체성설) 및 채권설

신탁실체이론은 신탁재산 자체를 하나의 과세상 독립된 주체로 인정하여 세법을 적용하자는 견해와 신탁재산이 아닌 수탁자를 납세주체로 하여 신탁과세제도를 운영하자는 견해로 나누어 볼 수 있다(김재진·홍용식 1998, 106).

전자의 신탁재산설은 신탁재산이 독립된 법적 주체라는 입장을 취하는 신탁재산 법주체설의 영향을 받은 견해이고, 후자의 수탁자설은 신탁재산은 수탁자에게 완전히 귀속된다는 신탁행위에 관한 채권설의 영향을 받은 입장이라고 볼 수 있다(홍용식 1999, 154). 신탁실체이론이 신탁을 실체로 보고 과세한다는 점에서 신탁재산 법주체설에 의한 신탁재산설이 타당할 수 있으나, 채권설의 영향을 받은 수탁자설도 신탁재산을 수탁자의 고유재산과 분리하여 독립된 실체로 본다는 점에서 실질적으로 신탁재산설과 차이가 없다(홍용식 1999, 59; 이중교 2009, 328).

나. 신탁도관이론과 물권설(수익자 실질소유설)

신탁도관이론은 수익권을 신탁재산에 관한 물권 또는 물권적 권리로 파악하는 물권설 중 수탁자는 신탁재산의 형식적 소유자에 불과하고 수익자가 신탁재산에 관하여 가지는 수익권을 신탁재산의 실질적인 소유권으로 파악하는 '수익자 실질소유권설'과 관련성이 깊다고 볼 수 있다(김병일 2010, 315).

하는 것을 목적으로 하고 있어서 신탁재산에 관한 일종의 채권적 권리로 보고 있다(최동식 2006, 58).

6) 수익권의 법적 성질에 관한 실질적 법주체성설의 이론구성은 수익자가 신탁재산에 대하여 갖는 수익권은 신탁재산에 관한 권리라는 의미에서 물권적 권리로 분류되지만 권리의 구체적인 내용에서는 신탁관계로부터의 이익을 향유하는 것을 목적으로 한 신탁재산에 관한 일종의 채권적 권리라는 설명과 실질적으로는 동일하다고 볼 수 있다(四宮和夫 1989, 60).

Ⅲ. 우리나라의 현행 신탁과세구조

1. 신탁의 납세의무자

신탁에서 발생한 경제적 이익은 모두 수익자에게 귀속됨에 따라 소득세법 제2조 제6항 및 법인세법 제5조에서 신탁이익을 신탁이 아닌 수익자에게 귀속시킴으로서 수익자를 납세의무자로 보고 있다. 또한 상속세 및 증여세법 제9조에서 피상속인 신탁한 재산을 상속재산에 포함시키고 있고, 동법 제33조에서 신탁이익의 증여와 관련하여 위탁자인 피상속인을 납세의무자로 보고 있다. 한편, 소득세법 제2조의2 제6항에서는 신탁의 수익자가 불특정하거나 부존재시에는 해당 신탁소득의 귀속자를 신탁의 위탁자 또는 그 상속인으로 보아 이들을 납세의무자가 된다고 보고 있다.

2. 신탁과세대상 및 신탁소득산정방식

가. 신탁과세대상

현행 세법상 신탁이익은 금전신탁, 불특정금전신탁, 금전외신탁에서 발생한 것을 과세대상으로 한다. 다만, 공익신탁에서 발생하는 신탁이익에 대해서는 과세하지 않고 있다(상속세 및 증여세법 제52조). 신탁과세대상은 운용 이익을 금전으로 원금 및 수익을 수익자에게 이전하는 방식인 금전신탁과 신탁인수시에 신탁재산으로 유가증권·금전채권·부동산 등의 금전 이외의 재산으로 구성된 금전외신탁, 그 외에 금전채권신탁과 부동산신탁 등이 있다.

한편, 상속세 및 증여세법상 상속재산[7]이 되는 신탁재산은 피상속인이 신탁한 재산과 피상속인이 신탁으로 인하여 타인으로부터 신탁이익을 받을 권리를 소유한 경우 그 이익의 상당한 가액으로 보고 있다. 다만, 타인이 신탁의 이익을 받을 권리를 소유하고 있는 경우 그 이익에 상당하는 가액(가액)은 제외한다(상속세 및 증여세법 제9조 제1항 및 제2조). 신탁이익을 받을 권리를 소유하는 판정은 동법시행령 제25조에 의해 원본 또는 수익이 타인에게 지급되는 경우를 기준으로 한다(동법 제5조). 또한 상속세 및 증여세법상 신탁이익의 증여는 동법 제33조 제1항 및 제2항에서는 신탁계약에 의하여 위탁자가

---

7) 상속세 및 증여세 기본통칙 7-0…1【 상속재산의 범위 】1. 상속재산에는 물권, 채권 및 무체재산권뿐만 아니라 신탁수익권 등이 포함된다.

신탁이익의 전부 또는 일부를 수령할 수익자를 지정한 경우에는 "원본의 이익을 받을 권리를 소유하게 한 경우에는 수익자가 그 원본을 받은 경우나 수익의 이익을 받을 권리를 소유하게 한 경우에는 수익자가 그 수익을 받은 경우"로 보고 있다. 반면에 수익자가 불특정되거나 아직 부존재하지 아니하는 경우에는 위탁자 또는 그 상속인을 수익자로 보고, 수익자가 특정되거나 존재하게 된 경우에 새로운 신탁이 있는 것으로 보고 있다.

나. 신탁소득금액의 산정

신탁소득금액의 계산은 수익자단계가 아닌 신탁단계에서 수탁자가 법인인 경우에는 신탁재산의 소득을 수탁자의 고유재산과 구분하여, 법인세법 규정에 의하여 각 사업연도 소득금액을 산정하는 순자산증가설에 의한 방법을 취하고 있다. 반면에 수탁자가 개인인 경우에도 자신의 고유재산과 신탁재산을 구분하여 소득세법에 의한 소득금액계산에 있어서 소득원천설에 의한 방법을 취하고 있다. 다만, 신탁소득금액산정 특례로서 현행 소득세법 시행령 제26조의2에서는 「자본시장과 금융투자업에 관한 법률」(이하 '자본시장법'이라 한다) 제103조 제1호에 따른 특정금전신탁으로서 소득세법 제4조 제2항을 적용받는 신탁이 있을 때는 집합투자기구로부터의 이익은 자본시장법에 따른 각종 보수·수수료 등을 제외한 금액으로 보고 있다. 또한 소득세법 제46조의2에서는 "종합소득과세표준 확정 신고 후 예금 또는 신탁계약의 중도해지로 인하여 이미 지난 과세기간에 속하는 이자소득금액이 감액된 경우 그 이자소득금액의 계산에 있어서는 중도해지일이 속하는 과세기간의 종합소득금액에 포함된 이자소득금액에서 그 감액된 이자소득금액을 차감할 수 있다. 다만, 국세기본법 제45조의2의 규정에 의하여 과세표준 및 세액의 경정을 청구한 경우에는 그러하지 아니하다"라고 규정하고 있다.

상속세 및 증여세법상 신탁이익의 증여에 대한 소득금액의 산정은 상속세 및 증여세법 시행령 제25조에 의하여 산정된다. 신탁이익을 받을 권리의 증여시기는 일정한 경우를 제외하고는 원본 또는 수익이 수익자에게 실제 지급되는 때로 한다(상속세 및 증여세법 시행령 제25조 제1항). 다만, 수익자가 수회로 분할하여 원본 및 수익을 받는 경우에 있어서 그 신탁이익은 동조 제1항의 규정에 의한 증여시기를 기준으로 동령 제61조 제2호의 규정을 준용하여 평가한 가액으로 한다.

다. 수입시기와 원천징수

신탁재산에서 발생하는 소득은 신탁상품별로 다양하게 발생하며, 수입시기는 신탁단계가 아닌 수익자단계를 기준으로 정하고 있고, 소득별로 각 세목에 따른 수입시기를 적용하고 있다. 한편 현행 세법하에서 신탁은 원천징수의무자로서 이자·배당소득이 발생하는 금전신탁을 주로 운용하는 신탁법인이나 신탁에게도 지위를 부여하고 있다.

원천징수시기는 해당 소득금액 또는 수입금액을 실제로 지급하는 때 또는 지급의제시기이며, 예외적으로 일정한 경우에 한하여 실제로 지급하는 때로 규정하고 있다(소득세법 기본통칙 127−0···5).

Ⅳ. 개정신탁법 시행에 따른 우리나라 신탁과세구조의 개선방안

1. 현행 신탁과세방식의 개정방향

현행 신탁세제의 과세이론은 신탁도관이론(trust conduit theory)이다. 이 이론은 신탁재산을 독립적인 실체로 인정하지 않고 단순히 수익자에게 신탁수익을 분배하기 위한 수단 또는 도관(conduit, pipe)으로 보아 신탁소득에 대한 과세는 분배하기 전의 운용과정에서 발생된 소득의 내용에 따라 세법을 적용하여야 한다. 이와 같은 견해는 신탁은 과세상의 실체로 인정되지 않기 때문에 신탁수익에 대해서 납부의무를 부담시키지 않고 신탁 수익을 각 수익자에게 그 지분비율에 따라 분배한 것으로 간주하고 수익자에게 법인·소득세를 부과하게 된다.

이러한 신탁도관이론에 기초한 현행 신탁세제는 실질과세의 원칙을 반영하고 있고 이중과세를 방지하고 있지만, 다음과 같은 문제점이 존재하고 있다. 첫째, 신탁도관이론은 신탁소득을 신탁에 유보하되, 이에 관한 규정이 존재하지 않아서 발생하는 과세이연을 방지할 수 없다. 둘째, 신탁유형에 따라 발생한 법률관계를 토대로 각 유형별로 과세하고 있다. 그러나 이러한 과세방법은 다양한 경제상황과 요구에 따라 다양한 신탁유형이 출현될 경우에 이를 세법에서 개별적으로 대응하게 되는 비효율성을 초래하게 될 것이다(김병일·남기봉 2012. 376). 이와 같은 문제를 해소하기 위하여 현행 신탁세제에 신탁실체이론(trust entity theory)을 가미하여 신탁소득의 과세이연문제를 해소함과 동시에 이를 반영한 신탁과세구조를 마련할 필요가 있다.

새로운 신탁과세구조를 마련하기 위하여 미국의 신탁과세구조와 우리나라의 신탁법과 매우 유사한 일본의 신탁과세구조를 살펴볼 필요가 있다.

미국의 신탁과세구조는 신탁이 신탁소득을 수익자에게 실제로 분배하는 것과 관계없이 1차적으로 신탁소득에 대하여 신탁이 납세의무를 부담하고 있다. 다만, 실제로 신탁소득이 수익자에게 분배된 경우에는 그 부분에 대하여 비과세함으로써 이중과세를 방지하고 있으며(IRC §§ 651(a) and 661(a)), 신탁에 대하여 개별적인 세율구조를 갖고 있다.

일본은 2006년 신탁법의 개정에 따라 2007년 말에 신탁세제를 개정했고, 이에 따라 다음과 같이 세 가지 신탁과세방식을 취하고 있다. 이러한 방식은 소득세, 법인세, 상속세 및 증여세에서 확인될 수 있다(奧村眞吾 2008, 18).[8]

첫째, 신탁원본전부과세방식(The Full Corpus Taxation)은 신탁재산의 소유자를 현재 수익자로 간주하고, 이러한 간주소유자에게만 과세하는 방식이다(Okamura 2009, 6). 즉 현재 수익자가 신탁의 모든 재산을 소유한 것으로 간주하기 때문에, 수익자가 변경되거나 신탁설정계약이 변경될 때는 신탁의 모든 재산은 위탁자에게서 첫 번째 수익자로 이전된 것으로 간주되거나 전자수익자(the former beneficiary)에게서 다음수익자(the next beneficiary)로 이전된 것으로 간주된다. 이 방식의 특징은 간주소유권과 신탁원본의 간주이전이다.[9] 이 방식에서는 신탁에 대해서 과세하지 않는다. 이는 현행 일본 수익자 등 과세신탁에 해당하는 신탁유형에 적용된다.[10] 수익자등 과세신탁은 도관이론을 근거로 하여 수익자과세원칙을 적용한 유형으로서, 신탁재산에 관한 자산·부채 및 수익·비용은 수익자의 것으로서 취급된다(일본 법인세법 제12조 제1항). 수익자등 과세신탁의 과세구분은 신탁이익이 발생하는 시기에 이루어지며, 수익자단계에서 과세가 이루어지고, 과세시기는 신탁수익이 발생한 직후에 성립된다. 수익자등 과세신탁은 주로 상속 및 증여세와 관련되어 있다.

둘째, 신탁원본분배과세방식(The Divided Corpus Taxation)이다(Okamura 2009, 6~7). 이 방식은 원본의 소유자를 현재 수익자로 간주하고 있고, 간주소유자에게 과세하고 있다. 그러나 하나 이상의 수익자가 존재할 경우 원본에 대하여 각각 수익자의 지분은 수익의 내용에 따라 결정된다. 그리고 이 방식은 일반적으로 개인 및 법인세에서 적용된다. 이 방식은 소위 위탁자신탁의 과세방식으로 위탁자가 특정한 통제력이나 지배력이 있는 신탁을 말한다. 이러한 위탁자가 수익자가 되는 것을 간주하는 효과가 있다. 그러나 이 방식은 첫째방식과 기본적인 논리를 공유하고 있다. 즉 현재수익자가 신탁재산의

---

8) 일본의 신탁과세 구조를 정리하면 다음과 같다.

신탁의 종류	납세의무자	과세구분	과세방법	과세시기
수익자등 과세신탁	수익자 등	발생시 과세	수익자단계 과세	신탁수익이 발생한 때
집단투자신탁	수익자	수령시 과세	수익자단계 과세	신탁수익을 현실적으로 수령한 때
법인과세신탁	수탁자	신탁시 과세	신탁단계법인 과세	신탁단계에서 수탁자를 납세의무자로 하여 법인세를 과세

9) The result of this taxation is similar to that of I.R.C. §2702, which requires inclusion of the full value of trust corpus into the taxable gift in certain inter vivos trusts: Okamura 6, 각주8) 재인용.
10) 수익자등 과세신탁에는 퇴직연금신탁, 특정공익신탁 또는 법인과세신탁을 제외한다.

소유자로 간주된다는 점이다. 따라서 신탁이 설정되거나 수익자가 변경될 때마다 전부 또는 부분적으로 원본은 이론상 수익자나 수익자 간에 이전된다. 그리고 이러한 가액은 상속세 및 증여세 부과대상이다. 이 방식도 첫째 방식과 마찬가지로 신탁에 대하여 과세하지 않는다.

셋째, 신탁수입수익과세방식(The Beneficial Interest Taxation)이다(Okamura 2009, 7). 이 방식은 법인으로서 신탁을 처리하는 것이고, 법인의 지분으로 이 수입수익(benefit income)을 처리한다. 즉 이 방식은 신탁의 재산이 아닌 신탁의 수입수익에 초점을 맞추고 있고, 신탁의 소득을 법인의 주식과 같은 이익으로 처리한다. 이 방식은 주로 자회사나 투자기구를 대리하는 법인관련기업신탁과 투자신탁 등 법인과세신탁에게 적용된다. 이 방식에서 일정요건을 충족한 신탁이 법인세를 부담하게 된다. 게다가 원본분배가 아닌 수입수익은 수익자단계에서 부과되므로 이중과세문제는 발생하기 않는다. 이는 현행 일본 법인과세신탁에 해당하는 신탁유형에서 적용되는 방식이다(일본 법인세법 제2조 제29호의 2).[11]

이상과 같은 미국과 일본의 신탁과세구조의 특징은 신탁을 납세의무자(일본의 수익자 등 과세신탁 제외)로 보고 있다는 점이다. 이는 전술한 바와 같이 신탁을 통한 신탁소득의 과세이연방지뿐만 아니라 위탁자 및 신탁 당사자에 의한 조세회피를 방지하기 위한 조치라고 판단된다. 이러한 신탁관련 조세환경은 우리나라도 다르지 않을 것으로 본다. 따라서 우리나라가 채택할 신탁과세구조의 방향은 조세회피를 최소화함과 동시에 신탁제도를 저해하지 않아야 할 것이다.

그리고 우리나라가 채택할 신탁과세구조는 신탁과세이론에 신탁실체이론을 가미할 것인지에 대한 검토가 선행되어야 할 것이다. 이 문제는 세법상 신탁유형의 분류와도 직접적으로 연관된 것이다. 왜냐하면 신탁의 유형이 다양함으로 각각 신탁별 개별적인 과세방법을 마련하는 것은 비효율적이기 때문이다. 신탁실체이론 도입의 필요성은 과세이연이나 조세회피 등과 같은 문제를 해소할 수 있다는 측면과 신탁운용방식을 위탁자중심에서 전문가인 수탁자중심으로 전환할 수 있는 계기가 될 수 있을 것이다. 이러한 이유는 경제규모의 확대와 그에 따른 다양한 자산유형(파생상품 등)의 등장으로 인하여 신탁재산운영의 전문가인 수탁자의 능력이 더욱더 중시되고 있기 때문이다. 그렇다 하여 위탁자의 신탁재산에 대한 영향력이 축소되는 것도 아니고 수익자의 고유권한이 침해되는 것도 아니다. 왜냐하면 개정신탁법에서 수탁자의 의무가 이전보다 더 강화되

---

11) 법인과세신탁의 유형은 수익증권발행신탁, 수익자가 존재하지 않는 신탁(목적신탁), 자기신탁, 투자신탁 중 증권투자신탁과 공모 등에 의한 투자신탁, 특정목적 신탁으로 구분된다.

고 있기 때문이다.[12] 이러한 즉면에서 신탁세제가 신탁실체이론을 도입하는 것은 현재 경제상황이나 조세환경에 크게 무리가 되는 것은 아니라고 생각된다.

구체적으로 우리나라가 도입할 신탁과세구조는 크게 미국방식과 일본방식을 고려할 수 있다. 미국방식은 이중과세방지와 과세이연을 원천적으로 차단하고 있다는 즉면과 미국신탁법상 신탁유형을 세법상 독립적으로 분류하여 적용하고 있다는 점에서 매우 의미가 있다. 하지만, 영미법계의 법률체계와 현행 사법과의 법률체계의 차이로 인하여 세법과 사법과의 충돌을 야기할 수 있는 단점이 있다. 일본방식은 현행 사법이 일본사 법체계와 매우 유사하여 세법과의 충돌을 최소화 할 수 있는 즉면과 현행 세법이 일본 세법과 매우 유사하여 일본방식의 적용에 있어서 무리가 없을 수 있지만, 일본 법인과 세신탁에 한하여 신탁실체이론을 적용하고 있는 반면, 수익자등 과세신탁에 적용하지 않아서 모든 신탁에 대한 과세이연을 방지하지 못하는 문제가 존재하고 있다. 또한 세 법상 신탁유형의 분류에 있어서 일본은 그 종류를 한정하고 있어서 새로운 신탁유형의 출현에 따라 사법 및 세법 등의 개정절차가 추가적으로 필요한 즉면이 존재한다.

따라서 우리나라가 채택할 신탁과세구조는 현행 사법과의 충돌을 최소화한다는 즉면 과 개정신탁법이 일본신탁법과 유사한 것을 고려할 때, 일본방식을 채택하는 것이 효 율적일 수 있다. 즉 일본방식은 세법상 신탁유형에 따라 수익자과세방식(수익자등 과세신 탁)과 수탁자과세방식(법인과세신탁)으로 나누고 있다. 다만, 일본방식 중 다음과 같은 점 을 수정하여 우리나라 신탁과세구조를 변경할 필요가 있다고 본다.

첫째, 미국방식 중 신탁이 수익자에게 신탁소득을 분배하는 것과 관계없이 매년 신 탁소득에 대하여 신탁에게 과세한다는 규정을 도입할 필요가 있고, 신탁에게 과세된 부분에 대하여 수익자가 수탁자로부터 신탁소득을 분배받을 때, 이 부분에 대하여 비 과세한다고 규정할 필요가 있다. 그리고 이 규정은 일본방식과 달리 신탁유형과 관계 없이 모든 신탁에게 적용할 것을 추가할 필요가 있다. 이를 통하여 과세이연을 원천적 으로 차단할 수 있고, 이중과세를 방지할 수 있기 때문이다. 또한 이러한 과세방식은 신탁원본과 신탁수익에 대한 추적기능을 가능케 하여 조세회피를 차단하는 역할로도 활용될 수 있다. 이와 관련하여 신탁법 제37조는 수탁자로 하여금 수탁자의 고유재산 과 신탁재산을 분별하여 관리할 것을 정하고 있다. 이 규정에 따라 현행 법인세 113 조 제2항에서도 신탁재산과 고유재산을 구분하고 있을 뿐 원본 및 수익에 대한 구분기 준을 마련하고 있지 않다. 다만, 기업회계기준 제105호 신탁업자의 신탁계정에 대한 회

---

12) 개정신탁법에서는 충실의무(신탁법 제33조 및 제34조)와 공평의무(신탁법 제35조)를 명시하여 수탁자의 신탁운용에 관한 의무를 강화하고 있기 때문이다.

계처리기준이 마련되었지만, 현행 신탁도관이론상 신탁원본과 신탁수익의 추적에 있어서 한계가 있기 때문에 이에 대한 입법적 보완이 필요하다.

둘째, 일본의 법인과세신탁은 수익자가 법인이든 개인이든 법인세율을 적용(일본 법인세법 제4조)하고 있기 때문에 개인소득세율을 적용받는 자에 비하여 개인인 수익자는 법인과 개인간의 세율차이로 인하여 조세혜택을 부여받는다고 사료된다.[13] 이 신탁의 납세의무자는 수익자가 아닌 수탁자이기 때문이다. 이와 같은 과세방식은 우리나라처럼 법인세율과 소득세율의 차이가 큰 상황에서 개인수익자에게 큰 조세혜택을 부여하게 된다. 이를 해소하는 방안으로는 신탁에 대한 독립적인 세율구조를 신설하는 것으로서 미국에서 시행하고 있는 제도이다. 이 방안은 현행 세제의 변경을 요구하는 것으로서 상당한 논란이 존재하게 될 것이다. 다른 방안은 현행 동업기업과세특례에서 채택하고 있는 방안일 것이다. 즉 동업기업을 법인으로 간주하는 방식이다. 다만, 동업기업에서 배당받은 자가 법인이나 개인일 경우에는 각각의 해당세율을 적용받는다. 즉 동업기업이 법인이지만, 실질적으로 특정한 경우를 제외하고 동업기업이 아닌 동업자가 납세의무를 부담하게 된다. 이를 신탁에도 적용할 수 있을 것이다. 다만, 동업기업은 신탁과 달리 동업기업의 소득의 계산 및 배분명세 신고의무가 부여되어 있다는 면이 다를 뿐이다.[14] 따라서 신탁에게도 동업기업의 소득계산 및 배분명세신고의무를 부여하여 소득의 흐름을 추적하여 그 귀속자에게 과세하는 방법을 고려할 수 있다. 이와 같은 사항이 도입된다면, 일본의 법인과세신탁에서 초래되는 소득세율과 법인세율의 차이로 인한 문제를 해소할 수 있을 것이다.

마지막으로 현행 신탁세제에도 존재하는 위탁자에 대한 과세요건을 강화하여 미국과 영국과 같은 위탁자신탁을 새로이 신설할 필요가 있다. 이를 통하여 위탁자의 지배력기준을 먼저 설정하여야 한다(김병일 · 남기봉 2012, 378~379). 그리고 신탁유형에 관계없이 위탁자 지배력기준에 해당하면 신탁소득에 대하여 위탁자에게 과세하는 방안이다.

이상과 같은 과세방식의 변경을 통하여 현행 신탁세제에 신탁실체이론을 가미하여 신탁을 납세의무자로 간주할 필요가 있다. 이를 통하여 신탁으로 인한 조세회피 등의

---

13) 2009년도 기준 법인의 최고세율이 30%이고, 개인의 소득세율은 40%이다.
14) 조세특례제한법 제100조의23 동업기업의 소득의 계산 및 배분명세 신고.
　① 동업기업은 각 과세연도의 종료일이 속하는 달의 말일부터 3개월이 되는 날이 속하는 달의 15일까지 대통령령으로 정하는 바에 따라 해당 과세연도의 소득의 계산 및 배분명세를 관할 세무서장에게 신고하여야 한다.
　② 각 과세연도의 소득금액이 없거나 결손금이 있는 동업기업의 경우에도 제1항을 적용한다.
　③ 동업기업은 제1항에 따른 신고를 할 때 각 동업자에게 해당 동업자와 관련된 신고 내용을 통지하여야 한다.

분제를 죄소화할 수 있을 것으로 판단한다.

2. 손익분배기준의 설정

손익분배기준은 원본 및 수익의 정확한 구분을 전제로 한다. 이를 통하여 수탁자는 수익자에게 적절한 손익을 분배하고, 과세당국은 이를 기준으로 조세를 부과할 수 있기 때문이다. 이러한 손익분배문제는 주로 복수의 수익자가 존재하는 경우에 발생하게 된다. 이 경우 수탁자의 자의적 분배가능성을 배제하기 어렵기 때문에 미국은 이러한 분배기준을 공평의무(duty of impartiality)에 의하여 근거로 하고 있다. 우리나라도 개정 신탁법 제35조[15]는 수탁자의 공평의무를 명문화하고 있지만, 손익분배기준에 대하여 구체적으로 명시하고 있지 않으므로 불필요한 조세마찰을 초래할 수 있을 것이다. 이를 해소하기 위하여 입법적인 보완이 필요한 시점이다.

우선 손익분배기준을 설정하기 전에 원본 및 수익에 대한 정확한 구분이 필요하다. 이러한 구분은 조세채무를 부담하는 수익자나 승계인에게 자신의 과세소득을 산정함에 영향을 미치고 있고, 다양한 신탁형태의 형태가 출현함에 따라 이에 대한 중요성은 증대될 것이다. 하지만 현행 신탁세제에서는 법인세법 제113조 제2항에서는 신탁재산과 고유재산을 구분하고 있을 뿐 원본 및 수익에 대한 구분기준을 마련하고 있지 않다. 또한 원본 및 수익 구분기준의 부재는 과세당국의 자의적인 원본 및 수익의 구분가능성을 배제하기가 어렵고, 신탁이 원본 및 수익에 대한 구분의 오류로 인하여 납세의무자에게 피해가 발생할 가능성도 존재하고 있다(김병일·김종해 2010, 367).

이와 같은 원본 및 수익의 구분기준의 중요성을 제시한 미국은 통일원본수익법(Uniform Principle and Interest Act:UPIA)에 근거하여 원본 및 수익에 대한 구분을 제시하고 있다. 즉 세무상 원본 및 수익에 대하여 원본을 나무의 줄기로 비유하고 수익을 원본자산에서 발생하는 열매로 보고 원본 및 수익을 구분하고 있다(Jacqueline & Patterson 2004, 108~21). 이러한 구분문제는 실무상 신탁회계상 원본 및 수익에 관한 장부의 관리과정에서 발생하게 된다. 특히 피상속인의 유언이나 신탁증서가 한 사람을 수익자로 다른 사람을 승계인(remainder)으로 지정한 경우와 신탁증서의 규정에서 원본 및 수익의 구분을 비상식적으로 행하는 경우, 그리고 비전문가인 신탁이 법률에 의하여 신탁의 원본 및 수익의 구분을 잘못 이해하는 경우이다(Jacqueline & Patterson 2004, 108~22~23).

---

15) 수익자가 여럿인 경우 수탁자는 각 수익자를 위하여 공평하게 신탁사무를 처리하여야 한다. 다만, 신탁행위로 달리 정한 경우에는 그에 따른다.

미국은 이러한 구분문제를 해소하기 위하여 회계기준과 통일원본수익법을 제정하고 신탁이 이에 근거하여 원본 및 수익을 구분하도록 정하고 있다. 이를 통하여 미국은 손익분배기준을 설정하고 있다.

미국의 손익분배기준은 '수익비율규정(unitrust)방식과 형평적 재배분(equitable reallo-cation)방식'이다. 즉, 수익비율규정방식은 당기 회계기간 중에 신탁으로부터 발생한 수입은 그 형식 여하를 불문하고 우선 원본에 편입된다. 그 후 일정한 지출공식(예컨대, 원본의 5% 상당액이라든지, 인플레이션에 2%를 더한다든지 하는 공식)을 사용하여 '당기의 수익'으로서 분배금액을 결정한다. 한편, 형평적 재배분방식은 원칙적으로는 형식에 따라서 '원본' 및 '수익'을 구별하는 전통적인 관행에 따르지만, 예외적으로 수탁자는 '형평적 재배분'을 행하게 된다. 즉 전통적인 방식이 현재의 수입수익자와 잔여권의 수익자의 필요성에 적절하게 대응하지 못하는 경우에는 수탁자는 공평취급의무를 다하기 위하여 수탁자는 수입을 재배분해야 하는 의무를 부담해야 한다는 것이다(Langbein 1996, 669). 이 중 통일원본수익법에서는 형평적 재배분방식을 채택하고 있다.[16]

이와 관련하여 우리나라에서도 개정신탁법 제35조 공평의무과 기업회계기준 제105호 신탁업자의 신탁계정에 관한 회계처리기준을 마련하고 있지만, 원본 및 수익의 구분기준 및 손익분배기준으로 보기가 어렵다고 판단한다. 따라서 신탁법에서는 공평의무에 근거한 원본 및 수익의 구분기준을 입법적으로 보완할 필요가 있다. 또한 손익분배기준을 설정하기 위해서는 특정수익자간의 유리·불리함을 따지는 것이 아니라 전체신탁재산에 유·불리함을 기준으로 공평의무에 근거하여 마련되어야 한다(이연갑 2009, 39).[17] 따라서 우리나라도 미국의 형평적 재분배방식을 채택할 것을 고려해야 할 것이다. 이와 함께 다음과 같은 후속절차가 필요하다. 첫째, 단일신탁에 복수수익자가 있는 경우에 일방이 신탁의 모든 수익이나 손실을 부담하는 것을 금지할 필요가 있다. 이는 수익자가 신탁소득 이외에 다른 소득과 합산과세 할 때 조세회피를 시도할 수 있기 때문이다. 둘째, 신탁계약시점에서 각 수익자에게 설정된 수익비율이나 손실비율의 변경시에는 이에 대한 적절한 사유를 과세당국에 신고하고, 이를 과세당국의 심사를 받는 방안을 고려할 수 있다. 적절한 사유로서, 수익이나 손실비율의 변경이 조세회피의도가 있는 경우 등이 포함될 수 있을 것이다. 셋째, 수익자 간 수익비율과 비용비율을 달리 설정하는 것을 금지할 필요가 있다. 이는 동업기업과세특례에서 조합원의 수익비율과 비용비율을 달리 설정하는 것을 금지하고 있는 것과 같은 취지이다. 왜냐하면 사법상

---

16) 이에 대하여 UPIA § 104 Trustee's Power to Adjust 참조.
17) 이 경우의 수탁자의 공평의무는 수탁자 재량권의 일탈 또는 남용여부를 판단하는 기준이 된다고 본다.

조합이나 신탁을 합유체로 보고 있고 각 제도의 특성도 유사하기 때문이다(김병일·남기봉 2012, 382~383).

3. 신탁존속기간과 신탁세제와의 관계

영구구속금지의 원칙(the Rule Against Perpetuities: RAP)은 지정된 수익자가 권리행사를 하지 못하는 경우나 기대할 수 없는 경우에는 21년 이내에 확정할 수 없는 수익권을 무효로 한다는 의미이다. 이 원칙은 수익권이 수익자에게 귀속되는데 신탁행위로부터 장기간을 유지한다면, 그 기간 동안 신탁재산은 구속되어 물자의 융통을 저해하여 국민경제상의 이익에 반하게 된다. 그 결과 신탁행위는 상당기간을 넘어 귀속할 수익권에 관하여는 무효가 된다는 것이다(최동식 2008, 78).

영미에서는 신탁설정시 생존자들 중에서 명시적 혹은 묵시적으로 특정된 자의 사후로부터 영구불확정기간(perpetuity period)인 21년 내[18]에 귀속될(vest) 것이 명백하지 않은 미확정의 장래이익(contingent future interest)을 무효로 만든다고 규정하고 있다. 이와 관련하여 John Gray(1942)에 의하면, "이익이 확정되지 않았다면 그 이익은 유효하지 않으며, 만약 이익이 확정되었다면 이익의 유효기간은 이익의 발생시점부터 21년을 초과해서는 안 된다"고 보아 재산의 영구구속을 제한할 것을 주장하고 있다.

이와 관련하여 미국에서 영구적인 신탁을 제한하는 이유는 다음과 같다(Dukeminier 1986, 1868~1869). 첫째, 재산에 대한 '죽은 자의 관리 또는 통제(dead hand control)'를 제한하기 위한 것이고, 현재 세대가 해당 재산을 이용할 수 있도록 허용하는 것이 당연하기 때문이다. 둘째, 시장의 요구에 따라 생산적인 발전을 위하여 재산의 시장성과 유용성을 유지하기 위한 것이다. 셋째, 파산자와 채권자로부터 부유한 수익자를 보호할 수 있기 때문에 신탁을 통제하기 위한 것으로서, 경제발전을 위하여 위험성 있는 자본의 이용을 감소시키기 위한 것이다. 이러한 이유는 대부분 경제적 효율성에 기초하고 있다. 그 이유로 인하여, 신탁존속기간을 제한하는 것은 불확정이익에만 영구구속금지의 원칙을 적용하는 것보다 유리할 수 있다고 보고 있다. 왜냐하면 확정되거나 불확정된(vested or contigent) 장래이익이 존재할 때마다 이와 같은 이익의 처리는 임의적

---

18) Restatement (Second) of Trust § 62, comment a(1959)에서는 이 기간을 21년으로 하고 있다. 이 기간은 신탁설정시로부터 계산하여 그 신탁에서 지정된 수익자가 생존기간에 21년을 더한 연수이다. 예컨대, 위탁자 S가 생존하는 B를 제1수익자, B의 사망 후에는 B의 장남인 C를 제2수익자, C의 사망 후에는 다시 C의 장남 D를 제3수익자로 하는 것과 같은 신탁에서 B의 생존기간에 21년을 더한 기간 내에 C와 D가 확정되지 아니한 경우에는 C와 D에 대하여 무효가 된다.

(compromised)이기 때문이다(Okamura 2009, 4).

이와 같은 미국의 영구신탁제한사유에 대해서 최근 신탁법 및 신탁세제를 개정한 일본도 공감하고 있는 바이다. 그리하여 일본은 제한적이긴 하지만 일본신탁법 제91조에서 이 제도를 수용하고 있는 상황이다. 일본의 신신탁법을 거의 수용한 우리나라의 개정신탁법도 크게 다르지 않다.

신탁법상 신탁존속기간을 제한함에 있어서 고려할 사항은 크게 제한기간과 장래이익이다. 첫째, 제한기간은 한 세대의 평균수명과 인구를 기준으로 산정하는 방법을 고려할 수 있다. 실제로 이 제도를 일부 도입한 일본은 평균수명과 인구에 따라 이를 적용한 수익자연속신탁의 경우 마지막 수익자가 남성이라면 97.5년, 여성이라면 104.5년까지 지속될 것으로 보았다(Okamura 2009, 4, 각주4). 이를 고려하여 이 신탁의 존속기간을 30년으로 제한하고 있다. 이에 대하여 우리나라에서도 도입에 찬성하는 학자들이 있다.[19] 둘째, 장래이익과 관련된 사항이다. 이 이익은 현행 사법상 소유권범위에 포함되지 않으며 상속과 관련된 유류분청구문제와 충돌될 수 있다. 미국과 일본이 신탁존속기간의 제한이유를 경제적 효율성이라는 측면에서 볼 때, 이 규정은 신탁세제측면에서 더 밀접한 관계가 있을 것이다. 즉 현행 신탁과세구조는 사망한 자의 관리 또는 통제, 그리고 위탁자의 영향력에 따른 경제적 비효율성이 존재하기 때문이다. 이러한 측면은 신탁의 역사를 보더라도 충분히 추론이 가능할 것이다(현병철·최현태 2007, 77~117). 즉, 사인들은 신탁을 통한 가족구성원에 대한 부의 이전이나 부의 분산을 통하여 정부의 규제나 조세의 회피를 시도해 왔고, 영미국가는 이에 대응하는 지속적인 세법개정이 이루어졌다. 이와 같은 상황은 우리나라도 다르지 않다.

우리나라의 이러한 문제들은 현행 신탁과세구조에서 기인된 것이다. 현행 신탁과세구조는 신탁도관이론을 채택함으로서, 신탁을 납세의무자로 보고 있지 않다. 이는 신탁에 대한 영향력이 수탁자나 수익자가 아닌 위탁자에게 집중되어 있다는 점을 시사하고 있다. 따라서 현행 신탁과세구조는 위탁자에 의한 조세회피행위에 취약한 구조이다.

이러한 측면에서 볼 때, 신탁존속기간의 제한은 위탁자와 관련된 사항으로 볼 수 있다. 위탁자가 신탁의 설정자이고, 신탁의 영향력 즉 경제적 지배력이 다른 신탁 당사자들보다 높을 것이다. 이러한 이유로 신탁존속기간제한의 필요성이 분명하다는 점이다.

예를 들어, A위탁자(신탁자)가 미성년자 자녀(B, C)의 생활을 위하여 수탁자 D와 신탁

---

19) 임채웅(2009)은 실제 사건에서 문제가 되는 경우에는 일본법을 참조하여 30년 정도를 기준으로 하여 사안별로 유무효를 따져 보아야 한다는 견해이고, 최현태(2010)는 신탁되는 재산의 성질에 따라 그 존속기간을 나누어서 신탁재산이 동산 및 부동산의 경우에는 30년으로 하되 지적재산권 등 50년으로 나누어서 보자는 견해이다.

계약을 체결하고, 신탁계약의 내용은 위탁자 A는 자녀 B(수입수익자)에게는 매년 신탁소득 중 지급하기로 했고, 자녀 C(원본수익자)에게는 신탁종료시점에 신탁원본이 이전되며, 신탁계약기간을 20년으로 가정해 보자. 이 경우에 현행 신탁세제는 신탁재산에 귀속되는 소득은 그 신탁의 수익자(수익자가 특별히 정해지지 아니하거나 존재하지 아니하는 경우에는 신탁의 위탁자 또는 그 상속인)에게 귀속되는 것으로 본다(소득세법 제2조의2 제6항)고 규정하고 있다. 다만, 신탁소득의 귀속시기를 각 소득별로 구분하여 정하고 있다. 따라서 수입수익자가 실제로 수탁자로부터 신탁소득을 지급받은 시점에서 과세할 수 있다고 규정하고 있는 것이다. 또한 신탁계약기간이 종료된 시점에서 신탁원본을 수령하는 원본수익자 또는 신탁이익을 증여받는 자에게 상속세 및 증여세법 제9조와 상속세 및 증여세법 시행령 제5조[20] 그리고 상속세 및 증여세법 제33조를 상속의 원인이 발생하거나 증여를 지급받는 시점에서 과세할 수 있다고 정하고 있다.

그러나 이 경우에 있어서, 위탁자가 신탁의 지배력과 영향력을 미치는 상황인 다음의 경우를 상정해 보자. 첫째, 위탁자는 신탁계약을 변경하여 수탁자로 하여금 수입수익자인 자녀 B에게 지급할 신탁소득을 신탁에 유보할 것을 지시하여 과세이연행위를 할 수 있을 것이다. 이것이 가능한 이유는 신탁계약이 임의성을 띄고 있기 때문이다. 또한 신탁계약시점에서 위탁자가 수탁자의 권리의무를 제한할 수 있고, 법률이 특정상황에서만 수탁자의 개입을 허용하고 있기 때문에 수탁자가 임의로 신탁계약의 이행을 강행하기도 어렵기 때문이다.[21] 둘째, 위탁자는 신탁계약기간을 연장할 수 있다. 그러나 현행 신탁과세구조상 연장시점에 대한 세무처리규정을 명시하고 있지 않아서, 위탁자의 조세회피행위를 방조하고 있는 상황이다. 이 경우에 위탁자와 특수관계자는 신탁존속기간이 영구적이고, 이들 간의 계약 역시 임의성이 지배하고 있는 상황에서 자신들에게 유리한 조세환경이 조성될 때까지 기다리거나 자신들에게 유리한 방법을 선택하여 조세회피를 시도할 가능성이 높을 것이다. 셋째, 개정신탁법에서 도입한 수익자연속신탁 및 수익자의 미지정 상태를 장기화로 인하여 신탁소득을 분산시키는 행위를 시도할 수 있을 것이다.

그러므로 이러한 조세회피환경과 신탁재산의 경제적 효율성을 개선하기 위하여 신탁존속기간을 제한할 필요가 있다. 신탁존속기간을 제한함으로써 다음과 같은 이점이 존재한다. 우선, 신탁존속기간의 제한은 신탁에 대한 위탁자의 지배력을 축소시킬 수 있다. 그리고 전술한 바와 같이 신탁존속기간의 제한은 확정이익이 아닌 불확정이익만에

---

20) 상속세 및 증여세법 제9조 제1항 단서 및 동조 제2항의 규정에 의한 신탁의 이익을 받을 권리를 소유하고 있는 경우의 판정은 제25조의 규정에 의하여 원본 또는 수익이 타인에게 지급되는 경우를 기준으로 한다.
21) 다만, 개정신탁법에서 신탁운용과 관련하여 수탁자 재량권의 확대보다는 수탁자의무를 강화하고 있다.

적용함으로써 이를 이용한 조세회피행위를 제한할 수 있다. 따라서 이의 적용기간과 적용대상은 우리나라의 사회·경제적 상황과 외국의 입법례를 반영하여 점진적으로 확대되어야 한다고 본다. 이러한 틀 안에서 신탁과세구조의 세부적 사항을 검토해야 할 것이다. 다만, 신탁존속기간의 제한으로 인한 신탁의 유연성이 훼손하지 않는 범위 내에서 이를 결정해야 한다고 사료된다.

4. 개정신탁법에 따른 장래이익에 대한 처리방향

장래이익 또는 기대권(future interests)은 영미의 재산법(property law) 중 소유권에서 언급된 것으로서, 장래이익 또는 기대권(이하에서는 '장래이익'이라고 한다)은 현재에는 특정 재산에 대한 권리를 보유하고 있지 않지만, 장래에 향유할 수 있는 권리를 말한다.[22] 이러한 장래이익은 유언과 신탁에서 생성된다. 즉 "나의 배우자의 여생을 위하여, 우리의 자녀가 잔여권(to my spouse for life, remainder to our children)"을 갖는다(McGovern et al. 2010, 451). 이러한 장래이익은 현재 그리고 즉시 발생하는 권리인 현재이익(present interests)과 대조를 이룬다. 현재이익에는 부동산에 관한 권리 즉, 지역권(easement), 유치권(lien), 담보권(mortgage) 임차권(tenant right) 등이 포함된다. 그러나 이러한 장래이익은 현행 사법상 소유권개념에 포함되지 않으므로 과세근거가 불명확하여 조세법률주의를 침해할 수 있다.

이러한 장래이익은 주로 생전신탁에서 발생하게 되는데, 하나의 재산에 대하여 둘 이상의 수익자가 다른 이익을 취득하게 되는 상황이 발생한다. 이는 개정신탁법의 유언대용신탁[23]과 수익자연속신탁[24]과 관련된 이익이다. 예컨대, 위탁자 A가 수탁자 B

---

22) 예컨대, A가 부동산을 B가 생존하고 있는 동안에는 B에게, B가 사망한 후에는 C에게 증여한 경우 C는 현재에는 부동산에 대한 소유권을 보유하고 있지 않지만, 장래에 B가 사망한 경우에는 부동산의 소유권을 보유할 수 있으므로 C는 부동산에 대한 장래이익이나 기대권을 보유하고 있는 것이다(이상윤 2000, 329).
23) 신탁법 제59조(유언대용신탁)
　① 다음 각 호의 어느 하나에 해당하는 신탁의 경우에는 위탁자가 수익자를 변경할 권리를 갖는다. 다만, 신탁행위로 달리 정한 경우에는 그에 따른다.
　　㉠ 수익자가 될 자로 지정된 자가 위탁자의 사망 시에 수익권을 취득하는 신탁
　　㉡ 수익자가 위탁자의 사망 이후에 신탁재산에 기한 급부를 받는 신탁
　② 제1항 제2호의 수익자는 위탁자가 사망할 때까지 수익자로서의 권리를 행사하지 못한다. 다만, 신탁행위로 달리 정한 경우에는 그에 따른다.
24) 신탁법 제60조(수익자연속신탁)
　신탁행위로 수익자가 사망한 경우 그 수익자가 갖는 수익권이 소멸하고 타인이 새로 수익권을 취득하도 하는 뜻을 정할 수 있다. 이 경우 수익자의 사망에 의하여 차례로 타인이 수익권을 취득하는 경우를 포함한다.

에게 자신의 건물을 신탁한 후 자녀인 수익자 C에게 건물의 임대소득을 분배할 것을 정하고 자녀인 수익자 D에게는 A의 사망이나 신탁종료 후에 신탁원본(재산)을 분배할 것을 정할 수 있다. 이 때 수익자 C에게 지급되는 이익이 현재이익이고, 수익자 D에게 지급되는 이익이 장래이익이다. 현재이익은 수익자가 즉각적으로 신탁재산을 향유 (enjoy)하거나 소유할 권리를 받은 경우인 반면, 장래이익은 수익자가 신탁재산의 권리가 특정기간동안이나 특정사건이 발생할 때까지 지연(delay)되는 경우를 말한다.

이러한 장래이익의 문제로는 잔여권의 확정 또는 불확정(vested or contigent)이다. 예를 들어, 위탁자가 위의 내용처럼 수익자 D를 잔여권자(remainderman)로 지정하고, 자신보다 더 오래 살 것을 가정한 경우 장래이익은 확정적이지만, 위탁자가 위탁자의 사망시점이나 신탁종료시점의 상황에 따라 수익자 D가 잔여권자가 될 수 있다고 한다면, 수익자 D의 잔여권은 불확정된 상태로 존재하게 된다. 이 때 전자는 해제조건(condition subsequent)이고, 후자는 정지조건(condition precedent)이다. 정지조건과 해제조건의 구별은 불확정 잔여권의 이전을 금지하는 사법권 또는 관할권(jurisdictions)에서만 의미가 있을 뿐이다. 즉 잔여권이 나의 아들의 생존하는 후손에게 이전될 것으로 고안된 경우, 그의 아버지 생존기간 동안 아들의 자녀에 의한 이전은 효력이 없게 된다(McGovern et al. 2010, 452).

잔여권이 불확정적인지 확정적인지는 언어적 쓰임(language employed)에 따라 결정된다. 조건적 요소가 잔여권자를 의미하는 표현을 포함하고 있다면, 이 때 잔여권은 불확정적인 상태가 되지만, 이 단어 뒤에 확정된 이익을 준다고 표현되었고 그 문장(clause)에 이익을 처분할 수 있다는 내용이 추가되었다면 그 잔여권은 확정적인 상태가 된다.[25] 이와 관련하여 미국의 법원 및 주들은 언어적 세부사항에 대한 검토를 피하고, 확정적이고 불확정적인 잔여권이 이전될 수 있다는 것을 허용하고 있다. 즉, 미국의 다수의 주(州)에서 불확정적인 장래이익의 소유자는 현재 처분할 권리가 있는 재산을 보유하고 있다고 보고 있다.[26] 따라서 불확정 잔여권은 일반적으로 잔여권자의 생존을 조건으로 한다는 것으로서 이해할 수 있을 것이다. 그러나 불확정 잔여권은 일반적이지만 항상 잔여권자의 생존을 조건으로 하는 것은 아니다.[27]

그러나 이러한 장래이익은 현행 사법과 충돌을 야기할 가능성이 높다. 영미법상 소유권과 점유할 수 있는 권리(점유권이라고 부른다)[28]라는 용어를 혼용하여 사용하고 있는

---

25) Scott v. Brusmon, 569 S.E.2d 385m(S.C.App. 2002): Goodwine State Bank v. Mullins, 625 N.E.2d 1056, 1074(Ill.App.1993) 참조.
26) Restatement, Third, of Trusts § 41 cmt. a(2003).
27) Fletcher v. Hurdle, 536 S.W.2d 109(A가. 1976):Rushing v. Mann, 910 S.W.2d 672(A가. 1995) 참조.
28) 영미법상 점유에는 물건에 대한 사실상의 지배관계 및 타인을 지배관계로부터 배제하고자하는 의사를

반면, 대륙법계에서는 소유권과 점유권(그 권원의 정당성 여부와 관계없이 동산이나 부동산을 점유하고 있다는 사실에 기인하여 인정되는 권리)을 명확히 구분하고 있다(서철원 2000, 108). 또한 부동산점유권과 관련하여 미국은 현재 점유할 수 있는 권리와 미래에 점유할 수 있는 권리로 나누고 있다(이상윤 2000, 119). 이 중 미래에 점유할 수 있는 권리가 장래이익에 속한다. 반면에 대륙법계의 시각상 장래이익은 대륙법계의 소유권인 물건을 자신의 물건으로서 직접적·배타적·전면적으로 지배하여 사용·수익·처분할 수 있는 사법(私法)상의 권리라고 보기 어렵고, 우리나라가 점유의 성립요건 중 점유의사가 없는 객관설 즉 물건에 대한 사실상의 지배관계를 채택하고 장래에 향유할 수 있는 권리인 장래이익을 수용하기가 어렵기 때문이다. 그리고 이러한 시각은 일본의 민법상 물권법에서는 절대적 소유권의 원칙(the principle of absolute ownership right)을 천명하고 있는 것과 유사하다. 이는 일본 민법에서 '확정이나 불확정(vest or fail)'이라는 개념을 오랫동안 인정하지 않고, 장래이익에 대한 여지도 거의 없는 상태이고, '정사(定嗣: 연속되는) 상속재산권(fee tail)'을 허용하지 않고 있기 때문이다(Okamura 2009, 3).

이와 같은 법률체계의 차이로 인하여 장래이익을 현행 민법상 수용하기가 어려울 수 있을 것이다. 그럼에도 불구하고 이와 관련된 이익이 발생하는 수익자연속신탁을 현행 신탁법에서 도입하여 시행하고 있는 상황에서 이에 대한 지속적인 논의를 통하여 장래이익의 처리에 대한 접점을 찾아 법적 안정성을 높일 필요가 있다.

이러한 장래이익과 관련하여 미국 재무부는 다음과 같이 해석하고 있다. 즉 "장래이익은 법률용어로서, 이에는 반환 또는 복귀(reversion), 잔여권 그리고 다른 수익이나 유산이 포함되고, 이자산이 확정되었거나 불확정된 것과 관계가 없다. 또한 상업적 이용, 점유나 미래시점에 향유가 제한되는 특정한 수익이나 유산에 의해 지원받는 것과 관계가 없다"고 규정하고 있다(Treg. Reg. § 25. 2503−3(a). 이와 관련된 미국 연방세법의 세무처리는 다음과 같다. 즉, A는 철회불가능신탁의 수탁자인 은행에게 $500,000을 이전했고, A는 B(55세)의 남은 생애동안 분기마다 모든 신탁소득을 받을 수 있는 수입수익자로 B를 지정할 경우, B의 사망 후 그 재산은 C(25세)이거나 C의 유산으로 이전된다. B는 즉각적인 소득을 향유할 권리에 대하여 무제한적인 권리를 수여받는다. 따라서 B는 현재이익을 갖고 있지만, C는 장래이익을 갖게 된다. 왜냐하면 C는 B가 사망하기전까지는 재산이나 어떠한 신탁소득에 대하여 향유할 수가 없기 때문이다(Anderson et. al. 2008, C12−17). 이 경우 미국은 현재이익에 대해서는 일정한 금액에 대하여 연간면세한도(annual exempt)를 정하고 이에 대하여 증여세를 면제하고 있지만, 장래이익에 대해서

성립요건으로 보고 있다. 우리나라는 점유의사가 필요 없는 객관설을 취하고 있다(이상윤 2000, 311).

는 증여세 부과대상으로 보고 있다.

그러나 현행 세법에서는 장래이익에 대한 과세근거를 찾기 어렵다. 더욱이 장래이익은 이전시점의 자산의 평가방법과 과세시점에 따른 문제점을 내포하고 있다. 즉 자산평가시점을 이전시점으로 할 것인지 아니면 일단 이전시점에서 1차적으로 평가한 후 실제자산이점에서 평가할 것인가의 문제이다. 이는 과세시점과도 직접적으로 연관되어 있다. 왜냐하면 현행 상속세 및 증여세법상 납세의무자는 수증자이기 때문에 이러한 세금을 납부하기 위하여 증여나 상속받은 자산을 매각하는 상황이 발생하게 됨으로서, 신탁설정목적을 훼손할 수 있기 때문이다(김종해·김병일 2012, 66 재인용).

이와 같은 문제를 해소하기 위하여 신탁법에서 장래이익에 대한 규정을 명확히 밝힐 필요가 있다. 이는 세법상 과세근거를 명확히 할 수 있기 때문이다. 물론 이 과정에서 사법과의 충돌을 최소화할 필요가 있겠지만 미국의 입법례처럼 신탁설정 당시에 잔여권자로 지정된 자가 보유한 장래이익은 그가 위탁자보다 먼저 사망하다라도 확정된 잔여권으로 분류하여 법률관계를 이행할 필요가 있다. 이는 현행 상속법의 법적상속과 다르지 않기 때문이다. 또한 불확정 잔여권과 관련하여 신탁설정당시에 잔여권자가 미지정된 경우나 잔여권발생시점상 잔여권자가 없는 경우에만 장래이익을 불확정장래이익으로 분류할 필요가 있다. 다만, 현행 사법상 불확정 장래이익의 이전은 소유권의 취득으로 볼 수 없으므로, 이러한 불확정이익의 소유자를 위탁자로 보는 방안도 고려해 볼 수 있을 것이다. 이를 통하여 확정장래이익에 대해서는 각각의 세법을 적용하며, 불확정장래이익에 대해서는 위탁자와 지정받은 수익자와의 법률관계로 해석하고, 이들의 법률행위와 관련된 세법을 적용하는 방법을 생각해 볼 수 있을 것이다. 결국 장래이익의 처리문제는 사법체계와 세제 모두를 변경할 것을 제안하고 있는 것이다. 이는 신탁산업이 루프홀(loop hole)로 개발되었고, 이를 사법과 세제가 대응하고 있는 상황에서 장래이익이 미실현이익이라는 측면에서 볼 때(Okamura 2009, 3), 세제측면에서 이에 대한 적극적 대응이 필요한 상황이다. 이에 대한 세무처리 방안은 다음과 같다.

장래이익은 미실현이익이고, 전술한 과세시점과 자산평가방법의 문제점을 고려해 볼 때, 발생할 수 있는 문제는 증여의 완전성 여부에 따른 증여세부과와 장래이익을 상속과세대상에 포함시킬 수 있는 지의 문제이다. 우선 미국의 경우 증여의 완전성은 증여자가 재산을 직접적으로 이전하고 이전된 재산이 증여자의 지배력과 통제력에서 벗어난 경우를 말하고 이 때 증여세를 부과할 수 있다. 반면에 증여자의 지배력과 통제력이 존재하면서 재산을 이전한 경우는 증여의 불완전성이라고 말하고, 증여재산에 대하여 증여자의 지배력과 통제력이 상실될 때까지 해당 재산에 대하여 증여세를 부과할 수 없다.[29] 이를 확정된 장래이익에 적용해 보면, 귀속자는 확정된 상태이고 과세시점에 따라 증여세나 상속세부과가 어렵지 않다고 본다. 다만, 증여세의 납세의무는 실제로 장래이익이 실현되는 시점까지 이연할 필요가 있으나 이를 불확정된 장래이익에 적용해 볼 때, 불확정이익의 소유자를 위탁자로 간주한다면 증여세문제는 발생하지 않을 것이고, 이를 위탁자의 유산에 포함시킬 필요가 있다.

이를 통하여 신탁의 법률관계를 명확히 하여 법적 안정성 및 예측 가능성을 높일 수 있으며, 신탁과 관련된 조세법률관계를 재고하여 불필요한 조세마찰을 최소화 할 수 있다고 판단한다.

5. 생전증여에 따른 증여세면제방식변경의 필요성

증여세는 상속세의 보완세로서 피상속인 생전에 상속세를 회피하기 위하여 재산을 상속인에게 이전하는 것을 방지하기 위하여 부과되는 조세이다.[30] 이러한 증여세는 상속세와 더불어 세대간 부의 이전이라는 측면에서 소득세와 재산세의 접경에 있다. 부의 이전으로 발생한 소득이 세대간 특수행위인지, 불로소득인지에 따라 다양한 정책적 방안을 고려할 수 있다(김진 2009, 15).

그런데 이러한 세대간 부의 이전은 일반적인 특수행위로 볼 수 있다고 본다. 즉, 피상속인이 자신의 배우자나 직계존비속 및 친족들에게 생전에 증여한 재산은 특수행위이다. 이러한 행위에 대하여 현행 상속세 및 증여세법 제13조(상속재산가액)는 상속개시일 전 10(5)년 이내에 피상속인이 상속인(상속인이 아닌 자)에게 증여한 재산가액을 상속재산가액에 가산하도록 규정하고 있다. 다만, 이 경우에 해당하는 재산은 증여재산가액에 포함되지 않는다. 또한 동법 제53조(증여재산공제)는 배우자로부터 증여를 받은 경우에는 6억원, 직계존속(수증자의 직계존속과 혼인 중인 배우자를 포함 단, 사실혼은 제외한다) 및 직계비속(수증자와 혼인 중인 배우자의 직계비속을 포함한다)으로부터 증여를 받은 경우에는 3천만원, 그리고 미성년자가 직계존속으로부터 증여를 받은 경우에는 1천500만원으로 하고 있고, 기타 6촌 이내의 혈족, 4촌 이내의 인척으로부터 증여를 받은 경우에는 500만원을 증여과세가액에서 공제하고 있다. 이 경우 수증자를 기준으로 그 증여를 받기

---

29) 이는 McGovern et al(2006)에 몇 가지 예외가 존재하는데, Treas. Reg. § 25.2511-2(d)에서 구체적으로 언급되어 있다.
30) 상속세 및 증여세법상 증여의 개념과 사법상 증여개념이 동일하지 않다. 즉 사법상 증여가 유효하게 성립된 경우라도 부의 무상이전이라는 본질을 갖추지 않으면, 과세대상이 되지 않기 때문이다(이창희 2008, 1072).

전 10년 이내에 공제받은 금액과 해당 증여가액에서 공제받을 금액을 합친 금액이 각각의 경우에 따른 금액을 초과하는 경우에는 그 초과하는 부분은 공제하지 아니한다고 규정하고 있다. 이는 누진율의 측면에서 바라볼 때도 적절한 규정이라고 본다.[31]

이러한 현행 상속세 및 증여세법의 증여과세방식은 증여행위별 과세방식을 취하고 있다. 그러나 증여행위별 과세방식은 증여세면제가액만큼 반복하여 수증자에게 지급하여 조세회피를 장기간 시도할 수 있다. 이는 신탁의 설정기간이 장기인 측면을 고려할 때, 위탁자는 이를 적극적으로 활용할 가능성이 있다(김종해·김병일 2012, 70 재인용).

이러한 증여행위별 과세방식은 민법의 물적편성주의에서 기인한 것으로 보인다.[32] 이는 과거 상속 및 증여의 목적물 중 부동산이 상당수를 차지했기 때문이다. 이러한 물적편성주의는 부동산을 기준으로 등기부를 편성하는 방식으로써 목적부동산인 각각의 토지·건물의 권리관계를 1등기용지에 사용하여 등기부를 편성하는 방식이다. 그러나 이러한 물적편성주의는 어떤 사람이 사망하기 전에는 어떤 재산을 소유하고, 그 중 어떤 것을 증여했는가를 파악하기 어려운 현실이다(이창희 2008, 1055). 즉 특정인이 가지고 있는 부동산의 권리의 총괄조사에는 불리할 수 있다. 이러한 부분을 해소시킬 수 있는 방법이 인적편성주의이다. 즉 부동산의 소유자인 권리자를 기준으로 하여 1인에 1등기용지를 사용하여 편성하는 방식을 말한다. 이는 미국에서 채택하고 있는 방식으로서, 인별로 그가 소유한 부동산이 무엇이고, 어떻게 바뀌는가를 등기하는 제도이다. 이 방식의 장점은 물적편성주의에 비하여 평생에 걸친 증여를 추적하기 수월하다는 점이다. 그러나 현재의 상속 및 증여의 목적물이 부동산에서 주식 등과 같은 다양한 자산이 활용됨에 따라 물적편성방법에서 인적편성방법으로 전환할 필요가 높아지고 있다.

---

31) 이의 입법취지는 피상속인이 생전에 증여한 재산의 가액을 가능한 한 상속세 과세가액에 포함시킴으로써 조세부담에 있어서의 상속세와 증여세의 형평을 유지함과 아울러 피상속인이 사망을 예상할 수 있는 단계에서 장차 상속세의 과세대상이 될 재산을 상속개시 전에 상속인 이외의 자에게 상속과 다름없는 증여의 형태로 분할·이전하여 고율인 누진세율에 의한 상속세 부담을 회피하려는 부당한 상속세 회피행위를 방지하고 조세부담의 공평을 도모하기 위한 것이라는 점이다. 또한 생전증여에 의한 상속세 회피행위의 방지라는 입법목적을 달성하기 위해서는 일정기간 안에 이루어진 그 증여재산 가액을 상속재산 가액에 가산함으로써 정당한 누진세율의 적용을 받도록 하는 것은 적절한 수단이다(헌법재판소 2006.7.27. 2005헌가4).

32) 물적편성주의는 등기의 대상인 부동산을 표준으로 하여 등기를 편성하는 주의이다. 즉 등기부를 편성하는 방식으로써 목적부동산인 각각의 토지·건물의 권리관계를 1등기용지에 사용하여 등기부를 편성하는 방식이다. 이에 반해 부동산의 소유자인 권리자를 기준으로 하여 1인에 1등기용지를 사용하여 편성하는 방식을 인적편성주의라고 한다. 물적편성주의는 공시방법이 간명하다는 장점이 있지만, 특정인이 가지고 있는 부동산의 권리의 총괄조사에는 인적편성주의가 유리하다. 인적편성주의는 프랑스에서 물적편성주의는 독일 등에서 행하여지고 있다. 우리나라의 부동산등기법은 물적편성주의를 취하여 1필의 토지 또는 1동의 건물에 대하여 1등기용지를 사용하도록 하였다(부동산등기법 제15조).

물적편성주의는 부동산이외에 자산에 대한 추적기능에는 한계가 있기 때문이다. 따라서 조세행정력은 현재의 전산화로 인하여 권리자의 부동산뿐만 아니라 주식 등과 같은 자산의 변동상황을 추적하기가 용이할 것이다. 또한 인적편성주의에 적용함으로써 권리자가 의도적으로 부동산을 주식 등과 같은 자산으로 전환하여 조세회피시도의 가능성을 축소할 수 있다. 그러므로 조세행정력은 이에 대한 추적이 용이해졌기 때문에 증여행위별과세방식에서 미국처럼 기간단위별과세방식으로 전환할 필요가 있다. 이는 신탁뿐만 아니라 다른 제도에서도 적용되어야 할 것이다.

기간단위별과세방식과 관련된 내용은 다음과 같다. 미국 연방세법 제2035조에서는 피상속인의 사망개시일부터 3년 이내에 증여한 경우에 일정한 증여재산을 피상속인의 총유산(gross estate)에 포함시키고 있다. 이 규정은 신탁에게도 적용된다.[33] 그러나 미국은 신탁기간동안 수탁자가 수익자에게 지급한 금액에 대하여 다음과 같은 과세방식을 채택하고 있다. 즉 특정기간의 이익(a term certain interest)개념을 도입하고 있다.[34] 특정기간의 이익이란 특정인이 특정기간동안 신탁재산에 발생한 이익을 수령하는 것을 말한다. 즉 이 이익을 수령 받게 될 자는 신탁재산에 대한 권한이나 소유권을 보유하는 것이 아니라 특정기간동안 신탁재산에서 발생한 소득을 수령할 권리만이 있을 뿐이다. 그 기간이 종료되면 해당 재산(이익)은 위탁자에게 반환되거나 다른 자에게 이전된다. 미국은 특정기간의 이익을 수령하는 자에 대하여 증여세를 부과하지만 수령자자가 가족구성원인 경우에는 증여세를 부과하고 있지 않다(Anderson et al. 2008, C12-11). 이러한 미국의 과세방식은 주로 생전신탁이 위탁자에 의해 설정되므로 가족구성원에게 신탁기간동안 신탁이익을 지급하는 것은 그렇지 않은 자에게 지급하는 것보다 신탁이익에 대한 귀속을 추적하기가 수월하고, 이러한 이익을 위탁자의 사망시점에서 총유산액에 가산할 수 있는 장치가 마련되어 있기 때문이라고 생각된다(김종해·김병일 2012, 71 재인용).

---

33) 다만, 미국 연방세법 제2035조(e)에서는 철회가능신탁과 관련하여 다음과 같이 규정하고 있다. 연방세법 제2035조와 제2038조의 목적상, 위탁자의 권한으로라는 이유로 피상속인이 소유한 것으로 보는 연방세법 676조에 따른 처리는 이러한 부분이 이 기간 동안 신탁의 어떤 부분의 이전(양도)하는 것은 피상속이 직접적으로 이전한 것으로 본다.

34) 미국은 생애유산, 연금이자, 승계권, 그리고 특정이익의 산정과 관련하여 연방세법 제7520조의 이자율표를 기준으로 이전세(transfer tax)를 부과하고 있다. 이자율산정에 있어서 미국국세청과 법원은 어려움이 있었다. 이러한 이자율은 미국의 경우 연금과 관련하여 보통 25년 동안 연금을 수령할 것으로 가정했지만, 의학기술의 발달로 인하여 이자율에 대한 지속적인 수정이 필요하기 때문이고, 이에 따른 재산평가 문제도 과세당국이나 법원의 고민거리가 되고 있다(Melcher & Zuengler 2006, 206). 이에 대한 하나의 대안으로 이익 등 이전시점마다 모든 상황과 사실에 대한 실질조사를 수행할 것을 정하고 있다(Ithaca Trust Co. v. U.S., 279U.S. 151, 155. 1929).

따라서 이에 대한 개선방안은 다음과 같다(김종해·김병일 2012, 71-71 재인용). 첫째, 현행 신탁과세구조에 실체이론을 도입한 후 신탁단계에서 신탁재산의 변동상황을 확인할 수 있는 장치를 마련할 필요가 있다. 둘째, 수탁자가 수입수익자에게 지급하는 일정금액에 대하여 소득세를 부과하되, 증여세연간면제금액은 소득세법의 연금지급액의 상한액[35]을 기준으로 이를 초과하는 금액에 대해서는 증여세를 부과하는 방안을 고려해 볼 필요가 있다. 미국은 연간증여면제금액으로 $13,000(2009-2012년 기준)을 면제해주고 있고, 이를 초과한 금액에 대해서는 증여세를 부과하고 있다. 셋째, 미국의 입법례처럼 수익자(자녀)를 위한 부양목적이나 교육비 및 의료비지원목적으로 사용될 금액에 대해서는 과세하지 않는 방안을 함께 고려해야 한다. 이것은 신탁을 통하지 않더라도 통상적인 발생하는 자녀부양을 위한 행위로 볼 수 있기 때문이다.

이와 같은 방안을 통하여 현행 물적편성주의에 의한 증여행위별 과세방식에서 인적편성주의에 의한 기간단위별과세방식으로 전환하여 현행 상속세 및 증여세법 제13조 제1항과 동법 제53조의 입법취지를 그대로 유지할 수 있다고 본다.

V. 요약 및 결론

개정신탁법이 2012년 7월 26일부터 시행되었는데, 이는 변화된 경제현실을 반영하고 글로벌스탠더드에 부합하도록 개선하며, 신탁의 활성화를 위한 법적 기반을 마련하기 위한 것이다. 이러한 개정신탁법은 현재 우리나라의 노령화의 진행에 따른 기존 금융시스템 이외의 다양한 자산 및 자금운용에 대한 욕구가 증대되고 있는 상황에서 신탁에 대한 관심이 높아지는 것과 맥을 같이 한다.

개정신탁법의 시행에 더불어 신탁세제 또한 전면개정이 필요한 상황인데, 본 연구에서는 다음과 같은 우리나라의 신탁과세구조에 대한 개선방안을 제시함으로써 신탁을 통한 조세회피가능성을 최소화함과 동시에 신탁제도의 법적 안정성을 높일 수 있다고 판단된다.

첫째, 현행 신탁과세이론이 도관이론만을 적용하고 있어 위탁자를 통한 과세이연 등의 문제를 해소하기에는 역부족이다. 따라서 현행신탁과세이론에 실체이론을 도입하여 위탁자중심의 신탁운용방식에서 수탁자중심의 신탁운용방식으로 전환할 필요가 있다. 이에 따라 신탁을 납세의무자로 간주할 필요가 있다.

---

35) 이 금액은 국민연금 등의 최고수령액을 기준으로 산정할 수 있다.

둘째, 손익분배기준을 규정할 필요가 있다. 이는 위하여 손액분배기준을 개별수익자의 손익이 아닌 전체신탁재산손익을 기준이 되어야 한다. 이를 통해 신탁계약에 따라 설정비율을 원칙으로 하며, 수익비율과 손실비율이 다를 경우에는 수익비율에 따라 손실비율을 정하도록 한다.

셋째, 신탁존속기간을 제한할 필요가 있다. 개정신탁법에서도 이에 대한 제한이 없기 때문에 신탁을 통한 조세회피가능성이 종전과 같이 상존하고 있는 상황이다. 따라서 이를 최소화하기 위하여 경제적 효율성측면에서 신탁존속기간을 제한할 필요가 있다.

넷째, 개정신탁법에서 도입한 수익자연속신탁과 유언대용신탁에서 존재하는 장래이익(future interest)에 대한 적절한 대응규정을 마련할 필요가 있다. 이러한 장래이익은 현행 사법상 소유권의 개념과 상충될 수 있는 여지가 있기 때문에 사법에서 이를 먼저 정리할 필요가 있다. 만약 그대로 방치할 경우 과세당국이 이에 대한 과세근거를 명확히 할 수 없어서 불필요한 조세마찰을 초래할 수 있기 때문이다.

다섯째, 상속세 및 증여세법 제13조 제1항과 제53조와 관련된 증여재산공제방식인 증여행위별 과세방식에서 기간단위과세방식으로 전환할 필요가 있다. 이는 생전증여로 인하여 증여세 및 상속세 회피를 방지하는데 한계가 있기 때문이다. 신탁이 다른 제도 비하여 설정기간이 장기이므로 현행 규정이 이에 적절하게 대응하기 어려운 측면이 존재하기 때문이다.

본 연구에서 제기한 현행 우리나라 신탁세제의 개선방안이 개정된 신탁법과 신탁세제가 서로 안정된 조화를 이루어 가는데 기여하길 바란다.

참 | 고 | 문 | 헌

김병일 · 김종해. 2010. "미국의 신탁과세제도와 그 시사점". 조세연구 제10−1권: 332~337.

김병일. 2010. "신탁법 개정에 따른 신탁과세제도 개편 방향에 관한 연구". 조세연구 제10−2집: 303~350.

김병일·남기봉. 2012. "신탁법상 수익자과세에 관한 연구". 세무와회계저널 제13권 제1호: 378~379.

김재진 · 홍용식. 1998. 「신탁과세제도의 합리화 방안」 한국조세연구원.

김종해 · 김병일. 2012. "생전신탁과세에 관한 연구", 조세법연구 제18집 제2호: 44~77.

김진. 2009. 「자산이전과세의 개선방안에 관한 연구」 한국조세연구원.

서철원. 2000. 「미국 비즈니스 법」 법원사.

안성포. 2007. "신탁의 기본구조와 그 법리−일본에서의 논의를 중심으로−". 중앙법학 제9집 제2호: 747~775.

이상윤. 2000. 「영미법」 박영사.

이연갑. 2009. "신탁법상 수탁자의 의무와 권한". 선진상사법률연구 통권 48호: 30~52.

이중교. 2009. "신탁법상의 신탁에 관한 과세상 논점". 법조 통권 제639호: 318~359.

이창희. 2008. 「세법강의」 박영사.

임채웅. 2009. "유언신탁 및 유언대용신탁의 연구". 「인권과 정의」 제397호: 124~143.

최동식. 2008. 「신탁법」 법문사.

최수정. 2007. 「일본신탁법」 진원사.

최현태. 2010. "福祉型信託導入을 통한 民事信託의 活性化 − 受益者連續信託을 中心으로 −". 재산법연구 제27권 제1호: 1~26.

홍용식. 1999. "신탁소득과세에 관한 연구". 사회과학논집 제12집 제2호 : 149~178.

현병철 · 최현태. 2007. 「신탁과 법인의 역사」 세창출판사.

Jacqueline, A. Patterson, Esq. Haney, Buchanan & Patterson, LLP. 2004. The Income Taxation Of Trusts & Estates, http://tax.aicpa.org/pdf, 108−i−61.

J E Penner. 2008. **The Law of Trusts 6th edition**. Oxford University Press.

Jesse Dukeminier. 1986. A Modern Guide to Perpetuities, 74 Calif. L. Rev.

John Chipman Gray. 1942. The Rule Against Perpetuities § 201 4th ed.

John H. Langbein. 1996. The Uniform Prudent Investor Act and the Future of Trust Investing, Faculty Schorship Series, hrrp://digitalcommons.lawyale.edu/fss_paper/486.

Kenneth E, Anderson · Thomas R. Pope · John L. kramer. 2008. Prentice Hall's Federal Taxtation 2008, Prentice Hall.

Peter Melcher and Matthew Zuengler. 2006. Maximizing The Benifits Of Estate Planning Bet−to−Die Strategies : Clats and Private Annuities, Marquette Elder's Advisor Volume 7.

Tadao Okamura. 2009. Taxation and Trusts in the United States and Japan. Proceedings from the 2009 Sho Sato Conference on Tax Law,

William M. McGovern, Sheldon F. Kurtz, David M. English, WILL. 2010. Trusts and Estates Including Taxation and Future Interests Fourth Edition, WEST.

四宮和夫. 1989. 「信託法」有斐閣.

新井誠. 2002. 「信託法(第2版)」 有斐閣.

奧村眞吾. 2008. 「詳解 信託法の活用と稅務」 請文社.

Enforcement of Amendment of the Trust Act and the Improvements Plans of the Trust Taxation Structure

Kim, Jong Hae* · Hwang, Myung Cheol**

Newly revised trust law took effect on July, 26, 2012. The intent of the law is to reflect the variance of economic situation, give it better treatment in accord with global standard, and is to establish a foothold of a legal basis to invigorate the trust system. That is to say, the trust attract great attention rather than current existing financial system under the circumstances of entering aging society. In this situation, trust taxation system should be revised completely. To do this, it had to be examined listed below. Through this, legal stability of trust system should be enhanced and minimize tax avoidance.

First, since current trust taxation only applies conduit theory, it is not enough to resolve the issues such as deferred payment of tax through the grantor. Thus, trust operation method should be switched over from center of grantor to center of trustee by introducing entity theory to current trust taxation. Trust should be considered as a taxpayer to do this mentioned above.

Second, to improve this profit and loss distribution standard should be set up depending on whole amount of trusted assets. Through this, profit and loss distribution standard should depends on establish rate by case by case on trust contract. The loss rate should be considered depends upon earning rate if earning rate is different to loss rate taxation to beneficiary on trust.

Third, the trust duration should be set its limit. Since there is no restriction on revised trust law, the tax avoidance possibility still exists through the trust system. To minimize this, trust duration has to be restricted in efficiency of economical aspect.

Forth, there should be a maneuver to future interest of settlor's power of beneficiary appointment in living trusts for the purpose of succession(article 59) and successive interests(article 60) which introduced on revised trust law. Since this interest may crash with the idea of ownership on current civil law, solution on civil law should be seek first. There will be unnecessary tax friction because tax basis of future interest can not be cleared without this solution.

Fifth, it is to be switched over from taxation of per gift action to taxation of period

---

* Adjunct Professor, Department of Tax Science, Kangnam University

** Professor, Dept. of Accounting, Seoul－Digital University measures on gift tax deduction method which is on Article 13, section 1 and article 53 on inheritance tax and gift tax law. The current regulation is not strong enough to respond strongly against trust because period creation of trust system is much longer than any other else.

Through this, revising trust law will be expected to contributed to invigorate trust system.

☑ <Key words> trust duration limits, entity theory, future interest, period creation of trust system

1.2. 신탁 관계자별 과세제도

1.2.1. 신탁법상 위탁자 과세제도에 관한 연구

1.2.2. 신탁법상 수익자과세에 관한 연구

1.2.3. 신탁세제상 수탁자과세의 도입방안에 관한 연구

1.2.1. 신탁법상 위탁자 과세제도에 관한 연구*

김 병 일**

김 종 해***

국문요약

현행 위탁자에 대한 과세는 위탁자 및 그의 특수관계자가 신탁을 이용하여 조세 회피시도를 방지하는 차원에서 접근하고 있다. 이 규정의 근거는 실질과세원칙이다. 그러나 현행 세법규정은 과세요건 명확주의를 저해할 소지가 있을 뿐만 아니라 신탁법개정법률에서 도입된 새로운 유형에 대응하기는 한계가 있다. 따라서 현 시점에서 위탁자에 대한 현행 세법규정을 개선할 필요가 있다고 판단된다. 이의 구체적인 내용은 다음과 같다.

첫째, 위탁자의 과세요건을 명확히 할 필요가 있다. 이를 위하여 신탁세제에 대한 전면적인 검토가 필요하다. 즉, 수탁자 과세 여부와 신탁존속기간에 관한 내용을 개정하여 위탁자의 조세회피시도를 최소화할 필요가 있다.

둘째, 신탁존속기간을 정할 필요가 있다. 현행 신탁제도는 신탁존속기간을 제한하지 않음으로써, 위탁자가 장기간 신탁재산을 관리 등의 직·간접적인 간섭을 통하여 신탁소득을 과세이연 및 자의적인 수익자 변경 등의 조세회피를 시도할 수 있기 때문이다.

셋째, 수익자가 불특정하거나 부존재할 경우에 현행 세법규정을 보완할 필요가 있다. 이 경우에 현행세법은 위탁자에게 과세하기로 규정되었지만, 신탁소득의 과세이연시에 이를 무력화시킬 수 있기 때문에 신탁존속기간의 제한이나 수탁자에게 과세할 수 있는 방안을 검토할 필요가 있다.

넷째, 위탁자가 수탁자가 되는 자기신탁에 관한 규정을 조속히 마련할 필요가 있다. 자기신탁은 무엇보다도 증여나 상속의 목적으로 활용될 가능성 높고, 위탁자의 특수관계자들이 개입될 가능성이 높기 때문에 조세회피시도가 다른 신탁유형보다 많을 것이다. 이를 위하여 위탁자의 특수관계의 범위와 수익자가 미성년자인 경우와 관련된 규정을 명시할 필요가 있다.

이와 같이 위탁자 관련 과세문제점 및 개선방안이 위탁자의 과세요건의 명확성을 높이고, 2012년 7월부터 시행될 신탁법개정법률에 적절히 대응할 수 있는 기회가 되기를 기대한다.

☑ 주제어: 위탁자신탁, 위탁자관련신탁, 사전소유자산신탁, 자기신탁, 신탁존속기간

---

* 『조세연구』 제11권 제3집(2011. 12, 한국조세연구포럼)에 게재된 논문이다.

** 교신저자(강남대 세무학과 부교수)

*** 주저자(강남대 세무학과 겸임교수)

I. 서 론

신탁이란 신탁설정자(이하 "위탁자"라 한다)와 신탁을 인수하는 자(이하 "수탁자"라 한다)와 특별한 신임관계에 기하여 위탁자가 특정의 재산권을 수탁자에게 이전하거나 기타의 처분을 하고 수탁자로 하여금 일정한 자(이하 "수익자"라 한다)의 이익을 위하여 또는 특정의 목적을 위하여 그 재산권을 관리, 처분하게 하는 법률관계를 말한다(신탁법 제1조 제2항).

이러한 신탁 중 위탁자신탁(grantor trust)은 일반적으로 위탁자가 자신의 재산을 신탁에게 이전하고 그 신탁재산에 대하여 위탁자(grantor)나 제3자(위탁자의 특수관계자)가 실질적인 권능을 행사하는 형태를 말한다. 즉, 위탁자가 신탁에게 양도한 신탁재산에 대한 지배력이나 통제력을 완전히 이전하지 않는 신탁의 형태로 볼 수 있다. 이 신탁은 주로 영미법계에서 발달되었고, 그 명칭은 다르지만, 위탁자와 그의 특수관계자가 신탁을 이용한 조세회피시도가 증가함에 따라 출현된 유형이라는 공통점이 존재한다. 또한 일본도 2007년 세법 개정을 통하여 목적신탁과 자기신탁을 도입하여 위탁자와 그의 특수관계자와 관련된 조세회피를 차단하려고 노력하고 있다. 특히, 주요국의 신탁세제의 특징은 모두 신탁을 과세주체로 보고 있다는 점이다.

이러한 주요국의 흐름 속에서, 1961년 신탁법 제정 후 처음으로 신탁법이 전면 개정되었고, 2011년 7월 25일에 신탁법 개정안이 국회를 통과했고, 2012년 7월에 그 시행을 앞두고 있다. 이번 신탁법개정법률에서는 그동안 문제가 되었던 신탁설정방식인 신탁선언(자익신탁)을 도입했다. 이러한 문제를 최소화하기 위하여 신탁의 목적, 신탁재산, 수익자 등을 특정할 것을 규정하고 있다.[1]

이와 같은 국내·외적인 신탁제도의 환경변화에 따라 신탁세제도 이에 대응할 필요가 있다고 본다. 이에 앞서 우리나라 신탁세제 중 위탁자에 대한 과세는 실질과세의 원칙을 따르고 있다. 즉, 수익자가 불특정되거나 부존재한 경우에는 위탁자를 신탁소득의 귀속자로 보고 과세하고 있다. 위탁자가 조세회피의도 등과 같은 불순한 경우가 아닌 경우에도 위탁자에게 과세할 수 있는가에 대한 논란이 있다. 또한 위탁자와 그 특수관계자의 범위를 국세기본법의 기준을 따를 것인지 아니면 개별적으로 판단할 것인지의 명확한 기준이 모호해 과세요건 명확주의를 저해할 수 있다. 이와 함께 신탁법개정법률에서는 신탁존속기간에 대한 규정은 없지만, 현행 신탁세제에서 문제가 되는 신탁유

---

1) 신탁법전면개정법률 제3조 제1항 제3호 및 동조 제2항 및 제3항.

보이익의 과세이연을 방지하기 위하여 신탁세제에서 신탁존속기간을 제한할 필요가 있다. 또한 현행 신탁세제가 신탁도관이론만 계속하여 적용할 것인지 아니면 신탁실체이론을 혼용하여 적용할 것인지에 대한 논의도 구체적으로 진행되어야 할 것이다.

위와 같은 문제점들은 특히 위탁자와 관련하여 더욱 중요하게 다루어져야 할 것이다. 왜냐하면 위탁자는 신탁과 계약을 체결하는 당사자임과 동시에 신탁재산의 양도자이고 수익자를 지정할 수 있는 권한을 갖고 있으므로, 신탁에 대한 간접적인 영향력을 행사할 수 있기 때문이다. 그러므로 본 논문은 현행 신탁세제 중 위탁자와 관련된 규정을 살펴보고, 새로이 도입되는 위탁자관련 신탁 유형에 대한 대응방안을 제시하는 데 그 목적이 있다.

II. 선행연구 및 위탁자관련신탁의 일반이론

1. 선행연구

신탁과세제도에 관한 선행연구는 본 논문의 연구방향을 제시하는 데 도움을 줌과 동시에 이를 통한 현행 신탁과세제도에 관한 개선방안을 도출하는 데 도움이 된다.

우선 김재진·홍용식(1998)『신탁과세제도의 합리화 방안』과 홍용식(1999) "신탁소득과세에 관한 연구"에서는 신탁에 관한 세법의 총칙규정의 신탁소득에 대하여 신탁도관이론에 따라 규정한 반면에 각론 규정에서는 신탁실체 이론에 따라 신탁소득을 신탁상품의 구별 없이 이자 또는 배당소득으로 구분함으로써 법논리상 앞뒤가 맞지 않는 입법에서 문제점이 발생한다고 보고 있다. 이러한 논리체계상 모순을 제거하기 위한 신탁세제의 정비의 필요성에 대해 역설했다.

이중교(2009) "신탁법상의 신탁에 관한 과세상 논점"에서는 투자신탁에 관한 한 신탁도관설은 과세이연의 문제점이 있고, 신탁실체설 중 신탁재산설은 개인과 법인을 권리의무의 주체로 하는 법체계와 충돌하므로 그 대안으로 최소한 투자신탁에 관하여는 신탁실체설 중 수탁자설의 도입을 고려할 필요가 있다고 주장하고 있다. 또한 부가가치세의 경우 투자신탁의 경우 투자자에 불과한 수익자를 사업자라고 하여 납세의무의 주체로 삼는 것은 거래현실 및 법리에 맞지 않고, 종합부동산세, 재산세 등의 보유세는 소득과세와 달리 공부상의 소유자에게 과세하는 것이 타당하므로 부가가치세와 보유세 모두 공부상의 소유자로서 신탁재산의 관리·처분의 주체인 수탁자를 납세의무자로 하는 것이 바람직하다고 보고 있다.

김병일·김종해(2010) "미국의 신탁과세제도와 그 시사점"에서는 미국신탁과세제도에 관한 전반적인 내용을 살펴보고, 이를 통한 우리나라 신탁세제가 과세요건 명확주의에 저촉되고 있으므로 이를 시정하기 위하여 신탁을 납세 주체로 볼 필요가 있고, 신탁재산의 원본 및 수익에 관한 구분기준 등을 마련하고 있는 미국신탁세제를 통하여 우리나라 신탁세제의 개정방향을 제시하고 있다.

김병일(2010) "신탁법 개정에 따른 신탁세제 개편 방향에 관한 연구"에서는 우리나라 신탁법개정법률안 및 일본신탁세제를 살펴보았고, 이를 통하여 우리나라 신탁세제구조의 재검토·재구축을 통한 과세관계를 명확히 할 것을 제안하고 있다.

김종해·김병일(2011) "영국의 신탁과세제도와 그 시사점"에서는 영국의 신탁세제 중립적 측면을 살펴보고, 우리나라 신탁세제에도 신탁재산의 영구적 구속방지 및 신탁유보이익 과세규정과 편법증여시도를 방지하기 위한 사전소유자산신탁을 도입할 필요가 있다고 제한하고 있다. 또한 위탁자의 조세회피 및 연속수익자에 관한 규정을 구체적으로 명시할 필요성을 제안하고 있다.

이상과 같은 선행연구검토를 기초로 하여 본 논문은 신탁의 당사자인 위탁자에 관한 과세관계를 명확히 할 필요가 있고, 특히 위탁자와 특수관계자를 통한 조세회피문제를 방지하기 위하여 신탁존속기간을 명시하고, 신탁을 납세주체로 봄으로써, 위탁자에 의한 조세회피행위를 감소시킬 필요가 있다고 주장하고 있다.

2. 신탁의 기본구조

(1) 신탁의 성립요건

신탁의 법률관계는 일반적으로 계약이나 유언 및 위탁자 자신이 수탁자가 되는 신탁선언을 통하여 신탁을 설정할 수 있다. 신탁의 설정배경은 수탁자의 도산위험을 회피하고, 수익자를 보호하며, 이중과세를 방지하고, 신뢰체계를 통하여 자율적으로 형성된 채권관계에 따라 수탁자에게 신뢰의무를 부여하여 수익자를 보호하며, 내용상 유연성을 통한 당사자 간 자유로운 결정을 구축하는 것을 목적으로 한다.[2]

신탁이 성립하기 위해서는 신탁설정자(위탁자)의 자격은 행위능력자이며, 신탁설정의사가 있어야 하고, 수탁자에 대한 신탁재산의 양도는 형식적이어야 한다. 이러한 기본

---

2) John H, Langbein, The Secret Life of The Trust: The Trust as an Instrument of Commerce, 107 Yale L. J., 1997, pp.179~185.

적인 요소에 따라 신탁의 성립요건은 신탁재산·신탁이익·신탁객체가 특정되어야 하며, 수탁자에 관한 신탁의무부과행위가 있어야 한다.

(2) 신탁의 당사자

1) 위탁자

위탁자(settlor)는 신탁목적의 설정자이자 신탁행위의 당사자[3]이며, 재산출연자의 지위를 가진다. 영미법의 사고는 위탁자가 수탁자에게 재산을 위임함으로써 위탁자에 의한 신탁의 간섭을 최소화했다. 왜냐하면 위탁자와 수탁자의 권리의무가 중복적으로 전개됨으로 인하여 신탁운용의 법률관계가 복잡해지기 때문이다.[4] 반면에 현행 신탁법은 위탁자에게 인정하는 권한의 범위가 넓고, 위탁자의 권한의 대부분을 위탁자 사망 후에는 그 상속인이 행사할 수 있으므로,[5] 상대적으로 수탁자의 권한이 제한되어 있다. 그러나 신탁법개정안에서는 수탁자에게 신탁의 변경, 합병·분할, 종료와 같은 중대한 사항이나 신탁목적에 반할 경우에는 위탁자와 합의할 것을 규정하여 위탁자의 권한을 한정하고 있다.[6]

2) 수탁자

수탁자(trustee)는 신탁계약에 의하여 위탁자로부터 위탁받은 신탁재산을 관리·처분하고, 신탁재산에서 발생한 경제적 이익을 수익자에게 이전하는 역할을 하는 자를 말한다. 수탁자는 신탁재산의 형식적인 소유자로서 신탁사무 등의 역할을 담당하는 등 신탁관계에서 가장 중요한 존재이다. 따라서 신탁재산의 관리·운용은 수탁자가 있어야 비로소 가능하므로 신탁에 있어서 필수적 요소이다.[7] 신탁재산의 관리 및 처분과 관련된 의무는 선관주의의무, 충실의무, 공평의무 등이 있다. 이 중 선관주의의무는 수탁자의 재량권범위와 관련되고, 충실의무는 신탁재산의 실질적 소유자인 수익자를 위해서만 행해지는 의무로서 개정안에서 이를 명문화했다. 또한 공평의무는 신탁재산의 수익 및 비용의 분배에 있어서, 수탁자의 자의적 분배를 최소화하는 기능을 수행한다.

3) 수익자

수익자(beneficiary)는 수탁자, 신탁재산 등과 함께 신탁에서 기본적인 요소의 하나이

---

3) 계약신탁에서는 신탁계약의 일방당사자, 유언신탁에서는 단독행위인 유언의 작성자, 신탁선언에서는 수탁자의 지위를 갖는다.
4) 최수정, 『일본신신탁법』, 진원사, 2007, 157면.
5) 최동식, 『신탁법』, 법문사, 2005, 160면.
6) 안성포, "신탁의 종료, 변경, 합병 및 분할", 『선진상사법률연구』 통권 제48호, 2009.10, 100~103면.
7) 명순구·오영걸 역, 『현대미국신탁법』, 세창출판사, 2005, 165면.

며, 신탁행위에 기인한 신탁이익을 향수하는 자를 말한다. 현행법상 수익자는 수입수익자(income beneficiary)와 귀속권리자로 구분된다. 수익자는 신탁법 및 신탁행위에 의하여 인정되는 각종 권리를 갖게 되는데 이러한 권리를 수익권이라고 한다. 수익자는 수익권을 포기할 수도 있고, 양도도 가능하다. 또한 수익권은 수익자 고유의 권리(interests of the beneficiaries)로서 수익자 지위를 보호하는 중요한 역할을 수행한다. 한편, 복수수익자의 수익권은 서로 다른 수익권에 의하여 자기의 수익권을 제약받으며, 동종 수익권도 수량이나 비율에 의해 서로 제약된다. 한편 수익자는 신탁의 사무 처리에 소요된 비용 등을 지급할 의무나 신탁보수지급의무 등이 있다.

3. 신탁법개정법률상 위탁자 관련 새로운 신탁유형

(1) 위탁자의 유언에 의한 신탁(유언대용신탁)

유언대용신탁은 위탁자 사망시에 수익권을 취득하는 수익자를 미리 지정하거나, 수익자로 지정하되 위탁자 사망시에 비로소 수익권을 취득하는 것으로 정할 수 있도록 하는 신탁이다. 유언대용신탁의 도입취지는 상속절차의 투명성 확보, 전문적인 상속재산의 관리 등을 위하여 상속(유증)의 대체수단으로 이용할 수 있는 신탁에 관한 법률관계를 명확하게 하기 위한 규정을 신설했다.[8] 그리고 유언대용신탁은 위탁자는 다음의 어느 하나에 해당하는 신탁의 경우, 수익자를 변경할 권리를 갖는다. 다만, 신탁행위로 달리 정한 경우에는 그에 따른다. 하나, 수익자가 될 자로 지정된 자가 위탁자의 사망시에 수익권을 취득하는 신탁. 둘, 수익자가 위탁자의 사망 이후에 신탁재산에 기한 급부를 받는 신탁. 이 경우의 수익자는 위탁자가 사망할 때까지 수익자로서의 권리를 행사하지 못한다. 다만, 신탁행위로 달리 정한 경우에는 그에 따른다.

(2) 자기신탁

위탁자와 수탁자가 동일인(人)이 되는 자기신탁에 대하여는 신탁재산의 독립성 저해를 최소하기 위하여 다른 신탁의 설정방식을 다음과 같이 엄격한 요건을 요구하고 있다. 즉, 신탁의 목적, 신탁재산, 수익자 등을 특정하고 자신을 수탁자로 정한 위탁자의 선언의 요건을 요구하고 있다.[9] 구체적 내용은 다음과 같다.[10] 첫째, 자기신탁의 설정은 공익신탁을 제외하고는 공정증서를 작성하는 방법으로 하여야 하며, 신탁을 해지할

---

8) 신탁법개정법률안 제59조 제1항 및 제2항.
9) 신탁법개정법률 제3조 제1항 제3호.
10) 신탁법개정법률 제3조 제2항부터 제4항.

수 있는 권한을 유보할 수 없다. 둘째, 위탁자가 집행의 면탈이나 그 밖의 부정한 목적으로 목적신탁을 설정한 경우 이해관계인은 법원에 신탁의 종료를 청구할 수 있다. 셋째, 위탁자는 신탁행위로 수탁자나 수익자에게 신탁재산을 지정할 수 있는 권한을 부여하는 방법으로 신탁재산을 특정할 수 있다.

(3) 수익자 지정권·변경권 유보부 신탁

수익자 지정권·변경권 유보부 신탁은 신탁행위에 의하여 신탁설정 당시에 수익자를 지정하지 아니하고 이를 지정할 권한을 가진 자만을 정하여 둘 수 있는 신탁을 말한다.[11] 수익자 지정권·변경권 유보부 신탁의 도입취지는 지정권신탁이 설정된 이후에 수익자를 지정하거나 또는 신탁설정 당시에 지정한 수익자를 신탁계속 중에 변경할 수 있도록 수익자지정권 또는 수익자변경권을 유보한 신탁에 관한 법률관계를 명확히 하는 규정을 신설했다.[12] 또한 신탁행위에 의하여 신탁설정 당시에 지정한 수익자를 변경할 권한을 가진 자를 정하여 두는 신탁을 설정할 수 있도록 했다.

4. 우리나라의 신탁과세구조 및 당사자별 과세

(1) 우리나라의 신탁과세구조

1) 신탁의 납세의무자

신탁에서 발생한 경제적 이익은 모두 수익자에게 귀속됨에 따라 소득세법 제2조 제6항 및 법인세법 제5조에서는 신탁이익을 신탁이 아닌 수익자에게 귀속시킴으로써 수익자를 납세의무자로 보고 있다. 또한 상속세 및 증여세법 제9조에서 피상속인이 신탁한 재산을 상속재산에 포함시키고 있고, 동법 제33조에서 신탁이익의 증여와 관련하여 위탁자인 피상속인을 납세의무자로 보고 있다. 한편 소득세법 제2조의2 제6항에서는 신탁의 수익자가 불특정하거나 부존재시에는 해당 신탁소득의 귀속자를 신탁의 위탁자 또는 그 상속인으로 보아 이들을 납세의무자가 된다고 보고 있다.

2) 신탁과세대상 및 신탁소득산정방식
① 신탁과세대상

현행 세법상 신탁이익은 금전신탁, 불특정금전신탁, 금전외신탁에서 발생한 것을 과세대상으로 한다. 다만, 공익신탁에서 발생하는 신탁이익에 대해서는 과세하지 않고 있

---

11) 신탁설정 당시에 일부 수익자를 지정하고 추가적으로 수익자를 지정할 수도 있다.
12) 신탁법개정법률안 제57조.

다. 신탁과세대상은 운용 이익을 금전으로 원금 및 수익을 수익자에게 이전하는 방식인 금전신탁과 신탁인수시에 신탁재산으로 유가증권·금전채권·부동산 등의 금전 이외의 재산으로 구성된 금전외신탁, 그 외에 금전채권신탁과 부동산신탁 등이 있다.

한편 상속세 및 증여세법상 상속재산[13]이 되는 신탁재산은 피상속인이 신탁한 재산과 피상속인이 신탁으로 인하여 타인으로부터 신탁이익을 받을 권리를 소유한 경우 그 이익의 상당한 가액으로 보고 있다. 다만, 타인이 신탁의 이익을 받을 권리를 소유하고 있는 경우 그 이익에 상당하는 가액(價額)은 제외한다(상속세 및 증여세법 제9조 제1항 및 제2조). 신탁이익을 받을 권리를 소유하는 판정은 동법 시행령 제25조에 의해 원본 또는 수익이 타인에게 지급되는 경우를 기준으로 한다(동법 제5조). 또한 상속세 및 증여세법상 신탁이익의 증여는 동법 제33조 제1항 및 제2항에서는 신탁계약에 의하여 위탁자가 신탁이익의 전부 또는 일부를 수령할 수익자를 지정한 경우에는 "원본의 이익을 받을 권리를 소유하게 한 경우에는 수익자가 그 원본을 받은 경우나 수익의 이익을 받을 권리를 소유하게 한 경우에는 수익자가 그 수익을 받은 경우"로 보고 있다. 반면에 수익자가 불특정되거나 아직 부존재하지 아니하는 경우에는 위탁자 또는 그 상속인을 수익자로 보고, 수익자가 특정되거나 존재하게 된 경우에 새로운 신탁이 있는 것으로 보고 있다.

② 신탁소득금액의 산정

신탁소득금액의 계산은 수익자단계가 아닌 신탁단계에서 수탁자가 법인인 경우에는 신탁재산의 소득을 수탁자의 고유재산과 구분하여, 법인세법 규정에 의하여 각 사업연도 소득금액을 산정하는 순자산증가설에 의한 방법을 취하고 있다. 반면에 수탁자가 개인인 경우에도 자신의 고유재산과 신탁재산을 구분하여 소득세법에 의한 소득금액계산에 있어서 소득원천설에 의한 방법을 취하고 있다. 다만, 신탁소득금액산정 특례로서 현행 소득세법 시행령 제26조의2에서는 「자본시장과 금융투자업에 관한 법률」(이하 "자본시장법"이라 한다) 제103조 제1호에 따른 특정금전신탁으로서 소득세법 제4조 제2항을 적용 받는 신탁이 있을 때는 집합투자기구로부터의 이익은 자본시장법에 따른 각 종 보수·수수료 등을 제외한 금액으로 보고 있다. 또한 소득세법 제46조의 2에서는 "종합소득과세표준 확정 신고 후 예금 또는 신탁계약의 중도해지로 인하여 이미 지난 과세기간에 속하는 이자소득금액이 감액된 경우 그 이자소득금액의 계산에 있어서는 중도해지일이 속하는 과세기간의 종합소득금액에 포함된 이자소득금액에서 그 감액된 이자소득금액을 차감할 수 있다. 다만, 국세기본법 제45조의2의 규정에 의하여 과세표준 및

---

13) 상속세 및 증여세법 기본통칙 7−0...1【상속재산의 범위】1. 상속재산에는 물권, 채권 및 무체재산권뿐만 아니라 신탁수익권 등이 포함된다.

세액의 경정을 청구한 경우에는 그러하지 아니하다"라고 규정하고 있다.

상속세 및 증여세법상 신탁이익의 증여에 대한 소득금액의 산정은 상속세 및 증여세법 시행령 제25조에 의하여 산정된다. 신탁이익을 받을 권리의 증여 시기는 일정한 경우14)를 제외하고는 원본 또는 수익이 수익자에게 실제 지급되는 때로 한다. 다만, 수익자가 수회로 분할하여 원본과 수익을 받는 경우에 있어서 그 신탁이익은 동조 제1항의 규정에 의한 증여시기를 기준으로 동령 제61조 제2호의 규정을 준용하여 평가한 가액으로 한다.

3) 수입시기와 원천징수

신탁재산에서 발생하는 소득은 신탁상품별로 다양하게 발생하며, 수입시기는 신탁단계가 아닌 수익자단계를 기준으로 정하고 있고, 소득별로 각 세목에 따른 수입시기를 적용하고 있다. 한편 현행 세법하에서 신탁은 원천징수의무자로서 이자·배당소득이 발생하는 금전신탁을 주로 운용하는 신탁법인이나 신탁에게도 지위를 부여하고 있다. 원천징수시기는 해당 소득금액 또는 수입금액을 실제로 지급하는 때 또는 지급의제시기이며, 예외적으로 일정한 경우에 한하여 실제로 지급하는 때로 규정하고 있다.15)

(2) 신탁 당사자별 과세 여부

1) 수탁자에 대한 과세 여부

① 신탁설정단계

신탁설정단계에서는 수탁자와 관련하여 신탁재산의 이전에 따른 취득세 및 등록세가 발생한다. 첫째, 취득세와 관련하여 신탁설정에 의한 수탁자로의 재산권 이전은 실질적인 소유권이전이 아니므로 자익·타익신탁 여부와 관계없이 이에 대하여 취득세를 부과할 수 없다(지방세법 제110조 제1호).16) 또한 자익신탁의 경우 신탁종료에 의하여 신탁

---

14) 상속세 및 증여세법 시행령 제25조 제1항.
   1. 수익자로 지정된 자가 그 이익을 받기 전에 당해 신탁재산의 위탁자가 사망한 경우에는 그 사망일
   2. 신탁계약에 의하여 원본 또는 수익을 지급하기로 약정한 날까지 원본 또는 수익이 수익자에게 지급되지 아니한 경우에는 그 지급약정일
   3. 신탁계약을 체결하는 날에 원본 또는 수익의 이익이 확정되지 아니한 경우로서 이를 분할하여 지급하는 때에는 당해 원본 또는 수익의 실제 분할지급일
   4. 원본 또는 수익을 수회로 분할하여 지급하는 때에는 당해 원본 또는 수익의 최초 분할지급일
15) 소득세법 기본통칙 127-0…5.
16) 지방세법 제110조 제1호; 신탁(「신탁법」에 의한 신탁으로서 신탁등기가 병행되는 것에 한한다)으로 인한 신탁재산의 취득으로서 다음 각목의 1에 해당하는 취득. 다만, 신탁재산의 취득 중 주택조합 등과 조합원 간의 부동산 취득 및 주택조합 등의 비조합원용 부동산 취득은 제외한다.
   가. 위탁자로부터 수탁자에게 신탁재산을 이전하는 경우의 취득

재산이 위탁자에게 반환되는 경우에도 부동산에 관한 취득세를 부과하지 않는다.[17] 다만, 타익신탁의 경우 신탁종료에 의하여 신탁재산인 부동산이 수익자로 이전되는 경우에는 수익자에게 부동산에 관한 취득세를 부과할 수 있다. 따라서 위탁자가 신탁재산을 이전하는 행위는 수탁자가 신탁재산을 실질적으로 취득하는 것이 아니므로 취득세를 부과할 수 없다. 둘째, 신탁(「신탁법」에 의한 신탁으로서 신탁등기가 병행되는 것에 한한다)으로 인한 형식적인 재산권의 취득등기 또는 등록은 비과세된다(동법 제128조 제1호). 또한 위탁자가 원본의 수익자인 신탁에서 수탁자가 신탁재산을 수익자에게 이전할 때의 재산권 취득등기 또는 등록과 종전 수탁자의 경질로 인하여 새로운 수탁자의 재산권 취득등기 또는 등록은 비과세대상이다. 다만, 위탁자의 상속인에게 신탁재산을 이전하는 경우에는 이를 상속으로 인한 재산권 취득등기 또는 등록으로 보아 등록세를 부과한다(동조 동호 나 및 다 목). 하지만 신탁재산이 부동산인 경우에는 당해 재산을 구분하기 위해 '신탁 등기'가 필요하다. 대법원도 신탁등기에 대해 등록세를 부과할 수 있다고 판시하고 있다.[18],[19]

② 신탁자산 운용단계

수탁자는 신탁자산 운용단계에서 법인·소득세 및 부가가치세가 관련되어 있다. 우리나라의 신탁과세이론은 도관이론에 의하여 세무처리를 한다. 이에 따라 신탁단계의 과세소득산정방식은 법인인 신탁은 각 사업연도소득산정방식으로, 개인인 신탁은 소득세법에 의한 소득산정방식을 적용하지만, 이 소득의 실질적인 조세부담은 수익자이므로 현행 세법은 신탁에게 법인·소득세를 부과하지 않는다. 다만, 원천징수대상인 소득에 대하여 신탁은 원천징수의무자로서 원천징수해야 한다.

부가가치세와 관련하여 수탁자는 부가가치세법 제2조 제1항인 "일반적으로 부가가치세는 사업상 독립적으로 재화 또는 용역을 공급하는 자로 하여금 납부의무를 부과하고 있다."를 적용한다. 또한 동법 제6조 제5항에서는 "위탁매매 또는 대리인에 의한 매매를 할 때에는 위탁자 또는 본인이 직접 재화를 공급하거나 공급받은 것으로 본다. 다만, 위탁자 또는 본인을 알 수 없는 경우에는 그러하지 아니하다"고 규정하여 위탁자를

나. 신탁의 종료 또는 해지로 인하여 수탁자로부터 위탁자에게 신탁재산을 이전하는 경우의 취득
다. 수탁자의 경질로 인하여 신수탁자에게 신탁재산을 이전하는 경우의 취득
17) 대법원 2000.5.30. 선고 98두10950 판결.
18) 대법원 2003.6.10. 선고 2001두2720 판결.
  "등록세는 재산권 기타 권리의 취득, 이전, 변경, 또는 소멸에 관한 사항을 공부에 등기 또는 등록하는 경우에 등기 또는 등록이라는 단순한 사실의 존재를 과세대상으로 하여 그 등기 또는 등록하는 경우에 등기 또는 등록이라는 단순한 사실의 존재를 과세 대상으로 하여 그 등기 또는 등록을 받는 자에게 부과하는 조세로서, 그 등기 또는 등록의 유·무효나 실질적인 권리귀속의 여부와는 관계가 없다."
19) 신탁등기의 등록세 전부개정예규, 대법원 등기예규 제1184호, 2007.4.27.

원칙적으로 납세의무자로 보고 있다.[20]

③ 신탁자산 보유단계

신탁자산의 보유단계와 관련된 과세는 재산세이다. 대법원에서는 재산세의 납세의무자는 수탁자가 된다고 보고 있다.[21] 다만, 신탁재산에 관한 재산세는 실질적으로 수탁자의 고유재산에서 지출되는 것이 아니라 신탁재산에서 발생한 신탁이익에서 이를 차감할 수 있으므로 재산세의 실질적인 조세부담은 수익자가 될 것이다.

④ 신탁종료단계

신탁종료시의 세무처리는 잔여재산에 관한 귀속문제이다. 이에 대하여 현행 세법은 명확한 규정을 제시하고 있지 않으므로, 신탁법에 근거하여 상술하기로 한다. 일반적으로 신탁종료[22]시 수탁자는 신탁잔여재산을 수익자(신탁법 제59조), 귀속권리자가 없는 경우 위탁자나 그 상속인(동법 제60조)에 귀속할 것을 명시하고 있다. 따라서 세법도 이들에게 조세채무를 부과함으로써 신탁의 납세의무는 없다. 이러한 처리는 도관이론에 근거하여 신탁종료시 수탁자는 귀속권리자나 원본수익자에게 신탁재산의 취득가액으로 이전할 것이고, 장래시점에 이전받은 당사자들이 해당 자산을 처분할 때 과세할 수 있기 때문이다. 다만, 신탁재산의 이전의 성격이 양도인지 증여인지에 대하여 판정할 필요가 있다.

한편 신탁법 제61조에서는 잔여신탁재산이 귀속권리자에게 이전되기 전까지는 신탁에게 귀속되는 것으로 간주하고 있다. 그런데 신탁이 이 상태를 장기간 유지할 때는 동결효과 등 조세회피가능성이 높아질 것이므로 이에 대한 합리적인 제도 보완이 필요하다.

2) 수익자에 대한 과세 여부

① 법인 · 소득세

법인인 수익자는 분배받은 신탁이익을 순자산증가설에 의하여 익금 산입하여 법인세를 납부하게 되고, 개인인 수익자는 소득원천설에 의하여 신탁이익을 소득별로 구분하여 분리과세 및 종합과세하게 된다.

---

20) 대법원 2008.12.24. 선고 2006두8372 판결.
21) 대법원 1993.4.27. 선고 92누8163 판결.
22) 신탁종료 사유는 1 신탁법 제56조(신탁의 해지) 위탁자가 신탁이익의 전부를 향수하는 신탁은 위탁자 또는 그 상속인이 언제든지 해지할 수 있다. 이 경우에는 민법 제689조 제2항의 규정을 준용한다.
    2 동법 제57조 수익자가 신탁이익의 전부를 향수하는 경우에 신탁재산으로써가 아니면 그 채무를 완제할 수 없을 때, 기타 정당한 사유가 있는 때에는 법원은 수익자 또는 이해관계인의 청구에 의하여 신탁의 해지를 명할 수 있다.
    3 동법 제58조 신탁의 해지에 관하여 신탁행위에 특별한 정함이 있는 경우에는 전 2조의 규정에 불구하고 그 정함에 의한다.

② 양도소득세 및 상속세 및 증여세

자본이득은 양도나 상속 및 증여에 의하여 발생한다. 양도소득은 신탁재산을 유상으로 매매나 교환 등의 행위로 인하여 발생하는 것을 말한다. 이와 같은 자본이득은 신탁이 아닌 수익자에게 귀속된다. 자본이득은 신탁설정시, 신탁의 존속시, 신탁 종료시점으로 구분되어 발생한다.

신탁설정시 위탁자가 수탁자에게 자산을 이전할 때 이전행위는 실질적 소유권이전도 아니고 소득세법상 유상으로 이전된 것이 아니므로 양도소득은 발생하지 않는다. 신탁 존속 중 신탁이 신탁재산을 처분한 경우 이로 인한 자본이득세는 수탁자가 아닌 수익자가 부담하게 된다. 신탁종료시 신탁이 신탁재산을 귀속권리자나 위탁자 및 상속인에게 이전하는 경우(수익자가 불특정되거나 부존재시) 이를 양도로 보지 않고, 무상이전으로 보아 상속세 및 증여세를 부과하게 된다(상속세 및 증여세법 제33조). 또한 자익신탁과 관련하여 상속세 및 증여세법 제2조 제2항에서 이를 수용하고 있다.[23]

3) 위탁자에 대한 과세 여부

신탁설정시 위탁자가 신탁에 관한 자산양도는 실질적인 양도가 아니므로 이에 과세할 수 없다. 왜냐하면 자익신탁이든 타익신탁이든 신탁설정시 양도는 유상으로 이루어지지 않았기 때문이다. 즉, 자익신탁은 위탁자로서는 수탁자에게 재산권의 명의를 이전하는 대신 수익권을 취득하는 것으로서 교환에 따른 이익을 취득하는 것이 아니기 때문이고, 타익신탁은 경제적으로는 신탁의 수익권을 제3자에게 무상으로 양도하는 것으로서 일반적으로 개인이나 법인에게 증여세를 부과할 수 있다.[24]

또한 위탁자에게 과세되는 경우는 소득세법 제2조의 2 제6항의 괄호인 수익자가 특정되지 아니하거나 존재하지 아니하는 경우이고, 자익신탁인 경우에도 위탁자가 조세부담을 진다.

5. 신탁법상 위탁자신탁과 명의신탁과의 비교

위탁자신탁은 위탁자가 신탁에게 양도한 신탁재산에 대한 지배력이나 통제력을 완전히 이전하지 않는 신탁의 형태로 볼 수 있다. 이 신탁은 신탁자와 수탁자 사이의 내부관계에서 신탁자가 소유권을 보유하고 이를 관리·수익하면서 대외관계에서 공부상의 소유명의만을 수탁자로 하여 두는 법률관계를 명의신탁[25]과 유사하다고 볼 수 있다.

---

23) 상속세 및 증여세법 제2조 제2항; 증여재산에 대하여 수증자에게 「소득세법」에 따른 소득세, 「법인세법」에 따른 법인세가 부과되는 경우에는 증여세를 부과하지 아니한다. 소득세, 법인세가 「소득세법」, 「법인세법」 또는 다른 법률에 따라 비과세되거나 감면되는 경우에도 또한 같다.

24) 김종해, "신탁과세제도에 관한 연구", 강남대학교 대학원 박사학위논문. 2010.12, 128면.

위 두 가지 신탁이 조세회피라는 공통점을 갖고 있지만, 현행 명의신탁재산은 상속세 및 증여세법상 증여의제로[26] 보되, 토지 및 건물은 부동산실권리자명의등기에 관한 법률에 의해 명의신탁계약을 무효[27]로 보아서 증여의제대상에서 제외되고 있다. 반면에 영미계의 위탁자신탁은 상속세 및 증여세법뿐만 아니라 소득세법 및 법인세법을 적용받고 있다는 점에서 차이가 있다. 또한 명의신탁의 증여세 납세의무자가 명의수탁자인 반면에 위탁자신탁은 위탁자를 신탁소득의 귀속자로 보아 납세의무를 부여하고 있다. 따라서 위탁자관련신탁과 명의신탁은 그 취지상 차이점이 존재하지만, 신탁구조나 조세회피측면에서 볼 때, 이를 분리하여 규정하기보다는 신탁법을 정비하여 명의신탁을 신탁법 내로 일원화하는 방안을 고려할 필요가 있다.

III. 외국 신탁법상 위탁자신탁의 과세

1. 미국 신탁법상 위탁자신탁 과세

(1) 의 의

위탁자신탁 과세(grantor trust taxation)의 출현 배경에는 초기 미국의 소득세법 구조가 기혼자(married couple)를 위한 공동(joint)소득신고를 허용하지 않았고, 소득세율 구조가 매우 누진적(progressive)이었다. 이러한 상황은 납세의무자가 저율소득세가 적용되는 다른 납세의무자에게 소득을 이전하여 자신의 조세를 축소하려는 시도가 발생했다. 대체적으로 이러한 시도 중 하나는 배우자간 소득분산방법이고, 다른 하나는 신탁을 통한 방법으로 저율세율이 적용되는 수익자나 신탁에게 소득을 이전하는 것이다.[28] 이 중 두 번째 방법이 위탁자 신탁의 출현배경이 되었다. 위탁자신탁은 Helvering v. Clifford[29] 소송을 통하여 미국 재무부(Treasury Department)는 신탁소득에 대하여 위탁자에게 부과할 때, 위탁자를 개별 납세의무자로 보기 위한 가이드라인을 1939 Code, s definition of gross income[30]에 따라 규정할 것을 채택했다.[31] 그 후 미국의회는 1954년에 현재

---

25) 신용주, "명의신탁으로 인한 증여의제과세의 문제점과 개선방안", 『조세연구』 제4집, 한국조세연구포럼, 2004, 393면.
26) ① 권리의 이전이나 그 행사에 등기·등록·명의개서 등을 요하는 재산이어야 하고, ② 실제소유자와 명의자가 다르고, 명의자 앞으로 등기 등이 경료되어야 하고, ③ 조세 회피의 목적이 있어야 한다.
27) 대법원 2006.5.12. 선고 2004두07733 판결.
28) F. Ladson Boyle & Jonathan G. Blattmachr. 2009. Blattmachr on Income Taxation of Estates and Trusts 15th, Practising Law Institute, pp.4~5.
29) Helvering v. Clifford, 309 U.S. 331 (1940).

"위탁자신탁"규정을 미국연방세법(IRC) Subchapter J 제671조 내지 제679조에서 규정했고, 이 규정은 대부분 클리포드 규정(Clifford regulations)을 따르고 있다. 그 후 1986년 세제개혁법률(Tax Reform Act 1986)에서는 소득세율을 낮추어 소득분산에 따른 과세우대조치를 축소함과 동시에 신탁에게 적용되던 저율과세구간을 제거했다.

미국의 신탁세제는 일반적으로 위탁자는 신탁의 원본과 소득에 관한 통제뿐만 아니라 여기서 발생한 이익과 분리된다는 것을 전제로 하고 있다. 이에 대하여 조세법원은 신탁이 '위탁자가 신탁에게 자산을 양도하고, 위탁자산에 관한 완전한 지배력이나 통제력을 분리하지 않거나 이 자산에서 발생한 수익에 대해 분리하지 않는 경우……'[32] 조건에 해당하는 경우를 위탁자신탁이라고 판시하고 있다. 미국은 이 조건에 해당하는 신탁의 납세의무를 위탁자에게 부담시키고 있다. 위탁자신탁의 대표적 유형은 철회가능신탁(revocable trusts)[33]과 클리포드 신탁[34]이다. 그러나 1986년 세제개혁법안에서는 클리포드 신탁에 대하여 다음과 같이 수정했다. 즉, "1986. 3. 1. 이후의 양도에 대해서 위탁자가 수익이나 원본 중 반환이익(reversionary interest)을 보유하고 있다면, 위탁자는 신탁회계상 수익에 대한 납부의무를 진다"고 규정하여 클리포드 신탁에 대하여 사망선고를 했다.[35] 이와 함께 연방세법 제672조 제(e)항에서는 위탁자가 자신이나 자신의 배우자가 해당 이익을 보유한 것으로 처리하고 있다.

한편 위탁자신탁에 대하여 연방세법 제671조 내지 제679조에서는 '소유자로서 처리(treated as own)'란 용어를 사용하고 있고, 이를 통하여 신탁의 실제 위탁자를 구분하고 있다.

(2) 위탁자신탁의 조건

위탁자신탁은 위탁자가 다음과 같은 일정한 요건을 충족할 때 적용되고, 철회권의 유보는 위탁자신탁의 요건으로 보지 않는다.[36]

첫째, 위탁자가 관리권한을 보유한 경우이다. 즉, 위탁자와 그의 배우자가 특정한 관

---

30) Treas. Reg. § 9.229a)-1 (1939)(defining gross income) 참고.

31) *Ibid*, pp.4~6.

32) William Scheft, 59 T.C. 428, pp.430~431 (1972).

33) 철회가능신탁은 신탁에 관한 철회권을 위탁자에게 유보하는 신탁으로서, 위탁자가 신탁조항(수익자 실체의 변경을 포함)을 변경함으로써 신탁으로부터 재산을 반환받고, 그 자산과 관련하여 신탁을 지배할 수 있는 경우를 말한다.

34) 클리포드 신탁은 철회불가능신탁(irrevocable trusts)으로서 신탁의 청산과 관계없이 위탁자는 원본에서 공제된 자본이득이 신탁의 청산시 위탁자에게 분배 또는 유보되는 것으로 보아 납부의무를 부담하는 경우를 말한다.

35) Kenneth E. Anderson. Thomas R. Pope. John L. kramer, PRENTICE HALL'S FEDERAL TAXATION 2008, Prentice Hall, 2008, p.C14-31.

36) 명순구·오영걸 역, 앞의 책, 112면.

리권한이 있는 때, 위탁자는 회계상 수익과 이득(gain)에 대해 납부 의무가 있다고 규정하고 있다.[37] 다만, 이러한 권한은 다음 사항을 제한할 수 없다. ① 적절한 금액 또는 현금등가물보다 낮게 신탁재산을 교환 또는 구입할 수 있는 권한. ② 적절한 이익이나 담보가 없는 신탁으로부터 차입한 권한. 다만, 위탁자 이외의 수탁자가 이익이나 담보와 관계없는 대여권한과 같은 일반적 대여권한하에서 위임된 것은 제외한다. ③ 비수탁자의 업무이행권한은 위탁자가 보유하고 있는 법인에 관한 의결권행사와 신탁이 의결권을 통제할 수 있는 권한, 또는 다른 재산을 동일가액으로 대체함으로써 신탁재산을 재구매할 수 있는 권한을 의미한다.

둘째, 위탁자가 경제적 혜택을 보유할 권한이 있는 경우로서, 위탁자가 수익의 비례에 따라 신탁부분에 대해 부과의무가 있다고 규정하고 있다.[38] 이 권한은 ① 위탁자 또는 위탁자의 배우자에게 분배될 금액. ② 위탁자 또는 위탁자의 배우자에게 미래에 분배될 금액에 관한 보유분 또는 유보분. ③ 위탁자 또는 위탁자의 배우자를 위한 생명보험료이다. 또한 위탁자가 법적으로 부양 의무가 있는 어린이나 성인들에게 사용한 신탁수익은 위탁자에게 경제적 혜택을 이전시키는 행위로서 이 금액을 위탁자가 부담한다. 그러나 단지 부양할 사람들을 위해 신탁수익에 대해 임의적 권한이 존재한다고 하여 위탁자가 이 금액에 대해 납부의무가 발생하는 것은 아니다. 따라서 세법에서는 신탁수익이 실제로 부양에 사용되는가를 판정하여 과세한다.

셋째, 위탁자가 신탁재산에서 발생한 수익을 분배받은 제3자의 경제적 혜택을 통제하는 권한으로서, 연방세법 제674조에서는 위탁자와 그의 배우자, 그리고 신탁이익과 관련 없는 사람(someone)이 분배금액을 결정하는 것과 동일한 수혜적 유희를 통제할 권한이 있다면, 위탁자는 신탁소득에 대하여 납부 의무를 진다. 또한 연방세법 제678조는 신탁의 위탁자나 수익자 이외의 제3자에게 신탁소득을 보고할 것을 요구하고 있다.

(3) 위탁자신탁의 일반 규정

1) 위탁자의 범위

미국 신탁법상 위탁자의 정의(identification)는 2000년에 공표된 regulation 이전까지 판례법(case law)에 의해 규정되었다. 그러나 미국은 regulation에 의해 1999년 8월 9일의 효력시기 이후에 위탁자에게 신탁의 이익을 이전하거나 위탁자가 신탁에게 이전하는 경우라고 정의했다.[39] 분명한 것은 신탁과 펀드를 설정하는 자가 위탁자라는 사실

---

37) I.R.C. § 675.
38) I.R.C. § 677.
39) T.D. 8890, 2000-2 C.B. 122(effecive after Aug. 9, 1999).

은 변함이 없다. 구체적으로 미국 과세당국은 다음의 경우를 위탁자로 보고 있다.

첫째, 2000년 regulations에서는 1999년 8월 9일 이후에 성립된(made) 신탁 이익을 이전할 경우와 무상(gratuitous)이전이 위탁자에게 발생할 경우이다.[40] 이 regulations은 위탁자를 신탁설립자나 신탁에게 직·간접적으로 무상이전한 자로 보고 있다.[41] regulations에서 정의하고 있는 무상이전은 증여세법상(gift tax purposes) 이전과 관계없이 공정시장가액(fair market value)으로 이전하지 않은 경우를 말한다.[42] 또한 용역제공은 정상가액(arm's-length value)으로 정하고 있다.[43]

둘째, 신탁으로부터의 차입이 정상가액에 해당하는 대출이라면, 차입자는 위탁자가 아니지만, 연방세법 제675조가 적용되는 경우라면, 신탁으로부터 위탁자가 차입하는 행위는 위탁자신탁의 지위에 해당한다.

이와 함께 regulation은 연방세법 제678조의 규정에 의해 수익자에게 부과될 때, 위탁자가 되는 경우와 소유자가 되는 경우를 구분하고 있다. 즉, 이러한 상황에서 수익자는 소유자로 간주될 뿐 위탁자가 되지 않는다. 즉, "낭비자(Crummey)"신탁이나 철회불가능한 생명보험신탁(irrevocable life insurance trust: ILIT)의 수익자는 낭비자철회권의 범위 내에서 신탁의 소유자가 된다. 그러나 수익자는 낭비자철회권리가 소멸된 후부터 위탁자로 간주되지 않는다.[44]

2) 부분 규정

부분규정(portion rule)은 연방세법 제671조에서 언급되고 있다. 즉, 위탁자가 신탁의 일정 지분의 소유자로서 처리되고, 신탁의 일정지분의 소득, 소득공제, 세액공제는 소유자의 과세소득을 산정할 때 고려된다.[45] 이러한 규정은 연방세법 제673조 내지 제679조의 운용규정으로서 적용되고 있다. 따라서 위탁자가 일부 소득에 대하여 조세부담을 한다.

이러한 부분산정기준에서는 신탁의 통상소득(ordinary income), 원본에 배당(allocable)되는 소득, 특정신탁재산과 관련된 소득, 신탁소득의 단주(fractional share)를 고려한다.[46]

---

40) Priv. Ltr. Rul. 89-43-083.
41) Treas. Reg. § 1.671-2(e)(2).
42) Treas. Reg. § 1.671-2(e)(2)(i).
43) Treas. Reg. § 1.671-2(e)(2)(ii).
44) Boyle & Blattmachr. *op. cit.*, pp.4~17.
45) I.R.C. § 671.
46) Treas. Reg. § 1.671-3.

(4) 위탁자신탁에 관한 과세

위탁자신탁은 위탁자가 자신의 재산을 신탁에게 이전하고 이전한 신탁재산에 대하여 위탁자나 제3자(위탁자의 특수관계자)가 실질적인 권능을 행사하는 형태이다. 전술한 요건을 충족한 위탁자신탁은 수탁자가 신탁소득을 수익자에게 분배 또는 신탁에 유보하더라도, 실질적으로 신탁소득의 일부 또는 전부를 위탁자나 제3자에게 귀속되므로 신탁소득에 대해 위탁자나 제3자에게 과세하게 됨으로써, 수익자 및 수탁자는 납부의무를 부담하지 않는다.

2. 영국 신탁법상 위탁자관련신탁 과세

(1) 의 의

영국의 위탁자(settlor)는 신탁에 재산을 출자한 자로서, 철회불가능한 재산을 양도하거나 일부 이익을 보유할 수 있다. 이에 따라 신탁재산에 대한 이익을 보유하는 위탁자는 조세회피를 시도할 가능성이 높아졌다. 이를 최소화하기 위하여 영국 과세당국은 조세회피방지법률(anti-avoidance rules)[47]에서 위탁자와 관련된 사항을 강화했다. 즉, 위탁자와 관련하여 ITTOIA[Income Tax(Trading and Other Income)] 2005 제610조 내지 제648조에서는 자본이득세에 대하여 자본이득세법(TCGA) 1992 제77조 또는 재정법 1986 Sch 제20조에 따 라 유보적 수혜(benefit)인 증여에 대하여 상속세를 부과하는 경우이다. 또한 조세회피방지법률은 '관련재산(relevant property)'[48]을 통하여 위탁자과세근거를 마련하고 있다. 또한 이 법률은 위탁자의 특수관계자의 범위에 관해서도 언급하고 있다. 그리고 이 법률은 신탁의 거주자뿐만 아니라 비거주자 중 영국내의 거주자인 위탁자에도 적용된다.

한편 위탁자와 관련된 조세는 다음과 같은 상황에서 발생하게 된다. 일반적으로 신탁소득에 대해 수탁자가 납부의무를 지고, 수익자는 분배된 소득에 대하여 납부의무를 지지만, 위탁자는 신탁에 소득을 이전함으로써 소득세를 회피하거나 계약에 의하여 다른 사람에게 소득을 양도한 경우에 납부의무를 부담한다. 또한 자본이득에 대하여 수탁자가 일반적으로 자본이득세를 부담하게 된다.[49] 다만, 수익자도 조세회피규정을 적용받는 경우에는 자본이득세를 부담한다.[50] 또한 상속세는 일정한 경우를 제외하고는

---

47) TCGA 1992 § 79; 이 규정은 주로 위탁자의 조세회피와 관련된 내용이다.
48) ITTOIA 2005 § 625(5).
49) TCGA 1992 § 2(1).

수익자는 부담하지 않으며, 이를 수탁자와 위탁자가 부담하게 된다. 이에 대하여 다음에서 구체적으로 살펴보고자 한다.

한편 영국에서는 위탁자에게 과세하는 대표적인 유형은 위탁자관련신탁(settlor-interested trusts)[51]과 사전소유자산(pre-owned assets)[52]신탁[53]이 있다.

(2) 위탁자관련신탁 과세

1) 소득세

영국 신탁과세제도에서는 신탁 유형과 관계없이 조세회피규정을 적용한다.[54] 또한 위탁자가 소득을 실제로 수령한 것과 관계없이 해당 소득에 대하여 과세한다. 다만, 수익자는 이러한 소득에 대하여 납부의무가 없다. 위탁자를 납세의무자로 보는 경우는 다음과 같다.[55]

첫째, 위탁자 또는 위탁자의 배우자, 민법상 파트너가 신탁에 관한 지분(소유)을 보유하고 있는 경우이다. 이는 납세의무자가 신탁이익을 향유함과 동시에 신탁에게 자산을 이전함으로써 소득세회피를 방지하기 위한 것이다. 즉, 배우자 간 신탁설정의 경우에는 ITTOIA 2005 제619조부터 제648조 및 특히 제624조를 피하기 위하여, 배우자간 거래를 '명백한 증여(outright gift)'라고 보고 있다.[56] 다만, 남편이나 부인의 명의로 다른 자산이나 계정(account)을 설정하는 것은 명백한 증여로 보는 것은 불충분할 수 있다. 이에 대하여 1996 판례에서는 '소득에 관한 실질적 권리(substantially a right to income)' 여부에 따라 판단할 것을 정함으로써,[57] 남편과 부인의 소득을 개별적으로 판단하도록 했지만, 이러한 과세방법은 Hansard[2004] SpC 432 STC(scd)90의 입법배경과 일치되지 않는다고 보았다.[58] 이에 2005년 12월 15일[2006] STC283과 2007년 7월 25일 House of Lords의 판결[59]에 의해 남편과 부인의 계약을 신탁으로 보아서 합산과세하

---

50) TCGA 1992 § 70.
51) 위탁자관련신탁(settlor-interested trusts)은 위탁자가 자신을 위하여 신탁에 자산을 이전하여 설정하는 유형을 말한다.
52) This is one of a series of Fact Sheets provided by J. & H. Mitchell, W.S., http://www.hmitchell.co.uk/jhmwills-taxation-pre-owned-assets.htm.
53) 사전소유자산신탁은 자산을 증여한 후, 증여자산을 무상으로 이용하는 등을 통하여 이득을 얻게 되면, 해당 이득이 중단될 때까지는 상속세과세대상이 아니고 유보조항에 의한 증여(the Gift withReservation)가 적용되는 자산을 말한다.
54) ITTOIA 2005 § 624.
55) ITTOIA 2005 §§ 619-648.
56) ITTOIA 2005 § 626.
57) Young v Pearson; Young v Scrutton, Ch D [1996] STC 743.
58) Matthew Hutton, Tolley's UK Taxation of Trusts 18th ed, LexisNexis, 2008, p.35.
59) Jones v Garnnet inspector of taxes[2004] SpC 432, [005] STC (SCD) 9.

도록 했다.

둘째, 위탁자의 미혼자녀(18세 이하)의 이익을 위한 경우이다.[60] 이 규정에는 부모로부터 증여받은 자녀들이 수령하는 불특정 소득도 포함된다. 다만, £100 이하의 소득은 제외된다.[61] 이 요건을 충족한 신탁이익은 자녀들에게 귀속되지만, 이 소득의 납부의무는 위탁자가 부담한다.[62]

셋째, 수동신탁의 소득과 관련된 부분이다. 수동신탁은 소득뿐만 아니라 자본까지 자녀들에게 절대적으로 귀속된다. 수동신탁의 소득은 자녀들이 적격한 수령자(즉, 성년자)가 될 때까지 수탁자가 보관하게 된다. 이와 관련하여 1999년 3월 9일 이후에 이미 존재하는 신탁에 자본이 가산되거나 설립되는 신탁에서 발생한 소득은 부모인 위탁자에게 부과되며, 자녀들은 수령액 중 de minimus[63]한계액인 £100에 대하여 면세된다.

2) 자본이득세

위탁자는 다음의 경우 신탁지분을 보유하는 것으로 보아 납세의무를 진다. 즉, 위탁자, 위탁자의 배우자나 민법상 파트너, 자녀 또는 위탁자나 배우자나 민법상 파트너의 입양자, 그리고 이러한 아이의 배우자나 민법상 파트너인 경우와 이러한 인(人)에 의하여 지배되는 법인과 이러한 법인에 의하여 지배되는 법인에 해당하는 경우이다. 또한 1998년 3월 16일 이후에 설정된 신탁이나 추가된 자산이 있는 경우, 위탁자나 그의 배우자의 손주나 배우자의 다른 손주가 혜택을 받고 있다면, 위탁자가 지분을 보유한 것으로 본다. 다만, 위탁자의 배우자의 정의에는 배우자 없는 미망인은 포함되지 않는다.[64]

3) 상속세

① 2006년 3월 22일 이전에 설정된 신탁에 관한 세무처리

상속세 관련하여 위탁자의 경우, 2006년 3월 22일 이전에 설정된 권리소유 신탁이나 누적 및 관리신탁 재산을 이전하거나 양도한 위탁자는 실질적 면세 이전규정을 적용받는다.

② 2006년 3월 23일 이후에 설정된 신탁에 관한 세무처리

㉮ 위탁자과세

신탁의 설정은 상속세 규정에 따른 '양도가액(transfer of value)'을 적용한다. 위탁자는

---

60) FA 1999 anti-avoidance rules.
61) ITTOIA 2005 § 629(3).
62) ITTOIA 2005 § 629.
63) FA 2004, Sch 15, para13.
64) ENSORS, Taxation and the uses of trusts, http://www.ensors.co.uk/cms/filelibrary/ TaxationLand-LtheLusesLofLtrusts.pdf:2010, p.5.

일반적인 상속세 규정에 따라 그들의 유산가액의 손실에 대하여 상속세를 부담한다.[65] 이의 예외규정으로는 면세규정을 적용한 후, 양도가액이 위탁자의 영세율구간을 초과하는 경우, 위탁자는 20%세율로 부과된다. 또한 종전(previously) 7년 이내에 위탁자에 의한 다른 양도가액을 추가한 양도가액이 영세율구간(2010/11부터 2014/15까지 £325,000)을 초과하지 않는 경우에도 해당 양도는 전부 영세율구간을 적용받게 된다.[66] 이때 추가된 재산과 기존 재산은 개별신탁을 구성할 수 있는가에 관하여 논란이 있었다. 이에 대하여 영국은 법률상 추가된 재산이 있는 경우에는 개별적인 신탁이 설정된 것처럼 추가된 재산에 과세하기보다는 세율에 영향을 미치는 부분을 조정(수정)할 것을 허용하고 있다.[67]

또한 재산이 신탁에게 이전된 후에는 해당 재산은 위탁자의 유산이 아니므로 위탁자의 사망으로 상속세를 피할 수 있다. 다만, 위탁자는 신탁에 대한 이익을 보유하지 말아야 할 것이다. 그러나 위탁자가 과세대상인 생애기간자산을 이전한 후 5년 이내에 사망한 경우라면, 사망세율(death rate)에서 생애기간 세율(lifetime rate)로 이미 납부한 금액을 차감하여 상속세를 산정할 수 있다.[68]

3. 일본 신탁법상 위탁자신탁 과세

(1) 의 의

일본의 신탁과세방식은 2007년 신탁세제의 개정을 통하여 신탁세제의 과세 방식을 수익자등 과세신탁과 법인과세신탁, 집단투자신탁으로 구분하고 있다.[69] 신탁세제 개정을 통하여 새로이 수탁자인 법인에게 과세하는 법인과세신탁을 도입했다. 이는 미국과 영국의 신탁과세방식과 유사한 구조를 갖고 있다. 이러한 법인과세신탁은 우리나라에서도 문제점으로 지적되던 신탁이익의 유보를 통한 과세이연을 방지하는 효과가 있다. 특히 위탁자와 관련하여 발생하는 조세회피를 방지하는데 효과적일 수 있다.

위탁자가 신탁을 통한 조세회피방식은 다음과 같은 경우로 볼 수 있다. 첫째, 신탁의 수익자를 특정하지 않는 경우이다. 둘째, 위탁자가 수탁자가 되는 경우이다. 셋째, 위탁자의 특수관계자로 통한 경우이다. 특히 첫째 경우와 관련하여 일본은 목적신탁[70]에

---

65) IHTA 1984 § 204.
66) ENSORS, *op. cit.*, pp.4~5.
67) Hutton, *op. cit.*, p.171.
68) *Ibid.*, p.5.
69) 奧村眞吾, 『詳解 信託法の活用と税務』, 請文社, 2008, 98面 참고.
70) 목적신탁은 특정한 수익자를 특정하지 않은 경우 수탁자로 하여금 일정한 신탁목적에 따라 신탁재산을

해당하는 경우이다. 즉, 수익자를 특정하지 않음으로써, 위탁자는 장기간 신탁이익의 유보를 통한 과세이연효과를 볼 수 있다. 둘째 경우는 자기신탁[71]에 해당하는 경우이다. 즉, 자기신탁은 위탁자가 수탁자가 됨으로써, 위탁자와 수익자 간의 지분변경 등을 통한 조세회피를 시도할 가능성이 존재하고 있다. 이를 방지하기 위하여 일본 신탁세제는 수익자의 정함이 없는 신탁은 수탁자에게 일정한 신탁목적에 따라 신탁재산을 관리·처분할 수 있는 목적신탁을 허용하고 있고, 목적신탁과 자기신탁에 관한 규정을 수익자등 과세신탁이 아닌 법인과세신탁에서 규정하고 있다. 이와 함께 신탁존속기간을 명시하여 신탁재산의 영구적 구속을 방지함으로써, 위탁자에 의한 임의적 신탁행위를 제한하고 있다. 이에 대한 구제적인 내용은 다음에서 상술하고자 한다.

(2) 위탁자 관련 과세관계

1) 세법상 위탁자의 범위

위탁자관련신탁은 일본 세법의 특수관계자 관련 규정 외에도 특별히 자기신탁의 위탁자의 특수관계자범위를 다음과 같이 명시하고 있다.[72] 즉, 첫째, 위탁법인이 다른 자의 사이에 어느 쪽이든 일방의 자(동족 관계자의 범위[73]의 특수관계가 있는 개인을 포함)가 타방의 자(법인에 한정)를 직접 또는 간접적으로 지배하는 관계가 있는 경우 이에 해당하는 다른 자를 말한다. 둘째, 위탁법인과 다른 자(법인에 한정)의 사이에 동일한 사람(특수관계자인 개인 포함)이 해당 위탁법인 및 해당 다른 자를 직접 또는 간접적으로 지배하는 관계가 있는 경우 이에 해당 다른 자를 말한다.

2) 각 소득별 세무처리

가) 소득세

① 수익자가 부존재하거나 특정되지 않은 경우

수익자등 과세신탁에서는 일반적으로 수탁법인에게 출자하거나 신탁재산을 이전하는 자를 위탁자로 보고 있다. 그러나 다음의 경우에는 위탁자가 수익자로 간주된다.[74] 이 경우에 위탁자는 신탁의 변경권한을 실제로 보유한 경우이다. 즉, ① 해당 위탁자가 신탁행위의 규정에 의해 귀속권리자로서 지정되어 있는 경우, ② 일본 신탁법 제182조 제2항 ≪잔여재산의 귀속≫에서 신탁행위에 대하여 잔여재산수익자 혹은 귀속권리자

관리·처분하게 하는 것을 말한다.
71) 자기신탁(신탁선언)은 특정한 자가 일정한 목적에 따라 자기가 갖는 일정한 재산 관리·처분 및 그 밖의 당해 목적의 달성을 위해 필요한 행위를 할 취지의 의사표시를 하는 방법에 의한 신탁을 말한다.
72) 일본 법인세법 제2조 제29호의2다목(2).
73) 일본 법인세법 시행령 제4조 제1항.
74) 일본 법기통 14-4-8.

의 지정에 관한 규정이 없는 경우 또는 신탁행위의 규정에 의해 잔여재산수익자등으로서 지정을 받은 사람의 모든 것이 그 권리를 방폐했을 경우이다.

② 2 이상의 수익자 중 부존재하거나 특정되지 않은 경우

수익자등 과세신탁은 2 이상의 수익자 중 부존재하거나 특정되지 않은 경우에는 해당 지분을 위탁자가 보유하는 것으로 보지 않고, 지분소유자가 모든 신탁의 자산·부채 및 수익·비용을 귀속하는 것으로 간주함으로써, 지분소유자가 모든 소득세를 부담한다.[75]

나) 법인세

수익자가 부존재하거나 특정되지 않은 목적신탁과 위탁자가 수탁자가 되는 자기신탁은 법인세법 제2조 제29의2의 분류에 의해서 법인과세신탁이 되고, 이 신탁은 신탁단계에서 수탁자를 납세의무자로 간주하여 부과하고 있다. 이에 따라 목적신탁과 자익신탁의 수탁자에 납세의무를 부담한다. 한편 개인이 목적신탁이나 자기신탁이 되는 경우에도 법인세를 부담한다. 이에 대한 구체적인 내용은 다음과 같다.

① 목직신딕

목적신탁은 전술한 바와 같이 수익자가 부존재한 경우에 설정하는 신탁이다. 또한 유언목적신탁의 경우에는 위탁자의 상속인이 위탁자의 지위를 승계하게 된다. 이에 대하여 일본신탁세제는 수익자가 부존재할 경우 신탁존속 중에는 신탁재산의 자산·부채 및 수익·비용에 관한 권리를 수탁자에게 귀속된다고 보고 있다. 이러한 수탁자는 신탁재산의 각 사업연도소득에 대하여 법인세등을 부담하게 된다.[76] 한편 목적신탁의 수익자가 존재하는 경우에는 해당 법인과세신탁의 해산시점에서 수탁자에게 청산소득을 부과한다.

② 자기신탁

법인인 위탁자가 스스로 수탁자로 되는 신탁에 대해서는 목적신탁보다도 전형적으로 위탁자와 수탁자 간에 이익의 공통성이 고려되므로 신탁재산에서 발생하는 수익에 대해서는 수탁자에게 과세된다.[77] 법인이 자기신탁이 되기 위해서는 다음과 같은 요건을 충족해야 한다.

첫째, 사업의 전부 또는 중요한 일부를 신탁하고 신탁의 효력이 발생할 당시 당해 법인의 주주 등이 취득하는 수익권의 비율이 50%를 초과될 것으로 예상되는 경우이다. 다만, 그 신탁재산에 속한 금전 이외의 자산의 종류를 일본 재무성령에서 정하는 바에

---

75) 일본 법기통 14-4-1.
76) 일본 법인세법 제2조 제29의2 제2호.
77) 김병일, "신탁법 개정에 따른 신탁과세제도 개편 방향에 관한 연구", 『조세연구』제10-2집, 2010, 322면.

따라 구분할 경우 대략 모든 자산이 동일하게 구분되는 경우를 의제한다.

둘째, 신탁효력의 발생시 또는 존속기간의 정함을 변경하는 효력의 발생 시에 수탁자가 위탁자인 법인 또는 당해 법인의 특수관계자이고 존속기간이 20년을 초과하는 경우(신탁재산의 성질상 관리처분이 장기간을 요하는 경우는 제외) 및 신탁효력 발생시에 위탁자인 법인 또는 그 특수관계자가 수탁자이고 위탁자인 법인의 특수관계자가 수익자이며, 그 당시 당해 특수관계자에 관한 수익의 분배비율이 변경 가능한 경우로서 일정한 경우에 해당하는 법인이 위탁자인 신탁이다.

따라서 자기신탁은 위탁자가 수탁자이므로 위탁자가 조세부담을 진다.

다) 상속세 · 증여세

신탁법의 전면개정에 따라 상속세법의 경우 신탁의 효력발생시점, 수익자 변경시점, 신탁의 종료시점 등에 대하여 그 과세관계를 명백히 하는 신탁의 특례규정을 마련했다.[78]

① 수익자 등이 존재하지 않는 신탁의 특례

수익자 등이 존재하지 않는 신탁의 효력이 발생하는 경우에 있어서 당해 신탁의 수익자로 되는 자가 당해 신탁의 위탁자의 일정한 친족인 경우에는 당해 신탁의 효력이 발생하는 때에 당해 신탁의 수탁자는 당해 신탁의 위탁자로부터 당해 신탁에 관한 권리를 증여 또는 유증에 의해 취득한 것으로 간주한다.[79]

수익자 등이 존재하는 신탁에 대하여 당해 신탁의 수익자 등이 존재하지 않게 된 경우에 있어서 당해 신탁의 수익자 등의 다음 수익자 등으로 된 자가 당해 신탁의 효력이 발생된 때의 위탁자 또는 다음 수익자 등으로 되는 자의 이전의 수익자 등의 친족인 때는 당해 수익자 등이 부존재로 된 경우에 해당하는 것으로 된 때는 당해 신탁의 수탁자는 다음의 수익자 등으로 되는 자의 이전 수익자 등으로부터 당해 신탁에 관한 권리를 증여 또는 유증에 의해 취득한 것으로 간주한다.[80]

수익자 등이 존재하지 않는 신탁에 있어서, 당해 신탁계약이 체결될 시점에 존재하지 않던 자가 당해 신탁의 수익자 등이 되는 경우에는 당해 신탁의 수익자 등이 되는 자가 위탁자의 친족일 때는 수익자 등이 되는 자가 해당 신탁에 관한 권리를 개인으로부터 증여에 의해 취득한 것으로 간주한다.[81]

② 수익자 부존재시의 수탁자과세

수익자 등이 부존재하는 경우에 있어서 수탁자가 증여세 및 상속세가 부과되는 경우

---

78) 일본 상속세법 제9조의2.
79) 일본 상속세법 제9조의4 제1항.
80) 일본 상속세법 제9조의4 제2항.
81) 일본 상속세법 제9조의5.

에 수탁자가 개인 이외의 자일 경우에는 수탁자를 개인으로 간주하고, 상속세법상 개인으로 보아 상속세 및 증여세를 부과한다.[82] 이 경우에 상속세법 제1항 또는 제2항에 의하여 상속세 및 증여세 부과액에서 당해 수탁자에게 부과될 법인세액을 공제한다.[83] 그러므로 수탁자 겸 개인 이외의 자도 상속세법상 납세의무자가 된다.

4. 시사점

외국 신탁법상 위탁자신탁 과세는 조세회피행위의 방지와 과세요건 명확주의에 초점이 맞추어져 있다. 이를 위하여 외국 신탁법상 위탁자신탁 과세는 우선 신탁존속기간의 명시와 신탁을 납세의무자로 봄으로써, 위탁자에 의한 신탁재산의 영구적 구속 및 신탁유보이익의 분산을 방지하고 있다.

또한 외국 신탁법상 위탁자신탁 과세는 위탁자와 그의 특수관계자의 범위 및 판단기준을 명확히 규정함으로써, 특수관계자를 통한 위탁자의 조세회피 행위인 신탁소득의 과세이연 및 자의적인 수익자 변경 등의 행위가 최소화되도록 보완하고 있다.

이와 같이 외국은 위탁자와 관련된 과세요건을 명확히 하여 세법의 법적 안정성을 꾀하고 있다. 따라서 우리나라 신탁세제에서도 이러한 규정의 도입을 신중히 고려할 필요가 있다. 다만, 이러한 규정의 명시는 신탁의 특징인 유연성 및 다양성을 침해할 수 있고, 신탁제도의 활성화를 저해할 수 있으므로, 신중한 접근이 필요하다고 본다.

Ⅳ. 우리나라 신탁법상 위탁자 과세의 문제점 및 개선방안

1. 신탁법상 위탁자 과세의 개정 필요성

신탁제도의 특징은 다른 법적실체보다도 다양성 및 유연성을 특징으로 하고 신탁의 당사자 간의 합의로 인하여 조세회피가능성이 높다. 그러므로 신탁과세구조는 다른 제도에 비하여 더욱 명확해야 할 필요가 있다. 특히, 신탁제도의 시작점이 위탁자이므로, 위탁자에 의한 조세회피시도가능성이 높기 때문에, 위탁자와 관련된 과세요건을 명확히 할 필요가 있다. 하지만 현행 위탁자 관련 과세요건은 상속세 및 증여세를 중심으로

---

82) 일본 상속세법 제9조의4 제3항.
83) 일본 상속세법 제9조의4 제4항.

규정되어 있기 때문에, 조세회피를 시도하려는 자들은 소득세 및 법인세와 관련된 세법의 불완전성을 이용할 가능성이 높은 상황이다. 또한 다변화된 경제상황에 따른 다양한 신탁유형의 출현으로 인하여 현행 신탁과세제도로는 새로운 유형에 대응하기 어려울 수 있다. 따라서 신탁의 과세요건을 명확히 함과 동시에 위탁자 관련 내용을 개정할 필요가 있다.

2011년에 신탁법이 전면 개정되었고, 2012년 7월에 시행을 앞둔 상황에서 개정신탁법은 위탁자와 관련된 주목할 만한 새로운 유형을 도입했다. 즉, 전술한 유언대용신탁·자기신탁·수익자 지정권 및 변경권 유보부신탁이 그 유형이다. 이러한 신탁유형은 위탁자의 재량행위가 개입될 가능성이 높을 것이다. 이와 같은 현실에서 현행 위탁자 관련 규정은 과세의 원칙인 조세중립적이고, 과세구조가 간소해야 하며, 국제조세와 조화를 이루어야 한다는 측면을 충족하지 못하는 것 같다. 현행 신탁세제에서 위탁자는 수익자미지정을 통한 조세회피가능성과 신탁유보이익의 유보를 통한 과세이연가능성을 고려할 때, 국내 다른 제도와 비교하여 조세중립성을 충족하기 어렵다. 또한 주요국은 신탁을 과세주체 및 신탁존속기간을 정하여 위의 문제점을 최소화하는 측면에 볼 때, 현행 신탁세제가 국조조세와 조화를 이룬다고 보기 어려울 것이다.

그러므로 현행 신탁소득 과세제도를 체계적으로 정비할 필요가 있다. 첫째, 현행 세법상 신탁에 관한 관련 조문이 산재되어 있어 앞으로 신설될 다양한 신탁유형에 유연하게 대처할 수 없을 것이므로, 소득세법·법인세법에서 기존의 신탁유형과 새로이 신설될 신탁유형에 따른 신탁의 내용, 특성 및 신탁과세이론에 적합하게 분류하고, 이에 대응하는 신탁세제를 정비하는 것이 바람직하다.[84] 둘째, 미국처럼 신탁의 유형과 관계없이 세법상 독립적인 조건을 단순신탁(simple trusts)과 복합신탁(complex trusts)으로 분류한 후, 수익자단계 과세나 신탁단계과세로 구분하여 신탁소득금액을 산정하는 방법을 도입하거나 일본과 같이 신탁과세대상이 되는 신탁의 종류마다 용어의 정의를 하고 수익자과세, 분배시 과세 및 신탁단계과세로 나누어 신탁소득금액산정을 규정할 수 있다. 또한 신탁세제정비에 있어서 납세자의 재산권이 침해되거나 과세관계가 불명확한 규정은 신탁제도의 활성화에 저해되므로 제거되어야 할 것이다.

이러한 신탁세제의 정비에 기초하여 신탁법상 위탁자에 관한 과세를 다음과 같이 정비할 필요가 있다. 첫째, 현행 신탁세제는 도관이론을 채택하고 있어서, 위탁자와 수익자만을 납세의무자로 보고 있다. 그러나 신탁법개정에 의한 새로운 신탁유형이 도입됨에 따라 위탁자에 대한 과세관계는 명확해질 필요가 있다. 따라서 세법상 위탁자신탁

---

84) 김병일, 앞의 논문, 337면.

으로 보는 기준을 마련할 필요가 있다. 즉, 실질과세원칙을 근거로 하여 경제적 혜택을 받는 경우뿐만 아니라 신탁의 운용 등에 직·간접적으로 실질적인 지배력을 행사하는 경우이다. 즉, 이 경우는 신탁의 설정자와 신탁재산의 이전자가 다른 경우를 말한다. 또한 위탁자가 신탁이익을 간접적으로 제3자를 통하여 이익을 받는 경우도 위탁자에게 과세할 수 있는 방안도 마련되어야 할 것이다. 둘째, 신탁제도의 활성화 측면에서 영국의 사전소유자산신탁처럼 위탁자가 자녀 등에게 증여한 후 증여재산에 대한 실질적인 이용 및 점유를 위탁자가 행사하는 경우에 신탁자산에 발생한 이익에 대하여 자녀 등에게 증여세를 부과하지 않고, 위탁자에게 소득세를 부과하는 방안을 고려할 필요가 있을 것이다. 또한 신탁재산에 대해서도 수익자에게 증여세를 부과하지 않고 상속세부과원인이 발생한 경우에 상속세를 부과하는 방안도 고려할 수 있을 것이다. 즉, 신탁재산과 신탁이익을 분리하여 과세할 필요가 있다. 이를 통하여 위탁자의 증여재산에 대하여 위탁자의 증여세를 소득세와 상속세로 전환시킴으로써, 위탁자의 세부담을 줄여서,[85] 위탁자의 편법증여시도를 제도 내에서 해소하고 있다.

셋째, 위탁자의 재량행위로 인한 조세회피를 감소시키기 위해서 외국의 입법례처럼 신탁에 과세하는 방안을 고려할 필요가 있다. 이 방안은 불필요한 세무행정비용을 줄일 수 있고, 현재 신탁세제보다는 복잡하지만, 그렇지 않은 경우에 발생하는 과세당국과 납세의무자 간의 마찰을 감소시킴으로써, 신탁세제의 법적 안정성과 예측 가능성을 높일 수 있을 것으로 판단된다. 이와 같은 과세방식은 다음과 같다.[86]

① 환원방식이다. 이 방식은 신탁재산에 귀속한 수익은 신탁재산에 귀속한 연도에 소득과세의 대상으로 한다는 당해 연도 과세원칙을 유지하면서, 유보수익에 대해서는 신탁에게 형식적인 소득세의 납세의무를 지게 하는 것을 말한다.

② 신탁과세방식이다. 이 방식은 당해 연도 과세원칙을 유지하면서 신탁에게 유보소득에 관한 실질적인 소득세의 납세의무를 부담시킨다.[87] 이 견해와 신탁에 관한 이중

---

85) 김종해·김병일, "영국의 신탁과세제도와 그 시사점", 『세무학연구』 제28권 제3호, 2011.9, 165면.
86) 김병일, "자산유동화 과세제도에 관한 연구", 경희대학교 대학원 박사학위논문, 2002, 134~139면 참고.
87) 미국의 신탁과세방식으로 Subchapter J에서 규정하고 있고 과세방식은 '패스-스루 (pass-through)' 가 아닌 '페이-스루(pay-through)' 방식을 채택하고 있다. "패스-스루"의 과세방식은 과세상 신탁의 존재는 무시되어 수익자 또는 수탁자에게만 과세하는 제도이고, "페이-스루" 과세방식은 신탁을 회사와 동일한 납세의무자로 보고 있지만, 투자자에게 분배된 이익은 신탁의 과세소득계산에서 손금으로 산입되는 방식이다. 그리고 신탁을 회사와 동일한 납세의무자로 보지만, 투자자에게 지불되는 분배되는 이익은 신탁의 과세소득계산에서 손금으로 산입되지 않고, 투자자의 과세소득계산에서 세액으로 공제되는 세액공제(tax credit)가 있다. 이러한 세 가지 과세방식은 신탁의 조세편의 측면에서 고안되었다. 명순구·오영걸, 앞의 책, 26면 (각주 5) 재인용.

과세의 배제라는 기본적인 원칙을 아울러 생각해 보면, 신탁에 대하여 신탁유보소득을 과세한 후에 유보소득을 수익자에게 실제로 분배하는 경우에는 이미 과세가 끝난 소득이므로 소득세는 비과세로 하여야 할 것이다.[88] 이 방식은 신탁을 회사와 동일한 납세자로 보고 있지만, 투자자에게 지불된 이익분은 신탁의 소득계산에서 손금으로 산입되는 제도로서 "페이-쓰루(pay-through)"라고 한다.

③ 이자세방식이다. 이 방식은 당해 연도 과세원칙을 수정하여 신탁재산에 귀속된 소득은 실제 수익자에게 분배될 때까지 과세를 이연시키는 것이다.

이러한 방식 중 신탁과세방식을 채택하는 것이 합리적이라고 생각된다. 이와 함께 미국처럼 매년 신탁소득을 분배와 관계없이 과세하여 신탁소득의 과세이연을 최소화할 수 있을 것이다. 또한 이러한 신탁과세방식의 채택은 위탁자가 조세회피시도를 상당히 위축시키는 효과를 가져올 것으로 생각된다.

그러므로 이와 같은 개선방안을 통하여 신탁세제의 과세요건을 명확히 함과 동시에 이를 기초로 한 신탁법상 현행 위탁자 과세요건을 명확히 하여 위탁자의 조세회피시도를 사전에 차단할 필요가 있고, 불필요한 과세당국과 납세의무자 간의 마찰을 감소시킴으로써, 신탁세제의 안정성을 높이고, 동시에 신탁을 통한 위탁자의 생전증여와 관련하여 증여재산과 증여재산에서 발생한 이익을 분리하여 세무처리함으로써, 세제가 신탁제도의 활성화에 기여하길 바란다.

2. 신탁존속기간에 대한 규정의 필요성

우리나라 신탁법은 신탁존속기간에 관한 규정을 명시하고 있지 않다. 이는 수익권이 수익자에게 귀속되는데 신탁행위로부터 장기간을 유지한다면, 그 기간 동안 신탁재산은 구속되어 물자의 융통을 저해하여 국민경제상의 이익에 반하게 된다. 그 결과 신탁행위는 상당기간을 넘어 귀속할 수익권에 관하여는 무효가 된다고 해석하게 된다.[89] 이러한 문제는 세법상 신탁 당사자로 하여금 조세회피를 기도할 가능성을 내포함으로써, 과세당국은 이를 위한 조세회피규정을 강화하게 되고, 이러한 상황은 세법이 신탁제도 활성화를 저해하는 원인이 될 수 있을 것이다.[90] 또한 위탁자는 신탁을 영구히 존속시키려는 시도를 할 수 있을 것이다. 왜냐하면, 위탁자는 수익자의 불특정 또는 부존재 및 자기신탁의 특수관계자를 이용하여 자신에게 유리한 조세환경이 조성되었을

---

88) I.R.C. §§ 661-664.
89) 최동식, 앞의 책, 78면.
90) 김종해·김병일, 앞의 논문, 163~164면.

때, 위탁자가 유리한 선택을 하기 때문이다. 이에 따라 주요국[91]은 이 문제를 해소하기 위하여 영국의 영구구속금지의 원칙(the rule against perpetuities)을 근간으로 하여 신탁존속기간을 정하고 있다. 우리나라도 신탁존속기간을 규정할 필요가 있다.

이와 관련하여 영국의 영구구속금지의 원칙은 일정한 허용된 기간 이상으로 어떤 권리의 귀속이 연기되는 것을 금지하고 신탁재산의 처분을 무효로 하는 원칙이다. 이 원칙의 배경은 위탁자인 개인이 사후에 생존자(living in being) 또는 상속인이 자신의 재산(신탁재산)을 위탁자의 본지와 달리 이용하는 것을 금지함으로써, 신탁설정 후(설정기간 동안이나 설정기간 종료)에 신탁재산에 대한 모든 소유권을 생존자에게 이전할 것을 보장하기 위한 것이다.[92] 이 원칙은 위탁자의 영구적인 신탁설정을 금지하기 위한 취지였다.

영국은 이 원칙을 영구구속 및 유보에 관한 법률(Perpetuities and Accumulations Act)에서 규정하고 있으며 이 법을 개정[93]하여 현재에는 영구구속 및 유보에 관한 법률 2009에서 규정하고 있다. 다만, 영구구속 및 유보에 관한 법률 2009 제5조 제2항에서는 동법 제1조 제2항에서 제6항 상황은 신탁계약서(instrument)에서 그 기간을 특정할 수 있다고 규정하고 있다.[94] 이 원칙을 근거로 하여 신탁원본의 일부로서 유보될 수 있는 소득을 21년으로 제한한다는 것을 영구구속 및 유보에 관한 법률 1964에서 정하고 있다. 따라서 이 원칙과 신탁존속기간은 신탁재산의 영구적 구속을 방지하여 신탁의 수익권을 융통을 허용하는 규정이고, 신탁유보이익을 조세회피의 도구로 활용될 개연성을 방지하는 효과도 있다.[95] 이 원칙의 기간은 유언자(testator)가 자신의 손자녀들(자녀들이 성인이 되었을 때까지 증여받을 수 없는 자를 말한다)에게 증여할 수 있다는 것을 전제로 고안되었다. 또한 이 원칙의 명시는 유언자의 실질적인 증여 전에 유언자에 의한 기간연장을 제한하는 목적도 있다.[96]

미국도 영국과 마찬가지로 영구구속금지의 원칙을 신탁존속기간을 제한하고 있다.

---

91) 미국도 영국과 같이 신탁존속기간을 명시하고 있으며, 일본도 신탁법 및 신탁세법개정을 통하여 신탁존속기간을 정하고 있다.

92) J E Penner, The Law of Trusts 6th edition, OXFORD UNIVERSITY PRESS, 2008, p.64.

93) 이 법률에서는 '기다려 보자(wait and see)'라는 개념을 도입했고, 만약 영속기간 동안 증여가 발생한 경우라면, 이 개념은 증여에 있어서 유효하게 적용되었다. 비록 일부 가능한 사건이나 또 다른 사항에 대하여 실제로 발생한 경우라면 이러한 증여는 유효하지 않을지라도, 이 법률에서는 위탁자가 그의 증여로 인한 기간으로서 생존자(lives in being)에 21년을 가산하기보다는 80세까지의 기간을 선택할 수 있다고 규정하고 있다. 또한 이 원칙은 확정이익(fixed interests)의 부여뿐만 아니라, 재량신탁에서 발생한 이익 및 지명권행사로 발생한 이익의 부여에도 적용된다. 따라서 이 원칙은 1964년 법률에 따라 위탁자가 신탁재산의 소득을 유보할 수 있는 기간을 21년으로 제한할 것을 규정하게 되었다(Ibid, p.66).

94) Perpetuities and Accumulations Act 2009 § 5.

95) 김종해·김병일, 앞의 논문, 164면.

96) Penner, op. cit., p.66.

즉, 영구구속금지의 원칙이란 지정된 수익자가 권리행사를 하지 못하는 경우나 기대할 수 없는 경우에는 21년 이내에 확정할 수 없는 수익권을 무효로 한다는 것이다. 미국은 위탁자와 관련하여 1997년 통일신탁법(Uniform Trust Code)의 개정을 통하여 철회가능신탁을 도입했다. 즉, 철회가능신탁이란 신탁자(truster) 또는 위탁자가 신탁계약(trust arrangement)을 변경할 수 있도록 했고, 이 경우에도 영구구속금지의 원칙에 따라 신탁존속기간을 제한하고 있다.[97] 이를 통하여 위탁자의 조세회피를 최소화하고 있다.

일본은 2006년 말 신탁법전면개정을 통하여 특정한 경우[98]에 신탁존속기간을 규정하고 있고, 이를 2007년 말 세법개정을 통하여 신탁세제에서 도입한 상황이다. 특히 위탁자가 개입될 여지가 있는 목적신탁 및 자기신탁에 대하여 이 기간의 적용을 엄격히 하고 있다. 일본의 신탁존속기간 역시 미국이나 영국처럼 신탁설정 후 20년을 초과할 수 없도록 했다. 또한 자기신탁은 원칙적으로 위탁자가 수탁자이지만, 수탁자를 위탁자의 특수관계자로서 조세회피를 시도하는 상황이 빈번했다. 그 중 개인이 아닌 법인을 통한 조세회피시도가 문제가 되었다. 이를 방지하기 위하여 일본의 자기신탁은 위탁자의 특수관계자의 범위를 명시함과 신탁존속기간을 제한함으로써, 이 문제를 최소화하고 있다.

따라서 주요국은 신탁존속기간을 제한함으로써, 신탁재산의 장기간 구속문제를 해소함과 동시에 법적 안정성을 추구하고 있으며, 이를 세법에서 수용하여 위탁자 관련 조세회피방지 및 법적 예측 가능성을 제고하고 있다.

그러므로 우리나라도 주요국의 영구구속금지의 원칙을 도입하여 신탁법 및 신탁세제에서 신탁존속기간을 명시하여 경제적 불합리성을 제거하고, 불필요한 조세회피시도를 제도적으로 방지할 필요가 있다. 이를 위해서 신탁존속기간에 관한 내용을 신탁법에 우선 명시할 필요가 있다. 이 기간은 주요국의 입법례에 비추어 신탁제도를 해하지 않는 범위 내에서 정해야 할 것이다. 또한 신탁세제에서도 신탁법의 규정을 기준으로 조세정책적 측면을 고려하여 신탁존속기간을 설정할 필요가 있다. 다만, 신탁법에서 이 기간의 명시가 어려울 경우에는 세제에서 단독으로 정할 필요가 있다. 이러한 접근법은 조세정책적 측면에서 바라볼 필요가 있다.

구체적으로 첫째, 일본과 같이 조세회피가능성이 높은 유형인 수익자의 부존재나 미지정된 경우와 위탁자가 수탁자가 되는 자익신탁에 한정하여 우선적으로 신탁존속기간을 정하는 방안이다. 이 방안은 전술한 바와 같이 위탁자와 특수관계자가 우회적 거래(간

---

97) 철회가능신탁과 철회불가능신탁의 구분은 신탁자 또는 위탁자가 신탁계약(trust arrangement)을 변경할 수 있는가에 달려 있다. 즉, 신탁계약을 변경할 수 있으면, 철회가능신탁이고 그렇지 않으면 철회불능신탁이다.

98) 일본신탁법 제259조에서 수익자의 정함이 없는 신탁의 존속기간은 20년을 초과할 수 없다고 정하고 있다.

접적인 거래)를 통한 조세회피를 제한할 수 있는 기능을 한다. 둘째, 중장기적으로 신탁유형에 따라 신탁존속기간의 설정을 확대할 필요가 있다. 왜냐하면, 신탁의 주요 이용목적이 자손들에게 재산이전이므로, 더욱더 많은 인(人)이 신탁을 이용할 가능성이 높기 때문이다. 이러한 현상은 외국의 신탁발전의 역사를 통해서도 확인되는 바이다.[99]

이러한 접근방안은 신탁제도의 근간을 훼손하지 않는 범위 내에서 살펴보아야 하며, 신탁세제의 법적 안정성 및 법적 예측 가능성을 제고함과 동시에 신탁제도의 활성화에 세제가 기여할 수 있는 방향으로 전개되어야 한다고 판단된다.

3. 수익자가 불특정 또는 부존재하는 경우의 과세문제

수익자가 불특정하거나 부존재할 때는 위탁자나 상속인이 신탁재산을 소유하는 것으로 보아 위탁자나 상속인에게 과세한다고 규정하고 있다. 즉, 현행 세법규정은 수익자에게 과세할 수 없는 경우에는 위탁자나 상속인에게 과세한다는 논리인데 수익자 불특정 또는 부존재의 경우에는 위탁자의 손을 떠난 신탁은 위탁자로서는 이미 관계가 없는 것으로서, 위탁자가 실질적으로 소유하고 있다고 보기는 어렵기 때문[100]에 실질과세원칙의 법적 안정성을 저해할 수 있다.

또한 이러한 과세방식은 다음과 같은 문제가 발생한다.[101] 첫째, 신탁에 대한 실질적인 지배권이 없는 위탁자에게 과세할 합리적 근거가 없다. 둘째, 복수수익자가 있는 경우, 수익권이 있는 수익자와 수익권이 불특정되거나 부존재한 경우에도 위탁자에게 과세할 수 있는가의 문제이다. 왜냐하면 현행 세법상 신탁소득에 대한 과세이연이 발생하는 상황에서 위탁자가 납세의무를 부담하는 경우 위탁자는 최대한 조세부담을 최소화하기 때문이다.

이를 개선하기 위한 방안은 다음과 같다. 우선 신탁에 대한 실질적인 지배력이 없는 위탁자는 현행 세법에 의한 조세부담을 부당하게 느낄 것이다. 즉, 신탁은 신탁의 설정자와 신탁재산을 이전하는 자가 다를 수 있다. 이때 신탁설정자는 신탁에 대한 실질적인 지배력이 없는 자이다. 신탁설정자인 위탁자는 신탁제도를 신뢰하고 이를 활용한 것에 지나지 않는데 제도의 미비로 인하여, 실질적인 지배력을 행사할 수 없는 자신에게 조세부담을 지우는 현행 세법의 규정은 자신의 재산권을 침해하고 있다고 볼 수 있기 때문이다. 또한 이 경우에 조세부담을 지우는 것은 다분히 과세당국의 행정편의라

---

99) 현병철·최현태 역, 『신탁과 법인의 역사』, 세창출판사, 2007, 77~117면 참고.
100) 최동식, 앞의 책, 424면.
101) 김종해, 앞의 논문, 129면.

는 생각을 지울 수 없기 때문이다. 따라서 신탁설정자와 신탁재산 이전자를 구분할 명확한 기준을 과세당국이 마련함으로써, 신탁설정자의 불필요한 재산권침해를 최소함과 동시에 세무행정비용 및 협력비용을 줄일 필요가 있다.

이를 위해서는 위탁자의 신탁재산에 관한 실질적 지배하는 기준을 설정하고, 어떠한 세목을 적용할 것에 관한 외국의 입법례를 참고할 필요가 있다. 첫째, 미국은 이를 해소하기 위하여 일정한 요건을 충족하는 경우에는 위탁자에게 과세할 수 있는 근거를 마련했고, 이를 통하여 적용할 세목을 정하고 있다. 즉, 이 요건은 ① 위탁자(grantor)가 관리권한을 보유한 경우, ② 위탁자가 경제적 혜택을 보유할 권한이 있는 경우, ③ 위탁자가 신탁재산에서 발생한 수익을 분배받은 제3자의 경제적 혜택을 통제하는 권한으로서, 위탁자와 특수관계나 신탁이익과 관련 없는 사람(someone)이 분배금액을 결정하는 것과 같은 수혜적 유희를 통제할 권한 있는 경우이다. 이때 원본의 이전은 증여세가 적용되고, 그 외에는 소득세를 적용하고 있다. 이를 통하여 실질적 지배력이 없는 위탁자의 재산권침해를 최소화하고 있다.

또한 일본도 종전에 수익자의 불특정 또는 부존재한 경우에 우리나라와 동일한 규정을 두고 있었다. 그러나 신탁법 및 신탁세제의 개정을 통하여 다음과 같은 과세기준을 마련했다.

즉, 신탁설정시점에 위탁자가 신탁재산을 수탁자에게 이전할 경우에 이를 자산수증익으로 보아 수탁자에게 과세하고, 신탁존속 중에 신탁재산의 신탁이익은 수탁자의 각 사업연도소득으로 보아 법인세가 과세된다. 그 후 신탁종료시점에서 수탁자는 청산소득에 대해 비과세된다. 만약 신탁존속 중에 수익자가 출현하게 되면, 법인과세신탁은 종료되고, 수익자등 과세신탁으로 변경된다. 이때(설정시점)에 잔존재산은 장부가액으로 승계되어 신탁재산이 되고, 수익자는 자산수증익으로 과세되지 않는다.[102] 그러므로 일본은 이러한 규정을 통하여 실질적인 지배력이 없는 위탁자의 재산권침해를 방지함과 동시에 과세요건을 명확히 하여 법적 안정성을 꾀하고 있다.

그리고 영국은 수익자가 불특정되거나 부존재할 때는 신탁의 소득에 대하여 위탁자에 관한 과세규정인 조세회피 방지규정을 적용하고 있다. 조세회피 방지규정은 신탁유형에 관계없이 적용되고 있고, 특수관계자의 범위도 전술한 바와 같이 설정하고 있다, 영국은 이를 통하여 위탁자에게 과세하도록 규정하고 있다.

따라서 외국의 입법례에서 보았듯이 신탁재산에 대한 실질적인 지배력이 있는 일정한 요건에 해당하는 경우에만 현행 세법을 적용할 수 있도록 규정할 필요가 있다. 그러

---

102) 奧村眞喜, 앞의 책, 191~192面.

므로 세법에서 신탁설정자와 신탁재산의 이전자를 구분하기 위하여 실질적인 지배기준을 명시할 필요가 있다. 이 기준은 위탁자의 실질적인 지배력에서 발생한 과세결과(실질과세원칙)를 토대로 판단하는 것도 의미가 있지만, 납세의무자의 법적인 예측 가능성을 확보하기 위하여 사전적인 기준을 마련할 필요가 있다. 첫째, 신탁소득의 경제적 수혜를 받는 상황을 정리할 필요가 있다. 이 방안은 전술한 바와 같이 신탁제도가 잘 발달된 미국의 사례를 참고하여 규정할 필요가 있다. 이러한 상황 중 특히 정밀하게 접근해야 할 부분은 제3자를 이용한 경우이다. 즉, 신탁이익과 관련 없는 제3자를 내세우고, 장막 뒤에서 실질적인 혜택을 받는 위탁자가 있기 때문이다. 이 경우는 신탁설정자나 신탁재산 이전자가 모두 포함될 수 있다. 즉, 신탁설정자라는 외관을 통하여 신탁설정자가 실질적인 위탁자 역할을 수행할 수 있기 때문이다.103) 둘째, 신탁법상 위탁자의 관리범위를 규정하여 신탁설정자와 실질적인 위탁자를 구별해야 할 것이다. 예를 들어, 신탁목적을 변경할 권한과 수익자의 지정 및 변경권한이 있는 경우와 신탁원본 및 수익의 분배의 관여 여부 등을 기준으로 실질적인 위탁자를 판단할 필요가 있다. 또한 다만, 신탁재산 이전자라도 신탁의 관리권한이 없는 경우는 우선 실질적인 위탁자로 볼 수 없지만, 경제적 혜택이 부여되는 경우는 위탁자로 볼 수 있을 것이다.

이와 같은 개선방안을 근거로 하여 실질적인 위탁자를 구분하고, 현행 수익자의 불특정하거나 부존재한 경우에 무조건 위탁자에게 과세하는 문제를 해소 할 수 있을 것이다.

둘째, 복수수익자 중 수익자가 불특정되거나 부존재한 경우이다. 이를 개선하기 위해서는 다음과 같은 방안을 고려할 필요가 있을 것이다. 우선 일본처럼 수익자의 일부 지분이 특정된 경우와 수익자가 불특정 또는 부존재한 경우에 후자의 경우의 자산 및 부채 또는 수익 및 비용에 대하여 전자의 수익 및 비용에 귀속하는 것으로 간주하는 방식을 도입할 필요가 있다. 이는 위탁자에 의한 신탁소득의 과세이연을 방지할 수 있는 효과도 있다. 또한 위탁자에 의한 신탁소득의 과세이연을 방지하기 위하여 전술한 바와 같이 신탁존속기간을 설정하여 이를 방지할 필요가 있다.

---

103) Boyle & Blattmachr, *op. cit.*, p.4-14.
   예를 들어, 갑은 신탁설정자이고, 을은 신탁재산이전자이면서 신탁설정자이다. 정은 갑을신탁의 수탁자이며, 매수자이고, 을의 수익을 위한 대리인이다. 이때 을은 5천만 원을 신탁에 이전했고, 수탁자 정은 X회사의 주식에 투자했다. 을의 친척인 병은 수탁자인 정에게 공정가액 1억원의 재산을 주식으로 교환했다. 이때 주식가액은 1천만원이다. Treas. Reg. § 1.671-2(e)(2)(ii)하에서 주식가액을 초과한 9천만원은 수탁자 정에게 무상이전된 것으로 보아서, 정 신탁의 위탁자는 X주식 1천만원에 대하여 지분율에 따른 위탁자이고, 을의 친척인 병은 9천만원에 대하여 지분율에 따라 위탁자가 된다고 보고 있다. 게다가 갑이나 병 또는 둘 모두가 연방세법 제673조에서 제677조에 따라 이러한 부분(portion)에 이익이나 지배력을 보유하고 있다면, 소유자로 처리될 것이다[Treas. Reg. § 1.671-2(e)(6)]. 즉, 갑을 이외에도 병도 갑을신탁의 위탁자로 보고 있다. 이와 같이 미국 신탁세제는 제3자를 이용하여 조세회피시도를 방지하고 있다.

따라서 이와 같은 개선방안을 통하여 위탁자관련 과세요건을 명확히 하여 수익자의 불특정 또는 부존재시 위탁자에게 과세할 경우에 발생하는 실질과세원칙의 저해요소를 제거하여 법적 안정성을 높여야 할 것이다.

4. 자기신탁에 관한 개정방향

자기신탁은 위탁자 자신이 수탁자임을 선언하는 것으로서, 현행 신탁법에서는 이를 허용하고 있지 않지만, 신탁법개정법률에는 이를 허용하고 있다. 이에 대비하여 세법상 개정을 검토할 시점이다. 세법상 개정에 있어서 고려해야 할 것은 위탁자와 특수관계자의 범위, 자기신탁의 납세주체 판단, 위탁자에 의한 수익자지분을 변경 여부, 자기신탁 중 조세우대조치를 허용할 수 있는 유형일 것이다. 이러한 사항을 고려하여 신탁을 통한 조세회피를 최소화하고, 사회적 약자를 보호한다는 측면에서 조세우대조치가 마련될 필요가 있을 것이다.

첫째, 자기신탁은 위탁자가 수탁자가 되는 것을 허용하므로, 위탁자의 역할이 다른 신탁유형에 비하여 매우 중요한 영향을 미치게 된다. 주요국의 경우에도 보았듯이 여러 가지 문제 중 조세회피시도가 빈번히 발생하고 있다. 이러한 조세회피시도는 다른 조세회피행위와 마찬가지로 위탁자가 전면에 나서지 않고 자신의 특수관계자를 통한 행위일 것이다. 이에 대비하기 위하여 세법상 위탁자의 특수관계의 범위를 명시할 필요가 있다. 특히 위탁자의 특수관계자가 수탁자가 되는 경우를 관심 있게 살펴볼 필요가 있다.

이를 위하여 현행 세법상 특수관계자의 범위를 적용할 수 있을 것이다. 그리고 특수관계의 판정기준은 국세기본법 제14조 실질과세의 원칙에 의할 것이다. 이 원칙 중 동조 제3항과 관련된 형태의 조세회피시도가 많을 것이므로, 현행 세법상 특수관계자의 범위 외에 국세기본법 제14조 제3항에 적용되는 경우에는 경제적 실질뿐만 아니라 위탁자의 신탁에 대한 실질적 지배력을 갖는 경우를 외국의 입법례를 참조하여 특수관계 범위의 확대를 검토해 볼 필요가 있다. 즉, 이 상황을 판단할 기준을 경제적 실질뿐만 아니라 신탁에 대한 실질적 지배력, 즉, 위탁자나 그 특수관계자에게 신탁의 특정한 관리권한이 부여되거나 신탁소득분배대상 및 금액을 변경할 재량권이 부여되는 경우 등을 말한다.

둘째, 자기신탁소득에 대한 납세의무자에 관한 사항이다. 귀속자가 수익자와 그렇지 않은 경우로 구분될 수 있다. 따라서 일반적으로 신탁소득의 귀속자인 수익자, 위탁자

겸 수탁자가 납세주체가 될 것이다. 그러나 자기신탁은 신탁의 설정복적이 수익자인 미성년자나 장애인을 위한 것이라면, 미성년자나 장애인에게 부과하기보다는 위탁자에게 부과하는 것이다.

셋째, 자기신탁의 수익자지분변경에 관한 사항이다. 자기신탁은 다른 신탁보다도 위탁자의 재량적 행위가 많이 발생할 수 있다. 즉, 복수수익자가 존재할 때, 위탁자에 의한 수익자지분변경을 통하여 수익자 간 조세부담을 감소시키려고 할 것이다.

이에 대하여 원칙적으로 신탁계약에 명시한 지분율을 적용하고, 지분율에 대한 명시가 없는 경우에는 수익자 간 균등비율로 적용하는 것이 바람직하다. 다만, 합리적인 사유로 인하여 위탁자가 지분율을 변경할 필요가 있을 때는 이를 관련당국에 신고하는 절차를 마련할 필요가 있다. 여기서 합리적인 사유에는 신탁목적에 반하지 않아야 하고 조세회피목적이 아닌 것 등이 포함될 것이다.

넷째, 자기신탁이 미성년자 및 장애인을 위하여 설정한 경우에 다음과 같은 사항을 고려할 필요가 있을 것이다. 첫째, 위탁자 겸 수탁자가 수익자인 미성년자나 장애인을 부양하기 위하여 지출한 신탁수익에 대하여 이를 제외할 필요가 있다. 다만, 부양금액에 대한 적절한 기준을 설정할 필요가 있다. 둘째, 미성년자의 부양기간을 설정할 필요가 있다. 왜냐하면 미성년자가 성년이 된 시점 이후까지 위탁자 겸 수탁자가 부양비용을 부담하는 것은 자산이전(증여)의 목적을 띨 수 있기 때문이고, 사회적 정서상 이를 수용하기도 어렵기 때문이다. 그러므로 이의 부양기간을 현행 민법상 성년기가 되는 시점으로 제한할 필요가 있다. 다만, 장애인이면서 미성년자인 경우는 제외한다.

V. 결 론

현행 위탁자에 대한 과세는 위탁자 및 그의 특수관계자가 신탁을 이용하여 조세회피시도를 방지하는 차원에서 접근하고 있다. 이 규정의 근거는 실질과세원칙이다. 그러나 현행 세법규정은 과세요건 명확주의를 저해할 소지가 있을 뿐만 아니라 신탁법개정법률에서 도입된 새로운 유형에 대응하기는 한계가 있다. 따라서 현시점에서 위탁자에 대한 세법규정을 개선할 필요가 있다고 판단된다. 이의 구체적인 내용은 다음과 같다.

첫째, 위탁자의 과세요건을 명확히 할 필요가 있다. 이를 위하여 신탁세제에 대한 전면적인 검토가 필요하다. 즉, 수탁자과세 여부와 신탁존속기간에 관한 내용을 개정하여 위탁자의 조세회피시도를 최소화할 필요가 있다.

둘째, 신탁존속기간을 정할 필요가 있다. 현행 신탁제도는 신탁존속기간을 제한하지 않음으로써, 위탁자가 장기간 신탁재산을 관리 등의 직·간접적인 간섭을 통하여 신탁소득을 과세이연 및 자의적인 수익자 변경 등의 조세회피를 시도할 수 있기 때문이다.

셋째, 수익자가 불특정하거나 부존재할 경우에 현행 세법규정을 보완할 필요가 있다. 이 경우에 현행세법은 위탁자에게 과세하기로 규정되었지만, 신탁소득의 과세이연 시에는 이를 무력화시킬 수 있기 때문에 신탁존속기간의 제한이나 수탁자에게 과세할 수 있는 방안을 검토할 필요가 있다.

넷째, 위탁자가 수탁자가 되는 자기신탁에 관한 규정을 조속히 마련할 필요가 있다. 자기신탁은 무엇보다도 증여나 상속의 목적으로 활용될 가능성이 높고, 위탁자의 특수관계자들이 개입될 가능성이 높기 때문에 조세회피시도가 다른 신탁유형보다 많을 것이다. 이를 위하여 위탁자의 특수관계의 범위와 수익자가 미성년자인 경우와 관련된 규정을 명시할 필요가 있다.

참 | 고 | 문 | 헌

김병일, "신탁법 개정에 따른 신탁과세제도 개편 방향에 관한 연구", 『조세연구』 제10−2집, 2010.

_____, "자산유동화 과세제도에 관한 연구", 경희대학교 대학원 박사학위논문, 2002.

김병일·김종해, "미국의 신탁과세제도와 그 시사점", 『조세연구』 제10−1집, 2010.

김재진·홍용식, 『신탁과세제도의 합리화 방안』, 한국조세연구원, 1998.7.

김종해, "신탁과세제도에 관한 연구", 강남대학교 대학원 박사학위논문, 2010.12.

김종해·김병일, "영국의 신탁과세제도와 그 시사점", 『세무학연구』 제28권 제3호, 2011.9.

명순구·오영걸, 『현대미국신탁법』, 세창출판사, 2005.

신용주, "명의신탁으로 인한 증여의제과세의 문제점과 개선방안", 『조세연구』 제4집, 2004.

안성포, "신탁의 종료, 변경, 합병 및 분할", 『선진상사법률연구』 통권 제48호, 2009.10.

이중교, "신탁법상의 신탁에 관한 과세상 논점", 『법조』 통권 639호, 2009.12.

최동식, 『신탁법』, 법문사, 2006.

최수정, 『일본신신탁법』, 진원사, 2007.

현병철·최현태 역, 『신탁과 법인의 역사』, 세창출판사, 2007.

홍용식, "신탁소득 과세에 관한 연구", 『사회과학논문집』 제12집 제2호, 한성대사회과학연구소, 1999.

ENSORS, Taxation and the uses of trusts, http://www.ensors.co.uk/cms/file−library/Taxation landtheuses−LofLtrusts.pdf:2010.

F. Ladson Boyle & Jonathan G. Blattmachr, Blattmachr on Income Taxation of *Estates and Trusts 15th*, Practising Law Institute, 2009.

J E Penner, The Law of Trusts 6th edition, OXFORD UNIVERSITY PRESS, 2008.

John H, Langbein, The Secret Life of The Trust: The Trust as an Instrument of Commerce, 107 Yale L. J., 1997.

Kenneth E. Anderson·Thomas R. Pope.John L. kramer, *PRENTICE HALL'S FEDERAL TAXATION* 2008, Prentice Hall, 2008.

Matthew Hutton, *Tolley's UK Taxation of Trusts 18th ed*, LexisNexis, 2008.

奥村眞吾, 『詳解 信託法の活用と税務』, 請文社, 2008.

http://www.hmitchell.co.uk/jhmwills−taxation−pre−owned−assets.htm.

Abstract

A Study on the Grantor Taxation for the Purpose of Trust Law

The existing taxation system applies to grantor tends to approach preventing grantors and their affiliate's anti-avoidance attempts by using their trust. The regulations above is based on principle of substantial taxation. However, The existing tax act could not only hinder tax codes in view of clearness, but also be very limited to deal with new forms which introduced from trust law revised act. Thus, It is obvious that the existing tax act to grantor has to be improved at this point.

First, A sweeping revision of trust taxation has to be done to clarify grantors' tax requirement. That is, grantor's anti-avoidance attempt should be minimized by revising matters about perpetuity of period trust and trustee tax which should be imposed or not.

Second, The perpetuity period of trust should be fixed, the existing trust scheme which is not restricted to perpetuity period of trust, grantors may try anti-avoidance attempt through the interference such as managing their own trust properties.

Third, In the event of beneficiary is not specified or existed, the trust act should be supplemented its fault. In this case, grantors could neutralize existing tax law through trust income which deferred payment of tax, although existing tax law regulates imposing a tax on grantor. Thus, it is necessary to examine measure to impose tax to truster and restrict perpetuity period of trust.

Forth, the bills about grantor trust that grantor becomes truster should be come up with measures. Anti-avoidance attempts through trust created by self-declaration of trust would be a lot more than any other types of it. Because trust created by self-declaration of trusts could be used for gift or inheritance on purpose and have many chances intervention of grantor's affiant persons. To prevent these mentioned above, regulation should specify scope of grantor's affiliate and when beneficiary is minor.

Thus, it is expected that taxation issues and its improvement on the trust act may raise up grantor's tax codes in view of clearness, and it would be great chance to deal with revised trust act which will be start on July, 2012.

☑ key words: grantor trust, settlor-interested trusts, pre-owned assets trust, trust created by self-declaration of trusts, perpetuity period of trust

1.2.2. 신탁법상 수익자과세에 관한 연구*

김병일**· 남기봉***

국문요약

신탁법상 수익자는 신탁수익의 귀속자로서, 현행 세법상 납세의무자이다. 그러나 현행 신탁세제는 도관이론을 적용함에 따라 신탁유보이익의 과세이연과 신탁존속기간의 제한규정의 부재로 인하여 위탁자가 신탁소득을 장기간 분배하지 않음에 따라 수익자의 존재성을 무력화시키고 있다. 또한 수익자의 조세법률관계가 명확하지 않은 측면도 공존하고 있다. 이에 따라 신탁법상 수익자에 관한 조세법률관계를 명확히 할 필요가 있고, 현행 신탁과세인 도관이론에 실체이론을 가미할 필요가 있다. 이에 관한 구체적인 개선방안은 다음과 같다.

첫째, 현행 세법은 신탁과세구조상 수익자에 대한 분배의무를 위탁자에게 부여하지 않음으로써, 수익자의 존재성을 무력화시키고 있다. 이를 개선하기 위하여 신탁존속기간의 제한규정과 신탁과세이론에 실체이론을 가미할 필요가 있다.

둘째, 현행 신탁세제는 수익자의 구분과 과세범위를 정하고 있지 않다. 이를 개선하기 위하여 수익자의 구분을 신탁법을 준용하거나 세법상 독립적으로 규정할 수 있다. 또한 신탁재산에서 발생한 이익의 실질적인 귀속여부를 판단하기 위하여 위탁자의 지배력기준을 설정할 필요가 있다. 이의 방안으로는 수익자의 지정·변경권한여부, 수익자의 분배금액조정권한여부, 신탁수익이 위탁자의 특수관계자에게 귀속되는 경우에도 위탁자의 지배력이 있는 것으로 본다.

셋째, 현행 세법에서는 연속수익자의 판단기준을 제시하고 있지 않다. 이를 개선하기 위하여 전술한 위탁자 지배력기준을 먼저 설정한 후, 이 기준에 따라 연속수익자의 과세범위를 정함으로써, 연속수익자의 조세법률관계를 명확히 할 수 있다.

넷째, 현행 신탁세제는 복수수익자에 관한 손익분배기준이 명확하지 않다. 이를 개선하기 위하여 손액분배기

* 『세무와 회계저널』 제13권 제1호(2012.3, 한국세무학회)에 게재된 논문이다.
** 강남대학교 세무학과 부교수, bikim22@hanmail.net, 주저자
*** 공인회계사, 강남대학교 세무학과 박사과정 kbnam@hanulac.co.kr, 교신저자

준을 개별수익자의 손익이 아닌 전체신탁재산손익을 기준이 되어야 할 것이다. 이를 통해 신탁계약에 따라 설정비율을 원칙으로 하며, 수익비율과 손실비율이 다를 경우에는 수익비율에 따라 손실비율을 정할 필요가 있다.

본고는 이와 같은 신탁법상 수익자과세의 검토를 통하여 우리나라 신탁과세제도가 신탁제도 활성화에 기여하는 깃을 목적으로 한다.

☑ **주제어: 수입수익자, 귀속권리자, 잔여재산수익자, 연속수익자, 복수수익자, 신탁존속기간**

I. 서 론

신탁이란 신탁설정자(이하 '위탁자'라 한다)와 신탁을 인수하는 자(이하 '수탁자'라 한다)와 특별한 신임관계에 기하여 위탁자가 특정의 재산권을 수탁자에게 이전하거나 기타의 처분을 하고 수탁자로 하여금 일정한 자(이하 '수익자'라 한다)의 이익을 위하여 또는 특정의 목적을 위하여 그 재산권을 관리, 처분하게 하는 법률관계를 말한다(신탁법 제1조 제2항). 이러한 신탁은 회사와 비교되는 제도로서 우리나라와 같은 대륙법계의 국가에서는 신탁의 역할을 회사를 포함한 법인이 담당하고 있다.

이러한 신탁은 우리나라에서 주로 수동신탁으로 활용되어 왔다. 즉 위탁자의 지시에 따라 수탁자가 신탁업무를 행하는 경우였다. 그러나 2000년대 주요국이 신탁을 글로벌 금융수단으로 이용하기 위하여 신탁관련 법률을 개정했고, 우리나라에서도 노령화인구의 증가와 기존 금융시스템 이외의 다양한 자산 및 자금운용에 대한 욕구가 증대되고 있는 상황을 반영하여 신탁법을 전면개정하여 2012년 7월 26일에 그 시행을 앞두고 있다.

이와 같이 신탁법의 개정에 발맞추어 현행 신탁세제에 대한 전반적인 개정이 불가피한 상황이다. 신탁세제의 개정방향에 있어서 신탁을 납세주체로 볼 것인지에 대한 문제와 위탁자 및 수익자에 대한 조세법률관계(최명근 2007, 305)[1]를 명확히 할 필요가 있다. 본 논문은 이 중에서 수익자와 관련된 조세법률관계에 초점을 맞추고 있다. 수익자는 수입수익자와 원본수익자(귀속권리자), 그리고 잔여재산수익자로 구분된다. 이들의 조세법률관계가 명확하지 않아서 여러 가지 문제점을 초래할 가능성이 많다고 생각된다. 그 중에서 특히 다음과 같은 문제점을 들 수 있다.

첫째, 신탁과세구조상 신탁존속기간을 제한하지 않음으로써, 위탁자가 수익자에게 신탁소득의 분배를 장기간 이연하여 수익자가 실제수익을 받지 못하는 형식적 수익자

---

1) 조세법이 규정하고 있는 과세요건을 국민이 충족함으로써 성립하는 법률관계를 말한다.

가 되어 수익자의 존재성을 무력화시킬 수 있다. 둘째, 신탁의 수익자는 수입수익자와 귀속권리자(원본수익자)가 있다. 현행 신탁세제는 이들의 정의규정과 과세범위를 명확히 하지 않아 불필요한 마찰을 유발할 수 있다. 셋째, 현행 신탁세제는 연속수익자에 대한 과세요건을 명확히 규정하지 않고 있다. 즉 연속수익자는 위탁자의 지배력에 따라 적용되는 세목이 달라짐에도 불구하고, 현행 신탁세제는 이에 대한 명확한 규정을 마련하고 있지 못한 상황이다. 넷째, 현행 신탁세제는 복수수익자에 대한 손익분배기준을 명시하지 않고 있다. 또한 신탁법도 이러한 손익분배기준의 근거가 되는 공평의무를 명시하지 않은 상황이다. 다만, 신탁법개정법률에는 공평의무를 명시하고 있지만, 이 규정은 추상적·포괄적 규정으로서 이를 세법의 기준으로 삼는 것은 한계가 있어 보인다. 따라서 손익분배기준의 미비는 신탁의 당사자로 하여금 조세회피시도를 증가시킬 가능성을 내포하고 있다.

이와 같은 신탁법상 수익자관련 과세문제를 해소하기 위하여 신탁법개정법률과 더불어 신탁세제를 개정하여 이에 대해 명확한 조세법률관계를 정립할 필요가 있다. 따라서 본 논문은 우리나라 신탁세제의 개편과정에 고려해야할 사항을 제시하고자 하는데 그 목적이 있다.

II. 선행연구의 검토

1. 선행연구의 검토

신탁과세제도에 관한 선행연구는 본 논문의 연구방향을 제시하는데 도움을 줌과 동시에 이를 통한 현행 신탁과세제도에 관한 개선방안을 도출하는데 도움이 된다.

우선 김재진·홍용식(1998)『신탁과세제도의 합리화 방안』과 홍용식(1999) "신탁소득 과세에 관한 연구"에서는 신탁에 관한 세법의 총칙규정의 신탁소득에 대하여 신탁도관 이론에 따라 규정한 반면에 각론 규정에서는 신탁실체이론에 따라 신탁소득을 신탁상품의 구별 없이 이자 또는 배당소득으로 구분함으로써 법논리상 앞뒤가 맞지 않는 입법에서 문제점이 발생한다고 보고 있다. 이러한 논리체계상 모순을 제거하기 위한 신탁세제의 정비의 필요성에 대해 역설했다.

이중교(2009) "신탁법상의 신탁에 관한 과세상 논점"에서는 투자신탁에 관한 한 신탁도관설은 과세이연의 문제점이 있고, 신탁실체설 중 신탁재산설은 개인과 법인을 권리의무의 주체로 하는 법체계와 충돌하므로 그 대안으로 최소한 투자신탁에 관하여는 신탁실체설 중 수익자설의 도입을 고려할 필요가 있다고 주장하고 있다. 또한 부가가치세의 경우 투자신탁의 경우 투자자에 불과한 수익자를 사업자라고 하여 납세의무의 주체로 삼는 것은 거래현실 및 법리에 맞지 않고, 종합부동산세, 재산세 등의 보유세는 소득과세와 달리 공부상의 소유자에게 과세하는 것이 타당하므로 부가가치세와 보유세 모두 공부상의 소유자로서 신탁재산의 관리·처분의 주체인 수탁자를 납세의무자로 하는 것이 바람직하다고 보고 있다.

김병일·김종해(2010) "미국의 신탁과세제도와 그 시사점"에서는 미국신탁과세제도에 관한 전반적인 내용을 살펴보았고, 이를 통한 우리나라 신탁세제가 과세요건 명확주의에 저촉되고 있으므로 이를 시정하기 위하여 신탁을 납세주체로 볼 필요가 있고, 신탁재산의 원본 및 수익에 관한 구분기준 등을 마련하고 있는 미국신탁세제를 통하여 우리나라 신탁세제의 개정방향을 제시하고 있다.

김병일(2010) "신탁법 개정에 따른 신탁세제 개편 방향에 관한 연구"에서는 우리나라 신탁법개정법률안 및 일본신탁세제를 살펴보았고, 이를 통하여 우리나라 신탁세제구조의 재검토·재구축을 통한 조세법률관계를 명확히 할 것을 제안하고 있다.

김종해·김병일(2011) "영국의 신탁과세제도와 그 시사점"에서는 영국의 신탁세제 중 립적 측면을 살펴보고, 우리나라 신탁세제에도 신탁재산의 영구적 구속방지 및 신탁유보이익 과세규정과 편법증여시도를 방지하기 위한 사전소유자산신탁을 도입할 필요가 있다고 제안하고 있다. 또한 위탁자의 조세회피 및 연속수익자에 관한 규정을 구체적으로 명시할 필요성을 제시하고 있다.

김병일·김종해(2011) "신탁법상 위탁자과세제도에 관한 연구"에서는 우리나라의 신탁법상 위탁자에 관해 전반적인 내용을 검토하여 위탁자 과세요건을 명확히 설정할 필요성을 역설했다. 이를 위하여 신탁소득의 경제적 수혜를 받는 상황, 신탁목적을 변경할 권한과 수익자의 지정 및 변경권한이 있는 경우, 신탁원본 및 수익의 분배의 관여여부 등을 고려한 위탁자 판단기준을 제시하고 있다.

2. 선행연구와 본 연구의 차별성

선행연구 중 김재진·홍용식(1998), 이중교(2009), 김병일·김종해(2010), 김병일(2010), 김종해·김병일(2011)은 신탁과세구조 및 신탁소득과세에 초점을 맞추어, 현행 신탁세제에 신탁실체이론을 가미할 것을 주장함과 동시에 이를 통하여 신탁유보이익의 과세이연문제를 해소할 수 있으며, 신탁존속기간의 제한할 것을 주장했다. 또한 김병일·김종해(2011)는 위탁자의 신탁재산의 실질적인 지배기준을 설정할 필요가 있다는 의견을 제시하고 있다. 이러한 선행연구는 본 연구의 중요한 시사점이 되었다.

본 연구는 선행연구의 현행 신탁과세구조의 문제점을 지적함과 동시에 수익자와 직접적으로 관련된 위탁자의 실질적인 지배기준을 명시함으로서, 수익자의 정의 및 과세범위를 제안했다. 그리고 복수수익자가 있는 경우에 이들의 손액분배기준을 개별수익자의 손익이 아닌 전체 신탁재산손익을 기준으로 설정할 방안을 제시하고 있다는 점에서 의의가 있다고 볼 수 있다.

Ⅲ. 신탁의 일반이론과 우리나라 신탁과세구조

1. 신탁의 기본구조

가. 신탁의 개념과 성립요건

신탁이란 영미법에서 출현한 제도로서 신탁법상 신탁이란 신탁설정자(이하 '위탁자'라 한다)와 신탁을 인수한 자(이하 '수탁자'라 한다)와 특별한 신임관계에 기하여 위탁자가 특정의 재산권을 수탁자에게 이전하거나 기타의 처분을 하고 수탁자로 하여금 일정한 자(이하 '수익자'라 한다)의 이익을 위하여 또는 특정의 목적을 위하여 그 재산권을 관리·처분하게 하는 법률관계를 말한다(신탁법 제1조). 신탁의 설정취지는 수탁자의 도산위험을 회피하고, 수익자를 보호하며, 이중과세를 방지하고, 신뢰체계를 통하여 자율적으로 형성된 채권관계에 따라 수탁자에게 신뢰의무를 부여하여 수익자를 보호하며, 내용상 유연성을 통한 당사자 간 자유로운 결정을 구축하는 것을 목적으로 한다(Langbein 1997, 179~185).

신탁의 법률관계는 계약이나 유언이라는 설정방식을 통하여 성립된다. 이러한 신탁설정은 위탁자와 수탁자가 신탁계약을 체결함으로써 법률관계가 성립되는데, 이러한 행위를 신탁행위 또는 신탁설정행위라고 부른다(田中實·山田昭(雨宮孝子補正) 1998, 39). 신탁의 성립요건은 신탁재산·신탁이익·신탁객체가 특정되어야 하며, 수탁자에 관한 신탁의무부과행위가 있어야 한다.

나. 신탁의 당사자

(1) 위탁자

위탁자(settlor)는 신탁목적의 설정자이자 신탁행위의 당사자[2]이며, 재산출연자의 지위를 가진다. 영미법의 사고는 위탁자가 수탁자에게 재산을 위임함으로써 위탁자에 의한 신탁의 간섭을 최소화했다. 왜냐하면 위탁자와 수탁자의 권리의무가 중복적으로 전개됨으로 인하여 신탁운용의 법률관계가 복잡해지기 때문이다(최수정 2007, 157). 반면에 현행 신탁법은 위탁자에게 인정하는 권한의 범위가 넓고, 위탁자의 권한의 대부분을 위탁자 사망 후에는 그 상속인이 행사할 수 있으므로(최동식 2006, 160) 상대적으로 수탁자의 권한이 제한되어 있다. 그러나 신탁법개정법률안(이하 '개정신탁법'(2012.7.26 시행)이라 한다) 등[3]에서는 수탁자에게 신탁의 변경, 합병·분할, 종료와 같은 중대한 사항이나 신탁목적에 반할 경우에는 위탁자와 합의할 것을 규정하여 위탁자의 권한을 한정하고 있다(안성포 2009, 100~103).

(2) 수탁자

수탁자(trustee)는 신탁계약에 의하여 위탁자로부터 위탁받은 신탁재산을 관리·처분하고, 신탁재산에서 발생한 경제적 이익을 수익자에게 이전하는 역할을 하는 자를 말한다. 수탁자는 신탁재산의 형식적인 소유자로서 신탁사무 등의 역할을 담당하는 등 신탁관계에서 가장 중요한 존재이다. 따라서 신탁재산의 관리·운용은 수탁자가 있어야 비로소 가능하기 때문에 수탁자는 신탁에 있어서 필수적 요소이다(명순구·오영걸 2005, 165). 신탁재산의 관리 및 처분과 관련된 의무는 선관주의의무, 충실의무, 공평의무 등이 있다. 이 중 선관주의의무는 수탁자의 재량권범위와 관련되고, 충실의무는 신탁재산의 실질적 소유자인 수익자를 위해서만 행해지는 의무로서 개정신탁법 등에서 이를 명문화했다. 또한 공평의무는 신탁재산의 수익 및 비용의 분배에 있어서, 수탁자의 자의적 분배를 최소화하는 기능을 수행한다.

(3) 수익자

수익자(beneficiary)는 수탁자, 신탁재산 등과 함께 신탁에서 기본적인 요소의 하나이

---

2) 계약신탁에서는 신탁계약의 일방당사자, 유언신탁에서는 단독행위인 유언의 작성자, 신탁선언에서는 수탁자의 지위를 갖는다.

3) 법무부공고 제2009-164호로 신탁법 전부개정법률(안)을 입법예고하고, 법률 제10924호로 전면개정(2011.07.25)되어 신탁법 부칙 제1조(시행일)에 따라 공포 후 1년이 경과한 날부터 시행한다.

며, 신탁행위에 기인한 신탁이익을 향수하는 자를 말한다. 현행법상 수익자는 수입수익자(income beneficiary)와 귀속권리자로 구분된다. 수익자는 신탁법 및 신탁행위에 의하여 인정되는 각종 권리를 갖게 되는데 이러한 권리를 수익권이라고 한다. 수익자는 수익권을 포기할 수도 있고, 양도도 가능하다. 또한 수익권은 수익자 고유의 권리(interests of the beneficiaries)로서 수익자 지위를 보호하는 중요한 역할을 수행한다. 한편, 복수수익자의 수익권은 서로 다른 수익권에 의하여 자기의 수익권을 제약받으며, 동종 수익권도 수량이나 비율에 의해 서로 제약된다. 한편 수익자는 신탁의 사무 처리에 소요된 비용 등을 지급할 의무나 신탁보수지급의무 등이 있다.

한편, 연속수익자란 신탁존속시 신탁의 제1수익자의 사망으로 이의 수익권을 부여받는 수익자(제2수익자)를 말한다. 이 경우에 수익권을 부여받는 자는 제1수익자의 법적상속인이 아니다.

2. 수익권과 수익자의 유형

가. 수익권

수익권은 신탁설정에 따라 수익자에게 부여된 권리이다. 수익권의 권리내용에는 다양한 권리 또는 권능들이 포함되어 있다. 즉 단순히 금전 등을 교부받을 권리뿐만 아니라 이익을 누릴 권리 · 법원에 대한 청구권 · 신탁재산에 관한 권리 등을 담고 있다.[4]

이와 같은 수익권은 크게 수입수익권과 원본수익권으로 나뉜다. 수입수익권은 신탁계약에 따라 배당받을 권리를 말하고, 원본수익권은 신탁종료시에 잔여신탁재산을 수령할 권리를 말한다. 다음과 같은 사례를 통하여 수입수익권과 원본수익에 대해 구체적으로 살펴보고자 한다.

[사례1] 위탁자가 갑이 2011.1.2에 수탁자 을에게 자신의 부동산을 신탁하고, 20년간 신탁재산운용 수익에서 매월 50만원을 수익자인 병에게 지급하고, 매월 50만원 초과분을 신탁재산에 편입하도록 하며, 20년 후 신탁기간이 종료되면, 잔존신탁재산을 정에게 인도하도록 하는 계약을 체결하였다고 하자. 이 때 매월 50만원이 수입수익권이 되고, 이를 수령하는 자(병)가 수입수익자이고, 신탁종료 후에 잔여신탁재산, 즉 신탁원본을 수령할 권리가 원본수익권이고 이를 수령하는 자(정)가 원본수익자 또는 귀속권리자가 된다.

---

4) 임채웅. 2009.12. "신탁수익권에 관한 민사집행의 연구", 『서울대학교 법학』 제50권 제4호, 275~276면 참고.

한편, 현행 신탁법상 수입수익권의 유형을 "배당을 받을 권리"만으로 제한하지 않고 있다. 즉 수입수익권에는 이익이나 배당의 개념이 명시되어 있지 않기 때문이다(임채웅 2009, 279). 임채웅(2009)에 의하면, 수입수익권을 기본적인 수익권과 구체화된 수익권으로 분류하고 있다. 기본적인 수익권은 포괄적인 수익권으로 보고 있고, 구체적인 수익권은 신탁기간 동안 수령할 수익자가 수령할 금액이라고 보고 있다. 이 때 구체적인 수익권은 기본적인 수익권에 포함되는 것으로 보고 있다. 생각건대, 기본적인 수익권에는 확정이익뿐만 아니라 미확정수익도 포함된 것으로 파악되며, 구체적인 수익권은 [사례 1]의 수익자가 매월 수령한 50만원처럼 신탁재산의 운용에서 발생한 이익으로 볼 수 있다. 이와 같은 구분이 필요한 이유는 세제상 상속이나 증여의 범위를 명확히 하는데 도움이 될 수 있다고 보기 때문이다.

또한 원본수익자가 반드시 신탁종료 후에 신탁원본을 수령하는 자로 한정할 필요는 없을 것이다. 왜냐하면 신탁관계가 유지되는 동안 신탁원본을 분할하여 수익자에게 지급할 수 있기 때문이다. 이러한 관점은 미국이나 영국의 신탁제도에서는 원본수익자뿐만 아니라 잔여재산수익자개념을 통하여 이를 해소하고 있다. 따라서 수입수익자와 원본수익자 그리고 잔여재산수익자에 대한 개념과 이들에게 귀속되는 수익이나 원본의 범위를 설정할 필요가 있을 것이다.

나. 수익자의 유형
(1) 수입수익자

수입수익자는 신탁설정에 따라 신탁존속기간동안 수탁자로부터 일정한 수익을 수령하는 자를 말한다. 이러한 수익자의 수익권에 전술한 바와 같이 원본수익권이 배제된 자를 말하며, 수입수익자는 신탁설정에 의하여 원본수익자나 잔여재산수익자가 될 수도 있지만 법적지위는 달라질 것이다.

(2) 원본수익자 또는 귀속권리자[5)]

원본수익자는 신탁종료 후에 잔여신탁재산(원본)을 수령하는 자나 신탁존속기간동안 신탁원본을 분할하여 수령받는 자 즉, 원본수익권이 있는 자를 말한다. 원본수익자는 현행 신탁법에 따르면, 신탁이 종료되면 신탁은 법정신탁으로 전환되고 원본수익자는 법정신탁의 수익자가 됨으로서 신탁종료 전 수익자의 지위나 수익권의 의미가 달라 원래의 수익권으로 보기 어렵다(임채웅 2009, 280). 그러므로 수입수익자가 원본수익자가 될 때, 이를 구분하여 처리해야 할 것이다. 다만, 전술한 바와 같이 신탁기간동안 신탁원본을 분할하여 분배받는 자를 원본수익자로 볼 때, 현행 신탁법은 이를 설정할 필요가 있다.

(3) 잔여재산수익자

잔여재산수익자는 신탁존속기간 동안 잔여신탁재산을 수령받기로 지정된 자나 지정될 자를 말한다. 그러나 개정신탁법 제101조 제1항에서는 일정한 경우에 지정된 자를 잔여재산수익자로 보고 있다. 이러한 잔여재산수익자는 수입수익자나 원본수익자도 될 수 있고 동시에 존재할 수도 있다. 다만, 수익자와 귀속권리자로 지정된 자가 신탁의 잔여재산에 대한 권리를 포기한 경우 잔여재산은 위탁자와 그 상속인에게 귀속한다(개정신탁법 제101조 제2항).

한편 잔여재산수익자와 귀속권리자를 구분할 필요가 있는데 개정신탁법 제101조 제1항에 의하면, 신탁종료시에 잔여재산을 수령할 자로 지정여부에 된 경우를 잔여재산수익자이고, 그렇지 않은 경우에는 귀속권리자로 볼 수 있다.

(4) 연속수익자

연속수익자란 수익자 A는 생존 중에 오로지 A만이 신탁이익을 향수하고, 그의 사망

---

5) 개정신탁법(법률 제10924호, 2011.7.25, 전부개정: 2012.7.26 시행)

　신탁법개정법률 제101조(신탁종료 후의 신탁재산의 귀속) ① 제98조 제1호, 제4호부터 제6호까지, 제99조 또는 제100조에 따라 신탁이 종료된 경우 신탁재산은 수익자(잔여재산수익자를 정한 경우에는 그 잔여재산수익자를 말한다)에게 귀속한다. 다만, 신탁행위로 신탁재산의 잔여재산이 귀속될 자(이하 "귀속권리자"라 한다)를 정한 경우에는 그 귀속권리자에게 귀속한다.

　② 수익자와 귀속권리자로 지정된 자가 신탁의 잔여재산에 대한 권리를 포기한 경우 잔여재산은 위탁자와 그 상속인에게 귀속한다.

　③ 제3조제3항에 따라 신탁이 종료된 경우 신탁재산은 위탁자에게 귀속한다.

　④ 신탁이 종료된 경우 신탁재산이 제1항부터 제3항까지의 규정에 따라 귀속될 자에게 이전될 때까지 그 신탁은 존속하는 것으로 본다. 이 경우 신탁재산이 귀속될 자를 수익자로 본다.

　⑤ 제1항 및 제2항에 따라 잔여재산의 귀속이 정하여지지 아니하는 경우 잔여재산은 국가에 귀속된다.

으로 남은 재산으로 B가 신탁이익의 향수자로 설정될 때 B는 A의 생전에 취소권 등을 행사할 수 없는 경우로서, 수익자 A와 B를 말한다. 여기서 연속수익(successive interests)은 차례로 영향을 미치는 동일재산에서 발생하는 수익으로서, 보통 수익자의 사망으로 발생하게 된다.

3. 우리나라 신탁과세구조

가. 신탁의 납세의무자

신탁에서 발생한 경제적 이익은 모두 수익자에게 귀속됨에 따라 소득세법 제2조 제6항 및 법인세법 제5조에서는 신탁이익을 신탁이 아닌 수익자에게 귀속시킴으로서 수익자를 납세의무자로 보고 있다. 또한 상속세 및 증여세법 제9조에서 피상속인이 신탁한 재산을 상속재산에 포함시키고 있고, 상속세 및 증여세법 제33조에서 신탁이익의 증여와 관련하여 위탁자인 피상속인을 납세의무자로 보고 있다. 한편, 소득세법 제2조의2 제6항에서는 신탁의 수익자가 불특정하거나 부존재시에는 해당 신탁소득의 귀속자를 신탁의 위탁자 또는 그 상속인으로 보아 이들을 납세의무자가 된다고 보고 있다.

나. 신탁과세대상 및 신탁소득산정방식
(1) 신탁과세대상

현행 세법상 신탁이익은 금전신탁, 불특정금전신탁, 금전외신탁에서 발생한 것을 과세대상으로 한다.[6] 다만, 공익신탁에서 발생하는 신탁이익에 대해서는 과세하지 않고 있다.[7] 신탁과세대상은 운용 이익을 금전으로 원금 및 수익을 수익자에게 이전하는 방식인 금전신탁과 신탁인수시에 신탁재산으로 유가증권·금전채권·부동산 등의 금전 이외의 재산으로 구성된 금전외신탁, 그 외에 금전채권신탁과 부동산신탁 등이 있다.

한편, 상속세 및 증여세법상 상속재산[8]이 되는 신탁재산은 피상속인이 신탁한 재산과 피상속인이 신탁으로 인하여 타인으로부터 신탁이익을 받을 권리를 소유한 경우 그 이익의 상당한 가액으로 보고 있다. 다만, 타인이 신탁의 이익을 받을 권리를 소유하고 있는 경우 그 이익에 상당하는 가액은 제외한다(상속세 및 증여세법 제9조 제1항 및 제2조). 신탁이익을 받을 권리를 소유하는 판정은 상속세 및 증여세법 시행령 제25조에 의해

---

6) 소득세법 제4조 제2항, 소득세법 시행령 제4조의2, 법인세법 제5조.
7) 법인세법 제51조, 소득세법 제12조, 상속세 및 증여세법 제17조 및 제52조.
8) 상속세 및 증여세 기본통칙 7-0…1【 상속재산의 범위 】1. 상속재산에는 물권, 채권 및 무체재산권 뿐만 아니라 신탁수익권 등이 포함된다.

원본 또는 수익이 타인에게 지급되는 경우를 기준으로 한다(상속세 및 증여세법 제5조). 또한 상속세 및 증여세법상 신탁이익의 증여는 상속세 및 증여세법 제33조 제1항 및 제2항에서는 신탁계약에 의하여 위탁자가 신탁이익의 전부 또는 일부를 수령할 수익자를 지정한 경우에는 "원본의 이익을 받을 권리를 소유하게 한 경우에는 수익자가 그 원본을 받은 경우나 수익의 이익을 받을 권리를 소유하게 한 경우에는 수익자가 그 수익을 받은 경우"로 보고 있다. 반면에 수익자가 불특정되거나 아직 부존재하지 아니하는 경우에는 위탁자 또는 그 상속인을 수익자로 보고, 수익자가 특정되거나 존재하게 된 경우에 새로운 신탁이 있는 것으로 본다.

(2) 신탁소득금액의 산정

신탁소득금액의 계산은 수익자단계가 아닌 신탁단계에서 수탁자가 법인인 경우에는 신탁재산의 소득을 수탁자의 고유재산과 구분하여 법인세법 규정에 의하여 각 사업연도 소득금액을 산정하는 순자산증가설에 의한 방법을 취하고 있고, 수탁자가 개인인 경우에는 자신의 고유재산과 신탁재산을 구분하여, 각 재산별로 소득원천설에 의한 과세방법을 취하고 있다. 다만, 신탁소득금액산정 특례로서 현행 소득세법 시행령 제26조의2에서는「자본시장과 금융투자업에 관한 법률」(이하 "자본시장법"이라 한다) 제103조 제1호에 따른 특정금전신탁으로서 소득세법 제4조 제2항을 적용받는 신탁이 있을 때는 집합투자기구로부터의 이익은 자본시장법에 따른 각종 보수·수수료 등을 제외한 금액으로 보고 있다. 또한 소득세법 제46조의2에서는 "종합소득과세표준 확정 신고 후 예금 또는 신탁계약의 중도해지로 인하여 이미 지난 과세기간에 속하는 이자소득금액이 감액된 경우 그 이자소득금액의 계산에 있어서는 중도해지일이 속하는 과세기간의 종합소득금액에 포함된 이자소득금액에서 그 감액된 이자소득금액을 차감할 수 있다. 다만, 국세기본법 제45조의2의 규정에 의하여 과세표준 및 세액의 경정을 청구한 경우에는 그러하지 아니하다"라고 규정하고 있다.

상속세 및 증여세법상 신탁이익의 증여에 대한 소득금액의 산정은 상속세 및 증여세법시행령 제25조에 의하여 산정된다. 신탁이익을 받을 권리의 증여시기는 일정한 경우[9]를 제외하고는 원본 또는 수익이 수익자에게 실제 지급되는 때로 한다. 다만, 수익

---

9) 상속세 및 증여세법시행령 제25조 제1항.
    1. 수익자로 지정된 자가 그 이익을 받기 전에 당해 신탁재산의 위탁자가 사망한 경우에는 그 사망일
    2. 신탁계약에 의하여 원본 또는 수익을 지급하기로 약정한 날까지 원본 또는 수익이 수익자에게 지급되지 아니한 경우에는 그 지급약정일
    3. 신탁계약을 체결하는 날에 원본 또는 수익의 이익이 확정되지 아니한 경우로서 이를 분할하여 지급

자가 수회로 분할하여 원본과 수익을 받는 경우에 있어서 그 신탁이익은 상속세 및 증여세법 제25조 제1항의 규정에 의한 증여시기를 기준으로 상속세 및 증여세법 시행령 제61조 제2호의 규정을 준용하여 평가한 가액으로 한다.

다. 수입시기와 원천징수

신탁재산에서 발생하는 소득은 신탁상품별로 다양하게 발생하며, 수입시기는 신탁단계가 아닌 수익자단계를 기준으로 정하고 있고, 소득별로 각 세목에 따른 수입시기를 적용하고 있다. 한편, 현행 세법하에서 신탁은 원천징수의무자로서 이자·배당소득이 발생하는 금전신탁을 주로 운용하는 신탁법인이나 개인신탁에게도 지위를 부여하고 있다(소득세법 제127조 제4항). 원천징수시기는 해당 소득금액 또는 수입금액을 실제로 지급하는 때 또는 지급의제시기이며, 예외적으로 일정한 경우에 한하여 실제로 지급하는 때로 규정하고 있다(소득세법 기본통칙 127−0…5).

Ⅳ. 외국 신탁법상 신탁의 수익자 과세

1. 미국 신탁법상 수익자과세

가. 의 의

미국 신탁의 과세원칙[10]은 조세회피방지 및 이중과세를 방지함과 동시에 신탁의 고유한 특성인 유연성과 다양성을 유지하기 위한 목적이 있다. 구체적으로 이 원칙은 다음과 같다. 첫째, 신탁이나 유산(estate)은 "개별 납세의무자(trust as separate taxpayers)"로서 수익자와 분리되어 있는 개별적인 납세주체이다. 즉 이는 실체이론을 도입한 근거가 된다. 둘째, 신탁과세제도는 도관적 접근(conduit approach)방식을 적용하고 있다. 셋째, 신탁은 개인과 유사한 규정을 적용하고 있다. 즉 연방세법(IRC) 제641(b)조는 "신탁이나 유산의 과세소득은 개인의 과세소득산정방식과 동일하지만, 이 부분에 대해서 달리 규정하는 경우에는 그에 따른다."고 규정하고 있다. 이러한 원칙은 위탁자신탁을 제외한 모든 신탁에 적용된다.

하는 때에는 당해 원본 또는 수익의 실제 분할지급일

4. 원본 또는 수익을 수회로 분할하여 지급하는 때에는 당해 원본 또는 수익의 최초 분할지급일

10) 여기서 신탁과세의 기본원칙은 유산에도 적용된다. 또한 미국의 과세방식은 일반적으로 투북(two book)시스템이지만, 신탁에 대하여 원북(one book)시스템을 적용하고 있다. 이 방식은 우리나라의 과세방식과 유사한 측면을 갖고 있다.

이와 같은 과세원칙은 통하여 미국은 위탁자, 수익자 및 수탁자를 납세의무자로 보고 있다. 특히 수익자와 관련하여 미국은 신탁을 납세주체로 봄에 따라 발생하게 될 이중과세를 방지하기 위하여 수익자가 수령한 분배금액 중 신탁의 과세분 만큼에 대하여 비과세하고 있다. 또한 신탁에 위탁된 자산의 성격과 수익자가 분배받는 소득의 성격을 동일하게 보고 있다. 게다가 미국 상속세(estate tax)와 증여세(gift tax)는 무상이전을 기본으로 하지만, 이의 판단기준은 완전한 소유권이전을 근거로 하고 있다.

미국의 수익자는 단순신탁의 수익자, 복합신탁의 수익자, 위탁자신탁의 수익자로 구분된다. 이 중 복합신탁의 수익자는 계층시스템(the tier system)에 의하여 계층(tier) − 1과 계층(tier) − 2수익자로 구분하여 부과되고, 개별지분규칙(separate share rule)에 의하여 각 수익자의 지분율을 개별 실체로 보도록 하여 조세부담의 분산을 방지하고 있다. 이와 같은 구분을 통하여 미국의 수익자는 수입수익자와 원본수익자 그리고 잔여자산수익자로 구분된다. 수입수익자는 주로 소득세 및 법인세가 부과되고, 원본수익자나 잔여재산수익자는 상속세 및 증여세가 부과된다. 이하에서는 이에 대하여 구체적으로 살펴보고자 한다.

나. 신탁법상 수익자 과세
(1) 소득세 및 법인세

일반적으로 수입수익자의 총소득금액은 신탁의 배당가능수익을 기초로 하여 산정되고, 신탁으로부터 분배받은 소득을 기준으로 소득별로 구분하여 부과된다. 다만, 수입수익자는 신탁재산에서 발생한 소득을 실제로 분배받았는가와 관계없이 자신의 지분율에 의하여 분배받은 것으로 간주되고 있다. 다음은 소득세 및 법인세가 부과되는 수입수익자에게 적용되는 일반적인 세무처리 규정이다.

첫째, 일반적으로 수입수익자의 소득의 성격은 신탁의 배당가능수익의 성격과 동일하다.

둘째, 2명 이상의 수입수익자가 존재하는 경우에는 전체 배당가능수익을 전체 수입수익자의 분배금액 중 각 수입수익자의 분배금액비율에 따라 소득별로 구분하여 분배된다. 다만, 배당가능수익이 분배금액보다 작을 경우에는 분배금액을 기준으로 각 수입수익자의 분배비율에 따라 소득별로 구분하여 분배된다. 이러한 배분은 높은 세율이 적용되는 납세의무자에게 비과세소득을 배분하고 낮은 세율이 적용되는 납세의무자에게 과세소득을 배분하여 수탁자로 하여금 조세채무를 조작할 수 있는 가능성을 방지하기 위한 것이다.

셋째, 신탁이 수입수익자에게 현물로 분배하는 경우이다. 이 경우에는 수입수익자가 현금으로 현물을 취득하는 것처럼 처리하는 단순한 자산교환으로 보고 있다. 이와 관련하여 신탁은 수입수익자에 분배한 현물자산을 min(공정가액(fair market value: FMV), 조정된 기초가액(adjusted basis))으로 분배공제 할 수 있고, 수입수익자는 신탁의 선택에 따라 분배금액이 달라진다.[11] 이러한 선택규정은 Kenan v. Commissioner의 판결[12]에 의하여 정립되었다. 신탁이 분배시점에 현물자산의 공정가액이 조정된 기초가액을 초과한 금액을 이득으로 인식하는 경우에는 현물자산의 공정가액은 분배공제금액과 동일하고, 수입수익자는 신탁이 인식한 이득과 신탁단계에서 조정된 기초가액을 합산한 금액을 기초가액(base)으로 하여 과세소득에 포함시킨다. 반면에 신탁이 위의 초과금액을 이득으로 인식하지 않는 경우에는 신탁은 조정된 기초가액으로 분배공제하고 수입수익자는 이 금액을 총소득금액에 포함시킨다. 그 후에 수입수익자가 현물자산을 처분할 경우, 이 선택규정은 수탁자로 하여금 증가된 금액만큼을 수익자단계나 신탁단계에서 부담할 수 있는 선택권을 인정하고 있다. 만약 이러한 분배가 증가된 자본이득자산과 관련되어 있다면, 이때 인식한 자본이득은 전기과세연도의 자본손실과 상계된다. 다만, 이러한 선택규정을 적용한 신탁은 재무부장관의 동의를 얻지 못하면 철회할 수 없다.[13] 그러나 이 규정[14]은 연방세법 제663(a)조의 분배규정을 적용하지 않는다.[15]

신탁의 종료시점에 신탁잔여재산, 결손금(NOL), 자본손실이나 자본이득이 있는 경우에는 종료과세연도에 신탁재산을 승계받은 수익자에게 귀속되고 이에 대하여 조세채무를 부담한다.

(2) 유산세 및 증여세

신탁과 관련된 유산세(estate tax) 및 증여세(gift tax)는 무상이전을 전제로 하고 있다. 이는 신탁보다는 위탁자와 수익자의 관계에서 주로 발생하게 된다. 주로 원본수익자(귀

---

11) IRC § 643(e)(2).
12) Kenan v. Commissioner 114 F.2d 217 (2d Cir. 1940). 위 판례는 그 당시에 일반적으로 현금으로 수증자에게 분배하고 있어서 현물로 분배하는 경우에 이를 자본이득으로 볼 것인가에 대한 논란이 있었다. 과세관청은 이를 전부 자본이득으로 보았지만, 위원회(the board는 조세불복심판소를 의미하는 것으로 파악됨)에서는 이를 일반소득으로 보았다. 그러나 수탁자는 현물분배는 자본이득도 일반소득도 아니라고 주장했다. 법원은 수탁자의 주장을 받아들였다. 이에 따라 미국 국세청(IRS) 1934년 The Revenue Act의 연방세법 제111조에서 이와 관련된 소득구분규정을 제공했지만, 신탁과 수익자의 동의를 통한 조세회피가 감소되지 않아서 1954년에는 조세회피를 방지하기 위하여 연방세법 제652(a)조에서는 배당가능수익에 따라 신탁의 분배공제액을 결정하고 수익자는 총소득금액을 신고할 것을 정하고 현재와 같은 선택규정을 신설하게 되었다.
13) IRC § 643(e)(3).
14) IRC § 643(e).
15) IRC § 643(e)(4).

속권리자)나 잔여재산수익자가 납세의무자가 된다. 미국은 1976년에 미국의회가 개별적인 유산세 및 증여세를 통일거래세시스템(unified transfer tax system)으로 수정하여 시행하고 있다. 이 시스템의 중요한 요소는 통일세율표(unified rate schedule), 사망과세기반에 포함된 부과대상 증여(inclusion of taxable gifts in the death tax base), 통일공제(unified credit)이다.

미국은 유산세 및 증여세측면에서 볼 때, 증여자나 피상속인의 지배권과 통제권의 중단시기를 중요한 판단시점으로 보고 있다. 즉 증여자나 피상속인의 지배권과 통제력이 상실한 시점에서 소유권의 완전한 이전으로 보고 있다는 점이다. 여기서는 신탁과 관련된 유산세와 증여세에 대하여 살펴보기로 한다.

첫째, 증여세와 관련된 내용이다. ① 전술한 바와 같이 증여자의 지배권과 통제권의 중단시기에 따라 증여과세여부가 결정이 된다.[16] 즉 이 기준이 충족된 경우에는 취소가능신탁이나 취소불가능신탁이 수익자에게 신탁소득을 분배한 금액에 대하여 상속세 및 증여세를 부과할 수 있지만, 그렇지 않은 경우에는 완전한 소유권이전(거래)으로 보지 않고 상속세 또는 증여세를 부과하지 않고 있다. ② 생애유산 또는 유산권(life estates)과 잔여이익(remainder interests)과 관련된 부분이다. 예를 들어,[17] 한 개인이 신탁에게 재산을 신탁하고 생애기간동안 신탁의 소득을 보유할 권리가 있고 이 자가 사망한 후에 신탁재산을 다른 자에게 이전할 것을 지명할 권리가 있는 경우가 있다. 이 사례에서 양도자(위탁자)는 유산권을 보유하고 있고 잔여이익을 지급할 수 있다. 유산권은 생애기간 동안 이용하거나 소득을 취득할 권리로서 증여세과세 대상이 되고, 잔여이익도 그러하다. 다만, 잔여이익이 가족 구성권에게 이루어진 경우에는 유산동결(estate freeze)[18] 효과에 의하여 증여세를 부과하지 않는다.

③ 연방세법 제2514조는 증여와 관련하여 일반적인 지명권의 행사(exercise of a general power of appointment)를 규정하고 있다. 즉 지명권은 한 인(人)이 신탁에 자산을 이전하고 실질적으로 자산을 수령할 특정인에게 권한을 부여하는 경우이다. 따라서 지명권의 소유는 자산의 소유자와 동일한 이익을 갖게 한다. 잠재적인(potential) 증여세과세 대상은 일반적인 지명권을 행사할 자와 관련되어 있다. 그러므로 증여는 한 인(人)이 일반적인 지명권을 행사하거나 자산을 수령할 다른 자를 지명할 때 발생한다(Anderson et al. 2008, C12−15).

---

16) Reg. § 25.2511−2(b)−(c).
17) Kenneth E, Anderson·Thomas R. Pope·John L. kramer, 2008. *PRENTICE HALL'S FEDERAL TAXATION* 2008, Prentice Hall, p.C12−11.
18) 유산동결효과의 주요 요지는 IRC §§ 2701−2704의 내용을 참고.

④ 미성년자를 위하여 신탁을 설정한 경우, 일정한 요건을 충족하고 증여자가 21세 이하의 미성년 수익자에게 신탁소득을 분배하는 경우에는 증여세를 면제할 것을 규정하고 있다.[19]

둘째, 유산세와 관련된 부분이다. ① 보유된 유산권의 거래하는 두 가지 경우가 있다.[20] 이 경우는 피상속인이 보유한 것으로 보고 있다. 즉 피상속인 소득에 대한 권리나 자산을 향유하거나 소유하고 있는 경우와 피상속인이 소득을 수령할 자나 자산을 향유하거나 소유할 자를 지명하는 경우이다.

② 반환이익(reversionary interest)이 있는 경우이다. 반환이익은 신탁종료 후에 신탁재산이 위탁자(양도자)에게 되돌아 올 때를 말하며, 위탁자는 반환이익이 있다고 본다. 즉 반환이익은 위탁자에게 반환되는 이익을 말한다. 이에 대하여 연방세법 제2037조는 피상속인이 다른 인(人)이 자산을 소유하기 위하여 자신보다 더 살아남을 것을 명기하고 피상속인의 반환이익의 평가가액이 이전된 자산가액의 5%를 초과한다면, 이 모두가 피상속인의 유산가액에 포함된다고 규정하고 있다.[21]

③ 취소가능 거래와 관련된 부분이다. 이 거래는 취소가능신탁에서 볼 수 있고, 연방세법 2038조에서는 피상속인이 처음부터 해당 자산에 대한 권한을 보유하지 않은 경우에도 적용된다고 규정하고 있다. 이의 중요한 판단기준은 위탁자(양도자)가 사망시점에 권한을 보유하고 있는 가이다. 동조는 유산세가 부과되는 두 가지 유형을 제시하고 있다.[22] 이는 주로 위탁자신탁과 관련된 부분이다.

④ 일반적인 지명권과 관련된 부분이다. 이는 증여세에서 언급한 내용과 매우 유사하다. 피상속인이 지명권을 보유한 경우에도 유산가액에 포함된다. 즉 피상속인이 이를 행사한 것과는 관계가 없다. 다만, 피상속인의 건강, 지원, 관리, 교육과 같은 목적으로만 행사되는 권리인 확정된 기준(ascertainable standard)에 해당하는 것은 유산가액에 포함되지 않는다.

---

19) IRC § 2503(c).
20) IRC § 2036.
21) A가 B에게 생애기간 동안 자산을 양도하고, 그 후에는 C에게 양도한다. 이 자산이 A가 살아 있는 동안에 B나 C가 사망한 시점에 반환될 것이다. A가 B나 C의 사망시점에 살아있지 않다면, 이 자산은 D에게 이전 되거나 D가 사망했다면, 기부단체에게 이전된다. 따라서 D는 자산을 수령하기 위하여 A보다 더 오래 생존해야 한다. A의 반환이익의 가액이 그 자산가액의 5%를 초과한다면, 이 자산은 A의 유산에 포함된다. 포함된 금액은 A의 반환이익의 평가가액이 아니지만, 사망일시점의 자산가액에서 B와 C의 유산권을 차감한다.
22) Anderson et al. *op. cit.*, C13-13 사례 C13-21 및 C13-22 참고.

2. 영국 신탁법상 수익자과세

가. 개 요

영국의 과세구조는 소득세와 자본이득세(증여세 포함) 그리고 상속세로 크게 나뉜다. 신탁세제도 이러한 분류에 따라 동일한 과세구조를 갖고 있다. 영국도 미국처럼 신탁을 납세의무자로 보고 있어서 도관이론과 실체이론이 가미된 형태이다. 다만, 미국과 달리 신탁법의 유형에 따른 과세방법을 갖고 있다. 하지만 영국도 미국처럼 이중과세 방지 및 신탁의 특성인 유연성이나 다양성을 유지하기 위한 방향으로 신탁세제가 설정되어 있다.

영국의 소득세 산정방법은 두 가지로 나뉜다.[23] 즉 일반적인 소득세산정방법과 과세 풀(tax pool)에 의한 산정방법이 있다. 과세풀에 의한 산정방법은 일반적인 소득세산정 방법을 기준으로 하여 특별세율을 적용하는 방식을 취하고 있다. 이러한 과세방법의 차이는 신탁유보이익과 관련하여 적용된다. 자본이득세는 '자본이득세 = 자본이득 − 연간면세금액 − 각 감면금액'을 통해 산정된다. 자본이득세 산정방법은 신탁유형에 따라 달리 규정하지 않아서 소득세산정방법보다 간편하다. 상속세는 현금, 토지나 건물 등을 상속세부과대상으로 보며, 이 자산 중 상속세가 부과되지 않는 자산인 '배제된 재산(excluded property)'[24]이 있다. 이를 고려한 상속세액에서 상속세한계금액(inheritance tax threshold)이나 영세율구간(nil−rate band)인 £325,000(2010/11과세기준)을 초과한 금액에 대하여 부과된다. 상속세가 부과되는 대표적인 유형은 권리소유신탁, 재량신탁(관련 재산신탁) 및 누적 및 관리신탁이 있다.

나. 수익자 과세
(1) 소득세법상 수익자 과세

수익자는 수탁자의 과세금액을 제외한 순소득금액을 분배받아 개인·법인소득세법의 규정에 따라 처리된다. 이러한 소득에는 향유될 소득(enjoyment income)을 포함하지 않는다.[25] 일반적으로 수익자는 신탁계약이나 비율분배방식(pro−rata system)에 따라 소득을 분배받는다. 또한 수익의 배당소득공제 여부는 수탁자의 그로스−업(gross−up)여부에 따라 결정된다. 즉 그로스−업 소득은 신탁세율에 의하여 재량적으로 지급된 실제 금액으로써,[26] 이 소득은 수익자의 과세소득금액의 일부가 되고, 배당세액공제는 수익

---

23) Matthew Hutton. 2008. *Tolley's UK Taxation of Trusts 18th ed*, LexisNexis, pp85−86 and 87−92. 참고
24) 배제된 재산은 상속세법상 사용되는 용어로서 상속세가 부과되지 않는 재산을 말한다.
25) ITA 2007 § 493(2).
26) ITA 2007 § 494(2).

자의 개인적 조세채무에서 공제된다. 하지만, 신탁이 그로스-업을 하지 않은 경우에는 수익자에게 배당세액공제를 할 수 없다.

수익자와 관련된 세무처리는 다음과 같다. 첫째, 수익자는 수령한 신탁소득에 대하여 인적공제를 받을 수 있다. 둘째, 그로스-업 세액공제금액이 수익자의 조세채무를 초과할 때는 전부 또는 일부를 환급받을 수 있다. 셋째, 기본세율구간의 수익자는 신탁소득에 대하여 추가적인 납부세액은 없으며, 해당 소득이 50% 세액공제를 받았다면 기본세율구간의 수익자는 환급받을 수 있다. 넷째, 고율세율(40%)의 수익자는 추가적인 납부세액은 없으며, 해당 소득이 50%의 세액공제를 받았다면 기본세율구간의 수익자와 마찬가지로 환급받을 수 있다. 다섯째, 추가세율(50%)이 적용되는 수익자는 수정된 세액공제로 소득을 분배받게 될 것이다.

또한 신탁유형별 수익자에 관한 일반적 세무처리는 다음과 같다(ENSORS 2010, 8). 첫째, 권리소유신탁의 수익자는 분배소득이 배당소득 또는 그 밖으로 소득에 따라 10%의 배당세액공제나 20%의 세액공제를 받게 된다. 둘째, 재량 또는 누적 및 관리신탁의 수익자는 2010/11부터 분배소득에 대하여 항상 50%세액공제를 받는다. 셋째, 수익자가 영국에 세금을 납부하지 않는 비거주자신탁으로부터 받은 소득은 세액공제를 받지 못한다.

(2) 자본이득세법상 수익자 과세

수익자는 직접적으로 신탁에 관한 지분(이익)을 처분할 때와 조세회피규정에 해당하는 이득에 대하여 자본이득세를 부담한다. 수익자의 조세채무는 그들이 신탁으로부터 수령한 자본금액을 한도로 한다. 매년 10%의 가상이익(notional interest)[27]은 신탁의 이익발생시기와 수익자에게 자본(원금)을 지급한 시기의 차이로 발생한 지체(delay)세금으로 이를 가산한다(ENSORS 11).

(3) 상속세법상 수익자 과세

영국의 상속세 과세대상 신탁은 다음과 같은 형태의 신탁이 해당 재산을 보유한 후 이를 처분한다고 정하고 있다.[28] 즉 승계할 자를 위한 신탁, 어떠한 자에게 일시적으로 귀속되기 위한 신탁, 유보소득을 위한 신탁, 유보초과소득과 관계없이 수탁자의 재량으로 지급할 권한이 있는 신탁, 연금펀드나 다른 정기적인 지급이 있는 경우를 말한다.

---

27) 'notional interests'란 기업이 자기자본을 자사에 투자할 때 주는 세제 혜택으로 자사에 투자한 자기자본을 은행에서 대출받을 경우 은행에 지급해야 할 대출이자(가상적 이자)에 상응하는 금액을 법인세에서 면제해 주는 제도이다.
28) IHTA 1984 § 43.

즉 대부분 재량신탁이나 권리소유신탁의 수익자에게 적용된다. 구체적으로 수익자가 상속세를 부담하는 수익권은 다음과 같다.

수익소유권(interest in possession)이 있는 경우와 수익소유권을 보유하지 않은 동일한 자에 의하여 연속수익(series interest)을 향유하는 수익권을 말한다.[29] 또한 적격수익소유 권으로서 2006년 3월 22일에 존재하는 생애수익, 2006년 3월 22일 이전에 설정된 연금, 연속거래수익, 즉각적인 사후이익, 무능력 미성년자신탁이나 장애인의 수익을 말한다. 마지막으로 직접사후이익(Immediate Post-Death Interest: IPDI)으로서 재정법 2006에 의하여 상속세법 1984 제49A조에 새로이 추가되었다. 이러한 신탁의 설정은 유언장이나 유언장이 없는 규정에 의해서만 될 수 있다. 수익소유권에 대한 수혜적 자격이 있는 자는 피상속인의 사망시점에 자격을 취득하게 된다. 다만, 신탁재산은 수익소유권이 발생한 이후로는 유족인 장애인(bereaved disabled)신탁에 속하지 않는다.

이와 같은 수익권은 다음과 같은 시점을 기준으로 달리 세무처리하고 있다. 첫째, 2006년 3월 22일 이전에 설정된 신탁인 경우이다. 즉 권리소유신탁의 수익자는 상속세에 대하여 모든 신탁재산을 소유하는 것으로 본다. 수익자가 사망한 때, 신탁재산의 가액은 수익자의 유산으로 보고, 영세율구간을 초과한 부분에 대하여 상속세를 부담하게 된다. 둘째, 2006년 3월 23일 이후에 설정된 신탁인 경우이다. 신탁재산이 신탁에 남아 있는 경우, 수익자는 상속세를 부담하지 않는다.

3. 일본 신탁법상 수익자과세

가. 의의

일본의 신탁세제는 2007년에 개정을 통하여 수익자등 과세신탁, 법인과세신탁, 집단 투자신탁으로 크게 구분하고 있다. 수익자등 과세신탁은 일정한 조건을 충족한 신탁에 대하여 적용하고 있고, 과세방식은 신탁이 아닌 수익자와 위탁자를 납세의무자로 규정하고 있다. 반면에 법인과세신탁의 과세방식은 신탁 즉, 수탁자를 납세의무자로 보고 있다. 집단투자신탁도 기본적으로 신탁을 납세의무자로 보고 있다. 이러한 과세방식은 이중과세를 방지와 조세회피를 방지하기 위한 것으로 보인다. 일반적으로 신탁재산의 소득은 수익자에게 귀속됨으로써, 수익자등 과세신탁의 수익자에게 과세하지만, 법인과세신탁은 신탁소득에 대하여 수탁자가 부담하며, 수익자는 세후소득을 분배받는 구조를 취하고 있다. 이는 일본에서도 미국이나 영국처럼 신탁도관이론에 신탁실체이론

---

29) IHTA 1984 § 53(2).

을 가미한 것으로 볼 수 있다. 일본은 신탁의 수익자를 크게 수입수익자와 귀속권리자 그리고 잔여재산수익자로 구분하고 있으며, 수입수익자는 주로 소득세 및 법인세가 과세되는 반면 귀속권리자나 잔여재산수익자는 상속세 및 증여세가 부과된다. 또한 일본은 연속수익자나 수익자가 지정되지 않는 경우에도 상속세 및 증여세부과규정을 명확히 규정하고 있다.

이와 같은 규정을 통하여 일본의 신탁세제는 수익자에 대한 과세근거를 명확히 하고 있다. 이하에서는 수익자와 관련된 규정을 살펴보고자 한다.

나. 신탁법상 수익자 과세
(1) 소득세 및 법인세
(가) 수익자등 과세신탁의 수익자과세

수익자등 과세신탁은 기본적으로 신탁도관이론을 채택하고 있기 때문에 신탁소득에 대하여 수익자가 납세의무자가 된다. 이러한 수익자의 유형은 신탁존속 중 수익권이 있는 수입수익자와 신탁의 종료와 청산시 신탁잔여재산의 귀속자[30]로서 신탁행위에서 잔여재산의 급부를 내용으로 하는 수익채권에 관한 수익자를 '잔여재산수익자'와 신탁행위에 의해 잔여재산을 귀속하는 자를 '귀속권리자'로 구분된다. 또한 신탁의 변경권한을 실제로 보유하고, 신탁재산의 급부를 받는 자를 '의제수익자'라 하고, 수익자와 동일한 규정을 적용한다.[31]

또한 수익자가 2이상인 경우에는 신탁의 신탁재산에 속하는 자산·부채의 전부를 각각의 수익자가 그 권리의 내용에 따라 갖게 되며, 각각 자신이 분배받은 소득에 대하여 납세의무를 부담하게 된다.[32] 따라서 수익자등의 권리는 공유·독립부분마다 각자가 가질 권리의 비율을 따른다.

(나) 법인과세신탁의 수익자과세

법인과세신탁의 수탁자는 각 법인과세신탁의 신탁재산에 속하는 자산, 부채·해당 신탁재산에 귀속되는 수익 및 비용 등에 대하여 각각 별개의 자로 간주하여 각자에게 귀속되는 것으로 한다. 따라서 법인과세신탁의 납세의무자는 수탁자가 되고, 수익자에게 분배된 소득에 대해서는 비과세한다.

또한 수익자가 존재하지 않는 신탁의 수익자로 된 경우에는 그 수익자가 수탁법인의 신탁재산에 속하는 자산 등을 인계받는 것으로 하고 그 인계에 의해 발생하는 수익액은

---

30) 일본 신탁법 제182조.
31) 일본 법인세법 제12조 제2항.
32) 일본 소득세법 시행령 제5조 제4항 및 법인세법 시행령 제15조 제4항.

그 수익자의 총수입금액이라고는 할 수 없다.[33] 이에 대하여 수탁자에게 신탁재산 상당액의 수증익이 있는 것으로 보아 법인세가 과세된다. 또한 신탁의 위탁자가 그가 소유하는 자산을 신탁한 경우에 적정한 대가를 부담하지 않고 수익자 등으로 되는 자가 있을 때에는 그 수익자 등에 대하여 증여에 의한 자산의 이전이 이루어진 것으로 본다.[34]

(2) 상속세 및 증여세

(가) 적정한 대가를 부담하지 않고 신탁의 수익자 등으로 된 경우

신탁의 효력이 발생된 시점에 적정한 대가를 부담하지 않고 당해 신탁의 수익자 등 (신탁을 변경하는 권한을 가지는 특정 위탁자를 포함)으로 되는 자가 있는 때에는 당해 신탁의 효력이 발생한 때에 당해 신탁에 관한 권리를 위탁자로부터 증여 또는 유증에 의해 취득한 것으로 간주한다.[35]

수익자 등이 존재하는 신탁에 대해서는 당해 신탁의 일부의 수익자등이 존재하지 않게 된 경우 적정한 대가를 부담하지 않고 이미 당해 신탁의 수익자등인 자가 당해 신탁에 관한 권리에 대하여 새로이 이익을 받게 되는 경우에는 당해 신탁의 일부의 수익자등이 존재하지 않게 된 때에 이익을 받는 자는 당해 이익을 당해 신탁의 일부의 수익자였던 자 등으로 부터 증여 또는 유증에 의해 취득한 것으로 간주한다.[36] 수익자등이 존재하는 신탁이 종료한 경우에 있어서 적정한 대가를 부담하지 않고 당해 신탁의 잔여재산의 급부를 받아야 할 또는 귀속될 자는 당해 급부를 받아야 할 또는 귀속될 자로 된 때에 당해 신탁의 잔여재산을 당해 신탁의 수익자등으로부터 증여 또는 유증에 의해 취득한 것으로 간주한다.[37]

(나) 수익자등이 존재하지 않는 신탁의 특례

수익자등이 존재하지 않는 신탁의 효력이 발생하는 경우에 있어서 당해 신탁의 수익자로 되는 자가 당해 신탁의 위탁자의 일정한 친족인 경우에는 당해 신탁의 효력이 발생하는 때에 당해 신탁의 수탁자는 당해 신탁의 위탁자로부터 당해 신탁에 관한 권리를 증여 또는 유증에 의해 취득한 것으로 간주한다.[38]

수익자등이 존재하는 신탁에 대하여 당해 신탁의 수익자등이 존재하지 않게 된 경우에 있어서 당해 신탁의 수익자등의 다음 수익자등으로 된 자가 당해 신탁의 효력이 발

---

33) 일본 소득세법 제67조의3 제2항.
34) 일본 소득세법 제67조의3 제3항.
35) 일본 상속세법 제9조의2 제1항.
36) 일본 상속세법 제9조의2 제3항.
37) 일본 상속세법 제9조의2 제4항.
38) 일본 상속세법 제9조의4 제1항.

생된 때의 위탁자 또는 다음 수익자등으로 되는 자의 이전의 수익자등의 친족인 때는 당해 수익자등이 부존재로 된 경우에 해당하는 것으로 된 때는 당해 신탁의 수탁자는 다음 수익자등으로 되는 자의 이전 수익자등으로부터 당해 신탁에 관한 권리를 증여 또는 유증에 의해 취득한 것으로 간주한다.[39]

4. 시사점

외국 신탁법상 수익자과세는 우리나라 신탁법상 수익자과세에 비하여 과세요건을 명확히 하고 있다. 즉 수익자가 부존재하거나 미지정된 경우에 이에 대하여 일차적으로 수탁자를 납세의무자로 보고 있다. 이러한 부과가 가능한 것은 신탁세제에 신탁실체이론을 도입한 결과로서, 이들 국가에서는 신탁을 납세의무자로 보고 있기 때문이다. 또한 수입수익자와 귀속권리자 그리고 잔여재산수익자에 대한 정의와 조세법률관계를 명확히 하고 있다. 그리고 연속수익자에 대한 과세기준을 설정하여 상속세 및 증여세부과근거를 마련하고 있다. 마지막으로 복수수익자가 존재할 때 손익분배기준을 공평의무에 따라 명확한 기준을 마련하여 조세회피를 방지하고 있다.

우리나라도 외국의 입법례를 참고하여 신탁과세구조 및 수익자와 관련된 조세법률관계를 분명히 설정하여 신탁제도의 정착에 기여할 필요가 있다고 본다.

V. 우리나라 신탁법상 수익자과세의 문제점 및 개선방안

1. 신탁과세구조에 의한 수익자과세의 문제점 및 개선방안

현행 신탁과세구조는 신탁도관이론을 채택하고 있다. 이는 신탁법상 적절한 과세이론이지만, 이로 인하여 과세이연처럼 조세회피시도 등과 같은 문제점으로 인하여 외국은 신탁실체이론을 가미하고 있는 상황이다. 즉 외국은 위탁자나 수익자 외에 신탁을 납세주체로 인정하여 우리나라와 같은 문제점을 최소화하고 있다. 또한 우리나라 신탁법은 신탁존속기간에 대한 제한을 두고 있지 않음으로써, 신탁재산이 영구적으로 구속되는 상황이다. 이와 더불어 우리나라 신탁세제는 신탁소득에 대한 분배를 임의규정으로 둠으로써, 신탁소득을 장기간 유보하게 되는 문제점이 있다. 이와 같은 상황에서 현

---

39) 일본 상속세법 제9조의4 제2항.

행 신탁과세구조는 수익자에게도 부정적인 영향을 미치고 있다.

첫째, 신탁존속기간제한규정의 부재는 실질적으로 위탁자의 지배력을 장기간 유보하는 조치로서, 수익자의 법적인 실효성을 반감시키고 있다. 즉 위탁자는 형식적으로 수익자를 둔 채, 장기간 신탁소득을 수익자에게 분배하지 않음으로서, 신탁제도의 취지를 침해하고 있다.

이를 개선하기 위해서는 신탁과세이론에 신탁실체이론을 가미할 필요가 있다. 즉 신탁을 하나의 권리주체로 보아서, 신탁을 납세주체로 인정하자는 것이다. 구체적인 내용은 신탁소득이 발생한 경우, ① 수익자가 존재하거나 지정된 경우에는 수익자가 실제로 신탁소득을 분배받지 않더라도 수익자의 지분율 만큼에 대하여 신탁에게 과세하고, 실제로 수익자가 분배받는 시기에 신탁이 납부한 세액 만큼에 대하여 수익자의 분배소득을 비과세하는 방안이다. ② 수익자가 부존재하거나 미지정된 경우에도 위와 같은 방안에 따라 신탁에 대하여 과세함으로써, 현행 세법상 수익자가 부존재하거나 미지정된 경우에 위탁자나 상속인에게 과세하는 부분에 대한 조세법률관계의 불명확성을 제거할 수 있을 것이다.

둘째, 현행 신탁과세구조는 신탁유형에 따라 발생한 법률관계를 토대로 각 유형별로 과세하고 있다. 그러나 이러한 과세방법은 다양한 경제상황과 요구에 따라 다양한 신탁유형이 출현될 경우에 이를 세법에서 개별적으로 대응하게 되는 비효율성을 초래하게 될 것이다. 이를 제거하기 위하여 세법상 독자적인 신탁과세방법을 마련할 필요가 있다고 본다. 외국의 입법례에서 알 수 있듯이[40] 외국의 신탁법상 신탁유형을 조세법상으로 재분류하여 세제를 간소화하고 있다.

이를 위하여 다음과 같은 방안을 제시하고자 한다. 우선, 신탁세제에서 신탁을 크게 일반신탁과 위탁자신탁으로 분류할 필요가 있다. 위탁자신탁의 경우에는 위탁자 신탁의 조건, 즉 위탁자의 지배력 기준을 설정하고, 이 기준을 충족하는 신탁유형은 신탁법상 분류와 관계없이 위탁자신탁으로 분류하는 것이다. 또한 일반신탁에 대한 분류는 미국의 분류기준을 도입할 필요가 있지만, 법체계의 차이점으로 인하여 우리와 유사한 법체계를 갖고 있는 일본의 분류방식을 참고할 필요가 있다. 즉 일본신탁세제는 신탁유형을 수익자등 과세신탁과 법인과세신탁으로 분류하고 있다. 하지만, 일본은 두 신탁에 대한 과세방식을 달리 규정하고 있다. 수익자등 과세신탁은 수익자 등을 납세의무자로 보고 있고, 법인과세신탁은 수탁자를 납세의무자로 보고 있다. 이와 같은 과세방

---

40) 미국은 세법상 신탁을 단순신탁, 복합신탁, 위탁자신탁으로 대분류하여 과세하고 있고, 일본도 수익자과세신탁, 법인과세신탁으로 대분류하여 과세하고 있다.

식의 차이점은 신탁에 대한 독립된 세율구조를 채택하고 있지 않기 때문이라고 생각되지만, 법인과세신탁에서 개인이 위탁자나 수익자인 경우에도 법인세를 과세하는 것은 지나친 조세정책적 접근이고, 이러한 점들이 오히려 납세의무자에게 혼란을 줄 수 있을 것이다. 따라서 조세의 간소화라는 측면에서 볼 때, 사법과의 충돌을 최소화하는 측면을 고려하여 신탁에 관한 독립적인 세율구조의 설정을 강구할 필요가 있다.

결론적으로, 현행 신탁과세구조상 문제를 해소하기 위하여 신탁실체이론을 도입할 필요가 있다. 즉 신탁을 하나의 납세의무자로 봄으로써, 위에서 지적한 문제인 과세이연 및 수익자의 존재성을 무력화하는 부분 등을 최소화시킬 필요가 있다. 또한 신탁과 수익자에 관한 이중과세를 방지하기 위하여 현행 배당세액공제를 인정하거나 미국처럼 신탁에게 부과된 세액부분을 수익자에게 분배할 때, 비과세하는 방안을 검토할 필요가 있다. 이를 기반으로 하여 신탁세제상 신탁을 위탁자신탁과 일반신탁으로 분류할 필요가 있다. 일반신탁도 미국처럼 당해 연도에 발생한 모든 신탁소득분배의무조건을 신설하여 수익자에게 과세하고, 그렇지 않은 경우에는 신탁에 과세하는 방식을 도입할 필요가 있다.

이와 같은 개선방안을 통하여 우리나라의 신탁과세구조의 허점을 보완하여 신탁제도가 조기에 정착될 수 있도록 세제측면에서 지원해야 할 것이다.

2. 수입수익자와 귀속권리자(원본수익자)에 관한 과세

현행 세법은 수익자에 대하여 구체적인 구분기준을 갖고 있지 않으며, 신탁법에서도 수익자의 유형에 대한 명확한 기준을 설정하지 않은 상황이다. 수익자는 수익권을 갖는 자를 의미한다. 이 수익권은 단순한 1회성의 채권이 아니라 신탁관계가 유지되는 한, 그리고 신탁관계가 종료된 후에도 완전히 청산될 때까지 많은 측면에서 특히 수탁자와 유기적으로 관련을 맺는 관계를 말한다. 이러한 수익권을 갖는 자는 수입수익자와 귀속권리자 그리고 잔여재산수익자가 있다.

수입수익자는 신탁존속기간동안 신탁재산에서 발생한 이익을 신탁약정에 의하여 분배받는 자로 볼 수 있다. 또한 귀속권리자는 신탁재산을 분배받는 자로 볼 수 있다. 구체적으로 외국의 입법례에서 볼 수 있듯이, 귀속권리자는 위탁자의 사망이나 신탁종료 후에 신탁재산을 분배받는 자가 될 것이다. 잔여재산수익자와 관련하여 현행 세법에서는 어떠한 상황에서 소득·법인세, 상속세 및 증여세를 부과할 것인지에 관한 명확한 규정이 없다. 다만, 현행 세법은 실질과세의 원칙에 따라 과세물건의 거래형태나 귀속

여부에 따라 판단할 수 있을 뿐이다. 이러한 상황은 수입수익자와 귀속권리자 간의 소득이전을 통한 조세회피문제를 차단하기에도 한계가 있다고 본다. 또한 이와 같은 상황은 개정신탁법에서 새로이 도입한 수익자관련유형에도 적절히 대응할 수 없다고 본다. 이를 개선하기 위한 방안은 다음과 같다.

첫째, 수입수익자와 귀속권리자의 정의를 명확히 할 필요가 있다. 왜냐하면 신탁계약에 의해 설정되는 신탁의 수입수익자와 귀속권리자는 전술한 바와 같이 각 수익자에게 귀속되는 금액의 성격이 다르기 때문이고, 위탁자에 의하여 각 수익자 간 분배금액을 조작할 가능성이 있기 때문이다. 이로 인하여 과세당국은 적절한 조세부과를 하기 어려울 수 것이다. 이 문제를 해소하기 위하여, 우선 각 수익자의 정의를 신탁법에서 정의할 필요가 있지만, 여의치 않을 경우에는 세법에서 규정하는 방법도 생각해 볼 수 있다. 구체적으로 각 수익자에 대한 정의는 다음과 같다.

수입수익자는 신탁원본을 수령하지 않는 자로서, 신탁재산에서 발생한 수익을 분배받는 자라고 정의할 수 것이다. 예외적으로 수입수익자는 신탁종료 후에 신탁원본을 수령하는 경우는 귀속권리자가 되며, 잔여재산수익자가 될 수 있다. 또한 귀속권리자와 유사한 강학상 및 신탁실무상 원본수익자는 신탁종류 후에 신탁재산을 분배받는 자이고, 이는 수입수익자의 수익권인 수입수익권(신탁계약에 의해 분배받는 권리)의 대응되는 개념이다.[41] 이렇게 볼 때, 귀속권리자의 정의는 위탁자가 신탁종료시점을 장기간 이연할 수 있기 때문에, 이 규정을 현행 규정보다 좀 더 넓게 정할 필요가 있다. 즉 미국이나 영국처럼 신탁종료뿐만 아니라 위탁자의 사망이나, 실제로 신탁원본을 분배받는 자로 확대할 필요가 있을 것이다. 따라서 귀속권리자는 신탁종료 후나 신탁존속 중에 신탁원본을 수령한 자로 정의할 수 있을 것이다.

둘째, 신탁재산에서 발생한 이익에 대한 실질적인 귀속여부를 판단할 기준을 설정할 필요가 있다. 이를 위해서 위탁자가 수익권에 대한 지배력을 판단할 기준이 필요하다. 이는 또한 위탁자신탁과도 직접적으로 관련되어 있다. 즉 위탁자가 수익권을 지배할 경우 신탁재산에서 발생한 이익이 형식적으로 수익자에게 분배될 지라도 위탁자가 실질적인 수령자이므로 이에 대한 납세의무는 수익자가 아닌 위탁자가 부담하게 될 것이다. 그러므로 위탁자의 수익권에 대한 실질적인 지배력기준을 우선 설정한 후에 수익자에 대한 과세여부를 판단하는 것이 적절하다고 생각된다. 이에 대한 방안은 다음과 같다.

수익권에 대한 위탁자의 지배력 판단기준은 다음과 같다. ① 신탁존속기간동안에 위탁자가 수입수익자를 지정·변경할 권한이 있는 경우 ② 신탁존속기간동안에 수익자에

---

41) 中央信託銀行信託研究会, "信託受益権と強制執行(下)" 金融法務事情 No.1257, 1990.6.25, 28面.

게 분배될 금액을 조정할 권한이 있는 경우 ③ 신탁종료시점에 귀속권리자를 지정·변경할 권한이 있는 경우 ④ 신탁재산의 이익이 실질적으로 위탁자 및 그의 특수관계자에게 귀속되는 경우이다. 이와 같은 기준이 적용될 경우에는 수익자가 아닌 위탁자에게 해당 소득에 대한 납세의무를 부담시켜야 할 것이다. 또한 이 기준은 위탁자신탁의 판단기준으로 활용할 수도 있을 것이다.

이 요건을 충족한 수익권이 수익자에게 이전될 경우에는 소득세나 법인세가 아닌 증여세로 보아 과세하는 것이 타당할 것이다. 즉 이러한 수익권은 위탁자에게 귀속된 것으로서 이를 신탁이 아닌 위탁자가 수익자에게 무상이전하는 것으로 보아야 하기 때문이다. 또한 이 기준으로 수익자의 미지정이나 부존재시에 실질적인 영향을 행사하지 않는 위탁자에 대한 과세문제를 해결할 수 있을 것이다.

따라서, 해당 수익권이 위탁자의 지배력에 영향을 미치지 않는 이상 소득세나 법인세가 부과된다고 세법에서 명시할 필요가 있다고 본다.

셋째, 현행 세법상 신탁에서는 수입수익자와 귀속권리자 간에 소득이전으로 인하여 조세회피를 시도할 수 있다. 일반적으로 수입수익자의 해당 세목은 법인세·소득세인 반면 귀속권리자의 해당 세목은 주로 자본이득인 상속세 및 증여세이다. 이러한 소득 성격 및 세율의 차이가 수입수익자와 귀속권리자 간 조세부담을 전가시키는 문제를 발생시킨다. 즉 귀속권리자와 수입수익자가 존재할 때는 귀속권리자의 증여세 및 상속세 부담을 줄이기 위하여 수입수익자에게 더 많은 수익을 분배하여 최초 신탁설정시 원본가액을 유지하려는 시도를 할 수 있다. 이를 통하여 귀속권리자의 증여세 및 상속세부담을 줄일 수 있다. 이러한 현황은 세법에서 이를 용인하고 있다는 비판을 받을 수도 있다(김종해 2011, 187).

그러므로 이 문제를 해소하기 위해서는 미국의 신탁과세방식을 채택함과 동시에 원본 및 수익구분기준을 정립하여 이에 대한 추적을 가능하게 해야 한다. 또한 신탁소득 관련 내용에 관한 관리를 신탁단계에서 일원화하여 과세당국과 납세의무자의 혼란을 최소화하여 세무행정비용 및 납세협력비용을 감소시킬 필요가 있다(김종해 187~188). 그러므로 이상과 같은 개선방안을 통하여 수입수익자와 귀속권리자간 조세법률관계를 명확히 하여 세법의 법적 안정성 및 예측 가능성을 높일 필요가 있다.

3. 연속수익자에 관한 과세

연속수익자란 수익자 A는 생존 중에 오로지 A만이 신탁이익을 향수하고, 그의 사망으로 남은 재산으로 B가 신탁이익의 향수자로 설정될 때 B는 A의 생전에 취소권 등을 행사할 수 없는 경우로서, 수익자 A와 B를 말한다. 여기서 연속수익(successive interests)은 차례로 영향을 미치는 동일재산에서 발생하는 수익으로서, 보통 수익자의 사망으로 발생하게 된다. 이 연속수익을 이전받을 수 있는 자는 수입수익자와 귀속권리자(원본수익자)이다. 이에 대하여 현행 신탁법상 이 유형은 존재하지 않으며, 현행 세법도 명확한 규정은 없다.

이와 관련하여 현행 세법상 세무처리는 다음과 같을 것이다(김병일 2010, 340~341). 즉 최초수익자는 위탁자로부터 증여에 의해 취득된 것으로 보아야 할 것이다. 다만, 그 위탁자였던 자의 사망에 기인하여 최초수익자가 된 경우에는 유증에 의해 취득된 것으로 보아 상속세가 과세되어야 할 것이다. 제2의 수익자도 최초수익자로부터 증여에 의해 취득한 것으로 보아야 하며, 최초수익자의 사망으로 다음 수익자로 된 경우에는 유증에 의해 취득된 것으로 보아 과세해야 할 것이다. 그 수익자도 이와 같은 방법으로 과세된다. 이러한 세무처리는 위탁자가 수익권 등 수익자에게 분배되는 과정에 상당한 영향을 행사하고 있다는 것을 전제하는 것으로 보인다. 하지만, 위탁자에 대한 신탁 등의 실질적인 지배력기준이 마련되지 않은 상황에서 모든 연속수익자에게 이러한 세무처리는 문제가 될 수 있다. 즉 위탁자의 신탁에 대한 영향력이 없는 경우에도 이를 적용할 수 있을 지에 대하여 논란이 될 수 있을 것이다. 이와 같은 문제점을 개선하기 위한 방안은 위탁자의 지배력에 관한 기준을 제시한 후 연속수익자에 관한 세무처리에 대하여 제시하겠다.

첫째, 연속수익자와 관련된 세무처리는 위탁자의 신탁재산에 대한 영향력 여부에 따라 달리질 수 있으므로, 위탁자의 지배력에 관한 명확한 기준을 설정하는 것이 중요하다. 왜냐하면 위탁자의 지배력기준은 신탁재산 등의 완전한 이전 여부를 판단할 수 있고, 완전한 이전은 증여의 발생여부를 결정할 수 있고, 증여가액을 산정기준이 되기 때문이다.

위탁자의 신탁재산에 대한 지배력기준은 전술한 수익권의 지배력기준과 다르지 않다. 즉 수익권 지배력기준에서 다음과 같은 방안도 추가되어야 할 것이다. ①위탁자(또는 증여자)가 신탁재산을 처분할 권한이 있는 경우. 즉 특정한 상황의 모든 사실을 고려한 후에, 그 증여행위의 전부나 일부가 불완전 또는 완전하게 성립될 수 있다.[42] ② 위

---

42) Reg. § 25.2511−2(b).

탁자가 신탁재산의 반환을 요구할 권한이 있는 경우 ③ 잔여이익이 있는 경우. 즉 잔여이익은 한 개인이 신탁에 재산을 이전하고 생애기간 동안 신탁소득에 대한 권리가 있고 양도자의 사망으로 그의 재산을 다른 개인이 수령할 것을 지정할 수 있다. 이 경우에 양도자는 생애유산 또는 유산권을 보유하게 되고 승계권 이익을 준다. ④ 위탁자가 특정기간동안 다른 자에게 소득을 지급하거나 신탁종료시점에 신탁재산을 반환받는 경우. 이 경우에 위탁자 또는 증여자는 승계권 이익을 보유하게 되고, 다른 자는 특정기간의 이익(a term certain interest)[43]을 수령한다.

따라서 이와 같은 기준을 우리나라 경제 환경에 맞게 조정 및 선택할 필요가 있을 것이다. 이를 통하여 미국처럼 신탁법이 아닌 세법에서 독자적으로 신탁유형을 정비하고, 그 중 문제가 될 수 있는 위탁자신탁을 신설하여 조세법률관계를 명확히 할 필요가 있다.

둘째, 위탁자의 지배력에 의한 연속수익자의 세무처리는 다음과 같다. 즉 귀속권리자는 전술한 바와 같이 주로 상속세 및 증여세를 적용받게 될 것이다. 반면에 수입수익자는 주로 소득세 및 법인세규정을 적용받게 될 것이다. 이에 대한 구체적적인 방안은 다음과 같다.

먼저 연속수익자가 수입수익자인 경우이다. 즉 제1수입수익자가 사망한 경우에 이를 승계하는 제2수입수익자는 현행 사법상 규정에 따라 상속세나 증여세를 부과받는다. 그러나 제1수입수익자의 수익권이 완전히 이전 즉 위탁자의 지배력에서 완전히 벗어난 경우에는 이러한 세무처리는 적절하다고 본다. 하지만, 이 수익권에 대하여 위탁자의 지배력이 존재하는 경우에는 상속세나 증여세를 부과하는 것이 타당하지 않다고 본다. 왜냐하면, 위탁자의 지배력이 존재한다는 것은 수익권의 실질적인 소유자를 위탁자로 볼 수 있고, 제1수입수익자의 사망으로 인한 수익권의 이전은 제1수입수익자의 상속재산이나 증여재산이 아닌 상태에서 발생한 것이다. 따라서 이를 실질적인 상속이나 증여의 대상으로 보기 어렵기 때문이다. 미국에서도 증여(gifts)나 상속(estates)의 발생은 증여자나 피상속인이 완전히 소유한 재산을 전제로 하고 있다(Anderson et al. C12−2). 따라서 위탁자의 지배력여부를 우선 판단할 필요가 있고 이에 따라 연속수익자에 대한 적용세목을 결정하는 것이 타당하다고 본다. 그러므로 위탁자의 지배력이 없는 경우에

---

43) 특정기간의 이익이란 특정인이 특정기간동안 신탁재산에 발생한 이익을 수령하는 것을 말한다. 즉 이 이익을 수령받게 될 자는 신탁재산에 대한 권한이나 소유권을 보유하는 것이 아니라 특정기간동안 신탁재산에서 발생한 소득을 수령할 권리만이 있을 뿐이다. 그 기간이 종료되면, 해당 재산(이익)은 위탁자에게 반환되거나 다른 자에게 이전된다. 미국은 특정기간의 이익을 수령하는 자에 대하여 증여세를 부과하지만 가족구성원에 대해서는 증여세를 부과하고 있지 않다: Anderson et al. op.cit., p.C12−11. 또한 이러한 방식의 신탁은 영국의 사전소유자신탁과 유사하다. 이에 대한 구체적인 내용은 김종해·김병일. "영국의 신탁과세제도와 그 시사점", 세무학연구 제28권 제3호, 2011.9, 165~166면 참고.

만 수입수익자에게 상속세 및 증여세를 부과하는 것이 타당하다고 생각된다.

반면에 위탁자의 지배력이 있는 수익권에 대한 연속수익자의 부과는 다음과 같이 규정하는 것이 타당하다고 본다. 즉 위탁자가 지배력이 있는 수익권에 대한 이전은 위탁자에 의한 수입수익자의 변경으로 보아야 할 것이다. 이러한 처리는 수익권의 실질적인 변동이 아니므로 과세할 필요가 없을 것이다. 다만, 행정적으로 수익자변경을 과세당국에 신고할 의무를 연속수익자 및 위탁자에게 부여하여 이를 관리하는 방법을 고려할 필요가 있을 것이다.

다음으로는 연속수익자가 귀속권리자인 경우이다. 귀속권리자는 신탁종료시점이나 신탁계약에 의하여 신탁원본을 수령하는 시점에서 수익할 권리가 발생하게 된다. 그런데 이에 대하여 조세를 부과하기 위해서는 귀속권리자의 수익권에 대한 권리가 확정되어야 할 것이다.

그러므로 연속수익자가 귀속권리자인 경우는 수익권의 권리확정시점과 전술한 위탁자의 지배력을 기준으로 세무처리를 해야 할 것이다. 즉 ① 수익권의 권리가 확정되고 위탁자의 지배력이 귀속권리자의 수령 이후에도 미치지 않는 경우에는 귀속권리자에게 해당 수익권의 소유권이 완전히 이전되었기 때문에 상속세나 증여세를 부과할 수 있다. ② 수익권의 권리가 확정되었지만, 위탁자의 지배력이 영향을 미칠 때는 귀속권리자가 변경되더라도, 위탁자가 실질적인 소유권을 갖고 있으므로, 상속세 및 증여세 부과대상이 될 수 없을 것이다. ③ 수익권이 미확정되고, 위탁자의 지배력이 행사될 경우에도 ②와 마찬가지로 세무처리되는 것이 타당하고 본다.

셋째, 이러한 연속수익자에 처리는 '뒤를 이은 유증'이 상속법상 인정될 수 있는가에 대하여 논란[44]으로 인하여 사법과의 충돌이 발생할 수 있다. 이 원인은 수익자가 미확정된 상태로 무한정 지속되는 유언신탁의 연속수익자를 인정하지 않기 때문이다. 이 지적을 반영하여 개정신탁법은 유류분 제도에 반하지 않는 범위 내에서 유언대용신탁 중 후계자 유증형의 수익자연속인신탁을 유효하다 보고 있다(송훈 2009, 50). 그러나 이러한 처리는 근본적인 원인인 개정신탁법상 신탁의 존속기간을 제한하지 않았기 때문(최동식 344-345)에 근본적인 해결책은 아니라고 본다. 그러므로 이 제도를 정착시키기 위해서는 신탁존속기간에 대한 제한규정을 둘 필요가 있다.

따라서 연속수익자에 대한 세무처리는 위탁자의 지배력과 밀접히 관련되어 있기 때문에, 위탁자의 지배력기준이 설정되어야만, 연속수익자에 대한 명확한 세무처리를 할

---

44) 최동식, 앞의 책, 343~344면 참조. 최동식은 '뒤를 이은 유증'에 대하여 민법상 인정될 수 없다고 보고 있다.

수 있고, 신탁존속기간의 제한을 통하여 사법과의 충돌을 최소화하는 접근법이 필요하다고 본다.

4. 복수수익자에 관한 과세

단일신탁의 복수수익자는 서로 다른 수익권에 의하여 자신의 수익권이 제약을 받고, 동종의 수익권은 수량적·비율적으로 서로 제약을 받게 된다. 이러한 수익권 상호제약은 실질적으로 신탁이익의 총액을 어떠한 기준으로 나눌 수 있는가와 관련되어 있다. 하지만, 현행 신탁법은 이러한 분배기준과 관련된 공평의무를 명시하지 않아 법적 안정성 및 예측 가능성을 저해하고 있다는 지적이 있다(김종해 181). 그러나 개정신탁법 제35조에서 공평의무를 명시하고 있지만, 이에 구체적인 방안을 관련 법률에서 제정할 필요가 있다. 왜냐하면 신탁계약의 임의성으로 인하여 수익자간 분배금액이나 분배비율을 조정하여 조세회피를 시도할 가능성도 높기 때문이다. 이를 시정하기 위하여 세제측면에서 다음과 같은 방안을 마련하는 것이 필요하다고 본다.

첫째, 단일신탁에 복수의 수입수익자가 있는 경우이다. 신탁은 유연성과 다양성을 특성으로 하기 때문에 신탁계약을 통하여 수익자 간 수량이나 비율을 자유롭게 설정·변경할 수 있다. 이에 따라 위탁자가 수익자의 수익이나 비용을 달리 규정함에 따라 조세회피를 시도할 수 있다. 이를 시정하기 위한 조치가 필요할 것이다. 이의 구체적인 방안은 다음과 같다.

① 단일신탁에 복수수익자가 있는 경우에 일방이 신탁의 모든 수익이나 손실을 부담하는 것을 금지할 필요가 있다. 이는 수익자가 신탁소득 이외에 다른 소득과 합산과세할 때 조세회피를 시도할 수 있기 때문이다. ② 신탁계약시점에서 각 수익자에게 설정된 수익비율이나 손실비율의 변경시에는 이에 대한 적절한 사유를 과세당국에 신고하고, 이를 과세당국의 심사를 받는 방안을 고려할 수 있다. 적절한 사유의 예로서, 수익이나 손실비율의 변경이 조세회피의도가 있는 경우 등이 포함될 수 있을 것이다. ③ 수익자 간 수익비율과 비용비율을 달리 설정하는 것을 금지할 필요가 있다. 이는 동업기업과세특례에서 조합원의 수익비율과 비용비율을 달리 설정하는 것을 금지하고 있는 것과 같은 취지이다. 왜냐하면 사법상 조합이나 신탁을 합유체로 보고 있고, 각 제도의 특성도 유사하기 때문이다.

둘째, 수익자의 손익분배기준은 공평의무에 근거하여 설정되어야 할 것이다. 즉 손익분배기준은 특정수익자간의 유리·불리함을 따지는 것이 아니라 전체신탁재산에 유·불리함을 기준으로 공평의무를 판단한다. 또한 신탁이익을 분배할 수 있는 재량권이 부여된 수탁자에게도 공평의무가 적용된다. 이 경우의 공평의무는 수탁자 재량권의 일탈 또는 남용여부를 판단하는 기준이 될 것이다(이연갑 2009, 39). 손익분배기준은 미국의 '수익비율규정(unitrust)방식과 형평적 재배분(equitable reallocation)방식'을 참고할 필요가 있다. 즉 수익비율규정방식은 당기 회계기간 중에 신탁으로부터 발생한 수입은 그 형식 여하를 불문하고 우선 원본에 편입된다. 그 후 일정한 지출공식(예컨대, 원본의 5% 상당액이라든지, 인플레이션에 2%를 더한다든지 하는 공식)을 사용하여 '당기의 수익'으로서 분배금액을 결정한다. 한편, 형평적 재배분방식은 원칙적으로는 형식에 따라서 '원본' 및 '수익'을 구별하는 전통적인 관행에 따르지만, 예외적으로 수탁자는 형평적 재배분을 행하게 된다. 즉 전통적인 방식이 현재의 수입수익자와 잔여권의 수익자의 필요성에 적절하게 대응하지 못하는 경우에는 수탁자는 공평취급의무를 다하기 위하여 수탁자는 수입을 재배분해야 하는 의무를 부담해야 한다는 것이다(Langbein 1996, 669).

따라서 손익분배기준을 정함에 있어서, 손익분배기준은 개별 수익자의 손익이 아닌 신탁의 전체손익을 기준으로 분배방법을 설정해야 하며, 미국의 형평적 재분배방식을 채택하는 것이 타당하다고 본다. 그리고 이 기준은 수입수익자든 귀속권리자든 간에 관계없이 적용되어야 할 것이다.

VI. 결론 및 요약

신탁법상 수익자는 신탁수익의 귀속자로서, 현행 세법상 납세의무자이다. 그러나 현행 신탁세제는 도관이론을 적용함에 따라 신탁유보이익의 과세이연과 신탁존속기간의 제한규정의 부재로 인하여 위탁자가 신탁소득을 장기간 분배하지 않음에 따라 수익자의 존재성을 무력화시키고 있다. 또한 수익자의 조세법률관계가 명확하지 않은 측면도 공존하고 있다. 이에 따라 신탁법상 수익자에 관한 조세법률관계를 명확히 할 필요가 있고, 현행 신탁과세인 도관이론에 실체이론을 가미할 필요가 있다. 이에 관한 구체적인 개선방안은 다음과 같다.

첫째, 현행 세법은 신탁과세구조상 수익자에 대한 분배의무를 위탁자에게 부여하지 않음으로써, 수익자의 존재성을 무력화시키고 있다. 이를 개선하기 위하여 신탁존속기간의 제한규정과 신탁과세이론에 실체이론을 가미할 필요가 있다.

둘째, 현행 신탁세제는 수익자의 구분과 과세범위를 정하고 있지 않다. 이를 개선하기 위하여 수익자의 구분을 신탁법을 준용하거나 세법상 독립적으로 규정할 수 있다.

또한 신탁재산에서 발생한 이익의 실질적인 귀속여부를 판단하기 위하여 위탁자의 지배력기준을 설정할 필요가 있다. 이의 방안으로는 수익자의 지정·변경권한여부, 수익자의 분배금액조정권한여부, 신탁수익이 위탁자의 특수관계자에게 귀속되는 경우에도 위탁자의 지배력이 있는 것으로 본다.

셋째, 현행 세법에서는 연속수익자의 판단기준을 제시하고 있지 않다. 이를 개선하기 위하여 전술한 위탁자 지배력기준을 먼저 설정한 후, 이 기준에 따라 연속수익자의 과세범위를 정함으로써, 연속수익자의 조세법률관계를 명확히 할 수 있다.

넷째, 현행 신탁세제는 복수수익자에 관한 손익분배기준이 명확하지 않다. 이를 개선하기 위하여 손액분배기준을 개별수익자의 손익이 아닌 전체신탁재산손익을 기준이 되어야 할 것이다. 이를 통해 신탁계약에 따라 설정비율을 원칙으로 하며, 수익비율과 손실비율이 다를 경우에는 수익비율에 따라 손실비율을 정할 필요가 있다.

이와 같은 개선방안을 통하여 신탁법상 수익자의 조세법률관계를 명확함으로써, 신탁제도의 정착에 세제가 도움이 되고 동시에 신탁세제의 법적 안정성을 높일 수 있다고 본다.

참 | 고 | 문 | 헌

김병일·김종해. 2010.4. "미국의 신탁과세제도와 그 시사점", 조세연구 제10-1권: 332~337.

_____. 2010.8. "신탁법 개정에 따른 신탁과세제도 개편 방향에 관한 연구", 조세연구 제10-2권: 303~350.

_____·김종해. 2011.12. "신탁법상 위탁자과세제도에 관한 연구", 조세연구 제11-3권: 281~329.

김종해. 2011. "신탁과세제도에 관한 연구", 강남대학교 박사학위논문.

_____·김병일. 2011.9. "영국의 신탁과세제도와 그 시사점", 세무학연구 제28권 제3호: 141~173.

김재진·홍용식. 1998. 7. 『신탁과세제도의 합리화 방안』, 한국조세연구원.

명순구·오영걸. 2005. 『현대미국신탁법』, 세창출판사.

박동규. 2004.3. "신탁 및 신탁에 관한 과세제도", 월간조세 통권 제190호: 47~51.

송 훈. 2009.10. "새로운 신탁상품 등장으로 활성화되는 일본 신탁시장과 시사점", 『금융』, 전국은행연합회.

안성포. 2009.10. "신탁의 종료, 변경, 합병 및 분할", 선진상사법률연구 통권 제48호: 100~103.

이연갑. 2009.10. "「신탁법」상 수탁자의 의무와 권한", 선진상사법률연구 통권 48호: 30~52.

이중교. 2009.12. "신탁법상의 신탁에 관한 과세상 논점", 법조 통권 제639호: 318~359.

임채웅. 2009.12. "신탁수익권에 관한 민사집행의 연구", 서울대학교 법학 제50권 제4호: 273~304.

최동식. 2006. 『신탁법』, 법문사.

최면균. 2007. 『세법하총론』, 세경사.

최수정. 2007. 『일본신신탁법』, 진원사.

홍용식. 1999. "신탁소득과세에 관한 연구", 사회과학논집 제12집 제2호: 149~178.

ENSORS. 2010. *Taxation and the uses of trusts*, http://www.ensors.co.uk/cms/filelibrary/Taxation_and_the_-uses_of_trusts.pdf: 1~17.

John H. Langbein., 1996. *The Uniform Prudent Investor Act and the Future of Trust Investing*, Faculty Schorship Series, hrrp://digitalcommons.lawyale.edu/fss_paper/486.

_____, 1997. The Secret Life of The Trust: The Trust as an Instrument of Commerce, 107 Yale L. J.

Kenneth E. Anderson·Thomas R. Pope·John L. kramer, 2008. *PRENTICE HALL'S FEDERAL TAXATION 2008*, Prentice Hall.

Matthew Hutton. 2008. *Tolley's UK Taxation of Trusts 18th ed*, LexisNexis.

田中實·山田昭(雨宮孝子補正). 1998. 「改正信託法」, 學陽書房.

中央信託銀行信託研究会. 1990.6. "信託受益權と強制執行(下)" 金融法務事情 No.1257.

A Study on the Beneficiary Taxation for the Purpose of Trust Law

Kim, Byungil*·Nam, Kibong**

By the current trust tax law, The beneficiary as the person who is involved with its earning is a major tax payment obligor. However, the current trust taxation applied the conduit theory which allows the grantor would not distribute their trust earnings to beneficiary, due to tax deferal of trust reservation interest, and lack of the regulation about the perpetuity of period trust, makes the beneficiary ineffective. Moreover, It is not clear that being taxed to the beneficiary. Thus taxation to the beneficiary should be clear on trust tax law and entity theory should need to be introduced to conduit theory which is current trust taxation. The improvements are followings listed below.

First, The current structure of the trust taxation which dose not assign compulsory distribution to grantors makes a beneficiary ineffective. To improve this, the perpetuity of period trust and entity theory should be added to the trust taxation.

Second, The current trust taxation does not define the scope of taxation and classify the beneficiary. Classifying the beneficiary can be applied correspondingly trust taxation or regulated as independent system on tax law. Furthermore, The main criteria should be set up granotr's control to determine the earning's actual substantial possession from the trusted asset. To determine whether under grantor's control or not, following are should be applied, designating the beneficiary, authority of change the beneficiary and, adjustment on dividend.

Third, since current taxation system does not have standard on transitional serial interests beneficiary, criteria of grantor's control should be set up first, then transitional serial interests beneficiary's the scope of assessment could be determined.

Forth, under the current trust taxation system, profit and loss distribution standard is not clear to the multiple beneficiary. To improve this profit and loss distribution standard should be set up depending on whole amount of trusted assets. Through this, profit and loss distribution standard should depends on establish rate by case by case on trust contract. The loss rate should be considered depends upon earning rate if earning rate is different to loss rate taxation to beneficiary on trust.

Thus by examine thoroughly beneficiary on trust taxation system, With these effort,

---

* Associate Professor, Department of Tax Science, Kangnam University

** CPA(The doctor's course), Department of Tax Science, Kangnam University

Korean trust taxation system would contribute invigorating trust system.

☑ Key words: income beneficiary, principal beneficiary, multiple beneficiary, perpetuity period of trust, transitional serial interest.

1.2.3. 신탁세제상 수탁자과세의 도입방안에 관한 연구*

김종해** · 김병일***

국문요약

현행 신탁세제는 도관이론에 기초로 하고 있지만, 신탁법개정을 통하여 기업조직체 성격의 신탁의 도입과 새로운 신탁유형의 도입은 신탁세제의 변경을 요구하고 있다. 즉, 개정신탁법이 회사법과 유사한 다양한 규정을 도입하였고, 새로운 신탁유형은 주로 기존의 재산승계방식 이외의 방법과 관련되어 있다. 이러한 환경 변화는 수탁자의 역할을 강화하고 있는 형태로서, 수탁자에게 납세의무를 부여할 시점이라고 생각한다. 수탁자를 납세의무자로 보기 위한 근거는 신탁재산의 독립성과 조세회피방지에 있다. 이를 위하여 다음과 같은 점을 고려해 볼 필요가 있다.

첫째, 신탁세제상 실질과세의 원칙의 적용범위이다. 이 원칙은 도관이론을 보충하고 있지만, 실제로 과세관청과 납세의무자 간 다툼으로 인한 불필요한 비용이 발생하고 있다. 또한 이 원칙은 사후신탁처럼 장기간 신탁소득의 귀속자가 불확정된 경우의 문제를 해소하기 어렵다.

둘째, 신탁재산의 독립성과 조세회피방지를 위하여 수탁자를 납세의무자로 볼 수 있는가이다. 이에 대해 신탁의 기업조직체적 성격으로 파악한 개정신탁법의 견해나 대법원의 판결은 신탁재산의 독립성이 수탁자에 대한 납세의무를 인정할 근거가 될 것이다. 또한 조세회피를 방지하기 위해서는 수탁자의 납세의무가 타당한 대안이 될 수 있을 것이다.

셋째, 수탁자의 납세의무 부여는 신탁세제상 도관이론을 보충한다는 전제하에서, 신탁재산의 독립성의 강도에 따라 혼합과세신탁, 단일과세신탁, 위탁자관련신탁으로 구분했다. 혼합과세신탁의 납세의무자는 수익자와 수탁자로 보았고, 단일과세신탁의 납세의무자는 수익자만, 위탁자관련신탁은 위탁자만을 기본적으로 납세의무자로 보았다.

이상과 같이 수탁자에 대한 납세주체성 부여는 신탁세제의 법적 안정성 제고와 조세회피의 최소화에 기여할 수 있으며, 이를 통하여 신탁제도의 활성화에 기여하기를 바란다.

☑ 핵심어 : 신탁재산의 독립성, 수탁자과세, 타익신탁, 자익신탁, 신탁구분, 실질과세의 원칙

　*『조세법연구』제21권 제3호(2015.11, 한국세법학회)에 게재된 논문이다.
　** 주저자: 세무학박사, 강남대학교, 세무학과 강사
　*** 교신저자: 법학박사, 강남대학교, 세무학과 부교수
**** 투고일: 2015. 9. 30.　심사일: 2015. 10. 2.　심사완료일 : 2015. 11. 2.

I. 서 론

신탁은 법인이나 조합처럼 재산관리제도로서 영미에서 출현했고, 신탁을 이용한 다양한 재산관리방식이 발생했다. 이에 우리나라도 신탁법을 개정하여 이에 대응하고 있다. 개정신탁법은 기존의 신탁유형에 새로운 신탁유형이 도입되었다. 특히 기업조직체의 성격을 갖는 신탁유형과 재산승계와 관계된 신탁유형들이다. 기업조직체의 성격을 보이는 신탁은 구조상 법인과 유사하면서, 신탁재산에 대한 위탁자와 수탁자가 법률적·형식적으로 분리되어 있는 형태이다. 기존 재산승계방식 이외의 구조를 갖는 신탁은 위탁자의 영향력이 막강하여, 신탁재산이 위탁자와 수탁자 간의 분리가 희미한 형태이다. 이러한 신탁의 도입은 현행 신탁세제상 도관이론만을 활용하여 소득의 귀속자를 명확히 구분하는데 한계가 있으며, 재산승계방식 과정에서 발생하는 조세회피행위의 방지에도 한계가 존재한다. 이러한 문제점을 최소화하기 위해 신탁재산의 독립성을 근거로 한 신탁에 대한 납세주체성 부여와 동시에 세무상 신탁을 구분할 필요가 있다고 생각된다.

이를 위해서 신탁재산의 위탁자와 수탁자 간 분리가능성 문제, 즉 신탁재산이 위탁자에서 수탁자로 완전히 이전될 수 있는가의 문제이다. 이는 신탁의 특성인 위탁자가 재산권을 그 명의를 포함하여 수탁자에게 완전히 이전시킨다는 점(목적재산의 완전한 이전)과 수탁자는 이전받은 목적재산을 수익자를 위하여 관리·처분해야 한다는 점(관리주체와 수익주체의 분리와 신탁재산의 목적 구속성)이 신탁재산의 독립성을 인정할 수 있는 근거가 될 수 있을 것이다. 즉, 이는 신탁재산의 도산격리기능을 정점으로 신탁재산의 독립성을 파악하고 있을 것이다. 이는 위탁자와 수탁자 그리고 수익자로부터 신탁재산이 분리되었다는 점을 나타내고 있다는 것이다. 또한 우리나라 대법원도 부분적으로 신탁재산이 위탁자로부터 수탁자로 완전히 귀속되었다고 보고 있다.

또한 조세회피가능성 문제이다. 이는 신탁구조에서 기인된 문제로서 신탁이 단순히 파이프(pipe)의 역할을 하는 데 지나지 않기 때문이다. 그런데 새로운 신탁유형의 도입으로 조세회피 시도 가능성은 더 높아질 것이고, 전통적인 신탁도관이론으로는 이 문제를 해소하는 데 한계가 있기 때문에 조세법상 신탁지위에 대하여 재고할 필요가 있을 것이다. 또한 이 문제는 외국의 입법례에서 알 수 있듯이, 신탁을 납세주체로 허용함에 있어서 조세회피행위방지라는 측면도 존재한다는 점도 고려할 필요가 있을 것이다.

이를 근거로 하여 신탁의 납세주체성 부여와 세무상 신탁의 구분을 통하여 다음과 같은 문제점을 해소할 수 있다고 본다. 현행 신탁세제는 국세인 소득세 및 법인세의 납세의무자를 주로 위탁자·수익자로 보고 있고 예외적으로 수탁자로 보고 있다. 상속세 및 증여세의 경우에는 납세의무자를 위탁자나 수익자로 보고 있으며, 부가가치세는 대법원 판례에 의하여 위탁자 또는 수익자로 보고 있다. 지방세 중 취득세 과세에 있어서는 대법원 판례에 의하여 수탁자를,[1] 재산세에 있어서는 수탁자(舊 지방세법에서는 위탁자)를[2] 납세의무자로 정하고 있다. 즉, 세목에 따라 과세관청이 신탁을 바라보는 시각에 대한 일관성이 부족하여, 납세의무자의 예측 가능성과 세무행정 비용의 증가하는 비효율성을 초래하게 된다. 따라서 신탁재산의 독립성을 근거로 조세회피가능성 여부를 고려하여 현행 신탁세제의 변경을 신중하게 검토할 필요가 있다고 판단된다.

이러한 세제의 변경은 법률적인 부분과 정책적 부분 모두를 고려하여 이루어져야 할 것이다. 본고에서는 신탁재산의 독립성의 법률적 측면을 살펴보고, 신탁재산의 독립성이 조세법상 어느 범위까지 수용할 수 있는지를 검토하고자 한다. 그런 후에 신탁재산의 독립성을 기초로 신탁에 납세주체성을 부여하고, 이를 통해 조세회피문제를 정책적으로 해소할 수 있는지를 살펴볼 것이다. 마지막으로 신탁재산의 독립성을 근거로 한 조세법상 수탁자의 납세주체성 부여를 전제로 세무상 신탁을 구분하는 기준을 제시하고자 한다.

이상과 같은 연구를 토대로 신탁에 대한 조세부과의 일관성을 확보하여 세무행정의 비효율성 제거 및 납세의무자에 대한 예측 가능성과 법적 안정성을 제고하는 데 도움이 되기를 바란다.

II. 신탁 기본이론 및 신탁재산의 독립성

1. 신탁 기본구조의 학설과 신탁과세이론과의 관계

(1) 신탁실체이론과 신탁재산 법주체설(실질적 법주체성설) 및 채권설

신탁실체이론은 신탁재산 자체를 하나의 과세상 독립된 주체로 인정하여 세법을 적용하자는 견해와 신탁재산이 아닌 수탁자를 납세주체로 하여 신탁과세제도를 운영하자는 견해로 나누어 볼 수 있다.[3]

---

1) 대법원 2012.6.14. 선고 2010두2395 판결.
2) 지방세법 제107조 제1항 제5호.
3) 김재진·홍용식, 『신탁과세제도의 합리화 방안』, 한국조세연구원, 1998.7, 106면.

전자의 신탁재산설은 신탁재산이 독립된 법적 주체라는 입장을 취하는 신탁재산 법주체설의 영향을 받은 견해이고, 후자의 수탁자설은 신탁재산은 수탁자에게 완전히 귀속된다는 신탁행위에 관한 채권설의 영향을 받은 입장이라고 볼 수 있다.[4] 신탁실체이론이 신탁을 실체로 보고 과세한다는 점에서 신탁재산 법주체설에 의한 신탁재산설이 타당할 수 있으나, 채권설의 영향을 받은 수탁자설도 신탁재산을 수탁자의 고유재산과 분리하여 독립된 실체로 본다는 점에서 실질적으로 신탁재산설과 차이가 없다.[5] 또한 대법원도 이와 같은 채권설을 기반으로 한 견해를 취하고 있다.[6]

(2) 신탁도관이론과 물권설(수익자 실질소유설)

신탁도관이론은 수익권을 신탁재산에 관한 물권 또는 물권적 권리로 파악하는 물권설 중 수탁자는 신탁재산의 형식적 소유자에 불과하고 수익자가 신탁재산에 관하여 가지는 수익권을 신탁재산의 실질적인 소유권으로 파악하는 '수익자 실질소유권설'과 관련성이 깊다고 볼 수 있다.[7]

2. 신탁재산의 독립성

현행 신탁법에서 신탁재산의 독립성[8]을 인정한 부분은 다음과 같다. ① 위탁자가 신탁계약을 통해 수탁자에게 토지 등 재산권을 이전하면 그 재산권은 수탁자의 완전한 소유재산이 된다.[9] ② 신탁재산은 위탁자의 채권자 또는 수탁자 고유재산의 채권자로부터 강제집행이 금지된다(도산격리의 원칙).[10] ③ 수탁자의 고유재산과 구별하여 관리된

---

4) 홍용식, "신탁소득과세에 관한 연구", 『사회과학논집』 제12집 제2호, 1999, 154면.
5) 홍용식, 위의 논문, 54면 ; 이중교, "신탁법상의 신탁에 관한 과세상 논점", 『법조』 통권 제639호, 2009. 12, 328면.
6) 대법원 2011.2.10. 선고 2010다84246 판결.
7) 김병일, "신탁법개정에 따른 신탁세제 개편방향에 관한 연구", 『조세연구』 제10-2집, 2010, 315면.
8) 이에 관한 영미법상 견해는 신탁계약이 성립되면 신탁재산은 수탁자에게 이전되며 수탁자는 보통법 (common law)상의 권리(legal title)를 보유하는 반면 수익자는 형평법(equity law)상 권리(equitable title)를 보유하게 된다. 즉, 신탁재산에 대하여 이원화된 권리보호방법을 적용할 경우라도 신탁재산이 수탁자에게 이전한다는 관념과 신탁재산의 독립성이 서로 충돌하지 않고 조화될 수 있다는 점을 완전하게 설명하기가 여전히 불충분한 것이 사실이다. 이는 수탁자 입장의 고유재산과 신탁재산의 구분상이 실익이 있을 뿐 신탁재산의 독립성과 신탁재산의 이전이라는 관념이 서로 양립을 인정할 직접적인 근거라고 보기는 어렵다: 中田英夫, 『英美法總論(上)』, 東京大學出版會, 1980, 97~98頁. 따라서 신탁재산의 독립성이 대륙법상 소유권인 절대적 권리의 성격을 갖지 못하므로 대륙법계의 신탁법상 신탁재산의 독립성은 불완전한 형태로 보는 것이 타당하다.
9) 대법원 2003.1.27. 선고 2000마2997 판결.
10) 신탁법 제22조(강제집행 등의 금지) 제1항.

다.11) 이를 통상 '신탁재산의 독립성'이라 한다. 이러한 견해는 일본 채권설에 근거한 것으로 보인다. 즉, 일본 채권설은 신탁계약에 의하여 위탁자로부터 수탁자로 신탁재산을 이전하는 것을 물권적 차원의 완전권의 이전으로 보고, 위탁자와 수탁자의 관계는 채권적 차원에서 수탁자에 대한 채권적 구속으로 보고 있다. 한편, 수익자는 수탁자에 대하여 이익분배청구권을 갖는다고 보는 견해이다. 일본에서 이에 대한 반론도 있었지만, 2006년 일본 신탁법개정에 있어서 이 학설을 기반으로 이루어졌고,12) 일본의 신신탁법을 계수한 우리나라 신탁법도 이 학설의 영향을 받은 것으로 보인다.

일본 신신탁법의 특징13)은 ① 신탁의 기본구조에서 요물성이 완화되어 있다. 즉, 재산이전을 요건으로 하고 있지 않다는 점이고, 이는 신탁선언의 허용으로 재산의 이전 없이 신탁을 설정할 수 있다는 점이다.14) ② 수탁자에게 수익자의 지위를 겸병할 수 있도록 하고 있다는 점이다. 즉, 수탁자는 수익자로서 신탁의 이익을 향수하는 경우를 허용하고 있다.15) 이는 기존의 신탁법의 기초인 수탁자와 수익자의 대립관계를 달리 해석하고 전혀 다른 사고방식으로 신탁을 바라보고 있다는 점에서 의미가 있다. 실제로 신탁선언은 위탁자 = 수탁자 = 수익자 1인만 존재하는 신탁을 인정하고 있다. ③ 수탁자의 의무에 관한 규정이 임의규정화되어 있다. 이는 신탁행위에 대한 이익상반행위를 허용하고 있다는 취지이다. 즉, 중요한 사항에 대하여 수익자의 승인을 얻은 일정한 요건을 충족하면 이익상반행위를 허용(임의규정화)하는 것이다.16) ④ 새로운 신탁유형의 창설이다. 수익권을 표시하는 유가증권(수익증권)을 발행할 수 있는 수익증권발생신탁,17) 수탁자의 책임이 신탁재산에 한정되는 한정책임신탁,18) 수익자의 정함이 없는 목적신탁,19) 위탁자가 스스로 수탁자로 되는 자기신탁(신탁선언)20)이 그 유형들이다. ⑤ 회사법규정을 대폭적으로 준용하도록 하고 있다. 이를 토대로 현행 신탁법의 신탁재산의 독립성 요건을 살펴보고자 한다.

첫째, 위탁자로부터의 독립성이다. 이는 신탁이 설정되면 신탁재산은 위탁자의 책임 재산으로부터 이탈하게 되고, 위탁자 개인의 채권자는 신탁재산에 대하여 직접적으로 관련할 수 없게 된다. 이는 위탁자 측면에서 볼 때 신탁에는 도산격리기능(신탁재산을 위

---

11) 신탁법 제37조 참조.
12) 안성포 역, 『신탁법』(제3판), 전남대학교출판부, 2011, 69면.
13) 안성포 역, 위의 책, 65~67면.
14) 일본 신신탁법 제2조.
15) 일본 신신탁법 제8조.
16) 일본 신신탁법 제31조.
17) 일본 신신탁법 제185조 이하.
18) 일본 신신탁법 제216조 이하.
19) 일본 신신탁법 제258조 이하.
20) 일본 신신탁법 제3조의 제3호.

탁자의 도산위험으로부터 보호하는 기능: bankruptcy remote)이 있는 것이다.[21] 위탁자와 신탁재산의 도산격리가 모든 신탁에게 적용될 수 있는지는 의문이 있다. 즉, 단순히 형식적으로 명의와 권리를 수탁자에게 이전하고 신탁재산에 대한 실질적인 권한을 모두 위탁자에게 유보한 명목적 자익신탁이 있을 수 있다. 이 경우 신탁이 단순히 위탁자의 재산은닉을 위한 편법으로 악용될 수 있기 때문이다.[22] 따라서 도산격리기능이 타익신탁만큼 자익신탁에도 적용될 수 있는지 의문이 든다.[23] 즉, 도산격리기능이 적용되려면, 신탁설정에 의한 재산권의 이전이 위탁자의 지배권으로부터 완전히 이탈하는 실질적인 이전이어야 한다. 타익신탁처럼 위탁자의 수탁자에 대한 지시권, 신탁재산을 수탁자로부터 되찾을 수 있는 철회권의 유보, 위탁자가 신탁재산의 이익을 분배받을 권리가 있는 등 위탁자의 지배영역 내에 있어서는 안 된다. 그런데 자익신탁에서 신탁재산은 법적·형식적으로는 신탁에게 이전되지만 신탁재산에 대한 실질적 지배력이 위탁자에 귀속되었다고 볼 수 있을 것이다. 이는 전술한 위탁자의 재산은닉 및 사해행위나 조세회피의 도구로 활용될 가능성이 높기 때문에 일정한 정도에 한하여 자익신탁에게 도산격리기능을 제한할 필요가 있을 것이다. 이러한 자익신탁의 구조는 도산격리기능의 한계와 이를 기반으로 하는 신탁재산 독립성의 불완전성을 나타나고 있다.

둘째, 수탁자로부터의 독립성이다. 신탁재산은 위탁자로부터 독립성을 갖는 것뿐만 아니라 신탁설정에 의하여 명의 및 완전권을 취득한 수탁자로부터 독립성을 갖게 된다. 왜냐하면 수탁자는 기본적으로 신탁재산의 관리자에 지나지 않으며, 신탁재산의 경제적 이익이 원칙적으로 수탁자 개인에게 귀속되어서는 안 되기 때문이다.[24] 또한 ① 신탁재산이 수탁자의 고유재산과 구별되어야 하기 때문이다. 이는 수탁자의 채권자가 수탁자의 고유재산 이외에 신탁재산에 대하여 강제집행 등을 행하는 것은 금지되어야 한다. 이는 수탁자의 도산격리기능(신탁재산을 수탁자의 도산위험으로부터 보호하는 기능)으로 보아야 하며, 신탁재산은 수탁자의 상속재산에도 포함되지 않는다고 보아야 한다. 이는 신탁의 본질적 내용으로서 수탁자의 상속인의 고유재산만을 승계받게 된다. ② 수탁자의 사망은 수탁자 임무의 종료사유가 되어 신탁재산은 신수탁자에게 승계된다고 보고 있다. 즉, 신탁재산의 승계여부와 수탁자의 사망에 따른 신수탁자의 변경사항은 수탁자

---

21) 안성포 역, 앞의 책, 369면.
22) 안성포 역, 위의 책, 369~370면.
23) 담보신탁처럼 자익신탁이라고 해도 도산격리기능이 존재한다. 즉, 통상 담보신탁은 수익권자는 위탁자이지만, 우선수익권자라는 이름으로 사실상의 담보권을 설정하고 있는데, 이러한 담보신탁도 담보격리기능을 기초로 한 것이다. 그렇지 않은 자익신탁의 경우라도 신탁재산 그 자체를 집행목적물로 삼을 수 없다는 점에서는 격리기능이 전혀 의미가 없는 것은 아니다.
24) 안성포 역, 앞의 책, 373면.

의 지위가 신탁법률관계에 있어서 승계의 대상이 아니라는 점을 명확히 하고 있다.[25]
③ 신탁재산에 대하여 신탁법에서 강제집행 등이나 국세체납처분을 할 수 없다고 규정
하고 있어서, 신탁재산의 독립성을 확보하고 있다. 다만, 예외적으로 신탁재산에 대하
여 신탁 전에 생긴 권리는 강제집행 등의 예외로 인정하고 있다. 즉, 신탁재산에 대하
여 신탁 설정 전의 원인에 의하여 생긴 채무에 대하여 신탁재산은 강제집행 등의 대상
이 된다는 점이다. 이 외에 일본 신신탁법은 신탁 전에 발생한 위탁자에 대한 채권으
로, 당해 채권에 관한 채무를 신탁재산책임부담채무로 하는 취지의 신탁행위의 정함이
있는 것,[26] 수익채권 등도 신탁재산책임부담채무로 규정하고 있다.[27]

　　이상과 같이 수탁자로부터의 독립성과 수탁자의 상속재산으로부터의 신탁재산의 배
제 규정은 협의의 신탁재산의 독립성이라고 부를 수 있을 것이다. 이 개념은 자익신탁
이나 타익신탁에도 적용되는 것으로 볼 수 있다.[28]

　　셋째, 수익자로부터의 독립성이다. 일반적으로 신탁의 도산격리기능은 신탁재산이
위탁자나 수탁자라는 신탁관계인의 파산 위험으로부터 격리되어 있는 것이다. 이 기능
에 의해 보호되는 자는 신탁재산의 실질적 권리자인 수익자이다. 따라서 도산격리기능
의 범위에는 파산까지 포함되는 것은 아니다. 이것은 수익자가 파산할 경우 신탁재산
을 실질적 권리자 파산에서 누구를 위하여 격리할 것인가의 문제와 관련되어 있다. 따
라서 수익자로부터의 독립성이란 전제는 성립하지 않게 된다.[29] 이러한 의미에서 도산
격리기능은 위탁자 내지 수탁자로부터 신탁재산을 격리시켜 수익자를 보호하기 위한
것이지만, 수익자로부터의 독립성은 신탁재산의 수익자로부터의 도산격리를 의미하는
것이 아니다.[30] 따라서 신탁재산에 대한 수익자로부터의 독립성과 위탁자·수탁자로부
터의 독립성과는 본질적으로 다르다고 볼 수 있을 것이다.

　　이상과 같은 논의를 통하여, 신탁재산이 위탁자·수탁자로부터 독립된다는 점은 도
산격리기능을 통하여 이루어진 것으로 볼 수 있다. 이러한 신탁재산의 독립성은 타익
신탁에서 명확히 확인되지만, 자익신탁에게 그대로 적용되기는 어려운 부분이다. 즉,
수탁자와 관련된 신탁재산의 독립성 인정부분은 문제가 없어 보이지만, 위탁자로부터
신탁재산이 독립된 것으로 파악될 수 없기 때문이다. 그러므로 현재 신탁재산의 독립
성이 인정되는 부분은 타익신탁이고, 자익신탁에게 신탁재산의 독립성을 인정하는 것

---

25) 안성포 역, 앞의 책, 374면.
26) 일본 신신탁법 제21조 제1항 제3호.
27) 일본 신신탁법 제21조 제2항.
28) 안성포 역, 위의 책, 374면.
29) 안성포 역, 위의 책, 381면.
30) 안성포 역, 위의 책, 380~381면.

은 전술한 바와 같이 한계가 존재할 수 있을 것이다. 따라서 신탁재산의 독립성을 기준으로 수탁자에 대한 납세주체성 부여는 타익신탁과 일부 자익신탁 중 수탁자의 역할이 큰 사업신탁(business trust)과 같은 신탁에게 적용 가능할 수 있고, 자익신탁 중 가족신탁(family trust)에게는 도관이론이나 실질과세의 원칙에 따라 위탁자나 수익자를 납세주체로 보는 것이 타당할 수 있을 것이다.

3. 신탁재산의 독립성에 따른 신탁구분

현행 신탁법은 일본의 신탁법과 마찬가지로 타익신탁과 자익신탁에 관한 조문이 명확한 구별 없이 혼합되어 있다고 본다. 이는 관련 당사자들로 하여금 법률 해석과 적용에 있어서 상당한 혼란을 야기할 것이다. 따라서 이를 각 조문의 성질에 따른 구분 작업이 필요하고, 이를 통해 전술한 문제를 최소화시킬 필요가 있다고 본다. 이하에서는 타익신탁과 자익신탁의 특성과 그에 따른 현행 신탁유형을 구분하고자 한다. 자익신탁과 타익신탁을 구분하는 특징은 다음과 같이 두 가지가 있다. ① 신탁이익의 향유주체(주관적·목적적 차이)와 ② 위탁자로부터의 지배이탈의 유무(객관적·구조적 차이)이다.

(1) 타익신탁

타익신탁은 수탁자가 행하는 재산의 관리, 처분이 위탁자 본인의 이익을 위한 것이 아니라 그 이외의 제3자인 수익자의 이익을 위하여 행하는 유형이다. 타익신탁의 특성은 신탁설정자인 위탁자는 신탁설정과 동시에 기본적으로 신탁관계에서 이탈하기 때문에, 위탁자가 직접적으로 신탁관계에 개입하여 그 내용을 스스로 통제하지 않는 것이다. 따라서 타익신탁의 구체적인 운용은 원칙적으로 수탁자의 재량에 위임되어 있기 때문에 타익신탁은 재량신탁(discretionary trust)[31]으로 불린다. 그리고 타익신탁은 신탁이익의 향유주체와 신탁재산의 위탁자로부터의 지배이탈성이 명백하여 전술한 신탁재산의 독립성이 명확한 형태이다.

---

31) 재량신탁은 수탁자에 의한 재량권 남용은 허용되지 않지만, 기본적으로 수탁자에게 완전한 재량권이 인정되고 있다.

(2) 자익신탁

자익신탁은 수익자의 재산의 관리, 처분이 동일인인 위탁자 겸 수익자의 이익을 위하여 행해지는 유형이다. 자익신탁은 위탁자가 자기 자신을 위한 재산관리기구의 창설을 목적으로 하고 있다. 이는 신탁설정 이후에도 위탁자 겸 수익자와 수탁자 간의 인적 관계가 신탁관계의 핵심적 요소가 된다. 자익신탁은 타익신탁과 달리 내부관계에 있어서 위탁자의 의사가 운영의 기본적인 지침으로서, 이는 신탁재산이 위탁자의 실질적인 지배권에 머물고 있음을 보여 주고 있다. 이는 위탁자가 강한 지시권을 유보하여 해제권을 언제든지 행사할 수 있다는 점으로 신탁재산이 위탁자로부터 완전히 이탈되는 것은 아니라는 점이다. 즉, 전술한 바와 같이 신탁재산의 독립성이 불완전한 상태라고 볼 수 있다.

(3) 신탁선언

신탁선언(자기신탁)은 위탁자 = 수탁자가 되어 수익자를 위하여 재산의 관리, 처분을 행하는 유형이다. 신탁선언은 타익신탁이나 자익신탁과 달리 신탁재산의 독립성을 찾아보기 어려운 유형이다.

III. 신탁세제상 수탁자과세 도입방안

1. 신탁세제상 실질과세원칙과 신탁재산의 독립성 검토의 필요성

(1) 현행 신탁세제와 실질과세의 원칙

현행 신탁세제는 신탁에서 발생한 경제적 이익을 소득세법 제2조 제6항 및 법인세법 제5조에서는 신탁이익을 신탁이 아닌 수익자에게 귀속시킴으로서 수익자를 납세의무자로 보고 있으며, 상속세 및 증여세법 제9조에서 피상속인이 신탁한 재산을 상속재산에 포함시키고 있고, 같은 법 제33조에서 신탁이익의 증여와 관련하여 위탁자가 지정한 수익자가 있는 경우에는 신탁의 이익을 받을 권리의 가액을 수익자의 증여재산가액으로 봄으로써, 상속인이나 수익자를 납세의무자로 보고 있다. 이 규정은 신탁도관이론을 구체화시킨 것으로서, 이를 세법에서도 수용하고 있다는 것을 보여주고 있으며, 이러한 과세이론은 이중과세를 방지하기 위한 조치이기도 하다. 또한 수탁자가 신탁재산에 관한 관리 · 처분권을 가질 뿐 신탁이익의 귀속자인 수익자 등에 관한 과세는 실질과세의 원칙상 당연한 논리이다.[32] 따라서 현행 신탁세제는 신탁재산과 관련하여 도관이론에 따라 실질과세의 원칙이 구현되고 있다고 보인다.

그러나 지방세 중 취득세나 재산세 부분은 실질과세의 원칙이나 도관이론이 그대로 적용될 수 있는지 의문이 든다. 먼저 취득[33]세의 취득범위는 원시취득 등 및 부동산 등 사실상 취득, 간주취득이다.[34] 이를 신탁과 관련하여 볼 때, 신탁재산의 취득에 대한 납세주체를 실질에 따라 결정할 것인지 채권설에 의한 수탁자에게 과세할 것인지에 대한 많은 논란이 있다. 이에 대하여 대법원은 채권설에 기반을 둔 수탁자를 취득세의 납세주체로 보고 있다.[35] 이러한 대법원의 판결은 도관이론이나 실체이론에 치우친 판결의 결과가 아니라고 볼 수 있을 것이다. 즉, 법령의 해석을 통한 취득에 대한 형식이나 실질에 따라 취득세의 납세의무자를 결정하고 있는 것으로 볼 수 있다.

또한 재산세의 납세의무자는 재산세 과세기준일 현재 재산을 사실상 소유자로 보고 있다.[36] 하지만 신탁과 관련하여 대법원은 채권설에 의한 수탁자를 납세의무자로 보고 있으며,[37] 지방세법 제107조 제1항 제3호에서는 신탁법에 따라 수탁자 명의로 등기 · 등록된 신탁재산의 경우 위탁자별로 구분된 재산에 대해서는 그 수탁자를 납세의무자로 보고 있다. 이 경우 위탁자별로 구분된 재산에 대한 납세의무자는 각각 다른 납세의무자로 본다고 규정하여 기본적으로 수탁자를 재산세의 납세의무자로 보고 있다. 이와 같은 대법원의 판결은 채권설에 따른 수탁자를 신탁재산의 사실상 소유자로 파악하여 과세하고 있지만, 이는 현행 신탁세제상 도관이론이나 실질과세의 원칙이 그대로 관철되지 않는 측면이 존재하고 있다. 왜냐하면 실질과세의 원칙상 재산세의 납세의무자는 위탁자나 수익자가 되기 때문이다.

이러한 취득세와 재산세와 관련된 대법원의 판결은 신탁구조에서 비롯된 것 같다. 비록 대륙법계인 우리나라에서 채권설에 의하여 수탁자를 신탁재산의 완전한 소유자로 보고 있지만, 수탁자가 신탁재산의 형식 · 법률적 소유자지만 실질상 소유자가 아니기 때문이며, 수탁자는 일정한 범위 내에서 신탁재산의 관리 · 처분하는 위치에 있기 때문

---

32) 김완석, 『소득세법』, 광교, 2002, 139면.
33) 지방세법 기본통칙 6-8.
   지방세법 제6조 제1호에서 취득이라 함은 취득자가 소유권이전등기 · 등록 등 완전한 내용의 소유권을 취득하는가의 여부에 관계없이 사실상의 취득행위(잔금지급, 연부금완납 등) 그 자체를 말하는 것이다.
34) 지방세법 제6조 제1항 및 제7조.
35) 대법원 2000.5.30. 선고 98두10950 판결: 대법원 2003.6.10. 선고 2001두2720 판결: 대법원 2012.6.14. 선고 2010두2395 판결: 대법원 2014.8.28. 선고 2013두14696 판결.
36) 지방세법 제107조 제1항.
37) 대법원 2014.11.27. 선고 2012두26852 판결.

일 것이다. 그럼에도 불구하고 대법원의 채권설에 입각한 신탁에 대한 견해는 취득세 및 재산세의 납세주체 결정에 있어서 법률해석 및 실무상 비효율성의 제거에 도움이 될 것으로 판단된다.

이와 같이 현행 신탁세제가 도관이론과 실질과세의 원칙으로 운용되고 있는 상황에서 새로운 신탁유형의 도입은 신탁과세이론에 실체이론을 가미해야 하는지와 실질과세의 원칙의 역할의 변화가 있는지를 살펴볼 필요가 있다.

실질과세원칙은 법형식 대 경제적 실질의 문제로서, 법이 예정하고 있는 것과 다른 형식을 통하여 동일한 경제적 효과를 얻는 것이다. 이와 관련하여 국세기본법 제14조에서는 실질과세의 유형을 귀속 및 거래내용 그리고 우회적 거래 등으로 나누어 규정하고 있다. 이는 실질과세원칙이 조세회피행위를 방지하는 역할을 수행하고 있다는 것을 내포하고 있다고 생각된다.[38]

그런데 실질과세원칙의 귀속의 범위는 민사법상 취득이란 개념보다 더 넓은 개념으로, 법률적인 원인 여부를 떠나 실질적으로 이익 등의 귀속자에게 조세를 부과하게 된다. 이와 관련하여 신탁세제상 규정은 다음과 같다. 소득세법 제2조의2 제6항과 법인세법 제5조 제1항의 …… 수익자가 특정되지 아니하거나 존재하지 아니하는 경우에는 신탁의 위탁자 또는 상속인 …… 으로, 상속세나 증여세 납세의무자를 결정할 때도 실질과세원칙이 적용되고 있다. 즉, 상속세 및 증여세법 제33조 제2항 수익자가 특정되지 아니하거나 아직 존재하지 아니하는 경우에는 위탁자 또는 그 상속인을 수익자로 보고, 수익자가 특정되거나 존재하게 된 경우에 새로운 신탁이 있는 것으로 본다. 다만, 지방세법 제107조 제1항 제3호(재산세 납세의무자)는 수탁자를 신탁재산의 납세의무자로 봄으로써, 전술한 바와 같이 실질과세원칙이 무력화된 경우도 있다.

그러나 새로운 신탁유형의 세제상 중요한 문제점은 ① 유언대용신탁, 수익자연속신탁에 있어서 위탁자의 사망으로 신탁이 개시되는 경우에 미성년 수익자가 성년자가 될 때까지 또는 수익자가 특정될 때까지 발생하는 과세이연문제 등이다. 또한 ② 장래이익과 같은 거래귀속자 판정문제나 위탁자나 수익자의 특수관계자와 같은 제3자를 통한 간접적인 방법 등과 같은 우회적 거래에 있어서, 이에 대한 입증책임을 위탁자나 수익자뿐만 아니라 수탁자에게 부담시킴으로써, 실질적 납세의무자의 판정에 투입되는 비용 등을 최소화하는 것이 바람직할 것이다. 즉, 전술한 문제점은 실질과세원칙과 직접적으로 관련된 문제로 인식되기보다는 신탁소득의 세무상 관리 측면에서 중요한 측면으로 보인다. 다만, 이러한 새로운 신탁유형은 조세회피행위 측면에서 중요성을 갖게

---

38) 이창희, 『세법강의』, 박영사, 2013, 86~92면 참고.

된다. 따라서 현행 신탁세제상 실질과세원칙은 새로운 신탁유형의 도입과 관계없이 그 역할의 변화는 없는 것으로 보인다. 다만, 신탁을 통한 조세회피행위를 부인하기 위한 한 가지 판단기준으로 실질과세원칙을 활용할 수 있을 뿐이다. 그러므로 실질과세원칙이 수탁자의 납세주체성 부여에 근거가 될 순 없을 것이다.

(2) 세무상 신탁재산의 독립성 검토의 필요성

신탁재산의 독립성이란 신탁재산이 위탁자로부터 수탁자로 완전히 이전된다는 것이다. 즉, 이는 신탁행위의 대상이 된 재산권(신탁재산)에 관하여 관리·처분권뿐만 아니라 그 명의까지 위탁자로부터 수탁자에게 법률상 완전히 이전된다는 의미이다. 우리 대법원도 신탁재산의 독립성을 인정하고 있다.[39]

이러한 상황은 전술한 새로운 신탁유형의 창설과 회사법규정을 대폭적으로 준용한 일본 신신탁법의 특징이 우리나라의 개정신탁법에도 그대로 적용되고 있는 상황에서 세무상 신탁재산의 독립성을 검토할 필요가 있다.

영미의 신탁은 기본적으로 타익신탁 구조를 취하고 있고, 이를 기반으로 영미신탁세제도가 설계가 되었다. 즉, 타익신탁은 신탁재산의 독립성이 강하게 작용하는 유형으로 신탁재산이 위탁자나 수익자로부터 지배력이 이탈되어 수탁자에게 완전히 이전되는 형태로서, 위탁자의 소유권에 대한 유보가 존재하지 않는다. 이에 해당하는 것이 영국의 재량신탁(discretion trust)과 미국의 철회불가능신탁(irrevocable trust)이다. 그러나 영미의 경우에도 자익신탁에 해당하는 자기신탁이나 미국의 철회가능신탁(revocable trust)들이 도입되면서, 타익신탁을 기본형으로 신탁제도를 이해하는 전통적 견해에 대비되는 면이 나타나게 되었다. 신탁설정목적에 따라 타익신탁과 자익신탁이 혼재되어 신탁이 존재하는 상황은 우리나라나 영미 및 일본과 크게 다르지 않다. 다만, 외국은 우리나라와 달리 신탁을 하나의 실체로 보고 있다는 점이 다를 뿐이다.

그렇다면 세무상 신탁재산의 독립성을 전적으로 수용하여 다루기에는 일정한 한계가 있다고 본다. 왜냐하면 조세법은 그 내용에 경제학적 이론과 그 원리 그리고 회계 경영에 관한 이론과 그 원리가 많이 담겨져 있기 때문이다. 그렇다 하더라도 그 형식적인 존재형식은 물론 근본적인 논리와 구조는 법률체계이다. 다시 말해 조세법의 이론에는 경제와 회계에 관한 이론이 용해되어 잠재해 있지만 그 모습은 법률이라는 형식으로 표현되어 존재하는 것이다.[40] 따라서 신탁재산의 독립성에 대한 논의는 신탁법의 판단

---

39) 대법원 1993.4.27. 선고 92누8163 판결; 대법원 2012.5.10. 선고 2010두26223 판결 등 참조.
40) 최명근, 『세무학강의』, 세학사, 2007, 187면.

을 전제하여야 할 것이다.

그러므로 조세법상 신탁재산의 독립성에 관한 판단은 전술한 바와 같이 신탁재산과 위탁자 및 수탁자 간의 분리 문제로서, 이는 해당 이익의 귀속에 초점이 맞춰진 조세법과는 다른 관점을 취하고 있으며, 공법에 해당하는 조세법의 조세법률관계라는 관점에서 바라볼 때도 과세관청과 납세의무자 간의 소유권문제를 논하는 시각은 아니기 때문에 신탁재산의 독립성 여부를 조세법에서 단독으로 논할 수 있는 부분은 아니라고 생각한다. 따라서 대부분의 제도와 마찬가지로 조세법상 신탁재산의 독립성 여부를 판단하는 관점도 신탁제도의 문제점을 수정 및 보완하는 선에서 법적 안정성에 일정 부분 정책적 접근을 가미하는 방안이 바람직할 것으로 생각된다.

결국 세무상 신탁재산의 독립성 검토는 신탁을 하나의 실체로 인정할 가능성에 대한 법률적 근거를 마련하기 위한 것이며, 도관이론에 기초한 현행 신탁세제에서 발생하는 조세불평등문제를 해소하기 위한 부분일 것이다. 이를 통하여 신탁제도의 환경 변화에 적절히 대응하고 신탁세제의 법적 안정성을 강화하기 위한 것이다.

2. 수탁자의 납세주체성 부여 가능성

신탁은 영미에서 출발했고, 신탁은 단지 재산이전을 위한 도관에 불과하며, 타익신탁을 기본유형으로 하고 있다. 이에 따라 신탁은 도관이론이 적용되고 있고, 원칙적으로 신탁의 납세의무자는 위탁자 및 수익자가 된다. 주요국은 2000년도에 이르러 신탁을 글로벌 금융수단으로 이용하기 하기 위하여 현대화했고, 수탁자의 역할이 전보다 더 강화되는 추세이다.[41] 이에 따라 영미신탁은 이미 신탁을 실체로 인정한 반면 대륙법계 국가에서는 신탁의 실체인정에 대한 논란이 있었고, 이에 일본 신탁세제는 법인과세신탁을 신설하여 일정한 범위 내에서 신탁을 법인으로 간주하여 실체로 인정하게 되었다.

---

41) 수탁자는 신탁재산의 형식적인 소유자로서 신탁사무 등의 역할을 담당하는 등 신탁관계에서 가장 중요한 존재이다. 미국은 우리나라보다 수탁자에 관하여 재량권을 폭넓게 인정하고 있다. 즉, 통일신탁법(UTC) §227에서는 "신탁조항 또는 법률로 별도의 정함이 없는 경우에는 신중인(prudent man)으로 하여금 재산을 보전하고, 나아가 지속적인 수입액에 관하여 고려하면서, 자신의 재산과 관련된 투자만을 한다"고 명시하고 있다.

또한 1992년 제3차 신탁법 Restatement에서 제227조에 '신중투자자 원칙(prudent investor rule)'을 채택했다. '신중투자자 원칙'은 신중인 원칙과 현대의 투자이론(Modern Portfolio Theory: 투자자는 적절한 분산투자를 통하여 투자위험을 최소화할 수 있다는 내용)을 반영하고 수탁자의 투자판단기준을 설정하고 있다. 이와 같은 원칙으로 미국의 신탁관계는 수탁자 중심으로 신탁제도를 운영하고 있는 것으로 보인다: 김종해·김병일(a), "상속세 및 증여세법상 유언대용신탁에 대한 과세방안", 『조세법연구』 제19집 제1호, 한국세법학회, 2013, 293면.

전술한 바와 같이 신탁을 실체로 인정한 근거는 신탁의 조세회피행위를 최소화하기 위한 것이었다. 우리나라도 예외는 아닐 것이다. 다만, 수탁자를 납세주체[42]로 인정하는 것은 민사법상 인격[43]과 관련하여 상당한 논란이 제기될 것으로 예상된다. 이러한 상황에서 전술한 신탁재산의 독립성에 대한 근거로서 재산분리에 의한 기업조직법 규정의 적절성을 입법상 살펴볼 것이고, 이를 근거로 전술한 신탁재산의 독립성에 따른 재산분리에 의한 기업조직법 규정과 조세회피행위 방지가 수탁자의 납세주체성 인정 가능성에 대한 법률적·정책적으로 타당한지의 여부를 살펴보고자 한다.

(1) 신탁재산의 독립성과 재산분리에 의한 기업조직법

우리나라 신탁유형의 대부분은 상사신탁(commercial trust)[44]을 취하고 있고,[45] 이 유형은 법인과 유사한 구조를 취하고 있다. 이와 유사한 구조를 취하고 있는 신탁유형은 사업신탁(business trust),[46] 유한책임신탁,[47] 수익증권발생신탁,[48] 투자신탁[49] 등이다.

---

42) 다만, 수탁자를 납세주체로 인정하는 것은 민사법상 인격과 관련 문제로 상당한 논란이 제기될 것으로 예상된다. 그럼에도 불구하고 수탁자의 지위를 조직법적 접근에서 신탁을 일종의 조직으로 파악하고 신탁 내부에서 권한 분배 및 지배통제라는 관점을 가미할 것을 주장하는 견해와 신탁을 실질적 법주체로 보는 견해에 입각한 인격차용설 등으로 설명하는 견해가 있다: 이중기, 『신탁법』, 삼우사, 2007, 4~14면.

43) 인격부여와 관련된 부분을 다시 한 번 음미할 필요가 있다. 즉, 법의 개념에 질서의 사상과 함께 목적의 사상도 내재하고, 그리하여 단지 수단과 목적의 관계만이 아니라 목적의 목적, 종국목적 및 자기목적이 법개념 자체와 함께 불가결한 법적 사성형식으로서 정립되어 있다고 한다면, 인격이나 권리주체의 개념은 법개념에 의하여 기초되고 제한된 것이 아니라 사성필연적이며 보편타당적인 법적 사고의 범위로 생각되지 않으면 안 된다는 것이다. 왜냐하면 권리주체는 역사적으로 주어진 특정한 법에 의하여 자기목적의 의의에 있어서 인정되는 존재이며, 그에 반하여 권리객체는 같은 상태에 있어서 제약된 목적의 단순한 수단으로 취급되는 존재이기 때문이다: 최종고 역, 『법철학』, 삼영사, 1997, 180면.

44) 신탁재산이 수탁자에게 이전될 때 일정한 대가관계가 성립하는 점에서 통상의 민사신탁(donative trust)과 구분된다: Steven L. Schwarcz, supra note 6, at 562.

45) 개정신탁법은 영업을 신탁의 대상으로 명시하고(제2조), 수익자에게 수익증권을 발행하여 이를 유통시킬 수 있도록 하였으며(제78조 이하), 일정한 요건하에 신탁사채를 발행하고(제87조 이하), 수탁자가 신탁채무에 대해 신탁재산으로만 책임지는 형태의 유한책임신탁제도를 도입하였다(제114조 이하). 다만, 아직 자본시장과 금융투자업에 관한 법률(자본시장법)에서 신탁업자의 수탁재산 중에 영업을 포함시키지 않는 등 현실적인 걸림돌이 있기는 하다: 노혁준, "주식회사와 신탁에 관한 비교고찰 — 재산분리 기능을 중심으로 —", 『증권법연구』 제14권 제2호, 2013. 8, 629면.

46) 사업신탁은 자익신탁이나 타익신탁의 구조를 취할 수 있으며, 전술한 바와 같이 타익신탁은 신탁재산의 독립성이 높은 반면 자익신탁은 신탁재산의 독립성이 약하기 때문에 여기서는 자익신탁을 중심으로 살펴보기로 한다.

47) 유한책임신탁은 기존에 업종의 신탁회사의 책임체계를 창설 또는 변경하는 것으로서 이러한 유한책임신탁의 활용으로 인해 신탁사업의 부도로 인한 피해를 막을 수 있을 뿐만 아니라 위험 관리를 통한 안정적인 운용이 가능한 신탁구조이다.

48) 수익증권발행신탁은 신탁행위에서 하나 또는 둘 이상의 수익권을 표시하는 증권, 즉 수익증권을 발행하는 취지를 정한 신탁을 말한다. 특징적인 것은 수익증권의 발행 여부를 수탁자의 재량에 의해 결정하지 못하도록 정하고 있다는 점이다. 투자신탁 또한 수익자를 납세의무자로 보고 있다. 이러한 신탁재산

이러한 신탁유형 중 사업신탁은 특정사업 그 자체(사업경영권)를 신탁의 대상으로 하는 것이다.[50] 즉, 소정의 사업양도의 사업과 유사한 것을 신탁재산(채무의 인수, 계약의 지위의 양도도 포함한 개념)으로 하는 신탁이다.[51] 여기서는 사업신탁이 상사신탁의 한 가지 유형이고, 다른 신탁유형보다 법인과 유사한 재산분리구조를 취하고 있으므로 사업신탁을 전제로 살펴보기로 한다.

이러한 신탁은 후술할 기업조직체 요소인 유한책임(limited liability)이나 조직격리(entity shielding) 기능, 도산 기능 등 투자자의 재산과 사업조직의 재산이 분리되는 구조를 취하고 있다. 이러한 구조는 신탁재산의 독립성을 전제로 위탁자나 수탁자의 채권자로부터 수익자를 보호한다는 측면을 반영하고 있다. 즉, 타익신탁에서는 위탁자 및 수탁자로부터 신탁재산이 독립되어 있고, 자익신탁에서는 수탁자로부터 독립되었다는 점이다.[52] 이는 기업조직법이 기업의 채권자로부터 주주를 보호한다는 측면에서 구조상 괘를 같이하고 있다. 이와 같은 관점은 종래 신탁법리가 계약법(contract law) 또는 재산법(property law)의 논의에 초점이 맞춰진 반면, 2011년 개정된 신탁법은 신탁을 하나의 기업조직법제[53]로서 활용할 가능성이 제기되면서 신탁재산의 독립성 부분이 더 중요하게 부각되고 있다.[54] 이에 기업조직법의 재산분리 기능과 요건이 신탁법상 어느 정도 준용하고 있는지를 살펴보고, 이를 통하여 신탁재산의 독립성이 수탁자의 납세주체성 인정 여부에 어떠한 타당성이 있는지를 살펴보고자 한다.

첫째, 기업조직체의 특성인 재산분리 기능이다. 원래 영미법상 회사(corporation)에 대한 규율은 신탁법리에 그 뿌리를 두고 있고, 영국에서 1844년 회사설립이 자유롭게 되

의 독립성이 존재하지만 수탁자의 역할이 제한되므로, 이러한 신탁에 납세의무를 부여하기는 어려울 수 있을 것이다.

49) 투자신탁은 투자자로부터 자금 등을 모아 투자·운용하고, 그에 따른 수익을 투자자에게 취득시키는 것이 목적인 집합투자기구이다. 현행 세법은 과세이연방지, 직접투자와의 형평성을 위하여 간접투자의 범위를 엄격히 규정하고 있으며, 현행 세법상 일정 요건을 갖춘 투자신탁만을 간접투자로 인정하고 있다. 즉, 소득세법 시행령 제26조의2는 간접투자의 범위를 「자본시장과 금융투자업에 관한 법률」에 따른 집합투자기구(같은 법 제251조에 따른 보험회사의 특별계정은 제외하되, 금전의 신탁으로서 원본을 보전하는 것을 포함한다. 이하 '집합투자기구'라 한다)일 것, 해당 집합투자기구의 설정일부터 매년 1회 이상 결산·분배할 것. 금전으로 위탁받아 금전으로 환급할 것(금전 외의 자산으로 위탁받아 환급하는 경우로서 해당 위탁가액과 환급가액이 모두 금전으로 표시된 것을 포함한다)으로 한정하고 있다.

50) 西宮和夫, 『信託法』, 有斐閣, 1986, 133~134頁.

51) 안성포 역, 앞의 책, 174면.

52) 자익신탁 중 사업신탁(business trust)은 신탁재산의 분리기능이 강하게 나타는 형태이다: 노혁준, 앞의 논문, 642~654면 참고.

53) 신탁법 제2조, 제78조 이하, 제87조 이하, 제114조 이하 등이 신탁제도가 하나의 기업조직법제로 활용되는 부분이다.

54) 노혁준, 위의 논문, 629면.

기 전에는 폐쇄적이고 소규모인 기업조직은 신탁구조에 의하는 경우가 많았다.[55] 그러나 대규모 기업조직이 출현하면서, 신탁구조보다는 독립된 기업조직을 갖추기 위한 요건들이 발생했다. 그중 기업조직체를 갖추기 위한 중요한 요건은 재산분리와 관련된 유한책임과 조직격리이다.

재산분리는 투자자의 재산과 사업조직의 재산을 분리를 의미하며, ① 유한책임의 원칙은 사업조직에서 발생한 실패가 투자자의 재산까지 전이되어선 안 된다는 것이고, ② 조직격리란 투자자의 개인적 실패가 사업조직으로 전이되어선 안 된다는 것이다.[56] 이러한 조건의 충족을 통하여 조직에서 재산을 분리할 수 있다고 보고 있다. 이러한 조직격리에는 우선의 원칙(priority rule)[57]과 청산방지의 원칙(liquidation protection)[58]이 존재한다.[59] 이는 상호 반대방향에서 각 재산의 독자성을 보존하기 위해 작동하게 된다.

또한 법인은 영리추구를 목적으로 회사의 명의 및 계산에 대해서 거래를 하는 단체인 이상 구성원이 개인으로서 가지는 재산과 별개로 회사 자체의 재산을 가질 것이 법률상·이론상으로 요청되어 있으며, 이러한 부분이 신탁에서 수탁자에게 이전된 신탁재산과 수탁자 개인의 재산은 분리되어 신탁재산의 독립성을 인정하고 있다는 측면에서도 유사성이 인정된다.[60] 이러한 형태의 신탁은 사업신탁이나 수익발행증권신탁, 그리고 한정책임신탁 등이 법인과 유사한 조직을 갖고 있다.

둘째, 구체적으로 신탁이 기업조직체의 특성인 재산분리 요건과 관련된 신탁법의 규정은 다음과 같다.

① 유한책임과 관련하여, 수탁자와 위탁자 및 수익자의 책임으로 구분하여 살펴볼 필요가 있다. 즉, 신탁채권자가 신탁부분에서 발생한 채권을 신탁을 설정한 위탁자 및 수익자에게 청구가 가능한가의 문제이다. 신탁채권자의 직접적인 상대방은 수탁자일 뿐 위탁자 및 수익자는 아니다. 따라서 신탁이 도산상태에 이른다 할지라도 위탁자 및

---

55) Edward Rock & Michael Wachter, Dangerous Liaisons: Coporate Law, Trust Law, and inter-doc-trinal Legal Transplants, *96 NW. U. L. Rev.*, 2001, p.651, p.655.
56) 이를 처음으로 언급한 Henry Hansmann & Reinier Kraakman, supra note 10, at 393에서 유한책임의 원칙을 'defensive asset partitioning'으로, 조직격리를 'affirmative asset partitioning'으로 불렀다. 여기에서는 Reinier Kraakman et al., supra note 10, at 6~9의 용어의 예를 따르기로 한다: 노혁준, 위의 논문, 637면.
57) 우선의 원칙이란 투자자에 대한 채권자가 사업조직의 재사에 관하여 사업조직의 채권자에 비해 후순위에 놓이게 된다는 것을 말한다.
58) 투자자의 채권자가 사업조직의 재산에 대하여 직접 강제집행을 할 수 없다는 것(강제집행금지)과 사업조직에 대하여 투자자 지분의 (일부) 청산 및 환급을 요구할 수 없다는 것(환급금지)을 말한다.
59) Henry Hansmann & Reinier Kraakman, The Essential Role of Organizational Law, 110 Yale L. J. 387, 2000, supra note 10, p.394.
60) 최현태, "신탁의 구조로 본 신탁유사법리에 대한 고찰", 『법학연구』 제19권 제1호, 2011. 4, 188면.

수익자는 신탁채권자에 대하여 직접적인 책임을 부담하지 않는다. 그렇다면, 이 경우에 수탁자는 신탁채권자에게 어느 수준까지 책임을 질 것인가라는 문제만 남게 된다. ㉠ 우선 수탁자는 신탁채권자에 대하여 다음과 같은 규정을 통하여 유한책임을 진다. 수탁자가 부담하는 재산의 범위에는 신탁재산으로만 한정되어 있다.61) 이 상황은 수탁자가 신탁활동에 실질적인 역할을 한 경우를 전제로 한다. 그러나 수동신탁처럼 수탁자의 역할이 단지 위탁자나 수익자의 지시를 수행할 경우에도 전술한 유한책임범위를 그대로 적용할 수 있는지 의문이 든다. 이에 대하여 수동신탁이라 하더라도 수탁자에게 법률적·형식적으로 수탁자에게 배타적으로 소유권이 이전되었다고 대법원은 보고 있고, 수탁자의 역할이 제한되어 있다고 하더라도 신탁법상 유효하다고 보고 있다.62) 이는 신탁재산의 독립성에 관한 견해를 수용하고 있다고 보인다. ㉡ 위탁자 및 수익자의 권리의무와 관련된 부분이다. 위탁자 및 수익자는 신탁채권자에 대한 직접적인 의무를 부담하지 않는다.

② 조직격리기능과 관련하여, 각 당사자별 권리의무를 살펴보기로 하자. 조직격리기능을 구성하는 우선의 원칙과 청산방지의 원칙으로 구분하여 살펴보면 다음과 같다. ㉠ 우선의 원칙과 관련하여 신탁법 제62조 "신탁채권은 수익자가 수탁자에게 신탁재산에 속한 재산의 인도와 그 밖에 신탁재산에 기한 급부를 요구하는 청구권보다 우선한다"고 명시하고 있어서 수익채권이 신탁채권보다 후순위에 위치하게 된다. ㉡ 청산방지의 원칙과 관련하여 위탁자 및 수익자의 채권자가 직접 신탁재산에 대하여 강제집행을 할 수 없다.63) 같은 법 제46조(비용상환청구권) 수탁자는 신탁사무의 처리에 관하여 필요한 비용을 신탁재산에서 지출할 수 있다.

---

61) 신탁법 제38조 【유한책임】 신탁행위로 인하여 수익자에게 부담하는 채무에 대하여는 신탁재산만으로 책임을 진다.
  신탁법 제43조 【수탁자의 원상회복의무 등】 ① 수탁자가 그 의무를 위반하여 신탁재산에 손해가 생긴 경우 위탁자, 수익자 또는 수탁자가 여럿인 경우의 다른 수탁자는 그 수탁자에게 신탁재산의 원상회복을 청구할 수 있다. 다만, 원상회복이 불가능하거나 현저하게 곤란한 경우, 원상회복에 과다한 비용이 드는 경우, 그 밖에 원상회복이 적절하지 아니한 특별한 사정이 있는 경우에는 손해배상을 청구할 수 있다.
  신탁법 제114조 【유한책임신탁의 설정】 ① 신탁행위로 수탁자가 신탁재산에 속하는 채무에 대하여 신탁재산만으로 책임지는 신탁(이하 "유한책임신탁"이라 한다)을 설정할 수 있다. 이 경우 같은 법 제126조에 따라 유한책임신탁의 등기를 하여야 그 효력이 발생한다.
62) 대법원 2003.1.27. 선고 2000마2997 판결. "신탁재산에 관하여는 수탁자만이 배타적인 처분·관리권을 갖는다고 할 것이고, 위탁자가 수탁자의 신탁재산에 대한 처분·관리권을 공동행사하거나 수탁자가 단독으로 처분·관리를 할 수 없도록 실질적인 제한을 가하는 것은 신탁법의 취지나 신탁의 본질에 반하는 것이므로 법원은 이러한 내용의 관리방법 변경을 할 수는 없다"고 하여 수탁자의 권한을 실질적으로 제한하는 것이 신탁의 본질에 반한다는 입장을 취한바 있다: 임채웅, "수동신탁 및 수탁자의 권한제한에 관한 연구", 『법조』 제614호, 2007, 6면.
63) 신탁법 제22조 제1항.

이상과 같은 기업조직법의 재산분리기능과 신탁재산의 독립성의 근거인 도산격리기능이 공통적으로 기업의 채권자나 위탁자나 및 수탁자의 채권자로부터 주주와 수익자를 보호한다는 측면에서 공통점이 존재한다. 또한 신탁법상 재산분리 규정이 기업조직법과 모두 일치하진 않지만, 신탁법에 위탁자로부터 신탁재산의 분리규정을 반영하고 있다는 점에서 신탁을 기업조직체로 파악할 수 있을 것이다. 이는 현재 신탁의 운영 형태나 최근 대법원의 신탁재산의 독립성을 인정하는 결정과 기본적으로 같은 견해라고 볼 수 있을 것이다. 따라서 이는 조세회피방지를 통한 조세중립성 유지라는 정책적 측면과 함께 신탁에게 납세주체성을 인정할 수 있는 주요한 근거가 될 수 있을 것이다.

(2) 조세회피행위 등으로 인한 조세중립성 및 세무행정의 효율성 저해 방지

이는 신탁제도가 도관이론에 기초하고 있기 때문이다. 이는 초기의 신탁활용방법을 넘어서 재산승계 및 자산유동화 등으로의 활용, 부동산투자신탁, 담보신탁, 그리고 고령화 시대에 대응하기 위한 유언대용신탁이나 수익자연속신탁과 같은 다양한 목적의 신탁이 출현했고, 법인이나 동업기업과 같은 구조를 갖는 신탁들이 출현하게 되었다. 이러한 상황에서 전술한 바와 같이 도관이론만을 채택하여 신탁을 운용하는 데 한계점이 있고, 신탁제도의 특징인 유연화로 인한 조세회피방법도 다양해지고 있다. 이를 주요국에서는 어떠한 방법으로 해소하고 있는지를 먼저 살펴보기로 한다.

우선 영미계의 신탁은 신탁을 하나의 인격으로 보고 있다. 미국은 공익 또는 자선신탁 그리고 위탁자신탁(grantor trust)을 제외하고는 신탁을 납세주체로 보고 있다.[64] 영국도 일부 신탁을 제외하고 대부분의 신탁에 대하여 신탁에게 인격을 부여하고 있다. 이러한 경향은 신탁제도 자체에 대한 문제점에서 기인한 것으로 보인다. 즉, 신탁이 전술한 재산은닉의 도구, 조세회피를 위한 도구 등과 다양한 목적(사업을 위한 신탁, 간접투자 목적의 신탁기구 등)의 신탁 출현에 따른 신탁운용방법의 변경이 필요했기 때문이다. 특히 영미는 2000년도에 들어서며, 수탁자의 역할이 확대되는 신탁기구가 출현했다.

또한 일본도 신탁법개정을 통한 일본신탁세제를 변경했다. 주목할 점은 수탁자에게 과세할 수 있는 방안을 마련했다는 것이다. 이는 일본도 미국이나 영국처럼 신탁제도와 관련된 변화에 대응하기 위한 조치라고 보인다. 다만, 일본의 경우 신탁법의 모국인 영국과 유사한 형태를 유지하고 있다는 점이다.[65] 즉, 미국과 달리 영국은 신탁유형에

---

64) 미국은 2009년 공표된 통일 제정법상 신탁법(Uniform Statutory Trust Entity Act)에서 신탁을 수탁자, 수익자와 구별되는 별도의 주체(entity)로 규정하고 있다(http://uniformlaws. org/Act.aspx?title= Statutory%20Trust%20Entity%20Act 참조).

65) 안성포 역, 앞의 책, 449면.

따라 수탁자를 납세의무자로 보고 있다.[66] 일본도 영국과 유사한 구조를 취하고 있다. 일본은 수탁자를 납세주체로 인정한 형태인 법인과세신탁[67]이 존재한다. 이외의 신탁에는 납세주체성을 인정하고 있지 않다. 이러한 영미계나 일본의 일정한 요건에 해당하는 수탁자에게 납세주체성 허용은 법률적인 측면보다는 정책적 접근으로 보인다.

이러한 정책적 접근은 전술한 바와 같이 신탁의 활용성이 다양해졌고, 기존의 재산은폐 및 조세회피수단으로 활용될 가능성이 존재하고 있는 부분은 우리나라도 영미나 일본의 상황과 다르지 않을 것이다. 비록 우리나라가 영미나 일본보다 신탁의 활용도가 낮긴 하지만, 신탁과 관련하여 향후에 발생할 문제점을 외국의 입법례를 통하여 미리 제거함으로써 법적 안정성과 예측 가능성을 높일 수 있다는 점에서 과세관청이나 납세의무자에게 의미가 있다고 본다. 전술한 바와 같이 영미나 일본도 신탁도관이론을 지속적으로 유지해 왔지만, 신탁이라는 도구를 활용함에 있어서 문제점을 제거하기 위해 법률적 및 정책적인 측면을 모두 고려한 접근으로 수탁자의 실체인정이라는 결과를 도출한 것이라고 생각한다. 이는 신탁을 단순하게 자익신탁과 타익신탁의 구분 이외에 위탁자신탁 등과 같은 다양한 신탁의 출현에 따른 적절한 대응이라고 생각한다. 따라서 우리나라도 다양한 신탁의 출현에 맞추어 세제의 변화로서 수탁자를 실체로 인정할 필요가 있다. 이는 소득세법 및 법인세법 그리고 부가가치세법상 과세기간 및 과세방법을 명확히 함으로써, 조세중립성과 효율성을 증대시킬 수 있을 것이다.

수탁자의 실체인정은 다음과 같은 조세회피방지 및 과세부과기준의 명확화와 관련된 부분일 수 있다. ① 수익자 지정유보부 신탁과 목적신탁 중 타익신탁에서 수익자가 불특정되거나 존재하지 않은 경우이다. 예를 들어, 이 경우 신탁소득이 발생했지만, 수익자가 확정되지 않음으로써, 조세부과시점이나 귀속자를 현행 도관이론에 기초하여 확정하기 어려울 것이다. 이와 함께 소득이 발생한 시점에서 귀속자가 확정되지 못하여 신탁단계에서 소득이 유보되어 버린다.

이와 관련된 소득세법 및 법인세법 그리고 상속세 및 증여세법 관점에서 살펴보면

---

66) 영국은 모든 신탁이 납세의무자가 되는 것이 아니라 신탁유형에 따라 납부의무가 부여된다. 즉, 신탁이 납부의무를 부담하는 유형은 재량신탁(discretionary trust) 또는 누적신탁(accumulation trust), 누적 및 관리신탁(accumulation and management trust: A&M)이고, 수익자가 납부의무를 부담하는 유형은 수동신탁(bare trust)이나 권리소유신탁(interest in possession trust)이며, 위탁자가 납부의무를 부담하는 유형은 위탁자관련신탁(settlor-interested trust)이다. 다만, 신탁이 납세의무자일 때 발생하는 이중과세를 방지하기 위하여 배당세액공제제도를 시행하고 있다: 김종해·김병일(b), "영국의 신탁세제와 그 시사점", 『세무학연구』 제28권 제3호, 2011. 9, 148~149면.

67) 법인과세신탁의 범위에는 수익증권발행신탁, 수익자 등이 부존재하는 신탁, 법인이 위탁자인 신탁(일정 요건 충족해야 함) 등이다. 이외에 이전부터 존재한 투자신탁과 특정목적신탁이 존재한다.

다음과 같을 것이다. 이때 현행 소득세법은 위탁자나 상속인에게 과세할 것을 명시하고 있으며,[68] 신탁이익의 증여가 발생한 경우에도 위탁자나 상속인에게 과세할 것을 명시하고 있다.[69] 이는 도관이론에 따른 실질과세원칙이 적용된 부분이다. 하지만 이 규정은 조세법상 목적신탁의 존재 여부를 의심케 한다. 즉, 실질적으로 위탁자가 신탁재산을 지배하고 있는 상황으로서 신탁에게 위탁하고 있지 않은 상황과 유사하다고 할 수 있을 것이다. 따라서 현행 규정은 신탁재산의 독립성이라는 측면에서 볼 때, 신탁재산의 독립성이 약하고 위탁자가 수익자가 되는 자익신탁에만 적용될 수 있지만, 타익신탁까지 적용하는 것은 무리가 있어 보인다. 이에 전술한 문제점을 해소함과 동시에 목적신탁의 취지를 유지하면서, 타익신탁에 한하여 위탁자나 상속인이 아닌 신탁을 납세주체로 보는 것이 타당하고 볼 수 있을 것이다.[70]

② 신탁소득의 과세이연이 있는 경우이다. 이는 대표적으로 신탁을 통해 조세회피행위를 하는 경우가 이에 해당한다. 신탁소득의 과세이연은 신탁소득의 발생시점과 신탁소득의 분배시점의 차이로 인해 발생한다. 이는 신탁소득은 신탁상품별로 다양하게 발생하며, 수입시기는 신탁단계가 아닌 수익자단계를 기준으로 정하고 있고, 소득별로 각 세목에 따른 수입시기를 적용하고 있기 때문에 발생시점과 분배시점 간의 시차가 존재한다.[71] 물론 신탁소득 중 권리확정주의에 따라 적용받는 이자나 배당소득 등 원천징수가 가능한 소득이 있는가 하면 부동산임대소득이나 사업소득 등 원천징수대상이 아닌 소득의 경우에는 권리확정주의를 적용하는 데 한계가 있다고 볼 수 있을 것이다. 이러한 권리확정주의 문제는 신탁의 독립된 과세기간이 존재하지 않기 때문일 것이다.

또한 다수의 수익자가 있는 경우 유보된 신탁소득을 통하여 낮은 세율을 적용받는 수익자에게 신탁소득을 이전하여, 수익자의 변경을 통한 조세회피를 도모할 수 있기

---

68) 소득세법 제2조의2 【납세의무의 범위】 ⑥ 신탁재산에 귀속되는 소득은 그 신탁의 수익자(수익자가 특별히 정해지지 아니하거나 존재하지 아니하는 경우에는 신탁의 위탁자 또는 그 상속인)에게 귀속되는 것으로 본다.

69) 상속세 및 증여세법 제33조 【신탁이익의 증여】 ② 수익자가 특정되지 아니하거나 아직 존재하지 아니하는 경우에는 위탁자 또는 그 상속인을 수익자로 보고, 수익자가 특정되거나 존재하게 된 경우에 새로운 신탁이 있는 것으로 본다.

70) 일본 상속세법 제9조의4 제2항에 의하면 "수익자 등이 존재하는 신탁에 대하여 당해 신탁의 수익자 등이 존재하지 않게 된 경우에 있어서 당해 신탁의 수익자 등의 다음 수익자 등으로 된 자가 당해 신탁의 효력이 발생된 때의 위탁자 또는 다음 수익자 등으로 되는 자의 이전의 수익자 등의 친족인 때는 당해 수익자 등이 부존재로 된 경우에 해당하는 것으로 된 때는 당해 신탁의 수탁자는 다음 수익자 등으로 되는 자의 이전 수익자 등으로 부터 당해 신탁에 관한 권리를 증여 또는 유증에 의해 취득한 것으로 간주한다"고 규정하여 있다.

71) 소득세법 제4조 【소득의 구분】 ② 신탁의 이익은 신탁법 제2조에 따라 수탁자에게 이전되거나 그 밖에 처분된 재산권에서 발생하는 소득의 내용별로 구분한다.

때문이다. 이는 신탁제도의 유연성으로 인해 최초 수익자 간 분배비율을 조정할 수 있기 때문에 가능하다. 또한 과세당국은 이를 방지하기 위한 후속 규정을 제정하는 데 투여되는 비용 등이 추가되어 비효율성을 야기할 수 있다. 이러한 현상은 조세중립성 저해를 초래하게 될 것이다.

이를 해소하기 위한 방법은 수탁자를 조세법상 실체로 인정하는 방법이나 신탁에 대한 과세기간을 마련하는 것이고, 이를 통해 유보소득의 관리나 수익자변경에 따른 신고의무를 수탁자에게 부여할 필요가 있다. 또한 신탁소득에 대하여 수탁자에게 영미처럼 매년 일정 신탁소득에 대하여 조세를 부과하는 방식의 도입을 고려할 필요가 있다. 이는 신탁의 납세주체성을 전제로 한 과세기간의 설정이 수반되어야 할 부분이다.

③ 장래이익 중 원본수익자가 확정되지 않은 경우의 문제이다. 이는 신탁이 해당 원본에 대하여 원본수익자가 확정될 때까지 관리 등 행위를 해야 하기 때문이다. 즉, 장래이익은 위탁자(피상속인)가 사용·수익권과 처분권을 분리하여 재산승계가 가능하다. 그런데 장래이익은 민사법상 허용하고 있지 않은 소유권으로,[72] 현행 세제에서도 이에 대한 과세방법을 마련하고 있지 않다. 이와 같은 장래이익은 위탁자가 사용·수익권만을 확정된 수익자에게 승계하고 처분권을 승계할 수익자를 확정하지 않은 경우가 문제가 될 것이다. 즉, 원본수익자가 확정될 때까지 상속재산에서 발생한 소득에 대한 세무상 처리문제이다. 상속받은 후 상속재산에서 발생한 소득은 상속을 원인으로 발생한 것이 아니기 때문에 상속재산에 해당하지 않을 것이다.

따라서 이러한 소득에 대한 납세의무를 원본수익자가 확정될 때까지 납세의무를 부담할 것인지 아니면 특례로 상속재산에 포함시킬 것인지에 대한 명확한 기준이 설정되어 있지 않다. 이를 위하여 수탁자에게 일정기간 동안 상속재산에서 발생한 소득에 대해 납세의무를 부여할 필요가 있을 것이다. 또한 원본수익자 확정시까지 상속재산에서 발생한 재산세에 대한 납세의무를 누구로 할 것인가의 문제도 초래된다. 즉, 비록 피상속인이나 위탁자의 사망으로 재산승계는 발생했지만 처분권, 즉 원본이 승계되지 않은 경우 원본에 해당하는 신탁재산에 대한 재산세의 납세의무자를 누구로 확정할 것인가의 문제가 발생할 것이다. 현행 재산세 규정과 대법원은 타익·자익신탁을 구분하지 않고 신탁재산의 독립성을 근거로 신탁을 이에 대한 납세의무자로 보고 있다.[73] 그런데

---

72) 김종해·김병일(c), "신탁세제상 장래이익의 세무처리방안 — 상속세 및 증여세법을 중심으로 — ", 『조세법연구』 제20권 제3호, 한국세법학회, 2014 참고.

73) 지방세법 제107조 제1항 단서와 대법원의 견해는 대내적 관계보다는 대외적 관계에 비중을 두고 판단하고 있다고 보인다. 즉, 신탁재산의 귀속자의 혼동으로 인한 제3자 등의 불측의 손해를 최소화하기 위한 것으로 보인다. 그러나 이러한 대법원의 견해에 대해 실무적으로 어려운 측면이 존재한다는 주장이 제기되고 있다.

위탁자가 사망한 상황과 원본수익자가 확정되지 않은 상황에서 상속재산에 대해 현행 지방세법상 재산세의 납세의무자 규정 및 대법원의 견해를 그대로 적용할 수 있는지는 의문이 든다. 결국 원본수익자가 확정될 때까지 수탁자를 재산세의 납세의무로 간주해야 될 필요가 있을 것이다.

이상과 같이 신탁을 위한 조세회피행위 등으로 인한 조세중립성 저해문제는 수탁자를 납세주체로 인정할 때 최소화될 수 있을 것이다.

따라서 신탁재산의 독립성이라는 법률적 근거와 조세회피행위방지라는 정책적 근거는 법적 안정성 및 예측 가능성을 제고하고 실질과세원칙의 적용범위를 합리적으로 설정할 수 있고, 향후 신탁유형의 신설에서 발생하는 세무상 문제를 최소화할 수 있을 것이다.

3. 수탁자의 납세주체성 허용을 전제로 한 신탁의 세법상 분류기준

(1) 서 설

현행 신탁세제상 전술한 바와 같이 신탁을 단순한 이익이 지나가는 파이프(pipe)로 취급하고 있기 때문에 전술한 문제가 그대로 노출되어 있고, 새로운 신탁유형의 출현에 따른 그 때마다의 임시적 대응 등 따른 추가적인 조치가 필요할 것이다. 따라서 현행 신탁세제에 대한 구체적인 정비가 필요한 시점이다. 이의 개선방향의 단초는 무엇보다도 일정한 경우에 수탁자를 납세주체로 인정할 필요가 있다는 점이다. 이에 대한 합리적인 기준을 설정하여 국세 및 지방세에 아우르는 통일적이고 일관된 틀을 마련할 필요가 있다고 본다. 이는 도관이론에 기초한 실체이론을 가미하여 신탁의 특성인 유연성을 유지하면서 신탁세제 중 가장 큰 문제인 이중과세문제를 해결하고, 신탁을 통한 조세회피를 최소화하여 경제적 효율성 제고와 다른 제도와의 조세형평성을 유지하는 것이다. 이를 위해서 주요국의 입법례를 간단히 살펴본 후 우리나라가 취할 방향을 설정해 보기로 한다.[74]

(2) 주요국의 입법례

미국이나 영국 및 일본의 신탁세제는 기본적으로 모두 이중과세를 방지하고 있다. 또한 미국과 영국은 신탁[75]을 하나의 실체[76]로 인정함에 따라 납세주체로 보고 있는

---

74) 투자신탁은 별도의 납세의무를 부담하는 납세주체에 해당되지 않기 때문에 투자신탁 자체는 납세의무가 없다. 한편 투자회사의 법적 형태는 법인이기 때문에 법인세 납세의무가 있지만 배당가능이익의 90% 이상을 배당하는 경우 등에는 지급배당공제를 통해 실질적으로 법인세가 과세되지 않는다.

75) 영미의 신탁제도 수탁자는 신탁재산(res)에 대하여 보통법상 권리인 법적 소유권(legal title)을 갖게 된

반면 일본은 법인과세신탁의 범위에 해당하는 경우만 수탁자를 납세주체로 보고 있다. 그 밖에 외국의 신탁세제는 조세회피를 방지하기 위한 여러 장치를 마련했고, 특히 일본은 신탁소득의 유보를 통한 소득분산 등과 같은 조세회피행위를 최소화기 위하여 신탁을 일정한 요건에 한하여 납세주체로 보고 있다. 결국 외국의 신탁구분기준은 각국의 신탁법 법률체계와 조세회피방지의 최소화라는 점에서 공통점이 존재한다.

첫째, 미국은 신탁을 기본적으로 개인(individual)으로 취급하고 있으며,[77] Distribution Net Income(DNI) 방식을 통하여 신탁단계에서 신탁과세소득을 산정한 후 수익자에게 분배하고 있다. Subchapter J는 신탁(trust)과 유산(estate)에 관하여 소득세법의 내용을 적용하고 있으며, 독특하고 혼합된 형태(hybrid form)의 세제형태를 취하고 있다.[78] 미국의 신탁이나 유산의 과세이론은 도관이론을 적용하고 있지만, 파트너십과 같은 pass-though는 아니다. 즉, 신탁을 '별도의 납세의무자로서의 신탁 trust as separate taxpayers'라는 규정을 적용하여 수탁자를 개별 실체로 보고(pay-through), 위탁자나 수익자와 분리하여 과세하도록 하여 이중과세를 방지하고 있다. 다만, 위탁자신탁에는 이러한 도관이론이 적용되지 않는다.

Subchapter J에서는 신탁의 유형을 단순신탁(Simple Trust), 복합신탁(Complex Trust), 위탁자신탁(Grantor Trust)으로 구분하고 있다. 이러한 구분은 통일신탁법에 의한 신탁의 분류와 관계없이 Regulation에서 규정하는 조건을 충족한 경우에 따라 각각 구분하고 있다.[79] ① 단순신탁은 당해 모든 신탁소득을 분배해야 하며, 기부금출연이 없는 신탁을 말한다.[80] 단순신탁에서는 DNI를 한도로 신탁소득을 수익자에게 분배하며, DNI 초과금액은 신탁원본으로 이전하게 된다. 따라서 단순신탁의 납세의무자는 수익자만 된다. ② 복합신탁은 단순신탁의 조건 중 하나라도 충족하지 못한 신탁이며, 단순신탁과 달리 신탁소득을 유보할 수 있고, 신탁유보소득에 대해 수탁자가 납세의무를 부담한다. 따라서 복합신탁의 납세의무자는 수익자와 수탁자가 된다. 또한 ③ 위탁자신탁은 위탁

다. 즉, 수탁자는 수익자를 위하여 당해 재산을 관리하고 점유할 권리를 갖지만, 경제적 이익은 갖지 못한다. 그리고 수익자는 형평법상 소유권(equitable title)을 갖게 된다. 즉, 수익자는 재산에 대한 이익을 갖게 되지만, 재산을 관리하고 점유할 권리를 갖지 못한다: 이상윤, 『영미법』, 박영사, 2000, 326~327면: 서철원, 『미국 비즈니스법』, 법원사, 2000, 229면.

76) 현병철·최현태 역, 『신탁과 법인의 역사』, 세창출판사, 2007, 118~160면 참고.

77) IRC § 641(b).

78) Mark. L. Ascher, Robert T. Danforth, FEDERAL INCOME TAXATION OF TRUSTS AND ESTATES CASE, PROBLEMS AND MATERIALS, Carolina Academic Press, 2008, p.27.

79) Treas. Reg. § 1.651(a)-1에서는 Simple Trust으로, Treas. Reg. § 1.661(a)-1에서는 Complex Trust라고 규정하고 있다.

80) IRC § 651.

자가 자신의 재산을 신탁에게 이전하고 이전한 신탁재산에 대하여 위탁자(Grantor)나 제3자(위탁자의 특수관계자)가 실질적인 권능을 행사하는 형태를 말한다.[81] 따라서 위탁자신탁은 실체성이 무시되며, 이 신탁의 납세의무자는 위탁자가 된다. 이와 같은 미국의 세무상 신탁은 신탁재산의 보유 및 이전형태, 그리고 위탁자의 영향력에 따라 구분하고 있다.[82]

이러한 구분기준은 보통법과 형평법에 따른 신탁재산의 보유권원을 수탁자와 수익자로 정하고 있으며, 이에 따라 어느 누구에게도 신탁재산에 대한 의무를 가중시키지 않기 위한 것으로 판단된다. 이에 미국은 위탁자 및 수익자뿐만 아니라 수탁자도 납세주체로 간주하고 있다고 보인다. 이러한 미국의 세무상 신탁구분은 조세정책상 조세회피 방지 등 효율성을 높이기 위해 세법 조문에 규정하기보다는 Regulation에 의해서 규정하고 있다. 이는 기본적인 법률의 변경보다는 세무행정의 효율성 측면의 접근법으로 보인다.

미국은 투자회사(Investment company) 이외에 투자신탁(Investment trust)이 있고, 도관이론을 기초하여 성립된 형태이다. 투자회사는 법인격 있는 주체로서 법인세 납세의무자이지만, 이중과세를 방지하기 위하여 투자회사의 당해 이자소득과 배당소득의 90% 이상을 투자자에게 지급하는 경우에는 투자회사에게 비과세혜택(지급배당공제)을 주고 있다. 투자신탁은 법인격이 존재하지 않으므로 신탁과 같이 신탁자산에서 발생하는 소득에 대해서는 과세되지 않는다는 점에서 이중과세문제는 발생하지 않는다. 투자회사와 투자신탁에 대한 과세방법은 영국도 유사한 구조를 취하고 있다.

다음은 미국의 신탁 종류별 과세방법은 다음 <표 1>과 같다.

<표 1> 미국의 신탁 종류별 과세방법

신탁의 종류	납세의무자	과세구분	과세방법	과세시기
단순신탁	수익자	신탁소득분배시	신탁단계과세	신탁수익을 분배할 때
복합신탁	수익자/수탁자	신탁소득분배시	신탁단계과세	신탁수익을 분배할 때
위탁자신탁	위탁자/제3자	요건 충족시 과세	위탁자단계과세	신탁수익을 분배할 때

---

81) IRC § 671.
82) Kenneth E. Anderson · Thomas R. Pope, PRENTICE HALL'S FEDERAL TAXATION 2013, Prentice Hall, 2013, pp.C14－13～C14－27.

둘째, 영국도 미국과 마찬가지로 신탁에 대한 법률구조를 취하고 있다. 따라서 수탁자를 실체로 인정하는 것은 미국과 다르지 않다. 영국은 미국과 달리 수탁자 영향력 여부 및 위탁자 등을 통한 조세회피방지 목적에 따라 신탁을 구분하고 있는 것으로 보인다.[83] 또한 영국은 미국과 다른 세제구조를 취하고 있다. 즉, 이원적 소득세제(Dual income Tax System: DIT)[84]에 따라 신탁을 거주자로 취급하고 있고, 소득과 자본을 분리하여 각각 과세소득을 산정하는 구조를 취하고 있다.

구체적으로 영국신탁과세제도의 과세이론은 원칙적으로 도관이론을 기반으로 하지만, 신탁법상 신탁을 법인으로 파악함으로써 실체이론을 가미하고 있어서, 신탁 · 수익자 · 위탁자 모두를 납세의무자로 보고 있다. 즉, 도관이론에 따라 신탁재산에 발생한 소득에 대하여 신탁에 대하여 과세하지 않는 상황이 지속됨으로써 신탁소득을 분배하기보다는 신탁소득의 유보를 통한 소득분산을 시도하게 되었다. 이를 최소화하기 위하여 신탁에 과세하는 실체이론이 도입되었다. 다만, 모든 신탁이 납세의무자가 되는 것이 아니라 신탁유형에 따라 납부의무가 부여된다. 즉, 신탁이 납부의무를 부담하는 유형은 재량 신탁(discretionary trust)[85] 또는 누적신탁(accumulation trust), 누적 및 관리신탁(accumulation and management trust: A&M)[86]이고, 수익자가 납부의무를 부담하는 유형은 수동신탁(bare trust)[87]이나 권리소유신탁(interest in possession trust)[88]이며, 위탁자가 납부

---

83) Matthew Hutton, Tolley's UK Taxation of Trusts, 18th ed, 2008, LexisNexis, pp.15~26.
84) 이에 대한 자세한 내용에 대해서는, 안종석 · 전병목, 『자본소득 분리과세에 관한 연구 —DIT를 중심으로 —』, 한국조세연구원, 2007. 12. 참고.
85) 재량신탁(discretionary trust or relevant property settlement)은 수탁자가 신탁재산에 대하여 법적소유권을 보유한 경우로서 누적 및 관리신탁과 더불어 수탁자의 재량권이 폭넓게 부여된 신탁을 말한다.
86) 누적 및 관리신탁은 상속세법 1984 제71조 제1항 및 제2항에서 정의되어 있다. 누적 및 관리신탁이 되기 위한 조건은 다음과 같다. 첫째, 하나 이상의 수익자가 신탁재산에 관한 절대적 권리가 있거나, 해당 자산에 대한 수익소유권을 얻거나, 그의 연령이 25세를 초과하지 않은 경우이다. 둘째, 수탁자가 소득을 유보하거나 수익자의 이익, 교육, 그리고 관리를 위해 소득을 사용해야 될 경우이다. 그러나 영구구속 및 유보에 관한 법률 1964(Perpetuities and Accumulations Act 1964)에서는 소득유보기간을 21년으로 제한하고 있다. 셋째, 신탁은 25년을 초과하여 존속할 수 없을 뿐만 아니라 손주의 수익을 위해서 존속할 수 없다.
87) 수동신탁은 일반적으로 양도자가 미성년자(minors)에게 자산을 이전할 목적으로 활용된다. 수동신탁의 수익자는 신탁이 보유한 자본 또는 원본(capital)과 이득(income)에 대하여 즉각적이고 절대적 권리를 가짐으로써, 수탁자에게는 재량권을 부여하지 않고 있다.
88) 권리소유신탁은 1 이상의 확정이익(fixed-interests)이 있는 신탁을 말한다. 이 신탁의 수탁자는 모든 수익을 수익자에게 이전해야 하고, 수익자는 즉각적이고 자동적으로 수익을 귀속할 것이다. 다만, 소득을 수령한 수입수익자(income beneficiary)는 위탁자산(trust capital: 원본)에 대한 권리가 없다. 이러한 수입수익자는 '생애수익자(life tenant) 또는 생애수익보유자(have a life interest)'로 불려진다. 권리소유신탁은 '관련재산규정(relevant property regime)'을 적용받으며, 상속세법상 재량신탁과 동일한 방법으로 처리된다. 다만, 2006년 3월 22일 이후에 설정된 장애인신탁은 관련재산규정을 적용하지 않는다.

의무를 부담하는 유형은 위탁자관련신탁(settlor-interested trust)[89]이다. 다만, 신탁이 납세의무자일 때 발생하는 이중과세를 방지하기 위하여 배당세액공제제도를 시행하고 있다. 한편, 영국신탁의 과세소득 산정은 신탁단계에서 행해지며, 신탁의 유형에 따라 수익자에게 분배된 소득에 따라 납부금액이 결정되며 자진신고를 부여하고 있다. 이와 함께 대사기능(cross checking)을 강화하기 위하여 수탁자에게도 신고의무를 부여하고 있다.[90] 영국은 다음 <표 2>와 같이 신탁을 구분하고 있다.

<표 2> 영국의 신탁 종류별 과세방법

신탁의 종류	납세의무자	과세구분	과세방법	과세시기
수동신탁, 권리소유신탁	수익자	신탁소득분배시	신탁단계과세	신탁수익을 분배할 때
재량신탁, 누적신탁, 누적 및 관리신탁	수탁자/ 수익자	신탁소득분배시	신탁단계과세	신탁수익을 분배할 때
위탁자관련신탁	위탁자	요건충족시 과세	위탁자단계과세	실제 신탁수익을 수령한 것과 관계없이 분배할 때

셋째, 일본신탁세제도 도관이론에 의한 구조를 취하고 있지만, 미국처럼 독자적인 신탁과세소득 산정방법을 도입하고 있지 않다. ① 수익자 과세신탁은 법적으로 신탁재산이 수탁자에게 이전되지만 수익자가 신탁재산에 속하는 자산·부채, 신탁재산에 귀속되는 수익·비용을 직접 보유하는 것으로 보아 신탁수익 발생시 수익자에게 과세한다.[91] 수익자의 범위에는 수익자 외에 신탁변경권한을 가지며 신탁재산의 수익 혜택을 받을 수 있는 자를 포함한다.[92] 다만, 신탁 이익에 대한 수익자가 존재하지 않거나 간주 수익자도 없는 경우에는 수탁자에게 법인세가 과세된다.[93]

② 일본 신탁세제에서 종래 특정투자신탁과 특정목적신탁을 아울러 특정신탁이라고 부르고 법인세를 과세하여 왔지만, 수탁자에 대하여 법인세를 과세하는 신탁을 확대했다. 법인과세신탁은 수탁자에 대해 신탁재산에서 발생한 수익·비용과 고유재산에서

---

89) 위탁자관련신탁은 위탁자가 자신을 위하여 신탁에 자산을 이전하는 유형을 말한다. 이 신탁은 위탁자의 특수관계자인, 위탁자의 배우자, 민법상 파트너가 신탁으로부터 수익이나 이득을 얻는 경우에도 '위탁자가 관련(settlor-interested)'된 것으로 간주된다. 다만, 위탁자와 그의 자녀가 관련된 경우는 '자녀신탁(child trust)'으로 분류되며, 자녀신탁에는 위탁자관련신탁규정을 적용하지 않는다.
90) 김종해·김병일(b), 앞의 논문, 148~149면을 정리한 것이다.
91) 일본 소득세법 제13조 제1항.
92) 일본 소득세법 제13조 제2항.
93) 일본 법인과세 기본통지 14-4-1.

발생한 수익·비용을 각각 다른 납세의무자로 간주하여 법인세를 적용한다.[94] 법인과세신탁은 신탁법상의 새로운 신탁형태를 수용하여 최근 수탁자과세가 시작된 일부 투자신탁을 포함한 조세법상의 새로운 개념이다.[95] 이는 일본 세법에서의 용어로서, 특정한 요건[96]을 충족하는 신탁에 대해서는 일반법인과 동일하게 과세취급하기 때문에 법인과세신탁으로 칭한다. 이는 신탁 자체를 법인으로 분류하기 보다는 세무상 수탁자의 신탁재산에 대한 법인세 납세의무자로 규정하고 있다. 따라서 수익자는 신탁소득에 대한 납세의무를 부담하지 않아서, 이중과세문제를 해소하고 있다.

이러한 법인과세신탁은 목적신탁(수익자 존재하고 있지 않은 신탁)이나 수익증권발행신탁, 자기신탁(법인인 위탁자가 수탁자가 되는 신탁), 증권투자신탁 및 국내공모 등에 의한 투자신탁 이외의 투자신탁에 대해서는 신탁재산 수익의 대부분이 반드시 분배된다고는 볼 수 없고 수탁자에게 수익이 유보될 가능성이 있기 때문에 그 수익에 대해서는 법인세를 과세한다.[97], [98] 그러나 일본 법인과세신탁의 구분방법은 통일된 기준을 찾아보기 어려운 측면이 존재한다. 즉, 신탁구조 등의 기준으로 일원화하기 보다는 신탁의 특징인 유연성을 존중하고 조세회피행위방지하기 위한 차원으로 보인다.

③ 집단투자신탁은 집단투자신탁에 대해서는 수탁자 단계에서 과세하지 않고 수익자 단계에서만 과세한다. 수익자 과세신탁과 유사하지만, 신탁 수익 발생시에 과세하는 것이 아니라 수익자가 신탁으로부터 배당을 받아 수익을 현실적으로 지급받는 시점에 수익자에게 과세한다.

다음 <표 3>은 일본의 신탁세제 구분이다.[99]

---

94) 일본 법인세법 제4조의6 제2항.
95) 水野忠恒, "信託法の全面改正と平成19年度税制改正", 『税研』No. 133, 2007. 5, 67頁.
96) 일본 법인세법 제2조 제29호의2 참고.
97) 김병일, 앞의 논문, 322면.
98) 특히 수익자를 지정하지 않는 목적신탁이나 위탁자가 수익자를 겸하는 자기신탁의 경우 법인에 있어서 법인분할과 동일하게 이용될 가능성이 있고, 과세관계가 다양해 질 것으로 생각된다: 水野忠恒, 『租税法』(第4版), 有斐閣, 2009, 71頁.
99) 奥村眞吾, 『信託法の活用と税務』, 清文社, 2008, 98頁.

<표 3> 일본의 신탁 종류별 과세방법

신탁의 종류	납세의무자	과세구분	과세방법	과세시기
수익자등 과세신탁	수익자 등	발생시 과세	수익자단계 과세	신탁수익이 발생한 때
법인과세신탁	수탁자	신탁시 법인과세	신탁단계 법인과세	신탁수익이 발생한 때
집단투자신탁	수익자	수령시 과세	수익자단계 과세	신탁수익을 실제로 수령한 때

이와 같은 주요국의 신탁과세구조는 각국의 법률체계를 통한 신탁구조를 반영하고 있으며, 이중과세방지와 조세회피 등과 같은 정책적인 부분을 고려한 세법상 독자적인 기준을 마련하여 전술한 문제점을 최소화하고 있다. 이는 우리나라가 세법상 독자적인 신탁구분을 함에 있어서 참고 및 간접적인 차용이 될 만한 입법례라고 생각된다.

(3) 우리나라 세무상 신탁구분기준안

일본은 2006년 신탁법을 개정했고, 일본 신신탁법에 새로이 도입된 신탁유형을 고려하여 일본신탁세제는 신탁법과 별개의 신탁구분기준을 채택했다. 우리나라가 일본 신탁법을 계수하여 신탁법을 개정한 상황에서, 현행 신탁세제의 변화를 모색해 볼 시기가 되었다. 이는 종래부터 신탁이라 함은 'nobody's property'라고 불리고,[100] 그 소유권의 권능이 분산되는 것이 신탁의 이점이지만, 그 배후에 신탁은 소득이나 재산은폐수단으로 이용되는 것이 우려되는 상황이며, 이를 최소화하기 위한 방안 중 수탁자에 대한 납세주체성 부여 여부이다. 물론 수탁자에 대한 납세주체성 부여는 사법의 틀에서 본다면 수용할 수 없는 부분이지만, 조세정책적 관점에서는 접근할 수 있는 부분이라고 생각된다.[101] 이하에서는 수탁자의 납세주체성을 전제로 세무상 신탁을 구분하기

---

100) 水野忠恒, 앞의 책, 295面.
101) 김병일, 앞의 논문, 337면.
　　현행 세법상 신탁에 관한 관련 조문이 산재되어 있어 앞으로 신설될 다양한 신탁유형에 유연히 대처하기가 쉽지 않을 것으로 생각된다. 따라서 소득세법·법인세법에서 기존의 신탁유형과 새로이 신설될 신탁유형을 신탁의 내용, 특성 및 신탁과세이론에 적합하게 분류하여 이에 상응하는 신탁세제의 체제를 정비하는 것이 바람직할 것이다.
　　일본 소득세법의 경우 제2조(법인세법의 경우에도 제2조)에서 신탁과세 대상이 되는 신탁의 종류마다 용어의 정의를 하고 같은 법 제13조에서 신탁의 내용 및 형태 등에 따라 수익자과세, 분배시 과세 및

위한 방안을 도출해 보기로 한다.

1) 조세법상 신탁의 법적지위 및 그에 따른 신탁세제상 독립된 과세소득 산정방법 마련 여부

첫째, 조세법상 신탁을 개인이나 법인과 달리 다른 제3의 단체로 볼 것인가 하는 문제가 제기된다. 이는 채권설에 기초한 대법원의 판결, 즉 수탁자를 신탁재산의 형식적·법률적 소유자와 관련 부분이기도 하다. 이러한 채권설의 핵심은 신탁관계의 기본구조를 민법의 판덱텐체계하에서 분석·설명하고, 동시에 신탁재산의 독립성이라는 영미법적 기능을 신탁법이라는 특별법에서 명문으로 보장하여, 신탁의 기본구조에 포함시키고 있다는 점이다.[102] 그렇다면, 이를 기초로 하여 대륙법계에서 신탁을 영미법계처럼 신탁을 실체로 인정할 것인가? 즉, 조세법상 신탁재산의 독립성이라는 공통분모를 사법상 인격에 준하여 신탁에 대하여 실체를 부여할 수 있는가의 문제이다. 그러나 이는 신탁법이 민법의 특별법의 위치에 있다 하더라도 법적으로 수용하기 어려운 부분일 것이다. 결국, 신탁이나 수탁자를 하나의 실체로 인정하기 위한 불가피한 접근법은 정책적 관점일 것이다. 다만, 일본의 법인과세신탁 입법례는 시사하는 바가 크다고 생각한다.

이와 관련하여 미국은 신탁을 실체로 인정하고 있지만, 세무상 다음과 같은 시각으로 신탁을 바라고 있는 것으로 보인다. 즉, 세무상 신탁을 'entity as a separate tax-payer'로 보고 있고, 이러한 성격은 신탁을 실제로 인격을 지닌 실체라기보다는 세무상 납세의무자의 지위를 부여한 것으로 파악된다. 또한 일본의 법인과세신탁의 요건에 해당하는 신탁유형을 보더라도 신탁에게 사법상 인격의 성격을 부여하기보다는 정책적 접근인 세무상 납세의무자로서 법인으로 간주하고 있다고 볼 수 있을 것이다.[103] 일본 신신탁법을 계수한 우리나라도 그 사정은 크게 달라 보이지 않는다. 따라서 신탁재산의 독립성이란 공통분모가 있다 하더라도 우리나라처럼 대륙법계를 채택하고 있는 국가에서 영미처럼 신탁에게 인격을 부여하는 것은 무리가 있을 것이다. 따라서 신탁에 대한 실체부여범위는 조세법 내로 제한하며, 단순히 도관이론의 허점을 보충하는 기능을 하는 지위에 머물러야 할 것이다. 이러한 시각은 일본 법인과세신탁의 경우와 유사

신탁단계법인세과세로 나누어 규정하고 같은 법 제67조의3에서 신탁소득금액의 계산에 관한 근거규정을 마련하고 있다

102) 안성포 역, 앞의 책, 48면.

103) 김병일, 앞의 논문, 347면: 이준봉, "일본 신탁과세제도와 그 시사점", 『성균관법학』 제21권 제3호, 2009.12, 988~989면에 의하면 신탁의 합병 및 분할제도의 도입, 사업신탁제도의 도입 및 조세조약 적용시 투자신탁 등의 수익적 소유자에 해당될 수 있도록 하기 위해 일정한 신탁에 대하여 법인세를 과세할 필요가 있다고 하면서 법인과세신탁의 도입을 주장하고 있다.

하다고 볼 수 있을 것이다.

결국 대륙법계인 우리나라는 신탁에게 민사법상 인격을 부여하지는 못하지만, 일본처럼 일정한 요건을 충족한 신탁에 한하여 납세주체성을 인정하는 방법과 조세정책상 신탁의 납세주체성을 조세법 내로 한정하는 실체이론을 가미하는 방법을 고려해 볼 수 있을 것이다. 두 방법 모두 정책적 접근이라는 점에서 공통점이 있지만, 납세주체의 적용범위에서만 차이가 있을 것이다. 후자의 방법을 전제로 본다면, 세무상 신탁의 납세주체성은 신탁재산의 독립성을 기준으로 판단하며, 이에 타익신탁과 자익신탁에는 납세주체성을 부여하되, 자기신탁이나 신탁선언에는 납세주체성을 배제하는 것이 타당하다. 이는 채권설의 골격을 유지함과 동시에 조세회피행위를 최소화할 수 있는 방안이 될 수 있을 것이다.

둘째, 신탁을 납세주체로 볼 때, 독립적인 과세소득산정방식이 필요한가? 신탁을 납세주체로 인정하게 되면 과세기간이나 과세소득산정방식과 수입시기는 세목별 방법을 채택하면 될 것이다. 이를 통하여 과세요건명확화와 조세중립성이 증대될 것이다.

2) 우리나라 신탁세제상 신탁구분기준

신탁세제상 신탁의 구분기준은 신탁재산의 독립성과 신탁을 통한 조세회피행위방지와 같은 조세중립성 확보가 중요하다. 전자는 불완전하지만 법률적 근거이고 후자는 정책적 근거에 해당한다. 이러한 신탁구분기준은 주로 소득세법 및 법인세법에 적용되는 기준이 될 것이다. 이 기준의 근거는 신탁재산을 취득하고 보유할 때 발생하는 지방세와 유사한 근거이다.

세무상 신탁을 구분하기 위한 기준으로 채권설에 기반한 신탁재산의 독립성을 제시한다. 더불어 전술한 조세중립성의 저해가능성 여부를 고려한다. 이는 조세법상 도관이론을 보충하는 수준에서 수탁자를 납세의무자라고 전제하고 있다는 점을 강조한다. 이러한 상황에서 신탁의 과세기간이나 수입시기 등에 대한 규정을 마련할 필요가 있다. 따라서 신탁의 과세기간이나 수입시기도 소득세법이나 법인세법의 규정을 준용하고, 매년 신탁소득을 분배할 것을 규정할 필요가 있다고 본다. 이는 다른 제도와의 조세부과의 차이점을 최소화함으로써, 조세부과의 명확성과 조세중립성을 유지할 필요가 있다. 또한 신탁재산의 취득이나 보유에 있어서, 채권설에 기반한 신탁재산의 독립성은 중요한 근거가 될 수 있을 것이다. 이와 같은 틀을 전제로 세무상 신탁은 신탁재산의 독립성의 강도에 따라 다음과 같이 구분해 본다.[104]

---

104) 안성포 역, 앞의 책, 63~65면 참고.
　　첫째, 재산승계형 신탁은 영미법에 있어서 신탁원형이라고 할 수 있는 형태이고, 위탁자가 중시되는 신

첫째, 혼합과세신탁에는 신탁재산의 독립성이 가장 강한 형태로서 주로 타익신탁과 기업조직체 성격을 지닌 신탁이 이에 해당할 것이다. 따라서 혼합과세신탁은 신탁설정과 동시에 위탁자는 기본적으로 신탁관계에서 이탈하게 되고, 신탁관계에 대한 통제성도 사라지는 유형이므로, 신탁과세관계를 명확히 할 수 있다. 따라서 혼합과세신탁의 소득은 신탁단계에서 과세소득을 산정한 후 수익자에게 분배한다. 이때 신탁수익의 수령자인 수익자를 납세의무로 한다. 다만, 당해 발생한 신탁소득을 미분배한 경우는 수탁자를 납세의무자로 간주한다. 이때 이중과세를 방지하기 위하여 배당세액공제를 적용하면 될 것이다. 또한 목적신탁처럼 수익자가 불확정되거나 또는 부존재한 경우에도 수탁자를 납세의무자로 본다. 이러한 세무처리는 신탁소득의 과세이연방지와 수탁자가 위탁자로부터 신탁재산을 완전히 귀속된 상황에서 위탁자의 영향이 적기 때문이고, 수익자가 확정될 때까지 발생한 소득에 대한 관리 측면에서도 의미가 있다고 본다. 따라서 혼합과세신탁의 납세의무자는 수익자이고, 보충적으로 수탁자가 된다.

둘째, 단일과세신탁은 주로 자익신탁의 구조를 취하고 있어서 신탁재산의 독립성이 약하다. 또한 위탁자와 수익자가 일치하기 때문에 수익자과세원칙을 유지할 수 있는 측면이 존재한다. 다만, 신탁소득의 미분배금액은 신탁재산의 원본에 가산한다. 이때 미분배금액과 실제 원본과 구분관리할 필요가 있다. 이는 신탁종료시 신탁재산이 위탁자에게 이전될 때 과세하지 않는 점을 악용할 수 있기 때문이다. 따라서 신탁종료 시점에서 위탁자에게 이전될 원본에 가산된 미분배금액에 대해서는 자본이득세의 성격으로 조세부담을 시킬 수 있을 것이다. 이를 통해 신탁소득의 분배를 제도적으로 유인할 필요가 있다.

셋째, 위탁자관련신탁은 신탁재산의 독립성이 없는 경우이다. 대표적으로 위탁자 = 수탁자가 동일한 자기신탁의 경우이다. 이는 위탁자와 수익자 간의 지분변경 등을 통한 조세회피를 시도할 가능성이 존재하고 있기 때문이다. 이때 미국처럼 수익자에게 신탁소득을 분배하는 경우에도 위탁자에게 실질적인 납세의무를 부담시키는 것이다. 자기신탁이 이에 해당될 것이다.

이상과 같이 우리나라의 신탁세제상 구분을 정리하면 다음 <표 4>와 같다.

탁으로서, 유언신탁과 유언대용의 생전신탁이 해당한다. 둘째, 계약형 신탁은 계약에 의해 설정된 신탁을 말한다. 즉, 신탁설정단계에서 위탁자와 수탁자가 교섭하여 신탁목적, 신탁재산의 관리·처분방법을 하는 형태의 신탁이다. 주로 상사신탁과 같이 수탁자가 신탁을 영업으로 수행하고 있어 고유의 이익을 가지는 경우가 상정되어 있다. 셋째, 도형 신탁은 기능적으로 법인을 설립하는 것에 가까운 형태이지만 회사보다는 당사자의 자주성(initiative) 의해 자유로운 설계가 가능한 특징이 있다.

<표 4> 우리나라의 신탁 종류별 과세방법 개편방안

신탁의 종류	납세의무자	과세구분	과세방법	과세시기
혼합과세신탁	수익자/수탁자	분배시 과세	신탁단계과세	신탁수익을 분배할 때
단일과세신탁	수익자	발생시 과세	수익자단계과세	신탁수익이 발생한 때
위탁자관련신탁	위탁자	발생시 과세	위탁자단계과세	신탁수익이 발생한 때

이상과 같은 신탁구분기준은 신탁법의 채권설에 기반한 신탁재산의 독립성을 전제로 신탁을 조세법상 도관이론을 보충하는 역할로서 납세의무를 부여하고 있다. 이는 현행 세법상 신탁에 관한 관련 조문이 산재되어 있어 새로이 도입된 다양한 신탁유형에 유연히 대처하기가 어려울 것이다. 이는 소득세법·법인세법에서 기존의 신탁유형과 새로이 새로운 신탁유형을 신탁의 내용, 특성 및 신탁과세이론에 적합하게 분류하는 것이 바람직하기 때문이다. 더불어 신탁재산의 취득 및 보유에서 발생하는 지방세 부과 근거와 궤를 같이할 필요가 있기 때문이다. 이러한 이유로 신탁을 구분한 것이다. 이를 통하여 신탁세제의 효율성과 조세중립성을 제고할 필요가 있을 것이다. 그러나 이러한 구분은 어디까지나 한 가지 안에 불과하며, 대륙법계인 우리나라가 영미계에서 탄생한 신탁을 제대로 흡수하여 적용하는 것은 분명한 한계가 존재한다는 점을 밝혀 둔다.

Ⅳ. 결론 및 요약

현행 신탁세제는 도관이론에 기초로 하고 있지만, 신탁법개정을 통하여 기업조직체 성격의 신탁의 도입과 새로운 신탁유형의 도입은 신탁세제의 변경을 요구하고 있다. 즉, 개정신탁법이 회사법과 유사한 다양한 규정을 도입하였고, 새로운 신탁유형은 주로 기존의 재산승계방식 이외의 방법과 관련되어 있다. 이러한 환경 변화는 수탁자의 역할을 강화하고 있는 형태로서, 수탁자에게 납세의무를 부여할 것을 고려할 시점이다. 수탁자를 납세의무자로 보기 위한 근거는 신탁재산의 독립성과 조세회피방지라는 측면이다. 이를 위하여 다음과 같은 점을 고려해 볼 필요가 있다.

첫째, 신탁세제상 실질과세의 원칙의 적용범위이다. 이 원칙은 도관이론을 보충하고 있지만, 실제로 과세관청과 납세의무자 간 다툼으로 인한 불필요한 비용이 발생하고 있다. 또한 이 원칙은 사후신탁처럼 장기간 신탁소득의 귀속자가 불확정된 경우의 문제를 해소하기 어렵다.

둘째, 신탁재산의 독립성과 조세회피방지를 위하여 수탁자를 납세의무자로 볼 수 있는가이다. 이에 대해 신탁의 기업조직체적 성격으로 파악한 개정신탁법의 견해나 대법원의 판결은 신탁재산의 독립성이 수탁자에 대한 납세의무를 인정할 근거가 될 것이다. 또한 조세회피를 방지하기 위해서는 수탁자의 납세의무가 타당한 대안이 될 수 있을 것이다.

셋째, 수탁자의 납세의무 부여는 신탁세제상 도관이론을 보충한다는 전제하에서, 신탁재산의 독립성의 강도에 따라 혼합과세신탁, 단일과세신탁, 위탁자관련신탁으로 구분했다. 혼합과세신탁의 납세의무자는 수익자와 수탁자로 보았고, 수익자과세신탁의 납세의무자는 수익자만, 위탁자관련신탁은 위탁자만을 기본적으로 납세의무자로 보았다.

이상과 같이 수탁자에 대한 납세주체성 부여는 신탁세제의 법적 안정성 제고와 조세회피의 최소화에 기여할 수 있으며, 이를 통하여 신탁제도의 활성화에 기여하기를 바란다.

참 | 고 | 문 | 헌

1. 국내 문헌

김병일, "신탁법개정에 따른 신탁세제 개편방향에 관한 연구", 『조세연구』 제10-2집, 2010.

김완석, 『소득세법』, 광교, 2002.

김재진·홍용식, 『신탁과세제도의 합리화 방안』, 한국조세연구원, 1998.7.

김종해·김병일(b), "영국의 신탁세제와 그 시사점", 『세무학연구』 제28권 제3호, 2011.9.

_____(a), "상속세 및 증여세법상 유언대용신탁에 대한 과세방안", 『조세법연구』 제19권 제1호, 2013.

_____(c), "신탁세제상 장래이익의 세무처리방안 — 상속세 및 증여세법을 중심으로 —", 『조세법연구』 제20권 제3호, 2014.

노혁준 " 주식회사와 신탁에 관한 비교고찰 — 재산분리 기능을 중심으로 — ", 『증권법연구』 제14권 제2호, 2013.8.

박정수, 『주요국의 조세제도 — 영국편』, 한국조세연구원, 2009.

서철원, 『미국 비즈니스법』, 법원사, 2000.

안성포 역, 『신탁법』(제3판), 전남대학교출판부, 2011.

안종석·전병목, 『자본소득 분리과세에 관한 연구 — DIT를 중심으로 —』, 한국조세연구원, 2007.12.

이상윤, 『영미법』, 박영사, 2000.

이준봉, "일본 신탁과세제도와 그 시사점", 『성균관법학』 제21권 제3호, 2009.12.

이중기, 『신탁법』, 삼우사, 2007.

이중교, "신탁법상의 신탁에 관한 과세상 논점", 『법조』 통권 제639호, 2009.12.

이창희, 『세법강의』, 박영사, 2013.

임채웅, "수동신탁 및 수탁자의 권한제한에 관한 연구", 『법조』 제614호, 2007.

최명근, 『세무학강의』, 세학사, 2007.

최종고 역, 『법철학』, 삼영사, 1997.

최현태, "신탁의 구조로 본 신탁유사법리에 대한 고찰", 『법학연구』 제19권 제1호, 2011.

현병철·최현태 역, 『신탁과 법인의 역사』, 세창출판사, 2007.

홍용식, "신탁소득과세에 관한 연구", 『사회과학논집 』 제12집 제2호, 1999.

2. 국외 문헌

中田英夫, 『英美法總論(上)』, 東京大學出版會, 1980.

奧村眞吾, 『詳解 信託法の活用と稅務』, 請文社, 2008.

西宮和夫, 『信託法』, 有斐閣, 1986.

水野忠恒, "信託法の全面改正と平成19年度稅制改正", 『稅研』 No. 133, 2007. 5.

水野忠恒, 『租稅法』(第4版), 有斐閣, 2009.

Edward Rock & Michael Wachter, Dangerous Liaisons: Coporate Law, Trust Law, and inter-doctrinal Legal Transplants, *96 NW. U. L. Rev. 651*, 2001.

Henry Hansmann & Reinier Kraakman, The Essential Role of Organizational Law, *110 Yale L. J. 387*, 2000.

Kenneth E. Anderson·Thomas R. Pope, *PRENTICE HALL'S FEDERAL TAXATION 2013*, Prentice Hall, 2013.

Mark. L. Ascher & Robert T. Danforth, *FEDERAL INCOME TAXATION OF TRUSTS AND ESTATES CASE, PROBLEMS AND MATERIALS*, Carolina Academic Press, 2008.

Matthew Hutton, *Tolley's UK Taxation of Trusts*, 18th ed, 2008, LexisNexis.

http://uniformlaws.org/Act.aspx?title=Statutory%20Trust%20Entity%20Act.

A Study on Introduction Plan of Trustee Taxation for Korea Trust Taxation

Kim Jonghae & Kim Byungil

Current trust taxation system has been based on the conduit theory, but introduction of organizational law angle and new trust form through the revised trust law will be forced to change current trust taxation system. That is, the revised trust law adopted various provisions similar to corporate law, and new trust form is related to method of new property transfer except for current property transfer. As this circumstance change enhances the role of trustee in trust, it was required to carefully review for adopting assignment of entity for trustee. The reason to assign taxpayer for trustee is the view of trust property independence and anti-tax avoidance. For these, the following needs to be considered for Korea trust taxation.

First, principle of substantial taxation is application scope for Korea trust taxation. Although this principle has supported the conduit theory, actually interpretation of this principle for judgment of trust income taxpayer has triggered unnecessary expense as conflict between taxpayer and tax the authorities.

Second, can trust property independence and anti-tax avoidance be reasoned to assign taxpayer for trustee? Organizational law angle adopted from the revised trust law and the decision of Supreme court for trust taxation recognized trust property independence for tax law, which can be based on assigning taxpayer for trustee. Also, for anti-tax avoidance in existing trust taxation, assigning taxpayer for trustee can be proper alternative.

Third, on the premise that trustee is assigned to entity of taxpayer, current trust form needs to independently classify trust for taxation. This classifying criterion is basically structure of possession of trust law, so Korea trust taxation classifies Hybrid taxation trust, Single taxation trust, and Grantor relative trust.

Thus, assigning taxpayer for trustee can contribute to improving legal stability of trust taxation and minimizing of tax avoidance. Through this suggestion, Korea taxation of trust hopes to contribute to vitalizations Korea trust system.

☑ Key word: Trust Property Independence, Trustee Taxation, Trust Classification, Principle of Substantial Taxation

제2장 미국과 영국의 신탁세제

2.1. 미국의 신탁과세제도와 그 시사점

2.1. 미국의 신탁과세제도와 그 시사점*

김 병 일**
김 종 해***

국문요약

신탁세제는 도관이론을 근거로 하여 이중과세를 방지하고 실질과세의 원칙을 구현하고 있다. 그러나 신탁제도에서는 경제상황의 다변화로 인하여 다양한 신탁의 형태가 출현하고 있고, 이를 통하여 부의 축적과 이전 수단으로 활용되고 있는 상황이다. 현행 신탁법뿐만 아니라 신탁세제는 이러한 변화에 부응하고 있지 못하고 있다. 특히 현행 신탁세제는 각 세목별로 신탁의 내용이 흩어져 있어서 그 내용을 정확히 파악하기 어려운 상황이다. 따라서 신탁세제에 대한 정비가 시급한 상황이다. 이와 관련하여 우리나라 신탁세제에 관한 미국 신탁과세제도의 시사점을 요약하면 다음과 같다.

첫째, 현행 신탁세제에서 신탁의 인격에 관한 정의의 부재는 동일 기구를 이용하고 있는 다른 신탁기구에는 법인격을 부여하고 있는 부분을 고려해 볼 때 조세중립성을 저해하고 있다. 이러한 문제점을 개선하기 위하여 신탁에 대하여 법적 실체를 인정하는 조치가 바람직하다. 즉, 법인이나 신탁이 이를 이용하는 사람들의 수단으로 이용되기 때문이다.

둘째, 현행 신탁법 및 신탁세제에서는 신탁자산에 대한 원본·수익의 구분기준이 존재하지 않기 때문에 과세관청의 자의적 재량권 남용 및 납세의무자의 오해를 발생시키고 있다. 이를 해소하기 위하여 미국의 통일 원본수익법을 연구하여 원본수익에 대한 공평분배를 달성할 필요가 있다.

셋째, 현행 동일한 소득원천에 대하여 법인과 개인에게 적용하는 세율의 차이로 인하여 조세의 공평성을 해치고 있다. 이를 개선하기 위하여 단기적으로는 불완전하지만 신탁을 현행 동업기업 과세특례제도와 같은 동업자군별방식을 적용할 수 있으며, 중장기적으로는 신탁을 미국과 같이 개별세목으로 두어서 인(人) 간의 세율 차이를 해소하는 방법도 생각해 볼 수 있다.

넷째, 현행 신탁세제는 신탁유보이익은 과세이연을 발생시킨다. 이를 해소하기 위하여 신탁을 과세주체로 간

---

 * 『조세연구』 제10권 제1집(2010.4, 한국조세연구포럼)에 게재된 논문이다.
 ** 교신저자(강남대학교 세무학과 조교수)
*** 주저자(강남대학교 세무학과 박사과정)

수하고 매년마다 과세소득을 산정할 방법을 마련하고, 실제로 신탁이익의 분배와 관계없이 매년 수익자나 신탁에게 과세하도록 하여 신탁유보이익에 대한 과세이연효과를 해소하는 방향으로 전환하는 것이 바람직하다. 다섯째, 유언신탁의 수익자의 분배금에 대하여 현행 상속세 및 증여세법에서는 이에 대하여 증여세를 부과하고 있다. 이러한 세무처리는 신탁제도의 취지와 논리의 일관성에 위배된다. 이를 개선하기 위하여 유언신탁기간 동안에 유언신탁의 수익자에게 분배되는 수익에 대해서는 법인세 및 소득세를 부과하는 것이 바람직하다. 이와 같이 미국 신탁과세제도의 시사점을 통하여 현행 신탁세제의 중립성과 공평성을 향상시키는 기회가 되기를 기대한다.

☑ 주제어: 신탁과세, 도관이론, 실체이론, 유보이익, 분배공제, 배당가능수익

I. 서 론

신탁은 영미법에서 출현한 제도로서 민사신탁(personal trust)에서 금융 자산중심인 상사신탁(corporate trusts)으로 이전하고 있다. 이러한 움직임은 이미 주요국에서 발생하고 있고, 우리나라도 이러한 움직임으로 인하여 2009년에 간접투자기구와 관련된 법을 정비하게 되었다. 이에 따라 간접투자기구에 대한 세제도 정비되고 있는 상황이다.

우리나라의 신탁은 집합투자기구에 의한 펀드 형태의 간접투자기구와 은행과 같은 신탁회사에 의한 금전신탁이 주요한 유형을 이루고 있었지만, 그 후 부동산투자신탁 등 다양한 신탁으로 확대해 가고 있는 추세이며, 최근에는 고령화시대의 진입과 자산가치의 상승으로 거액의 자산가 수의 증가추세로 인하여 과거에 이용되지 않던 유언신탁까지 확대되고 있는 상황이다.

하지만 현행 신탁법과 신탁세제는 현재의 경제 환경의 변화에 부응하고 있지 못하고 있다. 즉, 현행 신탁법은 현재의 경제 환경에 따라 사회적 수요가 높아질 것으로 예상되는 민사신탁분야 중 자기신탁,[1] 유언대용신탁, 수익증권 발행신탁제도와 신탁사채 발행을 허용해 기업의 자금조달을 원활하게 신탁제도 등에 대한 수요증대로 인하여 적절한 역할을 수행하기에는 어려움이 있었다. 이러한 지적에 따라 법무부에서는 "1961년 제정 이래 내용개정이 전혀 없었던 신탁법을 변화된 경제현실을 반영하고, 글로벌 스탠더드에 부합하도록 개선하기 위한 '신탁법 전부개정법률(안)'을 입법예고"하여 신

---

[1] 일선에서 자기신탁은 신탁회사가 고객으로부터 신탁받은 자산을 별도 운용하기 위해 자기 자신을 위탁자로 상정해 수탁하는 셀프거래로 사용돼 왔으나 이는 위법이었다. 즉, 실무상 기존에는 자기신탁이 안돼 같은 회사끼리 신탁권을 주고받는 식으로 자기신탁을 해왔다. 이 과정에서 수수료를 무는 등 불필요한 과정이 존재하고 있었다.

탁의 활성화를 위한 법적 기반을 마련하고 있다.[2] 또한 신탁세제는 금융 및 투자에 관련된 간접투자기구에만 집중되어 있기 때문에 상대적으로 민사신탁에 관한 규정이 명확하지 못하고 각 세목별로 흩어져 있어서 납세의무자로서는 이를 이해하는데 어려움이 있었다. 따라서 신탁법의 전면개정과 더불어 현행 신탁세제에 대한 정비가 필요한 상황이다.

구체적으로 신탁세제 중 민사신탁과 관련된 문제로는 신탁에 대한 법적 실체에 대한 정의에 관한 측면으로 신탁을 과세대상인 법인으로 볼 수 있는지의 문제, 신탁의 원본과 수익에 대한 구분기준의 미비로 인하여 발생하는 과세관청과 신탁 간의 분류문제, 동일한 수익자인 개인과 법인에 대한 세율 차이로 인하여 발생하는 조세의 불평등한 문제, 신탁유보이익에 대한 규정의 미비로 인하여 과세가 이연되어 조세회피의 수단으로 이용되는 문제 등이다. 이러한 문제점을 해소하기 위하여 미국의 사례를 통하여 많은 논의가 된 쟁점으로 신탁에 대한 과세 여부와 이를 통한 신탁유보이익과 관련된 과세이연을 차단할 수 있는가 등을 살펴보고, 미국의 신탁세제와 우리나라의 신탁세제의 비교를 통하여 개선방안을 제시하는 것은 현시점에서 신탁세제를 둘러싼 세제를 정비한다는 점에서 이 논문의 의의가 있다고 하겠다. 이를 위하여 신탁과세이론에 대하여 고찰해 보고, 미국의 신탁세제를 살펴봄으로써 우리나라의 신탁세제의 문제점과 이에 대한 개선방향을 제시하고자 한다.

II. 신탁과세의 이론적 고찰

1. 신탁실체이론

실체이론(Entity Theory)은 개인 또는 법인을 독립된 실체로 보고 이에 따라 과세한다는 의미이다. 개인을 독립된 실체로 보고 과세하는 것은 이중과세의 문제가 없으나 법인의 경우는 학설에 따라 법인에 대한 과세의 견해가 다르다.

법인의제설(法人擬制說)에 의하면 권리의무의 주체는 자연인, 즉 개인에 한하며, 자연인 이외에 법인이 권리의무의 주체가 될 수 있는 것은 법률의 힘에 의하여 법인을 자연인에 의제했기 때문이다. 즉, 법인은 자연인과 같이 천부적으로 권리능력(법인격)을 인정받는 것이 아니고 사회적 수요에 따라 법률에 의하여 권리능력이 가설(假說)되었다

---

2) www.moj.go.kr 법무부공고 제2009-164호 2009년 10월 27일.

고 본다. 이러한 관점에서 볼 때 법인과 그의 구성원인 "주주 또는 출자"를 분리하여 별개의 법인격체로 보는 것은 법적 사고상 편의적 허구(fiction)에 불과하기 때문에 법인을 통해 가득된 소득이 법인단계에서 법인소득세를 부담하고, 주주단계에서 개인소득세를 부담하는 것은 이중과세가 된다는 것이다.[3]

법인실재설(法人實在說)에 의하면 법인은 법률이 의제한 공허물(空虛物)이 아니고 사회적 실재체로 보고, 법인은 그의 구성원인 개인(주주 등)과 분리·독립된 경제적·법적실재체로서 자연인과 마찬가지로 권리의무의 주체이며, 그 구성원인 자연인들의 생명과 관계없이 독립된 영속적 생명을 가지고 있고, 주주 등의 변동과 관계없이 동일성을 유지하면서 동일한 사업을 계속할 수 있다. 그러므로 법인은 집단인(group person)으로서 자연인과 다름없는 진실한 '사람'이며, 따라서 법인은 그 구성원인 주주 등의 각 개별의사와는 완전히 독립된 집단의사(group-will)를 가지고 그 의사에 따라 법적·경제적 활동을 담당하고 있다고 본다. 이러한 관점에서 볼 때 법인원천소득에 대하여 법인단계에 법인소득세를 과세하고 나머지 소득(세후소득)이 주주 등에게 배당되어 그의 소득을 구성하는 단계에서 개인소득세를 과세하는 것은 이중과세가 되지 아니한다고 보게된다.[4]

다시 말하면, 개인소득세 외의 법인소득세의 과세를 반대하는 입장은 법인의제설에 논거를 두었고, 주주 등의 배당소득에 개인소득세를 과세한다는 것은 물론 법인소득세에도 과세해야 한다고 보는 독립과세를 주장[5]하는 입장은 법인실재론에 논거를 두고 있다.[6]

신탁실체이론도 위의 실체이론에 근거로 하고 있다. 즉, 신탁실체이론은 신탁을 실체로 보아 과세한다는 것은 신탁재산을 독립된 과세의 주체로 보자는 주장이다. 이와 같은 신탁실체이론은 다음과 같은 논리에 근거를 두고 있다.[7] 첫째, 신탁에 있어서의 법률상 소유권이 수탁자에게 있는 점, 둘째, 신탁재산에 귀속되는 모든 수입과 지출은 외형상으로도 수탁자에게 귀속되는 것으로 보인다는 점, 셋째, 법인의 구성원인 주주등 사원에게 법인의 이익을 분배해 주는 법인도 사실상 경제적 관점에서의 도관에 불과하다는 점, 넷째, 외부에 나타나는 법적 형식에 따른 과세이기 때문에 과세처리가 간명하다는 점 등이다.

---

3) 최명근, 『법인세법』, 세경사, 1997, 53면.
4) 최명근, 상게서, 54면.
5) 영국의 미드(Meade)보고서는 법인원천소득에 대하여 법인세와 소득세를 각각 독립적으로 과세하는 것이 정당하다고 보고 이중과세 조정에 반대하는 입장이다.
6) 최명근, 상게서, 52~53면.
7) 김재진·홍용식, 『신탁과세제도의 합리화 방안』, 한국조세연구원, 1997.7, 102면.

반면에 신탁실체이론에 대한 비판으로는 첫째, 세법은 실질과세원칙이 지배하고 있음에도 불구하고, 이 원칙을 외면한 채 형식을 좇아 과세한다는 비판을 면하기 어렵다는 점, 둘째, 신탁재산과 법인(특히 일정한 목적달성을 위해 재산을 출연하여 설립하는 재단법인)이 최종적인 소득귀속자에게 그 소득을 분배해 주는 도관에 불과하다는 경제적인 측면에 있어서는 동일하지만, 법인은 법률에 의하여 법인격이 부여되었지만 신탁재산에는 법인격이 부여되지 않는 측면을 고려해 볼 경우, 이를 동일시하여 이론구성을 한다는 점은 현재의 법 제도를 탈피한 이론이라는 비난이 있을 수 있다는 점, 셋째, 외양에 따른 과세이므로 과세처리가 간명하다 하여 과세의 기본원칙인 실질과세원칙까지도 위반할 수 있는 논거로 삼기에는 불충분하다는 점, 넷째, 신탁재산을 법인으로 보아 과세하거나 수탁자에게 과세하는 신탁실체이론은 과세의 단순화를 가져 올 수 있는 반면에 누진세율 구조로 되어 있는 소득세를 회피하기 위한 수단으로 개인들이 이용할 수 있는 맹점이 있다는 점, 다섯째, 누진세제의 회피를 막기 위해서는 신탁의 수익자에게 과세를 하되, 이중과세를 방지하기 위하여 현재의 배당세액공제 등의 조정 장치는 세제를 복잡하게 할 수 있다는 맹점이 있다는 점이 지적되고 있다.[8]

그러나 이와 같은 비판은 첫째, 실질소득 과세이론과 신탁소득 과세이론과는 직접적인 관계가 없을 뿐만 아니라 신탁의 사회적·경제적 기능을 고려하여 실체성을 인정하고 과세를 하려는 것이 오히려 실질에 부합하며, 둘째, 신탁에 대해 인격을 부여하는 직접적인 규정은 없으나 신탁재산의 독립성에 대해 법률이 명문으로 규정하고 있으며, 셋째, 신탁의 실체를 인정함으로써 실질과세원칙을 관철하고 합목적인 과세가 가능하게 된다면 더할 나위 없이 바람직하며, 넷째, 신탁소득이 수익자에게 귀속되는 때에는 소득세를 부과하고 한편으로는 이에 따른 이중과세의 결과를 방지하기 위해 세액공제를 해주는 제도적 장치가 마련되므로 신탁실체이론이 누진세제를 회피하기 위한 수단으로 이용될 수는 없다는 점에서 타당하지 않다고 하겠다.[9]

2. 신탁도관이론

도관이론(Conduit Theory or Aggregate Theory)[10]에서는 법학상의 이론인 법인의제설과

---

8) 김재진·홍용식, 전게서, 103면.
9) 배동필, "신탁재산귀속소득과 그 과세이론", 『서음조사』, 1996년 여름호, 43면.
10) 김병일, "자산유동화전문기구에 대한 과세문제", 『경희법학』 제40권 제2호, 경희법학연구소, 2005.2, 304면. 각주 재인용: 도관체 과세(conduit/pass-through taxation)이론의 사전적 의미는 사업체(entity)의 소득에 대하여 사업체 그 자체에게 과세하지 않고, 사업체의 소유자에게 과세하는 것을 말한다. B. Garner (ed), Black's Law Dictionary(7th ed), West Group, 1999, p.1473.

법인실재설에 의하여 법인원천소득에 대한 이중과세를 해결하는 것은 별로 도움이 될 수 없다고 한다. 즉, 법인의 본질이 무엇이기 때문에 과세 방법이 어떠해야 하는 것은 아니고, 법인원천소득에 대해서 두 번 과세하는 경우 경제적 효율이 어떻게 저해되느냐 하는 데 더 중요한 의미가 있다는 것 이다. 이 견해에 의하면 법인을 "주어진 사업의 수행을 목적으로 형성한 개인 집단체의 한 특별한 종류(a particular kind of aggregation of individuals, formed for the purpose of carrying on a given business) 또는 이익이 주주들에게로 통과되어 가는 하나의 도관(a conduit through which earnings pass on the way to share-holders)"이라고 보는 것이다.[11]

이러한 관점에서 볼 때 소득도관에 불과한 법인체는 주주 등과 독립하여 독자적으로 조세를 부담할 능력이 없는 것으로 되고, 법인원천소득에 대하여 소득도관을 흐르는 단계에서 법인소득세를 과세하고, 그 도관에서 흘러 나와 주주 등에게 귀속될 때 개인소득세를 과세하는 것은 이중과세가 되는 것이다. 이 이론에 이중과세 조정을 찬성한 1967년의 캐나다의 카터(Kenneth L. Carter)의 보고서와 펠드스타인(Martin S. Feldstein)의 이론과 함께 법인세와 소득세의 통합과세론, 즉 법인세 폐지의 이론적 근거로 활용되고 있고, 미국의 파트너십과 소규모사업법인(small business corporation)은 이 방법에 의해 과세되며, 신탁과세제도도 이 이론의 접근방법에 의하고 있다.[12]

따라서 신탁도관이론은 신탁재산을 독립적인 실체로 인정하지 않고 단순히 수익자에게 신탁수익을 분배하기 위한 수단 또는 도관(conduit, pipe)으로 보아 신탁소득에 대한 과세는 분배하기 전의 운용과정에서 발생된 소득의 내용에 따라 세법을 적용하여야 한다는 견해이므로 신탁은 과세상의 실체로 인정되지 않기 때문에 신탁수익에 대해서 납부의무를 부담시키지 않고 신탁 수익을 각 수익자에게 그 지분비율에 따라 분배한 것으로 간주하고 수익자에게 법인·소득세를 부과하게 된다.

그러나 신탁도관이론은 경제적인 관점에서 과세한다는 측면에서 실질과세 원칙에 충실한 이론인 반면 다음과 같은 이론상 한계가 지적된다.[13] 첫째, 신탁재산에 귀속되는 수입이나 지출이 즉시 수익자에게 분배되지 않고 일단 신탁재산에 머물렀다가 신탁계약에서 정한 신탁수익의 지급시기에 수익자에게 지급됨에 따른 과세상의 시차가 발생됨을 설명할 수 없으며, 둘째, 수탁자가 수익자에게 신탁이익을 분배해주는 측면은 잘 설명하고 있지만, 금전신탁의 경우 수탁자가 신탁재산을 운용할 경우에 신탁재산에 대해서 소득을 지급하는 측면은 설명하거나 적용할 수 없다는 점이다.

---

11) 최명근, 전게서, 54면.
12) 김병일, 전게논문, 305면.
13) 김재진·홍용식, 전게서, 105면.

Ⅲ. 미국 신탁과세제도

1. 개　　요

　신탁은 주로 부유한 인(人)에 의하여 조세편의 및 그 밖의 이유(예 : 자산보존)를 목적으로 이용되어 왔다. 조세편의상 신탁은 신탁을 세법상 도관으로 기능하여 수익자만이 직접적으로 과세되므로 이중과세가 되지 않으며, 자산 보존 목적상 증여자(donee)가 Crummy trust 및 미성년자에게 자산을 증여할 경우에 수증자가 자산을 전문적으로 관리하지 못하므로 신탁을 통하여 관리하게 되었다. 이러한 신탁과 관련하여 미국에서는 신탁은 법인이나 파트너십과 같이 개별적인 법적실체(legal entities)로 보고 있다.[14] 신탁은 주(州)에 근거한 계약으로 설정됨으로써, 원칙적으로 신탁계약에 의한 신탁조항(trust term)을 따르며, 신탁조항이 존재하지 않거나 부적합한 경우에는 통일신탁법(The Uniform Trust Code: UTC)에 따른다. 이 법(UTC)에는 일부 강행규정(mandatory rule)을 명시함과 동시에 대부분 임의규정(default rule)의 성격을 갖고 있다. 다만, 이 법(UTC)은 신탁조항(trust term)에 우선하지 못한다.

　신탁의 유형에는 크게 생전신탁(inter-vivos-trust)과 유언신탁(testamentary trust)으로 나눠지며, 생전신탁은 양도자의 생애기간 동안 발생하는 신탁계약을 말하며 이때의 양도자는 위탁자(grantor)나 신탁자(truster)라 하며, 유언신탁은 사망인(피상속인)의 유언에 의하여 설정된 신탁을 말하며, 유언신탁의 재산은 피상속인의 유산으로 구성된다. 이러한 신탁에게는 영구구속금지의 원칙(The Rule Against Perpetuities)[15]을 적용하고 있다. 이러한 신탁은 일반적으로 철회불능신탁(irrevocable trust)이고, 1997년 통일신탁법의 개정에서 철회가능신탁(revocable trust)을 도입했다.[16]

　신탁과 관련하여 미국 내국세입법(I.R.C.)의 Subchapter J에서는 신탁과 유산에 대한 과세를 규정하고 있다. Subchapter J는 신탁(trust)과 유산(estate)에 관하여 소득세법의 내용을 적용하고 있으며, 독특하고 혼합된 형태(hybrid form)의 세제형태를 취하고 있다.[17] 미국의 신탁이나 유산의 과세이론은 도관 이론(Conduit Theory)을 적용하고 있지

---

14) "Trust taxation", 2008 Federal Tax Workbook, http : //www.taxschool.illinois.edu/PDF/ p.161.
15) "영구구속금지의 원칙이란 지정된 수익자가 권리행사를 하지 못하는 경우나 기대할 수 없는 경우에는 21년 이내에 확정할 수 없는 수익권을 무효로 한다는 의미이다."
16) 철회가능신탁(revocable trust)과 철회불가능신탁(irrevocable trust)의 구분은 신탁자 또는 위탁자가 신탁계약(trust arrangement)을 변경할 수 있는가에 달려 있다. 즉, 신탁계약을 변경할 수 있으면, 철회가능신탁이고 그렇지 않으면 철회불가능신탁이다.

만, 파트너십과 같은 pass−though는 아니다. 즉, 신탁(수탁자)을 "trust as separate taxpayers"라는 규정을 적용하여 수탁자를 개별 실체로 보고(pay−through), 신탁자나 수익자와 분리하여 과세하도록 하여 이중과세를 방지하고 있다. 다만, 위탁자신탁 (Grantor trust)에는 이러한 도관이론이 무시되어 적용되지 않는다.

Subchapter J에서는 신탁의 유형을 단순신탁(Simple Trust), 복합신탁(Complex Trust), 위탁자신탁(Grantor Trust)으로 구분하고 있다. 이러한 구분은 통일신탁법에 의한 신탁의 분류와 관계없이 세법에서 규정하는 조건을 충족한 경우에 따라 각각 구분하고 있다. 단순신탁이란 신탁의 당해 모든 소득을 분배할 것을 조건으로 하며, 기부금출연이 없는 신탁을 말한다(I.R.C. § 651). 복합신탁이란 단순신탁의 조건 중 하나라도 충족하지 못한 신탁을 말하며, 위탁자신탁(Grantor trust)이란 신탁자가 자신의 재산을 신탁에게 이전하고 이전한 신탁재산에 대하여 신탁자(위탁자: Grantor)나 제3자(신탁자의 특수관계자)가 실질적인 권능을 행사하는 형태를 말한다(I.R.C. § 671). 또한 신탁이나 유산에 대한 소득산정방식은 특정한 규정[18] 이외에는 개인과 동일한 방법으로 소득을 산정할 것을 규정하고 있다[I.R.C. § 641(b)]. 따라서 신탁이나 유산에 대한 구조는 개인소득세법에 따라 통제(control)되므로 도관적 성격을 강하게 보이고 있다. 다음에서 신탁세제와 관련된 내용을 구체적으로 살펴보겠다.

2. 미국 신탁세제상 유형

(1) 단순신탁

I.R.C. § 651에는 "단순신탁(Simple Trust)"이라는 용어를 명시하고 있지 않지만, Regulation에서는 단순신탁이라는 용어를 사용하고 있다.[19] 구체적으로 단순신탁이 되기 위한 조건은 첫째, 신탁증서에는 현재 신탁소득의 전부를 분배해야 하고(Distributes all trust income currently), 둘째, 신탁이 자선목적을 위하여 어떠한 자금을 출연하거나 이용하지 않거나 영구적으로 유보하지 않아야 하며(Does not claim a deduction for charitable contributions for the current year), 셋째, 신탁의 원본을 분배하지 않아야 한다(Does not make any current distributions out of trust principal)라는 위의 모든 요건을 충족해야 한다. 다만, 단순신탁의 수익자가 자신의 지분 중 일부를 자선단체에 기부한 경우라도 단순

---

17) Mark. L. Ascher, Robert T. Danforth, FEDERAL INCOME TAXATION OF TRUSTS AND ESTATES CASE, PROBLEMS AND MATERIALS, Carolina Academic Press, 2008, p.27.
18) I.R.C. §§ 641−685.
19) Treas. Reg. § 1.651(a)−1.

신탁의 성립에는 영향을 미치지 않는다.[20]

(2) 복합신탁

단순신탁이 아닌 모든 신탁(위탁자신탁 제외)을 복합신탁(Complex Trust)이라고 부른다.[21] 복합신탁의 분배대상의 범위는 단순신탁과 달리 당해 분배조건인 금액뿐만 아니라 수탁자의 재량권으로 분배할 금액(discretionary distribution), 즉 임의적 기부금, 적절하게 지급된 금액, 세액공제, 수년 동안 분배조건인 금액의 합계액이다. 복합신탁의 경우에도 단순신탁의 경우와 마찬가지로, 분배공제금액은 신탁의 배당가능이익(DNI)을 초과할 수 없다.[22] 여기서 언급한 수탁자의 재량 권한의 범위는 "'절대적', '유일한', '무제한'과 같은 용어를 포함하여 신탁조항에서 수익자에게 부여한 재량권의 범위와 관계없이, 수탁자는 선의로(in good faith) 하고 신탁조항, 신탁목적 및 수익자의 이익에 따라 재량권을 행사하여야 한다."[23]라고 규정하고 있다. 따라서 복합신탁은 수탁자의 재량권으로 단순 신탁과 달리 신탁소득의 일부를 유보할 수 있다.

(3) 위탁자신탁

위탁자신탁은 신탁자가 자신의 재산을 신탁에게 이전하고 이전한 신탁재산에 대하여 신탁자(위탁자: Grantor)나 제3자(신탁자의 특수관계자)가 실질적인 권능을 행사하는 형태이다(I.R.C. § 671). 이와 관련하여 조세법원은 신탁이 '위탁자가 신탁에게 자산을 양도하고, 이 자산에 대한 완전한 지배력이나 통제력을 분리하지 않거나 이 자산에서 발생한 수익에 대해 분리하지 않는 경우… …'[24]라는 조건에 해당하는 경우에는 당해 신탁을 위탁자신탁으로 본다고 판시하고 있다. 위탁자신탁은 현행 우리나라 신탁법에서 규정된 형태는 아니지만, 세법에서는 위탁자에 대하여 과세하는 방법을 규정[25]하고 있다.

---

20) Technical Advice Memorandum 87388007(1987).
21) Treas. Reg. §. 1.661(a)−1.
22) I.R.C. §§ 661(a) and (c).
23) 통일신탁법(UTC) § 814(a).
24) William Scheft, 59 T.C. 428, pp.430~431(1972).
25) 소득세법 제2조 제6항.
  신탁재산에 귀속되는 소득은 ……(수익자가 특정되지 아니하거나 존재하지 아니하는 경우에는 신탁의 위탁자 또는 그 상속인)에게 해당 소득이 귀속되는 것으로 본다.

3. 신탁과세의 기본원칙과 원본·수익배분의 중요성

(1) 신탁과세의 기본원칙

신탁과세의 기본원칙[26]은 이중과세를 방지하고 유연성을 유지하기 위한 목적이다. 다음에서 언급하는 신탁과세의 기본원칙은 위탁자신탁을 제외한 모든 신탁에 적용되고 있다.

첫째, 신탁이나 유산(estate)은 "개별 납세의무자(trust as separate taxpayers)"로서 수익자와 분리되어 있는 개별적인 과세실체이다. 즉, 신탁이나 유산, 수익자로 구분하여 각각 납세의무를 부담하게 되므로 신탁에게 과세소득이 있다면, 신탁이나 유산이 법인세(소득세)를 납부할 것이고, 이러한 납부세액은 Form 1041을 사용하여 산정된다. 따라서 "trust as separate taxpayers"의 규정은 신탁이나 유산을 과세주체로 보는 근거가 되고 있다. 이러한 접근법은 신탁을 회사와 동일한 납세의무자로 보고 있지만, 투자자에게 지불된 이익분은 신탁의 소득계산에서 손금으로 산입되는 제도(pay-through)방식이므로 과세주체가 아닌 파트너십(pass-through)과 분명한 차이를 보이고 있다.

둘째, 신탁과세제도(fiduciary income taxation)는 도관적 접근(conduit approach) 방식을 적용하고 있는데, 이 이론에는 다음과 같은 효과가 있다. ① 신탁이나 유산은 이중과세를 방지할 수 있다. 즉, 신탁이나 유산은 법인과는 달리 신탁이나 유산에서 발생한 소득을 신탁이나 유산이 수익자에게 분배하는 금액을 신탁단계의 과세소득 산정과정에서 공제함으로써 신탁에게 조세채무를 발생시키지 않고, 이러한 분배금액을 수령하는 수익자에게 조세채무를 부담시키기 때문이다. 따라서 분배금액에 따라 현재 소득은 신탁(fiduciary)[27]이나 수익자 또는 각 수익자에게 한 번만 과세하게 된다. 이에 따라 신탁이나 유산이 신탁수익을 보유하고 있는 경우에는 그 부분에 대하여 조세채무를 부담하고, 미 분배된 수익을 차기과세연도에 수익자에게 분배할 경우에는 분배금액 중 기 납부세액을 제외한 나머지 금액을 분배하도록 정하고 있다. ② 도관이론은 신탁이 분배한 소득의 성격을 결정한다. 즉, 신탁의 분배소득은 수익자가 소유한 소득의 성격과 같다고 보고 있다. 예를 들어, 신탁이 주(州)정부나 지방정부채권에 대하여 비과세이자소득(exempt interest income)을 분배하였다면, 이러한 소득은 수익자 단계에서도 비과세 성격으로 보게 된다. 셋째, 신탁은 개인과 유사한 규정을 적용하고 있다. 즉, I.R.C. § 641(b)은 "신탁이나 유산의 과세소득은 개인의 과세소득 산정방식과 동일하지만, 이 부

---

26) 여기서 신탁과세의 기본원칙은 유산에도 적용된다.
27) fiduciary이란 신탁과 유산을 의미한다.

분에 대해서 달리 규정하는 경우에는 그에 따른다"라고 규정하고 있다. 따라서 I.R.C. §§ 641-683에서 개인납세의무자와 달리 적용할 규정을 명시하고 있지 않는 한, 신탁(fiduciary)의 과세대상은 개인납세의무자와 동일하게 된다. 다만, I.R.C. §§ 641-683에서 주(州)정부와 지방정부의 납부의무와 관련된 특별한 처리 규정을 포함하고 있지 않는 경우, 주(州)정부나 지방정부는 주(州) 세법과 지방세법에 개인과 같은 공제사항을 규정할 수도 있다.

이와 같은 신탁과세원칙은 미국의 신탁세제의 큰 틀을 제시함과 동시에 조세의 중립성 및 공평성을 유지하기 위한 주요한 기능을 하고 있다.

(2) 원본·수익배분의 중요성

신탁소득(fiduciary income)에 대한 특별한 세무상 처리를 이해하기 위해서는 신탁회계의 원칙과 통일원본수익법(The Uniform Principal and Income Act)에 대한 사항을 알 필요가 있다. 왜냐하면 신탁회계는 신탁소득 산정의 시발점이고, 원본과 수익의 수령액과 지출액의 구분은 신탁과 수익자의 조세부담에 영향을 미치기 때문이다. 이러한 효과를 고려하여 미국연방정부는 신탁회계의 원칙이 되는 통일원본수익법(UPIA)을 통일법(The Uniform Act)의 일부로서 1920년대에 제정하였고, 1932년과 1962년 그리고 1997년, 2000년의 개정을 통하여 원본과 수익을 상세히 분류하고 있다. 현재 이 법(UPIA)은 미국의 50개 주에서 적용하고 있다.

통일원본수익법(UPIA)의 목적은 신탁을 관리하고 있는 수탁자와 유산을 관리하고 있는 인적 대표자(personal representatives)가 원본과 수익에 대한 지출과 수령을 배분하는 수단(절차)을 제공하기 위한 것이며, 신탁자(creator)나 피상속인(decedent)의 의도가 이행되는 것을 확인하고, 신탁의 수익자(beneficiaries), 상속인(heirs)과 수증자(devisees)에게 적절한 자산의 분배를 통제하기 위한 것이다.[28] 그리고 이 법(UPIA)은 신탁증서 등에서 대립되는 해석에 대한 지침이 부재한 경우에만 적용된다. 1997년 통일원본수익법 개정에서는 수탁자로 하여금 특정한 추가적 조건이 충족되는 경우에는 필요에 따라 원본과 수익에 대한 조정을 할 수 있게 했으나, 항상 그런 것은 아니라고 정하고 있다. 이러한 수탁자의 판단은 현대 포트폴리오 이론을 근거로 할 것을 규정하고 있어서 수탁자의 재량권을 확대하고 추세이다.[29]

한편 원본과 수익의 구분과 관련하여 통일법에서는 "나무의 줄기를 원본이라고 비유

---

28) http://en.wikipedia.org/wiki/Uniform_Principal_and_Income_Act.
29) Kenneth E. Anderson·Thomas R. Pope·John L. kramer, *PRENTICE HALL'S FEDERAL TAXATION 2008*, Prentice Hall, 2008, p.C14-5.

하고 수익은 줄기에서 발생한 열매라는 비유"를 근거로 하고 있다.[30] 즉, 1962년 통일 법에서는 열매인 수익(income)은 원본의 운용에서 발생한 현금이나 현물이라고 규정하고 있고, 통일수익원본법은 이에 따라 수익에는 사업의 순이익, 일반소득으로 적격투자 회사(regulated investment company)에 의한 배당, 일반배당, 이자, 임대료가 포함된다고 규정하고 있다. 마찬가지로 원본(principal)에 해당하는 항목은 원본의 매매·교환차손 익, 대출상환금, 주식배당, 법인증권의 처분손익 등이 포함된다. 또한 지출액도 수익과 원본과 대응하는 경우에 따라 분류하고 있다.

따라서 통일원본수익법은 주로 수탁자에게 적용되는 것으로서, 수탁자에게 원본과 수익의 분류에 대한 재량권을 부여함과 동시에 수익자 등이 신탁을 감독할 수 있는 기 능을 부여하고 있는 것이다. 이러한 신탁의 원본과 수익에 의한 분류는 수탁자가 과세 소득을 산정함에 있어서 혼란을 최소할 수 있고, 관련 규정을 법으로 명시함에 따라 법 적 안정성을 추구하는 긍정적인 측면이 있다고 생각된다. 따라서 우리나라에서도 일반 신탁에 대한 욕구가 증대됨에 현재의 수동신탁(positive trust)에 따른 운용보다는 적극적 인 신탁운용방식으로 나아감과 동시에 이를 뒷받침할 원본과 수익에 대한 구분을 검토 할 필요가 있다.

4. 신탁의 과세소득 산정

(1) 과세소득 산정

신탁과세소득과 납부세액을 산정하기 위한 절차는 개인에 대한 과세소득 산정과정과 동일하다. 그러나 신탁의 과세 산정에 있어서 개인과 달리 다음과 같은 세 가지 차이 점[31]이 존재한다. 첫째, 신탁공제는 조정총수익금액(Adjusted Gross Income: AGI)단계에 서 공제시기(for and from)를 구분하지 않는 대신 신탁공제는 과세소득의 도래시기에 공 제된다. 둘째, 신탁에서는 표준공제(standard deduction)를 허용하고 있지 않다. 셋째, 신 탁에서는 개인에게 적용되지 않는 분배공제(distribution deduction)를 인정하고 있다.

신탁의 과세소득금액은 '과세소득금액 = 총소득금액 − 비용 − 분배공제 − 인적 공제 − 세액공제'를 하여 산정된다. 총소득금액(Gross Income)과 비용은 통일원본수익

---

30) Jacqueline, A. Patterson, Esq. Haney, Buchanan & Patterson, LLP, THE INCOME TAXATION OF TRUSTS & ESTATES, http://tax.aicpa.org/, 2004, p.108−21.

31) 기부금공제와 관련하여 개인과 달리 신탁의 기부금공제는 한도가 없다. 다만, 신탁증서(trust instru− ment)가 기부금출연을 명시하지 않았다면, 신탁의 기부금공제는 허용되지 않는다[I.R.C. § 642(c)(1)]고 규정하고 있다.

법(UPIA)의 기준에 따라 분류된다. 비용 중 기타공제항목(miscellaneous itemized deduction)은 이러한 총공제금액이 납세의무자의 조정총수익금액(AGI)의 2%32)를 초과한 금액까지만 공제할 수 있다. 비록 신탁이 조정총수익금액(AGI)이 없는 경우라도, 예정조정수익금액(prepared AGI)은 개인과 동일한 방식으로 결정된다. 다만, 이러한 신탁에 보유한 자산이 없는 경우 자산관리와 관계없이 발생했거나 지급된 비용은 제외한다. 여기서 신탁이 신탁보수와 예정소득신고대행료를 회피할 수 있으므로 이러한 항목을 최저 (floor) 2%에서 제외하고 있다. 또한 신탁의 감가상각과 감모손실공제 범위는 I.R.C. § 167(b) 또는 I.R.C. § 611(b)에 의하여 수익자에게 허용되지 않는 범위까지만 가능하다[I.R.C. 642(e)]고 규정하고 있다.

분배공제(Distribution Deduction)금액은 단순·복합신탁 모두 수익자에게 분배한 금액을 공제하는 것이 아니라 배당가능수익(DNI)을 한도로 하여 공제된다. 단순신탁은 일반적으로 신탁소득의 100%를 공제받을 수 있는 반면 복합 신탁은 그렇지 않다.

인적공제(Personal Exemption)는 개인에게만 허용되지만, 신탁 또는 유산에게도 예외적으로 허용되고 있다. 다만, 개인과 신탁의 차이는 인적공제금액이다. 즉, 개인의 인적공제금액은 원칙적으로 $2000인 반면 신탁의 인적공제금액을 "당해 모든 소득의 분배조건"에 따라 $100와 $300로 구분하고 있다. 즉, 위의 요건을 충족하는 경우에는 $300, 그렇지 않은 경우에는 $100의 인적공제를 받게 되며, 유산의 경우는 위 조건과 관계없이 $600를 공제받는다. 주의할 점은 신탁에 대한 인적공제금액은 신탁의 유형에 따라 구분되는 것이 아니라 "당해 모든 소득의 분배조건"의 충족 여부에 따라 결정된다. 다만, 신탁이 종료될 경우에는 인적공제를 허용하고 있지 않다.

신탁에 대한 세액공제(Credits)는 일반적으로 개인과 동일하다. 그리고 신탁은 인적세액공제를 초래하는 지출은 발생하지 않는다. 예를 들면, 가사, 의료비용 등이 해당된다. 또한 신탁은 개인처럼 외국납부세액공제의 인정범위는 I.R.C. § 901에 규정된 경우이다. 이러한 조항의 세액공제에서는 수익자에게 적절하게 배분되지는 않는 금액을 제외하고 있다[I.R.C. § 642(a)(1)].

(2) 결손금

신탁의 경우에 신탁에서 결손금(Net Operation Loss: NOL)이 발생하면, 결손금은 신탁의 존속기간 동안에는 수익자에게 바로 이전되는 것이 아니고 신탁 단계에서 처리된다. 신탁의 결손금은 I.R.C. § 172에 따라 개인과 동일한 방식으로 산정된다. 결손금은

---

32) 2% floor의 설정배경은 Knight v. Commissioner 128 S. Ct. 782(2008)을 참조하기 바란다.

20년간 이월공제가 가능하고 2년간 소급공제를 할 수 있고, 특정과세연도에는 소급공제를 포기할 수도 있다. 다만, 신탁이 결손금을 산정함에 있어서 개인과 달리 분배공제 또는 기부출연금을 차감하지 않는다.[33) 신탁이 종료될 경우 남아 있는 결손금은 신탁재산을 승계하는 수익자에게 분배되고 승계권자에게는 20년간 이월공제를 허용하고 있다.

(3) 자본손익

자본이득(손실)(Capital Gain and Loss)이란 신탁이 자본자산을 매매·교환으로 인하여 발생하는 것을 말하며, 자본이득은 원칙적으로 원본에 분배된다. 자본이득은 1년 이내 보유하는 단기자본이득과 1년 이상을 보유하는 장기자본이득으로 나뉜다. 일반적으로 자본이득은 신탁과 관련하여 몇 가지 예외규정[34)을 제외하고는 배당가능수익(DNI)과 신탁회계에서 배제된다. 이에 따라 배당가능수익(DNI)에서 배제된 자본이득은 신탁단계에서 조정되므로 수익자는 이에 대하여 조세채무를 부담하지 않는다. 또한 자본손실이 발생한 경우에도 신탁단계에서 이를 조정하고 수익자에게 배분하지 않게 된다. 자본손실의 규칙(rule)은 I.R.C. § 1211에 따라 개인에게 적용되는 규칙을 따른다. 이 규칙에 따라 신탁이 공제할 수 있는 자본손실의 최대금액은 순자본손실액이나 $3000 중 적은 금액이다[I.R.C. § 1211(b)]. 이러한 자본손실은 이월할 수 있는데, 이월될 자본손실은 차기 과세연도의 자본이득과 상계된다. 그리고 모든 자본손실의 이월공제가 신탁종료일 이전에 자본이득과 상계시키지 못하면, 남아 있는 자본손실은 신탁이 종료되는 과세연도에 신탁재산을 승계받은 수익자에게 흘러가게 된다.[35)

한편 이와 관련하여 단순신탁의 경우는 현재 모든 회계상 수익을 분배해야 하고 분배공제액이 신탁의 과세소득을 영(0)까지 감소시키기 때문에, 단순신탁은 순자본손실로 인한 당기 과세연도에는 조세상 혜택을 받을 수 없다. 왜냐하면, 자본이득이나 자본손실은 배당가능수익을 산정하는 단계에 모두 조정되므로 실질적으로 단순신탁에서는 자본이득이나 자본손실이 남아 있지 않기 때문이다. 그럼에도 불구하고 신탁은 자본손실이 발생한 과세연도 과세소득금액에서 순자본손실($3000까지)을 차감할 수 있다. 반면에 복합신탁은 신탁소득의 일부를 유보할 수 있기 때문에 자본이득이나 자본손실을 신탁단계에서 반영하지 않고 유보할 수 있어서 신탁의 종료 시까지 이연함으로써 조세상

---

33) Treas. Reg. §§ 1.642(d)-1(b).
34) 신탁계약이나 주법에 따라 자본이득을 소득으로 배분하는 경우, 자본이득이 원본에 분배되었지만, 실제로 수익자에게 분배된 경우, 기부금출연으로 자본이득을 공제하는 경우, 자본이득이 신탁종료 시에 발생한 경우.
35) Treas. Reg. § 1.642(h)-1. 신탁은 신탁의 종료시점에서는 원본을 분배함으로써 단순신탁으로 분류하지 않는다.

혜택을 받을 수 있다.

(4) 과세연도

신탁의 과세연도(fiscal year)는 일반적으로 회계연도(calendar year)이다[I.R.C. § 644(a)]. 다만, I.R.C. § 501(a)에 의하여 면세되는 신탁(공익신탁 등)과 I.R.C. § 4947(a)(1)에서 언급하고 있는 신탁은 위의 규정을 적용하지 않는다[I.R.C. § 644(b)].

1987년 이전에는 신탁의 과세연도와 회계연도가 일치하지 않아서 수익자는 과세이연효과를 볼 수 있었다. 예를 들어, 신탁과 수익자의 회계연도는 1월 1일부터 12월 31일이고 신탁의 과세연도가 2월 1일부터 1월 31일이라면, 수익자의 소득은 2회계연도에 귀속되므로 제2회계연도에 대한 소득신고를 할 때 까지는 제1회계연도의 신탁의 분배수익에 대하여 소득신고를 하지 않게 되고 비로소 제3회계연도의 4월 15일에 소득신고가 이루어져서 과세이연이 발생하게 된다.[36] 그러나 1986년 Tax Reform Act에서는 신탁의 과세연도와 회계연도의 불일치로 인한 과세이연을 방지하기 위하여 면세신탁(exempt trust)과 모든 공익신탁을 제외한 모든 신탁에 대한 과세연도를 회계연도와 일치시킬 것을 제정하였고, 이에 따라서 현재의 과세연도 규정이 설정되었다. 그러나 유산의 경우는 과세연도가 12개월을 초과하지 않는 한 과세연도 말에 자유롭게 선택할 수 있다. 이와 관련하여 실무적으로 매년 과세소득의 결정이 당기에 산정되지 못하는 경우에는 차기 과세연도 초일부터의 65일까지 결정하고 이 를 수익자에게 분배할 수 있도록 선택할 수 있는 "65-day rule" 규정을 두고 있다.

5. 배당가능수익 및 분배공제

(1) 배당가능수익

1) 중요성

Subchapter J의 주요 기능은 수탁자, 수익자 또는 각각에 대해 부과될 세액을 산정하는 역할을 한다. 이러한 역할을 수행하기 위한 과정으로 배당가능수익(Distribution Net Income: DNI)을 산정하며 이를 한도로 하여 각 당사자에게 부과될 세액을 결정하게 된다. 이와 관련하여 배당가능수익을 세무상 목적으로 잘려나간 파이라고 불리고 있다.[37] 그리고 배당가능수익은 세무상 개념에 해당한다.

---

36) Ascher and Danforth, *op. cit.*, p.172.
37) M. Carr Ferguson, James L. Freeland, and Richard B. Stephens, *Federal Income Taxation of Estates and Beneficiaries*, 1970, Boston, MA: Little, Brown, p.1x.

미국은 배당가능수익이라는 제도를 1954년 이전에 만연했던 조세회피를 방지하기 위하여 도입하게 되었다. 즉, 그 당시에 개인소득세율은 50~70%였으나 신탁의 소득세율은 20%에 불과하여 고율과세구간의 납세의무자(수익자)는 분배금액의 일부를 저율과세구간에 해당하는 만큼만 수령하고 나머지 분배금액을 신탁에게 유보하여 조세회피를 행하는 상황이었다.[38] 이러한 도입취지에 따라 이 제도는 다음과 같은 중요한 역할을 하고 있다. 첫째, 조세회피 및 이중과세를 방지하기 위한 역할을 하고 있으며, 이 제도를 통하여 신탁이 수익자에게 실질적인 분배하지 않은 경우에도 적절한 분배금액을 산정할 수 있는 기능을 하고 있다.[39] 둘째, 일반적으로 수익자에게 부과되는 세액은 신탁의 분배공제금액과 동일한 것과 같이, 배당가능수익은 수익자에게 부과될 수 있는 한도액뿐만 아니라 신탁단계에서 공제될 한도액을 결정하는 역할을 하고 있다. 다만, 분배공제금액에는 분배로 간주될 일정한 비과세소득을 포함하고 있지 않다. 셋째, 배당가능수익은 수익자의 소득의 성격을 결정하는 역할을 하고 있다. 이는 도관이론에 따라 각 수익자의 분배금액은 배당가능수익을 구성하고 있는 소득과 동일한 소득으로 구성되었다고 간주하고 있다. 예를 들어, 신탁소득 중 40%가 배당소득인 경우에는 수익자의 분배금액 중 40%가 배당소득으로 구성된 것으로 간주하고 있다.

2) 산정방법

배당가능수익을 산정하기 위해서는 신탁의 과세소득을 기준으로 다음과 같은 수정사항[I.R.C. § 643(a)(1)−(7)]을 고려해야 한다. 또한 신탁이 배당가능수익 등을 산정함에 있어서, Treas. Reg. § 1.663©−2(b)의 조건에 따른 평가, 계산, 배분을 위하여 "합리적이고 균등한 방법(resonable and equitable method)"을 사용해야 한다.[40]

배당가능수익의 산정시 고려사항은 ① 수익자에 대한 분배금액은 차감하지 않는다. ② 원본에 배분되는 자본이득과 자선목적으로 영구적으로 유보된 금액이나 지출한 금액, 어떤 수익자에게 소득의 분배조건인 금액, 공제나 지급되지 않는 금액은 제외된다. ③ 단순신탁에 대하여, 과세대상인 특별배당이나 주식배당이 수익자에게 지급되거나 공제되지 않는 경우로서 원본에 대하여 선의로(in good faith) 배분된 금액은 제외된다. ④ 순비과세이익(net tax−exempt interest)은 가산된다. 이를 고려한 배당가능수익은 '배당가능수익 = 과세소득 + 인적공제 − 원본에 배분된 자본이득(+자본손실) + 순비과세소득(회계상 목적으로 배분된 수익) − 원본에 배분된 과세대상인 주식배당과 특별현금

---

38) Patterson and Buchanan, *op. cit.*, p.108−7.
39) Ascher and Danforth, *op. cit.*, p.53.
40) Treas. Reg. § 1.663(c)−2(c).

배당'으로 산정되게 된다.

위의 ②와 ③과 관련하여 특별배당과 자본이득(손실)이 원본에 배분된 경우, 이러한 소득은 분배될 수 없기 때문에 배당가능수익에서 배제된다. 다만, 자본이득(손실)은 법령(statue)에 의하여 소득으로 배분되는 경우에는 배당가능수익에 포함할 것을 요구할 수 있다.[41] 즉, 법령(statue)에 의하면, 자본이득이 소득에 배분되는 경우에는 자본이득은 자동적으로 배당가능수익에 포함되는[§ 643(a)] 반면 자본이득이 원본에 배분되지 않는 경우에는 다른 확인(test)을 통하여 배당가능수익에 포함할 것인지를 결정하게 된다. 이러한 확인(test)들은 유효한 신탁증서(government instrument), 주(州)법(local law), 신탁증서[42]를 말한다. 또한 배당가능수익에는 비과세소득을 포함하지 않는다[I.R.C. § 651(b)]. 이렇게 산정된 배당가능수익은 신탁의 분배공제액의 한도액이 되며, 신탁은 배당가능수익 안에서 분배공제를 받을 수 있고, 수익자는 배당가능수익 내의 분배된 금액을 기준으로 소득의 내용별로 구분하여 납세의무를 진다. 그러나 수익자가 원본과 관련하여 발생하는 비용(예: 신탁보수), 비과세이익 등으로 인하여 배당가능수익금액과 차이가 발생하게 되어서 배당가능수익금액이 수익자의 조세부담과 일치하지 않는 경우도 있다.

(2) 분배공제

신탁이 분배금액에 대한 공제를 위하여 ① 실제로 분배한 금액이나 분배될 금액이나, ② 배당가능수익 중 적은 금액이 된다. 따라서 신탁의 유형과 관계 없이 분배공제액은 배당가능수익을 초과할 수 없다. 단순신탁의 경우에는 일반적으로 당해 소득의 전부를 배분하게 되므로 실제 분배금액은 신탁회계의 수익으로 결정되고, 배당가능수익과 같게 된다. 반면에 복합신탁의 경우에는 당해 소득의 분배조건인 금액과 임의적 분배조건인 금액의 합계액을 분배하게 되므로 유보이익이 포함되어 있다. 배당가능수익을 초과하는지를 고려하여 분배공제금액을 산정해야 한다. 이렇게 산정된 신탁단계의 분배공제금액은 수익자에게 부과되며, 수익자는 실제로 이러한 금액을 분배받은 것과 관계없이 자신의 소득신고 시기에 이를 반영해야 한다.

---

41) M. Carr Ferguson, James L. Freeland, and Mark L. Ascher, Federal Income Taxation of Estates, Trusts, Beneficiaries 2007 Supplement. CCH a Wolters Kluwer business, 2007, pp.5~32.

42) 신탁증서에 의하여 신탁에게 재량권을 부여한 경우, 신탁은 '합리적이고 일반적(reasoreasonable and impartial)'인 기준에 의하여 재량권을 행사하여야 한다[Treas. Reg. §§ 1. 643(a)−3(b)].

6. 신탁유형별 세무처리

(1) 단순신탁에 대한 세무처리

단순신탁의 과세소득금액은 '과세소득금액 = 총소득금액 – 비용 – 분배공제 – 인적공제 – 세액공제'를 하여 산정된다. 과세소득금액은 배당가능수익을 한도로 하여 해당 신탁의 과세소득은 100% 분배공제를 받게 되어 조세채무를 부담하지 않으며, 이를 분배받은 수익자가 조세채무를 부담하게 된다. 다만, 실제로 신탁의 당해 소득의 분배금액이 배당가능수익을 초과한 경우에도 신탁은 배당가능수익을 한도로만 분배공제를 받게 된다. 또한 비과세소득은 신탁의 총소득금액에 포함되지 않으므로 배당가능수익에 포함된 비과세소득(배분된 순비용에 따라)에 대한 분배공제를 받을 수 없다[I.R.C. § 651(b)]. 또한 단순신탁에서는 과세소득 산정을 확인하기 위하여 'Short – cut 접근법'을 적용 할 수 있다. 다만, 원천징수와 관련하여 regulation에서 규정하고 있는 경우를 제외하고는 I.R.C. § 3466에 따라 원천징수한다[I.R.C. § 643(d)]. 원천징수가 발생하는 경우는 다음과 같이 I.R.C. § 31에 의하여 허용되는 소득공제(credit)가 수익자와 신탁에게 배분되는 경우, 이러한 소득공제가 각 수익자에게 배분되는 경우, 수익자에게 배분되는 소득공제와 동일한 금액으로 신탁에게 공제를 허용하는 경우이다[I.R.C. § 643(d)(1) – (3)].

일반적으로 분배금액은 과세연도 종료일까지 결정되지 않게 되어서 다음 과세연도까지 이연되게 된다. 그렇다하더라도 신탁은 분배조건 및 취득조건인 소득(income is earned and required to be distributed)이 귀속되는 과세연도에서 분배공제를 받을 수 있다. 더욱이 수익자는 분배금액이 과세연도 종료일까지 결정되지 않을지라도 해당 귀속연도에 분배금액을 포함해야 한다. 즉, I.R.C.§ 652에서는 실제로 수익자에게 분배금액을 지급한 것과 관계없이 해당 분배금액을 자신의 총소득금액에 포함할 것을 규정하고 있다. 그리고 수탁자는 3 이상의 수익자들에게 "분산시킬 권한(sprinkling power)"을 가질 수 있고, 이러한 권한은 모든 소득을 분배할 조건을 충족하는 한 단순신탁에게도 유효하게 적용된다.

단순신탁의 존속기간에 단순신탁의 세 가지 요건을 충족하지 못한 경우에는 복합신탁으로 전환되고, 복합신탁도 마찬가지로 적용되고 있다. 단순신탁이 종료되는 과세연도에는 단순신탁은 수익자에게 원본을 분배하게 되므로 항상 복합신탁이 된다.

(2) 복합신탁에 대한 세무처리

복합신탁은 단순신탁의 세 가지 요건을 모두 충족하지 못하는 신탁을 말한 다. 즉, 복합신탁은 분배조건, 원본분배요건, 기부금출연요건에 구속되지 않는다. 복합신탁은 단순신탁과 달리 복합신탁의 모든 소득을 재량적으로 분배할 수 있고, 이에 따라 이익을 유보할 수도 있다. 복합신탁의 과세소득 산정 규정 중 단순신탁과 다른 점은 다음과 같다.

첫째, 복합신탁은 당해 소득의 모든 분배조건인 금액(강제적 분배)과 임의적 분배금액의 합계액을 수익자에 분배할 수 있다. 따라서 단순신탁과 달리 일부 소득(임의적 분배금액)은 수익자가 조세부담을 하게 된다. 둘째, 기부금공제와 관련된 분배공제금액과 배당가능수익의 결정사항이다. 즉, 신탁이 기부금을 출연한 경우, 배당가능수익이 강제적 분배수익(mandatory distribution)에 대한 분배공제한도액을 결정할 경우에는 기부금공제로 인하여 감소되지 않는 반면 배당가능수익이 임의적 분배수익(discretionary distribution)에 대한 분배공제한도액을 결정할 경우에는 배당가능수익은 기부금공제로 인해 감소된다. 또한 임의적·강제적 분배조건이 모두 있는 경우, 배당가능수익은 기부금출연으로 인해 감소되지 않는다. 셋째, 신탁재산 중 감가상각대상 자산이 있는 경우 주 (州)법에 의해 감가상각비가 원본에 대응하고 있다면, 신탁은 신탁계약에 의해 잔존가액(reserve for depreciation)을 보유할 것을 요구받고 있다. 여기서 신탁은 감가상각비를 신탁의 과세소득 산정에 반영할 부분과 수익자의 과세소득 산정에 반영되는 부분을 구분해야 한다. 또한 신탁계약이 세무상 감가상각비와 동일한 금액으로 유보할 것을 정한 경우 회계상 수익은 감가상각비에 의해서 감소되고, 감소된 감가상각비는 신탁에 의해 공제되고 배당가능수익을 감소시킨다.

복합신탁과 관련된 세무처리도 단순신탁의 경우와 마찬가지로 자본이득에 대한 조세부담은 없고, 원천징수와 관련된 규정도 유사하다. 그러나 법인세(소득세)와 관련하여 단순신탁과 달리 복합신탁은 신탁소득을 유보할 수 있으므로, 복합신탁은 이러한 유보이익에 대하여 조세채무를 부담하게 된다. 다만, 이러한 유보분을 차기 과세연도에 수익자에게 분배하는 경우에는 전기에 유보분에 대한 과세금액을 제외한 수익을 분배하게 되므로, 이를 수령한 수익자는 이중과세를 피할 수 있다.

(3) 위탁자신탁에 대한 세무처리

위탁자신탁은 신탁자가 자신의 재산을 신탁에게 이전하고 이전한 신탁재산에 대하여 신탁자(위탁자)나 제3자(신탁자의 특수관계자)가 실질적인 권능을 행사하는 형태이다(I.R.C.

§ 671). 위탁자신탁의 적용요건은 ① 위탁자(Grantor)가 관리권한을 보유한 경우(I.R.C. § 675), ② 위탁자가 경제적 혜택을 보유할 권한이 있는 경우로서, 위탁자가 수익의 비례에 따라 신탁부분에 대해 부과의무가 있는 경우(I.R.C. § 677), ③ 위탁자가 신탁재산에서 발생한 수익을 분배받은 제3자의 경제적 혜택을 통제하는 권한이 있는 경우(I.R.C. § 674)이다. 다만, 철회권의 유보가 위탁자신탁의 요건은 아니다.[43]

이러한 요건을 충족한 신탁은 실제로 신탁소득의 조세부담에 대하여 신탁에 대해 경제적 수혜나 상당한 통제력이 있는 위탁자나 제3자에게 이전되므로 수탁자가 신탁소득을 수익자에게 분배 또는 신탁에 유보하더라도, 실질적으로 신탁소득의 일부 또는 전부를 위탁자(신탁자)나 제3자에게 귀속되므로 신탁소득에 대해 위탁자나 제3자에게 과세하게 된다. 결국, 신탁소득에 대하여 위탁자신탁은 조세채무를 부담하지 않는다.

7. 수익자에 대한 세무처리

(1) 수익자에 대한 일반적 세무처리 규정

일반적으로 수익자의 총소득금액은 신탁의 배당가능수익을 기초로 하여 산정되고, 신탁으로부터 분배받은 소득을 기준으로 소득별로 구분하여 수익자에게 과세하게 된다. 즉, 소득세, 자본이득세, 상속세를 부담하게 된다. 다만, 수익자는 신탁재산에서 발생한 소득을 실제로 분배받았는가와 관계없이 자신의 지분율에 의하여 분배받은 것으로 간주되고 있다.

다음은 수익자에게 적용되는 일반적인 세무처리 규정이다.

첫째, 일반적으로 수익자의 소득의 성격은 신탁의 배당가능수익의 성격과 동일하다.

둘째, 2명 이상의 수익자가 존재하는 경우에는 전체 배당가능수익을 전체 수익자의 분배금액 중 각 수익자의 분배금액비율에 따라 소득별로 구분하여 분배된다. 다만, 배당가능수익이 분배금액보다 작을 경우에는 분배금액을 기준으로 각 수익자의 분배비율에 따라 소득별로 구분하여 분배된다. 이러한 배분은 높은 세율이 적용되는 납세의무자에게 비과세소득을 배분하고 낮은 세율이 적용되는 납세의무자에게 과세소득을 배분하여 수탁자로 하여금 조세채무를 조작할 수 있는 가능성을 방지하기 위한 것이다.

셋째, 신탁이 수익자에게 현물로 분배하는 경우이다. 이 경우에는 수익자가 현금으로 현물을 취득하는 것처럼 처리하는 단순한 자산교환으로 보고 있다. 이와 관련하여 신탁은 수익자에 분배한 현물자산을 min[공정가액(Fair Market Value: FMV)], 조정된 기

---

43) 명순구·오영걸 역, 『현대미국신탁법』, 세창출판사, 2005, 112면.

초가액(adjusted basis)으로 분배 공제할 수 있고, 수익자는 신탁의 선택에 따라 분배금액이 달라진다[I.R.C. § 643(e)(2)]. 이러한 선택규정은 Kenan v. Commissioner의 판결[44]에 의하여 정립되었다. 신탁이 분배시점에 현물자산의 공정가액이 조정된 기초가액을 초과한 금액을 이득으로 인식하는 경우에는 현물자산의 공정가액은 분배공제금액과 동일하고, 수익자는 신탁이 인식한 이득과 신탁단계에서 조정된 기초가액을 합산한 금액을 기초가액(base)으로 하여 과세소득에 포함시킨다. 반면에 신탁이 위의 초과금액을 이득으로 인식하지 않는 경우에는 신탁은 조정된 기초가액으로 분배공제하고 수익자는 이 금액을 총소득금액에 포함시킨다. 그 후에 수익자가 현물자산을 처분할 경우, 이 선택규정은 수탁자로 하여금 증가된 금액만큼을 수익자 단계나 신탁단계에서 부과할 수 있는 선택권을 인정하고 있다. 만약 이러한 분배가 증가된 자본이득자산과 관련되어 있다면, 이때 인식한 자본이득은 전기 과세연도의 자본손실과 상계된다. 다만, 이러한 선택규정을 적용한 신탁은 재무부장관의 동의를 얻지 못하면 철회할 수 없다[I.R.C. § 643(e)(3)]. 그러나 이 규정[I.R.C. § 643(e)]은 I.R.C. § 663(a)에서 규정하고 있는 분배에는 적용되지 않는다[I.R.C. § 643(e)(4)].

신탁의 종료시점에 신탁잔여재산, 결손금(NOL), 자본손실이나 자본이득이 있는 경우에는 종료과세연도에 신탁재산을 승계받은 수익자에게 귀속되고 이에 대하여 조세채무를 부담한다.

다음에서는 수익자별로 차이점을 살펴보겠다.

(2) 단순신탁의 수익자

단순신탁의 수익자의 과세소득은 일반적으로 신탁의 배당가능이익(DNI)이 최대금액이고, 배당가능수익에 비과세소득을 포함하고 있다면, 이 금액보다는 적게 된다. 그리고 단순신탁의 수익자는 분배받은 금액을 소득의 내용별로 구분하여 과세된다. 따라서 신탁존속시점에는 단순신탁의 수익자에게 부과되는 소득세(법인세)가 부과되는 반면 단순신탁이 원본분배를 할 수 없으므로 증여세가 발생하지 않지만, 신탁종료시점에는 자

---

44) Kenan v. Commissioner 114 F.2d 217(2d Cir. 1940). 위 판례는 그 당시에 일반적으로 현금으로 수증자에게 분배하고 있어서 현물로 분배하는 경우에 이를 자본이득으로 볼 것인가에 대한 논란이 있었다. 과세관청은 이를 전부 자본이득으로 보았지만, 위원회에서는 이를 일반소득으로 보았다. 그러나 수탁자는 현물분배는 자본이득도 일반소득도 아니라고 주장했다. 법원은 수탁자의 주장을 받아들였다. 이에 따라 미국 국세청(IRS) 1934년 The Revenue Act의 I.R.C. § 111에서 이와 관련된 소득구분규정을 제공했지만, 신탁과 수익자의 동의를 통한 조세회피가 감소되지 않아서 1954년에는 조세회피를 방지하기 위하여 I.R.C. § 652(a)에서는 배당가능수익에 따라 신탁의 분배공제액을 결정하고 수익자는 총소득금액을 신고할 것을 정하고 현재와 같은 선택규정을 신설하게 되었다.

본이득과 관련하여 수익자가 승계권자가 아니라면, 신탁재산에 발생한 이익에 대해서도 증여세문제는 발생하지 않게 된다. 다만, 위탁자가 사망한 경우라면 수익자가 유일한 상속인인 경우에는 상속세를 부담하게 된다.

(3) 복합신탁의 수익자

복합신탁의 수익자에 대한 세무상 처리 방법은 일반적으로 단순신탁의 수익자와 동일하게 처리된다. 복합신탁은 단순신탁과 달리 신탁의 이익을 유보할 수 있으므로, 수익자가 신탁유보이익을 차기에 수령할 경우 유보이익 중 유보이익에 대하여 과세된 금액을 제외한 금액만이 과세소득에 산입되어 소득별로 구분하여 과세된다. 한편 복합신탁의 수익자는 단순신탁의 수익자와 달리 다음과 같은 두 가지 규정을 적용하여 수익자의 분배금액을 수령하여 과세소득을 산정하고 있다.

1) The Tier System

"The Tier System"은 복합신탁과 단순신탁의 자이점인 "원본이나 수익을 유보할 수 있는 경우"라는 조건에서 유래된 것으로서 I.R.C. § 661–662의 규정에 의하여 2인 이상의 수익자가 존재하는 경우에 적용하게 된다.[45] 구체적으로 The Tier System이 적용되는 경우는 원본과 수익 모두가 분배되는 경우로서 비록 당기순이익과 배당가능수익이 동일할지라도, 해당 분배금액이 수익금(income)을 초과할 수 있다. 당해 소득의 분배조건인 금액과 임의적 분배조건인 금액(예: 임의적 소득 분배금이나 원본의 분배금이 적절하게 지급되거나 분배를 요구받은 금액)의 합계액이 배당가능수익을 초과하게 될 경우에는 각 수익자에게 과세될 금액은 tier system에 따라 산정하게 된다. 여기서 언급되는 Tier–1과 Tier–2라는 용어는 내국세입법(I.R.C.)에는 정의되어 있지 않다.

Tier–1 수익자가 되는 경우는 당해 소득의 분배조건인 금액을 수령한 자를 말하고 [I.R.C. § 662(a)(1)], 그 외의 수익자들은 Tier–2 수익자가 된다. 또한 한 수익자가 강제적·임의적인 분배를 동일한 과세연도에 수령한다면, 이러한 분배를 모두 수령한 수익자는 tier–1과 tier–2 모두 될 수 있다. The Tier System에 의한 분배방법은 다음과 같다. 즉, Tire–1 수익자는 우선적으로 의무분배조건인 수익금액을 수령하게 된다. 이 경우에 이러한 그룹에 과세되는 전체소득은 배당가능수익 또는 당해 소득의 분배조건인 금액의 합계액 중 적은 금액이 된다. 이 경우의 배당가능수익은 기부금출연으로 인한 금액은 차감되지(기부금공제를 허용하지) 않고 결정된다.[46] 임의적 분배조건인 수익의

---

45) Ascher and Danforth, *op. cit.*, p.178.
46) Anderson et al. *op. cit.*, p.C14–21.

합계액이 배당가능수익을 초과하는 경우에는 각 tier-2 수익자는 당해 소득의 분배조건 금액에 대해 배당가능수익의 초과분을 소득에 포함하고 있다. 이러한 소득에 대하여 I.R.C. § 662(a)(2)에서는 이 초과분에 대하여 다음과 같은 산식을 통하여 각 tier-2 수익자의 수익을 정할 수 있다.

$$\frac{\text{수익자에 대한 분배조건 금액 또는 다른 지급금액}}{\text{모든 수익자에 대한 전체 분배조건 금액 또는 전체 지급금액}}$$

그러나 수탁자가 tier-2에 대한 분배와 관련하여 분배금액 중 일부를 유보하고 이를 공제하려면 I.R.C. § 662(a)(2)에 따라 당해 의무분배조건인 금액을 제외한 "적절하게 지급된(properly paid)" 금액으로 한정하고 있고, 수익자는 회계상 분배금액과 관련하여 총소득금액에 이 금액을 포함키지 않는다.[47]

한편 Tier-1 수익자는 일반적으로 모든 소득의 분배조건인 금액에 대하여 과세되지만, tier-2 수익자는 자신들의 비과세분배금액 부분을 수령받게 됨으로써 tier-2 수익자가 tier-1 수익자에 비하여 유리한 조세상 혜택을 받게 되는 경우도 있다.

2) Separate Share Rule

"Separate Share Rule"은 복합신탁뿐만 아니라 단순신탁에 적용되는 규칙으로서 "수익자가 1명 이상인 신탁이 수익자의 총소득금액과 분배공제금액을 결정할 경우 신탁에서 각 수익자가 실질적으로 분리되고 독립된 지분을 보유한 개별 신탁(separate trust)을 구성한 것처럼 처리할 수 있다[I.R.C. § 663ⓒ]"라고 규정하고 있다. "separate share rule"의 궁극적인 목적은 배당가능수익에 대한 각 수익자의 지분비율에 따라 하나의 실체를 2개 이상의 개별적 실체로 처리하여 조세부담을 분산시키려는 의도를 차단하기 위한 것이다.[48] 이 규칙에 의한 배분은 일반적으로 tier system을 통하여 이루어진다. 이 규칙은 선택규정이 아니고 이 규칙이 적용되면 이를 적용해야 한다.

"Separate Share Rule"이 적용되려면, 단일신탁(single trust)에 2명 이상의 수익자가 있고 수익자는 실질적으로 개별적이고 분리된 지분을 소유해야 한다. 개별지분의 배분은 인적공제에 대하여 1번 이상 공제되지 않으며, 신탁의 미분배된 소득이 저율에서 몇몇 지분이 분산되어 과세되는 것을 인정하지 않고 있다, 따라서 신탁의 조세채무를 산정할 경우에는 신탁(또는 유산)을 one rate schedule에 따라 과세소득이 산정되는 하

---

47) DeVilbliss v. United States, 41-2 U. S. T. C. ¶9552 (N. D. Ohio 1941).
48) Anderson et al. *op. cit.*, p.C14-22.

나의 실체(one entity)로 처리하게 된다. 즉, 다수의 수익자가 있는 단일신탁은 개별적인 신탁이나 계정(account)이 각 수익자가 보유하고 있는 것처럼 처리하게 된다. 다만, "Separate Share Rule"은 원본의 분배에 대해서는 적용되지 않는다. 또한 "Separate Share Rule"을 적용받기 위한 적격한 실체는 개별적인 실체가 설정된 것과 같이 실질적으로 동일한 방법으로 분배할 것을 요구하는 유효한 증서(governing instruments)를 소유하여야 한다.[49] Separate Share Rule이 적용되면, 수익자의 과세 소득금액은 이 규칙이 적용되지 않는 수익자의 과세금액과 다를 수 있다. 그 이유는 수익자들이 종종 자신이 수령한 분배금액보다 적은 금액으로 총소득 금액을 신고하기 때문이다.[50]

(4) 위탁자신탁의 수익자

위탁자신탁은 신탁자가 자신의 재산을 신탁에게 이전하고 이전한 신탁재산에 대하여 신탁자(위탁자)나 제3자(신탁자의 특수관계자)가 실질적인 권능을 행사하는 형태이다(I.R.C. § 671). 왜냐하면, 실제로 신탁소득에 대한 조세부담은 신탁에 대해 경제적 수혜나 상당한 통제력이 있는 위탁자에게 이전되기 때문이다. 따라서 위탁자신탁의 조건을 충족한 경우에는 수탁자가 신탁 소득을 수익자에게 분배 또는 신탁에 유보하더라도, 실질적으로 신탁소득의 일부 또는 전부를 위탁자(신탁자)나 제3자에게 귀속되므로 신탁소득에 대해 위탁자나 제3자에게 부과된다.

IV. 시 사 점

현행 신탁관련세제는 조세법률주의와 조세평등주의의 측면에서 보완되어야 할 것으로 생각된다. 조세법률주의는 조세법을 지배하는 최고원리로서 이의 근거는 헌법 제38조(모든 국민은 법률이 정하는 바에 의하여 납세의무를 진다) 및 제59조(조세의 종목과 세율은 법률로 정한다)이다. 조세법률주의의 두 가지 핵심적인 내용은 과세요건 법정주의와 과세요건 명확주의이다. 이 중에서 과세요건 명확주의는 과세요건을 법률로 정하되 그 규정은 일의적(一義的)이고 명확하며 상세하여야 한다는 원칙을 말한다. 또한 과세요건의 형식이 법률을 근거로 할 경우에도 그 내용에 대한 규정이 추상적이고 부정확하다면, 과세관청의 자의적 해석으로 인하여 과세권의 남용을 초래하여 납세의무자의 재산권을

---

49) Treas. Reg. § 1,663(c) − 3(a).
50) Treas. Reg. *Ibid.*, p.C14 − 22.

침해하는 상황이 발생하게 된다. 이를 방지하기 위하여 조세법의 규정은 가능한 한 명확해야 한다.[51] 현행 신탁관련세제는 각 세목별로 흩어져 있어서 납세의무자로 하여금 이를 명확히 파악하기 어렵고, 다른 신탁기구와 달리 법적 실체에 대한 차이점과 동일한 수익자임에도 불구하고 법인과 개인의 세율 차이로 인하여 조세의 중립성·형평성을 저해하는 문제점이 발생하고 있다. 이러한 문제점을 시정하고 조세법률주의와 조세평등주의를 구현하기 위하여 현행 신탁관련세제를 입법론적 측면에서 특히 미국의 신탁세제에서 다음과 같은 시사점을 얻을 수 있다고 생각된다.

1. 신탁에 대한 법적 실체의 문제

신탁에 대한 법적 실체 여부에 관하여 논의가 있었지만, 아직까지도 이에 대한 결론을 내리기가 어렵다. 그러나 사회적·경제적으로 신탁에 대한 관심이 증대되고 있는 상황과 신탁세제상 동일한 신탁기구를 이용하는 집합투자기구, 자산유동화회사, 그리고 특수목적법인(SPC) 등에 대해서 법인격을 부여하고 있다. 반면에 민사신탁에는 이에 대한 규정의 미비로 신탁기구 간 조세의 중립성을 해칠 수 있다. 또한 국제간 자본이동이 활발한 가운데 주요국은 민사신탁을 과세주체로 보고 있는 반면 우리나라는 그렇지 않아서 발생하는 국제조세문제 등으로 인하여 신탁의 법적 실체에 대한 논의가 필요하게 되었다.

이러한 문제에 대한 개선방안을 찾기 위하여 외국의 신탁에 대한 법인격 부여의 입법배경을 살펴볼 필요가 있다. 영국에서는 신탁을 법인격 없는 사단, 조합, 법인으로 볼 것인가에 대한 지속적인 논의가 있었다. 1800년 후반에 영국에서는 조합과 클럽(신탁의 전신)에 대한 논의가 있었고, 1890년 이후에 영국은 "조합은 영리를 위하여 공동으로 업무를 집행하는 자들 사이에 존속하는 관계"라고 제정법에서 규정하여 조합과 신탁을 구분했다. 또한 영국에서는 사단의 재산을 구성원의 잔여재산으로부터 분리됨에 따라 사단재산의 소유자는 사단의 구성원이 아니라 수탁자로 보는 것과 동시에 수탁자의 소유권은 외관상의 의미 외에는 없다고 보고 수탁자들은 마치 위원회와 총회에 구분을 하였다.[52] 그 후 영국정부는 1899년 "법인법(The Bodies Corporate Act)"을 제정하여

---

51) 최명근, 『세법학총론』, 세경사, 2002, 85면.
52) Gierke, Vereine Ohne Rechtsfahigkeit, S. 14. "사단(클럽)의 재산은 …… 그 때 당시에 존재하는 구성권에게 ……귀속한다. 그러나 조합재산(사단재산)으로서 그것은 조합목적(사단목적)을 달성하기 위하여 존재하는 재산이므로 구성원의 잔여재산과 구별되고, 더욱이 지분을 분할되지 않으며 조합원(사단사원) 전원에게 공동으로 귀속하는 특별재산이다. 그리고 이러한 면에서 있어서 법인의 재산과 유사하다": 현병철·최현태 역, 『신탁과 법인의 역사』, 세창출판사, 2007, 100면.

신탁에게 법인격을 부여했다. 즉, 신탁을 법인으로 인정하게 되었다. 그러나 법인격을 부여받기 꺼려하는 단체에 대하여 법인설립조건의 완화와 여러 가지 편의를 제공했지만 클럽들은 이를 거부했다. 이렇게 클럽들이 법인화를 거부하는 이유는 신탁제도가 단체에게 보호 장벽의 역할과 무제한적이기까지 한 준사법적 권한이나 규칙들이 존재하기 때문이다.[53] 그 후 신탁제도가 공법이나 국가학 영역 등으로 확대되어 운용됨에 따라 1925년에 "수탁자법(Trustee Act)"을 제정하여 신탁의 기본법으로 활용되었다. 따라서 신탁에 대한 법인격 부여는 신탁을 과세주체로 볼 수 있는 근거가 되었다.

미국의 경우에는 영국의 상황과 달리 대규모 단체들이 자본집적을 형성하게 됨에 따라 법인보다는 신탁을 선택하여 정부의 규제를 피할 수 있었다. 그 후에 미국의 뉴저지(new jersey)주(州)에서 대규모 자본결합을 유인하기 위하여 주(州)의 법인법을 완화하여 회사의 자본이 클 경우에 낮은 세율을 적용하는 것과 같은 변화가 있게 되었고, 이로 인하여 미국의 신탁은 대개 법인을 지칭하게 되었다. 비로소 신탁에 대한 새로운 의미를 갖게 되었다고 한다.[54]

그 후 미국에서는 신탁을 법인격 없는 단체와 법인을 구분하는 규정[55]을 마련하게 되었고 신탁을 법인으로 보는 추세로 변했다. 그 후에 미국은 1998년에 신탁을 통한 재산거래가 빈번하고 가족 간의 재산상속이 빈번함을 인식하고 각 주(州)의 신탁법을 통일신탁법으로 일원화하게 되었다. 이러한 신탁에 대한 법인격 부여는 신탁을 "trust as separate taxpayer"로 보고 수탁자에게 과세할 수 있는 근거를 만들었다. 따라서 영미법계에서는 신탁을 법인처럼 목적에 따른 수단으로 인정하고 있어서 신탁에게 법인격을 부여해도 무리가 없다는 것을 신탁의 출연배경에서 추론할 수 있을 것이다.

그렇다면 영미법에서 발전한 신탁법을 대륙법계인 우리나라의 사법 내에 적용할 수 있는가? 이에 대하여 四宮和夫에 의하면, "신탁법은 영미법에서 발전된 제도이므로 대륙법계에 속하는 일본사법 내에서는 물위에 떠다니는 기름과 같은 이질적인 존재이다"[56]라고 표현하고 있어서, 대륙법계인 국가에서 신탁법을 채택함에 있어서 어려움이 있다는 것을 암시하고 있다. 이러한 표현은 우리나라에도 적용될 수 있다. 하지만, 최근에 신탁업의 확대와 투자신탁 등 간접투자기구 또는 연금제도에 대한 관심의 증대로 인하여 신탁은 많은 관심을 받게 되었다. 이러한 움직임은 미국·영국·호주·캐나다 등 주요국으로 확산되었고[57] 이러한 배경에는 '금융의 국제화'라는 현상과 더불어 신

---

53) 현병철·최현태 역, 전게서, 118~160면.
54) 현병철·최현태 역, 상게서, 114~117면.
55) Morrissey v. Commissioner 296 U.S. 344 (1935); Howard v. United States, 5 Cl. Ct. 334, 84-1 U. S. T. C. ₱ 9494(1984) 참조.
56) 四宮和夫, 『信託法』, 有斐閣, 1989, 3면, 재인용.

탁이라는 기구·기술 또는 도구가 그 유용성을 인정받았다는 사실이 자리잡고 있다.[58] 이러한 상황은 우리나라도 예외는 아니다.

이러한 상황을 반영하여 우리나라에도 신탁의 법적 실체에 대한 정의를 규정할 필요가 있고, 법적 실체의 규정과 관련하여 다음과 같은 점을 고려할 필요가 있다. 첫째, 신탁에 대한 법적 인격을 부여하는 것은 법률적인 관점에서 접근하기보다는 경제적 관점에서 접근하는 것이 바람직하다. 즉, 영미법에서의 신탁의 출현배경과 성립과정에서 볼 수 있듯이 개인들은 법인이라는 법적 실체를 선택하지 않고 신탁이라는 법률적 테두리를 벗어나 개인적인 경제적 이익추구와 신탁의 자유로운 운영을 신탁의 구성원들이 선호하였다. 반면에 영미국가는 신탁을 법률적 테두리 안에 넣으려고 노력하였다. 이러한 상황에서 당사자인 개인과 국가 간의 대립적인 구도를 해소하기 위하여 신탁을 법적 실체로 인정함과 동시에 신탁의 구성원에게 내용상의 유연성(flexibility in design)을 인정하는 방향, 즉 국가의 최소한의 간섭을 전제로 법인격을 부여했다. 또한 미국의 통일신탁법은 기본적 성격으로 임의규정을 명확히 강조하고 있다. 즉, 당사자가 특별히 아무 것도 정하지 않은 경우에는 통일신탁법이 명확한 원칙을 제공하도록 규정하고 있다. 또한 신탁계약이 통일신탁법 및 주(州)법보다 우선한다는 규정[59]하에서도 국가의 최소한 간섭의도를 찾아 볼 수 있다.

둘째, 신탁의 법적 실체에 대한 정의는 신탁기구 간 중립성 문제를 개선할 수 있다. 미국은 간접투자기구인 투자신탁이나 투자회사 및 민사신탁에도 법적 실체를 인정하고 있어 신탁기구 간 조세중립성을 최소화하고 있다. 반면 우리나라는 경제적 목적에 따라 신탁기구에 각각 법적 실체를 부여하고 있어서 납세의무자들이 각 신탁기구를 이해하는 데 어려움이 존재하며, 신탁기구 간 조세중립성을 저해하고 있다. 이와 같은 문제점을 해소하기 위하여 우리나라에서는 미국처럼 신탁기구에 대한 법적 실체에 대한 정의가 필요하고 동시에 우리나라에 흩어져 있는 세법상 신탁에 대한 규정을 하나로 모으는 방향으로 신탁세제를 정비할 필요가 있다. 이러한 정비는 신탁기구 간 조세의 중립성·형평성을 유지하기 위하여 바람직하다고 생각된다.

셋째, 우리나라가 신탁과 같은 도관이론(pass-through)을 채택하고 있는 파트너십을 도입할 당시에 법인으로 인정되었던 부분을 참고하여 신탁에게도 적용가능한지를 검토해야 할 것이다.

결국 법인이 영리목적이나 공익목적에 따른 수단이듯이, 신탁의 경우도 신탁목적에

---

57) 樋口節雄, 『アメリカ信託法ノート』, 弘文堂, 2000, 제9장 참조하기 바란다.
58) 명순구·오영걸 역, 전게서, 4면.
59) 통일신탁법(UTC) § 105(b).

따른 수단이므로 법인과 수단의 사회적 역할이 다르지 않으므로 신탁에게도 법인격을 부여하는 것도 무리는 아닐 것이다. 이러한 법적 실체에 대한 정비는 신탁기구 간의 조세의 중립성·형평성을 유지하면서 납세의무자에게도 신탁제도를 이해하는 데 도움을 줄 것으로 생각된다.

2. 원본과 수익에 대한 배분문제

원본과 수익의 구분은 조세채무를 부담하는 수익자나 승계인에게 자신의 과세소득을 산정함에 영향을 미치고 있고 다양한 신탁형태의 형태가 출현함 에 따라 이에 대한 중요성은 증대될 것이다. 하지만 현행 신탁세제에서는 법인세법 제113조 제2항에서는 신탁재산과 고유재산을 구분하고 있을 뿐 원본과 수익에 대한 구분기준을 마련하고 있지 않다. 이러한 구분기준의 부재로 인하여 과세관청의 자의적인 구분가능성을 배제하기가 어려운 부분과 신탁이 원본과 수익에 대한 구분의 오류로 인하여 납세의무자에게 피해가 발생할 가능성도 존재하고 있다. 이러한 문제점을 해소하기 위하여 원본과 수익에 대한 구분기준을 마련할 필요가 있다.

이러한 문제를 개선하기 위하여 미국의 사례를 참고할 필요가 있다. 미국의 신탁제도에서는 원본·수익에 대한 구별은 수익자 및 승계권자의 이익과 직접적으로 관련되어 있어서 수탁자로 하여금 공평의무(duty of impartiality)에 따라 구별할 것을 정하고 있다. 미국의 초기신탁제도에서도 우리나라처럼 수탁자의 재량이 작용할 여지가 없었으나 신탁제도의 무게중심이 민사신탁에서 금융자산이 중심이 되는 상사신탁으로 이전됨에 따라 수탁자의 재량권이 확대되는 상황으로 전개되었다. 이러한 현상은 수탁자로 하여금 신탁의 운용에 따른 신탁의 전체이익을 극대화하는 방향으로 전개되었다. 그러나 이러한 수탁자의 구분은, 예를 들어 전통적인 관행에 의한 경우 전체적으로 이익이라는 관점에서 볼 때, 장기적으로는 주식에 투자하는 것이 채권보다 더 나은 이익을 초래함에도 불구하고 '수익'을 크게 하기 위하여 수탁자는 채권을 선택하는 모순적인 상황이 발생하게 되었다.[60] 이러한 모순을 해결하기 위하여 미국에서는 '수익비율규정방식(unitrust 방식)과 형평적 재배분방식(equitable reallocation 방식)'을 채택했다. 수익비율규정방식(unitrust 방식)은 당기 회계기간 중에 신탁으로부터 발생한 수입은 그 형식 여하를 불분하고(즉, 배당, 이자, 자본가치의 상승으로 인한 이익 등을 불문하고) 우선 원본에 편입된다. 그 후 일정한 지출공식(예컨대, 원본의 5% 상당액이라든지, 인플레이션에 2%를 더한다든지

---

60) 명순구·오영걸 역, 전게서, 33면.

하는 공식)을 사용하여 '당기의 수익'으로서 분배되는 액을 결정한다. 한편 형평적 재배분방식(equitable reallocation 방식)은 원칙적으로는 형식에 따라서 '원본'과 '수익'을 구별하는 전통적인 관행에 따르지만, 예외적으로 수탁자는 '형평적 재배분'을 행하게 된다. 즉, 전통적인 방식이 현재의 수입수익자와 잔여권의 수익자의 필요성에 적절하게 대응하지 못하는 경우에는 수탁자는 공평취급의무를 다하기 위하여 수탁자는 수입을 재 배분해야 하는 의무를 부담해야 한다는 것이다.61) 이 방식 중 통일원본수익법에서는 형평적 재배분방식을 채택하고 있다.62)

이와 같은 상황을 반영하여 미국에서는 세무상 원본과 수익에 대하여 원본을 나무의 줄기로 비유하고 수익을 원본자산에서 발생하는 열매로 보고 원본과 수익을 구분하고 있다. 이러한 구분문제는 실무상 신탁회계상 원본과 수익을 장부상 관리함에 있어서 마주치게 된다. 즉, 특히 피상속인의 유언이나 신탁증서가 한 사람을 수익자로 다른 사람을 승계인(remainder)으로 지정한 경 우, 신탁증서의 규정에서 원본과 수익의 구분을 비상식적으로 행하는 경우, 그리고 비전문가인 신탁이 법률에 의하여 신탁의 원본과 수익의 구분을 잘못 이해하는 경우이다.63) 미국은 이러한 문제를 해소하기 위하여 회계기준과 통일원본수익법을 제정하고 신탁이 이에 근거하여 원본과 수익을 구분하도록 정하고 있다.

한편 우리나라에서는 2009년 말에 "신탁법 전부개정법률(안)"에서 새로운 형태의 신탁을 입법화함과 동시에 수탁자의 충실의무를 도입하여 수탁자의 재량권을 확대하는 방향으로 전개되고 있다. 수탁자의 재량권 확대는 원본과 수익에 대한 공평한 분배기준의 필요성을 증대시키고 있다. 또한 이러한 배분기준은 조세채무 산정의 기준이 되기 때문에 원본과 수익에 대한 과세관청의 자의적 분류를 방지하여 과세권 남용을 방지하고 납세의무자에게 공평한 조세채무를 부담시키는 역할을 할 수 있다. 미국의 입법례는 신탁법상 수탁자에 대한 공평의무 및 세무상 과세관청과 납세의무자에게 과세대상에 대하여 명확한 근거를 제시하고 있다. 이러한 측면에서 우리나라도 미국의 입법례처럼 신탁법뿐만 아니라 세무상·회계상 원본과 수익에 대한 분배기준을 마련하여 명확하고 공평한 과세의 근거를 정립할 필요가 있다. 이와 관련하여 회계적 측면에서는 2009년에 기업회계기준 제104호 집합투자기구와 기업회계기준 제105호 신탁업자의 신탁계정에 대한 회계처리기준을 마련했다. 이와 더불어 현행 신탁법령이나 세법의 시행령 및 시행규칙에 원본수익에 대한 배분기준을 명시하여 법적 안정성과 예측 가능성

---

61) 명순구·오영걸 역, 전게서, 33~34면.
62) 이에 대하여 UPIA § 104 Trustee's Power to Adjust 참조하기 바란다.
63) Patterson and Buchanan, *op. cit.*, pp.108−22−23.

을 증대시키는 방향으로 입법화할 필요가 있다고 생각된다.

3. 조세평등주의 문제

조세평등주의는 납세의무자가 개인이든 법인이든 조세부담에 대해 중립적이어야 한다는 의미이다. 하지만 우리나라 신탁세제에서는 수익자가 개인 또는 법인의 형태에 따라 다른 세율을 적용하고 있다. 이는 동일한 원천에서 발생한 소득에 대하여 인격에 따라 조세부담이 달라지는 조세중립성의 문제를 야기한다. 또한 개인소득세율과 법인세율의 차이는 법인의 지배주주들의 절세수단으로 이용된다. 예를 들어, 동일한 신탁에 개인(35%세율)과 법인(23%)이 신탁계약에 의하여 신탁을 설정하고 신탁의 배당가능이익을 100으로 하고 법인은 다른 소득은 없다고 가정해 보자. 현행 신탁세제에 따라 100원을 수령한 개인은 배분금액을 소득의 내용별로 구분하고, 법인은 전액을 익금으로 산입하게 된다. 개인수익자의 경우 소득원천설에 따라 배분금액이 100% 배당 소득으로 구분되지 않는 한 배당세액공제를 전액 받지 못하게 됨으로써 실질사내유보를 하여 과세를 이연시킬 수 있어서 자신이 직접 신탁설정을 한 경우보다 조세부담이 작게 할 수 있을 것이다. 그리고 배당 여부를 자유로이 결정할 수 있는 지배주주는 이 이익을 유보하여 누진율을 회피한 채 부를 축적 할 수도 있다.[64)

미국의 경우를 살펴보자. 미국의 경우는 동일한 원천에서 발생한 소득에 대하여 수익자의 인격에 따라 세율을 달리 적용하지 않고 신탁과 유산세율을 적용하고 있으며, 심지어 자본이득에 대해서도 법인이든 개인이든 동일세율(15%)을 적용하여 조세의 중립성을 유지하고 있다. 또한 미국은 수익자의 인격과 관계없이 동일한 세율을 적용함으로 인하여 법인의 지배주주에게 부를 축적할 기회를 최소화하고 있다.

따라서 이러한 문제를 개선하기 위하여 우리나라 신탁세제가 조세불평등문제를 해소하기 위하여 불완전하지만 현행 동업기업 과세특례제도에 시행하는 동업자군별 세율을 적용하고, 중장기적으로 세수와 조세행정비용 등을 고려하여 미국처럼 신탁세제를 개별세목으로 두어 신탁의 개별세율을 적용하여 이러한 문제를 해소하는 것이 바람직하다.

---

64) 이창희, 『세법강의』, 박영사, 2005, 506면.

4. 신탁유보이익에 대한 과세문제

현행 신탁세제의 과세이론은 도관이론을 적용하고 있으므로 신탁은 신탁재산에서 발생한 이익을 수익자에게 이전되고 이에 대하여 수익자가 납세의무를 부담하게 된다. 즉, 신탁은 납세의무를 부담하지 않고 수익자나 위탁자가 신탁재산에 대한 이익에 대하여 납세의무를 부담하게 된다. 그러나 신탁이 신탁재산에서 발생한 이익을 수익자에게 이전하지 않고 신탁에게 유보하는 경우 현행 신탁세제에서는 신탁유보이익을 어떻게 처리할 것인가에 대하여 구체적인 규정을 적용하고 있지 않아서 신탁재산의 이익을 이연하는 효과가 발생하게 된다.

이러한 문제를 개선하기 위하여 미국의 입법례를 참고할 필요가 있다. 첫째, 신탁에 대한 과세 여부와 관련된 상항이다. 미국의 경우는 내국세입법(I.R.C.)에서는 수탁자에게도 납세의무를 부담하고 있고, 신탁재산에서 발생한 이익의 분배와 관련하여 수탁자가 수익자에게 실제로 분배한 것과 관계없이 매년 수익자의 지분에 따라 분배한 것으로 간주하고 있다. 이러한 경우 수탁자는 수익자의 지급된 분배금액을 배당가능이익(DNI)에서 산입하고, 수익자는 분배금액만큼을 소득별로 구분하여 납세의무를 부담하게 된다. 이러한 과세방법을 통하여 미국은 신탁유보이익에 대한 과세이연효과를 해소시키고 있다. 따라서 우리나라도 복합적으로 구성된 신탁상품 및 다양한 목적의 신탁의 출현으로 발생하게 될 현행 과세이연효과를 미국의 사례를 참고하여 신탁에게 과세할 수 있는 장치를 마련하는 입법적인 조치가 필요하다.

둘째, 신탁에서 과세이연효과를 방지하기 위하여 신탁의 과세소득 산정방법을 정비할 필요가 있다. 과세소득 산정방법을 정비하기 위해서는 미국과 같이 신탁과 수익자의 소득성격을 동일하게 유지하고 도관이론에 근거한 이중 과세를 방지하기 위한 방식으로 정비되어야 할 것이다. 미국의 과세소득 산정은 우리나라의 과세소득 산정방식과 달리 신탁을 회사와 동일한 납세의무자로 보고 있지만, 투자자에게 지불된 이익분은 신탁의 소득계산에서 손금으로 산입되는 제도(pay-through)방식을 취하고 있어서 파트너십과 차이를 보이고 있다. 미국처럼 신탁을 법인으로 가정할 경우에 신탁단계의 과세소득 산정은 현행 법인세법을 준용할 수 있다. 다만, 신탁이 수익자에게 배분한 금액에 대한 분배공제항목을 신설하여 이를 통하여 수익자에게 흘러간 배분금액을 확인하는 장치로서의 역할을 부여할 필요가 있다. 또한 현행 세법상 귀속시기인 권리의무확정주의가 적용되는 경우에는 과세이연효과가 발생하므로 신탁에 한하여 권리의무확정주의의 예외규정으로 신탁이 실제로 수익자에 분배한 금액과 관계없이 매년 말 결산을 통하여 수익자에게 과세하여 과세이연효과를 방지하고, 신탁 당사자 간 합의를 통한 조세회피를 차단할 필요가 있다.

셋째, 신탁과 관련하여 고유계정과 별도로 신탁의 과세기간과 회계기간을 일치시켜야 할 것이다. 신탁의 과세기간을 규정할 경우 미국의 선례에서 이를 통한 신탁과 수익자가 과세이연으로 인한 조세회피를 하는 경우가 많아 1986년에 신탁의 과세기간과 회계기간을 일치시켰고, 1998년부터는 신탁의 과세 기간을 1년으로 규정한 측면을 참고할 필요가 있다.

따라서 신탁유보이익과 관련된 문제인 과세이연효과를 방지하기 위하여 위에 언급한 개선방안을 토대로 신탁재산에 발생한 수익을 수익자 등에게 실제로 분배하는 것과 관계없이 매년 발생한 수익에 대한 분배금액을 산정하여 수익자나 신탁에게 부과하는 방식을 고려하는 방향으로 신탁제세를 개정하는 것이 바람직하다고 본다.

5. 유언신탁의 수익분배금에 대한 저리 문제

유언신탁의 경우 신탁기간 동안 수익자에게 분배하는 수익에 대하여 증여세를 부과할 수 있는지와 관련된 문제이다. 예를 들어, 유언신탁의 경우로서 위탁자가 일정기간 동안(신탁설정 후 20년 동안)은 신탁으로 하여금 매년 수익자에게 일정금액을 지급하기로 하고 증여자의 사망시기와 관계없이 원본을 일정기간(신탁설정 후 20년)이 경과한 후에 승계권자(remainder)에게 승계하기로 신탁계약을 설정했다. 수익자는 신탁계약에 의하여 신탁기간 동안 수익을 받게 된다. 이러한 경우 현행 우리나라의 상속세 및 증여세법에서는 이에 대하여 세부담을 완화하여 신탁원리금 중 실제로 수익자에게 이전된 부분에만 증여세를 부과하고 있다. 그러나 신탁재산에서 발생한 이익을 수익자에게 과세하자면, 신탁재산 자체가 수익자에게 이전되는 것을 전제해야 논리의 앞뒤가 맞지 않다는 비판을 받고 있다.[65] 왜냐하면, 수익자가 수령하는 수익은 신탁재산을 수령하는 것이 아니라 신탁재산의 운용에서 발생하는 수익에 해당하며, 신탁계약에 명시한 기간 동안에는 신탁계약에 다른 규정이 없는 한 위탁자의 사망 후에도 상속의 대상이 될 수 없기 때문이고, 신탁재산의 수령이 아니므로 증여의 대상이 아니다. 또한 수익자에게 증여세를 부과할 경우에 현행 신탁세제에서는 신탁을 과세주체로 보고 있지 않아서 증여세에 대한 조세 부담을 위탁자가 지게 되는데 이는 유언신탁을 위탁자신탁으로 보는 것으로서 신탁의 설정취지에 반하고, 과세권 남용의 소지가 있을 수 있다. 이러한 문제

---

65) 이창희, 전게서, 1080면.

는 과세관청의 신탁제도에 대한 면밀한 검토가 부족한 탓이기도 하다.

이러한 문제점을 개선하기 위하여 신탁제도의 취지와 논리의 일관성을 유지하기 위하여 이를 뒷받침하기 위한 입법적인 보완이 필요하다. 미국의 경우에는 신탁제도의 취지와 논리의 일관성을 유지하기 위하여 유언신탁의 경우에도 신탁계약의 내용이 조세회피의도가 아닌 경우에는 우리나라와 달리 신탁이 수익자에게 지급하는 수익에 대하여 유산세가 아닌 소득세(법인세)를 부과하고 있다.

따라서 우리나라의 경우에도 신탁제도를 이용하는 당사자들이 조세회피가 없는 경우에는 미국처럼 수익자에게는 자본이득세(증여세)를 부과하지 말고 소득의 내용별로 구분하여 법인세 및 소득세가 부과되는 것이 신탁제도의 취지에도 부합되고 논리의 일관성을 유지할 수 있다고 본다.

V. 요약 및 결론

신탁세제는 도관이론을 근거로 하여 이중과세를 방지하고 실질과세의 원칙을 구현하고 있다. 그러나 신탁제도에서는 경제상황의 다변화로 인하여 다양한 신탁의 형태가 출현하고 있고, 이를 통하여 부의 축적과 이전수단으로 활용되고 있는 상황이다. 현행 신탁법뿐만 아니라 신탁세제는 이러한 변화에 부응하지 못하고 있다. 특히 현행 신탁세제는 각 세목별로 신탁의 내용이 흩어져 있어서 그 내용을 정확히 파악하기 어려운 상황이다. 따라서 신탁세제에 대한 정비가 시급한 상황이다. 이와 관련하여 우리나라 신탁세제에 관한 미국의 신탁과세제도의 시사점을 요약하면 다음과 같다.

첫째, 현행 신탁세제에는 신탁의 인격에 관한 정의의 부재는 동일 기구를 이용하고 있는 다른 신탁기구에는 법인격을 부여하고 있는 부분을 고려해 볼 때 조세중립성을 저해하고 있다. 이러한 문제점을 개선하기 위하여 신탁에 대하여 법적 실체를 인정하는 조치가 바람직하다. 즉, 법인이나 신탁이 이를 이용하는 사람들의 수단으로 이용되기 때문이다.

둘째, 현행 신탁법 및 신탁세제에서는 신탁자산에 대한 원본·수익의 구분 기준이 존재하지 않기 때문에 과세관청의 자의적 재량권 남용 및 납세의무자의 오해를 발생시키고 있다. 이를 해소하기 위하여 미국의 통일원본수익법을 연구하여 원본수익에 대한 공평분배를 달성할 필요가 있다.

셋째, 현행 동일한 소득원천에 대하여 법인과 개인에게 적용하는 세율의 차이로 인하여 조세의 공평성을 해치고 있다. 이를 개선하기 위하여 단기적으로는 불완전하지만 신탁을 현행 동업기업 과세특례제도와 같은 동업자군별방식을 적용할 수 있으며, 중장기적으로는 신탁을 미국과 같이 개별세목으로 두어서 인(人) 간의 세율 차이를 해소하는 방법도 생각해 볼 수 있다.

넷째, 현행 신탁세제는 신탁유보이익은 과세이연을 발생시킨다. 이를 해소하기 위하여 신탁을 과세주체로 간주하고 매년마다 과세소득을 산정할 방법을 마련하고, 실제로 신탁이익의 분배와 관계없이 매년 수익자나 신탁에게 과세하도록 하여 신탁유보이익에 대한 과세이연효과를 해소하는 방향으로 전환하는 것이 바람직하다.

다섯째, 유언신탁의 수익자의 분배금에 대하여 현행 상속세 및 증여세법에서는 이에 대하여 증여세를 부과하고 있다. 이러한 세무처리는 신탁제도의 취지와 논리의 일관성에 위배된다. 이를 개선하기 위하여 유언신탁기간 동안에 유언신탁의 수익자에게 분배되는 수익에 대해서는 법인세 및 소득세를 부과하는 것이 바람직하다.

참 | 고 | 문 | 헌

김병일, "자산유동화전문기구에 대한 과세문제", 『경희법학』 제40권 제2호, 경희법학연구소, 2005.

김재신 · 홍용식, 『신탁과세제도의 합리화 방안』, 한국조세연구원, 1997.7.

명순구 · 오영걸 역, 『현대미국신탁법』, 세창출판사, 2005.

배동필, "신탁재산귀속소득과 그 과세이론", 『서음조사』 1996년 여름호, 1996.

이창희, 『세법강의』, 박영사, 2005.

_____, 『세법강의』, 박영사, 2008.

최명근, 『법인세법』, 세경사, 1997.

_____, 『세법학총론』, 세경사, 2002.

현병철 · 최현태 역, 『신탁과 법인의 역사』, 세창출판사, 2007.

四宮和夫, 『信託法』, 有斐閣, 1989.

樋口範雄, 『アメリカ信託法ノート』, 弘文堂, 2000.

Jacqueline, A. Patterson, Esq. Haney, Buchanan & Patterson, LLP, *THE INCOME TAXATION OF TRUSTS & ESTATES*, http : //tax.aicpa.org/pdf, 108 - i-61, 2004.

Kenneth E. Anderson · Thomas R. Pope · John L. kramer, *PRENTICE HALL'S FEDERAL TAXATION 2008*, Prentice Hall, 2008.

M. Carr Ferguson, James L. Freeland, and Mark L. Ascher, *Federal Income Taxation of Estates, Trusts, Beneficiaries 2007 Supplement*. CCH a Wolters Kluwer business, 2007.

M. Carr Ferguson, James L. Freeland, and Richard B. Stephens, *Federal Income Taxation of Estates and Beneficiaries*, Boston, MA : Little, Brown, 1970.

Mark. L. Ascher, Robert T. Danforth, *FEDERAL INCOME TAXATION OF TRUSTS AND ESTATES CASE, PROBLEMS AND MATERIALS*, Carolina Academic Press, 2008. "Trust taxation", 2008 Federal Tax Workbook, http : //www.taxschool.illinois.edu/ PDF/, 2008.

Abstract

Trust Taxation of U. S. A. and The Implication for Korea

As trust taxation is based on the conduit(pass-through) theory, this theory prohibits double taxation and pursues principle of real taxation. But in relation to the trust scheme, various trust form has appeared in the various change of economic environment and trust has been available of measure for demise and accumulation of wealth. Nevertheless, Not only current trust law but also trust taxation don't respond this variation. Especially, Because current trust taxation sprinkles it's the statute of trust taxation in each item of taxation, taxpayer cannot exactly know the statue of trust taxation. Thus Arrangement of trust taxation needs urgently. In relation to this condition, current topics of trust taxation of U. S. A. for trust taxation of Korea is following.

First, In the current trust taxation, absent of definition for legal entity on trust impedes tax neutrality as compared with inducing legal entity for other trust scheme. To improve this problem, We must consider to induce legal entity on trust. Because trust like corporation put used with measures of person to put trust to use of trust. Second, Because current trust law and trust taxation don't exist standard of principal and income allocation for trust property, this situation brings about arbitrary discretion of a government office and misunderstanding of taxpayer for this allocation. To improve this case, we need achieve impartial distribution through research Uniform Principal and Income Act of U. S. A.. Third, Because of difference of tax rate between corporation and individual as the same beneficiary, current trust taxation impedes tax equity. To improve this problem, in short-term, even if incompleted, we can apply tax rate by a term, like trust taxation of U. S. A., we can consider trust as separately item of taxation. Fourth, Current trust taxation takes place tax deferral effect for trust reservation interest. To solve this case, we will regard trust as one entity, prepare calculation of taxable income method each year, and need to convert to direct to solve tax deferral effect for reservation interest of trust by taxation trust or beneficiary regardless of actually distribution of trust income for beneficiary. Fifth, Current the tax law of inheritance and gift induces gift tax for beneficiary of testamentary trust. But tax deal with this case impedes to maintain consistence of logic and purpose of trust scheme. To improve this case, within a definite period of time, beneficiary of testamentary trust deserves to induce corporation or individual tax.

Therefore, we expect chance to improve neutrality and impartial of current trust taxation through current topics of trust taxation of U. S. A..

☑ Key Words: Trust Taxation, Conduit Theory, Entity Theory, Reservation Interest, Distribution Deduction, Distribution Net Income.

2.2. 영국의 신탁과세제도와 그 시사점

2.2. 영국의 신탁과세제도와 그 시사점*

김병일** · 김종해***

국문요약

영국은 신탁법을 현대화하여 과세원칙을 재정립하는 한편 소규모 신탁의 상당한 납세협력비용을 감소시킬 방법과 소득세와 자본이득세 간의 변칙적 처리를 제거할 방법도 담고 있다. 이러한 노력을 통하여 영국은 신탁과세제도의 중립성 제고 및 납세협력비용을 감소시키고 있다. 이와 같이 영국과세당국의 노력은 우리나라의 신탁법개정안에 따른 신탁과세제도의 개편방향을 제시해주고 있다. 이 중 특히 다음과 같은 점에서 시사하는 바가 크다.

첫째, 영국은 신탁존속기간을 영구구속금지의 원칙 하에서 21년으로 규정하고 있다. 즉, 영국은 신탁존속기간을 규정함으로써, 당사자가 장기간 신탁유보이익 등을 분산하는 것을 방지하여 신탁의 법적 안정성 및 예측가능성을 제고하고 있다. 따라서 현행 세법에서도 이 원칙을 도입하여 신탁재산 의 영구적 구속방지 및 신탁유보이익 등 조세회피를 방지할 필요가 있다.

둘째, 영국에서는 위탁자가 상속세면제규정을 통하여 신탁을 이용한 조세회피가 있었다. 이를 해소하기 위하여 사전소유자산신탁을 도입했다. 즉 이의 과세방식은 위탁자의 증여재산에 대하여 실질적인 증여나 상속이 발생할 때까지는 증여재산에서 발생한 이득에 대하여 위탁자에게 소득세를 부과함으로써, 위탁자의 증여세를 소득세와 상속세로 전환시키고 있다. 영국은 이를 통하여 위탁자의 편법증여시도를 감소시키고 있다. 영국의 세무처리는 현행 세법과 충돌할 수 있다. 따라서 이의 도입관점은 조세입법적 측면보다는 조세정책적 측면에서 검토할 필요가 있다.

셋째, 위탁자관련 조세회피행위에 대하여 영국은 우리나라 보다 그 내용과 범위를 구체화하고 있다. 이를 통하여 영국은 위탁자의 조세회피를 방지함과 동시에 세법이 신탁제도의 활성화를 저해하지 않도록 규정하고 있다. 따라서 현행 세법에서도 이에 대한 심층적인 검토가 필요하다.

* 『세무학연구』 제28권 제3호(2011.9, 한국세무학회)에 게재된 논문이다.
** 강남대학교, 세무학과 부교수, bikim22@hanmail.net, 교신저자
*** 강남대학교, 세무학과 겸임교수, dawnsea5@naver.com, 주저자

넷째, 연속수익과 관련된 내용이다. 현행 세법에는 이에 대한 규정을 명시하고 있지 않다. 반면에 영국은 수익자지분의 처분기준에 따라 수탁자와 이득을 취득한 수익자에게 자본이득세(증여)를 부과하고 있다. 또한 연속수익처분을 상속세과세대상으로 보고 있지만, 상속세과세이연을 인정하고 있다. 이를 통하여 영국은 신탁제도의 활성화에 기여하고 있다. 따라서 현행 세법도 우선 수익권처분기준을 설정한 후, 연속수익자와 관련하여 과세요건을 명확히 할 필요가 있다.

따라서 영국 신탁과세제도의 검토를 통하여, 우리나라 신탁과세제도가 신탁제도 활성화에 기여하기를 바란다.

☑ 주제어: 영국 신탁과세, 권리소유신탁, 재량신탁, 사전소유자산신탁, 신탁존속기간, 연속수익, 조세회피방지입법

Ⅰ. 서 론

영국신탁제도는 위탁자가 신탁에게 양도한 자산을 수탁자로 하여금 수익자를 위하여 관리 · 처분 등을 하도록 규정하고 있다. 신탁은 위탁자의 의도를 위탁자의 유언장이나 신탁계약이라고 불리는 법적증서를 통하여 성립한다. 그러나 유언이 없는 경우(intestacy rules)에도 신탁을 설정할 수 있다. 또한 영국의 수탁자법(Trustee Act) 2000은 신탁계약보다 우선하지 못하며, 미국의 신탁법처럼 신탁계약에 의해서 배제되지 않은 범위까지만 적용하게 된다.

영국은 수탁자법 2000을 통하여 주요국과 마찬가지로 신탁을 글로벌 금융수단으로 이용하기 위하여 신탁제도를 현대화했다. 이 중 투자와 관련하여 기존 수탁자법 1925보다 수탁자의 재량적 권한기준에 관한 내용을 강화했다.[1] 이에 영국정부는 2002년에 신탁과세제도의 현대화에 관한 구체적 논의가 시작되어 예산(Budget) 2005년에 확정되었다.[2]

신탁과세제도[3]의 현대화 배경은 납세의무자가 신탁을 조세회피수단으로 이용하는 것을 방지함과 동시에 납세의무자에게 부과되는 벌금성격의 과도한 조세채무를 제거하기 위한 것이다(ICAEW Tax Faculty 2004, 4-5). 그 중 과세소득산정을 어렵게 하는 과세풀(tax pool)에 관한폐지를 과세당국에서 검토했지만, 여러 가지 이유로 이러한 주장은 관철되지 않았다. 이러한 신탁과세제도의 현대화에 대한 지속적인 논의 끝에 영국은

---

1) Trustee Act 2000 Part Ⅱ INVESTMENT에서는 수탁자의 투자와 관련된 일반적 권한(§ 3)과 표준투자기준(standard investment criteria § 4) 등의 규정을 추가했다.
2) 영국신탁과세제도의 현대화에 대한 남은 과제로는 과세풀의 폐지와 사자의 유산(deceased estates)의 처리문제이다.
3) 영국신탁과세제도에 관한 세무처리는 영연방국가(United Kingdom)에서 동일하게 적용지만, 스코틀랜드의 신탁법과 차이가 있다.

신탁법을 기본적인 틀로 하여 2003년 12월 신탁과세제도의 현대화를 위한 과세원칙을 다음과 같이 천명했다(Hutton 2008, 7).

첫째, 수익자가 수탁자로부터 소득이나 수익을 수령하는 경우에는 수익자가 마치 소득이나 수익을 직접 수령한 것처럼 처리하도록 하여 도관이론을 구현하고 있다. 둘째, 위탁자가 신탁에 관한 '이익(interest)'을 보유하는 경우, 신탁재산도 위탁자가 보유하는 것으로 처리할 것을 규정한 위탁자신탁을 인정하고 있다. 셋째, 소득이나 자산에 대하여 위탁자나 수익자와의 관련성을 확인하지 못하는 경우에는 이에 관한 과세를 수탁자에게 하며, 소득이 없거나 이득이 없는 수탁자는 매년 소득신고를 할 의무가 없다. 넷째, 신탁은 특별한 처리를 받아야 하는 약자(vulnerable)를 보호하기 위한 내용을 설정할 필요가 있다. 다섯째, 과세당국은 조세회피방지입법(anti-avoidance legislation)을 통하여 신탁의 조세회피에 적절히 대응할 필요가 있다. 여섯째, 세제는 단순하고 이해하기 쉬어야 하고, 납세협력비용도 최소화해야 한다는 내용이었다. 이러한 과세원칙에 따라 2006년 재정법에서는 다수의 신탁유형에 관한 상속세법 규정, 소득세법 및 자본이득세법의 여러 규정을 변경했다. 또한 소규모 신탁의 상당한 납세협력비용을 감소시킬 방법4)과 소득세와 자본이득세 간의 변칙적 처리를 제거할 방법5)도 담고 있다. 이처럼 영국은 신탁과세제도의 중립성 제고6) 및 세무비용을 감소시키려고 노력하고 있다.

이와 같은 영국신탁과세제도의 현대화는 현재 우리나라의 신탁법개정안과 더불어 신탁과세제도의 개정방향을 정함에 있어서 상당한 참고가 될 것이다. 따라서 본 논문은 우리나라 신탁과세제도의 개편과정에 고려해야할 사항을 제시하고자 하는데 그 목적이 있다.

---

4) 신탁의 자신신고의무를 면제시켜줌으로써, 납세협력부담을 감소시키고 있다. 즉, 소득이나 이득이 없는 수탁자에게 매년 자진신고의무를 면제하고, 재량 및 누적신탁 중 소규모 신탁에 해당하는 경우 기본세율 구간인 £500에 대해서도 동일하게 자진신고의무를 면제하고 있다.

5) 신탁법상 자본(원본)항목이 소득세법상 소득으로 분류되는 경우나 신탁계약에 따라 해당 항목을 자의적으로 분류함으로써 발생하는 문제이다. 이의 해소하기 위하여 영국 과세당국은 자본이득세(TCGA) 1992 § 77에 근거한 조세회피방지입법에 의하여 신탁계약과 관계없이 이를 적용하고 있다.

6) 위탁자관련 조세회피방지법률의 내용 및 단일 신탁세법에 소득세와 자본이득세를 포함시키므로 영국 과세당국의 신탁세제의 중립성 제고 노력을 기하고 있다.

II. 신탁의 일반이론

1. 신탁의 기본구조

가. 신탁의 개념과 성립요건

신탁이란 영미법에서 출현한 제도로서 신탁법상 신탁이란 신탁설정자(이하 "위탁자"라 한다)와 신탁을 인수한 자(이하 "수탁자"라 한다)와 특별한 신임관계에 기하여 위탁자가 특정의 재산권을 수탁자에게 이전하거나 기타의 처분을 하고 수탁자로 하여금 일정한 자(이하 "수익자"라 한다)의 이익을 위하여 또는 특정의 목적을 위하여 그 재산권을 관리·처분하게 하는 법률관계를 말한다(신탁법 제1조). 신탁의 설정취지는 수탁자의 도산위험을 회피하고, 수익자를 보호하며, 이중과세를 방지하고, 신뢰체계를 통하여 자율적으로 형성된 채권관계에 따라 수탁자에게 신뢰의무를 부여하여 수익자를 보호하며, 내용상 유연성을 통한 당사자 간 자유로운 결정을 구축하는 것을 목적으로 한다(John H. Langbein 1997, 179~185).

신탁의 법률관계는 계약이나 유언이라는 설정방식을 통하여 성립된다. 이러한 신탁설정은 위탁자와 수탁자가 신탁계약을 체결함으로써 법률관계가 성립되는데, 이러한 행위를 신탁행위 또는 신탁설정행위라고 부른다(田中實·山田昭(雨宮孝子補正) 1998, 39). 신탁의 성립요건은 신탁재산·신탁이익·신탁객체가 특정되어야 하며, 수탁자에 관한 신탁의무부과행위가 있어야 한다.

나. 신탁의 당사자

(1) 위탁자

위탁자(settlor)는 신탁목적의 설정자이자 신탁행위의 당사자[7]이며, 재산출연자의 지위를 가진다. 영미법의 사고는 위탁자가 수탁자에게 재산을 위임함으로써 위탁자에 의한 신탁의 간섭을 최소화했다. 왜냐하면 위탁자와 수탁자의 권리의무가 중복적으로 전개됨으로 인하여 신탁운용의 법률관계가 복잡해지기 때문이다(최수정 2007, 157). 반면에 현행 신탁법은 위탁자에게 인정하는 권한의 범위가 넓고, 위탁자의 권한의 대부분을 위탁자 사망 후에는 그 상속인이 행사할 수 있으므로(최동식 2006, 160) 상대적으로 수탁자의 권한이 제한되어 있다. 그러나 신탁법개정안에서는 수탁자에게 신탁의 변경, 합

---

7) 계약신탁에서는 신탁계약의 일방당사자, 유언신탁에서는 단독행위인 유언의 작성자, 신탁선언에서는 수탁자의 지위를 갖는다.

병·분할, 종료와 같은 중대한 사항이나 신탁목적에 반할경우에는 위탁자와 합의할 것을 규정하여 위탁자의 권한을 한정하고 있다(안성포 2009, 100~103).

(2) 수탁자

수탁자(trustee)는 신탁계약에 의하여 위탁자로부터 위탁받은 신탁재산을 관리·처분하고, 신탁재산에서 발생한 경제적 이익을 수익자에게 이전하는 역할을 하는 자를 말한다. 수탁자는 신탁재산의 형식적인 소유자로서 신탁사무 등의 역할을 담당하는 등 신탁관계에서 가장 중요한 존재이다. 따라서 신탁재산의 관리·운용은 수탁자가 있어야 비로소 가능함으로 신탁에 있어서 필수적 요소이다(명순구·오영걸 2005, 165). 신탁재산의 관리 및 처분과 관련된 의무는 선관주의의무, 충실의무, 공평의무 등이 있다. 이 중 선관주의의무는 수탁자의 재량권범위와 관련되고, 충실의무는 신탁재산의 실질적 소유자인 수익자를 위해서만 행해지는 의무로서 개정안에서 이를 명문화했다. 또한 공평의무는 신탁재산의 수익 및 비용의 분배에 있어서, 수탁자의 자의적 분배를 최소화하는 기능을 수행한다.

(3) 수익자

수익자(beneficiary)는 수탁자, 신탁재산 등과 함께 신탁에서 기본적인 요소의 하나이며, 신탁행위에 기인한 신탁이익을 향수하는 자를 말한다. 현행법상 수익자는 수입수익자(incomebeneficiary)와 귀속권리자로 구분된다. 수익자는 신탁법 및 신탁행위에 의하여 인정되는 각종권리를 갖게 되는데 이러한 권리를 수익권이라고 한다. 수익자는 수익권을 포기할 수도 있고, 양도도 가능하다. 또한 수익권은 수익자 고유의 권리(interests of the beneficiaries)로서 수익자 지위를 보호하는 중요한 역할을 수행한다. 한편, 복수수익자의 수익권은 서로 다른 수익권에 의하여 자기의 수익권을 제약받으며, 동종 수익권도 수량이나 비율에 의해 서로 제약된다. 한편 수익자는 신탁의 사무 처리에 소요된 비용 등을 지급할 의무나 신탁보수지급의무 등이 있다.

2. 신탁의 기본구조에 관한 학설

신탁의 설정에 관한 신탁행위를 이해하고 신탁과세의 이론적 고찰을 위해서는 신탁의 기본구조에 관한 연구가 필요하다. 이와 관련된 학설은 채권설, 물권설(수익자 실질소유권설), 신탁재산의 실질적 법주체설을 들 수 있다. 영미계에서 채택하고 있는 설은 물권설이다.

가. 채권설

신탁재산에 관한 권리가 완전히 수탁자에게 귀속하고, 수익자는 신탁재산에 관한 권리를 가지는 것은 아니고, 수탁자에 대하여 신탁재산의 관리·처분에 기인한 이익을 향유하는 채권을 가지고 있다는 학설이다(최동식 2006, 56). 이 학설은 19세기 말에 영국과 미국에서 동시에 주장된 학설로서 일본 신탁법에 반영된 통설적 견해이다.

이 설에 의하면 신탁행위는 '재산권의 이전 또는 기타의 처분'과 '일정한 목적을 위한 관리·처분'이라는 두 가지 요소로 구성되어 있다. 전자의 신탁행위는 물권적 효력을 부여하고, 후자의 신탁행위는 채권적 효력을 부여하고 있다(新井誠 2002, 35). 전자의 재산권이전은 관리권·처분권뿐만 아니라 그 명의까지 포함하여 위탁자로부터 수탁자에게 법률상 완전히 이전하는 것을 말한다. 후자의 재산권이전은 일정한 목적을 위한 관리·처분의 채권적 구속력을 통하여 신탁재산의 관리·처분을 제한하는 것을 말한다. 그리고 이러한 구속력은 수익자에 대하여 수탁자에 관한 채권적 청구 형태로 나타나게 된다(안성포 2007, 755). 이를 채권설이라 한다.

나. 물권설

물권설은 수익권을 신탁재산에 관한 물권 또는 물권적 권리로 파악하는 학설이다. 이 견해는 수익자가 신탁재산에 대하여 갖는 수익권을 신탁재산의 실질적인 소유권으로 파악하는 '수익자실질소유권설'과 신탁재산을 구성하는 소유권 등의 권리는 수탁자에게 귀속하고, 수익권은 신탁재산의 소유권과 다른 권리라고 하면서, 수익권은 신탁재산에 관한 '물권적 권리'로 보는 견해로 나누어진다.

전자는 영국의 물권설로서 수탁자는 신탁재산의 형식적인 권리자로서, 신탁관계에서 부여된 권한의 범위 내에서 신탁재산을 관리·처분하는 권능만을 갖게 된다. 따라서 수탁자가 부여된 권한을 위반하여 신탁재산을 관리·처분하는 경우, 이러한 관리·처분은 수탁자의 권능에 포함되지 않는 한 관리·처분은 무효이므로, 수익자는 신탁재산의 실질적 소유권자로서 신탁재산을 취득한 제3자에게 자신의 권리를 주장할 수 있다(최동식 2006, 58). 다만, 수탁자는 형식적인 소유권자이지만, 제3자에 관한 관계에서 신탁재산의 '소유권자'이므로, 제3자가 수탁자의 신탁위반에 대하여 선의·무과실인 경우에는 예외적으로 제3자에게 신탁재산에 관한 소유권을 인정하고 있다.

후자는 미국의 물권설로서 신탁재산에 관한 소유권 등의 권리는 수탁자에게 귀속하고, 수익권을 소유권과 분리하여 신탁재산에 관한 물권적 권리로 보고 있다. 이 견해에 의하면, 신탁재산에 관한 수익권은 신탁재산에 관한 권리로서 물권적 권리로 분류되지만 구체적인 내용에는 신탁관계로부터 이익을 향유하는 것을 목적으로 하고 있어서 신탁재산에 관한 일종의 채권적 권리로 보고 있다(최동식 2006, 58).

다. 실질적 법주체성설(신탁재산 법주체설)

실질적 법주체성설은 신탁이란 신탁관계 각 당사자로부터 독립한 실질적인 법주체성을 가지는 신탁재산에 관하여 명의 및 배타적 관리권을 가지는 수탁자가 신탁의 이익을 향유하는 수익자의 이익을 위하여 신탁목적에 따라 관리·처분하는 형태를 말한다. 이 관계에서 수익자가 갖는 수익권은 신탁재산의 소유권은 아니고 원칙적으로 실질적 법주체성을 가지는 신탁재산에 관한 채권이지만, 신탁재산과의 물적 상관관계를 가지는 물적 권리를 갖고 있다(四宮和夫 1989, 76~77).

수익권의 법적 성질에 관한 실질적 법주체성설의 이론구성은 수익자가 신탁재산에 대하여 갖는 수익권은 신탁재산에 관한 권리라는 의미에서 물권적 권리로 분류되지만 권리의 구체적인 내용에서는 신탁관계로부터의 이익을 향유하는 것을 목적으로 한 신탁재산에 관한 일종의 채권적 권리라는 설명과 실질적으로는 동일하다고 볼 수 있다(최동식 60).

3. 신탁 기본구조의 학설과 신탁과세이론과의 관계

가. 신탁실체이론과 신탁재산 법주체설(실질적 법주체성설) 및 채권설

신탁실체이론은 신탁재산 자체를 하나의 과세상 독립된 주체로 인정하여 세법을 적용하자는 견해와 신탁재산이 아닌 수탁자를 납세주체로 하여 신탁과세제도를 운영하자는 견해로 나누어 볼 수 있다(김재진·홍용식 1998, 106).

전자의 신탁재산설은 신탁재산이 독립된 법적 주체라는 입장을 취하는 신탁재산 법주체설의 영향을 받은 견해이고, 후자의 수탁자설은 신탁재산은 수탁자에게 완전히 귀속된다는 신탁행위에 관한 채권설의 영향을 받은 입장이라고 볼 수 있다(홍용식 1999, 154). 신탁실체이론이 신탁을 실체로 보고 과세한다는 점에서 신탁재산 법주체설에 의한 신탁재산설이 타당할 수 있으나, 채권설의 영향을 받은 수탁자설도 신탁재산을 수탁자의 고유재산과 분리하여 독립된 실체로 본다는 점에서 실질적으로 신탁재산설과 차이가 없다(홍용식 1999, 54; 이중교 2009, 328).

나. 신탁도관이론과 물권설(수익자 실질소유설)

신탁도관이론은 수익권을 신탁재산에 관한 물권 또는 물권적 권리로 파악하는 물권설 중 수탁자는 신탁재산의 형식적 소유자에 불과하고 수익자가 신탁재산에 관하여 가지는 수익권을 신탁재산의 실질적인 소유권으로 파악하는 '수익자 실질소유권설'과 관련성이 깊다고 볼 수 있다(김병일 2010, 315).

4. 현행 세법상 입장과 영국 신탁과세제도의 비교

현행 세법은 신탁법상 신탁에 대하여 도관이론만을 적용하여 신탁에 대하여 과세하지 않고 수익자에 대하여 과세하고 있다. 반면에 영국 신탁과세제도에서는 도관이론과 실체이론이 혼용되어 있다. 대표적으로 신탁에 대한 과세를 허용하고 있는 측면이다.

그러나 우리나라 신탁과세제도에서는 과세소득산정이나 원천징수 등을 신탁단계에서 행해지고 있어서 완전한 도관이론을 채택하고 있다고 보기는 어려울 것이다. 또한 신탁유보이익에 대한 과세이연문제로 인한 조세회피시도에 대한 문제점이 지적되고 있는 상황에서 신탁도관이론을 고집하기 보다는 경제상황 등 현실을 반영하여 신탁실체이론을 가미할 필요가 있다고 판단된다. 이와 함께 신탁법개정안의 법률관계의 명확성과 현대화를 반영하여 신탁과세관계를 명확히 할 필요가 있을 것이다.

III. 영국 거주자신탁에 관한 과세제도

1. 개 요

영국의 신탁은 trust와 settlement라는 용어를 사용하지만, 실무에서는 이 두 용어를 구분하여 사용하고 있지 않다.[8] 따라서 영국은 신탁에 관한 정확한 정의를 두고 있지 않다고 볼 수 있다. 그러므로 여기서의 거주자 신탁은 세제상 영국의 거주자조건을 충족한 신탁을 의미하며, 신탁의 설정방식이 trust나 settlement인가는 중요하지 않다. 이러한 거주자신탁의 과세대상은 신탁유형에 따라 결정된다.

영국신탁과세제도는 신탁을 거주자와 비거주자로 구분[9]하며, 신탁소득에 부과되는 세금은 소득세(income tax: ITA), 자본이득세(capital gains tax: CGT),[10] 그리고 상속세(inheritance tax: IHT)로 구분된다. 특히 영국세제는 소득과 자본을 분리하는 이원적 소득세제(Dual Income TaxSystem: DIT)[11]를 통하여 각각 과세소득을 산정하는 구조로써, 신탁

---

8) 이의 구별은 설정방법에 따른 차이이다. 즉 settlement는 위탁자가 증여·양도를 통하여 설정하는 것을 전제로 한다. trust는 신탁문서(trust instrument)에 의하지 않은 여러 가지 방법으로 설정할 수 있다. 심지어 횡령을 통해서도 설정될 수 있다. 따라서 신탁에 대한 정확한 정의는 없지만, 다양한 의미를 담고 있다(Underhill and Hayton 2007, 2).

9) ITA 2007 § 475 참조.

10) 영국의 자본이득세는 자산의 매매·교환으로 인한 양도소득뿐만 아니라 증여도 포함하고 있다.

11) 이에 대한 자세한 내용에 대해서는 "안종석·전병목. 2007.12. 「자본소득 분리과세에 관한 연구 — DIT를

의 자본인 원본과 수익의 구분을 명확히 하고 있다.

또한 영국신탁과세제도의 과세이론은 원칙적으로 도관이론을 기반으로 하지만, 신탁법상 신탁을 법인으로 파악함으로써 실체이론을 가미하고 있어서, 신탁·수익자·위탁자 모두를 납세의무자로 보고 있다. 즉 도관이론에 따라 신탁재산에 발생한 소득에 대하여 신탁에 대하여 과세하지 않는 상황이 지속됨으로써 신탁소득을 분배하기 보다는 신탁소득의 유보를 통한 소득분산을 시도하게 되었다. 이를 최소화하기 위하여 신탁에 과세하는 실체이론이 도입되었다. 다만, 모든 신탁이 납세의무자가 되는 것이 아니라 신탁유형에 따라 납부의무가 부여된다. 즉 신탁이 납부의무를 부담하는 유형은 재량신탁(discretionary trust)[12] 또는 누적신탁(accumulation trust), 누적 및 관리신탁(accumulation and management trust: A&M)[13]이고, 수익자가 납부의무를 부담하는 유형은 수동신탁(bare trust)[14]이나 권리소유신탁(interest in possession trust)[15]이며, 위탁자가 납부의무를 부담하는 유형은 위탁자관련신탁(settlor-interested trust)[16]이다. 다만, 신탁이 납세의무자일 때 발생하는 이중과세를 방지하기 위하여 배당세액공제제도를 시행하고 있다. 한편, 영국 신탁의 과세소득산정은 신탁단계에서 행해지며, 신탁의 유형에 따라 수익자에게 분배된 소득에 따라 납부금액이 결정되며, 자신신고를 부여하고 있다. 이와 함께 대사기능

중심으로-」, 한국조세연구원"이 있다.

12) 재량신탁(discretionary trust or relevant property settlement)은 수탁자가 신탁재산에 대하여 법적소유권을 보유한 경우로서 누적 및 관리신탁과 더불어 수탁자의 재량권이 폭넓게 부여된 신탁을 말한다.

13) 누적 및 관리신탁은 상속세법 1984 제71조 제1항 및 제2항에서 정의되어 있다. 누적 및 관리신탁이 되기 위한 조건은 다음과 같다. 첫째, 하나 이상의 수익자가 신탁재산에 관한 절대적 권리가 있거나, 해당 자산에 대한 수익소유권을 얻거나, 그의 연령이 25세를 초과하지 않은 경우이다. 둘째, 수탁자가 소득을 유보하거나 수익자의 이익, 교육, 그리고 관리를 위해 소득을 사용해야 될 경우이다. 그러나 영구구속 및 유보에 관한 법률 1964(Perpetuities and Accumulations Act 1964)에서는 소득유보기간을 21년으로 제한하고 있다. 셋째, 신탁은 25년을 초과하여 존속할 수 없을 뿐만 아니라 손주의 수익을 위해서 존속할 수 없다.

14) 수동신탁은 일반적으로 양도자가 미성년자(minors)에게 자산을 이전할 목적으로 활용된다. 수동신탁의 수익자는 신탁이 보유한 자본 또는 원본(capital)과 이득(income)에 대하여 즉각적이고 절대적 권리를 가짐으로써, 수탁자에게는 재량권을 부여하지 않고 있다.

15) 권리소유신탁은 1 이상의 확정이익(fixed-interests)이 있는 신탁을 말한다. 이 신탁의 수탁자는 모든 수익을 수익자에게 이전해야 하고, 수익자는 즉각적이고 자동적으로 수익을 귀속할 것이다. 다만, 소득을 수령한 수입수익자(income beneficiary)는 위탁자산(trust capital: 원본)에 대한 권리가 없다. 이러한 수입수익자는 "생애수익자(life tenant) 또는 생애수익보유유자(have a life interest)"로 불려진다. 권리소유신탁은 '관련재산규정(relevant property regime)'을 적용받으며, 상속세법상 재량신탁과 동일한 방법으로 처리된다. 다만, 2006년 3월 22일 이후에 설정된 장애인신탁은 관련재산규정을 적용하지 않는다.

16) 위탁자관련신탁은 위탁자가 자신을 위하여 신탁에 자산을 이전하는 유형을 말한다. 이 신탁은 위탁자 의 특수관계자인, 위탁자의 배우자, 민법상 파트너가 신탁으로부터 수익이나 이득을 얻는 경우에도 '위탁자가 관련(settlor-interested)'된 것으로 간주된다. 다만, 위탁자와 그의 자녀가 관련된 경우는 '자녀신탁(child trust)'으로 분류되며, 자녀신탁에는 위탁자관련신탁규정을 적용하지 않는다.

(cross checking)을 강화하기 위하여 수탁자에게도 신고의무를 부여하고 있다.

신탁소득과 관련하여 수탁자는 신탁소득에 납부의무가 있고, 수익자는 분배된 소득에 대하여 납부의무를 지며, 위탁자는 신탁에 소득을 이전함으로서 소득세를 회피하거나 계약에 의하여 다른 사람에게 소득을 양도한 경우에 납부의무를 부담한다. 신탁자산이 신탁에 이전되거나 남아있을 경우, 신탁재산을 수탁자가 그 재산을 처분할 경우, 그리고 수익자가 신탁에 대한 지분(이익)을 처분할 때, 일반적으로 수탁자가 자본이득세를 부담하게 된다.[17] 다만, 수익자도 조세회피규정(anti-avoidance rules)[18]을 적용받는 경우에는 자본이득세를 부담한다.[19] 또한 상속세는 일정한 경우를 제외하고는 수익자는 부담하지 않으며, 이를 수탁자와 위탁자가 부담하게 된다.

한편, 조세회피방지법률에 의하여 위탁자에게 과세되는 위탁자관련신탁이 있다. 또한 신탁의수탁자는 일별기초가액(day-to-day basis)을 기준으로 신탁을 관리하고 신탁에 부과될 이득이나 소득에 대하여 납부할 의무가 부여된다.[20]

2. 영국 거주자신탁에 관한 과세제도

가. 소득세

(1) 소득세 산정방법

소득세는 조세회피법률에 해당되는 소득을 제외한 소득을 수령하는 자에게 부과된다. 소득세는 소득세법 2007, Income Tax(Trading and Other Income) Act(ITTOIA) 2005,[21] 그리고 TaxesManagement Act(TMA) 1970의 제71조와 제72조 및 제73조의 규정[22]을 적용하여 산정된다.

신탁의 소득세산정방법은 신탁의 유형에 따라 과세풀[23]을 적용하는 경우와 일반적

---

17) TCGA 1992 § 2(1).
18) TCGA 1992 § 79: 이 규정은 주로 위탁자의 조세회피와 관련된 내용이다.
19) TCGA 1992 § 70.
20) http : //www.hmrc.gov.uk/trusts/.
21) ITTOIA 2005 §§ 8, 230, 245, 271, 332, 328, 348, 352, 360, 371, 404(1), 425, 549, 554, 573, 581, 611, 616, 685 and 689가 관련되어 있다.
22) 모든 인격체는 소득세법(ITA)에 의해 부과는 인(person)과 동일한 방법으로 소득세를 부담하게 된다(TMA § 71), 무능력자(incapacitated person)의 수탁자로 하여금 소득세를 부담하거나 납부할 수 있다(TMA § 72), 부모와 후견인(guardian)은 유아(infants)의 소득에 대하여 조세채무를 부담한다(TMA § 73).
23) ITA 2007 § 497. 과세풀은 재량 또는 누적신탁에만 적용되고 수탁자에게 자본(원본)과 수익에 관한 재량권이 부여되어 있는 경우로서, 수탁자로 하여금 납세의무자들이 장래에 분배된 소득에 대하여 과거에 납부한 세금을 상계시킬 수 있는 기능을 하게 된다. 이와 같은 과세풀은 상당히 복잡하여 과세풀을 폐지할 것을 영국과세당국(HM Revenue and Customs: HMRC)에서 주장했지만, 신탁들이 이를 폐지하게 되

인 소득세산정방법으로 구분된다. 위 두 가지 방식은 다음과 같은 공통적인 과정을 거치게 된다. 즉 수탁자의 소득세산정방법은 우선 수탁자는 수령한 소득을 Form R185에 의하여 세율별(saving/lower/basic rate, special rate24) 등)로 구분한다. 기본세율 및 저율세율(basic and lower rates)에 해당하는 소득은 이자소득, 임대소득, 환급금(rebate amount), 미수이자(accrued income) 등이며 세율은 10%, 20%, 22%이고, 배당소득은 기본세율 (10%) 및 특별세율을 적용한다. 소득세산정은 신탁단계에서 총액을 기준으로 산정되는 반면 수익자의 소득세산정은 순액을 기준으로 한다.

(가) 일반적인 소득세산정방법

일반적인 소득세산정은 '소득세=과세소득(=총소득금액-비용 등)-[이자소득(우선 £1000 적용하고, 그 다음 잔여이자소득적용), 배당소득(×세율), 기타소득(×세율)순으로 차감]-배당세액공제 등'으로 산정된다(Hutton, 85-86). 배당세액공제는 수탁자의 그로스-업 적용여부에 따라 공제를 받는다. 또한 비용은 소득과 대응하여 산정되며, 다음과 같은 순서에 따라 처리된다. 즉 2007/08 과세연도기준으로, 수탁자는 네 가지 소득을 수령하게 되고, 비용은 다음과 같은 순서에 따라 소득을 지급한 것으로 처리한다.25) 즉 ① 비환급 10%세액공제가 행해지는 배당과 가증권(scrip)배당 등이며, 이때 세금은 환급되지 않는다. ② ITTOIA 2005, Pt 4, Ch4에 의하여 과세된(06/07) 국외배당, ③ 20%의 세율이 적용되는 다른 이자소득. ④ 22%의 세율을 부담하는 소득 이 때 배당소득공제를 받기 위해서는 비환급 배당소득만 가능하다. 이와 같은 절차를 통하여 과세소득이 산정하게 된다.26)

(나) 과세풀에 의한 소득세산정방법

과세풀에 의한 과세소득금액산정(Hutton, 87-92)은 일반적인 과세소득산정을 기준으로 하며, 이에 특별세율을 적용한 후 공제금액 등을 차감한 후의 잔액에다 다음의 순서를 적용하여 구한다.27) 1단계, 당기 과세풀에 기입된 전체소득금액에 전기 과세풀에서 이월된 금액을 가산한다. 2단계, 50% 세액공제금액에 당기 수익자에게 지급한 금액을 가산한다. 3단계, 수탁자가 세금을 납부할 때는 20%에서 50%의 납부세액을 과세풀에

면 수탁자로 하여금 모든 소득을 분배하는 것이 불가능하게 되고, 특히 누적 및 관리신탁은 수익자에 관한 교육과 이익, 그리고 관리의 필요성 보다는 소득을 누적하려는 의도가 더 강하게 작용할 수 있다는 지적과 이러한 현상은 수익자가 어린 경우에 더욱더 심화된다는 주장으로 인하여 현재까지 과세풀을 유지하고 있다(The Chartered Institution of Taxation and the ICAEW Tax Faculty 2004, 5).
24) 특별세율은 기본세율과 저율세율에 추가된 세율(additional rate)을 말한다.
25) ITA 2007 § 486.
26) Hutton, 373-377의 checking liabilities and the tax pool etc. in 2007/08 사례 참고.
27) ITA 2007 § 497.

가산한다. 이렇게 산정된 금액을 수탁자가 수익자에게 수익을 분배할 때는 분배금액의 50%까지를 세액공제한다. 그리고 잔여금액은 수탁자에게 귀속될 수 있고, 차기 과세풀에서도 상계될 수 있다. 다만, 과세풀은 과소납부액(shortfall)을 발생시킬 수 있다 (ENSORS 2010, 8).

한편, 신탁관리비용은 신탁소득에 대응하는 비용[28]을 말하고, 유형에 따라 비용공제 범위가 다르다. 비용공제순서는 소득별로 구분한 후 배당소득공제, 미배당(임대료, 이자 소득 등)소득순으로 공제한다.[29] 다만, 법무비용과 같이 전체 유산의 이익을 위하여 발생한 비용, 투자신탁의 변경이나 투자자문에 관한 비용, 그리고 사업의 운용이나 거래와 관련된 비용은 공제되지 않는다.

(2) 소득세의 당사자별 세무처리

(가) 수탁자과세

1) 권리소유신탁의 수탁자

권리소유신탁의 수탁자는 수익자에 대한 소득지급과 관계없이 모든 신탁소득에 대하여 배당세율(10%)이나 기본세율(20%)로 납부하게 된다. 즉 신탁소득이 영국 내에서 발생한 경우, 이자소득에 대한 세액공제(tax deduction) 및 배당세액공제는 전적으로 수탁자의 조세채무에 포함된다. 그 밖의 소득(임대소득 등)에 대하여 수탁자는 기본세율인 20%로 납부하게 된다. 또한 수탁자는 인적공제는 허용되지 않으며, 신탁관리비용을 경감받지 못한다.[30]

2) 재량 또는 누적 및 관리신탁의 수탁자

재량 또는 누적 및 관리신탁[31]의 수탁자는 과세풀에 의하여 과세소득산정을 산정한다. 특히 이 신탁들은 기본세율구간 및 표준세율구간에 따라 적용되는 세율이 다르며, 표준세율구간에는 일정소득에 대해서는 추가적인 세율이 적용되며, 추가적인 세율은 최고세율(50%, 2010 / 11 기준)을 초과하지 못한다. 2010년 11월부터 재량 또는 누적 및 관리신탁의 소득에서 수탁자는 기본세율구간에서 비용을 공제받지 못하지만, 수탁자의 합리적인 비용은 고소득세부담(higher taxcharge)의 산정시에 공제받을 수 있다.[32]

또한 수탁자는 기본세율구간에서 £1,000의 기본공제를 받게 되며, 위탁자에 의해 설

---

28) ITA 2007 § 484.
29) ITA 2007 § 503 참조.
30) ITA 2007 § 485.
31) ICTA 1988 § 686 참고.
32) ITA 2007 § 484.

정된 신탁이 다수인 경우에는 £1,000을 신탁수대로 균등한 금액을 해당 신탁에서 공제한다.[33] 다만, 공동수탁자가 5이상인 경우에도 각각 최소 £200을 공제받는다.[34] 다만, 수탁자는 인적공제를 받지 못한다. 이렇게 산정된 소득은 다음과 같은 세율이 적용된다. 이 신탁들은 기본세율구간에서 배당소득에 대하여 10%의 세율이 적용되고, 그 밖의 소득에 대해서는 20%의 세율이 적용되며, 기본세율구간 이상에서는 배당소득에 대하여 42.5%와 이자 및 그 밖의 세율에 대해서는 50%의 세율이 적용된다. 이 때 원천별 세액공제 및 배당세액공제는 수탁자의 조세채무에서 차감하지만, 배당세액공제를 받지 않은 경우에는 그러하지 않는다.

한편, 신탁이 수익자에게 배당소득을 분배할 때, 복잡한 상황이 발생할 것이다. 즉 일반적으로 수익자가 분배받은 소득은 원천별로 구분하지 않는다. 10%의 배당세액공제는 환급될 수 없는 규정을 준수하기 위하여 배당소득을 분배한 신탁은 신탁이 수익자의 소득에 대하여 50%의 세액공제를 받을 수 있는 만큼 충분한 세금납부를 보장하기 위하여 추가적인 세금을 납부해야 한다. 이로 인하여 수익자에게 분배된 배당소득은 수익자의 보유지분(share)보다 더 적은 세후금액을 받는 결과를 초래하게 된다. 또한 기본세율구간의 저율과세(lower tax rate)는 50%의 세액공제를 받을 만큼 충분한 세금을 납부하지 않은 수탁자에게 적용된다. 만약 이러한 상황이 발생한다면, 수탁자는 차액만큼을 부담해야 한다. 이것은 신탁소득의 대부분을 수탁자가 분배하는 것과 매우 유사하다(ENSORS, 8).

(나) 수익자과세

수익자는 수탁자의 과세금액을 제외한 순소득금액을 분배받아 개인·법인소득세법의 규정에 따라 처리된다. 이러한 소득에는 향유될 소득(enjoyment income)을 포함하지 않는다.[35] 일반적으로 수익자는 신탁계약이나 비율분배방식(pro-rata system)에 따라 소득을 분배받는다. 또한 수익의 배당소득공제 여부는 수탁자의 그로스-업(gross-up)여부에 따라 결정된다. 즉 그로스-업 소득은 신탁세율에 의하여 재량적으로 지급된 실제 금액으로써,[36] 이 소득은 수익자의 과세소득금액의 일부가 되고, 배당세액공제는 수익자의 개인적 조세채무에서 공제된다. 하지만, 신탁이 그로스-업을 하지 않은 경우에는 수익자에게 배당세액공제를 할 수 없다.

수익자와 관련된 세무처리는 다음과 같다. 첫째, 수익자는 수령한 신탁소득에 대하

---

33) ITA 2007 §§ 491-492.
34) ITA 2007 § 492(3).
35) ITA 2007 § 493(2).
36) ITA 2007 § 494(2).

여 인적공제를 받을 수 있다. 둘째, 그로스-업 세액공제금액이 수익자의 조세채무를 초과할 때는 전부 또는 일부를 환급받을 수 있다. 셋째, 기본세율구간의 수익자는 신탁소득에 대하여 추가적인 납부세액은 없으며, 해당 소득이 50% 세액공제를 받았다면, 기본세율구간의 수익자는 환급받을 수 있다. 넷째, 고율세율(40%)의 수익자는 추가적인 납부세액은 없으며, 해당 소득이 50%의 세액공제를 받았다면, 기본세율구간의 수익자와 마찬가지로 환급받을 수 있다. 다섯째, 추가세율(50%)이 적용되는 수익자는 수정된 세액공제로 소득을 분배받게 될 것이다.

또한 신탁유형별 수익자에 관한 일반적 세무처리는 다음과 같다(ENSORS, 8). 첫째, 권리소유신탁의 수익자는 분배소득이 배당소득 또는 그 밖으로 소득에 따라 10%의 배당세액공제나 20%의 세액공제를 받게 된다. 둘째, 재량 또는 누적 및 관리신탁의 수익자는 2010/11부터 분배소득에 대하여 항상 50% 세액공제를 받는다. 셋째, 수익자가 영국에 세금을 납부하지 않는 비거주자신탁으로부터 받은 소득은 세액공제를 받지 못한다.

(다) 위탁자과세

영국신탁과세제도에서는 신탁 유형과 관계없이 조세회피규정을 적용한다.[37] 또한 위탁자가 소득을 실제로 수령한 것과 관계없이 해당 소득에 대하여 과세한다. 다만, 수익자는 이러한 소득에 대하여 납부의무가 없다. 위탁자를 납세의무자로 보는 경우는 다음과 같다.[38]

첫째, 위탁자 또는 위탁자의 배우자, 민법상 파트너가 신탁에 관한 지분(소유)을 보유하고 있는 경우이다. 이는 납세의무자가 신탁이익을 향유함과 동시에 신탁에게 자산을 이전함으로써 소득세회피를 방지하기 위한 것이다. 즉 배우자간 신탁설정의 경우에는 ITTOIA 2005 제619조부터 제648조 및 특히 제624조를 피하기 위하여, 배우자간 거래를 '명백한 증여(outright gift)'라고 보고 있다.[39] 다만, 남편이나 부인의 명의로 다른 자산이나 계정(account)을 설정하는 것은 명백한 증여로 보는 것은 불충분할 수 있다. 이에 대하여 1996 판례에서는 '소득에 관한 실질적 권리(substantially a right to income)'여부에 따라 판단할 것을 정함으로써,[40] 남편과 부인의 소득을 개별적으로 판단하도록 보고 있었다. 그러나 전문가 집단[41]은 남편과 부인의 소득을 개별적으로 과세하는 것은 Dr Brice and Miss Judith Powell은 입법배경인 Hansard[2004] SpC 432STC(scd)90을

---

37) ITTOIA 2005 § 624.
38) ITTOIA 2005 §§ 619-648.
39) ITTOIA 2005 § 626.
40) Young v Pearson: Young v Scrutton, Ch D [1996] STC 743.
41) 전문가 집단이란 신탁관련 학계, 변호사 및 회계사와 같은 실무적인 단체를 의미한다.

고려하지 않은 판단이라고 보았다(Hutton, 35). 이에 2005년 12월 15일[2006] STC283의 판결에서는 전문가 집단의 의견을 수용했고, 2007년 7월 25일 House of Lords의 판결[42])에서도 남편과 부인과의 계약은 ITTOIA 2005 제620조의 의미상 법정신탁으로 봄으로서 남편과 부인의 계약을 신탁으로 보아서 이들에 대한 개별과세를 허용하지 않았고, 이 규정의 당사자 범위를 민사상 파트너(civil partner)까지 확대 적용했다.

둘째, 위탁자의 미혼자녀(18세 이하)의 이익을 위한 경우이다.[43]) 이 규정에는 부모로부터 증여받은 자녀들이 수령하는 불특정 소득도 포함된다. 다만, £100 이하의 소득은 제외된다.[44]) 이 요건을 충족한 신탁이익은 자녀들에게 귀속되지만, 이 소득의 납부의무는 위탁자가 부담한다.[45]) 이 규정은 과거규정인 자녀들의 수혜를 위하여 지급되는 소득을 위탁자의 소득으로 보는 것과 차이가 없다. 물론 소득을 유보할 수 있는 부모신탁(parental settlement)은 소득세법 2007, Pt 9,Ch 3의 '특별세율'을 적용받는다. 다만, 이 소득이 자녀들 위하여 사용되었다면, ITTOIA 2005제629조 제1항을 적용받게 된다. 이 때 자녀들이 수령한 면세한계액은 각각 £100이고, 이를 초과하게 되면 전액에 대하여 부모에게 부과된다.

셋째, 수동신탁의 소득과 관련된 부분이다. 수동신탁은 소득뿐만 아니라 자본까지 자녀들에게 절대적으로 귀속된다. 수동신탁의 소득은 자녀들이 적격한 수령자(즉 성년자)가 될 때까지 수탁자가 보관하게 된다. 이와 관련하여 1999년 3월 9일 이전에는 ITTOIA 2005 제629(1)조는 미지급소득에 대해서는 적용되지는 않으며, 자녀들은 대부분 인적공제를 기초로 하여 만기일에 환급받았다. 그러나 1999년 3월 9일 이후에 이미 존재하는 신탁에 자본이 가산되거나 설립되는 신탁에서 발생한 소득은 부모인 위탁자에게 부과되며, 자녀들은 수령액 중 de minimus[46])한계액인 £100에 대하여 면세된다.

나. 자본이득세
(1) 자본이득세 산정방법

수탁자는 '자본이득세=자본이득-연간면세금액-각 감면금액'을 통해 자본이득세를 산정한다. 자본이득세 산정방법은 신탁유형에 따라 달리 규정하지 않아서 소득세산정방법보다 간편하다. 또한 자본이득세 부담은 재산의 처분이나 간주처분이 발생한 과세연도에 영국 내 통상적인거주자나 개인·법인인 거주자에 의한 재산처분과 간주처분

---

42) Jones v Garnnet inspector of taxes[2004] SpC 432, [005] STC (SCD) 9.
43) FA 1999 anti-avoidance rules.
44) ITTOIA 2005 § 629(3).
45) ITTOIA 2005 § 629.
46) FA 2004, Sch 15, para13.

에 의하여 발생하게 된다.[47]

자본이득은 양도대가에서 자산의 취득원가 및 개량지출, 양도경비를 차감한 금액이다.[48] 그리고 수탁자는 다음과 같은 특정비용을 공제할 수 있다.[49] 신탁재산이 매각 또는 이전될 때 재산가액을 증가시키기 위한 비용이나 증권 중개인의 수수료·사무변호사의 비용·판매수수료와 같은 항목이 신탁재산의 매각이나 이전 그리고 취득을 통하여 재산가액을 증가시킨 비용을 말한다. 이와 같은 비용공제여부는 재산의 유형에 따라 다르다.

또한 자본이득세 산정시에 기본적으로 연간면세금액 등의 감면규정을 적용하여 자본이득과세소득을 산정한 후, 신탁유형과 관계없이, 수탁자는 2010년 6월 23일 이전에 성립된 모든 자본이득세율은 18%이고, 2010년 6월 23일 이후에 성립된 이득에 대하여 28%의 적용을 받는다(ENSORS, 9).

(2) 유형별 자본이득세 세무처리

(가) 신탁보유재산

수익자가 신탁재산에 대한 절대적인 권리를 부여받은 경우, 해당 신탁재산은 시장가액(marketvalue)으로 수탁자가 매매한 것으로 간주되고,[50] 수익자를 위한 수동수탁자(bare trustee)나 지명된 자(nominee)는 시장가액으로 즉시 새로운 자산을 재취득한다.[51] 2 이상의 수익자가 있는 경우에도 동일하게 처리한다.

이에 관한 세무처리는 수탁자는 해당 자산의 간주처분에서 발생한 이득에 대해서 과세되지만, 현금으로 분배된 금액에 대해서는 자본이득세를 부담하지 않는다. 일부 상황에서는 수탁자와 수익자가 이월될 이득을 선택할 수 있고, 이는 수탁자가 납부할 금액이 없다는 것을 의미한다. 대신에 수익자의 자산취득가액을 결정할 때, 이월된 이득은 자산의 시장가액에서 차감된다. 또한 수익자가 자산을 매각할 때, 이월될 이득은 수익자의 부담세액산정시의 취득가액에서 차감된다. 그리고 처분자산이 사업용 자산이나 상속세과세대상인 경우에는 이월경감을 적용받을 수 있다(ENSORS, 9~10).

---

47) TCGA 1992 § 2(1).
48) 자본이득을 발생하는 자산 중 50년 이하의 내용연수를 가진 것으로 예상되는 경우에는 그 기간에 걸쳐 자산이 소모되는 것으로 보아 양도 당시 잔액을 양도가액에서 공제한다. 다만, 해당자산이 감가상각대상인 경우는 동 규정을 적용하지 않는다(박정수 2009, 153).
49) TCGA 1992 § 38(2).
50) TCGA 1992 § 71(1).
51) TCGA 1992 § 68.

(나) 신탁에 이전된 재산

신탁에 자산을 이전한 위탁자는 자본이득세를 부담할 수 있다. 이는 마치 해당 자산이 시장가액으로 처분된 것처럼 처리한다. 이러한 세무처리는 위탁자가 신탁의 수익자 여부와 관계없이 적용된다. 또한 위탁자가 신탁지분을 보유하지 않은 경우에도 해당 재산이 사업용 양도나 생애기간동안 과세될 양도일 때는 이월경감을 받을 수 있다. 이 때 위탁자는 다음의 경우에 단독으로 이월경감을 신청할 수 있다(ENSORS, 10). 즉 위탁자나 위탁자의 배우자, 민사상 파트너가 신탁재산으로부터 혜택을 볼 수 있거나 위탁자가 장래이익을 얻을 계약(arrangement)이 있는 경우로써, 위탁자는 (몇 가지 제한된 예외규정이 있다)이 목적을 위해 지분(이익)을 보유하고 있는 경우이다. 다만, 위탁자의 이월경감은 무능력한 수익자를 위하여 특정신탁에게 이전될 때는 제한을 두지 않는다.

(다) 수익자 지분(이익)의 처분

일반적으로 수익자가 현금이나 다른 교환가치(현금등가물: money' worth)가 있는 이익(지분)을 취득한 경우가 아니라면, 수익자가 신탁단계에서 지분을 처분할 경우에는 자본이득세를 부담하지 않는다.[52] 즉 이 경우 수탁자와 이익을 취득한 수익자가 자본이득세를 부담하게 될 것이다. 이 규정의 목적은 장래권의 증여(gift of reversionary interest)를 상속세 완화목적에서 보호하기 위한 것이다(Hutton, 136).

(3) 자본이득세의 당사자별 세무처리

(가) 수탁자과세

영국내 거주자로 인정된 수탁자들은 재산처분에서 발생한 이득에 대하여 납세의무를 부담한다. 이 규정은 개인에게 적용되는 것과 동일하다. 수탁자는 자본이득에서 다음과 같은 면세금액을 차감한 금액에 대하여 자본이득세를 부담한다.

수탁자는 개인연간면세금액(individual annual exemption) £10,100의 절반인 £5,050(2010/11 기준)을 매년 면제받을 수 있다.[53] 다만, 예외규정으로 무능력자를 위한 특정신탁조항(settlement)과 미성년자를 위한 신탁은 연간면세금액인 £10,100 전부를 면제받으며, 위탁자가 1978년 6월 6일 이후로 하나 이상의 신탁을 설정한 경우에는 정상적인 신탁면제(trust exemption)금액을 각 신탁수로 나누고, 각 신탁의 최소면세금액은 £1,010이 된다. 이러한 신탁목적에는 생명보험신탁(life assurance policy)은 포함되지만, 등록연금신탁(registered pension scheme trust)[54]은 제외된다(ENSORS, 9). 또한 상속일(successive day)전

---

52) TCGA 1992 § 76(1).
53) TCGA 1992 § 3.

에 설정된 일부 재량신탁은 상속세법상 혜택을 볼 수 있다. 다만, 개인연간면세금액은 개인의 자본이득세를 초과하지 못한다.[55)]

또한 위의 기본적인 감면규정 이외에 다음과 같은 감면규정을 적용받는다. 첫째, 이월감면(hold-over relief)으로서 자본이득세를 납부하지 않고 수탁자가 수익자에게 재산이전을 허용하는 경우이다(Hutton, 114). 이월감면이 허용되는 자산에는 사업용 자산(business asset)[56)]과 상속세과세대상 증여(gifts on which inheritance tax is chargeable)[57)]이다. 둘째, 개인주택감면(private residence relief)이다.[58)] 수탁자는 신탁계약에 따라 주요 거주지나 유일한 거주지로서 수익자가 점유하고 있는 재산에 대하여 이 감면혜택을 받게 된다. 셋째, 기업 감면(entrepreneurs' relief)이다. 이러한 감면은 개인이 일정한 거래[59)]가 있을 때 감면신청을 통하여 £1 million을 한도로 자본이득을 경감받을 수 있다.[60)]

한편, 자본이득세는 수탁자가 자산이전이나 처분에서 발생한 자본손실을 자본이득과 상계할 수 있다. 이 때 순자본손실금액은 차기에서 공제되거나 이월공제 된다. 다만, 순자본손실은 연간면세금액에 따라 그 공제액이 결정된다.

(나) 수익자과세

수익자는 직접적으로 신탁에 관한 지분(이익)을 처분할 때와 조세회피규정에 해당하는 이득에 대하여 자본이득세를 부담한다. 수익자의 조세채무는 그들이 신탁으로부터 수령한 자본금액을 한도로 한다. 매년 10%의 가상이익(notional interest)[61)]은 신탁의 이익발생시기와 수익자에게 자본(원금)을 지급한 시기의 차이로 발생한 지체(delay)세금으로 이를 가산한다(ENSORS, 11).

(다) 위탁자과세

2008년 4월 6일 이후에, 영국 국적신탁의 거주자인 위탁자가 신탁지분을 보유할 때는 해당 자본이득에 대한 조세채무를 부담하지 않는다.

---

54) 여기에는 퇴직연금보험도 포함된다.
55) TCGA 1992 § 3(6).
56) TCGA 1992 § 165.
57) TCGA 1992 § 260.
58) TCGA 1992 § 225. 이러한 경감사항은 사람들이 자신의 주택을 매매하거나 이전할 경우에는 자본이득세를 면제받는데, 수탁자에게도 적용된다(토지의 절반까지 포함된다). 즉 수탁자가 소유한 재산과 신탁조항에 따라 재산을 보유할 수 있는 사람이 거주요건을 충족한 경우이다.
59) 사업부분의 일부 또는 전부를 매각한 경우로서, 사업에 관한 거래를 종료할 때에 재산을 처분하는 경우이다.
60) TCGA 1992 §§ 169H-169S.
61) 'notional interests'란 기업이 자기자본을 자사에 투자할 때 주는 세제 혜택으로 자사에 투자한 자기자본을 은행에서 대출받을 경우 은행에 지급해야 할 대출이자(가상적 이자)에 상응하는 금액을 법인세에서 면제해 주는 제도이다.

다음의 경우 위탁자가 신탁지분을 보유하는 것으로 본다.[62] 즉 위탁자, 위탁자의 배우자나 민사상 파트너, 자녀 또는 위탁자나 배우자나 민사상 파트너의 입양자, 그리고 이러한 아이의 배우자나 민사상 파트너인 경우와 이러한 인(人)에 의하여 지배되는 법인과 이러한 법인에 의하여 지배되는 법인에 해당하는 경우이다. 또한 1998년 3월 16일 이후에 설정된 신탁이나 추가된 자산이 있는 경우, 위탁자나 그의 배우자의 손주나 배우자의 다른 손주가 혜택을 받고 있다면, 위탁자가 지분을 보유한 것으로 본다. 다만, 위탁자의 배우자의 정의에는 배우자 없는 미망인은 포함되지 않는다(ENSORS, 11).

한편, 자본이득세와 관련된 조세회피규정은 영국거주자신탁의 신탁설정시기와 관계없이 적용된다.

다. 상속세
(1) 과세소득산정방법

상속세는 위탁자 및 수익자, 수탁자에게 영향을 미친다. 상속세은 신탁이 해당 재산을 보유한 후 이를 처분할 때 발생한다.[63] 즉 승계할 자를 위한 신탁, 어떠한 자에 일시적으로 귀속되기 위한 신탁, 유보소득을 위한 신탁, 유보초과소득과 관계없이 수탁자의 재량으로 지급할 권한이 있는 신탁, 연금펀드나 다른 정기적인 지급이 있는 경우이다.

상속세과세대상은 현금, 토지나 건물과 같은 자산이며, 이 자산의 위탁행위를 종종 '설정행위(making a settlement)'나 '설정재산(settling property)'이라 부른다. 이러한 자산들은 상속세법상 개별적인 독자성(identity)을 갖고 있다. 예를 들어,[64] 신탁에 속하는 하나의 자산은 수탁자의 재량으로 이용될 수 있으므로 재량신탁처럼 처리될 수 있고, 동일한 신탁에 속하는 다른 항목을 무능력자를 위하여 유보할 수 있어서, 무능력자를 위한 신탁으로 처리될 수 있다. 이 경우 각 자산에 대한 상속세규정은 달리 적용될 것이다. 이와 함께 상속세과세대상에는 신탁의 '관련자산'도 포함되지만, 2006년 3월 22일 이전에 설정자산이 있는 권리소유신탁, 사후이익신탁, 과도기적 연속수익신탁, 장애인이익신탁, 무능력자 중 미성년자를 위한 신탁, 18에서 25세 사이의 수익자가 있는 신탁(age 18 to 25 trust)에서는 제외된다.

반면에 상속세가 부과되지 않는 자산을 '배제된 재산(excluded property)'[65]이라고 한다. 이 재산에는 영국 이외의 해외에 있는 자산으로서 신탁이 설정되는 시점에서 누군가에 의해 해외에 영구적으로 설정되거나 수탁자가 보유하고 있는 자산과 FOTRA(free

---

62) TCGA 1992 § 77(2).
63) IHTA 1984 § 43.
64) http : //www.hmrc.gov.uk/trusts/iht/intro.htm.
65) 배제된 재산은 상속세법상 사용되는 용어로서 상속세가 부과되지 않는 재산을 말한다.

of tax to residents abroad)로 알려진 국채나 지방채(government securities)가 포함된다.[66] 그러나 해당 자산 가액은 특정철수부담금(certain exit charges)[67]과 10년 주기 부담금(ten-year anniversary charges)[68]에 대한 세율을 과세소득산정시점에서 고려하게 될 것이다.

그리고 상속세는 상속세한계금액(inheritance tax threshold)이나 영세율구간(nil-rate band)인 £325,000(2010/11과세기준)을 초과한 금액에 대하여 부과된다. 상속세가 부과되는 대표적인 유형은 권리소유신탁, 재량신탁(관련재산신탁) 및 누적 및 관리신탁이 있다. 특히, 권리소유신탁 및 누적 및 관리신탁의 규정은 2006년 3월 22일인 기준일(Budget day)로 상당한 변화가 있었다. 다만, 재량신탁에 대한 규정은 이 기준일 이전과 동일하게 적용되고 있다.

(2) 당사자별 세무처리

(가) 2006년 3월 22일 이전에 설정된 신탁에 관한 세무처리

상속세 관련 당사자별 세무처리를 살펴보면 다음과 같다. 위탁자의 경우, 2006년 3월 22일 이전에 설정된 권리소유신탁이나 누적 및 관리신탁 재산을 이전하거나 양도한 위탁자는 실질적 면세이전규정을 적용받는다. 수탁자의 경우, 동일한 상황의 수탁자는 신탁재산에 신탁에 남아있거나 분배할 때는 이 신탁재산에 대하여 상속세를 부담하지 않는다. 수익자의 경우, 권리소유신탁의 수익자는 상속세에 대하여 모든 신탁재산을 소유하는 것으로 본다. 수익자가 사망한 때, 신탁재산의 가액은 수익자의 유산으로 보고, 영세율구간을 초과한 부분에 대하여 상속세를 부담하게 된다.

---

66) IHTA 1984 § 692; FA 1996 § 154.
67) 철수부담금은 재산이 10년 주기 이외의 시기에 관련재산신탁규정에 남아 있는 경우에 부과된다. 이 부담의 성격은 진정한 철수부담금이라고 보기 보다는 추가적인 부담금(topping-up charge), 10년 주기 조세부담의 일부 등으로 볼 수 있다. 이 비율은 위탁된 재산이 재량적 규정 내에 있는 기간 동안 다수의 분기에 의하여 결정된다. 매년 10년 기간을 40개의 분기로 나누고 각 분기는 3개월로 구성되어 있다. 따라서 관련재산신탁이 4년 말에 종료(wind up)되면, 철수부담금은 10년간 부담액을 16/40으로 산정하게 된다. 그러나 일반적으로 철수부담금은 'loss to donor'의 원칙을 근거로 함으로써 10년 주기 조세부담과 다른 차이점이 있고, 특정 평가와 관련된 분야이다. 그러나 철수부담금은 완전히 10년 주기 조세부담금에서 기원이 되었다. 영국과세당국은 이에 대하여 '비율적 부담(proportionate charge)'이라는 용어를 사용하고 있다(Hutton, 197).
68) 재량신탁은 10년 주기로 세부담을 한다. 세율은 사망세율의 절반인 30%로 산정되고, 대부분의 신탁은 영세율구간에 해당된다. 영세율구간에 해당하지 않는 신탁의 경우도 있고, 신탁에 귀속된 재산이 적격사업이나 농업재산에 대하여 감면받지 못하기도 한다. 그리고 10년 주기 조세부담 최대세율은 6%에 해당한다. 그러나 유보소득은 이에 포함되며, 10년 주기 부담액은 비용으로 공제되지 않는다. 이러한 비용은 주기일의 채무액으로 보기 때문이다(IHTA 1984 §§ 160 and 162; Hutton, 171).

(나) 2006년 3월 23일 이후에 설정된 신탁에 관한 세무처리

1) 위탁자과세

신탁의 설정은 상속세 규정에 따른 '양도가액(transfer of value)'을 적용한다. 위탁자는 일반적인 상속세 규정에 따라 그들의 유산가액의 손실에 대하여 상속세를 부담한다.[69] 이의 예외규정으로는 면세규정을 적용한 후, 양도가액이 위탁자의 영세율구간을 초과하는 경우, 위탁자는 20% 세율로 부과된다. 또한 종전(previously) 7년 이내에 위탁자에 의한 다른 양도가액을 추가한 양도가액이 영세율구간(2010/11부터 2014/15까지 £325,000)을 초과하지 않는 경우에도 해당 양도는 전부 영세율구간을 적용받게 된다(ENSORS, 4-5). 이 때 추가된 재산과 기존 재산은 개별신탁을 구성할 수 있는가에 관하여 논란이 있었다. 이에 대하여 영국은 법률상 추가된 재산이 있는 경우에는 개별적인 신탁이 설정된 것처럼 추가된 재산에 과세하기 보다는 세율에 영향을 미치는 부분을 조정(수정)할 것을 허용하고 있다(Hutton, 171).

한편, 장애인 신탁(disabled trust)의 증여에 대해서는 다른 세무처리를 적용한다. 즉 증여가 성립된 시점에서 실질적 면세거래로서 처리하고 있다(Hutton, 148). 이 방법은 증여가 성립된 시점에서 자본이득세를 면제하고, 위탁자가 증여시점부터 7년 이내에 사망한 경우에만 상속세를 부과할 할 수 있다는 것을 의미한다. 이 때 장애인 신탁은 특정 요건을 충족해야 할 것이다.

또한 재산이 신탁에게 이전된 후에는 해당 재산은 위탁자의 유산이 아니므로 위탁자의 사망으로 상속세를 피할 수 있다. 다만, 위탁자는 신탁에 대한 이익을 보유하지 말아야 할 것이다.그러나 위탁자가 과세대상인 생애기간자산을 이전한 후 5년 이내에 사망한 경우라면, 사망세율(death rate)에서 생애기간세율(lifetime rate)로 이미 납부한 금액을 차감하여 상속세를 산정할 수 있다(ENSORS, 5).

2) 수탁자과세

여기서는 주로 재량신탁의 수탁자와 관련된 부분에 대하여 언급하고자 한다. 대부분 수탁자는 상속세와 관련하여 10년 주기 부담금과 철수부담금을 납부하게 된다. 10년 주기 부담금은 실질적으로 신탁이 설정된 시점의 모든 재산에 대하여 10년마다 상속세를 납부하게 된다.[70] 이때 납부금액은 신탁이 설정된 직전(immediately before) 위탁자의 양도가액과 신탁재산의 가액에 따라 대략적으로 결정된다. '직전'이란 의미는 10년 주기일 이전가격인 지분가액을 말한다(Hutton, 173). 납부금액의 산정에 있어서, 관련재산은 적격수익소

---

69) IHTA 1984 § 204.
70) IHTA 1984 § 64.

유권을 제외한 모든 위탁재산으로서 이 재산에는 기본적으로 미분배소득을 포함하고 있다. 그러나 영국국세청은 유보이익을 포함하지만, 미분배소득은 제외된다고 보고 있다.[71]

또한 철수부담금은 10년이 경과하지 않은 재량신탁에 대하여 부과하는 것 중 하나이다. 이 부담의 성격은 진정한 철수부담금으로 보기 보다는 추가적인 부담금(topping-up charge), 10년 주기 조세부담의 일부 등으로 볼 수 있다(Hutton, 197). 이러한 부담금들은 주로 재량신탁(관련재산신탁)과 직접적으로 관련되어 있다.

재량신탁 수탁자의 10년 주기 부담금의 최대세율(maximum rate)은 6%이지만, 수탁자는 항상 이보다 낮은 세율로 부담한다. 또한 수탁자는 신탁재산의 가액이 영세율구간의 금액을 초과하지 않을 때는 10년 주기 부담금은 영(0)이 될 것이다. 또한 신탁재산(소득은 제외)이 수익자에게 이전될 때마다 상속세인 철수부담금을 부담하게 될 것이다.

다만, 이러한 부담금을 모두 피할 수 있는 새로운 신탁이 있다(ENSORS, 5). 첫째, 부모의 사망이나 18세 자격요건인 미성년자를 위한 범죄보상제도(criminal injuries compensation scheme)에 의해 설정된 신탁이 '유족으로 남은 미성년자(bereaved minors)'나 유언자이나 사인증여에 의하여 설정된 권리소유신탁의 '사후이익(immediate post death interest)'이나 위탁자의 생애기간이나 무능력자를 위한 사망 중 하나의 원인으로 설정된 신탁인 경우이다.

3) 수익자

신탁재산이 신탁에 남아 있는 경우, 수익자는 상속세를 부담하지 않는다.

Ⅳ. 우리나라 신탁과세구조와 시사점

영국은 신탁을 납세의무자로 인정하여 신탁유보이익 등의 조세회피를 방지하기 위한 노력을 하고 있으며, 신탁을 납세의무자로 볼 때 발생하는 이중과세를 방지하기 위하여 배당세액공제를 시행하고 있다. 이와 함께 법적 안정성과 조세중립성을 유지하기 위하여 신탁과세제도와 관련하여 상세한 내용을 법문에 명시하고 있으며, 신탁유형별로 조세공평성을 강화하기 위한 내용을 담고 있다. 이러한 방향은 우리나라 신탁과세제도의 과세요건을 명확히 할 필요성과 조세공평성을 제고할 필요성을 제시하고 있다. 따라서 이를 통하여 우리나라 신탁과세제도가 신탁제도의 활성화에 기여할 수 있는 방안을 찾아보고자 한다. 이에 앞서 우리나라 신탁과세구조를 살펴본 후 구체적인 시사점을 도출하고자 한다.

---

71) Inland Revenue Statement of Practice SP8/86.

1. 우리나라 신탁과세구조

가. 신탁의 납세의무자

신탁에서 발생한 경제적 이익은 모두 수익자에게 귀속됨에 따라 소득세법 제2조 제6항 및 법인세법 제5조에서는 신탁이익을 신탁이 아닌 수익자에게 귀속시킴으로써 수익자를 납세의무자로 보고 있다. 또한 상속세 및 증여세법 제9조에서 피상속인 신탁한 재산을 상속재산에 포함시키고 있고, 동법 제33조에서 신탁이익의 증여와 관련하여 위탁자인 피상속인을 납세의무자로보고 있다. 이러한 규정은 신탁도관이론을 구체화시킨 것으로서, 이를 세법에서도 수용하고 있다는 것을 보여주고 있으며, 이러한 과세이론은 이중과세를 방지하기 위한 조치이기도 하다. 또한 수탁자가 신탁재산에 관한 관리·처분권을 가질 뿐 신탁이익의 귀속자인 수익자 등에 관한과세는 실질과세의 원칙상 당연한 논리이다(김완석 2002, 139).

나. 신탁과세대상

현행 세법상 신탁이익은 금전신탁, 불특정금전신탁, 금전외신탁에서 발생한 것을 과세대상으로 한다. 다만, 공익신탁에서 발생하는 신탁이익에 대해서는 과세하지 않고 있다. 신탁과세대상은 운용 이익을 금전으로 원금 및 수익을 수익자에게 이전하는 방식인 금전신탁과 신탁인수시에 신탁재산으로 유가증권·금전채권·부동산 등의 금전 이외의 재산으로 구성된 금전외신탁, 그 외에 금전채권신탁과 부동산신탁 등이 있다. 이러한 신탁재산은 신탁단계에서 신탁의 고유재산과 구분할 것을 세법규정은 명시하여(법인세법 제113조 제2항 및 소득세법 제4조의2 제1항) 신탁재산과 고유재산간의 귀속을 명확히 했다. 그러나 현행 세법은 신탁재산의 원본 및 수익에 관한 구분·분배기준이 명확하지 않아서 이에 대한 추가적인 보완이 필요한 상황이다(김병일·김종해 2010, 367).

다. 수입시기와 원천징수

신탁재산에서 발생하는 소득은 신탁상품별로 다양하게 발생하며, 수입시기는 신탁단계가 아닌 수익자단계를 기준으로 정하고 있고, 소득별로 각 세목에 따른 수입시기를 적용하고 있다.

한편, 현행 세법하에서 신탁은 원천징수의무자로서 이자·배당소득이 발생하는 금전신탁을 주로 운용하는 신탁법인이나 신탁에게도 지위를 부여하고 있다. 원천징수시기는 해당 소득금액 또는 수입금액을 실제로 지급하는 때 또는 지급의제시기이며, 예외적으로 일정한 경우에 한하여 실제로 지급하는 때로 규정하고 있다(소득세법 기본통칙 127-0…5). 다만, 특정금전신탁은 소득세법 제130조에도 불구하고 동법 제127조 제2항에 따라 원천징수를 대리하거나 위임을 받은 자가 이자·배당·사업소득이 신탁에 귀속된 날부터 3개월 이내의 특정일(동일 귀속연도 이내로 한정한다)을 동법 제24조에 따른 수입시기와 동법 제130조에 따른 지급시기로 하여 원천징수할 것을 정하고 있다(소득세법 시행령 155조의2).

라. 신탁소득에 관한 과세

(1) 신탁재산의 소득구분

신탁재산에서 발생하는 소득은 전술한 바와 같이 신탁자산별로 다양하게 발생한다. 즉 금전신탁에서 발생하는 이자·배당소득과 재산신탁(금전외신탁)에서 발생하는 이자·배당소득, 양도소득, 부동산임대소득 등이 있다. 또한 신탁에 실물자산을 위탁할 때는 당해 실물자산은 금전으로 평가 및 표시한 가격을 기준으로 이를 운용하여 양도소득·임대소득 등으로 발생할지라도 추후 그 실물자산을 그대로 환급받으면서 금전으로 평가·표시했다면, 그 소득은 양도 등 소득구분을 하는 것이 아니라 모두 합산하여 이자소득 또는 배당소득으로 과세된다. 반대로 금전을 위탁하여 실물자산으로 운용하고 금전으로 환급받는 경우도 위의 처리방법과 동일하다. 그러나 금전으로 평가·표시하지 않고 실물자산으로 위탁·환급할 때는 당해 실물자산에서 발생한 소득대로 구분하여 과세한다(박동규 2004, 47~51). 한편, 신탁소득(이익)의 증여도 상속세 및 증여세법 규정을 적용받는다.

(2) 신탁소득금액의 산정

신탁소득금액의 계산은 수익자단계가 아닌 신탁단계에서 수탁자가 법인 또는 개인이냐에 따라 다르다. 수탁자가 법인인 경우에는 신탁재산의 소득을 수탁자의 고유재산과 구분하여, 법인세법 규정에 의하여 각 사업연도 소득금액을 산정하는 순자산증가설에 의한 방법을 취하고 있다. 반면에 수탁자가 개인인 경우에도 자신의 고유재산과 신탁재산을 구분하여 소득세법에 의한 소득금액계산에 있어서 소득원천설에 의한 방법을 취하고 있다. 다만, 수익자의 특정 여부 또는 존재 여부는 신탁재산과 관련되는 수입 및 지출이 있는 때의 상황에 따를 것을 명시하고 있다(소득세법 시행령 제4조의2 제2항).

이와 같은 신탁소득금액산정 특례로서 현행 소득세법 시행령 제26조의2에서는 「자본시장과금융투자업에 관한 법률」(이하 "자본시장법"이라 한다) 제103조 제1호에 따른 특정금전신탁으로서 소득세법 제4조 제2항을 적용받는 신탁이 있을 때는 집합투자기구로부터의 이익은 자본시장법에 따른 각종 보수·수수료 등을 제외한 금액으로 보고 있다. 또한 소득세법 제46조의2에서는 "종합소득과세표준 확정 신고 후 예금 또는 신탁계약의 중도해지로 인하여 이미 지난 과세기간에 속하는 이자소득금액이 감액된 경우 그 이자소득금액의 계산에 있어서는 중도해지일이 속하는 과세기간의 종합소득금액에 포함된 이자소득금액에서 그 감액된 이자소득금액을 차감할 수 있다. 다만, 국세기본법 제45조의2의 규정에 의하여 과세표준 및 세액의 경정을 청구한 경우에는 그러하지 아니하다"라고 규정하고 있다.

한편, 이월결손금과 관련하여 법인인 신탁은 법인세법의 규정에 따라 신탁단계에서 이월결손금이 적용되는 반면, 개인인 신탁은 이에 관한 처리를 신탁단계에서 행하지 않고, 수익자단계의 소득금액산정과정에서 제한적으로 반영하고 있다. 또한 양도손익(자본손익)상계 및 이월도 수익자단계에서 처리한다. 이월결손금의 처리는 조세중립성을 저해할 수 있다.

(3) 신탁소득의 귀속

신탁소득은 전술한 바와 같이 신탁이 아닌 수익자 또는 위탁자에게 귀속된다. 다만, 신탁유보이익에 관하여 과세규정이 명시되지 않음으로 인하여 과세이연이 발생하게 된다.

2. 시사점

가. 신탁존속기간

우리나라 신탁법은 신탁존속기간에 관한 규정을 명시하고 있지 않다. 이는 수익권이 수익자에게 귀속되는데 신탁행위로부터 장기간을 유지한다면, 그 기간 동안 신탁재산은 구속되어 물자의 융통을 저해하여 국민경제상의 이익에 반하게 된다. 그 결과 신탁행위는 상당기간을 넘어 귀속할 수익권에 관하여는 무효가 된다고 해석하게 된다(최동식, 78). 이러한 문제는 세법상 신탁당사자로 하여금 조세회피를 기도할 가능성을 내포함으로써, 과세당국은 이를 위한 조세회피규정을 강화하게 되고, 이러한 상황은 세법이 신탁제도 활성화를 저해하는 원인이 될 수 있을 것이다. 이에 따라 주요국[72]은 이 문제를 해소하기 위하여 영국의 영구구속금지의 원칙(the rule against perpetuities)을 근간으로 하여 신탁존속기간을 정하고 있다.

이와 관련하여 영국의 영구구속금지의 원칙은 일정한 허용된 기간 이상으로 어떤 권리의 귀속이 연기되는 것을 금지하고 신탁재산의 처분을 무효로 하는 원칙이다. 이 원

---

[72] 미국도 영국과 같이 신탁존속기간을 명시하고 있으며, 일본도 신탁법 및 신탁세법개정을 통하여 신탁 존속기간을 정하고 있다.

칙의 배경은 위탁자인 개인이 사후에 생존자(living in being) 또는 상속인이 자신의 재산(신탁재산)을 위탁자의 본지와 달리 이용하는 것을 금지함으로서, 신탁설정 후(설정기간 동안이나 설정기간 종료)에 신탁재산에 대한 모든 소유권을 생존자에게 이전할 것을 보장하기 위한 것이다(Penner, 64). 이 원칙은 위탁자의 영구적인 신탁설정을 금지하기 위한 취지였다.

영국은 이 원칙을 영구구속 및 유보에 관한 법률(Perpetuities and Accumulations Act)에서 규정하고 있으며 이 법을 개정[73]하여 현재에는 영구구속 및 유보에 관한 법률 2009에서 규정하고 있다. 이 법률에서는 구속기간(perpetuity period)을 125년으로 규정하여 있고, 이를 초과할 수 없다. 다만, 영구구속 및 유보에 관한 법률 2009조 제5조 제2항에서는 동법 제1조 제2항에서 제6항 상황은 신탁계약서(instrument)에서 그 기간을 특정할 수 있다(Perpetuities and Accumulations Act 2009 § 5)고 규정하고 있다. 이 원칙을 근거로 하여 신탁원본의 일부로서 유보될 수 있는 소득을 21년으로 제한한다는 것을 영구구속 및 유보에 관한 법률 1964에서 정하고 있다. 따라서 이 원칙과 신탁존속기간은 신탁재산의 영구적 구속을 방지하여 신탁의 수익권을 융통을 허용하는 규정이고, 신탁유보이익을 조세회피의 도구로 활용될 개연성을 방지하는 효과도 있다.

이 원칙의 기간은 유언자(testator)가 자신의 손주들(자녀들이 성인이 되었을 때까지 증여받을수 없는 자를 말한다)에게 증여할 수 있다는 것을 전제로 고안되었다. 또한 이 원칙의 명시는 유언자의 실질적인 증여 전에 유언자에 의한 기간연장을 제한하는 목적도 있다(Penner, 65).

따라서 영국은 이 규정을 통하여 신탁재산의 장기간 구속문제를 해소함과 동시에 법적 안정성을 추구하고 있다. 또한 세법에서도 이를 수용하여 신탁유보이익을 통한 조세회피방지 및 법적 예측 가능성을 제고하여 신탁제도의 활성화에 이바지하고 있다. 그러므로 우리나라도 영국의 영구구속금지의 원칙을 도입을 통하여 신탁존속기간을 명시하여 위에서 지적한 문제점을 해소하고, 불필요한 조세회피시도를 차단함과 동시에 일정 법적 안정성 및 법적 예측 가능성을 제고함과 동시에 세법이 신탁제도의 활성화를 지원하기 위한 규정을 정비할 필요가 있다.

---

[73] 이 법률에서는 '기다려 보자(wait and see)'라는 개념을 도입했고, 만약 영속기간 동안 증여가 발생한 경우라면, 이 개념은 증여에 있어서 유효하게 적용되었다. 비록 일부 가능한 사건이나 또 다른 사항에 대하여 실제로 발생한 경우라면 이러한 증여는 유효하지 않을 지라도, 이 법률에서는 위탁자가 그의 증여로 인한 기간으로서 생존자(lives in being)에 21년을 가산하기 보다는 80세까지의 기간을 선택할 수 있다고 규정하고 있다. 또한 이 원칙은 확정이익(fixed interests)의 부여뿐만 아니라, 재량신탁에서 발생한 이익 및 지명권행사로 발생한 이익의 부여에도 적용된다. 따라서 이 원칙은 1964년 법률에 따라 위탁자가 신탁재산의 소득을 유보할 수 있는 기간을 21년으로 제한할 것을 규정하게 되었다(Penner, 66).

나. 사전소유자산신탁

사전소유자산신탁(pre-owned assets settlement)은 위탁자(증여자)의 조세회피와 관련하여 출현했다. 즉 일반적으로 증여자가 증여한 후 7년간 생존하는 경우, 위탁자는 증여자산에 대하여 실질적 면세이전(potentially exempt transfer)규정이 적용되며, 상속세면제를 받기 때문이다. 이를 해소하기 위하여 영국은 이 유형을 도입했다. 영국은 증여재산에서 발생한 소득향유를 중단할 사유가 있기 전까지는 증여자에게 소득세를 부과되고, 중단사유에 따라 상속세가 부과된다. 반면에 우리나라는 이러한 유형의 소득에 대하여 현행 증여세법 제33조 제1항에서는 "신탁계약에 의하여 위탁자가 타인을 신탁의 이익 전부 또는 일부를 받을 수익자로 지정한 경우에는 신탁의 이익(원본이나 수익포함)을 받을 권리의 가액을 수익자의 증여재산가액으로 한다."고 규정하여 위탁자에게 증여세를 부과하고 있다.

영국은 사전소유자산은 위탁자가 자녀 등에게 증여한 후 증여재산에 대한 실질적인 이용 및 점유를 위탁자가 행사하는 유형이다. 이 유형은 재정법 2004의 제84조와 Schedule 15에서 두고 있다. Finance Bill 2004 Standing Committee Report에 의하면, 이와 같은 신탁을 허용하는 목적이 '… 부유한 납세의무자가 자신의 자산처분을 허용하거나 이를 통해 외관(appearance)상 목적을 달성할 수 있도록 허용함으로써, 생애증여(lifetime gifts)에 대하여 상속세 면제혜택을 인정하는 것이다. 동시에 실제로 이 자산에 대한 접근과 향유를 유지시킬 수 있다…'고 언급하고 있다(Hutton, 48). 이 때 위탁자에 의한 증여는 '유보된 증여((the gift with reservation)'로 봄으로써, 이를 증여세(자본이득세)가 아닌 상속세과세대상으로 보고 있다.

이에 따라 영국세법은 위탁자가 신탁재산을 신탁을 통하여 자녀들에게 증여한 후, 증여재산의 이용 등에서 발생한 이득에 대하여 소득세를 부과하고 있다. 다만, 위탁자가 생애수익자가 되거나 상속세법상 위탁자산의 이익을 유보하거나 위탁자의 유산(estate)이 점유, 이용, 소유자산에서 증가된 가액이 있는 다른 자산이 포함된 경우라면, 위탁자는 사전소유자산규정에 따라 소득세를 부담하지 않게 될 것이다(Ingham 2005, 9). 그러나 증여재산의 이득이 중단되는 시점이나 증여 및 상속세 발생원인인 경우는 증여(자본이득세 부과) 및 상속세를 부과하게 된다.74) 이와 같은 과세방법을 사전소유자산과세(POAT)라고 부른다.

따라서 영국은 이를 통하여 위탁자의 증여재산에 대하여 위탁자의 증여세를 소득세와 상속세로 전환시키므로써, 위탁자의 세부담을 감소시키고 있다. 영국은 이를 통하여

---

74) Section 84 and Schedule 15 of the Finance Act 2004.

위탁자의 편법증여시도를 감소시키고 있고, 신탁제도의 활성화를 위한 조치라고 생각된다.

우리나라도 영국처럼 가족구성원간의 증여를 통한 조세회피를 시도하고 있는 상황에서, 영국의 사전소유자산신탁과 같은 제도도입을 고려할 필요가 있다. 다만, 이 유형의 부과방식은 사법(私法) 및 현행 상속세 및 증여세법과 충돌될 수 있으며, 개인이나 법인에 비하여 신탁에 대하여 지나친 혜택을 부여한다는 비판을 받을 수 있을 것이다. 그러나 이 유형은 신탁제도의 활성화 측면, 증여 및 상속방식의 새로운 틀을 신탁제도를 통하여 제공한다는 측면, 가족구성원 간 재산이전방식을 상속으로 일원화할 수 있다는 측면, 그리고 위탁자의 조세회피시도를 감소시킬 있다는 측면을 고려할 필요가 있을 것이다. 따라서 이에 대한 도입관점을 조세입법적 측면보다는 조세정책적 측면에서 검토할 필요가 있다.

다. 위탁자와 관련된 조세회피방지

신탁의 조세회피행위는 주로 위탁자와 관련되어 있다. 위탁자의 조세회피행위는 법인을 통한 방식이든 개인인 특수관계자를 통한 방식이든 다양하다. 특히 신탁을 통한 위탁자의 조세회피행위는 다른 인격을 이용한 것보다 효과적일 수 있다.

현행 소득세법 제2조의2 제6항에서 수익자가 불특정 또는 부존재한 경우 위탁자나 상속인이 신탁소득을 귀속한다고 정하고 있고, 소득세법 시행령 제4조의2 제2항에서 수익자의 특정 여부 또는 존재 여부는 신탁재산과 관련되는 수입 및 지출이 있는 때의 상황에 따른다고 규정하고 있다. 다만, 최동식(2006)의 지적처럼 위탁자가 신탁에 대한 실질적인 지배력이 없는 경우에도 이를 적용하는 것은 실질과세의 원칙에 위배될 수 있다. 또한 상속세 및 증여세법 제9조에서 "피상속인 신탁한 재산을 상속재산과 피상속인이 신탁으로 인하여 타인으로부터 받을 이익 타인이 신탁이익을 받을 권리로 보고 있다. 다만, 타인이 신탁의 이익을 받을 권리를 소유하고 있는 경우 그 이익에 상당하는 가액(가액)은 상속재산으로 보지 아니한다고 규정하고 있다." 그리고 상속세 및 증여세법 제13조의 상속세 과세가액은 "상속재산의 가액에서 동법 제14조에 따른 것을 뺀 후 상속개시일 전 10(5)년 이내에 피상속인이 상속인(상속인이 아닌 자)에게 증여한 재산가액을 가산한 금액으로 한다."고 규정하고 있다. 그러나 위탁자인 피상속인은 상속인인 수익자를 위하여 신탁을 통하여 이 규정을 회피할 수 있으므로, 현행 세법의 위탁자 관련 규정은 입법적으로 보완될 필요가 있다.

이에 반해 영국은 각 세목별로 위탁자의 조세회피유형 및 특수관계자의 범위, 적용재산의 범위를 상세히 언급하여 이 문제를 해소하는 한편 사전소유자산신탁과 같은 제도의 도입을 통하여 조세회피시도를 감소시키려는 적극적인 노력도 시도하고 있다.

위탁자관련 규정을 개선함에 있어 우선적으로 고려되어야 할 사항은 위탁자가 신탁에 대한 실질적 지배기준을 정립하는 것이 필요하다. 이를 위해 참고할 만한 입법례는 미국이다. 즉 미국은 위탁자의 조세회피를 방지하기 위하여 다음과 같은 기준을 설정했다. 즉 위탁자(grantor)가 관리권한을 보유한 경우, 위탁자가 경제적 혜택을 보유할 권한이 있는 경우, 위탁자가 신탁재산에서 발생한 수익을 분배받은 제3자의 경제적 혜택을 통제하는 권한으로서, 위탁자와 특수관계나 신탁이익과 관련 없는 사람(someone)이 분배금액을 결정하는 것과 같은 수혜적 유희를 통제할 권한 있는 경우에는 과세당국이 위탁자에게 과세할 수 있다. 우리나라도 위와 같은 유사한 기준을 찾아 볼 수 있다. 즉 실질과세의 원칙과 특수관계자 규정이다. 이를 신탁과 관련하여 세법에서 명시할 필요가 있다. 또한 신탁존속기간을 명시하고, 상속세 과세가액산정시 판정기준에 신탁존속기간을 고려한 규정을 추가할 필요가 있다.

따라서 우리나라 신탁과세제도도 위탁자의 조세회피를 방지하는 구체적인 내용을 규정함과 동시에 영국처럼 조세회피시도를 감소시키기 위한 과세당국의 적극적인 노력을 통하여 신탁제도의 활성화에 기여하는 방향으로 신탁과세제도를 개정할 필요가 있다.

라. 연속수익자

연속수익자란 수익자 A는 생존 중에 오로지 A만이 신탁이익의 향수하고, 그의 사망으로 남은 재산으로 B가 신탁이익을 향수자로 설정될 때 B는 A의 생전에 취소권 등을 행사할 수 없는 경우로서 수익자 A와 B를 말한다. 여기서 연속수익(successive interests)은 차례로 영향을 미치는 동일향유에 대한 현재의 권리(present right to present enjoy-ment)'[75]로 보고 있다(Hutton, 144).

영국은 과도기적 연속수익의 발생상황을 다음과 같은 세 가지로 구분하고 있다. 첫째, 수익소유권이 2006년 3월 22일과 2008년 10월 5일 사이에 발생하고, 2006년 3월 22일 종전("종전 이익"이라고 부른다)에 즉각적으로 효력이 발생하는 종전 수익소유권이 있는 경우.[76] 둘째, 종전이익의 소유자가 사망한 경우로서, 종전의 이익을 소유한 자가 2008년 10월 5일 이후에 사망하고 신규 생애수익자가 되는 자가 그의 배우자나 민사상 파트너인 경우.[77] 셋째, 신탁재산이 생명보험금에 해당하는 경우로서 사망시점에 수익소유권이 연속된다면, 사망시점은 다음 중 하나로부터 기산된다. 즉 이전 수익의 소유

---

75) Peason v IRC [1981] AC 753 참조.
76) IHTA 1984 §§ 49B(a) and 49C.
77) IHTA 1984 §§ 49B(a) and 49D.

자(만약 그가 2008년 10월 5일 이후에 사망했다면) 또는 상속세법 1984의 제49C조에 따라 과도기적 연속수익을 갖는 자가 있는 경우[78])이다.

영국은 이의 세무처리를 배우자의 생애수익승계와 2008년 4월 6일 이전의 과도기적 연속수익으로 구분하고, 이를 상속세과세대상으로 보고 있다(Praxis Group 2007, 2). 첫째, 배우자의 생애수익승계와 관련한 규정이다. 생애수익자의 사망에 의해 배우자가 받은 생애수익은 과도기적 연속수익이 되고 상속세가 과세된다. 다만, 2008년 4월 6일 이후부터 생애수익자의 생존기간 동안 이미 발생한 배우자의 생애수익은 과도기적 연속수익으로 보지 않는다. 또한 과도기적 연속수익은 종전 수익소유권처럼 처리될 것이다. 이러한 처리는 생애수익자와 그의 배우자의 후손(survivor)이 사망할 때까지 상속과세이연을 허용하고 있다. 이와 관련하여 우리나라도 원칙적으로 상속세가 과세된다고 보고 있다. 즉 최초수익자의 사망으로 다음 수익자로 된 경우에는 유증에 의해 취득된 것으로 보아 과세해야 할 것이다(김병일 2010, 340~341).

둘째, 2008년 4월 6일 이전 과도기적 연속수익에 대한 세무처리이다. 수탁자는 생애수익자의 수익소유권을 2008년 4월 6일 이전에 1 이상의 다른 수익자에게 일부나 전부를 이전할 수 있는 기회가 존재한다. 즉 만약 2006년 3월 22일 이전 생애수익이 최초생애수익자의 자녀들이나 손주들에게 유리하도록 새로운 생애수익으로 대체된다면, 자녀들이나 손주들의 수익은 과도기적 연속수익이 될 것이고, 그들이 생존하는 동안 종전규정을 적용받게 될 것이다. 이때 과도기전 연속수익에 대한 세무처리는 최초생애수익자와 구분될 것이다. 그리고 기존 생애수익자가 7년간 생존한다면, 이 약정(appointment)은 또 다른 세대에 대하여 상속과세를 이연하는 효과가 발생하게 될 것이다.

이와 같이 영국은 과도기적 연속수익이 발생하는 상황을 명백히 규정함에 따라 과세요건을 명확히 하고 있고, 이에 따라 과도기적 연속수익에 대하여 증여가 아닌 상속세법 1986 § 102ZA에 의한 유보된 이득(benefit)의 증여로 보아 상속세과세대상으로 보고 있다. 이는 일정한 상황에 한하여 상속세의 과세이연을 허용함으로써, 신탁제도의 활성화에 기여하고 있다.

이에 대한 현행 세법상 개선방안으로서, 우선 수익권처분(이전)원인에 따른 기준을 설정할 필요가 있다. 즉 단순한(경제적 실질관계가 없는 경우) 수익권양도와 사망 등의 원인으로 인한 수익권양도와 구분할 필요가 있다. 이에 따라 양도소득세와 상속세 및 증여세법을 적용할 수 있을 것이다. 둘째, 수익자간 실질관계에 대한 판단기준이다. 즉 종전수익자와 신규수익자와의 관계, 신규수익자와 위탁자 및 수탁자의 관계를 파악할

---

78) IHTA 1984 §§ 49B(b) and 49E.

필요가 있기 때문이다. 이는 현행 특수관계자범위를 재고할 필요가 있을 것이다. 셋째, 신탁존속기간 중 수익자의 사망으로 배우자가 새로이 수익자가 된 경우에는 상속시점에서 상속세를 부과하기 보다는 배우자의 사망시점이나 신탁종료시점까지 상속세부과를 이연할 것을 고려할 수 있다. 또한 과세당국은 상속세부과시점까지 배우자의 연속수익에 대하여 소득세를 부과하는 것도 고려할 수 있다. 그러므로 현행 세법은 이와 같은 개선방안을 고려하여 연속수익자에 관한 과세요건을 명확히 할 필요가 있고, 특수관계자범위의 재고 및 상속세 과세이연과 관련하여 입법적 측면보다는 조세정책적 측면의 접근이 필요하다고 생각된다.

마. 수탁자의 재량권 제한

현행 신탁법상 수탁자의 재량권은 매우 제한적이다. 즉 수동적 위치에 있다. 그러나 신탁법개정안에서는 수탁자의 재량권을 현재 보다 확대하는 방향으로 논의 중이다. 그 중 수탁자의 재량권과 밀접하게 관련된 의무는 선관주의의무로써, 이 의무로서 수탁자는 신탁을 관리 또는 처분행위를 하게 된다. 그러나 위탁자의 지시가 명백히 수익자의 이익을 침해하거나 수탁자는 위탁자에게 이에 관한 조언을 하여 수익자의 이익을 침해할 수 있는 문제나 신탁재산의 투자범위 및 대상과 수익 및 비용분배와 관련된 문제가 발생하게 된다. 이러한 문제를 외국의 사례를 통하여 살펴볼 필요가 있고, 이에 대하여 세법적 측면에서 대비할 필요가 있을 것이다.

이와 관련하여 영국의 신탁법은 수탁자에게 선관의무와 함께 표준 및 신중투자기준(standardand prudent investment criteria)을 근거로 수탁자의 재량권을 제한하고 있다. 이를 근거로 하여 영국의 신탁과세제도는 Hastings-Bass principle[79])에 의하여 수탁자의 재량권 범위를 제한하고 있다. 이의 근거는 법원의 결정이다.[80] 이 원칙은 수탁자가 부정적 조세효과(adverse tax implications)가 초래될 때 적용하게 된다. 이 원칙은 Re Hastings-Bass[1975] Ch 25에 따라 설정되었고, 그 후에 Re Mettoy[1990]1 WLR

---

79) 수탁자나 개인이 보유한 재량권이 있는 경우에도 이 권한은 신뢰의무(fiduciary)이므로 이 재량권은 수익자의 이익을 위하여 선의(in good faith)로 행사되어야 한다. 이때 수탁자나 개인은 수익자의 이익을 평가할 것이다. 비록 재량권 행사에 부가된 신뢰의무가 없더라도, 재량권은 재량이나 권한에 대하여 논의되는 일부 목적을 담고 있는 신탁계약에 의하여 결정될 수 있어야 한다. 그 결과 목적을 초과한 재량의 행사는 잘못된 것으로 보여 지게 될 것이다. 이것은 재량이나 권한행사를 판단기준을 '권한에 대한 기망(fraud on a power)'의 주의를 근거로 한다. 따라서 이 Re Hastings-Bass원칙 하에서 이 권한 행사는 무효로서 처리되거나 수탁자에 의한 권한불행사를 번복하는 원인이 되고 법원은 그 권한을 행사한 것으로 판단할 것이다. 즉 법원은 수탁자가 하지 말아야 할 것이나 해야 할 것 중 하나를 행하거나 행하지 않은 것으로 보게 된다(Penner. 67~68).
80) HMRC Tax Bulletin Issue 83 June 2006.

1589에서 이 원칙의 필수적인 부분이 다음과 같이 언급되었다. '수탁자가 신탁계약에 의하여 그에게 부여된 재량권을 행사하는 경우, 법원은 수탁자의 행위를 제한할 수 있다'(Hutton, 63). 즉 수탁자가 반드시 고려해야할 사항을 고려하지 않고 행한 경우에는 법원의 제약을 받게 된다. 이 원칙은 일반신탁뿐만 아니라 신탁펀드에게도 적용된다.

그러나 이 원칙에 대하여 법원은 수탁자의 행위를 지원하기 위한 유효한 권리로서, 예상하지 못한 과세결과를 직면한 수탁자를 지원하려는 의지를 Barclays Private Bank and Trust(Cayman)Ltd v Chamberlain and Other 9 ITELR 301 및 여러 판례에서 보여주고 있다. 위의 판례에서는 '투자의 모든 목적이 자본이득세를 이연하기 위한 경우와 영국법률의 변경으로 인하여 수탁자가 고려할 수 없었던 관련사항인 경우'를 이 원칙의 적용범위로 정하고 있다(Hutton, 65). 즉 이러한 상황을 고려하지 않는 수탁자의 재량권은 법원에 의하여 제한된다. 이를 바탕으로 하여 과세당국은 수탁자 재량권의 범위를 제한하고 있다.

따라서 우리나라도 신탁법개정안에서 수탁자의 재량권 범위를 확대하고자 하는 상황에서 영국의 선관주의의무와 표준 및 신중투자기준과 미국의 선관주의의무와 신중투자자 원칙(prudentinvestor rule)을 심도 있게 연구하여 수탁자의 재량권 범위를 설정할 필요가 있다. 또한 수익 및분배기준인 공평의무기준을 도입하여 수탁자의 자의적인 분배를 차단함과 동시에 우리나라 신탁과세제도에서 이 기준을 수용할 수 있는지를 판단할 필요가 있다. 또한 과세당국이 수탁자재량권범위에 대한 자의적 판단을 최소화하기 위하여, 영국처럼 사법부의 결정을 바탕으로 수탁자의 과세부과범위를 판단하도록 보완할 필요가 있다.

V. 결 론

영국은 신탁을 글로벌 금융수단으로 이용하기 위하여 신탁제도를 현대화했고, 이에 따라 신탁과세제도도 현대화하여 과세원칙을 재정립하는 한편 소규모신탁의 상당한 납세협력비용을 감소시킬 방법과 소득세와 자본이득세 간의 변칙적 처리를 제거할 방법도 담고 있다. 이러한 노력을 통하여 영국은 신탁과세제도의 중립성 제고 및 세무비용을 감소시키려고 있다. 이러한 영국과세당국의 노력은 우리나라의 신탁법개정안에 따른 우리나라 신탁과세제도의 개편방향을 제시해주고 있다. 이 중 특히 다음과 같은 점에서 시사하는 바가 크다.

첫째, 영국은 신탁존속기간을 영구구속금지의 원칙 하에서 21년으로 규정하고 있다. 즉, 영국은 신탁존속기간을 규정함으로써, 당사자가 장기간 신탁유보이익 등을 분산하는 것을 방지하여 신탁의 법적 안정성 및 예측 가능성을 제고하고 있다. 따라서 현행 세법에서도 이 원칙을 도입하여 신탁재산의 영구적 구속방지 및 신탁유보이익 등 조세회피를 방지할 필요가 있다.

둘째, 영국에서는 위탁자가 상속세면제규정을 통하여 신탁을 이용한 조세회피가 있었다. 이를 해소하기 위하여 사전소유자산신탁을 도입했다. 즉 이의 과세방식은 위탁자의 증여재산에 대하여 실질적인 증여나 상속이 발생할 때까지는 증여재산에서 발생한 이득에 대하여 위탁자에게 소득세를 부과함으로써, 위탁자의 증여세를 소득세와 상속세로 전환시키고 있다. 영국은 이를 통하여 위탁자의 편법증여시도를 감소시키고 있다. 영국의 세무처리는 현행 세법과 충돌할 수 있다. 따라서 이의 도입관점은 조세입법적 측면보다는 조세정책적 측면에서 검토할 필요가 있다.

셋째, 위탁자관련 조세회피행위에 대하여 영국은 우리나라 보다 구체적인 내용과 범위를 갖고 있다. 이를 통하여 영국은 위탁자의 조세회피를 방지함과 동시에 세법이 신탁제도의 활성화를 저해하지 않도록 규정하고 있다. 따라서 현행 세법에서도 이에 대한 심층적인 검토가 필요하다.

넷째, 연속수익과 관련된 내용이다. 현행 세법에는 이에 대한 규정을 명시하고 있지 않다. 반면에 영국은 수익자지분의 처분기준에 따라 수탁자와 이득을 취득한 수익자에게 자본이득세(증여)를 부과하고 있다. 또한 연속수익처분을 상속세과세대상으로 보고 있지만, 상속세과세이연을 인정하고 있다. 이를 통하여 영국은 신탁제도의 활성화에 기여하고 있다. 따라서 현행 세법도 우선 수익권처분기준을 설정한 후, 연속수익자와 관련하여 과세요건을 명확히 할 필요가 있다.

다섯째, 수탁자 재량권과 관련하여 우리나라도 신탁법개정안에서 수탁자의 재량권 범위를 확대하고자 하는 상황에서 영국의 선관주의의무와 표준 및 신중투자기준과 미국의 선관주의의무와 신중투자자 원칙(prudent investor rule)을 심도 있게 연구하여 수탁자의 재량권 범위를 설정할 필요가 있다. 또한 수익 및 분배기준인 공평의무기준을 도입하여 수탁자의 자의적인 분배를 차단함과 동시에 우리나라 신탁과세제도에서 이 기준을 수용할 수 있는 지를 판단할 필요가 있다. 또한 과세당국이 수탁자 재량권범위에 대한 자의적 판단을 최소화하기 위하여, 영국처럼 사법부의 결정을 바탕으로 수탁자의 과세부과범위를 판단하도록 보완할 필요가 있다.

참 | 고 | 문 | 헌

김병일. 2010. "신탁법 개정에 따른 신탁과세제도 개편 방향에 관한 연구", 조세연구 제10 - 2집: 303~350.
_____· 김종해. 2010. "미국의 신탁과세제도와 그 시사점", 조세연구 제10 - 1집: 332~337.
김완석. 2002. 「소득세법론」, (주)광교 TNS.
김재진 · 홍용식. 1998. 7. 「신탁과세제도의 합리화 방안」, 한국조세연구원.
명순구 · 오영걸. 2005. 「현대미국신탁법」, 세창출판사.
박동규. 2004.3. "신탁 및 신탁에 관한 과세제도", 월간조세 통권 제190호: 47~51.
박정수. 2009. 「주요국의 조세제도 - 영국편」, 한국조세연구원.
안성포. 2007.8. " - 신탁의 기본구조와 그 법리 - 일본에서의 논의를 중심으로 - ", 중앙법학 제9집 제2호: 747~775.
_____. 2009.10. "신탁의 종료, 변경, 합병 및 분할", 선진상사법률연구 통권 제48호: 100~103.
이중교. 2009.12. "신탁법상의 신탁에 관한 과세상 논점", 법조 통권 제639호: 318~359.
최동식. 2006. 「신탁법」, 법문사.
최수정. 2007. 「일본신신탁법」, 진원사.
홍용식. 1999. "신탁소득과세에 관한 연구", 사회과학논집 제12집 제2호: 149~178.
ENSORS. 2010. *Taxation and the uses of trusts*, http : //www.ensors.co.uk/cms/filelibrary/Taxation
   _and_the_uses_of_trusts.pdf : 1 − 17.
J E Penner. 2008. *The Law of Trusts 6th edition*, OXFORD UNIVERSITY PRESS.
John H. Langbein. 1997. *The Secret Life of The Trust*. The Trust as an Instrument of Commerce, 107 Yale L.
   J.Judith Ingham. 2005. *UK Taxation of Trusts and Trust Modernization Proposal*, www.il − trust − in − itali −
   a.it/Formazione/Congressi/.
Matthew Hutton. 2008. *Tolley's UK Taxation of Trusts 18th ed*, LexisNexis.
Praxis Group. 2007.12.7. *IHT PLANNING FOR TRUST LIFE TENANTS*, http : //www.praxisfiduciaries.com/lat −
   est/44.pdf: 1 − 2.
The Chartered Institution of Taxation and the ICAEW Tax Faculty. 2004.10. *Modernizing the Tax System for
   Tax − Second Consultation*, www.tax.org.uk/.
Underhill and Hayton. 2007. *Law of Trusts and Trustee 17th ed*, LexisNexis.
田中實 · 山田昭(雨宮孝子補正). 1998. 「改正信託法」, 學陽書房.
四宮和夫. 1989. 「信託法」, 有斐閣.
新井誠. 2002. 「信託法(第2版)」, 有斐閣.
http : //www.hmrc.gov.uk/trusts/.

Abstract

Implications on the Trust Taxation in UK

Byung–Il Kim* · Jong–Hae Kim**

UK modernized trust to use with means of finance, also modernized UK taxation of trust. Throughout the latter, UK taxation of trust reestablished taxation principles. Meanwhile this modernization of trust taxation have also included methods of reducing considerable tax compliance costs of small trust and of removal for anomalous treatment between income tax and capital gain tax. These effort of UK proposes to revised directions of Korea taxation of trust. The following has great implications for Korea trust taxation.

First, UK rules that perpetuity period of trust generally is within the 21 years under the rule against perpetuities principles. As this rule prevents from binding perpetuity of trust property, so the person directly involved stops long–term trust reservation interest from spliting income. Throughout this, UK has improved legal stability and calculability of trust. Thus, current taxation needs to prudently consider adopting of this principles.

Second, The settlors attempted anti–tax avoidance through inheritance exempt tax rule. To solve the problem, UK has allowed pre–owned assets settlement. That is, having continued to derive any benefit from the asset given away, they has burdened not gift tax but income tax against this benefit, Then UK reduces attempt of expedient gift through this tax treatment. But this treatment will conflict current taxation. Thus, viewpoint introduction of this type needs to access from view of not tax legislative but tax policy.

Third, For anti–tax avoidance of settlors, UK rules more definite content and scope than Koreas. Through this rules, UK prevents anti–avoidance attempts of settlor and rules that taxation does not impede vitalizations of trust system. Thus, current taxation needs to examine an in– depth study against this part.

Fourth, Next is about transitional serial interests. UK rules deposing beneficial interests standard. According to this rule, UK decides to whether or not capital gain tax over this interests. Also UK comprehends this interests as inheritance tax consideration, but allows inheritance tax defer. Then UK contributes to vitalizations of trust system. Thus, current taxation was required to carefully review for adopting this tax treatment.

Thus, Through research of UK taxation of trust, Korea taxation of trust hopes to contribute to vitalizations Korea trust system.

☑ Key words: UK taxation of trust, interest possession trust, discretion trust, pre–owned assets, perpetuity period of trust, transitional serial interest. anti–avoidance legislation

---

 * Associate Professor, Department of Tax Science, Kangnam University
** Adjunct Professor, Department of Tax Science, Kangnam University

제3장 상속세 및 증여세법상 신탁세제

3.1. 신탁이익 평가 관련

3.1.1. 신탁세제상 장래이익에 관한 세무처리방안

    —상속세 및 증여세법을 중심으로—

3.1.2. 상속세 및 증여세법상 신탁이익에 관한 평가문제

    —유언대용신탁 및 수익자연속신탁을 중심으로—

3.1.3. 상증세법상 신탁이익 평가에 관한 소고

3.1.1. 신탁세제상 장래이익에 관한 세무처리방안
— 상속세 및 증여세법을 중심으로 —*

김종해** · 김병일***

국문요약

장래이익(future interests)이란 재산에 관한 향유나 현재 소유권을 포함하지 않은 재산적 소유권이다. 장래이익은 영미법상 소유권 개념으로 현행 사법에서 허용하지 않고 있지만, 신탁법 중 수익자연속신탁에서 발생하는 개념이다. 장래이익 중 가장 큰 문제점은 귀속자 및 귀속시기의 불확정이다. 이는 법적 안정성을 침해할 소지가 없고, 조세회피의 수단으로도 활용될 가능성이 높다. 따라서 본 논문에서는 이러한 문제점을 해소하기 위한 방안을 세무적 측면에서 다음과 같이 제시한다.

첫째, 장래이익의 확정 또는 불확정 여부의 판단이다. 현행 상속세 및 증여세법 제65조의 규정의 확정방법은 장기간에 걸쳐 재산승계가 진행된다는 점에서 조건변경이나 신탁계약의 변경 등과 같은 유동성으로 인한 확정시기의 결정문제는 그대로 존재하고 있다. 따라서 조건부변경에 대한 해석상 지침과 신탁존속기간을 제한하는 규정을 마련할 필요가 있다.

둘째, 장래이익의 평가방법은 다음과 같다. 우선, 증여와 관련된 부분이다. 신탁재산의 수익에 대한 수익률이 불확정된 경우에는 우리나라 관련 당국에서 일정기간마다 추산한 수익률을 적용할 필요가 있다. 이는 경기변동에 따른 자산가치의 변동상황을 적절하게 반영할 수 있는 방안이기 때문이다. 다음으로 상속과 관련된 부분이다. 현행 평가방법은 장래이익의 원본수익권과 수입수익권의 귀속시기의 차이를 반영할 수 없으므로, 미국처럼 평가기준일(사망개시일)을 기준으로 총유산가액에 대하여 현재가치로 평가하고, 각 수익권의 비율로 구분한 후, 귀속시기와 관계없이 현재가치로 실제로 귀속시기가 도래한 시점에서 상속세를 부과하는 방안을 고려할 필요가 있다.

셋째, 장래이익에 대한 증여공제의 여부이다. 원칙적으로 장래이익의 증여공제는 확정 또는 불확정성과 관계없이 허용될 수 없을 것이다. 다만, 신탁 관련 현재이익 중 일정한 요건을 충족한 경우에만 증여공제를 허용

   * 『조세법연구』 제20권 제3호(2014.11, 한국세법학회)에 게재된 논문이다.
  ** 제1저자: 강남대학교 세무학과 강사, 세무학박사.
 *** 교신저자: 강남대학교 세무학과 부교수, 법학박사.
**** 투고일: 2014. 9. 15. 심사일: 2014. 9. 22. 심사완료일: 2014. 10. 7.

하는 방안을 고려해야 할 것이다.

이상과 같은 장래이익에 대한 과세방안은 현행 신탁세제에서 미세한 부분에 해당할 수도 있지만, 장래이익과 사법의 소유권 개념과의 충돌로 인한 장래이익에 대한 조세부과의 어려움을 어느 정도 해소할 수 있을 것으로 생각한다. 이를 통해 신탁제도의 활성화와 신탁세제의 법적 안정성과 예측 가능성에 도움이 되었으면 한다.

☑ 핵심어 :   장래이익, 현재이익, 영구구속금지의 원칙, 수익자연속신탁, 증여공제, 잔여권

Ⅰ. 서 론

장래이익(future interests)[1]이란 재산에 관한 향유(enjoyment)나 현재 소유권을 포함하지 않은 재산적 소유권이다. 장래이익은 영미법계의 재산법(property law)과 부동산(real estate)에 발생하는 것이다. 장래이익은 무효화될 수 있는 유산(a defeasible estate), 즉 점유권(possessory ownership)의 이전을 유발하는 사건이 발생한 경우나 조건의 형태로 만들어진 것이다.

이러한 장래이익은 대륙법계 국가에서는 찾아보기 어려운 소유권 개념이다. 그 이유는 소유권에 대한 개념이 대륙법계와 영미법계의 차이점 때문이다. 즉, 영미법계의 소유권 개념은 크게 세 가지로 구분된다. 첫째, 대륙법계의 절대적 소유권(fee simple absolute), 둘째, 양수인의 생존을 전제로 하는 소유권인 생애권(life estate), 셋째, 실효조건부 소유권(fee simple determinable, fee simple defeasible, fee simple subject to condition subsequent) 등 여러 가지의 소유권이 존재한다. 여기서 주로 장래이익과 관련된 부분은 둘째와 셋째에 해당한다. 장래이익과 관련된 소유권은 우리나라 사법상 소유권에는 적용될 수 없지만, 신탁법에서 규정한 유언대용신탁과 수익자연속신탁은 장래이익의 개념이 적용되고 있다. 이는 사법과 충돌을 예고하고 있다. 또한 신탁세제와 관련해서 납세의무의 귀속자와 귀속시기 그리고 승계재산의 평가문제 등과 일반적인 재산승계방식과 조세상 불평등 문제를 초래하기 때문이다. 이 문제들은 법적 안정성과 예측 가능성을 저해하는 문제로 귀결될 것이다. 구체적으로 세무상 다음과 같은 문제점이 발생하게 된다.

첫째, 장래이익의 귀속자 및 귀속시기와 관련된 확정문제이다. 이는 현행 상속세 및

---

1) 미래재산권 또는 장래권이라고 일컫기도 하나(박홍래, 『미국재산법』, 전남대학교 출판부, 2004, 42면; 임채웅 역, 『미국신탁법』, 박영사, 2011, 185면 참조). 본고에서는 '장래이익'이라고 칭하기로 한다.

증여세법 제65조와 관련된 사항이다. 신탁제도상 장기간 지속된다는 점에서 현행 규정을 적용하는 것은 한계가 있다. 또한 이러한 신탁제도의 특성상 또는 장래이익의 성격상 세율이 낮은 수익자에게 위탁자가 유산을 이전하거나 낮은 세율을 적용받는 수익자 간 유산의 분산혜택을 보기 위하여 신탁존속기간을 연장할 유혹에 빠지게 된다. 이는 조세회피로 이어지고, 무엇보다도 확정기간의 연장에 따른 납세의무 확정시기의 유동성으로 조세부과의 법적 안정성을 저해하게 된다.

둘째, 장래이익의 평가방법과 관련된 문제이다. 현행 상속세 및 증여세법 제65조와 같은 법 시행령 제61조에 따라 장래이익을 평가할 수 있지만, 수입수익권과 원본수익권의 귀속시기의 차이로 인한 조세불평등문제가 초래할 수 있다. 즉, 개별적인 각 수익권에 대한 평가방법은 이러한 문제점에 노출되어 있기 때문에 새로운 평가방법을 마련할 필요가 있다.

셋째, 장래이익 중 증여공제 여부이다. 전술한 바와 같이 수익자가 불명확하거나 평가가액을 산정하기 어려운 경우까지 증여공제를 허용할 수 있는가이다. 이 경우는 조세행정의 편의에 대한 대가로서 납세의무자의 혜택을 준다는 측면에서 문제가 될 수 있다.

이와 같은 문제점을 해소하기 위하여 장래이익과 관련된 과세방안을 본 논문에서 제시하고자 한다. 이를 통하여 신탁세제와 관련하여 장래이익의 법적 안정성과 예측 가능성을 제고하고자 한다. 결국 본고는 신탁제도의 활성화와 신탁세제의 법적 안정성을 제고하는 데 그 목적이 있다. 특히 본고는 장래이익과 관련하여 미국제도를 중심으로 연구가 진행되었다.

II. 장래이익에 관한 이론적 고찰

1. 장래이익의 의의

미국 유산제도는 양도인이 소유권을 시간으로 환산하여 배분하는 것을 인정하고 있다. 장래이익이 발생할 때, 양도인이 재산에 대한 권리를 보유하거나 다수의 수익자에게 일부 장래이익을 이전할 수 있다. 이러한 장래이익은 양도자에게 복귀되는 경우 등과 양수자가 취득할 수 있는 경우 등으로 구분된다.

이러한 장래이익은 현재이익(present interests)과 구분하여 살펴볼 필요가 있다. 예를 들어,[2] A는 유언을 통하여 소유권을 구분하여 이전할 수 있다. A는 B의 생애 동안 B

에게 집을 사용할 권리를 주고, B가 사망한 후 C에게는 그 집을 사용할 권리를 주었다고
하자. 이때 A의 유언은 현재이익과 장래이익을 발생시킬 수 있다. 즉, B는 현재 집을 사
용할 수 있기 때문에 '현재이익'을 갖게 되지만, B의 이익은 A의 이익보다 더 적다. 왜냐
하면 B의 이익은 자신의 사망시점에 소멸되기 때문이다. 그러나 C의 이익은 B가 사망한
후 그 집을 소유할 권리를 갖게 될 것이다. C의 권리가 '장래이익'이 된다. 즉, 장래이익
을 소유한다는 것은 다음 주 콘서트를 관람할 티켓을 소유하는 것과 같다.[3]

따라서 장래이익은 미래에 어떤 사람이 해당 재산에 대한 권리를 취득하는 것이 아
니라, 현재 어떤 사람이 어떤 재산에 대한 권리를 소유하고 있지만, 미래에 점유(소유 :
possession)할 권리를 이전하는 것을 말한다.

장래이익과 미실현이익을 구분해 보면 다음과 같다. 즉, 미실현이익은 구매 또는 생
산과정에서 발생하는 수익이나 화폐가치의 변동으로 인하여 보유자산에 대하여 발생하
는 보유이익인 반면에, 장래이익은 이미 대부분의 이익이 확정되고 귀속자가 대부분
결정되지만 귀속시기가 불확정된 이익을 말한다. 따라서 법률상 미실현이익과 장래이
익을 동일한 성질로 보기는 어렵다는 측면이 존재한다.

본고는 현행 신탁법상 수익자연속신탁과 유언대용신탁과 관련된 장래이익이 양수인
의 장래이익과 관련되어 있다. 따라서 본고도 이 부분에 초점을 두고 서술하기로 한다.

2. 현재이익과 장래이익의 구분시점

현재이익과 장래이익에 관한 법률은 기본적으로 토지소유자의 요구를 충족시키기 위
하여 발전되었지만, 신탁이 보유한 개인적인 재산에도 적용되는 개념이다.[4] 첫째, 법률
은 소유 재산에서 소유권의 개념(the notion of ownership)을 분리하고 있다. 사람은 토지
자체(the dirt itself)보다는 토지에 대한 이익을 소유한다. 둘째, 사람들이 토지를 이용할
권리를 갖게 됨에 따라 법률은 다른 사람과 사이에 자신의 이익을 분배하는 할 것을 인
정하고 있다. 셋째, 법률은 이러한 이익을 개인적인 이익으로 다룬다. 이는 개인적인 이
익이 그 자체로 재산인 것처럼 처리하게 된다. 사람들은 이러한 이익에 독특한 특징을
부여하고 있고 마치 이러한 이익이 다양한 방법으로 행사되는 것처럼 언급하고 있다.

장래이익은 실제로 현재이익이 미래에 전환되는 것을 말한다. 위 사례에서 B가 사망할

---

2) Roger W Andersen, Present and Future Interests: A Graphic Explanation, Seattle University Law
   Review, Vol. 19: 101, 1995, p.103.
3) *Ibid.*, p.103.
4) *Ibid.*, pp.102~103.

경우, C의 이익을 보유한 누구든지 해당 토지를 사용할 수 있고 그 때 현재이익을 보유하게 된다는 의미이다. C의 장래이익은 완전 절대 소유권이 될 것이다. 다른 상황에서 보면, 이미 장래이익인 것은 추가적인 장래이익의 조건에 따라 현재이익이 될 것이다.[5]

따라서 현재이익과 장래이익의 구분시점은 특정요건에 따라 결정되는 것이지 일정시점이 충족되면 자동적으로 각각의 이익이 전환되는 것은 아니다. 전술한 바와 같이 현재이익은 일정요건의 충족으로 장래이익이 되고, 장래이익은 요건의 충족시점부터 현재이익으로 전환된다. 이와 같은 현재이익과 장래이익의 구분은 현대 신탁법을 발전시키는 데 기여하고 있다.

3. 장래이익의 귀속과 양도인 및 양수인에 속하는 장래이익의 적용범위

(1) 장래이익의 귀속

영미법상 귀속(vesting)이란 재산에 대한 현재나 미래에 향유될 가까운 시점(immediate)의 권리를 특정인에게 수여하는 것을 의미한다. 일반적으로 비록 귀속은 재산을 소유하지 못했지만, 귀속은 제3자가 빼앗을 수 없는 귀속 또는 확정된 재산에 대한 권리이다. 법적 유산에 대한 현재나 미래의 소유할 권한이나 이익, 그리고 권리가 다른 상대방에게 이전될 수 있을 때, 이 권리 등은 귀속 또는 확정된 이익(vested interest)이라고 부른다.

확정된 이익은 다음과 같이 분류된다. 첫째, 장래이익의 수익자는 법적으로 점유할 소유권(possessory ownership)을 갖는다면, 장래이익은 절대적으로(absolutely or indefeasibly) 확정된다. 둘째, 어떤 일이 발생한다면, 장래이익은 잔여권자의 이익으로 상환할 조건으로 확정된다. 예를 들어, O는 Blackacre의 소유자이고, O는 A의 생활을 위하여, 그 후에 B에게 O의 재산을 이전하기로 했다. 다만, A가 옥수수 재배를 그만 둔다면, 그때는 C에게로 이전된다. 이 경우 B는 상환조건으로 귀속 또는 확정된 잔여권자가 된다. 왜냐하면 그 이익이 점유되기 전에 B는 A의 행위로 인하여 상환될 수 있기 때문이다. 셋째, 장래이익이 수익자들(수익자들은 확장될 수 있다)에게 귀속되면, 장래이익은 공개(일정조건 충족 후에 수익자가 될 수 있다) 조건(subject to open)으로 귀속 또는 확정될 수 있다. 이와 같은 장래이익은 귀속자에 따라 다음과 같이 구분될 수 있다.

---

5) Roger W Andersen, *op. cit.*, p.103.

(2) 양도인의 장래이익

양도인이 보유하는 이익은 장차 복귀될(reversionary) 이익이라고 한다. 양도자는 다음과 같은 세 가지 장래이익을 보유할 수 있다. 자동복귀권(possibilities of reverter),[6] 복귀청구권(right of entry or power of termination),[7] 복귀권(reversion)[8]으로 나뉜다.

첫째, 자동복귀권은 자동취소 지배권(fee simple determinable)[9]을 따른다. 둘째, 복귀청구권은 해제조건(condition subsequent)에 의한 완전 지배권(fee simple)[10]의 규정을 따른다. 왜냐하면 취소 가능 지배권(defeasible fees)은 가끔 유산계획(estate plan)의 일부가 되기 때문에 이러한 권리가 수반되는 장차 복귀될 이익으로 나타나기 때문이다. 셋째, 복귀권은 유산처분을 여러 법제도를 감안하여 계획적으로 하는 자(estate planners)에게 중요하다. 양도자가 생애권[11]만 또는 생애권과 불확정 잔여권(정지조건 잔여권)을 발생한다면 복귀권은 양도자가 보유한 이익이 된다. 왜냐하면 현대 유산계획은 신탁과 관련하여 규칙적으로 생애권과 정지조건 잔여권을 발생시키기 때문에 복귀권은 자주 나타나기 때문이다.

(3) 양수인의 장래이익

양수자는 두 가지 종류의 장래이익을 보유할 수 있다. 즉, 잔여권(remainders)[12]과 해제조건부 제3자 지배권(executory interests)이다. 이 둘 간의 실무상 차이점은 미세할 지도 모르지만,[13] 영미에서는 통상적인 언어로서 둘 다를 표기(label)하고 있다. 두 권리

---

6) 자동복귀권은 정지조건(condition)의 위반을 원인으로 유산은 위탁자에게 반환될 때, 반환가능성이 존재한다. 또한 자동복귀권은 영구구속금지의 원칙을 적용하지 않는다.

7) 복귀청구권은 해제조건(condition subsequent)에 의한 완전 지배권의 규정을 따른다. 정지조건을 위반하고 위탁자가 유산을 상환할 권한을 결정할 수 있다면, 유산은 위탁자에게 복귀하게 될 것이다. 그리고 위탁자가 종료권한을 갖게 된다. 또한 이 이익은 영구구속금지의 원칙을 적용받지 않는다.

8) 복귀는 수여된 유산이 위탁자(grantor)에게 절대적으로 귀속될 때 발생한다. 또한 복귀와 관련하여 영구구속금지의 원칙을 적용하지 않는다.

9) 현재 점유할 수 있는 권리가 어떠한 사실의 발생에 의하여 자동적으로 종료되고 해당 부동산을 점유할 수 있는 권리가 현재의 점유권을 주었던 위탁자(grantor)에게 돌아가는 것을 말한다.

10) 현재의 소유자가 법적인 제한 없이 영구적으로 점유할 수 있는 영미의 재산권을 말한다. 법이 인정하는 최대한의 재산권으로서 대륙법계의 소유권과 같다.

11) 생애권은 한 사람 혹은 그 이상의 사람의 생애를 기준으로 하여 토지를 점유(possession)할 수 있는 것을 내용으로 하는 재산권이다. 생애권의 발생은 당사자의 합의에 의한 경우와 법률에 의하여 이전되는 경우도 있다.

12) 잔여권은 생애권이나 정기부동산권(tenacy for years)이 종료된 후 제3자에게 이 토지에 대한 점유권을 해당 제3자가 취득하는 것을 내용으로 하는 재산권이다.

13) See J. J. Dukeminier, Jr., Contingent Remainders and Executory Interests: A Requiem for the dis-tinction, 43 MINN. L. REV. 13, 14, 1958.

를 구분하는 데 도움이 되는 한 가지 방법은 각각의 특성을 할당하는 것이다.[14] 즉, 해제조건부 제3자 지배권은 적극적인 성격을 갖고 있다. 즉, 이 권리는 다른 이익을 축소시키면서 유지된다. 반면에 잔여권은 소극적인 성격을 갖고 있다. 잔여권은 현재이익에 바싹 다가가 있고 현재이익이 자연적으로 소멸할 때까지 기다리는 특성이 있다.

1) 잔여권(remainders)

해제조건부 제3자 지배권과 마찬가지로, 잔여권은 제3자의 양수인이 보유하는 장래이익이다. 즉, 잔여권은 생애권이나 정기부동산권이 종료된 후 제3자에게 해당 권리(토지 등)에 대한 점유권을 제3자가 취득하는 것을 말한다. 그러나 환수라기보다는 장래이익은 통상 생애권의 소멸을 기다리는 것이다. 잔여권은 다음과 같이 두 가지 유형이 있다. 확정된 잔여권(vested remainders)과 불확정 잔여권(contingent remainders)이다. 이 두 가지 권리를 살펴보면 다음과 같다.

가) 확정된 잔여권(vested remainders)

잔여권은 다음과 같은 세 가지 테스트를 충족해야만 확정된다. 첫째, 잔여권의 보유자가 출생한 사람이어야 한다. 둘째, 그 사람은 신원이 확인되어야 한다. 셋째, 정지조건부를 암시하거나 묵시적인 표현이 사용되어서는 아니 된다.[15]

일단 잔여권이 이러한 조건을 통과할지라도, 이러한 잔여권이 어떤 유형에 해당하는가이다. 잔여권은 다음과 같은 세 가지로 구분된다. 즉, 취소할 수 없는 잔여권(undefeasibly vested), 완전해제조건부 잔여권(subject to complete defeasance), 개방조건부 잔여권(subject to open)으로 나누어 볼 수 있다.

① 취소할 수 없는 확정잔여권

취소할 수 없는 확정잔여권은 잔여권자(remaindermen)가 잔여권을 취득하는 것이 확실하고 그 지분에 있어서도 변동이 일어날 수 없도록 확정된 것을 말한다. 이는 실제로 완전 절대 지배권이 미래에 전환되는(pushed into) 것과 같다. A의 유언은 B의 생계를 위하여 B에게 재산을 수여할 것이고, 잔여권자는 C로 계약을 체결했다고 가정해 보자. 이의 귀속관계를 살펴보면, B는 생애권자이고, C은 취소할 수 없는 확정잔여권자이다.

② 완전 해제조건부 잔여권

완전 해제조건부 잔여권은 'vested remainder subject to total divestment'라고 부른

---

14) Roger W Andersen, *op. cit.*, p.114.
15) 통일유산관리법전(Uniform Probate Code: UPC)에 의해 제안된 개혁안은 많은 확정된 잔여권의 발생을 급격하게 감소시켰다. 통일유산관리법전은 신탁계약하에 장래이익의 생존자권(survivorship)의 조건을 부여했다. 8 UNIF. PROB. CODE § 2-707(b) (Supp. 1995).

다. 이는 잔여권을 쥐득하는 것은 확정되었지만, 이것이 어떠한 사유의 발생에 의하여 전면적으로 박탈될 수 있는, 즉 해제조건이 붙어 있는 것을 말한다. 완전 지배권이 무효화될 수 있는 것처럼, 확정된 잔여권도 무효화될 수 있다. 완전 해제조건에 의한 많은 확정 잔여권은 실제로 미래에 무효화(defeasible fees)로 전환된다.

이러한 완전 해제조건부 잔여권자는 다음의 경우이다. 예를 들어,[16] 양도자 A는 B의 생계를 위하여 B에게 농장을 승계하고, 그 후에는 학교 목적을 위하여 토지를 사용할 조건으로 학교위원회에게 승계하기로 계약을 체결했다고 가정해 보자. 이 사례에서 B는 생애권을 갖게 되고, 학교위원회는 완전 해제조건부로서 확정 잔여권을 취득하고, 양도자 A는 자동복귀권을 갖게 된다.

또한 완전 해제조건부에 의한 확정 잔여권은 생애권의 형태가 될 수 있다. 이러한 잔여권을 '생계를 위한 확정 잔여권'이라고 부른다. 예를 들어, A가 신탁에 재산을 위탁했고, B의 생계를 위하여 B에게 신탁소득을 수여하고, 그 후에 C의 생계를 위하여 C에게 신탁소득을 지급하고, 그리고 C가 사망한 후에는 신탁원본을 D에게 분배하는 신탁계약을 체결했다고 가정해 보자. A는 생애권, B는 완전해제조건부 확정 잔여권,[17] 그리고 D는 취소할 수 없는 확정 잔여권을 취득하게 된다.

③ 개방조건부 잔여권

개방조건부 잔여권은 부동산에 대한 장래의 이익을 취득하는 것은 확정되었지만, 그 규모는 변동할 수 있는 것을 말한다. 때때로 신탁자(settlor)는 계획(drifting)할 시점에 확정되지 않은 구성원이 있는 경우, 이를 단체(class)[18]의 구성원으로 보아 재산을 이전할 수 있다. 이와 같은 증여방법의 이용은 계획 후에, 증여와 관련하여 이익분배시점 이전에 태어난 구성원에게 적용할 수 있다.

예를 들어, A는 자신의 배우자인 B의 생계를 위하여, 그리고 그 후에는 자신의 자녀들을 위하여 재산을 이전하기로 신탁계약을 체결했다고 가정해 보자. 이 경우 아이들에 대한 잔여권은 증여로 인식한다. 그 이유는 나중에 태어난 아이들은 단체의 구성원으로서 적격하므로, 가족이라는 단체는 배우자 B의 생애동안 나중에 태어난 아이들도 구성원이 된다는 점에서 '개방'이라는 의미를 사용한다. 즉, 잔여권의 자격을 취득할

---

16) Roger W Andersen, *op. cit.*, p.117.
17) 비록 C가 신탁소득을 향유하기 위하여 B보다 오랫동안 생존할지라도, 이러한 현실은 C의 이익에 대한 제한된 본질적 기능이다. 생존은 추가적인 해제조건이 아니기 때문에, 일반적으로 C의 잔여권이 불확정적성을 갖기보다는 확정된 것으로 분류한다.
18) 'class'란 동일한 특성을 가진 사람들의 집단을 말한다. class(단체)에 이익을 부여하는 경우 그 구성원이 수시로 변한다. 따라서 어느 시점에 class의 구성원을 확정하는가, 즉 단체를 폐쇄(close)하여 이익을 분배하느냐 하는 문제가 제기된다; 서철원, 『미국 비즈니스 법』, 법원사, 2000, 130면.

수 있는 자의 무리를 의미한다.

이 상황의 확정 잔여권은 완전 해제조건부 조건과 개방잔여권 조건을 동시에 적용받을 수 있다. 이 상황은 일반적으로 3세대 간에 이르는 유산계획을 세울 때 발생한다.

나) 불확정(정지조건) 잔여권(contingent remainders)

불확정 잔여권은 어떠한 조건(condition precedent)이 충족되어야만 잔여권을 취득할 수 있는 것을 말한다. 따라서 이 권리는 잔여권이 확정되지 않으면, 이 잔여권은 정지조건을 갖고 있다. 그러므로 잔여권이 정지조건을 포함하고 있는지를 확인하는 방법은 다음의 테스트이다. ① 아직 태어나지 않은 자가 잔여권의 보유자인가? ② 잔여권의 보유자가 신원확인이 되지 않았는가? ③ 명시적 또는 암묵적 해제조건에 따라 취득하는 자가 있는가? 위 질문에 대한 대답을 통과한 잔여권은 불확정성을 갖는다. 만약 불확정 잔여권임을 확인했을 경우, 잔여권이 불확정인 이유를 확인해야 할 것이다.[19] 이를 분설하면 다음과 같다.

첫째, 잔여권을 보유한 자가 태어났는지에 대한 질문은 어리석어 보인다. 그러나 위의 질문은 유용하다. 왜냐하면, 누군가 나중에 태어난다면, 우리는 그가 무슨 이익을 취득할 것인지를 확인하는 데 도움이 되기 때문이다. 예를 들어, 생계를 위하여 A에서 B에게 증여하고, 그 후에는 A의 자녀에게 증여했다고 가정해 보자. B가 자녀가 없다면, B는 생애권을 갖게 될 것이고 A는 복귀권을 갖게 된다. 그러나 다음과 같은 변화가 있다고 가정해 보자. 우리는 일반적으로 아직 태어나지 않은 자녀들은 불확정 잔여권을 갖고 있기 때문에, B는 임신 중에는 불확정이라고 말한다.[20] 나중에 B가 자녀를 갖는다면, 자녀들은 개방조건하에서 확정 잔여권을 취득하게 될 것이고, A는 자신의 복귀권을 잃게 된다.

둘째, 잔여권을 보유한 자가 신원확인이 되는가의 문제이다. 예를 들어,[21] A가 B의 생계를 위하여 재산을 이전하고, 그 후에 첫째 자녀가 대학을 졸업한 후에는 첫째 자녀에게 이전한다고 가정해 보자. 더 나아가 B는 초등학생인 C가 있다고 가정해 보자. 초등학생인 C는 대학을 졸업할 B의 첫째 자녀로서 확인된 경우에는 불확정 잔여권을 갖게 된다. 만약 B는 C가 대학을 졸업하기 전에 다른 자녀들이 출생했다면, 그들은 불확정적 잔여권을 갖게 될 것이다. 왜냐하면 C와 이후 출생한 아이들 각자는 적격 여부의 판단시점에 참여하여 각자 수령할 권리를 확인하는 과정에 참가하기 때문이다. 또한 B

---

19) 불확정 잔여권은 영구구속금지의 원칙에서 매우 중요한 부분이다. 영구구속금지의 원칙이 적용되는 장래이익 제한되었기 때문이다.
20) 반면 우리나라는 태아인 경우 상속 등 일정한 경우에 대하여 권리능력을 부여하고 있다.
21) Roger W Andersen, *op. cit.*, p.122.

의 자녀가 대학을 졸업하지 못하고 적격성을 충족시키지 못했을 경우 B의 잔여권은 소멸하기 때문에 A는 복귀권을 갖게 된다.

셋째, 잔여권에 해제조건이 있는 경우이다. 위 사례에서 C는 여전히 초등학교를 다니고 있는 상황에서, A가 B의 생계를 위하여, 그리고 그 후에는 B의 자녀가 대학을 졸업하면, 첫째 자녀에게 재산을 이전하기로 계약을 체결했다고 가정해 보자. 이 경우 둘째 문제인 신원확인과 관련하여 문제는 없다. 즉, C는 B의 첫째 자녀가 되며, 신원확인도 되었기 때문이다. 그러나 C의 잔여권은 여전히 불확정이고, 대학 졸업에 대한 해제조건이 적용된다. 또한 C의 잔여권이 불확정적이기 때문에 A는 복귀권을 갖고 있다. 그러나 C가 B의 사망 전에 대학을 졸업한다면, C의 잔여권은 확정되고, A의 복귀권은 소멸하게 된다.

2) 해제조건부 제3자 지배권

해제조건부 제3자 지배권(executory limitation)은 제3자의 양수자가 보유하고 있는 장래이익이다. 즉, 어떤 사실의 발생에 의해 현재의 점유권이 종료되면서 어떠한 권리에 대한 점유권이 제3자에게 가는 것을 내용으로 하는 재산권이다. 해제조건부 제3자 지배권은 원래 수증자의 권리의 당연 종료를 제외한 정지조건부로 확정된다. 다시 말해, 해제조건부 제3자 지배권은 잔여권을 보유하지 않는 제3자가 보유한 장래이익이다.

해제조건부 제3자 지배권은 대체로 위탁자가 한 사람에게 재산을 수여할 때 발생한다. 다만, 이 권리의 사용은 특정한 방법으로 제한되어 있다. 만약 어떤 사람이 적절하게 이 권리를 사용하지 못한다면, 이 재산은 제3자에게 이전된다. 즉, 해제조건부 제3자 지배권은 승계이익을 환수함으로써 인계된다. 이를 분설하면 다음과 같다. 이 권리는 제3자가 자동취소권에 따라 취득할 것을 인정하고 있다. 다만, 해제조건부 제3자 지배권이 환수로 인해 점유하게 된다는 규정의 한 가지 예외이다. 왜냐하면 자동취소권은 스스로 소멸되기 때문이고, 해제조건부 제3자 지배권은 환수와 무관하기 때문이다. 그러나 다른 경우에 해제조건부 제3자 지배권은 환수를 통하여 취득하게 된다.

해제조건부 제3자 지배권은 다음과 같이 세 가지로 분류된다.

첫째, 이전적(shifting) 해제조건부 제3자 지배권이다. 이전적 해제조건부 제3자 지배권은 위탁자 이외의 사람을 생략하는 것이다.[22] 둘째, 발생적(springing) 해제조건부 제3

---

22) 예를 들어, 만약 O가 A에게 재산을 양도하지만, B가 다음 해에 플로리다로부터 돌아온다면, B에게 양도하기로 계약을 체결했다. 여기서 B는 이전적(shifting) 해제조건부 제3자 지배권을 갖게 되고, A는 이전적 해제조건부 제3자 지배권으로 완전 지배권을 갖게 된다. 이전적 해제조건부 제3자 지배권는 어떤 사건을 전제로 할 수 있다.

자 지배권이다. 발생적 해제조건부 제3자 지배권은 수증자의 동의하에 위탁자 자신의 이익을 줄이는 것이다.[23] 셋째, 해제조건부 제3자 지배권의 내용 설정(limitations on the creation of executory interests)이다. 현재 해제조건부(executory condition)일 때, 위탁자는 궁극의 장래이익을 결코 보유하지 않는다. 해제조건부가 충족되지 않으면, 원래 수증자는 이익을 보유하게 되고, 반면에 해제조건부가 충족되면, 해당 이익은 제3자에게 이전된다. 그러나 위탁자가 미래에 대한 점유이익을 갖게 된다.

결국 해제조건부 제3자 지배권은 영구구속금지의 원칙을 적용받게 되고, 이익 생성되는 시점에 생존한 모든 당사자가 사망한 후 21년 경과한 후에 확정되는 어떠한 이익을 부적격하게 만든다. 그러나 모든 잠재적으로 확정될 수익자가 지정되면, 이 원칙을 위반하는 것은 아니다. 또한 해제조건부 제3자 수익자는 재산을 처분할 수 없다. 왜냐하면 그 이익은 정지조건부로 불확정됨으로써, 해당 이익은 확정성을 보장받는 것은 아니다.

III. 신탁세제상 장래이익에 관한 세무처리방안

장래이익은 현행 사법상 허용되기 어려운 소유권 개념이다. 즉, 사용수익권과 처분권을 분리하여 재산승계를 허용하고 있지 않다. 현행 세법도 이러한 소유권 개념을 근거로 세무처리를 하고 있다. 그러나 개정신탁법상 장래이익의 개념을 수용한 상황에서 수익자연속신탁이나 유언대용신탁과 관련된 장래이익은 현행 재산승계방식에 대한 세무처리의 보완을 필요로 하게 되었다.

전술한 바와 같이 장래이익은 영미의 재산법상 소유권 개념으로서, 영미법에서도 신탁에 적용되는 장래이익의 범위를 제한하고 있다. 또한 장래이익의 특성상 상당한 기간 동안 재산승계를 지연할 수 있는 부분은 물적 유통을 저해할 수 있다는 측면에서 일정기간을 정하여 이 문제를 해소하고 있다. 이러한 제도 중 하나가 영구구속금지(영

---

23) 예를 들어, O가 A에게 재산을 양도하지만, A의 사망 후 1년이 경과한 후에는 B와 B의 상속인에게 양도한다. O는 1년간 이익을 갖게 될 것이고, 이 이익은 A의 사망 후 1년 후 부터는 축소될 것이며, 이익은 수증자인 B에게 귀속될 것이다. 이러한 이익의 구체적인 예를 들면 다음과 같다. 제3자(B)가 15살이고, O가 A에게 재산 Blackacre를 수여하고, 그 후 B가 25세가 되면 그 시점에서 B에게 수여한다. 이때 각 당사자별로 관련된 권리는 다음과 같다. 위탁자 O는 복귀권을 갖게 된다. 즉, A가 B가 25세가 되기 전에 A가 사망할 경우에 위탁자 O는 복귀권이 발생한다. A는 제3자인 B의 해제조건부 지배권에 따라 생애권에 대한 점유할 이익을 갖게 된다. 제3자 B는 이익에 대한 확정된 잔여권을 갖게 된다. 왜냐하면, 장래이익은 생애권에서 발생하고, B가 25세 도달한 것과 관계없이 불확정(정지조건)인 것이기 때문이다.

구불확정금지)의 원칙이다. 이 원칙은 장래이익의 확정성문제를 해소할 수 있으며, 승계재산의 평가방법 등과 관련된 문제를 해결할 수 있게 되었다. 따라서 본 논문은 신탁세제와 관련된 장래이익의 확정성 및 평가방법 등을 중심으로 세무처리방안을 도출하고자 한다.

1. 장래이익에 대한 상속세 및 증여세 적용 여부

(1) 상속과세의 본질

상속과세(상속세와 증여세를 포괄하는 개념으로 사용하고자 한다)는 경제적 가치가 있는 재산의 생전 및 사후의 무상이전을 과세물건으로 하여 부과하는 조세이다. 따라서 상속과세는 개인이 무상이전하는 가치(transfer of value)에 부과 징수하는 조세라고도 한다.

무상이전재산에 과세하는 방법은 무상이전자(transfer)를 기준으로 그 재산가치의 크기를 측정·과세하면 유산과세형 상속세에 해당하는 반면 무상취득자(transferee)를 기준으로 이전받은 재산가치의 크기를 측정·과세하면 취득과세형 상속세가 된다. 우리나라는 전자에 속한다. 미국의 유산세는 피상속인이 재산을 무상이전하는 권리에 대해 상속재산(유언집행자)에 과세하는 조세이며, 증여세는 증여에 의하여 무상이전하는 재산에 대하여 증여자에게 과세하는 조세라고 정의하고 있다.

이러한 상황을 고려해 볼 때 유산과세형에서 상속과세를 정의함에 있어서 재산의 무상이전에 초점을 두고 있고, 취득과세형에서는 재산의 무상취득에 초점을 맞추고 있을 뿐 재산 내지 가치의 무상이전을 공통적 요소로 하고 있다. 그러므로 상속과세란 재산 내지 경제가치의 무상이전을 과세대상으로 하고 그 이전대상이 되는 재산을 금액으로 평가해서 법정세율로 과세하는 제도라고 정의하고자 한다.[24]

(2) 증여과세의 본질

민법상 증여란 당사자의 일방(증여자)이 대가 없이, 즉 무상으로 재산을 상대방에게 준다는 의사를 표시하고 상대방(수증자)이 그것을 승낙함으로써 성립하는 계약이다(민법 제55조). 따라서 민법상의 증여계약은 재산의 무상이전이라는 실질과 재산을 무상이전하기로 하는 당사자 간의 의사의 합치를 그 요소로 한다.

그런데 상속세 및 증여세법에서는 민법상 증여에 해당하는 경우뿐만 아니라, 당사자

---

24) 최명근, 『현행 상속세 및 증여세법의 합리적 개선방안에 관한 연구』, 한국조세연구포럼, 2003.12, 14~15면.

간의 의사의 합치가 없기 때문에 민법상의 증여 개념에서는 해당하지 않지만 수증자가 증여자로부터 대가 없이 이익을 받기 때문에 재산의 무상이전이 이루어지는 경우에도 당사자의 의사와 합치에 의한 민법상 증여와 마찬가지로 담세력이 있기 때문에, 수증자가 받은 경제적 이익에 대하여 증여로 간주하여 증여세를 부과하는 부분, 즉 증여의제[25]까지 증여의 개념으로 포함시키고 있다.

(3) 장래이익에 대한 상속세 및 증여세 적용 여부

장래이익은 미래에 어떤 사람이 해당 재산에 대한 권리를 취득하는 것이 아니라 현재 어떤 사람이 어떤 재산에 대한 권리를 소유하고 있지만, 미래에 점유(소유: pos-session)할 권리를 이전하는 것을 말한다. 즉, 장래이익은 현재이익을 여러 조건에 따라 특정 재산에 대한 점유할 권리를 말하는 것으로서, 실질적으로 새로운 권리의 창설은 아닌 것으로 보인다. 따라서 장래이익은 본질상 재산에 해당하는 것은 분명하다. 다만, 다음과 같은 점을 살펴봐야 할 것이다.

첫째, 장래이익은 피상속인의 사망 당시에 바로 소유권이 이전되는 것이 아니라 당사자 간의 계약을 통하여 미래시점에 이전하게 된다. 이 경우 상속의 본질상 경제적 가치가 있다는 점은 분명하나 그 귀속자나 귀속시기가 불분명한 점이 존재한다. 그러나 이에 대해서 상속의 본질상 경제적 가치가 있는 재산의 생전 및 사후의 무상이전을 과세물건으로 하고 있기 때문에 장래이익의 귀속자 및 귀속시기의 불확정성은 상속대상 여부를 판단함에 있어서 문제점으로 보기 어렵다.

둘째, 장래이익의 증여대상 여부는 장래이익이 정지조건이나 해제조건 등으로 인하여 재산이전의 요건이 존재하지만, 장래이익이 당사자 간의 계약을 통하여 상대방의 대가 없이(즉, 수증자가 증여자에게 대가를 지불하지 않고) 이전된다는 점을 고려해 볼 때, 증여의 본질에서 벗어나지 않으므로 증여의 대상이 된다.

따라서 장래이익은 피상속인의 사망을 원인으로 인하여 피상속인의 생전 또는 사후에 무상으로 제3자에게 이전된다는 점에서 볼 때, 장래이익의 경제적 가치가 분명하고, 장래이익의 귀속자와 귀속시기와 관계없이 재산이 이전된다는 점에서 상속과세대상이 된다. 또한 장래이익은 증여자와 수증자의 대가 관계없이 무상으로 증여자 생전에 이전될 경우에 증여대상이 된다는 점도 논란의 여지가 없을 것이다. 결국 장래이익은 상속 및 증여의 대상임은 분명하다고 판단된다. 또한 이러한 우회적 증여나 상속을 위하

---

25) 김두형, "완전포괄주의 증여의제 입법의 과제", 『조세법연구 IX-1』, 세경사(한국세법연구회 편), 2003, 82면.

여 경제적 실질에 따른 과세를 상속세 및 증여세법 제4조의2에서 허용하고 있다. 제3자를 통한 간접적인 방법이나 둘 이상의 행위 또는 거래를 거치는 방법으로 상속세나 증여세를 부당하게 감소시킨 것으로 인정되는 경우에는 그 행위 또는 거래의 명칭이나 형식에 관계없이 그 경제적 실질 내용에 따라 당사자가 직접 거래한 것으로 보거나 연속된 하나의 행위 또는 거래로 보아 동법에서 정하는 바에 따라 상속세나 증여세를 부과한다.

이를 종합해 볼 때, 장래이익이 상속세 및 증여세 과세대상은 분명하나, 사법상 소유권 개념에서 허용되지 않기 때문에 법적 안정성 및 예측 가능성 문제가 그대로 남아 있다. 또한 조세 측면에서 상속세 및 증여세 부과방법을 마련할 때 다른 유사 재산승계 방법과 조세불평등을 최소화해야 하는 조세정책적 부분을 충분히 고려해야 할 것이다.

2. 장래이익의 귀속자 및 귀속시기의 확정성 문제와 과세방안

장래이익은 특정 재산에 대한 귀속자를 확정하는 방식과 귀속자를 불확정한 채로 진행되는 경우로 구분된다. 귀속자란 과세물건과 납세의무를 부담할 자와 결합관계를 과세물건의 귀속이라 하고, 과세물건이 귀속되는 자를 말한다. 귀속이라는 함은 사법상 취득과는 다른 세법영역의 고유 개념이다.[26] 따라서 귀속자 확정 여부는 조세 주체인 납세의무자의 과세물건의 귀속을 확인하는 것이며, 이를 토대로 과세요건의 충족을 통한 납세의무의 확정과 관련하여 조세법의 법적 안정성과 직결되는 문제이다.

또한 현행 세제는 채권과 주식, 이자와 배당, 확정소득과 미확정소득의 구별에 근거를 두고, 확정소득은 투자기간의 경과만큼 소득이 생기는 것으로 보면서 미확정소득은 소득의 금액이 확정되는 시기까지 기다려 과세한다. 그러나 이러한 이분법은 금융에 관한 법률관계가 아주 단순했던 시절에 발생한 것으로 오늘날처럼 복잡한 금융기법[27]이 도입된 상황에서 이를 그대로 적용하기는 어렵다. 이자와 배당, 확정소득과 미확정소득의 구별은 연속선의 양끝일 뿐이며, 두 끝의 중간 지점에 들어가는 법률관계가 얼마든지 있는 까닭이다. 이러한 이분법은 결국 자의적인 구별에 불과하며, 반대로 납세의무자들의 입장에서는 이 이분법을 넘나들 수 있는 새로운 금융거래를 만들어 소득을 조작할 수 있다.[28] 이의 대표적인 부분이 간접투자 형태인 뮤추얼 펀드와 투자신탁이

---

26) 최명근, 『세법학총론』, 세경사, 2002, 293면. 세법상 귀속은 법률상의 정당한 권원의 수반여부는 묻지 않고 경제적 이익의 사실상 지배·관리·결합관계를 뜻한다.
27) 간접투자(Mutual Fund와 투자신탁), 파생금융상품인 선물 및 옵션 등이 이에 해당한다.
28) 이창희, 『세법강의』, 박영사, 2013, 877면. 또한 보험은 불특정다수에게서 돈을 모아 산업자금으로 쓴다

다. 또한 민사신탁에도 이러한 확정 미확정문제가 제기되는데 대표적으로 수익자연속신탁의 장래이익이 그것이다.

이러한 장래이익은 증여 및 상속과 관련된 이익으로서 상속세의 귀속자는 상속재산을 취득하는 상속인·수유자·사인증여의 수증자이고, 증여세의 귀속자는 증여계약에 의하여 재산을 취득하는 수증자이다. 또한 상속세의 귀속시기, 즉 성립시기는 상속을 개시한 때이고, 증여세의 귀속시기는 증여에 의하여 재산을 취득하는 때가 된다. 그러나 현재 장래이익의 증여나 상속과정 중 승계재산의 귀속자 및 귀속시기의 불확정성을 띠는 부분은 특히 신탁제도의 분야이다. 그 이유는 신탁을 통하여 직접적으로 유산의 소득을 수익자에게 이전하는 것보다 더 낮은 세율을 적용받기 위하여 위탁자나 신탁자가 유산과 유산의 수익자 간의 소득분산 혜택을 보기 위하여 신탁의 관리기간을 연장할 유혹에 빠지기 쉽기 때문이다.[29] 또한 이는 주로 재산승계와 관련되어 있어서, 위탁자가 신탁을 통하여 자신의 사후에도 신탁재산(신탁원본과 수익)의 이전과 관련하여 귀속자 및 귀속시기의 결정에 영향을 미치게 되기 때문이다. 따라서 장래이익의 확정성 판단 여부는 매우 중요한 문제이다.

(1) 확정성과 불확정성의 해석기준

장래이익의 확정성과 불확정성의 판단은 법적 안정성과 직결된 부분으로서, 사법뿐만 아니라 조세법에서도 중요한 부분이다. 이를 위하여 우선 영미법상 판단기준을 살펴보기로 한다.

영미법상 장래이익의 권리는 다음과 같은 두 가지 가능한 구조로 나타난다. 즉, 확정된 잔여권과 해제조건부 제3자 권리이고, 이의 두 가지 선택적인 권리는 불확정 잔여권과 복귀권이다. 이러한 구조에서 중요한 분류기준은 첫 번째 잔여권에 대한 판단사항이다. [사례 1]에서 첫 번째 잔여권이 불확정적이라면, 그때 선택적인 권리는 불확정 잔여권 구조를 따르게 될 가능성이 있고, [사례 2]에서 첫 번째 잔여권이 확정적이면, 선택적인 권리는 해제조건부 제3자 지배권이 될 것이다. 두 상황을 비교하여 살펴보면 다음과 같다.[30]

는 점에서는 금융이지만, 투자수익 중 누가 얼마를 가져갈지를 미리 정하지 않고 우연(보험사고)에 맡긴다는 점에서 다른 금융거래와 본질적으로 다르다.

29) M. Carr Ferguson & James J. Freeland & Mark L. Ascher, Federal Income Taxation Estates, Trusts, & Beneficiary, Third Edition, CCH, 2011, p.1005.
30) Roger W Andersen, op. cit., pp.126~127.

[사례 1] A는 B의 생계를 위하여 재산을 이전하고, 그 후에는 C가 25세까지 대학을 졸업한다면, C에게 이전하고, 그렇지 않다면 D에게 이전하기로 계약을 체결했다. 이는 정지조건이 있는 상황이다.

[사례 2] A는 B의 생계를 위하여 재산을 이전하고, 그 후에는 C에게 이전한다. 만약 C가 25세까지 대학을 졸업하지 못한다면, D에게 재산을 이전한다. 이는 해제조건이 있는 상황이다.

[사례 1]에서 C와 D는 선택적인 잔여권을 갖게 되는데, 이때 C와 D는 불확정인 잔여권을 갖으며, A는 복귀권을 갖게 된다. 반면 [사례 2]에서 C는 완전한 권리소멸(complete defeasance)조건으로 확정적인 잔여권을 갖게 되고 D는 해제조건부 제3자 지배권을 갖게 된다. [사례 1]에서, C의 잔여권은 정지조건에 따른 지배권이고, [사례 2]에서 C의 잔여권은 해제조건에 따른 지배권이다. 이를 알 수 있는 방법은 표현(단어)을 통하여 확인할 수 있다.

[사례 1]에서 'C가 졸업한다면'이라는 표현이 직접적으로 C를 확인할 수 있는 방법이고 이는 정지조건을 의미하게 된다. 또한 [사례 2]에서 C의 이름이 뒤에 쉼표(comma)가 있고, 그 후에 그러나(but)라는 표현을 사용했다는 점에서 해제조건을 의미하게 된다. 따라서 정지조건부로 잔여권을 부여받은 수익자는 불확정성이 존재하는 것이고, 해제조건부로 잔여권을 부여받는 수익자는 확정성이 존재하는 것으로 해석할 수 있다.

이와 같이 표현이 난해한 것처럼 보이지만, 중요한 결과가 확정과 불확정 간의 구별로서 도출되기 때문에 신중하게 접근해야 할 것이다. 때때로 이러한 조건을 검토해 보는 것은 이러한 기본적인 분류에 도움이 될 수 있다. 특별히, 우연성(contingency)이 해결되기 전에 생애보유권자(life tenant)를 제거하도록 시도해 보면 조금 더 이해하기 쉬울 것이다. 만약 C가 21세의 대학생일 경우 B가 사망하게 된다면, 누가 장래이익에 대한 지배권을 갖게 될 것인가? 'B의 생계를 위하여'라는 표현을 볼 때, 다음과 같은 분석이 가능할 것이다. [사례 1]에서 우리는 "그렇다면 C에게 ……" B의 사망으로서 C과 D는 자격을 얻지 못하므로 A가 지배권을 갖게 된다. [사례 2]에서 "C에게, 그러나 ……"라는 의미는 C는 자격을 취득하지만, 지배권을 유지할 수 없을 수도 있다.[31] 이와 같이 미국은 구체적인 언어적 표현을 통해 확정·불확정성을 해석하도록 허용하고 있다.

따라서 현행 세제가 확정 및 미확정소득을 토대로 발생한 상황에서 새로운 이익 개념인 장래이익에 대한 확정성을 판단하는 것은 상당히 어렵다. 결국, 미국처럼 장래이익에 대한 확정·불확정성 여부는 언어적 표현을 통한 해석으로 결정되어야 할 것이다.

---

31) Roger W Andersen, *op. cit.*, p.127.

이러한 해석도 법률적 테두리 내에 허용되어야 할 것이다.

이를 통하여 현행 세제에도 적용되어야 하지만, 추가적으로 실질과세의 원칙에 의한 경제적 귀속 여부도 같이 확정성 판단에서 고려되어야 할 것이다. 결국, 왜냐하면 장래이익의 귀속자 및 귀속시기가 확정된 경우뿐만 아니라 장래이익의 귀속자는 확정되었을 지라도, 귀속시기가 충족되지 않은 납세의무자에게 미실현소득에 대하여 과세하는 것과 유사하기 때문이다. 이는 미실현소득에 대한 과세를 현행 세제원칙에서 수용하기 어려운 상황이다. 이를 위하여 보험제도의 확정방법을 참고하여 장래이익의 확정성 여부를 판단할 필요가 있다. 이 확정방법은 전술한 현행 세제의 소득확정방법의 예외를 허용해야 하는 상황일 것이다. 그리고 확정성은 신탁을 통한 재산승계재산의 평가방법과도 직접적으로 연결되어 있다. 이를 통하여 납세의무의 확정성을 통한 법적 안정성 및 예측 가능성의 제고 측면에서 매우 중요한 의미가 있다고 생각한다.

(2) 세무상 장래이익 불확정성에 따른 세무처리방안

장래이익은 현행 사법상 허용하고 있지 않기 때문에 일반적인 재산승계부분에는 적용될 수 없을 것이지만, 신탁법상 수익자연속신탁과 유언대용신탁과 관련된 부분이므로, 신탁을 전제로 하여 장래이익의 세무처리를 살펴보고자 한다. 우선 세무상 장래이익의 확정 또는 불확정에 관해서 미국의 입법례를 살펴보고 우리나라의 입법례를 도출하고자 한다.

우선 미국 재산법, 즉 부동산법에서 장래이익이 사안별로 수백 년 동안 확정(vested)되지 않은 상태로 존재할 수 있는데 이는 부동산 자체의 효율적 이용을 저해할 수 있고 장래이익과 현재이익을 가진 사람을 오랜 기간 동안 불안정한 지위에 있게 하는 부작용을 초래한다. 이러한 부작용을 방지하기 위하여 미국 보통법(common law)에서 영구구속금지의 원칙(rule against perpetuities)[32]을 인정하고 있다. 즉, 미국은 이러한 영구구속금지의 원칙을 통하여 장래이익의 불확정시기를 제한하고 있다.

이를 기반으로 미국 재무부 규칙(Treasury Regulation)은 "장래이익은 법률용어로서, 장래이익에는 반환권 또는 복귀권·잔여권 그리고 다른 수익이나 유산이 포함되고, 이 자산이 확정되었거나 불확정된 것과 관계가 없다. 또한 상업적 이용, 점유나 미래시점에 향유가 제한되는 특정한 수익이나 유산에 의해 지원받는 것과 관계가 없다"고 규정하고 있다. 이 용어는 계약권이 미래에 지급부담을 면제되는 의무, 보험료나 어음(note: 만

---

32) 영구구속금지의 원칙은 이익을 창설할 때 생존자(lives in being)가 모두 사망한 후 21년 이내에 그 이익이 확정되지 않으면(즉, 취득 여부가 불명확하다면) 그 이익은 창설시부터 무효로 본다는 것이다.

기까지 이익이 발생하지 않는 경우) 그리고 채권(bond)에 존재와는 관련이 없다. 그러나 특정 장래이익이나 계약적 의무에 따른 이익은 신탁에 포함된 제한으로 생성되거나 증여에 영향을 미칠 때 사용된 다른 이전 도구로 생성될지도 모른다.[33] 즉, 미국 재무부는 장래이익에 대한 확정 또는 불확정 여부를 구분하지 않고 과세대상으로 보고 있다. 그 이유는 장래이익의 불확정과 관련하여 이를 보완할 장치가 존재하기 때문이다. 즉, 영구구속금지의 원칙이 보완장치에 해당한다. 이와 같은 이유로 미국은 장래이익에 대한 확정 또는 불확정과 관련된 문제를 해소하고 있다.

이를 구체적으로 살펴보면 다음과 같다. 예를 들어, [사례 3] A는 철회 불가능신탁의 수탁자인 은행에게 $ 500,000을 이전했고, A는 배우자 B(55세)의 남은 생애 동안 분기마다 모든 신탁소득을 받을 수 있는 수입수익자로 배우자 B를 지정할 경우, 배우자 B의 사망 후 그 재산은 자녀 C(25세)의 수입수익이거나 C의 유산으로 이전된다. 이 경우 배우자 B는 즉각적인 소득을 향유할 권리에 대하여 무제한적인 권리를 수여받는다. 즉, 생애권을 갖게 된다. 이때 배우자 B가 갖는 이익은 현재이익에 해당한다. 그리고 배우자 B의 사망 후, B의 자녀 C는 장래이익을 갖게 된다. 이 시점에서 아직까지 자녀 C의 장래이익은 잔여권이 된다. 왜냐하면 자녀 C는 배우자 B가 사망하기 전까지는 재산이나 어떠한 신탁소득에 대하여 향유할 수가 없기 때문이다. 다만, C의 잔여권은 확정성을 갖게 된다.[34]

[사례 4], [사례 3]에서 B의 자녀 중 D가 있고, 그 후에(자녀 C 이후) D의 장남이 서울에 살고 있다면, D의 장남에게 수입수익권을 이전하기로 신탁계약을 체결한 경우이다. [사례 3]과 [사례 4]의 당사자별 권리관계를 정리해 보면, B는 생애권을 갖고, C는 확정된 장래이익(잔여권), 그리고 D의 장남의 불확정된 장래이익(잔여권)을 갖게 된다. D의 장남의 경우는 정지조건에 해당하기 때문이다. D의 장남의 잔여권의 확정시기는 영구구속금지의 원칙에 따라 B의 사망시점으로부터 21년 내에 확정된다.[35] 따라서 미

---

33) Treas. Reg. § 25. 2503−3(a). "······ 'Future interest' is a legal term, and includes reversions, re−mainders, and other interests or estates, whether vested or contingent, and whether or not sup−ported by a particular interest or estate, which are limited to commence in use, possession, or en−joyment at some future date or time. The term has no reference to such contractual rights as exist in a bond, note(though bearing no interest until maturity), or in a policy of life insurance, the ob−ligations of which are to be discharged by payments in the future. But a future interest or interests in such contractual obligations may be created by the limitations contained in a trust or other in−strument of transfer used in effecting a gift."

34) Kenneth E. Anderson & Thomas R. Pope, *PRENTICE HALL'S FEDERAL TAXATION 2013*, Prentice Hall. 2013, p.C12−17.

35) 영구구속금지의 원칙이 적용되는 시점은 해당 이익이 창설되는 시점으로 부터의 생존자(lives in being)

국은 영구구속금지의 원칙에 의하여 장래이익의 불확정기간을 제한함으로써 법적 안정성을 제고하고 있다. 미국은 이를 기반으로 실제로 귀속시기에 앞서 과세하는 것이 아니라 재산가액의 산정을 위한 기준을 제시함으로서, 장래이익의 확정성과 관련문제를 해소함과 동시에 법적 안정성을 제고하고 있다.

반면에 우리나라는 신탁법상 수익자연속신탁이나 유언대용신탁에서도 장래이익이 존재한다. 그런데 장래이익과 관련된 귀속자의 확정성 여부에 관한 규정은 아직까지 마련되어 있지 않기 때문에 장래이익의 장기화로 인한 전술한 문제점이 그대로 존재하게 된다.

예를 들어, [사례 5] 수익자연속신탁을 전제로 다음과 같은 신탁계약을 체결했다. A는 수탁자인 은행에게 10억 원을 이전했고, A는 배우자 B의 남은 생애 동안 분기마다 모든 신탁소득 B를 받을 수 있는 수입수익자로 배우자 B를 지정할 경우, 배우자 B의 사망 후 그 재산은 자녀 C에게 수입수익이나 유산이 이전되고, 그 후에는 C가 결혼을 하면 C의 자녀(20세에 도달)에게 이전하기로 계약을 체결했다.

우선 확정성 여부와 관련하여 살펴보기로 하자. ① 배우자 B는 즉각적인 소득을 향유할 권리에 대하여 무제한적인 권리를 수여받게 된다. 따라서 B는 귀속자로 확정된다. ② 배우자 B의 사망 후, B의 자녀 C는 장래이익을 갖게 된다. 이 시점에서 아직까지 자녀 C의 장래이익은 확정적 잔여권을 갖는다. 다만, 자녀 C의 잔여권은 배우자 B가 사망하기 전까지는 재산이나 어떠한 신탁소득에 대하여 향유할 수가 없기 때문이다. 따라서 C도 확정성을 갖게 된다. ③ C의 자녀와 관련된 장래이익의 확정성 여부이다. C는 정지조건에 의하여 그의 자녀에게 수입수익이나 유산을 이전할 수 있다. 그런데 C가 결혼이라는 조건을 충족하지 못하면, C의 자녀에 대한 확정성 여부는 불명확하다. 또한 이는 장래에 C의 자녀 수나 연령 도달시까지 상당한 기간이 지남으로써, 법적 안정성을 저해하는 측면이 존재하게 된다. 이 경우는 조건의 성취로 귀속 여부가 확정된다. 이 경우와 관련된 규정은 상속세 및 증여세법 제65조 제1항이다. 조건부권리, 존속기간이 불확정한 권리 및 소송 중인 권리의 가액은 다음과 같이 평가한 가액에 의하도록 하고 있다. 첫째, 조건부권리는 본래의 권리의 가액을 기초로 하여 평가기준일 현재의 조건내용을 구성하는 사실, 조건성취의 확실성, 기타 제반 사정을 감안한 적정가액. 둘째, 존속기간이 불확정한 권리의 가액은 평가기준일 현재의 권리의 성질, 목적물의 내용연수 기타 제반 사항을 감안한 적정가액으로 평가한다.

를 기준으로 하기 때문이다. 여기서 혼동이 되는 부분은 무효성 여부의 판단시점이 A의 사망시점인지 아니면 B의 사망시점인가에 관한 부분이다. A의 사망시점은 장래이익을 수여받을 수 있는 자가 누구인지를 판단하는 기준은 그 당시의 생존자이며, B의 사망시점이 무효성을 판단하는 시점이 된다.

이 규정은 재산평가에 대한 근거가 될 뿐 구체적으로 장래이익의 확정성을 명시하고 있지 않다. 다만, 조건부의 성취, 존속기간이 확정되는 시점, 판결이 된 시점을 확정시기로 추정할 수 있다. 그러나 이는 조세법률주의 관점에서 과세요건이 명확하고 법률규정으로 명시되어야 한다는 측면에서는 상당한 불안정성을 내포하고 있다. 이는 또한 승계재산의 기산시점과 종료시점의 불명확성으로 인한 과세관청과 납세의무자와 마찰을 초래할 문제도 갖고 있다. 이를 명확히 하기 위하여 다음과 같은 개선방안을 고려할 수 있다.

첫째, 조건부 성취와 관련하여, 조건부가 성취되는 시점을 장래이익의 확정시점으로 보면 될 것이다. 물론 조건의 구체적인 내용에 따라 확정시점이 유동적일 수 있다는 점이 현행 조건부 성취에 따른 확정방법의 문제일 것이다. 또한 조건부의 미성취인 경우에는 신탁계약에 따라 후행절차를 이행하면 될 것이다. 이때 미국처럼 위탁자가 있다면, 조건부 미성취로 인하여 귀속자를 결정할 수 없는 경우에는 위탁자에게 복귀되는 규정이나 위탁자가 존재하지 않는 경우에는 상속인에게 귀속시키는 방안을 고려할 필요가 있다. 다만, 이러한 방법도 장래이익의 확정이 어렵기보다는 수익자의 변경 등과 같은 확정시점의 유동성문제는 해소되기 어려울 것이다.

둘째, 신탁의 존속기간이 불확정한 경우는 영미나 일본의 신탁존속기간의 제한규정이나 영구구속금지의 원칙의 도입을 조세정책적 관점에서 고려할 필요가 있다.[36] 비록 현행 신탁계약을 통하여 어느 정도의 범위에서 장래이익을 확정할 수 있을 것이다. 그러나 현행 신탁계약에 의한 방법은 전술한 해석상의 문제로 인한 불명확성과 향후 수익자 등의 변경의 상황에 따른 추가적인 확인절차를 필요로 하기 때문에 과세관청이나 납세의무자에게 추가적인 세무행정의 번거로움이 존재하게 된다.

이러한 문제를 해소하기 위한 방법으로 신탁존속기간의 제한 필요가 있는 것이다. 이러한 기간을 설정하기 위해서는 현재 우리나라의 기대수명과 국가의 재산보유 현황을 고려할 필요가 있다. 신탁존속기간의 제한에 대한 선행연구는 다음과 같다. 당해 신탁의 구체적인 사정을 고려해서 개별적으로 판단해야 한다는 견해,[37] 실제 사건에서

---

36) 미국은 영구구속금지의 원칙이 적용되는 시점의 기준이 되는 현존자(living in being)와 관련되어 있다. 이는 이익의 발생시점이 되고, 동시에 영구구속금지기간의 산정과 관련되어 있다. 이 원칙이 적용되는 이익발생시점은 ① 유언의 경우에는 유언자의 사망시점, ② 철회 가능신탁(revocable trust)은 신탁이 철회 불가능하게 된 시점, ③ 철회 불가능신탁은 신탁이 설립된 시점, ④ 증서(deed)가 주어진 경우에는 소유권(title)을 양도할 의도로서 증서가 전달된 시점이고, 이 중 ②, ③은 신탁의 존속기간과 관련된 부분으로 각 상황에 따라 실제로 신탁존속기간이 매우 길어질 수 있다. 왜냐하면 이를 기준으로 21년 이내라는 기간이 설정되기 때문이다. 반면에 이는 일본의 수익자연속신탁의 존속기간을 30년이라고 정한 것과 차이가 있어 보인다.
37) 崔秀貞, "상속수단으로서의 신탁", 『民事法學』第34號, 韓國民事法學會, 2006.12, 587면.

문제가 되는 경우에는 일본법을 참조하여 30년 정도를 기준으로 하여 사안별로 유·무효를 따져 보아야 한다는 견해,[38] 신탁되는 재산의 성질에 따라 그 존속기간을 나누어서 신탁재산이 동산 및 부동산의 경우에는 30년으로 하되 지적재산권 등 50년으로 나누어서 보자는 견해[39] 등을 들 수 있다. 결국, 신탁존속기간에 대한 결정은 각 사안별로 기대수명 및 국가의 재산상황을 고려하여 결정되어야 할 것이다.[40]

이상과 같이 현행 상속세 및 증여세법 제65조 규정인 조건부 성취나 신탁기간의 불확정적인 경우의 확정방법은 문제가 없어 보이지만, 장기간에 걸쳐 재산승계가 진행된다는 점에서 조건변경이나 신탁계약의 변경 등과 같은 유동성으로 인한 확정시기의 결정사항은 그대로 존재하고 있다. 따라서 전술한 신탁존속기간을 정하고, 이를 통한 장래이익의 확정시기가 지연되는 것을 방지할 필요가 있다. 이는 조세부과의 확정시점을 명확히 함으로써, 법적 안정성 및 예측 가능성을 제고할 수 있을 것이다.

3. 장래이익에 대한 평가방법

정확한 재산평가를 위해서는 귀속자 및 귀속시기가 확정되어야 한다. 그러나 전술한 바와 같이 장래이익 중 귀속시기를 정확히 산정하기가 어려운 상황이다. 이러한 상황에서 현행 상속세 및 증여세법상 승계재산에 대한 평가방법을 장래이익에 적용하기는 한계가 있다고 본다. 왜냐하면 장래이익의 귀속시기가 불확정적인 이유로 현행 재산평가방법의 기준일이 되는 평가기준일(상속개시일 또는 증여일)[41]이 명확할지라도 귀속시기가 유동적일 수 있기 때문에 원본이나 수익에 대한 정확한 산정이 어렵기 때문이다. 또

---

38) 임채웅, "유언신탁 및 유언대용신탁의 연구", 『인권과 정의』 제397호, 대한변호사협회, 2009.9, 142면.
39) 최현태, "福祉型信託導入을 통한 民事信託의 活性化 — 受益者連續信託B 中心으로 —", 『재산법연구』 제27권 제1호, 2010.6, 19면.
40) Tadao Okamura, Taxation and Trusts in the United States and Japan, Proceedings from the 2009 Sho Sato Conference on Tax Law, 2009, p.4. 일본은 인구동태통계(dynamic statistics of population)와 평균수명(the average life span)에 따라, 마지막 수익자가 남성이라면 평균적인 수익자연속신탁이 97.5년간 지속된다고 평가했고, 여성이라면 104.5년간 지속된다고 평가했다. 이를 통해 신탁존속기간을 한 세대 이상을 가정한 후 위 평균수명기간을 참조하여 신탁존속기간을 30년으로 정하고 있다.
41) 상속세 및 증여세법 제60조【평가의 원칙 등】① 이 법에 따라 상속세나 증여세가 부과되는 재산의 가액은 상속개시일 또는 증여일(이하 "평가기준일"이라 한다) 현재의 시가(時價)에 따른다. 이 경우 제63조 제1항 제1호 가목 및 나목에 규정된 평가방법으로 평가한 가액(제63조 제2항에 해당하는 경우는 제외한다)을 시가로 본다.
   ② (생략)
   ③ 제1항을 적용할 때 시가를 산정하기 어려운 경우에는 해당 재산의 종류, 규모, 거래 상황 등을 고려하여 제61조부터 제65조까지에 규정된 방법으로 평가한 가액을 시가로 본다.
   ④ (생략)

한 장래이익의 귀속시기 불확정으로 수익 및 원본의 귀속시기에 따른 개별적으로 평가될 때 발생하는 조세불평등문제도 초래될 수 있기 때문이다. 따라서 이러한 문제를 시정하기 위한 추가적인 평가방법을 상속세 및 증여세법에서 마련할 필요가 있다. 이하에서는 이에 대한 개선방안을 도출하기로 한다.

우선, 현행 상속세 및 증여세법은 사용·수익권(수입수익권)과 처분권(원본수입권)에 대한 평가방법을 살펴보기로 하자. 상속세 및 증여세법 시행령 제60조에 의하면, 동법 제65조 제1항의 규정에 의한 조건부권리, 존속기간이 불확정한 권리 및 소송 중인 권리의 가액은 다음과 같이 평가한 가액에 의하도록 하고 있다. ① 조건부권리는 본래의 권리의 가액을 기초로 하여 평가기준일 현재의 조건내용을 구성하는 사실, 조건성취의 확실성, 기타 제반 사정을 감안한 적정가액, ② 존속기간이 불확정한 권리의 가액은 평가기준일 현재의 권리의 성질, 목적물의 내용연수 기타 제반 사항을 감안한 적정가액으로 평가한다고 정하고 있다.

전술한 바와 같이 확정된 후에는 상속세 및 증여세법 시행령 제61조의 신탁의 이익을 받을 권리의 평가방법을 적용하게 된다. 즉, "상속세 및 증여세법 제65조 제1항 제2호의 규정에 의한 신탁의 이익을 받을 권리의 가액은 원본과 수익의 이익의 수익자가 다른 경우로서 다음과 같이 평가하게 한다. ① 원본의 이익을 수익하는 경우에는 평가기준일 현재 원본의 가액에 수익시기까지의 기간에 대하여 기획재정부령이 정하는 방법에 의하여 환산한 가액 ② 수익의 이익을 수익하는 경우에는 평가기준일 현재 기획재정부령이 정하는 방법에 의하여 추산한 장래 받을 각 연도의 수익금에 대하여 수익의 이익에 대한 원천징수세액 상당액 등을 감안하여 기획재정부령이 정하는 방법에 의하여 환산한 가액"으로 한다.

이러한 현행 평가방법에 따르면 [사례 6]에서 B의 사망으로 제2수익자에게 수입수익권만 그리고 제3수익자에게는 원본수입권만 승계되는 수익자연속신탁의 신탁계약을 체결한 경우를 가정해 보자. 이 경우는 상속세 및 증여세법 제65조 제1항에 따라 평가해 보면, B의 평가기준일인 사망시점을 기준으로 제2수익자와 제3원본수익권과 수입수익권에 대한 평가방법이 상이할 수 있다. 즉, ① 동법 시행규칙 제16조 제2항, 동법 시행령 제61조 제1호 및 제2호 각 목에서 "기획재정부령이 정하는 방법에 의하여 환산한 가액"이란 다음의 산식에 따라 환산한 금액의 합계액을 말한다고 규정하고 있다.

$$\frac{\text{각 연도 수입금액}}{\left(1 + \frac{10}{100}\right)^n}$$

※ n: 평가기준일부터의 경과연수

반면에 ② 동법 시행령 제61조 제2호 나목에서 "기획재정부령이 정하는 방법에 의하여 추산한 장래 받을 각 연도의 수익금"이라 함은 평가기준일 현재 신탁재산의 수익에 대한 수익률이 확정되지 아니한 경우 원본의 가액에 100분의 10을 곱하여 계산한 금액을 말한다.

전자 및 후자의 평가방법은 귀속자 및 귀속시기의 확정을 전제로 하고 있는 반면에 후자의 평가방법은 수익률이 불확정된 경우를 전제로 한다. 그러나 [사례 6]처럼 귀속자는 확정되었지만, 귀속시기의 불확정된 경우에도 현행 평가방법을 적용할 수 있는가의 문제이다. [사례 6]은 연속수익자의 평가기준일은 동일하지만, 해당 수익권에 대한 귀속시기가 다르기 때문에 현행 평가방법을 적용하기는 어렵다고 생각된다. 이는 귀속시기의 차이로 인한 평가가액의 차이를 초래함으로써, 동일한 상속재산에 대한 평가시기의 차이로 인한 전술한 조세불평등 문제가 초래하고 세무행정적으로도 비효율성을 초래할 수 있기 때문이다.[42] 이를 해소하기 위한 방안을 미국의 입법례를 통하여 개선방안을 도출해 보기로 하자.

미국의 장래이익 평가방법은 다음과 같다. 미국은 유산가액이 부분적으로 분리되어 이전되는 것을 장래이익으로 보고 있다. 예를 들어, 위탁자가 자신의 배우자를 생계를 위하여 수입수익을 이전했고, 불확정 잔여권을 자신이 지명한 자나 상속인에게 이전하기로 했고, 신탁재산의 복귀권은 위탁자 본인이 갖기로 신탁계약을 체결한 경우이다.[43]

미국은 이에 대한 세무처리를 위하여 연방세법(IRC) 제7520조의 규정에 따라, 미국 재무부는 기대수명(life expectancies)과 투자에 대한 수익률(rates of return on investment)과 관련하여 설정된 실질적인 가정을 반영한 평가표(valuation tables)[44]를 공표했다.[45] 적용 가능한 수익률 산정은 미국 재부무 의무로서 평균시장에서 발생하는 것을 기초하여 매달마다 결정된다. 게다가 이 평가표는 최근 국내의 사망경험(national mortality experience)을 반영하여 적어도 10년마다 조정(고안)할 것을 요구받고 있다.[46] 이 평가표는 가장

---

42) [사례 6]에서 수입수익권과 원본수익권에 대하여 상속세를 부과할 수 있다 하더라도, 이는 원본수익과 수입수익의 이익의 귀속이 동일한 수익자가 있는 경우와 원본수익과 수입수익의 이익의 귀속이 각각 다른 수익자일 경우와 비교할 때, 평가기준일에 따라 총유산가액에서 큰 차이를 보이게 된다. 후자는 원본과 수익을 모두 총유산가액에 포함시키는 전자의 재산승계방식보다 낮은 상속세율을 적용받게 될 가능성이 높아지게 된다. 이는 위탁자로 하여금 귀속시점을 이연시키려는 유혹이 더 많아지게 된다. 즉, 이는 상속재산의 분산효과를 통한 조세회피 시도를 초래하게 된다.

43) Smith v Shaughnessy, 318 U.S. 176, 1943.

44) 이러한 평가표는 세 가지 중요한 단순한 가정이 반영되어 있다. 이에 대하여, Boris I. Bittker & Elias Clark & Grayson M. P. McCouch, *Federal Estate and Gift Taxation*, Ninth Edition, 2005, pp.73~74 참고.

45) Reg. §§ 20.2031－7(D), 20.7520－1, 25.2512－5(D), 25.7520－1 참고.

46) IRC § 7520(c)(3).

일반적으로 접하는 이익에 대한 가액을 매우 단순화한 것이고, 이는 점유는 발생할 특정한 어떤 미래 사건에 대한 시작이나 종료하게 될 것(예를 들어, 확정시간이 종료되거나 특정한 개인의 사망 등)을 의미한다.[47] 둘 이상의 생애 동안에 의존하고 있는 이익과 관련된 상황에서, 납세자들은 과세관청에서 특별히 실질적인 요소를 얻을 수 있을 것이다.[48]

이를 구체적으로 살펴보면 다음과 같다. 즉, 장래이익인 잔여권에 대한 평가방법이다. 잔여권은 어떤 미래 시점에서 재산을 수령할 권리를 말한다. 즉, 수입수익자의 사망이나 확정기간의 종료 후를 말한다. 잔여권의 현재가치는 재산의 가치를 평가감(discounting)을 함으로써 결정될 수 있다. 즉, 매년 예상되는 수익률과 동일한 할인율(discount rate) B를 이용하여 재산가치를 평가한다. 미래에 지급될 금액을 현재가치로 할인하기 위하여, $(1+r)^n$의 인수에 의하여 미래에 지급될 금액의 총액을 구분하는데, 여기서 r은 수익률을 의미하고, n은 지급될 시점까지 연수를 의미한다.[49] 미국은 잔여권에 대한 확정·불확정 여부는 전술한 바와 같이 문제가 되지 않는다. 왜냐하면 비록 귀속자가 불확정일지라도, 영구구속금지의 원칙에 따라 생존자기준으로 21년 내에 귀속자가 결정되기 때문이다.

또한 수입수익권에 대한 평가방법은 다음과 같다. 수입수익권은 특정한 기간 동안 재산에서 발생한 소득을 수령할 권리를 말한다. 여기서의 특정한 기간은 생애기간 동안이나 확정된 기간 동안 등을 의미한다. 수입수익의 현재가치는 현재가치에 매년 할부 소득을 할인하고 이러한 금액의 총합을 계산함으로써 결정될 수 있다. 그런데 여기서 주목할 것은 수입수익의 현재가치는 기본적인 재산의 모든 가치에서 수입수익의 현재가치를 차감하면, 잔여권의 현재가치만 남게 된다는 점이다. 결과적으로 재산의 평가는 수입수익과 잔여권 간의 재산가치를 분할한 것에 불과하다.

미국은 이처럼 평가방법을 통하여 현재이익과 장래이익에 대한 평가를 행하고 있고, 결과적으로 평가표는 승계되는 이익 간의 재산을 분할하는 것이고, 이는 완전한 수익적 소유권을 나타내고 있다. 따라서 평가표는 다음과 같은 결과를 나타낸다. 승계재산이 특정기간 동안 신탁에 X에게 지급할 소득이 보유된 후 Y에게 잔여권이 된다면, 수입수익과 잔여권이 결합한 가액이 신탁재산의 가액과 같게 된다. 그리고 한쪽의 이익의 가치가 알려졌다면, 다른 편의 이익의 가치는 기본적인 재산의 가액에서 알려진 가

---

47) Boris I. Bittker & Elias Clark & Grayson M. P. McCouch, *op. cit.*, p.587.
48) Reg. §§ 20.2031−7(D)(4), 25.2512−5(D)(4).
49) 예를 들어, 예상수익률이 7%이고, 5년 이내에 지급될 $ 1,000의 현재가치는 $ 1,000 ÷ $(1+0.07)^n$, 또는 $ 712.99. 평가표에 따르면, 이는 확정된 5년이라는 기간에 대한 $ 1,000에 대한 가치에 해당하는 잔여권가치가 된다. Boris I. Bittker & Elias Clark & Grayson M. P. McCouch, *Ibid.*, p.588.

액을 차감함으로써 결정될 수 있다.[50], [51]

예를 들어, A는 X(10년 동안)의 생계를 위하여 지급될 $100,000을 신탁에게 보유하게 했고, X의 사망시점에 Y에게 잔여권을 수여하는 신탁계약을 체결했다. 이 평가표에 의하면 X의 수입수익은 $64,976[60세 생애기간 동안 매년 $6,000씩 지급될 금액의 현재가치(PV)] 가치이다. 그리고 Y의 잔여권은 $35,033(60세 사망시점에 현재가치 $100,000에서 차감) 가치이다.[52]

이를 통하여 X는 이 기간 동안 증여세가 부과되는 것이 아니라 소득세가 부과된다. 또한 Y의 잔여권은 X의 사망을 원인으로 발생하기 때문에 이에 대하여 유산세를 부과하게 된다. 이 경우 X는 제1수익자가 되고 Y는 제2수익자가 된다. 이 경우 제1수익자는 생애권이라는 확정성을 갖고 있지만, 제2수익자는 잔여권을 갖게 된다. 이 잔여권은 제1수익자가 생애권을 수여받는 기간이 60세로 제한되어 있기 때문에 확정성을 갖는다고 볼 수 있다.

이상과 같이 미국의 수입수익권과 잔여권의 평가방법을 정리하면 다음과 같다. 미국은 장래이익에 대하여 영구구속금지의 원칙을 적용하고 있기 때문에 장래이익의 확정성 문제는 고려대상이 아니다. 그리고 장래이익의 평가방법은 평가표에 의한 현재가치이고, 이를 통하여 증여세 및 유산세를 산정하고 있다. 다만, 특정한 상황이 발생한 경우에는 평가표 적용을 제한하고 있다.[53] 이러한 조치를 통하여 미국은 장래이익에 대한 법적 안정성을 제고하고 있다.

현행 상속세 및 증여세법상 평가방법은 장래이익의 귀속시기의 유동성에 대하여 취약한 부분을 규정하고 있다. 따라서 미국의 입법례를 통하여 이에 대한 개선방안을 강구할 필요가 있다. 첫째, 증여와 관련된 부분이다. 장래이익 중 수입수익권과 원본수익권이 다른 귀속시기를 갖고 있는 경우 현행 평가방법을 적용할 수 있다. 다만, 동법 시행령 제61조 제2호 나목에서 신탁재산의 수익에 대한 수익률이 불확정된 경우에는 현

---

50) Boris I. Bittker & Elias Clark & Grayson M. P. McCouch, *op. cit.,* p.73.
51) 이와 같이 평가표에 의해 현재가치로 미래의 이익을 측정하게 되면 현실적이지 못한 부분이 존재한다. 예를 들어, X의 생애 동안 지급할 수입수익과 Y에게 수여할 잔여권을 지급할 신탁이 현재 소득을 거의 발생시키지 않는 재산으로 펀딩을 했지만, 실질적으로 원본가치로 평가하고 있다면, 평가표는 X의 수입수익의 가치를 과대평가하고 Y의 잔여권의 가치를 과소평가할 가능성이 높다. 이러한 평가의 불일치는 X가 질병 등의 이유로 기대수명이 짧아지면 더 명확해진다. 이에 대하여 IRC § 7520은 특정상황과 관계없이 평가표 하에서 평가된 부분적인 이익에 있을 것을 요구하고 있지만, 미국 재무부 regulation은 특정 상황에서 평가표에서 출발할 것을 정하고 있다. 게다가, 1990년에 제정된 IRC § 2702는 증여세 목적상 부분적인 이익을 평가할 때 평가표 사용을 엄격히 제한하고 있다; Boris I. Bittker & Elias Clark & Grayson M. P. McCouch, *Ibid.,* p.74.
52) Reg. § 20.2031-7(D)(7)(Table S).
53) Boris I. Bittker & Elias Clark & Grayson M. P. McCouch, *op. cit.,* p.73.

행 원본금액의 10%를 적용하기보다는 미국처럼 우리나라 정부에서 일정기간마다 정한 추산한 수익률을 적용하는 것이 정액제를 적용하는 것보다 다른 재산의 평가문제와 형평성을 제고할 수 있을 것이다. 이러한 수익률 산정이 어렵다면, 한국은행의 기준금리를 기준으로 일정부분을 가산하여 적용하는 방법도 대안이 될 수 있을 것이다. 이는 경기변동에 따른 자산가치의 변동상황을 적절하게 반영할 수 있는 방안이기 때문이다.

둘째, 상속과 관련된 부분이다. 현행 평가방법은 동일한 원천에서 발생된 자본이득을 원본수익권과 수입수익권으로 구분하여 각각 평가방법을 적용하고 있다. 특히 장래이익은 원본수익권과 수입수익권의 귀속시기의 차이가 발생할 수 있기 때문에, 현행 평가방법을 그대로 적용할 수 없다고 본다. 이를 위하여 미국처럼 평가기준일(사망개시일)을 기준으로 총유산가액을 수입수익권 원본수익권의 비율로 구분한 후, 귀속시기와 관계없이 현재가치로 총유산가액을 평가한 후 실제로 귀속시기가 도래한 시점에서 해당 재산의 승계한 대한 상속세를 부과하는 것이 세무행정적 측면에서 더 효율적이라고 생각된다. 이와 유사한 평가방법은 일본의 입법례이다. 구체적인 일본의 입법례는 다음과 같다.

즉, 장래이익이 대표적으로 발생하는 부분은 수익자연속신탁이다.[54] 일본의 수익자연속신탁은 첫째, 수익권의 기간과 제한된 부분이다. 즉, 수익권(장래이익의 성격)에 대하여 기간의 제한 등 제약이 있는 경우에도 그 제약이 없는 것으로 보아 그 가치를 평가한다. 둘째, 수익권이 원본 또는 수익에 대한 권리로 분리된 경우이다. 이 경우 원본수익권은 '0'원으로, 수입수익권은 신탁재산 전부에 대한 가액으로 평가하게 된다. 다만, 법인이 수입수익권을 갖는 경우에는 위 특례를 적용하지 않고 원본수익권에 대하여 '0'으로 평가한다. 셋째, 수익권의 전부 또는 일부 수익자가 존재하는 경우에도 원본수익권의 가액을 '0'으로 평가하지 않지만, 원본수익권이 '0'으로 평가되는 경우에는 해당 신탁기간에는 상속 또는 증여세의 과세관계가 발생하지 않겠지만, 신탁이 종료되어 원본수익권자가 잔여재산을 취득하는 경우에는 상속 또는 증여세문제가 발생한다. 이와 같은 방안을 마련하여 일본은 수익자연속신탁과 관련된 장래이익을 통한 조세회피를 방지하기 하고 있다. 즉, 사용·수익권만을 상속받은 수익자라도 수익권에 대하여 상속세를 부과하는 것이 아니라 신탁재산 자체(신탁원본과 수익권)에 대하여 상속세를 부과하고 있다.[55]

이러한 외국의 장래이익에 대한 평가방법은 귀속시기의 불확정문제를 해소함과 동시

---

54) 일본 상속세법 제9조의3 제1항 및 일본 상속세 기본통달 제9의 3−1조 참조.
55) 이준봉, "유언대용신탁 및 수익자연속신탁의 과세에 관한 연구", 『증권법연구』 제14권 제2호, 삼우사, 2013, 735~736면.

에 예측 가능성을 제고할 수 있다고 본다. 우리나라도 전술한 장래이익의 평가방법을 보완하여 조세부과에 관한 법적 안정성과 예측 가능성을 제고해야 할 것이다.

4. 장래이익의 증여공제 가능성

증여세는 증여재산의 가액을 기준으로 세금을 부과한다. 이를 기준으로 현행 상속세 및 증여세법은 증여공제를 허용하고 있다. 구체적으로 증여재산공제는 배우자 간에는 6억 원, 직계존속으로부터 증여받는 경우에는 5천만 원(미성년자에 증여라면 2천만 원), 직계비속으로부터 증여받는 경우는 3천만 원, 다른 친족 간에는 5백만 원을 차감한다. 이 때 증여세 과세가액을 10년간 합산하는 경우(이른바 '재차증여') 기납부세액을 차감하고, 공제액은 10년 합산하여 위 금액을 초과하지 못하게 규정하고 있다.[56] 다만, 해당 증여일 전 10년 이내에 동일인(증여자가 직계존속인 경우에는 그 직계존속의 배우자를 포함)으로부터 받은 증여재산가액을 합친 금액이 1천만 원 이상인 경우에는 그 가액을 증여세 과세가액에 가산한다. 다만, 합산 배제 증여재산의 경우에는 그러하지 않는다.[57]

이러한 상황에서 장래이익이 증여과세대상이 될 때, 이에 대한 공제를 허용할 수 있는가에 대하여 의문이 든다. 공제제도는 수증자에게 혜택을 주는 방법이기 때문에 장래이익이 신탁을 통한 증여재산의 분산 가능성과 신탁의 출현 배경에서 볼 때, 장래이익이 현재이익을 부여받는 혜택과 동일한 혜택을 적용할 수 있는가의 문제이다. 왜냐하면 현행 세제는 확정소득과 미확정소득의 구별에 근거하여 구별하고 있고, 미확정소득은 소득금액이 확정되기까지 기다려 과세하기 때문이다. 이러한 구별은 장래이익의 귀속자 및 귀속시기를 확정할 수 없는 상황에서 정확한 공제범위를 설정하기가 어렵기 때문이다. 따라서 장래이익이 증여공제대상이 될 수 있는지 살펴보고, 신탁 관련 현재이익 중 증여공제에서 배제되는 경우를 미국의 입법례를 통하여 살펴보기로 한다.

미국은 장래이익에 대한 연간 증여면제금액을 다음과 같은 이유로 허용하지 않는다고 규정하고 있다.[58] 첫째, 미국이 장래이익에 대한 연간 증여면제금액을 배제하는 이

---

56) 상속세 및 증여세법 제53조 및 제58조 제1항.
57) 상속세 및 증여세법 제47조 제2항.
58) 1924년에 증여세 제정법률에서는 수증자마다 $ 500의 공제를 공제할 것을 정했으나, 이 공제대상에는 장래이익에 대한 증여공제를 배제하고 있다. 이 당시만 하더라도 미국도 우리나라처럼 인별 공제방식을 채택하고 있었다. 1932년 의회입법에서 매 회계연도마다 수증자마다 $ 5,000을 연간 증여면제금액으로 설정했지만, 특별히 연간 면제금액 대상에서 장래이익을 제외했다. 미국은 이때부터 인별 공제방식에서 연간으로 증여공제(기간단위별 공제방식)를 허용하게 되었다. 그 이후의 증여세법 제정에 있어서도 장래이익의 증여금액을 연간 면제금액에서 제한하고 있다. 그런데 1938년에 미국의회는 신탁에 대한 모든 증여에 대하여 연간 증여면제금액의 적용을 부인했다. 그 이유는 신탁에 대한 증여는 수탁자에 대한 현

유를 1932년 증여세 법률에서 밝히고 있다. 즉, 수증자가 확실할 것을 전제로 면제를 받을 수 있기 때문에, 장래이익의 증여에 대한 면제 부인은 많은 사례에서 실질적인 수증자의 수와 수령받는 증여가액을 결정함에 있어서 충분한 어려움(apprehended difficulty)이 존재한다고 보고 있기 때문이다.[59] 미국의 입법사는 장래이익에 대한 연간 증여면제금액에서 배제하는 정당성을 다음과 같이 두 가지 사항으로 언급했다. "① 수증자의 수와 신원이 확인되어야 할 것, ② 이러한 수증자에 대한 증여가액을 결정해야 할 것."[60]

더불어 조세정책상 장래이익이 증여이익의 분산의 도구로서 조세회피를 초래한다고 보고 있다. 이를 분설하면 다음과 같다.

수증자의 신원확인이나 이익평가문제를 신탁과 관련하여 살펴보면 다음과 같다. 즉, ① 신탁을 이용하는 빈번한 이유는 신탁유산의 장래 혜택에서 신탁유산의 현재 혜택을 구별하기 위한 것이다. 또한 생애권이나 잔여권이나 복귀권이 따라오는 기간적인 부분도 신탁을 이용하는 이유이다. ② 다수 수익자에게 혜택을 주기 위하여 신탁을 빈번하게 이용한다. ③ 신탁을 통하여 증여자가 이용하는 폭넓고 다양한 분배기준이 존재한다. 구체적으로 잔여권 수익자가 현재 수입수익자와 일치하지 않는다면, 불확정성은 어느 범위까지 연간 면제를 적용할 것인가에 대한 의문이 초래될 수 있다. 특히 수탁자가 재량분배권을 갖고 있는 경우에는 더욱 그러하다. 게다가 수입수익금액이 불확실하다면, 많은 경우 수입수익금액이 연간 면제금액으로서 증여이익으로 이용될 수 있는지를 결정할 수 없을 것이다.[61]

예를 들어, 단지 경과기간(lapse of time)을 포함한 미래시점에 어떤 사건이 발생할 때까지 소득을 유보할 권한이 있는 수탁자는 신탁유보소득을 연간 면제금액에 대한 적격

재이익의 증여로 간주한다는 하급법원(lower court)의 결정이 있었고, 그 이유는 동일한 수익자를 위하여 다수 연간 면제금액을 다수의 신탁을 설정함으로써, 증여자(donor)가 모든 증여세를 회피할 수 있는 상황이 되기 때문이다. 이에 대하여 미국 대법원(U.S. Supreme Court)은 Hervering v. Hutchings의 판결에서 신탁에게 이전되는 경우에 적용되는 연간 면제금액에 대한 수증자는 수탁자가 아닌 신탁의 수익자로 볼 것을 결정했다. 즉, 위탁자가 신탁에게 재산을 이전하는 것은 증여의 성격으로 보지 않는다는 것을 의미한다. 이러한 결정으로, 그 후 미국의회는 신탁과 관련된 연간 면제금액의 적용 여부를 원래대로 회복했다. 이와 함께 미국 대법원은 신탁에 있어서 수입수익에 대한 특별한 이전이 장래이익에 해당하는지 그리고 연간 면제금액의 대상에서 장래이익이 허용되지 않는다고 결정했다; WILLIAM C. BROWN, Judicial Expansion of the Future Interest Exception to the Gift Tax Annual Exclusion — Examination of the Legislative History and Policy Basis for the Future Interest Exception, *Tax Lawyer*, Vol. 65 No. 3, 2012. http://www.brownwinick.com/webres/File/wcb−spring−2012−tax−lawyer−article.pdf, pp.481~482.

59) S. Rep. No. 72−665, at 41, 1932.
60) United States v. Pelzer, 312 U.S. 399, 403, 1941.
61) WILLIAM C. BROWN, *op. cit.*, pp.484~485.

성 있는 현재이익에 해당하지 않는다. 마찬가지로 소득분배가 수탁자의 재량권에 속한 경우라면, 수입수익자의 이익은 현재이익으로 간주되지 못할 것이다. 왜냐하면 수익자가 수령할 금액이 확정될 수 없기 때문이다.[62] 또한 다수 수익자들 간에 소득을 분산시킬 수 있는 신탁의 재량권은 신탁에 있어서 수입수익을 현재이익의 증여로 발견(finding)되는 것을 방지하는 것이다. 마찬가지 이유로 수익자 중 누군가가 어떤 소득을 분배받을지가 불분명하기 때문이다.

둘째, 미국은 장래이익의 증여가 연간 면제금액을 적용받을 수 없는 이유를 장래이익의 본질적인 특성에서 기인한다고 보고 있다. 즉, 잔여권의 증여는 어느 정도 범위까지는 유증(bequest)과 유사하다고 보고 있다. 여기서 어느 정도의 범위란 증여자나 가까운 친척이 증여자의 생애와 일치하는 기간 동안 수입수익을 유보시킬 수 있다는 점이다.[63] 이러한 규정의 타당성은 재산이전이 유증과 유사하다고 하여 마치 이전된 재산은 사망시점에서 유증된 것처럼 처리되기 때문이다. 이러한 관점은 이익에 대한 향유와 관련하여, 향유의 지연이 증여자의 수명과 불일치되더라도, 장래이익의 증여는 지연된 유증의 유형으로 나타나게 되고, 이는 그간의(intervening) 이익(지연된 이익)이 증여자의 수명을 넘어서까지 지속되기 때문이다.[64] 게다가 적절한 조언을 받은 증여자는 유증과 유사한 방법(유산세법[65]의 유보된 이익 규정하에서 증여금액을 증여자의 총유산액에 가산하지 않는 방법)으로 증여를 이연하는 구조를 선택할 수 있다.[66]

---

[62] Hamiton v. United States, 553 F.2D 1216, 1218(9th Cir. 1977); Welch v. Paine, 130 F.2D 990, 991(1st Cir. 1942).

[63] 현행 법률에 따라, 증여자의 생애 동안 보유된 수입수익의 이전은 연방세법 제2036 (a)(1)에 따라 증여자의 유산으로 회수될 것이다. 그리고 수입수익의 이전은 연방세법 제2037조하에서 증여자의 유산으로 회수될 증여자의 생애 기간과 일치하는 다른 자에게 남게 된다. 이때 증여자가 이전된 재산가액 중 5% 보다 훨씬 큰 가액으로 증여자의 사망 전에 즉시 평가된 복귀권을 보유하고 있는 경우에 해당된다.

[64] WILLIAM C. BROWN, op. cit., p.487.

[65] 미국 유산세법은 죽기 전에 증여한 재산 전부를 유산에 합하여 유산세의 과세표준을 계산한다[연방세법 제2501조 및 연방세법 제2001조(b)]. 이와 같이 평생 증여한 재산을 유산에 합하는 이상, 실체법적 측면에서만 본다면, 증여세는 필요 없는 제도가 된다. 즉, 이에 대하여 상속세를 내기 때문이다. 그러나 세무행정 측면에서 처음 증여 당시에 세금을 걷지 않은 채 몇 십 년이 지나 사람이 죽을 때에 가서 증여재산을 모조리 합쳐 세금을 걷기는 어려운 일이고, 조세저항이 생기게 마련이다; 이창희, 앞의 책, 1066면. 이는 미국은 우리나라 증여에 대해 수증자가 증여세를 부담하는 것과 달리 증여자가 증여세를 부담하기 때문이다.

[66] 예를 들어, 20년의 수명(life expectancy)을 지닌 증여자가 신탁에 재산을 이전하고, 이 신탁은 증여자의 자녀에게 20년 동안 잔여권이 존재하는 증여자의 후손에게 소득을 제공하기로 계약을 체결했다면, 신탁재산은 유보된 이익규정에 의하여 증여자의 유산은 총유산액에 포함되지 않는다. 그 이유는 증여자가 신탁에 이익을 유보하지 않기 때문이다. 이는 연방세법 제2037조의 규정에도 적용되지 않는다. 왜냐하면 자녀들은 유증의 생존을 전제로 하는 것이 아니라 계약 종료시점에 해당 재산을 수령받기 때문이다. 또한 연방세법 제2039조도 적용되지 않는다. 그 이유는 계약이나 합의하에 피상속인의 생존으로 지급되는

또한 증여와 관련된 연간 면제대상 법률은 동시에 발생했던 전후 문맥의 전개상황을 고려해야 해석해야 한다. 유산세는 근본적으로 "사망시점의 점유권이나 향유권의 의도나 상황을 충분히 고려하여"[67] 승계된 재산을 피상속인의 총유산액에 포함시키는 규정을 포함하고 있다. 즉, 잔여권과 생애권이 동시에 발생하는 경우를 의미하는 것으로서 장래이익도 유산세의 총유산액에 해당한다는 의미이다. 이에 대하여 미국 대법원은 생애권은 이전하는 자(양도자)의 사망으로 소멸되고, 그 후에 이전하는 자가 사망하여 초래된 이익은 더 이상 이전될 수 없다는 이유로 남아 있는 생애권이 신탁으로의 이전은 유산세의 총유산액에 포함시키지 않는다고 결정했다.[68]

이러한 미국 대법원의 결정은 미국의회는 수용했지만, Revenue Act of 1932에 미국 의회는 이러한 결정(May)에 반하는 사망규정의 의도 또는 사인증여(contemplation of death provision)하는 연방세법 제2036조(a)를 제정했다. 이를 통하여 미국의회는 사망규정의 의도 또는 사인증여와 관련된 부분을 명확히 정리했고, 재산에 있어서 잔여권에 대한 증여분산에 대해 유리한 세무처리를 제공하지 않는다는 점에 초점을 맞췄다.[69]

이러한 의견을 반영하여 미국은 연방세법(IRC) 제2503조(b)(1)는 장래이익의 연간 면제를 받을 수 있는 지에 대하여 더 명확히 하고 있다. 즉, 연간 면제금액의 적격성에서 장래이익을 배제하는 이유는 특별히 증여이익의 분산과 신탁을 통한 증여와 직접 관련되어 있고, 이는 법적 말투에서 '장래이익'이라는 용어가 일반적으로 이러한 이익에만 적용될 수 있다는 점 때문이다. 따라서 미국은 장래이익을 전술한 이유로 인하여 연간 면제금액에서 제외하고 있다.[70]

이와 같은 이유로 미국 법원은 증여액 중 신탁과 관련하여 연간 면제대상에 해당하는 현재이익의 요건을 판단하는 장치를 다음과 같이 마련했다.[71] ① 신탁이 소득을 수령할 예정이다. ② 해당 소득 중 일부가 꾸준히 수익자에게 흘러 들어 간다. ③ 수익자에게 흘러 들어 온 소득은 확정될 수 있다. 이러한 테스트를 충족한 경우는 해당 이익을 현재이익으로 분류하여 연간 면제를 받게 했다. 따라서 이러한 테스트를 통과하지 못한 이익에 대해서는 연간 면제혜택을 배제했다.

이와 같은 미국의 입법례를 통해서 장래이익의 증여공제를 허용할 수 있는 가를 살펴보기로 하자. 현행 상속세 및 증여세법의 증여과세방식은 증여행위별 과세방식[72]을

것이 아니기 때문이다; WILLIAM C. BROWN, *Ibid.*, p.487 주석(51).

67) Revenue Act of 1916, Pub. L. No. 64-271, § 202(b), 39 Stat. 756, 778.
68) May v Heiner, 281 U.S. 238, 1930.
69) WILLIAM C. BROWN, *op. cit.*, p.488.
70) WILLIAM C. BROWN, *Ibid.*, pp.486~487.
71) Hackl v. Commission, 118 T.C. 279, 298,(2002), affD, 335 F.3D 664(7th Cir. 2003).

취하고 있다. 이러한 인적공제방식은 다음과 같은 문제점을 내포하고 있다. 증여행위별 과세방식은 증여세 면제가액만큼 반복하여 수증자에게 지급하여 조세회피를 장기간 시도할 수 있다. 이는 신탁의 설정기간이 장기인 측면을 고려할 때, 위탁자는 이를 적극적으로 활용할 가능성이 있다.[73] 즉, 조세회피의 수단이 될 수 있다. 이러한 상황에서 현재 증여세법상 인별 공제방식은 장래이익의 귀속자 및 귀속시기의 불확정인 상황뿐만 아니라 확정된 경우에서도 적용되기 어려울 것으로 판단된다. 그러므로 신탁세제상 장래이익의 공제는 허용하지 않되, 미국처럼 현재이익에 일정한 요건을 설정하여 허용 여부를 판단할 필요가 있다.

따라서 미국처럼 현재이익에 대한 증여공제요건을 준용하여 ① 신탁이 소득을 수령할 예정이다. ② 해당 소득 중 일부가 꾸준히 수익자에게 흘러 들어 간다. ③ 수익자에게 흘러 들어 온 소득은 확정될 수 있다. 이러한 요건을 마련하여 현재이익의 귀속자 및 귀속시기가 불확정한 경우에는 증여공제를 허용하지 않는 방안을 고려할 수 있다.

결국 장래이익에 대한 증여공제는 미국 입법례의 근거로서 우리나라에서도 허용될 수 없을 것이다. 다만, 신탁과 관련된 현재이익 중에서도 일정한 요건을 충족한 경우에 한하여 증여공제를 허용하는 방안을 고려할 필요가 있다. 이를 통하여 공제제도의 취지를 유지할 필요가 있다.

Ⅳ. 결론 및 요약

장래이익이란 재산에 관한 향유나 현재 소유권을 포함하지 않은 재산적 소유권이다. 장래이익은 영미법상 소유권 개념으로 현행 사법에서 허용하지 않고 있지만, 신탁법 중 수익자연속신탁에서 발생하는 개념이다. 장래이익 중 가장 큰 문제점은 귀속자 및 귀속시기의 불확정이다. 이는 법적 안정성을 침해할 소지가 있고, 조세회피의 수단으로도 활용될 가능성이 높다. 따라서 본 논문에서는 이러한 문제점을 해소하기 위한 방안을 세무적 측면에서 다음과 같이 제시한다.

---

72) 이러한 증여행위별 과세방식은 민법의 물적편성주의에서 기인한 것으로 보인다. 이는 과거 상속 증여의 목적물 중 부동산이 상당수를 차지했기 때문이다. 이러한 물적편성주의는 부동산을 기준으로 등기부를 편성하는 방식으로써 목적부동산인 각각의 토지·건물의 권리관계를 1 등기용지에 사용하여 등기부를 편성하는 방식이다. 그러나 이러한 물적편성주의는 어떤 사람이 사망하기까지 어떤 재산을 소유하고, 그 어떤 것을 증여했는가를 파악하기 어려운 실정이다; 이창희, 앞의 책, 1066면.

73) 김종해·김병일, "생전신탁과세에 관한 연구 — 상속세 및 증여세법을 중심으로 —", 『조세법연구 ⅩⅧ-2』, 세경사(한국세법학회 편), 2012.6, 70면.

첫째, 장래이익의 확정 또는 불확정 여부의 판단이다. 현행 상속세 및 증여세법 제65조의 규성의 확성방법은 문제가 없어 보이지만, 상기간에 설겨 재산승계가 진행된다는 점에서 조건변경이나 신탁계약의 변경 등과 같은 유동성으로 인한 확정시기의 결정문제는 그대로 존재하고 있다. 따라서 조건부변경에 대한 해석상 지침과 신탁존속기간을 제한하는 규정을 마련할 필요가 있다. 이를 통한 장래이익에 대한 법적 안정성을 제고할 필요가 있다.

둘째, 장래이익의 평가방법은 다음과 같다. 우선, 증여와 관련된 부분이다. 신탁재산의 수익에 대한 수익률이 불확정된 경우에는 우리나라 정부에서 일정기간마다 정한 추산한 수익률을 적용할 필요가 있다. 이는 경기변동에 따른 자산가치의 변동상황을 적절하게 반영할 수 있는 방안이기 때문이다. 다음으로 상속과 관련된 부분이다. 현행 평가방법은 장래이익의 원본수익권과 수입수익권의 귀속시기의 차이를 반영할 수 없으므로 미국처럼 평가기준일(사망개시일)을 기준으로 총유산가액에 대하여 현재가치로 평가하고, 각 수익권의 비율로 구분한 후 귀속시기와 관계없이 현재가치로 실제로 귀속시기가 도래한 시점에서 상속세를 부과하는 방안을 고려할 필요가 있다.

셋째, 장래이익에 대한 증여공제는 여부이다. 원칙적으로 장래이익의 증여공제는 확정 또는 불확정성과 관계없이 허용될 수 없을 것이다. 다만, 신탁 관련 현재이익 중 일정한 요건을 충족한 경우에만 증여공제를 허용하는 방안을 고려해야 할 것이다.

이상과 같은 장래이익에 대한 과세방안은 현행 신탁세제에서 크지 않은 부분에 해당할 수도 있지만, 장래이익과 사법의 소유권 개념과의 충돌로 인하여 발생하는 장래이익에 대한 조세부과의 어려움을 어느 정도 해소할 수 있을 것으로 생각한다. 이를 통해 신탁세제의 법적 안정성을 확보할 수 있을 것이다.

참 | 고 | 문 | 헌

1. 국내 문헌

김두형, "완전포괄주의 증여의제 입법의 과제", 『조세법연구 IX－1』, 세경사(한국세법연구회 편), 2003.

김종해·김병일, "생전신탁과세에 관한 연구 － 상속세 및 증여세법을 중심으로 －", 『조세법연구 XVIII－2』, 세경사 (한국세법학회 편), 2012.6.

박홍래, 『미국재산법』, 전남대학교 출판부, 2004.

서철원, 『미국 비즈니스 법』, 법원사, 2000.

이준봉, "유언대용신탁 및 수익자연속신탁의 과세에 관한 연구", 『증권법연구』 제14권 제2호, 삼우사, 2013.

이창희, 『세법강의』, 박영사, 2013

임채웅 역, 『미국신탁법』, 박영사, 2011.

임채웅, "유언신탁 및 유언대용신탁의 연구", 『인권과 정의』 제397호, 대한변호사협회, 2009.9.

최명근, 『세법학총론』, 세경사, 2002.

최명근, 『현행 상속세 및 증여세법의 합리적 개선방안에 관한 연구』(연구용역보고서), 한국조세연구포럼, 2003.12.

최수정, "상속수단으로서의 신탁", 民事法學 第34號, 韓國民事法學會, 2006.12.

최현태, "福祉型信託導入을 통한 民事信託의 活性化 － 受益者連續信託B 中心으로 －", 『재산법연구』 제27권 제1호, 2010.6.

2. 국외 문헌

Boris I. Bittker & Elias Clark & Grayson M.P. McCouch, *Federal Estate and Gift Taxation*, Ninth Edition, 2005.

J.J. Dukeminier, Jr., Contingent Remainders and Executory Interests: A Requiem for the distinction, 43 *MINN. L. REV.* 13, 14, 1958.

Kenneth E. Anderson & Thomas R. Pope, *PRENTICE HALL'S FEDERAL TAXATION 2013*, Prentice Hall, 2013.

M. Carr Ferguson & James J. Freeland & Mark L. Ascher, *Federal Income Taxation Estates, Trusts, & Beneficiary*, Third Edition, CCH, 2011.

Roger W Andersen, Present and Future Interests: A Graphic Explanation, *Seattle University Law Review*, Vol. 19 : 101, 1995.

Tadao Okamura, *Taxation and Trusts in the United States and Japan, Proceedings from the 2009 Sho Sato Conference on Tax Law*, 2009.

WILLIAM C. BROWN, Judicial Expansion of the Future Interest Exception to the Gift Tax Annual Exclusion— Examination of the Legislative History and Policy Basis for the Future Interest Exception, *Tax Lawyer*, Vol. 65 No. 3, 2012, http://www.brownwinick.com/webres/File/wcb－spring－2012－taxlawyer－article.pdf.

Abstract

A Study on Taxation Treatment Direction of the Future Interest for Taxation of Trust — Focusing on Inheritance Tax and Gift Tax Law —

Kim Jonghae & Kim Byungil

Future interest is the property ownership excluding enjoyment of property or current ownership. Although future interest on Britain and the United States of the legal system is considered as ownership is not allowed under current civil law, it is occurred from subsequence beneficiary trust under trust law. The main issue of future interest is the uncertainty of who the acquisitor is and when the time of acquisition is. This could violate legal stability and could be used as an expedient of tax-avoidance. Thus, on this treatise will suggest the solution for these issues as a tax perspective.

First, taxation of future interest is standard of judgement for vested or contingent, Current inheritance and gift tax law code 65 exists problem of fixed time, because its code is fluidity such as alter of condition or trust instrument by property transfer for long-term. Thus our inheritance and gift tax law need to prepare guideline of this part.

Second, the valuation of future interest is as follow. Firstly, gift is involved part. Interest rate of trust property needs to reflect substantial economic change. In order to this, Korea relative authorities needs to announce estimating rate of return in periodic. Secondly, inheritance is involved part. Since current valuation doesn't reflect the difference of fixed time for the income interest and principle interest, both interests are considered as gross estate amount in the US. The present valuation excludes its income interest is considered as principle interest. Then, the present valuation of principle interest every year can be measured by combining assessment of present valuation of income interest and principle interest and imposing inheritance tax on income interest as of precious transfer of inheritance property. US method can be an alternative levying inheritance tax for principle interest regardless of time of acquisition of future interest for inheritance taxation and gift taxation.

Third, the gift exclusion of future interest can not be allowed because it is correspond to uncertain income. In the event of the number of donees and their identity can not be specified and estimated the gift amount from donee in The US. The new regulation that gift exclusion is not allowed to present interest should be set up.

Although taxation plan on future interest is a small part of current trust taxation system, these method mentioned above would resolve hardship of taxation on future interest due to confliction between future interest and ownership on civil law. Through all this stated above, legal stability of trust taxation system will be provided.

☑ Key word: Future Interests, Present Interest, Vesting Remainder, Contingent Remainder, Life Estates, Rule Against Perpetuities

3.1.2. 상속세 및 증여세법상 신탁이익에 관한 평가문제

- 유언대용신탁 및 수익자연속신탁을 중심으로 -*

김 종 해**·김 병 일***

국문요약

개정신탁법은 장래이익이 발생하는 유언대용신탁 및 수익자연속신탁을 도입했다. 이들신탁은 "죽은 자의 손 (dead hand)에 의해 승계되는 재산에 대한 통제 및 관리"라는 특징을 갖고 있다. 이러한 신탁의 이익은 신탁원본과 신탁이익을 구분하여 각 수익자에게 승계하는 방식이 아니라 수익자의 순위에 따라 수입수익과 잔여수익으로 구분하여 승계하는 방식이다.

그런데 현행 상속세 및 증여세법상 신탁이익의 평가방법은 소득개념에 기초한 원본과 수익의 취득자(수익자)를 기준으로 산정한 각 평가액의 합계액을 상속가액으로 보고 있다. 그러나 이러한 신탁은 상속목적상 신탁이익이 동일한 재산을 연속하여 수익권을 승계하는 방식을 취하고 있어서, 상속재산인 신탁이익을 소득개념이 아닌 무상이전자(위탁자)를 기준으로 승계하는 재산개념을 적용할 것을 요구하고 있다. 또한 상속재산인 신탁이익을 재산개념으로 보는 것은 현행 유산과세형 상속세체계와도 부합된다. 이와 같은 상속목적상 신탁이익에 대한 관점의 전환은 새로운 상속세 및 증여세법상 신탁이익에 대한 과세근거와 그에 따른 평가방법을 요구하고 있다. 이에 대한 구체적인 평가방법은 다음과 같다.

첫째, 상속재산인 신탁이익의 평가방법은 다음과 같다. 1단계, 신탁이익을 구성하는 신탁원본과 신탁수익을 하나의 상속재산으로 보며, 2단계, 원본과 수익은 수입수익과 잔여수익으로 전환되며, 이의 각 평가액은 신탁재산의 평가액과 일치시키는 방법을 마련할 필요가 있다. 즉, "수입수익의 평가액 + 잔여수익의 평가액 = 1" 이며, 이때 1은 신탁이익의 평가액을 의미한다. 그 후 각 수입의 평가액의 지분율로 상속세를 분배한다.

둘째, 전환된 수입수익과 잔여수익에 적용되는 수익률은 각각 다르게 적용되어야 할 것이다. 즉 잔여수익은 미래시점에 수령할 재산에 해당하며, 수입수익은 특정기간 동안 신탁재산에서 발생하는 소득을 연속적으로 수령

---

 * 『조세연구』제16권 제4집(2016.12, 한국조세연구포럼)에 게재된 논문이다.
 ** 제1저자: 강남대학교 세무학과 강사, dawnsea5@naver.com
 *** 교신저자: 강남대학교 세무학과 교수, bikim22@hanmail.net
 **** · 투고일: 2016. 11. 17. · 수정일: 2016. 12. 16. · 게재확정일: 2016. 12. 28.

할 권리이기 때문이다. 또한 현행 10%의 환원율은 현재 자산별 수익률을 반영하지 못한다. 이를 해소하기 위하여 과세당국은 투자에 대한 수익률 및 기대수명을 반영한 연금율과 같은 평가표를 마련할 필요가 있다.

셋째, 상속재산인 신탁이익의 평가일은 수령시점과 관계없이 상속개시일로 일치시킬 필요가 있다. 이를 기준으로 산정된 신탁이익의 상속가액을 각 수익자의 지분별로 상속세를 분배한다. 이는 현행 유산과세형 상속세 체계와 부합하는 방식일 것이다. 또한 신탁이익을 자본이득으로 파악힘으로써, 신탁수익으로 인한 이중과세 문제도 해소할 수 있을 것이다.

이상과 같이 상속세 및 증여세법에 유언대용신탁과 수익자연속신탁의 과세근거를 마련하고, 이에 따른 새로운 신탁이익의 평가방법을 규정할 필요가 있다. 이를 통해, 신탁세제의 법적 안정성을 도모하고 이러한 신탁의 활성화에 기여하기를 바란다.

☑ 주제어: 재산개념, 소득개념, 신탁이익의 평가방법, 장래이익, 유언대용신탁, 수익자연속신탁, 생애권, 잔여권

I. 서 론

개정신탁법이 2012년 7월 26일 부터 시행되었다. 개정신탁법에는 기존의 재산승계방식과 다른 승계방식인 유언대용신탁과 수익자연속신탁을 도입했다. 이들 신탁은 모두 위탁자의 사망 이후의 신탁재산의 재산권을 위탁자의 상속인에게 배분하기 위한 목적으로 활용되고 있다. 그 중 유언대용신탁은 원본과 수익을 구분하지 않고 모든 수익에 대하여 각 수익자의 지율별로 승계되는 수평적 재산분할인 반면 수익자연속신탁은 원본과 수익이 각 수익자별로 구분되어 분배되며, 각 수익자별로 순차적으로 권리행사가 되는 수직적 재산분할 유형이다. 이들 신탁을 통한 재산승계방식은 이들 신탁의 성질상 수익권은 장래이익(future interests)[1]이라는 다소 낯선 개념이 중심이 되어 있다.

장래이익은 소유자가 현재의 소유(possession)나 향유(enjoyment)를 현재시점에서 취득하는 것이 아니라 미래에 소유나 향유를 취득할 수도 있는 이익이다. 장래이익은 미래에 확정되기 전까지 미확정상태로 장기간 지속되는 특징이 있어서, 이에 대한 평가액 산정에 어려움이 존재하고 있다. 또한 사법상 장래이익의 개념이 도입되지 않은 상황이므로 이들 신탁을 통해 승계될 재산에 대한 과세근거의 불명확성문제가 제기될 수 있을 것이다. 즉 장래이익에 대한 과세근거의 불명확성과 그에 따른 평가문제는 유언대용신탁 및 수익자연속신탁의 활성화에 장애요소가 될 수 있을 것이다.

이러한 문제제기는 신탁법상 유언대용신탁과 수익자연속신탁이 다음과 같은 특징을

---

1) 미래재산권 또는 장래권이라고 일컫기도 하나(박홍래, 『미국재산법』, 전남대학교 출판부, 2004, 42면; 임채웅역, 『미국신탁법』, 박영사, 2011, 185면 참조), 본고에서는 장래이익이라고 칭하기로 한다.

갖고 있기 때문이다.2) ① 미래시점까지 피상속인에 의한 승계재산의 통제, ② 장기간 신탁이 존속하는 경향, ③ 미래시점에 대한 미확정이익 존재, ④ 절대적 소유권을 시간적으로 수입수익과 잔여수익으로 분할승계 된다는 점이다. 이러한 특징은 상속재산인 신탁재산을 원본과 수익의 구분에 따른 각 수익별 승계가 아니라 하나의 신탁재산을 각 수익자에게 분할하여 승계하고 있다는 점이다. 이러한 특징 중 ③과 ④는 현행 신탁이익의 평가방법과 직접적으로 관련하여 발생하는 문제이다. 이는 이들 신탁이 "죽은 자의 손"에 의해 승계되는 재산에 대한 통제 및 관리라는 특성으로서, 현행 상속세 및 증여세법(이하 '상증법'이라 한다)상 신탁이익에 대한 인식의 차이를 보이고 있기 때문이다.

현행 상증법은 유산과세형을 취하고 있지만, 이의 평가방법은 금전신탁 등에 기초한 원본과 수익의 구분을 소득개념을 전제로 한 각 수익자기준으로 원본과 수익을 평가하는 취득과세형으로 처리하고 있다. 이와 같은 상증법상 신탁이익의 평가방법은 취득과세형방식이 적용되는 반면 상속세 부과는 유산과세형을 적용하고 있어서, 일관성이 결여된 혼재된 상속과세방식을 채택하고 있다. 더욱이 이러한 상황은 장래이익의 미확정성 문제와 더불어 신탁이익에 대한 과세문제를 더 어렵게 하고 있다.

이를 보완하기 위하여 첫째, 신탁이익의 평가방법을 재산개념에 근거한 방법으로 전환하여 일관성을 확보할 필요가 있다. 즉 상속재산은 신탁재산의 평가액이 되고, 각 수익자별 평가액은 상속세분배기준을 적용할 필요가 있다는 점이다. 둘째, 연속수익자가 출현하는 신탁에 있어서, 이들의 평가기준일을 상속개시일로 할 것인지 아니면 각 수익자의 수령시점을 기준으로 할 것인지에 대한 정책적 접근이 필요하다. 그 이유는 상증법상 신탁이익의 평가방법이 소득개념에 의한 각 수익자별 평가방법을 채택하고 있기 때문이다. 셋째, 상증법상 원본이나 수익의 현재가치(present value)평가시 적용되는 이자율에 대한 검토가 필요하다. 현행 10%의 환원율은 원본과 수익에 적용되지만, 자산별 수익률차이와 현재 경제 상황 등도 반영하고 있지 못하다. 또한 수입수익자에게 적용되는 이자율과 원본수익자에게 적용되는 이자율은 수령시점 및 수익의 성격차이로 인하여 달리 적용되어야 할 것이다. 넷째, 수입수익자와 원본수익자의 상속세부담여부를 명확히 규정할 필요가 있다. 즉 위탁자의 영향력 여부에 따라 원본수익자(제2수익자)에 대한 상속세부과 여부를 판단할 문제이다. 이는 신탁을 통한 재산승계와 다른 재산승계방식간의 조세중립성 저해의 문제와 신탁제도의 활성화라는 두 가지 측면에서 바라볼 필요가 있기 때문이다.

---

2) Tadao Okamura, Taxation and Trusts in the United States and Japan, Proceedings from the 2009 Sho Sa to Conference on Tax Law, School of Law, University of California, Berkeley 2009, pp.2~3.

이와 관련하여 상증법상 신탁이익을 재산개념에 기초한 평가방법을 도출하여, 상속세 부과 방식의 일관성 확보와 그에 따른 신탁이익의 평가방법에 대한 개선방안을 도출해 보고자 한다.

II. 장래이익과 상증법상 신탁이익의 평가방법

1. 선행연구와 차이점

유언대용신탁이나 수익자연속신탁과세에 관한 연구는 많이 있었다.[3] 이전 선행연구는 주로 납세의무자가 누구이며, 어떠한 세금을 부과할 것인지에 대한 큰 틀의 접근이었다. 본고는 선행연구를 기초로 하여 유언대용신탁과 수익자연속신탁에 관한 과세근거의 미비로 인한 연속수익자에 대한 상속세부과방식이 명확하지 않은 부분과 이에 따른 상증법상 신탁이익의 평가방법에 있어서 혼재된 방식으로 인한 일관성 결여부분에 초점을 맞추었다. 특히 과세근거는 위탁자가 사망한 후에도 이들 신탁에 대한 영향력이 존재한다는 점에서 착안하여 위탁자의 영향력이 부여된 권리도 상속재산으로 보아 원본과 수익을 모두 상속재산으로 볼 것을 주장했고, 위탁자의 영향력이 없는 경우는 상속재산에서 제외할 것을 주장했다. 이와 같은 유연한 운영은 신탁제도의 장점이며, 신탁제도의 활성화를 위해 고려해 볼 필요가 있기 때문이다. 제안된 과세근거를 통해 재산개념에 따른 상증법상 신탁이익의 평가방법을 도출했다. 이를 통해 신탁이익의 평가방법과 다른 상속재산의 평가방법을 재산개념에 의한 유산과세형으로 통일하여 일관성을 확보했다.

2. 장래이익의 일반적 고찰

(1) 장래이익의 개념

장래이익은 소유자가 현재의 소유나 향유를 현재시점에 취득하는 것이 아니라 미래

---

3) 김재승, "신탁과 관련된 상속세·증여세문제와 Estate Planning 도구로서 신탁의 이용가능성", 『조세법연구』 제17-3호, 2011; 이준봉, "유언대용신탁 및 수익자연속신탁의 과세에 대한 연구", 『증권법연구』 제14권 제2호, 2013; 김종해·김병일(a), "상속세 및 상증법상 유언대용신탁에 대한 과세방안", 『조세법연구』 第19輯 第1號, 2013; 김종해·김병일(b), "상속세 및 상증법상 수익자연속신탁에 관한 과세방안", 『조세연구』 제13권 제3집 2013; 김종해·김병일(c), "신탁세제상 장래이익에 관한 세무처리방안: 상속세 및 증여세법을 중심으로", 『조세법연구』, 제20-3호 2014.

에 소유나 향유를 취득할 수도 있는 이익을 말한다. 장래이익은 소유권을 사용·수익권과 처분권을 분리하여 행사할 수 있는 특징이 있다. 또한 장래이익의 시간적 경과에 따른 소유권의 분리 개념(notion of dividing ownership)은 현대 신탁법의 발전에 크게 기여를 하고 있다.[4] 또한 장래이익은 확정되기 전까지 이 이익의 성격을 명확히 규정하고 있지 않다는 점도 특징으로 보고 있다.

(2) 장래이익의 발생요건

장래이익은 선순위 수익자의 생애권(life estate)을 전제로 한다. 생애권이란 한 사람 또는 그 이상의 사람의 생애를 기준으로 하여 토지를 점유(possession)할 수 있는 것을 내용으로 하는 재산권을 말한다. 이러한 생애권은 생애권자가 생애동안 해당 수익을 향유할 수 있는 것으로서, 생애권이 종료가 되면 소멸하는 생애권자의 일신전속적 권리에 해당하며, 생애권 보유자는 장래이익을 갖은 자로부터 아무런 영향을 받지 아니하고 자유로이 이를 향유할 수 있다는 특징이 있다.[5] 따라서 생애권은 상속인에게 포괄적으로 승계되는 재산이 아니므로 후순위 수익자에게 승계되는 상속재산이 아니다.

이러한 생애권은 당사자의 합의에 의해서 창출되는 경우도 있고 법에 의하여 인정되는 경우도 있다.[6] 생애권은 생애권자의 사망이라는 자연적 소멸이나 생애권의 기한 종료를 원인으로 장래이익을 발생시킨다. 이는 영미계의 요건에 해당하지만, 장래이익이 발생하는 유언대용신탁이나 수익자연속신탁에게도 적용가능 한 요건들이다. 이러한 생애권에 따른 장래이익은 잔여권(remainder)과 복귀권(reversion)이다. 잔여권은 제3자가 취득하게 되는 장래이익이며, 확정잔여권(vested remainders)과 미확정잔여권(contingent remainders)으로 구분되고. 이를 양수인이 취득하며, 복귀권은 양도자(grantor)가 취득하게 되는 장래이익으로 일정한 조건의 성취를 통하여 발생하게 된다.

(3) 장래이익과 유언대용신탁 및 수익자연속신탁의 관계

장래이익은 유언대용신탁의 수익자연속형과 수익자연속신탁의 수익권에 해당하며, 이들 신탁의 수익권 연속행위는 소유권의 이전이 아니므로, 상속재산에 해당하지 않는다는 점이다. 구체적으로 이들 신탁에서 수익권을 장래이익이 발생하는 경우는 다음과 같다.

유언대용신탁과 관련하여 장래이익이 발생하는 유형은 위탁자 사망 후 수익채권이

---

4) Roger W Andersen, Present and Future Interests: A Graphic Explanation, Seattle University Law Review, Vol. 19:101, 1995, pp.102~103.
5) 이상윤, 『영미법』, 박영사, 2000, 331면.
6) 서철원, 『미국비지니스법』, 법원사, 2000, 123면.

발생하는 경우이다. 이 유형의 수익자는 신탁설정시점부터 이미 수익자이며, 수익권을 취득하지만, 신탁재산에 관한 급부청구권은 위탁자의 사망시점 또는 그 이후 시점에서 만 행사할 수 있으며, 이에 대한 행사시점은 신탁행위로 정할 수 있다.[7] 즉 유언대용신 탁은 별도의 정함이 없는 한 위탁자의 생존 중에는 위탁자가 수익자이며, 위탁자가 철 회권 및 수익자 변경권이 있는 유형과 위탁자가 사망할 때까지는 수익자로서 권리가 없고, 위탁자가 감독권을 행사하고 있는 일본의 유언대용신탁과 매우 유사한 구조이 다.[8] 이러한 점에서 유언대용신탁은 미국의 철회가능신탁(revocable trust)과 매우 유사한 구조를 취하고 있다. 이러한 수익권은 장래이익의 성질을 갖고 있다는 점이다.

수익자연속신탁에 장래이익이 발생하는 경우는 수익자연속신탁의 구조에서 찾아 볼 수 있다. 즉 수익자연속신탁의 구조는 시간 축(the time axis)에 따라 절대적 소유권을 수 입수익(income interest)과 잔여수익(remainder interest)과 같이 시간적인 또는 일시적인 이 익의 조각(temporal interests)으로 잘라내는 것이다.[9] 이때 연속되는 이익은 소유권이 아 닌 수익권의 성격이며, 그 이유는 신탁재산의 소유권은 수탁자에게 있으며, 신탁원본의 이전은 신탁종료를 의미하기 때문이다. 이때 발생한 수익권에 유언대용신탁과 마찬가 지로 장래이익이 발생하게 된다.

한편, 장래이익에 해당하는 수익권은 미래시점에서 확정되기 까지 미확정상태에 있게 되 고, 이는 위탁자가 철회권이나 신탁을 종료할 수 있는 권리를 유보하고, 수익자를 지정하거 나 변경할 권리를 가지고 있어서 변동가능성이 더 커져 법적 안정성을 저해할 수 있다.

3. 현행 상증법상 신탁이익에 대한 평가방법

(1) 권리수익의 순실현가치평가

유언대용신탁의 수익자연속형이나 수익자연속신탁의 신탁이익은 귀속자 및 귀속시 기의 확정시점에 대한 불확실성이 존재한다. 즉 수익자가 신탁이익을 받기 위해 장기 간 기다린다거나, 조건부에 의한 조건성취 등을 통해 귀속자 및 귀속시기가 확정되기 때문이다.

이에 대한 평가방법은 상증법 제65조 규정이 적용될 것이다. 즉 상속가액의 평가에 대하여 조건부권리, 존속기간이 불확정한 권리, 신탁이익을 받을 권리나 소송 중 권리 등의 경우는 대부분 불확실한 개념이므로 권리내용성질이나 잔존기간을 기준으로 별도

---

7) 신탁법 제59조 제2항.
8) 안경포 역, 『신탁법』, 전남대학교출판부, 2011, 541~542면.
9) Tadao Okamura, *op. cit.*, p.3.

의 평가방법으로 평가하게 된다.

이에 대한 구체적인 산정방법으로 상증법시행령 제60조 및 제61조에서는 조건부권리와 존속기간이 불확정한 권리, 신탁이익을 받을 권리에 대하여 계량적 계산금액, 기대수익 등과 같은 적정한 가액을 산정할 방법을 규정하고 있다.

(2) 각 권리별 적정가액 계산방법

1) 조건부권리 및 기간불확정권리의 내용연수 반영

우선, 조건부권리는 본래의 권리가액을 기초로 하여 조건내용의 구성사실과 조건성취의 확실성 등을 고려하여 해당 권리의 가액을 평가하게 된다. 이러한 조건부권리는 일종의 장래이익의 성격을 갖게 된다. 문제는 조건성취의 확실성은 장래시점의 확률적 판단으로서 전문적이고 신뢰성 있는 판단이 필요한 부분이다.

둘째, 존속기간의 불확정한 권리는 권리의 자체속성을 반영하고 목적물의 내용연수나 기타 제반사정을 참작하여 적정가액을 평가해야 할 것이다.

2) 신탁이익을 받을 권리에 대한 계산방법

신탁이익을 받을 권리는 신탁재산의 원본과 수익을 나누어 수익자를 정할 수 있다. 일반적으로 원본과 수익의 수익자가 동일인 경우 상속개시일 현재 신탁재산가액으로 평가하며, 공동수익자가 존재한 경우는 각 지분에 따라 안분계산하게 된다.

전술한 신탁에서 발생하는 평가문제는 원본수익자와 수입수익자가 다른 경우로서, 원본수익은 상속개시일 현재의 원본가액으로 평가하게 되며, 확정된 수입수익이 있는 경우에는 이에 따라 평가하지만, 수익률이 확정되어 있지 않으면 원본가액에 장래에 받을 각 연도의 수입금액으로 매년 10%의 공정이자율을 곱한 금액으로 평가한다. 이때 연간 신탁수익이 원본의 10% 또는 실제이익율로 산정되며 이를 매년 10%의 이자율로 현가할인을 하게 된다. 따라서 신탁수입수익금액은 상증법시행규칙 제16조 제2항 … 동법시행령 제61조 제1호 및 제2호 각 목에서 "기획재정부령이 정하는 방법에 의하여 환산한 가액"이란 다음의 산식에 따라 환산한 금액으로 구하게 된다. 다만, 신탁이익이 일정하고 신탁존속기간이 영구적이라면 현가평가액은 이익금×9로 구할 수 있다.

$$\frac{각\ 연도\ 수입금액}{\left(1+\frac{10}{100}\right)^{n}}$$

n: 평가기준일부터의 경과연수

상증법상 신탁이익의 평가방법은 다음과 같다.

[사례 1－수익자연속신탁] 위탁자 A는 수탁자인 은행에게 건물 1,000원을 이전하고, 위탁자 A의 사후에는 제1수익자인 배우자 B에게 임대수익(매년 100원, 10%, 5년)을 지급하기로 했다. 그 후 제2수익자인 자녀 C에게 건물을 이전하기로 했다(5년 후 배우자 B가 사망한다고 전제). 이 경우 상속개시일과 평가기준일이 일치한 경우를 전제로 한다.

① 원본(건물)평가액 = 1,000

② 수익의 PV= $\Sigma (100/(1+0.1)^5)$ =319

③ 상속재산가액 = ① + ② = 1,319

상증법상 신탁이익의 평가는 소득개념에 의한 무상취득자를 기준으로 원본과 수익의 평가방법을 통해 상속재산을 산정하고 있다. 이는 현행 상속세체계가 유산과세형[10]을 취하고 있어 다른 상속재산의 평가방법과 차이를 보이고 있다. 반면 증여세와 관련된 신탁이익의 평가방법[11]은 소득개념에 의한 취득과세형 방식[12]을 취하고 있어 다른 증

---

[10] 유산과세형 상속세는 사망자가 남긴 유산으로서 이전되는 유산총액을 과세물건으로 하여 무상이전자(피상속인 또는 증여자)를 기준으로 과세하는 방법이다. 이 방식은 유산을 무상취득하는 상속인이 여러 사람인 공동상속의 경우에도 이를 각자의 상속분으로 분할하기 전의 그 분할되지 아니한 유산총액을 과세베이스로 하여 이에 누진구조의 세율을 적용하게 된다. 즉 피상속인을 기준으로 과세의 물적 단위를 산정하여 자산이전과세(상속세 또는 증여세의 과세)를 하는 것이다. 이 방식을 채택한 미국과 영국을 위시하여 영미법계의 나라에서 선호하고 있고, 우리나라에서도 이 과세유형을 상속과세제도로 채택하고 있다.

[11] 다음 사례는 상증법시행령 제61조 규정을 적용한 신탁이익을 받을 권리를 증여한 경우이다.

증여시	평가방법
[사례] 위탁자 A는 신탁계약으로 5억 원을 신탁했고, 수익자를 자녀 B로 정했다(신탁기간: 2016년 1월 1일부터 2019년 12월 31일 까지, 신탁기간 수익률 10%).	
자녀 B에게 원금과 수익을 증여(동일한 경우)	신탁이익 증여시기: 2019.12.31 증여재산가액 : 원본 5억 원 + 수익(=5억*0.1) =550,000,000
원금은 자녀 B에게 증여하고 수익은 제3자 C에게 지급한다. 연 수익률 10%이다(상이한 경우).	신탁이익 증여시기: 2019.12.31 자녀 B의 증여재산가액 = 원본의 이익: 5억 원 제3자 C의 증여재산가액 = 수익의 이익: Σ [5천만 원 /(1+0.1)^3] = 124,342,600원

[12] 취득과세형 상속세는 수증자(donee)·수유자(devisee)·상속인(heir), 즉 재산의 무상취득가의 취득재산가액을 과세베이스(tax base)로 하여 과세하는 제도이다. 즉 무상취득자 기준으로 과세한다. 특히 상속인 수유자 등이 여러 사람인 경우 유산을 먼저 각자의 상속분·유증분 등에 따라 분할·계산하고 이와

여재산의 평가방법과 일치시켜서 일관성을 유지하고 있다.

4. 유언대용신탁 및 수익자연속신탁의 신탁이익의 평가문제

장래이익은 주로 신탁재산에서 발생한 이익이 위탁자의 사망으로 인하여 제3자에게 귀속될 것을 요구하는 유형은 개정신탁법상 유언대용신탁과 수익자연속신탁이다.

이러한 신탁의 특징은 소유권을 사용수익권과 처분권으로 분리하여 각 수익자에게 이전할 수 있다는 점이다. ① 장래이익과 관련된 세법상 과세근거를 마련할 필요가 있다. 즉 수익권의 연속적인 이전은 소유권이전에 해당하지 않으므로 상속과세대상에 해당할 것인지에 대한 판단기준이 필요한 것이다. 수익권의 무상이전이라는 점에서 유증이나 증여로 바라볼 순 있지만, 위탁자의 영향력에 따른 구분, 즉 제1수익자에게 후순위 수익자를 통제할 권한을 부여하고 있다면, 이 경우는 최초상속재산에 해당하지만, 그렇지 않은 경우라면 후순위 수익자가 수령하는 수익권은 최초상속재산에 해당하지 않는다는 특례규정의 기준을 설정할 필요가 있을 것이다. 또한 연속적인 수익권에 해당하는 장래이익이 미확정상태로 장기화되는 것을 막기 위해서 영미의 영구구속금지의 원칙[13]과 유사한 신탁존속기간을 제한하는 규정을 마련할 필요가 있다. ② 통상 장래이익은 상속 이후에 발생하기 때문에 이를 소득개념이 아닌 재산개념에 기반으로 한 접근법으로 전환할 필요가 있다. 즉 상증법상 신탁이익의 평가방법은 소득개념에 의한 취득과세형방식인 반면 상속세부과는 유산과세형을 취하고 있어서, 일관성이 결여된 방식이기 때문이다. 따라서 신탁이익의 평가방법을 재산개념에 따라 신탁재산의 평가액을 상속재산으로 보며, 각 수익권의 평가액은 각 수익자의 상속세부담비율을 판단하는 기준에 한정(?)할 필요가 있을 것이다. ③ 신탁이익의 평가에 있어서 적용되는 이자율과 관련된 문제이다. 자산별 수익률에 차이가 있음에도 획일적인 10%의 단일수익률의 적용은 자산별 불평등한 평가액산정의 기초가 되므로, 상속세부담에도 불평등을 야

같이 분할·계산된 각자의 몫(지분)에다 초과누진세율을 적용한다. 취득과세형에서 사망한 자의 유산총액의 크기는 무시되고 상속인 등 각자가 무상으로 취득한 재산가액의 크기에 누진구조의 세율을 적용하기 때문에 유산을 여러 사람에 나누어서 분산이전하면 할수록 상속세부담의 총액은 유산과세형 보다 적어진다. 이런 점에서 부의 분산을 유도하는 기능이 유산과세형 보다 우수하다. 이 방식을 채택하고 있는 대표적 국가는 일본이 있다.

13) 영구구속금지의 원칙 또는 영구불확정금지의 원칙(Rule Against Perpetuities)이란 이익이 설정된 시점의 생존자(life in being)의 사망 후 적어도 21년 내에 그 수익이 확정(vest)되지 않는다면 해당 이익은 무효가 된다는 것이다; Jess Dukeminier, "A Mordern Guide to Perpetuities", California Law Review, Volume 74, 1986.12, p.1868.

기할 수 있다. 이에 현실적인 수익률산정을 위한 기준을 마련할 필요가 있다.

Ⅲ. 신탁이익에 관한 재산개념 및 평가방법

1. 유언대용신탁 및 수익자연속신탁의 상속재산인 신탁이익은 소득개념인가 아니면 재산개념인가?

유언대용신탁이나 수익자연속신탁은 위탁자가 생전에는 생전신탁(자익신탁)의 형태이지만, 사후에는 사후신탁(타익신탁)으로 변경하게 된다. 즉 생전에 발생한 수익은 이자나 배당소득과 같은 통상적인 소득세나 증여세가 부과되며, 원본이나 수익의 이익은 소득개념이 적용되는 반면 사후신탁으로 변경된 경우에는 신탁이익을 유산으로 보는 재산개념을 적용해야 하지만, 상증법은 이를 소득개념에 의한 평가방법으로 정하고 있다. 신탁이익이 유산에 해당하고, 신탁재산의 이전이 위탁자(또는 이전자)를 기준으로 파악하는 이전과세설에 근거할지라도, 신탁이익을 다른 상속재산과 달리 소득개념으로 파악할 명확한 근거를 찾기가 어렵다. 따라서 과세당국은 상속재산에 해당하는 신탁이익에 대한 인식의 전환이 필요한 시점이며, 이를 통하여 이들 신탁의 과세근거와 구체적 산정방법을 일관되게 적용할 필요가 있다.

(1) 상속과세의 본질[14]

1) 동적 재산과세설

상속과세는 개인의 사망에 의하여 재산이전이 있을 때에 해당 재산 자체가 과세대상이 되고 있으므로 이는 재산세의 일종이며, 그 부담은 실질적으로 상속재산에 귀속되기 때문에 실질적인 재산세이고, 재산이 이동하는 때에만 과세되므로 동적 재산세라고 보는 것이다. 1978년의 미드 연구보고서(The Structure and Reform of Direct Taxation: Reportof Committee Chaired by J.E. Meade)에서 제안한 상속과세방법(a combined progressive annual wealth and accession tax)은 이 이론에 근거하는 것이라고 볼 수 있을 것이다.[15]

---

14) 최명근, "우리나라의 상속과세체계의 개편에 관한 연구", 경희대학교 대학원, 박사학위 논문, 1990, 33~35면; 최명근, 『현행 상속세 및 증여세법의 합리적 개선방안에 관한 연구』, 한국조세연구포럼, 2003.12, 14~16면을 요약 정리하였다.

15) 金子宏, 『租稅法』, 第2版, 弘文堂, 1989, 305面. 金子교수는 재산이 이전하는 기회에 그 재산에 대하여 과세하는 것으로서, 동적 재산세설의 입장을 취하고 있다; 최명근, 상게논문, 33~34면.

2) 소득과세설

상속과세를 소득과세의 일종으로 보는 견해이다. 이는 소득의 범위를 포괄적으로 정의하는 Haig-Simoms의 소득정의[16]에 그 이론적 기초를 두고 있다. 따라서 상속이나 증여에 의하여 취득한 재산은 그 취득자의 측면에서 볼 때 소득이므로 소득세를 과세해야 한다고 보는 입장이다. 1966년에는 캐나다의 카터 연구보고서(Carter, Kenneth L. "Report of the Royal Commission on Taxation," Ottawa: queen's Printer, 1967)에서 상속재산 등에 대하여 그 승계 받은 자의 소득으로 과세할 것을 다시 제안했으나 이 제안은 캐나다에서 채택되지는 아니했다.

이 견해를 취하면서도 일반정상소득과 상속재산소득은 구별하여 과세해야 한다고 보는 주장 중 특별수득세 내지 특별소득과세설이 있다. 이는 취득과세형 상속세는 상속으로 취득한 재산에 과세하는 조세로서, 형식상 재산세이지만 그 본질은 담세력을 증가시킨 경제적 가치가 소득이라고 본다면 그것은 특별소득세라는 것이다.[17] Carter의 제안과 달리 이 견해는 상속재산을 상속인의 다른 일반정상소득과는 구분해서 상속재산만을 소득으로 보아 과세하는 조세가 취득과세형 상속세라고 보고 있는 것이다.

3) 이전과세설

법적 관점에서 보면 상속세·증여세는 개인의 사망이라고 하는 사건이나 생전이전행위에 의한 재산상의 권리의 득상변경을 과세물건으로 하는 조세이며, 그 권리의 대상이 된 재산이 과세상 중요한 대상이 되는 것은 틀림없지만 그것 자체가 과세물건은 아니다. 상속과세의 물건은 그 재산의 이전(법률관계의 변동과 그 법률관계의 대상이 된 재산의 총체)인 것이다.[18] 이것이 현재의 통설이다. 따라서 상속세를 재산세의 일종으로 보면서 상속재산의 동적 측면을 강조하는 것도 결국은 재산의 이전을 상속과세의 과세물건으로 보는 것과 다를 것이 없다.

---

16) Richard Goode, "The Economic Definition of Income", Joseph A. Pechman. ed., Comprehensive Income Taxation. (Washington, D.C.: The Brookings Institution,1977), p.8.
Simons, Henry(1938). Personal Income Tax: The Definition of Income as a Problem of Fiscal Policy.(The Univ. of Chicago Press). p.50; Robert M. Haig는 所得이란 兩時點間에 있어서 경제력의 순증가분에 대한 화폐적 가치라고 정의했고, Henry C. Simons는 期末의 富에다 期中의 소비액을 加算하고 이에서 期初의 富를 차감해서 얻는 결과가 소득이라고 정의하고 있다. 이는 소득의 발생원천이 무엇이냐를 불문하고 주어진 기간 중에 증가한 순자산을 소득이라고 보는 견해이다.
17) 金子宏. "相續課稅の課稅方式と負擔水準", 相續稅制改革の視點: 地價の高騰と 相續稅負擔のありかた, 月刊稅理, 弟1 別冊附錄, (東京: ぎょせい), 1987, 168~169面.
18) 이태로, 『조세법』, 박영사, 1989, 263면.

반면, 상속재산을 소득이라고 보는 입장은 각국의 입법례에 비추어 보아 아직 시론의 단계에 머물러 있으며, 재정학적으로도 아직 소수설에 머물러 있다. 그러므로 상속과세를 재산의 이전과세라고 보는 통설이 타당하다고 할 것이다.[19] 미국은 유산세를 소비세(an exercise tax)[20]로 보고 있지만, 이를 간접세로 분류할 뿐 연방유산세의 과세물건은 재산권의 이전으로 본다는 점에서 통설인 이전과세설과 같다.

(2) 상증법상 신탁이익의 과세근거

상속세란 어떤 사람이 사망하여 그가 소유하고 있다가 남긴 재산이나 채무를 그의 배우자와 자녀에게 무상으로 이전해 줄 때 발생하는 세금을 말한다. 즉 피상속인의 사망을 원인으로 상속이 성립하게 된다. 물론 신탁재산도 이에 포함된다.

그런데 상증법상 유언대용신탁이나 수익자연속신탁에 대한 과세근거가 명확하지 않아서, 이에 따라 평가방법도 혼재된 방식을 유지하고 있다. 이러한 신탁에 대한 과세근거 설정의 어려움은 장래이익의 성격을 갖고 있는 수익권과 전술한 바와 같이 상속목적상 신탁이익에 대한 개념정립의 불충분성 때문이다.

이들 신탁의 과세근거를 설정하기 위한 기준은 "죽은 자의 손"에 의해 승계되는 재산에 대한 통제 및 관리라는 점이다. 즉 사후 위탁자의 영향력은 수평적 관계인 동일세대 내에서도 발생하며, 수직적 관계인 2세대 이상에도 발생할 수 있다. 사후 위탁자의 영향력에는 위탁자가 소득이나 이전된 재산을 향유하거나 소유할 자를 지정할 권리나 잔여권자에게 분배목적을 위해 소득을 유보내지 축적할 것을 지시할 권리 등이 이에 해당할 것이다.[21] 이들 신탁은 수평적 관계보다는 수직적 재산승계시점에서 사망한 위탁자의 영향력을 판단하는 문제가 더 중요할 것이다.

이를 해소하기 위하여 우리나라 상증법에서도 사후 위탁자의 영향력 여부를 통해 후순위자에 대한 상속세부과 여부를 결정할 필요가 있다. 예를 들어, A가 B에게는 수익을 지급하고, B의 자녀들은 잔여수익을 수령하기로 신탁을 설정하고, 소득을 자본화하거나 유보할 권리를 A가 보유하고 있는 경우이다. 이 경우 A의 상속재산에는 재산뿐만 아니라 권리도 B로부터 B의 자녀에게 이전된다고 볼 필요가 있을 것이다. 이는 상속의

---

19) 최명근, 전게논문, 35면.
20) 미국 헌법상, 소비세는 간접세(indirect tax)로 정의될 수 있으며, 그 외에 소비세는 다음과 같은 의미도 포함하고 있다. 이것에는 (1) 재산세 소유권의 근거로 재산세나 종가세(ad valorem tax)와 (2) 매우 드물지만 현존하는 인두세(capitation tax or a tax per head tax)가 포함되어 있다; https://en.wikipedia.org/wiki/Excise_tax_in_the_United_States
21) William M. McGovern, Sheldon F. Kurtz, David M. English, WILL, Trusts and Estates Including Taxation and Future Interests Fourth Edition, WEST, 2010, pp.700~702.

포괄적 개념을 적용해 볼 수 있고, 사법의 상속개념이 그대로 적용하기 어렵다면, 상증법상 특례사항으로 정하여 시행하는 것이 이들 신탁의 과세근거부재보다 진전된 방향일 수 있을 것이다.

따라서 이러한 과세근거에 따라 후순위자에 대한 과세여부는 다음과 같이 정리된다. ① 위탁자의 사망시점에 전술한 소득이나 이전된 재산을 향유하거나 소유할 자를 지정하는 내용이나 잔여권자에게 분배목적을 위해 소득을 유보하거나 축적할 것을 구체적으로 지시할 권리를 보유한 경우에 수입수익권과 원본수익권 모두를 상속가액으로 보고 원본 등 잔여수익을 수령하는 수익자에게도 상속세를 부과해야 할 것이다. ② '①'의 경우에 해당하지 않을 경우는 후순위자에게 상속세를 부과하지 않는다. 이는 다른 재산승계제도와 비교해보면 조세중립성을 저해한다는 지적을 피할 수 없을 것이지만, 이러한 유연한 운영은 신탁제도의 장점이면서, 신탁제도의 활성화를 위한 불가피한 선택으로 판단된다.22) 이러한 과세근거는 신탁이익을 소득개념보단 재산개념으로 파악하는 것이 적절할 수 있다. 다음은 전술한 과세근거를 전제로 소득개념과 재산개념을 비교해 보기로 한다. 다만, 이러한 비교는 이들 신탁과 관련하여, 수평적 관계보다는 수직적 관계에서 더 의미가 있기 때문에 이에 한하여 진행한다.

첫째, 소득개념에 의하면 취득과세형에 따라 위탁자의 영향력에 대한 권리를 파악하기가 매우 어렵다. 즉 각 수익자가 상속개시일에 취득한 재산에 대하여 상속세를 부담하게 되지만, 위탁자의 영향력과 관련된 권리를 누구에게 귀속시킬 것과 같은 추가적인 문제가 발생하게 된다. 반면 재산개념에 의할 경우 상속재산이 포괄적으로 승계되고, 전체 상속재산에 대하여 지분별로 분배하게 된다. 이때 각 수익자별로 수령시점은 다르지만 상속개시일을 기준으로 상속재산뿐만 아니라 위탁자의 영향력에 대한 권리를 각 수익자 모두에게 이전한다고 볼 수 있기 때문이다.

둘째, 신탁이익의 평가방법과 관련 부분이다. 소득개념에 의한 평가방법은 원본과 수익의 평가액의 합이 상속가액이 되는 반면, 재산개념에 의한 평가방법은 신탁재산의 평가액이 상속가액이 되고, 자산별 평가액을 원본과 수익으로 분배할 때 현재가치라는 유량적 평가방법으로 통일할 수 있다. 이는 각 수익자간 조세부담의 중립성을 유지할 수 있다는 점이다. 또한 다른 상속재산의 평가방법과 동일한 출발점에 있기 때문에 상속재산별 평가방법에 있어서 중립성을 유지하고 있다. 반면, 소득개념에 의할 경우 신탁재산이 부동산 등으로 이루어진 경우 원본은 저량(stock)으로 평가되고, 수익은 유량

---

22) 이를 적용할 수 있는 부분은 가업승계, 생존배우자의 생활보장, 미성년자 또는 정신장애가 있는 상속인, 교육이나 부양의 목적에 해당하는 경우를 상정해 볼 수 있을 것이다.

(flow)으로 평가되므로, 각 수익자간 세부담의 형평성에 문제가 초래될 수 있다는 점이다. 따라서 재산개념에 의한 신탁이익의 평가방법은 소득개념에 의한 평가방법보다 조세중립적이다.

(3) 소 결

현행 상속과세의 본질은 상속과세는 재산세의 일종이며, 상속과세의 물건은 재산의 이전에 대한 과세라는 점을 분명히 하고 있다. 따라서 신탁이익은 생전에는 소득에 해당하지만, 사후에는 유산 즉 상속재산에 해당한다. 이런 재산개념을 전제로 할 경우 이들 신탁은 사망한 위탁자의 영향력과 관련된 권리를 수익자별로 분리하지 않고 신탁종료시까지 적용할 수 있는 장점이 있다. 이들 신탁의 문제는 후순위자에 대한 상속세 과세여부와 관련된 부분이며, 이를 해소하기 위해서 전술한 과세근거를 전제로 위탁자의 영향력여부에 따라 상속세과세여부를 판단할 기준으로 삼을 수 있다. 즉 위탁자의 영향력에 해당하는 권리가 선순위자 뿐만 아니라 후순위자에게도 적용된다면, 원본과 수익 전체에 대하여 상속세를 부과하는 반면, 그렇지 않을 경우에는 후순위자가 수령하는 수익에 대하여 상속세를 부과하지 않는다.

또한 신탁이익에 대한 평가방법도 재산개념에 기반으로 하여 신탁이익의 평가액을 상속가액으로 보며, 각 수익권의 평가액은 신탁이익의 평가액에 대한 지분율을 판단하는 기준에 한정할 필요가 있다. 이는 현행 유산과세형 상속세체계와 부합하며, 일관성을 유지할 수 있는 장점이 존재하다.

이상과 같이 상증법상 신탁이익의 평가방법은 재산개념의 채택으로 유산과세형 상속세체계와 일치시킬 필요가 있다. 다만, 증여세법상 평가방법은 현행 소득개념에 의한 취득과세형 체계를 유지하는 것이 바람직하다고 본다.

2. 소득개념 및 재산 개념에 의한 신탁이익의 평가방법

(1) 소득개념에 의한 신탁이익의 평가방법

현행 상속세는 유산과세형을 취하고 있지만, 전술한 바와 같이 신탁이익에 대한 평가방법은 취득자인 수익자별로 원본과 수익의 평가액을 산정하는 취득과세형을 취하고 있다. 즉 상증법 제65조 1항에서 신탁의 이익을 받을 권리에 대한 평가는 상증법시행령 제61조 제2호에 위임하고 있고, 동법시행령 동61조 동2호 가목은 원본의 이익의 평가를 규정하며, 나목은 장래 받을 각 연도의 평가를 규정하고 있다, 이의 구체적인 산정방법은 수익금은 확정여부에 따라 수익금이 확정된 경우에는 상증법시행규칙 제16조 제2항에서 원본의 수익시기까지의 기간에 대한 10%의 할인율로 할인한 현재가치로 평가하고, 수익금이 미확정된 경우 동법시행규칙 제19조의2 제1항에 따라 원금가액에 10%를 곱한 금액을 수익금으로 한다고 규정하고 있다. 다만, 상속가액은 유산과세형에 의한 원본의 평가금액과 수익금의 평가액의 합으로 산정된다. 이와 같은 평가방법은 상속가액을 각 취득자별 취득가액을 기준으로 하며, 이를 소득으로 보는 소득과세설이 적용되는 방식이다.

결국, 상증법상 신탁이익의 평가방법의 출발점은 취득자 기준에 의해 각 수익자별 평가액을 합한 후 각 수익자별로 과세하는 방식을 채택하고 있다. 그러나 상속세산정은 각 수익자의 평가액의 합에 대하여 상속세율을 적용하는 유산과세형을 취하고 있는 혼재된 상속과세방식을 채택하고 있다고 볼 수 있다.

이러한 소득개념에 의해 상속재산을 평가하고 있는 주요국은 일본의 입법례이다. 일본은 우리나라와 달리 취득과세형 상속세체계를 채택하고 있다. 구체적으로 장래이익이 대표적으로 발생하는 부분은 수익자연속신탁이다.[23][24] 일본 수익자연속신탁은 위탁자의 사망으로 수익자가 취득하는 경우는 유증의 성격으로 파악하고 있다.[25] 또한 선순위 수익자의 사망으로 해당 이익을 수령할 경우, 유증으로 취득한 것으로 간주된다.[26] 따라서 신탁재산을 수입수익권과 원본수익권으로 분리여부와 관계없이 선순위 수익자의 사망으로부터 후순위 수익자가 취득은 유증으로 파악하고 있다. 이때 원칙적으로 각 수익권을 수령하는 수익자가 상속세납부의무를 부담한다.

예를 들어, 위탁자 A가 유언으로 수익권의 평가액이 1억 엔의 재산을 B에게 유증하기로 하면, B가 1억 엔의 수익권을 위탁자 A로부터 취득했다면, 상속세가 과세된다. 그리고 B가 생애기간 동안, 해당 수익권을 3천만 엔을 소비하고 사망한 경우, C는 7천만 엔의 수익권을 취득하게 되고, C에게 상속세가 부과되며, 그 후 C는 생애기간 동안 2천만 엔을 소비한 후, 사망했고, D는 5천만 엔의 수익권을 취득했으며, D는 상속세를

---

23) 광장신탁법연구회, 『주석신탁법』, 박영사, 2013, 593면; 일본 상속세법 제9조의3 제1항 및 일본 상속세 기본통달 제9의3－1조 참조.

24) 예를 들어, 위탁자 사망시 제1수익자는 수입수익권만을 갖고 제1수익자 사망 이후 제2수익자가 수입수익뿐만 아니라 원본수익도 갖는 수익자연속신탁을 체결한 경우, 위 제1항 및 제2항은 위탁자 사망시 현재 수익권을 보유하고 있는 제1수익자만이 신탁재산의 수익자가 되고, 수익권의 가치도 신탁재산 전부의 가액이 된다는 의미로 해석하고 있다. 따라서 위탁자 사망시 배우자(제1수익자)만이 상속세 부담을 지게 되고, 이후 배우자가 사망한 경우에는 제2수익자가 신탁재산 전부에 대하여 상속세 부담을 지게 된다; 高橋 研, 「信託の會計・税務」, 中央經濟社, 2007, 257面.

25) 일본 상속세법 9조의2 제1항.

26) 일본 상속세법 9조의2 제2항.

부담하게 된다.[27]

일본 수익자연속신탁의 수익권에 평가방법은 다음과 같다. 즉 수익(收益)에 관한 수익권(受益權)의 평가액은 수입수익권과 원본수익권으로 평가하게 되며, 각 수익권의 합계액이 신탁재산(수입수입권＋원본수익권)의 평가액이 되며, 각 수익자가 수령한 유증액을 기준으로 상속세를 부담하게 된다.

다만, 수익권에 대하여 평가할 때 다음과 같은 두 가지를 고려할 필요가 있다. ① 수익권의 기간과 제한된 부분이다. 수익자연속신탁과 관련하여 '수익자연속신탁에 관한 권리를 수익자가 적정한 대가를 지불하지 아니하고 취득한 경우로서 수익권에 기간의 제한이나 수익권 가치의 제한이 부가되어 있는 경우에는 그러한 제한은 없는 것으로 본다.[28]'고 규정하고 있다. 또한 '전항의 수익자란 수익자로서의 권리를 현재 보유하고 있는 자[29]'로 규정하고 있다. 즉 일본 상속세법 제9조의3 제1항은 수익권(장래이익의 성격)에 대하여 기간의 제한 등 제약이 있는 경우에도 그 제약이 없는 것으로 보아 그 가치를 평가한다고 정하고 있다.

② 수익권이 원본 또는 수익에 대한 권리로 분리된 경우이다. 이 경우 원본수익권은 '0'원으로, 수입수익권은 신탁재산 전부에 대한 가액으로 평가하게 된다.[30] 다만, 법인이 수입수익권을 갖는 경우에는 위 특례를 적용하지 않고 원본수익권에 대하여 '0'으로 평가한다.

예를 들어, 자신의 사후에 수익부동산의 수입수익권을 배우자에게 이전하고, 배우자의 사망 후 수입수익권과 원본수익권을 자신의 장남에게 이전하기로 수익자연속형신탁을 설정한 경우, 배우자는 수입수익권만을 취득할 뿐이고, 수입수익권은 일종의 조건부로서 제한이 부가된 경우이지만, 해당 제한은 부가되지 않은 것으로 본다. 즉 원본수익권의 취득시기나 귀속자 등 기한의 제한이나 평가의 제약과 관계없이, 배우자가 전체 수익권(수입수익권과 원본수익권)에 대한 상속세를 부과하게 된다.[31] 이는 수익에 관한 수익권의 평가액은 신탁재산＝수입수익권＋원본수익권으로 평가하지만, 이때 원본수익권의 평가는 "0(제로)"가 된다는 의미이다.[32] 다만, 일본 상속세법 제9조의3의 규정의

---

27) 奧村眞吾, 『詳解 信託法の活用と稅務』, 淸文社, 2008, 231面.
28) 일본 상속세법 제9조의3 제1항.
29) 일본 상속세법 제9조의3 제2항.
30) 일본 상속세법기본통달 9의3－1(3).
31) 奧村眞吾, 상게서, 232面.
32) 이러한 처리방법은 일본 수익자연속신탁의 수익권 승계와 관련하여, 취득과세형을 포기하고 유산과세형으로 택한 것처럼 보일 순 있지만, 이는 일종의 특례규정으로 세무행정상 복잡성으로 인한 불가피한 선택으로 보인다. 즉 이는 취득과세형에 따를 경우, 후순위자의 수령시점에서 잔여수익의 가치상승으로 인한 후순위자의 상속세부담이 증가하게 함에 따라 동일 상속재산에 대한 수익자간 조세중립성을 저해할

적용에 따라 상기 ① 또는 ②의 수익권이 분리된 수익자연속형신탁의 원금수익권은 가치가 없다고 간주되기 때문에 상속세 또는 증여세의 과세관계는 발생하지 않는다고 규정하고 있다.[33]

이상과 같은 일본 상속세법은 수익자연속신탁의 수익권에 대한 평가방법에 대해 수익자연속신탁의 수익자에게 부가하는 수익권 행사기간의 제한이나 연속되는 수익권의 가치가 수입수익권으로 제한되는 효과를 부인하고 연속되는 수익자 각각이 신탁재산을 수익하는 것으로 간주하여 과세하고 있는 근거는 일본의 상속세체계가 취득과세형을 취하고 있기 때문이다. 이렇듯 일본은 장래이익이 발생하는 수익자연속신탁도 다른 상속재산에 대한 과세에 대한 일관성을 유지하기 위하여 취득과세형을 선택하고 있다.

현행 신탁이익에 대한 혼재된 상속세과세방식은 유언대용신탁이나 수익자연속신탁만의 문제는 아닐 것이다. 다만, 유언대용신탁이나 수익자연속신탁은 장래이익에 기초한 연속수익자가 발생하는 유형으로 다른 상속형 신탁보다 평가방법 및 과세방법에 있어서 더욱 조심스러운 접근이 필요하기 때문이다.

이러한 불일치는 이들 신탁이 위탁자 생전에는 원본의 수익은 자본소득으로 인식하고 수입의 수익은 통상적인 소득이며, 위탁자의 사후에는 유산으로 보고 원본과 수익을 구분하지 않고, 상속재산으로 평가해야 하지만, 현행 상증법은 이를 생전의 연속적인 수익으로 인식하고 있기 때문에 발생하게 된다. 또한 이들 신탁이 생전신탁에서 사후신탁으로 전환된다는 점을 과세당국에서 간과하고 있지는 않은가라는 생각이 든다. 이러한 신탁이익에 대한 인식의 차이는 이들 신탁의 과세근거를 명확히 설정하기 어려우며, 그에 따른 평가방법 등도 혼선을 일으키는 원인이 될 것이다. 그러므로 위탁자의 신탁재산도 유산이고, 현행 유산과세형 및 재산개념에 따른 평가방법이 일관성을 확보할 수 있는 장점이 있다. 또한 다른 상속재산의 평가방법과 일치시켜 상속재산별 조세중립성과 세무행정의 효율성을 높일 수 있을 것이다.

(2) 재산개념에 의한 신탁이익의 평가방법

재산개념에 근거한 상속세체계는 유산과세형방식이다. 즉 이는 재산가치의 측정을 무상이전자(양도자, 증여자, 피상속인 등)기준으로 측정하는 방식으로써, 무상이전자가 상

수 있기 때문이다. 다만, 수입수익권만을 과세대상으로 하므로 세부담능력의 관점에서 보아도 합리적이지 않으며, 수입수익자에게 수익을 향유하는 기간을 제한하는 경우에도 이를 부인하는 것은 상속세 납세의무자가 세무상 상당히 불리한 상황에 처하게 된다. 따라서 이런 문제의 합리적 해결방안을 찾기 어렵기 때문에 일본 과세당국의 불가피한 조세정책적 관점의 접근으로 판단된다.

33) 일본 상속세법기본통달 9의3(주).

속인이나 수유자 등에게 이전한 재산가치를 기준으로 산정하며, 무상이전자가 이전하는 재산총액을 기준으로 평가하는 것이다. 마찬가지로 신탁이익의 평가도 신탁재산을 기준으로 이루어져야 할 것이다. 따라서 사후신탁의 유형에 관계없이 이러한 접근법은 동일하게 적용되어야 할 것이다. 다만, 수익자연속신탁이나 유언대용신탁은 다른 사후신탁과 달리 장래이익의 성격을 지닌 수익권이며, 연속수익자가 존재함으로써, 각 수익자별 수령시점의 차이로 인하여 신탁이익의 평가액 산정이 어렵다고 전술한 바 있다.

그럼에도 불구하고 이들 신탁이익도 유산에 해당하며, 다른 상속재산과 마찬가지로, 위탁자를 기준으로 신탁이익을 파악하는 유산과세형을 적용해야 할 것이다. 즉 원본과 수익을 개별이익이 아닌 신탁재산이라는 하나의 재산으로 파악해야 한다.

이러한 재산개념에 의한 상속재산을 평가하고 있는 주요국은 미국의 입법례이다. 이를 논하기 앞서 미국의 유산세(estate tax)와 상속세(inheritance tax)의 차이를 살펴볼 필요가 있다. 유산세는 이전재산의 이익이나 이전재산에 대한 권리에 대한 소비세(an excise tax)인 반면, 상속세는 재산을 받을 권리에 대한 소비세이다. 이에 미국 연방정부는 상속세를 부과하지 않고 유산세만을 부과하고 있으며, 이는 유산에 대한 세금, 즉 무상이전자의 유산에 근거한 재산개념에 따른 과세방식이지 수익자(수증자)에 대한 세금 즉 소득개념에 따른 취득자과세방식이 아니라는 점이다.

이러한 과세방식에 따라 미국의 유언대용신탁이나 수익자연속신탁은 전술한 장래이익이라는 조건부자산(partial interest)에 해당한다. 조건부자산에는 연금(annuity), 생애이익(interest for life)이나 일정기간(a term of years)이익, 잔여권, 복귀권이 해당되며,[34] 이에 대한 평가방법을 IRC § 7520에서 규정하고 있다. 이러한 조건부자산은 해당 자산의 시장가격보다 낮은 가치를 갖는 제한된 권리를 의미한다. 이러한 권리는 증여와 마찬가지로 미국 국세청(U.S. IRS)이 제공하는 보험표(table)를 이용하여 자산을 평가하게 된다.[35] 보험표는 미국 재무부(U.S. Treasury)에 의해 최소 10년에 한 번씩 추정되는 평균수명을 감안하여 수정되며, 이러한 조건부 지분은 실제 소득(지분가치)과 관계없이 일정한 공식에 의하여 평가된다.[36] 구체적인 평가방법은 다음과 같다.

생애권과 잔여권에 대하여 보험평가 산정체계(actuarial valuation system)에 의해 평가한 연방정부 이자율(federal midterm rate)에서 산출된 이자율을 사용하여 제한된 권리의 가치를 평가한다. 이 때 생애권과 한시적 지분(term certain interest)의 환산을 위한 보험표에서는 '1'에서 잔여약수(remainder factor =)[37]를 제외한 수치가 수입수익약수(factor)가

---

34) IRC § 7520.
35) Reg. §§ 20.2031 − 7(D), 20.7520 − 1, 25.2512 − 5(D), 25.7520 − 1 참고.
36) IRC § 7520(c)(3); 장근호, 주요국의 조세제도 − 미국편(Ⅰ) −, 한국조세연구원, 2011, 820면.

된다. 잔여약수란 어떤 사람의 사망시점에 자산을 물려받을 수 있는 권리에 대한 현재 가치를 의미하거나 한시적 지분이 종료되는 시점에 자산의 현재가치를 의미하기도 한다. 따라서 '1'은 생애권과 잔여권을 합한 자산(1= 생애권＋잔여권)의 공정가액을 대표하게 된다. 이를 기준으로 미국은 철회가능신탁이나 수익자연속신탁의 조건부자산인 생애권이나 잔여권을 평가하고 있다. 즉 신탁재산의 공정가액을 '1'로 보고 이를 구성하는 생애권과 잔여권을 산정하고 있으며, 잔여권의 평가금액은 자산가액에 잔여약수를 곱한 금액으로 평가되며, 생애권은 '1'에서 잔여권을 차감한 금액이 된다. 따라서 생애권이나 잔여권 중 하나의 평가금액만 산정하면 나머지 수익권의 평가금액을 구할 수 있다. 이는 신탁재산의 평가가액을 기준으로 신탁이익을 각각 생애권과 잔여권으로 구분에 대한 평가하게 된다면 점에서 재산개념에 기초한 평가방법이라고 볼 수 있을 것이다. 이와 같은 평가방법은 증여세(gift tax)에도 그대로 적용된다. 그 이유는 미국의 증여세납세의무자는 수증자가 아닌 증여자이며, 증여가액도 증여자단계에서 산정되기 때문이다.[38]

생애권의 현재가치(present value)는 미리 규정된 예상수익률(annual rate of return)과 동일한 할인율(discount rate)을 적용한 현재가치에 연간분배소득을 할인하고 이렇게 산정된 금액의 합계를 산정함으로써 결정된다. 즉, 생애권은 각 기간의 현재소득×할인율＝현재가치를 구하고 종료시점까지의 각 기간별 현재가치의 합계액이 된다. 잔여권의 현재가치는 예상수익률과 동일한 할인율이 적용된 자산(이 자산이 지속적인 원본의 가치를 보유할 것을 전제로 하고 있다)의 가치를 할인함으로써 결정된다. 미래에 지급될 금액을 현재가치에 할인하기 위하여, 지급될 금액/$(1+r)^n$으로 구하고, r은 매년 혼합된 예상수익률이고, n은 경과기간을 의미한다. 한편, 여기서 적용되는 이자율은 자산이전이 발생한 월의 연방중기채권 이자율에 1.2를 곱한 지수로서 매월 조정된다.[39]

예를 들어, 위탁자 A는 X(10년 동안)의 생계를 위하여 지급될 $100,000을 신탁에게 위탁하고, A의 사망 후 X에게 생애권을 이전하고 X의 사망시점에 Y에게 잔여권을 수여하는 신탁계약을 체결했다. 예상수익률은 6%이다. X는 10년 후 사망한다고 전제한다. 이 평가표에 의하면 X의 생애권은 $44,160[60세 생애기간동안 매년 $6,000씩 지급될 금액의 현재가치($PV$) ＝ $\sum 6000/(1+0.06)^{10}$]가액이 되며, Y의 잔여권은 $55,840(60세 사망시점에 현재가치 $100,000에서 차감)가액이 된다.[40] 신탁재산의 상속가액은 $100,000

---

37) 장근호, 전게서, 820~821면.
38) 미국은 1976년 이후 유산세와 증여세가 이전과세(transfer tax)로 통합되어 운영되며 누진세율이 적용되고 있다. 1976년에 도입된 세대생략이전과세는 단일세율로서 유산세최고세율이 적용되는 특징이 있다.
39) IRC § 7520(a)(2).
40) Reg. § 20.2031－7(D)(7)(Table S).

이고 이 금액은 생애권($44,160)과 잔여권($55,840)과 일치한다. 즉 신탁재산의 원본과 수익의 분리와 관계없이 신탁재산을 하나의 상속재산으로 보는 재산개념을 통하여 유산세를 산정하고 있다. 다만, 위탁자 A의 사망으로 인하여 X에게 지급되는 생애권만이 유산세 과세대상으로 보고 있다. 즉 생애권이 종료되거나 해당 재산이 신탁을 떠나 잔여수익자에게 분배될 때 B(제1수익자)의 사망으로 인한 X(제2수익자)는 유산세를 부과 받지 않는다. 이는 증여나 유산세가 잔여수익자가 그의 후손(descendants)에게 생전기간동안이나 사후시점에 재산을 이전할 때까지 부과되지 않는다는 것을 의미한다. 비록 생애권자(B)가 잔여수익자를 지명할 권리가 있을 지라도, 해당 권리가 일반적 지명권(general power of appointment)에 포함되지 않는 한, 위와 동일한 결과가 발생한다는 점을 유의해야 한다.[41][42] 즉 생애권자가 일반적 지명권을 보유하고 있다면, 잔여수익자의 자산은 생애권자의 유산으로 보게 되며, 생애권자의 유산을 이전받는 잔여수익자는 유산세에 대한 납세의무를 부담하게 된다.

이상과 같이 미국은 유산과세형에 재산개념 즉, 무상이전자의 이전한 재산인 신탁재산의 평가액을 기준으로 생애권과 잔여권을 산정하는 방식을 취하고 있으며, 다른 유산의 평가방법과 동일한 과세방식을 유지함으로써, 유산별 조세중립성의 유지하고 있다.

따라서 우리나라의 경우에도 상증법상 신탁이익의 평가방법의 조세중립성 및 세무행정의 비효율성을 제거하기 위하여 재산개념에 따른 평가방법을 도입하는 것이 바람직하고 할 수 있을 것이다. 이를 위해서 신탁이익에 대한 인식을 소득개념에서 재산개념으로 전환할 필요가 있으며, 원본과 수익의 수익자가 동일하거나 상이한 경우에도 상속재산인 신탁이익의 평가를 위해 소득개념에 의한 개별적인 원본이익과 수익이익이라는 관점에서 재산개념에 의한 수입수익과 원본수익이 신탁재산을 구성하는 요소라는 관점으로 바라볼 필요가 있다.

3. 현행 상증법상 신탁이익의 평가방법 및 이에 대한 개선방안

(1) 현행 상증법상 신탁이익의 평가방법

상증법상 신탁이익의 평가방법은 소득개념에 근거한 취득자별 원본의 이익의 평가액과 수익의 이익의 평가액의 합계를 상속가액으로 보고 있다.[43] 이하에서는 [사례 1]을

---

41) Boris I. Bittker · Elias Clark · Grayson M.P. McCouch, Federal Estate and Gift Taxation, Ninth Edition, 2005. p.560.
42) IRC § 2041. 미국은 일반적 지명권은 통상 유산에 포함하고 있지만, 특수한 지명권(special power of appointment)은 유산에서 배제되고 있다는 점을 특징으로 하고 있다.

통하여 상속가액 및 수익자별 상속가액에 대한 검토를 하기로 한다.

1) 위탁자 사망시 상속가액 산정 및 상속세 귀속

첫째, 현행 상증법상 상속가액은 [사례 1]에 의한 원본수익권과 수입수익권의 현재가치로 평가한 금액의 합계액이다. 이 경우 원본 평가액은 금전 등과 금전 이외의 자산과의 평가방법의 차이로 인한 차이가 발생하게 된다. 금전 등은 현재가치와 같은 유량적 평가방법이 적용되며, 금전 이외 자산은 시가 및 보충적 평가방법인 저량적 평가방법이 적용된다. 이때 원본수익자는 상속세가 과대되는 반면 수입수익자는 과소한 부담을 지는 조세중립성 저해문제가 발생한다. 또한 신탁재산을 구성하는 원본과 수익의 현재가치 평가액의 합계액은 신탁재산의 평가액과 같아야 한다는 전제에도 현행 평가방법은 부합되지 않는다. 이는 전술한 바와 같이 신탁이익을 사후신탁을 생전신탁의 연속선상에서 바라보기 때문이다.

둘째, 상속개시일에 상속세 부담자는 상속가액을 기준으로 원본수익자와 수입수익자의 지분율에 의하여 상속세를 분배하면 될 것이다. 하지만, 시차별 원본과 수익의 수령시점이 차이가 있다는 점을 고려해야 할 것이다. 그런데 현행 구체적인 규정은 존재하지 않으므로, 취득과세형을 채택하고 있는 일본의 입법례를 참고할 필요가 있다. 즉 상속개시시점에서 제1수익자인 수입수익자가 신탁재산의 유일한 수익자이므로, 수입수익권에 관한 상속세를 부담하는 것이 아니라 신탁재산 전체에 대하여 상속세를 부담한다는 것이다. 그러나 이는 제1수익자에게 상속세가 과도한 부담이 될 수 있는 측면이 존재하고, 제2수익자가 원본수익권을 취득하는 시점에서 제1수익자에게 부과한 상속세에 대한 추가적인 처리가 존재하는 문제가 있다.

또한 일본의 입법례는 자기신탁(위탁자＝수탁자)인 경우엔 신탁재산이 실질적으로 위탁자에게 귀속되어 있고, 신탁재산을 각 수익자에게 이전하는 것은 단순한 시간적 차이를 두고 상속재산을 이전하는 상속분할에 불과하기 때문에 적절한 과세방식일 수 있지만, 통상적으로 이들 신탁이 자익신탁에서 타익신탁으로 전환될 경우 신탁재산은 수탁자의 법적·형식적 재산이므로 수입수익자에게 모든 상속세부담을 부담시키는 것은 지나친 조세부담이다. 다만, 이런 과세방법은 과세당국의 세무행정상 편리할 수 있고, 다른 상속재산과 비교할 때 조세중립성이란 측면에서 적절할 수 있다. 하지만, 신탁의 장점인 몇 세대에게 이전하더라도 한 번만 과세된다는 취지와 신탁제도의 활성화란 측면에서 볼 때, 타익신탁을 취한 유언대용신탁 및 수익자연속신탁도 일본의 입법례처럼 수입수익자에게 상속세를 부담시키는 것은 신탁제도를 이용한 재산승계방식을 굳이 도

---

43) 상증법시행령 제61조 제2호.

입할 필요가 있는가에 대한 근본적인 의문이 든다.

2) 위탁자 이외의 제1수익자 사망시 세무처리

전술한 바와 같이 제2수익자가 제1수익자의 사망으로 수익권을 취득하는 것은 소유권의 이전이 이니므로 상속으로 볼 수 없으므로, 싱속세는 발생하지 않는다. 다만, 제2수익자가 부담하는 상속세는 최초 위탁자의 사망시점에 대하여 상속세를 부담하게 된다. 다만, 그 부담시점에 대해 현행 상증법상 명확한 규정을 명시하고 있지 않다. 따라서 이에 대한 정책적 결정이 필요한 시점이다.

(2) 재산개념에 근거한 신탁이익의 평가방법의 개정방안

1) 위탁자 사망시

다음 사례를 통하여 신탁이익의 평가방법을 구체적으로 살펴보기로 한다.

[사례 2-유언대용신탁의 수익자연속형] 위탁자 A는 수탁자인 은행에게 건물 1,000을 이전하고, A는 생전에 수익자가 되고, 사후에는 배우자 B의를 수입수익자(매년 70원, 이자율 10%, 경과기간 5년)로 지정하고, 배우자 B의 사망 후 자녀 C 신탁재산(원본)을 이전하기 했다(5년 후 배우자 B 사망한다고 전제).

가) 신탁이익의 상속가액 산정

신탁이익의 상속가액은 "수입수익의 평가액(현재가치) + 잔여수익[44]의 평가액(현재가치) = 1"로 한다. 이때 신탁이익의 평가액은 신탁원본과 생전 신탁수익을 합계한 금액으로 산정한다. 상속세는 각 수입수익과 잔여수익의 지분율에 따라 각 수익자에게 부과된다. 위 [사례 2]에서는 다음과 같이 신탁이익의 상속가액을 구할 수 있다. 이때 신탁이익의 평가액은 1,000원으로 한다.

① 신탁이익의 평가액 = 수입수익의 PV 265(= $\sum[70/(1+0.1)^5]$) + 잔여수익의 PV 735 (=1000 - 265) = 1000이 된다. * 265.3 = 3.79×70

② 각 수익자가 부담할 상속세는 지분율에 따라 수입수익자는 26.5%, 잔여수익자는 73.5% 만큼 부담하는 것을 원칙으로 한다. 다만, 잔여수익자의 실제 상속세 납부시점에 대한 논란은 있을 수 있다. 이 부분에 대해서는 다음에서 구체적으로 논의한다.

---

[44] 잔여수익이란 신탁원본을 의미하는 것이 아니라 신탁재산의 평가액에서 수입수익의 평가액을 차감한 가액을 의미하며, 신탁원본을 의미하는 것은 아니다.

나) 신탁이익의 평가액 산정시 고려 사항

① 원본과 수익의 평가원칙의 일치

신탁재산을 정확히 평가하기 위해서는 원본과 수익에 적용되는 평가 원칙을 일치시킬 필요가 있다. 신탁재산은 토지와 건물 등 부동산, 유가증권, 금전 등 다양한 재산으로 구성될 수 있다. 이때 재산평가는 상속개시일 현재의 시가적용을 원칙으로 하되, 시가산정이 어려운 경우는 상증법 제61조 내지 제65조의 보충적 평가방법을 적용한다. 다만, 원본의 평가원칙과 수익의 평가원칙을 일치시켜야 할 것이다. 이는 재산개념에 의한 접근법을 적용할 때, 신탁재산의 평가액을 원본과 수익 모두 유량적 평가방법을 적용해야 할 것이다.

이는 수익자 간 상속세부담에 있어서 불평등을 완화할 수 있기 때문이다.

② 경과기간의 산정의 필요성

수입수익과 잔여수익의 평가액을 산정하기 위하여, 현재가치를 산정하기 위하여 이자율과, 경과기간이 필요하다. 이때 수입수익과 잔여수익에 적용되는 경과기간은 원칙적으로 동일한 기간이 적용될 것이다. 이는 수입수익의 종료시점이 잔여수익의 수령시점이기 때문이다. 다만, 예외적으로 조건부 권리가 붙은 경우는 위 기간이 일치하지 않기 때문이다. 즉 이는 조건부로 잔여수익의 수령시점이 수입수익의 종료시점 이후에 발생할 수 있다. 하지만, 전술한 산식에 따른다면, 수입수익만 알고 있다면, 잔여수익을 자동으로 산정할 수 있기 때문에 수입수익과 잔여수익의 경과기간의 일치는 중요한 요소는 아니다.

③ 수입수익과 잔여수익에 적용될 수익률

잔여수익은 미래시점에 재산을 수령할 권리이며, 수입수익은 특정기간 동안 신탁재산에서 발생하는 소득을 연속적으로 수령할 권리이기 때문이다. 이는 잔여수익의 성격은 자본이득인 반면 수입수익의 성격은 이자소득이나 배당소득과 같은 통상적인 소득이기 때문이다. 이를 구체적으로 살펴보면 다음과 같다.

㉠ 수입수익에 적용할 수익률은 시장에서 유통되는 할인율을 기초로 한 기대수명을 반영한 변형된 수익률을 적용한다. 그러나 현행 평가규정의 10% 수익률은 시장이자율을 직접적으로 반영하지 못하고 있으며, 각 자산별 수익률을 조정한 수익률로 보기 어렵다. 따라서 전술한 바와 같이 기대수명과 시장이자율 그리고 각 자산별 수익률을 반영한 변형된 수익률평가표를 마련할 필요가 있다. 단기적으로는 연금에 적용되는 수익률이나 현행 보험평가표의 이자율을 적용해 볼 수 있을 것이다. 그 밖에 상증법시행령 제62조에서 정하고 있는 종신정기금의 평가방법을 준용하여 생애권 성격을 부여받는

선순위 수익자(사례의 배우자 A)의 기대수명을 산정할 수 있을 것이다.

위 [사례 2]를 현행 평가 규정을 이용하여 산정하면 다음과 같다. 수입수익의 PV는 매년 70원, 이자율 10%, 경과기간 5년을 기준으로 산정한 기간의 합계액인 265.3(= Σ [70/(1+0.1)^5])이 된다. 여기서 수입수익의 구성은 원본에서 발생한 수익과 원본의 일부로 구성되어 있다.

ⓒ 잔여수익에 적용할 수익률은 예상수익률 또는 연도보상률[45]을 적용한다. 이러한 예상수익률은 기대수명과 자산가치상승률을 반영한 비율이어야 할 것이다. 이때 예상수익률은 경기변동에 따른 변화를 반영하여 일정기간마다 기획재정부나 국세청에서 공시할 필요가 있다. 다만, 자산종류별 수익률이 달라 이를 통합할 수 있는 평가표를 마련할 필요가 있으며, 이의 활용가능한 지표로 보험표와 정기금이자율을 적용하는 것도 가능하다고 본다.

위 [사례 2]를 현행 평가 규정(환원율 10%)을 이용하여 산정하면 다음과 같다.[46] 잔여수익의 평가액은 620(=1000/(1+0.1)^5)이 된다. 그런데 이를 산식에 적용해 보면 수입수익 평가액인 265과 잔여수익의 평가액은 620의 합계액이 신탁이익의 평가액인 1000에 일치하지 않는다. 이러한 차이는 수익률의 차이로 발생하며, 수익률의 차이는 전술한 바와 잔여수익이 미래시점에 수령할 재산이기 때문에 수익자의 기대수명과 경제상황에 따라 변동하는 수익률이 적용되어야 할 것이다. 그러나 잔여수익에 적용하는 수익률산정에 어려움이 있다면, 수입수익에 적용되는 비율을 먼저 정비한 후 산식에 따라 잔여수익의 평가액을 산정할 수 있을 것이다.

④ 신탁설정시 비율과 실제 수익자별 지분율과 다른 경우

신탁설정시 원본수익자와 수입수익자의 비율을 설정할 수 있다. 하지만, 상증법상 위와 같이 각 원본과 수익의 평가액의 산정한 결과의 비율과 신탁설정시 정한 비율이 상이한 경우에는 신탁설정시 정한 비율에도 불구하고, 상증법상 신탁재산의 구성 비율에 따라 상속세를 부담하도록 간주할 필요가 있다. 이는 신탁설정이후에 자산별 변동가능성이 존재하고, 평가기준의 변경으로 인한 변동이 발생할 수 있기 때문이다. 또한 조세의 실질적 부담이란 측면에서도 상속개시일의 평가액을 기준으로 각 수익자별 지분기준에 따라 상속세를 부담시키는 것이 조세회피가능성을 낮추어 조세중립성을 제고

---

45) '예상수익률의 개념은 취득가액 후 소득과 자본이득이나 손실을 통하여 상승할 것을 반영한 수익률을 말한다. 이의 산식은 다음과 같다.
  예상수익률 산식 = ([소득+(자본이득 또는 손실)]/취득가액)
  예) 취득가액 1000, 1년 후 1050, 소득 10, 예상수익률= [(10+(1050−1000))/1000 = 6%
46) 상속세 및 증여세법시행규칙 제16조 제2항.

할 수 있기 때문이다.

2) 위탁자 사망 후 각 수익자별 수령시점별 세무처리

가) 수입수익자의 세무처리

수입수익자는 상속개시일을 기준으로 자신의 지분비율에 해당하는 상속세를 납부한다. 그 후 수입수익자는 소득이 분배되는 시점에서 아무런 세금을 부담하지 않는다. 이는 상속재산을 분할하여 수령하는 것에 지나지 않기 때문이다. 이 경우는 유언대용신탁이나 수익자연속신탁이 타익신탁일 경우에 적용할 수 있는 성격을 지니고 있다는 전제하에 성립할 수 있다고 판단된다. 다만, 전술한 바와 같이 일본의 입법례를 적용하여 수입수익자에게 모든 상속세를 부과할 경우는 수입수익자가 다른 수익자를 지정하거나 변경할 권한이 있는 경우로 한정할 필요가 있다. 즉 위탁자의 수익자 지정 등과 같은 위탁자의 의도가 강력하게 반영된 신탁을 말한다. 이는 마치 장래이익이 "죽은 자의 손"에 의해 승계되는 재산에 대한 통제 및 관리가 승계되는 경우와 같은 경우를 말한다.

결국, 수입수익자는 이늘 신탁이 타익신탁이든 자기신탁의 형태처럼 유지되는 간에 상속세부과를 피할 수 없다.

나) 잔여수익자의 세무처리

잔여수익자는 전술한 것처럼 소유권의 이전이 아닌 수익권의 이전으로 보고 있으므로, 원칙적으로 선순위 수익자의 수입수익권과 관련된 상속관계 발생하지 않는다. 이에 따라 이들 신탁이 타익신탁에 해당할 경우에는 잔여수익자에게는 상속세가 부과되지 않는 것이 바람직하다. 이러한 관점은 신탁의 장점인 2세대를 통한 재산승계가 발생할 경우에 1번만 과세한다는 취지에 부합되며, 이러한 절세효과는 영미에서 신탁을 통한 재산승계가 다른 재산승계방식보다 더 많이 활용된 원인이기 때문이다.

반면, 전술한 바와 같이 이들 신탁이 실질적으로 자기신탁[47]처럼 위탁자의 영향력이 사후에도 미칠 경우에는 수입수익자와 마찬가지로 잔여수익자도 상속세를 부담해야 할 것이다. 이와 관련하여 현재까지 신탁법이나 상증법에서 구체적인 규정을 설정하고 있지 않다. 즉 위탁자가 사후까지 영향력을 미치는 경우의 기준설정문제이다. 즉 위탁자가 사후까지 영향력을 미치는 경우의 기준설정문제이다. 이와 관련하여 미국의 입법례를 참고할 필요가 있다고 본다. 미국의 입법례에서 일반적인 지명권[48]이 부여된 경우

---

[47] 미국의 위탁자신탁(grantor trust)은 위탁자가 신탁재산을 보유하고 있고, 이는 우리 신탁법의 자기신탁에 해당한다고 볼 수 있을 것이다.

[48] 일반적 지명권은 소유자를 지정할 권한을 말하며, 이는 위탁자(또는 피상속인)이 수입수익자에게 유언 등의 방식으로 신탁재산(원본)을 지정할 권한을 수입과 함께 부여한 경우를 말한다. 다만, 소위 확정할

는 유산세 과세대상으로 간주하는 반면 특수한 지명권이 부여된 경우는 유산세 과세대상에서 제외하고 있으며,[49] 신탁도 이의 규정을 적용받고 있다.

이와 관련하여 위탁자의 영향력이 "지명권"여부와 관련하여 상속세부과 범위를 상정해볼 수 있다. 즉 지명권은 새로운 재산에 대한 소유자를 지정할 권리로 한정할 수 있을 것이다. 이때 수입수익자가 잔여수익자를 새로운 소유자로 지명할 권리를 부여받았다면, 사망한 위탁자의 영향력이 있는 것으로 간주하고 지명될 잔여수익자의 상속가액에 대하여 상속개시일을 기준으로 상속세를 납부해야 한다. 이때 상속재산의 실제수령 시점과 상속개시일과 차이가 발생하므로, 제한적으로 수탁자에게 상속세를 대납하는 방법을 고려할 필요가 있다. 또한 위탁자의 지명권이 부여되지 않거나 가업승계, 미성년자, 정신적 장애가 있는 상속인의 생활보장, 교육이나 보육, 부양목적 등과 같은 경우라면, 잔여수익자에 대한 상속세부과를 면제할 필요가 있다고 생각한다. 이는 단순히 상속세를 회피할 목적으로 보기 어렵기 때문이다. 또한 이는 전문가에 의한 장기적인 활용이라는 관점에서 신탁의 기능에도 합치된다고 본다.[50] 따라서 현행 상증법에서도 이러한 기준설정을 고려한 잔여수익자에 대한 상속세 부과기준을 마련할 필요가 있다고 본다.

① 상속개시일

위탁자의 영향력이 미치지 않는 타익신탁의 잔여수익자는 실질적으로 상속재산를 부담하지 않는다. 하지만, 위탁자의 영향력 미치는 경우라면, 잔여수익자도 상속개시일에 상속세를 부담해야 할 것이다. 다만, 신탁원본에 해당하는 잔여수익을 수령하는 시점에 있어서 차이가 있으므로, 수탁자를 통한 대납을 통하여 상속세를 부담한다. 반면에 수탁자를 통한 상속세대납이 어렵다면, 일정한 기간 동안 상속세에 대한 분할납부를 예외적으로 허용하는 방법도 고려해 볼 수 있을 것이다.

② 상속개시일 이후부터 수령시점

잔여수익자가 상속개시일부터 수령시점 전까지 잔여수익에 발생한 수익에 대한 처리문제이다. 그러나 잔여수익의 평가액은 전술한 예상수익률을 고려한 현재가치로 산정되므로, 이를 고려할 필요가 없다고 본다.

지금까지 논의한 상증법상 장래이익에 관련된 신탁이익의 평가방법에 대한 개선방안을 요약하면 <표 1>과 같다.

수 있는 기준(ascertainable standard)에 의해 지배되는 일반적 지명권은 유산세 과세 대상에서 제외된다. 이것이 특수한 지명권에 해당된다.
49) IRC § 2041.
50) 안성포 역, 전게서, 243~244면.

〈표 1〉 상증법상 장래이익 관련 신탁이익의 평가방법 개선방안(요약)

구분	현행 규정	개선안
상속과세체계	소득개념에 기초한 유산과세형(소득개념)	재산개념에 기초한 유산과세형
재산평가기준일	상속개시일	상속개시일
원본의 평가원칙	저량 및 유량적 평가방법 혼용 ① 금전 이외 자산: 시가와 보충적 평가방법 채택(예외 존재) ② 금전 등은 유량적 평가방법 채택	유량적 평가방법 개념적용 고려
수익의 평가원칙	저량 및 유량적 평가방법	유량적 평가방법
상속재산가액	원본평가액 + 수익의 PV	신탁재산의 평가액 (= 수입수익의 PV + 잔여수익의 PV = 1)
적용 수익률	수익의 PV의 시장이자율	① 기대수명과 투자수익률을 반영한 언도보싱률 또는 에싱수익률 미련히여 잔여수익산정에 적용 ② 현행 연금이나 보험수익율 및 정기금이자율 ③ 원칙: 경과 기관 동일하게 적용 예외: 조건부 고려
문제점	① 원본수익자는 상속세 과대(저량 개념에 해당하는 자산) ② 수익수익자는 상속세 과소 ③ 원본이 그대로 존재함으로써, 수익수익자 사망으로 인한 상속여부 문제제기 가능	① 각 수익의 평가액을 기준으로 수입수익과 잔여수익의 지분율로 상속세 부과(위탁자의 영향력 여부에 따라 상속세납세의무자 차이 발생) ② 현행 문제점 개선

IV. 결 론

개정신탁법은 장래이익이 발생하는 유언대용신탁 및 수익자연속신탁을 도입했다. "죽은 자의 손에 의해 승계되는 재산에 대한 통제 및 관리"라는 특징을 갖고 있다. 이러한 신탁의 이익은 신탁원본과 신탁이익을 구분하여 각 수익자에게 승계하는 방식이 아니라 수익자의 순위에 수입수익과 잔여수익으로 구분하여 승계하는 방식이다.

그런데 현행 상증법상 신탁이익의 평가방법은 소득개념에 기초한 원본과 수익의 취득자(수익자)를 기준으로 산정한 각 평가액의 합계액을 상속가액으로 보고 있다. 그러나 이러한 신탁은 상속목적상 신탁이익이 동일한 재산을 연속하여 수익권을 승계하는 방식을 취하고 있어서, 상속재산인 신탁이익을 소득개념이 아닌 무상이전자(위탁자)를 기준으로 승계하는 재산개념을 적용할 것을 요구하고 있다. 또한 상속재산인 신탁이익을 재산개념으로 보는 것은 현행 유산과세형 상속세체계에도 부합된다. 이와 같은 상속목적상 신탁이익에 대한 관점의 전환은 새로운 상속세법상 신탁이익에 대한 과세근거와 그에 따른 평가방법을 요구하고 있다. 이에 대한 구체적인 평가방법은 다음과 같다.

첫째, 상속재산인 신탁이익의 평가방법은 다음과 같다. 1단계, 신탁이익 구성하는 신탁원본과 신탁수익을 하나의 상속재산으로 보며, 2단계, 원본과 수익은 수입수익과 잔여수익으로 전환되며, 이의 각 평가액은 신탁재산의 평가액과 일치시키는 방법을 마련할 필요가 있다. 즉, "수입수익의 평가액 + 잔여수익의 평가액 = 1"이며, 이때 1은 신탁이익의 평가액을 의미한다. 그 후 각 수입의 평가액의 지분율로 상속세를 분배한다.

둘째, 전환된 수입수익과 잔여수익에 적용되는 수익률은 다르게 적용되어야 할 것이다. 즉 잔여수익은 미래시점에 수령할 재산에 해당하며, 수입수익은 특정기간 동안 신탁재산에서 발생하는 소득을 연속적으로 수령할 권리이기 때문이다. 또한 현행 10%의 환원율은 현재 자산별 수익률을 반영하지 못한다. 이를 해소하기 위하여 정부는 투자에 대한 수익률 및 기대수명을 반영한 연금율과 같은 기준표를 마련할 필요가 있다.

셋째, 상속재산인 신탁이익의 평가일은 수령시점과 관계없이 상속개시일에 일치시킬 필요가 있다. 이를 기준으로 산정된 신탁이익의 상속가액을 각 수익자의 지분별로 상속세를 분배한다. 이는 현행 유산과세형 상속세체계와 부합하는 방식일 것이다. 또한 신탁이익을 자본이득으로 파악함으로써, 신탁수익으로 인한 이중과세문제도 해소할 수 있을 것이다.

이상과 같이 방법을 통하여 유언대용신탁과 수익자연속신탁의 과세근거를 마련하고, 이에 따른 새로운 신탁이익의 평가방법을 규정할 필요가 있다. 이를 통해 신탁세제의 법적 안정성 및 신탁의 활성화에 기여하기를 바란다.

참 | 고 | 문 | 헌

광장신탁법연구회, 『주석신탁법』, 박영사, 2013.

김상훈, "유언대용신탁과 수익자연속신탁", 『상속신탁연구』, 2014.

김재승, "신탁과 관련된 상속세·증여세문제와 Estate Planning 도구로서 신탁의 이용가능성", 『조세법연구』 제17-3호, 2011.

김종해·김병일, "상속세 및 상증법상 유언대용신탁에 대한 과세방안", 『조세법연구』, 第19輯 第1號, 2013.

_____, "상속세 및 상증법상 수익자연속신탁에 관한 과세방안", 『조세연구』 제13권 제3집 2013.

_____, "신탁세제상 장래이익에 관한 세무처리방안: 상속세 및 증여세법을 중심으로", 『조세법연구』 제20-3호 2014.

박홍래, 『미국재산법』, 전남대학교 출판부, 2004.

법제처, 『신탁법 개정안 해설』, 2010.2.

소순무, "누구도 모르는 유언대용신탁 세금", 조세일보, 2016.2.18.

서철원, 『미국 비즈니스 법』, 법원사, 2000.

안성포 역, 『신탁법』, 전남대학교출판부, 2011.

이상윤, 『영미법』, 박영사, 2000.

이준봉, "유언대용신탁 및 수익자연속신탁의 과세에 대한 연구", 『증권법연구』, 제14권 제2호, 2013.

이중기, 『신탁법』, 삼우사, 2007.

이태로, 『조세법』, 박영사, 1989.

임채웅 역, 『미국신탁법』, 박영사, 2011.

장근호, 주요국의 조세제도 - 미국편(Ⅰ) -, 한국조세연구원, 2011.

최명근, "우리나라의 상속과세체계의 개편에 관한 연구", 경희대학교 대학원, 박사학위 논문, 1990

_____, 현행 상속세 및 증여세법의 합리적 개선방안에 관한 연구－연구용역보고서, 한국조세연구포럼, 2003.12.

최명근·최봉길, 상속세 및 증여세의 해설, 경제법륜사, 2004.

파이낸셜뉴스, 사후에도 자산관리 '유언대용신탁' '수익자연속신탁' 문제 없나, 2014.11.25.

金子宏, "相續課稅の課稅方式と負擔水準", 相續稅制改革の視點: 地價の高騰と 相續稅 負擔のありかた, 月刊稅理, 弟1 別冊附錄, (東京 : ぎょせい), 1987.

金子宏, 租稅法, 第2版, 弘文堂, 1989.

高橋 研, 信託の會計·稅務, 中央經濟社, 2007.

奧村眞吾, 詳解 信託法の活用と稅務, 淸文社, 2008, 231면.

Boris I. Bittker·Elias Clark·Grayson M.P. McCouch, Federal Estate and Gift Taxation, Ninth Edition, 2005.

J E Penner, The Law of Trusts, 7th ed, Oxford, 2010.

Jess Dukeminier, "A Mordern Guide to Perpetuities", California Law Review, Volume 74, 1986.12.

Richard Goode, "The Economic Definition of Income", Joseph A. Pechman. ed., Comprehensive Income Taxation, The Brookings Institution, 1977

Roger W Andersen, Present and Future Interests: A Graphic Explanation, Seattle University Law Review, Vol. 19:101, 1995.

Simons, Henry, Personal Income Tax: The Definition of Income as a Problem of Fiscal Policy, The Univ. of Chicago Press, 1938.

Tadao Okamura, Taxation and Trusts in the United States and Japan, Proceedings from the 2009 Sho Sato Conference on Tax Law, School of Law, University of California, Berkeley 2009.

William M. McGovern, Sheldon F. Kurtz, David M. English, WILL, Trusts and Estates Including Taxation and Future Interests Fourth Edition, WEST. 2010.

The Valuation Problem of the Trust Interest for Inheritance Tax and Gift Tax Law: Focusing on Will substitute trust and Successive beneficiary trust

Jong–Hae Kim* · Byung–Il Kim**

Revised trust law introduced Will substitute trust and Successive beneficiary trust causing future interest. These trusts have features to exercise dead hand control over property. Interest of trust of these trusts adopted the way of succession property not to separate trust principal and trust interest but to divide income interest and remainder according to priority of beneficiary.

By the way, for current inheritance tax law the valuation of interest of trust based on total amount of each value amount which is calculated as a criterion transferee of corpus and interest who based on income concept as inheritance amount. However, these trusts have adopted the way of succession property transferring successive interest as a equivalent asset, and this view seems not to adopt income concept but to adopt property concept for interest of trust for inheritance property. Furthermore, perceiving interest of trust for inheritance property as property concept is met current taxation method on bequest as well. Finally, change of view for interest of trust for inheritance property require to prepare basis of imposition of tax for interest of trust for inheritance property, and accordingly new the valuation of it. Thus, on this treatise will suggest the solution for these issues as a inheritance tax perspective.

First, for inheritance property, date of valuating of these trusts of interest needs to coincide date of the commencement of inheritance regardless of date of receiving, which becomes date of standard for computing inheritance value amount, and then this tax amount is distributed each beneficiary as sharing rate of trust interest. This treatment method agrees with current taxation method on bequest. Also, this approach avoids double taxation by understanding trust income interest as a capital gains.

Second, for inheritance tax law, the valuation of interest of trust is following. Step 1, Consider the value of trust property which consists of trust principal and revenue of trust as a inheritance value amount. Step 2 Equalize the sum of corpus and interest

---

* First Author, adjunct instructor, Tax Administration, Kangnam University, dawnsea5@naver.com

** Corresponding Author, Professor, Tax Administration, Kangnam University, bikim22@hanmail.net to value of trust property. That is "value of corpus + value of interest = 1", which means "1= value of trust property"

Third, Rates of return on corpus and interest needs to be applied separately. That is because corpus is a right to receive property at some future time, becoming mainly remainder interest and income interest is a right to receive the stream of income generated by property for a specified period of time. Current capitalization rate 10% doesn't reflect rates of return of current types of asset. In order to solve these problems, it needs to be prepared the table like annuity rate which reflects life expectancy and rates of return on investment by the government.

Like this, our inheritance tax law provides imposition of tax for interest of trust of Will substitute trust and Successive beneficiary trust, and accordingly needs to rule new the valuation of interest of trust. Through all this stated above, legal stability of trust taxation system will be provided and these trusts will be revitalized.

☑ Key words : property concept, income concept, the valuation of trust interest, will substitute trust, successive beneficiary trust, future interests, remainder, life estates,

3.1.3. 상증세법상 신탁이익 평가에 관한 소고*

김병일

Ⅰ. 머리말

2012년 7월 26일 부터 시행된 개정신탁법에는 기존의 재산승계방식과 다른 방식인 유언대용신탁과 수익자연속신탁이 도입되었다. 이들 신탁은 모두 위탁자 사망 이후 신탁재산의 재산권을 위탁자의 상속인에게 배분하기 위한 목적으로 활용이 되고 있다. 그중 유언대용신탁은 원본과 수익을 구분하지 않고 모든 수익에 대하여 각 수익자의 지분율별로 승계되는 수평적 재산분할인 반면 수익자연속신탁은 원본과 수익이 각 수익자별로 구분되어 분배되며, 각 수익자별로 순차적으로 권리행사가 되는 수직적 재산분할 유형이다. 이들 신탁을 통한 재산승계방식에는 장래이익(future interests)[1]이라는 다소 생소한 개념이 자리잡고 있다.

장래이익은 소유자가 현재의 소유(possession)나 향유(enjoyment)를 현재시점에서 취득하는 것이 아니라 미래에 취득할 수도 있는 이익이다. 이는 미래에 확정되기 전까지 미확정상태로 장기간 지속되는 특징으로 인해 과세근거의 불명확성 및 평가문제가 존재한다.

장래이익은 신탁법상 유언대용신탁과 수익자연속신탁의 다음과 같은 특징과 연결된다.[2] ① 미래시점까지 피상속인에 의한 승계재산의 통제, ② 장기간 신탁이 존속하는 경향, ③ 미래시점에 대한 미확정이익 존재, ④ 절대적 소유권을 시간적으로 수입수익

---

* 『세무사』 제35권 제2호(2017. 여름, 한국세무사회)에 게재된 논문이다.

　본고는 『조세연구』 제16-4권에 게재된 김종해·김병일, "상속세 및 증여세법상 신탁이익에 관한 평가문제 -유언대용신탁 및 수익자연속신탁을 중심으로-"의 내용을 수정·요약정리한 것이다.

1) 미래재산권 또는 장래권이라고 일컫기도 하나(박홍래, 『미국재산법』, 전남대학교 출판부, 2004, 42면; 임채웅역, 『미국신탁법』, 박영사, 2011, 185면 참조), 본고에서는 장래이익이라고 칭하기로 한다.

2) Tadao Okamura, Taxation and Trusts in the United States and Japan, Proceedings from the 2009 Sho Sa to Conference on Tax Law, School of Law, University of California, Berkeley 2009, pp.2~3.

과 산여수익으로 분할승계 된다는 점이다. 이러한 특징 중 ③과 ④는 신탁이익의 평가방법과 직접적으로 관련하여 발생하는 문제이다. 이는 이들 신탁이 "죽은 자의 손"에 의해 승계되는 재산에 대한 통제 및 관리라는 특성, 상속세 및 증여세법(이하 '상증세법'이라 함)상 신탁이익에 대한 취급의 태도 등에 기인한다.

상증세법은 유산과세형을 취하고 있지만, 신탁재산의 평가방법은 소득개념을 전제로 한 각 수익자별로 원본과 수익을 평가하는 취득과세형으로 다루고 있다. 상증세법상 신탁이익의 평가방법은 취득과세형방식인 반면 상속세 부과는 유산과세형을 적용하고 있는 등 일관성이 결여되어 있다. 더욱이 이 상황은 장래이익의 미확정성 문제 및 신탁이익에 대한 상속과세문제를 더 어렵게 하고 있다.

이를 보완하기 위하여 첫째, 신탁이익의 평가방법을 재산개념에 근거한 방법으로 전환하여 일관성을 확보할 필요가 있다. 둘째, 연속수익자가 출현하는 신탁의 평가기준일을 상속개시일로 할 것인지 아니면 각 수익자의 수령시점을 기준으로 할 것인지에 대한 정책적 접근이 필요하다. 셋째, 상증세법상 원본이나 수익의 현재가치(present value) 평가시 적용되는 이자율에 대한 검토가 필요하다. 수입수익자 및 원본수익자에게 적용되는 이자율은 수령시점 및 수익의 성격차이로 인하여 달리 적용되어야 할 것이다. 넷째, 위탁자의 영향력 여부에 따라 수입수익자와 원본수익자(제2수익자)에 대한 상속세부과 규정을 마련할 필요가 있다. 이는 신탁을 통한 재산승계와 다른 재산승계방식 간의 조세중립성 저해의 문제와 신탁제도의 활성화라는 두 가지 측면에서 바랄 볼 필요가 있기 때문이다.

이와 관련하여 상증세법상 신탁이익을 재산개념에 기초한 평가방법을 도출하여, 상속세 부과방식의 일관성 확보와 그에 따른 신탁이익의 평가방법에 대한 개선방안을 마련해 보고자 한다.

II. 장래이익과 상증세법상 신탁이익의 평가방법

1. 장래이익의 일반적 고찰

(1) 장래이익의 개념

장래이익은 소유자가 현재의 소유나 향유를 현재시점에 취득하는 것이 아니라 미래에 소유나 향유를 취득할 수도 있는 이익을 말한다. 장래이익은 소유권을 사용·수익권과 처분권을 분리하여 행사할 수 있는 특징이 있다. 또한 장래이익의 시간적 경과에 따른 소유권의 분리 개념(notion of dividing ownership)은 현대 신탁법의 발전에 크게 기여를 하고 있다.[3] 또한 장래이익은 확정되기 전까지 이 이익의 성격을 명확히 규정하고 있지 않는 점도 특징 중의 하나이다.

(2) 장래이익의 발생요건

장래이익은 선순위 수익자의 생애권(life estate)을 전제로 한다. 생애권이란 한 사람 또는 그 이상의 사람의 생애를 기준으로 하여 토지를 점유(possession)할 수 있는 것을 내용으로 하는 재산권을 말한다. 이러한 생애권은 생애권자가 생애동안 해당 수익을 향유할 수 있는 것으로서, 생애권이 종료가 되면 소멸하는 생애권자의 일신전속적 권리에 해당하며, 생애권 보유자는 장래이익을 갖은 자로부터 아무런 영향을 받지 아니하고 자유로이 이를 향유할 수 있다는 특징이 있다.[4] 따라서 생애권은 상속인에게 포괄적으로 승계되는 재산이 아니므로 후순위 수익자에게 승계되는 상속재산이 아니다.

이러한 생애권은 당사자의 합의에 의해서 창출되는 경우도 있고 법에 의하여 인정되는 경우도 있다.[5] 생애권은 생애권자의 사망이라는 자연적 소멸이나 생애권의 기한 종료를 원인으로 장래이익을 발생시킨다. 이는 영미계의 요건에 해당하지만, 장래이익이 발생하는 유언대용신탁이나 수익자연속신탁에게도 적용가능한 요건들이다. 이러한 생애권에 따른 장래이익은 잔여권(remainder)과 복귀권(reversion)이다. 잔여권은 제3자가 취득하게 되는 장래이익이며, 확정잔여권(vested remainders)과 미확정잔여권(contingent remainders)으로 구분되고. 이를 양수인이 취득하며, 복귀권은 양도자(grantor)가 취득하게 되는 장래이익으로 일정한 조건의 성취를 통하여 발생하게 된다.

(3) 장래이익과 유언대용신탁 및 수익자연속신탁의 관계

장래이익은 유언대용신탁의 수익자연속형과 수익자연속신탁의 수익권에 해당하며, 이들 신탁의 수익권 연속행위는 소유권의 이전이 아니므로, 상속재산에 해당하지 않는다는 점이다. 구체적으로 이들 신탁에서 수익권을 장래이익이 발생하는 경우는 다음과 같다.

유언대용신탁과 관련하여 장래이익이 발생하는 유형은 위탁자 사망 후 수익채권이 발생하는 경우이다. 이 유형의 수익자는 신탁설정시점부터 이미 수익자이며, 수익권을

---

3) Roger W Andersen, Present and Future Interests: A Graphic Explanation, *Seattle University Law Review*, Vol. 19:101, 1995, pp.102~103.
4) 이상윤, 『영미법』, 박영사, 2000, 331면.
5) 서철원, 『미국비지니스법』, 법원사, 2000, 123면.

취득하지만, 신탁재산에 관한 급부청구권은 위탁자의 사망시점 또는 그 이후 시점에서만 행사할 수 있으며, 이에 대한 행사시점은 신탁행위로 정할 수 있다.[6] 즉 유언대용신탁은 별도의 정함이 없는 한 위탁자의 생존 중에는 위탁자가 수익자이며, 위탁자가 철회권 및 수익자변경권이 있는 유형과 위탁자가 사망할 때까지는 수익자로서 권리가 없고, 위탁자가 감독권을 행사하고 있는 일본의 유언대용신탁과 매우 유사한 구조이다.[7] 이러한 점에서 유언대용신탁은 미국의 철회가능신탁(revocable trust)과 흡사한 구조를 취하고 있다. 이러한 수익권은 장래이익의 성질을 갖고 있다는 점이다.

수익자연속신탁에 장래이익이 발생하는 경우는 수익자연속신탁의 구조에서 찾아 볼 수 있다. 즉 수익자연속신탁의 구조는 시간 축(the time axis)에 따라 절대적 소유권을 수입수익(income interest)과 잔여수익(remainder interest)과 같이 시간적인 또는 일시적인 이익의 조각(temporal interests)으로 잘라내는 것이다.[8] 이때 연속되는 이익은 소유권이 아닌 수익권의 성격이며, 그 이유는 신탁재산의 소유권은 수탁자에게 있으며, 신탁원본의 이전은 신탁종료를 의미하기 때문이다. 이때 발생한 수익권에 유언대용신탁과 마찬가지로 장래이익이 발생하게 된다.

한편, 장래이익에 해당하는 수익권은 미래시점에서 확정되기 까지 미확정상태에 있게 되고, 이는 위탁자가 철회권이나 신탁을 종료할 수 있는 권리를 유보하고, 수익자를 지정하거나 변경할 권리를 가지고 있어서 변동가능성이 더 커져 법적 안정성을 저해할 수 있다.

2. 상증세법상 신탁이익에 대한 평가방법

(1) 권리수익의 순실현가치평가

유언대용신탁의 수익자연속형이나 수익자연속신탁의 신탁이익은 귀속자 및 귀속시기의 확정시점에 대한 불확실성이 존재한다. 즉 수익자가 신탁이익을 받기 위해 장기간 기다린다거나, 조건부에 의한 조건성취 등을 통해 귀속자 및 귀속시기가 확정되기 때문이다. 이에 대한 평가방법은 상증세법 제65조, 동법 시행령 제60조 및 제61조의 규정이 적용될 것이다.

---

6) 신탁법 제59조 제2항.
7) 안경포 역, 『신탁법』, 전남대학교출판부, 2011, 541~542면.
8) Tadao Okamura, *op. cit.*, p.3.

(2) 각 권리별 적정가액 계산방법

1) 조건부권리 및 기간불확정권리의 내용연수 반영

우선, 조건부권리는 본래의 권리가액을 기초로 하여 조건내용의 구성사실과 조건성취의 확실성 등을 고려하여 해당 권리의 가액을 평가하게 된다. 이러한 조건부권리는 일종의 장래이익의 성격을 갖게 된다. 문제는 조건성취의 확실성은 장래시점의 확률적 판단으로서 전문적이고 신뢰성 있는 판단이 필요한 부분이다. 둘째, 존속기간의 불확정한 권리는 권리의 자체속성을 반영하고 목적물의 내용연수나 기타 제반사정을 참작하여 적정가액을 평가해야 할 것이다.

2) 신탁의 이익을 받을 권리에 대한 계산방법

① 원본과 수익의 이익의 수익자가 동일한 경우

원본과 수익의 이익의 수익자가 동일한 경우에는 상증세법에 의하여 평가한 신탁재산의 가액에 대하여 수익시기까지의 기간 및 수익의 이익에 대한 원천징수세액상당액 등을 감안하여 다음의 계산식에 따라 계산한 금액의 합계액을 말한다.

$$\frac{\text{신탁재산가액} + \text{각 연도에 받을 원본 및 수익의 이익} - \text{원천징수세액상당액}}{(1+\text{신탁재산의 평균 수익률 등을 감안하여 기획재정부령으로 정하는 이자율})^n}$$

n: 평가기준일부터 수익시기까지의 연수

② 원본과 수익의 이익의 수익자가 다른 경우

㉠ 원본의 이익을 수익하는 경우

원본의 이익을 수익하는 경우에는 평가기준일 현재 원본의 가액에 수익시기까지의 기간에 대하여 다음의 계산식에 따라 계산한 금액의 합계액이며, 다음의 산식에서 "기획재정부령으로 정하는 이자율"이란 연간 1,000분의 30을 말한다.

$$\frac{\text{평가기준일 현재 원본의 가액}}{(1+\text{신탁재산의 평균 수익률 등을 감안하여 기획재정부령으로 정하는 이자율})^n}$$

n: 평가기준일부터 수익시기까지의 연수

㉡ 수익의 수익을 수익하는 경우

수익의 이익을 수익하는 경우에는 평가기준일 현재 기획재정부령으로 정하는 방법에 따라 추산한 장래에 받을 각 연도의 수익금에 대하여 수익의 이익에 대한 원천징수세액상당액등을 고려하여 다음의 계산식에 따라 계산한 금액의 합계액이다. 여기서 "기획재정부령이 정하는 방법에 따라 추산한 장래받을 각 연도의 수익금"이라 함은 평가기준일 현재 신탁재산의 수익에 대한 수익률이 확정되지 아니한 경우 원본의 가액에 1,000분의 30을 곱하여 계산한 금액을 말한다.

$$\frac{각\ 연도에\ 받을\ 수익의\ 이익 - 원천징수세액상당액}{(1+신탁재산의\ 평균\ 수익률\ 등을\ 감안하여\ 기획재정부령으로\ 정하는\ 이자율)^n}$$

n: 평가기준일부터 수익시기까지의 연수

III. 재산개념에 의한 신탁이익과 그 평가방법

1. 유언대용신탁·수익자연속신탁의 상속재산인 신탁이익의 성격: 소득개념 vs. 재산개념

(1) 의 의

유언대용신탁이나 수익자연속신탁은 위탁자가 생전에는 생전신탁(자익신탁)의 형태이지만, 사후에는 사후신탁(타익신탁)으로 변경하게 된다. 즉 생전에 발생한 수익은 이자나 배당소득과 같은 통상적인 소득세나 증여세가 부과되며, 원본이나 수익의 이익은 소득개념이 적용되고 있다. 한편, 사후신탁으로 변경된 경우에는 신탁이익을 유산으로 보는 재산개념을 적용해야 하지만, 상증세법은 이를 소득개념에 의한 평가방법으로 정하고 있다. 신탁이익이 유산에 해당하고, 신탁재산의 이전이 위탁자(또는 이전자)를 기준으로 파악하더라도, 신탁이익을 다른 상속재산과 달리 소득개념으로 파악할 명확한 근거를 찾기가 어렵다. 따라서 과세당국은 상속재산에 해당하는 신탁이익에 대한 인식의 전환이 필요한 시점이며, 이를 통하여 이들 신탁의 과세근거와 구체적 산정방법을 일관되게 적용할 필요가 있다.

(2) 신탁이익의 상증세 과세근거와 재산개념

상속세란 어떤 사람이 사망하여 그가 소유하고 있다가 남긴 재산이나 채무를 그의 배우자와 자녀에게 무상으로 이전해 줄 때 발생하는 세금을 말한다. 물론 신탁재산도 이에 포함된다. 그런데 상증세법상 유언대용신탁이나 수익자연속신탁에 대한 과세근거가 명확하지 않아서, 이에 따라 평가방법도 혼재된 방식을 유지하고 있다. 이러한 신탁에 대한 과세근거 설정의 어려움은 장래이익의 성격을 갖고 있는 수익권과 상속목적상 신탁이익에 대한 개념정립의 불충분성 때문이다.

이들 신탁의 과세근거를 설정하기 위한 기준은 "죽은 자의 손"에 의해 승계되는 재산에 대한 통제 및 관리라는 점이다. 즉 사후 위탁자의 영향력은 수평적 관계인 동일세대 내에서도 발생하며, 수직적 관계인 2세대 이상에도 발생할 수 있다. 사후 위탁자의 영향력에는 위탁자가 소득이나 이전된 재산을 향유하거나 소유할 자를 지정할 권리나 잔여권자에게 분배목적을 위해 소득을 유보내지 축적할 것을 지시할 권리 등이 이에 해당할 것이다.9) 이들 신탁은 수평적 관계보다는 수직적 재산승계시점에서 사망한 위탁자의 영향력을 판단하는 문제가 더 중요할 것이다.

이를 해소하기 위하여 상증세법에서도 사후 위탁자의 영향력 여부를 통해 후순위자에 대한 상속세부과 여부를 결정할 필요가 있다. 예를 들어, 위탁자 A가 B에게는 수익을 지급하고, B의 자녀들은 잔여수익을 수령하기로 신탁을 설정하고, 소득을 자본화하거나 유보할 권리를 A가 보유하고 있는 경우이다. 이 경우 A의 상속재산에는 재산뿐만 아니라 권리도 B로부터 B의 자녀에게 이전된다고 볼 필요가 있을 것이다. 이는 상속의 포괄적 개념을 적용해 볼 수 있고, 사법의 상속개념이 그대로 적용하기 어렵다면, 상증세법상 특례사항으로 정하여 시행하는 것이 이들 신탁의 과세근거부재보다 진전된 방향일 수 있을 것이다.

따라서 이러한 과세근거에 따라 후순위자에 대한 과세여부는 다음과 같이 정리할 수 있다. ① 위탁자의 사망시점에 전술한 소득이나 이전된 재산을 향유하거나 소유할 자를 지정하는 내용이나 잔여권자에게 분배목적을 위해 소득을 유보하거나 축적할 것을 구체적으로 지시할 권리를 보유한 경우에 수입수익권과 원본수익권 모두를 상속가액으로 보고 원본 등 잔여수익을 수령하는 수익자에게도 상속세를 부과해야 할 것이다. ② '①'의 경우에 해당하지 않을 경우는 후순위자에게 상속세를 부과하지 않는다. 이는 다른 재산승계제도와 비교해보면 조세중립성을 저해한다는 지적을 피할 수 없을 것이지만, 이러한 유연한 운영은 신탁제도의 장점이면서, 신탁제도의 활성화를 위한 불가피한 선택으로 판단된다.10) 이러한 과세근거는 신탁이익을 소득개념보단 재산개념으로 파악하는 것이 적절할 수 있다.

다음은 전술한 과세근거를 전제로 소득개념과 재산개념을 비교해 보기로 한다. 다만, 이러한 비교는 이들 신탁과 관련하여, 수평적 관계보다는 수직적 관계에서 더 의미

---

9) William M. McGovern, Sheldon F. Kurtz, David M. English, *WILL. Trusts and Estates Including Taxation and Future Interests Fourth Edition*, WEST. 2010, pp.700~702.

10) 이를 적용할 수 있는 부분은 가업승계, 생존배우자의 생활보장, 미성년자 또는 정신장애가 있는 상속인, 교육이나 부양의 목적에 해당하는 경우를 상정해 볼 수 있을 것이다.

가 있기 때문에 이에 한하여 진행한다. 첫째, 소득개념에 의하면 취득과세형에 따라 위탁자의 영향력에 대한 권리를 파악하기가 매우 어렵다. 즉 각 수익자가 상속개시일에 취득한 재산에 대하여 상속세를 부담하게 되지만, 위탁자의 영향력과 관련된 권리를 누구에게 귀속시킬 것과 같은 추가적인 문제가 발생하게 된다. 반면 재산개념에 의할 경우 상속재산이 포괄적으로 승계되고, 전체 상속재산에 대하여 지분별로 분배하게 된다. 이때 각 수익자별로 수령시점은 다르지만 상속개시일을 기준으로 상속재산뿐만 아니라 위탁자의 영향력에 대한 권리를 각 수익자 모두에게 이전한다고 볼 수 있기 때문이다.

둘째, 신탁이익의 평가방법에 관한 부분이다. 소득개념에 의한 평가방법은 원본과 수익의 평가액의 합이 상속가액이 되는 반면, 재산개념에 따른 평가방법은 신탁재산의 평가액이 상속가액이 되고, 자산별 평가액을 원본과 수익으로 분배할 때 현재가치라는 유량적 평가방법으로 통일할 수 있다. 이는 각 수익자간 조세부담의 중립성을 유지할 수 있다는 점이다. 또한 다른 상속재산의 평가방법과 동일한 출발점에 있기 때문에 상속재산별 평가방법에 있어서 중립성을 유지하고 있다. 반면, 소득개념에 의할 경우 신탁재산이 부동산 등으로 이루어진 경우 원본은 저량(stock)으로 평가되고, 수익은 유량(flow)으로 평가되므로, 각 수익자간 세부담의 형평성에 문제가 초래될 수 있다는 점이다. 따라서 재산개념에 의한 신탁이익의 평가방법은 소득개념에 의한 평가방법보다 조세중립적이다.

(3) 소 결

본질적으로 상속과세는 재산세의 일종이며, 상속과세의 물건은 재산의 이전에 대한 과세이다.[11] 따라서 신탁이익은 생전에는 소득에 해당하지만, 사후에는 유산 즉 상속재산에 해당한다. 이런 재산개념을 전제로 할 경우 이들 신탁은 사망한 위탁자의 영향력과 관련된 권리를 수익자별로 분리하지 않고 신탁종료시까지 적용할 수 있는 장점이 있다. 이들 신탁의 문제는 후순위자에 대한 상속세 과세여부와 관련된 부분이며, 이를 해소하기 위해서 전술한 과세근거를 전제로 위탁자의 영향력여부에 따라 상속세과세여부를 판단할 기준으로 삼을 수 있다. 즉 위탁자의 영향력에 해당하는 권리가 선순위자뿐만 아니라 후순위자에게도 적용된다면, 원본과 수익 전체에 대하여 상속세를 부과하는 반면, 그렇지 않을 경우에는 후순위자가 수령하는 수익에 대하여 상속세를 부과하지 않는다.

---

11) 최명근, "우리나라의 상속과세체계의 개편에 관한 연구", 경희대학교 대학원, 박사학위 논문, 1990, 33~35면; 최명근, 『현행 상속세 및 증여세법의 합리적 개선방안에 관한 연구』, 한국조세연구포럼, 2003.12, 14~16면을 참고.

또한 신탁이익에 대한 평가방법도 재산개념에 기반으로 하여 신탁이익의 평가액을 상속가액으로 보며, 각 수익권의 평가액은 신탁이익의 평가액에 대한 지분율을 판단하는 기준에 한정할 필요가 있다. 이는 현행 유산과세형 상속세체계와 부합하며, 일관성을 유지할 수 있는 장점이 존재하다.

이상과 같이 상증세법상 신탁이익의 평가방법은 재산개념의 채택으로 유산과세형 상속세체계와 일치시킬 필요가 있다. 다만, 증여세법상 평가방법은 소득개념에 의한 취득과세형체계를 유지하는 것이 바람직하다.

2. 소득개념 및 재산개념에 의한 신탁이익의 평가방법

(1) 소득개념에 의한 신탁이익의 평가방법

상속세는 유산과세형을 취하고 있지만, 신탁이익에 대한 평가방법은 취득자인 수익자별로 원본과 수익의 평가액을 산정하는 취득과세형을 취하고 있다. 즉 상증세법 제65조 제1항에서 신탁의 이익을 받을 권리에 대한 평가는 동법 시행령 제61조 제2호에 위임하고 있고, 동법 시행령 제61조 제2호 가목은 원본의 이익의 평가를 규정하며, 나목은 장래 받을 각 연도의 평가를 규정하고 있다.

상증세법상 신탁이익의 평가방법의 출발점은 취득자 기준에 의해 각 수익자별 평가액을 합한 후 각 수익자별로 과세하는 방식을 채택하고 있다. 그러나 상속세산정은 각 수익자의 평가액의 합에 대하여 상속세율을 적용하는 유산과세형을 취하고 있는 혼재된 상속과세방식을 채택하고 있다고 볼 수 있다.

이러한 소득개념에 의해 상속재산을 평가하고 있는 주요국은 일본의 입법례이다. 일본은 우리나라와 달리 취득과세형 상속세체계를 채택하고 있다. 구체적으로 장래이익이 대표적으로 발생하는 부분은 수익자연속신탁이다.[12][13] 일본 수익자연속신탁은 위탁자의 사망으로 수익자가 취득하는 경우는 유증의 성격으로 파악하고 있다.[14] 또한

---

12) 광장신탁법연구회, 『주석신탁법』, 박영사, 2013, 593면; 일본 상속세법 제9조의3 제1항 및 일본 상속세 기본통달 제9의3-1조 참조.
13) 예를 들어, 위탁자 사망시 제1수익자는 수입수익권만을 갖고 제1수익자 사망 이후 제2수익자가 수입수익뿐만 아니라 원본수익도 갖는 수익자연속신탁을 체결한 경우, 위탁자 사망시 현재 수익권을 보유하고 있는 제1수익자만이 신탁재산의 수익자가 되고, 수익권의 가치도 신탁재산 전부의 가액이 된다는 의미로 해석하고 있다. 따라서 위탁자 사망시 배우자(제1수익자)만이 상속세 부담을 지게 되고, 이후 배우자가 사망한 경우에는 제2수익자가 신탁재산 전부에 대하여 상속세 부담을 지게 된다; 高橋 硏, 「信託の會計・税務」, 中央經濟社, 2007, 257面.
14) 일본 상속세법 제9조의2 제1항.

선순위 수익자의 사망으로 해당 이익을 수령할 경우, 유증으로 취득한 것으로 간주된다.[15] 따라서 신탁재산을 수입수익권과 원본수익권으로 분리여부와 관계없이 선순위 수익자의 사망으로부터 후순위 수익자가 취득은 유증으로 파악하고 있다. 이때 원칙적으로 각 수익권을 수령하는 수익자가 상속세납부의무를 부담한다.

일본 수익자연속신탁의 수익권에 평가방법은 다음과 같다. 즉 수익(收益)에 관한 수익권(受益權)의 평가액은 수입수익권과 원본수익권으로 평가하게 되며, 각 수익권의 합계액이 신탁재산(수입수입권+원본수익권)의 평가액이 되며, 각 수익자가 수령한 유증액을 기준으로 상속세를 부담하게 된다.

다만, 수익권에 대하여 평가할 때 다음과 같은 두 가지 사항을 고려하고 있다. ① 수익권의 기간과 제한된 부분이다. 수익자연속신탁과 관련하여 '수익자연속신탁에 관한 권리를 수익자가 적정한 대가를 지불하지 아니하고 취득한 경우로서 수익권에 기간의 제한이나 수익권 가치의 제한이 부가되어 있는 경우에는 그러한 제한은 없는 것으로 본다.[16]' 또한 '전항의 수익자란 수익자로서의 권리를 현재 보유하고 있는 자[17]'로 규정하고 있다. 즉 일본 상속세법 제9조의3 제1항은 수익권(장래이익의 성격)에 대하여 기간의 제한 등 제약이 있는 경우에도 그 제약이 없는 것으로 보아 그 가치를 평가한다.

② 수익권이 원본 또는 수익에 대한 권리로 분리된 경우이다. 이 경우 원본수익권은 '0'원으로, 수입수익권은 신탁재산 전부에 대한 가액으로 평가하게 된다.[18] 다만, 법인이 수입수익권을 갖는 경우에는 위 특례를 적용하지 않고 원본수익권에 대하여 '0'으로 평가한다. 다만, 일본 상속세법 제9조의3의 규정의 적용에 따라 상기 ① 또는 ②의 수익권이 분리된 수익자연속형신탁의 원본수익권은 가치가 없다고 간주되기 때문에 상속세 또는 증여세의 과세관계는 발생하지 않는다고 규정하고 있다.[19]

이상과 같은 일본 상속세법은 수익자연속신탁의 수익권에 대한 평가방법에 대해 수익자연속신탁의 수익자에게 부가하는 수익권 행사기간의 제한이나 연속되는 수익권의 가치가 수입수익권으로 제한되는 효과를 부인하고 연속되는 수익자 각각이 신탁재산을 수익하는 것으로 간주하여 과세하고 있는 근거는 일본의 상속세체계가 취득과세형을 취하고 있기 때문이다. 이렇듯 일본은 장래이익이 발생하는 수익자연속신탁도 다른 상속재산에 대한 과세에 대한 일관성을 유지하기 위하여 취득과세형을 선택하고 있다.

신탁이익에 대한 혼재된 상속세과세방식은 유언대용신탁이나 수익자연속신탁만의

---

15) 일본 상속세법 제9조의2 제2항.
16) 일본 상속세법 제9조의3 제1항.
17) 일본 상속세법 제9조의3 제2항.
18) 일본 상속세법기본통달 9의3−1(3).
19) 일본 상속세법기본통달 9의3.

문제는 아닐 것이다. 다만, 유언대용신탁이나 수익자연속신탁은 장래이익에 기초한 연속수익자가 발생하는 유형으로 다른 상속형 신탁보다 평가방법 및 과세방법에 있어서 더욱 조심스러운 접근이 필요하기 때문이다.

이러한 불일치는 이들 신탁이 위탁자 생전에는 원본의 수익은 자본소득으로 인식하고 수입의 수익은 통상적인 소득이며, 위탁자의 사후에는 유산으로 보고 원본과 수익을 구분하지 않고, 상속재산으로 평가해야 하지만, 상증세법은 이를 생전의 연속적인 수익으로 인식하고 있기 때문에 발생하게 된다. 또한 이들 신탁이 생전신탁에서 사후신탁으로 전환된다는 점을 과세당국에서 간과하고 있지 않는가라는 생각이 든다. 이러한 신탁이익에 대한 인식의 차이는 이들 신탁의 과세근거를 명확히 설정하기 어려우며, 그에 따른 평가방법 등도 혼선을 일으키는 원인이 될 것이다. 그러므로 위탁자의 신탁재산도 유산이고, 유산과세형 및 재산개념에 따른 평가방법이 일관성을 확보할 수 있는 장점이 있다. 또한 다른 상속재산의 평가방법과 일치시켜 상속재산별 조세중립성과 세무행정의 효율성을 높일 수 있을 것이다.

(2) 재산개념에 의한 신탁이익의 평가방법

재산개념에 근거한 상속세체계는 유산과세형방식이다. 즉 이는 재산가치의 측정을 무상이전자(양도자, 증여자, 피상속인 등)기준으로 측정하는 방식으로써, 무상이전자가 상속인이나 수유자 등에게 이전한 재산가치를 기준으로 산정하며, 무상이전자가 이전하는 재산총액을 기준으로 평가하는 것이다. 마찬가지로 신탁이익의 평가도 신탁재산을 기준으로 이루어져야 할 것이다. 따라서 사후신탁의 유형에 관계없이 이러한 접근법은 동일하게 적용되어야 할 것이다. 다만, 수익자연속신탁이나 유언대용신탁은 다른 사후신탁과 달리 장래이익의 성격을 지닌 수익권이며, 연속수익자가 존재함으로써, 각 수익자별 수령시점의 차이로 인하여 신탁이익의 평가액 산정이 어렵다고 전술한 바 있다.

그럼에도 불구하고 이들 신탁이익도 유산에 해당하며, 다른 상속재산과 마찬가지로, 위탁자를 기준으로 신탁이익을 파악하는 유산과세형을 적용해야 할 것이다. 즉 원본과 수익을 개별이익이 아닌 신탁재산이라는 하나의 재산으로 파악해야 한다.

이러한 재산개념에 의한 상속재산을 평가하고 있는 주요국은 미국의 입법례이다. 이를 논하기 앞서 미국의 유산세(estate tax)와 상속세(inheritance tax)의 차이를 살펴볼 필요가 있다. 유산세는 이전재산의 이익이나 이전재산에 대한 권리에 대한 소비세(an excise tax)인 반면, 상속세는 재산을 받을 권리에 대한 소비세이다. 이에 미국 연방정부는 상속세를 부과하지 않고 유산세만을 부과하고 있으며, 이는 유산에 대한 세금, 즉 무상이전자의 유산에 근거한 재산개념에 따른 과세방식이지 수익자(수증자)에 대한 세금 즉 소득개념에 따른 취득자과세방식이 아니라는 점이다.

　이러한 과세방식에 따라 미국의 유언대용신탁이나 수익자연속신탁은 전술한 장래이익이라는 조건부자산(partial interest)에 해당한다. 조건부자산에는 연금(annuity), 생애이익(interest for life)이나 일정기간(a term of years)이익, 잔여권, 복귀권이 해당되며,20) 이에 대한 평가방법을 IRC § 7520에서 규정하고 있다. 이러한 조건부자산은 해당 자산의 시장가격보다 낮은 가치를 갖는 제한된 권리를 의미한다. 이러한 권리는 증여와 마찬가지로 미국 국세청(U.S. IRS)이 제공하는 보험표(table)를 이용하여 자산을 평가하게 된다.21) 보험표는 미국 재무부(U.S. Treasury)에 의해 최소 10년에 한 번씩 추정되는 평균수명을 감안하여 수정되며, 이러한 조건부 지분은 실제 소득(지분가치)과 관계없이 일정한 공식에 의하여 평가된다.22) 구체적인 평가방법은 다음과 같다.

　생애권과 잔여권에 대하여 보험평가 산정체계(actuarial valuation system)에 의해 평가한 연방정부 이자율(federal midterm rate)에서 산출된 이자율을 사용하여 제한된 권리의 가치를 평가한다. 이 때 생애권과 한시적 지분(term certain interest)의 환산을 위한 보험표에서는 '1'에서 잔여약수(remainder factor=)23)를 제외한 수치가 수입수익약수(factor)가 된다. 잔여약수란 어떤 사람의 사망시점에 자산을 물려받을 수 있는 권리에 대한 현재가치를 의미하거나 한시적 지분이 종료되는 시점에 자산의 현재가치를 의미하기도 한다. 따라서 '1'은 생애권과 잔여권을 합한 자산(1= 생애권+잔여권)의 공정가액을 대표하게 된다. 이를 기준으로 미국은 철회가능신탁이나 수익자연속신탁의 조건부자산인 생애권이나 잔여권을 평가하고 있다. 즉 신탁재산의 공정가액을 '1'로 보고 이를 구성하는 생애권과 잔여권을 산정하고 있으며, 잔여권의 평가금액은 자산가액에 잔여약수를 곱한 금액으로 평가되며, 생애권은 '1'에서 잔여권을 차감한 금액이 된다. 따라서 생애권이나 잔여권 중 하나의 평가금액만 산정하면 나머지 수익권의 평가금액을 구할 수 있다. 이는 신탁재산의 평가가액을 기준으로 신탁이익을 각각 생애권과 잔여권으로 구분에 대한 평가하게 된다면 점에서 재산개념에 기초한 평가방법이라고 볼 수 있을 것이다. 이와 같은 평가방법은 증여세(gift tax)에도 그대로 적용된다. 그 이유는 미국의 증여세납세의무자는 수증자가 아닌 증여자이며, 증여가액도 증여자단계에서 산정되기 때문이다.24)

---

20) IRC § 7520.
21) Reg. §§ 20.2031−7(D), 20.7520−1, 25.2512−5(D), 25.7520−1 참고.
22) IRC § 7520(c)(3); 장근호, 『주요국의 조세제도−미국편(Ⅰ)−』, 한국조세연구원, 2011, 820면.
23) 장근호, 상계서, 820~821면.
24) 미국은 1976년 이후 유산세와 증여세가 이전과세(transfer tax)로 통합되어 운영되며 누진세율이 적용되

생애권의 현재가치(present value)는 미리 규정된 예상수익률(annual rate of return)과 동일한 할인율(discount rate)을 적용한 현재가치에 연간분배소득을 할인하고 이렇게 산정된 금액의 합계를 산정함으로써 결정된다. 즉, 생애권은 각 기간의 현재소득×할인율=현재가치를 구하고 종료시점까지의 각 기간별 현재가치의 합계액이 된다. 잔여권의 현재가치는 예상수익률과 동일한 할인율이 적용된 자산(이 자산이 지속적인 원본의 가치를 보유할 것을 전제로 하고 있다)의 가치를 할인함으로써 결정된다. 미래에 지급될 금액을 현재가치에 할인하기 위하여, 지급될 금액/$(1+r)^n$으로 구하고, r은 매년 혼합된 예상수익률이고, n은 경과기간을 의미한다. 한편, 여기서 적용되는 이자율은 자산이전이 발생한 월의 연방 중기채권 이자율에 1.2를 곱한 지수로서 매월 조정된다.[25]

예를 들어, 위탁자 A는 X(10년 동안)의 생계를 위하여 지급될 $100,000을 신탁에게 위탁하고, A의 사망 후 X에게 생애권을 이전하고 X의 사망시점에 Y에게 잔여권을 수여하는 신탁계약을 체결했다. 예상수익률은 6%이다. X는 10년 후 사망한다고 전제한다. 이 평가표에 의하면 X의 생애권은 $44,160[60세 생애기간동안 매년 $6,000씩 지급될 금액의 현재가치(PV)$= \sum (6000/(1+0.06)^{10})$]가액이 되며, Y의 잔여권은 $55,840(60세 사망시점에 현재가치 $100,000에서 차감)가액이 된다.[26] 신탁재산의 상속가액은 $100,000이고 이 금액은 생애권($44,160)과 잔여권($55,840)과 일치한다. 즉 신탁재산의 원본과 수익의 분리와 관계없이 신탁재산을 하나의 상속재산으로 보는 재산개념을 통하여 유산세를 산정하고 있다. 다만, 위탁자 A의 사망으로 인하여 X에게 지급되는 생애권만이 유산세 과세대상으로 보고 있다. 즉 생애권이 종료되거나 해당 재산이 신탁을 떠나 잔여수익자에게 분배될 때 B(제1수익자)의 사망으로 인한 X(제2수익자)는 유산세를 부과 받지 않는다. 이는 증여나 유산세가 잔여수익자가 그의 후손(descendants)에게 생전기간동안이나 사후시점에 재산을 이전할 때까지 부과되지 않는다는 것을 의미한다. 비록 생애권자(B)가 잔여수익자를 지명할 권리가 있을 지라도, 해당 권리가 일반적 지명권(general power of appointment)에 포함되지 않는 한, 위와 동일한 결과가 발생한다는 점을 유의해야 한다.[27][28] 즉 생애권자가 일반적 지명권을 보유하고 있다면, 잔여수익자의 자산은 생애권자의 유산으로 보게 되며, 생애권자의 유산을 이전받는 잔여수익자는

고 있다. 1976년에 도입된 세대생략이전과세는 단일세율로서 유산세최고세율이 적용되는 특징이 있다.
25) IRC § 7520(a)(2).
26) Reg. § 20.2031−7(D)(7)(Table S).
27) Boris I. Bittker·Elias Clark·Grayson M.P. McCouch, Federal Estate and Gift Taxation, Ninth Edition, 2005. p.560.
28) IRC § 2041. 미국은 일반적 지명권은 통상 유산에 포함하고 있지만, 특수한 지명권(special power of appointment)은 유산에서 배제되고 있다는 점을 특징으로 하고 있다.

유산세에 대한 납세의무를 부담하게 된다.

이상과 같이 미국은 유산과세형에 재산개념 즉, 무상이전자의 이전한 재산인 신탁재산의 평가액을 기준으로 생애권과 잔여권을 산정하는 방식을 취하고 있으며, 다른 유산의 평가방법과 동일한 과세방식을 유지함으로써, 유산별 조세중립성의 유지하고 있다.

따라서 우리의 경우에도 상증세법상 신탁이익의 평가방법의 조세중립성 및 세무행정의 비효율성을 제거하기 위하여 재산개념에 따른 평가방법을 도입하는 것이 바람직할 것이다. 이를 위해 신탁이익에 대한 인식을 소득개념에서 재산개념으로 전환할 필요가 있으며, 원본과 수익의 수익자가 동일하거나 상이한 경우에도 상속재산인 신탁이익의 평가를 위해 소득개념에 의한 개별적인 원본이익과 수익이익이라는 관점에서 재산개념에 의한 수입수익과 원본수익이 신탁재산을 구성하는 요소라는 관점으로 바라 볼 필요가 있다.

3. 상증세법상 신탁이익의 평가방법 및 개선방안

(1) 상증세법상 신탁이익의 평가방법

상증세법상 신탁이익의 평가방법은 소득개념에 근거한 취득자별 원본의 이익의 평가액과 수익의 이익의 평가액의 합계를 상속가액으로 보고 있다.[29)]

1) 위탁자 사망시 상속가액 산정 및 상속세 귀속

첫째, 상증세법상 상속가액은 원본수익권과 수입수익권의 현재가치로 평가한 금액의 합계액이다. 이 경우 원본 평가액은 금전 등과 금전 이외의 자산과의 평가방법의 차이로 인한 차이가 발생하게 된다. 금전 등은 현재가치와 같은 유량적 평가방법이 적용되며, 금전 이외 자산은 시가 및 보충적 평가방법인 저량적 평가방법이 적용된다. 이때 원본수익자는 상속세가 과대되는 반면 수입수익자는 과소한 부담을 지는 조세중립성 저해문제가 발생한다. 또한 신탁재산을 구성하는 원본과 수익의 현재가치 평가액의 합계액은 신탁재산의 평가액과 같아야 한다는 전제에도 현행 평가방법은 부합되지 않는다. 이는 전술한 바와 같이 신탁이익을 사후신탁을 생전신탁의 연속선상에서 바라보기 때문이다.

둘째, 상속개시일에 상속세 부담자는 상속가액을 기준으로 원본수익자와 수입수익자의 지분율에 의하여 상속세를 분배하면 될 것이다. 하지만, 시차별 원본과 수익의 수령시점이 차이가 있다는 점을 고려해야 할 것이다. 그런데 현재 구체적인 규정은 존재하

---

29) 상증세법 시행령 제61조 제2호.

지 않으므로, 취득과세형을 채택하고 있는 일본의 입법례를 참고할 필요가 있다. 즉 상속개시시점에서 제1수익자인 수입수익자가 신탁재산의 유일한 수익자이므로, 수입수익권에 관한 상속세를 부담하는 것이 아니라 신탁재산 전체에 대하여 상속세를 부담한다는 것이다. 그러나 이는 제1수익자에게 상속세가 과도한 부담이 될 수 있는 측면이 존재하고, 제2수익자가 원본수익권을 취득하는 시점에서 제1수익자에게 부과한 상속세에 대한 추가적인 처리가 존재하는 문제가 있다.

또한 일본의 입법례는 자기신탁(위탁자=수탁자)인 경우엔 신탁재산이 실질적으로 위탁자에게 귀속되어 있고, 신탁재산을 각 수익자에게 이전하는 것은 단순한 시간적 차이를 두고 상속재산을 이전하는 상속분할에 불과하기 때문에 적절한 과세방식일 수 있지만, 통상적으로 이들 신탁이 자익신탁에서 타익신탁으로 전환될 경우 신탁재산은 수탁자의 법적·형식적 재산이므로 수입수익자에게 모든 상속세부담을 부담시키는 것은 지나친 조세부담이다. 다만, 이런 과세방법은 과세당국의 세무행정상 편리할 수 있고, 다른 상속재산과 비교할 때 조세중립성이란 측면에서 적절할 수 있다. 하지만, 신탁의 장점인 몇 세대에게 이전하더라도 한 번만 과세된다는 취지와 신탁제도의 활성화란 측면에서 볼 때, 타익신탁을 취한 유언대용신탁 및 수익자연속신탁도 일본의 입법례처럼 수입수익자에게 상속세를 부담시키는 것은 신탁제도를 이용한 재산승계방식을 굳이 도입할 필요가 있는가에 대한 근본적인 의문이 든다.

2) 위탁자 이외의 제1수익자 사망시 세무처리

제2수익자가 제1수익자의 사망으로 수익권을 취득하는 것은 소유권의 이전이 아니므로 상속으로 볼 수 없으므로, 상속세는 발생하지 않는다. 다만, 제2수익자가 부담하는 상속세는 최초 위탁자의 사망시점에 대하여 상속세를 부담하게 된다. 다만, 그 부담시점에 대해 상증세법상 명확한 규정을 명시하고 있지 않다. 따라서 이에 대한 정책적 결정이 필요한 시점이다.

(2) 재산개념에 근거한 신탁이익의 평가방법의 개선방안

1) 위탁자 사망시

다음사례를 통하여 신탁이익의 평가방법을 구체적으로 살펴보기로 한다.

[사례: 유언대용신탁의 수익자연속형] 위탁자 A는 수탁자인 은행에게 건물 1,000을 이전하고, A는 생전에 수익자가 되고, 사후에는 배우자 B의를 수입수익자(매년 70, 이자율 3%, 경과기간 5년)로 지정하고, 배우자 B의 사망 후 자녀 C 신탁재산(원본)을 이전하기로 했다(5년 후 배우자 B 사망한다고 전제).

① 신탁이익의 상속가액 산정

신탁이익의 상속가액은 "수입수익의 평가액(현재가치) + 잔여수익[30]의 평가액(현재가치) = 1"로 한다. 이때 신탁이익의 평가액은 신탁원본과 생전 신탁수익을 합계한 금액으로 산정한다. 상속세는 각 수입수익과 잔여수익의 지분율에 따라 각 수익자에게 부과된다. 위 [사례]에서는 다음과 같이 신탁이익의 상속가액을 구할 수 있다. 이때 신탁이익의 평가액은 1,000원으로 한다.

㉠ 신탁이익의 평가액 = 수입수익의 PV 321($= \sum[70/(1+0.03)^\wedge5]$) + 잔여수익의 PV 679(=1,000-321) = 1,000이 된다. * 320.6 = 4.58×70

㉡ 각 수익자가 부담할 상속세는 지분율에 따라 수입수익자는 32.1%, 잔여수익자는 67.9% 만큼 부담하는 것을 원칙으로 한다. 다만, 잔여수익자의 실제 상속세 납부시점에 대한 논란은 있을 수 있다. 이 부분에 대해서는 다음에서 살펴본다.

② 신탁이익의 평가액 산정시 고려 사항

㉠ 원본과 수익의 평가원칙의 일치: 신탁재산을 정확히 평가하기 위해서는 원본과 수익에 적용되는 평가원칙을 일치시킬 필요가 있다. 신탁재산은 토지와 건물 등 부동산, 유가증권, 금전 등 다양한 재산으로 구성될 수 있다. 이때 재산평가는 상속개시일 현재의 시가적용을 원칙으로 하되, 시가산정이 어려운 경우는 상증세법 제61조 내지 제65조의 보충적 평가방법을 적용한다. 다만, 원본의 평가원칙과 수익의 평가원칙을 일치시켜야 할 것이다. 이는 재산개념에 의한 접근법을 적용할 때, 신탁재산의 평가액을 원본과 수익 모두 유량적 평가방법을 적용해야 할 것이다. 이는 수익자 간 상속세부담에 있어서 불평등을 완화할 수 있기 때문이다.

㉡ 경과기간의 산정의 필요성: 수입수익과 잔여수익의 평가액을 산정하기 위하여, 현재가치를 산정하기 위하여 이자율과, 경과기간이 필요하다. 이때 수입수익과 잔여수익에 적용되는 경과기간은 원칙적으로 동일한 기간이 적용될 것이다. 이는 수입수익의 종료시점이 잔여수익의 수령시점이기 때문이다. 다만, 예외적으로 조건부 권리가 붙은 경우는 위 기간이 일치하지 않기 때문이다. 즉 이는 조건부로 잔여수익의 수령시점이 수입수익의 종료시점 이후에 발생할 수 있다. 하지만, 전술한 산식에 따른다면, 수입수익만 알고 있다면, 잔여수익을 자동으로 산정할 수 있기 때문에 수입수익과 잔여수익의 경과기간의 일치는 중요한 요소는 아니다.

㉢ 수입수익과 잔여수익에 적용될 수익률: 잔여수익은 미래시점에 재산을 수령할 권

---

30) 잔여수익이란 신탁원본을 의미하는 것이 아니라 신탁재산의 평가액에서 수입수익의 평가액을 차감한 가액을 의미하며, 신탁원본을 의미하는 것은 아니다.

리이며, 수입수익은 특정기간 동안 신탁재산에서 발생하는 소득을 연속적으로 수령할 권리이기 때문이다. 이는 잔여수익의 성격은 자본이득인 반면 수입수익의 성격은 이자소득이나 배당소득과 같은 통상적인 소득이기 때문이다. 이를 구체적으로 살펴보면 다음과 같다.

㉠ 수입수익에 적용할 수익률은 시장에서 유통되는 할인율을 기초로 한 기대수명을 반영한 변형된 수익률을 적용한다. 기대수명과 시장이자율 그리고 각 자산별 수익률을 반영한 변형된 수익률평가표를 마련할 필요가 있다. 단기적으로는 연금에 적용되는 수익률이나 보험평가표의 이자율을 적용해 볼 수 있을 것이다.

위 [사례]를 평가규정을 이용하여 산정하면 다음과 같다. 수입수익의 PV는 매년 70원, 이자율 3%, 경과기간 5년을 기준으로 산정한 기간의 합계액인 320.6(= Σ [70/(1+0.03)^5]) 이 된다. 여기서 수입수익의 구성은 원본에서 발생한 수익과 원본의 일부로 구성되어 있다.

㉡ 잔여수익에 적용할 수익률은 예상수익률 또는 연도보상률[31]을 적용한다. 이러한 예상수익률은 기대수명과 자산가치상승률을 반영한 비율이어야 할 것이다. 이때 예상수익률은 경기변동에 따른 변화를 반영하여 일정기간마다 기획재정부나 국세청에서 공시할 필요가 있다. 다만, 자산종류별 수익률이 달라 이를 통합할 수 있는 평가표를 마련할 필요가 있으며, 이의 활용가능한 지표로 보험표와 정기금이자율을 적용하는 것도 가능하다고 본다.

위 [사례]를 평가규정(환원율 3%)을 이용하여 산정하면 다음과 같다.[32] 잔여수익의 평가액은 862.6(=1000/(1+0.03)^5)이 된다. 그런데 이를 산식에 적용해 보면 수입수익 평가액인 321과 잔여수익의 평가액은 862의 합계액이 신탁이익의 평가액인 1,000에 일치하지 않는다. 이러한 차이는 수익률의 차이로 발생하며, 수익률의 차이는 잔여수익이 미래시점에 수령할 재산이기 때문에 수익자의 기대수명과 경제상황에 따라 변동하는 수익률이 적용되어야 할 것이다. 그러나 잔여수익에 적용하는 수익률산정에 어려움이 있다면, 수입수익에 적용되는 비율을 먼저 정비한 후 산식에 따라 잔여수익의 평가액을 산정할 수 있을 것이다.

㉣ 신탁설정시 비율과 실제 수익자별 지분율과 다른 경우: 신탁설정시 원본수익자와 수입수익자의 비율을 설정할 수 있다. 하지만, 상증세법상 위와 같이 각 원본과 수익의

---

31) 예상수익률의 개념은 취득가액 후 소득과 자본이득이나 손실을 통하여 상승할 것을 반영한 수익률을 말한다. 이의 산식은 다음과 같다. 예상수익률 산식 = [소득+(자본이득 또는 손실)]/[취득가액) 예) 취득가액 1000, 1년 후 1050, 소득 10, 예상수익률 = [(10+(1050-1000))/1000 = 6%.
32) 상증세법 시행규칙 제16조 제2항.

평가액의 산정한 결과의 비율과 신탁설정시 정한 비율이 상이한 경우에는 신탁설정시 정한 비율에도 불구하고, 상증세법상 신탁재산의 구성 비율에 따라 상속세를 부담하도록 간주할 필요가 있다. 이는 신탁설정 이후에 자산별 변동가능성이 존재하고, 평가기준의 변경으로 인한 변동이 발생할 수 있기 때문이다. 또한 조세의 실질적 부담이란 측면에서도 상속개시일의 평가액을 기준으로 각 수익자별 지분기준에 따라 상속세를 부담시키는 것이 조세회피가능성을 낮추어 조세중립성을 제고할 수 있기 때문이다.

2) 위탁자 사망 후 각 수익자별 수령시점별 세무처리

① 수입수익자의 세무처리

수입수익자는 상속개시일을 기준으로 자신의 지분비율에 해당하는 상속세를 납부한다. 그 후 수입수익자는 소득이 분배되는 시점에서 아무런 세금을 부담하지 않는다. 이는 상속재산을 분할하여 수령하는 것에 지나지 않기 때문이다. 이 경우는 유언대용신탁이나 수익자연속신탁이 타익신탁일 경우에 적용할 수 있는 성격을 지니고 있다는 전제하에 성립할 수 있다고 판단된다. 다만, 일본의 입법례를 석봉하여 수입수익자에게 모든 상속세를 부과할 경우는 수입수익자가 다른 수익자를 지정하거나 변경할 권한이 있는 경우로 한정할 필요가 있다. 즉 위탁자의 수익자 지정 등과 같은 위탁자의 의도가 강력하게 반영된 신탁을 말한다. 이는 마치 장래이익이 "죽은 자의 손"에 의해 승계되는 재산에 대한 통제 및 관리가 승계되는 경우와 같은 경우를 말한다. 결국, 수입수익자는 이들 신탁이 타익신탁이든 자기신탁의 형태처럼 유지되던 간에 상속세부과를 피할 수 없다.

② 잔여수익자의 세무처리

잔여수익자는 전술한 것처럼 소유권의 이전이 아닌 수익권의 이전으로 보고 있으므로, 원칙적으로 선순위 수익자의 수입수익권과 관련된 상속관계 발생하지 않는다. 이에 따라 이들 신탁이 타익신탁에 해당할 경우에는 잔여수익자에게는 상속세가 부과되지 않는 것이 바람직하다. 이러한 관점은 신탁의 장점인 2세대를 통한 재산승계가 발생할 경우에 1번만 과세한다는 취지에 부합되며, 이러한 절세효과는 영미에서 신탁을 통한 재산승계가 다른 재산승계방식보다 더 많이 활용된 원인이기 때문이다.

반면, 이들 신탁이 실질적으로 자기신탁[33]처럼 위탁자의 영향력이 사후에도 미칠 경우에는 수입수익자와 마찬가지로 잔여수익자도 상속세를 부담해야 할 것이다. 이와 관련하여 현재까지 신탁법이나 상증세법에서 구체적인 규정을 설정하고 있지 않다. 즉

---

[33] 미국의 위탁자신탁(grantor trust)은 위탁자가 신탁재산을 보유하고 있고, 이는 우리 신탁법의 자기신탁에 해당한다고 볼 수 있을 것이다.

위탁자가 사후까지 영향력을 미치는 경우의 기준설정문제이다. 즉 위탁자가 사후까지 영향력을 미치는 경우의 기준설정문제이다. 이와 관련하여 미국의 입법례를 참고할 필요가 있다고 본다. 미국의 입법례에서 일반적인 지명권[34]이 부여된 경우는 유산세 과세대상으로 간주하는 반면 특수한 지명권이 부여된 경우는 유산세 과세대상에서 제외하고 있으며,[35] 신탁도 이의 규정을 적용받고 있다.

이와 관련하여 위탁자의 영향력이 "지명권"여부와 관련하여 상속세부과 범위를 상정해 볼 수 있다. 즉 지명권은 새로운 재산에 대한 소유자를 지정할 권리로 한정할 수 있을 것이다. 이때 수입수익자가 잔여수익자를 새로운 소유자로 지명할 권리를 부여받았다면, 사망한 위탁자의 영향력이 있는 것으로 간주하고 지명될 잔여수익자의 상속가액에 대하여 상속개시일을 기준으로 상속세를 납부해야 한다. 이때 상속재산의 실제수령시점과 상속개시일과 차이가 발생하므로, 제한적으로 수탁자에게 상속세를 대납하는 방법을 고려할 필요가 있다. 또한 위탁자의 지명권이 부여되지 않거나 가업승계, 미성년자, 정신적 장애가 있는 상속인의 생활보장, 교육이나 보육, 부양목적 등과 같은 경우라면, 잔여수익자에 대한 상속세부과를 면제할 필요가 있다고 생각한다. 이는 단순히 상속세를 회피할 목적으로 보기 어렵기 때문이다. 또한 이는 전문가에 의한 장기적인 활용이라는 관점에서 신탁의 기능에도 합치된다고 본다.[36] 따라서 상증세법에서도 이러한 기준설정을 고려한 잔여수익자에 대한 상속세 부과기준을 마련할 필요가 있다고 본다.

3) 상속개시일

위탁자의 영향력이 미치지 않는 타익신탁의 잔여수익자는 실질적으로 상속재산을 부담하지 않는다. 하지만, 위탁자의 영향력 미치는 경우라면, 잔여수익자도 상속개시일에 상속세를 부담해야 할 것이다. 다만, 신탁원본에 해당하는 잔여수익을 수령하는 시점에 있어서 차이가 있으므로, 수탁자를 통한 대납을 통하여 상속세를 부담한다. 반면에 수탁자를 통한 상속세대납이 어렵다면, 일정한 기간 동안 상속세에 대한 분할납부를 예외적으로 허용하는 방법도 고려해 볼 수 있을 것이다.

---

34) 일반적 지명권은 소유자를 지정할 권한을 말하며, 이는 위탁자(또는 피상속인)가 수입수익자에게 유언 등의 방식으로 신탁재산(원본)을 지정할 권한을 수입과 함께 부여한 경우를 말한다. 다만, 소위 확정할 수 있는 기준(ascertainable standard)에 의해 지배되는 일반적 지명권은 유산세 과세대상에서 제외된다. 이것이 특수한 지명권에 해당된다.
35) IRC § 2041.
36) 안성포 역, 전게서, 243~244면.

4) 상속개시일 이후부터 수령시점

잔여수익자가 상속개시일부터 수령시점 전까지 잔여수익에 발생한 수익에 대한 처리 문제이다. 그러나 잔여수익의 평가액은 전술한 예상수익률을 고려한 현재가치로 산정되므로, 이를 고려할 필요가 없다고 본다.

지금까지 논의한 상증세법상 장래이익에 관련된 신탁이익의 평가방법에 대한 개선방안을 요약하면 <표 1>과 같다.

〈표 1〉 상증세법상 장래이익 관련 신탁이익의 평가방법 개선방안(요약)

구 분	현행 규정	개선안
상속과세체계	소득개념에 기초한 유산과세형(소득개념)	재산개념에 기초한 유산과세형
재산평가기준일	상속개시일	상속개시일
원본의 평가원칙	저량 및 유량적 평가방법 혼용 ① 금전 이외 자산: 시가와 보충적 평가방법 채택(예외 존재) ② 금전등은 유량적 평가방법채택	유량적 평가방법 개념적용 고려
수익의 평가원칙	저량 및 유량적 평가방법	유량적 평가방법
상속재산가액	원본평가액 + 수익의 PV	신탁재산의 평가액 (= 수입수익의 PV+잔여수익의 PV = 1)
적용 수익률	수익의 PV의 시장이자율	① 기대수명과 투자수익률을 반영한 연도보상률 또는 예상수익률 마련하여 잔여수익산정에 적용 ② 현행 연금이나 보험수익율 및 정기금 이자율 ③ 원칙: 경과 기관 동일하게 적용 예외: 조건부 고려
문제점	① 원본수익자는 상속세 과대(저량 개념에 해당하는 자산) ② 수익수익자는 상속세 과소 ③ 원본이 그대로 존재함으로써, 수익수익자 사망으로 인한 상속여부 문제제기 가능	① 각 수익의 평가액을 기준으로 수입수익과 잔여수익의 지분율로 상속세 부과(위탁자의 영향력 여부에 따라 상속세납세의무자 차이 발생) ② 현행 문제점 개선

Ⅳ. 맺음말

개정신탁법은 장래이익이 발생하는 유언대용신탁 및 수익자연속신탁을 도입했다. "죽은 자의 손에 의해 승계되는 재산에 대한 통제 및 관리"라는 특징을 갖고 있다. 이러한 신탁의 이익은 신탁원본과 신탁이익을 구분하여 각 수익자에게 승계하는 방식이 아니라 수익자의 순위에 수입수익과 잔여수익으로 구분하여 승계하는 방식이다.

그런데 상증세법상 신탁이익의 평가방법은 소득개념에 기초한 원본과 수익의 취득자(수익자)를 기준으로 산정한 각 평가액의 합계액을 상속가액으로 보고 있다. 그러나 이러한 신탁은 상속목적상 신탁이익이 동일한 재산을 연속하여 수익권을 승계하는 방식을 취하고 있어서, 상속재산인 신탁이익을 소득개념이 아닌 무상이전자(위탁자)를 기준으로 승계하는 재산개념을 적용할 것을 요구하고 있다. 또한 상속재산인 신탁이익을 재산개념으로 보는 것은 현행 유산과세형 상속세체계에도 부합된다. 이와 같은 상속목적상 신탁이익에 대한 관점의 전환은 새로운 상속세법상 신탁이익에 대한 과세근거와 그에 따른 평가방법을 요구하고 있다. 이에 대한 구체적인 평가방법을 다음과 같이 제안한다.

첫째, 상속재산인 신탁이익의 평가방법은 다음과 같다. 1단계, 신탁이익 구성하는 신탁원본과 신탁수익을 하나의 상속재산으로 보며, 2단계, 원본과 수익은 수입수익과 잔여수익으로 전환되며, 이의 각 평가액은 신탁재산의 평가액과 일치시키는 방법을 마련할 필요가 있다. 즉, "수입수익의 평가액 + 잔여수익의 평가액 = 1"이며, 이때 1은 신탁이익의 평가액을 의미한다. 그 후 각 수입의 평가액의 지분율로 상속세를 분배한다.

둘째, 전환된 수입수익과 잔여수익에 적용되는 수익률은 다르게 적용되어야 할 것이다. 즉 잔여수익은 미래시점에 수령할 재산에 해당하며, 수입수익은 특정기간 동안 신탁재산에서 발생하는 소득을 연속적으로 수령할 권리이기 때문이다. 아울러 투자에 대한 수익률 및 기대수명을 반영한 연금율과 같은 기준표를 마련할 필요가 있다.

셋째, 상속재산인 신탁이익의 평가일은 수령시점과 관계없이 상속개시일에 일치시킬 필요가 있다. 이를 기준으로 산정된 신탁이익의 상속가액을 각 수익자의 지분별로 상속세를 분배한다. 이는 현행 유산과세형 상속세체계와 부합하는 방식일 것이다. 또한 신탁이익을 자본이득으로 파악함으로써, 신탁수익으로 인한 이중과세문제도 해소할 수 있을 것이다.

이상과 같은 방법을 통하여 유언대용신탁과 수익자연속신탁의 과세근거를 마련하고, 이에 따른 새로운 신탁이익의 평가방법을 규정할 필요가 있다. 이를 통해 신탁세제의 법적 안정성 및 신탁의 활성화에 이바지할 것으로 기대한다.

참 | 고 | 문 | 헌

광장신탁법연구회, 『주석신탁법』, 박영사, 2013.

김종해 · 김병일, "신탁세제상 장래이익에 관한 세무처리방안: 상속세 및 증여세법을 중심으로", 『조세법연구』제20 -3호 2014.

박홍래, 『미국재산법』, 전남대학교 출판부, 2004.

서철원, 『미국 비즈니스 법』, 법원사, 2000.

안성포 역, 『신탁법』, 전남대학교출판부, 2011.

이상윤, 『영미법』, 박영사, 2000.

이준봉, "유언대용신탁 및 수익자연속신탁의 과세에 대한 연구", 『증권법연구』, 제14권 제2호, 2013.

임채웅 역, 『미국신탁법』, 박영사, 2011.

장근호, 『주요국의 조세제도 - 미국편(Ⅰ) -』, 한국조세연구원, 2011.

최명근, " 우리나라의 상속과세체계의 개편에 관한 연구", 경희대학교 대학원, 박사학위 논문, 1990

　　　　, 『현행 상속세 및 증여세법의 합리적 개선방안에 관한 연구-연구용역보고서』, 한국조세연구포럼, 2003.12.

金子宏, 『租税法』, 第14版, 弘文堂, 2009.

高橋 研, 「信託の會計·稅務」, 中央經濟社, 2007.

奥村眞吾, 『詳解 信託法の活用と稅務』, 清文社, 2008.

Boris I. Bittker·Elias Clark·Grayson M.P. McCouch, *Federal Estate and Gift Taxation, Ninth Edition*, 2005.

Roger W Andersen, Present and Future Interests: A Graphic Explanation, Seattle University Law Review, Vol. 19:101, 1995.

Simons, Henry, *Personal Income Tax: The Definition of Income as a Problem of Fiscal Policy*, The Univ. of Chicago Press, 1938.

Tadao Okamura, Taxation and Trusts in the United States and Japan, Proceedings from the 2009 Sho Sato Conference on Tax Law, School of Law, University of California, Berkeley 2009.

William M. McGovern, Sheldon F. Kurtz, David M. English, *WILL, Trusts and Estates Including Taxation and Future Interests Fourth Edition*, WEST, 2010.

3.2. 신탁유형별 상증세법상 과세방안

3.2.1. 상속세 및 증여세법상 수익자연속신탁에 관한 과세방안

3.2.2. 수익자연속신탁에 따른 세대생략이전세제에 관한 연구

3.2.3. 상속세 및 증여세법상 유언대용신탁에 대한 과세방안

3.2.4. 생전신탁과세에 관한 연구 ―상속세 및 증여세법을
       중심으로―

3.2.1. 상속세 및 증여세법상 수익자연속신탁에 관한 과세방안*

김종해** · 김병일***

국문요약

수익자연속신탁은 위탁자에 의해 사용·수익권과 처분권을 분리하여 수익자들에게 순차적으로 재산을 이전할 것을 목적으로 설정된 신탁이다. 이러한 소유권의 분리는 현행 소유권개념에 반하는 것으로서 대륙법계에 속하는 우리나라에서는 이를 수용하기 어려운 상태다. 이러한 사법상의 충돌에도 불구하고, 개정신탁법이 소유권이 분리되어 처리되는 수익자연속신탁을 허용한 취지는 사업상 상속의 대체수단으로 활용될 수 있기 때문에 상속재산의 투명한 관리 등과 수익자의 파산 등이 발생하더라도 그 수익자의 부양 등에 사용될 수 있어서 수익자를 보호할 수 있다는 점이다. 이는 일본의 입법취지와도 유사하다고 볼 수 있다. 그런데 현행 상속세 및 증여세법에서는 이에 대한 구체적인 과세방법을 마련하고 있지 않다. 이는 수익자연속신탁과세에 대한 법적 안정성 및 예측 가능성을 저해할 수 있다. 본 논문은 이에 대한 과세방안을 다음과 같이 제시하고자 한다.

첫째, 수익자연속신탁의 과세방법은 다음과 같다. 수익자연속신탁은 사용·수익권과 처분권을 개별적으로 수익자에게 순차적으로 승계시키게 된다. 그러나 이러한 방법은 현행 소유권개념과 충돌을 발생하게 된다. 따라서 이러한 사법상의 충돌을 방지하기 위하여 제1수익자에게 사용·수익권만 이전받는 시점에서 신탁원본과 수익에 대하여 모두 상속세를 부과하며, 처분권만 승계받는 제2수익자에게만 미리 선납한 상속세를 그 시점에 재평가하여 추가적 납부나 환급받는 방법을 고려할 필요가 있다.

둘째, 수익자연속신탁의 수익권과 관련된 문제로서, 원본수익권에 관하여 기대권 개념을 도입할 수 있는가의 문제이다. 이에 대하여 현행 민법은 기대권의 개념을 수용할 수 없는 상황이므로, 이에 대한 규정을 통해 법적 안정성을 추구할 필요가 있다.

셋째, 수익자연속신탁은 세대생략방식의 재산승계가 가능하다. 이는 현행 세대생략이전방식과 비교하여 조세상 유리한 측면이 존재한다. 그러므로 이를 해소하기 위하여 상속세 및 증여세법은 제1수익자에게 사용·수익권만 승계할 경우도 원본수익권에 대하여 상속세를 부과하도록 간주하는 규정을 둘 필요가 있다.

　 *『조세연구』제13권 제3집(2013.12, 한국조세연구포럼)에 게재된 논문이다.
　 ** 강남대학교 세무학과 겸임교수, 제1저자
　*** 강남대학교 세무학과 교수, 교신저자
****　• 투고일: 2013.12.05 • 심사개시일: 2013.12.12 • 게재확정일: 2013.12.27.

이러한 수익자연속신탁에 대한 과세방안이 수익자연속신탁의 활용성에 대한 저해를 최소함과 동시에 조세법상 법적 안정성에 기여하길 바란다.

☑주제어: 수익자연속신탁, 기대권, 유언, 수익자연속기능, 세대생략이전

Ⅰ. 서 론

수익자연속신탁이란 신탁행위로 수익자가 사망한 경우 그 수익자가 갖는 수익권이 소멸하고 타인이 새로 수익권을 취득하도록 하는 뜻을 정할 수 있다. 이 경우 수익자의 사망에 의하여 차례로 타인이 수익권을 취득하는 경우를 포함한다(신탁법 제60조).

수익자연속신탁은 2011년 신탁법전면개정을 통하여 새로이 도입된 유형으로서, 외국의 예에서 활용되는 유언대용신탁 및 수익자 지정 변경신탁과 같은 상속재산 관리수단이다.

이 유형은 민법상 상속승계방식의 예외로서 신탁법에서 허용하고 있는 방식이다. 이 유형의 취지는 상속의 대체수단으로 이용될 수 있어 상속재산의 투명한 관리 등과 수익자의 파산 등이 발생하더라도 그 수익자의 부양 등에 사용될 수 있어 수익자 보호에 신탁이 적극적으로 활용될 수 있을 것으로 기대되기 때문이다.

수익자연속신탁의 수익권은 수입수익권과 원본수익권으로 구분되며, 전술한 바와 같이 위탁자가 신탁재산을 사용·수익권과 처분권으로 분리하여 수익자들에게 순차적으로 승계시킬 수 있다. 이 때 문제가 되는 것은 사용·수익권과 처분권을 분리하여 수익자에게 승계시키는 것이 현행 민법에서 이를 수용할 수 있는 가이다. 현행 민법상 소유권의 개념에서 볼 때, 사용·수익권과 처분권을 분리하여 재산을 승계하는 것이 허용하지 않고 있다. 이러한 개념은 영미법상 기대권(future interests)에 해당된다. 이러한 상황에서 수익자연속신탁을 통하여 신탁재산을 승계할 경우 민법이 아닌 신탁법에서 이를 수용했지만, 이러한 처리에 대하여 지속적으로 문제제기가 있을 것이다. 이는 특히 조세법상 법적 안정성에 대한 문제가 제기될 수 있다. 즉 다음과 같은 문제점이 제기될 수 있다.

우선, 수익자연속신탁은 현행 민법의 재산승계방법의 예외적인 것이다. 이러한 방식의 재산승계는 현행 상속세 및 증여세법도 예외적 조치로서 처리되어야 할 것이다. 다만, 민법의 재산승계의 범위와 방식을 조세법에서 그대로 준용하기 보다는 경제적 측면에서 이를 개량하여 적용하고 있다. 따라서 수익자연속신탁을 통한 재산승계도 상속세 및 증여세법이 적용될 것이다.

둘째, 수익자연속신탁의 과세방법을 설정할 필요가 있다. 수익자연속신탁은 사용·수익권과 처분권을 개별적으로 수익자에게 순차적으로 승계시키게 된다. 그러나 이러한 방법은 현행 사법상 소유권개념과 충돌을 발행하게 된다. 따라서 이러한 사법상의 충돌을 방지하기 위하여 제1수익자에게 사용·수익권만 이전받는 시점에서 신탁원본과 수익에 대하여 모두 상속세를 부과하며, 처분권만 승계받는 제2수익자에게만 미리 선납한 상속세를 그 시점에서 재평가하여 추가 납부나 환급받는 방법을 고려할 필요가 있다.

셋째, 수익자연속신탁의 수익권과 관련된 문제로서, 원본수익권에 관하여 기대권 개념을 도입할 수 있는가의 문제이다. 이에 대하여 현행 민법은 기대권의 개념을 수용할 수 없는 상황이므로, 이에 대한 규정을 통해 법적 안정성을 추구할 필요가 있다.

넷째, 수익자연속신탁은 세대생략방식의 재산승계가 가능하다. 이는 현행 세대생략이전방식과 비교하여 조세상 유리한 측면이 존재한다. 그러므로 이를 해소하기 위하여 상속세 및 증여세법은 제1수익자에게 사용·수익권만 승계할 경우도 원본수익권에 대하여 상속세를 부과하도록 간주하는 규정을 둘 필요가 있다.

이러한 수익자연속신탁에 대한 과세방안이 수익자연속신탁의 활용성에 대한 저해를 최소함과 동시에 조세법상 법적 안정성에 기여하길 바란다.

II. 수익자연속신탁의 이론적 고찰

1. 수익자연속기능과 개정 신탁법 규정

(1) 수익자연속기능

수익자연속기능은 위탁자에 의하여 설정된 신탁목적을 장기간 고정하면서 신탁의 목적에 따라 신탁수익권을 복수의 수익자에게 연속하여 귀속시키는 기능이다. 이는 위탁자가 상당한 기간 동안 자신이 원하는 방식으로 재산의 수익과 귀속을 결정할 수 있는 장점이 된다.[1] 이러한 장점은 일본 신신탁법이 예정하는 수익권의 질적 분할과 의사동결기능[2]이 연대 제휴함으로써 그 기능이 귀결되는 것이며, 이를 통해 세대 간에 걸친

---

[1] 이중기, 『신탁법』, 삼우사, 2007, 470면.
[2] 이 기능은 위탁자가 설정한 신탁목적이 위탁자의 의사능력상실, 위탁자의 사망에도 불구하고 지속하는 것을 말한다. 이는 민법상 재산관리제도와는 달리, 수탁자를 엄격히 규제하는 체제가 신탁에 구비되어 있어서, 민법에서는 발휘되지 않는 재산관리의 지속성이 신탁특질의 하나로 보고 있다: 新井誠 저, 안성포 역, 『신탁법』, 전남대학교출판부, 2013, 514면.

수익권의 승계를 가능하게 만들었다.[3] 즉 생존배우자나 그 밖의 친족의 생활을 보장할 필요가 있거나 개인기업경영, 농업경영 등에서 유능한 후계자를 확보하기 위해 공동균등상속과 다른 재산승계를 가능하도록 하기 위한 수단으로 수익자연속신탁을 도입하게 되었다.[4]

이러한 수익자연속신탁은 유언신탁과 생전신탁의 형태로 구현될 수 있다. 구체적인 사례는 다음과 같다. 첫째, 유언신탁을 통한 경우로서, "A는 유언에 의하여 유언신탁을 설정하고 제1수익자(수입수익자)를 A의 배우자로 하고, 배우자가 사망한 후의 제2수익자(원본수익자)로 장남을 정하는 신탁계약을 체결했다." 이는 위탁자인 A가 수익권을 연속하여 세대 간에 걸치는 복수의 수익자(배우자와 장남)에게 귀속시킬 수 있게 된다. 둘째, 생전신탁을 설정한 경우로서, "A가 생전신탁을 설정하여 그 생존 중에는 스스로를 자익신탁의 수익자로 하고, 자기가 사망한 후에는 타익신탁으로 전환시켜서 먼저 A의 배우자를, 배우자의 사망 후에는 A의 장남을 연속하여 수익자로 하는 취지를 최초의 생전신탁에서 정하여 둔다."[5]라는 것을 설정할 수 있다.

이러한 수익자연속기능을 활용한 신탁설정은 이른바 후계용유증과 매우 유사하다. 수익자연속기능과 후계용유증을 구체적으로 살펴보면 다음과 같다. 첫째, 후계용유증이란 제1 수유자가 받는 재산의 이익을 어떤 조건의 성취나 기한이 도래한 때부터 제2 수유자에게 이전하는 형태를 말한다. 이에 대하여 일본의 경우 특수한 유증 유형의 일종으로 보는 유효설과 그 법적 효력에 의문이 있고, 유언자의 단순한 희망사항에 불과하다고 보아 그 효력을 부인하는 부정설이 대립되어 왔지만, 이에 대하여 부정설이 우위를 차지하고 있는 것으로 보인다.[6]

이러한 후계용유증의 핵심은 다음과 같다. 즉 제1 수유자에게 재산의 사용·수익권을, 제2 수유자에게 재산의 처분권을 귀속시키려는 것으로서, 이는 일본 민법의 상속질서인 권리의 질적 분할로 인한 승계를 인정하지 않고 있다는 점[7]과 차이가 있다. 이러한 상황은 우리나라에도 그대로 적용될 것이다. 이와 관련하여 민법에 후계용유증을 인정할 경우에는 제1 수유자는 스스로 사용·수익권자이면서, 제2 수유자를 위한 관리권자가 되기 때문이다. 이러한 지위는 이익상반적 위치에 처하게 되기 때문에 이러한 지위를 규율하는 기구는 일본 민법에 존재하지 않기 때문이다.[8]

---

3) 안성포 역, 전게서, 97면.
4) 일본 법무성 민사국 참사관실, 『신탁법개정요강시안 보족설명』, 2005, 170面.
5) 안성포 역, 상게서, 97면.
6) 안성포 역, 상게서, 97면.
7) 新井誠, "高齡化社會에 대한 任意成年後見法의 意義", 自正 45券 10号, 1994, 104~106面 참조.
8) 인성포역, 상게서, 99면.

반면에 일본 신신탁법에 의하면 수익자는 원칙적으로 위탁자가 될 수 없으므로, 수익자 이외의 자가 수탁자가 되어야 하지만, 해당 수탁자는 중립적인 관리자이므로, 처음부터 이익상반상태에 빠지는 일은 없게 될 것이다.

이와 같은 상황을 고려해 볼 때 후계용유증을 일본과 마찬가지로 우리나라 민법에서도 수용할 수 없다고 볼 수 있을 것이다.[9] 그렇다면 후계용유증을 현행 신탁법에서 수용할 수 있는지를 살펴볼 필요가 있다. 이에 대하여 新井誠에 의하면[10] 일본 민법상 이를 허용되지 않는 부분을 신탁법리에서 해결할 수 있는지에 대하여 다음과 같이 언급하고 있다.

첫째, 법률관계가 장기간에 걸치게 되는 단점이다. 그러나 신탁이란 본래 재산의 장기적 관리기능을 가지는 제도이며, 그 재산관리가 장기간에 걸치는 것을 난점으로 볼 수 없다는 점이다. 따라서 이러한 문제점이 신탁에 적용되지 않는다고 볼 수 있다. 둘째, 이익이 처분된 때의 보호의 불확실성이다. 이에 대하여 일본 신신탁법은 신탁위반행위에 대하여 일본민법보다도 엄격한 책임추급수단을 가지고 있다. 이와 관련하여 일본 신신탁법 제29조는 수익자에게 신탁위반처분의 취소권을 부여하고 있으므로, 보호의 불확실성이라는 점도 불식시킬 수 있다고 보고 있다. 셋째, 제3자가 관여함에 따른 법률관계의 불안정성이다. 신탁에는 공시수단이 있으며, 특히 부동산에 대해서는 신탁등기를 가지고 제3자에게 신탁관계를 공시하는 것으로 이해관계인의 보호를 도모할 수 있을 것으로 보고 있다.

新井誠은 위와 같은 주장을 통해서 일본 신신탁법의 독자성인 수익자연속기능이 일본민법에서 곤란한 계속적 유증의 재산승계도 일본 신탁법에서 실현가능하고 보고 있다. 다만, 신탁의 독자적 기능이 있더라도 신탁이 모든 일본의 민법 규정보다 우월할 수 없으므로, 그 기능의 활용에 제한을 두고 있다.[11] 이점을 고려하여 일본 신신탁법 제91조에서는 수익자연속기능으로서 계속적 유증 재산승계가 가능하다고 보게 되었다.

이와 같은 상황은 일본 민법 및 신탁법을 계수한 우리나라 민법 및 신탁법의 상황과 다르지 않다. 즉 현행 민법상 계속적 유증을 물권법정주의(민법 제185조)상 기한부 소유

---

9) 이와 관련하여 우리나라 민법이 물권법정주의상 기한부소유권을 인정할 수 없다는 점에서 허용할 수 없다고 보는 견해도 있다: 이근영, "수익자연속신탁의 고찰",『재산법연구』제27권 제3호, 2011.2, 134~135면.
10) 인성포역, 전게서, 100면.
11) 이와 관련하여 新井誠는 민법상 유류분 규정과 저촉될 수 없으며, 유언신탁이면 민법상 유증과 유사성을 고려하여 유증에 관한 민법상의 규정이 원칙적으로 유추 적용될 것이다. 또한 생전신탁이라도 사인증여는 생전신탁이라는 점에서 유증과는 다르지만, 민법이 유증의 규정을 준용하고 있는(일본민법 제554조 참조)을 감안하여 유증의 규정을 유추 적용할 것이다. 결론적으로 신탁법의 독자적 기능인 수익자연속기능으로서 계속적 유증의 재산승계가 가능하다고 보고 있기 때문에, 일본 신신탁법은 명문으로 이를 승인하기에 이른다(일본 신신탁법 제91조).

권을 인정할 수 없다고 보고 있지만, 다음과 같은 필요성에 의해 유언형 수익자연속신탁을 도입했다. 즉 신탁법개정안에서 위탁자가 생전에는 자신을 수익자로 하되 자신의 사후에는 부인을 수익자로, 부인의 사후에는 다시 자녀를 연속하여 수익자로 하는 유형의 신탁을 허용할 필요성[12]이 제기 됨에 따라 신탁계약은 물론 유언에 의한 수익자연속신탁도 가능하다[13]고 보아 수익자연속신탁에 관한 학설상 논란을 입법적으로 해결하기 위하여 수익자연속신탁이 가능하다는 명시적 규정인 개정신탁법 제60조를 신설하게 되었다.

따라서 수익자연속기능은 수익자들이 신탁적으로 취득하는 것은 신탁재산 자체인 원본수익권이 아닌 수입수익권이며, 원본이 귀속되면 신탁은 목적을 달성하고 종료하게 된다. 신탁이 신탁재산의 소유명의와 관리권, 그리고 수익권을 분리하여 다양하게 활용될 제도이므로 지나치게 장기간에 걸쳐 수익자가 불확정되거나 수익권이 귀속되지 않는 사정이 없는 한 수익자연속신탁의 연속기능은 유효하며 또 유용하다고 본다.[14]

(2) 개정신탁법상 수익자연속신탁

1) 개정 신탁법상 수익자연속신탁의 규정

수익자연속신탁의 도입취지는 상속절차의 투명성 확보, 전문적인 상속재산의 관리 등을 위하여 상속(유증)의 대체수단으로 이용할 수 있는 것에 관한 법률관계를 명확하기 위한 것이다. 이는 위탁자가 수익자가 사망하면 다른 자가 수익권을 취득하다는 취지(수익자가 사망하면 순차적으로 다른 자가 수익권을 취득한다는 취지를 포함)신탁행위로 정하여 둔 신탁을 말한다. 예를 들어[15] 위탁자가 신탁을 설정하면서 생전에는 자신을 수익자로 하고, 자신의 사후에는 부인을 수익자로, 부인의 사후에는 다시 자녀를 연속하여 수익자로 하도록 정한 신탁이다. 이는 개인기업경영, 농업경영에 있어서 유능한 후계자와 확보 및 생존배우자의 생활보장 등의 필요, 공동균분상속과는 다른 재산승계를 가능하게 하는 수단으로서 그 효용이 기대되므로 이를 명시적으로 허용하는 규정을 둔 것이다. 다만, 우리나라의 수익자연속신탁은 존속기간을 제한하는 규정은 두지 않고 있다.

---

12) 법무부, 『신탁법개정안해설』, 2010, 474면.
13) 법무부, 『신탁법개정특별분과위원회 회의록 Ⅱ』, 2010.3, 1218면.
14) 최수정(a), "일본신탁법개정안으로부터의 시사－민사신탁을 주로 염두에 둔 규율관계를 중심으로", 『서강법학』 제8권, 2006.10, 44면 참조.
15) 심인숙, "수익권에 관한 신탁법개정시안", 『선진상사법률연구』 통권 제48호, 2009.10, 59면.

2) 수익권의 성격

수익자연속신탁에서 수탁자가 수익자에게 이전하는 수익권의 성격은 무엇인가? 우선 일반적으로 개정신탁법의 수익권은 자산 유동화거래 등에서 재산을 신탁하고 수익권을 교부받은 후 수익권을 기초로 하여 다양한 채권 등을 발행하는 구조가 이용될 것이다. 이 과정에서 신탁을 이용함으로써 재산의 종류가 원본에서 수익권으로 전환된 것으로 볼 수 있다.[16] 또한 하나의 재산을 신탁에 위탁하면서 수익권을 원본에 대한 수익권과 신탁재산에서 발생하는 수익에 대한 수익권으로 구분할 수 있다.

그런데 현행 수익자연속신탁의 수익권의 범위를 명시하고 있지 않다. 이는 원본을 수익권으로 전환한 경우나 원본에 대한 수익권(원본수익권)을 의미하는지 아니면 신탁재산에서 발생한 신탁이익에 대한 수익권인 수입수익권을 의미하는지 분명치 않다. 이 경우는 유언대용신탁에서 언급한 수익권도 마찬가지일 일 것이다. 그렇다면, 수익권을 하나의 소유권으로 보아 수익권에 있는 사용·수익권과 처분권을 모두 다음 수익자에게 수익권을 승계하는 것으로 봐야할 것인지 의문이 든다. 만약 다음 수익자에게 이전하는 수익권을 소유권과 동일한 권리로 가정한다면, 수익자연속신탁의 취지인 수익권의 사용·수익권과 처분권의 분리를 전제로 한다는 점을 충족시킬 수 없을 것이다. 따라서 현행 신탁법은 수익자연속신탁을 수용하고 있는 상황에서 수익권을 범위를 구체적으로 제시할 필요가 있다.

이러한 필요에 따라 현행 수익자연속신탁상 수익권의 범위에는 수입수입권과 원본수익권 모두를 명시할 필요가 있다. 그리고 문제가 되는 원본수익권이 영미법의 기대권의 성격을 갖고 있어서 현행 민법에서 이를 수용하기 어려운 측면이 있지만, 신탁제도의 정착이나 다른 정책적 측면을 고려하여 이를 허용할 필요가 있다. 특히 조세측면에서는 영미의 신탁세제와 달리 신탁을 납세의무자로 허용하고 있지 않은 상황에서, 지속적인 조세회피문제가 대두될 수 있기 때문이다.

2. 영구구속금지의 원칙과의 관계

(1) 영구구속금지의 원칙의 의의

영구구속금지의 원칙(rule against perpetuities)은 신탁이 특정자산을 장기간 구속하는 것을 부인하는 규정이다. 이는 신탁이 그 신탁재산의 소유권을 실질적으로 통제하는 기능이 있으므로, 영구신탁을 인정하는 것은 근대시민법의 기본원칙인 소유권절대원칙

---

16) 이미현, "신탁방식에 의한 자산유동화와 관련된 조세문제", 『조세법연구』, 제9권 제1호, 2003, 40면.

에 저촉될 수 있다.

이는 영미법에서 기본적으로 신탁설정시에 생존하고 있는 수익자의 사망 후 21년 이내로 제한하고 있다. 일본은 계속적 유증신탁에 대해서는 30년, 목적신탁에 대해서는 20년(신신탁법 제259조), 수탁자와 수익자와의 지위겸병에 대해서는 1년(신신탁법 제163조 제2항)이라는 법정기간을 정하고 있다. 다만, 일본은 타익신탁에 대하여 기간을 정하고 있지 않다. 이는 입법상 흠결로 보고 있다.[17] 반면 일본은 자익신탁에 대하여 기간제한을 둘 필요가 없다고 보고 있다. 즉 자익신탁에서는 위탁자 자신이 수익자로서 자기의 재산을 자기의 이익을 위하여 이용하고 있는데 불과하기 때문에, 이것은 소유권 행사의 한 형태라고 할 것이며, 통상의 소유권과 같이 일반적인 기간제한과는 맞지 않는 것으로 해석해야 한다고 보고 있다.[18]

(2) 수익자연속신탁과 영구구속금지의 원칙과의 관계

개정 신탁법에서는 이전 신탁법과 마찬가지로 신탁과 관련하여 영구구속금지의 원칙과 같은 신탁존속기간에 대한 제한을 두고 있지 않다. 특히 이러한 제한은 지나치게 장기간연속이 가능한 수익자연속신탁에 필요할 것이다. 수익자연속신탁은 신탁의 제한을 받는 재산으로 두면 법률관계의 혼란가능성이 있고, 사회 전체적으로 경제적 효용성 저하 등 의문 문제점을 야기하기 때문에 신탁법 개정과 더불어 존속기간제한에 관한 논의가 있었지만,[19] 이번 신탁법 개정에서도 수익자연속신탁의 존속기간에 대한 제한을 규정을 마련하지 않았다.

그 이유는 그동안 엄격히 영구구속금지의 원칙을 고수해오던 영미법계의 완화분위기에서 기인한 것으로 보인다. 즉 1990년대 초 미국의 몇 개주에서는 이 원칙을 완화하는 'Dynasty Trust'[20]라는 신탁제도의 도입과 영국의 영구불확정기간 내에 확정될 가능성이 조금이라도 있는 조건부채권을 처음부터 무효화 시키고 있다. 이는 행여 발생할 수 있는 가혹한 결과를 방지하기 위한 목적으로 '영구구속 및 유보에 관한 법률(Perpetuities

---

17) 안성포 역, 전게서, 102면.
18) 상게서, 103면.
19) 임채웅, "신탁수익권에 관한 민사집행의 연구", 서울대학교 『법학』 제50권 제4호, 2009, 142면.
20) A dynasty trust is a trust designed to avoid or minimize estate taxes being applied to great family wealth with each transfer to subsequent generations. By holding assets in the trust and making well—defined distributions to each generation, the entire wealth of the trust is not subject to estate taxes with the passage of each generation. Dynasty trusts in the United States are the combined result of the imposition of the generation—skipping transfer tax upon trusts that attempted to by—pass transferring all assets to children, and the repeal of the rule against perpetuities by states attempting to attract the great wealth of such trusts.

and Accumulation Act) 1964'에서 '기다려 본다(wait and see doctrine)'는 새로운 해석원칙을 의미한다. 또한 우리법제상 영미법상 영구구속금지의 원칙에 상응할 만한 제도가 없고, 신탁이 회사제도와 유사한 기능을 갖는 점, 우리나라의 민법 등 소유권의 기한을 제한하는 규정이나 법리가 없어서 일반사법의 법리와 충돌할 가능성이 있다는 점 등을 근거로 존속기간 제한을 부정하고 있다.[21]

그럼에도 불구하고 수익자연속신탁에 대한 존속기간에 대한 제한의 필요성은 여전히 유효한 것으로 보인다. 즉 영미처럼 영구구속금지의 원칙에 반하는 신탁전부를 무효로 하는 전부무효설보다는 당해 신탁조항이 그 밖의 조항들과 얼마나 긴밀하게 결부되어 있는지, 양자를 분리하는 경우의 효과 및 그러한 사실을 알았더라면 위탁자가 무엇을 의도했는지에 대한 가정적인 의사를 고려하여 신탁의 전부 또는 일부무효 여부를 판단해야 한 일부무효설[22]이 의미가 있다고 판단된다. 즉 위의 기준을 넘는 부분에 대해서는 일부무효의 법리를 적용하여, 그 부분만을 무효라고 보아야 한다.[23] 졸자는 이 견해에 동의한다. 조세적 측면에서 볼 때, 현행 신탁세제는 신탁법에 따라 신탁도관이론에 근거하여 과세하고 있다. 즉, 현행 신탁법에 전술한 바와 같이 신탁존속기간에 대한 명시적인 규정이존재하지 않음에 따라 신탁설정자인 위탁자의 신탁재산에 대한 실질적인 영향을 무한정인정하는 환경을 초래할 수 있을 것이다. 이에 따라 현행 신탁세제는 신탁의 당사자 특히 위탁자로 하여금 신탁을 통한 조세회피가능성을 허용하고 있다. 즉, 위탁자는 수익자의 불특정 또는 부존재 및 자기신탁의 특수관계자를 이용하여 자신에게 유리한 조세환경이 조성되었을 때, 위탁자가 세무상 유리한 선택을 할 수 있기 때문이다. 이러한 상황에서과세당국은 이를 방지하기 위한 조세회피규정을 강화하게 되고, 세제가 신탁제도 활성화를 저해하는 원인이 될 수 있을 것이다.[24]

따라서 신탁법에서는 이러한 이유를 고려하여, 수익자연속신탁 존속기간제한에 대한 가이드라인을 제시할 필요가 있다.

---

21) 법무부, 전게서, 475면.
22) 최수정(b), "상속수단으로서의 신탁", 『민사법학』 제34호, 2006.12, 587~588면; 임채웅, 전게논문, 142면.
23) 임채웅, 상게논문, 142면.
24) 김종해·김병일(a), "영국의 신탁과세제도와 그 시사점", 『세무학연구』 제28권 제3호, 2011.9, 163~164면.

3. 기대권과 수익자연속신탁

(1) 기대권

기대권(future interest)은 현재 특정한 재산에 대한 권리를 보유하고 있지 않지만, 장래에 향유할 수 있는 권리를 말한다. 예를 들면,[25] A가 부동산을 B가 생존하고 있는 동안에는 B에게, B가 사망한 후에는 C에게 증여한 경우 C는 현재 부동산에 대한 소유권을 보유하고 있지 않지만, 장래 B가 사망한 경우에는 부동산의 소유권을 보유할 수 있으므로 C는 부동산에 대한 소유권을 보유하고 있다고 보는 것이다.

이러한 기대권은 증여자(grantor)나 수증자(grantee)에 따라 그 종류가 구분된다. 우선 증여자의 기대권은 복귀(reversion), 소유권제한복귀(possibility of reverter), 조건부기대권(right of entry)으로 구분된다. 수증의 기대권은 잔여권(remainder) 및 미확정이익(executory interest)으로 구분된다. 이중 수익자연속신탁과 관련하여 수증자 측면의 기대권을 살펴보고자 한다.

잔여권이란 증여자가 부동산의 소유권을 2인 이상의 수증자에게 순차적으로 이전한 경우 후순위의 수증자가 보유하게 되는 기대권을 말한다. 이 경우 후순위 수증자의 권리가 선순위 수증자의 권리를 제한(divest)하지 않아야 한다. 예를 들어,[26] A가 B에게 생애소유권(life estate)을 이전하면, B가 사망하는 경우 소유권을 C에게 이전하도록 했다면, B는 현재 생애소유권을 보유하게 되고, C는 장래의 절대소유권(fee simple)을 잔여권으로 보유하게 된다. 이 경우 C는 후순위 수증자로서 C의 기대권은 선순위 수증자인 B의 소유권 행사에 아무런 제한을 가하지 않으며, B는 자산의 소유권을 C로부터 아무런 영향을 받지 않으며, 이 권리를 향유할 수 있다.

미확정이익이란 증여자가 일정한 조건이 충족된 경우에 한하여 소유권을 수증자에게 이전하는 경우에 수증자가 보유하고 있는 기대권을 말한다. 이 미확정이익에는 이전미확정이익(shfiting executory interest)과 단순조건부이익(springing executory interest)으로 구분된다.

이전미확정이익이란 증여자가 부동산의 소유권을 2인 이상의 수증자에게 순차적으로 이전한 경우 후순위의 수증자가 보유하는 기대권으로서 후순위의 수증자의 권리가 선순위의 수증자의 권리를 제한하는 권리를 말한다. 예컨대, A가 B에게 소유권을 이전하면서 C가 외국에서 귀국하는 경우 C에게 소유권을 이전하는 것을 조건으로 이전한 경우 C는 이전미확정이익을 기대권으로 갖게 된다. C가 귀국하여 B로부터 소유권을

---

25) 이상윤, 『영미법』, 박영사, 2000, 329면.
26) 상게서, 330~331면.

이전받게 된다면 B는 소유권을 행사할 수 없기 때문이다.

단순조건부이익이란 증여자가 부동산의 소유권을 특정 사실이 발생할 것을 조건으로 수증자에게 이전하는 경우 수증자가 보유하는 기대권을 말한다. 예를 들어, A가 B에게 C와 결혼하는 것을 조건으로 소유권을 이전하기로 한 경우 B는 단순조건부이익을 기대권으로 갖게 된다.

이와 같은 기대권은 수익자연속신탁에서 발생하고 있는 부분이다. 즉 연속수익자로 지정된 자는 현재에 특정재산에 대한 권리를 보유하지 않고 있지만, 제1수익자의 사망을 원인으로 인해 장래에 향유할 수 있는 권리를 갖게 되기 때문이다.

이러한 기대권은 대륙법계에는 없는 영미법계에만 존재하는 이익의 분류로서, 이를 사법에서 수용할 수 있는지에 대한 논란이 있을 것으로 보인다. 왜냐하면, 일본의 민법상 물권법에서는 절대적 소유권의 원칙(the principle of absolute ownership right)을 천명하고 있기 때문이다.[27] 이러한 시각은 우리나라도 다르지 않을 것이다. 이러한 논란의 원인은 다음과 같다. 즉 영미법상 소유권과 점유할 수 있는 권리(점유권이라고 부른다)[28]라는 용어를 혼용하고 사용하고 있는 반면 대륙법계에서는 소유권과 점유권(그 권원의 정당성 여부와 관계없이 동산이나 부동산을 점유하고 있다는 사실에 기인하여 인정되는 권리)을 명확히 구분하고 있다.[29] 또한 부동산점유권과 관련하여 미국은 현재 점유할 수 있는 권리와 미래에 점유할 수 있는 권리로 나누고 있다.[30] 이 중 미래에 점유할 수 있는 권리가 기대권에 속한다. 반면에 대륙법계의 시각상에서는 기대권을 대륙법계의 소유권인 물건을 자신의 물건으로서 직접적·배타적·전면적으로 지배하여 사용·수익·처분할 수 있는 사법(私法)상의 권리라고 보기 어렵고, 우리나라가 점유의 성립요건 중 점유의사가 없는 객관설, 즉 물건에 대한 사실상의 지배관계를 채택하고 장래에 향유할 수 있는 권리인 기대권을 수용하기가 어렵기 때문이다. 이와 같은 법률체계의 차이로 인하여 기대권을 현행 민법상 수용하기가 어려울 것이다.

그렇다면, 이러한 상황에서 기대권을 신탁법의 독자적인 소유권 개념으로 처리해할지 아니면 조세정책적 측면에서 접근할 것인지에 대한 충분한 논의가 필요하다고 판단된다. 이는 신탁산업이 루프홀(loophole)로 개발되었기 때문이다.

---

27) Tadao Okamura, "Taxation and Trusts in the United States and Japan", Proceedings from the 2009 Sho Sato Conference on Tax Law, 2009, p.3.
28) 영미법상 점유에는 물건에 대한 사실상의 지배관계 및 타인을 지배관계로부터 배제하고자 하는 의사를 성립요건으로 보고 있다. 우리나라는 점유의사가 필요 없는 객관설을 취하고 있다; 이상윤, 전게서, 311면.
29) 서철원, 『미국 비즈니스 법』, 법원사, 2000, 108면.
30) 이에 대한 자세한 내용은 서철원, 상게서, 119면 참고.

4. 유류분제도와의 관계

유류분제도는 피상속인의 재산처분의 자유와 법정상속인의 이익을 조정하기 위한 입법적 결단으로서 상속개시 후에 유류분권리자가 이를 포기할 수 있지만, 당사자 간의 합의에 의해서 변경하거나 배제할 수 없다. 그래서 계약이나 유언에 의해 신탁이 설정됨으로써 피상속인의 재산이 일차적으로 수탁자에게 결국 제3자에게 수익권의 형태로 귀속된 결과 법률상 상속인에게 보장된 최소한의 상속이익을 신탁설정방식에 의해서 침해할 수 있다. 다만, 민법 제1115조는 유류분이 부족한 경우 그 한도에서 재산의 반환청구를 인정하고 있다. 따라서 유류분을 침해하는 신탁도 유류분권리자가 반환청구권을 행사하지 않거나 더 이상 행사할 수 없는 때도 당해 신탁은 유효하고, 수탁자 내지 수익자는 신탁상의 재산적 이익을 보유할 수 있게 된다.

신탁에 의한 유류분 침해는 피상속인의 상속재산 중 신탁재산을 배제할 수 있는가의 문제이다. 즉, 유류분산정의 기초가 되는 민법 제1113조 제1항의 "피상속인의 상속개시시점에 있어서 가진 재산"에는 신탁재산을 포함하고 있지 않다. 그 이유는 위탁자의 고유재산과 신탁재산을 구분하고 있기 때문이다. 더욱이 현행 신탁법의 신탁재산의 범위에서는 적극재산을 인정하고 있어서, 피상속인의 소극재산을 항상 유류분산정기초가액에서 배제하고 있기 때문이다. 이러한 견해는 유류분권리자에게 상속재산의 일정비율을 확보해 주고자 하는 법제도의 실효성을 약화시키고 있다.[31] 이는 민법 제1114조와 관련되어 있다. 이 문제점에 대하여 판례도 상속인에 대한 특별수익권[32]은 공동상속인 간의 공평이라고 하는 관점에서 상속분의 선급으로 보아 동법 제1114조를 적용하지 않고 상속개시 1년 전에 한 것이나 유류분권리자를 해함을 알지 못하고 한 것이라도 모두 산입하도록 보고 있다.[33] 이 경우 유언신탁은 일종의 유증으로서, 신탁재산을 유류분산정기초가액에 포함하는 것은 문제되지 않을 것이다(민법 제1115조 및 제1116조). 그러나 신탁계약에 의해 설정된 신탁재산에 있어서 위와 같은 문제점이 발생하지만, 민법 제1114조에 의한 일정한 범위에서 유류분산정기초가액에 이 재산을 포함하는 것이 타당하다고 볼 수 있다.[34]

또한 유류분반환청구는 청구자가 유류분권리자이고 유류분권이 일신전속적인 권리는 아니므로 그 승계인도 행사할 수 있다.[35] 그리고 반환청구의 상대방은 반환청구의

---

31) 최수정(b), 전게논문, 595면.
32) 민법 제1118조 및 동법 제1008조 참조.
33) 대법원 1995.6.30. 선고 93다11715 판결.
34) 최수정(b), 상게논문, 596면.
35) 곽윤직, 채권총론, 2007, 294면.

대상이 되는 증여나 유증의 수증자, 그 포괄승계인이다. 이때 반환청구의 상대방을 수탁자로 한정할 수 있는지의 문제이다. 이에 대하여 유류분권리자는 유류분부족액만큼 신탁재산에서 부족분을 반환받게 된다. 따라서 신탁재산 자체의 소유권을 취득한 수탁자뿐만 아니라 수익권의 형태로 실제 신탁이익을 향유하는 수익자에게도 반환청구를 할 수 있다. 이러한 경우 상황에 따라 반환청구대상이 달라 질 수 있다. 즉, 생전신탁에 있어서 유류분권리자는 일정한 기간 내에 수익자에게 반환청구를 먼저하고(민법 제1117조), 유언신탁의 경우 수탁자와 수익자에 대해 각자가 얻은 유증가액의 비율로 반환을 청구하여야 한다(민법 제1115조 제2항).

5. 소 결

이상과 같이 수익자연속신탁은 수익자연속기능이라는 낯선 개념을 도입함에 따라 현행 재산승계질서와 다른 재산승계방식을 채택함에 따라 기존 민법상 재산승계질서의 예외로 허용되는 측면, 영구구속금지의 원칙이라는 우리나라 법제에 존재하지 않았던 소유권의 기간 제한이라는 점에서 민법상 충돌을 야기하고 있으며, 현행 민법상 소유권개념과 다른 기대권을 허용할 수 없다는 점을 명확히 하고 있지만, 이에 대한 논란은 현존하고 있는 것으로 보인다. 비록 개정 신탁법에서 수익자연속신탁을 명문으로 규정하고 있지만, 전술한 문제점들이 일소된 것은 아니라고 판단된다. 특히 기대권이나 영구구속금지의 원칙을 부정하는 것에 대한 명확한 근거가 제시된 것으로 보이지 않는다. 왜냐하면 신탁산업이 루프홀로 개발되었고, 이는 영미법계에서 출현한 제도로서 대륙법계를 채택하고 있는 우리나라와의 법률체계의 차이를 좁히기에는 현실적인 어려움이 존재하기 때문이다. 또한 영구구속의 원칙이나 기대권의 도입을 법률적 관점에서만 판단하는 것은 무리가 있다고 본다.

결국, 이는 신탁이 사회·경제적으로 미치는 영향을 고려한 종합적 관점에서 판단할 법률이 모든 판단기준이 아니듯이 현실적 반영을 통해 불가피한 부분의 변경이 필요할 수 있기 때문이다. 따라서 영구구속의 원칙과 기대권에 대한 논의는 지속되어야 할 것이다.

III. 현행 수익자연속신탁의 과세방안

1. 수익자연속신탁에 대한 증여세 또는 상속세 적용여부

(1) 상속과세의 본질

상속과세(상속세와 증여세를 포괄하는 개념으로 사용하고자 한다)는 경제적 가치가 있는 재산의 생전 및 사후의 무상이전을 과세물건으로 하여 부과하는 조세이다. 따라서 상속과세는 개인이 무상이전하는 가치(transfer of value)에 부과·징수하는 조세라고도 한다.

무상이전재산에 과세하는 방법은 무상이전자(transfer)를 기준으로 그 재산가치의 크기를 측정·과세하면 유산과세형 상속세에 해당하는 반면 무상취득자(transferee)를 기준으로 이전받은 재산가치의 크기를 측정·과세하면 취득과세형 상속세가 된다. 우리나라는 전자에 속한다. 미국의 유산세는 피상속인이 재산을 무상이전하는 권리에 대해 상속재산(유언집행자)에 과세하는 조세이며, 증여세는 증여에 의하여 무상이전하는 재산에 대하여 증여자에게 과세하는 조세라고 정의하고 있다.

이러한 상황을 고려해보면 유산과세형에서 상속과세를 정의함에 있어서 재산의 무상이전에 초점을 두고 있고, 취득과세형에서는 재산의 무상취득에 초점을 맞추고 있을 뿐 재산 내지 가치의 무상이전을 공통적 요소로 하고 있다. 그러므로 상속과세란 재산 내지 경제가치의 무상이전을 과세대상으로 하고 그 이전대상이 되는 재산을 금액으로 평가해서 법정세율로 과세하는 제도라고 정의하고자 한다.[36]

(2) 증여과세의 본질

민법상 증여란 당사자의 일방(증여자)이 대가 없이 즉 무상으로 재산을 상대방에게 준다는 의사를 표시하고 상대방(수증자)이 그것을 승낙함으로써 성립하는 계약이다(민법 제55조). 따라서 민법상의 증여계약은 재산의 무상이전이라는 실질과 재산을 무상이전 하기로 하는 당사자 간의 의사의 합치를 그 요소로 한다.

그런데 상속세 및 증여세법에서는 민법상 증여에 해당하는 경우뿐만 아니라, 당사자 간의 의사의 합치가 없기 때문에 민법상의 증여 개념에서는 해당하지 않지만 수증자가 증여자로부터 대가없이 이익을 받기 때문에 재산의 무상이전이 이루어지는 경우에도

---

[36] 최명근, 『현행 상속세 및 증여세법의 합리적 개선방안에 관한 연구』, 한국조세연구포럼, 2003.12, 14~15면.

당사자의 의사와 합치에 의한 민법상 증여와 마찬가지로 담세력이 있기 때문에, 수증자가 받은 경제적 이익에 대하여 증여로 간주하여 증여세를 부과하는 부분 즉 증여의제[37]까지 증여의 개념으로 포함시키고 있다.

(3) 수익자연속신탁과세 적용여부

수익자연속신탁이란 수익자 사망 시에 당해 수익권이 소멸하고, 다른 자가 새로이 수익권을 취득하거나 순차적으로 다른 자에게 수익권이 귀속되는 형태의 신탁을 말한다. 수익자연속신탁은 하나의 소유권을 재산의 사용·수익권과 처분권을 분리하여 이전시키는 형태로서, 대륙법계를 채택한 우리나라 등에서는 이를 민법상 수용하기가 어려운 부분이다. 즉 당사자가 임의로 법률에서 규정한 물권의 종류와 내용 외에 자유로이 창설하는 것을 금지한 물권법정주의를 위반하는 것이다. 또한 전술한 바와 같이 수익자연속신탁과 유사한 계속적 유증은 제1 수유자는 스스로 사용·수익자이면서, 제2 수유자를 위한 관리권자가 되어서 이익상반적 지위에 서게 된다는 점에서 이를 민법상 허용하는 것이 어렵다는 점이다. 그리고 이러한 상속질서는 민법상 상속질서를 훼손한다는 측면에서 불가한 측면이 있다고 주장되어 왔다.

그럼에도 불구하고 이를 신탁법의 테두리에서 허용한 이유는 전술한 바와 같이 수익자는 원칙적으로 수탁자가 될 수 없기 때문에, 수익자 이외의 자가 수탁자가 됨으로서, 해당 수탁자는 중립적인 관리자로서 처음부터 이익상반상태에 빠지지 않는다는 점이다. 또한 수익자연속신탁은 수익권이라는 재산교부청구권을 위탁자의 의사로 전환(자익에서 타익), 연속(타익에서 타익)시키므로 기한부소유권을 창설하는 것은 아니라는 주장[38]과 현행 신탁법에서 이를 명문으로 규정하고 있다는 점에서 수익자연속신탁에 의한 재산승계의 유효성을 부여할 수 있을 것이다.

이를 근거로 하여 수익자연속신탁에 의한 순차적 재산승계를 현행 상속세 및 증여세법의 범위에 포함할 수 있는지 살펴볼 필요가 있다. 우선 수익자연속신탁은 수익자의 사망을 원인으로 하여 발생하는 재산(수익권)승계로서 무상이전이므로 상속세 및 증여세법에 적용하는 것은 무리가 없어 보인다. 둘째, 수익자연속신탁의 재산승계방식은 현행 민법상 재산승계질서와 다른 점을 취하고 있다. 이를 상속세 및 증여법상 수익권의 무상이전이라는 점에서 상속세를 부과하는 것은 문제가 없지만, 기존 민법상 재산승계방식과 수익자연속신탁에 의한 승계방식에서 발생할 수 있는 조세불평등성문제가 제기

---

37) 김두형, "완전포괄주의 증여의제 입법의 과제", 『조세법연구』, 세경사, 2003, 82면.
38) 안성포 역, 전게서, 243면.

될 수 있을 것이다. 그 이유는 신탁자체가 조세회피와 관련된 루프홀적인 측면이 많기 때문이다. 따라서 이 부분에 대한 심층적인 연구가 필요하다. 셋째, 제1수익자의 사망으로 인하여 상속이 될 경우, 제1수익자의 상속인과 제2수익자간의 상속세계산방법의 차이점이 존재하는가이다. 현행 상속세가 유산취득형 구조를 취득하고 있기 때문에 상속세계산문제는 차이가 없을 것이다. 그러나 제1수익자가 고유재산과 수익권을 구분하여 계상하지 않은 경우에는 그 분류문제가 있을 수 있다. 왜냐하면 이러한 분류가 없다면, 수익자의 고유재산과 수익권이 혼재됨으로 인하여, 상속재산의 분류문제뿐만 아니라 상속재산의 평가문제도 발생할 수 있기 때문이다. 따라서 수익자는 고유재산과 수익권을 분류하여 계상할 것을 명시할 필요가 있다.

이상과 같이 수익자연속신탁에 현행 상속세 및 증여세법을 적용하는 것은 무리가 없어 보인다. 다만, 민법상 재산승계방법과 수익자연속신탁에 의한 수익권승계방법 간의 조세불평등 문제는 제도를 시행한 후 결과를 통해서 수정해야 할 필요가 있을 것이다. 또한 수익자연속신탁에 있어서, 수익자에게 고유재산과 수익권을 분리하여 관리하도록 하는 의무 규정을 둘 필요가 있다.

2. 수익자연속신탁과의 과세방법

현행 수익자연속신탁의 과세방법을 도출하기 이전에 2007년도 신탁세제를 변경한 일본의 입법례와 미국의 입법례를 살펴볼 필요가 있다.

(1) 일본과 미국의 수익자연속신탁에 대한 과세방법

우선 일본의 새로운 신탁과세방안은 다음과 같이 세 가지 방법을 제시하고 있다.[39] 즉 상속세 및 증여세법, 개인소득세법, 법인소득세법에 적용되는 방법이다.

첫 번째 방법은 모든 원본에 대한 과세방법(The Full Corpus Taxation)이다. 이 방법은 현재 수익자가 모든 신탁재산(원본)의 소유자가 되는 것으로 간주하는 방식으로, 소유자로 간주된 자가 단독으로 세금을 부과받게 된다. 이 방법은 "모든 원본 과세제도"라고 한다.[40] 이 방식은 신탁이 설정되거나 수익자가 변경되었을 때, 모든 신탁재산은 신탁자나 제1수익자로부터 다음 수익자에게 이전되거나 제1수익자로부터 다음 수익자에게 이전된 것으로 간주된다. 이 방식의 특징은 간주소유자와 신탁원본의 간주양수인이

---

39) Tadao Okamura, *op. cit.*, pp.5~7.
40) The result of this taxation is similar to that of I.R.C. §2702, which requires inclusion of the full value of trust corpus into the taxable gift in certain inter vivos trusts; *Ibid*, pp.5~7.

된다는 점이다.

이 방식은 주로 수익자연속신탁에 대하여 상속세 및 증여세를 부과할 때 적용된다. 신탁이 설정되거나 수익자가 변경될 때, 신탁에 귀속되는 모든 재산의 평가는 상속세 및 증여세법의 과세기반에 포함된다. 일반의 상속세 및 증여세는 수증자에게 부과하는 것이지 피상속이나 증여자에게 부과하는 것은 아니라는 점을 주의해야 한다. 왜냐하면, 일본의 경우 상속세의 과세방법이 피상속인의 사망시점에 모든 재산의 평가를 기반으로 하는 것이지, 각 수증자나 상속인이 취득한 재산을 기준으로 평가하는 것이 아니기 때문이다.

모든 신탁원본은 신탁설정시점에 부과되는 것이고 수익자가 변경될 때마다 부과되기 때문에, 비록 동일 세대에 속하는 수익자를 보유한 수익자 있을 지라도, 위의 과세방식은 그대로 적용된다. 따라서 이 방식은 동일 세대에 속하는 수익자를 보유한 신탁은 기피할지도 모른다. 또한 이 방식은 세대간 순위(?)가 부여된 수익자가 있는 수익자연속신탁에게 이점이 없을 지도 모른다. 그 이유는 직접적인 증여나 유증 생략이 유리하기 때문이다. 물론 이런 논의는 세대생략이전과세에 적용되지 않는 경우에만 해당될 것이다. 세대생략이전과세방식은 일본에서는 채택하고 있지 않다.

한 가지 중요한 점은 현재 수익자가 모든 신탁재산을 소유한 것으로 간주하고 있기 때문에, 비록 해당 이익(수익)이 확정되고 시장성이 있을 지라도, 연속수익자는 어떠한 재산도 취득하지 않는다.

두 번째, 방식은 분배된 원본에 대한 과세방법(The Divided Corpus Taxation)이다. 이는 방식은 수익자연속신탁 이외의 신탁에 대하여 상속세및증여세, 일반적으로 개인소득세 및 법인소득세를 부과할 때 적용된다. 신탁이 2 이상의 수익자가 있는 경우, 각 수익자 이익의 차이점은 각 수익자가 과세소득에 대하여 산정될 때이다. 이 방식은 소위 위탁자신탁과세방법으로서 매우 중요하게 적용된다. 위탁자신탁은 위탁자가 특정한 통제권을 가지고 있는 신탁을 말한다. 이 방식은 위탁자가 수익자가 될 것을 간주함으로써, 적용된다. 그러나 이 방식은 첫 번째 방식과 기본적인 개념을 공유하고 있다. 즉 현재 수익자가 신탁재산의 소유로 간주된다는 점이다. 따라서 신탁이 설정되거나 수익자가 변경될 때마다, 전체나 부분에 해당하는 원본은 이론적으로 수익자에게 이전되거나 수익자들 사이에 이전되고, 이 원본의 평가에 따라 상속세나 증여세를 부과하게 된다.

개인과 법인소득세제에 있어서, 신탁 그 자체는 일본에서 납세주체가 아니다. 일반적으로, 신탁은 납부주체(실체)가 아니지만, 세 번째 방식에서는 그 예외를 인정하고 있다. (수익자로 간주되는) 특정 위탁자를 포함한 현재 수익자는 신탁소득에 대하여 지분별로 조세부담을 진다. 수입수익이 상속이나 증여행위를 통하여 취득되었다면, 이 수입수익의 기반은 (소유자로 간주된) 이전 수익자나 위탁자로부터 이전된 것으로 보고 있다.[41] 왜냐하면 이러한 기본적인 규칙은 소득과세 측면에서 수익자연속신탁에 적용되기 때문에, 이 규칙은 조세회피 기회(가능성)를 초래하게 된다.[42]

세 번째, 이 방식은 수입수익과세방법(The Beneficial Interest Taxation)이다. 이 방식은 신탁을 법인으로 간주하고 것이고, 신탁의 수입수익은 법인의 지분으로 간주된다. 이 방식은 주로 보조적 기구나 투자기구를 대신하는 사업신탁과 투자신탁과 관련된 신탁에 적용된다. 이 방식에서 이러한 신탁들은 법인소득세가 부과된다. 게다가, 분배된 원본이 아닌, 수입수익은 수익자단계에서 부과된다. 이는 이중과세를 해소하기 위한 조치라고 볼 수 있다.

이 방식은 원본이 아닌 이익(수익)을 보유한 수익자가 보유하고 있기 때문에 논리적으로 우수하고, 특히 수입수익이 자본시장에 유통(교환)되고 있기 때문이다. 이점은 이 방식이 이중과세를 제거하는 것 보다 더 큰 의미가 있다고 보인다. 그러나 비유통성이 있는 이익은 평가하기가 어렵다는 문제점이 있다. 이러한 어려움은 가족사업(family business)이나 특수관계자가 있는 법인과 관련된 신탁에서 발견할 수 있다 게다가, 수익자연속신탁에 있는 기대권에 대하여 이 방식을 적용하는 것은 불가능하다. 특히, 해당 이익이 누군가의 장래행위나 임대차에 있어서 불확실한 경우에는 더욱 그렇다고 보고 있다.

(2) 미국의 입법례

미국의 납세의무자는 위탁자 및 수익자뿐만 아니라 신탁도 해당된다. 이러한 신탁에 대한 과세는 과세이연을 방지하기 위한 조치이다. 이와 함께 통상적으로 미국의 유산세(estate tax) 및 증여세(gift tax)은 증여 또는 상속된 금액에 대하여 수증자 또는 피상속인에게 과세하지 않는다.

---

41) However, a gift by a corporation or other legal entity to an individual is subject to individual in-come tax, not to gift tax : Tadao Okamura, *op. cit.*, p.7.
42) For example, the beneficiary of the future remainder interest (X) could give the interest to a low-income family member (Y), and buy back the interest at the arm's-length price. Because the value of the future interest is zero for the gift tax purpose, no gift tax to Y. (The donee is subject to gift tax.) Y's basis of the interest is zero, so Y has to pay income tax without basis de-duction, but Y is in low bracket. X can step up the basis, and because X has acquired the interest not by gift but by purchase, X is not subject to gift or inheritance tax when X becomes a current beneficiary.: *Ibid*, p.7.

미국의 신탁과세방법은 크게 신탁단계와 수익자단계로 구분한다. 신탁단계에서는 배당가능수익(Distributable net income: DNI)을 계산한 후 이를 신탁소득단계의 기준금액으로 하고, 이를 기준으로 수익자단계의 과세소득을 결정하게 된다. 이때 신탁이 수익자에게 분배하지 않고 유보한 금액이나 수익자에게 덜 지급한 금액을 DNI를 기준으로 신탁에게 부과하는 방법을 취하고 있다.

두 번째, 수익자단계의 과세방법이다. 여기서는 유산세 및 증여세의 내용을 중심으로 살펴본다. 신탁과 관련된 유산세 및 증여세는 무상이전을 전제로 하고 있다. 이는 신탁보다는 위탁자와 수익자의 관계에서 주로 발생하게 된다. 주로 원본수익자나 잔여재산수익자가 납세의무자가 된다. 미국은 기대권 또는 기대권을 허용하고 있기 때문에 소유권을 사용·수익권과 처분권으로 분리할 수 있다. 따라서 수입수익자와 원본수익자에 대하여 유산세 또는 증여세를 부과할 수 있다. 이 경우 다음과 같은 상황에 따라 유산세 또는 증여세여부가 결정된다. 즉 증여자나 피상속인의 지배권과 통제권의 중단시기를 중요한 판단시점으로 보고 있다. 이는 증여자나 피상속인의 지배권과 통제력이 상실한 시점에서 소유권의 완전한 이전으로 보고 있다는 점으로서, 이는 미국 연방세법에서 소유권을 사용·수익권과 처분권으로 분리하고 있다는 점을 가정하고 있다. 이를 구체적으로 살펴보면 다음과 같다.

먼저, 증여세와 관련된 내용이다. ① 전술한 바와 같이 증여자의 지배권과 통제권의 중단시기에 따라 증여과세여부가 결정이 된다.[43] 즉 이 기준이 충족된 경우에는 취소가능신탁이나 취소불가능신탁이 수익자에게 신탁소득을 분배한 금액에 대하여 상속세 및 증여세를 부과할 수 있지만, 그렇지 않은 경우에는 완전한 소유권이전(거래)으로 보지 않고 상속세 또는 증여세를 부과하지 않고 있다.

② 생애유산 또는 유산권(life estates)과 잔여이익(remainder interests)과 관련된 부분이다. 예를 들어,[44] 한 개인이 신탁에게 재산을 신탁하고 생애기간동안 신탁의 소득을 보유할 권리가 있고 이 자가 사망한 후에 신탁재산을 다른 자에게 이전할 것을 지명할 권리가 있는 경우가 있다. 이 사례에서 양도자(위탁자)는 유산권을 보유하고 있고 잔여이익을 지급할 수 있다. 유산권은 생애기간 동안 이용하거나 소득을 취득할 권리로서 증여세과세대상이 되고, 잔여이익도 그러하다. 다만, 잔여이익이 가족 구성권에게 이루어진 경우에는 유산동결(estate freeze)[45]효과에 의하여 증여세를 부과하지 않는다.

---

43) Reg. § 25.2511−2(b)−(c).
44) Kenneth E. Anderson·Thomas R. Pope·John L. kramer, PRENTICE HALL'S FEDERAL TAXATION, Prentice Hall, 2008, p.C12−11.
45) 유산동결효과의 주요 요지는 IRC §§ 2701−2704의 내용을 참고.

③ 연방세법 제2514조는 증여와 관련하여 일반적인 지명권의 행사(exercise of agen-eral power of appointment)를 규정하고 있다. 즉 지명권은 한 인(人)이 신탁에 자산을 이전하고 실질적으로 자산을 수령할 특정인에게 권한을 부여하는 경우이다. 따라서 지명권의 소유는 자산의 소유자와 동일한 이익을 갖게 한다. 잠재적인(potential) 증여세과세대상은 일반적인 지명권을 행사할 자와 관련되어 있다. 그러므로 증여는 한 인(人)이 일반적인 지명권을 행사하거나 자산을 수령할 다른 자를 지명할 때 발생한다.[46]

④ 미성년자를 위하여 신탁을 설정한 경우, 일정한 요건을 충족하고 증여자가 21세 이하의 미성년 수익자에게 신탁소득을 분배하는 경우에는 증여세를 면제할 것을 규정하고 있다.[47]

다음으로, 유산세와 관련된 부분이다. ① 보유된 유산권의 거래하는 두 가지 경우가 있다.[48] 이 경우는 피상속인이 보유한 것으로 보고 있다. 즉 피상속인 소득에 대한 권리나 자산을 향유하거나 소유하고 있는 경우와 피상속인이 소득을 수령할 자나 자산을 향유하거나 소유할 자를 지명하는 경우이다.

② 반환이익(reversionary interest)이 있는 경우이다. 반환이익은 신탁종료 후에 신탁재산이 위탁자(양도자)에게 되돌아 올 때를 말하며, 위탁자는 반환이익이 있다고 본다. 즉 반환이익은 위탁자에게 반환되는 이익을 말한다. 이에 대하여 연방세법 제2037조는 피상속인이 다른 인(人)이 자산을 소유하기 위하여 자신보다 더 살아남을 것을 명기하고 피상속인의 반환이익의 평가가액이 이전된 자산가액의 5%를 초과한다면, 이 모두가 피상속인의 유산가액에 포함된다고 규정하고 있다.[49]

③ 취소가능 거래와 관련된 부분이다. 이 거래는 취소가능신탁에서 볼 수 있고, 연방세법 2038조에서는 피상속인이 처음부터 해당 자산에 대한 권한을 보유하지 않은 경우에도 적용된다고 규정하고 있다. 이의 중요한 판단기준은 위탁자(양도자)가 사망시점에 권한을 보유하고 있는 가이다. 동조는 유산세가 부과되는 두 가지 유형을 제시하고 있다.[50] 이는 주로 위탁자신탁과 관련된 부분이다.

---

46) Kenneth E, Anderson · Thomas R. Pope · John L. kramer, *op. cit.*, C12−15.
47) IRC § 2503(c).
48) IRC § 2036.
49) A가 B에게 생애기간 동안 자산을 양도하고, 그 후에는 C에게 양도한다. 이자산이 A가 살아 있는 동안에 B나 C가 사망한 시점에 반환될 것이다. A가 B나 C의 사망시점에 살아있지 않다면, 이자산은 D에게 이전 되거나 D가 사망했다면, 기부단체에게 이전된다. 따라서 D는 자산을 수령하기 위하여 A보다 더 오래 생존해야 한다. A의 반환이익의 가액이 그 자산가액의 5%를 초과한다면, 이자산은 A의 유산에 포함된다. 포함된 금액은 A의 반환이익의 평가가액이 아니지만, 사망일시점의 자산가액에서 B와 C의 유산권을 차감한다.
50) Anderson et al. *op. cit.*, C13−13 사례 C13−21 및 C13−22 참고.

④ 일반적인 지명권과 관련된 부분이다. 이는 증여세에서 언급한 내용과 매우 유사하다. 피상속인이 지명권을 보유한 경우에도 유산가액에 포함된다. 즉 피상속인이 이를 행사한 것과는 관계가 없다. 다만, 피상속인의 건강, 지원, 관리, 교육과 같은 목적으로만 행사되는 권리인 확정된 기준(ascertainable standard)에 해당하는 것은 유산가액에 포함되지 않는다.

(3) 우리나라의 수익자연속신탁에 대한 과세방법

우리나라의 수익자연속신탁에 대한 과세방안을 도출하기 전에 일본의 새로운 신탁과세방법에 대한 평가를 살펴볼 필요가 있다. 이는 동일한 법률체계를 갖추고 있고, 우리나라의 개정신탁법이 일본의 신신탁법과 거의 유사하기 때문이다.

일본의 새로운 신탁과세방법에 대하여 평가는 다음과 같다.[51] 즉 첫 번째 방식은 수익자연속신탁의 활용에 저해가 될 수 있다. 비록 이 방식은 미국에서 일반적으로 적용되고 있지만, 이 방식은 일본의 수익자연속신탁에서 확대되기 어려울 것이라는 평가이다. 반면에, 두 번째 방식은 그 결과는 다르지 않겠지만, 현재 수익자에게만 부담시키게 되기 때문이다. 세 번째 방식의 적용은 매우 어렵거나 부정확한 결과를 초래할 수 있고, 미국에서 발생한 유산동결효과 같은 남용이 발생할 지도 모른다. 평가방법의 문제도 첫 번째 방법을 적용해야하는 이유가 된다고 보고 있다. 따라서 새로운 신탁과세방법을 수익자연속신탁을 활용하기 위하여, 현행 상속세 및 증여세제와 소득세제에 대한 근본적인 개혁이 필요하다. 이러한 개혁은 기대권 또는 기대권의 평가문제를 개선시켜야 한다. 특히 신탁의 일시적인 이익과 관련된 부분이다.

이와 관련하여 생전조정(lifetime adjustment)에 대한 세금부과가 타협점으로 보인다. 왜냐하면 생전조정방법으로 실제로 실현된 이익을 받은 수익자는 장래, 일시적이든 간에 사망시점에 이러한 수익을 계산하게 된다. 이러한 생전조정방법은 미국의 현재 시행되는 유산 및 증여세제에서는 불가능할 것이다. 비록 미국이 이러한 세제를 통합할 지라도, 피상속인이 기대권이나 일시적 이익을 남겨두었기 때문에, 그들의 실제 평가가 신탁이 종료되기 전까지 확정되지 않기 때문이다. 반면에, 부과된 세금은 수유자가 부담하고, 특정인의 사망 이후에 그 이익을 향유하지 못할 수 있다.

이와 같은 일본의 새로운 신탁과세방법을 통하여 우리나라가 채택할 수 있는 방법은 첫 번째 방법일 것이다. 즉 수익자가 이전받을 수익권을 완전한 소유권으로 보고, 현재 수익자에게 상속세 및 증여세를 부과하는 방식이다. 이 방식은 민법상 소유권 개념을

---

51) Tadao Okamura, *op. cit.*, p.8.

수정하지 않고 적용할 수 있다는 장점이 있다. 그러나 이 방식은 이를 수익자연속신탁의 취지인 신탁재산의 사용·수익권과 처분권을 분리하여 이전시킬 수 있다는 점을 고려해 볼 때, 일본의 첫 번째 과세방법은 수익자연속신탁의 이용에 제한 사항이 될 수 있을 것이다. 즉 수익권을 수여받은 수익자는 사용·수익권과 처분권에 대하여 모두 상속세를 부담하게 되어 실질적으로 신탁을 이용한 절세효과[52]를 기대하기 어렵고, 위탁자의 의사반영에 제한적일 수 있기 때문일 것이다.

한편 수익자연속신탁의 활용성을 높이기 위한 방법은 미국의 신탁세제일 것이다. 이는 소유권을 사용·수익권과 처분권으로 분리하여 재산승계를 할 수 있기 때문이다. 이는 상속세 및 증여세법상 승계재산의 평가문제도 해소할 수 있으며, 수익자연속신탁을 통한 조세회피도 방지할 수 있는 제도이다. 그럼에도 불구하고 미국 신탁세제를 도입할 수 없는 이유는 소유권에 대한 분리라는 점을 현행 사법에 허용할 수 없는 점과 현행 신탁세제에서 신탁을 납세의무자로 허용하고 있지 않다는 점이다.

이런 점을 고려 볼 때, 우리나라 상속세 및 증여세법에서 수익자연속신탁에 적용할 수 있는 일본신탁과세방법 중 첫 번째 방법을 채택을 고려할 필요가 있다. 즉 위탁자가 제1수익자에게는 사용·수익권만을 이전하고, 제2수익자에게는 처분권을 이전할 것을 신탁설정한 경우에, 제1수익자에게 사용·수익권을 이전할 시점에 신탁재산(원본과 수익) 전체에 대하여 상속세를 부과할 수 있다. 또한 제1수익자가 제2수익자에게 처분권을 이전할 시점에서 다시 신탁원본에 대하여 재평가한 후에 증가분에 대해서만 상속세를 부과하는 방법을 고려할 수 있다. 다만, 이 시점에서 신탁원본의 가치가 하락한 경우에 대한 세무처리방법도 함께 고려될 필요가 있다. 즉 과세관청은 제1수익자에게 신탁원본에 대한 미리 납부한 상속세를 신탁원본의 가치하락분 만큼 환급해주는 유연한 처리방법을 고려할 수 있다. 이와 같은 과세방법은 수익자연속신탁의 활용의 저해를 최소하면서, 민법의 소유권 개념과의 충돌을 피해갈 수 있는 방법으로 생각된다.

3. 기대권에 대한 세무처리방향

기대권은 영미의 재산법(property law) 중 소유권에서 언급된 것으로서, 기대권은 현

---

52) 수익자연속신탁은 위탁자의 의사가 다각적으로 행사된다. 일본의 수익자연속신탁의 첫 번째 과세방법을 채택하게 될 경우 원본수익권과 수입수익권 모두가 상속세과세대상이 될 것이고, 제1수익자의 사망을 원인으로 신탁원본과 신탁이익이 모두 상속세과세대상이 된다. 이러한 상황은 위탁자가 굳이 수익자연속신탁을 선택할 필요성이 없어질 것이다. 따라서 신탁원본과 신탁이익을 분리하여 과세하는 것이 실질적인 상속세를 절감시킬 수 있는 효과가 발생하게 되고, 수익자연속신탁의 활성화에도 도움이 될 것이다.

재에는 특정재산에 대한 권리를 보유하고 있지 않지만, 장래에 향유할 수 있는 권리를 말한다.[53] 이러한 기대권은 유언과 신탁에서 주로 생성된다. 즉, "나의 배우자의 생존 동안에는, 배우자가 사망하면 우리의 자녀에게 귀속된다(to my spouse for life, remainder toour children)"는 의미를 갖는다.[54] 이러한 기대권은 현재 그리고 즉시 발생하는 권리인 현재이익(present interests)과 대조를 이룬다. 현재이익에는 부동산에 관한 권리, 즉 지역권(easement), 유치권(lien), 담보권(mortgage) 및 임차권(tenant right) 등이 포함된다. 그러나 이러한 기대권은 현행 사법상 소유권개념에 포함되지 않으므로 과세근거가 불명확하여 조세법률주의를 침해할 수 있다.[55]

이러한 기대권은 주로 생전신탁에서 발생하게 되는데, 하나의 재산에 대하여 둘 이상의 수익자가 다른 이익을 취득하게 되는 상황이 발생한다. 이는 개정신탁법의 유언대용신탁과 수익자연속신탁[56]과 관련된 이익이다. 예컨대,[57] 위탁자 A가 수탁자 B에게 자신의 건물을 신탁한 후 자녀인 수익자 C에게 건물의 임대소득을 분배할 것을 정하고 자녀인 수익자 D에게는 A의 사망이나 신탁종료 후에 신탁원본(재산)을 분배할 것을 정할 수 있다. 이때 수익자 C에게 지급되는 이익이 현재이익이고, 수익자 D에게 지급되는 이익이 기대권이다. 현재이익은 수익자가 즉각적으로 신탁재산을 향유(enjoy)하거나 소유할 권리를 받은 경우인 반면, 기대권은 수익자가 신탁재산의 권리가 특정기간 동안이나 특정사건이 발생할 때까지 지연(delay)되는 경우를 말한다.

이러한 기대권의 문제로는 잔여권의 확정 또는 불확정(vested or contingent)이다. 예를 들어, 위탁자가 위의 내용처럼 수익자 D를 잔여권자(remainder)로 지정하고, 자신보다 더 오래 살 것을 가정한 경우 기대권은 확정적이지만, 위탁자가 위탁자의 사망시점이나 신탁종료시점의 상황에 따라 수익자 D가 잔여권자가 될 수 있다고 한다면, 수익자 D의 잔여권은 불확정된 상태로 존재하게 된다. 이때 전자는 해제조건(condition sub-sequent)이고, 후자는 정지조건(condition precedent)이다. 정지조건과 해제조건의 구별은

---

53) 예컨대, A가 부동산을 B가 생존하고 있는 동안에는 B에게, B가 사망한 후에는 C에게 증여한 경우 C는 현재에는 부동산에 대한 소유권을 보유하고 있지 않지만, 장래에 B가 사망한 경우에는 부동산의 소유권을 보유할 수 있으므로 C는 부동산에 대한 기대권이나 기대권을 보유하고 있는 것이다: 이상윤, 전게서, 329면.
54) William M. McGovern, Sheldon F. Kurtz, David M. English, WILL, Trusts and Estates Including Taxation and Future Interests Fourth Edition, WEST, 2010, p.451.
55) 기대권의 처리방향에 대해서는 김종해 · 김병일(b), "생전신탁과세에 관한 연구", 『조세법연구』제18-2집, 2012.8, 62~65면 및 김종해 · 황명철, 개정신탁법 시행에 따른 신탁과세구조의 개선방안", 『세무와 회계 저널』제13권 제3호, 2012. 9, 437~440면 참조.
56) 신탁법 제60조(수익자연속신탁) 신탁행위로 수익자가 사망한 경우 그 수익자가 갖는 수익권이 소멸하고 타인이 새로 수익권을 취득하도록 하는 뜻을 정할 수 있다. 이 경우 수익자의 사망에 의하여 차례로 타인이 수익권을 취득하는 경우를 포함한다.
57) 김종해 · 황명철, 상게논문, 437~438면.

불확정 잔여권의 이전을 금지하는 사법권 또는 관할권(jurisdictions)에서만 의미가 있을 뿐이다. 즉, 잔여권이 자신의 아들의 생존하는 후손에게 이전될 것으로 고안된 경우, 그의 아버지 생존기간 동안 아들의 자녀에 의한 이전은 효력이 없게 된다.[58]

잔여권이 불확정적인지 확정적인지는 선택된 언어(language employed)에 따라 결정된다. 조건적 요소가 잔여권자를 의미하는 표현을 포함하고 있다면, 이 때 잔여권은 불확정적인 상태가 되지만, 이 단어 뒤에 확정된 이익을 준다고 표현되었고 그 문장(clause)에 이익을 처분할 수 있다는 내용이 추가되었다면 그 잔여권은 확정적인 상태가 된다.[59] 이와 관련하여 미국 법원 및 주(州)들은 언어적 세부사항에 대한 검토를 피하고, 확정적이고 불확정적인 잔여권이 이전될 수 있다는 것을 허용하고 있다. 즉, 미국의 다수의 주(州)에서 불확정적인 기대권의 소유자는 현재 처분할 권리가 있는 재산을 보유하고 있다고 보고 있다.[60] 따라서 불확정 잔여권은 일반적으로 잔여권자의 생존을 조건으로 한다는 것으로서 이해할 수 있을 것이다. 그러나 불확정 잔여권은 일반적이지만 항상 잔여권자의 생존을 조건으로 하는 것은 아니다.[61]

또한 이러한 기대권은 현행 사법과 충돌을 야기할 가능성이 높다. 영미법상 소유권과 점유할 수 있는 권리(점유권이라고 부른다)[62]라는 용어를 혼용하고 사용하고 있는 반면, 대륙법계에서는 소유권과 점유권(그 권원의 정당성 여부와 관계없이 동산이나 부동산을 점유하고 있다는 사실에 기인하여 인정되는 권리)을 명확히 구분하고 있다.[63] 또한 부동산점유권과 관련하여 미국은 현재 점유할 수 있는 권리와 미래에 점유할 수 있는 권리로 나누고 있다.[64] 이 중 미래에 점유할 수 있는 권리가 기대권에 속한다. 반면에 대륙법계 측면에서 기대권은 대륙법계의 소유권인 물건을 자신의 물건으로서 직접적·배타적·전면적으로 지배하여 사용·수익·처분할 수 있는 사법(私法)상의 권리라고 보기 어렵고, 우리나라가 점유의 성립요건 중 점유의사가 없는 객관설, 즉 물건에 대한 사실상의 지배관계를 채택하고 장래에 향유할 수 있는 권리인 기대권을 수용하기가 어렵기 때문이다. 그리고 이러한 시각은 일본의 민법상 물권법에서는 절대적 소유권의 원칙(the principle ofabsolute ownership right)을 천명하고 있는 것과 유사하다. 이는 일본 민법에서

---

58) William M. McGovern, Sheldon F. Kurtz, David M. English, *op. cit.*, p.452.
59) Scott v. Brusmon, 569 S.E.2d 385m(S.C.App. 2002): Goodwine State Bank v. Mullins, 625 N.E.2d 1056, 1074(Ill.App.1993) 참조.
60) Restatement, Third, of Trusts § 41 cmt. a(2003).
61) Fletcher v. Hurdle, 536 S.W.2d 109(A가. 1976): Rushing v. Mann, 910 S.W.2d 672(A가. 1995) 참조.
62) 영미법상 점유에는 물건에 대한 사실상의 지배관계 및 타인을 지배관계로부터 배제하고자 하는 의사를 성립요건으로 보고 있다. 우리나라는 점유의사가 필요 없는 객관설을 취하고 있다. 이상윤, 전게서, 311면.
63) 서철원, 전게서, 108면.
64) 이상윤, 상게서, 119면.

'확정이나 불확정(vest or fail)'이라는 개념을 오랫동안 인정하지 않고, 기대권에 대한 여지도 거의 없는 상태이고, '정사(定嗣: 연속되는) 상속재산권(fee tail)'을 허용하지 않고 있기 때문이다.[65]

이와 같은 법률체계의 차이로 인하여 기대권을 현행 민법상 수용하기가 어려울 수 있을 것이다. 그러나 조세법 측면에서 기대권에 대한 처리방안을 마련할 필요가 있다. 이에 참고가 될 입법례는 미국의 경우이다.

미국 재무부는 기대권과 관련하여 다음과 같이 해석하고 있다. 즉, "기대권은 법률용어로서, 이에는 반환 또는 복귀(reversion), 잔여권 그리고 다른 수익이나 유산이 포함되고, 이자산이 확정되었거나 불확정된 것과 관계가 없다. 또한 상업적 이용, 점유나 미래시점에 향유가 제한되는 특정한 수익이나 유산에 의해 지원받는 것과 관계가 없다"고 규정하고 있다.[66] 이와 관련된 미국 연방세법의 세무처리는 다음과 같다. 즉, A는 철회불가능신탁의 수탁자인 은행에게 $500,000을 이전했고, A는 배우자 B(55세)의 남은 생애 동안 분기마다 모든 신탁소득을 받을 수 있는 수입수익자로 배우자 B를 지정할 경우, 배우자 B의 사망 후 그 재산은 자녀 C(25세)의 수입수익이 되거나 C의 유산으로 이전된다. 배우자 B는 즉각적인 소득을 향유할 권리에 대하여 무제한적인 권리를 수여받는다. 따라서 배우자 B는 현재이익을 갖고 있지만, B의 자녀 C는 기대권을 갖게 된다. 왜냐하면 자녀 C는 배우자 B가 사망하기 전까지는 재산이나 어떠한 신탁소득에 대하여 향유할 수가 없기 때문이다.[67] 이 경우 미국은 현재이익에 대해서는 일정한 금액에 대한 연간면제제도(annual exempt)를 통하여 증여세를 면제하고 있지만, 기대권에 대해서는 증여세 부과대상으로 보고 있다.[68]

그러나 현행 세법에서는 기대권에 대한 과세근거를 찾기 어렵다. 더욱이 기대권은 이전시점의 자산의 평가방법과 과세시점에 따른 문제점을 내포하고 있다. 즉, 자산평가시점을 이전시점으로 할 것인지 아니면 일단 이전시점에서 제1적으로 평가한 후 실제 자산이점에서 평가할 것인가의 문제이다. 이는 과세시점과도 직접적으로 연관되어 있다. 왜냐하면 현행 상속세 및 증여세법상 납세의무자는 수증자이기 때문에 이러한 세금을 납부하기 위하여 증여나 상속받은 자산을 매각하는 상황이 발생하게 됨으로써, 신탁설정목적을 훼손할 수 있기 때문이다.[69]

이와 같은 문제를 해소하기 위하여 신탁법에서 기대권에 대한 규정을 명확히 밝힐

---

65) Tadao Okamura, *op. cit.*, p.3.
66) Treg. Reg. § 25. 2503 – 3(a).
67) Anderson et al. *op. cit.*, p.C12 – 17.
68) *Ibid*, p.C12 – 17.
69) 김종해 · 김병일(b), 전게논문, 66면 참조.

필요가 있다. 이는 기대권의 과세근거를 명확히 할 수 있기 때문이다. 물론 이 과정에서 사법과의 충돌을 최소화할 필요가 있겠지만 미국의 입법례처럼 신탁설정 당시에 잔여권자로 지정된 자가 보유한 기대권은 그가 위탁자보다 먼저 사망하더라도 확정된 잔여권으로 분류하여 법률관계를 이행할 필요가 있다. 이는 현행 상속법의 법정상속과 다르지 않기 때문이다.[70]

또한 불확정 잔여권과 관련하여 신탁설정 당시에 잔여권자가 미지정된 경우나 잔여권발생시점상 잔여권자가 없는 경우에만 기대권을 불확정기대권으로 분류할 필요가 있다. 다만, 현행 사법상 불확정 기대권의 이전은 소유권의 취득으로 볼 수 없으므로, 이러한 불확정이익의 소유자를 위탁자로 보는 방안도 고려해 볼 수 있을 것이다. 이를 통하여 확정기대권에 대해서는 각각의 세법을 적용하며, 불확정기대권에 대해서는 위탁자와 지정받은 수익자와의 법률관계로 해석하고, 이들의 법률행위와 관련된 세법을 적용하는 방법을 생각해 볼 수 있을 것이다. 결국 기대권의 처리문제는 사법체계와 세제 모두를 변경할 것을 제안하고 있는 것이다. 이는 신탁산업이 루프홀(loop hole)로 개발되었고, 이를 사법과세제가 대응하고 있는 상황에서 기대권이 미실현이익이라는 측면에서 볼 때,[71] 세제 측면에서 이에 대한 적극적 대응이 필요한 상황이다. 이에 대한 세무처리 방안은 다음과 같다.[72]

기대권은 미실현이익이고, 전술한 과세시점과 자산평가방법의 문제점을 고려해 볼 때, 발생할 수 있는 문제는 증여의 완전성 여부에 따른 증여세 부과와 기대권을 상속 과세대상에 포함시킬 수 있는지의 문제이다. 우선 미국의 경우 증여의 완전성은 증여자가 재산을 직접적으로 이전하고 이전된 재산이 증여자의 지배력과 통제력에서 벗어난 경우를 말하고 이때 증여세를 부과할 수 있다. 반면에 증여자의 지배력과 통제력이 존재하면서 재산을 이전한 경우는 증여의 불완전성이라고 말하고, 증여재산에 대하여 증여자의 지배력과 통제력이 상실될 때까지 해당 재산에 대하여 증여세를 부과할 수 없다.[73] 이를 확정된 기대권에 적용해 보면, 귀속자는 확정된 상태이고 과세시점에 따라 증여세나 상속세부과가 어렵지 않다고 본다. 다만, 증여세의 납세의무는 실제로 기대권이 실현되는 시점까지 이연할 필요가 있으나 이를 불확정된 기대권에 적용해 볼 때, 불확정이익의 소유자를 위탁자로 간주한다면 증여세 문제는 발생하지 않을 것이고,

---

70) 김종해·김병일(c), "상속세 및 증여세법상 유언대용신탁에 관한 과세방안", 『조세법연구』제19−1집, 2013.4.

71) Okamura, *op. cit.*, p.3.

72) 김종해·황명철, 전게논문, 440면.

73) 이는 McGovern et al에 몇 가지 예외가 존재하는데, Treas. Reg. § 25.2511−2(d)에서 구체적으로 언급되어 있다.

이를 위탁자의 유산에 포함시킬 필요가 있다.

이를 통하여 신탁의 법률관계를 명확히 하여 법적 안정성 및 예측 가능성을 높이고, 신탁과 관련된 조세법률관계를 재고할 필요가 있다.

4. 세대생략이전과 수익자연속신탁과의 과세관계

(1) 세대생략이전의 의의

세대생략이전(generation skipping transfers)이란 어떤 사람이 그의 재산을 무상이전함에 있어서 손자 또는 증손자에게 직접 증여 또는 유증을 하거나 신탁을 설정하여 자녀에게 평생수익권(life-interest or estate for life)을 부여하고, 해당 자녀의 사망한 후에는 손자에게 잔여권(remainder interest)부여할 수 있는 것을 말한다. 현행 상속과세가 1세대 1회과세의 원칙을 적용하고 있다는 점에서, 직접증여 등에 있어서 자녀에 대한 과세가 생략되고, 신탁에 있어서 자녀에 대한 과세가 생략되는 경우이다. 이 방법은 부유한 사람들이 즐겨 사용하는 상속과세에 대한 조세회피로이다.[74] 즉, 세대생략이전은 상속을 이용하여 재산을 이전할 경우에 발생하는 이중으로 과세(자녀에게 이전할 시점과 자녀가 손주에게 이전할 시점에서 상속세 부과)되는 것을 방지할 수 있다는 점에서 절세수단으로 활용되고 있다.

한편 세대생략이전을 민법은 유언자의 재산처분의 자유를 존중하여 유증제도를 허용함으로써, 이 제도에 관한 법적 안정성을 부여하고 있다.

그러나 세대생략이전의 범위에서 대습상속은 제외된다. 즉 대습상속이란 상속인이 될 직계비속 또는 형제자매가 상속개시전에 사망하거나 결격자가 된 경우에 그 직계비속이 있는 때에는 그 직계비속이 사망하거나 결격된 자의 순위에 가름하여 상속인이 된다(민법 제1001조).

현행 상속세 및 증여세법 제27조[75]에서는 세대생략이전과 관련하여 할증과세를 적용하고 있다.

이러한 세대생략이전과 관련하여, 미국의 입법례를 살펴볼 필요가 있다. 즉 미국의

---

74) 최명근, "우리나라 상속과세체계의 개편에 관한 연구", 박사학위논문, 경희대학교 대학원, 1990.2, 98면.
75) 상속세 및 증여세법 제27조【세대를 건너뛴 상속에 대한 할증과세】상속인이나 수유자가 피상속인의 자녀를 제외한 직계비속인 경우에는 제26조에 따른 상속세산출세액에 상속재산(제13조에 따라 상속재산에 가산한 증여재산 중 상속인이나 수유자가 받은 증여재산을 포함한다) 중 그 상속인 또는 수유자가 받았거나 받을 재산이 차지하는 비율을 곱하여 계산한 금액의 100분의 30에 상당하는 금액을 가산한다. 다만, 「민법」 제1001조에 따른 대습상속(代襲相續)의 경우에는 그러하지 아니하다.

세대생략이전은 1969년과 1976년 그리고 1986년에 의미 있는 개정사항을 담고 있었다.

(2) 미국의 세대생략이전의 입법례

1) 1969년 세대생략이전 개정사항

1969년에 미국 재무부는 한 세대나 두 세대를 뛰어 넘어서 재산을 무상이전하는 행위에 대하여 대체세목(a substitute tax)을 과세하기로 정했다. 즉 이 세금은 재산이전상의 생략되는 세대에다 과세할 뿐만 아니라 다시 그 생략된 세대가 최종의 수증자에게 그 재산을 이전하는 것으로 보아 이에 대해서도 과세하는 것으로 설계했다. 이 대체세목은 세대생략이전에 대하여 징벌(penalty)로 과세하는 것이 아니고 세대생략방법으로 재산을 무상이전하지 않았더라면 부담했으리라고 보는 세약을 대체하여 납부하도록 하는 것이다. 만약 생략되는 세대가 생존해 있다면, 그가 그 재산을 무상취득했다가 바로 최종 수증자에게 무상이전한 것과 같이 과세받을 수 있는 선택권을 부여했다.[76]

이 대체세목은 1세대 이상의 세대생략이전이 있으면 언제나 적용된다. 만약 전혀 친족관계가 없는 자에게 증여했다면, 이 대체세목은 수증자가 증여자보다 25세 이상 젊은 경우에 적용하도록 한다.

2) 1976년 및 1986년 세대생략이전 개정사항

① 1976년 세대생략이전 개정사항

미국은 1976년 개정법(Reform Act Amendment 1976)에 세대생략이전세(The Tax on Generation-Skipping Transfers:GSTT)를 도입했다. 이러한 새로운 세목은 유산세와 증여세에서 완전히 분리독립된 것으로 설정했으며, 새로운 개념과 용어를 사용하여 규정을 마련했다.[77]

그런데 이 새로운 세목은 모든 세대생략이전에 과세하는 것이 아니라 신탁을 통하여 세대생략이전을 하는 재산분여(간접생략이전: indirect skip)에 대해서만 과세하는 것으로 규정했다. 즉 신탁제도를 통하지 아니하고 조부가 직접 손자에게 재산을 분여하는 직접생략이전(outright transfers or direct skip)에 대해서는 세대생략이전세를 과세하지 않는 구조를 취했다.[78]

---

76) 예를 들어, 증여자가 손자에게 무상이전 했는데, 그 때 수증자(손자)의 부모가 생존했다면 그 부모가 그 무상이전재산을 그 자신이 취득했다가 다시 이를 그의 자녀(증여자의 손자인 수증자)에게 이전한 것처럼 과세받을 선택을 갖게 하는 것이다. 이 경우 증여자는 수증자의 부모에게 증여한 것으로 납세신고를 하고, 수증자의 부모는 수증자(그의 자녀)에게 증여한 것으로 납세신고하도록 하는 것이다. 최명근, 전게논문, 99면.

77) IRC § 2601 - § 2622.

78) McNulty, John K, Federal Estate & Gift Taxation, 3rd ed. St Paul: West Publishing, 1983, p.23.

② 1986년 세대생략이전 개정사항

미국은 1986년 큰 세제개혁을 통하여 종전의 세대생략이전세에 관한 규정을 모두 폐
지시키고 그 규정들을 새로 규정했다.[79] 즉 새로운 규정들은 세대생략이전방법에 의한
무상이전에 대하여 과세를 강화하는 방향으로 수정했다. 이는 종전 신탁제도에 의한
간접생략이전에 의한 재산이전에 과세함과 동시에 신탁제도를 이용하지 않는 직접 생
략이전에도 과세함으로써, 세대생략이전의 과세대상을 확대한 것이다.

3) 미국의 세대생략이전세의 구체적 내용

① 세대생략이전의 유형

세대생략이전에는 다음과 같이 세 가지 유형이 있다. 간접생략이전의 경우 신탁재산
분배(taxable distributions)와 신탁수익종료(taxable termination), 직접생략이전의 경우 직접
세대생략이전(direct skip)이다.

우선 신탁재산분배이다. 이는 직접세대생략 또는 신탁수익종료에 해당하지 않는 세
대생략인수인 또는 취득자에 대한 신탁의 분배를 의미한다.[80] 가령, P가 아들과 손자
를 위하여 신탁을 설정한 이후에 신탁의 존속기간 동안 손자에게 이루어지는 분배하는
경우이다.[81]

둘째, 신탁수익종료이다. 신탁의 종류 직후에 세대생략인수인들에 해당하지 않는 자
들이 신탁수익권을 갖거나, 그 이후 세대생략인수인들에 대해서는 분배가 이루어지지
않는 경우에 해당하지 않는 신탁의 종료를 의미한다.[82]

셋째, 직접세대생략이전이다. 직접세대생략이전은 신탁재산에 대한 권리를 상속세
및 증여세가 부과되는 세대생략인수인에게 이전하는 것을 의미한다.[83] 예를 들어,[84] P
가 손자에게 생전 또는 유증으로서 재산을 직접 이전하는 경우 이는 손자에 대한 직접
세대생략이전으로서 세대생략이전세가 부과된다. 또한 P가 생전 또는 유증으로서 신탁
에 대한 수익권을 손자에게 이전하는 경우에 이는 신탁에 대한 직접적 세대생략이전으
로서 세대생략이전세가 부과된다. 다만, 이전 당시 세대생략인수인의 부모가 사망한 경
우에는 직접세대생략이전에 대하여 세대생략이전세가 부과되지 않는다.

---

79) Stephens, Richard B., Guy B. Maxfield. Stephen A. Lind, Federal Estate and Gift Taxation. 5th ed.
　　Boston: Warren, Gorham & Lamont, 1987, p.S12-1~13-6: 최명근, 전게논문, 100면.
80) IRC § 2612(b).
81) Byrle M. Abbin, Income Taxation of Fiduciaries and Beneficiaries, Vol. 2, CCH, p.18-2.
82) IRC § 2612(a).
83) IRC § 2612(c)(2).
84) Ibid, p.18-8.

② 세대생략이전의 납세의무자 및 기타

㉮ 세대생략이전의 납세의무자는 직접생략이전의 경우 이전자(transfer)가 되고 신탁을 경우한 경우에는 수탁자가 된다.[85] 간접생략이전의 경우 신탁재산분배에 있어서는 취득자(transferee), 신탁수익종료(taxable termination) 등에 대해서는 수탁자이다.[86]

㉯ 이전자 1인당 세대생략이전면세(GST exemption) 100만$를 평생기준으로 인정하며, 이는 이전자가 평생동안 하는 세대생략재산이전에서 임의로 분배하여 공제받을 수 있다.[87]

수증자가 직계후손(a lineal descendent)이 아닌 경우 그가 이전자의 출생일부터 12.5년 이내에 출생한 자이면 이를 이전자와 같은 세대로 보고, 수증자가 12.5년 이상 37.5년 이내에 출생한 자이면 이전자보다 1세대가 젊은 세대로 본다. 그 다음은 25년간 기준으로1세대를 계산한다.[88]

㉰ 세율은 연방유산세의 최고한계세율(50%)을 평균세율(a flat rate)로 적용하는 것과 이 최고세율에다 포괄세율을 곱하여 계산된 율을 적용하는 방법이다.

(3) 세대생략이전과 수익자연속신탁과의 과세관계

세대생략이전의 과세문제는 주로 미국에서 논의되어 실정법으로 입법화되어있고, 이는 신탁제제도가 발달한 미국에서 납세자들이 신탁제도를 이용하여 세대를 생략하여 유산을 무상으로 이전하는 방법으로 유산세와 증여세를 설계하는 풍조가 만연되었기 때문이다.[89]

전술한 바와 같이 미국 세대생략이전은 간접생략이전과 직접생략이전으로 구분하고 있으며, 미국과 같이 신탁제도가 발달한 국가에서는 간접생략이전에 대한 과세문제가 중요하게 대두된 반면, 우리나라처럼 신탁제도가 활성화되지 않은 국가는 직접생략이전에 대하여 초점을 맞추고 있다. 이러한 직접생략이전에 대하여 우리나라는 상속세 및 증여세법 제27조에 세대생략이전에 대하여 30%의 할증세율을 적용하고 있다.

그런데 우리나라도 금융제도의 한 방법으로 새로운 신탁제도를 수용하고 있는 상황에서 신탁제도를 이용한 세대생략을 통한 조세회피를 시도할 가능성이 높아진 상황이다. 이와 같은 세대생략이전방식을 취할 수 있는 신탁제도는 유언대용신탁과 수익자연속신탁일 것이다. 여기서는 수익자연속신탁을 중심으로 세대생략이전과 관련된 조세상 문제점을 살펴보고자 한다.

---

85) IRC § 2603(a)(3).
86) IRC § 2603(a).
87) IRC § 2631(a).
88) IRC § 2651(d).
89) 최명근, 전계논문, 214면.

우선 수익자연속신탁은 수익권을 사용·수익권과 처분권으로 분리하여 수익자에게 이전할 수 있다. 이는 세대생략이전과 마찬가지로 세대를 생략한 재산이전의 목적으로 충족시킬 수 있는 방법이다. 수익자연속신탁을 이용한 세대생략이전은 현행 세대생략이전제도에 비하여 세율이 낮은 점이다. 예를 들어, 수익자연속신탁을 설정하여 세대생략이전을 하는 경우를 설정해보자. 즉 위탁자의 처인 제1수익자에겐 사용·수익권(수입수익권)을 이전하고, 자녀를 제2수익자로 하여 신탁원본을 수령할 원본수익권을 설정한 경우이다. 이 경우는 처인 제1수익자에게 사용·수익권을 이전한 후에 상속세를 납부한 후, 실제재산이전의 목적물인 신탁원본을 자녀인 제2수익자에게 이전한 후 추가적으로 상속세를 납부하는 방식을 취하게 될 것이다. 이의 실질은 세대생략이전임에도 불구하고 사용·수익권과 처분권이 분리되어 신탁원본을 세대생략이전세를 적용받는 경우보다 낮은 상속세가 부과될 것이다. 따라서 재산을 이전하려는 자의 입장에서는 현행 세대생략이전에 대한 할증률 30%보다 낮은 세율을 적용받기 때문에 수익자연속신탁을 이용한 세대생략이전을 충분히 고려하게 될 것이다. 그러므로 수익자연속신탁과 세대생략이전의 적용세율에 대한 추가적인 조치가 필요할 것이다.

이를 위하여 사용·수익권과 처분권에 대한 평가방법을 살펴볼 필요가 있다. 현행 상속세 및 증여세법의 재산평가방법은 다음과 같다. 이러한 사용·수익권은 조건부 권리라고 볼 수 있으므로, 이에 대한 평가방법은 다음과 같다. 즉 상속세 및 증여세법 제65조제1항의 규정에 의한 조건부권리, 존속기간이 불확정한 권리 및 소송중인 권리의 가액은 다음 각 호의 1에 의하여 평가한 가액에 의한다. 1. 조건부권리는 본래의 권리의 가액을 기초로 하여 평가기준일 현재의 조건내용을 구성하는 사실, 조건성취의 확실성, 기타 제반사정을 감안한 적정가액. 2. 존속기간이 불확정한 권리의 가액은 평가기준일 현재의 권리의 성질, 목적물의 내용연수 기타 제반사항을 감안한 적정가액으로 평가한다.

그리고 상속세 및 증여세법 시행령 제61조의 신탁의 이익을 받을 권리의 평가방법은 다음과 같다. 즉 "상속세 및 증여세법 제65조 제1항 제2호의 규정에 의한 신탁의 이익을 받을 권리의 가액은 원본과 수익의 이익의 수익자가 다른 경우로서 다음과 같이 평가하게 한다.

가. 원본의 이익을 수익하는 경우에는 평가기준일 현재 원본의 가액에 수익시기까지의 기간에 대하여 기획재정부령이 정하는 방법에 의하여 환산한 가액.

나. 수익의 이익을 수익하는 경우에는 평가기준일 현재 기획재정부령이 정하는 방법에 의하여 추산한 장래 받을 각 연도의 수익금에 대하여 수익의 이익에 대한 원천징수세액상당액 등을 감안하여 기획재정부령이 정하는 방법에 의하여 환산한 가액"으로 한다.

이러한 현행 평가방법에 따르면 위탁자의 사망으로 제1수익자에게 사용 · 수익권만 있는 경우에는 사용 · 수익권에 대해서만 상속세를 부과할 수 있을 뿐 원본수익권에 대한 상속세부과가 어려운 상황이다. 이 경우 원본과 수익을 모두 총유산가액에 포함시키는 것보다 낮은 상속세율을 적용받게 된다. 이는 소득의 분산효과가 있기 때문이다. 따라서 현행 세대생략이전과세방식보다 수익자연속신탁을 이용한 세대생략이전방식이 조세를 더 적게 부담하는 효과가 발생한다.

이러한 조세회피를 방지하기 위하여 일본의 입법례를 살펴볼 필요가 있다. 일본의 수익자연속신탁의 수익권에 대하여 기간의 제한 등 제약이 있는 경우에도 그 제약이 없는 것으로 보아 그 가치를 평가한다. 또한 수익권이 원본 또는 수익에 대한 권리로 분리된 경우에는 원본수익권은 '0'원으로, 수입수익권은 신탁재산 전부에 대한 가액으로 평가하게 된다. 다만, 법인이 수입수익권을 갖는 경우에는 위 특례를 적용하지 않고 원본수익권에 대하여 '0'으로 평가한다. 또한 수익권의 전부 또는 일부 수익자가 존재하는 경우에도 원본수익권의 가액을 '0'으로 평가하지 않지만, 원본수익권이 '0'으로 평가되는 경우에는 해당 신탁기간에는 상속 또는 증여세의 과세관계가 발생하지 않겠지만, 신탁이 종료되어 원본수익권자가 잔여재산을 취득하는 경우에는 상속 또는 증여세문제가 발생한다. 일본은 수익자연속신탁을 이용한 세대생략이전세의 회피를 방지하기 위하여 비록 사용 · 수익권만을 상속받은 수익자라도 수익권에 대하여 상속세를 부과하는 것이 아니라 신탁재산자체(신탁원본과 수익권)에 대하여 상속세를 부과하고 있다.[90]

또한 미국은 우리나라와 일본과 달리 신탁자체를 납세의무자로 인정하고 있기 때문에, 비록 위탁자가 사망하여 신탁재산을 모두를 신탁에게 이전될지라도, 전술한 GSTT 과세방식에 따라 신탁에 대해 유산세를 부과할 수 있으므로 위탁자에 의한 세대생략이전세를 회피하는 것을 방지할 수 있다.

이와 같은 미국과 일본의 입법례를 통하여 우리나라의 세대생략이전세를 방지하기 위한 과세방식을 다음과 같은 사항을 고려해볼 필요가 있다. 첫째, 일본의 수익자연속신탁의 과세방식이다. 즉 제1수익자와 제2수익자에게 각각 사용 · 수익권과 원본수익권을 분리하여 이전하는 경우, 사용 · 수익권만을 갖는 자가 제1수익자일 지라도, 일본처럼 신탁원본과 수익이 모두 이전되는 것으로 간주할 필요가 있는 규정을 도입할 필요가 있다. 둘째, 미국처럼 신탁자체를 납세의무자로 간주하는 경우이다. 이 경우는 수익자연속신탁뿐만 아니라 신탁과 관련하여 발생하는 조세회피를 해결할 수 있을 것이다.

---

90) 이준봉, "유언대용신탁 및 수익자연속신탁의 과세에 관한 연구", 『증권법연구』 제4권 제2호, 2013, 735~736면.

다만, 현행 사법과의 충돌문제가 상존하게 된다.

결국, 이러한 방식 중 선택의 문제가 존재하게 된다. 두 방식의 공통점은 세대생략이전에 따른 조세회피를 방지하기 위하여 신탁원본과 수익에 대하여 상속세 또는 유산세를 부과한다는 점으로 조세평등적 관점에서 합당하다. 그러나 수익자연속신탁의 도입취지를 고려할 때, 일본의 방식은 현행 상속세부과방식과 다르지 않고, 도입취지를 훼손할 수 있다. 따라서 사법과의 충돌을 감수하고라도 미국의 과세방식을 도입하는 것이 수익자연속신탁의 도입취지에 합치되며, 세대생략이전과 관련된 조세회피를 방지할 수 있을 것이다.

Ⅳ. 결 론

수익자연속신탁은 위탁자에 의해 사용·수익권과 처분권을 분리하여 수익자들에게 순차적으로 재산을 이전할 것을 목적으로 설정된 신탁이다. 이러한 소유권의 분리는 현행사법상 소유권개념에 반하는 것으로서 대륙법계에 속하는 우리나라에서는 이를 수용하기 어려운 상태다. 이러한 사법상의 충돌에도 불구하고, 개정신탁법이 소유권이 분리되어 처리되는 수익자연속신탁을 허용한 취지는 사법상 상속의 대체수단으로 활용될 수 있기 때문에 상속재산의 투명한 관리 등과 수악자의 파산 등이 발생하더라도 그 수익자의 부양등에 사용될 수 있어서 수익자를 보호할 수 있다는 점이다. 이는 미국과 일본의 입법취지와도 유사하다고 볼 수 있다. 그런데 현행 상속세 및 증여세법에서는 이에 대한 구체적인 과세방법을 마련하고 있지 않다. 이는 수익자연속신탁과세에 대한 법적 안정성 및 예측 가능성을 저해할 수 있다.

이러한 상황에서 수익자연속신탁과세에 관련하여 주로 논의될 부분은 제1수익자와 제2수익자에게 사용·수익권과 처분권이 분리되어 이전하기로 설정된 경우에 상속세부과대상의 범위와 관련된 문제인 수익자연속신탁의 과세방법과 기대권 또는 기대권에 대한 평가방법이다. 그리고 수익자연속신탁은 세대생략이전세의 회피수단으로 활용될 가능성이 높은 부분이다. 본 논문은 이에 대한 과세방안을 다음과 같이 제시하고자 한다.

첫째, 수익자연속신탁의 과세방법은 다음과 같다. 수익자연속신탁은 사용·수익권과 처분권을 개별적으로 수익자에게 순차적으로 승계시키게 된다. 그러나 이러한 방법은 현행 사법상 소유권개념과 충돌을 발행하게 된다. 따라서 이러한 사법상의 충돌을 방지하기 위하여 제1수익자에게 사용·수익권만 이전받는 시점에서 신탁원본과 수익에 대하여 모두 상속세를 부과하며, 처분권만 승계받는 제2수익자에게만 미리 선납한 상속세를 그 시점에서 재평가하여 추가적 납부나 환급받는 방법을 고려할 필요가 있다.

둘째, 수익자연속신탁의 수익권과 관련된 문제로서, 원본수익권에 관하여 기대권 개념을 도입할 수 있는가의 문제이다. 이에 대하여 현행 민법은 기대권의 개념을 수용할 수없는 상황이므로, 이에 대한 규정을 통해 법적 안정성을 추구할 필요가 있다.

셋째, 수익자연속신탁은 세대생략방식의 재산승계가 가능하다. 이는 현행 세대생략 이전방식과 비교하여 조세상 유리한 측면이 존재한다. 그러므로 이를 해소하기 위하여 상속세 및 증여세법은 제1수익자에게 사용·수익권만 승계할 경우도 원본수익권에 대하여 상속세를 부과하도록 간주하는 규정을 둘 필요가 있다.

참 | 고 | 문 | 헌

곽윤직, 채권총론, 박영사, 2007.

김무형, "완선쓰쌀주의 증여의세 입법의 과세", 『조세법언구』, 세경사, 2003.

김종해 · 김병일(a), "영국의 신탁과세제도와 그 시사점", 『세무학연구』 제28권 제3호, 2011.9.

김종해 · 김병일(b), "생전신탁과세에 관한 연구", 『조세법연구』 제18 – 2집, 2012.8.

김종해 · 황명철, "개정신탁법 시행에 따른 신탁과세구조의 개선방안", 『세무와회계저널』, 제13권 제3호, 2012.9: 421~448.

김종해 · 김병일(c), "상속세 및 증여세법상 유언대용신탁에 관한 과세방안", 『조세법연구』 제19 – 1집, 2013.4.

법무부, 『신탁법개정안해설』, 2010.

법무부, 『신탁법개정특별분과위원회 회의록』 Ⅱ, 2010.3.

서철원, 『미국 비즈니스 법』, 법원사, 2000.

심인숙, "수익권에 관한 신탁법개정시안", 『선진상사법률연구』 통권 제48호, 2009.10.

안성포 역, 『신탁법』, 전남대학교출판부, 2013.

이근영, "수익자연속신탁의 고찰", 『재산법연구』 제27권 제3호, 2011.2.

이미현, "신탁방식에 의한 자산유동화와 관련된 조세문제", 『조세법연구』, 제9권 제1호, 2003.

이상윤, 『영미법』, 박영사, 2000.

이준봉, "유언대용신탁 및 수익자연속신탁의 과세에 관한 연구", 『증권법연구』 제4권 제2호, 2013.

이중기, 『신탁법』, 삼우사, 2007.

임채웅, "신탁수익권에 관한 민사집행의 연구", 서울대학교 『법학』 제50권 제 4 호, 2009.

최동식, 『신탁법』, 법문사, 2006.

최명근, 『현행 상속세 및 증여세법의 합리적 개선방안에 관한 연구』, 한국조세연구포럼, 2003.12.

최명근, "우리나라 상속과세체계의 개편에 관한 연구", 박사학위논문, 경희대학교 대학원, 1990.2.

최수정(a), "일본신탁법개정안으로부터의 시사 – 민사신탁을 주로 염두에 둔 규율관계를 중심으로", 『서강법학』 제8권, 2006.10.

최수정(b), "상속수단으로서의 신탁", 『민사법학』 제34호, 2006.12.

Byrle M. Abbin, *Income Taxation of Fiduciaries and Beneficiaries*, Vol. 2, CCH, 2008.

Kenneth E. Anderson · Thomas R. Pope · John L. kramer,. *PRENTICE HALL'S FEDERAL TAXATION 2008*, Prentice Hall, 2008.

McNulty, John K, *Federal Estate & Gift Taxation. 3rd ed.* St Paul: West Publishing, 1983.

Stephens, Richard B., Guy B. Maxfield. Stephen A. Lind, *Federal Estate and Gift Taxation. 5th ed.* Boston: Warren, Gorham & Lamont, 1987.

Tadao Okamura, "Taxation and Trusts in the United States and Japan", Proceedings from the 2009 Sho Sato Conference on Tax Law, 2009.

William M. McGovern, Sheldon F. Kurtz, David M. English, *WILL. Trusts and Estates Including Taxation and Future Interests Fourth Edition*, WEST. 2010.

新井誠, "高齢化社會에 대한 任意成年後見法의 意義", 自正 45券 10号, 1994.

일본 법무성 민사국 참사관실, 『신탁법개정요강시안 보족설명』, 2005.

Abstract

A Study on Taxation of Trust with Successive Beneficiaries for the Purpose of Inheritance Tax and Gift Tax Law

Kim Jonghae · Kim Byungill

Trust with successive beneficiaries is settlor transfers to beneficiaries by separating a using and beneficiary right and authority to dispose. Since such separation of ownership have opposed to conception of ownership of current civil law, Korea civil law complying a continental law is not acceptable this treatment. Despite such conflict of civil law, revised trust law accepts this treatment. Thus, the aim of this study is to improve the current inheritance tax and gift tax law about trust with successive beneficiaries through reviewing those subjects will be shown below to obtain clear taxation basis of trust with successive beneficiaries under existing ones.

First, taxation method of trust with successive beneficiaries is the following.

Second, A beneficiary right of rust with successive beneficiaries should include principle beneficiary and income beneficiary.

Third, trust with successive beneficiaries also is available with generation skipping property transfer.

It is expected that this study about trust with successive beneficiaries taxation on inheritance tax and gift tax law would improve to contribute raising legal stability.

☑ Key words: trust with successive beneficiaries, future interests, will, generation skipping transfer

3.2.2. 수익자연속신탁에 따른 세대생략이전세제에 관한 연구*

김종해** · 박창덕*** · 김병일****

국문요약

현행 세대생략이전과세는 직접승계방식을 채택하고 있고, 수익자연속신탁도 동일하게 적용되고 있어, 세대생략을 통한 상속 및 증여가 불가능한 구조이다. 그러나 고령화 사회인 우리나라에서 증여자나 피상속인이 생전에 세대를 생략하여 증여 또는 상속을 행하는 경우가 증가하고 있다. 이러한 상황에서 수익자연속신탁의 세대생략이전을 허용하여 직접승계뿐만 아니라 신탁을 통한 간접승계를 도입할 필요가 있다. 수익자연속신탁의 세대생략이전에서 간접승계를 수행하기 위하여, 신탁이익을 수직적으로 신탁원본과 신탁수익으로 분리해야 할 것이다. 이는 직접승계뿐만 아니라 신탁을 통한 간접승계방식도 가능할 수 있다. 또한 간접승계방식은 신탁의 전문성을 바탕으로 위탁자 사후에도 그의 취지대로 재산관리 및 승계가 이루어지는 이점이 있다. 또한 수익자연속신탁에 대한 과세상 가장 큰 문제점인 귀속자와 귀속시기의 불확정 문제를 해소할 수 있는 장점도 있다. 이를 위하여 다음과 같은 부분을 검토할 필요가 있다.

첫째, 수익자연속신탁의 세대생략이전원인을 사망뿐만 아니라 기간경과, 권리해제 등으로 확대하여 상속뿐만 아니라 증여부분까지 적용할 필요가 있다.

둘째, 수익자연속신탁을 통한 간접승계방식에 의한 세대생략이전이 가능하게 하려면 신탁이익을 수직적으로 신탁원본과 신탁수익의 분리는 필수적인 부분이다. 이와 관련하여 민사법은 수익권을 물권적 성질로 분리가 불가능한 것으로 파악하고 있다. 하지만, 신탁재산은 물권과 채권의 결합체로서, 신탁단계에서의 신탁재산은 물권적 성질이 강하며, 분배단계에서의 수익권은 채권적 성질로 해석할 수 있다. 또한 수익권을 채권으로 인식하는 것은 협의의 수익권에 해당하는 수익권을 각 수익자의 지분취득으로 파악함으로써, 재산세상 신탁재산(신탁이익)을 신탁원본과 신탁수익의 합이라는 결과를 도출할 수 있다. 이 결과는 재산과세적 접근과 일치한다.

셋째, 신탁의 수익권을 채권적 성질로 파악할 때, 신탁수익권을 수평적으로 신탁수익과 신탁원본의 분리할 뿐만 아니라 수직적으로 신탁수익과 신탁원본을 분리하여 이전할 수 있는 근거가 될 것이다.

* 『조세연구』 제19권 제3집(2019.9, 한국조세연구포럼)에 게재된 논문이다.
** 주저자, 강남대학교 경제세무학과, 대우교수, 세무학박사
*** 공동저자, 강남대학교 대학원 세무학과 박사과정, 세무사
**** 교신저자, 강남대학교 경제세무학과, 교수, 법학박사

넷째, 세내생략이선과세상 신탁손속 숭 신탁에 관한 권리인 현재이익의 존재여부는 간접승계방식의 핵심적인 부분이다. 이 권리의 부재는 신탁종료를 의미함으로, 신탁수익이나 신탁원본이 장래이익으로 구성되는 경우처럼 신탁에 관한 권리가 존재하지 않는 경우, 신탁에게 이 권리를 부여하거나 신탁종료를 방지할 필요가 있다. 이상과 같이 수익자연속신탁의 기능을 간접승계까지 확대하여, 수익자연속신탁에 발생하는 납세의무자와 과세시기의 불확정 문제를 제거할 필요가 있을 것이다.

☑ 주제어: 세대생략이전과세, 간접승계방식, 직접승계방식, 신탁에 관한 권리, 수익자연속신탁

Ⅰ. 서 론

우리나라는 고령화에 따라 후세대의 재산승계뿐만 아니라 세대를 생략한 재산승계가 빈번해 질 것이다. 특히 세대를 생략하여 재산을 승계받는 자는 손자녀이며, 주로 젊은 세대에 해당한다. 세대생략이전과세는 이렇게 경제활동을 하지 않는 젊은 세대로의 이전을 방지하기 위해 도입되었고,[1] 이의 연혁[2]에서 볼 수 있듯이 일반적으로 재산승계방식과 조세중립성을 보완하기 위하여 세대생략수익자에게 산출세액의 30%를 가산하는 할증세율이 적용되고 있다. 다만, 세대생략이전과세는 현행 상속과세의 1세대 1과세원칙의 예외에 해당한다.[3]

세대를 생략하여 재산을 승계받는 자가 대부분 손자녀 등이며, 미성년자나 장애인 등에 해당하지만, 대부분 행위능력을 취득하지 못한 상황에서 재산을 승계를 받게 된다. 이러한 상황에서 이들이 승계받은 재산에 대한 관리문제 및 위탁자(피상속인)의 사후에 위탁자의 의도가 지속적으로 유지되기 어려울 수 있을 것이다. 이를 최소화할 수 있는 제도로서 신탁제도의 활용을 고려할 수 있다. 신탁제도는 다른 재산승계방식보다

---

1) 이창희, 『세법강의』, 박영사, 2008, 1069면.
2) 1993.12.31. 법률 제4662호로 상속세 및 증여세법(이하 '상증세법'이라 함) 전면개정시 조부가 1세대를 뛰어넘어 손자에게 직접 상속·증여함으로써 그 자녀가 부담하여야 할 한 차례의 상속·증여세를 회피하는 행위를 방지하기 위하여 세대생략이전에 대하여는 일반 상속·증여시의 세액에 20%를 할증한 금액을 산출세액으로 하여 과세하는 제도를 도입하였다(재정경제부 1994, 229~230). 이후 1996.12.30. 법률 제5193호로 상증세법 개정시 1세대를 뛰어넘는 변칙적인 상속·증여에 대한 할증률을 상속·증여세의 현행 평균실효세율 수준을 감안하여 30%로 강화하였다(재정경제부 1997, 350~351). 우리나라는 미국의 영향을 받아 제도를 도입하였는데, 이후에는 형평성을 강조하는 사회풍조에 따라 그 할증률을 강화하여 왔다 ; 임동원, "세대생략할증과세에 관한 소고", 『세무와회계저널』 제12권 제3호, 2011.9, 107면.
3) 세대생략이전과세제도는 각 세대별 이전에 따른 과세(자녀에게 이전할 시점과 자녀가 손자녀에게 이전할 시점에서 상속세 부과)를 회피할 수 있다는 점에서 절세수단으로 활용되고 있다. 이러한 재산승계방식은 부유한 사람들이 즐겨 사용하는 상속과세에 대한 조세회피방법이다: 최명근, "우리나라 상속과세체계의 개편에 관한 연구", 경희대학교 대학원 박사학위논문, 1990.2, 98면.

도 피상속인의 사후에도 전문성을 지닌 신탁을 통해 일정한 상속재산관리와 상속인이나 수익자 등에게 안정적인 재산승계를 보장할 수 있기 때문이다.

더욱이 신탁유형 중 수익자연속신탁은 세대생략이전제도를 통하여 보다 유연한 재산승계를 계획할 수 있으며, 수익자들의 상황에 따라 신탁재산 자체를 승계할 뿐만 아니라 신탁재산을 수직적으로 신탁수익과 신탁원본을 각 수익자에게 분리하여 승계할 수 있는 방식을 꾀할 수 있다. 이와 관련하여 현행 수익자연속신탁은 신탁재산 자체를 사망을 원인으로 직접승계방식을 채택하고 있으며, 세대생략이전도 가능한 구조이다. 이러한 신탁수익과 신탁원본의 분리이전은 부의 집중적인 승계로 인한 문제를 최소화할 수 있으며, 행위능력을 불충족에 따른 승계재산의 관리문제를 해소할 뿐만 아니라 조부모가 손자녀의 교육비지원, 부양의무 등의 목적으로 다양하게 활용될 수 있는 장점도 존재한다. 하지만, 현행 수익자연속신탁규정은 승계범위나 승계원인이 제한적이고, 신탁재산의 수직적 분리이전이 불가능하여, 전술한 기능을 수행하는데 한계가 있다.

따라서 이러한 기능을 수행하기 위해, 현행 수익자연속신탁의 기능을 확대함과 유연한 재산승계를 위하여 세대생략을 통한 재산승계를 위하여 신탁이익(신탁재산)의 분리를 통하여 직접승계방식뿐만 아니라 간접승계방식4)에도 적용가능한가를 검토할 필요가 있다. 또한 세제상 이를 도입할 때 조세중립성과 효율성 측면도 함께 검토될 필요가 있다.

구체적으로 우선, 현행 수익권의 성질에 대한 명확한 규정이 필요하며, 이를 기반으로 세법상 수익권을 살펴본 후, 이의 평가방법을 고찰할 필요가 있다. 둘째, 세대생략이전과세상 수직적으로 신탁이익을 분리하여 승계할 때, 직접승계뿐만 아니라 간접승계방식을 도입할 때, 신탁당사자 간의 과세문제를 검토할 필요가 있다. 셋째, 현행 수익자연속신탁의 승계원인을 사망 이외까지 확대할 필요가 있으며, 이를 통해 증여행위에도 적용할 필요가 있다. 이 경우에 적용될 평가방법도 검토될 필요가 있다.

본고는 현행 수익자연속신탁에 세대생략이전을 허용하기 위하여 입법적으로 고려해야 할 부분을 검토하기로 한다. 이를 위해 본고는 Ⅱ. 우리나라 및 주요국의 세대생략이전과세 및 시사점을 살펴보고, Ⅲ. 수익자연속신탁에 따른 세대생략이전과세제도의 입법론적 개선방안을 검토하여 입법적 보완점을 도출하고자 한다.

---

4) 세대생략이전과세상 간접승계는 이전자의 승계원인이 아닌 신탁종료사유나 위탁자가 수탁자에게 일정한 권한 부여한 후에 발생하는 간접적인 승계사유에 발생하게 된다. 즉 세대생략수익자가 현재이익을 보유하지 않은 채 이전자의 승계원인이 아닌 선순위 수익자의 사망 등의 신탁종료사유로 신탁원본이 이전되는 경우이다. 또한 세대생략수익자가 장래이익으로만 구성된 경우 위탁자가 일정한 권한을 신탁에게 부여하고 이전자의 승계원인이 아닌 신탁에게 부여한 권한에 의하여 신탁이 각 수익자에게 신탁수익이나 신탁원본을 이전하는 경우를 말한다. 이 경우은 신탁이익의 분리승계를 전제로 하고 있다.

II. 우리나라 및 주요국의 세대생략이전과세 및 그 시사점

1. 우리나라 세대생략이전과세제도

(1) 상증세법상 세대생략이전과세제도

1) 상속세 및 증여세법상 세대생략이전과세

현행 상속과 관련된 세대생략이전과세규정은 다음과 같다. 일반적인 세대생략이전은 상속인이나 수유자가 피상속인의 자녀를 제외한 직계비속인 경우에는 상증세법 제26조에 따른 상속세산출세액에 상속재산(상속재산에 가산한 증여재산 중 상속인이나 수유자가 받은 증여재산을 포함) 중 그 상속인 또는 수유자가 받았거나 받을 재산이 차지하는 비율을 곱하여 계산한 금액의 30%(피상속인의 자녀를 제외한 직계비속이면서 미성년자에 해당하는 상속인 또는 수유자가 받았거나 받을 상속재산의 가액이 20억 원을 초과하는 경우에는 40%)에 상당하는 금액을 가산한다. 다만, 민법 제1001조에 따른 대습상속(代襲相續)의 경우에는 그러하지 아니하다.[5]

또한 증여와 관련된 세대생략이전과세규정은 다음과 같다. 수증자가 증여자의 자녀가 아닌 직계비속인 경우에는 증여세산출세액에 30%(수증자가 증여자의 자녀가 아닌 직계비속이면서 미성년자인 경우로서 증여재산가액이 20억 원을 초과하는 경우에는 40%)에 상당하는 금액을 가산한다. 다만, 증여자의 최근친(最近親)인 직계비속이 사망하여 그 사망자의 최근친인 직계비속이 증여받은 경우에는 그러하지 아니하다.[6]

현행 세대생략이전과세상 혈족의 범위는 피상속인의 자녀가 아닌 법률상 직계비속으로 한정하고 있다. 따라서 사실혼 관계로 인한 혈족은 세대생략이전과세상 혈족의 범위에 포함되지 않는다.

2) 신탁법상 수익자연속신탁

① 의 의

신탁법 제60조의 "수익자연속신탁은 신탁행위로 수익자가 사망한 경우 그 수익자가 갖는 수익권이 소멸하고 타인이 새로 수익권을 취득하도록 하는 뜻을 정할 수 있다. 이 경우 수익자의 사망에 의하여 차례로 타인이 수익권을 취득하는 경우를 포함한다."고 규정하고 있다. 이 경우 연속수익의 원인 사망만을 인정하고 있으며, 무상이전 중 상속

---

5) 상속세 및 증여세법 제27조.
6) 상속세 및 증여세법 제57조.

만 허용하고 있을 뿐 증여에 대해서는 인정하고 있지 않다.

② 신탁법상 수익자연속신탁구조

영미의 수익자연속신탁의 구조는 시간 축(the time axis)에 따라 절대적 소유권을 수입수익(income interest)과 잔여수익(remainder interest)과 같이 시간적인 또는 일시적인 이익의 조각(temporal interests)으로 잘라내는 것이다.[7] 이때 연속되는 이익은 소유권이 아닌 수익권의 성격이며, 그 이유는 신탁재산의 소유권은 수탁자에게 있으며, 신탁원본의 이전은 신탁종료를 의미한다. 이는 신탁이익의 분리이전이 가능하며, 간접승계방식을 통한 세대생략이전을 허용하는 근거가 된다.

반면, 신탁법상 수익자연속신탁는 다음과 같은 구조이다 즉, 위탁자 A가 사망한 후 B(제1수익자)에게, B가 사망한 후에는 C(제2수익자)에게, D(제3수익자)에게 순차적으로 이전하는 구조이다. 예를 들어, 위탁자 A는 연속수익자 B, C, D에게 순차적으로 신탁재산을 이전하는 신탁계약을 했다고 가정하자. 위탁자 A가 유언으로 수익권의 평가액이 10억 원의 재산을 B에게 유증하기로 하면, B가 10억 원의 수익권을 위탁자 A로부터 취득했다면, 상속세가 과세된다. 그리고 B가 생애기간 동안, 해당 수익권 중 3억 원을 소비하고 사망한 경우, C는 7억 원의 수익권을 취득하게 되고, C에게도 상속세가 부과되며, 그 후 C는 생애기간 동안 2억 원을 소비한 후 사망했고, D는 5억 원의 수익권을 취득했으며, 이에 대하여 상속세를 부담하게 된다.[8] 따라서 신탁법상 수익자연속신탁 구조는 신탁이익을 모두 선순위 수익자에서 후순위 수익자에게 이전하는 구조를 취하고 있다. 즉, 신탁이익의 분리이전을 허용하고 있지 않지만, 세대생략이전이 가능한 구조이다.

(2) 신탁법에 따른 수익자연속신탁과 문제점

현행 수익자연속신탁은 연속수익의 승계원인을 사망으로 한정하고 있고, 신탁이익의 전부를 승계하는 구조를 채택하고 있다. 이와 관련된 수익자연속기능은 ① 미래시점까지 피상속인에 의한 승계재산의 통제, ② 장기간 신탁이 존속하는 경향, ③ 미래시점에 대한 미확정이익 존재, ④ 절대적 소유권을 시간적으로 수입수익(신탁수익)과 잔여수익(신탁원본)으로 분할승계이지만, 현행 규정은 수익자연속기능 중 ①과 ②기능만을 채택하고 있는 상황이다. 이와 관련하여 상증세법상 수익자연속신탁의 문제가 다음과 같이 제기될 수 있을 것이다.

---

7) Tadao Okamura, Taxation and Trusts in the United States and Japan, Proceedings from the 2009 ShoSa to Conference on Tax Law, School of Law, University of California, Berkeley 2009, p.3.

8) 奧村眞吾, 『詳解 信託法の活用と税務』 講文社, 2008, 231面.

1) 현행 상승세법상 신탁이익에 대한 평가방법의 문제점

현행 상증세법은 신탁이익에 대한 평가방법은 재산과세적 접근으로 보기 어렵다. 즉 신탁이익을 수령한 수익자가 상이한 경우 신탁수익과 신탁원본을 개별적으로 평가하고 있다. 예를 들어, 신탁수익을 증여한 경우로써, 위탁자 A는 신탁계약으로 건물 20억 원을 신탁했고, 건물의 임대료는 신탁계약체결과 동시에 자녀 B(신탁수익)에게 증여하고, 건물은 손자녀 C(신탁원본)에게 신탁종료시점에 증여하기로 하는 신탁계약을 체결했다(신탁기간: 2019년 1월 1일부터 2030년 12월 31일, 신탁기간 수익률 3%). 현행 상증세법 평가방법은 건물임대료를 소득과세처럼 건물(나무)과 건물임대료(열매)를 별개로 보고 신탁수익인 임대료를 평가하고 있다. 즉 건물임대료를 나무의 열매로 파악하는 있다.

반면, 재산과세의 접근에 따르면, 상증세법상 신탁수익(열매)과 신탁원본(나무)은 별개의 재산이 아닌 하나의 재산으로 파악해야 한다. 따라서 신탁수익과 신탁원본은 신탁이익을 구성하는 재산이며, 이는 신탁이익을 "1"로 보고 각 재산이 차지하는 비율에 해당하게 된다. 따라서 위 사례처럼 신탁수익을 산정할 경우, 신탁수익은 신탁이익에서 차지하는 비율로 평가되어야 할 것이다. 즉 위 사례에 자녀 B와 손자녀 C가 각각 신탁수익과 신탁원본은 신탁계약설정시점에서 건물의 현재가치 + 임대료의 연금현재가치 = "1"(신탁이익)을 기준으로 평가한 후 각 수익자가 차지하는 비율만큼 증여세가 부과될 것이다.

따라서 상증세법상 신탁이익의 평가방법은 상속이나 증여가 소득이 아닌 재산이라는 점을 반영하고 있지 못하다.

2) 현행 수익자연속신탁의 수익자연속기능의 문제점

수익자연속기능은 수익자들이 신탁방식으로 취득하는 것은 신탁재산 자체인 원본 수익권이 아닌 수입수익권이며, 원본이 귀속되면 신탁은 목적을 달성하고 종료하게 된다. 신탁이 신탁재산의 소유명의와 관리권, 그리고 수익권을 분리하여 다양하게 활용될 제도이므로 지나치게 장기간에 걸쳐 수익자가 불확정되거나 수익권이 귀속되지 않는 사정이 없는 한 수익자연속신탁의 연속기능은 유효하며 또 유용하다고 본다.[9] 이러한 수익자연속기능은 생존배우자나 그 밖의 친족의 생활을 보장할 필요가 있거나 개인기업경영, 농업경영 등에서 유능한 후계자를 확보하기 위해 공동균등상속과 다른 재산승계를 가능하도록 활용될 수 있는 수단이 될 수 있을 것이다.[10]

---

9) 최수정(a), "일본신탁법개정안으로부터의 시사－민사신탁을 주로 염두에 둔 규율관계를 중심으로", 『서강법학』 제8권, 2006.10, 44면 참조.
10) 일본 법무성 민사국 참사관실, 『신탁법개정요강시안 보족설명』, 2005, 170面.

그러나 현행 수익자연속신탁은 연속수익의 승계원인을 사망으로 제한하고 있으며, 신탁이익을 신탁원본과 신탁수익을 분리하지 않고, 이전하는 구조를 취하고 있기 때문에 수익자연속신탁의 도입취지에 부합하지 않은 측면이 존재한다.

이를 해소하기 위하여 연속수익의 승계원인을 사망이외에 기간경과나 조건성취 등까지 허용하여 상속뿐만 아니라 증여까지도 적용되도록 확대할 필요가 있으며, 신탁이익을 세대간 분리승계를 허용하여 직접승계뿐만 아니라 간접승계방식을 도입할 수 있는 환경을 마련할 필요가 있도록 함으로써, 수익자연속기능에 부합할 필요가 있다.

3) 수익자연속신탁의 신탁이익 분리승계여부의 문제점

현행 수익자연속신탁의 신탁이익의 분리승계를 허용하지 않는 것은 신탁이익의 분리승계를 허용하고 있는 유언대용신탁과 비교할 때 형평에 맞지 않는다. 본래 유언대용신탁과 수익자연속신탁은 생전신탁이며, 신탁수익과 신탁원본을 분리하여 부의 이전이 가능한 구조이다. 다만, 유언대용신탁의 신탁이익의 분리는 수평적 구조이고 수익자연속신탁은 수직적 구조라는 차이가 존재한다.

하지만, 상속개시시점을 기준으로 유언대용신탁이나 수익자연속신탁에서 상속재산가액을 평가하고 이에 따라 상속세가 산정되고, 수익자연속신탁을 통한 세대를 생략하여 이전될 경우에 할증세율이 적용된다는 측면에서 조세중립성을 저해한다고 볼 수 없을 것이다. 이러한 차이는 다음과 같은 이유이다.

첫째, 신탁법상 수익권의 성격에 대한 정의가 아직까지 명확한 기준이 설정되지 않았기 때문이다. 즉 수익권을 물권적 성격인지 아니면 채권적 성격인지에 대한 논란이 존재한다. 통상적으로 대륙법계에서는 수익권을 절대적 소유권인 물권적 성격이 강한 것으로 파악하고 있는 반면 영미법계서는 수익권을 채권적 성격이 강한 것으로 파악하고 있다. 대륙법계에 속하는 우리나라도 수익권을 소유권을 수직적으로 분리할 수 없다고 보고 있기 때문이다. 다만, 유연대용신탁의 신탁이익의 분리는 상속재산의 분할의 성격과 유사하기 때문에 허용하고 있는 것으로 보인다.

둘째, 신탁이익의 분리이전과 관련하여 영미에서는 시간적 경과에 따른 소유권의 분리개념(the notion of dividing ownership)을 견지하고 있다.[11] 즉, ① 영미법은 소유 재산에서 소유권의 개념을 분리하고 있다. 즉, 사람은 토지 자체(the dirt itself) 보다는 토지에 대한 이익을 소유한다. ② 사람들이 토지를 이용할 권리를 갖게 됨에 따라 법률은 다른 사람과 사이에 자신의 이익을 분배하는 것을 인정하고 있다. ③ 해당 법률은 토지

---

11) Roger W Andersen, Present and Future Interests: A Graphic Explanation, *Seattle University Law Review*, Vol. 19:101, 1995, p.103.

의 사용이익을 개별적인 이익으로 다룬다. 이는 개별적인 이익을 그 자체로 재산인 것처럼 처리하게 된다. 즉 사람들은 토지의 사용이익에 독특한 특징을 부여하고 있고, 이러한 이익을 다양한 방법으로 행사되는 것처럼 언급하고 있다. 즉 신탁이익인 수익권의 채권적 성격으로 파악함으로써, 신탁이익의 분리이전이 가능하도록 한 것으로 판단된다. 또한 우리나라와 동일한 대륙법계인 일본도 수익자연속신탁을 통하여 직접승계방식에 의한 신탁이익을 분리하는 세대생략이전을 허용하고 있다.[12]

따라서 수익권에 대한 성질을 명확히 할 필요가 있으며, 이를 통해 신탁이익의 분리이전 법적 안정성을 확보할 필요가 있으며, 유언대용신탁과 형평성을 제고할 필요가 있을 것이다.

2. 일본의 세대생략이전과세와 신탁

(1) 개 요

일본의 상속세 제도[13]에서 세대생략세는 재산을 취득한 자가 피상속인의 일촌 혈족 및 배우자 이외의 자인 경우에 있어서는 산출한 상속세액에 20%를 가산한다.[14] 이 경우를 세대생략이전이라고 하며, 세대를 생략한 자뿐만 아니라 일촌 혈족이 아닌 자는 모두 할증과세하고 있다. 또한 일본의 수익자연속신탁은 신탁이익을 신탁원본과 신탁수익으로 분리하여 세대생략이전이 가능한 구조를 취하고 있으며, 연속수익자의 이전원인은 상속이외의 기간제한 규정도 허용하고 있다.

---

12) 일본은 수익자연속신탁을 통하여 신탁원본과 신탁수익을 분리하여 세대생략이전이 가능하도록 규정하고 있다. 즉 일본 상속세법 제9조의3 제1항은 수익자연속신탁과 관련하여 '수익자연속신탁에 관한 권리를 수익자가 적정한 대가를 지불하지 아니하고 취득한 경우로서 수익권에 기간의 제한이나 수익권 가치의 제한이 부가되어 있는 경우에는 그러한 제한은 없는 것으로 본다.'고 규정하고, 제2항에서는 '전항의 수익자란 수익자로서의 권리를 현재 보유하고 있는 자'로 규정하고 있다. 예컨대 위탁자 사망 시 1순위 수익자는 수입수익권만을 갖고 1순위 수익자 사망 이후 2순위 수익자가 수입수익뿐만 아니라 원본수익도 갖는 수익자연속신탁을 체결한 경우, 위 제1항 및 제2항은 위탁자 사망 시 현재 수익권을 보유하고 있는 1순위 수익자만이 신탁재산의 수익자가 되고, 수익권의 가치도 신탁재산 전부의 가액이 된다는 의미로 해석하고 있다: 高橋 研, 「信託の會計·稅務」, 中央經濟社, 2007, 257面.
13) 川上尙貴 編著, 圖說日本の稅制, 2008, 148面: 임동원, 전게논문, 113~114면.
    즉, 상속세 총액 산정 시에는 실제 유산분할과 관계없이 유산총액 및 상속인의 수, 그리고 법정상속분에 따라 산정을 한다. 그 다음에 각 상속인의 납부세액 산정에서는 상속세의 총액을 실제 상속인이 상속받는 비율에 따라 안분하여 산출세액을 계산하고, 이 산출세액으로부터 개인적인 사정을 고려한 세액공제 등이 이루어져 각자의 산출세액을 산출하게 된다.
14) 金子 宏, 『租稅法』, 弘文堂, 2017, 643面.

(2) 일촌 등의 혈족 범위

일본의 일촌 등의 혈족범위를 다음과 같이 정하고 있다. 첫째, 일촌 등의 혈족에 포함되는 자는 다음과 같다. 그 피상속인의 직계비속이 상속개시 이전에 사망했을 때 또는 상속권을 잃어버렸기 때문에 대습하여 상속인이 된 피상속인의 직계비속은 일촌 등의 혈족에 포함한다.[15] 또한 입양 전에 피상속인의 직계비속은 없고, 피상속인의 직계비속이 아닌 자가 양자로 된 경우에는 입양 후 피상속인의 일촌의 혈족에 포함되기 때문에 상속세액의 가산 규정이 적용되지 않는다.[16] 둘째, 일촌 등의 혈족에 포함되지 않는 자는 다음과 같다. 피상속인의 직계비속(대습상속인인 자를 제외함)이 피상속인의 양자가 된 경우에는 일촌 등의 혈족에 포함되지 않는다.[17] 하지만 세대생략수익자가 될 수 있다. 셋째, 유증에 의한 재산을 취득한 일촌 등의 혈족은 다음과 같다. 상속을 포기한 자 또는 결격 혹은 박탈의 사유에 의해 상속권을 잃은 자가 유증에 의해 재산을 취득한 경우에 관해서는, 그 자가 유증에 관한 피상속인의 일촌 등의 혈족(일본 상속세법 제18조의 일촌 등의 혈족에 한함)이라면 상속세액의 가산의 규정을 적용하지 않는다.[18]

(3) 수익자연속신탁을 통한 세대생략이전과세

1) 수익자연속신탁의 과세방법

① 최초의 수익자

신탁의 효력이 발생하는 경우에 적정한 대가를 부담하지 않고 신탁의 수익자등으로 되는 자가 있을 때에는, 해당 신탁의 효력이 발생한 때 그 신탁의 수익자등으로 되는 자가 해당 신탁에 관한 권리를 그 신탁의 위탁자로부터 증여로 취득한 것으로 간주된다. 다만, 그 위탁자의 사망을 원인으로 해당 신탁의 효력이 발생하는 경우에는, 유증에 의한 취득으로 간주된다.[19]

② 후순위 수익자 및 그 이상의 수익자등

수익자(선순위 수익자)가 존재하는 신탁이 있는 경우, 적정한 대가를 부담하지 않은 새로운 수익자(후순위 수익자)가 존재하는 경우, 해당 수익자가 존재하는 시점의 후순위 수익자는 해당 신탁에 관한 권리를 선순위 수익자로부터 증여를 통한 수익권의 취득으로

---

15) 일본 상속세법 기본통달 18-4.
16) 일본 국세청 홈페이지 질의응답 사례 참조(http://www.nta.go.jp/shiraberu/zeiko-kaishaki/shitsu-gi/sozo ku/01/htm)
17) 일본 상속세법 제18조 제2항.
18) 일본 상속세법 기본통달 18-1.
19) 일본 상속세법 제9조의2 제1항.

간주된다. 그 이후의 수익자가 존재하는 경우에도, 이전 수익자로부터 증여로 인한 취득으로 간주된다. 다만, 그 수익자의 사망으로 해당 이익을 수령할 경우, 유증으로 취득한 것으로 간주된다.[20]

③ 수익자연속신탁의 승계원인 및 구조

수익자연속형신탁은 후계유증형신탁에 해당한다. 즉 A가 사망한 후 B에게, B가 사망한 후에는 C에게, 수익자에게 순차적으로 이전한다. 연속수익자의 승계원인은 선순위 수익자의 사망이다. 또한 신탁수익에 관한 수익권의 평가액은 신탁재산 = 수입수익권 + 원본수익권으로 평가하게 되며, 이 경우 원본수익권의 평가는 "0(제로)"이 된다. 또한 수익자연속형신탁에 관한 권리의 소유자가 법인인 경우에도 위의 평가방법을 따른다. 이 경우 법인이 수입수익권을 취득할 경우에 원본수익권의 평가는 "0"이 된다.

이와 관련하여 일촌 혈족 이외 경우인 다음과 같은 사례를 통해 살펴보자.[21] 위탁자 A는 자신의 소유 아파트(수익부동산, 상속세평가액 4억 엔)를 신탁재산으로 신탁하고, A가 생존 중에 자신을 수익자(제1수익자)로 하고, 연간 1,000만 엔의 부동산임대소득을 향유했다. A가 사망한 후 자신의 첩의 자녀 B(제2수익자: 수입수익권인 부동산임대소득)를 수익자로 하고, 신탁재산에 수익전부를 수탁자에 대하여 청구할 권리를 보유하며, 첩의 자녀 B가 사망한 후에는 A의 손자 C(제3수익자: 수입수익권인 부동산임대소득과 원본수익권인 아파트)를 최종 수익자로 정하는 신탁계약을 체결한다고 가정하자. 위탁자 A가 신탁재산을 수탁자에게 이전하고, A가 사망하고, 첩의 자녀 B와 A의 손자 C는 세무상 수익자이지만, 현재 권리를 보유하고 있지 않다. A의 사망 후, 첩의 자녀 B가 생존 중이므로, A의 손자 C가 수익자이지만 권리를 현재 보유하고 있지 않은 것으로 해석되고 있다.

세무상 위탁자 A의 사망에 따른 제2수익자인 첩의 자녀 B가 A소유의 아파트를 유증으로 제1수익자인 A로부터 취득하게 되고, 당연히 상속세의 과세대상이 된다. 또한 제2수익자인 첩의 자녀 B가 A의 법정상속인도 아니기 때문에, 상속세액의 20% 할증하여 상속세액을 계산한다. 제3수익자인 A의 손자 C는 제2수익자인 첩의 자녀 B가 사망 한 후, 수익권을 취득하게 된다. 세무상 제3수익자인 A의 손자 C는 제2수익자인 첩의 자녀 B로부터 수익권을 유증으로 취득하는 것이 아니다. 제3수익자인 A의 손자녀 C의 수익은 아파트에서 발생하게 되며, 손자 C와 첩의 자녀 B는 본래 아무 관계도 아니기 때문에 손자 C의 수익은 조부의 첩으로부터 유산을 취득하게 되고, 이에 대하여 상속세가 부과된다. 이 경우 일본 상속세법 제18조 규정이 적용되며, 20% 할증 가산된다.

---

20) 일본 상속세법 제9조의2 제2항.
21) 奥村眞吾, 전게서, 235~237면.

3. 미국의 GSTT

(1) 의 의

세대생략이전과세(generation-skipping transfer tax: GSTT)제도는 1976년 세대를 건너뛰고 상속되는 유산신탁 또한 신탁기금(estate trust)에 대하여 권리(interest or life estate)나 잔여권(remainder interest)을 가진 개인에게 부과되는 세금으로 도입되었다.[22] 이러한 세대생략이전과세는 세대별로 순차적으로 이전되거나 신탁을 통하여 세대생략이전에 대하여 세금을 납부하도록 하며, 세대를 생략한 상속세에 대하여 최고세율로 과세하고 신탁이익의 분배에 대하여 과세함으로써 신탁을 이용한 조세회피를 방지하는 기능을 한다.[23]

세대생략이전과세제도는 재산의 이전자(transferor)의 판단여부, 수유자나 양수인의 세대생략수익자(skip person)요건 충족여부, 그리고 세대생략이전과세의 과세대상 범위를 판단해야 할 것이다.[24] 또한 수익자연속신탁에 대한 세대생략이전과세는 신탁에 관한 권리(interest in trust or interest in property)의 이전이 발생해야 유산세(estate tax)나 증여세(gift tax)가 부과된다.

세대생략이전과세는 단일세율로서 유산세 최고세율이 부과된다. 다만, 세대생략이전과세의 연간증여면제액(annual exclusion) 및 통합세액공제(unified tax credit)는 증여세와 동일하다. 연간증여면제액은 증여세, 유산세 및 세대생략이전과세를 감소시키는 효과적인 방법이다. 통합세액공제액은 2018년 기준 $11,180,000, 연간증여면제액은 $15,000이 적용되며, 통합세액공제액은 무상이전세(transfer tax) 해당하는 증여세, 유산세 및 세대생략이전과세에 대해 각각 적용되는 것이 아니라 통합적으로 적용된다.

(2) 미국의 세대생략이전과세제도

1) 이전자 또는 양도인

이전자(또는 양도인)는 신탁을 통한 간접이전 또는 세대생략수익자에게 직접이전을 통하여 재산을 처분할 수 있는 자를 의미한다.[25] 세대생략이전상 이전자는 다음과 같다. 첫째, 이전자의 단독 이전뿐만 아니라 이전자의 배우자와 함께 재산을 이전할 경우에

---

22) The Tax Reform Act of 1976, IRC § 2006.
23) John K. Mcnulty and Grayson M.P. Mccouch, *Federal Estate and Gift Taxation*, West Publishing, 2003. p.21: 임동원, 전게논문, 109면.
24) Vertex Wealth Management, LLC, Generation-Skipping Trust, 2014, p.2
25) IRC § 2652.

406 제3장 상속세 및 증여세법상 신탁세제   제2절 신탁유형별 상증세법상 과세방안

도 이전자의 배우자도 이전자가 된다. 둘째, 자연인 또는 신탁이 재산을 지배할 수 있는 지명권(power of appointment)[26]을 보유하고 있다면, 자연인뿐만 아니라 신탁이 새로운 이전자가 된다.[27] 즉 위탁자가 수탁자에게 지명권을 부여하는 경우에 지명권을 취득한 수탁자는 새로운 이전자의 지위를 갖게 되며, 새로운 이전자가 된 자연인 또는 신탁에 위탁자의 총유산가액에 가산되어 유산세의 납세의무자가 된다.

예를 들어, 위탁자 A가 자녀 B(수입수익자)에게 신탁수익을 이전하기 위하여 신탁에 재산을 이전하고, 그 후 손자녀 C(원본수익자)에게 잔여권을 지급하기로 하는 신탁계약을 체결했다고 가정하자. 이 사례는 선순위 수익자의 승계원인으로 후순위 수익자에게 이전되는 수익자연속신탁에 해당한다. 이 사례에서 위탁자 A는 신탁존속기간 동안 이전자이지만, 자녀 B가 지명권을 보유하여, 자녀 B가 A의 총유산액(신탁재산)을 자신의 총유산가액에 포함시킨다면, 자녀 B는 새로운 이전자가 된다.[28]

2) 세대생략이전상 신탁에 관한 권리

세대생략이전복적상 신탁에 관한 권리를 보유하는 자를 확인하는 것은 중요하다. 왜냐하면 신탁에 관한 권리가 부재한 상태라면 신탁이 종료되기 때문이다. 또한 신탁에 관한 권리는 세대생략이전과세의 과세대상이 되기 때문이다. 신탁에 관한 권리는 이전자, 세대생략비수익자((non-skip person), 세대생략수익자 그리고 신탁이 보유할 수 있다.

신탁에 관한 권리는 다음과 같은 요건을 충족해야 한다. 개인이 신탁원본이나 신탁수익을 현재 수령할 권리를 갖는 경우나 개인이 신탁원본이나 신탁수익을 현재 수령할 수 있는 수증자이어야 한다.[29] 따라서 현재이익(present interest)은 신탁에 관한 권리에 해당하지만, 잔여권(remainder)처럼 장래에 수령할 권리를 갖는 장래이익(future interest)

---

26) 지명권은 미국 유언법(the law of wills)에서 유언에 의하여 특정재산을 처분할 권한이 부여된 자를 유언자(testator)가 선택할 있는 권한을 말한다. 이러한 지명권은 재산의 새로운 소유자를 지정할 권리를 의미한다. A지명권은 일반적으로 자연인이 그들의 유산으로 재산을 처분할 것을 허락받은 자들로 하여금 다른 자에게 유언에 의해 주어진 권리로서 사용된다. 지명권에서는 일반지명권과 특별지명권으로 구분된다. 일반지명권(general power of appointment)은 보유자(holder)가 누군가에게 재산을 분배할 것을 허용하지만, 특별지명권(specific power of appointment)은 특별한 무리나 무리의 구성원(a specified group or class of people) 간에 분배되도록 계획된 것이다. 지명권을 보유한 자가 자신의 권리를 행사하지 않으면, 해당 재산은 지명권의 하자로 수령자(takers in default of appointment)로서 법률이나 유언으로 특정한 자에게 이전되거나 수탁자와 달리, 지명권 보유자는 재산을 관리하지 않지만, 단지 재산을 분배하거나 배당하는 행위를 하게 된다.

27) IRC 2652(a).

28) Boris I. Bittker · Elias Clark · Grayson M.P. McCouch, *Federal Estate and Gift Taxation, Ninth Edition*, 2005. p.562.

29) William M. McGovern, Sheldon F. Kurtz, David M. English, *WILL. Trusts and Estates Including Taxation and Future Interests Fourth Edition*, WEST. 2010, p.725.

은 신탁에 관한 권리에 해당하지 않는다.

예들 들어, 위탁자 A가 자녀 B(수입수익자)에게 신탁수익을 이전하기 위하여 신탁에 재산을 이전하고, 그 후 손자녀 C(원본수익자)에게 잔여권을 지급하기로 하는 신탁계약을 체결했다고 가정하자. 신탁수익을 수령할 세대생략비수익자인 자녀 B가 신탁에 관한 권리를 보유하고 있는 상태에서는 신탁은 종료되지 않는다. 반면 신탁원본인 잔여권을 수령하는 세대생략수익자인 손자녀 C가 보유한 권리는 장래이익에 해당한다.[30]

3) 세대생략비수익자와 세대생략수익자

① 세대지정

세대지정(generation assignment)은 이전자와 수익자간의 세대관계를 파악하는 절차이다. 이전자의 배우자는 이전자이므로, 동일세대로 지정되며,[31] 이전자의 2세대 이상의 세대가 세대생략수익자가 된다.

세대생략수익자의 범위는 '투시이론(look-through)'[32]의 규칙에 의해, 신탁, 파트너십, 법인과 같은 실체는 개별적 파트너, 주주, 수익자의 집합체로서 처리되어 세대생략수익자가 될 수 있다.[33] 다만, 자선단체는 이전자의 세대로 지정되지 않는다.

② 세대생략수익자 및 세대생략비수익자

㉮ 세대생략수익자

세대생략수익자는 이전자의 수직적 2세대 이상의 세대로 지정된 자연인과 신탁도 세대생략수익자가 된다.[34] 다음은 신탁이 세대생략수익자가 되는 경우이다.

㉠ 세대생략수익자가 위탁자에 의해 지정되었지만, 신탁에 관한 권리인 현재이익을 보유하지 않은 경우이다. 이 경우는 장래이익만을 보유한 상태로 신탁에 관한 권리를 보유하고 있지 않은 경우 신탁은 종료된다. 이를 막기 위해 위탁자는 신탁계약에 의하여 신탁에게 신탁에 관한 권리를 부여하게 되며, 이때 신탁이 세대생략수익자로 간주한다. 다만, 이 시점에서 세대생략이전과세의 귀속자와 귀속시기가 결정되며, 그 후 실제 세대생략수익자에게 신탁수익을 분배한다. 이러한 방식이 간접승계 중 하나이다.

또한 위탁자 A가 자신의 손자녀 C에 모든 수익을 지급(현재 수령할 권리는 보유하지 않

---

30) Daniel L. Daniels and David T. Leibell, Wiggin and Dana LLP, The Federal Generation Skipping Transfer Tax: An Brief Overview, with Particular Attention to Issues Raised by the 2010 Tax Relief Act, 2011, p.3.

31) IRC § 2651(c)(1).

32) 'look-through'는 실체의 수혜적 이익을 보유한 개인을 실체의 재산의 소유권을 보유한 자로 보는 것을 의미한다.

33) IRC § 2651(f)(2)

34) IRC § 2613(a)(2).

음)하고, A의 자녀 B에게 잔여권을 지급하는 신탁계약을 체결했다고 가정하자. 이 경우에도 신탁에 관한 권리를 세대생략수익자와 세대생략비수익자 모두 보유하고 있지 않다. 특히, 세대생략비수익자인 자녀 B가 잔여권에 해당하는 장래이익을 보유하고 있으므로, 신탁에 관한 권리의 보유자가 없으므로 신탁종료사유에 해당한다. 이 경우에도 신탁을 세대생략수익자로 간주함으로써, 신탁을 통한 간접승계가 발생하게 된다.

ⓒ 신탁에 관한 권리를 보유한 자가 없거나, 기간 제한 없이 세대생략비수익자에게 분배가 이루어지는 경우이다. 예를 들어, 위탁자 A는 손자녀 C가 21세가 될 때까지 신탁수익의 지급을 유보하고, 21세 이후에 신탁수익을 손자녀 C에게 지급하며, 잔여권은 증손자녀 D에게 지급하는 신탁계약을 체결한다. 다만, 신탁이 설정될 당시에 손자녀 C는 20세이다. 이 경우도 재산이 이전되어 신탁이 설정될 당시에 신탁에 관한 권리를 보유한 자가 존재하지 않는다. 그 이유는 신탁수익이 21세 이후에 손자녀 C에게 분배되기 때문에 신탁설정 당시 신탁에 관한 권리를 보유한 자가 존재하지 않는다. 이 경우에도 신탁이 세대생략수익자가 된다.[35]

따라서 세대생략수익자가 현재이익인 신탁에 관한 권리를 보유하지 않을 때, 신탁은 세대생략수익자가 될 수 있고, 이 상황은 간접승계에 따른 재산승계가 발생하게 된다.

㉯ 세대생략비수익자

세대생략비수익자는 세대생략수익자가 아닌 개인이나 신탁이 된다. 신탁이 세대생략비수익자가 되는 경우는 다음과 같다. 예를 들어, 위탁자 A가 자녀 B와 그의 자녀 C(손자녀)를 위하여 신탁수익의 지급을 유보하는 신탁을 설정하고, 잔여권자를 증손자녀 D로 하는 신탁을 설정한다고 가정하자. 이 경우 신탁에 관한 권리는 신탁수익의 분배에 대한 유보할 권한을 부여받은 신탁에게만 있을 뿐, 자녀 B와 그의 자녀 C가 수령할 신탁수익은 현재이익에 해당하지 않으며, 잔여권자인 증손자녀 D는 장래이익만을 보유하게 됨으로, 신탁에 관한 권리를 보유한 자가 없게 된다.[36] 이는 신탁의 종료사유이다. 이를 방지하기 위하여 위탁자로부터 신탁수익의 분배에 대한 유보할 권한을 부여받은 신탁이 신탁에 관한 권리를 갖는 것으로 간주하여, 신탁으로 하여금 자녀 B를 대신하여 세대생략비수익자가 된다.

---

35) Daniel L. Daniels and David T. Leibell, *op. cit.*, p.5.
36) *Ibid*, p.6

4) 세대생략이전의 과세대상 및 유형

① 직접승계방식

직접승계방식은 이전자가 세대생략수익자에게 신탁에 관한 권리를 이전하는 것을 의미한다.[37] 이 방식의 이전승계는 직접(outright)적으로 세대생략수익자나 신탁에게 행해진다.[38]

신탁을 통한 직접승계는 다음과 같다. 예를 들어,[39] 위탁자 A가 손자 C를 세대생략수익자 C(2세)로 지정하고, 손자녀 C가 20세는 될 때 승계할 것을 조건으로 신탁을 설정한 경우이다(위탁자 A의 자녀는 생존 중이다). 이때 손자녀 C는 지정된 수익자이지만 현재이익이 아닌 장래이익만을 보유하고 있기 때문에 신탁종료사유가 된다. 이 경우 신탁은 세대생략수익자가 되며, 직접승계에 해당한다.

그러나 이전자(위탁자)가 그의 자녀에게 신탁에 관한 권리(현재이익)를 이전하고, 잔여권(장래이익)을 손자녀에게 이전할 경우, 신탁은 세대생략수익자가 되지 못하며, 직접승계에 해당하지 않는다. 이 경우 직접승계가 되기 위해서는 신탁에 관한 권리가 세대생략수익자에게 이전되지 않았기 때문이다. 다만, 이 경우에도 신탁재산은 여전히 신탁권리종료나 신탁분배의 유형으로 세대생략이전세가 부과된다.[40] 이는 세대생략수익자에게 잔여권을 이전하는 것은 신탁종료를 의미하며, 이때 신탁에 관한 권리가 세대생략수익자에게 분배되기 때문이다. 이는 간접승계 유형 중 하나에 해당한다.

㉮ 직접승계의 경우, 세대생략수익자가 수령한 재산가액이 과세대상금액이 되며, 재산의 이전자(신탁으로부터 직접승계 제외)가 납세의무자가 된다.[41]

② 간접승계방식인 신탁권리종료 및 신탁재산분배

세대생략이전과세상 간접승계는 이전자의 승계원인이 아닌 신탁종료사유나 위탁자가 수탁자에게 일정한 권한 부여한 후에 발생하는 간접적인 승계사유에 의해 발생하게 된다. 즉 세대생략수익자가 현재이익을 보유하지 않은 채 이전자의 승계원인이 아닌 선순위 수익자의 사망 등의 신탁종료사유로 신탁원본이 이전되는 경우이다. 또한 세대생략수익자가 장래이익으로만 구성된 경우 위탁자가 일정한 권한을 신탁에게 부여하고 이전자의 승계원인이 아닌 신탁에게 부여한 권한에 의하여 신탁이 각 수익자에게 신탁수익이나 신탁원본을 이전하는 경우를 말한다.

---

37) IRC § 2612(c)(1).
38) Boris I. Bittker · Elias Clark · Grayson M.P. McCouch,. *op. cit.*, p.565.
39) *Ibid*, p.565.
40) Reg. § 26.2612−1(f).
41) IRC §§ 2623 and 2603(a)(3).

㉮ 신탁권리종료

신탁권리종료는 신탁의 종료로서 세대생략수익자에게 신탁에 관한 권리를 분배하는 것을 의미한다. 신탁권리종료는 신탁수익의 종료사유에 의하여 신탁이 종료되는 시점에서 세대생략이전세가 부과된다. 신탁권리종료나 신탁으로부터 직접승계되는 경우, 세대생략이전세는 신탁재산으로 수탁자가 납부한다.[42]

신탁권리종료가 발생하는 상황은 다음과 같다. ㉠ 세대생략비수익자의 사망이나 기간경과의 원인[43]으로 세대생략비수익자의 재산상 이익의 향유가 종료될 때, 신탁권리는 종료된다. 예를 들어, 위탁자 A가 자녀 B에게 신탁수익을 지급하고, 잔여권을 손자녀 C에게 지급하기로 하는 신탁을 설정한 경우에, 자녀 B는 신탁에 관한 권리를 보유한 상태에서 사망한 경우에는 신탁권리의 종료사유가 된다.[44]

㉡ 세대생략비수익자의 유산에 포함되는 이익이 없이 신탁에 관한 권리가 세대생략수익자에게 이전될 때 발생하게 된다.[45] 예를 들어, 위탁자 A가 자녀 B, 손자녀 C, 증손자녀 D에게 신탁수익과 신탁원본을 분산시켜 이전하는 신탁계약을 체결하고, 자녀 B의 사망시점에서 잔여권을 증손자녀 D에게 분배하는 신탁계약을 체결한다고 가정하자. 이 경우에도 손자녀 D가 취득할 권리는 장래이익이지만, 세대생략비수익자인 자녀 B의 사망시점에 자녀 B와 손자녀 C의 신탁에 관한 권리가 종료되는 사유가 된다.[46]

이와 같이 이전자의 승계원인이 아닌 신탁종료라는 간접적인 사유에 의해 세대생략이전이 이루어지는 것을 간접승계방식이라고 한다.

㉯ 신탁분배

신탁분배는 신탁이 세대생략수익자에게 신탁원본이나 신탁수익을 분배하는 것을 의미한다. 이 경우는 신탁이 위탁자로부터 일정한 권한을 부여받거나 지명권과 같은 이전자의 지위를 획득하는 경우이다. 다만, 신탁분배가 신탁권리종료나 직접승계를 구성하는 부분이라면 신탁분배에 해당하지 않는다.[47] 신탁분배의 세대생략이전과세의 납세의무자는 세대생략수익자가 납부한다.[48]

예를 들어, 위탁자 A가 신탁으로 하여금 자녀 B와 손자녀 C에게 신탁수익과 신탁원본을 분배할 권한을 신탁에게 부여하는 신탁계약을 설정한다고 가정하자. 신탁이 자녀 B의 생존

---

42) IRC § 2603(a).
43) IRC § 2612(a)(1). 신탁종료사유는 이전자의 사망, 기간경과, 권리의 해제 등과 같은 경우를 말한다.
44) Reg. § 26.2612−1(f). Example 4,8, and 11 참고.
45) IRC § 2612(a)(1)) 참조.
46) Reg. § 26.2612−1(f). Example 10 참고.
47) IRC § 2612(b).
48) IRC § 2603(a)(1).

중에 손자녀 C에게 신탁수익이나 신탁원본을 분배하는 것은 신탁분배에 해당한다.[49] 다만, 자녀 B의 사망시점에서 손자녀 C에게 대한 분배는 신탁권리종료에 해당한다.

4. 시사점

미국과 일본의 수익익자연속신탁을 통한 세대생략이전과세제도는 신탁이익을 신탁원본과 신탁수익으로 분리하여 이전하고 있다는 공통점이 있다. 수익자연속신탁을 통한 부의 승계범위에 있어서, 미국은 상속뿐만 아니라 증여도 포함되지만, 일본은 상속만을 허용하고 있다. 또한 부의 승계방식과 관련하여 미국은 직접승계방식과 간접승계방식을 채택하고 있지만, 일본은 직접승계만을 허용하고 있다. 이 차이는 신탁의 실체성 여부와 관련되어 있다.

우선 미국의 무상이전에 따른 납세의무자는 유산세는 상속재산관리인(피상속인), 증여세는 증여자이다. 즉 재산을 이전하는 자를 유산세나 증여세의 납세의무자로 보는 유산과세형을 채택하고 있다. 또한 미국 수익자연속신탁의 세대생략이전과세의 특징은 적극적인 신탁의 역할이다. 즉 신탁에 대한 실체를 부여함으로써, 세대생략이전과세제에서 신탁이 재산의 이전자, 세대생략수익자, 세대생략비수익자의 역할을 수행하도록 하여 신탁에 관한 권리의 공백상황을 방지하고 있다. 이는 위탁자 사후에도 신탁설정 의도가 안정적으로 수익자에게 전달되게 함으로써, 신탁법률관계의 안정성을 보장하기 위한 조치라고 생각된다.

또한 이러한 신탁의 역할은 세대생략이전과세제도에서 발생할 귀속자와 귀속시기의 불확정성 문제를 해소할 수 있다. 예를 들어, 정지조건이나 해제조건이 설정된 경우에 발생하는 피상속인의 사망시점과 재산이전시점의 차이를 신탁으로 하여금 세대생략수익자나 신탁재산의 이전자로 파악함으로써, 신탁재산의 귀속자와 귀속시기를 조기에 확정하는 효과가 있다.

둘째, 일본의 무상이전에 따른 납세의무자는 상속인과 수증자가 된다. 즉 상속재산이나 증여재산을 승계받는 자를 납세의무자로 한다. 또한 일본의 세대생략이전과세제도의 특징은 세대생략수익자의 범위를 혈족직계비속뿐만 아니라 일촌의 혈족 이외의 자까지 확대하고 있으며, 세대생략수익자에게 20%의 할증률을 적용하고 있다. 또한 수익자연속신탁을 통한 신탁이익을 신탁원본과 신탁수익으로 분리이전뿐만 아니라 상속에 있어서 일정한 기간제한에 따른 후순위 수익자의 승계를 허용하고 있다.

---

49) Reg § 26.2612 − 1(f). Example 12.

이러한 미국과 일본의 수익자연속신탁을 통한 세대생략이전과세제도는 공통적으로 신탁원본과 신탁수익을 분리하여 이전할 수 있으며, 이는 수익자연속기능을 잘 구현하고 있다는 측면이 우리나라 수익자연속신탁과 가장 큰 차이점이다.

이상과 같이 미국와 일본의 수익자연속신탁상 신탁이익의 분리이전의 허용 및 승계범위의 확대는 이미 저출산·고령화가 진행되는 상황에서 수익자연속신탁의 세대 간 부의 원활한 이전을 위한 선택지가 될 수 있을 것이다. 이를 고려한 세대생략이전과세제의 정비가 필요할 것이다.

〈표 1〉 우리나라와 주요국의 수익자연속신탁을 통한 세대생략이전과세의 비교

구 분	한 국	일 본	미 국
과세유형	유산과세형(상속세) 취득과세형(증여세)	취득과세형 (상속세 및 증여세)	유산과세형 (상속세 및 증여세)
상속세 납세의무자	상속인 또는 수유자	상속인 또는 수유자	피상속인(또는 상속재산관리인)
증여세 납세의무자	수증자	수증자	증여자
재산승계방식	직접승계방식	직접승계방식	직접 및 간접승계방식
신탁의 실체성 부여	허용 X	허용 X	허용 O
신탁이익의 분리이전	허용 X(상속세 및 증여세)	허용 O(상속세만)	허용 O(유산세 및 증여세 모두)
수익자연속신탁을 통한 세대생략이전	허용 O(상속세만)	허용 O(상속세만)	허용 O(상속세 및 증여세 모두)
연속수익의 이전원인	사망만 허용	사망, 기간경과	사망, 권리해제, 기간경과 등

III. 수익자연속신탁에 대한 세대생략이전세제의 입법론적 개선방안

1. 수익자연속신탁의 승계원인의 확대 필요성

노령화시대에 따른 평균수명의 연장은 사후상속 보다는 생전에 부의 이전계획에 대하여 점차적으로 관심이 높아지고 있으며, 자녀에게 대한 부의 이전과 함께 손자녀에게도 부의 이전을 행하고 있다.[50] 또한 위탁자의 생존 중 재산승계나 위탁자 사망 후 미성년자나 장애인 등 재산관리가 어려운 수익자에게 발생하는 문제를 최소화하기 위하여 신탁제도는 다른 법정상속이나 유언상속 보다 더 유용할 수 있다. 이는 신탁제도가 일반적인 무상이전방식 보다 신탁을 통해 위탁자와 수익자의 상황을 고려한 무상이전계획을 유용하게 설계할 수 있고 위탁자 사후 상속재산의 관리가 체계적이기 때문이다.

신탁유형 중 수익자연속신탁을 이용한 신탁재산의 승계유형은 다음과 같다. ① 신탁이익을 전부 순차적으로 수익자에게 이전하는 유형, ② 신탁이익을 신탁수익과 신탁원본으로 분리하여 순차적으로 수익자에게 이전하는 유형이 존재한다. 또한 상속뿐만 아니라 생전증여를 통한 부의 이전을 행할 수 있다. 따라서 수익자연속신탁을 통하여 현행 상속 이외에 증여행위를 통한 부의 이전이 가능하도록 승계원인을 확대할 필요가 있다.

이와 관련하여 미국 신탁제도는 사망, 기간경과, 권리의 해제 등을 승계원인으로 설정하고 있으며, 일본도 기간경과에 따른 승계원인을 설정하고 있다. 또한 미국과 일본은 신탁이익의 승계범위도 신탁원본과 신탁수익을 전부 또는 일부 승계를 허용하고 있다. 우리나라도 미국이나 일본의 입법례를 참고하여 현행 수익자연속신탁에도 다음과 같은 승계사유를 도입하여 적용할 필요가 있다.

먼저, 기간경과에 따른 승계원인이다. 기간경과 승계사유는 신탁계약이 자유롭게 설정할 수 있고, 신탁에 있어서 계약의 원리가 적용됨으로 기간경과도 신탁계약의 종료사유가 되기 때문이다. 기간경과사유는 신탁계약설정시에 일정한 기간이 충족되면 상속 및 증여에 따른 재산승계가 발생하게 된다. 즉 선순위 수익자가 일정한 기간이 경과할 경우 후순위 수익자에게 승계하는 경우이다. 통상적으로 이 경우는 수익자가 미성

---

50) 중앙일보, 토지 증여는 6월 전에 …손자·며느리에 나눠주면 더 절세, 2019.5.18., https://news.joins.com/article/23471176

년자인 경우에 적용할 필요가 있을 것이다.

예를 들어, 70세인 위탁자 A는 손자녀 C(10세: 제1수익자)의 양육비를 대학교까지(20년간) 지원하기 위하여 건물의 부동산임대소득 연 1억 원을 지급하기로 하며, 그 후에 A의 자녀 B(장애인이며, 자녀 B의 배우자 사망: 제2수익자)에게 건물(50억)을 증여하는 신탁계약을 체결하고, 자녀 B는 재산을 관리할 능력이 없다고 가정하자. 이때 제1수익자에게 현행 30%의 세대생략할증세율이 적용된다. 이 경우 현행 증여세에 따른 10년간 동일인으로부터 증여받는 규정이 적용되지 않으면서, 노령의 위탁자가 A가 후손을 위하여 양육비를 안정적으로 지원할 수 있는 수단으로 활용될 수 있으며, 신탁설정 후에 발생할 위탁자 A의 사망에 따른 불확실성을 제거할 수 있는 이점도 존재한다. 이 규정은 주로 부양이나 학자금지원, 장애인 등에 유용하게 적용될 수 있을 것이다.

이때 신탁이익을 분리하여 승계할 때도 현행 상증세법의 평가방법이 아닌 재산과세적 평가방법을 접근할 필요가 있다. 신탁이익은 부동산임대소득의 1억의 연금현가와 건물 50억의 현재가치의 합이며, 예를 들어, 신탁이익이 총 55억이고 부동산임대소득인 신탁수익의 지분율이 25%라면 55억 중 25% 13.75억을 기준으로 세대생략수익자인 손자녀 C의 증여재산출세액에 30%의 가산하여 증여세를 납부하게 된다. 이는 현행 신탁수익의 평가방법은 수령액을 기준으로 연금현가방식에 의해 산정되는 방법과 차이가 있다.

둘째, 권리해제 등도 승계사유가 될 수 있을 것이다. 권리해제 등의 사유는 계약해제와 다를 바가 없다. 권리해제란 계약의 종료사유가 되기 때문이다. 권리는 재산에 대한 지배력 관련된 부분으로써, 신탁이익의 지배력이 장래에 대하여 해제되는 것을 말하며, 지배력의 상실은 소유권의 변동을 초래함으로 재산승계의 원인이 될 수 있다. 이 경우는 정지조건이나 해제조건이 있는 상황에 적용될 수 있을 것이다.

한편 증여의 경우에도 증여한 재산이 신탁수익이든 신탁원본이든 간에 증여시점에서 신탁이익을 기준에서 신탁수익과 신탁원본을 평가해야 할 것이다. 즉 신탁수익은 연금현가방법을 통하여 산정하고 신탁원본은 현재가치를 기준으로 평가해야 할 것이다. 이때 신탁이익은 신탁수익의 연금현가 + 신탁원본의 현재가치이다. 즉 이는 재산을 총액인 신탁이익 중 신탁수익이나 신탁원본의 각 지분율로 평가하는 재산과세접근법에 부합하기 때문이다. 따라서 신탁수익이나 신탁원본을 증여할 경우 신탁이익의 지분율에 해당하는 금액이 증여재산이 된다.

이상과 같은 점을 고려하여 수익자연속신탁을 통한 세대생략이전방식의 범위를 확대하여 수익자연속기능을 생전이나 사후를 구분하지 않고 적용될 수 있도록 재산승계원인을 확대할 필요가 있다.

2. 신탁수익권의 구분 필요성 및 신탁이익의 분리승계 가능성

(1) 세법상 신탁수익권의 구분 필요성

일반적으로 신탁의 수익권은 수익자 권리의 총합이다.[51] 즉, 신탁법 제46조 제4항 단서규정은 수익자가 수익권을 포기한 경우에는 비용상환의무 내지 보수지급의무를 부담하지 않는다고 함으로써 수익권에는 권리만 포함되는 것으로 규정하고 있으므로, 수익권을 의무를 제외한 수익자가 가지는 권리의 일체로 보고 있다.[52]

또한 영미법상 신탁의 수익권(beneficial interest[53])은 법적 수익권(legal interest)과 수혜적 수익권 또는 경제적 수익권(beneficial interest)으로 구분된다. 이러한 수익권에 대한 성질에 대해서 영미에서도 종래부터 견해가 대립되어 왔다. 영미법에서 신탁의 수익권은 법적 수익권은 보통법상 권리로서 수탁자와 관련된 개념이며, 수혜적 수익권은 형평법상 권리로서 이 수익권의 소유자는 수익자로 분류되며, 이 수익권은 수탁자에 대한 급부청구권 또는 양도 가능한 채권을 넘어서 신탁재산과 운명을 같이 하는 물권적인 성질(proprietary nature)을 가지는 것으로 이해되고 있다.[54][55]

이와 같은 수익권에 대한 구체적으로 내용은 다음과 같다. 법적 수익권은 재산을 사용 또는 점유할 권리를 의미하여 등기·등록을 한 자가 법적 소유자가 되며, 법적 소유자는 재산에 대한 통제나 관리, 재산을 이전하거나 처분할 것을 결정할 수 있다. 반면 수혜적 수익권은 경제적 수익권을 의미하며, 이를 보유한 자를 수익자로 보고 있다. 수혜적 수익권은 등록이나 등기여부와 관계없이 재산에 대한 금전적 가액을 의미한다.

그렇다면, 이러한 수익권을 조세법상 어떻게 바라볼 것인가의 문제이다. 우선 수익채권과 수익권과의 구분이 필요하다. 즉 신탁법 제62조에서는 수익자가 수탁자에게 신탁재산에 속한 재산의 인도와 그 밖에 신탁재산에 기한 급부를 요구하는 청구권"이라고 규정하고 있어서 수익채권도 수익권에 포함하는 개념에 해당한다고 볼 수 있다.[56]

---

51) 최수정(b), "개정 신탁법상의 "수익권", 『선진상사법률연구』, 2012, 141~143면.

52) 이계정, "신탁의 수익권의 성질에 관한 연구", 『민사법학』, 2016.12. 106면.

53) 미국 재산세제상 interests의 의미는 이익이나 이자가 아니라 영미법상 하나의 권리의 형태이다.

54) 최수정(c), 『신탁법』, 법문사, 2018, 113면.

55) 김종원, "민사신탁을 이용한 증여·상속(사업승계)구조화 방법에 관한 연구", 『민사법학』, 2014.6,4, 451면. 경제적 권리(사용·수익)와 법률적 권리(처분)로 구분하여 소유권 변동 시 신탁 원인의 소유권 이전과 민사법상 소유권 이전의 차이점을 검토하여 신탁제도의 특징을 부각하고자 한다. 민법상 특정승계거래인 교환, 대물변제, 증여, 매매나 일반승계 원인인 사인증여, 유증, 상속으로 소유권이 이전되면 경제적 권리와 법률적 권리가 일체로 융화되어 권리자인 양수인에게 이전된다. 물건이 지분에 의하여 수인의 소유로 되는 공유를 보면, 소유권자가 다수이나 각자의 지분에는 경제적 권리와 법률적 권리가 일체로 형성되어 있는 것이다.

또한 신탁법상 수익권의 분류하는 견해는 주주권과 같이 자익권, 공익권으로 분류하는 견해,[57] 협의의 수익권과 광의의 수익권(신탁재산보호권과 수탁자 감독권)으로 분류하는 견해[58], 수급권과 신탁감독적 권능으로 분류하는 견해[59] 등이 있다.[60]

이 견해 중 세법상 신탁수익권은 협의의 수익권에 해당할 것이다. 협의의 수익권은 원본수익권(principal interest)과 수입수익권(income interest), 잔여재산수익권(remainder) 또는 신탁종료시 신탁재산의 인도청구권으로 구성되며, 세법상 과세대상에 해당하게 될 것이다. 원본수익권은 신탁원본의 인도를 구할 수 있는 권리이고, 수입수익권은 신탁원본으로부터 발생한 수입의 지급을 구할 수 있는 수익권이며, 잔여재산수익권 또는 신탁종료시 신탁재산의 인도청구권은 수익자가 신탁종류 후 신탁재산의 인도를 청구할 권리이다. 그러나 이와 같은 일반적인 각 수익권의 정의를 세법에 그대로 적용할 수 없으며, 각 세법의 목적에 따라 변형되어야 할 것이다. 즉 법인세와 소득세에 해당하는 소득과세, 상속세·증여세와 양도소득세에 해당하는 재산과세, 거래행위나 보유에 따른 취득세나 재산세인 지방세인가에 따라 각 수익권의 정의도 변경되어야 할 것이다, 이는 신탁수익권이 단일 개념이 아닌 개별세법의 특징을 고려하여 달리 해석되어야 할 것이다.

소득과세는 원본수익권인 신탁원본과 수입수익권인 신탁수익으로 분리하여 작동하게 된다. 즉 나무에 해당하는 신탁원본을 활용하여 발생한 나무의 과실인 신탁수익을 과세대상으로 하는 구조로서, 전술한 수입수익권에 초점이 맞춰진 과세구조이다.

반면 재산과세는 원본수익권에 대해서만 과세대상으로 보는 것이 아니라 수입수익권 및 잔여재산수익권을 과세대상으로 하고 있다. 신탁원본에서 발생한 신탁수익을 수익자에게 이전하든 수익자에게 이전하지 않고, 신탁단계에서 발생한 신탁수익을 신탁원본에 가산하든 신탁원본을 신탁수익의 형태로 분배한 후 남은 잔여재산수익권이든 모두 신탁원본을 구성하는 요소이다. 재산과세상 수입수익권은 전술한 신탁원본으로 발생한 수입의 지급을 해당하는 수익권이지만, 소득과세상 수입수익권과 동일한 의미를 갖는 것이 아니다.

또한 재산과세상 수입수익권은 소득과세상 과실이 아니라 일정한 비율의 신탁원본의

---

56) 이계정, 전게논문, 106면.
57) 이중기, 『신탁법』, 삼우사, 2007, 450~452면.
58) 四宮和夫, 『信託法(新版)』, 有斐閣, 1990, 316面; 최동식, 『신탁법』, 법문사, 2007, 329면; 이근영, "신탁법상 수익자의 수익권의 의의와 수익권포기-신탁법 제42조 제3항을 중심으로", 『민사법학』 제30호, 2005, 12, 189~190면.
59) 能見善久, 『現代信託法』, 有斐閣, 2004, 176~180面.
60) 주주권과 같이 자익권, 공익권으로 분류하는 견해, 협의의 수익권과 광의의 수익권으로 분류하는 견해, 수급권과 신탁감독적 권능으로 분류하는 견해 등이 있다.

분할에 해당하는 개념으로 생각된다. 따라서 재산과세에서는 엄밀한 의미의 나무의 과실이 아닌 신탁원본의 분배를 청구하는 수익권에 해당하게 될 것이다. 이는 재산과세상 신탁재산은 신탁원본과 신탁수익의 합계액이 된다는 것을 의미할 것이다. 여기서 신탁원본과 신탁수익을 원물과 과실로 볼 때, 과실이 천연과실이 아닌 법정과실일 경우 원물과 과실을 개별적으로 평가하게 된다.[61]

마지막으로 지방세인 취득세와 재산세에 있어서, 전술한 법적 수익권과 관련된 신탁재산의 취득 및 보유단계에 대해 과세함으로써, 원본수익권과 수입수익권의 개념적 구분이 불필요할 것이다. 즉 재산(소유권) 전체의 취득행위나 보유행위로 파악해야 하고, 법적 소유권의 보유자에 따라 납세의무자를 파악해야 할 것이다. 다만, 현행 지방세가 실질과세의 원칙을 적용하여 납세의무자를 판단하고 있지만, 이는 자익신탁의 구조를 취하고 있는 신탁유형에 한정하여 해석·적용되어야 할 것이다.

이와 같이 신탁수익권의 성질은 수익자의 권리의 총합으로써, 법적 소유권과 경제적 수익권으로 구분되며, 수익권 중 협의의 수익권은 원본수익권과 수입수익권, 잔여재산 청구권으로 구성된다. 이러한 수익권에 대해 여러 견해가 존재하지만, 수익권에 대한 통일적 견해는 아직까지 존재하지 못한 상황이다. 다만, "수익권이 채권을 포섭한 신탁재산과 운명을 같이 하는 물권적인 성질"이라는 측면에서 수익권은 신탁재산의 물권과 채권의 혼합된 권리라는 것은 명확하다. 이러한 수익권은 부동산, 동산, 유가증권 등의 다양한 자산으로 구성된 신탁재산에 대한 인도를 청구하는 권리로서, 신탁의 수익권을 채권으로 파악해야 할 것이다.

따라서 세법에서도 신탁법상 수익권을 채권으로 보고, 각 세법의 특성에 따라 수익권을 해석할 필요가 있으며, 이에 대한 입법적 보완이 필요하다.

(2) 신탁원본과 신탁수익의 분리 승계 가능성

사법상 수익권은 소유권에 해당함으로 분리하는 것을 허용하지 않고 있다. 하지만, 협의의 수익권 개념에 의하면 재산세제상 원본수익권과 수입수입권은 신탁재산의 분리하여 동일한 수익자 또는 상이한 수익자가 인도를 청구할 수 있을 것이다. 물론 신탁법률관계에 있어서 수익자가 수탁자에 대하여 단순한 채권만을 갖는 것이 아니라 광의의 수익권에 해당하는 원상회복청구권, 이득반환청구권, 수익자취소권 등 강력한 권리를 갖고 있어서 제3자를 위한 계약의 수익자와는 구별된다.[62]

---

61) 박윤종, 『상속세 증여세 재산평가방법론』, 안건조세정보, 2011, 240면.
62) 최수정(d), "신탁계약의 법적 성질", 『민사법학』 제45-1호, 2009.6, 492면.

그럼에도 불구하고 재산세제상 신탁재산은 신탁원본과 신탁수익의 합계이며, 민법은 소유권의 개념에 관해 규정하지 않고 민법 제211조에서 사용, 수익, 처분할 권리라고 그 내용을 정하고 있다. 사용·수익이란 물건의 사용가치(물건의 이용이나 차임 등 과실의 수취)를 파악하는 것이고, 처분이란 물건의 교환가치(양도, 담보설정 등의 법률적 처분과 소비, 개량 등의 사실적 처분 포함)를 파악하는 것을 의미하고, 사적소유의 법적 표현으로서 소유권은 법적·경제적질서의 기초가 된다.[63]는 측면을 고려할 때 원본수익권인 신탁원본과 수입수익권인 신탁수익을 분리하여 승계할 가능성을 내포하고 있다. 이는 재산세상 수익자는 수탁자에 대한 채권을 보유하고 있으므로, 신탁재산을 분할하여 분배 또는 이전받는 것과 다르지 않을 수 있다. 이는 수익자가 신탁재산에 대한 지분권을 보유하는 것으로 볼 수 있을 것이다.[64] 또한 현행 상증세법상에서 신탁이익을 신탁원본과 신탁수익으로 분리하여 평가하는 방법이 개별적으로 규정되어 있는 상황은 신탁원본과 신탁수익의 분리승계의 가능성을 내포하고 있다고 본다.

또한 전술한 "수익권이 채권을 포섭한 신탁재산과 운명을 같이 하는 물권적인 성질"이라는 견해로 해석하면, 수익권의 물권적인 성질의 완료는 신탁재산이 수익자에게 모두 분배가 이루어진 상태인 신탁종료일에 발생하며, 신탁재산이 물권과 채권의 결합체로서, 신탁단계의 신탁재산은 물권의 성질이 강하며, 수익권으로 전환되어 분배되는 경우에는 채권의 성질을 갖게 된다고 해석할 수 있을 것이다. 이러한 해석에 의하면 신탁이 존속하는 동안 수익권을 수익자에게 분리하여 분배 또는 이전하는 행위는 개별적인 물권적 행위가 아닌 채권행위로 해석할 수 있을 것이다. 따라서 이러한 해석에 의하면 소득과세와 재산과세의 수익권 이전은 그 개별적 행위의 물권행위가 아닌 채권행위로 볼 수 있을 것이다.[65] 이러한 관점에서 재산과세상 "1(신탁재산) = 신탁원본 + 신탁수

---

63) 김종원, 전게논문, 451면.

64) 신탁은 수탁자의 인격을 차용해 수익자로 하여금 수익하게 하는 단체적 법률관계에 해당하므로 신탁에서의 수익자의 지위는 회사에서의 사원의 지위와 유사한 지분권자로서의 지위를 가진다. 수익자는 신탁이라는 단체에서 재산의 실질적 소유자로서의 지위(지분권)를 가지고, 그에 기하여 여러 가지 이익과 권리를 향유하고(자익권), 단체의 대표권과 업무집행권을 행사하는 수탁자를 감시·감독하며(수탁자 감독권능), 일정한 경우 신탁재산을 보전하면서(신탁재산의 보전권능) 중요한 사항에 대해서는 신탁의 의사를 결정하는 지위(신탁운영권)를 갖는다. 다만, 위 견해는 수익자가 1인 있는 신탁에서 수익자의 지위는 사원의 지위와 유사한 지위라기보다는 실질적으로 '수탁자에 대한 채권'을 가지면서 동시에 '신탁재산에 대한 물권'을 가지는 자로 보는 것이 타당하다고 보는 지분권설이; 이중기, 전게서, 448면.

65) 이와 관련하여 신탁의 수익권을 물권화된 채권설이라는 견해를 참고할 필요가 있다. 카나리스는 물권의 표지를 다음과 같이 세 가지 특징으로 보고 있다. 첫째, 물권은 '포괄적인 訴에 의한 보호(umfassende Klageschutz)'를 받는다. 둘째, 물권의 권리자가 모든 사람에 대하여 효력을 주장할 수 있으므로 권리자 이외의 자는 유효한 처분을 할 수 없다. 카나리스는 이를 '처분·승계에 대한 보호(Verfugungsund-Sukzessionsschutz)'라고 칭하였다. 셋째, 물권은 절대성을 가지므로 파산과 강제집행의 경우에도 보호

익"의 산식은 신탁이익을 신탁원본과 신탁수익의 지분비율의 합으로 파악할 수 있으며,[66] 전술한 바와 같이 각 수익자는 신탁재산에 대한 지분권을 보유함으로써 신탁이익의 분리이전이 가능하게 될 것이다.

따라서 세법상 신탁수익권은 협의의 수익권인 수익채권으로 파악하는 것은 협의의 수익권에 해당하는 수익권을 각 수익자의 지분취득으로 파악함으로써, 재산세상 신탁재산(신탁이익)을 신탁원본과 신탁수익의 합이라는 결과를 도출할 수 있다. 이 결과는 재산과세적 접근과 일치하는 접근일 것이다.

이와 같은 접근은 신탁원본과 신탁이익의 분리 이전의 근거가 될 수 있으며, 수익연속신탁을 통한 세대생략이전과세의 도입에 있어서도 입법적으로 검토되어야 할 부분이라고 생각된다.

3. 수익권의 현재이익과 장래이익의 구분의 필요성 및 간접승계방식의 도입에 따른 과세처리 방안

(1) 수익권의 현재이익과 장래이익 구분의 필요성

수익자연속신탁에 의해 세대생략을 통한 재산을 이전할 경우, 신탁존속기간이 장기이고, 위탁자의 사후에 부의 이전이 발생하며, 신탁이익이 분리되어 승계되기 때문에 신탁에 관한 권리(현재이익)의 부재상태가 발생할 수 있다. 즉, 세대생략비수익자 및 세대생략수익자가 미성년자인 경우처럼, 현재이익 없이 장래이익으로 구성된 세대생략이전구조가 대표적인 경우이다. 이 권리의 부재는 신탁의 종료를 의미하기 때문이다. 이를 보완하기 위하여 신탁으로 하여금 신탁에 관한 권리를 보유하게 할 수 있는 경우를 고려할 필요가 있다.

이를 위해서 수익권의 현재이익과 장래이익을 구분하고, 이를 통하여 장래이익으로

된다. 카나리스는 위의 물권의 세 가지 특징은 오로지 물권만이 가지는 것이 아니고 입법자의 입법 도구상의 편익(Bereicherung des gesetzgeberischen Instrumentariums)에 따라 채권에도 부여될 수 있다고 보았고, 이를 '채권의 물권화'라고 칭하였다. 그러면서 그중의 한 예로 신탁계약에서 위탁자의 채권이 물권화되었다고 설명하는데, 앞서 본 바와 같이 독일의 완전권 신탁에서 위탁자가 신탁재산에 대하여 환취권 또는 제3자 이의권을 가진다는 점에 착안하여 위탁자의 채권이 물권화되었다고 설명한 것이다. 이러한 날카로운 카나리스의 분석은 우리 법에 다양하게 존재하는 '채권의 물권화'에 대하여도 논리적으로 설명할 수 있다. 즉 우리 주택임대차보호법이나 상가건물임대차보호법의 적용을 받는 임차권도 "물권화된 채권"의 예다; 이계정, 전게논문, 129~130면.

66) 김종해·김병일, "상속세 및 증여세법상 신탁이익에 관한 평가문제 - 유언대용신탁 및 수익자연속신탁을 중심으로- ", 『조세연구』 제16권 제4집, 2016.12, 170~173면.

구성된 수익자연속신탁의 종료를 방지하기 위하여 일정한 경우에 신탁에 실체성을 부여하는 방안을 고려할 수 있을 것이다.

첫째, 수익권의 현재이익과 장래이익의 구분의 필요성이다. 세대생략이전과세상 수익권은 수익자가 받을 권리로서, 신탁에 관한 권리인 현재이익과 신탁에 관한 권리가 없는 장래이익으로 구분된다. 신탁에 관한 권리를 보유한 자의 존재는 세대생략이전의 성립조건에 해당한다. 왜냐하면 신탁에 관한 권리는 현재 신탁원본이나 신탁수익을 현재 수령할 권리를 보유하거나 신탁원본이나 신탁수익 중 어느 하나를 현재에 수령할 수 있는 권리를 의미하며, 이를 보유한 자가 없으면 신탁이 종료되기 때문이다.

또한 신탁에 관한 권리의 소유자가 누구인지에 따라 승계방식에 차이가 있다. 즉 신탁에 관한 권리를 세대생략비수익자(개인 또는 신탁)가 보유하면 직접승계방식이 되며, 신탁에 관한 권리를 보유한 자가 없다면, 신탁이 세대생략수익자나 이전자가 된다고 보는 것이 영미의 입법례이다. 또한 신탁설정 당시 신탁에 관한 권리를 수익자가 보유했는가에 따라 신탁이 세대생략수익자나 세대생략비수익자로 구분된다.

반면 장래이익은 현재 신탁에 관한 지배력이 없고, 정지조건이나 해제조건에 의해 발생하는 권리로서, 세대생략이전을 유지하는 조건에 해당하지 않으며, 신탁종료에도 영향을 미치지 않는다는 측면에서 현재이익과 차이가 있다. 다만, 장래이익으로 구성된 수익자연속신탁이 존재할 수 있다. 즉 신탁원본과 신탁수익의 수익자가 모두 미성년자인 경우와 현재이익을 보유한 수입수익자의 갑작스러운 사망 등의 부존재로 인하여 미성년자인 세대생략수익자만이 존재하는 경우이다.

이와 관련하여 현행 신탁세제는 도관이론을 채택하고 있어서, 미성년자로만 구성된 수익자연속신탁은 신탁의 종료가 될 수 있다. 즉 위탁자가 생존한 상황에서는 도관이론에 의하면 위탁자가 이 권리에 대한 지배력을 행사하게 될 것이지만, 위탁자의 사망시점에서 즉시 상속재산의 이전이 이루어지지 않는 상황이 발생하여, 전술한 바와 같이 향후에 재산이 이전되는 시점까지 신탁에 관한 권리의 공백이 발생하는 상황이 발생할 것이다. 이 권리의 공백은 신탁의 종료로 이어진다.

반면에 신탁에게 실체성[67]을 부여하면, 위탁자의 생전이나 사후에도 신탁을 통해 이 권리의 공백을 메울 수 있어서 신탁의 종료를 방지할 수 있다. 신탁의 실체성 부여는 장래이익만을 부여받은 미성년자만 구성된 경우와 수입수익자의 사망으로 미성년자만 존재하는 경우에도 신탁으로 하여금 후견인 등의 법정대리인의 역할을 수행하도록 정

---

67) 이전오, "부동산신탁의 부가가치세 납세의무자에 관한 연구", 『성균관법학』 제27권 제2호, 2015.06, 379~385면 참고.

할 수 있을 것이다. 이때 후견인 등의 법정대리인인 신탁은 신탁에 관한 권리인 현재이익을 부여받은 것으로 간주하여 신탁종료를 방지할 수 있다. 또한 위탁자 사망 후 신탁이익을 신탁에게 승계한 후 수입수익권자나 원본수익자를 대신하여 신탁으로 하여금 상속세 및 증여세의 납세의무를 부담시키고, 신탁수익을 분배하거나 신탁원본을 이전할 때 부담한 납부세액을 각 수익자가 수령하게 될 신탁수익이나 신탁원본에서 차감하여 이전하는 방안 등도 고려할 수 있을 것이다. 이 경우 신탁이익을 승계한 신탁이 신탁에 관한 권리인 현재이익을 부여받은 것으로 보아 신탁종료를 방지할 수 있다. 이러한 신탁의 실체성 부여는 수익자연속신탁을 통한 세대생략이전시에 발생하는 승계이전시점과 수령시점의 불일치를 해소할 수 있으며, 이는 간접승계방식의 도입근거가 될 수 있을 것이다.

따라서 수익자연속신탁을 통하여 세대생략이전과세제도를 도입함에 있어서 신탁에 관한 권리인 현재이익의 존재는 신탁성립 및 존속요건에 해당하며, 현재이익과 장래이익을 구분을 위한 명확한 기준설정이 필요하다. 또한 불요불가피하게 발생할 이 권리의 공백상태를 방지하기 위하여 신탁에 대한 실체성 부여를 고려할 필요가 것이다. 또한 이 권리의 공백은 세대생략이전과세에 있어서 신탁이익의 분리승계뿐만 아니라 신탁이익 자체의 승계시에도 발생할 수 있으며, 승계방식과 무관하기 발생할 수 있기 때문이다.

(2) 신탁이익의 분리를 통한 간접승계방식에 따른 과세상 처리방안

수익자연속신탁상 간접방식을 통한 재산승계를 위하여, 전술한 현재이익과 장래이익의 구분 및 신탁이익의 분리가 허용되어야 할 것이다. 특히 현재이익에 존부는 신탁의 종료로 이어지기 때문에 이에 대한 신탁법적 보완이 필요한 부분이다. 또한 간접승계방식에 따른 세법상 과세처리절차는 상당히 복잡한 사항의 검토가 필요할 것이다.

구체적으로 다음과 같은 부분에서 세법상 과세처리 문제가 발생할 것이다. 다음과 같은 경우가 간접승계에 해당할 것이다. ① 세대생략수익자가 현재이익을 보유하지 않은 상황에서 신탁의 종료사유로서, 현재이익을 보유하지 않은 세대생략수익자에게 신탁이 신탁재산으로 세대생략이전세를 납부한 후 장래이익에 해당하는 신탁원본을 이전하는 경우이다.

우선, 위탁자와 수탁자간의 신탁재산이전에 대하여 증여로 보지 않는다. 하지만 수탁자와 세대생략수익자간 신탁원본의 이전과 관련하여 다음과 같은 사항을 고려할 필요가 있다. 수탁자가 신탁재산으로 세대생략이전세를 납부한 경우라면, 수탁자와 세대생략수익자간의 증여문제는 발생하지 않는다. 이때 수탁자는 신탁재산을 단순히 보관 및 관리하고 있으므로 신탁재산의 소유권이전이 아니기 때문이다.

또한 ② 장래이익만을 보유한 세대생략비수익자와 세대생략수익자가 존재할 경우, 신탁이 위탁자의 일정한 권한을 부여받아 각 수익자에게 신탁수익과 신탁원본을 이전하는 간접승계방식이 있다. 이때 핵심적인 부분은 위탁자와 수탁자간의 신탁재산의 이전을 증여볼 것인가 아니면 상속으로 볼 것인가의 문제이다. 이는 세대생략비수익자와 관련된 부분이다. 왜냐하면 세대생략비수익자가 수령할 신탁수익이 장래이익에 해당하고 실질적으로 세대생략비수익자가 신탁수익을 수령하는 것은 아니기 때문이다. 이와 관련하여 신탁에게 이전된 신탁재산 중 신탁수익부분에 대하여 상속이나 증여로 볼 필요가 있으며, 이에 대하여 신탁이 증여세나 상속세를 납부하도록 하는 것이 바람직하다. 한편, 신탁이 세대생략수익자에게 신탁원본을 분배할 때 세대생략이전세를 부담하도록 하는 방안을 고려할 수 있다.

V. 결 론

현행 세대생략이전과세는 직접승계방식을 채택하고 있고, 수익자연속신탁도 동일하게 적용하고 있어, 세대생략을 통한 상속 및 증여가 불가능한 구조이다. 그러나 고령화 사회인 우리나라에서 증여자나 피상속인이 생전에 세대를 생략하여 증여 또는 상속을 행하는 경우가 증가하고 있다. 이러한 상황에서 수익자연속신탁의 세대생략이전을 허용하여 직접승계뿐만 아니라 신탁을 통한 간접승계를 도입할 필요가 있다. 수익자연속신탁의 세대생략이전을 수행하기 위하여, 신탁이익의 신탁원본과 신탁수익의 분리는 전제조건이며, 이를 통해 직접승계뿐만 아니라 신탁을 간접승계방식도 가능하다. 간접승계방식은 신탁의 전문성을 바탕으로 위탁자 사후에도 그의 취지대로 재산관리 및 승계가 이루어지는 이점이 있다. 또한 수익자연속신탁의 과세상 가장 큰 문제점인 귀속자와 귀속시기의 불확정 문제를 해소할 수 있는 장점도 있다. 이를 위하여 다음과 같은 부분을 검토할 필요가 있다.

첫째, 수익자연속신탁의 세대생략이전원인을 사망뿐만 아니라 기간경과, 권리해제 등으로 확대하여 상속뿐만 아니라 증여부분까지 적용할 필요가 있다.

둘째, 수익자연속신탁을 통한 세대생략이전이 가능하게 하려면 신탁원본과 신탁수익의 분리는 필수적인 부분이다. 민사법은 수익권을 물권적 성질로 분리가 불가능한 것으로 파악하고 있다. 하지만, 신탁재산은 물권과 채권의 결합체로서, 신탁단계에서의 신탁재산은 물권적 성질이 강하며, 분배단계에서의 수익권은 채권적 성질로 해석할 수 있다. 또한 수익권을 채권으로 인식하는 것은 협의의 수익권에 해당하는 수익권을 각 수익자의 지분취득으로 파악함으로써, 재산세상 신탁재산(신탁이익)을 신탁원본과 신탁 수익의 합이라는 결과를 도출할 수 있다. 이 결과는 재산과세적 접근과 일치하는 접근 일 것이다. 이를 통해 수익연속신탁을 통한 세대생략이전과세에 있어서 입법적으로 검 토되어야 할 부분이라고 생각된다.

셋째, 세대생략이전과세상 신탁에 관한 권리의 존부는 핵심적인 부분이다. 이 권리 의 부재는 신탁종료를 의미하기 때문이다. 따라서 신탁에 관한 권리가 존재하지 않는 경우, 신탁에게 이 권리를 부여하여 이전자나 세대생략수익자가 되도록 하는 방안을 도입할 필요가 있다.

참 | 고 | 문 | 헌

김종원, "민사신탁을 이용한 증여·상속(사업승계)구조화 방법에 관한 연구", 『민사법학』, 2014.6. 4.

김종해·김병일, "상속세 및 증여세법상 신탁이익에 관한 평가문제 - 유언대용신탁 및 수익자연속신탁을 중심으로 - ", 『조세연구』, 2016.12.

박윤종, 『상속세 증여세 재산평가방법론』, 안건조세정보, 2011.

이근영, "신탁법상 수익자의 수익권의 의의와 수익권포기-신탁법 제42조 제3항을 중심으로", 『민사법학』 제30호, 2005.12.

이계정, "신탁의 수익권의 성질에 관한 연구", 『민사법학』, 2016.12.

이중기, 『신탁법』, 삼우사, 2007.

이전오, "부동산신탁의 부가가치세 납세의무자에 관한 연구", 『성균관법학』 제27권 제2호, 2015.06.

이창희, 『세법강의』, 박영사, 2008.

일본 법무성 민사국 참사관실, 『신탁법개정요강시안 보족설명』, 2005.

임동원, "세대생략할증과세에 관한 소고", 『세무와회계저널』 제12권 제3호, 2011.9.

최동식, 『신탁법』 법문사, 2007.

최명근, "우리나라 상속과세체계의 개편에 관한 연구", 경희대학교 대학원 박사학위논문, 1990.2.

최수정(a), "일본신탁법개정안요료부터이 시사-민사신탁입 주로 염두에 둔 규율관계를 중심으로", 『시경법학』 제8권, 2006.10.

최수정(b), "개정 신탁법상의 수익권", 『선진상사법률연구』, 2012.

최수정(c), 『신탁법』, 법문사 2018.

최수정(d), "신탁계약의 법적 성질", 『민사법학』 제45-1호, 2009.

Boris I. Bittker·Elias Clark·Grayson M.P. McCouch, Federal Estate and Gift Taxation, Ninth Edition, 2005.

Daniel L. Daniels and David T. Leibell Wiggin and Dana LLP, The Federal Generation Skipping Transfer Tax: An Brief Overview, with Particular Attention to Issues Raised by the 2010 Tax Relief Act, 2011.

John K. Mcnulty and Grayson M.P. Mccouch, Federal Estate and Gift Taxation, West Publishing, 2003.

Roger W Andersen, Present and Future Interests: A Graphic Explanation, Seattle University Law Review, Vol. 19:101, 1995.

Tadao Okamura, Taxation and Trusts in the United States and Japan, Proceedings from the 2009 Sho Sato Conference on Tax Law, School of Law, University of California, Berkeley 2009.

William M. McGovern, Sheldon F. Kurtz, David M. English, WILL. Trusts and Estates Including Taxation and Future Interests Fourth Edition, WEST. 2010.

Vertex Wealth Management, LLC, Generation-Skipping Trust, 2014.

金子 宏, 『租税法』, 弘文堂, 2017.

四宮和夫, 信託法, 新版, 有斐閣, 1990.

能見善久, 現代信託法, 有斐閣, 2004.

奧村眞吾, 『詳解 信託法の活用と税務』 請文社, 2008.

高橋 研, 「信託の會計·税務」, 中央經濟社, 2007.

川上尙貴 編著, 圖說日本の税制, 2008.

중앙일보, 토지 증여는 6월 전에 … 손자·며느리에 나눠주면 더 절세, 2019.5.18., https://news.joins.com/article/23471176

Abstract

A Study on Taxation of Generation-Skipping Transfer Tax for Trust with Successive Beneficiaries

Current generation-skipping transfer tax(GSTT) has adopted direct skip and does trust with successive beneficiaries. But current trust with successive beneficiaries doesn't allow generation-skipping transfer and transfer through gift. Meanwhile, current situation in an aging society has increased gift or inheritance of generation-skipping transfer. In this condition, there is need to expand function of generation-skipping transfer for trust with successive beneficiaries. To perform generation-skipping transfer of trust with successive beneficiaries, separating trust corpus and trust income is precondition, this enables not only direct skip but also indirect skip. Such indirect skip has merit which can be managing property and transferring property reflecting trustor's intend after settlor's death. Also, for tax law, indirect skip can solve the problem of indeterminacy related to taxpayer and taxation period which occurs in direct skip of trust with successive beneficiaries. In this sense, those will be mentioned below are full of suggestions.

First, generation-skipping transfer cause of trust with successive beneficiaries expand up to lapse of the period and right release laps, it need to apply from inheritance to gift.

Second, to enable generation-skipping transfer through trust with successive beneficiaries, separating trust corpus and trust income is precondition, which needs to allow it.

Third, present of interest in trust is vital under generation-skipping transfer through trust with successive beneficiaries, which is related to trust terminal. In case of absence of interest in trust, by empowering it to trust, trust prohibits terminal and need to regard skip person and transferor. Through this, it is necessary time to introduce indirect skip that trust distributes trust income to skip person or transfers trust interest to skip person.

For all these measures, by inducing indirect skip for trust with successive beneficiaries, it is possible to get rid of the problem of indeterminacy related to taxpayer and taxation period in trust with successive beneficiaries.

☑ Key words: generation-skipping transfer tax, indirect skip, direct skip, interest in trust, trust with successive beneficiaries, future interests, present interest

3.2.3. 상속세 및 증여세법상 유언대용신탁에 대한 과세방안*

김종해**· 김병일***

국문요약

유언대용신탁이란 위탁자 사망 시에 수익권을 취득하는 수익자를 미리 지정하거나, 수익자로 지정하되 위탁자 사망 시에 비로소 수익권을 취득하는 것으로 정할 수 있도록 하는 신탁을 말한다. 즉, 유언대용신탁은 유언이라는 요식행위 없이 피상속인의 재산을 상속인이나 수익자에게 이천할 수 있는 제도이다. 그러나 현행 상속세 및 증여세법은 생전신탁을 기반으로 과세근거를 마련하고 있어서, 이 규정이 유언대용신탁에게 적용되는 것은 무리가 있어 보인다. 따라서 본 연구는 현행 상속세 및 증여세법에 유언대용신탁의 명확한 과세근거를 마련하기 위하여 다음과 같은 사항을 검토하여 유언대용신탁에 대한 현행 상속세 및 증여세법을 개선해 보고자 한다.

첫째, 생전부분과 관련하여 현행 신탁세제는 실질과세의 원칙에 따라 위탁자가 생존 중에 발생한 신탁소득에 대하여 위탁자에게 과세하는 것은 무리가 없을 것이다. 그러나 현행 신탁세제가 수익자 및 상속인에 초점을 맞추고 있어서, 상대적으로 위탁자와 관련된 과세근거가 명확히 드러나 있지 않은 문제점이 있다. 이를 위하여 위탁자의 신탁에 대한 지배력기준을 설정할 필요가 있다.

둘째, 사후부분과 관련하여 유언대용신탁은 여러 가지 모습으로 나타날 수 있다. 즉, 위탁자의 의도에 따라 신탁원본과 수입수익권을 수령하는 수익자, 수익권만 수령하는 수익자, 그리고 위탁자가 수익자를 미정한 경우로 구분될 수 있을 것이다. 각각 수익자는 상속세를 부과받게 될 때, 현행 상속세 및 증여세법에서는 이에 대한 명확한 기준을 제시할 필요가 있다.

셋째, 개정 신탁법에서 도입한 수익자연속신탁과 유언대용신탁에서 존재하는 장래이익(future interest)의 처리방법을 마련할 필요가 있다. 장래이익은 현행 사법상 소유권의 개념과 충돌을 예고하고 있어서 법적 안정성을 높이기 위해서 사법에서 이를 정리할 필요가 있다. 만약 이것이 어렵다면, 사법체계를 훼손하지 않는 최소한의 범위 내에서 조세정책적 측면을 고려하여 과세당국은 장래이익의 과세근거를 명확히 할 필요가 있다.

*『조세법연구』제19권 제1호(2013.4. 한국세법학회)에 게재된 논문이다.
　　본 논문의 완성을 위하여 유익한 조언과 지적해 주신 익명의 심사위원님들께도 진심으로 감사드립니다.
** 주 저 자: 강남대학교 세무학과 강사, 세무학박사
*** 교신저자: 강남대학교 세무학과 부교수, 법학박사
**** • 투고일: 2013. 2. 7. • 심사일: 2013. 3. 18. • 심사완료일: 2013. 4. 18.

위에서 제시한 본 연구의 개선안이 상속세 및 증여세법상 유언대용신탁과세에 법적 안정성을 높이는데 기여하고자 한다.

☑ 핵심어: 유언대용신탁, 생전신탁, 철회가능신탁, 장래이익, 유언

Ⅰ. 서 론

유언대용신탁(will substitute trust)이란 위탁자 사망 시에 수익권을 취득하는 수익자를 미리 지정하거나, 수익자로 지정하되 위탁자 사망 시에 비로소 수익권을 취득하는 것으로 정할 수 있도록 하는 신탁을 말한다. 이는 기존의 유언신탁과 달리 유언이라는 요식행위를 요구하지 않고, 지정된 수익자 등에게 신탁의 원본 및 수익을 이전하는 구조를 취하고 있다. 유언의 필요성이 요구되지 않는 측면과 노령화가 급속히 진행되는 상황에서 기존 금융시스템 이외의 다양한 자산 및 자금운용에 대한 욕구가 증대되고 있는 상황에서 유언대용신탁에 대한 관심이 높아지고 있다.

이 신탁은 2012년 7월 26일부터 시행된 개정 신탁법 제59조에 그 근거를 두고 있다. 유언대용신탁제도가 도입됨에 따라 이에 대한 현행 신탁세제의 개정이 요구되고 있는 시점이다. 현 시점에서 고려해야 할 유언대용신탁에 대한 신탁세제의 주요 논점은 다음과 같다.

유언대용신탁은 생전신탁을 기반으로 하고 있기 때문에 생전부분과 사후부분으로 구분하여 과세문제를 살펴볼 필요가 있다. 우선 생전부분과 관련하여 현행 신탁세제하에서는 위탁자가 생존 중에 발생한 신탁소득에 대하여 위탁자에게 과세하는 것은 무리가 없을 것이다. 그러나 현행 신탁세제가 수익자 및 상속인에 초점을 맞추고 있어서, 상대적으로 위탁자와 관련된 과세근거가 명확히 드러나 있지 않은 문제점이 있다. 이를 위하여 위탁자의 신탁에 대한 지배력기준을 설정할 필요가 있다.

둘째, 사후부분과 관련하여 유언대용신탁은 여러 가지 모습으로 나타날 수 있다. 즉, 위탁자의 의도에 따라 신탁원본과 수입수익권을 수령하는 수익자, 수입수익권만 수령하는 수익자, 그리고 위탁자가 수익자를 지정하지 않는 경우로 구분될 수 있을 것이다. 각각의 수익자에게 상속세를 부과할 때, 이에 대한 명확한 기준을 상속세 및 증여세법에 규정할 필요가 있을 것이다.

셋째, 개정 신탁법에서 도입한 수익자연속신탁과 유언대용신탁에서 존재하는 장래이익(future interest)의 처리방법을 마련할 필요가 있다. 장래이익은 현행 사법상 소유권의 개념과 충돌을 예고하고 있어서 법적 안정성을 높이기 위해서 사법에서 이를 정리할

필요가 있다. 만약 이것이 어렵다면, 사법체계를 훼손하지 않는 최소한의 범위 내에서 조세정책 측면을 고려하여 과세당국은 장래이익의 과세근거를 명확히 할 필요가 있다.

본 연구는 이러한 주요 논점을 중심으로 유언대용신탁에 대한 과세방안을 제시하여 신탁법과 신탁세제가 서로 안정된 조화를 이루는데 기여하고자 한다. 본 연구는 주로 미국과 일본의 입법례를 근거로 하여 우리나라 유언대용신탁에 대한 과세의 개선방안을 제시했다.

연구의 구성은 제I장의 서론에 이어 제II장에서 유언대용신탁의 법적구조를 살펴보고, 제III장에서 우리나라 유언대용신탁에 대한 과세방안을 제시하고, 제IV장에서는 요약 및 결론을 맺고자 한다.

II. 유언대용신탁의 법적 구조

1. 신탁과 유언의 비교

영미에서 신탁의 설정은 코먼로(common law)에 의하여 위탁자와 신탁 간의 법률관계를 규정하고 있고, 형평법(equitable law)은 수탁자와 수익자 간의 법률관계를 규정하여 신탁설정 후 위탁자의 영향력을 배제하고 있다. 우리나라 신탁은 계약이나 유언에 의하여 설정할 수 있고, 영미의 신탁과 달리 신탁설정 후에도 위탁자는 수익자를 자유롭게 변경하거나 수탁자의 신탁재산의 운영 등에 대하여 영향을 미치고 있다. 이러한 차이점이 대륙법계가 신탁제도의 도입과정에서 겪는 어려움들이라고 말할 수 있다.[1]

이를 상속법과 관련하여 살펴보면 다음과 같다. 즉, 현행 상속법은 유언에 의한 상속과 유언이 없는 경우 법정상속방식을 취하고 있다. 이에 따라 피상속인의 사망으로 인하여 상속인이 피상속인의 지위를 포괄적으로 승계하게 된다. 반면에 신탁 중 생전신탁(living trust)에는 위탁자나 피상속인의 사망으로 인하여 상속인에게 피상속인의 지위가 포괄적으로 승계되지 않는 경우가 존재한다. 대표적인 경우가 수익자연속신탁이다. 즉, 위탁자가 지정한 수익자가 있는 경우 제1수익자가 사망한 경우에도 그의 상속인이 아닌 지정된 제2수익자에게 제1수익자의 수익권이 이전되는 상황이 발생하게 된다. 수익자연속신탁과 유사한 상속방식은 현행 상속법 중 계속적 유증과 유사하다. 그러나

---

1) "신탁법은 영미법에서 발전된 제도로서 대륙법계에 속하는 일본사법 내에서는 물위에 떠다니는 기름과 같은 존재이다"로 보고 있다(四宮和夫.『信託法』, 有斐閣, 1989, 3面). 이러한 주장은 우리나라에도 그대로 적용될 수 있을 것이다.

계속적 유증은 민법상 물권법정주의(민법 제185조)상 기한부 소유권을 인정할 수 없다는 점[2]과 최초의 유언자로 직접유증을 받을 경우 제1수증자에게 이전된 소유권을 제1수유자의 사망이라는 기한의 도래 내지 조건의 성취에 의하여 다시 유언자에게 반환되었다가 다시 제2유증자에게 유증된다는 것은 무리한 설명으로 보고 있다.[3] 따라서 현행 상속법은 수익자연속신탁의 상속방식을 수용할 수 없을 것이다. 다만, 신탁과 유증의 법적 성격과 개념이 전혀 다르므로,[4] 계속적 유증이 무효라고 해서 수익자연속신탁까지 무효로 볼 수는 없을 것이다. 이에 대하여 우리나라 개정 신탁법에서도 기존의 법질서에 정면으로 배치됨이 없는 한, 이를 통해 위탁자인 유언자의 사후 생존하고 있는 지정수익자들의 생활보장 등에도 이바지할 수 있는 장점을 갖고 있기 때문에 수익자연속신탁을 허용하고 있다.[5]

이러한 상속방식의 차이점은 우리나라가 아닌 영미법계에서 두드러지게 나타나고 있으므로, 영미법계를 중심으로 유언과 생전신탁의 차이점을 살펴보고자 한다.

우선, 유언과 생전신탁(living trust)의 설정방식은 다음과 같다. 유언은 재산관계나 신분관계의 법정사항에 관하여 사후의 효력발생을 목적으로 일정한 방식에 따라 행하는 상대방 없는 단독행위이다. 이 경우에 해당하는 신탁이 유언신탁(will trust)이다. 반면에 생전신탁은 위탁자가 신탁재산의 법적인 소유권을 수탁자에게 이전하고, 수탁자는 위탁자의 지시에 따라 수익자에게 신탁이익을 지급하는 형태이다. 이 신탁은 위탁자가 수탁자나 수익자가 될 수 있고, 위탁자가 생전에 언제든지 신탁을 철회할 수 있으며, 수정·변경할 권한을 갖고 있다.[6] 위탁자의 사후시점에서는 신탁은 종료되고 수익자에게 자산을 분배하거나 신탁이 동일한 수익자의 이익을 위하여 지속될 수도 있다.[7] 따라서 유언이 유산 중 어느 부분이 누구에게 분배될 것인지에 초점을 두는데 비해, 신탁

---

2) 이근영, "수익자연속신탁에 관한 고찰, 『재산법연구』 제27권 제3호, 2011.2, 134~135면.
3) 최현태, "복지형신탁 도입을 통한 민사신탁의 활성화 — 수익자연속신탁을 중심으로 —", 『재산법연구』 제27권 제1호, 2010.6, 16면.
4) 상게논문, 16면.
5) 최현태, 전게논문, 17면.
6) 신탁법 제99조 제1항 및 제2항.
7) 생전신탁의 유용성은 다음과 같다. 첫째, 위탁자 스스로가 수탁자가 된다면, 신탁계약은 위탁자의 사망시점이나 능력상실(incapacity)로 인하여 승계된 수탁자에게 제공되고, 법원의 개입이 요구되지 않는다. 둘째, 생전신탁은 재산을 관리하는 수단으로 활용된다. 즉, 어떤 자가 사고나 질병으로 장애를 얻었다면, 승계된 수탁자가 재산을 관리할 수 있고, 그 결과 유산에 대한 법원감독에 의한 재산관리인 선임(court—supervised conservatorship)에 따른 불편함, 관심이나 공개(publicity), 비용발생 등을 피할 수 있다. 셋째, 생전신탁은 미국의 경우 연방유산세를 절약할 수 있다. 이는 특히 결혼한 부부들에게 해당된다(John A. Darden, Comparison of Living Trusts and Wills, Guide G—256, http://aces.nmsu.e—du/pubs/_g/g—256.pdf, 2005.8, p.2).

은 분배를 하는 사람의 의무와 분배가 어떻게 되는가에 초점을 맞추고 있다.[8]

둘째, 영미의 유언과 생전신탁의 구체적인 차이점을 살펴보면 다음과 같다.[9] ① 위탁자와 그 배우자가 생전신탁을 설정하고 있다면, 이들 중 한 명이 신탁을 철회할 수 있고, 위탁자와 배우자가 신탁을 수정(amend)할 수 있다. 이들 중 한 명이 사망한 후에는 신탁이 일반적으로 개별신탁(separate trust)으로 나뉜다. 즉, 생존한 배우자의 재산은 생존한 배우자에 의하여 수정 또는 변경될 수 있는 신탁에게 배분(allocation)된다. 반면에 사망한 배우자의 재산은 생존자나 자녀들을 위하여 하나 이상의 철회불능신탁(irrevocable trust)에게 일반적으로 배분된다. 즉, 생전신탁은 무능력(incompetency)기간을 포함한 생전기간 동안에 재산관리가 가능하고 유언의 효과도 동일하게 받을 수 있다. 반면에 유언은 피상속인의 사망이 원인이므로, 생전신탁과 같은 방법을 취할 수 없다. ② 생전신탁은 유언의 방식을 취하지 않음으로써, 비용이나 시간낭비를 피할 수 있지만, 유언에 비하여 초기신탁설정시점에서 비용이 더 든다. 반면에 유언은 초기에 비용이 덜 들지만, 검인(probate)비용과 수수료로 인하여 결국은 더 많은 비용이 든다. ③ 생전신탁과 유언의 유산세(estates tax)절세효과는 동일하다.[10] ④ 생전신탁은 분할(assignment), 새로운 행위(deed), 그리고 재산의 재등록을 통하여 생전기간 동안 신탁에게 위탁자의 재산을 분배(assign)할 것을 요구하고 있기 때문에 시간과 비용을 증가시킬 수 있다. 반면에 유언은 생전신탁의 생전분할(lifetime assignment)과 그 관련비용을 회피할 수 있지만, 사망시점에서 생전신탁의 유사비용과 추가된 검인 비용이 발생하게 된다.

이와 같은 차이점으로 인하여 미국에서는 특히 유언상속보다는 비유언상속방식[11]을 선호하고 있다. 이러한 현상은 우리나라도 유사하게 적용될 것이다.

---

8) 임채웅 역, 『미국 신탁법 — 유언과 신탁에 대한 새로운 이해』, 박영사, 2011, 194~195면.
9) John A. Darden, Comparison of Living Trusts and Wills, *op. cit.*, pp.2~3.
10) 미국은 생전신탁의 설정자(settlor)가 자신에게 부과되는 신탁소득을 철회할 수 있는 권리를 갖고 있는 설정자이고 연방세법상 위탁자(grantor)이면, 그가 사망한 후에는 그의 모든 유산에 대하여 유산세가 부과된다. 이는 유언의 경우 피상속인의 모든 유산에 대하여 유산세를 부과하는 것과 같기 때문이다. 다만, 생전신탁은 기혼자에 한하여 연방유산세(federal estate taxes)를 절세할 수 있을 뿐이다. 그리고 유언과 관련하여 피상속인이 높은 소득세율을 적용받고 유언으로 인하여 사후 실질적 소득(substantial income)을 유지할 수 있는 경우라면, 검인절차를 통하여 소득세를 절세할 수 있다: Darden, *op. cit.*, p.3.
11) 비유언상속에는 유언대용신탁 등이 해당되고, 검인 등의 복잡한 절차를 피하여 시간과 비용을 절감할 수 있고, 유언의 조건, 즉 요식성을 피할 수 있다.

2. 유언대용신탁의 법적 구조에 관한 이론

(1) 유언대용신탁의 개정 신탁법 규정내용 및 도입취지

개정 신탁법 제59조에서 유언대용신탁에 대하여 다음과 같이 규정하고 있다.

신탁법 제59조【유언대용신탁】① 다음 각 호의 어느 하나에 해당하는 신탁의 경우에는 위탁자가 수익자를 변경할 권리를 갖는다. 다만, 신탁행위로 달리 정한 경우에는 그에 따른다.

1. 수익자가 될 자로 지정된 자가 위탁자의 사망 시에 수익권을 취득하는 신탁
2. 수익자가 위탁자의 사망 이후에 신탁재산에 기한 급부를 받는 신탁

② 제1항 제2호의 수익자는 위탁자가 사망할 때까지 수익자로서의 권리를 행사하지 못한다. 다만, 신탁행위로 달리 정한 경우에는 그에 따른다.

이러한 유언대용신탁은 위탁자 사망 시에 수익권을 취득하는 수익자를 미리 지정하거나, 수익자로 지정하되 위탁자 사망 시에 비로소 수익권을 취득하는 것으로 정할 수 있도록 하는 신탁이다. 이 신탁의 도입취지는 상속절차의 투명성 확보, 전문적인 상속재산의 관리 등을 위하여 상속(유증)의 대체수단으로 이용할 수 있는 신탁에 관한 법률관계를 명확하게 하기 위한 것이다. 이를 구체적으로 살펴보면 다음과 같다.

유언대용은 현행 민법상 유증과 유사하다고 볼 수 있다. 즉, 유언대용도 신탁재산을 실질적으로 소유한 신탁자(위탁자)의 의사에 따라 사망을 계기로 제3자에게 재산상의 이익을 승계시킬 수 있다는 점에서 유언이라고 하는 단독행위에 의해 재산상의 이익을 일정한 자(수유자)에게 무상으로 이전시키는 유증과 유사하다. 유증은 유언의 요식행위로 인한 민법상 일정한 방식의 요구[12] 및 종의처분으로서 유언철회의 자유가 있다.[13] 반면에 유언대용은 수익권의 내용과 귀속에 관하여 유언보다 자유롭게 설계할 수 있다는 점이다. 신탁계약을 통한 유언대용은 계약법의 일반적 원리가 적용되어 일정한 방식을 요구하지 않으며 위탁자 생전에 효력이 발생된다. 이에 따라 수탁자가 소유하는 신탁재산으로부터 수익권귀속과 관련된 문제만 존재하는 반면, 유증은 상속인에게 포괄승계재산을 그 대상으로 하고 있다는 차이점 등으로 인하여 유언대용과 유증을 동일선상에 바라보기는 어렵다.

개정 신탁법은 이러한 법 형식의 차이도 불구하고 유언대용이나 유증의 실질적 기능이라는 측면에서는 크게 다르지 않은 것으로 보고 있다. 그리고 위탁자도 신탁을 통해

---

12) 민법 제1060조 및 제1065조 이하.
13) 민법 제1108조.

사후의 재산귀속관계를 설계함에 있어서, 유언자가 언제든지 유언의 전부나 일부를 철회할 수 있는 것과 마찬가지로, 수익자를 변경할 수 있다는 것이 일반적인 견해이다.[14] 또한 유증을 통하여 신탁을 설정한 경우에도 신탁재산으로부터의 이익을 종국적으로 누구에게 귀속시킬 것인가에 대한 위탁자의 의견이 반영되어야 할 것이다. 이에 따라 개정 신탁법은 신탁행위로 수익자를 지정하거나 변경할 수 있는 권한을 가지는 자를 정할 수 있음을 명시한 신탁법 제58조 및 신탁계약상 위탁자가 수익자변경권을 유보하지 않은 때에도 원칙적으로 이러한 권리를 갖는다는 점을 명확히 하여 유언대용신탁을 도입하고 있다.

(2) 유언대용신탁에서의 법률관계

유언대용신탁은 생전신탁을 기반으로 한다. 생전신탁은 신탁재산에서 발생한 이익이 위탁자의 사망으로 인하여 제3자에게 귀속될 것을 요구한다. 즉, 제3자가 위탁자의 사망으로 인하여 수익자가 되거나, 위탁자 생전에 수익자로 지정되더라도 수익급부는 위탁자 사망 이후에 비로소 받는 구조를 취하고 있다. 이로 인하여 생전신탁은 유언신탁과 구분되는 그리고 유증이나 사인증여와 유사한 기능을 수행하게 된다. 이와 관련하여 위탁자의 철회권과 유언대용신탁의 법률관계를 살펴보고자 한다.

1) 철회가능신탁과의 관계

영미에서는 일반적으로 신탁자가 생전신탁(living trust)을 설정하면서 철회권이나 변경권을 유보하고 자신의 생애 동안 수익권을 가지며, 위탁자가 사망할 때에는 신탁계약에 따라 수익권이 귀속하게 된다. 그러나 위탁자가 철회권능(power to revoke)을 보유하지 않은 때에도 신탁을 철회할 수 있는지에 대해 영국과 미국은 약간 차이를 보이고 있다. 즉, 영국에서는 원칙적으로 수익자의 보호라고 하는 관점에서 신탁상 정함이 없는 한 철회는 불가능하다고 보고 있다.[15] 반면에 미국 통일신탁법(Uniform Trust Code)은 이러한 유형의 신탁이 유언대용으로 이용된다는 점에서 원칙적으로 위탁자는 철회권을

---

14) 최수정, "개정신탁법상의 재산승계제도 — 유언대용신탁과 수익자연속신탁을 중심으로—", 『법학논총』 제31집 제2호, 2011.8, 68면.

15) 그러나 영국은 실질적으로 유언처분이면서 유언방식을 충족하지 않은 경우에도 철회가능신탁의 유효성을 인정해 주고 있다. 즉, 철회가능신탁이 일찍이 인정되며, 그 효력이 판례법에서 승인된 수가 많았고, 이로 인하여 유언의 요식성에 관한 제정법이 만들어졌다. 이 과정에서 철회가능신탁의 효력을 부정하지 않았으므로 그대로 효력이 인정되었다고 한다: Maurizio Luoit(by translating Simon Dix), Trusts: A comparative Study, p.103.

   [Trusts: A Comparative Study(Cambridge Studies in International and Comparative Law Cambridge U. P.), 2000, pp.121~122; 명순구·오영걸, 『현대미국신탁법』, 세창출판사, 2005, 120면 각주 23).

갖는다고 정하고 있다.[16]

이와 관련하여 미국의 입법례를 살펴보면 다음과 같다. 철회권과 관련하여 제2차 신탁 해석집(Restatement of Trust)에서는 생전신탁의 신탁자가 신탁설정시에 당해 신탁증서(trust instrument)에 신탁에 대한 철회권을 유보하겠다고 명시한 경우에 해당 신탁을 철회할 수 있다. 그러나 제3차 신탁 해석집에서는 신탁자가 예상하지 못한 불리한 조세결과(adverse tax consequence)[17]를 방지할 목적으로 신탁의 수익자의 이익을 보유하고 있다면, 신탁도 철회될 수 있다고 언급하고 있다.[18]

미국에서 이러한 철회권의 유보를 인정하는 이유는 신탁설정 이후의 여러 가지 변화(신탁자의 의사 변화, 경제사정의 변화, 수익자와 신탁자의 관계의 변화, 신탁자와 수탁자의 관계 변화 등)에 대비하기 위한 것이다.[19] 이 중 미국의 철회가능신탁(revocable trust)은 처음에 절세의 관점에서 활발히 활용되었지만, 유언대용(will substitutes)과 능력상실(incompetency or incapacity)의 관리라는 측면에서 접근하고 있다. 이 중 통일신탁법(UTC)에서는 유언을 대용하는 철회가능신탁에 주목하고 있다.[20]

이와 관련하여 우리나라 신탁법상 '철회'는 이미 유효하게 성립한 신탁계약의 '해지'에 해당한다. 신탁계약상 해지권이 유보되었거나 약정해지사유가 발생하거나 또는 해지계약을 체결함으로써 신탁계약을 종료시킬 수 있다. 그리고 신탁이익의 전부를 향수하는 위탁자는 – 부득이한 사유 없이 수탁자가 불리한 때 해지함으로써 손해배상책임을 지는 것과는 별개로 – 언제든 계약을 해지할 수 있다.[21]

구체적으로 설정자가 이미 설정된 신탁을 변경 혹은 철회(해지)할 수 있는 권한이 있어야 할 것이다. 이에 따라 개정 신탁법도 위탁자가 신탁이익의 전부를 누리는 신탁은 언제든지 해지할 수 있도록 하였으며,[22] 위탁자와 수탁자가 합의에 의해 언제든지 신탁을 종료할 수 있도록 하였다.[23] 이외 위탁자가 해지권을 유보하여 언제든지 위탁자가 수익자나 수탁자의 동의 없이 신탁을 변경·해지할 수 있는가. 개정 신탁법 제99조 제4항은 법률에 규정한 해지사유 이외에도 신탁행위로 신탁종료사유를 달리 정할 수

---

16) 미국 통일상법 제602조. 이에 대한 자세한 내용은 최수정, 『일본신탁법』, 진원사, 2007, 144면 참고.
17) 불리한 조세결과는 어떠한 사항이 법률에 부적격한 경우, 부적격사항으로 인하여 감면대상이었던 것이 과세대상으로 전환되는 경우를 말한다. 예를 들어, 미국연방세법 401(a)조의 은퇴설계가 부적격할 때, 설계된 신탁은 비과세를 적용받지 못하고 과세대상신탁이 되는 경우를 말한다: http://www.irs.gov/Retirement-Plans/Tax-Consequences-of-Plan-Disqualification
18) 이에 대한 구체적인 내용은 Restatement, Third of Trust § 63, cmt. c(2001) 참고.
19) 명순구·오영걸, 전게서, 110면.
20) 명순구·오영걸, 전게서, 111면.
21) 신탁법 제56조.
22) 신탁법 제99조 제2항.
23) 신탁법 제99조 제1항.

있도록 하고 있으므로, 신탁설정시 위탁자가 해지권과 변경권 등을 유보하는 것이 가능할 것이다.[24],[25]

신탁법상 해지에 의한 종료사유로 개정 신탁법 제99조에 규정하고 있는 것과 다른 종류의 영미법상의 철회가능신탁이 존재하는가? 법무부의 개정 신탁법해설에 따르면 영미의 철회가능신탁과 개정 신탁법 제99조에 의한 신탁의 종료가 다른 종류의 것으로 전제하여 개정 신탁법이 영미의 철회가능신탁을 도입하지 않고 해석에 맡기고 있다고 설명하고 있다.[26]

그러나 영미의 철회가능신탁과 개정 신탁법 제99조 제4항에 따른 해지권을 유보한 신탁은 그 성질이 다르지 않다고 생각한다.[27] 그러므로 개정 신탁법 제99조 제4항에 따라 이러한 종류의 신탁설정이 가능할 것이다. 또한 해지권을 유보하지 않는 경우에도 위탁자가 임의로 계약을 해지할 수 있는가는 문제이다. 만약 이를 인정한다면 이미 독립된 신탁재산을 중심으로 형성된 법률관계가 부당히 침해될 수 있고, 특히 신탁의 인수를 업으로 하는 신탁회사의 지위가 극히 불안해진다.[28]

따라서 원칙적으로 위탁자의 철회권을 인정하는 미국 통일신탁법에 있어서도 이는 계약상 철회에 관한 정함을 두기 때문에 실제로 법규정이 의미를 갖는 범위는 매우 제한적이라고 하는 평가가 일반적이다.[29] 이러한 점에 비추어볼 때에도 소위 철회가능신탁보다 명확하게는 위탁자에게 원칙적으로 해지권을 수여하는 신탁을 우리나라의 법원칙으로 수입하는 것은 적절하지 않다.[30] 그렇다면 재산승계의 목적으로 신탁을 설정하는 경우 위탁자가 원칙적으로 수익자변경권을 갖는 것과 달리, 당사자들의 이해관계라고 하는 관점에서나 사회경제적인 관점에서 위탁자에게 해지권을 당연히 수여할 수는 없다고 할 것이다.[31]

---

24) 최동식, 『신탁법』, 법문사, 2006, 393～394면(위탁자가 해지권을 유보한 경우); 이중기, 『신탁법』, 삼우사, 2007, 681면.
25) 영미법상 철회가능신탁도 그 이름이 함축하는 바와 같은 취소(철회)할 수 있는 신탁에 국한되는 것이 아니라 철회권 이외 변경권을 포함하는 것으로 해석한다(Uniform Trust Code amended in 2010, section 602(a) 및 주석).
26) 법무부, 『신탁법개정안해설』, 2010, 37～38면.
27) 최동식, 상계서, 65면.
28) 최수정, 전게논문, 71면.
29) 미국 통일신탁법 제602조 cmt.
30) 최수정, 상계논문, 71면.
31) 상계논문, 71～71면.

2) 유언대용신탁의 법률관계

① 신탁의 설정

유언대용신탁[32]은 생전에 설정되는 신탁으로서, 이의 설정은 신탁의사 등 신탁의 일반적인 요건을 충족하면 되고, 유언의 요식성 등 유언에 관한 요건을 충족할 필요는 없다. 여기서 신탁자의 능력은 유언능력과 동일한 수준이 될 것이다.

② 위탁자 생존 중의 법률관계

위탁자 생존 중의 유언대용신탁에서 수탁자는 신탁조항에 따라 신탁재산을 관리하게 된다. 그리고 수탁자는 위탁자의 지시에 따르게 된다. 이 경우 신탁재산의 실질적 소유자는 위탁자가 되며, 이 재산은 위탁자의 채권자의 책임재산이 된다.

위탁자는 자신의 의사에 따라 신탁을 변경할 수 있고, 변경된 내용으로 신탁은 존속하게 될 것이다.[33] 이와 관련하여 미국의 통일신탁법 제603조[34]에서는 신탁자의 철회권한을 명시하고 있다. 다만, 개정 신탁법 제59조와 일본의 신신탁법 제90조에서는 유언대용신탁의 위탁자는 일정한 경우에 한하여 수익자를 변경할 수 있다고 정하고 있다. 이와 관련하여 미국에서는 철회권이 위탁자에게 유보되고 위탁자가 수익권의 처분을 보유하는 부분은 개정 신탁법에서도 적용가능할 것이다. 그러나 철회가능기간 내[35]에 수탁자는 위탁자에게만 의무를 부담한다는 점과 철회가능신탁의 재산이 위탁자의 생존 중에는 위탁자의 책임부담을 구성한다는 점은 현행 신탁의 개념에 부합한다고 볼 수 없을 것이다.[36] 따라서 미국의 철회가능신탁에 대한 규정을 현행 유언대용신탁에 그대로 적용하는 것은 어려울 것이다. 이러한 차이점은 현행 신탁법이 미국처럼 수탁자 중심의 신탁운용제도[37]로 아직까지도 전환되지 않았다는 점을 의미하는 것이다.

---

32) 여기서 언급하는 유언대용신탁은 영미의 철회가능신탁을 전제로 한 것이다.

33) 명순구 · 오영걸, 전게서, 145면.

34) 미국 통일신탁법 제603조. (a) 신탁이 철회가능하고 신탁자에게 당해 신탁을 철회할 수 있는 권한이 있는 동안, 수익자의 권리는 신탁자의 처분에 따르고 수탁자는 신탁자에게만 의무를 부담한다.

　(b) 철회권이 행사될 수 있는 동안, 철회권을 보유한 자는 그 권한에 따르는 재산의 한도 내에서 이 조문에서 규정하고 있는 철회가능신탁의 신탁자의 권한을 갖는다.

35) 현행 신탁법에서는 위탁자의 철회는 언제든지 가능한 사인증여, 유언 등의 경우와 마찬가지로 해석하고 있다(민법 제562조 및 제1108조).

36) 임채웅, "유언신탁 및 유언대용신탁의 연구", 『인권과 정의』 제397호, 2009, 127면.

37) 수탁자는 신탁재산의 형식적인 소유자로서 신탁사무 등의 역할을 담당하는 등 신탁관계에서 가장 중요한 존재이다. 미국은 우리나라보다 수탁자에 관하여 재량권을 폭넓게 인정하고 있다. 즉, 통일신탁법(UTC) § 227에서는 "신탁조항 또는 법률로 별도의 정함이 없는 경우에는 신중인(prudent man)으로 하여금 재산을 보전하고, 나아가 지속적인 수입액에 관하여 고려하면서, 자신의 재산과 관련된 투자만을 한다."고 명시하고 있다. 또한 1992년 제3차 신탁법 Restatement에서 제227조에 '신중투자자 원칙(prudent investor rule)'을 채택했다. '신중투자자 원칙'은 신중인 원칙과 현대의 투자이론(Modern Portfolio Theory: 투자자는 적절한 분산투자를 통하여 투자위험을 최소화할 수 있다는 내용)을 반영하

한편 위탁자의 생존 중 유언대용신탁에서 발생한 수익은 위탁자의 소득으로 귀속될 것이다.

③ 위탁자의 사망 후의 법률관계

현행 유언대용신탁에 따르면, 위탁자가 사망하게 되면 지정된 수익자는 신탁재산을 수탁자로부터 분배받게 된다. 이는 사인증여와 유사한 기능을 수행하게 된다. 이때 유언에 의한 검인절차를 받지 않게 된다. 또한 위탁자 생존 중에 지정된 수익자가 없는 경우 또는 본인을 수익자로 지정한 경우에는 유언대용신탁의 종료원인이 될 것이고, 위탁자의 배우자나 자녀가 상속인의 지위를 갖게 되므로 유언대용신탁의 청산재산을 기준으로 상속을 받게 될 것이다. 세법상 신탁재산은 위탁자의 총유산에 편입되어 상속세 부과대상이 된다.

III. 유언대용신탁에 대한 과세방안

유언대용신탁은 상속이란 실질적 측면에서 유언신탁과 유사한 결과를 초래할 수 있지만, 유언대용신탁과 유언신탁은 다음과 같은 차이점이 존재한다. 즉, 유언신탁은 피상속인의 사후부분에만 초점이 맞추어져 있다면, 유언대용신탁은 생전부분과 사후부분으로 구분하여 살펴보아야 할 것이다. 즉, 신탁세제측면에서 볼 때, 유언신탁은 상속세 부과에 문제가 없을 것으로 판단되지만, 유언대용신탁은 생전부분과 사후부분으로 구분됨으로써, 이의 과세범위 및 과세시점을 판단해야 하는 문제가 제기될 것이다.

1. 생전부분에 대한 과세방안

유언대용신탁은 법률구조상 생전에 설정된 신탁이다. 이러한 신탁은 설정시점에서 수탁자에게 신탁재산을 이전하게 된다. 그러나 이 신탁재산의 실질적인 소유자는 위탁자가 될 것이고,[38] 이러한 신탁재산의 이전은 유언대용신탁구조상 위탁자의 사망시점에 수익자에게 이전하게 된다.

그런데 위탁자의 생존 중에 수입수익자가 지정되지 않은 경우에, 이 신탁에서 발생한 이익의 귀속자를 누구로 볼 것인가 문제가 될 것이다.

고 수탁자의 투자판단기준을 설정하고 있다. 이와 같은 원칙으로 미국의 신탁관계는 수탁자 중심으로 신탁제도를 운영하고 있는 것으로 보인다.

[38] 영미의 철회가능신탁을 전제로 서술한 것이다.

이를 구체적으로 다음 [사례 1][39)]에서 살펴보고자 한다.

[사례 1] 갑은(생존 중) 금융자산 10억 원으로 신탁을 설정하였다. 신탁의 수익자는 갑의 생존 중에는 갑 본인이 이자수익의 수익자로 하되 갑 사망 시에는 수익자를 A와 B로 하되(원본수익자) 이자수익은 만 25세까지 A와 B에 균등분배하고, 원본은 이들이 만 25세 되는 날 A와 B에게 균등하게 분배되도록 하였다. 갑은 수탁자나 수익자의 동의 없이 언제든지 신탁을 해지할 수 있는 권한을 유보하였다.

그러나 [사례 1]에서 갑의 생전 중에 신탁이익을 신탁재산(원본)에 귀속시키는 경우도 발생할 수 있다. 즉, 신탁계약상 위탁자 자신이 이자수익에 대하여 수입수익자가 아닌 경우를 명시한 상황이다. 이 경우에 신탁이익을 증여로 볼 것인지 아니면, 위탁자에게 납세의무를 부담시킬 것인지에 대한 의문이 든다. 우선 신탁원본에 산입되는 신탁이익을 증여로 볼 경우에는 현행 상속세 및 증여세법 제4조 제1항에 의하여 증여세의 납세의무자는 증여에 의하여 재산을 무상으로 취득하는 자(수증자)이다. 따라서 신탁재산을 위탁받은 수탁자가 증여세 납세의무가 있다고 볼 수 있을 것이다.[40)] 그러나 현행 신탁세제상 수탁자는 납세의무자가 아니기 때문에 증여세를 납세의무를 부여할 수 없지만, 수탁자에게 납세의무를 부여하는 규정이 신설된다면, 상속세 및 증여세법 제4조 제4항에 의거하여 증여자(위탁자 갑)가 대납세의무를 부담하면 이 문제는 해소될 수 있을 것이다.

또한 신탁원본에 가산되는 신탁이익을 증여라고 본다면, 위탁자에게 증여시점에서 증여세를 부과할 수 있을 것이다. 다만, 신탁원본에 가산되는 신탁이익을 위탁자가 수령하지 않고, 신탁원본의 성격으로 신탁이익을 처리한다면, 증여세과세문제는 발생하지 않을 수 있을 것이다. 왜냐하면, 신탁존속 중에 다른 자산을 신탁에 출연하는 것과 신탁이익을 원본에 가산하는 것은 실질적으로 차이가 없기 때문이다.

이와 같은 혼란을 최소화하기 위하여 우선 수익자를 중심으로 규정된 상속세 및 증여세법에 위탁자와 관련된 규정을 마련할 필요가 있다. 왜냐하면 우리나라는 영미의 신탁세제와 달리 수탁자를 납세의무자로 보고 있지 않기 때문에, 현행 수익자 중심의

---

39) 김재승, "신탁과 관련된 상속세·증여세문제와 Estate Planning 도구로서 신탁의 이용가능성", 『조세법연구 XⅦ-3』, 한국세법학회, 2011, 58면: 이는 미국의 생전신탁을 전제로 구성한 사례이다. 특히 특정연령(25세)을 기준으로 가정한 부분에 대하여 현행 신탁법에서 구체적으로 논의될 필요가 있다. 이러한 기준은 미국의 경우 자녀들이 부모로부터 독립하여 경제활동을 시작할 수 있는 시점으로 보는 것이 아닌가 추정된다. 다만, 이 규정을 적용하기 위해서는 추가적인 검토가 필요하다.

40) 현행 신탁세제는 수탁자를 납세의무자로 보고 있지 않기 때문에 적용할 수 없을 것이다. 다만, [사례 1]을 미국의 신탁세제를 전제로 구성한 것이고, 영국 및 미국은 신탁의 납세의무자를 위탁자 및 수익자뿐만 아니라 수탁자까지 보고 있다.

신탁세제조문을 위탁자 관련 조문을 제정하여 새로운 신탁유형에 대비할 필요가 있기 때문이다. 그리고 위탁자와 관련된 부분은 신탁을 통한 조세회피와 직접 관련되어 있기 때문에 우선적으로 그 대안을 마련할 필요가 있다.

이와 관련하여 현행 신탁세제는 다음과 같은 영미 철회가능신탁의 세무처리를 참고할 필요가 있다. 즉, 미국의 철회가능신탁 중 대표적인 유형이 위탁자신탁(grantor trust)이다. 미국의 위탁자신탁은 위탁자가 되는 기준을 다음과 같이 명시하고 있다. 즉, ① 위탁자가 관리권한을 보유한 경우,[41] ② 위탁자가 경제적 혜택을 보유할 권한이 있는 경우로서, 위탁자가 수익의 비례에 따라 신탁부분에 대해 부과의무가 있는 경우,[42] ③ 위탁자가 신탁재산에서 발생한 수익을 분배받은 제3자의 경제적 혜택을 통제하는 권한이 있는 경우[43]이다. 다만, 철회권의 유보가 위탁자신탁의 요건은 아니다. 미국은 이러한 조건에 해당하는 경우에 신탁소득의 귀속자를 위탁자로 보고 있다. 철회가능신탁의 경우도 이에 해당된다. 이를 통하여 미국은 위탁자 생전에 발생한 신탁이익을 모두 위탁자의 소득으로 보고 위탁자에게 소득세를 부과하고 있다.

또한 영국도 위탁자를 납세의무자로 보는 경우를 다음과 같이 명시하고 있다.[44] ① 위탁자 또는 위탁자의 배우자, 민법상 파트너가 신탁에 관한 지분(소유)을 보유하고 있는 경우이다. 이는 납세의무자가 신탁이익을 향유함과 동시에 신탁에게 자산을 이전함으로써 소득세회피를 방지하기 위한 것이다. ② 위탁자의 미혼자녀(18세 이하)의 이익을 위한 경우이다.[45] ③ 수동신탁의 소득과 관련된 부분이다. 수동신탁은 소득뿐만 아니라 자본까지 자녀들에게 절대적으로 귀속된다. 수동신탁의 소득은 자녀들이 적격한 수령자(즉, 성년자)가 될 때까지 수탁자가 보관하게 된다. 이러한 규정은 조세회피관점에서 접근한 것으로서 영국은 신탁유형과 관계없이 모든 신탁에게 적용되고 있다. 영국도 미국처럼 이러한 요건을 충족한 경우에는 위탁자의 소득으로 보고 소득세를 부과하고 있다.

이와 같이 영미의 신탁세제는 위탁자의 신탁에 대한 지배력기준을 설정함으로써, 신탁유형과 관계없이 위탁자의 납세의무를 명확히 하여 과세근거의 법적 안정성을 높이고 있다.

따라서 이러한 위탁자의 신탁에 대한 지배력기준의 설정[46]은 유언대용신탁뿐만 아

---

41) I.R.C. § 675.
42) I.R.C. § 677.
43) I.R.C. § 674.
44) ITTOIA 2005 §§ 619~648.
45) FA 1999 anti-avoidance rules.
46) 위탁자의 신탁의 지배력기준을 제시한 것은 다음과 같다. ① 신탁존속기간 동안에 위탁자가 수입수익자를 지정·변경할 권한이 있는 경우 ② 신탁존속기간 동안에 수익자에게 분배될 금액을 조정할 권한이 있는 경우 ③ 신탁종료시점에 귀속수익자를 지정·변경할 권한이 있는 경우 ④ 신탁재산의 이익이 실질

니라 다른 신탁유형에도 적용될 수 있으므로, 현행 위탁자 납세의무의 범위에 대한 혼란을 최소할 수 있게 될 것이다. 만약 이를 마련하는 것이 어렵다면, 소득세법 시행령 제4조의2 제2항을 소득세법 제2조의2 제6항의 단서 규정으로 이전하여 규정함으로써, 수익자뿐만 아니라 위탁자도 납세의무를 부담할 수 있다는 의미를 명확히 할 필요가 있다. 물론 유언대용신탁이 외관으로 보나 그 실질로 보나 위탁자의 지배력이 상당함을 누구나 알 수 있을 것이다. 따라서 위탁자 생전 중에 발생한 신탁소득을 위탁자에게 과세하는 것은 어렵지 않지만, 생전신탁을 기반으로 다양한 신탁유형의 출현이 예견되는 시점에서 위탁자 납세의무의 범위를 명확히 하는 것이 필요한 상황이다.

2. 유언대용신탁의 사후부분에 대한 과세방안

유언대용신탁의 사후부분은 위탁자의 사망으로 인하여 발생하는 부분으로서 상속과 관련되어 있다. 이는 "죽은 자의 통제 수단(vehicle of dead-hand control)"으로 활용될 가능성이 높기 때문이다. 따라서 이러한 점을 반영하여 현행 신탁세제의 개정이 필요한 시점이다.

이 중 위탁자가 생전에 수익자를 지정하고 확정된 이익이 있는 경우와 수익자를 지정했지만, 불확정 이익이 존재하는 경우, 그리고 생전에 위탁자가 수익자를 미정한 경우로 구분하여 살펴볼 필요가 있다. 즉, 이와 관련하여 과세범위 및 과세시점을 판단해야 하는 문제가 제기될 것이다. 이와 관련하여 다음과 같은 일본의 입법례[47]를 통하여 과세방안을 도출하고자 한다.

(1) 수익자 고정형 유언대용신탁

1) 제1유형

위탁자의 사망시 수익자가 될 자로서 지정된 자가 수익권을 취득하는 취지의 정함이 있는 신탁이다. 즉, 수익자 고정형 유언대용신탁을 말한다. 즉, 이 유형은 위탁자의 생전에 수익자가 따로 있고(위탁자가 될 수도 있다), 위탁자의 사망시점에 사후수익자가 되는 경우를 말한다.

적으로 위탁자 및 그의 특수관계자에게 귀속되는 경우: 김병일·김종해, "신탁법상 위탁자과세제도에 관한 연구"『조세연구』제10-1권, 2011; 김병일·남기봉, "신탁법상 수익자과세에 관한 연구", 『세무와 회계저널』제13권 제1호, 2012.3. 참고.
47) 임채웅, 전게논문, 132~134면. 이는 일본신탁법 제90조에서 규정하고 있는 경우를 상정한 것이다. 이 규정은 개정 신탁법의 유언대용신탁과 크게 다르지 않다.

[사례 2: 사후 수익자 지위 취득형] 위탁자 A가 신탁을 설정하여, 생존 중에 자신이 수익자가 되고, A가 사망하게 되면 사망 당시의 상속인들이 수익자가 되는 경우이다.

이 경우의 과세문제는 위탁자 A의 사망으로 공동상속인이 공동수익자가 되는 경우로서, 위탁자 A의 수입수익과 신탁원본이 위탁자 A 총 유산가액을 구성하고 있기 때문에 현행 상속세 및 증여세법의 규정을 적용하는 것은 무리가 없어 보인다.[48] 다만, 상속인 및 수익자간의 분배비율이 다를 경우에 유류분 침해문제가 발생할 수 있다. 이와 관련하여 유류분 기초가액 산정과 관련하여 "상속인에 대한 특별수익권"[49]은 공동상속인간의 공평이라고 하는 관점에서 상속분의 선급으로 보아 민법 제1114조를 적용하지 않고 상속개시 1년 전에 한 것이나 유류분권리자를 해함을 알지 못하고 한 것이라도 모두 산입하도록 하고 있다.[50] 이 경우 유언신탁은 일종의 유증으로서, 신탁재산을 유류분 산정 기초가액에 포함하는 것은 문제되지 않을 것이다(민법 제1115조 및 제1116조).[51] 또한 신탁계약에 의해 설정된 신탁재산에 있어서도 위와 같은 문제점이 발생하지만, 민법 제1114조에 의한 일정한 범위에서 유류분 산정 기초가액에 이 재산을 포함하는 것이 타당하다고 볼 수 있다.[52] 유류분 침해의 청구대상은 수탁자뿐만 아니라 실제 수익을 향유하는 수익자가 될 것이다. 이는 유언과 달리 상속인에게 직접 신탁재산이 포괄적으로 이전되는 것이 아니라 유언대용신탁의 수탁자에게 이전된 후에 수탁자를 통하여 각 수익자에게 이전되기 때문이다.

2) 제 2 유형

위탁자의 사망 이후에 수익자가 신탁재산에 관한 급부를 받는 취지를 정한 신탁을 말한다. 즉, 생전신탁이라는 점에서 제1유형과 유사하지만, 위탁자의 생전부터 수익자가 지정되어 있지만, 신탁재산에 관한 급부청구권은 위탁자의 사망 이후에만 행사할 수 있는 유형이다. 이는 급부청구권의 행사가 가능한 시점은 위탁자의 사망시점 또는 그 이후의 일정시점으로 정할 수 있다.[53]

[사례 3: 생전 수익자 지위 취득형] 위탁자 A가 신탁을 설정하여, 그의 생존 중에는 위탁자 A가 수익자가 되고, 위탁자 A가 사망하면 그의 배우자 B가 수익자로서 신탁재산의 원본을 귀속하도록 하는 신탁이다.

이 사례는 위탁자 A의 사망원인으로 그의 배우자 B가 원본수익자가 되는 경우이다.

---

48) 상속세 및 증여세법 시행령 제2조의2.
49) 민법 제1118조 및 동법 제1008조 참조.
50) 대법원 1995.6.30. 선고 93다11715 판결.
51) 민법 제1115조 및 제1116조.
52) 최수정, 『일본신탁법』, 진원사, 2007, 596면.
53) 법무부, 전게서, 469면.

이는 위탁자의 배우자 B는 원본수익자로서, 다른 상속인이 없는 경우에는 현행 상속세 및 증여세법을 적용할 수 있을 것이다.

한편, [사례 3]에 추가하여 위탁자의 배우자 B가 신탁원본(원본수익자) 이외에 위탁자의 이자수익을 받을 지위(수입수익자)까지 승계하고, 이러한 이자수익은 신탁종료시까지 지급하기로 신탁계약이 체결된 경우를 가정해 보자. 여기서 제기될 문제는 영미의 철회가능신탁과 관련된 문제이다. 현행 신탁법에서 철회가능신탁과 관련하여 해석에 맡기고 있다는 점을 고려한다면, 철회가능신탁과 유사한 형태의 출연에 대비할 필요가 있을 것이다. [사례 3]에서 추가된 조건은 다음의 내용과 관계가 있을 것이다.

이 경우 배우자 B가 수입수익자까지 승계할 것을 신탁계약에 명시한 경우, 일반적 유언대용신탁의 종료사유가 될 수 있는가이다. 즉, 미국의 철회가능신탁은 유보권이 철회되지 않은 상태에서 위탁자가 사망하게 되면, 당해 신탁은 철회불능신탁(irrevocable trust)이 되고, 철회가능신탁에 대하여 수탁자는 신탁조항에 따라 신탁재산을 분배·처분한다.54) 이 경우 수탁자는 신탁의 설정취지55)를 고려해 볼 때, 위탁자의 사망은 유언대용신탁의 종료사유가 될 것이다. 즉, 이는 개정 신탁법 제88조 제1항의 단서인 신탁행위로 달리 정한 경우에 해당하게 될 것이고, 새로운 신탁의 설정이 가능하다고 본다. 즉, 새로운 신탁에서 위탁자는 배우자 B가 되고 수입수익자도 자신이 되는 자익신탁의 형태가 될 것이다.

배우자 B가 수입수익까지 승계한 경우에는 상속세 및 증여세와 관련하여 다음과 같은 문제가 제기될 것이다. 첫째, 상속재산의 범위에 추가적으로 발생하게 될 수입이자를 배제할 것인지의 문제이다. 둘째, 만약 수입이자를 상속재산가액에 포함시킨다면, 수입이자의 가치를 어떻게 산정할 것인가의 문제이다.

전자의 경우에 수입수익에 대한 수익권을 상속재산가액에서 배제하기는 통상적으로 어려운 문제일 것이다. 이는 상속세 및 증여세법상 조세형평에 반하기 때문에 수입수익의 수익권을 상속재산에 포함시켜야 한다. 그렇다면 남은 문제는 후자가 될 것이다. 수입수익을 상속재산에 포함시킴에 있어서 문제가 되는 것은 상속재산가액의 평가문제일 것이다. 왜냐하면 현행 상속세 및 증여세법56)은 실질적인 상속에 대한 과세입장을

---

54) 명순구·오영걸, 전게서, 146면.

55) 유언대용신탁은 민법상 유증이나 사인증여에 비하여 탄력적인 제도로서 유언에 갈음하여 위탁자의 의사를 보다 적극적으로 반영하여 위탁자의 재산승계를 설계할 수 있고 고령자의 재산관리와 승계의 유용한 수단이 될 수 있다: 이중기, 전게서, 50~51면.

56) 법적 관점에서 보면 상속세·증여세는 개인의 사망이라고 하는 사건이나 생전이전행위에 의한 재산상의 권리의 득상변경(得喪變更)을 과세물건으로 하는 조세이며, 그 권리의 대상이 된 재산이 과세상 중요한 대상이 되는 것은 틀림없지만 그것 자체가 과세물건은 아니다. 상속과세의 물건은 그 재산의 이전(법률

취하고 있고, 이는 민법상 상속의 범위보다 더 넓게 해석하고 있기 때문이다. 즉, 상속뿐만 아니라 유증(遺贈), 사인증여 및 상속인 없이 민법 제1057조의2에 따른 특별연고자에게 상속재산의 분여(分與)된 재산이 무상으로 이전되는 경우에 피상속인의 사망 당시의 상속재산에 대하여 상속개시일에 상속세를 부과한다.[57]

또한 현행 상속세 및 증여세법은 실현주의에 근거한 과세원칙을 천명하고 있기 때문에 수입수익처럼 미래에 발생할 수입수익, 즉 미실현이익에 대하여 과세하는 것은 어려움이 존재하기 때문이다. 이에 대한 대안이 될 수 있는 것은 미국의 장래이익(future interests)의 개념의 도입을 신중히 고려할 필요가 있다.[58] 이처럼 현실적으로 수입수익에 대한 산정 및 미실현이익에 대한 과세부과의 어려움이 존재하는 상황에서 다음과 같은 방안을 고려해 볼 수 있다.

철회가능신탁의 유보권이 철회되지 않은 채 피상속인이 사망한 경우, 피상속인의 사망은 유언대용신탁의 종료가 되고, 동시에 유언대용신탁의 원본은 새로운 신탁의 원본이 된다. 이 신탁원본을 근거로 배우자 B가 수입수익을 수령할 경우의 과세방안은 다음과 같다. 즉, 새로운 신탁기간 동안 배우자 B가 수령한 수입수익은 새로운 신탁이 종료되는 시점에서 수입수익금액의 합계로 상속세를 부과하는 방안을 고려해 볼 수 있다. 즉, 일정한 경우에 한하여 수입수익에 대하여 상속세 부과를 이연하는 방안이다. 다만, 새로운 신탁기간 동안 배우자 B가 수령하는 수입수익에 대하여 소득세를 부과한 후, 새로운 신탁종료시점에서 이를 상속세액공제방법을 고려해 볼 수 있다.

따라서 이를 정리하면 다음과 같다. 즉, 철회가능신탁의 유보권을 철회하지 않은 채 위탁자가 사망하게 되면, 유언대용신탁을 다른 신탁으로 자동적으로 변경할 수 있도록 세제측면에서 마련해야 할 필요가 있다. 즉, 유언대용신탁의 재산을 새로운 신탁에게 포괄적으로 이전하되, 이 과정에서 발생하는 상속세는 현행 신탁세제상 수탁자가 부담

관계의 변동과 그 법률관계의 대상이 된 재산의 총체)인 것이다.

이것이 현재의 통설(通說)이다. 상속세를 재산세의 일종으로 보면서 상속재산의 동적(動的)측면을 강조하는 것도 결국은 재산의 이전을 상속과세의 과세물건으로 보는 것과 다를 것이 없다. 상속재산을 소득이라고 보는 입장은 각국의 입법례에 비추어 보아 아직 시론(試論)의 단계에 머물러 있으며, 재정학적으로도 아직 소수설에 머물러 있다. 그러므로 상속과세를 「재산의 이전과세」라고 보는 통설이 타당하다고 할 것이다. 즉, 이전과세설을 현행 상속세 및 증여세법은 채택하고 있다: 최명근, "현행 상속세 및 증여세 개정방안, 『조세연구』, 2003.12, 16면.

57) 상속세 및 증여세법 제1조. 그리고 동법 제7조 제1항 상속재산에는 피상속인에게 귀속되는 재산으로서 금전으로 환산할 수 있는 경제적 가치가 있는 모든 물건과 재산적 가치가 있는 법률상 또는 사실상의 모든 권리를 포함한다. 여기에는 기본통칙 7−0…1에서 상속재산에는 물권, 채권 및 무체재산권뿐만 아니라 신탁수익권 등을 포함하고 있다.

58) 이에 대해서는 후술하기로 한다.

하지 않으므로 원본을 이전받는 수익자 겸 새로운 신탁의 위탁자에게 상속세를 부과하되, 수입수익에 관해서는 새로운 신탁의 존속기간 동안 전술한 바와 같은 세무처리를 적용해보는 것을 생각해 볼 수 있다.

(2) 수익자 연속형 유언대용신탁

다음은 수익자 연속형 유언대용신탁에 대해서 살펴보고자 한다.

[사례 4] 위탁자 A가 신탁을 설정하여 그의 생존 중에는 그가 수익자가 되고, A가 사망하면 그의 배우자 B에게 이자수익이 교부되며, B가 사망하면, 그들의 자녀인 C에게 신탁재산의 원본이 귀속되도록 하는 내용의 신탁을 설정한 경우이다.

우선, [사례 4]에서는 위탁자의 생존 기간 동안 신탁이익에 대하여 소득세를 부과하게 될 것이다. 문제되는 것은 사후부분으로서, 이에 대한 구체적인 세무처리는 다음과 같다.

즉, 현행 상속법에 의하면, 위탁자 A의 상속재산은 배우자 B와 자녀 C에 의하여 공동으로 상속을 하게 될 것이다. 하지만, 유용대용신탁이 설정된 경우에는 신탁원본은 유언대용신탁으로 이전되며, 이전받은 유언대용신탁은 납세의무자가 아니므로 상속세가 부과되지 않는다.

우선, 이 경우에 발생된 문제는 유류분권의 침해문제일 것이다. 이는 유언신탁과 마찬가지로 유언대용신탁도 상속인의 유류분권을 침해해서는 안 된다.[59] 다만, 유류분권이 침해된 경우 침해자는 상대방에게 그 받은 이익이나 물건을 반환해야 함으로, 유언신탁의 경우 유류분산정기준이 수익권이 아니라 신탁재산이 될 그 재산 자체가 된다.[60] 반면에 유언대용신탁의 유류분산정기준은 수익권이면, 반환되어야 할 대상도 수익권이 된다. 이는 유언대용신탁은 위탁자 생존시 이미 신탁의 효력이 발생되어 신탁을 전제로 한 법률관계가 형성되기 때문에 위탁자 사망시에도 신탁을 전제로 평가해야 하기 때문이다.[61] 유류분청구대상은 전술한 바와 같이 수익자뿐만 아니라 수탁자도 될 수 있다. 이에 따라 자녀 C에게 상속세를 부과할 수 있을 것이다.

둘째, 제1위탁자 겸 수익자 A의 사망으로 인하여 지정된 제2수익자인 B에게 이자수익을 교부한 경우로서, 이자수익 등의 수익권이 제1수익자의 상속재산에 포함되는지의 문제와 이자수익 등의 수익권이 지정된 제2수익자에게 이전될 때 증여세를 부과할 것인지의 문제이다. ① 이자수익 등의 수익권이 상속재산에 포함되는지의 문제이다. 이에 대해 현행 상속세 및 증여세법은 명확히 규정하고 있지 않다. 즉, 현행 상속세 및

---

59) 임채웅, 전게논문, 139면.
60) 김재승, 전게논문, 64면.
61) 임채웅, 상게논문, 141면.

증여세법 제1조의 상속세 과세대상 및 동법 제7조 상속재산에는 피상속인에게 귀속되는 재산으로서 금전으로 환산할 수 있는 경제적 가치가 있는 모든 물건과 재산적 가치가 있는 법률상 또는 사실상의 모든 권리를 포함한다고 규정하고 있고, 기본통칙 7-0…1에 따르면, 신탁수익권도 상속재산에 해당된다고 보고 있기 때문에 이자수익 등의 수익권은 상속재산에 해당한다고 볼 수 있다. ② 제1수익자의 이자수익 등이 제2수익자에게 이전될 경우 이를 증여재산으로 볼 수 있는지의 문제이다. 이와 관련하여 동법 제33조 제1항 및 동법 시행령 제25조 제1항 제1호에 따르면, 제1수익자의 생존 중 지정된 수익자의 권리는 신탁재산의 증여로 규정하고 있어 증여세 과세대상으로도 볼 수 있다. 그러나 동법 제2조에서 유증을 증여세 과세대상에서 배제하고 있는 상황에서 유증과 유사한 유언대용신탁의 제2수익자에게 증여세를 부과하는 것은 무리가 있어 보인다. 또한 신탁재산의 원본수익자나 원본의 귀속자를 지정할 수 있는 권한을 보유한 수익자가 실질적인 신탁재산의 소유자로 볼 수 있다.[62] 따라서 제2수익자에게 증여세를 부과하기보다는 상속세를 부과하는 것이 타당할 수 있을 것이다.

이와 관련하여 부과세목이 확정되었다고 하여 수입수익에 대한 평가문제와 과세시기 및 과세방식에 대한 과세문제가 해소된 것은 아닐 것이다.

① 수입수익의 평가는 현행 상속세 및 증여세법 제65조 제1항인 조건부 권리, 존속기간이 확정되지 아니한 권리, 신탁의 이익을 받을 권리 또는 소송 중인 권리 및 일정한 요건에 따라 정하는 정기금(定期金)을 받을 권리에 대해서는 해당 권리의 성질, 내용, 남은 기간 등을 기준으로 일정한 방법으로 그 가액을 평가한다. 그리고 동법 시행령 제61조[63]에 의하여 수입수익을 평가하여 상속재산에 포함시킬 수 있다. 즉, 동법 시행규칙 제19조의 2에 따라 평가할 수 있다. 그런데 자산평가시점을 이전시점으로 할 것인지 아니면 일단 이전시점에서 1차적으로 평가한 후 실제자산이점에서 평가할 것인

---

62) 김재승, 전게논문, 65면.
63) 소득세법 시행령 제61조: 동법 제65조 제1항의 규정에 의한 신탁의 이익을 받을 권리의 가액은 다음 각 호의 1에 의하여 평가한 가액에 의한다.
　　1. 원본과 수익의 이익의 수익자가 동일한 경우에는 이 법에 의하여 평가한 신탁재산의 가액에 대하여 수익시기까지의 기간 및 수익의 이익에 대한 원천징수세액상당액 등을 감안하여 기획재정부령이 정하는 방법에 의하여 환산한 가액
　　2. 원본과 수익의 이익의 수익자가 다른 경우에는 다음 각목의 규정에 의한 가액
　　가. 원본의 이익을 수익하는 경우에는 평가기준일 현재 원본의 가액에 수익시기까지의 기간에 대하여 기획재정부령이 정하는 방법에 의하여 환산한 가액
　　나. 수익의 이익을 수익하는 경우에는 평가기준일 현재 기획재정부령이 정하는 방법에 의하여 추산한 장래 받을 각 연도의 수익금에 대하여 수익의 이익에 대한 원천징수세액상당액 등을 감안하여 기획재정부령이 정하는 방법에 의하여 환산한 가액

가의 문제가 대두된다. 이는 과세시점과도 직접적으로 연관되어 있다.[64] 왜냐하면 이러한 미래에 수령할 수입수익은 영미법상 장래이익으로 볼 수 있고, 미실현된 이익에 과세하는 것은 현행 세법의 과세원칙에 부합하지 않기 때문이다.

또한 개정 신탁법이 신탁존속기간을 제한하고 있지 않기 때문에, 그 종료기간을 임의로 산정하는 것은 납세의무자의 재산권을 침해할 수 있고, 다양한 수입수익의 형태 (배당소득, 임대소득 등)가 불확정된 상태도 마찬가지이기 때문이다. 이러한 문제를 해소하기 위하여 최소한 신탁존속기간의 제한규정을 두어 납세의무자의 재산침해를 최소화할 필요가 있다고 본다.

② 과세시기 및 과세방식과 관련된 문제이다. 즉, 위 [사례 4]에 현행 상속세 및 증여세법상 과세시점 및 과세방식을 그대로 적용할 수 있는가이다. 위 [사례 4]의 제2수익자는 미래에 수령할 수입수익에 대하여 제1수익자 겸 위탁자의 사망시점에 성립된 상속세 납부의무를 조기종료하게 된다. 그런데 미래에 수령할 수입수익은 ①에서 제기한 문제점으로 인하여 수증자인 제2수익자는 상속세를 납부하기 위하여 증여나 상속받은 자산을 매각하는 상황이 발생하게 됨으로써, 신탁설정목적을 훼손할 수 있기 때문이다.[65] 즉, 미래의 수익에 부과된 세금을 납부하기 위하여 현재 보유하고 있는 자산의 매각을 강요받을 수 있다. 따라서 이러한 문제를 해소하기 위하여 유언대용신탁의 경우 신탁변경을 허용하고, 이에 신탁존속기간을 제한함으로써, 신탁존속기간 동안에 제2수익자가 수령하는 수입수익에 대하여 소득세를 과세하되, 신탁종료시점에 모든 상속재산가액에서 소득세를 차감한 후 상속세를 부과하는 상속세과세이연방법을 고려해 볼 수 있다. 이 방법은 신탁설정목적을 유지하고 동시에 조세를 부과하는 데 있어서 현실적 어려움을 해소할 수 있을 것이다.[66]

(3) 기타 유언대용신탁 유형

첫째, 계약으로 신탁을 설정하되, 그 계약이 위탁자의 사망으로 효력이 발생하는 신탁이다. 이는 사인증여와 유사한 형식의 신탁을 말한다.

[사례 5: 사인증여형] 위탁자 A는 수탁자 B와 C가 수익자가 되는 신탁계약을 체결하였으나, 이 신탁의 효력은 A의 사망으로 발생하게 된다.

이 유형은 권리를 취득해야 할 자를 수익자가 아닌 귀속권리자로만 정해도 유언 또

---

64) 김종해·김병일, "생전신탁과세에 관한 연구", 『조세법연구 XⅧ-2』, 한국세법학회, 2012.6, 66면.
65) 상게논문, 66면.
66) 다만, 다른 상속제도와 불평등문제가 제기될 수 있지만, 일반적인 상속제도는 상속재산이 모두 상속인에게 이전된다는 측면을 고려할 때, 조세정책측면에서 허용될 수 있는 부분이라고 생각된다.

는 유증을 한 것과 같은 효과를 거둘 수 있다.[67] 이 유형은 상속세 및 증여세법 제1조에서 규정한 사인증여의 성격이 강하기 때문에 현행 증여세 및 상속세법을 적용하는데 무리가 없어 보인다.

한편 수탁자 B가 수익자가 되는 경우는 현행 신탁세제상 수탁자를 납세의무자는 아니지만, 수탁자가 수익자가 될 수 있는지에 대하여 살펴볼 필요가 있다. 수익자는 신탁행위로 기인한 신탁이익을 향수하는 자이고, 원본(귀속)수익자, 수입수익자, 연속수익자로 구분할 수 있다. 또한 개정 신탁법 제56조 제1항은 신탁행위로 정한 바에 따라 수익자로 지정된 자(동법 제58조 제1항 및 제2항에 따라 수익자로 지정된 자를 포함한다)는 당연히 수익권을 취득한다고 규정하고 있으므로, 비록 B가 수탁자이지만 수익자로 지정되었으므로, 수익자로서 적격하고, 관련소득에 대하여 납부할 의무가 있다.

둘째, 신탁계약에 의하여 권리를 취득하게 될 자를 귀속권리자(원본수익자)로 정해두는 경우이다.

[사례 6: 귀속권리자형] 위탁자 A는 신탁을 설정하고 스스로가 수익자가 되고, 본인의 사망을 신탁종료사유로 정한 다음, 귀속권리자(원본수익자)로 처인 B를 지정하였다.[68]

이 경우에 위탁자 A가 수익자가 되므로 이 수익에 대한 과세는 위탁자 A에게 소득세가 부과될 것이고, 처 B에게는 상속세가 부과되므로 현행 상속세 및 증여세법을 적용하는데 문제가 없을 것으로 보인다. 다만, 이러한 유형이 유언대용신탁으로 볼 것인지에 대한 지적이 있다.[69] 비록 이 유형을 유언대용신탁으로 보고 있지만, 이 유형은 사후부분이 제대로 된 신탁법률관계가 아니고 신탁종료시의 청산관계만 존재할 뿐이므로, 이 부분만을 유언대용신탁으로 보기에는 부적당하다고 보고 있다.

3. 장래이익에 대한 처리방향

장래이익 또는 기대권(future interests)은 영미의 재산법(property law) 중 소유권에서 언급된 것으로서, 장래이익 또는 기대권(이하에서는 '장래이익'이라고 한다)은 현재에는 특정재산에 대한 권리를 보유하고 있지 않지만, 장래에 향유할 수 있는 권리를 말한다.[70]

---

67) 임채웅, 전게논문, 133면.
68) 임채웅, 상게논문, 133면.
69) 임채웅, 상게논문, 134~135면.
70) 예컨대, A가 부동산을 B가 생존하고 있는 동안에는 B에게, B가 사망한 후에는 C에게 증여한 경우 C는 현재에는 부동산에 대한 소유권을 보유하고 있지 않지만, 장래에 B가 사망한 경우에는 부동산의 소유권을 보유할 수 있으므로 C는 부동산에 대한 장래이익이나 기대권을 보유하고 있는 것이다(이상윤, 『영미법』, 박영사, 2000, 329면).

이러한 장래이익은 유언과 신탁에서 주로 생성된다. 즉, "나의 배우자의 생존 동안에는, 배우자가 사망하면 우리의 자녀에게 귀속된다(to my spouse for life, remainder to our children)".[71] 이러한 장래이익은 현재 그리고 즉시 발생하는 권리인 현재이익(present interests)과 대조를 이룬다. 현재이익에는 부동산에 관한 권리, 즉 지역권(easement), 유치권(lien), 담보권(mortgage) 및 임차권(tenant right) 등이 포함된다. 그러나 이러한 장래이익은 현행 사법상 소유권개념에 포함되지 않으므로 과세근거가 불명확하여 조세법률주의를 침해할 수 있다.[72]

이러한 장래이익은 주로 생전신탁에서 발생하게 되는데, 하나의 재산에 대하여 둘 이상의 수익자가 다른 이익을 취득하게 되는 상황이 발생한다. 이는 개정 신탁법의 유언대용신탁과 수익자연속신탁[73]과 관련된 이익이다. 예컨대,[74] 위탁자 A가 수탁자 B에게 자신의 건물을 신탁한 후 자녀인 수익자 C에게 건물의 임대소득을 분배할 것을 정하고 자녀인 수익자 D에게는 A의 사망이나 신탁종료 후에 신탁원본(재산)을 분배할 것을 정할 수 있다. 이때 수익자 C에게 지급되는 이익이 현재이익이고, 수익자 D에게 지급되는 이익이 장래이익이다. 현재이익은 수익자가 즉각적으로 신탁재산을 향유(enjoy)하거나 소유할 권리를 받은 경우인 반면, 장래이익은 수익자가 신탁재산의 권리가 특정기간 동안이나 특정사건이 발생할 때까지 지연(delay)되는 경우를 말한다.

이러한 장래이익의 문제로는 잔여권의 확정 또는 불확정(vested or contingent)이다. 예를 들어, 위탁자가 위의 내용처럼 수익자 D를 잔여권자(remainder)로 지정하고, 자신보다 더 오래 살 것을 가정한 경우 장래이익은 확정적이지만, 위탁자가 위탁자의 사망시점이나 신탁종료시점의 상황에 따라 수익자 D가 잔여권자가 될 수 있다고 한다면, 수익자 D의 잔여권은 불확정된 상태로 존재하게 된다. 이때 전자는 해제조건(condition subsequent)이고, 후자는 정지조건(condition precedent)이다. 정지조건과 해제조건의 구별은 불확정 잔여권의 이전을 금지하는 사법권 또는 관할권(jurisdictions)에서만 의미가 있을 뿐이다. 즉, 잔여권이 나의 아들의 생존하는 후손에게 이전될 것으로 고안된 경우, 그의 아버지 생존기간 동안 아들의 자녀에 의한 이전은 효력이 없게 된다.[75]

---

71) William M. McGovern, Sheldon F. Kurtz, David M. English, *WILL, Trusts and Estates Including Taxation and Future Interests Fourth Edition*, WEST, 2010, p.451.
72) 장래이익의 처리방향에 대해서는 김종해·김병일, 전게논문, 62~65면 및 김종해·황명철, "개정신탁법 시행에 따른 신탁과세구조의 개선방안", 『세무와 회계저널』 제13권 제3호, 2012.9, 437~440면 참조.
73) 신탁법 제60조(수익자연속신탁) 신탁행위로 수익자가 사망한 경우 그 수익자가 갖는 수익권이 소멸하고 타인이 새로 수익권을 취득하도록 하는 뜻을 정할 수 있다. 이 경우 수익자의 사망에 의하여 차례로 타인이 수익권을 취득하는 경우를 포함한다.
74) 김종해·황명철, 상게논문, 437~438면.
75) William M. McGovern, Sheldon F. Kurtz, David M. English, *op. cit.*, p.452.

잔여권이 불확정적인지 확정적인지는 선택된 언어(language employed)에 따라 결정된다. 조건적 요소가 잔여권자를 의미하는 표현을 포함하고 있다면, 이 때 잔여권은 불확정적인 상태가 되지만, 이 단어 뒤에 확정된 이익을 준다고 표현되었고 그 문장(clause)에 이익을 처분할 수 있다는 내용이 추가되었다면 그 잔여권은 확정적인 상태가 된다.[76] 이와 관련하여 미국의 법원 및 주(州)들은 언어적 세부사항에 대한 검토를 피하고, 확정적이고 불확정적인 잔여권이 이전될 수 있다는 것을 허용하고 있다. 즉, 미국의 다수의 주(州)에서 불확정적인 장래이익의 소유자는 현재 처분할 권리가 있는 재산을 보유하고 있다고 보고 있다.[77] 따라서 불확정 잔여권은 일반적으로 잔여권자의 생존을 조건으로 한다는 것으로서 이해할 수 있을 것이다. 그러나 불확정 잔여권은 일반적이지만 항상 잔여권자의 생존을 조건으로 하는 것은 아니다.[78]

또한 이러한 장래이익은 현행 사법과 충돌을 야기할 가능성이 높다. 영미법상 소유권과 점유할 수 있는 권리(점유권이라고 부른다)[79]라는 용어를 혼용하고 사용하고 있는 반면, 대륙법계에서는 소유권과 점유권(그 권원의 정당성 여부와 관계없이 동산이나 부동산을 점유하고 있다는 사실에 기인하여 인정되는 권리)을 명확히 구분하고 있다.[80] 또한 부동산점유권과 관련하여 미국은 현재 점유할 수 있는 권리와 미래에 점유할 수 있는 권리로 나누고 있다.[81] 이 중 미래에 점유할 수 있는 권리가 장래이익에 속한다. 반면에 대륙법계 측면에서 장래이익은 대륙법계의 소유권인 물건을 자신의 물건으로서 직접적·배타적·전면적으로 지배하여 사용·수익·처분할 수 있는 사법(私法)상의 권리라고 보기 어렵고, 우리나라가 점유의 성립요건 중 점유의사가 없는 객관설, 즉 물건에 대한 사실상의 지배관계를 채택하고 장래에 향유할 수 있는 권리인 장래이익을 수용하기가 어렵기 때문이다. 그리고 이러한 시각은 일본의 민법상 물권법에서는 절대적 소유권의 원칙(the principle of absolute ownership right)을 천명하고 있는 것과 유사하다. 이는 일본 민법에서 '확정이나 불확정(vest or fail)'이라는 개념을 오랫동안 인정하지 않고, 장래이익에 대한 여지도 거의 없는 상태이고, '정사(定嗣: 연속되는) 상속재산권(fee tail)'을 허용하지 않고 있기 때문이다.[82]

---

76) Scott v. Brusmon, 569 S.E.2d 385m(S.C.App. 2002); Goodwine State Bank v. Mullins, 625 N.E.2d 1056, 1074(Ill.App.1993) 참조.
77) Restatement, Third, of Trusts § 41 cmt. a(2003).
78) Fletcher v. Hurdle, 536 S.W.2d 109(A가. 1976); Rushing v. Mann, 910 S.W.2d 672(A가. 1995) 참조.
79) 영미법상 점유에는 물건에 대한 사실상의 지배관계 및 타인을 지배관계로부터 배제하고자 하는 의사를 성립요건으로 보고 있다. 우리나라는 점유의사가 필요 없는 객관설을 취하고 있다(이상윤, 전게서, 311면).
80) 서철원, 『미국 비즈니스 법』, 법원사, 2000, 108면.
81) 이상윤, 상계서, 119면.
82) Tadao Okamura, "*Taxation and Trusts in the United States and Japan*", Proceedings from the 2009

이와 같은 법률체계의 차이로 인하여 장래이익을 현행 민법상 수용하기가 어려울 수 있을 것이다. 그러나 조세법 측면에서 장래이익에 대한 처리방안을 마련할 필요가 있다. 이에 참고가 될 입법례는 미국의 경우이다.

미국 재무부는 장래이익과 관련하여 다음과 같이 해석하고 있다. 즉, "장래이익은 법률용어로서, 이에는 반환 또는 복귀(reversion), 잔여권 그리고 다른 수익이나 유산이 포함되고, 이 자산이 확정되었거나 불확정된 것과 관계가 없다. 또한 상업적 이용, 점유나 미래시점에 향유가 제한되는 특정한 수익이나 유산에 의해 지원받는 것과 관계가 없다"고 규정하고 있다.[83] 이와 관련된 미국 연방세법의 세무처리는 다음과 같다. 즉, A는 철회불가능신탁의 수탁자인 은행에게 $500,000를 이전했고, A는 배우자 B(55세)의 남은 생애 동안 분기마다 모든 신탁소득을 받을 수 있는 수입수익자로 배우자 B를 지정할 경우, 배우자 B의 사망 후 그 재산은 자녀 C(25세)의 수입수익이 되거나 C의 유산으로 이전된다. 배우자 B는 즉각적인 소득을 향유할 권리에 대하여 무제한적인 권리를 수여받는다. 따라서 배우자 B는 현재이익을 갖고 있지만, B의 자녀 C는 장래이익을 갖게 된다. 왜냐하면 자녀 C는 배우자 B가 사망하기 전까지는 재산이나 어떠한 신탁소득에 대하여 향유할 수가 없기 때문이다.[84] 이 경우 미국은 현재이익에 대해서는 일정한 금액에 대한 연간면제제도(annual exempt)를 통하여 증여세를 면제하고 있지만, 장래이익에 대해서는 증여세 부과대상으로 보고 있다.[85]

그러나 현행 세법에서는 장래이익에 대한 과세근거를 찾기 어렵다. 더욱이 장래이익은 이전시점의 자산의 평가방법과 과세시점에 따른 문제점을 내포하고 있다. 즉, 자산평가시점을 이전시점으로 할 것인지 아니면 일단 이전시점에서 1차적으로 평가한 후 실제자산이점에서 평가할 것인가의 문제이다. 이는 과세시점과도 직접적으로 연관되어 있다. 왜냐하면 현행 상속세 및 증여세법상 납세의무자는 수증자이기 때문에 이러한 세금을 납부하기 위하여 증여나 상속받은 자산을 매각하는 상황이 발생하게 됨으로써, 신탁설정목적을 훼손할 수 있기 때문이다.[86]

이와 같은 문제를 해소하기 위하여 신탁법에서 장래이익에 대한 규정을 명확히 밝힐 필요가 있다. 이는 장래이익의 과세근거를 명확히 할 수 있기 때문이다. 물론 이 과정에서 사법과의 충돌을 최소화할 필요가 있겠지만 미국의 입법례처럼 신탁설정 당시에

Sho Sato Conference on Tax Law, 2009, p.3.
83) Treg. Reg. § 25. 2503－3(a).
84) Kenneth E, Anderson · Thomas R. Pope · John L. kramer, *PRENTICE HALL'S FEDERAL TAXATION 2008*, Prentice Hall. 2008, C12－17.
85) *Ibid.*, p.C12－17.
86) 김종해 · 김병일, 전게논문, 66면 참조.

산여권자로 지정된 자가 보유한 장래이익은 그가 위탁자보다 먼저 사망하더라도 확정된 잔여권으로 분류하여 법률관계를 이행할 필요가 있다. 이는 현행 상속법의 법정상속과 다르지 않기 때문이다.

또한 불확정 잔여권과 관련하여 신탁설정 당시에 잔여권자가 미지정된 경우나 잔여권발생시점상 잔여권자가 없는 경우에만 장래이익을 불확정장래이익으로 분류할 필요가 있다. 다만, 현행 사법상 불확정 장래이익의 이전은 소유권의 취득으로 볼 수 없으므로, 이러한 불확정이익의 소유자를 위탁자로 보는 방안도 고려해 볼 수 있을 것이다. 이를 통하여 확정장래이익에 대해서는 각각의 세법을 적용하며, 불확정장래이익에 대해서는 위탁자와 지정받은 수익자와의 법률관계로 해석하고, 이들의 법률행위와 관련된 세법을 적용하는 방법을 생각해 볼 수 있을 것이다. 결국 장래이익의 처리문제는 사법체계와 세제 모두를 변경할 것을 제안하고 있는 것이다. 이는 신탁산업이 루프홀(loop hole)로 개발되었고, 이를 사법과 세제가 대응하고 있는 상황에서 장래이익이 미실현이익이라는 측면에서 볼 때,[87] 세제 측면에서 이에 대한 적극적 대응이 필요한 상황이다. 이에 대한 세무처리 방안은 다음과 같다.[88]

장래이익은 미실현이익이고, 전술한 과세시점과 자산평가방법의 문제점을 고려해 볼 때, 발생할 수 있는 문제는 증여의 완전성 여부에 따른 증여세 부과와 장래이익을 상속과세대상에 포함시킬 수 있는지의 문제이다. 우선 미국의 경우 증여의 완전성은 증여자가 재산을 직접적으로 이전하고 이전된 재산이 증여자의 지배력과 통제력에서 벗어난 경우를 말하고 이때 증여세를 부과할 수 있다. 반면에 증여자의 지배력과 통제력이 존재하면서 재산을 이전한 경우는 증여의 불완전성이라고 말하고, 증여재산에 대하여 증여자의 지배력과 통제력이 상실될 때까지 해당 재산에 대하여 증여세를 부과할 수 없다.[89] 이를 확정된 장래이익에 적용해 보면, 귀속자는 확정된 상태이고 과세시점에 따라 증여세나 상속세 부과가 어렵지 않다고 본다. 다만, 증여세의 납세의무는 실제로 장래이익이 실현되는 시점까지 이연할 필요가 있으나 이를 불확정된 장래이익에 적용해 볼 때, 불확정이익의 소유자를 위탁자로 간주한다면 증여세 문제는 발생하지 않을 것이고, 이를 위탁자의 유산에 포함시킬 필요가 있다.

이를 통하여 신탁의 법률관계를 명확히 하여 법적 안정성 및 예측 가능성을 높이고, 신탁과 관련된 조세법률관계를 재고할 필요가 있다.

---

87) Okamura, *op. cit.*, p.3.
88) 김종해 · 황명철, 전게논문, 440면.
89) 이는 McGovern et al에 몇 가지 예외가 존재하는데, Treas. Reg. § 25.2511－2(d)에서 구체적으로 언급되어 있다.

Ⅳ. 요약 및 결론

유언대용신탁이란 위탁자 사망 시에 수익권을 취득하는 수익자를 미리 지정하거나, 수익자로 지정하되 위탁자 사망 시에 비로소 수익권을 취득하는 것으로 정할 수 있도록 하는 신탁을 말한다. 즉, 유언대용신탁은 유언이라는 요식행위 없이 피상속인의 재산을 상속인이나 수익자에게 이전할 수 있는 제도이다. 그러나 현행 상속세 및 증여세법은 생전신탁을 기반으로 과세근거를 마련하고 있어서, 이 규정이 유언대용신탁에게 적용되는 것은 무리가 있어 보인다. 따라서 본 연구는 현행 상속세 및 증여세법에 유언대용신탁의 명확한 과세근거를 마련하기 위하여 다음과 같은 사항을 검토하여 유언대용신탁에 대한 현행 상속세 및 증여세법을 개선해 보고자 한다.

첫째, 생전부분과 관련하여 현행 신탁세제는 실질과세의 원칙에 따라 위탁자가 생존 중에 발생한 신탁소득에 대하여 위탁자에게 과세하는 것은 무리가 없을 것이다. 그러나 현행 신탁세제가 수익자 및 상속인에 초점을 맞추고 있어서, 상대적으로 위탁자와 관련된 과세근거가 명확히 드러나 있지 않은 문제점이 있다. 이를 위하여 위탁자의 신탁에 대한 지배력기준을 설정할 필요가 있다.

둘째, 사후부분과 관련하여 유언대용신탁은 여러 가지 모습으로 나타날 수 있다. 즉, 위탁자의 의도에 따라 신탁원본과 수령하는 수익자, 수익권만 수령하는 수익자, 그리고 위탁자가 수익자를 미정한 경우로 구분될 수 있을 것이다. 각각 수익자는 상속세를 부과받게 될 때, 현행 상속세 및 증여세법에서는 이에 대한 명확한 기준을 제시할 필요가 있다.

셋째, 개정 신탁법에서 도입한 수익자연속신탁과 유언대용신탁에서 존재하는 장래이익의 처리방법을 마련할 필요가 있다. 장래이익은 현행 사법상 소유권의 개념과 충돌을 예고하고 있어서 법적 안정성을 높이기 위해서 사법에서 이를 정리할 필요가 있다. 만약 이것이 어렵다면, 사법체계를 훼손하지 않는 최소한의 범위 내에서 조세정책적 측면을 고려하여 과세당국은 장래이익의 과세근거를 명확히 할 필요가 있다.

참 | 고 | 문 | 헌

1. 국내 문헌

김병일·김종해, "신탁법상 위탁자과세제도에 관한 연구", 『조세연구』 제10-1권, 한국조세연구포럼, 2011.

김병일·남기봉, "신탁법상 수익자과세에 관한 연구", 『세무와 회계저널』 제13권 제1호, 2012.3.

김종해·김병일, "생전신탁과세에 관한 연구", 『조세법연구』 ⅩⅧ-2, 한국세법학회, 2012.6.

김종해·황명철, "개정신탁법 시행에 따른 신탁과세구조의 개선방안", 『세무와 회계저널』 제13권 제3호, 2012.9.

김재승, "신탁과 관련된 상속세·증여세문제와 Estate Planning 도구로서 신탁의 이용가능성", 『조세법연구』 ⅩⅦ-3』, 한국세법학회, 2011.

명순구·오영걸 역, 『현대미국신탁법』, 세창출판사, 2005.

법무부, 『신탁법개정안해설』, 2010.

서철원, 『미국 비즈니스 법』 법원사, 2000.

이근영, "수익자연속신탁에 관한 고찰", 『재산법연구』 제27권 제3호, 2011.2.

이상윤, 『영미법』 박영사, 2000.

이중기, 『신탁법』, 삼우사, 2007.

임채웅, "유언신탁 및 유언대용신탁의 연구", 『인권과 정의』 제397호, 2009.

_____, 『미국신탁법 ― 연과 신탁에 대한 새로운 이해』, 박영사, 2011.

최동식, 『신탁법』 법문사, 2006.

최명근, "현행 상속세 및 증여세 개정방안", 『조세연구』, 2003.

최수정(a), 『일본신탁법』, 진원사, 2007.

_____(b), "개정신탁법상의 재산승계제도 ― 유언대용신탁과 수익자연속신탁을 중심으로―", 『법학논총』 제31집 제2호, 2011.8.

최현태, "복지형신탁 도입을 통한 민사신탁의 활성화 ― 수익자연속신탁을 중심으로 ― ", 『재산법연구』 제27권 제1호, 2010.6.

2. 외국 문헌

四宮和夫. 1989. 『信託法』 有斐閣. 1989.

John A. Darden, *Comparison of Living Trusts and Wills*, Guide G-256, http://aces.nmsu.edu/pubs/_g/g-256.pdf, 2005. 8.

Kenneth E, Anderson·Thomas R. Pope·John L. kramer,. *PRENTICE HALL'S FEDERAL TAXATION* 2008, Prentice Hall, 2008.

Maurizio Luoit (by translating Simon Dix), Trusts: A comparative Study, p.103(Trusts: A Comparative Study(Cambridge Studies in International and Comparative Law)Cambridge U. P.)

Tadao Okamura, "*Taxation and Trusts in the United States and Japan*", Proceedings from the 2009 Sho Sato Conference on Tax Law, 2009.

William M. McGovern, Sheldon F. Kurtz, David M. English, *WILL, Trusts and Estates Including Taxation and Future Interests Fourth Edition*, WEST. 2010.

http://www.irs.gov/Retirement-Plans/Tax-Consequences-of-Plan-Disqualification

Abstract

A Study on Taxation of Will Substitute Trust for the Purpose of Inheritance Tax and Gift Tax Law

Will substitute trust is making of a beneficiary who obtains a beneficial right in advance during a grantor's living years in the event of grantor's death, or beneficiary gets the beneficial right after grantor's death. That is, will substitute trust is the system to transfer an inheritee's assets to an heir or beneficiary with out a will as a formal act. However, since current inheritance tax and gift tax has taxation basis which is based on living trust, this condition applies to will substitute trust. Thus, the aim of this study is to improve the current inheritance tax and gift tax law about will substitute trust through reviewing those subjects will be shown below to obtain clear taxation basis of the will substitute trust under existing ones.

First, Charging the tax to trust income during lifetimes of a grantor, should not be any problem. However, since current trust taxation is focused on a beneficiary and an inheir, there is an issue that taxation basis involved with a grantor could not relatively be appeared clearly. For this reason, controlled standard on trust should be fixed.

Second, the will substitute trust could be represented various figures regarding to after—death of a grantor. Thus, these figures depends on the grantor's intention divided subject such as a beneficiary who receives both trust principal and income beneficial, one only receives income beneficial, one only receives principal beneficial, and the in case of a grantor did not specify the beneficiary in such circumstance. The current inheritance tax and gift tax law should provided clear standard to beneficiary when they are charged inheritance tax.

Third, The treatment method of figure interest which exists on will substitute trust and beneficiary successive trust introduced on revising trust law should be provided. Since future interest appears to be utterly opposed to concept of current judicial ownership, this should be cleared away on jurisdiction to improve legal stability. In case of hardship by establishing of doing it, the taxation authority should arrange taxation basis of the future interest in allowable range without harming jurisdiction system by considering tax policy.

It is expected that this study about will substitute trust taxation on inheritance tax and gift tax law would improve to contribute raising legal stability.

☑ Key word: will substitute trust, living trust, revocable trust, future interests, will

3.2.4. 생전신탁과세에 관한 연구*
― 상속세 및 증여세법을 중심으로 ―

김종해** · 김병일***

I. 서   론
II. 상속법과 신탁과의 관계
III. 우리나라 생전신탁과세의 문제점과 개선방안
IV. 결론 및 요약

국문요약

우리나라뿐만 아니라 외국의 경우에도 경제규모의 확대로 인한 자산가치의 상승으로 사인(私人)들 간의 상속에 대한 관심이 높아지고 있는 상황이다. 또한 고령화 사회에서 고령자의 재산관리와 승계가 중요한 문제로 제기됨에 따라 상속방식에 대한 인식이 달라지고 있다. 이러한 상황에서 영미법계의 신탁에 대한 관심이 높아지고 있다. 이에 신탁이 기존 재산상속의 대체수단으로 활용될 수 있다는 주장이 제기되고 있었고, 이를 반영하여 최근 신탁법이 개정되었다.

이러한 신탁 중 생전신탁은 위탁자의 유언 없이 재산을 상속할 수 있는 유형으로서, 위탁자는 생전뿐만 아니라 사후까지 신탁재산을 관리할 수 있다는 점을 특징으로 한다. 이러한 점이 영미법계에서 생전신탁을 상속수단으로 널리 활용하는 이유이다. 따라서 이에 대비하기 위하여 상속세 및 증여세법의 정비가 필요한 상황이다. 이러한 점에서 본 연구를 요약하면 다음과 같다.

첫째, 신탁존속기간에 제한이 필요하다. 즉, 이러한 제한이 없다면 신탁재산의 장기적 구속을 방치하여 경제적 효율성을 저하시킬 수 있기 때문이다. 이는 신탁을 통한 위탁자의 조세회피시도를 암묵적으로 허용하는 것과 같다. 따라서 신탁법 및 신탁세제는 신탁존속기간의 제한을 통하여 자원의 경제적 효율성을 제고하고, 조세의 중립성을 확보할 필요가 있을 것이다.

둘째, 생전신탁을 통한 상속에 대한 세제를 정비할 필요가 있다. 개정신탁법에서 도입한 유언대용신탁이나 수익자연속신탁은 생전신탁과 관계가 있다. 그런데 생전신탁은 위탁자의 영향력이 높아서 이를 제한할 필요가 있다. 따라서 위탁자의 지배력기준은 물론 영미법에서만 존재하는 장래이익에 대한 처리방법을 마련할 필요가 있을 것이다.

---

　*『조세법연구』제18권 제4호(2012.8, 한국세법학회)에 게재된 논문이다.
　** 주 저 자: 강남대학교 세무학과 겸임교수, 세무학박사
　*** 교신저자: 강남대학교 세무학과 부교수, 법학박사
　**** • 투고일: 2012. 6. 30.　• 심사일: 2012. 7. 3.　• 심사완료일: 2012. 7. 20.

셋째, 상속세 및 증여세법상 신탁원본을 수령하는 자를 원칙적으로 원본수익자로 규정하고, 그 외의 수익자는 각 신탁목적에 따라 상속세 및 증여세 부과 여부를 판단하는 방향으로 상속세 및 증여세법을 개정할 필요가 있다. 또한 유류분제도와 관련하여 개정신탁법에 신탁재산의 범위에 소극재산을 포함시킴으로써 유언신탁을 통한 상속의 경우에도 유류분청구를 가능하게 할 필요가 있다.

넷째, 상속세 및 증여세법 제13조 제1항의 입법취지를 유지하기 위해서는 신탁존속기간 통안 수탁자가 수익자에게 지급하는 금액에 대하여 소득세를 부과할 필요가 있다. 이와 함께 현행 증여세 부과방식을 증여행위별 방식에서 기간단위 방식으로 전환하고, 기간단위 방식에 일정한 금액에 대하여 증여세를 면제할 필요가 있다.

☑ 핵심어 : 생전신탁, 유언신탁, 장래이익, 영구구속금지의 원칙, 유류분청구, 신탁존속기간

Ⅰ. 서 론

사적소유권이 확립된 사회에서는 사인은 생전뿐만 아니라 사후에도 자신의 재산의 귀속을 결정하기를 원한다. 이러한 상황은 경제규모의 확대로 인하여 자산가치가 상승되고 있는 우리나라도 예외는 아닐 것이다. 또한 고령화 사회에서 고령자의 재산관리와 승계가 중요한 문제로 제기됨에 따라 상속방식에 대한 인식이 달라지고 있다. 이러한 상황에서 영미법계의 상속수단인 신탁에 대한 관심이 높아지고 있다.

현행 상속방법은 유언과 유언에 의하지 않은 법정상속으로 구분된다. 또한 신탁도 유언에 의한 유언신탁(testamentary trust)이나 유언에 의하지 않고 상속을 할 수 있는 생전신탁(inter vivos trust 또는 living trust)으로 구분된다. 생전신탁은 유언장이 없이 유언을 대용할 수 있는 신탁으로서 미국 신탁법상 제도 중의 하나이다. 생전신탁은 신탁자가 살아 있는 동안 자산을 신탁에 맡기면서 형성되며 사망 전에 신탁을 자유로이 해제할 수 있지만, 사망 후는 그렇지 못하다. 이 신탁은 유산에 포함될 재산을 신탁에 설정해 둠으로써 미국에서 절세의 방법으로 널리 쓰이고 있다. 생전신탁의 장점은 유언장보다 더 유연할 뿐 아니라 공공기록으로 공개되지 않는 것이다. 이에 따라 다양한 생전신탁의 유형이 존재함으로써, 다양한 상속방식을 제공하고 있다. 우리나라도 신탁법의 전면 개정을 통하여 생전신탁을 기반으로 한 유언대용신탁, 수익자연속신탁을 도입하고 있다. 이에 따라 현행 상속세 및 증여세법을 재검토할 시점이 되었다고 본다.

이와 관련하여 세제측면에서 검토할 점은 다음과 같다. 신탁존속기간의 제한, 생전신탁의 장래이익, 유언신탁의 수익자의 정의, 상속세 및 증여세법 제13조 제1항의 적용여부 등을 들 수 있다. 신탁존속기간의 제한을 통하여 영구적인 상속재산의 구속을 방

지하여, 신탁재산의 효율성을 높일 필요가 있다. 생전신탁의 장래이익(future interests)의 처리는 세법뿐만 아니라 사법상으로도 논란이 될 수 있을 것이다. 장래이익은 현행 사법상 소유권의 범위에 포함되지 않음에 따라 장래이익의 이전(transfer)에 따른 귀속 등의 문제가 제기될 것이다. 상속세 및 증여세법 제13조 제1항의 증여재산의 상속재산의 포함 여부의 판단기간을 신탁기간이 장기인 신탁에도 적용될 수 있는지에 문제가 제기될 것이다.

이와 같은 문제를 해소하여 과세당국은 상속세 및 증여세와 관련된 조세법률관계를 명확히 하고, 새롭게 시행될 신탁유형에 따른 과세규정을 마련하며, 이를 통하여 납세의무자와 조세마찰을 최소화해야 할 필요가 있을 것이다.

II. 상속법과 신탁과의 관계

1. 신탁과 유언의 비교

영미에서 신탁의 설정은 코먼로(common law)에 의하여 위탁자와 신탁 간의 법률관계를 규정하고 있고, 형평법(equitable law)은 수탁자와 수익자 간의 법률관계를 규정하여 신탁설정 후 위탁자의 영향력을 배제하고 있다. 우리나라 신탁은 계약이나 유언에 의하여 설정할 수 있고, 영미의 신탁과 달리 신탁설정 후에도 위탁자의 영향력이 수탁자와 수익자 간의 법률관계에 영향을 미치고 있다. 이러한 차이점이 대륙법계가 신탁제도의 도입과정에서 겪는 어려움들이다.[1]

이를 상속법과 관련하여 살펴보면 다음과 같다. 즉, 현행 상속법은 유언에 의한 상속과 유언이 없는 경우 법정상속방식을 취하고 있다. 이에 따라 피상속인의 사망으로 인하여 상속인이 피상속인의 지위를 포괄적으로 승계하게 된다. 반면에 신탁 중 생전신탁은 위탁자나 피상속인의 사망으로 인하여 상속인에게 피상속인의 지위가 포괄적으로 승계되지 않는 경우가 존재한다. 대표적으로 수익자연속신탁이다. 즉, 위탁자가 지정한 수익자가 있는 경우 제1수익자가 사망한 경우에도 그의 상속인이 아닌 지정된 제2수익자에게 제1수익자의 수익권이 이전되는 상황이 발생하게 된다. 이와 같은 상속방식은 우리나라가 아닌 영미법계에서 두드러지게 나타나고 있다. 따라서 영미법계를 중심으

---

[1] "신탁법은 영미법에서 발전된 제도로서 대륙법계에 속하는 일본사법 내에서는 물위에 떠다니는 기름과 같은 존재이다"로 보고 있다: 四宮和夫, 『信託法』, 有斐閣, 1989, 3面. 이러한 주장은 우리나라에도 그대로 적용될 수 있을 것이다.

로 유언과 생전신탁의 차이점을 살펴보고자 한다.

우선, 유언과 생전신탁의 설정방식은 다음과 같다. 유언은 재산관계나 신분관계의 법정사항에 관하여 사후의 효력발생을 목적으로 일정한 방식에 따라 행하는 상대방 없는 단독행위이다. 이 경우에 해당하는 신탁은 유언신탁이다. 반면에 생전신탁은 위탁자가 신탁재산의 법적인 소유권을 수탁자에게 이전하고, 수탁자는 위탁자의 지시에 따라 수익자에게 신탁이익을 지급하는 형태이다. 이 신탁은 위탁자가 수탁자나 수익자가 될 수 있고, 위탁자가 생전에 언제든지 신탁을 철회할 수 있으며, 수정·변경할 권한을 갖고 있다. 위탁자의 사후시점에서는 신탁은 종료되고 수익자에게 자산을 분배하거나 신탁이 동일한 수익자의 이익을 위하여 지속될 수도 있다.[2] 따라서 유언이 유산 중 어느 부분이 누구에게 분배될 것인지에 초점을 두는 데 비해 신탁은 분배를 하는 사람의 의무와 분배가 어떻게 되는가에 초점을 맞추고 있다.[3]

둘째, 유언과 생전신탁의 구체적인 차이점을 살펴보면 다음과 같다.[4] ① 위탁자와 그 배우자가 생전신탁을 설정하고 있다면, 이들 중 한 명이 신탁을 철회할 수 있고, 위탁자와 배우자가 신탁을 수정(amend)할 수 있다. 이들 중 한 명이 사망한 후에는 신탁이 일반적으로 개별신탁(separate trust)으로 나뉜다. 즉, 생존한 배우자의 재산은 생존한 배우자에 의하여 수정 또는 변경될 수 있는 신탁에게 배분(allocation)된다. 반면에 사망한 배우자의 재산은 생존자나 자녀들을 위하여 하나 이상의 철회불능신탁(irrevocable trust)에게 일반적으로 배분된다. 즉, 생전신탁은 무능력(incompetency)기간을 포함한 생전기간 동안에 재산관리가 가능하고 유언의 효과도 동일하게 받을 수 있다. 반면에 유언은 피상속인의 사망이 원인이므로, 생전신탁과 같은 방법을 취할 수 없다. ② 생전신탁은 유언의 방식을 취하지 않음으로써, 비용이나 시간낭비를 피할 수 있지만, 유언에 비하여 초기신탁설정시점에서 비용이 더 든다. 반면에 유언은 초기에 비용이 덜 들지만, 검인(probate)비용과 수수료로 인하여 결국은 더 많은 비용이 든다. ③ 생전신탁과 유언은 사후에 유산세(estates tax)절세효과는 동일하다. ④ 생전신탁은 분할(assignment),

---

2) 생전신탁의 유용성은 다음과 같다. 첫째, 위탁자 스스로가 수탁자가 된다면, 신탁계약은 위탁자의 사망시점이나 능력상실(incapacity)로 인하여 승계된 수탁자에게 제공되고, 법원의 개입이 요구되지 않는다. 둘째, 생전신탁은 재산을 관리하는 수단으로 활용된다. 즉, 어떤 자가 사고나 질병으로 장애를 얻었다면, 승계된 수탁자가 재산을 관리할 수 있고, 그 결과 유산에 대한 법원자문보호(court-supervised conservatorship)에 따른 불편함, 관심이나 공개(publicity), 비용발생 등을 피할 수 있다. 셋째, 생전신탁은 미국의 경우 연방유산세를 절약할 수 있다. 이는 특히 결혼한 부부들에게 해당된다: John A. Darden, *Comparison of Living Trusts and Wills*, Guide G-256, http://aces.nmsu.edu/pubs/_g/g-256.pdf, 2005.8, p.2.

3) 임채웅 역, 『미국 신탁법-유언과 신탁에 대한 새로운 이해』, 박영사, 2011, 194~195면.

4) *Ibid.*, pp.2~3.

새로운 행위(deed), 그리고 재산의 재등록을 통하여 생전기간 동안 신탁에게 위탁자의 재산을 분배(assign)할 것을 요구하고 있기 때문에 시간과 비용을 증가시킬 수 있다. 반면에 유언은 생전신탁의 생전분할(lifetime assignment)과 그 관련비용을 회피할 수 있지만, 사망시점에서 생전신탁의 유사비용과 추가된 검인 비용이 발생하게 된다.

이와 같은 차이점으로 인하여 특히 미국에서는 유언상속보다는 비유언 상속방식을 선호하고 있다. 이러한 현상은 우리나라도 유사하게 적용될 것이다.

2. 상속법과 신탁과의 관계

신탁은 원칙적으로 위탁자의 지시에 따라 상황에 맞는 자유로운 설계가 가능한 반면, 상속은 재산의 포괄적 승계를 규율하는 기본적인 규범인 상속법의 지배를 받는다. 즉, 소유재산의 생전처분자유가 보장되는 것과 마찬가지로 사후처분의 자유도 허용될 때, 유언자의 의사가 미치는 범위가 확대될 것이다. 이러한 차이점은 신탁설정과 신탁효력과 관련하여 두드러지게 나타난다.

다음에서는 이에 대하여 구체적으로 살펴보고자 한다.

(1) 신탁설정

신탁의 구성요소로는 신탁설정의사(trust intent), 신탁재산, 수익자의 확정이나 신탁의 목적, 위탁자, 수탁자, 수익자 등을 들 수 있다.[5] 그중 신탁설정시에 신탁설정의사, 신탁재산, 수익자는 확정되는 것을 전제로 하여 이러한 요소들이 확정되지 않는 경우 신탁은 무효가 될 것이다. 이와 관련하여 신탁설정방식과 수익자를 중심으로 살펴보고자 한다.

1) 신탁의 설정방식

신탁설정방식은 신탁계약과 유언, 그리고 개정신탁법에서 도입한 신탁선언이 있다. 이 중 신탁계약을 중심으로 살펴보고자 한다. 신탁계약은 계약법원칙 일반이 적용되어, 신탁설정에 특정한 형식을 요구하지 않으며 반드시 신탁증서를 작성해야 하는 것도 아니다. 그러나 위탁자의 생전처분에 의해 신탁을 설정하더라도 위탁자의 사망에 의해서 수익자가 수익권을 취득하는 때에는 유증과 다름없기 때문에 유언의 형식에 의하지 않은 경우에는 신탁효력에 문제가 될 수 있다.[6] 이 문제는 생전신탁에서 발생하게 될 것

---

5) J E Penner, *The Law of Trusts 6th edition*, OXFORD UNIVERSITY PRESS, 2008, pp.168~169.
6) 최수정, "상속수단으로서의 신탁", 『民事法學』 第34號, 2006.12, 571면.

이다. 즉, 유언자가 생애동안 원본과 수익에 관하여 지배력[7]을 행사하고, 유언자의 사망시 잔여재산을 수증자에게 분배하는 경우에 발생한다. 이것은 신탁의 외형을 취하고 있지만 사망 후 수증자에 대한 분배는 유증과 다르지 않으므로 유언방식을 갖추어야 할 것이다. 그러나 생전신탁은 사익신탁의 전형적인 유형으로서, 유언자인 위탁자가 신탁설정시에만 자신의 지위를 이용하고, 자신이 수입수익권만 취득하고 원본수익권을 수익자에게 분배할 것을 정하게 된다. 이는 특단의 사정이 없는 한 계약체결과 동시에 효력이 발생하고, 위탁자가 생전에 신탁재산에서 발생한 수익에 대해서만 권리를 갖게 되고, 수익자에게 잔여권(remainder)에 대한 현재의 확정된 권리를 갖게 되므로 이러한 권리의 내용 및 귀속형태는 유증과 다르다고 보고 있다.[8]

따라서 생전신탁을 설정하는 경우에는 유언방식을 취하지 않아도 수익자는 잔여권을 분여받을 수 있을 것이다. 또한 유언은 종의처분(終意處分)이므로 유언자는 철회하거나 변경할 수 있고, 위탁자의 권능으로도 철회나 변경할 수 있지만, 위탁자의 권능의 행사는 신탁조항으로 도출되는 것이지 신탁을 설정한 위탁자 지위에서 발생하므로, 유언자의 철회권과 그 성질이 다르다.[9]

2) 수익자

첫째, 수익자와 관련된 상속법문제는 수익자가 미정된 경우이다. 이 경우는 원칙적으로 신탁을 무효로 처리할 수 있다. 이 경우 영미에서는 위탁자가 달리 정하는 바가 없는 한 위탁자의 상속인을 위한 복귀신탁(resulting trust)이 설정된 것으로 보고 있다.[10] 현행 상속법의 해석에서도 수익자의 지정이 없는 경우 위탁자의 상속인을 수익자로 추정하여 신탁의 성립을 인정하고 있다.[11] 그러나 현행 신탁법 제61조의 해석상 복귀신탁의 개념을 인정할 수 있지만, 위탁자 사망시 상속재산이 상속인에게 포괄승계되는 현행 상속법하에서는 오히려 신탁의 성립을 부정하는 것이 상속인의 보호라는 측면에서 바람직할 수 있다.[12] 또한 신탁법상 달리 규정하는 바가 없는 한 복귀신탁은 잔여재산의 청산을 위해 존재하는 단순한 분배기관이므로, 복귀신탁을 신탁으로 인정하는 것은 무리가 있어 보인다.

---

7) 유언자가 자신의 재산을 다른 자에게 이전한 후에도 해당 재산에 대하여 사용·수익·처분의 포괄적인 권능을 갖고 있는 상태를 의미한다.
8) Hayton & Marshall, *Commentary and Cases on the Law of Trusts and Equitable Remedies*, THOMSON, 2001, p.61.
9) 최수정, 전게논문, 572면.
10) Hayton & Marshall, *op. cit.,* p.17.
11) 홍유석, 『신탁법』, 법문사, 1999, 83면.
12) 최수정, 상게논문, 580면.

둘째, 상속수단으로서 신탁의 수익자와 상속법의 수증자(또는 수유자)와 동일한 자격이 있다고 볼 수 있는가의 문제이다. 수증자의 자격은 동시존재의 원칙에 의하여 유언효력발생시 생존하고 있어야 하며(민법 제1089조 제1항), 적어도 태아여야 하고(동법 제1064조), 상속결격사유가 없어야 한다(동법 제1064조)고 규정하고 있다. 반면 신탁법상 수익자의 자격에 대하여 별도의 규정을 두지 않고 있다. 즉, 수익자는 행위능력뿐만 아니라 권리능력이 없는 경우에도 가능하다. 이와 같은 차이는 다음과 같은 점에서 초래된 것이다. 유증은 통상 수증자에게 재산적 이전을 직접 귀속시킴으로써, 유언효력발생시 동시존재 및 이익향수를 위한 자격을 요구하기 때문이다. 반면에 신탁은 신탁재산에 대한 소유명의와 관리권 그리고 수익권을 각각 분리하여 활용되므로 유증과 같은 엄격한 자격요건을 요구하지 않는다. 그러므로 수증자의 자격을 신탁의 수익자에게 요구하는 것은 무리가 있다.[13]

(2) 신탁효력발생

신탁은 위탁자에 의해 신탁계약이나 유언신탁을 통하여 사후재산의 귀속관계를 자유롭게 설계할 수 있다. 그러나 상속법이 예견하지 못했거나 허용하지 않는 결과를 실현함으로써 상속법을 잠탈할 경우 신탁 자체의 효력 또는 당해 신탁조항이 문제가 될 수 있다. 이는 소유재산의 생전처분자유가 보장되는 것과 마찬가지로 사후처분의 자유도 허용될 때, 현행법이 예정하고 있는 상속의 흐름을 변경하는 유증의 가능성과 같은 상속법상의 기본적인 의문들과 직결된다. 여기에는 양도인과 양수인, 즉 유증자와 수증자 내지 위탁자와 수익자 간의 서로 상반된 이해관계를 어떻게 조정할 것인지에 대한 법정책적 판단과 엄밀한 법 해석을 요구하고 있다.[14] 이와 관련하여 수익자연속신탁과 수익자지정, 그리고 유류분권의 침해 여부를 중심으로 살펴보고자 한다.

1) 수익자연속신탁의 가능성

수익자연속신탁은 수익자 사망시에 당해 수익권이 소멸하고, 다른 자가 새로이 수익권을 취득하거나 순차적으로 다른 자에게 수익권이 귀속되는 형태를 말한다. 이 신탁의 장점은 위탁자가 상당한 기간 동안 자신이 원하는 방식으로 재산의 수익과 귀속을 결정할 수 있다는 점이다. 이러한 신탁유형은 주로 유언신탁보다는 생전신탁에서 더 많이 활용될 수 있을 것이다.

---

13) 최수정, 전게논문, 581면.
14) 최수정, 상게논문, 584~585면.

그렇다면 수익자의 수익권이전을 민법상 수증자가 연속되는 유증과 어떠한 관계가 있는가를 검토해 볼 필요가 있다. 연속되는 유증은 유언자인 "갑"이 유언에 의하여 해당 자산 A를 수증자인 "을"에게 증여하고, "을" 사망시에 을의 상속인 "병"이 아닌, "정"에게 A를 귀속시키는 내용의 유언일 것이다. 이러한 연속되는 유증은 장기간에 걸쳐 유증목적물의 수익자가 연속됨으로써 당사자들의 권리를 확정하기 어렵거나 법률관계를 불필요하게 복잡하게 만들어서, 유증 자체가 공서에 반하는 것으로서 무효가 된다고 해석할 수 있을 것이다. 따라서 엄밀한 의미에서 수증자에게 연속되는 형태의 유증은 인정되지 않으며, 만약 유언자가 그러한 내용의 유증을 의도했더라도 이러한 방식의 유증은 무효가 된다.[15]

이러한 방식의 유증의 효력문제는 일본의 신탁법 내에서도 수익자연속신탁의 인정여부에 대하여 많은 논쟁이 있었다. 그러나 일본 신탁법개정안은 신신탁법 제91조의 특례규정을 통해 수익자연속신탁의 효력을 승인했다. 즉, 신탁수익권에 대한 수입수익권과 원본수익권의 구분을 통하여 이를 해소하고 있다. 외형상 수익자연속신탁도 민법상 수증자의 연속되는 유증처럼 보이지만, 이는 연속되는 수익자가 신탁원본에 해당하는 원본수익권을 취득하는 것이 아니라 수입수익권을 취득하는 것으로 보아야 할 것이다. 그리고 수익자에게 신탁원본이 귀속되면 신탁의 목적을 달성하고 종료하게 되어, 더 이상 신탁과 관련된 문제는 아니다. 따라서 이러한 형태의 권리귀속구조는 수증자가 연속되는 형태와는 분명 구별된다. 그러므로 이러한 문제는 각 법리에 따라 판단해야 하고, 외형만 갖고 양자를 결부시켜 그 효력을 판단하는 것은 타당하지 않다.[16]

2) 신탁법상 재량권 행사에 의한 수익자 및 수익권 지정의 효력

수익자 지명권(power of appointment)과 관련하여 민법상 수증자의 결정을 제3자에게 위임하는 경우에 민법은 이를 유언의 대리라고 보고 이를 무효로 보고 있다.[17] 이에 대하여 유언자의 유증을 받을 자의 범위를 한정하면서 유언집행자나 제3자로 하여금 수증자를 지정한 경우에도 유증 자체를 무효로 할 수 있는지에 대한 문제가 제기되었다. 이에 대해 유언자의 의사를 구체적으로 실행하는 방식으로 제3자가 수증자를 지정할 수 있고, 유언에 의해 상속재산분할방법의 결정을 제3자에게 위탁할 수 있다는 민법 제1012조에 근거하여 볼 때 수증자의 지정만을 무효로 할 근거는 없다고 보고 있다.[18]

이와 관련하여 신탁은 설정시에 위탁자가 특정한 수익자에게 또는 특정한 내용의 수

---

15) 최수정, 전게논문, 591면.
16) 최수정, 상게논문, 592면.
17) 박병호, 『가족법논문』, 진원, 1996, 358면; 곽윤직, 『상속법』, 박영사, 2004, 249면.
18) 최수정, 상게논문, 593면.

익권을 즉각 귀속시키기보다는 장래 상황변화에 따라서 제3자가 결정하도록 유보할 수 있다. 즉, 신탁은 위탁자가 제3자로 하여금 특정 수익자나 특정내용을 지정할 수 있도록 허용하고 있다. 이에 대하여 영미에서도 일반 지명권(general power of appointment)을 규정하고 있고, 이는 재산의 소유자나 수령인이 될 자를 지명할 수 있는 권한이다. 이 권한은 재산을 처분할 수 있고, 이해관계의 묶음에서 분리하여 다른 사람에게 수여할 수 있는 소유권적 성질(attribute of ownership) 중의 하나로 보고 있다. 그러나 이러한 지명권은 일반적으로 관리권과 분리되어 있으며, 지명권은 반드시 행사될 필요는 없다. 또한 이 권한은 영미에서도 위임(power of attorney)은 아니라고 보고 있다.[19]

이와 같은 관점에서 신탁구조상 수탁자의 재량에 의하여 수익자나 수익권이 결정되는 것은 상속법상의 효력을 전적으로 부인할 것은 아니라고 본다. 왜냐하면, 이 권한은 주로 영미의 재량신탁(discretion trust)[20]에서 발생하게 되고, 수탁자의 재량권은 수탁자가 신의칙에 따라 신탁조항과 신탁목적, 수익자의 이익에 상응하여 재량권을 행사할 의무가 있어서,[21] 수탁자가 자의적으로 재량권을 행사할 수 있는 것은 아니기 때문이다. 마찬가지로 수익자지정권의 행사도 신의칙이 적용되며, 수익자나 목적물의 범위가 한정되어 있는 때는 비록 구체적인 대상에 대한 결정을 제3자에게 위탁하더라도 신탁법은 물론 상속법의 관점에서도 유효하다고 해석할 수 있을 것이다.[22]

따라서 우리나라 신탁법에서는 신의칙과 수익자 목적물의 범위를 한정하여, 수탁자의 지명권을 허용할 필요가 있다.

3) 유류분의 침해

유류분제도는 피상속인의 재산처분의 자유와 법정상속인의 이익을 조정하기 위한 입법적 결단으로서 상속개시 후에 유류분권리자가 이를 포기할 수 있지만, 당사자 간의 합의에 의해서 변경하거나 배제할 수 없다. 그래서 계약이나 유언에 의해 신탁이 설정됨으로써 피상속인의 재산이 일차적으로 수탁자에게 결국 제3자에게 수익권의 형태로 귀속된 결과 법률상 상속인에게 보장된 최소한의 상속이익을 신탁설정방식에 의해서 침해할 수 있다. 다만, 민법 제1115조는 유류분이 부족한 경우 그 한도에서 재산의 반환청구를 인정하고 있다. 따라서 유류분을 침해하는 신탁도 유류분권리자가 반환청구권을 행사하지 않거나 더 이상 행사할 수 없는 때도 당해 신탁은 유효하고, 수탁자 내

---

19) 임채웅 역, 전게서, 204면.
20) 재량신탁은 수탁자에게 신탁수익이나 원본 또는 둘 다를 정확히 어느 정도를 수익자의 이익을 위하여 사용되도록 할 것인지를 정할 수 있는 것을 말한다.
21) 미국 통일신탁법(UTC) § 814 참조.
22) 최수정, 전게논문, 594면.

지 수익자는 신탁상의 재산적 이익을 보유할 수 있게 된다.

신탁에 의한 유류분 침해는 피상속인의 상속재산 중 신탁재산을 배제할 수 있는가의 문제이다. 즉, 유류분산정의 기초가 되는 민법 제1113조 제1항의 "피상속인의 상속개시시점에 있어서 가진 재산"에는 신탁재산을 포함하고 있지 않다. 그 이유는 위탁자의 고유재산과 신탁재산을 구분하고 있기 때문이다. 더욱이 현행 신탁법의 신탁재산의 범위에서는 적극재산을 인정하고 있어서, 피상속인의 소극재산을 항상 유류분산정기초가액에서 배제하고 있기 때문이다. 이러한 견해는 유류분권리자에게 상속재산의 일정비율을 확보해 주고자 하는 법제도의 실효성을 약화시키고 있다.23) 이는 민법 제1114조와 관련되어 있다. 이 문제점에 대하여 판례도 상속인에 대한 특별수익권24)은 공동상속인 간의 공평이라고 하는 관점에서 상속분의 선급으로 보아 동법 제1114조를 적용하지 않고 상속개시 1년 전에 한 것이나 유류분권리자를 해함을 알지 못하고 한 것이라도 모두 산입하도록 보고 있다.25) 이 경우 유언신탁은 일종의 유증으로서, 신탁재산을 유류분산정기초가액에 포함하는 것은 문제되지 않을 것이다(민법 제1115조 및 제1116조). 그러나 신탁계약에 의해 설정된 신탁재산에 있어서 위와 같은 문제점이 발생하지만, 민법 제1114조에 의한 일정한 범위에서 유류분산정기초가액에 이 재산을 포함하는 것이 타당하다고 볼 수 있다.26)

또한 유류분반환청구는 청구자가 유류분권리자이고 유류분권이 일신전속적인 권리는 아니므로 그 승계인도 행사할 수 있다.27) 그리고 반환청구의 상대방은 반환청구의 대상이 되는 증여나 유증의 수증자, 그 포괄승계인이다. 이때 반환청구의 상대방을 수탁자로 한정할 수 있는지의 문제이다. 이에 대하여 유류분권리자는 유류분부족액만큼 신탁재산에서 부족분을 반환받게 된다. 따라서 신탁재산 자체의 소유권을 취득한 수탁자뿐만 아니라 수익권의 형태로 실제 신탁이익을 향유하는 수익자에게도 반환청구를 할 수 있다. 이러한 경우 상황에 따라 반환청구대상이 달라 질 수 있다. 즉, 생전신탁에 있어서 유류분권리자는 일정한 기간 내에 수익자에게 반환청구를 먼저하고(민법 제1117조), 유언신탁의 경우 수탁자와 수익자에 대해 각자가 얻은 유증가액의 비율로 반환을 청구하여야 한다(민법 제1115조 제2항).

---

23) 최수정, 전게논문, 595면.
24) 민법 제1118조 및 동법 제1008조 참조.
25) 대법원 1995.6.30. 선고 93다11715 판결.
26) 최수정, 상게논문, 596면.
27) 곽윤직, 전게서, 294면.

3. 소   결

신탁은 2000년도 주요국의 현대화작업에 따라 금융분야에서 그 활용도가 증가하고 있는 추세이다. 특히 신탁은 주요국에서 상속의 대체수단으로서 활용되고 있고, 우리나라도 예외는 아니다. 그런데 신탁은 영미법계에서 출현한 제도로서, 대륙법계의 사법과 많은 충돌을 초래하고 있는 상황이다. 그럼에도 불구하고 그 이유가 경제적 목적이든 세계적 추세든 신탁제도를 도입한 상황에서 이를 이용하는 주체들에게 균형 있는 법률서비스를 제공하는 것은 정부의 당연한 책무일 것이다.

이러한 상황에서 신탁을 통한 상속은 현행 상속방식보다 그 절차나 비용이 감소할 가능성을 외국의 선례에서 찾아 볼 수 있다. 특히 생전신탁의 유형은 다양한 형태로 나타날 수 있고, 유언신탁보다 복잡한 법률관계를 형성하고 있기 때문에, 이에 대하여 보다 정밀한 접근이 필요하다. 그중 현행 사법상 소유권으로 인정하기 어려운 장래이익에 대한 처리문제는 개정신탁법의 유언대용신탁이나 수익자연속신탁과 직접적으로 관련되어 있다. 즉, 장래이익의 이전(양도)에 따른 귀속에 대한 사법상 처리문제뿐만 아니라 세제상 이전재산들에 대한 평가문제 및 과세시기와 관련된 문제가 제기될 것이기 때문이다. 따라서 이 문제는 세제뿐만 아니라 사법에서도 신탁과 관련하여 핵심적인 해결과제가 될 것이다.

이와 같은 상황을 토대로 하여 신탁의 특징인 유연성과 다양성을 확보하면서, 사법과의 충돌을 최소화하는 방향으로 현행 신탁제도를 보완할 필요가 있다.

Ⅲ. 우리나라 생전신탁과세의 문제점과 개선방안

1. 신탁존속기간과 신탁세제와의 관계

현행 신탁법에서는 신탁의 경우 영구구속금지의 원칙(rule against perpetuities)과 같은 존속기간에 관한 규정을 두고 있지 않으므로 존속기간제한을 인정하고 있지 않다. 그러나 법률에서 장기간 동안 신탁존속기간에 대하여 제한을 두지 않게 되면, 법률관계의 혼란이 발생하고 사회 전체로 보았을 때의 경제적 효용 저하 등의 문제점이 발생한다. 이에 신탁존속기간을 제한할 필요성이 제기되고 있다.[28] 또한 이러한 문제점은 조세법률관계[29]의 안정성을 침해할 수 있을 것이다. 이러한 문제점들을 해소하기 위하여 신탁법상 영구구속금지의 원칙을 외국의 입법례를 참고하여 도입할 필요가 있다고 본다. 다음에서는 외국의 영구구속금지의 원칙을 검토한 후, 이를 통하여 현행 신탁세제와의 관계를 살펴보도록 한다.

(1) 영구구속금지원칙의 비교법적 검토

1) 영미신탁법

영미신탁법은 신탁일반에 대해 존속기간의 제한을 두고 있으며, 이 원칙에 위반하는 신탁은 무효로 보고 있다.[30] 즉, 영구구속금지의 원칙 또는 영구불확정금지의 원칙이 있어서 일정한 기간 내에 수익자가 확정되지 않은 신탁은 그 수익자에 관하여는 무효가 된다.[31],[32]

미국 신탁법 제2차 리스테이트먼트 제40조는 수익자요건과 관련하여 영구구속금지원칙상의 기간 내에 수익자를 확정할 수 있을 것을 요구하고 동법 제2차 리스테이트먼트 제29조는 신탁목적에 위법할 뿐만 아니라 영구구속금지의 원칙에 반하거나 공서양속(public policy)에 반하는 경우에는 신탁 자체나 당해 조항이 무효가 된다고 명시하고 있다.[33] 특히 미국통일주법위원전국회의(Nation Conference of Commissioners on Uniform State Laws : NCCUSL)가 채택한 통일신탁법상의 영속성에 관한 원칙은 신탁설정시에 생존하고 있는 개인의 사망시점부터 21년을 넘지 않는 시점에 이전되거나 소멸하지 않거나, 또는 신탁설정으로부터 90년 이내에 이전 또는 소멸하는 것이 확실하지 않은 경우에는 당해 신탁재산은 무효로 보고 있으며, 이 원칙은 미국의 많은 주에서 적용되고 있다.[34] 그러나 90년대 초 미국의 몇 개주에서는 이 원칙을 완화하는 'Dynasty Trust'[35]

---

28) 임채웅, "신탁수익권에 관한 민사집행의 연구", 서울대학교 『법학』 제50권 제4호, 2009, 142면.
29) 최명근, 『세법학총론』, 세경사, 2007, 350면.
30) 최수정, 전게논문, 587면.
31) 최은순, "민사신탁에 관한 연구 -유용성과 적용범위를 중심으로-", 고려대학교 대학원, 박사학위논문, 2010, 41면.
32) 미국 Restatement (Second) of Trust §62, comment a(1959). 이 기간은 신탁설정시로부터 계산하여 그 신탁에서 지정된 수익자가 생존기간에 21년을 더한 연수이다. 예컨대, 위탁자 S가 생존하는 B를 제1수익자, B의 사망 후에는 B의 장남인 C를 제2수익자, C의 사망 후에는 다시 C의 장남 D를 제3수익자로 하는 것과 같은 신탁에서 B의 생존기간에 21년을 더한 기간 내에 C와 D가 확정되지 아니한 경우에는 C와 D에 대하여 무효가 된다: 최현태, 福祉型信託導入을 통한 民事信託의 活性化 -受益者連續信託을 中心으로-, 『재산법연구』 제27권 제1호, 2010.6, 17면.
33) 미국은 신탁의 영속성을 부정하는 종래의 보통법에서는 신탁설정시 지정된 자의 사망 후 21년을 넘지 않는 시점에서 신탁이 이전된든지 아니면 소멸하는 것이 확실한 경우에 한하여 당해 신탁은 유효한 것으로 하고 있다(최은순, 상게논문, 304면).
34) 이에 대한 자세한 내용은 최은순, 상게논문, 304면을 참고.

라는 신탁제도가 도입되고 있다.

한편 영국에서는 귀속의 개념의 불명확성과 귀속의 확실성 판단시점이 처분의 효력 발생시기이므로 영구불확정기간 내에 확정될 가능성이 조금이라도 있는 조건부채권을 처음부터 무효화 시키고 있다. 이는 행여 발생할 수 있는 가혹한 결과를 방지하기 위한 목적으로 '영구구속 및 유보에 관한 법률(Perpetuities and Accumulation Act) 1964'에서 '기다려 본다(wait and see doctrine)'는 새로운 해석원칙을 채택하고 있다. 이 해석의 주요내용은 재산의 처분자가 80년 이하로 기간을 정하는 것을 유효한 것으로 본다는 것이다.[36] 그 후에 영국은 이 법률을 개정했고, 현재(영구구속 및 유보에 관한 법률 2009)에는 구속기간(perpetuity period)을 125년으로 규정하고, 이를 초과할 수 없다고 정하고 있다. 다만, 영구구속 및 유보에 관한 법률 2009 제5조 제2항에서는 동법 제1조 제2항에서 제6항의 상황은 신탁계약(instrument)에서 그 기간을 특정할 수 있다[37]고 규정하고 있다. 영국은 이 원칙을 근거로 하여 신탁원본의 일부로서 유보될 수 있는 소득을 21년으로 제한하고 있다.

2) 일본신탁법

일본은 우리나라처럼 신탁일반에 관하여는 존속기간제한이 없지만, 수익자연속신탁에 대해서만 30년으로 존속기간을 제한하고 있다.[38] 일본에서는 30년의 기간제한에 대한 다른 의견으로는 20년이나 50년으로 볼 것을 주장했었다. 50년 제한의 근거는 이와 같은 종류의 신탁계약은 토지건물을 신탁재산에 포함하는 경우가 대부분이고, 일본 借家借地法상 정기차지계약의 존속기간을 50년 이상으로 정하고 있는 점(일본 借家借地法 제22조)이고, 저작물인 경우 저작자 사후 50년의 저작권존속기간을 제한한다는 점이다. 그러나 이처럼 일본 신신탁법이 신탁존속기간을 30년으로 제한하는 것은 목적신탁의 존속기간을 20년으로 정하고 있는 점과 균형을 맞춘다는 의미인 것으로 해석된다.[39]

---

35) A dynasty trust is a trust designed to avoid or minimize estate taxes being applied to great family wealth with each transfer to subsequent generations. By holding assets in the trust and making well-defined distributions to each generation, the entire wealth of the trust is not subject to estate taxes with the passage of each generation. Dynasty trusts in the United States are the combined result of the imposition of the generation-skipping transfer tax upon trusts that attempted to by-pass transferring all assets to children, and the repeal of the rule against perpetuities by states attempting to attract the great wealth of such trusts.

36) Penner, *op. cit.*, p.66.

37) 영국 Perpetuities and Accumulations Act 2009 § 5.

38) 일본 신탁법 제91조.

39) 최수정, 『일본 신신탁법』, 진원사, 2007, 200면.

(2) 신탁존속기간과 신탁세제와의 관계

신탁존속기간의 제한에 대한 필요성은 지나치게 신탁을 장기간 존속할 경우 신탁법률관계의 혼란의 가능성과 경제적 효율성 저하 등의 문제점으로 인한 것이다. 이에 대한 구체적인 논의의 대상은 존속기간의 범위[40]와 장기간 불확정을 이유로 신탁을 어느 범위까지가 무효인지에 대하여 견해가 대립되어 있고,[41] 이에 대한 신탁법상 지속적인 논의가 지속되고 있다. 또한 신탁존속기간의 제한에 대한 신탁세제상 검토는 신탁과세구조 및 신탁당사자와 관련된 조세법률관계를 명확히 하여 법적 안정성 및 예측 가능성을 증대시킬 수 있기 때문이다.

그렇다면 신탁존속기간이 신탁세제에 미치는 영향은 어떠한가? 우선 신탁과세구조와 관련하여 살펴보면 다음과 같다. 현행 신탁세제는 신탁법에 따라 신탁도관이론에 근거하여 과세하고 있다. 즉, 현행 신탁법에 전술한 바와 같이 신탁존속기간에 대한 명시적인 규정이 존재하지 않음에 따라 신탁설정자인 위탁자의 신탁재산에 대한 실질적인 영향을 무한정 인정하는 환경을 초래할 수 있을 것이다. 이에 따라 현행 신탁세제는 신탁의 당사자 특히 위탁자로 하여금 신탁을 통한 조세회피가능성을 허용하고 있다. 즉, 위탁자는 수익자의 불특정 또는 부존재 및 자기신탁의 특수관계자를 이용하여 자신에게 유리한 조세환경이 조성되었을 때, 위탁자가 세무상 유리한 선택을 할 수 있기 때문이다. 이러한 상황에서 과세당국은 이를 방지하기 위한 조세회피규정을 강화하게 되고, 세제가 신탁제도 활성화를 저해하는 원인이 될 수 있을 것이다.[42] 이와 같은 문제점을 해소하기 위하여 1차적으로 신탁에 대한 위탁자의 영향력을 평가할 수 있는 기준을 설정할 필요가 있다. 즉, 신탁소득의 경제적 수혜를 받는 상황과 신탁법상 위탁자의 관리범위를 규정하여 신탁설정자와 실질적인 위탁자를 고려한 위탁자의 지배력기준을 설정해야 할 것이다.[43] 이러한 규정은 신탁세제상 조세법률관계의 명확성을 높일 수 있지만, 기간제한이 없는 상황에서는 이 규정의 효과를 반감시킬 수 있다.

---

40) 최수정(2006)에 의하면, 당해 신탁의 구체적인 사정들을 고려해서 개별적으로 판단해야 한다는 견해이다. 임채웅(2009)에 의하면, 실제 사건에서 문제가 되는 경우에는 일본법을 참조하여 30년 정도를 기준으로 하여 사안별로 유무효를 따져 보아야 한다는 견해이다. 최현태(2010)에 의하면, 신탁되는 재산의 성질에 따라 그 존속기간을 나누어서 신탁재산이 동산 및 부동산의 경우에는 30년으로 하되 지적재산권 등 50년으로 나누어서 보자는 견해이다: 최현태, 전게논문, 2010.6, 17~19면.

41) 이에 대하여 제한긍정설과 부정설로 나뉜다. 이에 대한 자세한 내용은 이근영, "수익자연속신탁에 관한 고찰", 『재산법연구』 제27권 제3호, 2011.2, 142~144면 참고.

42) 김종해·김병일, "영국의 신탁과세제도와 그 시사점", 『세무학연구』 제28권 제3호, 2011.9, 163~164면.

43) 수익권에 대한 위탁자의 지배력 판단기준은 김병일·남기봉 "신탁법상 수익자과세에 관한 연구", 『세무와 회계저널』 제13권 제1호, 2012.3, 378~379면 참고.

또한 신탁존속기간의 제한은 상속세 및 증여세와 밀접하게 관련되어 있다. 현행 신탁도관이론하에서 위탁자는 신탁원본과 신탁수익을 장기간 이연하여 상속인이나 제3자를 통하여 부의 이전에 대한 전략을 다양하게 구상할 수 있고, 이를 통해 조세회피를 시도할 가능성이 높기 때문이다.

마지막으로 신탁존속기간의 제한으로 발생될 신탁종료 후의 법률관계를 마련할 필요가 있을 것이다. 즉, 신탁존속기간의 제한에 따라 신탁이 종료된 경우, 신탁을 유지하고자 하는 당사자에게 새롭게 신탁을 설정할 것인지 아니면, 이전신탁관계를 그대로 승계할 것인지 아니면 이전신탁관계의 일부를 수정하여 승계할 것인지에 대한 후속적인 규정을 마련할 필요가 있다고 본다. 이 경우 신탁세제에서는 신탁종료에 따른 청산시점이나 이전신탁의 승계 등에 관한 과세규정을 마련할 필요가 있을 것이다.

따라서 신탁존속기간의 제한은 신탁이 조세회피도구로 활용될 가능성을 낮출 수 있다. 즉, 위탁자의 영향력을 제한함으로써, 위탁자와 그 특수관계자를 통한 조세회피시도를 감소시킬 수 있을 것이다. 또한 이 제한이 신탁기능을 감소시키기보다는 신탁의 당사자로 하여금 법적 예측 가능성을 확보할 수 있는 역할을 담당하게 될 것으로 생각된다. 이를 위하여 우선 신탁법에서 신탁존속기간의 제한규정을 명시할 필요가 있다고 생각된다.

2. 생전신탁의 개선방안

생전신탁은 위탁자나 피상속인이 생전에 재산의 관리·운용 등 또는 재산승계를 위하여 신탁을 설정할 수 있다. 이러한 신탁은 특히 고령화 사회에서 고령자의 생존동안 그 자산을 안전하게 유지, 관리, 수익하고 사망시에는 신탁상 정해진 바에 따라 재산을 승계시킴으로써 유산을 둘러싼 분쟁의 감소를 도모할 수 있다.[44] 이 신탁은 유언을 요구하지 않는다는 점에서 유언신탁과 다르다. 이러한 생전신탁은 위탁자의 의사가 상당히 반영된 형태로서 개정신탁법에서 도입된 수익자 유언대용신탁 및 수익자연속신탁과 밀접한 관계가 있을 것이다.

그런데 현행 세법상 수익자 정의의 부재 및 위탁자의 지배력판단기준의 부재로 인하여 신탁소득의 귀속 여부가 불명확할 수 있을 것이다. 또한 장래이익에 대한 처리문제도 세법뿐만 아니라 사법에서 중요한 문제로 제기될 수 있을 것이다. 이하에서는 이와

---

44) 최수정, "개정신탁법상의 재산승계제도 —유언대용신탁과 수익자연속신탁을 중심으로—", 전남대학교 『법학논총』 제31집 제2호, 2011.8, 66면.

관련된 사항을 검토하고자 한다.

첫째, 수익자의 미지정이나 부존재의 문제는 위탁자가 영향력을 행사하지 않는 경우로서 실질과세원칙에 위배될 수 있다는 비판이다. 이는 위탁자에 대한 신탁의 지배력 기준을 규정하여 해결할 수 있을 것이다. 즉, 위탁자가 신탁재산의 운용 등에 관여하지 않는 경우에는 위탁자에 대한 납세의무를 배제하고, 수익자가 지정 또는 존재하는 시점까지 과세이연하거나 피상속인(위탁자)의 상속재산에 가산하여 상속인에게 부과할 필요가 있다. 이러한 과세방법은 불합리한 측면이 있지만, 현행 신탁세제가 도관이론을 취하고 있는 상태에서는 불가피한 선택일 수밖에 없다고 본다.

둘째, 현행 수익자에 대한 표현을 좀 더 구체적으로 분류하여 명시할 필요가 있다. 즉, 현행 신탁법에서는 수익자의 유형을 명확히 정의하고 있지 않아서, 해석에 의존하고 있는 상황이다. 이를 신탁법에서 수입수익자와 원본수익자, 그리고 잔여재산수익자, 연속수익자로 구분하여 명시할 필요가 있다.45) 예를 들어, 신탁소득을 수령하는 수익자를 원칙적으로 수입수익자로 명기하고, 원본을 수령하는 자를 원본수익자로 구분하여 명기할 필요가 있다. 다만, 수익자가 수입수익자와 원본수익자 모두 될 경우에는 이를 귀속되는 소득의 성격에 따라 개별 세법을 적용할 수 있다는 규정을 추가할 필요가 있을 것이다. 이를 통하여 신탁원본 및 수익에 대한 귀속을 명확히 함으로써 신탁소득 귀속의 명확성을 높일 필요가 있을 것이다.

셋째, 생전신탁은 하나의 재산에 대하여 둘 이상의 수익자가 다른 이익을 취득하게 되는 상황이 발생한다. 대표적으로 개정신탁법에서 도입한 유언대용신탁과 수익자연속신탁이 이에 해당될 것이다. 예컨대, 위탁자 A가 수탁자 B에게 자신의 건물을 위탁한 후 자녀인 수익자 C에게 건물의 임대소득을 분배할 것을 정하고 자녀인 수익자 D에게는 A의 사망이나 신탁종료 후에 신탁원본(재산)을 분배할 것을 정할 수 있다. 이와 관련하여 신탁의 수익에 대하여 살펴볼 필요가 있다. 왜냐하면, 수익자가 즉각적으로 신탁재산을 향유(enjoy)하거나 소유할 권리를 받은 경우(수익자 C)가 있고, 반면에 수익자가 신탁재산의 권리가 특정기간 동안이나 특정사건이 발생할 때까지 지연(delay)되는 경우(수익자 D)가 있다.

이와 같은 수익에 대하여 영미법에서는 전자를 현재이익(present interest)이라고 하고 이에는 부동산에 관한 권리, 즉 지역권(easement), 유치권(lien), 담보권(mortgage), 임차권(tenant right) 등이 포함된다. 이러한 권리는 현재 그리고 즉시 발생하는 권리로서 장래이익이나 기대권이 아니다. 반면에 후자를 장래이익 또는 기대권(future interest)46)이라

---

45) 수익자의 유형과 관련하여 임채웅, 전게논문, 279면; 김병일·남기봉, 전게논문, 362~364면 참고.

고 한다. 이러한 장래이익 또는 기대권은 영미의 재산법(property law) 중 소유권에서 언급되어 있다(부동산과 관련되어 있음). 장래이익 또는 기대권(이하에서는 장래이익이라고 한다)은 현재에는 특정재산에 대한 권리를 보유하고 있지 않지만, 장래에 향유할 수 있는 권리를 말한다.[47]

이러한 장래이익은 대륙법계에는 없는 영미법계에만 존재하는 이익의 분류로서, 이를 사법에서 수용할 수 있는지에 대한 논란이 있을 것으로 보인다. 왜냐하면, 일본의 민법상 물권법에서는 절대적 소유권의 원칙(the principle of absolute ownership right)을 천명하고 있기 때문이다.[48] 이러한 시각은 우리나라도 다르지 않을 것이다. 이러한 논란의 원인은 다음과 같다. 즉, 영미법상 소유권과 점유할 수 있는 권리(점유권이라고 부른다)[49]라는 용어를 혼용하고 사용하고 있는 반면 대륙법계에서는 소유권과 점유권(그 권원의 정당성 여부와 관계없이 동산이나 부동산을 점유하고 있다는 사실에 기인하여 인정되는 권리)을 명확히 구분하고 있다.[50] 또한 부동산점유권과 관련하여 미국은 현재 점유할 수 있는 권리와 미래에 점유할 수 있는 권리로 나누고 있다.[51] 이 중 미래에 점유할 수 있는 권리가 장래이익에 속한다. 반면에 대륙법계의 시각상 장래이익은 대륙법계의 소유권인 물건을 자신의 물건으로서 직접적·배타적·전면적으로 지배하여 사용·수익·처분할 수 있는 사법(私法)상의 권리라고 보기 어렵고, 우리나라가 점유의 성립요건 중 점유의 사가 없는 객관설, 즉 물건에 대한 사실상의 지배관계를 채택하고 장래에 향유할 수 있는 권리인 장래이익을 수용하기가 어렵기 때문이다. 이와 같은 법률체계의 차이로 인하여 장래이익을 현행 민법상 수용하기가 어려울 수 있을 것이다. 이에 대한 지속적인 논의를 통하여 장래이익의 처리에 대한 접점을 찾을 필요가 있을 것이다.

이와 관련하여 미국 재무부 규칙(regulation)에서는 "장래이익은 법률용어로서, 이에는 반환 또는 복귀(reversion), 잔여권 그리고 다른 수익이나 유산이 포함되고, 이 자산이

---

46) 영미법에서 장래이익에는 복귀(reversion), 소유권제한복귀(possibility of reverter), 조건부기대권(right of entry), 잔여권(remainder) 및 불확정이익(executory interest)이 있고, 이 중 복귀, 소유권제한복귀, 및 조건부기대권은 증여자(grantor)에게 속하고, 잔여권 및 불확정이익은 수증자(grantee)에게 속한다.

47) 예컨대, A가 부동산을 B가 생존하고 있는 동안에는 B에게, B가 사망한 후에는 C에게 증여한 경우 C는 현재에는 부동산에 대한 소유권을 보유하고 있지 않지만, 장래에 B가 사망한 경우에는 부동산의 소유권을 보유할 수 있으므로 C는 부동산에 대한 장래이익이나 기대권을 보유하고 있는 것이다: 이상윤, 『영미법』, 박영사, 2000, 329면.

48) Tadao Okamura, "*Taxation and Trusts in the United States and Japan*", Proceedings from the 2009 Sho Sato Conference on Tax Law, p.3.

49) 영미법상 점유에는 물건에 대한 사실상의 지배관계 및 타인을 지배관계로부터 배제하고자 하는 의사를 성립요건으로 보고 있다. 우리나라는 점유의사가 필요 없는 객관설을 취하고 있다; 이상윤, 상게서, 311면.

50) 서철원, 『미국 비즈니스 법』, 법원사, 2000, 108면.

51) 이에 대한 자세한 내용은 서철원, 상게서, 119면 참고.

확정되었거나 불확정된 것과 관계가 없다. 또한 상업적 이용, 점유나 미래시점에 향유가 제한되는 특정한 수익이나 유산에 의해 지원받는 것과 관계가 없다"고 규정하고 있다.[52] 이와 관련된 미국 연방세법의 세무처리는 다음과 같다. 즉, A는 철회불능신탁의 수탁자인 은행에게 $500,000를 이전하고, A는 B(55세)의 남은 생애동안 분기마다 모든 신탁소득을 받을 수 있는 수입수익자로 B를 지정했다고 하자. B의 사망 후 그 재산은 C(25세)이거나 C의 유산으로 이전된다. B는 즉각적인 소득을 향유할 권리에 대하여 무제한적인 권리를 수여받은 것이다. 따라서 B는 현재이익을 갖고 있지만, C는 장래이익을 갖고 있다. 왜냐하면, C는 B가 사망하기 전까지는 재산이나 어떠한 신탁소득에 대하여 향유할 수가 없기 때문이다.[53] 이때 미국은 현재이익에 대해서는 일정한 금액에 대하여 연간면세한도(annual exempt)를 정하고 이에 대하여 증여세를 면제하고 있지만, 장래이익에 대해서는 증여세 부과 대상으로 보고 있다.

그러나 현행 세법에서는 장래이익에 대하여 과세할 근거를 찾기 어려울 것이다. 더욱이 장래이익은 이전시점의 자산의 평가방법과 과세시점에 따른 문제점을 내포하고 있다. 즉, 자산평가시점을 이전시점으로 할 것인지 아니면 일단 이전시점에서 1차적으로 평가한 후 실제자산이점에서 평가할 것인가의 문제가 대두된다. 이는 과세시점과도 직접적으로 연관되어 있다. 왜냐하면, 현행 상속세및증여세법상 납세의무자는 수증자이기 때문에 이러한 세금을 납부하기 위하여 증여나 상속받은 자산을 매각하는 상황이 발생하게 됨으로써, 신탁설정목적을 훼손할 수 있기 때문이다.

이러한 어려움에도 불구하고 장래이익에 대한 정의의 필요성은 다음과 같은 점에서 실익이 있다고 본다. 첫째, 장래이익의 정의는 개정신탁법에서 도입한 유언대용신탁과 수익자연속신탁에서 발생할 장래이익의 성격을 명확히 함으로써 신탁법의 법적 안정성을 확보할 수 있을 것이다. 둘째, 장래이익의 성격을 명확히 정의하여 과세당국으로 하여금 과세근거를 제시하게 함으로써, 조세법률관계의 안정성 및 명확성을 높일 수 있을 것이다. 셋째, 장래이익의 도입은 영미법계의 다양한 신탁유형을 우리나라에 도입함

---

52) 미국 Treg. Reg. § 25. 2503-3(a) ...... "Future interest" is a legal term, and includes reversions, remainders, and other interests or estates, whether vested or contingent, and whether or not supported by a particular interest or estate, which are limited to commence in use, possession, or enjoyment at some future date or time. The term has no reference to such contractual rights as exist in a bond, note(though bearing no interest until maturity), or in a policy of life insurance, the obligations of which are to be discharged by payments in the future. But a future interest or interests in such contractual obligations may be created by the limitations contained in a trust or other instrument of transfer used in effecting a gift.

53) Kenneth E, Anderson·Thomas R. Pope·John L. kramer, 2008. PRENTICE HALL'S FEDERAL TAXATION 2008, Prentice Hall, 2008, p.C12-17.

으로써, 사인들에게 선진화된 자산관리방법 및 상속대체수단을 제공할 수 있을 것이다.

이상과 같은 개선방안들은 신탁의 법률관계를 명확히 하여 법적 안정성 및 예측 가능성을 높일 수 있으며, 신탁과 관련된 조세법률관계를 명확히 하여 불필요한 조세마찰을 최소화할 수 있을 것이다.

3. 유언신탁 관련 개선방안

유언은 재산관계나 신분관계의 법정사항에 관하여 사후의 효력발생을 목적으로 일정한 방식에 따르는 단독의 의사표시이다. 이러한 유언을 통하여 설정된 신탁이 유언신탁이고, 유언신탁은 위탁자(유언자)가 생전에 특정인을 위한 재산을 승계할 목적으로 한다. 그런데 유언신탁의 경우도 생전신탁에서 언급한 수익자 정의의 부재 및 위탁자의 지배력기준의 부재로 인하여 조세마찰을 초래할 것이다.

이와 관련하여 현행 상속세 및 증여세법상 다음과 같은 문제점들이 제기될 수 있을 것이다.

첫째, 상속세 및 증여세법상 과세대상이 되는 수익자는 신탁원본을 취득하는 자로 해석할 수 있을 것이다. 그러나 현행 상속세 및 증여세법상 조세법률관계의 명확성을 높이기 위하여, 현행세법에서 이 법률을 적용받는 자는 원칙적으로 원본수익자로 정할 필요가 있다. 이와 함께 위탁자나 신탁종료시점에서 신탁의 신탁이익을 수령하는 자인 잔여재산수익자로 구분해야 할 필요가 있을 것이다. 또한 수입수익자가 원본수익자나 잔여재산수익자로 변경된 경우에도 상속세 및 증여세법을 적용받는다는 것을 명시할 필요가 있다. 그리고 신탁이 종료되어 신탁재산이 신탁자나 위탁자에게 반환되는 경우 상속세 및 증여세법에 따라 증여세가 과세되지 않는다는 것을 명확히 할 필요가 있다.

이와 함께 다음과 사례를 고려한 과세근거를 마련할 필요가 있을 것이다. 즉, 위탁자 A는 신탁을 설정하고 스스로가 수익자가 되고, 본인의 사망을 신탁종료사유로 정한 다음, 원본수익자(귀속권리자)로 처인 C를 지정했다고 하자. A가 사망한 경우, 자신의 자녀(미성년자) B를 수익자로 하되, B가 성년이 될 때까지는 신탁재산에서 얻을 수 있는 이자수익을 교부하고 B가 성인이 되면 원본을 그에게 귀속하도록 하는 신탁을 설정했다. 이 경우 A가 사망한 시점 이후에 미성년자인 자녀 B가 성년이 될 때까지 지급되는 이자수입에 대해서도 상속세를 과세할 수 있는지가 문제가 될 수 있을 것이다. 이 경우 현행 상속세 및 증여세법은 이에 대하여 과세하도록 규정하고 있다. 그러나 신탁제도의 취지와 활성화 측면에서 볼 때, 자녀 B가 성년이 될 때까지는 소득세를 부과하는 것이 합리적이라고 본다. 다만, 현행 신탁세제상 실질적인 과세는 이루어지지 못하지만, 신탁에 해당소득을 유보해 놓을 수 있다. 그리고 성년이 되어 신탁원본을 수령할 때, 현행 상속세 부과방식인 유산과세에 따라 원본 및 수익(성년이 될 때까지 자녀 B가 수령한 이자)을 합산한 후 소득세납부세액을 차감하여 상속세를 산출하여 부과하는 방법을 검토할 필요가 있다. 다만, 현행 신탁세제상 신탁이 유보한 금액에 대하여 적절한 과세방법을 찾을 수 없으므로, 임시적으로 신탁으로 하여금 수익자 B를 위해 대납하는 방법을 허용할 필요가 있을 것이다.

둘째, 상속법의 유류분제도를 유언신탁에서 적용할 수 있는가의 문제이다. 즉, 전술한 바와 같이 피상속인의 상속재산 중 신탁재산을 포함할 것인가의 문제이다. 민법 제1113조 제1항은 신탁재산을 상속개시시점상 피상속인의 재산에 포함하고 있지 않으며, 그 근거는 현행 신탁법에서 적극재산을 허용하고 있다는 점이다. 그러나 개정신탁법에서 신탁재산의 범위를 소극재산까지 확대한 것과 대법원의 판례[54]에서도 이를 허용한다는 점에서 피상속인의 재산에 신탁재산이 포함된다고 보아야 할 것이다. 이를 근거로 유류분권자가 유류분청구가 가능하다고 볼 수 있을 것이고, 이를 통하여 과세당국은 각각 유류분권자에게 상속세를 부과하면 될 것이다.

이상과 같은 점을 고려하여 유언신탁에 대한 과세요건을 보완할 필요가 있다고 본다.

4. 상속세 및 증여세법 제13조 제1항의 적용 여부

현행 상속세 및 증여세법상 제13조 제1항과 관련된 부분이다. 즉, 위탁자(피상속인)의 상속개시일로부터 10년(5년) 전에 피상속인이 상속인(상속인이 아닌 자)에게 증여한 재산은 피상속인의 상속재산에 포함된다. 이 규정의 입법취지는 피상속인이 생전에 증여한 재산의 가액을 가능한 한 상속세 과세가액에 포함시킴으로써 조세부담에 있어서의 상속세와 증여세의 형평을 유지함과 아울러 피상속인이 사망을 예상할 수 있는 단계에서 장차 상속세의 과세대상이 될 재산을 상속개시 전에 상속인 이외의 자에게 상속과 다름없는 증여의 형태로 분할·이전하여 고율인 누진세율에 의한 상속세 부담을 회피하려는 부당한 상속세 회피행위를 방지하고 조세부담의 공평을 도모하기 위한 것이라는 점이다. 또한 생전증여에 의한 상속세 회피행위의 방지라는 입법목적을 달성하기 위해서는 일정기간 안에 이루어진 그 증여재산 가액을 상속재산 가액에 가산함으로써 정당한 누진세율의 적용을 받도록 하는 것은 적절한 수단[55]이라 보고 있다.

---

54) 대법원 1995.6.30. 선고 93다11715 판결; 대법원 2006.11.10. 선고 2006다46346 판결.

그런데 이 규정의 입법취지에도 불구하고 이 규정의 산정기간을 신탁에도 그대로 적용할 수 있는지에 대하여 의문이 있다. 왜냐하면, ① 신탁이 "nobody's property"라고 불리고,56) 그 소유권의 권능이 분산되는 신탁의 이점과 그 배후에 신탁은 소득이나 재산은폐수단으로 이용되는 단점이 공존하고57) 있고, ② 신탁설정기간이 장기간이라는 점, ③ 현행 신탁법에서 신탁존속기간을 제한하지 않는 측면을 고려해 볼 때, 위의 입법취지의 달성이 어려울 수 있기 때문이다. 이러한 점은 유언신탁보다는 생전신탁에서 더 분명하게 나타날 것이다.

이와 관련하여 신탁의 설정기간이 일반적으로 장기이므로, 위탁자는 이 규정을 회피하기 위하여 상속재산을 분산시키거나 증여세 면제가액만큼을 반복하여 수익자에게 지급하려고 할 것이다. 이에 대하여 평생에 걸친 증여를 추적하기란 쉽지 않은 일일 것이다. 특히 부동산등기에 관하여 우리나라는 미국과 같은 인적 편성(사람별로 그가 소유한 부동산이 무엇이고, 어떻게 바뀌는가를 등기하는 제도)이 아니라 물적 편성을 따르고 있어서 어떤 사람이 죽기 전에는 어떤 재산을 소유하고, 그중 어떤 것을 증여했느가를 파악하기 어려운 현실이다.58) 또한 현행 증여세59) 부과는 증여행위 건별로 이행되고, 부과대상금액은 각 수증자에 따라 면세금액만 제시되어 있기 때문에, 위탁자는 신탁을 이용하여 면세금액 이하로 수익자에게 지속적으로 증여할 수 있는 가능성이 내포되어 있다. 이러한 상황들은 현행 세법에서 신탁을 통한 재산은폐 및 조세회피수단으로 활용되도록 방치하게 될 것으로 생각된다.

이와 관련하여 미국 연방세법 제2035조에서는 피상속인의 사망개시일부터 3년 이내에 증여한 경우에 일정한 증여재산을 피상속인의 총유산(gross estate)에 포함시키고 있다. 이 규정은 신탁에게도 적용된다.60) 그러나 미국은 신탁기간 동안 수탁자가 수익자에게 지급한 금액에 대하여 다음과 같은 과세방식을 채택하고 있다. 즉, 특정기간의 이익(a term certain interest)61)개념을 도입하고 있다. 특정기간의 이익이란 특정인이 특정기

---

55) 헌법재판소 2006.7.27. 선고 2005헌가4 결정.
56) 水野忠恒,『租稅法』(第4版), 有斐閣, 2009, 295面.
57) 김병일, "신탁법 개정에 따른 신탁과세제도 개편 방향에 관한 연구",『조세연구』제10−2집, 2010, 347면.
58) 이창희,『세법강의』, 박영사, 2008, 1055면.
59) 상속세 및 증여세법상 증여의 개념과 사법상 증여개념이 동일하지 않다. 즉, 사법상 증여가 유효하게 성립된 경우라도 부의 무상이전이라는 본질을 갖추지 않으면, 과세대상이 되지 않기 때문이다: 이창희, 상게서, 1072면.
60) 다만, 미국 연방세법 제2035조(e)에서는 철회가능신탁과 관련하여 다음과 같이 규정하고 있다. 연방세법 제2035조와 제2038조의 목적상, '위탁자의 권한으로'이라는 이유로 피상속인이 소유한 것으로 보는 연방세법 제676조에 따른 처리는 이러한 부분이 이 기간 동안 신탁의 어떤 부분의 이전(양도)하는 것은 피상속인이 직접적으로 이전한 것으로 본다.
61) 미국은 생애유산, 연금이자, 승계권, 그리고 특정이익의 산정과 관련하여 연방세법 제7520조의 이자율표

간 동안 신탁재산에 발생한 이익을 수령하는 것을 말한다. 즉, 이 이익을 수령받게 될 자는 신탁재산에 대한 권한이나 소유권을 보유하는 것이 아니라 특정기간 동안 신탁재산에서 발생한 소득을 수령할 권리만이 있을 뿐이다. 그 기간이 종료되면, 해당 재산(이익)은 위탁자에게 반환되거나 다른 자에게 이전된다. 미국은 특정기간의 이익을 수령하는 자에 대하여 증여세를 부과하지만 수령자가 가족구성원인 경우에는 증여세를 부과하고 있지 않다.[62] 이러한 미국의 과세방식은 주로 생전신탁이 위탁자에 의해 설정되므로, 가족구성원에게 신탁기간 동안 신탁이익을 지급하는 것은 그렇지 않은 자에게 지급하는 것보다 신탁이익에 대한 귀속을 추적하기가 수월하고, 이러한 이익을 위탁자의 사망시점에서 총유산액에 가산할 수 있는 장치가 마련되어 있기 때문이라고 생각된다.

따라서 이에 대한 개선방안은 다음과 같다. 첫째, 현행 신탁과세구조, 즉 도관이론을 채택하고 있기 때문에 신탁(수탁자)에게 신탁소득을 과세할 수 없는 현실은 과세당국으로 하여금 신탁재산의 추적을 더욱 어렵게 하고 있다. 이를 위하여 현행 신탁과세방식에 신탁실체이론을 가미하여 신탁단계에서 신탁재산의 변동을 확인할 수 있는 장치를 마련할 필요가 있을 것이다.

둘째, 수탁자가 수입수익자에게 지급하는 일정금액에 대하여 소득세를 부과하되, 그 기준금액은 소득세법의 연금지급액의 상한액[63]으로 하되 초과되는 금액에 대해서는 증여세를 부과하는 방안을 고려해 볼 필요가 있다. 이러한 과세방법은 현행 증여세의 과세방식의 변화를 요구하는 것이다. 즉, 개별증여행위별 과세방식에서 미국처럼 증여행위를 기간단위로 묶어서 해당 금액에 증여세를 부과하는 방식으로 전환할 필요가 있다. 미국은 연간증여금액 중 $13,000(2009~2012년 기준)를 면제해 주고 있고, 초과금액에 대하여 증여세를 부과하고 있다. 이러한 방식은 개별행위별로 직계존속기준에 의한 3,000만 원을 면제받는 현행 상속세 및 증여세법의 규정을 보완할 수 있을 것이다.

셋째, 미국의 입법례처럼 수익자(자녀)를 위한 부양목적이나, 교육비 및 의료비지원

를 기준으로 이전세(transfer tax)를 부과하고 있다. 이자율산정에 있어서 미국국세청과 법원은 어려움이 있었다. 이러한 이자율은 미국의 경우 연금과 관련하여 보통 25년 동안 연금을 수령할 것으로 가정했지만, 의학기술의 발달로 인하여 이자율에 대한 지속적인 수정이 필요하기 때문이고, 이에 따른 재산평가 문제도 과세당국이나 법원의 고민거리가 되고 있다(Peter Melcher and Matthew Zuengler, *MAXIMIZING THE BENEFITS OF ESTATE PLANNING BET−TO−DIE STRATEGIES: CLATS AND PRIVATE ANNUITIES*, Marquette Elder's Advisor Volume 7 2006.3, p.206). 이에 대한 하나의 대안으로 이익 등 이전시점마다 모든 상황과 사실에 대한 실질조사를 수행할 것을 정하고 있다: Ithaca Trust Co. v. U.S., 279U.S. 151, 155(1929) 참조.

62) Anderson et al. *op. cit.*, p.C12−11.
63) 이 금액은 국민연금 등의 최고수령액을 기준으로 산정할 수 있을 것이다.

복석으로 사용될 금액에 대해서는 과세하지 않는 방안을 함께 고려해야 한다. 이것은 신탁을 통하지 않더라도 통상적으로 발생하는 자녀부양을 위한 행위로 볼 수 있기 때문이다. 다만, 미국의 증여세 납세의무자는 증여자인데 반해 우리나라는 수증자가 납세의무자이지만 증여자도 연대납세의무를 부담한다는 측면에서 실질적인 차이점은 크지 않을 것이라고 생각된다.

따라서 이와 같은 방안을 고려한 개선방안이 마련될 경우, 현행 상속세 및 증여세법 제13조 제1항의 입법취지를 살릴 수 있을 것이다.

Ⅳ. 결론 및 요약

우리나라뿐만 아니라 외국의 경우에도 경제규모의 확대로 인한 자산가치의 상승으로 사인(私人)들 간의 상속에 대한 관심이 높아지고 있는 상황이다. 또한 고령화 사회에서 고령자의 재산관리와 승계가 중요한 문제로 제기됨에 따라 상속방식에 대한 인식이 달라지고 있다. 이러한 상황에서 영미법계의 신탁에 대한 관심이 높아지고 있다. 이에 신탁이 기존 재산상속의 대체수단으로 활용될 수 있다는 주장이 제기되고 있었고, 이를 반영하여 최근 신탁법이 개정되었다.

이러한 신탁 중 생전신탁은 위탁자의 유언 없이 재산을 상속할 수 있는 유형으로서, 위탁자는 생전뿐만 아니라 사후까지 신탁재산을 관리할 수 있다는 점을 특징으로 한다. 이러한 점이 영미법계에서 생전신탁을 상속수단으로 널리 활용하는 이유이다. 따라서 상속세 및 증여세법상 이에 대한 정비가 필요한 상황이다. 이러한 점에서 본 연구를 요약하면 다음과 같다.

첫째, 신탁존속기간에 제한이 필요하다. 즉, 이러한 제한이 없다면 신탁재산의 장기적 구속을 방치하여 경제적 효율성을 저하시킬 수 있기 때문이다. 이는 신탁을 통한 위탁자의 조세회피시도를 암묵적으로 허용하는 것과 같다. 따라서 신탁법 및 신탁세제는 신탁존속기간의 제한을 통하여 자원의 경제적 효율성을 제고하고, 조세의 중립성을 확보할 필요가 있을 것이다.

둘째, 생전신탁을 통한 상속에 대한 세제를 정비할 필요가 있다. 개정신탁법에서 도입한 유언대용신탁이나 수익자연속신탁은 생전신탁과 관계가 있다. 그런데 생전신탁은 위탁자의 영향력이 높아서 이를 제한할 필요가 있다. 따라서 위탁자의 지배력기준은 물론 영미법에서만 존재하는 장래이익에 대한 처리방법을 마련할 필요가 있을 것이다.

셋째, 상속세 및 증여세법상 신탁원본을 수령하는 자를 원칙적으로 원본수익자로 규정하고, 그 외의 수익자는 각 신탁목적에 따라 상속세 및 증여세 부과 여부를 판단하는 방향으로 상속세 및 증여세법을 개정할 필요가 있다. 또한 유류분제도와 관련하여 개정신탁법에 신탁재산의 범위에 소극재산을 포함시킴으로써 유언신탁을 통한 상속의 경우에도 유류분청구를 가능하게 할 필요가 있다.

넷째, 상속세 및 증여세법 제13조 제1항의 입법취지를 유지하기 위해서는 신탁존속기간 동안 수탁자가 수익자에게 지급하는 금액에 대하여 소득세를 부과할 필요가 있다. 이와 함께 현행 증여세 부과방식을 증여행위별 방식에서 기간단위 방식으로 전환하고, 기간단위 방식에 일정한 금액에 대하여 증여세를 면제할 필요가 있다.

참 | 고 | 문 | 헌

1. 국내 문헌

곽윤직, 『상속법』, 박영사, 2004.

김병일, "신탁법 개정에 따른 신탁과세제도 개편 방향에 관한 연구", 『조세연구』 제10-2집, 2010.

김병일·남기봉, "신탁법상 수익자과세에 관한 연구", 『세무와 회계저널』 제13권 제1호, 2012.3.

김종해·김병일, "영국의 신탁과세제도와 그 시사점", 『세무학연구』 제28권 제3호, 2011.9.

박병호, 『가족법논문』, 진원, 1996.

서철원, 『미국 비즈니스 법』, 법원사, 2000.

이근영, "수익자연속신탁에 관한 고찰", 『재산법연구』 제27권 제3호, 2011.2.

이상윤, 『영미법』, 박영사, 2000.

이창희, 『세법강의』, 박영사, 2008.

임채웅, "신탁수익권에 관한 민사집행의 연구", 『법학』 제50권 제4호, 2009.12.

임채웅 역, 『미국신탁법-유언과 신탁에 대한 새로운 이해』, 박영사, 2011.

최명근, 『세법학총론』, 세경사, 2007.

최수정, "개정신탁법상의 재산승계제도 -유언대용신탁과 수익자연속신탁을 중심으로-", 『법학논총』 제31집 제2호, 2011.8

_____, "상속수단으로서의 신탁", 『민사법학』 제4호, 2006.12.

_____, 『일본신탁법』, 진원사, 2007.

최은순, "민사신탁에 관한 연구 -유용성과 적용범위를 중심으로-", 고려대학교 대학원 박사학위논문, 2010.6.

최현태, "祉型信託導入을 통한 民事信託의 活性化 -受益者連續信託을 中心으로-", 『재산법연구』 제27권 제1호, 2010.6.

홍유석, 『신탁법』, 법문사, 1999.

2. 외국 문헌

水野忠恒, 『租税法』(第4版), 有斐閣, 2009.

四宮和夫, 『信託法』, 有斐閣, 1989.

Hayton & Marshall, *Commentary and Cases on the Law of Trusts and Equitable Remedies*, THOMSON, 2001.

J E Penner, *The Law of Trusts 6th edition*, OXFORD UNIVERSITY PRESS, 2008.

John A. Darden, *Comparison of Living Trusts and Wills, Guide G-256*, http://aces.nmsu.edu/pubs/_g/g-256.pdf, 2005. 8.

Kenneth E. Anderson·Thomas R. Pope·John L. kramer, 2008. *PRENTICE HALL'S FEDERAL TAXATION 2008*, Prentice Hall.

Peter Melcher and Matthew Zuengler, *MAXIMIZING THE BENEFITS OF ESTATE PLANNING BET-TO-DIE STRATEGIES : CLATS AND PRIVATE ANN- UTTIES*, Marquette Elder's Advisor Volume 7 2006. 3.

Tadao Okamura, "*Taxation and Trusts in the United States and Japan*", Proceedings from the 2009 Sho Sato Conference on Tax Law, 2009.

Abstract

A Study on Living Trust Taxation: Focusing on Inheritance Tax and Gift Tax Law

As economic scale is expanding more and more due to increasing value of assets, accordingly people are more and more concern about inheritance in the instance of our nation as well as other nations'. Thus, trust is being spotlighted these days as a alternative way of existing inheritance method. To reflect above mentioned, the trust act amendment has been tabled in national assembly in 2009. The revised trust act will take effect on July 26, 2012. Corresponding to amendment of trust tax system should be changed. Modifying regulation involved with current trust system on inheritance and gift tax law has to be done. Through changing those tax law concerned trust are has to be fixed clearly and minimize friction between tax payers and tax authority while the trust system is established gradually. In this sense, those will be mentioned below are full of suggestions.

First, the perpetuity of period trust has to be set its limit. if there are no restrictions, economical efficiency would decline by leaving a long term restraint of trust property. It is somewhat like giving a tacit permission of tax avoidance attempts by using trust system. Thus the equality of tax burden principle need to be realized while the restrictions on the perpetuity of period trust would increase efficiency for its resources economically, and prevent from tax avoidance attempts.

Second, inheritance method through living trust should be modified. since Korea is entering an aging society in doing, more people would set up trust in their lifetime for inheritance means and it is based on living trust of for the purpose of succession which introduced on revised trust law and living trusts of successive interest. Since the grantor could wield strong influence over their living trust, their influence has to be limits on the living trust. Thus, the guidelines of grantors control criteria should be set up and need to make rules on future interests which is existing only on Anglo-American Law.

Third, the one receive the trust corpus on inheritance tax law has to be recognized as a corpus beneficiary and others should be charged inheritance tax depends on their trust intents. It need to make a legal reserve of inheritance possible in the event of inheritance through will trust. By including negative property to trust property on revised trust law regarding reserve of inheritance system.

Forth, To retain legislative intent on inheritance and gift tax law Article 13, section 1, it is necessary to be changed, income tax values amount which trustee gives to beneficiary during the perpetuity of period trust for this current gift tax method which is based on per donating deeds should be switched to tax year method. Certain amount of tax should be exempted on current gift tax measure by tax year.

For all these measures, the taxation system should support trust to be alternative way to inheritance. Through this, revising trust law will be expected to contribute to establish trust system.

☑ Key word: living trust, future interests, rule against perpetuities, the perpetuity of period trust

제4장 지방세법상 신탁세제

4.1. 담보목적의 신탁등기와 취득세 추징사유에 관한 소고

4.1. 담보목적의 신탁등기와 취득세 추징사유에 관한 소고*
- 지식산업센터용 부동산의 취득세 추징 사유인 매각을 중심으로 -

4.1. 담보목적의 신탁등기와 취득세 추징사유에 관한 소고*

배영석** · 김병일***

Ⅰ. 서 언
Ⅱ. 담보목적 신탁의 의의 및 신탁재산에 대한 과세
Ⅲ. 담보목적 신탁등기와 취득세 추징사유(매각) 해당성에 대한 과세당국의 견해
Ⅳ. 신탁등기와 취득세 추징사유에 대한 과세관청 해석의 비판적 검토
Ⅴ. 결 론

국문 요약

건축물 신축의 소요자금을 조달하는 수단으로 실무계에서 이용하는 PF 금융에서 관리형 토지신탁의 방법으로 담보를 제공하는 경우가 많다. 이 경우 채무자가 소유 부동산을 신탁회사에게 이전등기 해주었다는 이유로 감면 받은 취득세의 추징사유인 매각에 해당한다고 보아 과세당국이 취득세를 추징하는 사례가 발생하고 있다. 이렇게 추징하는 논리적 근거는 신탁에 의한 이전등기를 하면 담보목적이라고 하더라도 소유권이 대내외적으로 완전히 수탁자에게로 이전된다는 신탁의 성질에 근거한 것이다.

그러나 ① 문리해석의 기초인 일반적인 언어 용법상 담보목적으로 신탁의 방법으로 이전등기한 것을 '팔아 버렸다'는 의미를 가진 '매각'에 해당한다고 보기 어렵고, ②「조세특례제한법」에서는 신탁에 의한 이전등기를 매각으로 보지 않는데 지방세 감면에 관하여「조세특례제한법」에서 규정하던 것을「지방세특례제한법」으로 이관하였다고 해서 신탁등기에 의한 이전을 매각으로 보아 추징하는 것은 합리적이지 않으며, ③ 감면세액에 대한 보충적 사후관리규정을 둔「지방세특례제한법」제178조에서 추징사유로 '처분'이라는 문언이 아닌 '매각'이라는 문언을 사용하여 추징사유의 범위를 좁히고 있는 점을 고려할 때 신탁에 의한 이전등기를 매각으로 보지 않는 것이 입법취지에 맞는 해석이 되고, ④ 신탁등기를 한 이후에도 여전히 위탁자가 신탁부동산을 계속 사용하는 등 저당권 설정의 경우와 다를 바 없는 점에서 실질과세원칙이나 과세의 형평과 당해 조항의 합목적성에 비추어 세법을 해석해야 한다는 해석기준에 비추어 볼 때 매각한 것으로 볼 수 없다 하겠다.

다행히 최근에 조세심판원이 담보목적의 신탁등기를 추징사유인 매각에 해당하지 않는다는 심판결정례를 내리고 있어 납세자의 부담을 덜고 있지만, 담보취득 방법 중 담보목적의 신탁과 저당권 설정 간에 차이가 없는 점을 감안하여 신탁에 의한 이전등기를 한 경우라도 과세당국이 향후 감면 취득세의 추징사유에 해당하지

---

* 『조세논총』제2권 제2호(2017.6, 한국조세법학회)에 게재된 논문이다.
** 진일회계법인 공인회계사, 세무학 박사, yeongsb@hanmail.net, 주저자.
*** 강남대학교 경영관리대학 경제세무학과 교수, 법학박사, bikim22@hanmail.net, 교신저자.

않는 것으로 세법을 해석하여, 실무계에서 혼란이 발생하지 않고 납세자의 부담이 발생하지 않도록 하는 것이 바람직하다 할 것이다.

☑ 핵심어: 신탁등기, 담보신탁, 관리형 토지신탁, 취득세 추징사유, 매각, 실질과세원칙

I. 서 언

전통적으로 부동산을 담보로 제공하는 방법은 부동산에 저당권을 설정해 주는 방법이다. 그러나 요즘은 저당권을 설정하는 방법 외에도 담보제공자가 부동산을 신탁회사에 신탁등기로 이전한 후 그 수익권을 담보권자가 가지도록 하는 이른바 담보신탁제도가 담보의 방법으로 많이 활용되고 있다. 뿐만 아니라 새로 건물을 신축하는 사업에서 금융을 할 때에는 건물신축기간동안 담보 공백이 없도록 하기 위해 관리형 토지신탁이라는 이름으로 담보신탁과 거의 동일한 기능을 하는 부동산신탁도 실무계에서 많이 이용하고 있다. 담보목적으로 신탁을 하게 되면 담보제공자로부터 부동산신탁회사로 부동산의 소유권 이전등기를 하게 된다.

이렇게 담보용으로 수탁자앞으로 이전등기하는 신탁등기에 대해서는 「지방세법」에서 취득세를 비과세하고 있기 때문에 담보제공에 따른 조세부담에 대해 논란이 없다. 그러나 위탁자가 부동산을 취득할 때에 여러 가지 이유에 의하여 취득세를 감면받은 부동산을 담보용으로 신탁에 의하여 신탁회사에게 소유권을 이전할 경우 이 신탁부동산을 매각한 것으로 보아 감면한 취득세의 추징사유에 해당하는 것인가를 두고 논란이 있다. 당초 과세당국은 담보용으로 신탁등기한 것은 취득세의 추징사유에 해당하지 않는다고 해석해 오다가 취득세의 추징사유에 해당한다고 해석을 바꿈에 따라 문제가 되고 있는 것이다.

취득세란 재화의 이전이라는 사실에 담세력을 인정하고 부과하는 유통세의 일종으로서 취득자가 실질적으로 완전한 내용의 소유권을 취득하는지 여부에 관계없이 소유권이전 형식에 의한 취득은 원칙적으로 모두 취득세의 과세대상이 된다는 것이 대법원판례인데, 이 논리를 담보용 신탁등기에 그대로 적용하면 담보용 신탁도 위탁자로부터 수탁자에게로 소유권 이전등기가 되면 대내외적으로 완전히 소유권이 이전되는 것이어서 매각에 해당한다고 보아야 하고 따라서 취득세의 추징사유에 해당한다고 해석할 논리가 나올 수 있다.

그러나 담보로 제공하는 방법으로 해당 부동산에 저당권을 설정하든 담보용 신탁등기를 하든 사실상 차이가 없는데도 불구하고 저당권을 설정하는 경우는 추징하지 않으

면서 담보용 신탁등기를 하면 매각한 것으로 보아 취득세의 추징사유에 해당한다고 하는 것은 법논리의 정치성을 떠나서 일반 상식상으로 납득하기 어렵다.

본 연구는 취득세 과세의 합리화에 기여할 목적에서 담보신탁등기를 할 경우 매각한 것으로 보아 취득세의 추징사유에 해당한다고 할 수 있는지의 여부에 관하여 검토한다.

본 연구는 실무계에서 PF(Project Financing) 금융의 담보용으로 활발히 이용하고 있는 관리형 토지신탁을 할 경우 이를 감면 취득세의 추징사유에 해당하는지 여부를 PF의 사업 중에서 대표적으로 현재 문제가 되고 있는 지식산업센터용 부동산에 한정하여 감면 취득세의 추징사유에 해당하는지 여부를 살펴보기로 한다.

감면 취득세의 추징 요건 중 하나로 '정당한 사유없이 취득일로부터 소정의 기간이 경과할 때까지 해당 용도로 직접 사용하지 않는 경우'를 규정한 경우가 있는데,[1] 이 경우의 추징의 정당사유나 직접 사용의 문제에 관해서는 다수의 연구가 있다.[2] 그러나 본 연구는 추징사유 중 정당사유나 직접 사용의 문제에 대해서는 연구하지 않고 감면 취득세의 또 다른 추징사유 중 하나인 감면 부동산의 '매각'에 관하여만 연구한다. '매각'이 감면 취득세의 추징사유에 해당하는지 여부에 관하여 다룬 연구는 찾기가 어렵다.

본 논문은 다음과 같이 구성되어 있다. 제Ⅱ장에서는 담보신탁과 관리형 토지신탁의 의의에 대하여 알아 본 후 신탁재산의 세무처리에 관하여 간략히 살펴 본 다음, 제Ⅲ장에서 담보목적으로 신탁등기에 의하여 소유권을 이전한 것이 감면 취득세의 추징사유인 매각에 해당하는지 여부에 관하여 추징사유에 해당한다는 견해와 해당하지 않는다는 견해를 살펴본다. 그 후 제Ⅳ장에서 추징사유로 정한 '매각'이라는 문언적 측면, 「지방세특례제한법」에서 추징사유를 정한 연혁적인 측면, 실질과세원칙과 세법해석기준 측면, 입법취지적 측면에서 담보목적의 신탁등기는 '매각'에 해당하지 않는다는 것을 논증한다. 이를 종합하여 제Ⅴ장에서 결론을 맺는다.

---

1) 개별 규정에서 감면 취득세의 추징을 특별히 규정하지 않은 경우 감면한 취득세를 추징하도록 일반규정을 둔 「지방세특례제한법」 제178조 제1호가 대표적이다.

2) 윤현석, "면제된 취득세 등의 추징사유: 정당한 사유 인정", 『조세판례백선2』, 박영사, 2015, 674~680면; 마정화·유현정, 『부동산신탁에 관한 합리적인 지방세 과세방안』, 한국지방세연구원, 2016-6호, 2017, 44~45면; 박지현·안성서, 『지방세 감면 사회관리제도 개선방안』, 한국지방세연구원, 2016-26호, 2016, 12~13면 및 65~67면.

II. 담보목적 신탁의 의의 및 신탁재산에 대한 과세

1. 담보목적 신탁의 종류

신탁은 신탁재산의 종류에 따라 금전신탁, 유가증권신탁, 금전채권신탁, 부동산신탁 등 여러 가지 기준에 의하여 분류할 수 있는데, 취득세와 관련된 신탁은 부동산신탁이다. 이 부동산신탁 중에서 부동산 소유자가 신탁을 하는 주된 목적이 담보의 목적인 경우를 실무계에서 담보목적 신탁이라고 부르는데, 본 논문에서도 이를 담보목적 신탁으로 부르기로 한다.

실무계에서 주로 하고 있는 담보목적 신탁은 크게 두 가지이다. 하나는 부동산 소유자가 저당권을 설정해 주는 전통적인 담보제공방법 대신에 부동산을 신탁등기함으로써 채권자가 그 신탁부동산에서 채권회수에 우선변제력을 보장받도록 하는 방법인 담보신탁이라고 부르는 것이 그것이고, 또 하나는 토지 소유자가 소유 토지를 신탁등기한 후 그 토지 위에 수탁자의 명의로 건축허가를 받아 건축물을 건축, 분양하도록 함으로써 토지 취득자금과 건축자금을 대여한 채권자로 하여금 건축물의 건축기간과 분양기간 중에도 채권자의 채권회수에 우선변제력이 보장되도록 하는 관리형 토지신탁이 그것이다. 관리형 토지신탁은 PF 금융에서 주로 이용된다.

2. 담보목적 신탁의 의의

(1) 담보신탁

담보신탁이란 부동산에 저당권을 설정하여 담보를 취득하는 방법 대신에 신탁제도를 이용하여 담보적 효과를 거두는 것을 목적으로 한 신탁을 말한다. 담보신탁의 방법으로 ① 채무자가 부동산소유자3)로서 위탁자가 되고 부동산신탁회사는 수탁자가 되며 금융기관은 채권자로서 수익자(통상은 우선수익자)가 되는 '타익신탁4)형 담보신탁', ② 부동산소유자가 채무자로서 위탁자 및 수익자가 되어 부동산신탁회사(수탁자)에 부동산

---

3) 저당권에 있어서 제3자가 담보를 제공하는 경우와 같이 담보신탁에서도 신탁등기해 주는 부동산소유자가 채무자가 아닌 제3자가 되는 수도 있다.

4) '타익신탁'이란 신탁 재산에서 생기는 이익을 위탁자 이외의 자(이를 수익자라 한다)에게 귀속되게 하는 신탁을 말하며 제3자를 위한 신탁에 해당한다. 이에 반하여, 신탁 재산에서 생기는 이익을 위탁자 자신에게 귀속되게 하는 신탁을 '자익신탁'이라고 한다.

을 신탁한 후 취득한 신탁수익권을 금융기관(채권자)에 질권을 설정하여 주는 형식의 '질권설정형 담보신탁', ③ 채무자가 위탁자로서 소유 부동산을 수탁자 앞으로 신탁에 의한 부동산신탁을 한 다음 수탁자로 하여금 신탁부동산을 채권자를 위하여 저당권을 설정하여 주는 형식(즉, 수탁자가 위탁자를 위한 물상보증인의 지위가 되도록 하는 형식)의 '저당권설정형 담보신탁' 등이 있으나, 실무에서는 대부분 타익신탁형 담보신탁의 형식으로 담보신탁을 한다. 왜냐하면 질권설정형 담보신탁은 질권 형식으로 취득하는 담보이므로 파산절차 또는 회생절차가 개시되면 도산절연이 되지 않아 타익신탁형 담보신탁보다 담보력이 약하고, 저당권설정형 담보신탁은 채권자가 저당권의 설정을 해야 하므로 저당권 설정에 따르는 부대비용(등록면허세, 국민주택채권의 구입, 설정비용 등)이 추가로 소요되어 비경제적이기 때문이다. 따라서 본 논문에서는 담보신탁이라고 할 때는 현행 실무에서 대부분 채택하고 있는 타익신탁형 담보신탁인 것으로 전제하고 논의한다.

담보신탁을 한 후 채무자가 정상적으로 채무를 변제하지 않으면 우선수익자는 수탁자에게 신탁부동산(즉, 담보부동산)을 처분할 것을 요청하여 처분하게 한 다음 그 매각대금으로 대출금을 회수하고 나머지가 있으면 채무자에게 반환한다.

담보신탁 방식에 의하여 담보취득을 하는 이유는, 담보신탁에 의한 담보 취득이 저당권에 의한 담보 취득보다 채권자나 채무자에게 유리한 점이 있기 때문이다. 즉, ① 신탁은 독립성이 있으므로 위탁자의 다른 채권자들이 신탁재산에 대한 보전처분 및 강제집행을 하는 것이 금지되고,5) ② 채무자인 위탁자가 추가로 담보권을 설정하는 것을 금지시키게 되며,6) ③ 채무자에 대하여 회생절차가 개시되더라도 신탁재산에 아무런 영향이 없이 신탁재산을 매각하여 채권을 회수할 수 있고,7) ④ 신탁재산의 독립성으로 인해 신탁회사가 파산하더라도 파산재단을 구성하지 않을 뿐만 아니라8) 채무자가 회

---

5) 신탁법 제22조(강제집행 등의 금지) ① 신탁재산에 대하여는 강제집행, 담보권 실행 등을 위한 경매, 보전처분(이하 "강제집행등"이라 한다) 또는 국세 등 체납처분을 할 수 없다. 다만, 신탁 전의 원인으로 발생한 권리 또는 신탁사무의 처리상 발생한 권리에 기한 경우에는 그러하지 아니하다.
   ② 위탁자, 수익자나 수탁자는 제1항을 위반한 강제집행등에 대하여 이의를 제기할 수 있다. 이 경우「민사집행법」제48조를 준용한다.
   ③ 위탁자, 수익자나 수탁자는 제1항을 위반한 국세 등 체납처분에 대하여 이의를 제기할 수 있다. 이 경우 국세 등 체납처분에 대한 불복절차를 준용한다.
6) 저당권은 담보물권의 소유자가 임의로 설정할 수 있으나, 담보신탁의 경우에는 소유권이 수탁자에게 있으므로 위탁자가 임의로 담보권(예: 우선수익권 등)을 설정할 수 없다.
7)「채무자회생 및 파산에 관한 법률」제250조 제2항 제2호에서 '채무자 외의 자가 회생채권자 또는 회생담보권자를 위하여 제공한 담보'는 회생계획과 상관없도록 정하고 있고, 담보신탁부동산의 소유자는 위탁자(회생채무자)가 아닌 수탁자(신탁회사)이므로 우선수익자(대출자)는 회생계획과 무관하게 담보신탁부동산을 처분하도록 할 수 있다.
8) 신탁법 제24조(수탁자의 파산 등과 신탁재산) 신탁재산은 수탁자의 파산재단, 회생절차의 관리인이 관리

생절차에 들어가더라도 관리인이 관리 및 처분권한을 갖고 있는 채무자의 재산이나 개인회생재단을 구성하지 않으며, ⑤ 공매절차를 민사집행법 등의 적용을 받지 않고 탄력적으로 운영할 수 있고, ⑥ 담보신탁등기에 따른 취득세가 비과세되므로 비용부담을 절감할 수 있을 뿐만 아니라[9] 담보권 등기절차도 필요없으므로 등록면허세도 부담하지 않아 비용부담 면에서 유리한 점 등이 담보신탁에 있는 것이다.

저당권과 담보신탁을 비교해 보면 다음 <표 1>과 같다.

〈표 1〉〈저당권과 담보신탁의 비교〉

구분	저당권	담보신탁
등기부 표시	소유권: 차주(저당권은 을구 표시)	소유권: 신탁회사(신탁은 갑구 표시)
소요비용	· 제1종 국민주택채권매입(채권최고액의 1%) · 등록면허세/교육세: 채권최고액의 0.24% · 근저당설정비: 채권최고액의 0.4~0.5% * 토지의 경우 지상권설정비, 지상권설정의 등록면허세 별도	· 채권매입 면제 · 등록면허세/교육세: 건당 7,200원 · 담보신탁수수료: 채권최고액의 약 0.15~0.4% * 토지의 경우 지상권 설정 불필요
담보관리 주체	대출기관	신탁회사 공동관리 (대출기관 관리비용 절감)
신규임대차 후순위권 설정	배제 곤란	신탁행위 이후 발생시 배제가능 (우선수익자, 수탁자 동의 필요)
물상대위행사 (수용대금)	사전압류 필요 (압류미필에 따른 손해방지)	압류 불필요 (신탁사에 바로 지급)
환가절차	· 법원의 임의경매 절차 · 대부분 권리 말소 · 번잡, 장기간소요: 6개월~1년	· 일반공매방식 · 현상대로 처분으로 권리분석 필요 · 간편, 단기간 소요: 30일부터 1차 입찰 가능
환가비용	경매비용 과다	신탁보수만 부담 (선순위 임금채권 배제)

및 처분 권한을 갖고 있는 채무자의 재산이나 개인회생재단을 구성하지 아니한다.
9) 「지방세법」 제9조 제3항 참조.

환가가액	· 민사집행법 절차에 의한 경매 · 제한적인 매각 촉진활동	· 일반부동산 공매시장에서 공매, 상대적 고가 · 부동산전문가의 적극적인 매각활동
환가방법	법원 경매	신탁회사 공매 또는 수의계약
채권회수	경락금액 범위 내에서 설정금액까지	매각금액 정산 후 우선수익권 한도 내
타채권자 강제집행	가능	원칙적 불가능
파산재단 구성여부	파산재산 포함 (파산 또는 회생절차시 채권회수 장기 소요)	파산재단 불포함 (신탁재산은 별도 처분가능)

자료: 김재희·이동찬, "부동산신탁의 이해", 『리북스』 2014, 106면; 마정화·유현정(주2), 18면에서 재인용

(2) 관리형 토지신탁

토지신탁이란 토지소유자(위탁자)로부터 신탁받은 토지에 신탁회사(수탁자)가 건물, 택지, 공장용지 등의 유효시설을 건축하거나 조성하여 처분·임대 등의 부동산개발사업을 시행한 후 발생한 수익을 수익자에게 교부하여 주는 신탁이다. 개발신탁이라고도 한다.

토지신탁은 사업비의 조달의무의 부담주체를 누가 하느냐에 따라 위탁자가 사업비의 조달의무를 지는 '관리형 토지신탁'과 수탁자가 사업비의 조달의무를 지는 '차입형 토지신탁'으로 나눈다. IMF 경제위기 이전에는 부동산신탁회사가 고유계정을 통하여 차입하여 부동산을 개발하는 차입형 토지신탁이 주를 이루었으나 IMF 경제위기 때에 과도한 리스크 때문에 한국부동산신탁과 대한부동산신탁이 파산함에 따라 그 후에는 차입형 토지신탁이 크게 위축되고 관리형 토지신탁이 많이 취급되고 있다.

신탁을 이용하여 담보취득을 하고자 할 때에 보존등기가 된 건물은 이전등기가 가능하므로 수탁자 앞으로 소유권 이전등기가 필요한 담보신탁을 이용할 수 있으나, 새로 건물을 신축할 경우 신축기간 동안은 준공 이전이므로 소유권 보존등기가 되지 않은 상태이어서 소유권 이전등기를 필요로 하는 담보신탁을 이용할 수 없다. 따라서 새로 건물을 신축하는데에 소요되는 자금에 대하여 대출을 할 경우 신축기간 동안에도 담보 공백이 없이 채권보전이 되도록 하기 위해 채무자(위탁자)가 아닌 자가 건축허가를 받아 신축행위를 할 수 있도록 할 법적 주체가 있을 필요가 있는데, 이 문제를 해결하기 위하여 실무에서는 수탁자가 건축행위를 하는 법적 주체가 되는 방식인 관리형 토지신탁을 많이 이용하고 있다. 따라서 현재 실무에서 운영되고 있는 관리형 토지신탁의 경우

내용적으로는 담보신탁과 다를 바가 없이 운영되어 담보신탁과 동일하게 신탁수익권(대부분 우선수익권)을 채권자(수익자)가 취득하는 형태로 채권보전을 한다. 신탁보수도 담보신탁의 경우와 크게 차이가 나지 않는 형태이다.

실무에서 실제로 운영하고 있는 관리형 토지신탁의 계약서 내용을 보면 다음과 같고, 담보신탁과 크게 다르지 않다는 점을 알 수 있다.

〈실무에서 사용한 관리형 토지신탁약정서의 예시〉

제2조(목적) ② '위탁자'는 본건 사업부지의 제공, 사업비의 조달, 건축인·허가 등 사업관련 전반업무를 행하며, '수탁자'는 본건 건물을 건설하고 본건 사업부지와 본건 건물(본건 사업부지와 본건 건물을 총칭하여 '신탁부동산')을 분양(처분)함에 있어 본 사업의 명의를 제공하고 본 사업 수행상 필요한 자금의 조달 및 시공상의 하자, 분쟁 및 민원의 처리와 해결 등에 대해서는 일체의 책임을 지지 아니하는 관리형 토지신탁사업의 구도로 본 사업을 추진한다.

제8조(업무분담 및 신의성실) ② 위탁자는 다음 각호의 업무를 수행한다.

1. 본건 사업부지에 대한 완전하고 아무런 제한이나 부담이 없는 소유권의 확보 및 이에 필요한 비용부담

2. 본건 사업부지의 신탁등기 절차이행 및 수탁자 명의로 사업주체를 변경할 의무 및 이에 필요한 비용의 부담

3. 본 사업 진행에 따른 제반 인·허가 업무(인·허가 조건 이행 포함)

4. 본 사업수행에 필요한 제세공과금 및 분·부담금의 신고 및 납부, 신탁사무처리비용 일체의 부담 및 신탁재산에 대한 출연

5. 본 사업 관련 일체의 민원처리 업무

6. 본 사업의 분양 관련 업무(분양계약 체결, 견본주택 건립 및 운영, 분양대행계약체결, 분양광고 등)

7. 본건 건물에 대한 수탁자 명의로의 소유권 보존등기

   (8호 이하 생략)

③ 수탁자는 다음 각호의 업무를 수행한다.

1. 본 계약 체결 후 신탁등기 업무 및 신탁부동산의 소유권 관리

2. 분양계약, 공사도급계약 및 감리용역계약 등 본 사업시행과 관련한 각종 계약 중 변경된 사업주체 명의로의 계약이 필수적인 계약에 대한 (승계)계약 체결 및 신탁재산 범위내에서의 비용 지급

---

3. 본건 건물에 대한 수탁자 명의로의 소유권 보존등기

4. 수분양자로의 소유권 이전

5. 각종 인·허가 및 지식산업센터설립승인신청(변경승인 포함) 등 대관 인·허가업무의 행정처리 절차에 대한 협조

6. 본 사업의 분양수입금을 포함한 모든 자금의 수납, 관리 및 집행업무, 신탁재산에 대한 회계처리업무

　(7호 이하 생략)

제34조(세무, 회계 등) ① 본 사업과 관련된 일체의 세무, 회계업무 및 납부에 관한 책임은 위탁자가 부담한다.

② 본 사업의 추진에 따라 부과되는 제세공과금(종합부동산세, 건물의 보존등기에 따른 취득세, 등록세, 주택협회비 등 본 사업과 관련하여 발생하는 제세금 및 공과금을 포함하며, 이에 한하지 아니함)과 사업 인·허가에 따른 각종 분·부담금은 수탁자의 명의로 부과되는 것이라도 위탁자가 부담한다. 단, 위탁자가 부담하지 않을 경우 신탁재산에서 충당하도록 한다.

3. 신탁재산에 대한 과세

(1) 과세법리: 신탁도관설과 신탁실체설

신탁재산에 대하여 과세하는 방법에 있어서 신탁도관설과 신탁실체설의 대립이 있다. 신탁도관설은 신탁을 하나의 도관(conduit, pipe)으로 생각하여 아예 신탁이 없는 것으로 보고 세법을 적용해야 한다는 논리이며, 신탁실체설은 신탁을 하나의 실체(entity)로 보아 신탁재산 또는 수탁자를 하나의 과세주체로 인정하여 세법을 적용해야 한다는 논리이다.

신탁은 신탁재산을 통해서 발생한 소득을 수익자에게 분배해 주는 하나의 도관에 지나지 않는다는 입장이 신탁도관설이므로, 이 논리에 따르면 신탁재산은 독립한 과세주체가 될 수 없고 신탁소득이 실질적으로 귀속되는 수익자가 과세주체가 된다.

이에 반해 신탁실체설은 두 가지로 나눌 수 있다. 신탁재산은 독립된 법인격이 없으므로 법인격이 있는 수탁자를 과세주체로 해야 한다는 견해(수탁자설)가 하나이고, 신탁재산 그 자체를 하나의 과세주체로 인정하여 세법을 적용해야 한다는 견해(신탁재산설)가 나머지 하나이다. 그러나 신탁법에서 신탁재산을 수탁자의 고유재산과 분리된 독립성을 인정하고 있으므로 실질적으로는 수탁자설과 신탁재산설 간에 차이가 없다.

우리나라 세법은 발생소득에 대하여 과세하는 조세인 「소득세법」과 「법인세법」은 신탁도관설에 따라 입법되어 있고, 신탁재산에 대하여 재산세를 과세하는 「지방세법」상 재산세에 관해서는 신탁실체설에 따라 입법되어 있다고 볼 수 있다. 그러나 「부가가치세법」은 명시적인 규정이 없이 해석론에 맡기고 있다.

한편, 회계는 형식보다는 경제적 실질에 근거하여 회계처리를 하는 것이므로[10] 회계상으로는 신탁을 하여 소유권이 이전되었다고 해서 위탁자(부동산 소유자)의 재산이 수탁자(신탁회사)에게 이전된 것으로 회계처리하지 않고 그대로 위탁자의 재산인 것으로 회계처리한다.

(2) 국세에 대한 신탁과세

1) 소득세 및 법인세

소득세 및 법인세를 과세할 때에는 수익자(수익자가 없거나 존재하지 않는 경우에는 위탁자 또는 그 상속인)가 신탁재산을 가진 것으로 보고 과세한다.[11] 즉, 신탁을 하나의 도관으로 보는 신탁도관설의 입장에서 입법되어 있으므로 세무처리에서 신탁은 실질과세원칙이 적용된다. 따라서 신탁하였다고 해서 위탁자의 재산이 수탁자에게 이전된 것으로 세무처리하지 않고 그대로 위탁자의 재산인 것으로 세무처리하므로 회계와 동일하다.

2) 부가가치세

과세당국은 신탁도관설에 따라 부가가치세를 처리해야 한다는 입장이다. 따라서 ① "실질적 통제권이 이전되어 공매된 경우 공매에 따른 부가가치세의 납세의무는 우선수익자이다"고 해석하면서,[12] 이 경우 1순위 및 2순위 우선수익자 각자가 신탁재산에 대한 실질적 통제권을 이전받은 경우에는 우선순위에 따라 우선수익권이 미치는 금액의 범위 내에서 납세의무를 진다고 해석하고 있다.[13] ② 한편, "신탁부동산의 실질적 통제권이 우선수익자에게 이전된 후 신탁재산이 공매되면 신탁부동산에 대한 부가가치세의 납세의무자는 우선수익자가 된다"고 해석하고,[14] "신탁부동산의 실질적 통제권을 우선수익자에게 이전하면 위탁자가 우선수익자에게 세금계산서를 발행할 수 있다"라고 해석하면서[15] 이 경우 "우선수익자가 교부받은 세금계산서상 매입세액은 우선수익자

---

10) 재무회계개념체계 문단 48 참조.
11) 「소득세법」 제2조의2 제6항, 「법인세」 제5조 참조.
12) ① 국세청의 해석: 법규부가 2012-480, 2013. 1. 3., 법규부가 2012-347, 2013. 3. 13., 서면법규과-510, 2013. 5. 7., 부가-1130, 2013. 12. 8. 등.
　　② 기획재정부의 해석: 재부가-737, 2011. 11. 23. 등.
13) 국세청, 부가가치세과-1180, 2012. 11. 30.
14) 국세청, 법규부가 2012-480, 2013. 1. 3.

가 공제받을 수 있다"고 해석하고 있다.[16]

　따라서 신탁부동산이 신탁관계자 이외의 제3자에게 양도되는 경우 자익신탁의 경우는 위탁자(수익자)가 부가가치세 납세의무를 지나, 타익신탁의 경우는 수익자[17]가 부가가치세의 납세의무를 진다고 해석함에 따라 부가가치세도 「소득세법」과 「법인세법」의 취급과 동일하게 세무처리한다고 해석한다.

　판례는 종전에는 「부가가치세법」의 적용에 있어서 「소득세법」 및 「법인세법」이 취하고 있는 신탁도관설에 따라 세무처리하는 것으로 해석하였다. 즉, ① "부동산 담보신탁에 있어서 신탁부동산의 처분에 대한 부가가치세 납세의무자는 수익자이다"고 판시하고,[18] ② "부가가치세의 납세의무자는 위탁자이므로 부가가치세의 환급세액의 환급청구권은 위탁자에게 귀속된다"고 판시하였다.[19]

　그러나 최근 대법원의 전원합의체 판결에서는 이러한 입장을 바꾸어 타익신탁의 경우 부가가치세의 납세의무자는 (우선)수익자가 아니라 수탁자인 것으로 판례변경을 하였다.[20] 이 전원합의체 판결에서 대법원은 ① 부가가치세의 과세원인이 되는 재화의 공급으로서의 인도 또는 양도는 재화를 사용·소비할 수 있도록 소유권을 이전하는 행위를 전제로 하므로, 재화를 공급하는 자는 위탁매매나 대리와 같이 「부가가치세법」에서 별도의 규정을 두고 있지 않는 한 계약상 또는 법률상의 원인에 의하여 그 재화를 사용·소비할 수 있는 권한을 이전하는 행위를 한 자를 의미한다고 보아야 하고, ② 신탁법상의 신탁은 수탁자로 하여금 신탁 목적을 위하여 그 재산권을 관리·처분하게 하는 것이므로, 채무불이행 시에 신탁부동산을 처분하여 우선수익자의 채권 변제 등에 충당하고 나머지를 위탁자에게 반환하기로 하는 내용의 담보신탁을 체결한 경우에도 마찬가지로 해석해야 하며, ③ 수탁자가 신탁재산을 관리·처분하면서 재화를 공급하는 경우 수탁자 자신이 신탁재산에 대한 권리와 의무의 귀속주체로서 계약당사자가 되어 신탁업무를 처리한 것이므로, 이때의 부가가치세 납세의무자는 재화의 공급이라는

---

15) 국세청, 법규부가 2012-347, 2013. 3. 13.
16) 국세청, 법규부가-153, 2012. 4. 24.
17) 주로 세무상 쟁점이 되는 경우에는 수익자를 분화하여 수익자(주로 위탁자이다) 이외에 우선수익자가 있는 경우이고, 이 경우 우선수익자는 신탁재산을 담보목적으로 신탁한 경우의 금융기관 또는 건축물을 건축하는 시공회사인 경우가 대부분이다.
18) 대법원 2011.1.27. 선고 2010두21617 판결. 이 판결에서 담보신탁이라도 타익신탁에 해당하므로 수익자(＝담보권자＝금융기관)를 신탁재산의 소유자로 보아 수익자가 신탁부동산의 처분에 따른 부가가치세 납세의무자(즉, 재화의 공급자)에 해당한다고 판결했다.
19) 대법원 2003.4.25. 선고 2000다33034 판결. 이 판결에서 위탁자(신탁재산의 실제소유자)가 공제받은 매입세액은 신탁재산에 귀속되는 것이 아니라 위탁자에게 귀속된다고 판시했다.
20) 대법원 2017.5.18. 선고 2012두22485 판결.

거래행위를 통하여 그 재화를 사용·소비할 수 있는 권한을 거래상대방에게 이전한 수탁자로 보아야 하고, 그 신탁재산의 관리·처분 등으로 발생한 이익과 비용이 거래 상대방과 직접적인 법률관계를 형성한 바 없는 위탁자나 수익자에게 최종적으로 귀속된다는 사정만으로 달리 볼 것은 아니며, ④ 세금계산서 발급·교부 등을 필수적으로 수반하는 다단계 거래세인 부가가치세의 특성을 고려할 때, 신탁재산처분에 따른 공급의 주체 및 납세의무자를 수탁자로 보아야 신탁과 관련한「부가가치세법」상 거래당사자를 쉽게 인식할 수 있고, 과세의 계기나 공급가액의 산정 등에서도 혼란을 방지할 수 있다는 점을 판례변경의 이유로 내세웠다. 그러면서 신탁재산의 공급에 따른 부가가치세의 납세의무자는 그 처분 등으로 발생한 이익과 비용이 최종적으로 귀속되는 신탁계약의 위탁자 또는 수익자가 되어야 한다는 취지로 판시한 판결[21]은 이 판결의 견해에 저촉되는 범위에서 이를 변경한다고 하였다. 이 전원합의체 판결은 부가가치세에 관한 종전 판례를 뒤집는 판결로서 부가가치세에 관한 신탁과세에 있어서 획기적인 분기점이 되는 것으로 평가할 수 있는 판결이다.

(3) 지방세에 대한 신탁과세

1) 취득세

취득세는 재화의 이전이라는 사실 자체를 포착하여 거기에 담세력을 인정하고 부과하는 유통세의 일종으로서 부동산의 취득자가 그 부동산을 사용·수익·처분함으로써 얻어질 이익을 포착하여 부과하는 것이 아니므로, 취득세 과세 시 '취득'이란 취득자가 실질적으로 완전한 내용의 소유권을 취득하는지 여부와 관계없이 소유권 이전 형식에 의한 취득의 모든 경우를 포함하는 것으로 해석하는 것이 대법원의 입장이고,[22] 따라서 신탁에 의한 소유권 이전의 경우에도 취득세의 과세대상이 되는 것으로 보아 수탁자를 납세의무자로 하고 있는 점에서 신탁실체설 중에서 수탁자설의 입장이라고 평가할 수 있다.

따라서 어떤 주주가 법인의 과점주주가 됨에 따라 그 과점주주에게 그 법인의 지분율이 증가한 만큼 당해 법인이 보유한 부동산 등에 대한 간주취득세를 과세할 때에는 신탁부동산은 위탁자의 재산이 아니라 수탁자의 재산에 해당하는 것으로 보아 과세해야 하고,[23] 수탁자에게 소유권이 이전된 신탁토지에 대하여 위탁자의 비용과 노력으로 그 토지의 지목을 사실상 변경하더라도 지목변경에 따른 취득세의 납세의무는 위탁자

---

21) 대법원 2003.4.22. 선고 2000다57733, 57740 판결; 2003.4.25. 선고 99다59290 판결; 2003.4.25. 선고 2000다33034 판결; 2006.1.13. 선고 2005두2254 판결; 2008.12.24. 선고 2006두8372 판결.
22) 대법원 2007.4.12. 선고 2005두9491 판결 등.
23) 대법원 2014.9.4. 선고, 2014두36266 판결; 법제처, 14−0577, 2014.11.19.; 지방세기본통칙 7−8.

가 아닌 수탁자에게 있다.[24] 다만, 신탁은 실질적인 측면에서는 재산의 이전으로 볼 수 없기 때문에 「지방세법」 제9조 제3항에서 신탁에 의한 소유권 이전이 있을 경우에 세 가지에 해당할 때에는 비과세하도록 입법하고 있다.[25]

그러나 취득세 과세 시 납세의무자가 위탁자가 아닌 수탁자가 되는 점을 이용하여 위탁자의 지위만 이전하는 방식으로 취득세를 회피하는 현상이 발생함에 따라 이를 방지하기 위하여, 2015. 12. 29.에 「지방세법」 제7조 제15항을 신설하여 "신탁재산의 위탁자 지위의 이전 시 새로운 위탁자가 해당 신탁재산을 취득한 것으로 보아 취득세 납세의무를 부담한다"는 취지로 규정하여 위탁자의 지위 이전의 경우에 새로운 위탁자에게 취득세 납세의무를 지우고 있는데, 이 점에서는 신탁도관설의 입장이라고 평가할 수 있다.

2) 재산세

2014. 1. 1. 개정 이전의 「지방세법」에서는 신탁재산에 대한 재산세의 납세의무자를 위탁자로 정하고 있었으나[26] 2014. 1. 1. 개정 이후의 「지방세법」에서는 위탁자별로 구분된 재산에 대한 재산세의 납세의무자는 수탁자로 정하면서 위탁자별로 구분된 재산에 대한 납세의무자는 각각 다른 납세의무자로 보도록 정하고 있다.[27] 따라서 현재 재산세에 있어서는 신탁실체설 중에서 수탁자설의 입장이라고 평가할 수 있다.

이렇게 납세의무자를 변경한 것은, 종전에 위탁자를 재산세의 납세의무자로 함에 따라 위탁자가 재산세를 납부하지 아니할 경우 과세당국이 재산세 발생원인이 되는 신탁재산에 대하여 체납처분절차를 진행할 수 없다는 점 때문이었다. 즉, 2014. 1. 1. 개정이전의 규정에 의할 때 재산세 납세의무자는 위탁자이나 신탁재산의 법률상 소유자는 수탁자이기 때문에, 위탁자가 재산세를 체납할 경우 위탁자의 일반재산에 대해서는 강제집행이 가능하나 신탁재산은 타인(수탁자)의 재산이어서 체납처분하는 것은 불가능하였다. 신탁재산이 과세원인이 되어 재산세 납세의무가 발생하는데도 그 과세원인인 신탁재산에 대해서는 체납처분할 수 없는 일이 발생한 것이다. 이러한 문제점을 개선하기 위하여 2014. 1. 1.에 「지방세법」을 개정하였다.

---

24) 대법원 2012. 6. 14. 선고, 2010두2395 판결 참조.
25) 지방세법 제9조(비과세) ③ 신탁(「신탁법」에 따른 신탁으로서 신탁등기가 병행되는 것만 해당한다)으로 인한 신탁재산의 취득으로서 다음 각 호의 어느 하나에 해당하는 경우에는 취득세를 부과하지 아니한다. 다만, 신탁재산의 취득 중 주택조합등과 조합원 간의 부동산 취득 및 주택조합등의 비조합원용 부동산 취득은 제외한다. (2010. 3. 31. 개정)
　1. 위탁자로부터 수탁자에게 신탁재산을 이전하는 경우
　2. 신탁의 종료로 인하여 수탁자로부터 위탁자에게 신탁재산을 이전하는 경우
　3. 수탁자가 변경되어 신수탁자에게 신탁재산을 이전하는 경우
26) 2014. 1. 1. 개정 이전의 「지방세법」 제107조 제2항 제5호.
27) 2014. 1. 1. 개정 이후의 「지방세법」 제107조 제1항 제3호.

그러나 현행 「지방세법」에서도 신탁도관설의 논리가 반영된 것도 있다. 즉, ① '위탁자별로 구분'된 신탁재산의 재산세 납세의무자는 수탁자이나 재산세 납세의무자는 각각 다른 납세의무자로 본다고 규정하고 있으므로[28] 재산세 과세 시 신탁부동산에 대한 소유자가 완전히 수탁자인 것으로 보기 어렵고, ② 신탁재산에 속하는 종합합산 또는 별도합산 대상토지의 합산 시 '신탁재산 토지'는 수탁자의 고유재산 토지와 서로 합산하지 않고 '위탁자별로 구분되는 신탁재산 토지'는 위탁자별로 각각 합산하도록 규정하여[29] 신탁부동산의 실질적·경제적 소유자는 '수탁자'가 아닌 '위탁자'인 것을 전제한 규정을 두고 있다. ③ 또한, 신탁재산에 대한 재산세가 체납될 경우에는 체납된 해당 재산에 대해서만 압류를 하되, 재산세가 체납된 재산이 속한 신탁에 다른 재산이 있는 경우에는 그 다른 재산에 대하여 압류할 수 있도록 정하여[30] 신탁부동산의 실질적·경제적 소유자는 수탁자라기 보다는 위탁자인 것을 전제하고 있다.

III. 담보목적 신탁등기와 취득세 추징사유(매각) 해당성에 대한 과세당국의 견해

1. 취득세 감면세액 추징의 의의

현행 「지방세법」에서는 일정한 경우에 취득세를 감면해 주되 사후관리규정을 두어 일정한 사유에 해당하면 감면한 취득세를 추징하는 규정을 두고 있다. 사후관리규정은 각 감면을 규정한 개별 규정에서 정하고 있는 것이 대부분이나 각 개별 규정에서 감면의 사후관리규정을 두지 않은 경우에는 ① 정당한 사유 없이 그 취득일부터 1년이 경과할 때까지 해당 용도로 직접 사용하지 아니하는 경우와 ② 해당 용도로 직접 사용한 기간이 2년 미만인 상태에서 매각·증여하거나 다른 용도로 사용하는 경우에는 그 해당 부분에 대해서는 감면된 취득세를 추징하도록 규정하고 있다.[31]

취득한 과세대상 물건에 대한 취득세를 감면하였다가 감면요건에 해당하지 않아 추징하는 경우 두 가지의 방법이 있다. 하나는 감면대상의 소정 용도용으로 취득하면 일단 감면한 후 나중에 감면대상 용도로 사용하지 않으면 감면세액을 추징하는 방법이

---

28) 「지방세법」 제107조 제1항 제3호. 한편, 「지방세법 시행령」 제106조 제1항에서는 납세의무자(위탁자별로 구분된 재산에 대한 수탁자)의 성명·상호 다음에 괄호를 하고 그 괄호 안에 위탁자의 성명·상호를 적어 구분하도록 정하고 있다.
29) 「지방세법」 제106조 제3항.
30) 「지방세법」 제119조의2.
31) 「지방세특례제한법」 제178조.

고, 다른 하나는 사후 관리규정(예: 다른 용도로 사용하거나 처분할 경우 추징한다는 규정)을 두어 이에 해당하면 추징하는 경우이다.[32] 예컨대 「지방세특례제한법」 제58조의2 제1항 제1호에서 규정한 '지식산업센터 등에 대한 감면'의 경우, ① 전자의 경우는 본문에서 정한 요건(즉, "…사업시설용…으로 직접 사용하기 위하여…취득하는 부동산…에 대해서는 취득세의 100분의 35를 경감한다"는 요건)에 해당하는 경우로서 취득한 부동산을 사업시설용으로 직접 사용하지 않으면 감면 취득세를 추징하고, ② 후자의 경우는 단서에서 정한 요건 (즉, "…다음 각 목의 어느 하나에 해당하는 경우[33] 그 해당 부분에 대해서는 경감된 취득세를 추징한다"는 요건)에 해당하는 경우로서 후자의 요건에 해당하면 감면 취득세를 추징한다.

본 논문에서 논의하는 것은 후자에 해당하는 감면요건이다. 후자에 해당하여 취득세 감면세액을 추징하는 성질은 일종의 법정부관으로서 해제조건에 해당한다.[34][35] 따라서 지식산업센터의 사업시설용으로 취득하여 감면받았다 하더라도 나중에 사후관리요

---

32) 강석규, 『조세법 쟁론』, 삼일인포마인, 2017. 1367면. 참조.

33) 그 경우는 ① 정당한 사유 없이 그 취득일부터 1년이 경과할 때까지 착공하지 아니한 경우와 ② 그 취득일부터 5년 이내에 매각·증여하거나 다른 용도로 분양·임대하는 경우의 두 가지이다.

34) 김태호, 『지방세 이론과 실무』, 세경사, 2014년, 907면.

35) 판례에서 취득세 감면의 성질에 관하여 다룬 사건이 있다. 그 사건의 개요는 다음과 같다. 원고가 ① 이 사건 부동산을 취득(2011. 3. 31. 및 2011. 4. 14.)하여 취득세를 납부한 후, ② 원고가 소외회사에게 이 사건 부동산을 매각하기 위한 매매계약을 체결(2012. 5. 31.)하여 소유권이전등기까지 마쳤으나(2012. 6. 1.) 소외회사와 부동산 매매계약을 합의해제(2012. 6. 15.)하고 합의해제에 따라 소유권이전등기를 말소(2012. 6. 19.)한 다음, ③ 원고는 창업중소기업이 취득한 부동산으로서 감면 사유에 해당한다는 이유로 감면해 달라는 경정청구(2014. 5. 14.)를 한 사건이다.
이 사건에서, ① 1심(수원지방법원, 2015. 6. 30. 선고 2015구합60014 판결)은 원고 승소판결을 내렸다. 그 판시의 요지는 ⓐ 추징사유로서의 처분에는 임대를 포함하고 있어 취득 재산을 해당 사업에 직접 사용하는지 여부에 따라 취득세의 면제 여부가 확정되도록 규정하고 있고, ⓑ 취득세 추징사유로서의 처분은 창업중소기업이 취득한 사업용 재산을 정당사유 없이 다른 목적으로 처분함으로써 해당 사업에 사용하지 아니하게 된 경우로 보는 것이 취득세 면제규정 취지에 부합하므로, ⓒ 이 사건 매매계약이 합의해제됨에 따라 소급하여 그 효력이 실효되어 소유권이전등기가 말소되고, 원고가 이 사건 매매계약 체결 전후로 점유를 이전한 바 없이 계속하여 이 사건 부동산을 직접 사용하여 온 이상 '취득일부터 2년 이내에 다른 목적으로 처분'하였다고 보기 어렵다는 것이다. ② 그러나 2심(서울고등법원, 2016. 4. 29. 선고 2015누50551 판결)은 원고 패소판결을 하였다. 그 판시의 요지는 ⓐ 취득하는 사업용 재산에 대하여 취득세를 면제하여 주면서 다른 목적으로 사용하거나 처분하는 경우 면제받은 세액을 추징하도록 규정하고 있는 것은 정책목적을 위한 조세감면 및 사후관리를 위한 추징이라는 형식의 전형적인 조건유보부 감면조항이라고 할 수 있으므로, ⓑ 본문의 취득세 면제요건에 해당하였다고 하더라도 사후적으로 단서의 추징요건이 발생하게 되면, 유보된 조건의 성취로 인하여 당초의 취득세 면제 사유에 해당하지 않게 된다고 해석함이 상당하고, ⓒ 취득세 추징사유로서 '처분'은 취득세 면제사유에 대응하는 것으로서 처분 그 자체가 당초 감면목적에 따른 사용이라고 볼 수 없는 것이므로, '소유권이전의 형식에 의한 처분행위 그 자체'를 말하는 것이지 그 후 매매계약이 해제되었다거나 사업용 재산을 실질적으로 사용하고 있는지 여부에 의하여 다르게 볼 것은 아니라는 것이다. ③ 3심(대법원, 2016. 7. 7. 선고 2016두38730 판결)은 「상고심절차에 관한 특례법」제5조에 의하여 상고 기각 판결을 하여 원고 패소판결이 확정되었다.

건에 해당하면 해제조건의 성취에 해당되어 당초의 면제처분이 다시 과세대상(즉, 추징대상)으로 전환되는 것이다. 감면 취득세가 다시 추징대상이 되면 그 사유발생일로부터 30일 이내에 자진신고납부해야 한다.[36)

2. 견해의 대립

신탁을 원인으로 수탁자 앞으로 이전등기를 하면 등기부상 소유자인 수탁자가 이를 취득한 것으로 보아 취득세 납세의무가 발생한다고 하면 이것은 곧 위탁자가 수탁자에게 신탁부동산을 양도한 것에 해당한다고 볼 수 있는데, 그렇다면 신탁에 의한 이전을 취득세 추징사유인 '매각'에 해당한다고 볼 수 있는지 여부에 관하여 견해가 갈리고 있다.

(1) 추징사유 해당설

행정자치부가 현재 취하고 있는 입장이다. 신탁에 의한 이전등기는 매각에 해당하므로 추징사유에 해당한다고 보아야 한다는 논리이다. 즉, 당초 과세당국은 신탁에 의하여 이전등기한 것은 감면한 취득세의 추징사유인 매각에 해당하지 않는다고 해석하였으나,[37) 그 후 과세당국은 신탁에 의하여 부동산을 이전등기하면 소유권이 대내외적으로 완전히 수탁자에게 이전되므로 매각한 것에 해당한다고 해석을 변경하였다.[38)39)

한편, 신탁 이외에 합병·분할 등의 사유로 소유권이 이전되는 사례에 관하여 과세당국은 ① 당초에는 합병으로 인한 소유권 이전은 매각에 해당되지 않아 취득세 추징사유에 해당하지 않는다고 해석하고[40) 등록세 중과세분의 추징사유에도 해당하지 않는다고 해석하였으나,[41) ② 최근의 해석에서는 ⓐ 합병계약에 따라 소유권을 이전한 경

---

36) 「지방세법」 제20조 제3항.
37) 행정안전부, 지방세운영-4862, 2010. 10. 15.
38) 행정자치부, 지방세운영-42, 2014. 1. 6.; 지방세특례제도-1353, 2015. 5. 18.; 지방세특례제도-3492, 2015. 12. 23.; 지방세특례제도-3558, 2015. 12. 29. 등.
39) 그러나 서울시의 과세전 적부심사청구의 결정(서울시 2015-80, 2015. 12. 30.)에서는 "위탁자가 지식산업센터를 신축 분양하기 위하여 토지를 취득한 이후에 취득세 감면을 받고 한국자산신탁과 관리형 토지신탁을 체결한 것을 '이전'이나 '매각'으로 보아 취득세를 추징할 수 없다. 수탁자는 신탁재산의 형식적인 소유 명의를 갖는 것일 뿐, 실질적인 소유권은 여전히 위탁자에게 있다고 봄이 상당하다고 할 것이므로, 실질과세의 원칙상 위탁자는 여전히 지식산업센터 설립 승인을 받은 자에 해당한다고 할 것이다"고 결정하여, 다시 종전 해석이 타당하다는 입장을 취하고 있다.
40) 행정자치부, 지방세운영-3352, 2013. 12. 13. 이 해석은 「지방세특례제한법」 제78조 제4항에 의거 산업단지개발사업 시행자가 감면받은 취득세를 "직접 사용기간이 2년 미만인 상태에서 '매각'하는 경우 감면 취득세를 추징한다"고 정한 「지방세특례제한법」 제78조 제5항에 해당하는지 여부에 관한 질의에 대한 해석이다.
41) 행정안전부, 지방세운영-2120, 2010. 5. 19. 이 해석은 종전 「지방세법 시행령」 제101조 제1항 제8호

우 당해 부동산은 취득세 추징대상이라고 해석하고 있고,[42] ⓑ 물적분할한 경우 물적분할은 무상으로 부동산을 취득하는 것에 해당되어 취득세 추징대상에 해당된다고 해석하였으며,[43] ⓒ 현물출자 방식으로 법인 신설 후 합병으로 인한 소유권 이전된 경우 처분에 해당하므로 등록세·취득세의 추징사유에 해당한다고 해석하고 있다.[44]

이러한 해석 사례에서 보는 바와 같이, 과세당국은 '합병'으로 인한 소유권 이전에 대하여 ① '매각'이라고 표현한 법문을 해석할 때에 종전에는 추징사유에 해당하지 않는다고 해석하다가 2016년도 부터는 추징사유에 해당한다고 해석을 바꾸었고, ② '처분'이라고 표현한 법문을 해석할 때는 당초부터 추징사유에 해당한다고 해석하여 '매각'과 '처분'의 문언의 뜻이 다른 것으로 해석하였다.[45][46]

〈표 2〉'합병·분할'로 소유권 이전 시 감면세액 추징 여부에 관한 예규의 비교

추징사유 해당성 여부	「지방세법」 법문에서의 감면 지방세의 추징 사유의 표현	예규
미해당	매각: 취득세 추징	지방세운영-3352, 2013. 12. 13.
	매각: 등록세 중과세액 추징	지방세운영-2120, 2010. 5. 19.
해당	매각: 취득세 추징	지방세특례제도과-2200, 2016. 8. 23. 지방세특례제도과-1803, 2016. 7. 27.
	처분: 등록세·취득세 추징	지방세운영-3013, 2009. 7. 28.

(현행 「지방세법 시행령」 제26조 제1항 제6호에 해당)에 의거 등록세의 중과세 대상에서 제외된 유통산업이 "2년 이상 당해 업종에 직접 사용하지 아니하고 '매각'하는 경우 중과세액을 추징한다"고 정한 종전 「지방세법 시행령」 제101조 제2항(현행 「지방세법」 제13조 제3항 제2호 가목에 해당)에 관한 질의에 대한 해석이다.

42) 행정자치부, 지방세특례제도과-2200, 2016. 8. 23.

43) 행정자치부, 지방세특례제도과-1803, 2016. 7. 27.

44) 행정안전부, 지방세운영-3013, 2009. 7. 28. 이 해석은 "현물출자 또는 사업양수도에 따라 취득·등기하는 사업용재산을 "등기일·취득일로부터 2년 이내에 '처분'하는 경우 감면받은 등록세·취득세를 추징한다"고 정한 종전 「조세특례제한법」 제119조 제4항 및 제120조 제5항에 관한 질의에 대한 해석이다.

45) 행정자치부, 지방세운영-42, 2014. 1. 6.에서는 감면 취득세의 추징사유인 '처분'을 "…'취득'에 반대되는 개념으로 매각, 증여 등으로 인하여 타인에게 해당 재산에 대한 새로운 취득이 발생되는 경우…"로 설명하여, '처분이 취득의 반대 개념에 해당한다'고 설명하고 있다.

46) 행정자치부는 ① 지방세운영-3352, 2013. 12. 13., 지방세운영-2120, 2010. 5. 19. 등의 해석에서는 추징사유로 규정하고 있는 '매각'은 특정승계를 의미하는 것으로 권리의무를 포괄승계하는 '합병'의 경우까지 포함된다고 볼 수 없다고 해석한 반면, ② 지방세특례제도-3492, 2015.12.23., 지방세특례제도-2200, 2016. 8. 23., 지방세특례제도-1803, 2016. 7. 27. 등의 해석에서는, '매각'의 의미는 유상 또는 무상으로 소유권이 이전된 모든 경우를 의미하는 것(즉, 포괄승계도 포함하는 것)으로 해석하고 있다.

(2) 추징사유 비해당설

조세심판원이 현재 취하는 입장이다. 조세심판원은 부동산담보신탁으로 임대주택의 소유권을 수탁자에게 이전한 것이 '처분'에 해당하여 감면 취득세의 추징사유에 해당하는지 여부에 관한 사건[47]에서 신탁에 의하여 소유권을 이전한 것은 취득세 추징사유인 임대 외의 용도 등으로 사용한 경우에 해당하지 않는다는 결정을 하였다.

그 논거는, ① 신탁재산의 소유권이 이전되어 수탁자가 대내외적으로 신탁재산에 대한 관리권을 갖더라도 신탁법상의 신탁행위는 재산의 사용·수익·처분의 권리를 배타적으로 양도하는 일반적인 소유권의 이전과는 다르고, ② 담보부신탁으로 임대주택의 소유권이 수탁자에게 이전된 후에도 위탁자가 월 임료의 수납, 임대차보증금 반환채무의 부담, 신탁부동산의 현실적인 점유·유지·관리 및 통상적인 임대업무 등을 하여 실질적인 관리를 하면서 여전히 임대인의 지위를 보유하고 있어 임대주택을 '임대 외의 용도'로 사용하고 있다고 보기 어렵고, ③ 담보부신탁은 그 실질에 있어 근저당의 설정과 유사할 뿐만 아니라 신탁기간이 만료되거나 위탁자가 채무변제하면 신탁이 종료되어 위탁자에게 소유권이 이전(환원)되며, ④ 신탁보수가 지급되어도 신탁에 의한 소유권이전을 유상거래에 해당한다고 단정하기 어렵다는 것이다.

또한, 조세심판원은 거의 동일한 이유로 '담보신탁'이 아닌 '관리형 토지신탁'의 경우에도 수탁자에게 이전등기한 것을 취득세의 추징사유인 '매각'에 해당한다고 할 수 없다고 결정을 하였다.[48][49] 다만 이 사건에서 조세심판원은 "…매각이나 증여하는 경우에 추징대상에 해당된다고 규정하고 있는데, 이 규정에서의 '매각'은 매매, 교환, 현물출자 등과 같이 '대가를 지급받고 소유권을 이전'하는 경우를 의미한다고 보아야 할 것이고, '증여'는 증여자가 수증자에게 '무상으로 재산을 수여'하는 법률행위를 말한다고 할 것이며…대가를 받고 부동산을 처분하는 '매각'이나 무상으로 소유권을 수증자에게 이전하는 '증여'와 '신탁'은 엄격하게 구별되는 법률행위에 해당된다고 보인다…"고 한 후 "…신탁의 경우 단순히 소유권이전이 이루어진 것만을 이유로 매각이나

---

47) 조심2016지0153, 2016. 11. 25.
48) 조심2016지0027, 2017. 3. 29.
49) 최근 조세심판원의 결정례에서도 물적분할에 의한 자산의 이전은 취득세 추징사유인 매각·증여에 해당하지 않는다고 결정을 하였다(조심2016지0855, 2017. 5. 11.). 이 사건에서 조세심판원은 "① 「지방세특례제한법」 제78조 제5항 제2호에서 추징요건을 규정한 '매각'이란 상대방에게 대가를 받고 물건이나 권리 따위를 넘기는 특정승계를 의미하는 것이므로 그것과는 다른 법인분할에 따른 자산의 승계를 같이 보기는 어렵고, ② 분할신설법인이 쟁점토지를 포함한 해당 사업을 포괄승계함으로써 청구법인이 쟁점토지를 사용하지 않았기 때문에 청구법인이 해당 용도로 직접 사용하지 아니한 정당한 사유가 있는 것으로서, 분할신설법인이 쟁점토지를 포함한 해당 사업을 포괄승계한 사실에 대하여 달리 정당한 사유를 부인할 만한 정황이 보이지 아니한다"는 이유로 취득세 추징사유에 해당하지 않는다고 결정을 하였다.

증여에 해당된다고 볼 수는 없고, 신탁의 목적이 소유권의 처분을 목적으로 하는 신탁인지, 단순한 관리신탁인지 여부 등 신탁의 실질적인 내용에 따라 매각이나 증여와 동일성이 있는지 여부에 따라…추징대상에 해당되는지 여부를 판단하여야 할 것이다…"고 별도로 설명하고 있다.

Ⅳ. 신탁등기와 취득세 추징사유에 대한 과세관청 해석의 비판적 검토

신탁등기에 의하여 소유권이 위탁자로부터 수탁자에게로 이전되면 명의신탁과는 달리 대내외적으로 완전히 소유권이 수탁자에게로 이전된다. 이러한 법리적인 점을 중시하여 현재 행정자치부는 신탁등기에 의한 소유권 이전이 있으면 감면 취득세의 추징사유인 매각에 해당한다고 해석하고 있다. 그러나 신탁에 의하여 소유권을 이전하는 것은 감면 취득세의 추징사유에 해당하는 매각에 해당하지 않는다고 보는 것이 타당하다고 할 것이다. 그 이유는 다음과 같다.

1. '매각'이라는 문언적 측면

조세법은 침해법규이므로 엄격하게 해석해야 하고 문리해석이 그 기본이다. 문리해석은 먼저 문자·문장에 입각하여 해석하는 것이고[50] 법령 규정에서 특별한 정의가 없는 용어는 일반적인 용법대로 사용되고 있음을 전제로 해석해야 한다.[51] 「지방세특례제한법」에서 사용하고 있는 용어의 뜻은 「지방세기본법」과 「지방세법」에서 정하는 바에 따르는 것이지만,[52] 감면한 취득세의 추징사유로 정하고 있는 '매각'의 뜻을 「지방세기본법」이나 「지방세법」에서 정하고 있지 않다. 그렇다면 여기서의 '매각'의 뜻은 사전적 의미(즉, 국민의 언어 생활에서의 일반적인 용법)를 뜻하는 것으로 해석해야 올바른 문리해석이 된다.

매각의 사전적 뜻은 '물건을 팔아 버린다'는 뜻이다.[53] '매각'의 뜻이 '팔아 버린 것'이라면, 언어 용법상 처분 이후에 매도자가 매각 부동산과 완전히 절연이 되어야만 매각에 해당한다고 할 수 있다. 그러나 담보목적으로 신탁에 의하여 이전등기를 한 경우

---

50) 법제처, 『－명답을 위한－ 법령해석 매뉴얼』 26면, 2009년 참조.
51) 법제처(주50), 24면 참조.
52) 「지방세특례제한법」 제2조 제2항.
53) 포털 daum 및 naver의 한국어 사전에서의 정의.

법률적으로는 수탁자에게 소유권이 이전된 것이지만 내용상·사실상으로는 위탁자가 소유자로서 계속 관리·사용한다. 더욱이 신탁(信託)이란 단어의 뜻이 "믿고(信) 맡긴다(託)"는 뜻이므로 신탁을 하였다고 해서 '맡긴 것(託)'의 범위를 넘어 '팔아 버렸다'고 하는 것은 일반인의 언어 용법에도 맞지 않다.

또한 2014. 12. 31. 이전의 「지방세법」에서 위탁자를 신탁부동산의 재산세 납세의무자로 규정하였던 점이나 현행 「지방세법」에서 위탁자가 신탁부동산의 실제 소유자인 것을 전제하여 둔 재산세 납세의무에 관한 규정[54]을 다수 두고 있는 점, 위탁자의 지위 이전이 있으면 새로운 위탁자가 취득세 납세의무를 부담한다고 규정하고 있는 점[55] 등의 규정을 종합할 때, 현행 「지방세법」에서 위탁자가 신탁에 의하여 부동산을 수탁자에게 이전한 경우 이를 매각한 것(즉, 팔아 버린 것)으로 보는 입장을 취하고 있다고 보기는 어렵다 할 것이다.

소유권이 이전되는 넓은 의미의 처분에는 소유권이 이전된 후 매도인이 이전한 부동산을 '사용하지 않는 경우'와 '사용하는 경우'로 나눌 수 있다. 아래 <표 3>에서 보는 바와 같이, 이전한 부동산을 사용하지 않는 경우를 '이전의 경우에 일반적으로 사용하는 용어인 매매, 교환, 현물출자 등의 경우'(㉠)와 본 논문에서 검토 대상으로 하고 있는 '매각이라고 표현한 경우'(㉡)로 나누어 보면, ㉠, ㉡의 경우는 처분을 하면 양도인이 처분한 부동산을 사실상 사용할 수도 없고 사용하지도 않는 경우이다. 이에 비하여 아래 <표 3>의 '㉢'에 해당하는 경우는 양도인이 부동산을 처분한 경우에 해당한다고 하더라도 여전히 양도인이 사실상 계속 사용하고 있는 경우이다. 즉, ① 매매, 교환, 현물출자, 매각 등의 원인으로 이전되는 경우(㉠, ㉡)에는 부동산을 이전한 이후에 양도인[56]이 그 이전된 부동산을 사용하지 않고 양수인[57]이 사용하므로 양도인의 사용관계가 절연되나, ② 신탁, 양도담보, 합병, 분할의 경우(㉢)에는 양도인의 사용관계가 절연되지 않고 계속된다.[58]

---

54) 주석 28, 주석 29, 주석 30 참조.
55) 「지방세법」 제7조 제15항.
56) 매도인, 교환자, 현물출자자, 매각인 등이다.
57) 매수인, 피교환자, 피현물출자자, 피매각인 등이다.
58) 합병의 경우 피합병법인은 합병법인에 포괄승계되므로 취득세를 감면받은 피합병법인은 합병법인으로 승계되어 계속 사용하고 있는 것으로 보아야 하고, 분할의 경우도 역시 동일하다.

〈표 3〉 소유권 이전 유형별 양도인·양수인 간의 절연성 등 비교

구 분			소유권 이전 후 이전 부동산에 대한 양도인의 사용 여부 및 사용관계의 절연성 여부
넓은 의미의 처분	좁은 의미의 처분	㉠ 매매, 교환, 현물출자 등	사용 불가 → 절연
		㉡ 매각	사용 불가 → 절연
	㉢ 신탁, 양도담보, 합병, 분할		계속 사용 → 미절연

그렇다면 「지방세특례제한법」에서 취득세의 추징사유로서 '처분'이라는 문언을 사용하지 않고 '매각'이라는 문언을 사용했다는 것은, 처분 이후에 매도인의 사용관계가 절연되는 '완전히 팔아 버렸다고 할 정도에 이르는 매각'에 해당하는 경우에만 비로소 취득세를 추징하고, 처분 이후에 매도인의 사용관계가 절연되지 않는 신탁·양도담보·합병·분할과 같은 경우에는 취득세를 추징하지 않도록 하기 위해서 입법자가 매각이라는 문언을 의도적으로 사용한 것이라고 보아야 할 것이다.59) 즉, 입법자는 감면세액을 추징하는 경우에 '매각'이라는 문언을 사용하는 경우60)와 '처분'이라는 문언을 사용하는 경우61)62)를 구분하여 사용, 입법하고 있는데, 입법자가 이렇게 '매각'과 '처분'으로 구분하여 추징사유를 달리 규정한 취지를 헤아리지 않고 매각은 곧 처분에 해당한다고 해석하는 것은 입법 취지에 어긋난다 할 것이다.

결국, 일반 국민의 언어 용법상 양도담보63)·합병64)·분할65) 등으로 소유권이 이전되면 이전받은 상대방은 취득세의 납세의무를 부담하게 되는 것이지만, 그렇다고 해서 이 경우 양도인이 취득세 감면대상 부동산을 당초 취득 목적 이외의 다른 용도로 사용했다고 보는 것은 감면 취지에 맞지 않기 때문에 입법자는 이런 경우에 감면 취득세의 추징사유에 해당되지 않도록 하기 위해 '매각'이라는 문언을 의도적으로 특별히 사용한 것이라고 보아야 합리적이다.66)

---

59) 박지현·안성서(주2), 13면에서도 매각·증여하는 경우 추징하는 이유를 감면주체가 변경되는 것이므로 감면목적을 달성하지 않는 것으로 본다는 취지로 설명하고 있다.
60) 「지방세특례제한법」 제58조의2 이외에도 제58조의3 제7항 제2호, 제52조 제2항 3호, 제6조 제1항 제2호·제4항 제4호, 제22조 제1항 제3호, 제79조 제1항 제2호 등에서 감면세액의 추징사유로 '매각'이라는 문언을 사용하고 있다.
61) 「지방세특례제한법」 제57조의2 제4항 등에서 감면세액의 추징사유로 '처분'이라는 문언을 사용하고 있다.
62) 「지방세특례제한법」 제59조 제4항 등에서는 감면세액의 추징사유로 '양도'라는 문언을 사용하고 있다.
63) 양도담보로 인한 취득도 취득세 과세대상이 된다는 것이 대법원 판례(1987.10.13. 선고 87누581)이며, 과세관청의 해석이기도 하다(지방세 기본통칙 7−1 제1항 참조).
64) 합병으로 인한 취득은 취득세 과세대상이다(「지방세특례제한법」 제57조의2 제1항, 제2항 참조).
65) 분할로 인한 취득은 취득세 과세대상이다(「지방세특례제한법」 제57조의2 제3항 제2호 참조).

2. 취득세 추징규정의 연혁적 측면

본 논문에서 검토의 대상으로 삼고 있는 「지방세특례제한법」 제58조의2 이외에 취득세 감면세액의 추징사유로 '매각'이라는 문언을 사용하고 있는 「지방세특례제한법」 제58조의3에 규정한 창업중소기업 및 창업벤처중소기업의 창업일부터 4년 이내에 취득하는 사업용재산에 대한 취득세 면제의 경우를 보기로 하자.

2016. 12. 27. 신설한 현행 「지방세특례제한법」 제58조의3 제7항 제2호에서 취득세 감면세액의 추징사유로 '취득일부터 3년 이내에 다른 용도로 사용하거나 매각·증여하는 경우'를 규정하고 있다.[67] 그런데 창업중소기업 및 창업벤처중소기업의 사업용재산에 대한 취득세 면제는 당초 「조세특례제한법」 제120조 제3항에서 규정하고 있었는데,[68] 이 경우 취득세 감면액의 추징 사유를 '다른 목적으로 사용·처분(임대를 포함)하는 경우'로 규정하고 있다가 이 조항이 2014. 12. 31.에 「지방세특례제한법」 제58조의3으로 이관되었다. 2014. 12. 31. 이관 시 「지방세특례제한법」 제58조의3 제1항에서는 종전 「조세특례제한법」에서 규정하던 것과 동일하게 취득세 감면세액의 추징사유를 '해당 사업에 직접 사용하지 아니하거나 다른 목적으로 사용·처분(임대를 포함)하는 경우'로 규정하고 있다가[69] 2016. 12. 27. 「지방세특례제한법」 제58조의3 제7항을 신설

---

66) 행정자치부의 해석(지방세특례제도−3492, 2015. 12. 23.)에서 대법원 판례(2015.3.25. 선고 2014두 43097)를 내세워 "매각에는 유·무상의 소유권 이전이 모두 해당된다"는 취지로 설명하고 있으나, 대법원의 이 판례 사례는 법인에 현물출자하여 소유권이 이전된 경우이다. 현물출자로 소유권이 해당 법인에 이전되면 소유권을 이전받은 법인이 이전받은 부동산을 배타적으로 사용하고 이전한 현물출자자는 더 이상 사용하지 않는다. 따라서 현물출자로 소유권이 이전된다면 '완전히 팔아 버렸다'는 의미의 '매각'에 해당한다고 생각하는 것이 우리의 언어 사용 용법이라고 할 수 있다. 이런 점에서 행정자치부의 해석에서 현물출자에 관한 이 대법원 판례를 내세워 유·무상의 소유권 이전이 있기만 하면 '매각'에 해당된다고 해석하는 것은 이 대법원 판례의 취지를 오해한 것으로 볼 수 있다.

67) 지방세특례제한법 제58조의3(창업중소기업 등에 대한 감면) ⑦ 다음 각 호의 어느 하나에 해당하는 경우에는 제1항에 따라 경감된 취득세를 추징한다. 다만 (후략)
   2. 취득일부터 3년 이내에 다른 용도로 사용하거나 매각·증여하는 경우 (2016. 12. 27. 신설)

68) 2014. 12. 23. 삭제 이전의 당시 조세특례제한법 제120조(취득세의 면제 등) ③ 2014년 12월 31일까지 창업하는 창업중소기업 및 창업벤처중소기업이 해당 사업을 하기 위하여 창업일부터 4년 이내에 취득하는 사업용 재산에 대하여는 취득세를 면제한다. 다만, 취득일부터 2년 이내에 그 재산을 정당한 사유 없이 해당 사업에 직접 사용하지 아니하거나 다른 목적으로 사용·처분(임대를 포함한다. 이하 이 항에서 같다)하는 경우 또는 정당한 사유 없이 최초 사용일부터 2년간 해당 사업에 직접 사용하지 아니하고 다른 목적으로 사용하거나 처분하는 경우에는 면제받은 세액을 추징한다. (2013. 1. 1. 개정)

69) 당시 지방세특례제한법 제58조의3(창업중소기업 등에 대한 감면) ① 다음 각 호의 어느 하나에 해당하는 기업이 해당 사업을 하기 위하여 창업일부터 4년 이내에 취득하는 사업용 재산(「지방세법」 제127조 제1항 제1호에 따른 비영업용 승용자동차는 제외한다)에 대해서는 취득세의 100분의 75에 상당하는 세액을 감면한다. 다만, 취득일부터 2년 이내에 그 재산을 정당한 사유 없이 해당 사업에 직접 사용하지

하면서 취득세 감면세액의 추징사유를 '다른 용도로 사용하거나 매각·증여하는 경우'로 문언을 변경하였다. 즉, 창업중소기업 및 창업벤처중소기업의 사업용재산의 취득세 감면액의 추징 사유에 관한 근거가 「「조세특례제한법」 제120조 제3항 → 「지방세특례제한법」 제58조의3 제1항 → 「지방세특례제한법」 제58조의3 제7항'으로 변경되면서 취득세 감면액의 추징 사유가 '처분(임대 포함) → 처분(임대 포함) → 매각·증여'로 변경된 것이다.

그런데 당초 「조세특례제한법」 제120조 제3항에서 규정한 감면 취득세의 추징 사유의 '처분'에는 신탁에 의한 이전등기된 경우는 포함되지 않는다. 왜냐하면, ① 「조세특례제한법」 제146조에서 감면받은 세액에 대한 해당 자산을 처분한 경우 추징하는 규정을 두고 있는데, 이 때 처분의 범위에 '현물출자, 합병, 분할, 분할합병, 「법인세법」 제50조의 적용을 받는 교환, 통합, 사업전환 또는 사업의 승계로 인하여 당해 자산의 소유권이 이전되는 경우'는 처분[70]의 범위에서 제외하고 있는 점[71]으로 볼 때, 신탁에 의한 이전등기는 감면세액의 추징 범위에 해당하지 않는다고 해석하는 것이 합리적이기 때문이고, ② 당시 「조세특례제한법」 제120조 제3항에서 규정한 '처분'에 관한 정의 규정이 「조세특례제한법」에 없었는데 당시 「조세특례제한법」의 해석상 신탁에 의한 이전등기한 경우를 처분에 해당하는 것으로 볼 수 없는 것이기 때문이다.[72]

그렇다면 창업중소기업 및 창업벤처중소기업의 감면 취득세의 추징사유에 관한 규정이 「「조세특례제한법」 제120조 제3항 → 「지방세특례제한법」 제58조의3 제1항 → 「지방세특례제한법」 제58조의3 제7항'으로 변경되었다고 해서 그 의미가 달라졌다고 해석하는 것은 합리적이지 않다. 당초 「조세특례제한법」 제120조 제3항에서 취득세의 추징 사유로 정한 '처분'의 범위에 담보목적의 신탁등기에 의한 이전이 해당되지 않는 것이 분명하다면 현행 「지방세특례제한법」 제58조의3 제7항에서 취득세의 추징사유로 정한 '매각'에도 담보목적의 신탁등기에 의한 이전도 해당되지 않는다고 보아야 합리적이고, 종전 「지방세특례제한법」 제58조의3 제1항에서 감면 취득세의 추징사유로 '처분'으로 규

아니하거나 다른 목적으로 사용·처분(임대를 포함한다. 이하 이 항에서 같다)하는 경우 또는 정당한 사유 없이 최초 사용일부터 2년간 해당 사업에 직접 사용하지 아니하거나 처분하는 경우에는 감면받은 세액을 추징한다. (2014. 12. 31. 신설)

70) 임대의 경우는 처분에 포함된다(「조세특례제한법」 제146조 3번째 괄호).
71) 「지방세특례제한법 시행령」 제137조 제1항 제1호.
72) 「조세특례제한법」 제2조 제2항에서 "조세특례제한법에서 특별히 정하는 경우를 제외하고는 조세특례제한법 제3조 제1항 제1호부터 제19호까지에 규정된 법률에서 사용하는 용어의 예에 따른다"고 규정하고 있는데, 이 제1호부터 제19호까지의 법률에서 사용하는 용어의 예에 따른다면 신탁은 신탁도관설에 따라 세법을 적용해야 한다는 일반 원칙상 신탁을 하였다고 해서 처분이나 양도로 볼 수 없는 것은 「조세특례제한법」의 체계상 명백하다 할 것이다.

정하다가 2016. 12. 27.에 「지방세특례제한법」 제58조의3 제7항에서 감면 취득세의 추징 사유로 '매각'으로 변경, 규정한 것도 이러한 입법취지를 반영한 것이라고 할 것이다.

그렇다면 「지방세특례제한법」 제58조의2 제1항에서 취득세 추징사유로 정한 '매각' 의 의미를 바로 뒤에 있는 조문인 제58조의3 제7항에 정한 '매각'과 같은 의미로 해석 해야 합리적이며, 따라서 지식산업센터용 부동산을 담보목적으로 신탁등기한 경우 추 징사유에 해당되지 않는다고 해석하는 것이 세법 개정의 연혁적인 측면을 고려하더라 도 타당하다 할 것이다.

3. 입법 취지적 측면

「지방세특례제한법」 제178조에서는 부동산에 대한 세액 감면을 적용할 때 「지방세 특례제한법」에서 특별히 규정한 경우를 제외하고 ① 정당한 사유 없이 그 취득일부터 1년이 경과할 때까지 해당 용도로 직접 사용하지 아니하거나 ② 해당 용도로 직접 사 용한 기간이 2년 미만인 상태에서 매각·증여하거나 다른 용도로 사용하는 경우에는 그 해당 부분에 대해서는 감면된 취득세를 추징한다고 규정하고 있다. 앞 <표 3>에 서 보는 바와 같이 '매각'은 양도인이 양도한 자산에 대한 사용관계가 절연되는 '좁은 의미의 처분'에 해당되는 경우이지만, 신탁·양도담보·합병·분할 등에 의하여 이전되 는 경우에는 '넓은 의미의 처분'에는 해당하나 양도인의 종전 사용관계가 절연되지 않 고 계속되는 경우이다.

「지방세특례제한법」 제178조에서 사후관리규정을 두어 각 개별 규정에서 추징규정 을 두지 않는 경우에 보충적으로 추징한다는 규정을 두면서 넓은 의미의 '처분'이라는 문언을 사용하지 않고 좁은 의미의 '매각'이라는 문언을 사용한 의미는 무엇일까?

일반적·보충적 사후관리규정에 의하여 추징하는 경우 그 적용대상을 넓게 잡으면 조세감면의 불형평성이 초래될 가능성이 높다. 따라서 일반적·보충적 사후관리규정에 의하여 추징하는 경우는 개별적 사후관리규정(즉, 감면에 관한 개별규정)에 의하여 추징하 는 경우보다 그 범위를 좁게 하는 것이 합리적이다. 그렇다면 일반적·보충적 사후관리 규정인 「지방세특례제한법」 제178조에서 추징의 대상으로 '처분'이라는 문언을 사용하 지 않고 '매각'이라는 문언을 사용한 것은 신탁·양도담보·합병·분할 등에 의하여 이 전되는 경우에는 이 보충적 사후관리규정에 의한 추징대상에 포함되지 않도록 하기 위 해 의도적으로 특별히 사용한 것이라고 보아야 할 것이다.

「조세특례제한법」 제146조에서도 세액공제받은 해당 자산을 처분한 경우에는 해당 자산에 대한 세액공제액 상당액을 추징하도록 일반적·보충적 사후관리규정을 두고 있는데, 여기서는 '처분'이라는 문언을 사용하면서도 '현물출자, 합병, 분할, 분할합병, 「법인세법」 제50조의 적용을 받는 교환, 통합, 사업전환 또는 사업의 승계로 인하여 당해 자산의 소유권이 이전되는 경우'는 제외되도록 규정하여[73] 보충적 사후관리규정에 의하여 추징대상이 되는 경우를 축소하고 있다. 그렇다면 일반적·보충적 사후관리규정인 「지방세특례제한법」 제178조의 '매각'이나 「조세특례제한법」 제146조의 '처분'의 의미의 해석에서 신탁등기에 의한 것은 추징사유에 해당하지 않는다고 보아야 체계적 해석이 된다.

따라서 「지방세특례제한법」 제178조에서 추징사유로 정한 '매각'은 앞 <표 3>에서 보는 바와 같이, 양도인의 양도자산에 대한 사용관계가 절연되는 '좁은 의미의 처분'만 해당되고 양도인의 양도자산에 대한 사용관계가 계속되는 '넓은 의미의 신탁·양도담보·합병·분할 등에 의한 이전'은 해당되지 않는다고 해석하는 것이 입법취지에 상응한 해석이 된다 할 것이다. 그렇다면 지식산업센터용으로 취득한 부동산을 소정 용도에 사용하지 않는 경우에 추징하도록 정한 「지방세특례제한법」 제58조의2 제1항 제1호 나목의 '매각'도 역시 양도인의 양도자산에 대한 사용관계가 절연되는 좁은 의미의 처분만 해당된다고 해석하는 것이 입법 취지에 맞는 해석이라 할 것이다.

또한, 「지방세특례제한법」 제58조의2[74]에서, 제1항 제1호 나목에서 추징사유로 '… 매각·증여하거나 다른 용도로 분양·임대하는 경우'로 정하고 있는데, 후단의 '나누어 양도한다'는 뜻의 '분양'이 앞 <표 3>의 좁은 의미의 처분(㉠)에 해당하므로 전단의 '매각'도 좁은 의미의 처분(㉡)만 말하는 것으로 해석해야 균형적인 해석이 되고, 입법 취지에도 맞는 균형적인 해석이 된다고 할 것이다.

---

73) 「조세특례제한법」 시행령 제137조 제1항 제1호.
74) 지방세특례제한법 제58조의2(지식산업센터 등에 대한 감면)
　　① 「산업집적활성화 및 공장설립에 관한 법률」 제28조의 2에 따라 지식산업센터를 설립하는 자에 대해서는 다음 각 호에서 정하는 바에 따라 2019년 12월 31일까지 지방세를 경감한다.
　　1. …(중략)…취득하는 부동산에 대해서는 취득세의 100분의 35를 경감한다. 다만, 다음 각 목의 어느 하나에 해당하는 경우 그 해당 부분에 대해서는 경감된 취득세를 추징한다.(2016. 12. 27. 개정)
　　가. 정당한 사유 없이 그 취득일부터 1년이 경과할 때까지 착공하지 아니한 경우
　　나. 그 취득일부터 5년 이내에 매각·증여하거나 다른 용도로 분양·임대하는 경우
　　2. (생략)

4. 실질과세원칙과 세법의 해석기준적 측면

취득세를 과세할 때에는 실질적 소유권 취득 여부에 상관없이 취득이라는 사실을 포착하여 과세하는 것이라고 하더라도 취득세의 과세 시에 실질과세원칙이 적용된다.[75][76]

관리형 토지신탁에 의한 신탁등기를 한 이후에도 ① 위탁자는 신탁토지를 자신의 토지로 회계장부에 계상하고, ② 관리형 토지신탁약정서에서 위탁자의 계산과 책임으로 신탁토지에 지식산업센터를 신축, 분양하는 사업을 계속하는 것으로 약정한 후 이렇게 실행하며, ③ 신탁부동산에 관련된 사업의 자산·부채·손익항목은 모두 위탁자가 자신에게 귀속되는 것으로 하여 자신의 재무제표에 반영, 결산한 후 세무신고하고, ④ 신탁토지에 대한 재산세등 모든 제세공과금을 수탁자(신탁회사)가 아닌 위탁자가 부담하도록 신탁계약에서 약정하여 실제로 위탁자가 부담한다.[77] 즉, 위탁자가 신탁등기 방법에 의하여 차입한 것과 저당권의 설정 방법에 의하여 차입한 것 간에 실무처리나 각종 조세부담금의 부담면에서 사실상 차이가 없다. 차이점은 해당 부동산의 소유권을 이전한 방식으로 하느냐 여부의 차이에 불과할 뿐이다.

위탁자가 신탁등기에 의하여 부동산을 이전등기를 했다고 하더라도 위탁자는 그 신탁부동산을 위탁자 자신의 부동산으로 회계처리도 하고 세무처리도 한다면 이것은 위탁자가 신탁부동산을 자신의 자산으로 보고 있다는 증거이다. 이렇게 위탁자가 회계·세무처리하고 각종 부담금을 부담하고 있는데도 신탁부동산을 팔아버린 의미의 매각한 것으로 보아 위탁자의 자산으로 보지 않고 수탁자의 자산으로 본다고 하면 이것이 오히려 현실에 어긋난다. 위탁자가 신탁부동산을 수탁자(신탁회사)에게 매각한 이후에도 이러한 실무처리가 계속되고 위탁자가 계속 신탁부동산을 사용하는 것이 현실이라면 실질과세원칙상으로도 취득세 추징사유인 매각에 해당한다고 볼 수 없다고 해석하는 것이 타당하다.

또한, 「지방세기본법」 제20조 제1항에서 정한 세법해석기준에 비추어 보아도 추징사유에 해당하지 않는다. 담보신탁은 위탁자가 저당권으로 담보제공한 경우와 다를 바가 없는데도, ① '관리형 토지신탁'에서 위탁자가 부동산을 신탁등기에 의하여 이전하였다고 해서 감면 취득세의 추징사유에 해당한다고 하면, 저당권에 의한 담보제공은 추징사유에 해당하지 않는 점과 비교할 때 과세 형평에 맞지 않는다. ② 또한, 담보신탁 중

---

75) 대법원 전원합의체 판결(2012.1.19. 선고 2008두8499 판결)에서도 이 점을 명백히 하였다.
76) 「지방세기본법」 제17조에서도 종전에 「국세기본법」을 준용하던 방식에서 벗어나 독자적으로 실질과세원칙을 명문화하고 있다.
77) 제Ⅱ장 2. (2).의 관리형 토지신탁 약정서 예시 참조.

에서 부동산소유자(채무자)가 수탁자에게 신탁하여 취득한 신탁수익권을 채권자에게 질권 설정하여 주는 형식의 '질권설정형 담보신탁'의 경우, 이것은 질권 설정이라는 정통적인 방식으로 담보제공하는 것인데도 신탁에 의한 이전등기를 했다고 해서 저당권에 의한 담보제공과 과세관계를 달리 다룬다는 것이므로 이것도 과세 형평에 맞지 않다. ③ 뿐만 아니라 채무자(위탁자)가 신탁한 부동산을 수탁자로 하여금 채권자를 위하여 저당권을 설정하여 주는 형식의 '저당권설정형 담보신탁'의 경우, 채무자가 저당권을 채권자에게 제공한다는 측면에서 동일한데도 달리 과세한다는 것이므로 이것 역시 과세 형평에 맞지 않다.

따라서 위탁자가 금융의 수단으로 이용한 단순한 담보신탁, 관리형 토지신탁, 질권설정형 담보신탁, 저당권설정형 담보신탁에 의하여 신탁등기를 한 것은 담보 목적에 의한 이전에 불과한데도 다른 용도로 사용(즉, 매각)한 것으로 보아 추징사유에 해당한다고 하면 '과세형평'과 '당해 조항의 합목적성'에 비추어서 납세자의 재산권이 부당히 침해되지 않도록 규정한 「지방세기본법」 제20조 제1항의 세법의 해석기준에 어긋난다 할 것이다.

V. 결 론

요즘은 건축물을 건축하는 데에 소요되는 자금을 조달하는 방법으로 PF 금융을 많이 활용하는데, PF 금융을 하는 경우에 관리형 토지신탁에 의하여 담보취득하는 경우가 많다. 이 경우에는 채무자는 취득세 감면대상 용도로 취득한 부동산을 신탁방식에 의하여 신탁회사에게 이전할 수밖에 없다. 그런데 과세당국이 종전에는 담보목적의 신탁등기는 감면세액의 추징사유(매각)에 해당하지 않는다고 해석하다가 해석을 변경하여 추징사유에 해당한다고 하여 추징함에 따라 논란이 발생하고 있다. 다행히 최근에 조세심판원이 담보목적의 신탁등기를 추징사유인 매각에 해당하지 않는다는 심판결정례를 내리고 있어 납세자는 그 부담을 덜고 있다.

그러나, ① 담보용으로 신탁등기한 것은 문리해석의 기초가 되는 일반적 언어 용법상 '팔아 버렸다'는 의미를 가진 '매각'에 해당한다고 볼 수 없다 할 것이다. ② 또한 감면세액의 추징을 규정하였던 「조세특례제한법」으로부터 「지방세특례제한법」으로의 이관된 연혁적 측면에서 볼 때, 「조세특례제한법」에서 신탁에 의한 이전등기를 매각으로 보지 않는다는 점에서 이관받은 「지방세특례제한법」에서도 신탁등기에 의한 이전을 매각으로 보지 않는 것이 합리적이다. ③ 각 개별 규정에서 감면에 대한 사후관리규정을 두지 않을 경우 감면세액을 추징할 수 있는 보충적인 규정을 두고 있는 「지방세특례제한법」 제178조에서 추징사유로 '처분'이라는 문언이 아닌 '매각'이라는 문언을 사용하고 있는 점이나 국세의 감면 시 보충적인 사후관리규정 둔 「조세특례제한법」 제146조에서는 소유권 이전 후 양도인이 계속적으로 사용하고 있는 관계인 합병·분할·사업전환 등의 경우에는 추징사유에 해당하지 않도록 명시하고 있는 점을 고려할 때, 신탁에 의한 이전을 매각으로 보지 않는 것이 입법취지에 맞는 해석이 된다. ④ 신탁등기를 한 이후에도 여전히 위탁자가 신탁부동산을 계속 사용하고 있는 점에서, 실질과 세원칙이나 과세의 형평을 고려하여 세법을 적용해야 한다는 세법해석기준상 매각한 것으로 볼 수 없다 하겠다.

과세당국이 담보목적으로 신탁에 의한 이전등기를 매각한 것으로 보아 추징하고 있는 것은 신탁등기하면 완전히 소유권이 대내외적으로 수탁자에게로 이전된다는 신탁의 성질에 근거한 것이나, 추징사유로 「지방세특례제한법」이 '처분'이라는 문언을 사용하지 않고 '매각'이라는 문언을 사용한 점을 고려하여, 과세당국이 향후 추징사유에 해당하지 않는 것으로 해석을 변경하여 실무계에서 혼란이 발생하지 않도록 하는 것이 바람직하다 할 것이다.

참 | 고 | 문 | 헌

강석규, 『조세법 쟁론』, 삼일인포마인, 2017.

광장신탁법연구회, 『주석 신탁법』, 박영사, 2013.

김성균, "부동산 신탁 관련 취득세 등 납세의무자 검토", 『중앙법학』, 17(3), 2015.9.

김태호, 『지방세 이론과 실무』, 세경사, 2014.

마정화·유현정, 『부동산신탁에 관한 합리적인 지방세 과세방안』, 한국지방세연구원, 2016-6호, 2017.

박지현·안성서, 『지방세 감면 사회관리제도 개선방안』, 한국지방세연구원, 2016-26호, 2016.

법제처, 『-명답을 위한- 법령해석 매뉴얼』, 2009.

윤현석, "면제된 취득세 등의 추징사유: 정당한 사유 인정", 『조세판례백선2』, 박영사, 2015.

전동흔, "부동산 신탁관련 과세 및 향후 전망", 부동산신탁과 조세세미나 자료, 법무법인 광장, 2014.12.

Abstract

A Study on the Trust Registration of Purpose of Security and the Reason for Additional Collection in Acquisition Tax

Bae, Yeong-Seok*

Kim, Byung-Il**

Recently person and corporation usually utilize Project financing as funding to construct building, and this type is mainly the Management-Type Land Trust and security acquest.

In this case, debtor who acquires real estate for tax exemption consideration can only transfers to trust company as trust method

Meanwhile, tax authorities which formally interprets not to include reason for additional collection of reduced exempted tax amount for trust registration of purpose of security changes into interpretation including reason for additional collection for this case. Tax authorities of interpretation change is confused in business circles.

Fortunately, recently Tax Tribunal presented that adjudication case that sale does not include reason for additional collection for trust registration of purpose of security, so taxpayer lessens burden it.

However, ① trust registration for purpose of security cannot include scope of sale, meaning 'sell up' for general use of language based on literally interpretation.

② In respect of history transferred from Tax Reduction and Exemption Control Act to local taxes of Tax Reduction and Exemption Control Act, while Tax Reduction and Exemption Control Act doesn't judge sale as trust transfer registration, local taxes of Tax Reduction and Exemption Control Act judge sale as trust transfer registration. Considering this conflicting with each other, trust registration does not regard as sale.

③ As regards post management rule, local taxes of Tax Reduction and Exemption Control Act § 178 which is complementary rule that collects in addition reduced exempted tax amount uses not disposal but sale in literal description, while Tax Reduction and Exemption Control Act § 146 which is complementary follow up management rules that after transfering ownership to transferor, in case this transferor keeps engaging related merge·division·project etc., these sale don't regard as reason

---

* Jinil Accounting Corporation, Certified Public Accountant, Ph.D.of Science in Taxation, yeongsb−@hanmail.net, First Author.

** Professor, Kangnam University, Department of Economics and Tax Administration, Ph.D. of Laws, bikim22@hanmail.net, Corresponding Author.

for additional collection, so such interpretation that does not regard sale as transfer to trust appropriates for the purpose of legislative.

④ After trust registration, in the way that grantor still uses trusted real estate, interpretation of tax law regarding principle of substantial taxation or equity in taxation cannot see sale as trust registration.

Interpretation of tax authorities which collects in addition regarding trust registration of purpose of security as sale is based on trust quality that transfers perfect ownership into trustee both internally and externally, but As local taxes of Tax Reduction and Exemption Control Act as reason of additional collection uses not disposal but sale in literal description and a interpretation change of tax authorities dosn't include trust registration as reason of additional collection, business circle should not be confused as these interpretation inconsistent.

☑ Key words: trust registration, trust for security, the Management-Type Land Trust, reason of additional collection in acquisition tax, sale, principle of substantial taxation

4.2. 신탁재산의 취득 시 취득 개념 재정립을 통한 지방세 과세의 합리화 방안

4.2. 신탁재산의 취득 시 취득 개념 재정립을 통한 지방세 과세의 합리화 방안*

배영석**·김종해***

요 약

◆ 연구목적

신탁을 통한 사업 수행 시 취득세 등의 이중과세 문제가 발생하지 않으면서 조세회피 행위가 방지될 수 있도록 신탁 관련 취득세와 재산세에 관한 지방세법 규정을 수차례 걸쳐 입법적으로 보완하였음에도 불구하고 실무상 여러 가지 문제점이 나타나고 있음. 본 과제는 이러한 문제점의 원인을 분석한 후 이를 해결할 수 있는 방안을 제시하는 데에 목적을 두고 있음.

◆ 주요내용

• 본 연구는 신탁재산에 대한 등기를 실제 어떻게 하는가를 살펴 본 후 영리법인 중 신탁회사와 대한주택보증주식회사(현재는 주택도시보증공사가 승계)만 수탁자로 등기할 수 있는 등의 신탁등기의 법리, 신탁재산의 분별관리의무에 관한 법리, 신탁재산에 대한 현행 회계처리기준의 취지 등을 종합하여, 취득의 개념을 재정립함으로써 신탁재산 관련 취득세와 재산세의 문제점을 해결하도록 하는 것을 제안함.

 － 소득과세에서 신탁도관론을 원칙으로 하면서도 신탁재산을 위탁자별로 구분하지 않고 합동하여 운용하는 합동운용 금전신탁은 예외적으로 신탁실체론을 적용하는 것과 동일한 논리로, 신탁재산에 대한 취득세와 재산세의 과세 시에도 신탁도관론을 따르는 것을 원칙으로 하되 예외적으로 수탁자가 신탁법상 분별관리 의무를 현실적으로 이행할 수 없는 경우(즉, 수탁자가 영리법인이 아닌 경우)에는 신탁실체론에 따라 과세하도록 하는 내용으로 취득의 개념을 재정립하여 신탁관련 문제를 해결하는 것을 제안함.

 － 본 연구에서는 취득개념을 재정립하기 위하여 물물대응의 원칙을 도입하였는데, 물물대응의 원칙이란 신탁재산에 대한 수탁자의 분별관리의무에서 더 나아가 위탁자의 입장에서 자신의 신탁재산을 다른 신

---

* 한국지방세연구원의 위탁과제(2017－10호) 논문이다.
 ** 진일회계법인 공인회계사, 세무학박사
*** 강남대학교 강사, 세무학박사

탁재산과 분별할 수 있으면(즉, 물물대응이 가능하면) 신탁도관론에 따라 과세하고 그렇지 않는 경우에는 신탁실체론에 따라 과세하도록 하자는 것임. 즉, 수탁자 명의의 신탁재산(物) 중 해당 위탁자가 자신의 자산(物)으로 인식할 수 있는 경우인지의 여부에 따라 신탁도관론과 신탁실체론을 구분, 적용함으로써 신탁도관론에 따라 과세하는 것을 원칙으로 하면서도 일률적인 신탁도관론 적용에 따른 문제를 극복할 수 있도록 하자는 것임.

- 이 물물대응의 원칙을 취득세 및 재산세에 적용하면 재개발ㆍ재건축ㆍ주택조합 등 조합 형태로 사업을 진행하면서 신탁을 이용하든 일반 기업이 사업을 수행하면서 토지신탁, 관리형 신탁, 담보신탁 등의 방법으로 신탁을 이용하든 모든 신탁에 동일한 논리가 적용될 수 있으므로 취득세 및 재산세를 통일적으로 적용할 수 있게 됨.

• 신탁을 통한 조세회피 행위가 발생하는 것은 신탁재산에 대한 체납처분절차를 진행할 수 없는 것 때문에 발생하는 것이므로, 조세회피 행위의 방지는 납세의무자를 누구로 하느냐의 문제 보다는 위탁자의 체납세금을 징수하기 위하여 신탁재산에 대해서도 체납처분 절차를 진행할 수 있도록 하는 문제로 해결하는 것이 보다 바람직한 방법임.

- 신탁재산에 대하여 체납처분을 할 수 있도록 하기 위해서는 신탁재산을 한도로 하여 수탁자에게 연대납세의무를 부여하는 것으로 지방세기본법을 개정할 것을 제안함.

- 수탁자를 연대납세의무 외에 2차납세의무 또는 물적납세의무를 부여하는 것도 가능하지만 2차납세의무 또는 물적납세의무를 부여하면 위탁자가 기업회생절차에 들어갈 경우 이것이 보충적 납세의무로서 공익채권이 되므로 위탁자의 채권자들에게 피해를 주게 되기 때문에 연대납세의무를 부여하는 것이 보다 바람직 할 것임.

• 이렇게 개선하면 신탁재산에 대한 과세 제도가 단순ㆍ명료하게 되어 납세자의 이해도가 높아져 예측 가능성 내지 법적 안정성이 제고될 수 있고, 납세의무자의 납세순응도가 높아져 조세마찰과 조세회피의 방지에도 이바지하는 효과가 있을 것임.

◆ 결론
• 물물대응의 원칙에 따라 과세할 수 있도록 취득의 개념을 재정립하여 원칙적으로 신탁도관론에 따라 취득세와 재산세를 과세할 수 있도록 함으로써 이중과세의 문제와 조세회피의 문제를 동시에 해결할 수 있도록 관련 지방세법을 개정하며, 신탁재산에 대한 지방세의 체납 시 신탁재산에 대해서도 체납처분절차를 진행할 수 있도록 지방세기본법을 개정, 수탁자를 연대납세의무자가 되도록 함.

• 재건축조합 등이 사업수행을 하는 동안 신탁재산 관련 지방세 과세 시 여러 문제가 발생하는 원인 중 하나는 신탁도관론에 따라 회계처리하도록 되어 있는 기업회계기준과 다르게 회계처리하는 현행 조합회계에 있으므로 서울시의 조합회계에 관한 고시 내용도 기업회계기준에 맞도록 개정하여야 할 것임.

☑ 주제어: 신탁등기, 물물대응, 주택재건축조합, 주택조합, 신탁도관설

표 목 차

그 림 목 차

Ⅰ. 서 론

1. 연구목적

종래 신탁재산 과세에 대한 지방세의 논란이 최근 입법적인 보완을 통하여 많이 해소되었다. 즉, ① 신탁 제도를 이용한 조세회피 행위의 방지를 위하여 위탁자 지위 이전의 경우에 대해서도 새로운 위탁자에게 취득세를 과세하도록 하고 과점주주에 대한 간주취득세 과세 시 과세표준에 신탁재산을 포함하도록 하였으며, ② 조세우선징수 원칙을 실현하기 위하여 신탁재산의 재산세 납세의무자를 수탁자로 변경하였고, ③ 주택조합·재건축조합의 일반분양분 토지는 취득세의 과세대상임을 명확하게 하는 입법 등을 하였다.

그러나 최근에, 주택조합이 제3자로부터 매입한 토지는 일반분양토지에 우선적으로 귀속된다고 한 판례,[1] 신탁에 의한 취득은 '유상취득'이 아닌 '무상취득'이라는 판례,[2] 신탁재산 취득의 비과세 규정은 '주의적 규정'이 아닌 '창설적 규정'이라는 판례[3] 등이 생성되고 있으며, 이것은 신탁 관련 세법을 입법적으로 개선하였음에도 불구하고 현행 지방세법이 신탁에 관한 다양한 현실을 규율함에 있어서 여전히 어려움이 있다는 것을 여실히 보여 주는 사례이다.

현행 지방세법은 원칙적으로 신탁에 의한 취득도 취득의 범위에 해당하는 것으로 하면서도 일정한 신탁의 경우에는 취득세를 비과세하거나 감면규정을 마련하는 기본원칙을 취하고 있다. 그러나 실무에서 나타나는 다양한 신탁 사례에 이러한 기본 원칙으로 대처하기에 미흡하다고 생각되며, 신탁재산에 대한 지방세 과세 시 어려움이 계속되고 있는 원인 중 하나는 현행 세법이 취하고 있는 이 기본 원칙에서 비롯되는 것이라고 생각된다.

그동안 논란이 많았던 신탁 관련 부가가치세 부과와 관련하여, 최근에 대법원은 전원합의체 판결로 수탁자를 부가가치세의 납세의무자로 본다고 판시[4]함에 따라 부가가치세의 신탁 과세에도 많은 변화가 있을 것으로 보이며, 이러한 변화는 지방세 과세 논리에도 영향을 미칠 것으로 예상된다.

---

1) 대법원 2015.10.29. 선고 2010두1804 판결.
2) 대법원 2017.6.8. 선고 2014두38149 판결.
3) 대법원 2017.6.8. 선고 2015두49696 판결; 대법원 2017.6.8. 선고 2014두43554 판결.
4) 대법원 2017.5.18. 선고 2012두22485 판결.

본 연구는 신탁재산에 대한 현행 지방세 과세 시 혼선이 발생하는 원인이 어디에서 파생되는 것인가를 연구한 후, 이러한 문제를 해결할 수 있는 근본적 방안을 제시하는 데 목적이 있다.

본 연구에서 제시하는 방안의 요지는, 신탁에 대한 이중과세의 방지와 신탁을 통한 조세회피행위에 대처하기 위해서는 신탁과세이론 중 경제적 실질에 부합하는 신탁도관론에 따라 취득세 및 재산세를 과세하는 것을 기본으로 하되, 신탁재산 중에서 해당 위탁자의 재산이 개별적으로 대응될 수 없는 경우에는 신탁실체론에 따라 과세하도록 함으로써 현행 문제점을 해결하도록 한다는 것이다.

구체적으로는 ① 취득세 및 재산세의 과세 시 신탁도관론에 근거하여 과세할 수 있도록 취득 개념을 재정립함으로써 이중과세와 조세회피행위를 방지하도록 하는 한편, ② 예외적으로 신탁재산이 수탁자의 재산(고유재산 내지 다른 신탁재산)과 해당 위탁자의 재산이 개별적으로 구별되지 않는 경우(즉, 물물대응 원칙의 적용이 곤란한 경우)에는 신탁실체론에 따라 취득세 및 재산세를 과세하도록 함으로써 세무행정의 어려움을 최소화하며, ③ 신탁재산에 대해서 압류가 불가능하다는 점을 이용하여 발생하는 조세회피 행위를 방지하기 위해서는 납세의무자의 규정과는 별도로 신탁재산에 대해서도 체납처분을 할 수 있도록 하는 입법을 통하여 문제를 해결한다는 것이다.

이러한 개선방안에 의하면 신탁재산에 대한 과세 제도가 단순·명료하게 될 뿐만 아니라 신탁재산에 대한 과세 및 비과세 등의 판단 시 납세자의 이해도가 현행 제도보다 훨씬 용이하게 될 것이다. 이는 예측 가능성 및 법적 안정성 제고에 기여하며 동시에 납세순응도 향상으로 이어져서, 세무행정비용 및 납세협력비용의 감소를 통한 세무행정의 효율성 증진에 이바지하는 효과가 있을 것이다.

2. 연구범위 및 방법

본 연구는 우리나라의 취득세와 재산세 중에서 신탁재산의 과세와 관련하여 연구한다. 본 연구는 실무에서 나타나는 문제점을 중심으로 관련 논문과 판례 등을 참고로 하여 연구하며, 해외 주요국(일본, 미국, 영국)의 신탁과세에 관한 입법 사례를 비교 연구하여 시사점을 도출한다. 내용적으로는 '신탁재산 관련 취득세 및 재산세'와 '신탁등기를 하여 사업을 수행하는 재건축조합 등 조합 관련 취득세 및 재산세'에 한정하여 연구한다.

본 연구는 현행 지방세법상 신탁과세 관련 규정, 이와 관련한 논문, 판례, 조세심판례, 과세당국의 해석 등 문헌 중심의 방법으로 연구한다.

3. 선행연구와의 차별성

선행연구는 신탁재산에 과세에 대하여, ① 취득세 및 재산세의 납세의무자를 누구로 할 것인지에 대한 연구, ② 주택재건축조합의 일반분양분 토지에 대하여 취득세를 과세하는 것이 타당한 것인지의 연구, ③ 신탁재산에 대한 압류가 불가능한 점을 이용한 조세회피 행위에 대한 대처방안의 연구, ④ 신탁을 처분행위 내지 직접사용의 미해당으로 보아 감면세액을 추징하는 것이 타당한 것인지에 대한 연구 등에 초점을 맞추었다. 그러나 본 연구는 다음과 같은 점에서 선행연구와 차이점이 있다. 즉 ⓐ 수탁자가 취득하는 신탁재산 중 위탁자가 누구인지를 알 수 있는지 여부의 기준에 따라 취득세와 재산세를 과세할 수 있는 방안을 마련하고, ⓑ 주택조합·재건축조합·리모델링조합·재개발조합 등을 불문하고 도시환경정비를 위한 모든 조합 형태의 사업에 공통적으로 적용될 수 있고, '조합 이외의 일반인이 일반적인 토지신탁·담보신탁 등을 하는 경우'와 '조합이 신탁등기하는 경우'를 구별하지 않고 통일적으로 모두 적용될 수 있는 방안을 마련한다는 점에서 차이점이 있다. ⓒ 또한 본 연구는 취득세와 재산세의 납세의무자를 통일시킬 수 있는 방안에 대한 연구인 점에서도 다른 선행연구와 차별화된다 할 것이다.

II. 신탁재산에 대한 지방세 과세의 개요

1. 취득세와 재산세의 관계

조세는 여러 가지 기준에 의하여 여러 가지로 분류할 수 있다. 그 중에서 과세대상이 어떻게 발생하고 보유·변경되며 소비되는지에 따라 조세를 분류하면 수득세, 재산세, 소비세로 분류할 수 있다.

수득세는 과세의 주체가 되는 자(법인을 포함)가 수입을 얻는다는 사실에 착안하여 과세하는 조세로서 소득세, 법인세, 양도소득세 등이 이에 해당한다. 즉, 수득세는 소득이 과세주체에 유입(inflow)되는 측면에 대하여 과세하는 조세이다.

재산세는 재산을 소유한다는 사실에 착안하여 과세하는 조세로서 재산세, 종합부동산세, 자동차세 등이 이에 해당하며, 과세주체에 유입되어 보유재산(stock)의 형태로 갖고 있는 측면에 대하여 과세하는 조세이다. 과세대상이 되는 재산의 취득·변경·이전에 착안하여 과세하는 취득세·등록면허세·증권거래세 등을 유통세로 분류하여 재산세와 별개의 조세로 분류하는 것이 다수의 견해이나[5] 취득세·등록면허세·증권거래세 등은 과세주체가 보유하던 현금 등의 재산(stock)이 부동산 등 다른 재산(stock)으로 변화하는 것에 대하여 과세하는 것이므로 재산세의 하나에 지나지 않는다고 할 수 있다.[6]

소비세는 사람(법인을 포함)이 재화나 용역을 소비하는 행위에 착안하여 과세하는 조세로서 부가가치세, 개별소비세, 주세 등이 이에 해당하며, 소비세는 소득이 소비의 주체에서 유출(outflow)되는 측면에 대하여 과세하는 조세이다.

취득세는 과세주체가 보유하던 현금 재산(stock)이 부동산이라는 재산(stock)으로 변화함에 따라 취득하는 부동산 등 과세대상물건에 대하여 과세하는 것이고, 재산세는 과세주체가 보유하는 재산(stock) 그 자체에 대하여 과세하는 것이므로 성질이 다르다고 볼 여지도 있으나, 취득세든 재산세든 보유재산(stock)에 대하여 과세한다는 측면에서는 동일하다 할 것이고, 이런 점에서 취득세도 재산세의 영역에 속한다고 볼 수 있다 할 것이다.

2. 신탁재산에 대한 지방세 과세 및 비과세 등의 연혁

(1) 취득세의 과세 및 비과세의 변천에 관한 연혁

종래 신탁에 의한 취득도 취득의 범위에 해당하는 것으로 하여 원칙적으로 취득세 과세대상으로 삼아 오면서도 신탁재산 취득 시 여러 가지 이유에 의하여 취득세를 비과세 내지 감면하는 내용을 지방세법과 지방자치단체의 조례에서 규정하고 있었다.

신탁재산의 취득 시 취득세의 비과세와 납세의무자에 관하여 규정하고 있는 현행 지방세법의 연혁을 보면 다음과 같다.[7]

---

5) 조세를 수득세, 재산세, 소비세의 세 가지 외에 유통세를 넣어서 네 가지로 분류하는 경우가 대부분이다(최명근, 『세법학총론』, 세경사, 2002, 38~40면; 임승순, 『조세법』, 박영사, 1999, 10~11면; 장재식, 『조세법』, 서울대학교출판부, 1990, 12~13면). 한편, 이렇게 조세를 네 가지로 분류하는 것에 대하여, 우리 법에서는 이런 구별은 설 자리가 없고 이런 식의 구별이 강학상 도움이 되는지는 따져 볼 문제라는 의견도 있다(이창희, 『제11판 세법강의』, 박영사, 2013, 9~10면).

6) 취득세와 등록면허세는 납세자가 보유하는 현금 재산(stock)이 부동산 재산(stock)으로 전환하는 것에 대하여 과세하는 것이고, 증권거래세도 보유하는 재산의 변화 거래에 대하여 과세하는 것이므로 보유재산(stock)에 대한 과세라는 측면에서 재산세의 영역에 속한다고 할 것이다(정지선, "지방세법상 취득세의 본질 규명과 취득시기의 개선방안", 『세무학연구』 제23권 제2호, 한국세무학회, 2006.6, 59~60면 참조).

7) 주택재개발사업과 도시환경정비사업의 경우에도 조합원 소유 토지를 신탁등기에 의하여 해당 조합에 이전한 후 사업을 시행하는 경우가 종종 있다. 그러나 주택재개발사업과 도시환경정비사업은, 주택조

1991. 12. 14. 개정 전 지방세법 제110조[8])에서는, 위탁자로부터 수탁자에게 신탁재산을 이전하는 경우의 취득, 신탁의 종료 또는 해제로 인하여 수탁자로부터 신탁재산을 위탁자 또는 상속인에게 이전하는 경우의 취득, 신탁의 수탁자 경질로 인한 신수탁자의 취득에는 취득세를 비과세하는 것으로 규정하고 있었으나, 이 규정에서 정한 신탁이 신탁법상 신탁에 한정한다는 것임을 명시하지 않아 명의신탁에 의한 경우에도 해당한다는 판례가 나옴에 따라, 1991. 12. 14.에 지방세법 제110조 제3호를 개정하여 신탁재산은 '취득세의 과세대상이 되는 재산'을 말하는 것으로 명시하였다.[9])

그러나 이렇게 개정한 이후에도 여전히 신탁재산은 명의신탁에 의한 경우도 포함된다는 지적이 있자 1994. 12. 22.에 다시 지방세법 제110조를 개정하여 비과세 대상인 신탁은 '신탁법에 의한 신탁으로서 신탁등기가 병행되는 것에 한정'하도록 명시하였다.[10])

신탁에 의한 취득을 형식적 취득으로 보아 취득세를 비과세한다고 하더라도, 주택조합이 조합원으로부터 신탁받은 금전으로 제3자로부터 주택건설용 토지를 취득하여 소유권이전등기를 하면서 신탁등기를 병행하는 경우에는 조합원(위탁자)이 아닌 제3자로부터 취득하는 것이므로 취득세가 부과되어야 타당한데도, 일부 지방자치단체의 조례에서 이 경우의 토지 취득에까지 취득세를 면제하였고, 이렇게 되자 '조합이 신탁재산을 취득할 때'에도 취득세가 부과되지 않고, '조합이 신축한 주택(신탁재산)을 조합원에

합과 주택재건축조합의 경우와는 달리, 취득세를 종전부터 계속 전액 감면하는 것으로 규정하고 있고 (종전에는 지방세법 제109조 제3항에서 비과세하고 현재는 지방세특례제한법 제74조에서 면세하는 것으로 규정) 현재 이에 대해서는 쟁점화되는 경우가 거의 없으므로, 주택재개발사업과 도시환경정비사업의 경우의 비과세 내지 감면의 연혁에 대해서는 다루지 않는다.

8) 1991. 12. 14 개정 전 지방세법 제110조(형식적인 소유권의 취득등에 대한 비과세) 다음 각호의 1에 해당하는 것에 대하여는 취득세를 부과하지 아니한다.
   3. 위탁자로부터 수탁자에게 신탁재산을 이전하는 경우의 취득
   4. 신탁의 종료 또는 해제로 인하여 수탁자로부터 신탁재산을 위탁자 또는 상속인에게 이전하는 경우의 취득
   5. 신탁의 수탁자 경질로 인한 신수탁자의 취득

9) 1991. 12. 14. 개정 지방세법 제110조 (형식적인 소유권의 취득등에 대한 비과세) 다음 각호의 1에 해당하는 것에 대하여는 취득세를 부과하지 아니한다.
   3. 위탁자로부터 수탁자에게 신탁재산(취득세의 과세대상이 되는 재산을 말한다. 이하 이 조에서 같다)을 이전하는 경우의 취득

10) 1994. 12. 22. 개정 지방세법 제110조(형식적인 소유권의 취득 등에 대한 비과세) 다음 각호의 1에 해당하는 것에 대하여는 취득세를 부과하지 아니한다.
   1. 신탁(신탁법에 의한 신탁으로서 신탁등기가 병행되는 것에 한한다)으로 인한 신탁재산의 취득으로서 다음 각목의 1에 해당하는 취득
   가. 위탁자로부터 수탁자에게 신탁재산을 이전하는 경우의 취득
   나. 신탁의 종료 또는 해지로 인하여 수탁자로부터 위탁자에게 신탁재산을 이전하는 경우의 취득
   다. 수탁자의 경질로 인하여 신수탁자에게 신탁재산을 이전하는 경우의 취득

게 귀속시킬 때'에도 지방세법 제110조 제1호 나목에 의하여 비과세됨에 따라, 결국 이 토지에 대해서는 아무도 취득세를 부담하지 아니하게 되는 문제가 발생하는 등 문제가 발생하였다. 그래서 1997. 8. 30.에 지방세법 제105조 제10항을 신설하여 주택조합이 조합원용으로 취득하는 조합주택용부동산은 그 조합원이 취득한 것으로 의제하여 아예 취득이 발생하지 않도록 하되[11], 제110조 제1호 단서를 신설하여 주택조합과 조합원 간의 신탁재산 취득은 비과세의 적용대상에서 제외되도록 개정하였다.[12]

2005. 1. 5.에 지방세법 제105조 제10항에 재건축조합을 추가하여 주택조합과 동일하게 재건축조합이 조합원용으로 취득하는 조합주택용 부동산은 그 조합원이 취득한 것으로 보도록 하였고,[13] 동시에 제110조 제1호의 단서에도 재건축조합을 추가하여 재건축조합과 조합원 간의 신탁재산 취득은 비과세의 적용대상에서 제외되도록 개정하였다.[14]

2008. 2. 14.에 대법원이 "취득세 비과세 대상에 관한 구 지방세법(1997. 8. 30.에 개정되기 전의 것) 제110조 제1호의 개정 취지 및 내용, 1997. 8. 30. 개정으로 인해 신설된 같은 법 제105조 제10항의 내용, 신탁의 법리 등에 비추어 볼 때, 개정 후 지방세법 (1997. 8. 30.에 개정된 것) 제110조 제1호 단서는 수탁자인 주택조합과 위탁자인 조합원 사이에 이루어지는 신탁재산에 관한 형식적인 소유권 이전을 종래 취득세의 비과세대

---

11) 1997. 8. 30. 신설 지방세법 제105조 (납세의무자등) ⑩ 주택건설촉진법 제44조의 규정에 의한 주택조합이 당해 조합원용으로 취득하는 조합주택용 부동산(공동주택과 부대·복리시설 및 그 부속토지를 말한다)은 그 조합원이 취득한 것으로 본다.

12) 1997. 8. 30. 개정 지방세법 제110조 (형식적인 소유권의 취득 등에 대한 비과세) 다음 각호의 1에 해당하는 것에 대하여는 취득세를 부과하지 아니한다.
   1. 신탁(신탁법에 의한 신탁으로서 신탁등기가 병행되는 것에 한한다)으로 인한 신탁재산의 취득으로서 다음 각목의 1에 해당하는 취득. 다만, 주택건설촉진법 제44조의 규정에 의한 주택조합과 조합원 간의 신탁재산 취득을 제외한다.
   가. 위탁자로부터 수탁자에게 신탁재산을 이전하는 경우의 취득
   나. 신탁의 종료 또는 해지로 인하여 수탁자로부터 위탁자에게 신탁재산을 이전하는 경우의 취득
   다. 수탁자의 경질로 인하여 신수탁자에게 신탁재산을 이전하는 경우의 취득

13) 2005. 1. 5. 개정 지방세법 제105조 (납세의무자등) ⑩ 주택법 제32조의 규정에 의한 주택조합과 도시 및주거환경정비법 제16조제2항의 규정에 의한 주택재건축조합이 당해 조합원용으로 취득하는 조합주택용 부동산(공동주택과 부대·복리시설 및 그 부속토지를 말한다)은 그 조합원이 취득한 것으로 본다.

14) 2005. 1. 5. 개정 지방세법 제110조(형식적인 소유권의 취득 등에 대한 비과세) 다음 각호의 1에 해당하는 것에 대하여는 취득세를 부과하지 아니한다.
   1. 신탁(신탁법에 의한 신탁으로서 신탁등기가 병행되는 것에 한한다)으로 인한 신탁재산의 취득으로서 다음 각목의 1에 해당하는 취득. 다만, 주택법 제32조의 규정에 의한 주택조합 및 도시및주거환경정비법 제16조제2항의 규정에 의한 주택재건축조합과 조합원간의 신탁재산 취득을 제외한다.
   가. 위탁자로부터 수탁자에게 신탁재산을 이전하는 경우의 취득
   나. 신탁의 종료 또는 해지로 인하여 수탁자로부터 위탁자에게 신탁재산을 이전하는 경우의 취득
   다. 수탁자의 경질로 인하여 신수탁자에게 신탁재산을 이전하는 경우의 취득

상으로부터 과세대상으로 전환할 목적으로 신설된 것이 아니라, 그와 함께 신설된 제105조 제10항에 의하여 주택조합이 당해 조합원용으로 취득하는 조합주택용 부동산은 신탁의 방법에 의해 취득하는 경우에도 그 조합원이 취득한 것으로 간주되기 때문에 그 부분에 대하여는 더 이상 제110조 제1호 본문이 적용될 여지가 없게 되어 그러한 취지를 나타내기 위해 신설된 것으로 보이므로, 그 단서 규정의 '주택조합과 조합원 간의 신탁재산의 취득'이라 함은 주택조합과 조합원 간의 '모든' 신탁재산의 이전을 의미하는 것이 아니라 '제105조 제10항에 의해 조합원이 취득하는 것으로 간주되는 신탁재산의 이전'만을 의미하는 것으로 해석하여야 하고, 따라서 주택조합이 조합원 소유의 토지를 조합주택용 부동산으로 신탁에 의해 취득하면서 신탁등기를 병행하는 경우, 그 중 조합원용에 해당하는 부분은 개정 후 지방세법 제105조 제10항에 의해 그 조합원이 취득하는 것으로 간주되므로 주택조합에 대하여는 취득세를 부과할 수 없고, 조합원용이 아닌 부분은 제105조 제10항 및 제110조 제1호 단서에 해당하지 않아 제110조 제1호 본문이 적용되므로 취득세 부과대상이 되지 않는다"는 취지로 판결함에 따라,[15] 주택조합과 재건축조합의 일반분양용 토지에 대하여 취득세를 과세할 수 없는 문제가 발생하였다. 이에 따라 2008. 12. 31.에 지방세법 제105조 제10항 단서를 신설하고[16] 동시에 제110조 제1호 단서를 개정하여 주택조합과 재건축조합의 일반분양용 토지에 대하여 취득세를 과세할 수 있도록 하였다.[17] 이렇게 개정된 내용은 현행 지방세법 제7조 제8항과 제9조 제3항에 그대로 계수, 규정되어 있다.

한편, 신탁법이 개정되어 위탁자의 지위 이전이 가능해 짐에 따라 신탁재산의 사실상의 소유권을 위탁자 지위이전의 방법으로 이전하여 취득세를 회피하는 것이 가능해짐에 따라, 2015. 12. 29.에 지방세법 제7조 제15항을 신설하여 위탁자의 지위 이전 시

---

15) 대법원 2008.2.14. 선고 2006두9320 판결.

16) 2008. 12. 31. 개정 지방세법 제105조 (납세의무자등) ⑩ 「주택법」 제32조에 따른 주택조합과 「도시 및 주거환경정비법」 제16조제2항에 따른 주택재건축조합(이하 이 절에서 "주택조합등"이라 한다)이 당해 조합원용으로 취득하는 조합주택용 부동산(공동주택과 부대·복리시설 및 그 부속토지를 말한다)은 그 조합원이 취득한 것으로 본다. 다만, 조합원에게 귀속되지 아니하는 부동산(이하 이 절에서 "비조합원용 부동산"이라 한다)은 제외한다.

17) 2008. 12. 31. 개정 지방세법 제110조 (형식적인 소유권의 취득 등에 대한 비과세) 다음 각호의 1에 해당하는 것에 대하여는 취득세를 부과하지 아니한다.

  1. 신탁(「신탁법」에 의한 신탁으로서 신탁등기가 병행되는 것에 한한다)으로 인한 신탁재산의 취득으로서 다음 각목의 1에 해당하는 취득. 다만, 신탁재산의 취득 중 주택조합등과 조합원 간의 부동산 취득 및 주택조합등의 비조합원용 부동산 취득은 제외한다.

    가. 위탁자로부터 수탁자에게 신탁재산을 이전하는 경우의 취득

    나. 신탁의 종료 또는 해지로 인하여 수탁자로부터 위탁자에게 신탁재산을 이전하는 경우의 취득

    다. 수탁자의 경질로 인하여 신수탁자에게 신탁재산을 이전하는 경우의 취득

에도 취득세를 과세할 수 있도록 하였고,[18] 신탁부동산은 위탁자의 재산이 아니어서 간주취득세 과세 시 과세표준에 산입할 수 없다는 대법원 판결이 나옴에 따라 과점주주에 대한 간주취득세 과세 시 신탁부동산도 과세표준에 산입할 수 있도록 2016. 12. 27.에 지방세법 제7조 제5항을 개정하였고,[19] 같은 날에 취득세의 중과세 대상 여부를 판단할 때에 수탁자가 아닌 위탁자를 기준으로 판단하도록 지방세법 제13조 제1항을 개정하였다.[20]

이러한 취득세에 관한 지방세법의 개정 연혁에서 보듯이 신탁 관련 취득세에 있어서는, 명의신탁이 비과세되는 신탁의 범위에 포함되지 않도록 하고, 신탁방식으로 사업을 수행하는 주택조합·재건축조합에 대하여 신탁부동산 관련 취득세를 비과세 내지 면제하도록 함에 따라 나타난 취득세의 회피 내지 과세누락을 방지하기 위하여 수차례 개정을 하였다.

(2) 재산세의 납세의무자의 변천에 관한 연혁

1993. 12. 27.에 지방세법 제182조 제5항을 신설하여 신탁법에 의하여 수탁자 명의로 등기·등록된 신탁재산은 위탁자를 신탁재산의 사실상 소유자인 것으로 보아 위탁자가 재산세 납세의무를 지도록 하였고,[21] 이 내용은 지방세법이 2010. 3. 31.에 지방세기본법과 지방세특례제한법으로 분법이 될 때에 전면 개정된 지방세법 제107조 제2

---

18) 2015. 12. 29. 신설 지방세법 제7조(납세의무자 등) ⑮「신탁법」제10조에 따라 신탁재산의 위탁자 지위의 이전이 있는 경우에는 새로운 위탁자가 해당 신탁재산을 취득한 것으로 본다. 다만, 위탁자 지위의 이전에도 불구하고 신탁재산에 대한 실질적인 소유권 변동이 있다고 보기 어려운 경우로서 대통령령으로 정하는 경우에는 그러하지 아니하다.

19) 2016. 12. 27. 개정 지방세법 제7조(납세의무자 등) ⑤ 법인의 주식 또는 지분을 취득함으로써「지방세기본법」제46조 제2호에 따른 과점주주(이하 "과점주주"라 한다)가 되었을 때에는 그 과점주주가 해당 법인의 부동산등(법인이「신탁법」에 따라 신탁한 재산으로서 수탁자 명의로 등기·등록이 되어 있는 부동산등을 포함한다)을 취득(법인설립 시에 발행하는 주식 또는 지분을 취득함으로써 과점주주가 된 경우에는 취득으로 보지 아니한다)한 것으로 본다.(후략)

20) 2016. 12. 27. 개정 지방세법 제13조(과밀억제권역 안 취득 등 중과) ①「수도권정비계획법」제6조에 따른 과밀억제권역에서 대통령령으로 정하는 본점이나 주사무소의 사업용 부동산(본점이나 주사무소용으로 신축하거나 증축하는 건축물과 그 부속토지만 해당하며,「신탁법」에 따른 수탁자가 취득한 신탁재산 중 위탁자가 신탁기간 중 또는 신탁종료 후 위탁자의 본점이나 주사무소의 사업용으로 사용하는 부동산을 포함한다)을 취득하는 경우와 같은 조에 따른 과밀억제권역(「산업집적활성화 및 공장설립에 관한 법률」을 적용받는 산업단지·유치지역 및「국토의 계획 및 이용에 관한 법률」을 적용받는 공업지역은 제외한다)에서 공장을 신설하거나 증설하기 위하여 사업용 과세물건을 취득하는 경우의 취득세율은 제11조 및 제12조의 세율에 중과기준세율의 100분의 200을 합한 세율을 적용한다.

21) 1993. 12. 27. 개정 지방세법 제182조 (납세의무자) ⑤ 신탁법에 의하여 수탁자명의로 등기·등록된 신탁재산에 대하여는 위탁자가 재산세를 납부할 의무를 진다. 이 경우 수탁자는 제37조의 규정에 의한 납세관리인으로 본다.

항 제5호에 수계되어 신탁재산에 대한 재산세 납세의무는 위탁자에게 있는 것으로 하고 있었다.[22]

직장·지역주택조합의 재산세 납세의무자가 위탁자(조합원)로 되어 있음에 따라, 다수의 조합원으로 구성되고 조합원으로의 가입·탈퇴가 자유로와 조합원의 변동이 많은 직장·지역주택조합의 경우 개별 조합원별 지분 산정이 어려워서 재산세 과세에 비효율이 초래되는 것을 방지하기 위하여 2013. 1. 1.에 지역·직장주택조합이 조합원이 납부한 금전으로 매수하여 소유하고 있는 신탁재산의 재산세 납세의무자를 위탁자(조합원)로부터 수탁자(해당 지역·직장주택조합)로 변경하는 내용의 지방세법 제107조 제2항 제5호의 개정이 있었다.[23]

그러나 위탁자가 지방세를 체납하더라도 신탁재산에 대해서는 체납처분 절차를 진행할 수 없는 것을 이용하여 재산세의 납세의무자(위탁자)가 재산세 과세대상인 재산을 신탁재산으로 이전하여 재산세의 체납처분을 할 수 없도록 하는 문제가 계속되자 2014. 1. 1.에 재산세의 납세의무자를 위탁자로부터 수탁자로 변경하는 내용으로 지방세법을 개정하여[24] 지금에 이르고 있다.

3. 신탁재산 과세에 대한 이론 및 지방세법에 대한 적용[25]

(1) 신탁도관론과 신탁실체론

신탁재산에 대하여 과세하는 방법에 있어서 신탁도관론과 신탁실체론의 대립이 있다.

---

22) 2010.3.31. 전면개정 지방세법 제107조(납세의무자) ② 제1항에도 불구하고 재산세 과세기준일 현재 다음 각 호의 어느 하나에 해당하는 자는 재산세를 납부할 의무가 있다.
    5. 「신탁법」에 따라 수탁자명의로 등기·등록된 신탁재산의 경우에는 위탁자. 이 경우 수탁자는 「지방세기본법」 제135조에 따른 납세관리인으로 본다.
23) 2013. 1. 1. 개정 지방세법 제107조(납세의무자) ② 제1항에도 불구하고 재산세 과세기준일 현재 다음 각 호의 어느 하나에 해당하는 자는 재산세를 납부할 의무가 있다.
    5. 「신탁법」에 따라 수탁자명의로 등기·등록된 신탁재산의 경우에는 위탁자(다만, 「주택법」 제2조제11호에 따른 지역주택조합·직장주택조합이 조합원이 납부한 금전으로 매수하여 소유하고 있는 신탁재산의 경우에는 해당 지역주택조합·직장주택조합). 이 경우 수탁자(지역주택조합·직장주택조합의 경우에는 조합원)는 「지방세기본법」 제135조에 따른 납세관리인으로 본다.
24) 2014. 1. 1. 개정 지방세법 제107조(납세의무자) ① 재산세 과세기준일 현재 재산을 사실상 소유하고 있는 자는 재산세를 납부할 의무가 있다. 다만, 다음 각 호의 어느 하나에 해당하는 경우에는 해당 각 호의 자를 납세의무자로 본다.
    3. 「신탁법」에 따라 수탁자 명의로 등기·등록된 신탁재산의 경우: 위탁자별로 구분된 재산에 대해서는 그 수탁자. 이 경우 위탁자별로 구분된 재산에 대한 납세의무자는 각각 다른 납세의무자로 본다.
25) 이 부분은 배영석·김병일, "담보목적의 신탁등기와 취득세 추징사유에 관한 소고", 『조세논총』 제2권 제2호, 한국조세법학회, 2017.6, 15~18면을 수정, 보완하였다.

신탁노관론은 신탁을 하나의 도관(conduit)으로 생각하여 아예 신탁이 없는 것으로 보고 세법을 적용해야 한다는 주장이고, 신탁실체론은 신탁을 하나의 실체(entity)로 보아 신탁재산 또는 수탁자를 하나의 과세주체로 인정하여 세법을 적용해야 한다는 주장이다.

신탁도관론의 경우 신탁은 신탁재산을 통해서 발생한 소득을 수익자에게 분배해 주는 하나의 도관에 지나지 않는다는 입장이므로, 이 논리에 따르면 신탁재산은 독립한 과세주체가 될 수 없고 신탁소득이 실질적으로 귀속되는 수익자(내지 위탁자)가 과세주체가 된다. 신탁실체론은 두 가지로 나눌 수 있는데, 신탁재산은 독립된 법인격이 없으므로 법인격이 있는 수탁자를 과세주체로 해야 한다는 견해(수탁자설)와 신탁재산 그 자체를 하나는 과세주체로 인정하여 세법을 적용해야 한다는 견해(신탁재산설)가 그것이다. 그러나 신탁법은 신탁재산을 수탁자의 고유재산과 분리된 독립성을 인정하고 있으므로 실질적으로는 수탁자설과 신탁재산설은 차이가 없다고 볼 수 있다.[26]

우리나라 세법은 소득과세인 소득세법과 법인세법은 신탁도관론에 따라 입법되어 있으나, 부가가치세법은 명시적인 규정이 없이 해석론에 맡기고 있는데 최근 대법원 전원합의체에서 신탁재산에 있어서 위탁자가 아닌 수탁자가 세금계산서를 발행해야 한다는 취지로 판결[27]함으로써 부가가치세는 신탁실체론의 입장에서 과세해야 한다는 취지로 변경되었다. 그러나 현재 정부에서 입법 예고한 부가가치세법의 개정안에 의하면 부가가치세는 원칙적으로 신탁도관론에 따라 과세하되 신탁재산이 공매로 매각될 경우에만 예외적으로 신탁실체론에 따라 적용하도록 하고 있다.[28]

한편, 회계는 형식보다는 경제적 실질에 근거하여 회계처리를 하는 것이므로[29] 회계상으로는 신탁을 하여 소유권이 이전되었다고 해서 위탁자(부동산 소유자)의 재산이 수탁자(신탁회사)에게 이전된 것으로 회계처리하지 않고 그대로 위탁자의 재산인 것으로 회계처리하므로 회계는 기본적으로 신탁도관론의 입장이다.

---

26) 이중교, "신탁법상 신탁에 관한 과세상 논점",『법조』, 제58권 제12호(통권 제639호), 법조협회, 2009. 12, 328면 참조.
27) 대법원 2017.5.18. 선고 2012두22485 판결.
28) 부가가치세법 개정안 제10조 제8항은 "신탁재산을 수탁자의 명의로 매매할 때에는 위탁자가 직접 재화를 공급하는 것으로 본다. 다만, 위탁자에 대한 채무이행을 담보하기 위해 대통령령으로 정하는 신탁계약을 체결한 경우로서 수탁자가 그 채무이행을 위하여 신탁재산을 처분하는 경우에는 수탁자가 재화를 공급하는 것으로 본다."라는 내용으로 되어 있고, 부가가치세법 개정안 제10조 제9항은 "① 위탁자로부터 수탁자에게 신탁재산을 이전하는 경우, ② 신탁의 종료로 인하여 수탁자로부터 위탁자에게 신탁재산을 이전하는 경우, ③ 수탁자가 변경되어 새로운 수탁자에게 신탁재산을 이전하는 경우에는 재화의 공급에 해당하지 않는다"는 내용으로 되어 있다.
29) 재무회계개념체계 문단 48 참조.

(2) 취득세에 대한 신탁과세의 적용

취득세는 재화의 이전이라는 사실 자체를 포착하여 거기에 담세력을 인정하고 부과하는 유통세의 일종으로서 부동산의 취득자가 그 부동산을 사용·수익·처분함으로써 얻어질 이익을 포착하여 부과하는 것이 아니므로, 취득세 과세 시 '취득'이란 취득자가 실질적으로 완전한 내용의 소유권을 취득하는지 여부와 관계없이 소유권 이전 형식에 의한 취득의 모든 경우를 포함하는 것으로 해석하는 것이 통설[30]과 대법원[31]의 입장이다. 이 논리에 따르면 신탁에 의한 소유권 이전이 있으면 취득세의 과세대상이 되는 것으로 보아야 하는데, 현행 지방세법이 수탁자에게 취득세를 과세하는 것을 원칙으로 하고 있으므로 취득세는 기본적으로 신탁실체론의 입장이고 그 중에서 수탁자설의 입장이라고 평가할 수 있다. 따라서 신탁실체론의 입장에서 과점주주의 간주취득세를 과세할 때에는 신탁부동산은 위탁자의 재산이 아니라 수탁자의 재산에 해당하는 것으로 보아 과세하는 것으로 해석하고,[32] 수탁자에게 소유권이 이전된 신탁토지에 대하여 위탁자의 비용과 노력으로 그 토지의 지목을 사실상 변경하더라도 지목변경에 따른 취득세의 납세의무는 위탁자가 아닌 수탁자에게 있는 것으로 해석한다.[33]

그러나 실질적인 측면에서 신탁은 재산의 이전으로 볼 수 없기 때문에 신탁에 의한 소유권 이전 등 세 가지 종류의 신탁 이전에 해당할 때에는 지방세법 제9조 제3항에서 비과세하도록 입법하고 있는데 이것은 신탁도관론의 논리가 적용된 것이라고 할 수 있다.[34][35] 또한, 지방세법 제7조 제8항 본문에서 주택조합·재건축조합·소규모재건축조합이 조합원용으로 취득하는 부동산은 그 조합원이 취득하는 것으로 의제하여 신탁도관론이 적용되도록 하고 있으며,[36] 위탁자 지위 이전의 방식으로 취득세를 회피하는 것을 방지하기 위하여 2015. 12. 29.에 지방세법 제7조 제15항을 신설하여 위탁자의 지위 이전의 경우에 새로운 위탁자에게 취득세 납세의무를 지우고 있는데, 이러한 입법도 신탁도관론의 논리가 적용된 것이라고 평가할 수 있다.

---

30) 정지선(주6), 59면 참조.
31) 대법원 2007.4.12. 선고 2005두9491 판결 등.
32) 대법원 2014.9.4. 선고 2014두36266 판결; 법제처, 14-0577, 2014.11.19.; 지방세기본통칙 7-8.
33) 대법원 2012.6.14. 선고 2010두2395 판결.
34) 전동흔·최선재, 『2017 지방세법해설』, ㈜영화조세통람, 1366~1367면 참조.
35) 한편, 취득세의 과세에 있어서 취득은 형식적 취득을 의미하는 것으로 해석하는 것이 옳고 신탁취득의 경우 취득세 비과세의 규정을 둔 것은 신탁법에 따른 신탁을 장려하는 정책적 판단에 기초한 것으로 볼 수 있다는 견해도 있다(정기상, 신탁법상 신탁관계에서 토지 지목의 사실상 변경으로 인한 취득세의 납세의무자: 대상판결: 대법원 2012.6.14. 선고 2010두2395 판결", 『세무와 회계연구』 제1권 제2호, 한국세무사회 부설 한국조세연구소, 265면; 같은 취지의 주장, 마정화·유현정, 『부동산신탁에 관한 합리적인 지방세 과세방안』, 한국지방세연구원, 2016. 91면).
36) 이동식, 『도시재개발사업 등에 대한 지방세 감면의 과세전환방안』, 한국지방세연구원, 2014.2. 37면 참조.

(3) 재산세에 대한 신탁과세의 적용

2014. 1. 1. 개정 이전의 지방세법에서는 신탁재산에 대한 재산세의 납세의무자를 위탁자로 정하고 있었으나[37] 2014. 1. 1. 개정 이후의 지방세법에서는 위탁자별로 구분된 재산에 대한 재산세의 납세의무자는 수탁자로 정하면서 위탁자별로 구분된 재산에 대한 납세의무자는 각각 다른 납세의무자로 보도록 정하고 있다.[38] 따라서 현행 지방세법상 재산세에 있어서는 신탁실체론 중에서 수탁자설의 입장이라고 평가할 수 있다.

지방세법에서 이렇게 납세의무자를 변경한 것은 종전에 위탁자를 재산세의 납세의무자로 함에 따라 위탁자가 재산세를 체납할 경우 과세당국이 재산세 발생원인이 되는 신탁재산에 대하여 체납처분절차를 진행할 수 없다는 점 때문이었다. 즉, 2014. 1. 1. 개정 이전의 규정에 의할 때 재산세 납세의무자는 위탁자이나 신탁재산의 법률상 소유자는 수탁자이기 때문에, 위탁자가 재산세를 체납할 경우 위탁자의 일반재산에 대해서는 강제집행이 가능하나 신탁재산은 타인(수탁자)의 재산이어서 체납처분하는 것이 불가능하였고, 신탁재산이 과세원인이 되어 재산세 납세의무가 발생함에도 불구하고 그 과세원인인 신탁재산에 대해서는 체납처분할 수 없는 일이 발생함에 따라 이러한 문제점을 개선하기 위하여 2014. 1. 1.에 지방세법을 개정한 것이다.

그러나 재산세 과세에 있어서 신탁도관론의 논리가 반영된 것으로 평가할 수 있는 것도 있다. 즉, ① '위탁자별로 구분'된 신탁재산의 재산세 납세의무자는 수탁자이나 재산세 납세의무자는 각각 다른 납세의무자로 본다고 규정하고 있으므로[39] 재산세 과세 시 신탁부동산에 대한 소유자를 완전히 수탁자인 것으로 보고 있다고 평가하기 어렵고, ② 신탁재산에 속하는 종합합산 또는 별도합산 대상토지의 합산 시 신탁재산 토지는 수탁자의 고유재산 토지와 서로 합산하지 않고 위탁자별로 구분되는 신탁재산 토지는 위탁자별로 각각 합산하도록 규정하여[40] 신탁부동산의 실질적·경제적 소유자는 '수탁자'가 아닌 '위탁자'인 것을 전제한 규정을 두고 있다. 또한, ③ 신탁재산에 대한 재산세가 체납될 경우에는 체납된 해당 재산에 대해서만 압류를 하되, 재산세가 체납된 재산이 속한 신탁에 다른 재산이 있는 경우에는 그 다른 재산에 대하여 압류할 수 있도록 정하여[41] 신탁부동산의 실질적 소유자는 수탁자라기 보다는 위탁자인 것을 전

---

37) 2014. 1. 1. 개정 이전의 지방세법 제107조 제2항 제5호.
38) 2014. 1. 1. 개정 이후의 지방세법 제107조 제1항 제3호.
39) 지방세법 제107조 제1항 제3호. 한편, 지방세법시행령 제106조 제1항에서는 납세의무자(위탁자별로 구분된 재산에 대한 수탁자)의 성명·상호 다음에 괄호를 하고 그 괄호 안에 위탁자의 성명·상호를 적어 구분하도록 정하고 있다.
40) 지방세법 제106조 제3항.
41) 지방세법 제119조의2.

제하고 있다.

4. 주요국의 사례 및 시사점

(1) 일본

일본은 신탁재산에 대한 과세에 있어서 두 가지 기본원칙, 즉 형식적 소유권의 이전에 대해서는 취득세를 과세하지 않고, 법률상 소유자인 수탁자를 고정자산세의 납세의무자로 하는 원칙을 갖고 있다.[42]

1) 취득세

신탁재산에 대해서 일본에서 취득세를 과세 내지 비과세하는 내용은 다음과 같다.

신탁의 설정과 종료에 있어서 신탁당사자 간에 신탁재산을 이전하는 경우는 형식적 소유권의 이전으로 보아 부동산취득세를 과세하지 않는다.[43] 즉, 신탁설정단계에서 신탁재산이 위탁자로부터 수탁자에게 이전하거나 신탁종료단계에서 신탁재산이 수탁자로부터 위탁자에게 이전할 때에 취득세를 부과하지 않는다.

신탁을 설정한 후, ① 신탁수익권을 양도하면 위탁자(신탁의 효력이 생겼을 때부터 계속 위탁자인 것에 한정)가 아닌 수익자에게 신탁토지 또는 신탁건물이 교부된 때에 해당 수익자에게 취득세를 과세하고, ② 신탁토지에 건물을 신축하면 일반적인 건물을 건축한 경우와 마찬가지로 부동산취득세를 과세한다.[44]

위탁자의 지위승계가 있는 경우, 일본 지방세법은 위탁자의 지위승계 시 취득세를 비과세하는 것을 규정하지 않고 있으므로 위탁자의 지위승계가 있으면 신위탁자는 전 위탁자로부터 신탁재산을 취득하는 것으로 보아 취득세 과세대상으로 본다. 즉, 이 경우 실질적인 소유권 이전으로 파악하고 있는 것이다.

일본은 신탁에 관한 부동산취득세의 비과세 규정에서 수익자가 누구인지는 요건화하고 있지 않은데, 실질주의적 수익자 과세 원칙의 입장을 취하면 타익신탁을 설정한 경우 위탁자로부터 수익자에게 자산이 이동되었다고 생각할 수 있는데도 이 경우 비과

---

42) 유태현, 『취득세·등록면허세의 불합리한 과세체계 정비방안』, 한국지방세연구원, 2015, 47면.
43) 일본 지방세법 73조의7에서 신탁에 관하여 취득세를 비과세하는 경우를 ① 위탁자로부터 수탁자에게 신탁재산을 이전하는 경우, ② 신탁효력이 발생한 때부터 계속하여 위탁자가 신탁재산의 원본 수익자인 신탁에서 수탁자로부터 당해 수익자에게 신탁재산을 이전하는 경우, ③ 수탁자의 변경이 있는 경우를 규정하고 있다.
44) 經濟法令研究會, 『信託の基礎』, 經濟法令研究會, 2015, 255面.

세되는 것은 소득세 등에서 볼 수 있는 실질주의적 수익자 과세원칙을 지방세법에서는 채택하고 있지 않다고 볼 여지가 있다.[45]

그러나 일본 판례는 실질주의적 관점에서 해석한다고 볼 수 있다. 예컨대, 동경지방법원은 2007. 8. 23.자 판결[46]에서 '위탁자가 원본 수익자인 신탁에서 수탁자로부터 원본 수익자에게 신탁재산을 이전하는 경우 부동산취득세를 비과세로 한 이유'에 대해서 "수익자의 권리행사는 신탁목적에 구속되어야 하기 때문에 당연히 형식적인 소유권의 취득이라고 할 수 없지만, 자익신탁에서 수탁자가 수익자에게 신탁재산을 이전하는 것은 신탁행위에 의해 위탁자로부터 수탁자에 형식적으로 이전된 소유권이 신탁종료에 의해 위탁자 겸 수익자에게 형식적으로 되돌리는 것일 뿐이고 형식적인 소유권 이전에 지나지 않으므로 비과세로 한 것이라고 생각된다."고 설시하고 있다. 한편, 이에 대해 일본 자치성의 당시 관계자는 "신탁설정 시와 종료 시에 비과세하는 것은 이 경우의 소유권 이전은 부동산의 신탁을 받아 운영하기 위한 수단이라고 생각하기 때문이다"라고 설명하였고,[47] 학설은 이 점을 '소유권의 이전이 의도되어 있지 않은 경우'라고 하면서 "이 경우 법률상으로는 소유권의 이전이 있지만, 신탁과 양도담보 등 본래 그 소유권이 이전되는 것 자체가 의도되어 있는 것은 아니고, 소유권의 이전은 단순한 경제적 수단으로서 의미밖에 존재하지 않는다."고 하고 있다.[48]

이러한 관점은 위탁자가 수탁자에게 신탁부동산을 맡겼지만 위탁자 스스로 부동산을 운용하고 있다고 생각하는 측면(즉, 실질주의적 사고)이 전제된 것으로 평가할 수 있다.

신탁과세에 있어서 '신탁에서 과세관계를 결정하는 사법상 권리 관계(법적 실질)'와 '신탁재산에서의 수익 내지 신탁재산 그 자체의 지배에 관한 경제적 실질'이 분리된다고 인식하고 후자에 주목하여 과세관계를 결정하는 것이 실질주의적 과세 원칙의 입장이라고 한다면, 부동산취득세에서 비과세하는 것은 다른 조세 분야에 적용되고 있는 실질주의적 수익자 과세원칙과 동일한 입장에 따른 것이므로 현행법 체계의 정합성이라는 관점에서는 긍정적으로 평가하는 견해도 있고,[49] 실질주의적 과세의 입장은 종래 비교적 단순한 신탁의 경우에는 유효하게 기능했으나, 신탁이 복잡화되고 있는 점을 고려하면 '신탁재산은 실질적으로는 수익자의 것' 또는 '신탁재산은 실질적으로 위탁자

---

45) 佐藤英明, "不動産の取得に対する地方税と信託", 2012, 2~3面.
46) 오사카지방법원 2010. 12. 2. 판결도 동일한 취지이다.
47) 松尾徹人·小林弘明·折笠竹千代·板倉敏和,自治行政講座第11卷地方税2, 211面(注2)와 같은 선행연구 및 中西博·坂弘二·荣田幸雄, 自治行政政講座第10卷 地方税, 389面도 동일한 취지이다{마정화·유현정(주35), 주석 81에서 재인용}.
48) 石島弘, 不動産取得税と固定資産税の研究, 2008, 209面{마정화·유현정(주35), 주석 82에서 재인용}.
49) 佐藤英明(주45), 3~4面.

의 것'이라고 이분법하기 어려운 경우에 한계가 있다는 지적도 있다.[50]

2) 재산세 및 특별보유세

일본의 고정자산세는 보유자산에 대한 과세인데 우리나라 재산세보다 과세대상을 훨씬 포괄적으로 규정하고 있으므로 종합자산과세로서의 성격을 갖고 있다.

고정자산세의 납세의무자는 다음과 같다.

등기된 토지나 가옥의 납세의무자는 진정한 소유자인지 여부에 관계없이 등기명의인이 된다. 따라서 신탁재산은 실질주의 과세원칙이 적용되지 않고 등기명의인인 수탁자가 납세의무자가 된다.[51] 매년 반복적으로 과세되는 고정자산세의 경우 대량적이고 획일적인 처리가 중요하기 때문에 취득세와 다르게 과세하는 것이다.

그러나 감가상각대상자산이 신탁된 경우에는 고정자산세의 납세의무자에 대한 예외규정이 있다. 상각자산의 고정자산세 납세의무자는 과세대장에 소유자로 등록된 자이지만, 신탁회사가 수탁한 상각자산을 신탁행위에서 제3자에게 양도할 것을 조건으로 그 자에게 임대하고 그 자가 이를 사업용에 사용하고 있는 경우에는 신탁회사가 아닌 그 제3자를 소유자로 간주하여 고정자산세 납세의무자로 한다.[52] 이것은, 신탁에서 형식상 소유자는 신탁회사이지만 당해 자산에서 발생하는 수익의 실질적 귀속은 당해 자산을 실제로 사용·수익하고 궁극적으로 그 소유권을 취득할 제3자에게 귀속되기 때문에 실질에 부합되도록 그 자에게 재산세를 부담시키는 것이다.[53]

(2) 미국

미국은 신탁을 기본적으로 개인(individual)으로 취급하고 있으며,[54] 배당가능수익(Distribution Net Income: DNI) 방식을 통하여 신탁단계에서 신탁과세소득을 산정한 후 수익자에게 분배하고 있다. 미국은 신탁과세 시 도관이론을 적용하고 있지만 파트너십과 같은 도관(pass-through)은 아니다. 즉, 신탁을 '별도의 납세의무자로서의 신탁(trust as separate taxpayers)'이라는 규정을 적용하여 수탁자를 개별 실체로 보고(pay-through), 위탁자나 수익자와 분리하여 과세하도록 하여 이중과세를 방지하고 있다. 다만, 위탁자신탁에는 이러한 도관이론이 적용되지 않는다.

---

50) 佐藤英明(주45), 8面.
51) 일본 지방세법 제343조.
52) 일본 지방세법 제343조 제8항.
53) 地方税法の施行に関する取扱いについて(市町村税関係)(平成22年4月1日 総税市第16号), 95面 {마정화·유현정(주35), 64면에서 재인용}.
54) IRC § 641(b).

미국은 각 주에서는 제정법으로서 신탁법을 규율하거나 판례법에 따라 신탁 법률관계를 규율하고 있는데, 신탁 법제는 신탁재산 자체에 법인격을 부여함으로써 수탁자의 권리를 재산관리권으로 구성하고 있다.[55]

1) 부동산이전세

미국의 부동산이전세(real property transfer tax)는 부동산소유권이 이전될 때 주 정부, 카운티, 그 밖의 지방자치단체에서 부과하는 지방세로서 일반적으로 부동산의 이전가액에 기초하여 과세된다. 우리나라의 취득세와 대응되는 부동산이전세[56]는 우리나라의 취득세와는 달리 보통 매도인이 부담한다. 부동산이전세는 등기를 담당하는 부서에서 관리하며 주택권리증서가 등기되는 시점에 납부한 사실을 인지(stamp)의 형태로 제시한다.

부동산이전세에서 미국 주 정부에 가장 많이 통용되는 비과세규정은 가족 간의 이전이다. 일부 주 정부에서는 개인과 특수관계있는 단체(related entities) 간의 이전도 비과세하는데, 이러한 비과세규정은 법인세 절세를 위한 거래에 남용되므로 특수관계법인에 의한 비과세 규정의 적용을 차단하기 위하여 별도 장치를 구성하고 있다.[57] 또한 다수의 주 정부는 무상이전에 대해 부동산이전세를 과세하지 않기 때문에 위탁자가 부동산을 신탁하는 경우 과세하지 않는다.[58]

2) 재산세

미국의 재산세는 자산의 이용 권리나 그로부터 발생하는 소득에 부과하는 것이 아니라 재산 자체에 일정 비율로 부과하는 직접세이다. 즉, 주 정부의 관할구역에서 주법에 따라 소유권이 있다고 간주되는 부동산의 이익(interest)에 대해서 부과한다. 재산세의 납세의무는 자산의 소유자에게 부과되고 소유자가 변경되면 새로운 소유주가 재산세를 납부해야 한다. 재산세의 부과권은 연방정부에게 있는 것이 아니라 주법에 따라 주 정부 및 기초자치단체나 경찰, 소방 등 특별과세구역 등에게 부여되어 있지만, 재산세에 대한 평가는 일반적으로 지방자치단체에 위임된다. 재산세 과세표준은 과세대상 자산의 범위와 더불어 개별 자산의 가치에 대한 감정평가에 따라 결정된다. 세율은 주마다 다르다. 부동산관련 재산세는 지방정부의 주요 재원이기 때문에 세율은 일반적으로 특

---

55) 인성식, "토지신탁의 구조와 위험분석에 관한 연구", 한성대학교 대학원 박사 학위 논문, 57면.
56) 미국은 부동산이전세를 지방정부 뿐만 아니라 주 정부도 과세하기도 한다. 미국 37개 주(콜롬비아 특별구 별도)에서 시행을 하며, 취득세 부담자가 매도인인 경우도 있고 매수인 경우도 있고, 비과세되는 경우도 많다(http://www.ncsl.org/research/fiscal-policy/realestate-transfer-taxes.aspx); 박훈, 『미국의 지방세제도』, 한국지방세연구원, 2017, 73면).
57) Swenson, Bender's State Taxation: Principles and Practice, §23.04, 2014.
58) 마정화·유현정(주35), 75면.

정과세구역(specific tax district)이나 지방자치단체의 재원 여건에 따라 결정된다. 따라서 세율은 이러한 지방정부와 과세구역의 예산 변경에 따라 매년 변경될 수 있다.

재산세의 납세의무자는 일반적으로 부동산 소유자가 된다. 신탁재산에 대한 재산세 고지서는 법률상 소유자인 수탁자에게 발송되고 수탁자는 신탁자금으로 재산세를 납부한다.[59]

재산세의 과세대상은 토지, 건물 및 영구적 부착물(permanent improvements)과 같은 부동산이나 개인재산에 대해 부과된다.

재산세는 일반적으로 평가된 재산가액이나 주 정부법에 의해 결정되는 평가가액을 기준으로 하고 대부분의 주 정부는 부동산의 재평가를 주기적(1~6년)으로 하며, 일부 주 정부에서는 소유권 이전(changes in ownership or transfer of ownership)이 있는 경우 주법에 따라 재산세 평가관이 정기적인 평가 주기와 별도로 부동산을 재평가해야 하는데,[60] 여기서 '소유권 이전(changes in ownership)'의 개념은 '자산의 수익적 사용가치의 변경(change in the beneficial use)'을 의미한다. 그래서 신탁으로의 이전을 소유권 이전으로 보지 않는 경우도 있다.

신탁재산의 분배(distribution)로서 자산이 이전되는 경우에도 소유권 이전에 해당하지만, 분배받는 자가 신탁의 현재 수익자에 한정되거나 현재 수익자의 배우자인 경우 소유권 이전으로 보지 않는다.[61] 다만 신탁재산이 수익자가 아닌 다른 자에게 이전되는 경우는 신탁재산의 분배가 아니므로 소유권 이전에 해당한다. 또한 현재 수익자가 가족이 아닌 제3자로 변경되는 경우에도 소유권 이전에 해당한다.[62]

(3) 영국

영국도 미국과 마찬가지의 신탁에 대한 법률구조를 취하고 있으므로 수탁자를 실체로 인정하고 있다. 그러나 영국은 미국과 달리 수탁자의 영향력 여부 및 위탁자 등을 통한 조세회피방지 목적에 따라 신탁을 구분하고 있다.[63] 영국은 신탁과세에 있어서 원칙적으로 도관이론을 기반으로 하지만, 신탁법상 신탁을 법인으로 파악함으로써 실체이론을 가미하여 신탁재산·수익자·위탁자 모두를 납세의무자로 보고 있다. 도관이론에 따라 신탁재산에 발생한 소득에 대하여 과세하지 않는 상황이 지속됨으로써 신탁소득을 분배하기 보다는 신탁소득의 유보를 통한 소득분산을 시도하게 되는 현상이 나

---

59) http://www.helsell.com/faq/irrevocable-trusts/
60) Swenson(주57), §23.04. (2014)
61) MCL 211.27a(6)(d)(i).
62) 마정화·유현정(주35), 77면.
63) Matthew Hutton, *Tolley's UK Taxation of Trusts 18th ed*, 2008, LexisNexis, 15~26면 참고.

타나서 이들 죄소화하기 위하여 신탁에 과세하는 실체이론을 도입하였다.

영국은 수동신탁(bare trust)과 일반신탁(settlement)으로 구분하고, 세목에 관계없이 수동신탁은 수익자를 납세의무자로 하고, 일반신탁은 신탁유형에 따라 소득세·자본이득세·상속세에서는 위탁자, 수익자, 수탁자를 납세의무자로 보며, 적용되는 세율도 다르다. 이러한 조세가 적용되는 신탁유형에는 단위신탁, 연금신탁, 집합투자기구, 부동산신탁 등도 해당한다.

1) 인지세 및 토지인지세

인지세는 서류(document) 또는 법률문서(instrument)에 대해 부과되는데, 토지인지세는 형식적 이전이 아니라 실질적 이전에 따라 과세여부를 결정한다. 즉, 토지인지세는 서면에 의한 증명여부와 관계없이 유상이익(chargeable interest)의 취득에 대하여 부과된다. 계약이 공식적인 절차의 완료 전에 실질적인 거래가 이행된 경우, 실질적인 거래이행 시점이 과세시기가 된다.[64]

토지인지세는 토지거래에 대하여 부과한다. 토지거래는 기본적으로 토지에 대한 권한(power)이나 권리(right), 이익(interest), 유산(estate)을 취득하는 것을 말한다.

토지인지세는 수동신탁과 일반신탁으로 구분하여 과세하는데, 수동신탁은 수익자가 토지인지세의 납세의무자이며 일반신탁은 신탁의 구조에 따라 토지인지세의 납세의무자가 결정된다. 신탁이 수동신탁인지 여부는 수탁자에게 달려 있는데, 수탁자가 법률자문을 이용할 수 있다면 수탁자는 법률자문단에게 신탁기금(trust fund)이나 신탁재산이 수익자에게 '무효나 취소할 수 없는 확정권(indefeasibly vested)'이 있는지에 관한 판단을 요청해야 하고, 수익자가 이러한 권리를 갖고 있다면 신탁은 수동신탁이 된다.[65]

일반신탁의 수탁자가 토지를 취득한 경우 토지인지세 목적상 수탁자는 수혜권이 포함된 모든 이익을 취득한 취득자가 된다. 면제 대상을 초과하는 유상이익이 있다면 토지거래세가 부과된다. 권리소유권이 있는 수익자에게는 토지거래세가 부과되지 않고 수탁자만 부담하게 된다.

수탁자 구성의 변경은 토지거래가 아니므로 토지인지세가 부과되지 않는다. 이는 특히 모기지(mortgage) 또는 다른 사용으로 신탁재산이 보장되는 경우에도 부과되지 않는다는 것을 의미한다.

신탁재산의 이전과 관련하여 유상이익의 발생이 없다면 인지세나 토지인지세가 발생

---

64) HMRC internal manual Stamp Duty Land Tax Manual, SDLTM00040.
65) HMRC internal manual Stamp Taxes on Shares Manual, STSM081030. 자세한 내용은 김종해·김병일, "영국의 신탁제도의 시사점", 『세무학연구』 제21권 제3호, 한국세무학회, 2011, 참조.

하지 않는다. 형식적인 소유권 이전에 해당하는 경우는 인지세나 토지인지세를 부과하지 않고 있다.

신탁이 설정되는 단계에서 위탁자가 수탁자에게 토지가 이전되는 경우로서 해당 거래에서 발생하는 유상이익이 없다면 토지거래는 과세대상에서 면제된다.[66]

수탁자가 변경되는 경우 토지에 대한 담보채무의 귀속여부와 관계없이 새로운 수탁자가 지명된 경우에도 토지인지세는 부과되지 않는다.

신탁증서에 의해 수익자에게 토지를 이전하는 경우 유상이익에 해당하지 않으면 토지인지세가 부과되지 않는다. 수탁자의 자본이득세에 대하여 수익자가 지불한 금액은 과세대상이 아니지만, 토지인지세 부과대상이 될 수 있다.

2) 재산세

영국은 지방세인 재산세(property taxes)를 국세로 전환했다. 그 이유는 다음과 같다. 1990년 이전에는 지방정부에서 비거주분(Non Domestic rate)을 카운슬세(Council Tax; Domestic rate)와 함께 부과하였는데, 비거주분의 경우 1640년부터 '점유하고 있는 재산(tax on occupied property)'에 대하여 부과하였으며, 1967년부터 지방재정법(Local Act)에 의하여 지방세(Local Tax)로 부과하고 있었다. 그러나 지방세의 경우 각 지방정부마다 다른 세율을 적용하도록 하고 있으므로 영업을 하는 법인사업자의 경우 비슷한 재산규모의 영업장이라 할지라도 지역에 따라 다른 세액이 부과되는 불합리함이 발생하였다. 법인들의 경우 투표권이 없고, 지방정부의 세출여건과 상관없는 기업활동이 사업용재산세에 포함됨으로써 지역간 불평등이 심화되는 등 법인들에 대한 일관적인 정부 정책의 필요성이 지속적으로 제기되자 1990년에 지방정부재정법(Local Government Finance Act 1992: LGFA 1992)을 제정하여 거주목적인 아닌 재산의 비거주 사용자(occupiers of non domestic property), 즉 법인들에게 기업 운영의 안정성과 예측 가능성을 위하여 과세표준 및 세율 결정을 일원화하여 단일 과세결정권자인 중앙정부가 부과하도록 한 것이다.[67]

이에 ① 개인에게는 재산세를 지방정부(Local authority)가 카운슬세(community charges)로 부과하고 있으며, ② 법인에게는 재산세를 종래 지방정부가 부과했던 비거주용 재산세(Non–Domestic rate)를 1990년부터 중앙정부가 과세하도록 하는 사업용재산세{National Non–Domestic Rates(NNDR), Business rates}라는 국세로 전환하였다.[68]

---

66) FA 2003 Sch 3 para 1.
67) 김현아, "주요국의 부동산 보유세제 개편과 시사점"『재정포럼』(제100호), 2004.10, 36~37면.
68) 김현아(주67), 36면.

영국은 신탁을 기본적으로 법인으로 취급하고 있으므로 지방세인 카운슬세가 아닌 국세인 비거주용 레이트인 사업용재산세가 부과된다.

신탁재산에 대한 카운슬세 부과와 관련하여 영국 지방자치단체에서도 명확한 기준 설정에 어려움이 있었다. 왜냐하면 수탁자는 주거용 부동산의 거주자가 아니므로 납세 의무자를 누구로 정할 것인지가 문제가 되었기 때문이다. 신탁은 법적 소유권과 경제 적 소유권이 분리된 구조이므로 이를 판단하기 위하여 중대한 이해관계(material interest) 에 따라 소유자를 판단할 필요가 있다고 영국 법원이 판시하고 있다.[69] 즉 법원은 법 적 및 경제적 소유권의 판단에 있어서, 중대한 이해관계에 따라 소유권을 보유한 수탁 자(법률적 소유권자)와 경제적 이익을 보유한 공평한 소유자가 있는 경우, 수탁자와 수익 자 모두가 소유자의 정의규정에 해당하므로 카운슬세의 납부책임을 공동으로 또한 개 별적으로 부담할 것을 판시하였다.

(4) 시사점

일본, 미국 및 영국도 우리나라와 마찬가지로 신탁재산에 대한 과세는 기본적으로 신탁도관이론에 기초하고 있다. 주요국은 신탁관계법령이나 사법이 우리나라와 달라서 취득세 및 재산세를 직접으로 비교하는 것은 어려운 측면이 있다. 다만, 주요국은 신탁 에 관한 소득과세의 체계를 취득세와 재산세에도 비교적 큰 변형 없이 적용하여 신탁 재산 관련 납세의무자의 결정에서 당사자들의 혼선을 최소화하고 있다.

취득세의 과세와 관련하여, 일본은 부동산의 취득자란 실질적 취득자를 의미하므로 명의인과 실질적 취득자가 다른 경우에는 실질적 취득자가 납세의무자가 되고, 이러한 관점에서 신탁당사자 간의 부동산 이전은 부동산의 취득에 해당하지만 형식적인 소유 권 이전에 해당하는 경우에는 예외적으로 비과세하고 있다. 형식적인 소유권 이전의 유형으로 위탁자로부터 수탁자에게 신탁재산을 이전하는 경우, 수탁자의 변경, 위탁자 가 원본수익자인 수익자에게 수탁자가 신탁재산을 이전하는 경우에는 비과세하도록 규 정하고 있는데, 이 점은 우리나라와 거의 동일하다.

미국은 우리나라의 취득세와는 달리 보통 매도인이 부담하는 경우가 많고 다수의 주 정부에서는 무상이전에 대해서 부동산 이전에 대해서 과세하지 않기 때문에 위탁자가 부동산을 신탁하는 경우에 부동산이전세를 비과세하고 있다.

영국은 소득과세상 신탁분류기준을 취득세에도 적용하여 수동신탁의 납세의무자는

---

69) R (Clark) v Bracknell Forest Borough Council, EWHC 3095, 2003.; http://www.public-lawtoday.co.uk/local-government/property/313-property-articles/35445-property--on-trust-and-council-tax.

수익자이며 일반신탁은 납세의무자를 수탁자로 보고 있다. 영국의 토지인지세는 우리나라의 취득세와 유사한데, 신탁재산의 이전과 관련하여 유상이익의 발생이 없다면 토지인지세가 발생하지 않는다.

재산세의 과세와 관련하여, 일본과 미국은 수탁자가 신탁업무를 수행하는 동안 신탁재산의 재산세 납세의무자를 소유자인 수탁자로 보고 있으나, 영국은 신탁유형에 따라 재산세의 납세의무자가 상이하다.

일본은 고정자산세의 납세의무자는 과세대장에 소유자로서 등록되어 있는 자이므로 소유자로 등록된 수탁자가 고정자산세 납세의무자가 되나, 수탁자는 신탁재산에 관한 비용으로서 고정자산세를 신탁재산에서 납부하므로 실질적으로는 수익자가 부담한다고 볼 수 있다.

미국은 소유자가 재산세 납세의무자이므로 신탁재산의 경우 수탁자가 납세의무자가 된다.

영국은 재산세는 지방세인 카운슬세와 국세인 기업레이트로 구분되는데, 카운슬세는 거주자 개인에게 부과하고, 기업레이트는 사업용 부동산이나 사업용 자산의 점유자(소유자 또는 임차인)에게 부과하므로 신탁재산의 경우 수탁자가 납세의무자가 된다. 개인에게 부과하는 카운슬세에 있어서 신탁재산에 대한 카운슬세 부과와 관련하여 영국법원은 소유권을 보유한 수탁자와 경제적 이익을 보유한 수익자가 모두 소유자의 정의규정에 해당하므로 공동으로 또한 개별적으로 부담한다고 판시한 바 있다.

우리나라는 주요국과 달리 재개발·재건축 등 도시환경정비사업을 신탁방식으로 하는 경우가 많고 이 경우는 위탁자가 수백 명에 이르는 등 주요국의 신탁 사례에서는 찾아 볼 수 없는 경우이다. 주요국은 위탁자와 수익자가 소수인 일반적인 신탁의 경우이나, 우리나라는 위탁자가 다수인 신탁의 경우도 모두 망라해서 신탁세제의 논리를 구성해서 과세해야 하는 점에서 주요국의 비해서 일관된 신탁과세의 논리를 세우기가 어렵다.

그러나 주요국은 신탁재산에 관한 취득세와 재산세의 과세 시에도 소득과세의 체계를 큰 변형 없이 적용하여 관련 당사자들의 혼선을 최소화하고 있는 점은 우리나라에서 신탁재산에 대한 취득세와 재산세의 과세 시 납세의무자의 설정 등에 있어서 시사하는 바가 크고, 취득세와 재산세의 납세의무자를 위탁자(또는 수탁자)와 수탁자 중에서 일률적으로 하나로 하지 않고 사안에 따라 각각 달리하고 있다는 점에서도 시사하는 바가 크다고 할 것이다.

Ⅲ. 신탁재산에 대한 등기

우리나라는 등기해야만 부동산의 물권변동의 효력이 발생하는 형식주의를 채택하고 있다. 따라서 물권변동과 관련한 법리를 보다 정확히 이해하기 위해서는 부동산의 등기를 어떻게 하는가를 정확히 이해하는 것이 필요하다.

신탁재산에 대한 취득세 및 재산세의 과세에 있어서 논란이 많고 실무상 혼선이 많이 발생하는 원인 중 하나는 신탁재산의 등기에 대한 정확한 이해 부족에서도 기인하는 면이 있다고 보이므로 취득세 및 재산세의 과세와 관련한 신탁등기에 대하여 보기로 한다.

신탁등기는 ① 신탁계약이 성립함에 따라 하는 신탁설정의 등기, ② 신탁계약 내용이 변경됨에 따라 하는 신탁원부 기록사항의 변경등기, ③ 신탁이 종료됨에 따라 하는 신탁등기의 말소등기 등 세 가지로 크게 대별할 수 있다. 신탁등기의 내용은 구체적으로 <표 Ⅲ-1>과 같다.[70]

〈표 Ⅲ-1〉 신탁등기의 종류

신탁계약	신탁등기	내용
신탁계약의 성립	신탁설정의 등기	· 신탁계약, 유언, 위탁자의 선언에 따른 등기 · 신탁재산의 물상대위, 원상회복 등에 따른 등기 · 재신탁에 따른 등기 · 담보권신탁에 따른 등기 · 유한책임신탁재산에 따른 등기
신탁계약의 변경	신탁원부 기록 변경등기	· 위탁자의 지위의 이전에 따른 등기 · 수탁자 변경에 따른 등기 · 신탁재산관리인에 관한 등기 · 기타 신탁조항 변경에 따른 등기 · 신탁의 합병 · 분할 등에 따른 등기
신탁의 종료	신탁등기의 말소등기	· 신탁재산의 귀속에 따른 등기 · 신탁재산의 처분에 따른 등기 · 수탁자의 고유재산으로의 전환에 따른 등기

---

70) 박상우, "신탁등기의 실무", 『BFL총서⑨ 신탁법의 쟁점(제1권)』, 도서출판 소화, 2015, 217면.

신탁등기의 등기명의인의 표시방법에 관하여 신탁등기사무처리에 관한 예규[71]에서 ① 신탁행위에 의하여 신탁재산에 속하게 되는 부동산에 대하여 수탁자가 소유권이전등기와 함께 신탁등기를 1건의 신청정보로 일괄하여 신청하는 경우에는 소유권이전등기의 등기명의인은 '수탁자 또는 수탁자(합유)'로 표시하여 등기하고, ② 신탁재산의 물상대위를 규정한 신탁법 제27조에 따라 신탁재산에 속하게 되는 부동산에 대하여 수탁자가 소유권이전등기와 함께 신탁등기를 1건의 신청정보로 일괄하여 신청하는 경우에는 소유권이전등기의 등기명의인은 '소유자 또는 공유자'로 표시하여 등기하며, ③ 신탁재산의 물상대위를 규정한 신탁법 제27조에 따라 신탁재산에 속하게 되는 부동산에 대하여 수탁자가 소유권이전등기만을 먼저 신청하여 소유권이전등기의 등기명의인이 '소유자 또는 공유자'로 표시된 후 수탁자가 단독으로 또는 위탁자나 수익자가 수탁자를 대위하여 단독으로 신탁등기를 신청하는 경우에는 이미 마쳐진 소유권이전등기의 등기명의인의 표시는 이를 변경하지 아니하고 그대로 두고, ④ '②, ③'의 경우 등기명의인으로 표시된 '소유자 또는 공유자'는 신탁관계에서는 수탁자의 지위를 겸하게 되므로, 그 '소유자 또는 공유자'의 등기신청이 신탁목적에 반하는 것이면 이를 수리하여서는 안 된다고 정하고 있다.[72]

1. 수탁자가 부동산을 취득하는 경우의 신탁등기

신탁에 의하여 수탁자가 부동산을 취득하는 경우를 크게 나누어 보면 ① 위탁자로부터 취득하는 경우와 ② 위탁자가 아닌 자(즉, 제3자)로부터 취득하는 경우로 나눌 수 있다. ②의 경우, 소유권 이전등기시점에 신탁등기를 이전등기와 동시에 병행하는 경우도 있고 이전등기 이후에 사후에 하는 경우도 있다.

(1) 위탁자 소유 부동산 취득 시 신탁등기

위탁자로부터 부동산을 신탁에 의하여 취득할 때 그 신탁등기는, 등기목적을 '소유권이전 및 신탁'으로 하고 등기원인을 '신탁'으로 하며 권리자를 '수탁자'로 한다. 구체적으로 그 등기는 다음과 같이 한다.[73]

---

71) 2017. 3. 20. 개정, 등기예규 제1618호.
72) 신탁등기사무처리에 관한 예규 '1.사.'
73) 박상우(주70), 211면.

〈표 Ⅲ-2〉 신탁을 원인으로 한 소유권이전등기 사례

【갑 구】				(소유권에 관한 사항)
순위 번호	등기 목적	접수	등기원인	권리자 및 기타사항
3	소유권이전	2012년 3월 5일 제3005호	2012년 3월 4일 매매	소유자 김갑동 서울특별시 강남구 대치로 15 거래가액 금 200,000,000원
4	소유권 이전	2012년 7월 30일 제4000호	2012년 7월 27일 신탁	수탁자 ○○재건축정비사업조합 서울특별시 강남구 서초로 15
				신탁 신탁원부 제2012-10호

(2) 제3자 소유 부동산 취득 시 신탁등기

위탁자가 아닌 제3자로부터 수탁자가 부동산을 취득하는 것은 수탁자가 위탁자로부터 '신탁받은 금전(신탁부동산의 처분대금을 포함)을 처분'하여 그 부동산을 취득하는 것에 해당하므로, 그 부동산은 신탁법 제27조에 규정한 물상대위에 의하여 취득한 신탁부동산에 해당한다.

부동산등기는 등기권리자와 등기의무자의 공동신청에 의하여 하는 것이 원칙이나 '신탁재산처분에 의한 신탁등기'는 수탁자가 단독으로 신탁등기를 신청할 수 있다.[74][75] 이때 수탁자가 단독 신청하여 등기를 하는 경우 위탁자는 등기부상으로 등기명의인으로 나타나지 않고 수탁자가 위탁자 이외의 제3자로부터 부동산을 취득한 것이 되며, 등기부에는 권리자를 '수탁자'가 아닌 '소유자'로 등기하고 신탁등기임을 표시한다.[76]

수탁자가 취득한 부동산이 신탁부동산이라는 사실을 등기하는 방법에 있어서, ① 부동산의 '취득과 동시'에 신탁등기를 할 수도 있고 ② 부동산을 '취득한 이후에 사후'에 할 수도 있다. 그러나 위탁자로부터 수탁자에게 신탁재산을 이전하는 경우라고 하더라도 지방세법에서는 ①의 경우는 취득세를 비과세하나 ②의 경우는 취득세를 과세한다.

---

74) 부동산등기법 제84조의2.
75) 이렇게 되면 수탁자는 '매매를 원인으로 한 소유권이전등기의 등기권리자의 자격'과 '신탁등기의 신청인의 자격'을 동시에 가지게 된다.
76) 만약 신탁등기임을 등기하지 않으면 명의신탁이 되어 부동산 실권리자명의 등기에 관한 법률의 규제대상이 된다.

현행 지방세법에서 신탁법에 의한 신탁등기를 병행하는 ①의 경우에 한하여 비과세하도록 하는 이유는 실질적 소유권 취득이 아니고 명백하게 형식적 취득으로 나타나는 경우에만 취득세를 비과세하기 위한 것이라고 한다.[77]

제3자 소유의 부동산을 신탁에 의하여 취득할 때 소유권 이전등기 시에 신탁등기를 병행하는 경우와 이전등기 이후에 신탁등기를 나중에 별도로 하는 경우로 나누어 등기 사례를 보면 다음과 같다.

1) 신탁등기의 동시신청 사례

수탁자는 부동산의 취득과 동시에 신탁등기를 병행하는 경우가 일반적이며, 이 경우 신탁등기를 할 때 ① 등기신청서에 등기 목적을 '소유권이전 및 신탁재산처분에 의한 신탁'으로 기재하며,[78] ② 등기는 제3자로부터 수탁자 앞으로 소유권이전등기와 신탁설정등기를 동시에 하고 등기순위번호는 하나를 사용한다.

부동산의 취득과 동시에 신탁등기하는 경우에 대한 등기 사례는 다음과 같다.[79]

〈표 Ⅲ-3〉 소유권 이전등기와 신탁등기의 동시신청 사례

【갑 구】				(소유권에 관한 사항)
순위 번호	등기 목적	접수	등기원인	권리자 및 기타사항
2	소유권이전	1997년 8월 9일 제8009호	1997년 8월 8일 매매	소유자 이돌이 서울시 중구 무교동 5 거래가액 금 100,000,000원
3	소유권이전	2003년 3월 5일 제3005호	2003년 3월 4일 매매	소유자 ○○재건축정비사업조합 서울시 용산구 남영동 9 거래가액 금 150,000,000원
				신탁재산처분에 의한 신탁 신탁원부 제5호

2) 신탁등기의 사후신청 사례

수탁자가 신탁받은 금전으로 부동산을 취득하여 소유권 이전을 받은 다음 사후에 신

---

77) 전동흔·최선재(주34), 1371면; 행정안전부, 지방세운영과-3082, 2010. 7. 19.
78) 변강림, 『부동산신탁등기·재건축등기·재개발등기 실무』, 백영사, 2008, 172면.
79) 오경조, 『신부동산등기법 강의』, 법률&출판, 2011, 869면; 박상우(주70), 220면.

낙능기를 하는 경우, 먼저 수탁자가 제3자로부터 소유권 이전을 받은 후 수탁자가 단독으로 또는 위탁자나 수익자가 수탁자를 대위하여 별도로 신탁등기만을 신청하는 방법으로 등기한다. 이 경우는 앞 "1)"의 경우와는 달리, 신탁등기를 주등기로 하므로 별도로 등기번호를 부여받고 등기목적에는 '○○번 신탁재산처분에 의한 신탁'으로 기록한다. 이에 대한 등기사례는 다음과 같다.[80]

〈표 Ⅲ-4〉 소유권 이전 이후 신탁등기의 사후신청 사례

【갑 구】				(소유권에 관한 사항)
순위 번호	등기 목적	접수	등기원인	권리자 및 기타사항
4	3번 신탁재산처분에 의한 신탁	2003년 5월 3일 제5003호	2003년 5월 2일 매매	신탁원부 제5호

부동산 실권리자명의 등기에 관한 법률에서는 '신탁법에 따른 신탁재산인 사실을 등기한 경우'에는 동 법에 의한 규제대상인 명의신탁에 해당하지 않는 것으로 규정하고 있는데,[81] 신탁등기를 사후에 하는 경우도 신탁법에 따른 신탁등기이므로 동 법의 규제대상이 아니라고 할 것이다.

2. 수탁자 명의로 신축한 건축물의 소유권보존등기

토지신탁 등의 신탁계약에 따라 수탁자 명의로 건축허가를 받아 신탁토지에 신축한 건축물은 신탁법 제27조에 규정한 물상대위에 의하여 취득한 신탁부동산에 해당한다. 그러나 수탁자가 건축주가 되어 건축한 것이므로 수탁자 단독 명의로 '소유권보존등기'를 함과 동시에 '신탁등기'를 하며, 등기신청서에 등기의 목적을 '소유권보존 및 신탁등기'로 기재한다.[82]

지역·직장주택조합의 경우 주택법이 적용되고 도시 및 주거환경정비법이 적용되지 않아 이전고시 절차 등이 없기 때문에, 도시 및 주거환경정비법이 적용되는 재건축조

---

80) 오경조(주79), 869면; 노용성, "신탁법의 개정과 실무(3) - 부동산등기법의 신탁등기(1)", 『법무사』, 2012년 10월호, 37~38면.

81) 부동산 실권리자명의 등기에 관한 법률 제2조 제1호 다목.

82) 그러나 주택조합·재건축조합이 수탁자로서 신축한 건물의 경우에는, ① '조합원용 건물부분'은 조합원(위탁자)이 자신의 명의로 바로 보존등기를 하고, ② '일반분양분 건물부분'은 조합(수탁자)이 보존등기를 한다. <표 Ⅲ-9>, <표 Ⅲ-10>을 참조.

합 등과는 달리, 지역·직장주택조합의 일반분양분의 신축 건물에 대한 소유권 보전등기를 할 때에도 수탁자(지역·직장주택조합) 명의로 '소유권보존등기'와 '신탁등기'를 동시에 한다.[83] 이 경우 수탁자가 단독으로 등기를 신청하고 등기상 권리자의 표시는 '소유자'로 표시하며, 등기 사례는 다음과 같다.

〈표 Ⅲ-5〉 수탁자 명의 신축 건축물의 소유권보존등기 사례

【갑　구】				(소유권에 관한 사항)
순위 번호	등기 목적	접수	등기 원인	권리자 및 기타사항
1	소유권 보존	2015년 11월15일 제9100호		소유자 ○○부동산신탁(주) 서울시 ○구 ○○동 5
				신탁 신탁원부 제2015-886호

3. 신탁 종료에 따른 신탁종료(말소)등기

신탁이 종료되는 경우 이를 등기하는 것은 세 종류가 있는데, ① 신탁 자체가 종료되어 신탁재산에 속하는 부동산이 수익자 등 귀속권리자에게 귀속됨에 따라 하는 '신탁재산 귀속에 따른 신탁말소등기', ② 신탁재산에 속하는 부동산을 수탁자가 처분(매매 등)함에 따라 하는 '신탁재산 처분에 따른 신탁말소등기', ③ 신탁재산에 속하는 부동산이 수탁자의 고유재산이 되어 더 이상 신탁재산에 속하지 않음에 따라 하는 '수탁자의 고유재산으로의 전환에 따른 신탁말소등기'가 그것이다.[84]

(1) 신탁재산의 귀속에 따른 신탁말소등기

신탁의 종료사유[85]가 발생하여 신탁이 종료되는 경우 잔존하는 신탁재산인 부동산에 관한 권리가 귀속될 자에게 이전되거나 소멸된 경우에는 신탁의 구속상태에서 벗어나게 되므로 이를 공시하기 위하여 신탁등기를 말소하게 된다.[86]

---

83) 이남우, 『주택조합설립과 등기 실무』, 로북스, 2017, 311면, 316~317면 참조. 그러나 지역·직장주택조합의 경우 실무에서는 조합용(일반분양분)의 신축건물의 보존등기 시 <표 Ⅲ-5>와 같이 신탁등기를 병행하는 형식으로 보존등기하지 않고 <표 Ⅲ-9>와 같이 신탁등기를 병행하지 않는 형식으로 보존등기하는 사례도 종종 발견된다.
84) 박상우(주70), 230~232면.
85) 신탁의 종료사유는 법정사유에 의한 종료(신탁법 제98조), 합의에 의한 종료(신탁법 제99조), 법원의 명령에 의한 종료(신탁법 제100조) 등 세 가지가 있다.

신탁이 종료된 경우, 신탁재산은 수익자에게 귀속하고 수익자가 신탁의 잔여재산에 대한 권리를 포기한 경우 잔여재산은 위탁자와 그 상속인에게 귀속된다.[87] 이 경우, 신탁재산 귀속자 앞으로 권리이전등기와 신탁말소등기를 하나의 순위번호로 하여 등기하고, 등기신청은 신탁재산 귀속권리자를 등기권리자로 하며, 수탁자를 등기의무자로 하여 공동신청하되, 등기신청서에 등기의 목적을 '소유권이전 및 신탁등기말소'로 기재한다. 등기사례는 아래와 같다.[88]

〈표 Ⅲ-6〉 신탁재산의 귀속에 따른 신탁말소등기 사례

【갑　구】				(소유권에 관한 사항)
순위 번호	등기 목적	접수	등기원인	권리자 및 기타사항
3	소유권이전	2002년 10월 9일 세3009호	2002년 10월 8일 매매	소유자 ○○부동산신탁(주) 서울시 ○○구 ○○동 ○
				신탁재산 처분에 의한 신탁 신탁원부 제2호
4	소유권이전	2003년 3월 5일 제3005호	2003년 3월 4일 신탁재산 귀속	소유자 이도령 서울시 ○○구 ○○동 ○
				3번 신탁등기 말소 원인 신탁재산의 귀속

(2) 신탁재산의 처분에 따른 신탁말소등기

수탁자가 신탁계약에서 정한 목적과 방법에 따라 신탁부동산을 매매 등으로 처분하면 매수자(수분양자)는 해당 부동산을 유효하게 취득하고 그 부동산은 신탁재산에 해당하지 않게 된다. 이를 등기부에 공시하기 위하여 이전등기를 하면서 동시에 기존의 신탁등기를 말소하는 등기를 한다.[89]

수탁자가 신탁계약에 따라 신탁토지에 신축한 건축물을 분양하는 경우 수탁자는 먼저 그 신축건축물에 대하여 '수탁자 명의의 소유권보존등기'를 함과 동시에 '신탁등기'를 한 다음, '수분양자 앞으로 소유권이전등기'를 하면서 수탁자 명의로 보존등기할 때

---

86) 부동산등기법 제87조 제2항.
87) 신탁법 제101조 제1항, 제2항.
88) 변강림(주78), 358면; 노용성, "신탁법의 개정과 실무(3) - 부동산등기법의 신탁등기(2)", 『법무사』, 2012년 11월호, 38~39면.
89) 부동산등기법 제87조 제1항.

한 신탁등기를 말소한다.[90]

이 경우, 등기신청시에 매수인(수분양자) 앞으로 '소유권이전등기'와 '신탁말소등기'를 하나의 순위번호로 하여 등기한다. 등기신청은 신탁재산의 처분에 따라 소유권이전을 받는 수분양자를 등기권리자로, 수탁자를 등기의무자로 하여 공동신청하되, 등기신청서에 등기의 목적을 '신탁재산처분에 의한 소유권이전 및 신탁등기말소'로 기재하며, 그 등기사례는 아래와 같다.[91]

〈표 Ⅲ-7〉 신탁재산의 처분에 따른 신탁말소등기 사례

【갑　구】				(소유권에 관한 사항)
순위 번호	등기 목적	접수	등기원인	권리자 및 기타사항
1	소유권보존	2015년 11월 23일 제9100호		소유자 ○○부동산신탁(주) 서울시 ○○구 ○○동 ○
				신탁 신탁원부 제2015-886호
2	소유권이전	2016년 3월 5일 제3005호	2014년 8월 7일 매매	소유자 김갑동 서울시 ○○구 ○○동 ○
				1번 신탁등기말소 원인 신탁재산의 처분

(3) 수탁자의 고유재산으로의 전환에 따른 신탁말소등기

수탁자는 원칙적으로 신탁재산을 고유재산으로 하거나 고유재산을 신탁재산으로 하는 것이 금지되어 있으나,[92] 신탁행위로 허용한 경우, 수익자의 승인을 얻은 경우, 법원의 허가를 받은 경우 등의 경우에는 신탁재산을 고유재산으로 하거나 고유재산을 신탁재산으로 할 수 있다.[93]

---

90) 그러나, ① 재건축조합의 경우 재건축기간 중에 조합앞으로 조합원 소유 부동산을 신탁등기 했더라도 건축물이 준공된 후 일반분양분의 건축물에 대해서 소유권 보전등기를 할 때에는, <표 Ⅲ-9>에서 보는 바와 같이, 신탁등기를 병행하지 않고 조합이 소유자로서 소유권 보존등기를 한 다음 일반 수분양자 앞으로 이전등기를 한다. ② 그렇지만 지역·직장주택조합의 경우 이전고시의 절차가 없기 때문에 일반분양분을 수분양자에게 이전등기를 할 때에는 <표 Ⅲ-7>과 같이 조합이 소유권 보존등기를 한 다음 이전등기를 한다. 즉, 이 경우에는, 재건축조합의 경우와는 달리, 주택조합이 소유권보전등기를 할 때에 신탁등기를 병행한 후 수분양자에게 이전등기를 한다{이남우(주83), 311면}.

91) 노용성(주80), 37면 참조.

92) 신탁법 제34조 제1항 제1호, 제2호.

93) 신탁법 제34조 제2항.

신탁재산을 고유재산으로 하는 경우, 이미 수탁자가 '소유자'로서 등기부상 권리자로 등기되어 있는데 그 등기는 소유권 변경등기(고유재산으로 전환하는 등기) 방법으로 하지만 그 실질은 새로운 소유권의 이전에 해당한다. 이 경우 등기신청은 신탁등기의 말소를 수탁자의 고유재산으로 된 취지의 소유권변경등기와 하나의 서면으로 신청하며, 등기는 '고유재산으로 된 뜻의 등기'와 '신탁말소등기'를 하나의 순위번호를 사용하여 동시에 기재한다. 구체적인 등기사례는 다음과 같다.[94]

〈표 III-8〉 수탁자의 고유재산으로의 전환에 따른 신탁말소등기 사례

【갑 구】				(소유권에 관한 사항)
순위 번호	등기 목적	접수	등기원인	권리자 및 기타사항
2	소유권 이전	2012년 1월 10일 제670호	2012년 1월 8일 매매	소유자 김우리 서울시 서초구 ○○대로 ○○ 거래가액 금200,000,000원
				신탁재산처분에 의한 신탁 신탁원부 제2012-25호
3	2번 수탁자의 고유재산으로 된 뜻의 등기	2012년 3월 5일 제3005호	2012년 3월 4일 신탁재산의 고유재산 전환	2번 신탁등기말소 원인 신탁재산의 고유재산 전환

4. 재건축조합의 신축건물의 소유권보존등기 및 이전등기

재건축에 있어서 재건축사업이 종료되어 건물이 준공되면 위탁자인 조합원이 수탁자인 조합에 신탁한 신탁목적이 달성된 경우이다. 이 경우 재건축사업도 재개발사업과 동일하게 관리처분계획인가 및 이전고시절차에 의하여 조합원분양분과 일반분양분으로 소유권이 확정된다.[95]

재건축기간 동안 현행 실무에서는 대부분 신탁등기를 하는데, 그러면 법률상 소유자(수탁자)인 재건축조합이 건물준공 후 이전고시를 한다는 것은 자기재산에 대하여 공권

---

94) 신탁사무처리에 대한 예규(등기예규 제1618호) [별지 등기기록례 8]; 박상우(주70), 231~232면; 오경조(주79), 890면; 노용성(주80), 39~40면 참조.
95) 도시 및 주거환경정비법 제54조 제2항.

적 처분을 하는 것이 되므로 부적절하다는 견해[96]도 있으나 현행 실무는 재건축조합이 이전고시하는 것이 제한 없이 허용되고 있다.[97]

재건축조합이 일반분양분의 신축건물(대지권을 포함)을 수분양자에게 이전등기하는 방법에 있어서, ① 재건축조합이 '수탁자 지위에서 소유권보존등기'와 '신탁등기'를 한 후에 '수분양자에게 신탁재산처분을 원인으로 소유권이전등기' 및 '신탁등기의 말소'를 신청하는 것이 타당하다는 견해가 있다.[98] ② 그러나 실무에서는 재건축조합이 수탁자로서가 아니라 소유자로서(즉, 신탁재산이 아니라 조합의 고유재산으로) 관리처분 및 소유권이전고시가 이루어지므로,[99] 조합이 신탁등기를 병행하지 않고 소유자로서 소유권 보존등기를 한 다음 수분양자에게 이전등기하는 것이 실무의 관행이다(아래 <표 Ⅲ-9> 참조).

이전고시에 의하여 취득하는 '조합원분(건축물 및 대지)은 도시개발법상 환지'로 보고 '일반분양분은 체비지 또는 보류지'로 보므로,[100] 재건축조합이 일반분양분의 보존등기 시 소유자로 되는 것은, '사업시행자인 재건축조합이 체비지에 해당하는 일반분양분에 대하여 소유권을 취득한 후 이를 처분하여 사업경비를 충당하는 것이 합당하다'는 논거에 기초하고 있다.[101] 이런 법리에 의하여 재건축한 건축물(대지를 포함)을 조합원분과 일반분양분으로 각각 소유권 귀속이 되는 것이라면 재건축조합과 조합원 간에 체결한 신탁계약은 무의미해지는데, 이것은 재건축절차가 도시 및 주거환경정비법에 근거하여 이전고시 절차를 거치는 이상 '신탁계약의 이행'이라는 '사법관계'가 아니라 '공법관계'로 보기 때문에 불가피하다고 한다.[102][103]

---

96) 법원행정처, 『2007 부동산등기실무(Ⅲ)』, 2007, 309~310면{박상우(주70), 주석 19에서 재인용}.
97) 박상우(주70), 232면.
98) 이 견해에 의하게 되면 그 이전등기방법은 앞 <표 Ⅲ-7>의 방법과 같이 하게 될 것이고, 지역·직장 주택조합의 일반분양분에 대한 등기방법과 동일하다.
99) 관리처분의 인가 및 고시, 소유권이전고시의 단계에서 '수탁자 ○○재건축정비사업조합'이라고 하지 않고 '소유자 ○○재건축정비사업조합'이라고 표시한다{박상우(주70), 주석 21}.
100) 도시 및 주거환경정비법 제55조 제2항.
101) 박상우(주70), 234~235면 참조.
102) 박상우(주70), 235면 참조. 그러나, 임채웅, "재건축주택조합과 신탁에 대한 취득세의 부과에 관한 연구", 『저스티스』 통권 제102호, 한국법학원, 2008.2. 206면에서는 주택재건축조합이 일반분양분에 대한 토지를 취득하는 것은 '신탁재산의 고유재산으로의 전환'에 해당한다고 주장한다. 이 주장은 결국 주택재건축조합이 일반분양분에 대해서 소유권 보존등기를 <표 Ⅲ-9>과 같이 할 것이 아니라 <표 Ⅲ-8>과 같이 해야 할 것이라는 주장이고, 이전고시 절차를 거치는 것을 공법관계가 아닌 사법관계로 보는 입장이라고 할 것이다.
103) 등기실무상으로는 재건축으로 아파트를 신축한 경우, 신축 아파트를 보존등기하기 전에 조합원이 조합에 신탁등기한 부동산을 조합이 조합원에게 '신탁재산 귀속'을 원인으로 신탁말소등기하는 절차를 취하고 있다. 이것은, 신탁기간 만료로 신탁이 종료되어도 신탁재산은 그 귀속권리자에게 귀속시키는 한도내에서 계속 존속하는 것이므로(신탁법 제101조 제4항), 수탁자(조합)는 신탁기간 만료 후에 신탁재산을 그 귀속권리자가 아닌 자에게 처분하고 이에 따른 소유권이전 및 신탁재산의 처분으로 인한 신탁

수택조합이나 재건축조합이 건축주가 되어 신축한 집합건물(아파트)에서 소유권 보존등기를 하는 절차를 보면, '일반분양분'은 조합이 소유자로서 소유권 보존등기를 한 후 수분양자에게 이전등기를 하고, '조합원 분양분'은 조합원이 바로 직접 소유권보존등기를 하는데, 조합(수탁자)이 소유권 보존등기를 한 후 조합원(위탁자) 앞으로 이전등기하는 것보다 조합원이 바로 보존등기를 하면 등기의 1번 생략에 따른 경비가 절감되므로 이렇게 등기하는 것이 현행 실무이다.

재건축조합에서 조합이 소유권보존등기한 후 일반 수분양자에게 이전등기하는 사례와 조합원이 바로 소유권보존등기를 하는 사례는 다음과 같다.

〈표 III-9〉 재건축 아파트의 일반 수분양자에게의 이전등기 사례

【갑 구】				(소유권에 관한 사항)
순위 번호	등기 목적	접수	등기원인	권리자 및 기타사항
1	소유권보존	2009년 2월 3일 제9951호		소유지 ○○재건축정비사업조합 서울시 ○○구 ○○동 ○
2	소유권 이전	2009년 3월 30일 제29773호	2005년 7월 21일 매매	소유자 김갑동 서울시 ○○구 ○○동 ○

〈표 III-10〉 재건축 아파트의 조합원의 소유권보존등기 사례

【갑 구】				(소유권에 관한 사항)
순위 번호	등기 목적	접수	등기원인	권리자 및 기타사항
1	소유권 보존	2009년 2월 3일 제9951호		소유자 이돌이 서울시 ○○구 ○○동 ○

말소의 등기신청을 할 수 없으며, 다른 약정이 없는 한 신탁재산의 귀속을 원인으로 하여 귀속권리자에게 소유권이전등기 및 신탁의 말소등기를 이행할 의무가 있다는 등기선례(7-406, 2002. 9. 27. 등기 3402-531 질의회답)에 따라 말소등기하는 것이다.

5. 위탁자의 지위 이전에 따른 등기

종전에는 위탁자의 지위 이전이 가능한 것인가에 대하여 논란이 있었으나 실무상 이를 수용하지 않았지만, 개정 신탁법에서는 이를 허용하고 있다.[104]

위탁자는 신탁원부의 기록사항이고[105] 위탁자의 지위 이전의 등기는 신탁원부 기록을 변경등기하는 방식으로 한다.[106]

위탁자의 지위 이전은 신탁원부의 기록의 변경에 불과하지만 신탁법이 개정되기 전에는 위탁자가 그의 부동산을 매각할 경우에는 3건의 소유권 이전등기[107]를 하던 것을 위탁자 지위 이전등기로 대신하는 셈이 된다. 따라서 이 경우 새로운 위탁자는 부동산을 사실상 취득한 바와 다를 바가 없기 때문에, 지방세법에서는 위탁자의 지위 이전이 있는 경우 새로운 위탁자가 부동산을 취득한 것으로 보아 취득세의 납세의무가 있는 것으로 규정하고 있다.[108] 이 경우의 신탁원부 기록을 변경등기하는 사례는 다음과 같다.[109]

〈표 Ⅲ-11〉 위탁자 지위 이전 시 신탁원부 기록의 변경등기 사례

일련 번호	접수일자	접수번호	변경사항
1	2007년 10월 3일	제6501호	신탁원부 제○○호 2008년 5월 1일 전자촬영
2	2012년 8월 3일	제5002호	위탁자 변경 원인 2012년 8월 1일 위탁자 지위의 이전 위탁자 김대한 서울시 ○○구 ○○동 ○

---

104) 개정 신탁법 제10조 제1항에서는 신탁행위로 정한 방법에 따라 위탁자의 지위를 이전할 수 있는 것으로 규정하고 있고, 제2항에서는 신탁행위에서 위탁자 지위 이전을 정하지 않은 경우에는 수탁자와 수익자의 동의를 받아 위탁자의 지위를 이전할 수 있는 것으로 규정하고 있다.
105) 부동산등기법 제81조 제1항 제1호.
106) 부동산등기법 제86조.
107) A에서 B로 위탁자 지위 이전(즉, 매각)이 있을 경우, 종전에는 ① A가 조합(수탁자 C)으로부터 신탁해지로 인한 소유권 이전등기를 받은 후 ② A가 B에게 소유권 이전등기를 한 다음 ③ B가 C에게 신탁을 원인으로 하는 소유권 이전등기를 하였다{2009. 5. 20. 개정, 대법원 등기예규 제1294호, 3.가.(1) 단서}.
108) 지방세법 제7조 제15항.
109) 박상우(주70), 225면.

6. 신탁등기 사례의 요약

앞에서 설명한 신탁등기의 사례를 요약, 비교해 보면 다음 <표 Ⅲ-12>와 같이 된다.

〈표 Ⅲ-12〉 신탁등기 사례의 요약 비교

구분	내용	등기 사례	등기원인	권리자의 표시	신탁 등기 병행 여부
신탁 등기	위탁자 소유 부동산 이전*1)	Ⅲ-2	신탁	수탁자	○
	제3자 소유 부동산 이전*2)	Ⅲ-3 Ⅲ-4	매매	소유자	○
소유권 보존등기	일반적 수탁자 명의*3)	Ⅲ-5	-	소유자	○
	재건축조합 명의*4)	Ⅲ-9	-	소유자	×
	재건축조합원 명의*5)	Ⅲ-10	-	소유자	×
신탁 말소등기	위탁자에게 반환*6)	Ⅲ-6	신탁재산귀속	소유자	○
	제3자에게 처분*7)	Ⅲ-7	매매	소유자	○
	고유재산으로의 전환*8)	Ⅲ-8	고유재산전환	-	○
위탁자 지위 이전등기*9)		Ⅲ-11			

*1) 위탁자 소유의 부동산을 신탁을 원인으로 하여 수탁자에게 소유권을 이전하는 일반적인 신탁등기 유형임. 등기원인이 '신탁'이고 등기부상 권리자를 '수탁자'로 표시하며 신탁등기를 병행하므로, '신탁부동산이라는 사실'과 '위탁자가 누구인지'를 등기부만으로도 알 수 있음. 즉, <표 Ⅲ-2>의 등기에서 '4번 등기의 권리자인 ○○재건축정비사업조합'은 수탁자이므로 '3번 등기의 권리자(소유자)인 김갑동'이 위탁자임을 등기부상으로 알 수 있음.

*2) <표 Ⅲ-3>의 3번의 등기는 수탁자가 신탁받은 금전(신탁부동산의 처분대금을 포함)으로 위탁자 이외의 제3자로부터 부동산을 취득하는 경우의 등기유형임. 등기원인을 '매매'로 하고 등기부상 권리자(<표 Ⅲ-3>의 경우 ○○재건축정비사업조합)를 '소유자'로 표시하나 신탁등기를 병행함. 이 소유자(○○재건축정비사업조합)는 신탁관계에서는 수탁자의 지위를 겸하는 것임. <표 Ⅲ-4>의 4번의 등기는 소유권 이전등기를 한 이후에 사후적으로 신탁등기를 신청, 등기하는 경우로서 등

기록적을 '3번 신탁재산처분에 의한 신탁'이라고 기재하고 권리자의 란에는 신탁원부의 번호를 기재함. 따라서 4번의 등기에서 3번의 권리자(소유자 ○○재건축정비사업조합)가 수탁자로서 권리자인 것임.

*3) 토지신탁 등의 일반적인 상사 신탁에서 수탁자가 건축주가 되어 신축한 건축물의 소유권을 보존등기하고 신탁등기를 병행하는 등기사례임. 지역·직장주택조합이 건축주가 되어 신축한 건물을 소유권 보존등기를 할 때에도 <표 Ⅲ-5>의 방식으로 함. 이전고시 절차가 있는 재건축조합이 소유권 보존등기를 할 때에는 신탁등기를 병행하지 않는 <표 Ⅲ-9>의 1번 등기사례와 비교가 됨. <표 Ⅲ-5>에서 ○○부동산신탁(주)는 건축주로서 소유권 보존등기를 하더라도 고유재산이 아닌 신탁재산으로 보존등기를 하면서 신탁등기를 병행하기 때문에 이 경우 등기부만으로도 '신탁부동산이라는 사실'은 알 수 있으나 '위탁자가 누구인지'는 신탁원부 제2015-886호를 보아야 알 수 있음.

*4) 재건축조합(수탁자)은 이전고시절차에 의하여 조합귀속분(일반분양분)을 취득하는 것으로서 체비지 또는 보류지로 취득하는 것이므로 신탁등기를 병행하지 않고 재건축조합이 소유자로서 소유권 보존등기(1번 등기)를 함(재개발조합의 경우도 동일). 신탁등기를 병행하지 않는 점이 <표 Ⅲ-5>에서 수탁자 명의의 보존등기 방식과 차이가 있음.

*5) 재건축조합원(위탁자)은 이전고시절차에 의하여 조합원귀속분을 환지에 의하여 취득하는 것이므로 재건축조합원 명의로 바로 소유권 보존등기를 함(재개발조합원의 경우도 동일). 이 경우 등기일자(2009.2.3.)와 등기접수번호(제9951호)가 <표 Ⅲ-9>의 등기와 동일한 점에서 재건축조합과 재건축조합원의 소유권보존등기는 같이 등기접수한 것임을 알 수 있음.

*6) 4번 등기는 신탁이 종료되어 수탁자(○○부동산신탁㈜)가 위탁자(이도령)에게 '신탁재산귀속'을 원인으로 소유권을 이전해 주는 등기임. 4번 등기를 하면서 3번의 신탁등기를 삭제(말소)하므로 이도령(소유자)은 완전한 소유자가 되는 것임.

*7) 2번 등기는 소유자(○○부동산신탁㈜)로부터 분양을 받은 김갑동에게 소유권을 이전(등기원인은 매매)해 주는 등기임. 김갑동은 신탁재산을 이전받으면서 1번의 신탁등기를 삭제(말소)하므로 김갑동(소유자)은 완전한 소유자가 되는 것임.

*8) 3번 등기는 신탁재산이 고유재산으로 전환됨에 따라 수탁자(김우리)가 완전한 소유자가 되는 것(신탁재산을 고유재산으로 취득)을 등기하는 것임. 3번 등기를 하지만 소유자(김우리)는 변동이 없으므로 3번 등기에는 권리자를 등기하지 않고 2번 신

탁등기만 말소(삭제)하는 것을 등기하기 때문에 2번 등기의 권리자(김우리)가 3번 등기에서도 소유자인 것임.

*9) 위탁자의 지위 이전의 등기는 등기부가 아닌 신탁원부의 기재사항의 변경등기이므로, 일련번호 2번의 등기는 1번에 있는 신탁원부상 위탁자가 김대한으로 지위 이전이 되었음을 변경등기한 것임.

Ⅳ. 신탁재산에 대한 취득세 등 과세 시 혼선 초래의 원인

신탁재산은 소유권이 이원화되어 법적·대외적 소유권은 수탁자에게 있고 경제적·대내적 소유권은 수익자(내지 위탁자)에게 있는 특색이 있다. 따라서 신탁재산에 대하여 법적 소유권을 기준으로 과세하면 이중과세와 조세회피 행위가 초래되는 문제가 발생하게 되고 경제적 소유권을 기준으로 과세하면 경제적 소유권자를 파악하기 곤란한 점 때문에 징수행정에 어려움이 초래되는 문제가 발생하게 된다. 이런 점 때문에 신탁재산에 대한 과세 시 법적 소유권과 경제적 소유권 간의 조화가 필요한데, 신탁과세에 있어서 혼선이 발생하는 것은 이렇게 이원화된 소유권의 문제에서 비롯되는 것이라고 할 것이다.

구체적으로 혼선이 발생하는 원인은 다음과 같다.

1. 신탁재산 취득 시 취득세 과세 관련 입법의 난해성

취득이라는 단순한 사실에 기초하여 과세하는 것이 취득세이지만 현행 지방세법은 신탁재산 과세에 관하여 복잡하게 입법되어 있다.

(1) 조합의 부동산 취득 시 납세의무 관련 규정의 난해성

지방세법 제7조 제8항 본문에서는 '주택조합, 재건축조합, 소규모재건축조합 등 세 가지 조합이 해당 조합원용으로 취득하는 조합주택용 부동산은 그 조합원이 취득한 것으로 본다'라고 정하여 신탁도관론을 입법화하고, 그 단서에서는 '주택조합등이 조합원에게 귀속되지 아니하는 비조합원용 부동산을 취득할 경우에는 제외한다'라고 정하여 신탁도관론의 적용을 배제하는 것으로 규정하고 있다.

일반적으로 주택조합 등이 그 사업수행 목적으로 사업기간 중에 부동산을 취득할 때

신탁등기를 한다.110)

조합은 ① 조합원으로부터도 부동산(이하 이 부동산을 "A토지"라고 하며, 이 중 조합원용으로 귀속될 토지는 "a′토지", 비조합원용으로 귀속될 토지는 "a″토지"라고 함)을 취득하지만 ② 조합원 이외의 제3자로부터도 부동산(이하 이 부동산을 "B토지"라고 하며, 이 중 조합원용으로 귀속될 토지는 "b′토지", 비조합원용으로 귀속될 토지는 "b″토지"라고 함)을 취득한다. 그런데 지방세법 제7조 제8항은, 조합이 조합원으로부터 취득하는 A토지와 제3자로부터 취득하는 B토지를 해당 조합원이 취득하는 것으로 간주하되 이 중에서 비조합원용으로 취득하는 것은 해당 조합원이 취득하지 않은 것으로 규정하고, 지방세법시행령 제20조 제7항은 조합이 조합원으로부터 취득하는 토지(A토지) 중 비조합원용 토지(a″토지)는 주택조합은 사용검사일, 재건축조합은 소유권이전 고시일의 다음 날에 그 토지를 취득하는 것으로 규정하고 있다. 이 내용을 정리하면 다음 <표 Ⅳ-1>과 같다.

〈표 Ⅳ-1〉 현행 규정상 세 가지 조합의 신탁토지 취득 시 취득일의 구분

취득 토지		7조 8항의 해당성	조합의 토지 취득일	비고
상대방	용도			
조합원 (A토지)	조합원용(a′토지)	본문	–	신탁도관론
	비조합원용(a″토지)	단서	사용검사일 (또는 이전고시일 익일)	신탁실체론
제3자 (B토지)	조합원용(b′토지)	본문	계약일/잔금일	신탁도관론
	비조합원용(b″토지)	단서	계약일/잔금일	신탁실체론

그런데 지방세법 제7조 제8항의 법 조문111)만을 그대로 읽으면 a′토지와 b′토지가 본문에 정한 부동산이고 a″토지와 b″토지는 단서에 정한 부동산으로 보기 어렵다. 오히려 본문에 정한 부동산은 a′토지, a″토지, b′토지, b″토지의 전부를 말하고 단서에 정한 부동산은 a″토지, b″토지를 말하는 것으로 읽힌다. 왜냐하면 단서의 표현이 "다만,

---

110) 도시 및 주거환경정비법이 제정된 이후에는 신탁등기를 하지 않고 바로 조합 앞으로 이전등기를 해도 된다는 의견도 있으나, 실무에서는 대부분 신탁등기를 하고 있는 상황이다{임채웅·(주102), 213면 참조}.
111) 현행 지방세법 제7조 {납세의무자 등}
　⑧ 「주택법」 제11조에 따른 주택조합과 「도시 및 주거환경정비법」 제35조 제3항 및 「빈집 및 소규모주택 정비에 관한 특례법」 제23조에 따른 재건축조합 및 소규모재건축조합(이하 이 장에서 "주택조합등"이라 한다)이 해당 조합원용으로 취득하는 조합주택용 부동산(공동주택과 부대시설·복리시설 및 그 부속토지를 말한다)은 그 조합원이 취득한 것으로 본다. 다만, 조합원에게 귀속되지 아니하는 부동산(이하 이 장에서 "비조합원용 부동산"이라 한다)은 제외한다.

… 제외한다."라고 규정되어 있으므로 본문이 정한 토지가 'a'토지, a″토지, b′토지, b″토지'가 해당되어야만 단서에 의하여 'a″토지, b″토지'가 본문에 정한 토지에서 제외될 수 있기 때문이다. 따라서 현행 지방세법 제7조 제8항의 '조합원용'과 '비조합원용'이라는 용어는 얼핏 볼 때에 모호한 개념이다.[112]

또한, 조합원으로부터 취득한 비조합원용 토지(a″)[113]가 신탁실체론이 적용된다면 신탁실체론의 논리상 신탁등기 시점에 수탁자(즉, 조합)가 해당 토지를 바로 취득하는 것이 되어야 한다. 그런데도 a″토지는 신탁실체론이 적용됨에도 불구하고, 그 취득일은 신탁등기일이 아닌 건축물의 사용검사일(재건축조합은 소유권이전 고시일의 다음 날)로 규정하고 있으므로[114] 신탁실체론의 논리만으로는 취득일이 이렇게 나중으로 연기되는 점을 쉽게 이해하기 곤란하다.[115][116] 더욱이 신탁도관론이 적용되는 b′토지의 취득세 납세의무자는 조합이 아니라 조합원인데, 조합이 b′토지를 취득하는 시점에는 이 토지가 최종적으로 b′토지로 될 지 b″토지로 될 지 알 수 없다. 그래서 조합이 b′토지를 취득하는 시점에는 취득세의 납세의무자를 '조합원'으로 하지 않고 '조합'으로 하여 신고납부

---

112) 서울행정법원의 판례(2006.11.29. 선고 2006구합11408 판결)에서도, "지방세법 제105조 제10항(주: 현행 제7조 제8항)의 '당해 조합원용으로'란 의미는 '당해 조합원에게 분양할 목적으로', '당해 조합원의 사용에 공하기 위하여', '당해 조합원을 위하여'로 해석할 수 있을 뿐, 그것이 '장차 당해 조합원의 소유가 될 것'까지 요구하고 있는 것으로 해석하기 어렵다고 판시한 바 있다. 이 판결 취지와 같은 견해로는 이종혁, "재건축주택조합이 조합원들로부터 신탁받은 토지에 대한 취득세 과세 여부", 『조세연구』 연구논총 제7집, 2007.10, 156면.

113) 재건축조합의 경우에는 이전고시에 의하여 취득하는 것이므로, a″토지를 승계취득하는 것이 아니라 원시취득하는 것이어서(대법원 2000.5.12. 선고 98다12454 판결 참조) '조합이 a″토지를 조합원으로부터 취득한다'는 것은 법리상 성립하지 않는다. 그러나 재건축조합이 원시취득하는 a″토지는 조합원이 보유한 토지로부터 나온 것이고, 또한 제3자로부터 조합이 일반분양분으로 취득하는 b″토지와 a″토지를 대조, 비교해야 이해하기가 쉽기 때문에, 이 글에서는 재건축조합의 경우 조합이 a″토지를 원시취득하는 것이지만, 지역ㆍ직장주택조합의 경우와 동일하게, a″토지의 취득 원천을 나타내기 위하여 조합원으로부터 취득한다고 기술하기로 한다.

114) 지방세법시행령 제20조 제7항.

115) 임채웅(주102), 198면에서 제시한 표의 사례(13종류의 소송 사건)에서 일반분양분 토지를 재건축조합이 취득하는 시점이 언제인가에 대하여, ① 과세관청은 대지권등기일로 본 사건이 7건, 사용검사일로 본 사건이 3건, 재건축사업종료일로 본 사건이 1건, 준공인가일의 전날로 본 사건이 1건, 신탁등기일로 본 사건이 1건이며, ② 1심 판례에서 대지권등기일로 본 사건이 4건, 사용검사일로 본 사건이 3건, 신탁등기일로 본 사건이 2건, 취득일을 구체적으로 언급하지 않은 사건이 4건이라고 한다. 특히 이 표에 의하면 일반분양분 토지에 대한 재건축조합의 취득일을 과세관청은 대지권등기일로 보았으나 1심에서는 신탁등기일로 본 건이 1건, 과세관청은 대지권등기일로 보았으나 1심에서는 준공인가일로 본 건이 1건, 과세관청은 사용승인일로 보았으나 1심에서는 신탁등기일로 본 건이 1건이 있었다. 이것만 보더라도 취득세에 관한 신탁과세의 난해성을 짐작할 수 있다.

116) 재건축조합이 취득하는 일반분양용 토지의 취득일을 신탁등기일, 준공인가일, 대지권등기일 등으로 보는 견해와 판례에 대해서는, 서정수ㆍ서희열, "주택재축ㆍ재개발조합의 토지 취득시기에 관한 연구", 『조세연구』, 제16권 제2집(통권 제32권), 2016.6, 86~92면 참조.

하는 것이 실무계의 관행이다. 그러면 b′토지를 취득하여 취득세를 신고납부할 때에는 법문에서 규정하는 것과는 달리 실제로 신탁도관론을 적용하지 않는다는 결론이 된다.

또한 <표 Ⅳ-1>에서 보는 바와 같이, 조합이 취득하는 토지 중에서 a′토지와 b′토지는 신탁도관론이 적용되고 a″토지와 b″토지는 신탁실체론이 적용되지만 그 구별기준을 잘 알기 어렵다. 이중과세되는 것을 피하기 위하여 a′토지와 b′토지만 신탁도관론이 적용되도록 규정한 것으로 생각되나, a″토지는 이전고시라는 법률의 규정에 의하여 조합이 체비지 또는 보류지로서 원시취득하므로, a″토지는 신탁과세에 관한 논리인 신탁실체론이 적용될 여지도 없이 조합이 원시취득하는 토지에 해당한다. 이런 점에서 신탁도관론과 신탁실체론의 적용기준이 일관성있는 법리에 기초하여 규정되었다고 보기 어렵다.

현행 지방세법 제7조 제8항에서는 '주택조합, 재건축조합, 소규모재건축조합 등 세 가지 조합'만 규정하고 재개발조합이나 도시환경정비조합은 규정하고 있지 않으므로, 이러한 재개발조합이나 도시환경정비조합은 신탁도관론과 신탁실체론 중에서 어느 이론이 어떻게 적용되는지를 알 수 없다는 점에서도 모호하다.

결국 현행 지방세법 제7조 제8항은 매우 난해하고 모호하여 전문가도 쉽게 그 내용을 파악하기 어렵게 규정되어 있다고 할 것이다.

(2) 신탁재산 관련 비과세 규정의 난해성

지방세법 제9조 제3항에서 신탁등기의 비과세에 관하여 규정하고 있는데, 그 본문에서는 신탁등기를 병행한 신탁재산의 취득은 취득세를 비과세하는 것으로 규정하고 있으나 그 단서에서는 이 신탁재산 취득 중에서 '주택조합등(주택조합, 재건축조합, 소규모재건축조합 등 세 가지 조합을 말함)과 조합원 간의 부동산 취득' 및 '주택조합등의 비조합원용 부동산 취득'은 본문이 적용되지 않도록 정하고 있다. 지방세법 제9조 제3항 단서 규정을 <표 Ⅳ-1>의 토지별로 구분하면 다음 <표 Ⅳ-2>와 같다.

〈표 Ⅳ-2〉 조합취득 토지별 현행 지방세법 제9조 제3항 단서의 구분

단서의 구분	토지의 용도		지방세법 제9조 제3항 단서의 표현
	조합원용	비조합원용	
전단	a′토지	a″토지	주택조합등과 조합원 간의 부동산 취득
후단	–	a″토지 b″토지	주택조합등의 비조합원용 부동산 취득

조합이 신탁받은 금전 또는 신탁받은 부동산의 처분대금으로 토지(B토지)를 취득하는 경우는 제3자로부터 취득하는 경우이므로 '위탁자 → 수탁자'로의 '신탁재산의 이전'이 아니어서 지방세법 제9조 제3항 제1호에 규정한 비과세의 적용대상에 해당하지 않는다.[117]

그러나 A토지는 '위탁자 → 수탁자'로의 '신탁재산의 이전'에 해당되는데, ① 그중에서 a′토지는 지방세법 제7조 제8항에서 당해 조합원이 그 부동산을 취득하는 것으로 의제하여 취득이 발생하지 않도록 하고 있으므로 지방세법 제9조 제3항 제1호에 정한 비과세의 규정이 적용될 필요가 없다. 그런데도 지방세법 제9조 제3항 단서의 전단은 '주택조합등과 조합원 간의 부동산 취득'으로 규정하고 있기 때문에 a′토지도 이 단서의 전단에 정한 부동산에 해당한다. 따라서 이 규정만을 해석하면 a′토지는 취득세가 과세되는 것으로 파악된다. ② 이에 비해서 a″토지는 비과세의 대상이 아니라(즉, 본문이 적용되는 것이 아니라), 주택조합등이 신탁으로 취득하는 것이더라도, 취득세의 과세대상이 된다는 점을 명백히 하기 위하여 지방세법 제9조 제3항 단서에 정하여 본문의 적용을 배제할 필요가 있다.

그러나 a″토지는 위 <표 Ⅳ-2>에서 보는 바와 같이 지방세법 제9조 제3항 단서의 전단 및 후단 모두 해당하므로 이를 해석함에 있어서 혼선이 초래된다. a″토지는 단서의 후단에 포섭되는데, 만약 지방세법 제9조 제3항 단서의 전단이 a′토지만 적용된다는 것을 규정하기 위한 취지라면 "…주택조합등과 조합원 간의 <u>조합원용</u> 부동산 취득…"으로 표현한다면 밑줄 친 부분을 규정한 그 취지가 보다 분명하게 될 것이다.[118]

또한, 지방세법 제9조 제3항 단서가 a″토지는 비과세가 되지 않는다(즉, 본문이 적용되지 않는다)라는 취지이라면 이를 명확하게 하기 위해서 비조합원용 토지 a″를 '제9조 제3항 단서'에서 규정할 것이 아니라 아래에서 보는 바와 같이 제1호의 적용대상이 되지 않도록 '제1호의 단서'에서 정하는 형식으로 규정하였다면 훨씬 이해하기 쉽게 되었을 것이다.

---

117) 대법원 1996.6.11. 선고 94다34968 판결; 2000.5.30. 선고 98두10950 판결 참조.
118) a′토지는 '조합 취득=조합원의 취득'으로서 취득에 해당되지 않기 때문에 취득세가 과세되지 않는다는 것은 당연한 것이므로 이를 지방세법 제9조 제3항 단서의 전단에 규정할 필요조차 없다. 그러나, a″토지는 취득세가 과세되므로 지방세법 제9조 제3항 단서에 정할 필요가 있다. 따라서 (취득세의 비과세를 정한) 본문의 적용을 배제하는 것을 규정한 지방세법 제9조 제3항 단서에서 a′토지를 규정한 것(없어도 무방한 훈시적인 내용)과 a″토지를 규정한 것(비과세되지 않고 과세대상이라는 내용)은 그 의미가 다른데도 단서의 전단에서 함께 규정하고 있으므로 혼선을 초래하는 원인이 된다 할 것이다.

현행 규정 내용	이해하기 쉬운 규정 형태
지방세법 제9조【비과세】③ 신탁(「신탁법」에 따른 신탁으로서 신탁등기가 병행되는 것만 해당한다)으로 인한 신탁재산의 취득으로서 다음 각 호의 어느 하나에 해당하는 경우에는 취득세를 부과하지 아니한다. <u>다만, 신탁재산의 취득 중 주택조합등과 조합원 간의 부동산 취득 및 주택조합등의 비조합원용 부동산 취득은 제외한다.</u> 1. 위탁자로부터 수탁자에게 신탁재산을 이전하는 경우. <u>〈단서 신설〉</u>	지방세법 제9조【비과세】③ 신탁(「신탁법」에 따른 신탁으로서 신탁등기가 병행되는 것만 해당한다)으로 인한 신탁재산의 취득으로서 다음 각 호의 어느 하나에 해당하는 경우에는 취득세를 부과하지 아니한다. <u>〈단서 삭제〉</u> 1. 위탁자로부터 수탁자에게 신탁재산을 이전하는 경우. <u>다만, 주택조합등이 조합원으로부터 취득하는 부동산 중 비조합원용 부동산 취득은 제외한다.</u>

위와 같이 a″토지가 비과세 대상에서 제외된다는 것을 지방세법 제9조 제3항 제1호의 단서에서 규정한다면 a′토지, a″토지, b′토지, b″토지의 취득에 대한 현행 지방세법상 취득세 과세관계는 다음 <표 Ⅳ-3>과 같게 된다.

〈표 Ⅳ-3〉 현행 지방세법상 조합취득 신탁토지의 취득세 과세관계

구분	a″토지를 1호 단서에 규정 시 토지 취득에 대한 과세관계
a′토지	지방세법 제7조 제8항 본문에 의거 취득대상이 아님
a″토지	지방세법 제9조 제3항 제1호 단서에 의거 비과세에서 제외 → ∴ 재건축조합은 이전고시일의 다음날에, 지역·직장주택조합은 건축물의 사용검사일에 각각 취득세가 과세
b′토지	토지 취득 시점에 조합원에게 취득세가 과세 → 나중에 b′토지가 조합원용으로 확정되는 시점(즉, 건축물의 준공시점 또는 이전고시시점)에는 조합원이 이미 b′토지를 취득한 것이므로(지방세법 제7조 제8항 본문) 과세대상이 아님.
b″토지	토지 취득시점에 조합에게 취득세가 과세 → ∴ b″토지는 조합 자신의 토지이므로 조합이 일반분양분으로 건축물을 보존등기할 때에는 취득세 과세대상이 아님

그런데 현행 규정은 a″토지만 비과세되지 않는다는 점을 지방세법 제9조 제3항 '제1호의 단서'에 규정하지 않고 '제3항 단서'에 규정하는 방식으로 함에 따라 대법원에서 "…개정 후 지방세법 제110조 제1호 단서(주: 현행 제9조 제3항 단서의 전단)…규정의 '주택조합과 조합원 간의 신탁재산의 취득'이라 함은 주택조합과 조합원 간의 '모든' 신탁재산(주: a′토지 및 a″토지) 이전을 의미하는 것이 아니라 '제105조 제10항(주: 현행 제7조 제8

항)에 의해 조합원이 취득하는 것으로 간주되는 신탁재산(주: a'토지)의 이전'만을 의미하는 것으로 해석하여야 할 것이다. 따라서…조합원용에 해당하는 부분(주: a'토지)은 제105조 제10항(주: 현행 제7조 제8항)에 의해 그 조합원이 취득하는 것으로 간주되므로 주택조합에 대하여는 취득세를 부과할 수 없는 것이고, 조합원용이 아닌 부분(주: a″토지)은 제105조 제10항이 규정하는 경우가 아니므로 제110조 제1호의 단서(주: 현행 제9조 제3항 단서의 전단)에도 해당하지 않아 그 본문이 적용되는 결과 이 또한 취득세 부과대상이 되지 아니한다 할 것이다…"라고 판결[119]하기에 이른 것이다. 물론 현행 지방세법은 제7조 제8항의 단서와 제9조 제3항 단서의 후단을 신설하여 a″토지를 주택조합·재건축조합이 취득할 때에 비과세 대상에서 제외하여 취득세가 과세되도록 하고 있으나, 여전히 현행 지방세법 제9조 제3항 단서의 내용은 전문가조차 이해하기 어렵다.[120]

(3) 입법상 복잡성

조세는 경제적 부담이기 때문에 경제적 소유권을 가진 위탁자에게 조세를 과세해야만 이중과세와 조세회피의 방지가 가능하다. 그러나 현행 지방세법은 신탁에 의한 취득의 경우라도 취득에 해당하도록 하여 경제적 소유자가 아닌 법적 소유자에게 취득세를 과세하는 것을 원칙으로 하고 있다. 그렇지만 이중과세를 하지 않도록 하거나 조세회피를 방지할 필요가 있는 경우에는 그 사유마다 개별적인 규정을 두어 해결하는 형식으로 입법하고 있다. 예컨대, ① 이중과세를 방지하기 위한 방안으로는, 주택조합등이 조합원용으로 취득하는 경우 당해 조합원이 취득하는 것으로 규정하고, 신탁등기가 병행된 신탁에 의한 이전의 경우에는 비과세하는 등의 규정을 두며, ② 조세회피를 방지하기 위한 방안으로는, 과점주주의 간주취득세 과세 시 신탁재산을 과세표준에 포함하도록 하고, 위탁자의 지위 이전 시 취득세의 과세대상으로 규정하며, 수도권 내 본점 사업용 부동산 취득 시 위탁자를 기준으로 중과세 여부를 판단하도록 하는 등의 규정을 두고 있다.

취득세의 신탁과세에 관한 이러한 입법형식(즉, 원칙 과세, 예외적 비과세라는 형식)은 일반 법 상식으로는 과세·비과세를 판단하기 어렵게 만들고, 개별적인 사항에 관련하여 과세와 비과세에 관한 세법의 규정이 어느 조문에 있는지를 파악하기도 어렵게 만들어 납세자의 납세의무의 존부의 판단에 어려움을 주고 있다.

---

119) 대법원 2008.2.14. 선고 2006두9320 판결.
120) 정지선, "재개발·재건축 관련 취득세와 재산세의 과세상 문제점과 개선방안에 관한 연구", 『세무학연구』 제28권 제1호, 한국세무학회, 2011.3. 256면에서는 지방세법 제9조 제3항 단서의 규정은 의미가 없고, 위헌성이 농후할 뿐만 아니라 해석상 논란만 초래하고 있으므로 이를 삭제해야 한다고 주장하고 있다.

2. 취득세 과세 시 실질과세원칙 적용의 모호성

취득세는 밖으로 드러난 취득이라는 사실을 포착하여 과세하므로 취득세 과세상 실질과세원칙이 적용될 여지가 없는 것으로 볼 여지가 있다. 그러나 대법원은 취득세 과세에 관하여 실질과세원칙에 근거하여 판결한 것이 다수 있다. 신탁은 실질과세원칙이 적용되는 대표적인 사례로 인식되고 있고[121] 소득세법과 법인세법에서는 신탁에 대하여 실질과세원칙을 입법화하여 수익자 과세원칙을 규정하고 있는데,[122] 취득세의 과세대상 여부를 판단할 때에만 신탁은 실질과세원칙이 적용되지 않는다라고 주장할 수 있는가라는 의문이 제기되고 있다. 만약 취득세 과세 시 실질과세원칙이 적용된다고 하면 지방세법상 취득의 개념과 실질과세원칙을 어떻게 조화롭게 해석할 것인가라는 어려운 과제가 남게 된다.

(1) 형식설과 실질설의 대립

지방세법 제6조 제1호에서 취득의 정의를 "매매, 교환, 상속, 증여, 기부, 법인에 대한 현물출자, 건축, 개수, 공유수면의 매립, 간척에 의한 토지의 조성 등과 그 밖에 이와 유사한 취득으로서 원시취득(…생략…), 승계취득 또는 유상·무상의 모든 취득을 말한다."라고 규정하고 있고, 제7조 제2항에서는 "부동산등의 취득은…관계 법령에 따른 등기·등록 등을 하지 아니한 경우라도 사실상 취득하면 각각 취득한 것으로 보고 해당 취득물건의 소유자 또는 양수인을 각각 취득자로 한다. (후략)"라고 정하여, 취득은 유·무상 취득을 불문하고 사실상 취득이기만 하면 취득세 납세의무가 있는 것으로 규정하고 있다.

지방세법상 취득의 개념에 대하여 학설에서는 형식적 취득설과 실질적 취득설로 견해가 나뉘어 있다. 형식적 취득설은 부동산 등의 소유권 이전 행위에 대하여 과세하는 취득세는 행위세의 성격과 유통세의 성격을 지니고 있으므로 실질적인 소유권 취득과 상관없다는 견해로서 우리나라와 일본의 통설의 입장이고, 실질적 취득설은 취득세는 재산권의 이전과정에서 재산의 실질적인 취득사실을 포착하여 담세력을 추정하고 있으므로 이전적 재산과세로서 취득의 개념을 실질적 소유권의 취득 관점에서 파악해야 한다는 견해로서 소수설의 입장이다.[123]

판례는, "…지방세법 제105조 제1항의 '부동산취득'이란 부동산 취득자가 실질적으

---

121) 김완석·황남석, 『법인세법론』, ㈜광교이택스, 2014, 97면 참조.
122) 법인세법 제5조 제1항 및 소득세법 제2조의2 제6항 참조.
123) 정지선(주6), 59면 참조.

로 완전한 내용의 소유권을 취득하는지 여부와 관계없이 소유권이전의 형식에 의한 부동산취득의 모든 경우를 포함하는 것으로 해석된다…"라고 판시하여,[124] 형식설의 입장을 취하고 있으나, 대법원은 명의신탁에 관한 판례에서, ① 3자간 등기명의신탁에 있어서는, '명의신탁자'는 당초의 계약(즉, 당초 소유자와 명의신탁자 간 계약) 또는 부당이득반환청구에 의하여 해당 부동산을 취득할 수 있다는 이유로 잔금을 지급하면 취득세 납세의무가 성립한다 하면서,[125] ② 계약명의신탁에 있어서는, '명의신탁자'는 매매계약의 당사자가 아니고 명의수탁자와 체결한 명의신탁약정도 무효이어서 매도인이나 명의수탁자에게 소유권이전등기를 청구할 수 있는 지위를 갖지 못하기 때문에 명의신탁자가 매매대금을 부담하였더라도 그 부동산을 사실상 취득한 것으로 볼 수 없어 취득세 납세의무가 성립하지 않는다고 하고,[126] '명의수탁자'는 계약당사자로서 선의의 소유자(매도인)와 부동산에 관한 매매계약을 체결한 경우 그 계약은 일반적인 매매계약과 다를 바 없이 유효하므로, 매매대금을 완납하면 소유권이전등기를 마치지 아니하였더라도 명의수탁자에게 취득세 납세의무가 성립하고, 그 부동산을 제3자에게 전매하여 최초의 매도인이 제3자에게 직접 매도한 것처럼 소유권이전등기를 마치더라도 취득세 납세의무가 있다고 판시하고 있다.[127]

즉, 대법원은 명의신탁에서, ① 완전한 소유권을 취득할 방법이 없는 때에는 설사 부동산 매수대금을 완납했더라도 그 부동산을 취득을 했다고 할 수 없으나, ② 완전한 소유권을 취득할 수 있는 방법이 있는 때에는 이전등기를 하지 않았다 하더라도 대금을 완납했다면 취득한 경우에 해당한다고 판시하고 있다.

(2) 취득세에 있어서 실질과세원칙 적용성에 대한 논란

형식설에 따라 취득세를 과세한다면 외관으로 나타난 형식에 따라 과세하는 것이므로, 취득세는 실질과세원칙이 적용될 여지가 없는지 여부를 두고 견해가 나뉜다.[128]

취득세에 있어서는 실질과세원칙이 적용될 수 없다는 견해는, (외부로 나타난 형식이나 외관 또는 법적 효과와는 다른) 실질이나 실체가 그 내부에 존재하여 내·외부의 모습이 다를 경우 내부에 존재하는 실질에 따라 세법을 적용한다는 것이 실질과세원칙인데, 취

---

124) 대법원 2007.4.12. 선고 2005두9491 판결 등.
125) 대법원 2007.5.11. 선고 2005두13360 판결.
126) 대법원 2017.7.11. 선고 2012두28414 판결; 2012.10.25. 선고 2012두14804 판결.
127) 대법원 2017.9.12. 선고 2015두39026 판결.
128) 취득세 과세 시 실질과세원칙이 적용되지 않는다는 견해를 취하면 취득세의 본질을 유통세에 해당한다고 볼 수 밖에 없고, 실질과세원칙이 적용된다는 견해를 취하면 취득세의 본질을 재산세에 해당한다는 견해가 된다는 의견이 있다{정지선(주6), 62면}.

득세에 있어서 취득 여부의 판단은 취득의 존부라는 단순한 사실의 판단이지 그 속에 또 다른 모습의 취득이 존재하는가를 가리는 것이 아니므로 실질과세원칙은 적용될 수 없다는 논리 등을 내세운다.[129] 또한, 신탁의 구조 자체가 위탁자가 신탁재산의 보유에 따른 위험을 피하고 경제적 이익을 극대화하기 위하여 의도적으로 수탁자에게 신탁재산을 이전, 운영하여 최종적으로 수익자에게 환원하는 것이므로 위탁자가 신탁거래를 선택한 이상, 신탁기간 중에는 신탁재산의 취득과 보유에 관한 경제적 실질이 수익자가 아닌 수탁자를 중심으로 한다고 볼 수 있기 때문에 신탁재산의 취득과 보유에 관한 경제적 실질과 구분하지 않고 실질과세원칙을 적용하는 것은 합리적이지 않다는 견해도 있다.[130]

이에 반해, 취득세의 납세의무자, 과세표준의 계산, 중과세의 적용 등에 있어서는 실질과세원칙을 적용하면서 유독 취득세의 과세대상을 판단할 때만 실질과세원칙의 적용을 배제하는 것은 논리적이지 않다는 이유로, 취득세에 있어서는 실질과세원칙이 적용될 수 있다는 견해도 있다.[131]

판례는 ① 납세의무자를 판단함에 있어서 母회사가 子회사를 통하여 주식을 취득한 경우 그 子회사의 실체를 인정하기 곤란한 경우에는 실질과세원칙에 의하여 子회사의 실체를 인정하지 않고 母회사가 직접 주식을 취득한 것으로 보아 과점주주의 간주취득세를 부과할 수 있다고 판시한 사례가 있고,[132] ② A해운이 파나마에 설립한 특수목적회사(SPC) 명의의 선박을 국적취득조건부 나용선계약을 체결, 사용하는 경우 실질과세원칙상 그 선박을 A해운이 취득한 것으로 보아 취득세를 과세해야 한다고 판시한 사례도 있으며,[133] ③ 과점주주의 간주취득세를 과세할 때에 실질과세원칙상 주주명부상의 주주가 아니라 해당 주식을 실질적으로 행사하는 자를 기준으로 과점주주에 해당하는지 여부를 판단해야 한다고 판시한 사례도 있다.[134]

한편, ① '지식산업센터의 설립승인을 받은 것은 원고가 아닌 부동산신탁회사이므로 원고는 적법하게 입주계약을 체결한 것으로 볼 수 없다'는 과세관청의 주장에 대하여, '아파트형공장 신축을 위한 건축허가까지 받은 자가 지식산업센터 설립사업의 마무리 단계에서 지식산업센터의 소유권을 부동산신탁회사에 신탁하였다는 사정만으로 지식산업센터의 설립자로서 지식산업센터의 입주자격을 상실한다고 보는 것은 산업집적법

---

129) 이에 대한 자세한 설명은 정지선(주6), 62~63면을 참조.
130) 마정화·유현정(주35), 92~93면.
131) 정지선(주6), 63면.
132) 대법원 2012.1.19. 선고 2008두8499 판결.
133) 대법원 2011.4.14. 선고 2008두10591 판결.
134) 대법원 2016.3.10. 선고 2011두26046 판결; 대법원 2008.3.27. 선고 2008두2989 판결 등.

의 취지에 어긋나는 해석으로서 허용되지 아니한다'고 판시한 판례,[135] ② '분양아파트는 소유 명의가 수탁사로부터 다시 원고(사업주체)에게 이전된 것이므로 사업주체로부터 직접 최초로 취득하는 미분양주택에 해당되지 않아 감면규정이 적용되지 않는다'는 과세관청의 주장에 대하여 '부동산신탁사는 미분양 아파트를 실질적으로 취득한 것이 아니고 그 실질적인 소유권은 여전히 사업주체이자 위탁자에게 있으므로 감면규정이 적용된다'고 판시한 판례[136] 등에서는 신탁부동산에도 실질과세원칙이 적용됨을 인정하고 있다.

조세심판례에 있어서도 ① '건축주가 신축주택을 신탁등기로 이전한 후 신탁회사(수탁자)로부터 건축주(위탁자)가 다시 소유권 이전받은 다음 신축주택을 취득한 것은 건축주로부터의 최초 분양이 아니다'는 이유로 추징한 사건에 대하여, 조세심판원은 '신탁계약 종료에 따라 위탁자가 소유권을 이전받아 최초로 분양하는 경우 이를 분양받은 매입임대사업자는 사실상 최초로 분양받은 것으로 인식하는 것이 통상적이며, 취득세 감면혜택 부여의 입법취지상 실질적으로 건축주로부터 최초로 분양받은 경우이므로 취득세 등 면제대상에 해당한다'고 결정한 사례,[137] ② 지식산업센터용 토지를 취득하여 취득세의 감면을 받은 후 이 토지를 신탁하였다고 하더라도 위탁자가 실질적으로 지식산업센터 건축사업을 추진하였고 자금조달과 관리의 효율성을 위하여 신탁하였으나 실질적인 사업시행자로서의 역할을 포기한 것이 아니므로 감면세액의 추징사유에 해당하지 않는다는 결정한 사례[138] 등에서 신탁부동산의 경우 실질과세원칙의 적용을 인정하고 있다.

결국, 취득세 과세에 있어서 실질과세원칙이 적용되는지 여부에 대하여 학설은 갈려 있고, 판례·조세심판례는 사건에 따라 개별적으로 실질과세원칙의 적용을 인정하는 태도를 취하고 있기 때문에 어느 경우에 실질과세원칙이 적용되는지의 판단에 실무상 혼선이 있는 것이다.

신탁부동산의 지목이 변경되었을 때의 납세의무자의 판단, 신탁등기했다는 이유로 매각한 것으로 보아 감면세액을 추징하는 사례, 본점사업용 부동산의 취득세 중과세 해당여부의 판단 시 신탁부동산이 해당하는지 여부 등의 혼선도 취득세 과세 시 실질과세원칙이 적용되는 것인지 여부에 대한 혼선에서 비롯된 것이라고 할 것이다.

---

135) 대법원 2017.1.12. 선고 2016두53951 판결. 이 대법원 판결은 상고심절차에 관한 특례법 제4조에 의거 상고 기각(과세관청 패소)된 사건으로서, 위 판결 내용은 하급심{원심(서울고등법원, 2016.9.13. 선고 2015누66235 판결)이 인용한 1심(서울행정법원 2015.10.15. 선고 2015구합59037)}의 판결내용이다.
136) 대구고등법원 2010.10.15. 선고 2010누765 판결. 과세관청의 상고 포기로 원심확정된 사건이다.
137) 조심2017지0018, 2017. 7. 5.
138) 조심2016지0027. 2017. 3. 29. 결정 외 다수.

3. 신탁도관론과 신탁실체론의 적용 기준의 모호성

(1) 신탁재산의 구분관리 및 위탁자별 구별가능성

신탁재산은 경제적으로는 수탁자의 재산이 아니므로 신탁법은 신탁재산을 고유재산과 분별하여 관리할 의무를 부여하고 있다.[139] 즉, ① 신탁재산은 수익자의 고유재산과 분별하여 관리하고 신탁재산임을 표시하여야 하며, ② 여러 개의 신탁을 인수한 수탁자는 각 신탁재산을 분별하여 관리하고 서로 다른 신탁재산임을 표시하여야 하되, ③ 신탁재산이 금전이나 기타 대체물인 경우에는 그 계산을 명확히 하는 방법으로 분별하여 관리할 수 있도록 정하고 있다.

신탁법의 규정에 따라 신탁재산을 수탁자가 분별관리하게 되면 위탁자가 신탁한 자산은 수탁자의 자산 또는 다른 위탁자의 자산과 구별되므로 외견상 수탁자의 소유로 되어 있더라도 내용적으로는 해당 위탁자의 자산을 알 수 있게 된다.

부동산을 신탁에 의하여 취득하는 경우 원칙적으로 <표 Ⅲ-2>, <표 Ⅲ-5>에서 보는 바와 같이, 소유권 이전등기 또는 소유권 보존등기와 함께 신탁등기를 병행하므로 등기부상 권리자가 수탁자로 되어 있더라도 그 부동산의 실제 소유자인 위탁자가 누구인지를 구별할 수 있고,[140] 위탁자도 그 신탁부동산을 자신의 자산으로 재무제표에 표시한다.

그러나 신탁받은 금전으로 제3자 소유의 부동산을 수탁자가 취득하는 경우에는, <표 Ⅲ-3>, <표 Ⅲ-4>에서 보는 바와 같이, 신탁등기를 병행하더라도 등기부상 권리자를 '수탁자'가 아닌 '소유자'로 등기를 하고, 위탁자는 신탁원부에 등기하기 때문에 신탁원부를 보지 않고서는 위탁자가 누구인지를 알기 어렵다. 또한, 위탁자도 부동산이 아닌 금전을 신탁한 경우이므로 위탁자는 자신의 재무제표에 부동산을 취득한 것으로 아직 계상하는 단계가 아니며 그 신탁부동산을 자신의 자유의사로 처분할 수 있는 단계도 아니다.

그렇지만 신탁받은 금전으로 제3자 소유의 부동산을 수탁자가 취득하는 경우라 하더라도, 수탁자가 신탁회사와 같은 영리법인이면[141] 신탁법 제37조에 의거 각 신탁재산

---

139) 신탁법 제37조.
140) <표 Ⅲ-2>의 경우 등기원인이 신탁이고 등기권리자가 수탁자이므로 경제적 소유자(위탁자)가 순위번호 3번의 권리자로 되어 있는 '김갑동'임을 등기부만으로도 알 수 있고, <표 Ⅲ-5>의 경우는 신탁등기와 병행하여 소유권 보존등기를 하므로 신탁원부에 나타나는 위탁자(또는 수익자)가 경제적 소유자임을 알 수 있다.
141) 신탁등기사무처리에 관한 예규(등기예규 제1618호, 시행 2017. 3. 20.) '1. 바.'에서 "신탁업의 인가를 받은 신탁회사 이외의 영리회사를 수탁자로 하는 신탁등기의 신청은 이를 수리하여서는 아니된다."라

을 위탁자별로 분별하여 관리하므로 그 신탁재산은 해당 위탁자가 누구인가를 알 수 있다. 그러나 수탁사가 엉리법인이 아닌 개인·단체·비영리법인인 경우에는 그의 능력상 신탁법 제37조에 정한 신탁재산의 분별관리의무를 이행할 수 없고, 특히 지역·직장 주택조합의 경우에는 위탁자가 다수인 경우가 많기 때문에 개인·단체·비영리법인이 신탁받은 금전으로 제3자 소유의 부동산을 수탁자가 취득하는 경우에는 위탁자별로 신탁재산을 구별할 수 없는 경우가 대부분이다.

위탁자의 자산이 신탁되어 외견상 수탁자의 자산으로 되어 있더라도 실제적으로 구분관리되어 위탁자별로 그 신탁자산이 분별된다면 위탁자의 자산은 언제나 당해 위탁자의 자산으로 구별되므로 '물물대응이 가능하다'고 할 수 있다.[142]

요컨대, ① 부동산 그 자체를 신탁한 경우에는 신탁등기를 병행하므로 물물대응이

고 정하고 있으므로, 신탁회사 이외의 영리법인은 수탁자로 신탁등기를 할 수 없다. 그러나 대한주택보증주식회사(현재는 주택도시보증공사가 승계)의 경우에는 분양보증을 하면서 주택건설대지에 대하여 자신을 수탁자로 하는 신탁등기를 하는 경우에는 예외적으로 신탁등기가 가능하다(등기선례 6-471). 그러므로 우리나라는 수탁자를 영리법인으로 하는 신탁등기는 신탁회사와 대한주택보증주식회사(현재의 주택도시보증공사)가 수탁자로 되는 경우 뿐이다.

142) '물물대응'이라는 용어는 대법원 전원합의체 판결(1995.12.21. 선고 94누1449 판결)에서 사용한 용어이다. 이 대법원 판결은 골프장용 토지를 조성하는 공사비에 대한 부가가치세 매입세액을 ① '골프장 사업과 관련된 매입세액으로 보아 공제할 것인가' 아니면 ② '토지관련 매입세액으로서 보아 불공제할 것인가'에 대한 판결인데, 이 판결에서 다수의견은 ①의 결론을 지지하면서, 골프장용 토지의 조성공사는 조성한 토지 그 자체를 공급하기 위한 것이 아닌데도 장래 있을지도 모르는 토지 그 자체를 공급하기 위한 지출이라고 본다면 이것은 "…매입세액의 사업관련성을 따지는데 있어 **물물대응의 원칙**을 적용하자는 것에 불과하고…"라고 설명하였다. 한편 이 판결에서 소수의견은 ②의 결론을 지지하면서 "…매입세액의 공제는 사업관련성이 있어야 할 뿐만 아니라 그에 대응하는 매출세액이 면제되지 아니하여야 비로소 가능한 것이다. 매입세액 공제 여부의 기준을 위와 같이 이해할 때 매입세액의 공제에 있어서 **물물(개별)대응의 원칙**을 적용하는 셈이 됨으로써…"라고 설명하였다.
신탁에 있어서, '물물대응'이라는 용어보다는 '구분관리' 또는 '분별관리'라는 용어가 더 일반적이다. 그러나 '수탁자'의 입장이 아닌 '위탁자'의 입장에서는 '구분관리' 또는 '분별관리'라는 용어보다는 '물물대응'이라는 용어가 의미하는 내용에 보다 더 적합한 용어에 해당한다 할 것이다. 왜냐하면, ① "위탁자의 자산(物)이 신탁재산으로서 수탁자의 명의의 자산(物)으로 등기되어 있더라도 '위탁자의 자산(物)'이 '수탁자 명의의 자산(物)'과 개별적으로 대응이 되도록 구분될 수 있다면, 이를 위탁자의 입장에서는 '구분관리' 또는 '분별관리'라고 하기 보다는 '물물대응(物物對應)'이라고 하는 것이 더 적절하다고 생각되기 때문이고, ② <표 Ⅳ-4>에서 보는 바와 같이, 수탁자가 분별관리를 하지 않더라도 등기부상 물물대응이 가능한 경우(신탁받은 물건이 부동산이며, 수탁자가 영리법인인 경우)가 있는데, 이 경우에는 수탁자의 분별관리와 관계없이 위탁자는 신탁재산을 자신의 자산으로 구분해서 회계처리할 수 있다는 점에서 물물대응이 보다 더 포괄적인 용어가 되기 때문이다. 결국, 물물대응이 되는 상태란 '위탁자 또는 수탁자가 신탁재산별로 분별할 수 있는 상태'라고 할 것이며, 이것은 곧 '내 것(物)을 남에게 맡겨 놓더라도(즉, 신탁되어 있더라도) 내 것(物)으로 분별할 수 있는 상태'라고 할 것이다. 따라서 이 글에서는 수탁자의 입장에서 말할 때는 '물물대응'이라는 용어를 사용하기로 하며, 경우에 따라서는 '구분관리' 또는 '분별관리'의 용어를 함께 사용하기로 한다.

가능하며, ② 신탁받은 금전으로 수탁자가 제3자 소유의 부동산을 취득한 경우, ⓐ 수탁자가 영리법인이면 신탁재산을 위탁자별로 분별관리하므로 물물대응이 가능하나, ⓑ 수탁자가 영리법인이 아니면(즉, 개인·단체·비영리법인이면) 그의 능력상 현실적으로 신탁재산을 위탁자별로 분별관리할 수 없으므로 물물대응이 불가능하다.

위 ①, ②와 ⓐ, ⓑ의 경우로 나누어서 물물대응 가능성 여부를 정리하면 다음 <표 Ⅳ-4>와 같다.

〈표 Ⅳ-4〉 신탁부동산의 물물대응 가능 여부의 구분

신탁부동산의 이전	신탁받은 물건	수탁자의 구분	신탁등기 병행	위탁자의 표시	수탁자의 분별관리	물물대응 가능여부	비고
위탁자 → 수탁자	부동산 (①)	영리법인	○	등기부	○	○	〈표 Ⅲ-2〉
		기타	○	등기부	×	○	
제3자 → 수탁자	금전 (②)	영리법인 (ⓐ)	○	신탁원부	○	○	〈표 Ⅲ-3〉 〈표 Ⅲ-4〉
		기타(ⓑ)	○	신탁원부	×	×	

(2) 신탁도관론과 신탁실체론의 적용 기준의 모호성

물물대응이 가능한 신탁은 신탁도관론을 적용하여 실질과세원칙을 적용할 수 있으나, 물물대응이 불가능한 신탁은 위탁자별로 신탁재산을 별도로 알기 어렵기 때문에 신탁실체론을 적용할 수 밖에 없다. 이것은 소득세법에서 단독운영하는 신탁은 신탁도관론을 적용하여 소득세를 과세하고 합동운용하는 신탁은 신탁실체론을 적용하여 과세하는 것과 같은 논리이고, 신탁법 제37조 제3항에서 금전이나 기타 대체물은 신탁재산을 개별적으로 분별해서 관리하지 않더라도 그 계산만 명확히 하면 되는 것으로 정한 취지에 상응한 논리이다.

그러나 현재 지방세법은 신탁재산이 물물대응이 가능한가라는 기준에 의하여 신탁도관론과 신탁실체론이 적용되는 것으로 구분하지 않고 있다. 즉, ① 취득세에 있어서는 신탁실체론의 적용을 원칙으로 하여 신탁에 의한 취득도 취득세의 과세대상이 되는 것을 원칙으로 하되, 개별적인 사안별로 취득세를 비과세 내지 감면하는 규정을 두고 있다. 그러나 주택조합·재건축조합·소규모 재건축조합이 조합원용으로 취득하는 부동산은 조합원(위탁자)이 취득하는 것으로 의제하여 신탁도관론을 원칙으로 하되 비조합원봉은 신탁실체론이 적용되는 것으로 규정하고 있다. ② 한편, 재산세에 있어서는 신탁실체론에 의하여 수탁자(조합)를 재산세의 납세의무자로 하는 것을 원칙으로 하면서도 신탁도관론의 논리를 반영하여 다수의 입법을 하는 형식을 취하고 있다.

위 ①, ②의 내용을 정리하면 다음 <표 Ⅳ-5>와 같다.

〈표 Ⅳ-5〉 현행 지방세법상 신탁실체론과 신탁도관론의 적용

구분		원칙		예외	
		적용	지방세법상 근거 조항	적용	지방세법상 근거 조항
취득세	일반적인 경우	실체론	6조 1호	도관론	9조 3항 등 다수
	조합의 경우	도관론	7조 8항 본문	실체론	7조 8항 단서
재산세		실체론	107조 1항 3호	도관론	119조의2 등 다수

현행 지방세법상으로 실질과세원칙이 지배되는 신탁도관론과 실질과세원칙이 배제되는 신탁실체론이 각각 어떤 경우에 어떤 기준에 의하여 적용되는가를 회계사·세무사 등 전문가 조차도 구체적으로 구별하기가 쉽지 않은 형태로 입법되어 있다. 이러한 입법 형태가 신탁재산에 대한 과세에 있어서 혼선을 초래하는 원인 중 하나로 작용하고 있다.

4. 재건축조합·주택조합 등에 있어서의 혼선

(1) 신탁재산을 수탁자의 재산으로 회계처리함에 따른 혼선

회계는 거래나 사건의 형식보다는 경제적 실질에 따라 회계처리하는 것이 원칙이므로[143] 신탁재산은 실질적 소유자인 위탁자 또는 수익자가 그 소유자인 것으로 보아 회계처리하고 형식적 소유자인 수탁자가 신탁재산의 소유자인 것으로 회계처리하지 않는다. 법인세와 소득세에서도 신탁재산은 수익자(수익자가 없을 경우에는 위탁자)가 신탁재산을 가진 것으로 보고 세법을 적용하도록 규정하고 있다.[144] 따라서 회계와 소득과세에 있어서는 신탁도관론에 따라 회계 및 세무처리하는 것이 원칙이다.

조합(수탁자)이 신탁부동산을 취득하는 형태는 ① 위탁자(조합원) 소유의 부동산을 취득하는 경우[145]와 ② 위탁자가 아닌 제3자 소유의 부동산을 신탁받은 금전으로 매입,

---

143) 재무회계개념체계 문단 48 참조.
144) 법인세법 제5조 제1항 및 소득세법 제2조의2 제6항 참조.
145) 이 경우는 <표 Ⅲ-2>의 방법으로 부동산 신탁등기를 한다.

취득하는 경우146)로 나눌 수 있다.

②의 경우에는, 비록 그 취득등기에 신탁등기를 병행하지만, 수탁자인 조합은 그의 능력상 신탁부동산을 위탁자별로 구분하여 관리할 수 없기 때문에 그 부동산은 수탁자인 조합이 소유한 것으로 보아 조합의 자산으로 회계처리를 할 수 밖에 없으나, ①의 경우에는, 부동산 취득 시에 위탁자별로 신탁등기를 병행하므로 각각의 신탁부동산별로 위탁자가 누구인가를 쉽게 알 수 있다. 따라서 이 경우 조합은 신탁에 대한 회계원칙(즉, 신탁도관론)에 따라 이 신탁부동산을 수탁자(조합)가 아닌 위탁자(조합원)가 소유한 것으로 보아 회계처리하는 것이 타당하다. 위탁자의 입장에서도 ①의 경우는 위탁자가 신탁부동산을 자신의 재무제표에 그 자산을 소유하고 있는 것으로 계상하지만,147) ②의 경우에는 위탁자가 수탁자에게 금전을 신탁한 후 아직 위탁자가 지배하는 부동산을 취득한 것으로 보지 않는 단계이므로 위탁자는 재무제표에 '부동산'이 아니라 '신탁한 금전'을 그대로 소유하고 있는 것으로 계상하는 단계이고, 이 단계에서는 수탁자가 취득한 그 신탁부동산을 위탁자가 자유롭게 처분할 수 있는 단계도 아니다.

그럼에도 불구하고 재건축조합 등은 수탁자가 '위탁자(조합원)로부터 신탁받은 부동산'과 '신탁받은 금전으로 제3자로부터 취득한 부동산'을 불문하고 그 신탁재산을 모두 수탁자(재건축조합 등)의 재산에 해당하는 것으로 보아 조합의 재무상태표에 자산으로 계상하는 회계처리를 하고 있는데, 대표적으로 서울시에서 2014. 6. 19.에 고시148)한 서울특별시 정비사업 조합 등 예산·회계규정과 서울특별시 정비사업 회계처리규정세칙에서 재건축조합이 수탁자로서 신탁받은 부동산을 모두 수탁자의 자산으로 회계처리하도록 정하고 있는 것을 들 수 있다.149)

대법원은 ① '재건축조합의 소득금액 계산 시 일반분양분 수입 뿐만 아니라 조합원분양분 수입도 조합의 수입금액으로 계산해야 한다'고 판시하여 '조합원의 신탁자산이 조합의 자산에 해당한다'는 것을 인정하는 판시150)를 하는가 하면, ② '관리처분이 끝나고 준공이 되기 전의 재개발기간 중에 조합원이 사망한 경우, 재개발의 토지가 토지로 상속받은 것인지 아니면 재개발지분권으로 상속받은 것인지에 대한 사건'에서, 조합

---

146) 이 경우는 <표 Ⅲ-3>의 방법으로 부동산 신탁등기를 한다.
147) 조합원이 회계장부를 작성하는 법인인 경우 회계처리를 이렇게 한다.
148) 서울시 고시 2014-229호
149) 정비사업회계처리규정세칙에서는, 수익항목에 조합원분양금수익이 포함되도록 하면서 그 금액은 조합과 조합원 간의 분양계약에 따른 분양수익을 말하는 것으로 정하고(동 세칙 제15조 제1항), 재무상태표의 부채항목인 분양선수금 중 조합원 분양선수금은 조합원 권리가액과 조합원 분담금을 말하는 것으로 규정하여(동 세칙 제14조 제5항), 조합이 신탁받은 자산을 포함하여 모든 조합원의 자산을 조합의 자산으로 회계처리하는 것으로 규정하고 있다.
150) 대법원 2010.6.10. 선고 2007두19799 판결; 대법원 2010.6.10. 선고 2007두25404 판결.

원의 신탁토지는 '재개발지분권의 상속'이 아니라 '토지의 상속'이라고 판시[151]하여 '조합원의 신탁토지는 수탁자(조합)의 자산이 아니다'는 취지(즉, 조합원의 지분 토지는 조합원 개인의 토지이지 조합의 토지가 아니다는 취지)로 판시한 것도 있다.

조합회계에서 신탁재산을 수탁자(조합)의 재산으로 회계처리하면 일반인은 이 신탁재산은 위탁자(조합원)의 재산이 아니라 수탁자(조합)의 재산에 해당하는 것으로 쉽게 생각하게 된다. 그러면 이 신탁재산에 대하여 부과되는 취득세와 재산세도 조합 소유 재산에 대하여 부과되는 것으로 생각하여 이 부과가 타당하다고 생각할 여지가 많다. 그러나 지방세법은 취득세에 있어서는 조합이 조합원용으로 취득하는 부동산은 '조합이 취득'하는 것이 아니라 '조합원이 취득'하는 부동산으로 보아 취득세를 과세하도록 하고 있으나, 재산세에 있어서는 조합이 조합원용으로 취득한 부동산이라 하더라도 '조합원'이 아니라 '조합'이 납세의무자가 되도록 정하고 있다.

이런 점에서 조합재산에 대한 과세상의 혼선은 조합이 부동산을 신탁받은 경우(즉, 물물대응이 가능한 경우)라 하더라도 신탁부동산을 조합의 자산으로 회계처리하고 있는 조합의 현행 회계처리의 잘못에서 비롯된 측면도 있다고 할 것이다.

(2) 현물출자가 있는 것으로 보아 회계 및 세무처리함에 따른 혼선

재건축조합, 재개발조합, 지역·직장주택조합 등을 불문하고 조합원이 조합에 신탁에 의하여 부동산 이전등기를 하는 것을 조합에 현물출자를 하는 것에 해당한다고 이해하여 현재 회계 및 세무처리를 하고 있는 실정이다.

대법원은 "…재건축조합은… 그 사업구역 내에 있는 조합원들 소유의 토지는 재건축조합에게 현물로 출자되고 그 지상의 주택은 사업시행에 따라 철거될 것을 전제로 하는 것이어서… 재건축조합이 시공회사와 사이에서 조합원으로부터 출자받은 대지 상에 집합건물을 신축하기로 하는 공사계약을 체결하고…"라고 판시,[152] 조합원이 조합에 토지를 현물출자하는 것으로 판시하는가 하면, "…재건축조합이 원고가 조합원들로부터 출자받은 이 사건 토지의 취득가액으로서 장부에 계상한 가액은 2개 감정평가법인의 감정평가가액의 평균액으로서… 법인세를 신고한 것은 적법하고…"라고 판시,[153] 조합원이 조합에 토지를 현물출자하는 것으로 판시하고 있다.

그러나 대법원은 "…재건축조합의 조합원은 조합의 재건축사업 목적 달성에 협력할

---

151) 대법원 2015.2.26. 선고 2014두14211 판결. 이 판결은 상고심특례법에 의하여 피고(과세관청)의 패소로 심리불속행 기각되었다.
152) 대법원 2005.7.22. 선고 2003다3072 판결
153) 대법원 2010.6.10. 선고 2007두19799 판결; 대법원 2010.6.10. 선고 2007두25404 판결.

의무가 있고, 조합규약상 그 의무의 하나로 규정된 현물출자 의무는 조합의 재건축사업의 원활한 수행을 위하여 신탁 목적으로 조합원 소유의 토지를 조합에 이전할 의무를 포함하고 있는 것이며… 조합원들은 재건축조합에게 조합설립인가로써 조합규약의 효력이 발생한 날짜에 신탁을 원인으로 한 소유권이전등기절차를 이행할 의무가 있다…"라고 판시하여,154) 현물출자의무는 '출자자로서의 출자의무'가 아니라 '재건축 목적달성의 협력의무'에 지나지 않는 것으로 판시한 것도 있다.

한편, 서울행정법원에서는 ① 재건축사업에서는 신탁등기없이도 가능하다는 점, ② 조합의 정관 및 규약에서 조합원에게 부담금 등 청산금 지급의무만을 규정하고 있을 뿐 토지의 현물출자의무를 규정하지 않아 조합은 조합원에게 '현물출자의무로 소유권이전등기'를 구할 수 없고 단지 '재건축사업의 원활한 추진을 위하여 신탁을 원인으로 한 소유권이전'만을 구할 수 있는 점, ③ 조합원들은 신탁한 이후에도 제한적이지만 신탁한 토지를 처분할 수 있는 점, ④ 준공후 신탁이 종료하게 되면 현물로 남는 신탁재산인 조합원분 아파트와 그 부속토지는 조합원에게 귀속되고 나머지 금전신탁재산도 조합원에게 지분별로 귀속하게 되는 점을 종합해서, '실질적으로 기존토지의 소유권을 현물출자한 것이라고 보기 어렵고, 조합원의 현물출자의무는 재건축사업의 원활한 추진을 위하여 신탁법에 따른 신탁을 원인으로 한 소유권이전등기절차의 이행 또는 기존 건물의 철거 및 아파트 신축을 용인하고 재건축사업을 위한 처분을 용인할 의무정도이다'라고 판결한 사례가 있다.155)

조합원이 조합에 부동산을 신탁한 것이 현물출자에 해당한다고 하면 그 신탁부동산은 온전히 조합이 소유하는 부동산이 되므로 현물출자자에 해당하는 조합원은 더 이상 '부동산의 소유자'가 아니라 '출자지분의 소유자'가 된다. 이렇게 되면 조합원이 그 지위 이전을 할 경우 출자지분을 양도할 수 있을 뿐이고 부동산을 양도하는 것이 불가능해야 논리적이다. 그러나 현실은, ① 신탁한 부동산을 조합원이 조합의 의사와는 상관없이 자유롭게 양도할 수 있고, ② 이렇게 양도한 신탁부동산은 '부동산 양도'로서 양도소득세가 과세되고 '주식등에 해당하는 출자지분의 양도'로서 양도소득세가 과세되지 않는다. 또한 ③ 도시 및 주거환경정비법 제49조 제6항에서도 조합원은 관리처분계획인가의 고시가 있는 때에는 이전고시가 있는 날까지 종전의 토지 또는 건축물을 '사용·수익'을 못하도록 정할 뿐 '처분권'은 인정하고 있기 때문에 조합원은 재건축기간 중에도 자신의 부동산을 처분할 수 있는 권리를 보장받고 있다.

---

154) 대법원 1997.5.30. 선고 96다23887 판결.
155) 서울행정법원 2006.11.29. 선고 2004구합32135 판결.

따라서 재건축기간 동안 조합원이 자신의 부동산을 조합에 현물출자를 하여 지분권자가 되었다고 하는 것은 사실과 다른 것인데도 현재 조합은 조합원으로부터 신탁등기받은 부동산을 현물출자받은 것으로 보아 조합의 자산으로 회계처리하고 있는 실정이다.[156)157)]

조합이 현물출자를 받은 것으로 회계처리함에 따라 재건축조합의 일반분양분 토지에 대하여 건물 준공 시 조합에게 취득세를 과세하는 것에 대하여 이중 취득이라는 주장이 나오는 배경이 된다.[158)] 만약 개정안에 의하게 되면 조합은 사업기간 중에 신탁부동산을 취득한 것으로 보지 않아서 현물출자받은 것으로 보지 않기 때문에 재건축기간 동안 조합이 취득한 것이 없고 건물 준공 시에 이르러서야 비로소 재건축조합이 일반분양분 토지를 이전고시에 의하여 취득하는 것이 되므로 이중 취득의 주장이 나올 여지가 없게 된다.

재건축조합아파트의 사업부지 중 '조합원이 신탁한 토지(<표 Ⅳ-1>의 A토지)'와 '조합이 금전신탁받아 취득한 토지(<표 Ⅳ-1>의 B토지)'가 혼재되어 있다면 조합이 소유권 이전고시일 익일에 취득하는 비조합원용(a″토지)에 대한 취득세는 비조합원용 전체 토지(a″토지+b″토지)에서 신탁토지분(A토지)과 금전신탁분(B토지) 토지면적 비율에 따라 안분한 면적으로 과세한다는 과세당국의 해석[159)]도 신탁토지분 A토지가 조합에 현물출자된 것이라는 전제하에 한 해석으로 보인다.

법률적으로 조합원이 소유하던 토지는 조합에 현물출자되는 것이 아닌데도 현재 조합회계에서 이 토지를 현물출자를 받은 것으로 보고 회계처리하고 있는 것이 조합과 관련한 취득세 과세에 있어서의 혼선을 유발하는 원인 중 하나로 작용한다고 생각된다.

(3) 재개발과 재건축의 차이를 둠에 따른 혼선

지역·직장주택조합, 재건축조합, 재개발조합, 도시환경정비조합 등은 조합원이 종전 주택 대신에 새로운 주택을 신축(취득)하는 것을 주된 목적으로 한다는 점에서 그 성격

---

156) 이종혁(주112), 150면에서 "재건축사업 과정에서 조합원이 그 소유의 토지에 관하여 조합 명의로 신탁등기를 한다고 하더라도 그 실질은 출자자로서 출자의무를 이행한 현물출자에 해당한다"고 하고 있다. 이와 유사한 견해로는 손영철·남태현, "신탁소득 과세상 도관이론 적용의 문제점: 법인세법 제5조 제1항을 중심으로", 『법학논총』 제26권 제3호, 국민대학교출판부, 2014.2, 219면.

157) 재건축조합이 조합원으로부터 신탁받은 부동산은 회계 및 세무상으로 현물출자에 해당할 수 없다는 점에 대해서는, 배영석·김병일, "주택재건축사업의 과세에 대한 문제점과 개선방안에 관한 연구-사업소득계산을 중심으로-", 『조세연구』 제15권 제1집(통권 제28권), 한국조세연구포럼, 2015.4. 57~65면; 서정수·서희열(주116), 92~97면 참조.

158) 조합이 현물출자받을 때에 토지를 이미 조합이 취득하였는데, 일반분양분 건물의 준공시점에 조합이 다시 그 부속토지를 취득하였다고 하면 2번의 취득이 있다는 것이 된다는 점에서 이중 취득의 주장이 나오는 것이다.

159) 행정안전부, 지방세운영과-1659, 2010. 4. 23.

이 유사하다. 더욱이 재건축조합, 재개발조합, 도시환경정비조합은 도시 및 주거환경정비법에서 함께 규정하고 있다.

그러나 ① 지역·직장주택조합, 재건축조합, 소규모재건축조합 등 세 가지 조합은 지방세법 제7조 제8항에서, ⓐ 조합이 '조합원용'으로 취득(신탁에 의한 취득을 포함)하는 부동산은 '조합원이 취득한 것'으로 간주함에 따라 취득세 과세대상에서 제외하면서 ⓑ 조합이 '비조합원용'으로 취득하는 것은 '조합원이 취득한 것에 해당하지 않은 것'으로 규정함으로써 '조합의 취득에 해당'하게 하여 취득세 과세대상에 해당하는 것으로 규정하고 있다. 또한 ② 지방세법 제9조 제3항은 ⓐ '본문'에서 지역·직장주택조합, 재건축조합, 소규모재건축조합 등 세 가지 조합 이외의 조합(즉, 재개발조합, 도시환경정비조합)은 조합(수탁자)이 조합원(위탁자)으로부터 신탁에 의하여 취득하는 부동산은 조합원용이든 비조합용이든 이를 구분하지 않고 모두 비과세하는 것으로 규정하면서 ⓑ '단서'에서는 지역·직장주택조합 등 세 가지 조합은 '조합원으로부터의 신탁에 의한 취득'과 '비조합원용의 취득'은 비과세의 규정(즉, 지방세법 제9조 제3항 본문)이 적용되지 않도록 정하고 있다.

또한 지역·직장주택조합, 재건축조합, 소규모재건축조합 등 세 가지 조합은 조합이 조합원으로부터 취득하는 부동산에 대하여 취득세를 비과세(정확히는 과세대상에서 제외)하는 것을 지방세법에서 규정하고 있으나, 재개발조합, 도시환경정비조합 등은 지방세특례제한법에서 면세를 규정하고 있다.

특히, 재개발조합, 도시환경정비조합 등은 재건축조합 등과는 달리 ① 조합원이 재개발 등으로 새로 신축하여 취득한 건물분에 대해서도 취득세를 면제하고[160] ② 일반분양용으로 조합이 취득하여 보존등기하는 건물분에 대해서도 면제하며,[161] ③ 일반분양용으로 조합이 취득하여 보존등기하는 건물의 부속토지분에 대해서도 면제한다.[162] 이러한 과세상 차이는 재건축조합 등의 조합원들이 수긍하기 어려워 차별과세에 따른 위헌 등 주장의 원인이 되기도 하고, 특히 재건축조합의 일반분양용 건물의 부속토지분에 대해서 취득세 과세가 타당한 것인가를 두고 많은 논란의 원인으로 작용하기도 하며[163] 대법원에서 2008. 2. 14.에 '재건축조합 등의 일반분양용 건물의 부속토지에

---

[160] 조합원이 관리처분계획에 따라 취득하는 건축물에 해당되어 면제된다(지방세특례제한법 제74조 제1항). 재건축조합 등은 이 경우 비과세되는 조항이 없어 조합원이 보존등기할 때 취득세를 부담한다.

[161] 건물은 토지가 아니므로 문언상으로는 체비'지'에 해당하지 않으나, 도시 및 주거환경정비법 제87조 제3항에서 "…일반에게 분양하는 대지 또는 건축물은 도시개발법 제34조에 따른…체비지로 본다."라고 정하고 있으므로, 이 경우의 '건물'도 조합(사업시행자)이 취득하는 '체비지에 해당'되어 면제된다(지방세특례제한법 제74조 제1항; 대법원 2001.10.23. 선고 2001두5392 판결).

[162] 조합(사업시행자)이 취득하는 체비지에 해당되어 비과세된다(지방세특례제한법 제74조 제1항).

[163] 재건축조합의 일반분양분 토지에 대해서 취득세를 부과하는 것을 위헌이라고 보아 서울중앙지방법원이 위헌 제청한 사건(헌법재판소 2005.6.30. 선고 2003헌가19 결정)에서 헌법재판소는 "일반분양용 토지

대해서 취득세를 과세할 수 없다'라는 판결이 나오기에 이르게 되었다.[164]

현행 규정상 조합이 신탁으로 취득하는 부동산의 취득과 관련한 취득세의 과세 관계를 정리하면 다음과 같다.

〈표 IV-6〉 현행 규정상 조합의 신탁부동산 취득 관련 취득세의 과세 관계

취득 상대방	용도	구분	시점별 신탁부동산의 취득세 과세 여부				
			토지 취득시점	건물의 준공시점		조합원으로 반환시점	
				건물	부속 토지	건물	토지
조합원	조합원분	재개발	×(*1)	×(*7)	×(*11)	×(*15)	×(*15)
		재건축	×(*2)	○(*8)	×(*12)	×(*15)	×(*15)
	일반분양분	재개발	×(*3)	×(*9)	×(*13)	–	–
		재건축	△(*4)	○(*10)	○(*14)	–	–
제3자	조합원분/ 일반분양분	재개발	○(*5)	–	–	–	–
	조합원분/ 일반분양분	재건축	○(*6)	–	–	–	–

☞ **재개발:** 재개발사업 및 도시환경정비사업이 해당함.

　재건축: 재건축사업, 지역·직장주택조합사업, 소규모재건축사업이 해당함.

(*1) 신탁등기에 의한 조합의 취득은 지방세법 제9조 제3항 '본문'에 의거 취득세가 비과세됨.

(*2) 지방세법 제7조 제8항 '본문'에 의거 조합의 '조합원용' 취득은 조합원 취득으로 의제되므로 취득이 미발생함.

(*3) 신탁등기에 의한 조합의 취득은 지방세법 제9조 제3항 '본문'에 의거 취득세가 비과세됨.

(*4) 지방세법 제7조 8항 '단서'에 의거 조합의 '비조합원용' 취득은 취득세 과세대상

에 대하여 신탁과 무관한 조합의 새로운 취득행위가 존재하는 것인지, 만약 새로운 취득행위가 있다면 여기에 대한 취득세 부과가 가능한지 여부 등에 의하여 이 사건 과세처분의 적법성 여부가 결정될 것이고, 이는 모두 취득세에 관한 지방세법상의 일반조항의 해석에 의하여 해결될 문제로 보인다"는 이유로 각하결정한 바 있다.

164) 대법원 2008.2.14. 선고 2006두9320 판결.

이 되나, 조합이 취득하는 시점은 지방세법시행령 제20조 제7항 후단에 의거 이전고시일 익일이 됨.

(*5) 이 경우 지방세법이나 지방세법특례제한법에서는 비과세하는 조항이 없음.

(*6) 이 경우 지방세법이나 지방세법특례제한법에서는 비과세하는 조항이 없음.

(*7) 지방세특례제한법 제74조 제1항에 의거 조합원이 관리처분계획에 따라 취득하는 건축물이므로 취득세가 면제됨.

(*8) 조합원이 자신의 지분에 해당하는 건물을 보존등기하는 경우로서 조합원이 취득세를 부담함.

(*9) 지방세특례제한법 제74조 제1항에 의거 조합이 취득하는 체비지에 해당(비록 건물이지만) 되므로 취득세가 면제됨.

(*10) 조합이 보존등기를 하는 경우로서 조합이 취득세를 부담함.

(*11) 지방세특례제한법 제74조 제1항에 의거 조합원이 관리처분계획에 따라 취득하는 토지이므로 취득세가 면제됨.

(*12) 지방세법 제7조 제8항 '본문'에 의거 조합의 '조합원용' 취득은 조합원 취득으로 의제되었으므로, 건물부속토지는 이미 조합원의 토지이어서 취득이 미발생함.

(*13) ① 지방세특례제한법 제74조 제1항에 의거 조합이 취득하는 체비지로서 취득세가 면제되며, ② 또한 조합이 신탁토지를 취득하는 시점에 이미 비과세되었으므로{(*3)에 해당} 준공시점에 조합이 취득하는 건물의 부속토지는 이미 조합의 토지이기 때문에 비과세되는 결과가 됨.

(*14) 재건축조합이 조합원으로부터 일반분양용 토지를 취득할 때에 과세대상이 되지만{(*4) 참조} 그 취득시점은 지방세법시행령 제20조 제7항 후단에 의거 이전고시일 익일임.

(*15) 건물 준공 시 조합원이 보존등기하여 이미 취득이 되었으므로 이 시점에는 취득이 미발생함.

5. 신탁을 단순한 경제활동 도구로 생각하는 일반 관념과의 괴리에 따른 혼선

신탁이란 단어의 뜻은 '믿고(信)과 맡긴다(託)'는 것이므로 신탁을 한 경우 그 신탁재산은 여전히 신탁자(위탁자)의 재산인 것으로 생각하는 것이 일반인의 관념이라고 할 것이다. 이런 점에서 신탁했다고 해서 '맡긴 것'의 범위를 넘어서 이를 수탁자에게 '처분

내지 매각'했다고 하는 것은 일반인이 사용하는 언어의 용법을 벗어난 것이라 할 것이다. 신탁의 법리상 신탁을 하면 그 소유권이 대내외적으로 완전히 수탁자에게 이전된 것이라고 해도 신탁 이후에 위탁자가 그 신탁재산을 사실상 사용·수익을 계속하고 있는 점이 '믿고(信)과 맡긴다(託)'는 신탁의 성질을 잘 나타내는 것이라고 할 것이다.

신탁의 이런 점 때문에 부동산을 담보로 제공하는 전통적인 방법인 저당권을 설정하는 방법 이외에 담보신탁을 담보목적으로 많이 활용한다. 저당권의 설정과 마찬가지로 위탁자는 담보제공한 부동산을 계속적으로 사용·수익하는 데에 지장을 받지 않기 때문이다.

담보신탁제도를 활용하면 그것이 담보의 기능을 하면서도 비용이 저당권 설정방법보다 저렴할 뿐만 아니라 신탁의 경우에는 도산절연이 되므로 채권자가 선호하는 담보방법이어서 실무에서 담보신탁을 활용하는 사례가 늘고 있다. 특히 PF 금융에서는 채권자는 프로젝트의 공사기간 중에도 담보공백이 없이 담보취득을 할 수 있기 때문에 관리형 토지신탁을 담보의 방법으로 많이 활용한다.

저당권은 설정하더라도 담보 부동산의 소유권이 담보권자 또는 제3자에게 이전되지 않는 반면 담보신탁과 관리형 토지신탁 등은 담보 부동산의 소유권이 수탁자(부동산신탁회사)에게로 이전된다는 점에서 크게 차이가 난다.

최근에 담보신탁이나 관리형 토지신탁 등 신탁에 의하여 부동산 소유권을 수탁자에게로 이전한 것이 위탁자가 당해 부동산을 처분한 것에 해당하거나 직접 사용하지 않은 것으로 보아 감면세액의 추징 사유에 해당하는가를 두고 논란이 되고 있다.

담보제공자(위탁자)와 담보권자(수익권 취득자)의 입장에서는 저당권 설정방법에 의하여 담보를 제공하는 것과 담보신탁 등 신탁의 방법에 의하여 담보를 제공하는 것에는 아무런 차이가 없는 것으로 생각하는데, 신탁방법에 의할 경우 취득세 과세 시 신탁부동산을 처분한 것에 해당한다고 보아 과세관계를 취급함에 따라 마찰이 발생하고 있다. 담보신탁 등은 담보제공이라는 면에서 저당권 설정과 동일한데도 취득세 과세상 이를 달리 취급하는데에 대하여 납세자는 과세에 관한 논리의 정치성을 떠나서 수긍하기 어려운 상태이다. '믿고(信)과 맡긴다(託)'는 뜻을 가진 신탁을 했을 뿐인데도 이 단어의 뜻을 넘어서 이를 처분했다고 보아 과세관계를 다루는 점에 대해서 일반인이 수긍하기 곤란한 것은 이해할 수 있다.

조세심판례에서는 이러한 점을 감안하여 최근에는 담보신탁이든 관리형신탁이든 신탁의 경우에는 위탁자가 이를 처분한 것으로 보지 않는 것으로 하여 감면세액의 추징이 잘못되었다는 취지로 결정하고 있다.[165] 이러한 혼란은 모두 신탁을 단순한 경제활

---

165) 담보신탁에 관한 결정례로는 조심2016지0153, 2016. 11. 25.외 다수; 관리형신탁에 관한 결정례로는 조

동 도구에 지나지 않는다고 생각하는 일반 관념과의 괴리에서 발생하는 것이다.

Ⅴ. 신탁재산에 대한 취득세의 문제점과 개선방안

1. 문제점

신탁재산에 대하여 취득세 과세 시 현행 지방세법에서는 신탁실체론의 적용을 원칙으로 하면서도 예외적으로 신탁도관론을 적용하는 내용의 입법으로 이중과세의 문제를 해결하고 있으나, 재건축조합, 지역·직장주택조합, 소규모재건축조합의 경우에는 이것과는 반대로 신탁도관론의 적용을 원칙으로 하면서도 예외적으로 신탁실체론을 적용하는 내용의 입법으로 문제점을 해결하고 있다. 그러나 이러한 방식의 입법은 실무상 여러 가지 문제점을 야기하고 있다.

(1) 신탁부동산의 취득세 과세표준 산정 시 문제점

1) 현황

취득세는 자진신고 세목이므로 납세자가 스스로 과세표준을 산정하여 소정 기한 내에 자진신고납부해야 하고 이를 제대로 이행하지 않으면 가산세가 부과된다. 법인이 취득세의 납세의무를 이행할 때 그 과세표준은 법인이 작성한 원장·보조장·출납전표·결산서에 따라 취득가액이 증명되는 가액으로 하되[166] 무상취득의 경우는 제외된다.[167] 대법원은 수탁자가 신탁재산을 이전등기받는 것은 유상취득이 아닌 무상취득에 해당하는 것으로 판시하고 있다.[168]

2) 문제점

토지신탁(관리형 토지신탁 등)에 의하여 수탁자가 신탁부동산을 취득할 경우 회계상 및 세무상으로는 그 신탁부동산은 수탁자의 자산이 아니라 위탁자의 자산으로 보아 회계처리를 한다.

신탁부동산의 취득에 따르는 비용을 수탁자는 부담하지 않고 위탁자가 그 전액을 부담하는 것이 현실이기 때문에 신탁부동산의 취득을 위해 위탁자가 지출하는 가액을 수

심2016지0027, 2017. 3. 29. 외 다수.

166) 지방세법 제10조 제5항 제3호 및 지방세법시행령 제18조 제3항 제2호.
167) 지방세법 제10조 제5항 제3호 괄호.
168) 대법원 2017.6.8. 선고 2014두38149 판결.

탁자가 자신의 장부에 그 전액을 계상하기 어렵다. 수탁자는 단순히 신탁자산을 고유자산과 분별관리하기 위하여 신탁자산의 주된 지출가액만 자신의 장부에 계상하는 정도에 그치는 것이 현실이므로, 신탁부동산의 취득 시점에 수탁자의 장부에 계상된 신탁부동산의 가액은 위탁자의 장부에 계상된 신탁부동산의 가액보다 낮은 것이 일반적이다.

신탁재산에 대한 취득세 납세의무자가 수탁자가 됨에 따라 다음과 같은 문제점이 발생한다. 즉, ① 신탁부동산의 취득(예: 관리형 토지신탁에 의한 건물의 준공)에 따른 취득세 과세표준을 납세의무자(수탁자)가 아닌 '제3자(위탁자)의 장부가액을 기준으로 산정해야 하는가'라는 문제가 발생하고, ② 대법원 판례에 따를 때 수탁자는 신탁재산을 위탁자로부터 무상취득한 것에 해당하는데, 그러면 수탁자가 취득한 신탁재산의 취득세 과세표준을 유상취득 시 적용하는 가액(위탁자의 장부가액)으로 할 것이 아니라 '무상취득 시 적용하는 가액(시가표준액)으로 해야 타당하지 않은가'라는 문제가 발생하는 것이 그것이다.

①과 관련하여, 납세의무자가 아닌 제3자의 장부가액도 법인장부에 의하여 입증되는 가액으로서 취득세 과세표준이 된다는 견해가 있다.[169] 그러나 납세의무자(수탁자)가 타인(위탁자)의 장부가액을 열람할 권리도 없고 협조를 구할 권리도 없는 상황에서 납세의무자가 소정 신고기한내에 취득세의 과세표준을 스스로 계산하여 취득세를 신고납부할 때에 '타인의 장부가액을 기준으로 자신(납세의무자)의 과세표준을 산정해야 한다'고 해석하는 것은 실행가능성 내지 기대가능성을 넘는다는 점에서 문제가 있다. 즉, 그 타인이 협조하지 않으면 그 타인의 장부가액을 수탁자(납세의무자)가 과세표준으로 하는 것이 불가능할 뿐만 아니라 취득세의 과세표준은 취득시점에 '이미 지급한 것'외에도 '지급하여야 할 것'도 포함되는데,[170] 위탁자가 과세대상물건의 취득을 위해 '지급하여야 할 것'까지 수탁자가 파악하여 정확히 과세표준을 산정한다는 것은 현실적으로 어렵다.

더욱이 납세의무자(수탁자)에 대하여 과세관청이 취득세 등에 대한 세무조사를 할 때에 타인(위탁자)이 협조하지 않으면 과세관청 조차 법리적으로 타인(위탁자)을 강제할 수 없다는 점에서도 타인의 장부가액을 수탁자(납세의무자)의 과세표준으로 하는 것은 현실적으로 문제가 있다 할 것이다.

②와 관련하여, 납세의무자(수탁자)는 신탁부동산을 무상취득한 것인데도 유상취득으로 보아 제3자(위탁자)의 장부가액을 수탁자의 취득세 과세표준으로 하는 것은 무상취득으로 보는 법리와 상충된다 할 것이다. 특히 수탁자(납세의무자)가 위탁자로부터 받는 신탁수수료도 취득세 과세표준에 산입하는 것으로 해석하고 있는데[171] 납세의무자(수

---

169) 김태호, 『지방세 이론과 실무』, 세경사, 2017, 335~336면; 조세심판원, 조심2015지1865, 2016. 8. 31.
170) 지방세법 시행령 제18조 제1항.
171) 조세심판원, 조심2008지326, 2008. 8. 12. 사건 등.

탁자)가 '지출'하는 것이 아닌 '수입'하는 신탁수수료가 취득세 과세표준에 산입된다고 해석하는 것은 논리적으로 납득하기 곤란한 면이 있다.

(2) 지방세 부과제척기간 종료 시까지 자금 지급유예의 문제점

1) 현황

신탁부동산의 지목변경에 따른 취득세 납세의무자가 수탁자이고 수탁자가 산업단지 개발사업의 시행자가 아니라는 이유로 지목변경에 따른 취득세를 수탁자에게 추징하는 사례 등이 나타남에 따라 수탁자는 개발사업이 종료되더라도 취득세 등의 추징에 대비하여 예상 추징세액 만큼을 위탁자에게 지급하지 않고 당해 지방세의 부과제척기간이 종료할 때까지 지급을 유예하고 있는 실정이다.

이에 따라 수탁자는 지급유예자금이 존속함에 따라 당해 신탁계정을 청산하지 못하고 계속 유지하거나 청산하더라도 고유재산으로 이를 보관 관리해야 하는 실무적 부담이 있다. 또한 위탁자는 지급유예액 만큼 자금운용상의 손실을 보는 상황이다.

2) 문제점

신탁은 경제활동의 단순한 도구에 지나지 않는데도 신탁했다는 이유로 취득세의 납세의무자가 달라짐에 따라 예상 추징세액 만큼을 지방세 부과제척기간 종료 시까지 위탁자가 지급받지 못하는 현실이 초래되는 것은 조세중립성의 원칙에도 벗어난 현상이라 할 것이다.

만약 위탁자가 개인인 경우 위탁자가 사망했다고 하면 이 지급유예액은 상속재산에 합산신고해야 할 상속재산에 해당하는데, 현실적으로 상속인이 이 지급유예액을 파악하기가 용이하지 않아 상속재산가액에서 누락될 가능성이 많다는 점에서도 문제가 있다.

(3) 위탁자 지위 이전 시 취득세 과세의 문제점

1) 현황

2015. 12. 29.에 지방세법 제7조 제15항을 신설하여, "신탁법 제10조에 따라 신탁재산의 위탁자 지위의 이전이 있는 경우에는 새로운 위탁자가 해당 신탁재산을 취득한 것으로 본다. (후단 생략)"라고 규정하여, 위탁자의 지위 이전 시 원칙적으로 취득세의 납세의무가 있는 것으로 규정하고 있다.

신탁법 제10조가 2012. 7. 26.에 개정 시행됨에 따라 신탁을 종료하지 않고서도 위탁자의 지위 이전이 가능해졌고, 이 경우 신탁재산의 사실상의 소유권이 새로이 지위를 이전받은 위탁자로 변경되었음에도 그 위탁자에게 취득세를 과세할 수 없는 문제점이 발생하므로, 이러한 문제점을 개선하기 위하여 위탁자 지위 이전의 경우 새로운 위탁자에게 취득세를 과세할 수 있도록 관련 규정을 신설한 것이다.

이 개정 규정은 위탁자의 지위 승계 등 사실상 유상승계취득에 해당하는 경우 취득세를 과세하도록 한 예규[172]를 입법화한 것으로서, 개정 규정의 시행 전에 납세의무가 성립된 부분에 대해서도 적용된다고 행정자치부에서는 해석하고 있다.[173]

2) 문제점

① 승계 취득한 상대방의 모호성의 문제

위탁자의 지위가 이전되어 새로운 위탁자가 해당 신탁재산을 취득한 것으로 본다면 아래 <그림 Ⅴ-1>에서 새로운 위탁자(B)는 해당 신탁재산을 '종전 위탁자(A)'로부터 취득한 것에 해당하는지 아니면 '수탁자(X)'로부터 취득한 것에 해당하는지의 문제가 있다.

〈그림 Ⅴ-1〉 위탁자의 지위 이전 및 재차 위탁자 지위 이전 사례

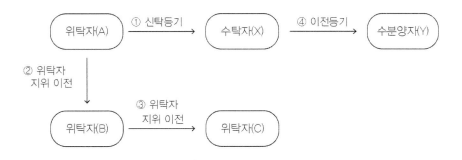

위탁자로부터 수탁자에게로 신탁재산을 이전할 경우 취득세를 비과세하는 것으로 규정한 지방세법 제9조 제3항 제1호는 훈시규정이 아닌 예외적 창설규정으로 해석하는 것이 대법원 판례의 입장이고,[174] 신탁법상 신탁등기를 하면 대내외적으로 신탁재산의 소유권이 위탁자로부터 수탁자에게로 완전히 이전된다는 것은 확립된 대법원 판례이다. 이 법리에 의할 때, 신탁등기를 하면 수탁자 X는 신탁재산을 완전히 취득한 것이

---

172) 행정안전부, 지방세운영과-2438, 2012. 7. 28
173) 행정자치부, 『2016년도 시행 지방세법령 적용요령』, 2016.1.
174) 대법원 2017.6.8. 선고 2015두49696 판결. 이 판결에서 대법원은 "…구 지방세법 제110조 제1호 가목(주: 현행 제9조 제3항 제1호에 해당)은 신탁법상 신탁을 원인으로 수탁자가 신탁재산인 부동산을 이전받는 것 또한 제105조 제1항(주: 현행 제7조 제1항에 해당)의 '취득'에 해당함을 전제로 일정한 요건하에 취득세를 부과하지 않도록 한 것이다…"라고 판시하여, 현행 지방세법 제9조 제3항 제1호가 예외적 창설규정임을 나타내고 있다.

되므로, 종전 위탁자 A는 더 이상 신탁재산의 소유자가 아니어서 새로운 위탁자 B는 해당 신탁재산을 A로부터는 취득할 수 없고 X로부터만 취득할 수 있다는 것이 된다.

위탁자의 지위 이전은 위탁자 간의 약정에 의하여 이전할 수 있다.[175] 그러면 B는 해당 신탁재산의 소유자가 아닌 A로부터 위탁자의 지위를 이전받을 뿐인데, 이미 X의 소유인 신탁재산을 B가 A로부터 어떻게 취득할 수 있는가라는 근원적인 의문에 봉착하게 된다.[176]

종전에 위탁자의 지위이전이 가능한 것인가에 대하여 논란이 있다가 개정 신탁법에서는 이를 허용하고 있는데, 신탁법이 개정되기 전에는 A → B로 신탁재산의 이전(즉, A → B로 양도)이 있는 경우, ① A가 X로부터 '신탁해지로 인한 소유권 이전등기'를 받은 다음, ② A가 B에게 '소유권 이전등기'를 한 후 ③ 다시 B가 X에게 '신탁을 원인으로 하는 소유권 이전등기'를 하는 방식으로 하였고, 따라서 A → B로 신탁재산의 소유권 이전등기를 할 때에는 3건의 소유권 이전등기를 하였다.[177]

위탁자의 지위 이전에 따라 B가 A로부터 신탁재산을 승계취득할 수 있다고 하기 위해서는, A로부터 X에게 소유권이 이전된 것이 소멸(내지 해제)되어 신탁재산이 A에게 복귀한 후에 B가 A로부터 승계취득한다고 해야 논리적인데[178] 이것이 법리적으로 가능한지 의문일 뿐만 아니라, 가능하다고 해도 A의 X로부터의 취득은 신탁종료로 인한 취득이 아니어서 A는 새로 취득세를 부담해야 한다는 논리가 가능하게 되는 문제점이 있다.[179]

만약, B가 신탁재산을 A가 아닌 X로부터 승계취득한 것이라고 하면, ① '위탁자의 지위는 A → B로 이전'되었는데도 '신탁부동산은 X → B로 이전'된다는 결과가 되는 점에서 문제가 있을 뿐만 아니라, ② B가 또다시 새로운 위탁자(C)에게 위탁자의 지위를 이전한다고 하면 C의 승계취득은 B → C로 된다는 결과가 된다.[180] 그러면 위탁자의

---

175) 위탁자의 지위는 신탁행위로 정한 방법에 따라 제3자에게 이전하는 것이 원칙이되(신탁법 제10조 제1항) 신탁행위에 위탁자의 지위 이전에 대하여 정하지 않은 경우에는 수탁자와 수익자의 동의를 얻어 제3자에게 이전할 수 있다(신탁법 제10조 제2항).

176) 더욱이 위탁자 지위 이전에 의한 취득은 승계취득인데, 어떻게 신탁재산의 보유자(X)가 아닌 종전 위탁자 A로부터 B가 승계취득을 할 수 있는지 의문이다.

177) 이렇게 ①, ②, ③의 3번의 등기를 한 이유는, 대법원 등기예규(2009. 5. 20. 개정, 등기예규 제1294호 3.가.(1) 단서)에서 X → B로 이전등기를 할 수 없고, ①, ②, ③의 형태로 순차적으로 등기하도록 하였기 때문이다.

178) 신탁등기 시점에 이미 A → X로 소유권이 이전되었기 때문에 위탁자의 지위 이전 시점에 'X → A로 소유권이 복귀한 후 A → B로 소유권이 이전된다'고 보아야 승계취득의 법리상 논리적인 설명이 가능하다.

179) 지방세법 제9조 제3항 제2호에서 "신탁의 종료로 인하여 수탁자로부터 위탁자에게 신탁재산을 이전하는 경우"를 비과세의 대상으로 규정하고 있는데, 이 경우는 위탁자의 지위 이전이 있을 뿐이지 신탁의 종료가 있는 것이 아니므로 취득세 비과세의 대상으로 볼 수 없는 것이다.

180) 위탁자의 지위 이전에 따라 취득세 과세상 신탁재산이 X → B로 이미 이전되어 있는 결과가 되므로 B → C로 승계취득이 된다는 논리가 되는 것이다. 만약 'B → C로 승계취득'이 되는 것이 아니라 'X

지위가 A → B로 이전되면 신탁부동산은 X → B로 이전되고, 위탁자의 지위가 다시 B → C로 이전되면 신탁부동산은 B → C로 이전되게 된다는 점에서 논리일관성이 결여되는 문제가 있다.

또한, C에게 위탁자의 지위 이전이 된 이후에 수탁자(X)가 제3자(Y)에게 신탁재산을 처분(또는 분양)한 경우라고 하면, 현실적으로 Y는 X로부터 이전등기를 받는데도 이 신탁재산은 이미 C에게 이전되었기 때문에 취득세 과세상으로는 Y는 X로부터 승계취득을 할 수 없다는 논리가 성립한다는 점에서도 문제가 있다.

결국, 신탁법상 신탁등기를 하면 대내외적으로 신탁재산의 소유권이 완전히 위탁자로부터 수탁자에게로 이전된다는 것이 법리인데도, 위탁자의 지위 이전이 있으면 새로운 위탁자가 해당 신탁재산을 취득한 것으로 간주하여 취득세를 부담하도록 하고 있기 때문에 현행 지방세법 제7조 제15항은 새로운 위탁자가 누구로부터 승계취득하였다고 할 것인지를 설명하기 곤란한 문제를 내포한 조문이라고 할 것이다.

② 합병의 경우 위탁자의 지위 이전에 해당하지 않는 문제

지방세법 제7조 제15항에서 "신탁법 제10조에 따라…위탁자 지위의 이전이 있는 경우에는 새로운 위탁자가 해당 신탁재산을 취득한 것으로 본다…"라고 규정하고, 신탁법 제10조 제1항에서 "위탁자의 지위는 신탁행위로 정한 방법에 따라 제3자에게 이전할 수 있다"라고 정하고 있다. 따라서 이를 종합하면, 반대해석상 위탁자의 지위 이전(승계)이 있더라도 '신탁행위로 정한 방법'에 의한 이전이 아니면 취득세의 과세 대상이 되지 않는 것으로 해석된다.

신탁행위란 신탁설정계약·위탁자의 유언·신탁선언으로서 법률행위이다.[181] 그러면 '법률행위'가 아닌 '법률의 규정'에 의하여 위탁자의 지위가 이전(예: 합병·분할에 의한 이전)된 경우에는 '지방세법 제7조 제15항에서 정한 위탁자의 지위 이전의 방법'에 의하여 이전된 경우에 해당하지 않는 만큼 이 조항에 의해서는 취득세 납세의무가 발생하지 않는다고 해석할 수 있다.[182] 이렇게 되면 위탁자의 지위 이전이 법률행위에 의한

→ C로 승계취득'이 되는 것이라고 하면 그 이전에 'B → X로의 신탁재산의 이전'이 별도로 있어야만 가능한 논리가 되는데, 'B → X로의 신탁재산의 이전'이 어떤 근거에 의하여 발생한 것인지를 알기 어렵다는 점에서 문제가 있다.

181) 신탁법 제3조 제1항 제1호 내지 제3호.

182) 합병에 의하여 위탁자의 지위가 이전될 경우 취득세 납세의무가 존재하는지의 질의에 대하여, 경기도의 해석(세정과 – 18379, 2017. 8. 10.)에서는 "…합병법인이 피합병법인의 신탁재산을 승계하면서 위탁자의 지위를 변경함에 따라 신탁재산을 처분할 수 있고, 처분에 따른 수익을 향유하는 등의 사실상의 소유권을 갖고 있다면 지방세법 제17조 제15항에 따른 취득이라고 봄이 타당하다…"고 하고 있으나, 위탁자의 지위 이전의 원인이 '신탁행위에 의한 것인지의 여부'에 의하여 취득세 과세여부를 판단한 것

것인지 법률의 규정에 의한 것인지에 따라 차별 과세되는 문제점이 있다.

(4) 수탁자에게 지목변경에 따른 취득세 과세의 문제점

1) 현황

현행 지방세법 제7조 제4항에서 "…토지의 지목을 사실상 변경함으로써 그 가액이 증가한 경우에는 취득으로 본다…"라고 규정하고, 제10조 제3항에서 "…토지의 지목을 사실상 변경한 경우에는 그로 인하여 증가한 가액을 각각 과세표준으로 한다.…"라고 규정하고 있다. 그런데 대법원 판례에서는 위탁자의 비용과 노력으로 지목을 변경하더라도 신탁토지의 지목변경으로 인한 취득세의 납세의무자는 위탁자가 아닌 수탁자인 것으로 판시하고 있다.[183][184]

〈그림 Ⅴ-2〉 지목변경에 따른 취득세 과세표준의 적용

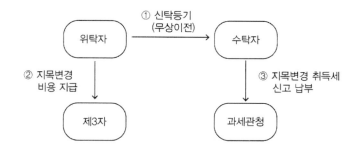

2) 문제점

수탁자가 신탁재산을 취득한 것은 유상취득이 아닌 무상취득에 해당한다. 그러면 수탁자가 지목변경에 따른 취득세의 납세의무자가 된다고 할 때 자진신고 세목인 취득세의 과세표준은 무상취득 시의 과세표준인 지목변경 전후의 '시가표준액의 차액'이 된다고 해석된다. 즉, 현실적으로 위탁자가 지목변경을 위한 비용을 부담하므로(<그림 Ⅴ-2>의 ②가 이에 해당) 납세의무자인 수탁자는 위탁자가 지목변경을 위한 비용을 부담함에 따른 반사적 이익(지목변경)을 얻는 것에 불과할 뿐이고, 따라서 수탁자는 무상에

이 아니라, 이 해석은 '합병법인이 신탁재산을 사실상 지배하는지 여부'에 의하여 판단하고 있는 점에서 논리적으로 수긍하기 미흡한 해석으로 보여진다.

183) 대법원 2012.6.14. 선고 2010두2395 판결.

184) 지목 변경에 따른 취득세의 납세의무자를 위탁자와 수탁자 중 누구를 해야 타당한가에 대한 자세한 논거에 대해서는 김성균, "부동산 신탁 관련 취득세 등 납세의무자 검토", 『중앙법학』, 제17권 제3호(통권 제57호), 중앙법학회, 2015.9, 130~139면 참조.

의하여 지목변경을 한 것에 해당한다. 그러면 납세의무자인 수탁자는 '지목변경 전후의 시가표준액의 차액'을 과세표준으로 해야만 무상 취득에 따른 과세표준 적용에 부합하게 된다.

결국 수탁자는 무상으로 지목변경의 수혜를 받은 것에 지나지 않기 때문에 수탁자(무상취득자)의 취득세 과세표준은 위탁자의 장부가액(위탁자의 장부에 계상된 지목변경비용)으로 할 수 없다고 해야 합리적인 결과가 되는데, 이렇게 되면 지목변경자산의 신탁 여부에 따라 취득세 과세표준이 달라지는 문제점이 있다.

(5) 취득세 중과세 대상 판단 시 위탁자 기준의 문제점

1) 현황

2016. 12. 27.에 지방세법 제13조 제1항을 개정하여, "…과밀억제권역에서…본점이나 주사무소의 사업용 부동산(…수탁자가 취득한 신탁재산 중 위탁자가 신탁기간 중 또는 신탁종료 후 위탁자의 본점이나 주사무소의 사업용으로 사용하는 부동산을 포함한다)을 취득하는 경우…의 취득세율은…중과기준세율의 100분의 200을 합한 세율을 적용한다."라고 정하여, 괄호의 내용을 신설하였다. 따라서 본점 사업용 부동산의 취득 시 취득세 중과세의 대상에 해당하는지 여부는 수탁자가 아니라 위탁자를 기준으로 판단하도록 하였다.

2) 문제점

① 본점 설립 또는 지점 설치 후 5년 이내 취득하는 부동산의 경우 문제점

수도권에서 부동산을 취득할 때 취득세 중과세를 적용하는 것은 본점 사업용 부동산뿐만 아니라 본점 설립 또는 지점 설치 후 5년 이내 취득하는 부동산도 해당한다.[185] 그러나 현행 규정은 지방세법 제13조 '제1항'에 정한 '본점 사업용 부동산의 경우에만 위탁자를 기준으로 중과세 해당 여부를 판단한다'고 규정하고 있다. 그러면 반대해석상 지방세법 제13조 '제2항'에 정한 '본점 설립 또는 지점 설치 후 5년 이내 취득하는 부동산을 취득할 때는 수탁자(납세의무자)를 기준으로 중과세 해당 여부를 판단한다'라는 해석이 가능하다. 이렇게 되면 제2항에 정한 부동산의 경우에는 신탁을 통하면 중과세를 회피할 수 있게 되는 문제점이 있다.

행정안전부의 해석[186]에서는 지점용 부동산의 경우도 본점 사업용 부동산과 마찬가지로 수탁자가 아닌 위탁자를 기준으로 중과세 여부를 판단한다고 해석하여 제2항도 제1항과 동일하게 해석하고 있으나, 지방세법 제13조 제1항에서 본점 사업용 부동산의 경우만

---

185) 지방세법 제13조 제2항 제1호.
186) 지방세운영과-25, 2017.7.28.

위탁자를 기준으로 중과세 여부를 판단한다고 규정하고 있고, 대법원 판례[187])에서 중과세 대상인지의 여부는 '위탁자가 아닌 수탁자를 기준으로 판단한다'고 판결하고 있는 점으로 볼 때, 지방세법 제13조 제1항은 같은 조 제2항에서 규정한 부동산의 경우에는 적용되지 않고, '제2항의 부동산은 납세의무자인 수탁자를 기준으로 중과세의 대상인지의 여부를 판단한다'라는 해석이 오히려 문리해석상 설득력을 가지고 있다 할 것이다.

② 과세표준의 문제점

법인이 취득세의 납세의무를 이행할 때 그 과세표준은 법인장부가액으로 하되 무상취득의 경우는 법인장부가액이 적용되지 않는데, 대법원은 수탁자의 신탁재산 취득은 유상취득이 아닌 무상취득으로 판시하고 있다.[188])

그러면 신탁부동산의 경우 위탁자의 비용 부담으로 본점용 부동산을 취득(건축)하는 것이 현실인데, 본점용 부동산의 취득에 따른 '중과세 대상 여부는 수탁자가 아닌 위탁자를 기준으로 판단하는 것'이라 하더라도, ① '취득세 과세표준은 위탁자를 기준으로 계산한다'고 규정하고 있지 않기 때문에 '위탁자가 부담하여 위탁자의 장부에 계상된 본점용 부동산의 취득비용을 수탁자의 취득세 중과세분의 과세표준으로 할 수 없다'고 해석할 수 있고, ② 납세의무자인 수탁자는 본점용 부동산을 무상취득한 것이므로 '그 과세표준은 무상취득 시 적용하는 시가표준액으로 해야 한다'고 해석할 여지가 있다.

그러면 위탁자가 신탁을 통하여 본점용 부동산을 취득하느냐 신탁을 통하지 않고 취득하느냐에 따라 취득세 중과세분의 부담이 달라지는 문제가 있다.

(6) 과점주주의 간주취득세 과세 시 과세표준의 문제점

1) 현황

신탁부동산은 위탁자가 아닌 수탁자가 보유한 부동산이므로 위탁자의 주식을 취득하여 위탁자의 과점주주가 된 자에게 간주취득세를 과세할 때 위탁자의 신탁부동산에 대해서는 간주취득세의 과세표준에 산입할 수 없다는 것이 대법원 판결이다.[189])

이에 따라 2016. 12. 27.에 지방세법 제7조 제5항을 개정하여, "…법인의 주식…을 취득함으로써…과점주주…가 되었을 때에는 그 과점주주가 해당 법인의 부동산등(법인이…신탁한 재산으로서 수탁자 명의로 등기·등록이 되어 있는 부동산등을 포함한다)을 취득…한 것으로 본다. (후략)"라고 정하여 괄호를 신설하였다.

---

187) 대법원 2003.6.10. 선고 2001두2720 판결.
188) 대법원 2017.6.8. 선고 2014두38149 판결.
189) 대법원 2014.9.4. 선고 2014두36266 판결; 대법원 2015.1.15. 선고 2011두28274 판결.

이 규정에서 과점주주의 간주취득세 과세 시 신탁부동산을 과세표준에 포함하여 과세하도록 규정하고 있을 뿐, 과세표준 산정에 관해서는 규정하고 있지 않다.

2) 문제점

과점주주에 대하여 간주취득세를 과세할 때 그 과세표준은 당해 법인의 부동산의 장부가액을 기준으로 계산한다.[190]

신탁부동산은 완전히 수탁자의 자산인 것이고 수탁자는 위탁자로부터 그 신탁부동산을 무상취득한 것이다.[191] 그러나 위탁자의 주식을 취득한 자에게 간주취득세를 과세할 때의 과세표준은 '수탁자(신탁부동산의 취득자)가 위탁자로부터 취득한 가액(즉, 무상취득가액)'을 과세표준으로 하는 것이 아니라, 위탁자가 신탁부동산을 자신의 자산으로 장부에 계상한다는 전제 하에, '위탁자의 회계장부에 계상하고 있는 신탁자산의 장부가액을 간주취득세의 과세표준으로 한다'는 것이 현행 세법의 취지인 것으로 생각된다.

그러면 이것은 다음과 같은 문제점이 있다. 즉, ① 신탁부동산은 장부상으로는 '수탁사의 사산' 아니라 '위탁자의 자산'이라는 점을 시인한 후 '위탁자의 자산가액을 과점주주의 간주취득세의 과세표준으로 한다'는 취지로 둔 규정이어서 신탁부동산은 수탁자가 완전히 취득한 것이라는 것(위탁자의 자산이 아니라는 것)과 논리가 일관되지 못하는 문제점이 있다. ② 또한 지방세법의 법문이 간주취득세를 과세할 때에 '신탁부동산을 포함한다'고만 규정하고 있을 뿐이고 과세표준에 관해서는 규정하고 있지 않기 때문에, 간주취득세를 과세할 때의 과세표준은 '위탁자의 장부가액'이 아니라 '신탁부동산의 소유자인 수탁자(납세의무자)의 장부가액(즉, 무상취득가액)'이 되어야 한다는 해석이 가능하다는 점에서도 문제가 있다.

(7) 택지분양계약 후 신탁한 경우 이중 과세의 문제점

1) 현황

LH공사와 택지분양 계약을 체결한 자(매수자이면서 위탁자, A)가 ① 수탁자(신탁회사, B)와 관리형토지신탁계약을 체결하여 A로부터 B에게로 권리의무승계 계약을 하고 또한 분양계약자 지위 이전 계약을 한 후 ② 분양 잔금을 A가 LH공사에게 지급하고 ③ 택지의 소유권은 LH공사로부터 B로 직접 이전[192]하는 경우가 있다.

---

190) 대법원 1983.12.13. 선고 83누103 판결.
191) 대법원 2017.6.8. 선고 2014두38149 판결 참조.
192) 이때 소유권 이전의 등기원인은 '매매'로 하고 '신탁등기를 병행'한다.

〈그림 Ⅴ-3〉 택지분양계약 후 신탁한 경우 이중 과세 사례

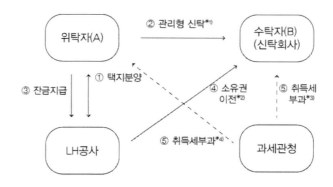

*1) 관리형신탁과 함께 '권리의무 승계계약'과 '분양계약자 지위이전'을 함
*2) 소유권이전의 등기원인을 '신탁'이 아닌 '매매'로 하고 신탁등기를 병행함(<표 Ⅲ-3> 참조).
*3) '신탁'을 등기원인으로 하지 않았고 '위탁자로부터 신탁재산을 이전한 경우'가 아니라는 이유로 취득세를 부과함
*4) LH공사와 체결한 매매계약에 근거, '잔금을 지급했다'는 이유로 취득세를 부과함.

2) 문제점

위 <그림 Ⅴ-3>의 경우, ① A는 분양토지의 잔금지급자로서 취득세 납세의무가 있고, ② B는 신탁으로 인한 신탁재산의 취득이 아니어서(취득등기 시 취득원인을 '신탁'이 아닌 '매매'로 하고, 위탁자로부터 수탁자에게로의 신탁재산의 이전이 아니기 때문임) 비과세 요건을 갖추지 못했기 때문에 취득세 납세의무가 있다고 하여, 분양토지에 대하여 A와 B가 각각 취득세의 납세의무가 있는 것으로 해석하는 사례가 발생하고 있다.[193)194)195)]

위 사례에서 A와 B가 각각 취득세의 납세의무가 있다고 하면, 3자간 등기명의신탁에서 '명의신탁자'는 잔금지급자로서 취득세 납세의무가 있고 '명의수탁자'는 이전등기라는 취득행위가 있다고 보아 취득세 납세의무가 있다고 해석하여(형식적 취득설의 입장) 이중의 취득세 납세의무가 있다고 해석하는 것[196)]과 비슷한 취지의 해석이라고 할 것

---

193) 법무법인 율촌이 2014. 12. 5.에 개최한 "부동산신탁과 조세 세미나"에서 이강민 변호사가 발표한 자료 38면~40면의 사례이다.
194) 위와 같은 경우 감사원은 수탁자(B)가 납세의무자라는 입장이고 행정자치부는 위탁자(A) 및 수탁자(B) 모두가 납세의무자라는 입장이라고 한다. 이에 대한 자세한 설명과 비판은 김성균(주184), 141~144면 참조.
195) 전동흔·최선재(주34), 1369면에서는 위와 같은 사례에서 잔금을 위탁자(A)가 아닌 수탁자(B)가 LH공사에 지급한 것을 설명하면서 이 경우 잔금을 지급한 소유권이전등기청구권의 귀속자는 B이므로 B가 취득세 납세의무가 있는 것으로 설명하고 있다.

이고, 대법원이 취득의 개념을 형식설을 취하면서 "…여기에서 사실상 취득이라 함은 일반적으로 등기와 같은 소유권 취득의 형식적 요건을 갖추지는 못하였으나 대금의 지급과 같은 소유권 취득의 실질적 요건을 갖춘 경우를 말한다…"라고 한 판례[197]의 취지가 위 사례에 적용된다고 보는 견해이라고 할 것이다.

그러나 논리의 정치성을 떠나 1개의 과세 사실에 대하여 이중의 납세의무가 있다고 하는 것은 수긍하기 곤란한 측면이 있고, 수탁자(B)가 LH공사로부터 승계취득함에 따라 취득세를 부담하는 것이라면 위탁자(A)는 LH공사로부터 승계취득할 수 없는데, 그러면 A는 누구로부터 승계취득하여 취득세를 부담하는 것인가라는 의문이 제기될 수 있는 문제가 있다.

(8) 신탁한 경우 감면세액의 추징사유로 보는 문제점

1) 현황

부동산을 취득한 후 일정한 요건(예: 임대주택용 취득, 지식산업센터용 취득 등)에 해당되어 취득세를 감면받은 후 그 감면받은 부동산을 신탁한 경우 해당 자산을 '직접사용'하지 않고 '매각'한 것으로 보아 감면한 취득세 등을 추징하는 사례가 발생하고 있다. 대표적으로 많이 문제가 되고 있는 사례를 보면 다음과 같다.

① 산업단지 등에 대한 감면의 추징

지방세특례제한법 제78조에서, ① 산업단지개발사업의 시행자 등이 산업단지 등을 조성하기 위하여 취득하는 부동산(산업단지 등을 개발·조성한 후 소정의 산업용 건축물등의 용도로 분양 또는 임대하거나 직접 사용하기 위하여 취득·보유하는 부동산을 포함)에 대해서 취득세를 경감해 주고, ② 정당사유 없이 그 취득일부터 3년이 경과할 때까지 해당 용도로 직접 사용하지 아니하거나 해당 용도로 직접사용기간이 2년 미만인 상태에서 매각·증여하거나 다른 용도로 사용하는 경우에는 감면 취득세 및 재산세를 추징하도록 규정하고 있다.

그런데, ⓐ 산업단지개발사업의 시행자가 관리형 신탁을 하여 수탁자 명의로 산업용 건축물 등의 건축허가를 받아 신축한 경우에는 '건축주는 시행자(위탁자)가 아닌 수탁자'이므로 감면대상 부동산(건축물)의 취득(준공) 단계에서 '수탁자는 감면의 주체에 해당하지 않는다'고 하는 사례도 있고,[198] ⓑ 산업단지개발사업의 시행자(위탁자)가 수탁자에게 신탁(담보신탁을 포함)을 한 후 개발사업을 하여 지목이 변경된 경우, 그 지목변

---

196) 김태호(주169), 155~156면
197) 대법원 2007.5.11. 선고 2005두13360 판결.
198) 조심2014지1352, 2015. 4. 28. 사건의 사례.

경에 따른 취득세의 납세의무자가 위탁자가 아닌 수탁자이므로 '수탁자는 산업단지개발사업의 시행자에 해당하지 않는다'는 이유로 이 경우 수탁자는 지목변경에 따른 취득세의 감면대상자에 해당할 수 없다라는 사례도 있으며,[199] ⓒ 또한 산업단지개발사업의 시행자(위탁자)가 개발사업을 완료한 후 취득세를 감면받은 다음에 개발한 부동산을 담보신탁한 경우에도 시행자가 취득한 부동산 등을 매각하거나 다른 용도로 사용하는 경우에 해당한다고 하여 감면취득세를 추징하는 사례도 있다.

② 임대주택에 대한 감면세액의 추징

지방세특례제한법 제31조에서, ① '임대사업자가 임대목적으로 공동주택을 건축하는 경우 그 공동주택'과 '임대사업자가 임대목적으로 건축주로부터 공동주택을 최초로 분양받은 경우 그 공동주택'에 대해서 취득세를 감면하고,[200] ② 임대의무기간에 임대 외의 용도로 사용하거나 매각·증여하는 경우에는 감면된 취득세를 추징하도록 규정하고 있다.

그런데, ⓐ 건축주가 건축한 후 담보신탁한 공동주택을 임대사업자가 건축주로부터 분양받은 경우 공동주택을 '건축주로부터 최초 분양받은 경우에 해당하지 않는다'고 보아 취득세의 감면사유에 해당하지 않는다고 한 사례도 있고,[201] ⓑ 임대사업자가 건축한 공동주택을 담보신탁으로 소유권을 이전한 경우 이를 '매각한 것'으로 보아 감면 취득세를 추징한 사례가 있다.[202]

③ 지식산업센터에 대한 감면세액의 추징

지방세특례제한법 제58조의2에서, ① '지식산업센터용으로 직접 사용하기 위하여 신축·증축하여 취득하는 부동산과 지식산업센터용으로 분양·임대하기 위하여 신축·증축하여 취득하는 부동산에 대해서는 취득세의 35%를 경감하되, 그 취득일부터 5년 이내에 매각·증여하거나 다른 용도로 분양·임대하는 경우에는 경감 취득세를 추징하며, ② 지식산업센터를 신축·증축하여 설립한 자로부터 최초로 해당 지식산업센터를 분양받은 입주자에 대해서는 2019. 12. 31.일까지 지식산업센터용으로 직접사용하기 위하여 취득하는 부동산에 대해서는 취득세의 50%를 경감하되, 정당사유 없이 그 취득일부터 1년이 경과할 때까지 해당 용도로 직접 사용하지 아니하거나 취득일부터 5년 이내에 매각·증여하거나 다른 용도로 사용하는 경우에는 경감 취득세를 추징도록 규정하고 있다.

---

199) 조심2015지578, 2016. 6. 14. 사건의 사례.
200) 전용면적 60㎡ 이하는 전액, 전용면적 60㎡ 초과 85㎡ 이하 등은 50%를 감면한다.
201) 조심2017지0018, 2017. 7. 5. 사건의 사례.
202) 조심2016지0153, 2016. 11. 25. 사건의 사례

그런데, ⓐ 지식산업센터를 신축·분양할 목적으로 토지를 취득하여 취득세를 경감받은 자(위탁자)가 관리형 신탁에 의하여 그 토지를 신탁회사(수탁사)로 소유권을 이전등기하고 수탁사 명의로 지식산업센터를 건축하는 경우, '매각한 것'으로 보아 경감 취득세를 추징하는 사례가 있고,[203] ⓑ 위탁자가 지식산업센터를 신축한 후 담보신탁에 의하여 수탁사로 이전등기한 지식산업센터를 분양받은 자(수분양자)가 그 소유권을 이전받을 때, 위탁자로부터 최초 분양받은 것이 아니라 위탁자 → 수탁자에게 담보신탁등기한 것을 다시 수탁자 → 위탁자로 신탁해지한 후 등기이전을 받았다(즉, 위탁자(시행사) → 수분양자의 형식으로 최초로 분양받은 것이 아니다)는 이유로, 취득세를 감면받을 수 없다고 하는 사례가 있다.

2) 문제점

위의 사례와 같은 경우, 신탁은 단순히 사업을 진행하기 위한 수단에 지나지 않고 사업자(위탁자)가 사실상 모든 사업을 진행하는 것인데도, ① 신탁토지의 지목변경에 따른 취득세의 납세의무가 위탁자가 아닌 '수탁자에게 있다는 이유'로 산업단지 등에 대한 취득세등의 감면의 대상이 아닌 것으로 하거나, ② 경제적으로 저당권 설정과 동일한 담보신탁을 한 경우에도 이를 '위탁자가 수탁자에게 양도한 것'으로 보아 사업자(위탁자)로부터 최초로 분양받은 수분양자가 '최초 분양받은 것이 아니라는 이유'로 취득세 감면을 하지 않거나, ③ 신축한 감면대상 건축물을 '담보 등의 목적으로 신탁등기했다는 이유'로 이를 매각한 것으로 보아 감면 취득세 등을 추징하는 것은 감면의 취지 등에 비추어 볼 때 비현실적일 뿐만 아니라 저당권 등기 등에 의한 담보제공의 경우와 형평에 어긋나는 문제점이 있다.

2. 개선방안

신탁을 하면 대·내외적인 소유권이 완전히 수탁자에게로 이전되기 때문에 수탁자를 취득세 및 재산세의 납세의무자로 하는 것이 타당하다는 견해가 있으나 현실적으로 다음과 같은 문제가 있다.

첫째, 수탁자는 신탁보수만 받는 데에 그치는 입장이므로 수탁자에게 취득세, 재산세 등의 조세를 부과하면 수탁자는 경제적 부담자인 위탁자에게서 그 조세를 받아서 납부할 수 밖에 없다. 그러면 수탁자를 납세의무자로 할 경우에는 '징수관청 → 위탁자'로 될 관계가 '징수관청 → 수탁자 → 위탁자'로 되어 불필요하게 수탁자가 중간에 개입

---

203) 조심 2017지68, 2017. 8. 21. 사건의 사례.

하게 되고, 이것은 필연적으로 절차만 복잡하게 하여 사회적 비용을 증가시키는 요인으로 작용하기 때문에 비효율적인 제도가 된다.

둘째, 재산을 보유하는 목적은 그 재산이 가진 경제적 가치(사용가치 내지 교환가치) 때문인데, 수탁자는 신탁재산이 가진 이러한 경제적 가치의 획득에는 관심이 없고 단순히 신탁보수의 획득에 목적이 있는 자이다. 그렇다면 경제적 부담인 조세, 특히 재산에 대하여 부과하는 취득세와 재산세는 경제적 가치 획득을 목적으로 하는 위탁자에게 과세해야 응능과세 내지 응익과세에 부합한다.

수탁자를 납세의무자로 변경함에 따라 종합합산에 따른 종합부동산세의 부담을 회피하기 위한 신탁행위가 발생하는 점에서 볼 수 있듯이, 신탁의 취지상 수탁자를 납세의무자로 하는 것이 타당하다는 주장은 수탁자가 위탁자로부터 납부세액을 받아서 납부해야 하는 현실에 비추어 보면 공허하게 된다. 신탁을 하면 소유권이 수탁자에게 완전히 이전한다는 등의 주장은 사법적(私法的) 효력이 그렇다는 것이지, 이렇다고 해서 이 기준에 의하여 조세부담을 하도록 하는 것은 경제적 부담인 조세를 누가 부담해야 보다 합리적인가라는 측면에서 생각해 볼 문제이다.

셋째, 수탁자 과세를 원칙으로 하고 이 원칙의 운영에서 발생하는 이중과세와 조세회피의 문제를 해결하기 위하여 사안별로 별도의 입법으로 대처하는 것은 세법을 복잡하게 할 뿐이고 납세자의 조세회피의 유인을 차단하기에는 근본적으로 한계가 있다. 세법이 복잡해지고 조세회피의 유인을 근원적으로 차단하지 못하면 납세 순응도가 떨어지게 되고 형평과세에 어긋날 경우가 종종 발생할 수 있다. 따라서 현실적으로 경제적 부담(조세 부담)을 하는 위탁자를 납세의무자로 과세해야만 간명한 조세체계를 갖추는 길이 된다.

넷째, 향후 신탁제도는 주택의 재건축·재개발 등에서 뿐만 아니라 다양한 방면에서 발전할 것이고, 신탁제도의 발전은 경제적 이익을 극대화하려는 경제주체의 욕구에서 비롯되는 것인데, 경제적 부담자인 위탁자를 납세의무자로 해야만 이러한 신탁제도의 발전에 세제가 근본적으로 대비 내지 지원하는 방법이 된다. 수탁자를 납세의무자로 하면 신탁제도의 발전에 따라 발생하는 여러 가지의 조세 문제를 사후적으로 보완해서 해결할 수 밖에 없게 된다.

이런 점에서 신탁에 관한 지방세의 과세에 있어서 기본적으로 수탁자 과세원칙보다 위탁자 과세원칙을 견지하는 것이 더 바람직하다 할 것이다.

(1) 개선의 기본방향

1) 물물대응 기준으로 납세의무자를 구분

개선의 기본방향을 신탁부동산 중 물물대응이 가능한 신탁재산[204]과 물물대응이 곤란한 신탁재산[205]으로 구분하여, 전자의 경우에는 취득세의 납세의무자를 신탁도관론에 따라 위탁자로 하고, 후자의 경우에는 취득세의 납세의무자를 신탁실체론에 따라 수탁자로 하는 것으로 개선한다.

이렇게 납세의무자를 구분하는 것은, 신탁법 제37조 제3항에서 신탁재산이 금전이나 기타 대체물인 경우에는 신탁재산별로 분별관리하지 않고 그 계산을 명확히 하는 방법으로 하면 분별관리 의무를 다하는 것으로 규정한 취지에 부응하는 것이고, 소득세법에서 금전을 단독운용하느냐 합동운용하느냐에 따라 신탁도관론과 신탁실체론으로 구분하여 소득세를 과세하는 논리와 동일한 과세논리이다.[206] 이렇게 신탁도관론을 취득세 과세의 기본원칙으로 하면 현행 취득세 과세상 복잡한 법 체계를 단순화할 수 있고, 이중과세와 신탁을 통한 조세회피 행위를 방지할 수 있게 된다.

실질과세원칙 중 귀속의 실질과세원칙이 지방세목에 적용될 수 있는지에 대해서 의견이 엇갈리는 것은 취득세와 재산세인데,[207] 귀속의 실질과세원칙이 적용되는지 여부에 관해서 가장 첨예한 부분이 신탁재산에 관한 것이다. 그러나 신탁재산을 물물대응이 가능한지의 여부를 기준으로 귀속의 실질과세원칙을 적용하게 되면 그 재산의 귀속이 분명해지므로 논란이 발생하지 않게 될 것이다.

2) 위탁자 과세 원칙을 취득세 과세의 기본원칙화

소득세법과 법인세법은 '수익자' 과세원칙을 신탁과세의 기본원칙으로 하고 있지만 취득세에 있어서는 '위탁자' 과세를 기본원칙으로 하도록 개선한다. 이렇게 개선하는 이유는, 첫째 조세는 경제적 부담을 내용으로 하는 것인데, 경제적 소유권을 기준으로

---

204) 이 신탁재산은 ① 부동산 그 자체를 신탁한 경우와 ② 신탁받은 금전으로 제3자 소유의 부동산을 취득한 경우에 수탁자가 영리법인인 경우이다. ②의 경우 수탁자(영리법인)가 신탁재산을 위탁자별로 분별관리하므로 물물대응이 가능하다(<표 Ⅳ-4> 참조).

205) 이 경우의 신탁재산은 신탁받은 금전으로 제3자 소유의 부동산을 취득한 경우로서 수탁자가 영리법인이 아닌 경우(즉, 개인·단체·비영리법인인 경우)이다(<표 Ⅳ-4> 참조). 이 경우는 현실적으로 수탁자(영리법인이 아닌 자)가 신탁재산을 위탁자별로 분별관리할 수 없으므로 물물대응이 불가능하다.

206) 금전을 단독운용하면 수익자(또는 위탁자)별로 구분관리가 되므로 수익자 과세원칙(신탁도관론)을 적용할 수 있으나, 금전을 합동운용하면 수익자(또는 위탁자)별로 구분관리가 되지 않으므로 수익자 과세원칙을 적용할 수 없어 신탁실체론을 적용할 수밖에 없다.

207) 정승영·송영관, 『지방세 회피 방지를 위한 실질과세원칙 적용 방안』, 한국지방세연구원, 2017, 79면 참조.

과세하지 않고 법적 소유권을 기준으로 과세하게 되면 이중과세와 조세회피 현상이 발생할 수 밖에 없으므로 이를 방지하려면 경제적 소유자인 위탁자를 기준으로 과세하는 것이 더 효과적이기 때문이다.[208] 둘째, 신탁의 수익자는 '소유자'라기 보다는 '투자자'의 성격인 경우가 많고[209] 신탁의 수익권자를 분화하여 채권보전의 수단으로 하는 경우가 많아서[210] 위탁자 과세원칙이 수익자 과세원칙보다 현실에 더 적합하기 때문이다.

부동산투자신탁의 경우, 수익자는 투자수익의 극대화라는 경제적 동기를 가진 주식회사의 주주와 같은 자이고 위탁자는 주식회사에 해당하는 자인데, '수익이라는 소득의 흐름(Flow)에 대한 과세'가 아닌, '금전이라는 보유재산에서 부동산이라는 보유재산으로 전환되는 보유재산(Stock)의 이전'에 대해서 과세하는 취득세의 성질상 '소득의 흐름에 관심이 있는 수익자'를 기준으로 과세하기 보다는 '보유재산의 실질적 소유자에 해당하는 위탁자'를 기준으로 과세하는 것이 더 적합하다 할 것이다.[211]

3) 회계·세무상 소유자와 취득세 과세상 취득자 간의 일치화

신탁도관론에 의하여 회계·세무처리하는 것이 현실이므로, 회계·세무상 위탁자 내지 수탁자가 자신의 자산으로 회계·세무처리하면 회계·세무처리한 바로 그 자산은 그 자가 취득세 과세상 취득자로서 취득세를 부담하도록 함으로써 회계실무자들의 혼선이 초래되지 않도록 한다.[212]

---

208) 지방세 과세상 위탁자 과세원칙보다 수탁자 과세원칙이 더 지방세 과세법리에 부합한다는 견해{마정화·유현정(주35), 95면}도 있으나, 수탁자에게 신탁재산에 대한 취득세를 과세하면 신탁보수를 받는데에 그치는 수탁자는 그 취득세를 자신이 부담할 이유가 없기 때문에 신탁재산의 경제적 소유자인 위탁자로부터 받아서 취득세를 내어야 하는 문제가 초래된다.

209) 부동산투자신탁의 경우가 대표적이다.

210) 수익권자를 제1우선수익권자, 제2우선수익권자 등으로 분화하여 제1우선수익권자, 제2우선수익권자 등이 담보권자의 기능을 하도록 하는 담보신탁이 대표적이다.

211) 한원식, "신탁소득의 납세의무자에 대한 연구"『조세법연구』, 제19-2권, 세경사, 2013, 270면과 주석 62에서, "신탁법이 개정되기 전에는 신탁종료시점에 수익자가 확인되지 않으면 위탁자에게 신탁재산이 귀속된다고 하였으므로 위탁자를 납세의무자로 할 수 있으나, 신탁법이 개정되어 신탁종료시점에 수익자가 확인되지 않는 경우에는 신탁재산은 국가에 귀속되도록 하였고, 신탁성립 이후 신탁은 수탁자와 수익자 간의 관계이므로 위탁자를 납세의무자로 볼 근거가 없다"고 주장하고 있다. 그러나 우리나라에서 위탁자가 곧 수익자인 자익신탁이 대부분이고 수익자가 없는 신탁은 현실적으로 거의 없으므로 이 글에서는 수익자가 없는 경우의 신탁을 가정하지 않는다.

212) 김성균(주184), 137면, 주석 16 및 주석 19에서는, '신탁도관론과 신탁실체론 중 어느 이론이 맞느냐'의 문제가 아니라 누구를 납세의무자로 하는 것이 '문제되는 납세의무자와 기타의 국민 사이의 이익을 적절히 균형을 맞출 수 있느냐'고 하면서, 수탁자를 납세의무자로 하는 것이 적절한 문제해결의 해법이 되는 경우가 많다고 주장하고 있다. 그러나 납세의무자와 기타의 국민 간 이익의 균형을 생각한다면 신탁자산을 자신의 자산으로 인식하여 회계·세무처리하는 위탁자를 신탁자산의 납세의무자가 되도록 하는 것이 오히려 더 적절하다고 할 것이다.

4) 취득세 납세의무자와 재산세 납세의무자 간의 일치화

신탁부동산에 대하여 취득세 납세의무자와 재산세 납세의무자가 동일해야만 회계실무자들의 혼선이 초래되지 않고 납세 순응도도 높아지므로, 이를 일치되도록 한다.

이것은 결국 취득세는 납세자가 보유하는 현금이라는 보유재산(Stock)이 부동산이라는 보유재산(Stock)으로 전환하는 것에 대하여 과세하는 것일 뿐 그 본질에서는 보유재산(Stock)에 대해서 과세한다는 점에서 취득세와 재산세가 동일하다는 성질에 기초한 것으로서, 취득세와 재산세는 재산세의 영역에 속하는 것으로 보는 견해에 입각한 것이다.

(2) 개선의 기본방향에 의한 납세의무자의 모습

개정안에 의할 때 취득세에 관하여 신탁과세와 관련한 거래의 유형과 그 유형별 과세 여부는 기본적으로 다음과 같이 될 것이다.

〈그림 Ⅴ-4〉 개선안 관련 신탁거래의 기본적 유형

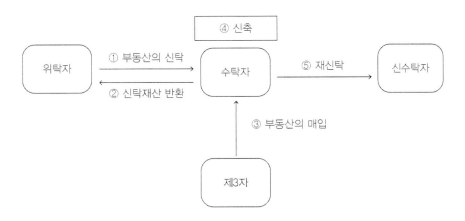

위 <그림 Ⅴ-4>와 같은 신탁관련 기본거래가 있다고 가정할 경우 개선의 기본방향에 의한 개선안이 마련된다면 위 <그림 Ⅴ-4>의 신탁거래 유형(①~⑤) 별로 그 신탁거래가 취득세의 과세대상이 되는지 여부와 취득세의 과세대상이 된다고 했을 때 취득세의 납세의무자는 <표 Ⅴ-1>과 같이 된다.

〈표 Ⅴ-1〉 개선안의 신탁거래 유형별 취득세 과세 여부 등

거래유형의 구분		수탁자		물물대응 가능여부
		영리법인	기타	
과세 대상 여부	부동산의 신탁 (①)	취득 아님 (6조 1호 단서)	취득 아님 (6조 1호 단서)	가능
	신탁재산의 반환(②)	취득 아님 (6조 1호 단서)	· 위탁자 신탁분: 취득아님(6조 1호 단서) · 제3자 매수분: 비과세(9조 3항 1호)	가능 (조합: 조합원이 보존등기) (일반: 분별관리)
	부동산의 매입(③)	과세 (6조 1호 본문)	과세 (6조 1호 본문)	· 영리법인: 가능 · 기타: 불가능
	신축 (④) 조합	–	과세 (6조 1호 본문)	가능 (조합원이 보존등기)
	신축 (④) 일반	과세 (6조 1호 본문)	–	가능
	재신탁(⑤)	비과세 (9조 3항 2호)	비과세 (9조 3항 2호)	가능
납세 의무자	부동산의 매입 (③)	위탁자 (7조 8항 전단)	수탁자 (7조 1항)	· 영리법인: 가능 · 기타: 불가능
	신축 (④) 조합	–	위탁자/수탁자 (7조 1항)	가능 〈보존등기자〉 (조합원분: 조합원) (일반분양분: 조합)
	신축 (④) 일반	위탁자 (7조 8항 전단)	–	가능

* ( )내는 개선안에서 제시한 지방세법의 관련 조항임.

<표 Ⅴ-1>의 내용을 신탁재산의 취득거래 유형별로 취득세의 납세의무자를 정리해 보면 아래 <표 Ⅴ-2>에서 보는 바와 같다.

〈표 V-2〉 개선안의 수탁자별 신탁재산 취득거래에 따른 납세의무자의 구분

| 취득거래 당사자의 구분 | | 취득 여부 | 취득세의 납세의무자 | | | 비고 |
신탁거래 유형	수탁자		취득/비취득의 근거	납세 의무자	납세 의무자의 근거	
위탁자 → 수탁자 (①거래)	영리법인	×	6조 1호 단서	–	–	신탁 도관론
	기타	×	6조 1호 단서	–	–	신탁 도관론
제3자 → 수탁자 (③거래)	영리법인	○	6조 1호 본문	위탁자	7조 8항 전단	신탁 도관론
	기타	○	6조 1호 본문	수탁자	7조 1항	**신탁 실체론**
건축물 신축 (④거래)	영리법인	○	6조 1호 본문	위탁자	7조 8항 전단	신탁 도관론
	기타	○	6조 1호 본문	수탁자	7조 1항	**신탁 실체론**

이렇게 물물대응의 기준에 의하여 취득세의 납세의무자를 구분할 때 등기부상으로 등기가 어떻게 되는가를 〈그림 V-4〉의 거래유형별로 제Ⅲ장의 등기유형에 대응해서 보면 다음 〈표 V-3〉과 같다.

〈표 V-3〉 신탁거래 유형별 신탁등기의 방법

수탁자	신탁재산의 취득 시 상대방		〈그림 V-4〉 유형	등기 유형	등기 목적	등기 원인	신탁등 기병행 여부	등기부 권리자 표시	비고
영리 법인	승계 취득	위탁자	①	표 Ⅲ-2	소유권 이전	신탁	○	수탁자	신 탁 도 관 론
		제3자	③	표 Ⅲ-3	소유권 이전	매매	○	소유자	
	원시취득		④	표 Ⅲ-5	소유권 보존	–	○	소유자	
영리 법인 아닌 자	승계 취득	위탁자	①	표 Ⅲ-2	소유권 이전	신탁	○	수탁자	신 탁 실 체 론
		제3자	③	표 Ⅲ-3	소유권 이전	매매	○	소유자	
	원시 취득	주택 조합	④	표 Ⅲ-5	소유권 보존	–	○	소유자	
		재건축조 합	④	표 Ⅲ-9	소유권 보존	–	×	소유자	

위 <표 Ⅴ-3>에서 보는 바와 같이, 신탁도관론이 적용되는 경우는, ① 수탁자가 영리법인이면 모두 해당하고, ② 수탁자가 영리법인이 아니면 신탁재산을 위탁자로부터 승계취득하는 경우이다.213) 신탁실체론이 적용되는 경우는, ① 수탁자가 영리법인이 아닌 자에 해당하여야 하고, ② 신탁재산을 승계취득하는 경우는 제3자로부터 취득하는 경우이며, ③ 원시취득하는 경우는 모두 해당된다. 따라서 수탁자가 영리법인이 아닌 경우에는, 위탁자로부터 부동산을 신탁에 의하여 승계취득하는 경우214) 이외에는 모두 신탁실체론이 적용되므로, 행정실무에서 신탁도관론과 신탁실체론이 적용되는 경우를 등기부상으로 쉽게 파악할 수 있다.

(3) 법령의 개정안

1) 지방세법 제6조(정의)의 개정

① 개정안

현행	개정안
지방세법 제6조(정의) 취득세에서 사용하는 용어의 뜻은 다음 각 호와 같다. 1. "취득"이란 매매, 교환, 상속, 증여, 기부, 법인에 대한 현물출자, 건축, 개수(改修), 공유수면의 매립, 간척에 의한 토지의 조성 등과 그 밖에 이와 유사한 취득으로서 원시취득(수용재결로 취득한 경우 등 과세대상이 이미 존재하는 상태에서 취득하는 경우는 제외한다), 승계취득 또는 유상·무상의 모든 취득을 말한다. 〈단서 신설〉	지방세법 제6조(정의) 취득세에서 사용하는 용어의 뜻은 다음 각 호와 같다. 1. "취득"이란 매매, 교환, 상속, 증여, 기부, 법인에 대한 현물출자, 건축, 개수(改修), 공유수면의 매립, 간척에 의한 토지의 조성 등과 그 밖에 이와 유사한 취득으로서 원시취득(수용재결로 취득한 경우 등 과세대상이 이미 존재하는 상태에서 취득하는 경우는 제외한다), 승계취득 또는 유상·무상의 모든 취득을 말한다. <u>다만, 「신탁법」 또는 「자본시장과 금융투자업에 관한 법률」에 따른 신탁재산(이하 "신탁재산"이라 한다)인 사실을 등기 또는 등록하는 경우로서 위탁자로부터 수탁자에게 신탁재산을 이전하는 때에는 제외한다.</u>

② 개정안의 요지

위탁자로부터 수탁자에게로 신탁재산을 이전하는 경우 현행 지방세법 제9조 제3항 제1호에서 비과세로 규정하고 있는데, 이 경우 비과세할 것이 아니라 아예 취득의 개

---

213) 이 경우는, 등기원인을 '신탁'으로 하고 등기부상 권리자를 '수탁자'로 하기 때문에 위탁자가 누구인지를 쉽게 알 수 있다.

214) 이 경우는 <표 Ⅲ-2>에 의하여 등기하는 경우이므로, 등기부상 등기원인(신탁)과 권리자의 표시(수탁자)를 보면 위탁자가 누구인지를 쉽게 알 수 있다.

념에서 제외되도록 하여 신탁한 이후에도 위탁자가 계속 신탁재산을 보유하는 것이 되도록 취득의 개념을 변경한다(신탁도관론의 입법화). 즉, 취득의 개념에서 제외되는 신탁은 ①「신탁법」또는「자본시장과 금융투자업에 관한 법률」에 따른 신탁재산이어야 하고, ② 신탁재산인 사실을 등기 또는 등록해야 하며, ③ 위탁자로부터 수탁자에게 신탁재산을 이전해야 해당한다. 따라서 ①, ②에는 해당하나 ③에는 해당하지 않는 신탁[215]은 취득 개념에서 제외되지 않기 때문에 개정안의 지방세법 제6조 제1호 본문에 의거 취득에 해당되므로 수탁자가 납세의무자로서 취득세를 부담한다. 다만, 수탁자가 영리법인이 아닐 경우에는 개정안 지방세법 제7조 제8항 전단에 의하여 납세의무자가 수탁자에서 위탁자로 전환된다.

신탁의 경우 사실상의 소유권은 변동이 없는 것이므로 취득등기시점이 아닌 사후에 신탁등기를 하는 경우에도(즉, 신탁등기를 취득등기시점에 병행하지 않고 <표 Ⅲ-4>와 같이 사후에 하더라도) 취득 개념에서 제외되는 신탁이 되도록 한다. 이것은「부동산 실권리자 명의 등기에 관한 법률」상 허용되는 신탁이며 취득세를 과세할 때에도 동일하게 취급하여 취득의 대상에서 제외하도록 하자는 것이다. 그래야 전체 법체계상 조화를 이룰 수 있다. 또한「자본시장과 금융투자업에 관한 법률」에 따른 신탁이 신탁법상 신탁에 해당하는지 여부에 관하여 논란이 있으므로[216] 이를 명시하여 입법적으로 해결하도록 한다. 또한 지방세법에서 사용하는 신탁재산이라는 용어는 '신탁법 또는 자본시장과 금융투자업에 관한 법률에 따른 신탁재산'이라는 것으로 정의하여 명의신탁에 따른 신탁재산은 이에 해당하지 않음을 명시함으로써 해석상 논란이 없도록 한다.

이러한 개정안의 효과는 다음과 같다. ① 조합(수탁자)이 조합원(위탁자)으로부터 신탁에 의하여 토지를 취득하는 경우(예컨대, 재건축일 경우) 그 사업기간 동안에는 취득세 과세상 조합원이 신탁토지를 계속 보유하고 있는 것이 되다가 신축한 건축물이 준공된 이후에 이전고시에 의하여 조합이 체비지 또는 보류지로서 조합원 소유이던 토지를 취득하게 되면 이 때에 비로소 법률의 규정에 의하여 조합이 비조합원용(일반분양용)의 토지를 취득하는 것으로 된다. ② 반면, 지역·직장주택조합 등에서 ⓐ 신탁받은 금전으로 제3자로부터 토지를 취득할 때에는 그 취득 시점에 조합(수탁자)이 취득하게 되고, ⓑ 조합원(위탁자)으로부터 신탁받는 토지는 건축물을 준공하는 시점에 일반분양용(비조합원용)으로 되는 부분에 한해서 조합이 취득하는 건축물의 부속토지로서 조합이 취득하는 것이 된다(개정안 제7조 제8항 후단). 이를 요약하면 <표 Ⅴ-4>와 같다.

---

215) 이 신탁은 <표 Ⅲ-3>과 같이 부동산의 취득등기를 하는 경우로서, 지역·주택조합이 신탁받은 금전으로 부동산을 취득하는 경우 등이 해당한다.

216) 손영철·서종균,『금융상품과 세법』, 삼일인포마인, 2014, 531~532면 참조.

〈표 Ⅴ-4〉 신탁부동산의 취득형태별 현행과 개정안의 취득의 비교

신탁 부동산의 이전 형태	현행 규정상 과세 해당성		개정안의 과세 해당성	
	취득 해당성	취득세 과세상 취득자	취득 해당성	취득세 과세상 취득자
위탁자 → 수탁자	○*1)	· 조합원용: 위탁자 · 비조합원용/기타: 수탁자	×*3)	위탁자
제3자 → 수탁자	○*2)	· 조합원용: 위탁자 · 비조합원용/기타: 수탁자	○*4)	수탁자에 따라 결정 · 영리법인: 위탁자 · 기타: 수탁자

*1) 수탁자가 주택조합·재건축조합의 경우는 지방세법 제7조 제8항 본문에 의거 조합원용 취득은 조합원 취득으로 의제되므로 취득이 아니어서 취득세는 과세되지 않고, 비조합원용은 제7조 제8항 단서와 제6조 제1호에 의거 조합의 취득에 해당됨. 그 이외(즉, 수탁자가 주택조합·재건축조합 이외의 경우)의 신탁재산을 취득할 때에는 취득에는 해당하나 지방세법 제9조 제3항 본문에 해당하면 비과세됨.

*2) 주택조합·재건축조합의 '조합원용 취득'은 지방세법 제7조 제8항 본문에 의거 조합원 취득으로 의제되므로 조합원이 납세의무자가 되고, 그 이외(즉, 조합의 비조합원용의 취득이거나 수탁자가 주택조합·재건축조합 이외의 경우)의 신탁재산을 취득할 때에는 수탁자가 납세의무자가 됨.

*3) 개정안 지방세법 제6조 제1호 단서에 의하여 취득에 해당하지 않음.

*4) 개정안 지방세법 제6조 제1호 본문에 의하여 취득에 해당하고, 수탁자가 영리법인인 경우에는 개정안 지방세법 제7조 제8항 전단에 의거 위탁자가 납세의무자가 되며, 수탁자가 그 이외의 경우에는 지방세법 제6조 제1호 본문과 제7조 제1항에 의거 수탁자가 납세의무자가 됨.

③ 개선효과

㉮ 비조합원용 토지에 대한 취득세 과세 여부 논란의 해소

2008. 12. 31.에 지방세법 제105조 제10항(현행 제7조 제8항에 해당)의 단서를 신설하여 '비조합원용 부동산'은 본문의 규정217)을 적용받지 않도록 하고, 제110조 제1호(현행 제9조 제3항)의 단서에 '주택조합 등의 비조합원용 부동산의 취득'을 추가하여, 조합이 비

---

217) 재건축조합 등이 조합원용으로 취득하는 부동산은 당해 조합원이 취득한다고 간주하는 내용이다.

조합원용 토지를 취득하는 경우는 신탁에 의한 취득이더라도 비과세의 적용을 받지 않도록 함으로써 조합이 취득하는 일반분양용(비조합원용) 토지에 대한 취득세의 과세 여부를 두고 논란이 있던 것을 입법적으로 보완하였다.

그럼에도 불구하고 재건축조합 등이 취득하는 일반분양용 토지에 대하여 취득세가 과세되는 것인가를 두고 논란이 있다. 즉, ① 지방세법 제7조 제8항에 의하여 조합이 당해 조합원으로부터 취득하는 조합용 부동산은 신탁에 의하여 취득하더라도, 당해 조합원이 취득한 것으로 보기 때문에 그 부분은 비과세를 규정한 지방세법 제9조 제3항이 적용되지 않지만, 비조합원용 부동산을 조합이 신탁에 의하여 취득하는 경우에는 재건축사업은 실질적으로 조합원들의 공동사업에 해당하므로 조합과 조합원 간 거래는 일종의 자기거래로서 취득세가 과세되지 않는다거나, ② 조합이 신탁등기가 아닌 일반적 소유권 이전등기를 하면 지방세법 제9조 제3항이 적용될 여지가 없어 제7조 제8항에 의하여 조합이 취득세를 부담하지 않는데 신탁등기를 했다고 해서 조합이 취득세를 부담한다고 하며 조세공평주의에 위배된다는 등의 주장이 그것이다.218)

지방세법을 2008. 12. 31.에 개정하였음에도 불구하고 이러한 논란이 있는 것은 제Ⅳ장 1. (1). 및 (2)에서 보는 바와 같이, 조합의 부동산 취득 시 납세의무를 규정한 현행 지방세법 제7조 제8항과 신탁재산의 이전에 대해서 비과세를 규정한 현행 지방세법 제9조 제3항의 난해성 때문이다.

그러나 개정안과 같이 개정하면, ① 위탁자(조합원)가 부동산을 신탁하더라도 위탁자는 그 신탁부동산을 계속 보유하고 있는 것으로 지방세법상 취급되고(개정안 지방세법 제6조 제1호 단서), ② 위탁자가 신탁한 금전으로 수탁자(조합)가 부동산을 취득한 경우에만 수탁자가 그 부동산을 취득한 것으로 취급되며(개정안 지방세법 제6조 제1호 본문), ③ 조합(수탁자)이 재개발·재건축사업을 완료한 후 이전고시에 의하여 체비지 또는 보류지로 원시취득하면 그 때에 조합이 일반분양용(비조합원용)에 해당하는 체비지 또는 보류지를 취득한 것이 분명해지고, 이전고시가 없는 지역·직장주택조합의 경우에는 건축물을 신축하여 일반분양분(비조합원용)이 확정되면 그 때 비로소 조합이 이 신탁토지를 취득한 것219)이 분명해 진다(개정안 지방세법 제6조 제1호 본문 및 제7조 제8항 후단). 따라서 신탁재산의 취득 등에 따른 취득세 과세 여부에 관한 세법의 내용이 명료해지므로, 개정안

---

218) 이에 대한 자세한 설명은 정지선(주120), 254~256면 참조.
219) 조합원 → 조합으로 부동산이 신탁되어 있는 동안에는 취득세 과세상 조합원이 계속 보유하고 있는 것으로 보는 것이므로 이 기간 동안에는 조합이 취득하지 않고 있는 것이지만, 신축 건축물 중 일반분양분(비조합원용)이 확정되면 그 부속토지는 조합(수탁자)이 신탁업무를 수행한 대가로 조합원으로부터 받는 것이므로 이 때(준공 시점)에 조합이 비로소 이 토지를 취득하게 된다.

과 같이 개정되면 조합의 일반분양분의 토지에 대하여 취득세가 과세되는지 여부에 관하여 논란이 해소될 것이다.

 ㉯ 위탁자 지위이전 시 피승계자의 모호성이 제거

 신탁에 따라 신탁재산이 위탁자로부터 수탁자에게로 이전된다고 해도 사실상 위탁자가 신탁재산을 사용·수익·처분을 하는 것이 현실이므로 그 신탁재산은 사실상 위탁자의 재산에 해당한다. 따라서 개정안에 의하여 취득세 과세상 신탁재산을 위탁자(사실상 소유자)의 재산으로 취급하게 되면 위탁자가 그 지위 이전의 방법을 통하여 사실상 부동산의 이전을 도모할 경우, ① 이를 실질과세(귀속의 실질과세)의 원칙에 따라 취득세 과세대상거래로 포섭하여 과세할 수 있고,[220] ② 새로운 위탁자는 종전 위탁자(취득세 과세상 소유자)로부터 승계취득하였다는 것이 명백해지므로 위탁자 지위 이전에 따른 취득세 과세 시 피승계자가 누구인가라는 문제가 없어진다.

 신탁등기 이후에도 취득세 과세상으로 신탁재산은 여전히 위탁자의 재산이므로, 합병에 의하여 위탁자 지위가 피합병법인으로부터 합병법인으로 이전되면 합병법인은 피합병법인으로부터 신탁재산을 취득한 것이 되므로, 합병 시 위탁자 지위 이전이 된 것에 대하여 취득세를 과세하는 것은 당연한 것이 되어 논란의 여지가 없어지게 된다.

 결국 현행 지방세법 제7조 제15항과 이를 위임받은 지방세법시행령 제11조의2는 불필요하므로 삭제하게 된다.

 ㉰ 위탁자에게 지목변경에 따른 취득세의 납세의무 발생

 개정안에 따를 때, 신탁등기로 신탁재산의 법률상 소유권이 수탁자에게 이전되어도 그 신탁재산은 취득세 과세상 위탁자의 재산이므로, 신탁토지의 지목이 변경될 경우 그 지목변경에 따른 취득세 납세의무자는 당연히 위탁자가 되기 때문에 일반인의 관념과 괴리가 발생하지 않는다.

 또한, 지목변경비용의 부담자(위탁자)와 취득세 납세의무자(위탁자)가 일치하므로, 타인(위탁자)의 장부가액을 납세의무자(수탁자)의 과세표준으로 해야 하는 문제 등이 발생하지 않고, 비용부담자와 납세자가 일치하므로 일반인의 상식에 부합하게 된다.

 산업단지개발사업의 시행자(위탁자)가 신탁했다고 해서 지목변경에 따른 간주취득세의 납세의무자가 수탁자로 변경되는 것이 아니므로, 위탁자가 신탁을 했다는 이유로 지목변경에 따른 간주취득세의 감면대상이 아닌 것으로 보는 불합리한 점도 없어지게 된다.

---

220) 이 경우 새로운 위탁자는 취득세 납세의무가 있다는 점을 명백히 하기 위해 지방세법시행령에 규정하거나 지방세법 기본통칙에 이를 반영해도 무방할 것이다.

ⓐ 과점주주의 간주취득세 과세 시 현실에 부합

개정안에 따를 때, 위탁자의 주식을 취득하여 위탁자의 과점주주가 된 자에게 간주취득세를 과세할 때 취득세 과세상 신탁재산은 위탁자의 재산인 것이므로, 신탁재산이 간주취득세의 과세표준에 산입되는 것이 당연하게 된다. 따라서 지방세법 제7조 제5항 2번째 괄호는 불필요하므로 삭제하게 된다.

ⓑ 신탁한 경우 감면세액 추징사례에 미해당

개정안에 따를 때, 취득세 과세상 신탁재산이 위탁자의 재산이므로 신탁으로 소유권이 이전되더라도 처분에 해당하지 않기 때문에, ① 처분에 따른 감면세액 추징사유 발생에 해당할 여지가 없으며, ② 신탁했다고 해서 소유자(위탁자)가 직접사용하지 않은 것으로 볼 여지도 없게 된다. 따라서 신탁을 했다고 해서 감면세액을 추징하는 사례가 발생하지 않게 된다.[221]

ⓒ 상속재산에 신탁재산 합산규정이 불필요

개정안에 따를 때, 취득세 과세상 신탁재산이 위탁자의 재산이므로 위탁자가 사망한 경우 위탁자의 신탁재산은 당연히 그 상속인이 상속받은 재산에 해당되어, 이 신탁재산에 대하여 취득세를 과세하는 것은 당연하게 된다. 따라서 현행 지방세법 제7조 제7항 첫번째 괄호 중 "신탁재산의 상속을 포함한다"는 불필요하므로 삭제하게 된다.

2) 지방세법 제7조(납세의무자 등)의 개정

① 개정안

현행	개정안
지방세법 제7조(납세의무자 등) ⑧ <u>「주택법」 제11조에 따른 주택조합과 「도시 및 주거환경정비법」 제35조 제3항 및 「빈집 및 소규모주택 정비에 관한 특례법」 제23조에 따른 재건축조합 및 소규모재건축조합(이하 이 장에서 "주택조합등"이라 한다)이 해당 조합원용으로 취득하는 조합주택용 부동산(공동주택과 부대시설·복리시설 및 그 부속토지를</u>	지방세법 제7조(납세의무자 등) ⑧ <u>영리법인(「도시 및 주거환경정비법」 제8조 제4항에 의하여 사업시행자로 지정받은 수탁자는 그 지정사업에 한하여 영리법인으로 보지 아니한다. 이하 이 항에서 같다.)인 수탁자가 위탁자 이외의 자로부터 취득(원시취득을 포함한다)하는 신탁재산은 해당 위탁자가 취득하는 것으로 보고, 영리법인이 아닌 수탁자가</u>

---

221) 마정화·유현정(주35) 101~107면에서는, 신탁한 경우 감면세액의 추징사유에 해당하는 것으로 보아 추징하는 문제에 대한 해결방안으로 지방세특례제한법에 '직접 사용'의 정의 조항을 두고, 추징사유인 '매각·증여'의 의미를 명확히 하자는 주장을 하고 있다. 그러나 개정안에 의하면 이렇게 하지 않아도 신탁을 했다는 이유로 감면세액을 추징하는 사유에 해당하지 않기 때문에 신탁에 따른 감면세액의 추징의 문제가 발생하지 않게 된다.

말한다)은 그 조합원이 취득한 것으로 본다. 다만, 조합원에게 귀속되지 아니하는 부동산(이하 이 장에서 "비조합원용 부동산"이라 한다)은 제외한다.	위탁자로부터 이전받은 신탁재산 중에서 신탁업무를 수행한 대가(신탁회사가 취득하는 신탁보수는 제외한다)로 해당 수탁자에게 귀속되는 부동산등(건축물의 부속토지를 포함한다)은 그 귀속되는 때에 수탁자가 취득하는 것으로 본다.

② 개정안의 요지

수탁자가 영리법인[222]인 경우[223]는 일반적으로 위탁자가 사업 수행의 수단으로 신탁제도를 이용하는 경우이고, 이 경우 수탁자는 신탁법 제37조에 의하여 신탁재산을 위탁자별로 분별관리한다. 따라서 이 경우는 물물대응이 되므로, 수탁자가 제3자로부터 취득(수탁자가 건물 신축 등 원시취득하는 경우를 포함)한 신탁재산의 취득세 납세의무자를 신탁도관론에 따라 해당 위탁자를 취득세 납세의무자가 되도록 한다(개정안 제7조 제8항 전단). 그러나 수탁자가 영리법인이 아닌 경우(즉, 개인, 단체, 비영리법인인 경우)에는 그의 능력상 신탁재산을 위탁자별로 분별관리할 수 없는데, 이 경우 수탁자가 제3자로부터 취득한 신탁재산(<표 Ⅳ-1>의 b'토지 및 b"토지)은 취득의 원칙적 조항[224]에 따라(즉, 신탁실체론에 따라) 수탁자가 취득세 납세의무자가 된다. 그렇지만 영리법인이 아닌 수탁자가 위탁자로부터 신탁에 의하여 이전받은 신탁재산 중에서 수탁자가 신탁업무를 수행한 대가로 수탁자에게 귀속되는 부동산등은 그 귀속될 때에 수탁자가 취득하는 것으로 보도록 규정한다(개정안 제7조 제8항 후단). 이 때 신탁회사가 취득하는 신탁보수를 제외한 것은 도시 및 주거환경정비법 제8조 제4항에 의하여 재건축사업의 시행자로 지정받은 수탁자(신탁회사)는 그 지정사업에 한하여 비영리법인으로 보도록 의제하고 있는데(개정안 제7조 제8항 첫 번째 괄호) 이 경우의 신탁회사에게 지급되는 신탁보수는 주택조합

---

222) 법인세법상으로는 비영리법인을 법인세법 제1조 제2호에서, ① 민법 제32조에 따라 설립된 법인, ② 사립학교법이나 그 밖의 특별법에 따라 설립된 법인으로서 민법 제32조에 규정된 목적과 유사한 목적을 가진 법인, ③ 국세기본법 제13조 제4항에 따른 법인으로 보는 단체를 말하는 것으로 정의하고 있으나, 지방세법에서는 비영리법인을 정의하지 않고 있다. 따라서 차용개념의 해석상 지방세법에서 영리법인 또는 비영리법인이라는 용어를 사용할 때의 의미는 민사법상 개념을 말하는 것으로 보아야 할 것이다.

223) 신탁업의 인가를 받은 신탁회사 이외의 영리회사를 수탁자로 하는 신탁등기는 할 수 없는 것이 원칙이나{신탁등기사무처리에 관한 예규(등기예규 제1618호, 시행 2017. 3. 20.)}, 대한주택보증주식회사(현재는 주택도시보증공사가 승계)는 분양보증을 하면서 주택건설대지에 대하여 자신을 수탁자로 하는 신탁등기를 할 때에는 허용된다(등기선례 6-471).

224) '취득의 정의를 정한 지방세법 제6조 제1항 본문' 및 '과세대상 물건을 취득한 경우 그 취득자가 납세의무자가 된다는 원칙을 정한 지방세법 제7조 제1항'이다. <표 Ⅳ-1>의 b'토지 및 b"토지는 신탁재산인 금전으로 취득한 것이어서 신탁재산에 해당하지만, '위탁자 → 수탁자로 이전'된 것이 아니라 '제3자 → 수탁자로 이전'된 것이어서 개정안 지방세법 제6조 제1항 단서에 정한 신탁(즉, 취득의 범위에서 제외되는 신탁)에 해당하지 않는다.

등 일반적 비영리법인이 신탁사업을 수행한 대가로 체비지의 성격으로 받는 것과는 성질의 다르므로 신탁회사가 받는 신탁보수의 부분은 취득세의 과세대상이 아님을 명시하기 위해서이다.

이렇게 개정안 지방세법 제7조 제8항 후단을 규정하는 이유는 다음과 같다.

수탁자가 위탁자로부터 이전받은 신탁재산(예컨대 <표 Ⅳ-1>의 a′토지 및 a″토지)은 위탁자가 계속 보유하고 있는 것으로 보는데(개정안 지방세법 제6조 제1항 단서), 신탁업무를 완료한 이후에 수탁자가 위탁자에게 반환하는 부분(즉, a′토지)은 해당 위탁자가 자기 재산을 돌려받는 것이므로 위탁자에게 취득세가 과세되지 않지만, 수탁자가 신탁업무를 수행한 대가로 위탁자로부터 수탁자에게 귀속되는 부분(즉, a″토지)은 수탁자에게 완전히 귀속된 것으로 보아야 하기 때문에 개정안 지방세법 제6조 제1호 본문에 의거 이 귀속 시점에 수탁자에게 취득세를 과세해야 타당하다.[225] 따라서 이 경우에 a″토지가 수탁자에게 완전히 귀속될 때 수탁자에게 취득세를 과세한다는 점을 개정안 지방세법 제7조 제8항 후단에 명시한다. 물론 도시 및 주거환경정비법과 같은 법률의 규정에 의하여 사업시행자(수탁자)가 이전고시에 의하여 체비지 또는 보류지로 취득하는 것은 법률의 규정에 의하여 취득하는 것이므로 개정안 지방세법 제7조 제8항 후단과 같은 내용을 명시하지 않아도 사업시행자(수탁자)가 이전고시에 의하여 취득하는 시점에 <표 Ⅳ-1>의 a″토지에 해당하는 부동산을 취득하는 것이 분명하지만, 지역ㆍ직장주택조합과 같이 이전고시의 절차가 없이 신탁에 의하여 사업을 수행하는 수탁자(영리법인이 아닌 자)가 신탁사업의 대가로 취득하는 <표 Ⅳ-1>의 a″토지와 같은 부동산은 해석상 혼란이 없도록 수탁자가 취득하는 것이라는 사실을 개정안 지방세법 제7조 제8항 후단에 그 내용을 명시한다.

결국 개정안에 의할 때, ① '위탁자 → 수탁자에의 신탁재산 이전'은 개정안 지방세법 제6조 제1호 '단서'에 의하여 취득의 개념에서 제외되므로 위탁자가 계속 신탁재산의 소유자가 되고(신탁도관론의 적용), ② '제3자 → 수탁자에의 신탁재산 취득'은 개정안 지방세법 제6조 제1호 '본문'에 의거 취득의 개념에 해당되므로, 수탁자가 신탁재산의 새로운 취득자로서 취득세 납세의무자가 된다(신탁실체론의 적용).

그러나 ②의 경우, ⓐ 물물대응이 가능한 경우(즉, 수탁자가 영리법인인 경우)에는 그 신탁재산의 취득자가 '수탁자'가 아닌 '위탁자'가 되도록 의제하여 사실상 취득자인 위탁자가 그 신탁재산을 취득한 것으로 보도록 입법하되(신탁도관론으로의 환원. 개정안 지방세

---

225) 임채웅(주102), 206면에서는 수탁자에게 신탁업무의 수행의 대가로 귀속되는 a″토지의 부분을 '고유재산으로의 전환'에 해당한다고 하면서, a″토지의 부분은 조합이 취득세를 부담하는 것이 타당하다는 입장이다.

법 제7조 제8항 전단), ⓑ 물물대응이 불가능한 경우(즉, 수탁자가 주택조합 등과 같이 영리법인이 아닌 경우)에는 취득에 관한 원칙적 정의 조항(개정안 지방세법 제6조 제1호 본문)에 따라 수탁자가 그 신탁재산을 취득한 것으로 한다(신탁실체론의 존치). 그렇지만 ⓑ 중에서 신탁업무를 수행한 대가로 수탁자에게 완전히 귀속되는 신탁부동산은 그 귀속 시점에 수탁자에게 취득세를 과세한다는 점을 명시한다(개정안 지방세법 제7조 제8항 후단).

이렇게 개정하면 지역·직장주택조합에서 조합에 '토지를 신탁한 X조합원'과 '금전을 신탁한 Y조합원'이 있다고 할 때, 'X조합원이 조합(수탁자)에 <표 Ⅳ-1>의 a′토지(조합원용)와 a″토지(비조합원용)를 신탁이전등기한 후 신탁사업이 완료된 다음에 그 토지가 조합원 및 조합에 귀속될 때'의 취득세 과세관계와 'Y조합원이 신탁한 금전으로 조합이 <표 Ⅳ-1>의 b′토지(조합원용)와 b″토지(비조합원용)를 취득한 후 신탁사업이 완료된 다음에 그 토지가 조합원 및 조합에 귀속될 때'의 취득세 과세관계를 나누어서 보면 다음 <표 Ⅴ-5>와 같다.

〈표 Ⅴ-5〉 개정안의 부동산신탁자와 금전신탁자의 취득 해당성 비교

조합원의 구분	토지 용도	신탁토지 취득 시 취득 해당성		건물 준공 후 신탁토지의 조합원 및 조합 귀속 시 취득 해당성 및 이유		
		해당 여부	근거	해당 여부	취득자	이유
X	a′토지 (조합원용)	×	6조 1항 단서 (신탁도관론)	×	조합원	자기재산의 귀속
	a″토지 (비조합원용)	×	6조 1항 단서 (신탁도관론)	○	조합	신탁업무 수행의 대가로 조합에 귀속(7조 8항 후단)
Y	b′토지 (조합원용)	○	6조 1항 본문 (신탁실체론)	×	조합원	신탁재산의 이전으로 비과세(9조 3항 1호)
	b″토지 (비조합원용)	○	6조 1항 본문 (신탁실체론)	×	조합	자기재산의 귀속

*근거 조항은 개정안 지방세법의 해당 조항임.

그러면, 만약 150㎡의 아파트를 가진 K가 같은 규모를 가진 자들과 함께 리모델링주택조합을 결성한 후, 신탁방식에 의하여 리모델링주택조합에 소유권을 이전하여 150㎡의 아파트를 100㎡의 아파트와 50㎡의 아파트로 2개의 아파트로 구분하는 리모델링을 완료한 다음, 100㎡의 아파트(위의 a′토지에 해당)는 K 자신이 돌려받아 입주하고 50㎡의 아파트(위의 a″토지에 해당)는 리모델링 비용의 대가로 리모델링주택조합에 이전해 준다

고 하면,[226] ① K가 조합으로부터 되돌려 받는 100㎡의 아파트는 'K → 조합으로 신탁 등기'할 때와 '조합 → K로 신탁말소등기'할 때에 신탁도관론에 따라 각각 취득세가 과세되지 않지만, ② K가 조합에 리모델링의 대가로 지급하게 되는 50㎡의 아파트는 준공 이후 조합에 귀속될 때에 조합이 취득자로서 취득세를 부담해야 한다.

결국, 현행 규정은 '주택조합, 재건축조합, 소규모재건축조합이 신탁부동산을 취득하는 경우'를 '다른 자가 신탁부동산을 취득하는 경우'와 별도로 구분하여 납세의무자에 대해서 특례를 두고 있으나, 개정안은 신탁부동산을 주택조합 등이 취득했는지 여부에 따라 구분하지 않고 물물대응이 되는 신탁의 취득인지 여부의 기준에 의하여, '물물대응이 되는 신탁재산은 위탁자가 취득'한 것으로 보도록 하고, '물물대응이 불가능한 신탁재산은 수탁자가 취득'한 것으로 보도록 하고 있다.

현행 규정에 의할 때와 개정안에 의할 때 조합이 조합원으로부터 신탁으로 취득하는 토지(A토지)가 취득세 과세상 취득에 해당하는지 여부를 <표 Ⅳ-1>의 토지별로 구분하여 보면 아래 <표 Ⅴ-6>과 같다.

〈표 Ⅴ-6〉 조합원 소유 A토지의 조합 취득시 취득 해당성의 근거의 비교

토지용도	구분	조합의 토지 취득 시 취득에의 해당성 여부		
		해당성	판단의 이유	판단근거 지방세
조합원용 (a′토지)	현행	×	조합의 조합원용 취득은 곧 조합원의 취득이므로	현행 7조 8항 본문
	개정안	×	위탁자로부터의 신탁재산 이전은 취득이 아니므로	개정안 6조 1호 단서
비조합원용 (a″토지)	현행	○	조합의 비조합원용 취득은 조합원용 취득에서 제외 → ∴ 취득개념에 의거 조합의 취득에 해당	현행 7조 8항 단서, 현행 6조 1호
	개정안	○	이전고시 등에 의거 조합이 원시취득하거나(재건축·재개발조합) 건물 준공 시에 그 부속토지로 조합이 취득(지역·직장주택조합).	개정안 6조 1호 본문, 제7조 8항 후단

---

[226] 리모델링주택조합은 주택법에 근거하여 사업을 수행하므로, 지역·직장주택조합과 마찬가지로, 도시 및 주거환경정비법에서 정한 이전고시의 절차가 적용되지 않는다.

③ **개선효과**

㉮ **주택조합 · 재건축조합 이외의 경우도 모두 동일한 법리에 의하여 규율**

현행법은 주택조합, 재건축조합, 소규모재건축조합 등 세 가지 조합이 해당 조합원용으로 취득하는 조합주택용 부동산만 신탁도관론에 따라 해당 조합이 취득하지 않고 해당 조합원이 취득하는 것으로 하고 있으나, 개정안에 의하면 이 세 가지 조합뿐만 아니라 모든 경우{예컨대, 재개발조합, 도시환경정비조합 등 비영리법인에 의하여 사업을 수행하는 경우뿐만 아니라 영리법인(신탁회사)에 의하여 신탁 사업을 수행하는 경우까지 포함}에 동일한 법리에 의하여 신탁사업에 관한 취득세가 과세된다. 즉, 물물대응이 되는 경우에는 위탁자가, 그렇지 않은 경우에는 수탁자가 취득세 납세의무를 지게 되므로 취득의 주체가 누구인가에 의하여 취득세가 달리 과세되지 않고 동일하게 과세되어 조세의 중립성이 유지된다.

㉯ **경제력에 대응한 조세부담이 가능**

신탁의 경우 수탁자(형식적 소유자)가 아닌 위탁자(경제적 소유자)에게 경제적 부담인 조세를 부과해야 경제적 실질에 부합하게 되고 조세회피도 막을 수 있다. 개정안은 물물대응이 곤란한 경우 이외에는 경제적 소유자인 위탁자에게 조세를 부과하므로 경제력에 대응한 부담을 지울 수 있게 된다.

부동산투자신탁은 수익자는 투자자이고 위탁자는 자산운용회사이며 수탁자는 신탁회사인데, 이 경우 위탁자 과세원칙을 취하지 않고 수익자 과세원칙을 취하여 취득세를 과세하면 '수시로 변동이 있고 투자자에 지나지 않는 수익자'는 현금 유입(Inflow)에만 관심이 있는 자인데도 금전이라는 보유재산(Stock)에서 부동산이라는 보유재산(Stock)으로 이전하는 것에 대하여 과세하는 취득세의 본질에 부합하지 않는다 할 것이다.227) 따라서 부동산투자신탁의 경우까지 감안할 때 위탁자 과세원칙을 취득세 과세원칙으로 하는 것이 바람직하고 이렇게 되면 모든 신탁에 통일적으로 위탁자 과세원칙을 적용할 수 있게 된다.

주택조합과 같이 수탁자가 비영리법인인 경우, ① '위탁자 → 수탁자로의 신탁재산을 이전'한 경우에는 물물대응이 가능하나,228) ② '제3자 → 수탁자로의 신탁재산 취득'의 경우는 위탁자별로 물물대응하기가 곤란하다.229) 따라서 수탁자가 영리법인이 아니면

---

227) 마정화 · 유현정(주35), 92면에서는 '수익자'는 부동산에 관한 등기를 보유하지도 않고 무상취득에서의 취득자가 아니므로 재산세의 납세의무자가 될 수 없다고 하고 있다.

228) 등기를 <표 Ⅲ-2>에서 보는 바와 같이 '전 소유자 → 수탁자'앞으로의 이전등기와 신탁등기를 함께 하므로 등기부상으로 신탁재산의 위탁자를 알 수 있어 물물대응이 가능하다.

229) 등기를 <표 Ⅲ-3>과 같이 하고 다수의 위탁자가 있기 때문에 위탁자별로 신탁재산의 물물대응이 곤란하다.

②의 경우 위탁자 과세원칙의 예외로 하여 수탁자가 취득세 납세의무자가 되므로 징세행정에도 어려움이 없다.

　영리법인인 수탁자가 내용적으로는 비영리법인(재건축조합 등)의 역할을 수행하는 '신탁회사가 재건축사업자'인 경우(즉, 도시 및 주거환경정비법 제8조 제4항에 의거 사업시행자로 지정받은 경우)에 위탁자별로 물물대응이 곤란하므로 이 경우에는 이 재건축사업에 한하여 수탁자가 영리법인이 아닌 것으로 의제하여 수탁자에게 취득세를 과세하도록 한다. 그러면 이 경우 위탁자별로 물물대응하기가 곤란한 문제를 해결할 수 있어 징수행정의 어려움이 발생하지 않게 된다.

　㉰ 신탁부동산에 대한 취득세 과세표준 문제가 제거

　개정안에 의할 때 수탁자가 영리법인이면 '제3자 → 수탁자'로 신탁재산을 취득하여도 취득세 과세상 그 신탁재산은 위탁자의 재산인 것이므로, 위탁자의 장부가액을 기준으로 취득세 과세표준을 산정하는 것은 당연하게 된다. 따라서 현행 규정에서 납세의무자(수탁자)의 신탁재산 취득에 대한 취득세 과세표준을 산정할 때, 신탁에 의한 취득을 무상취득이 아닌 유상취득으로 보고 그 과세표준을 수탁자(납세의무자)가 아닌 위탁자(타인)의 장부가액으로 하는 등의 비논리적인 문제점이 없어지게 된다.

　㉱ 취득세 중과 대상 판단 시 위탁자 기준 판단의 정당화

　개정안에 의하면 취득세 과세상 신탁재산은 위탁자의 재산이므로 위탁자를 기준으로 취득세의 중과세 대상 여부를 판단하는 것은 당연하게 된다. 본점 사업용뿐만 아니라 본점 및 지점의 설립·설치 이후 5년 이내에 취득하는 부동산의 경우에도 위탁자 기준으로 중과세 대상 여부를 판단하므로 현실에 부합하게 된다.

　따라서 취득세의 중과세 여부를 판단할 때 위탁자를 기준으로 판단하도록 정한 지방세법 제13조 제1항 첫번째 괄호 후단이 불필요하므로 이를 삭제하게 된다.

3) 지방세법 제9조(비과세)의 개정

① 개정안

현행	개정안
지방세법 제9조(비과세) ③ 신탁(「신탁법」에 따른 신탁으로서 신탁등기가 병행되는 것만 해당한다)으로 인한 신탁재산의 취득으로서 다음 각 호의 어느 하나에 해당하는 경우에는 취득세를 부과하지 아니한다. 다만, 신탁재산의 취득 중 주택조합등과 조합원 간의 부동산 취득 및 주택조합등의 비	지방세법 제9조(비과세) ③ 신탁재산의 취득으로서 다음 각 호의 어느 하나에 해당하는 경우에는 취득세를 부과하지 아니한다.

조합원용 부동산 취득은 제외한다. 1. 위탁자로부터 수탁자에게 신탁재산을 이전하는 경우 2. 신탁의 종료로 인하여 수탁자로부터 위탁자에게 신탁재산을 이전하는 경우	〈삭제〉: 제6조 제1호 단서에서 규정 1. 신탁의 종료로 인하여 수탁자(영리법인 이외의 자에 한정하되,「도시 및 주거환경정비법」제8조 제4항에 의하여 사업시행자로 지정받은 수탁자는 그 지정사업에 한하여 영리법인으로 보지 아니하며, 이하 이 항에서는 같다.)로부터 위탁자에게 신탁재산(위탁자 이외의 자로부터 취득한 것에 한정한다)을 이전하는 경우
3. 수탁자가 변경되어 신수탁자에게 신탁재산을 이전하는 경우	2. 수탁자가 변경되어 신수탁자에게 신탁재산을 이전하는 경우

② 개정안의 요지

개정안의 구체적인 사항은 다음과 같다. ① 현행 지방세법 제9조 제3항 제1호에서 규정한 '위탁자 → 수탁자로의 신탁재산 이전'은 개정안 제6조 제1호 단서로 옮겨서 규정하여 취득의 개념에서 제외되도록 하였으므로 현행 지방세법 제9조 제3항 제1호는 삭제한다. ② 신탁종료로 인한 '수탁자 → 위탁자로의 신탁재산 이전'과 수탁자 변경에 의한 '수탁자 → 신수탁자로의 신탁재산 이전'에 대해서는 비과세하는 규정은 그대로 존치한다. ③ 다만, 도시 및 주거환경정비법 제8조 제4항에 의거 재건축사업의 사업시행자로 지정받은 수탁자(신탁회사)는 그 지정사업에 한해서는 사실상 재건축조합(비영리법인)의 역할을 수행하는 것이므로 이 경우의 수탁자는 그 지정사업에 한하여 비영리법인으로 보도록 의제함으로써 수탁자(신탁회사)가 재건축사업과 관련한 신탁재산을 위탁자(조합원)에게 이전할 경우 비과세되도록 명시한다.

'수탁자 → 위탁자로의 신탁재산 이전 중 수탁자가 영리법인 이외의 경우'에 대해서만 비과세 규정을 존치하는 이유는 다음과 같다. ① 수탁자가 영리법인(신탁회사)인 경우에는 수탁자가 제3자로부터 신탁재산을 취득(원시취득을 포함)할 때에 위탁자가 취득하는 것으로 의제하고 있으므로(개정안 지방세법 제7조 제8항 전단), 수탁자 → 위탁자로 신탁재산을 이전할 경우 자기재산의 이전에 불과하여 취득세 과세대상이 아니기 때문에 이를 비과세하는 규정을 별도로 둘 필요가 없다. ② 그러나 영리법인이 아닌 수탁자가 제3자로부터 신탁재산을 취득(건축물의 원시취득을 포함)할 때에는 그 취득 시에 수탁자가 취득자로서 취득세를 부담한 상태인데(신탁실체론의 적용), 수탁자 → 위탁자로 신탁재산을 이전할 때 이중과세되는 것을 방지하기 위하여 취득세의 과세대상이 되지 않도록 할 필요가 있다. 따라서 이 경우에 비과세가 될 수 있도록 개정안의 제2호를 존치하는 것이다. 요컨대, '수탁자 → 위탁자'로 신탁재산을 이전하는 경우 취득세가 비과세되는 경우를 그 수탁자가 영리법인이 아닌 자에 한정하도록 규정한다.

〈표 Ⅴ-7〉 개정안에 의할 때 신탁재산 이전 시 비과세 해당성 비교

구분			신탁등기상 명의자		개정안에 의할 때 신탁재산 이전 시 과세 해당성	
		이전 전	이전 후		과세 해당성	과세제외/ 비과세 근거
			신탁부동산의 취득상대방	이전 후 취득자		
신탁 종료 (1호)	수 탁 자	영리법인	위탁자	위탁자	×	자기재산의 이동 (6조 1호 단서)
			제3자	위탁자	×	자기재산의 이동 (7조 8항 전단)
		기타 (예: 조합)	위탁자	위탁자	×	자기재산의 이동 (6조 1호 단서)
			제3자	위탁자	×	비과세 (9조 3항 1호)
수탁자 변경 (2호)	수탁자		위탁자/제3자	신수탁자	×	비과세 (9조 3항 2호)

3. 개정안에 따른 법령의 추가 개정

개정안에 의할 경우 현행 지방세 관련 법령 중 지방세법 제6조(정의) 제1호, 제7조(납세의무자 등) 제8항, 제9조(비과세) 제3항을 개정하는 것 이외에 이와 관련하여 추가로 개정하게 되는 법령의 개정안과 그 개정이유는 다음과 같다.

현행	개정안	개정이유
지방세법 제7조 【납세의무자 등】 ⑤ 법인의 주식 또는 지분을 취득함으로써 「지방세기본법」 제46조 제2호에 따른 과점주주(이하 "과점주주"라 한다)가 되었을 때에는 그 과점주주가 해당 법인의 <u>부동산등(법인이 「신탁법」에 따라 신탁한 재산으로서 수탁자 명의로 등기·등록이 되어 있는 부동산등을 포함한다)</u>을 취득(법인설립 시에 발행하는 주식 또는 지분을 취득함으로써 과점주주가 된 경우에	지방세법 제7조 【납세의무자 등】 ⑤ 법인의 주식 또는 지분을 취득함으로써 「지방세기본법」 제46조 제2호에 따른 과점주주(이하 "과점주주"라 한다)가 되었을 때에는 그 과점주주가 해당 법인의 <u>부동산등을</u> 취득(법인설립 시에 발행하는 주식 또는 지분을 취득함으로써 과점주주가 된 경우에는 취득으로 보지 아니한다)한 것으로 본다. (후단 생략)	신탁 이후 위탁자가 신탁재산의 소유자이므로 당연히 신탁재산도 간주취득세가 과세되기 때문에 신탁재산을 간주취득세의 과세대상으로 할 필요가 없어 삭제

는 취득으로 보지 아니한다)한 것으로 본다. (후단 생략)		
⑦ 상속(피상속인이 상속인에게 한 유증 및 포괄<u>유증</u>과 신탁재산의 상속을 포함한다. 이하</u> 이 장과 제3장에서 같다)으로 인하여 취득하는 경우에는 상속인 각자가 상속받는 취득물건(지분을 취득하는 경우에는 그 지분에 해당하는 취득물건을 말한다)을 취득한 것으로 본다. (후단 생략)	⑦ 상속(피상속인이 상속인에게 한 유증 및 포괄유증을 포함한다. 이하</u> 이 장과 제3장에서 같다)으로 인하여 취득하는 경우에는 상속인 각자가 상속받는 취득물건(지분을 취득하는 경우에는 그 지분에 해당하는 취득물건을 말한다)을 취득한 것으로 본다. (후단 생략)	신탁재산은 위탁자의 재산이므로 당연히 상속재산에 포함되기 때문에 신탁재산을 상속재산에 포함하는 규정을 삭제
⑮ <u>「신탁법」 제10조에 따라 신탁재산의 위탁자 지위의 이전이 있는 경우에는 새로운 위탁자가 해당 신탁재산을 취득한 것으로 본다. 다만, 위탁자 지위의 이전에도 불구하고 신탁재산에 대한 실질적인 소유권 변동이 있다고 보기 어려운 경우로서 대통령령으로 정하는 경우에는 그러하지 아니하다.</u>	⑮ 〈삭제〉	신탁재산은 위탁자의 재산이므로 위탁자의 지위이전은 신탁재산의 취득에 해당하기 때문에 삭제
지방세법 제13조 【과밀억제권역 안 취득 등 중과】 ① 「수도권정비계획법」 제6조에 따른 과밀억제권역에서 대통령령으로 정하는 본점이나 주사무소의 사업용 부동산(본점이나 주사무소용으로 신축하거나 증축하는 건축물과 그 부속토지만 <u>해당하며, 「신탁법」에 따른 수탁자가 취득한 신탁재산 중 위탁자가 신탁기간 중 또는 신탁종료 후 위탁자의 본점이나 주사무소의 사업용으로 사용하는 부동산을 포함한다</u>)을 취득하는 경우와 같은 조에 따른 과밀억제권역(「산업집적활성화 및 공장설립에 관한 법률」을 적용받는 산업단지 · 유치지역 및 「국토의 계획 및 이용에 관한 법률」을 적용받는 공업지역은 제외한다)에서 공장을 신설하거나 증설하기 위하여 사업용 과세물건을 취득하는 경우의 취득세율은 제11조 및 제12조의 세율에 중과기준세율의 100분의 200을 합한 세율을 적용한다.	**지방세법 제13조 【과밀억제권역 안 취득 등 중과】** ① 「수도권정비계획법」 제6조에 따른 과밀억제권역에서 대통령령으로 정하는 본점이나 주사무소의 사업용 부동산(본점이나 주사무소용으로 신축하거나 증축하는 건축물과 그 부속토지만 <u>해당한다)</u>을 취득하는 경우와 같은 조에 따른 과밀억제권역(「산업집적활성화 및 공장설립에 관한 법률」을 적용받는 산업단지 · 유치지역 및 「국토의 계획 및 이용에 관한 법률」을 적용받는 공업지역은 제외한다)에서 공장을 신설하거나 증설하기 위하여 사업용 과세물건을 취득하는 경우의 취득세율은 제11조 및 제12조의 세율에 중과기준세율의 100분의 200을 합한 세율을 적용한다.	신탁재산은 위탁자의 재산이므로 취득세의 중과세의 여부의 판단 시 위탁자를 기준으로 판단하는 것이 당연하기 때문에 위탁자 기준으로 판단하는 규정을 삭제

지방세법시행령 제11조의 2【소유권 변동이 없는 위탁자 지위의 이전 범위】	지방세법시행령 제11조의 2【소유권 변동이 없는 위탁자 지위의 이전 범위】	지방세법 제7조 제15항의 삭제에 따라 이를 받은 지방
법 제7조 제15항 단서에서 "대통령령으로 정하는 경우"란 다음 각 호의 어느 하나에 해당하는 경우를 말한다. 1. 「자본시장과 금융투자업에 관한 법률」에 따른 부동산집합투자기구의 집합투자업자가 그 위탁자의 지위를 다른 집합투자업자에게 이전하는 경우 2. 제1호에 준하는 경우로서 위탁자 지위를 이전하였음에도 불구하고 신탁재산에 대한 실질적인 소유권의 변동이 없는 경우	⟨삭제⟩	세법 시행령의 규정을 삭제

VI. 신탁재산에 대한 재산세의 문제점과 개선방안

1. 문제점

2014. 1. 1. 이전에 신탁재산의 재산세 납세의무자를 위탁자로 규정하고 있다가 수탁자로 변경한 주된 이유는 위탁자가 재산세를 체납하더라도 신탁재산에 대하여 체납처분을 할 수 없다는 점을 이용하여 위탁자가 재산을 수탁자에게 이전함으로써 신탁제도를 통한 조세회피 행위를 하는 것을 방지하기 위해서이다.[230] 이 이유 외에도 수탁자가 신탁재산의 대내외적인 소유자이므로 법체계상으로도 수탁자에게 납세의무를 부여하는 것이 타당하다는 이유에서 개정되었다.[231]

재산세의 납세의무자는 곧 종합부동산세의 납세의무자이고[232] 종합부동산세는 전국의 주택과 토지를 합산하여 과세하는데, 수탁자를 재산세의 납세의무자로 변경하자 이제는 이를 이용하여 종합부동산세를 회피하는 현상이 발생하였다.[233] 즉, 전국의 주택이나 토지의 합산에 따른 종합부동산세의 부담을 회피하기 위하여 주택과 토지를 관리

---

230) 이 부분에 대한 자세한 설명은 김성균, "부동산 신탁관련 재산세 및 부가가치세 검토", 『원광법학』, 제33권, 제1호, 원광대학교 법학연구소, 2017.3, 3~6면; 마정화 · 유현정(주35), 32~34면 참조.
231) 마정화 · 유현정(주35), 33면 참조.
232) 종합부동산세법 제7조 제1항(주택에 대한 납세의무자) 및 제12조 제1항(토지에 대한 납세의무자).
233) 신탁을 통하여 재산세 및 종합부동산세의 합산과세에 따른 세부담의 회피에 대해서는 마정화 · 유현정(주35), 45~46면; 김성균(주230), 6~7면 참조.

신탁 등을 통하여 소유권을 이전하는 사례가 발생하고 있다. 이러한 조세회피 사례를 방지하기 위하여 더불어민주당의 박용진 의원 등 10명이 신탁재산에 대한 재산세의 납세의무자를 종전과 같이 위탁자가 되도록 지방세법과 종합부동산세법의 개정을 발의한 상태에 있다.[234]

재건축조합, 재개발조합 등은 그 사업을 수행하면서 조합원이 보유하던 부동산을 조합에 신탁등기를 하는 경우가 대부분인데, 신탁재산에 대한 재산세의 납세의무자가 수탁자(조합)로 됨에 따라 조합은 조합원이 부담해야 할 재산세를 계산, 부과하는데에 실무적 애로를 겪을 뿐만 아니라 재건축·재개발 조합은 조합원이 부담할 재산세를 징수하는 데에 적지 않은 노력과 비용이 발생하고 이것은 조합 사업비가 늘어나는 요소로 작용한다. 또한 업무 효율성을 위해 대다수 조합은 아예 사업비에 재산세·종부세 등 대납 비용을 포함하고 있는 실정이라고 한다.[235]

수탁자를 재산세의 납세의무자로 함에 따라, 주택조합과 같이 위탁자가 다수인 경우 과세기준일 현재 위탁자가 누구인지를 일일이 확인하지 않아도 되기 때문에 세무행정 비용이 절감되는 면은 있으나,[236] 세금 납부의 재원이 별도로 없는 수탁자(조합)는 위탁자(조합원)로부터 해당 재산세를 받아서 이를 납부하는 데에 번거로움이 발생하고 있는 상황이다.

2. 개선방안

(1) 개선의 기본방향

경제적 부담인 조세를 경제적 소유자인 위탁자에게 과세하지 않고 법적 소유자인 수탁자에게 과세하면 위탁자는 이를 이용하여 조세회피 행위를 할 유인이 발생하게 된다. 이러한 조세회피 유인을 차단하기 위해서, ① 위탁자를 재산세의 납세의무자로 하는 것을 원칙으로 하며 ② 그 대신 신탁재산의 체납처분 금지를 이용한 조세회피 행위를 방지하기 위해서는 별도의 입법을 하되, ③ 위탁자를 알기 어려운 신탁재산의 경우에는 수탁자가 납세의무자가 되도록 규정하여 과세당국의 징세상 어려움을 해결하도록 하는 것이 필요하다. 즉, 신탁재산 중 물물대응이 가능한 것과 불가능한 것을 구분하여,[237] 물물대응이 가능한 신탁재산은 위탁자를 재산세 납세의무자로 하고 물물대응이

---

234) 2017. 7. 17. 의회신문(http://www.icouncil.kr/news/articleView.html?idxno=41081) 참조.
235) 2017. 7. 24. 이데일리 신문 참조.
236) 마정화·유현정(주35), 33면 참조.
237) 물물대응이 가능한 것과 불가능한 것의 구분은 <표 Ⅳ-4>, <표 Ⅴ-1>, <표 Ⅴ-2>를 참조.

불가능한 신탁재산은 수탁자를 재산세 납세의무자로 하여, 조세회피 행위와 징세의 어려움을 모두 해결하도록 한다.

이렇게 개선하면 취득세의 납세의무자와 재산세의 납세의무자도 일치하게 되는데, 그러면 납세자가 수긍하기 용이하여 납세 순응도가 제고될 것이다.

신탁재산에 대한 체납처분이 곤란한 점을 이용하여 신탁을 통한 조세회피를 도모하는 것은 '납세의무자를 누구로 하느냐의 문제'가 아니라 '신탁재산에 대한 체납처분을 가능하게 하느냐의 문제'이므로, 신탁재산이라고 하더라도 체납처분이 가능하도록 별도로 입법함으로써 이 문제를 해결하는 방향으로 하는 것이 바람직하다.

(2) 법령의 개정안

1) 지방세법 제107조(납세의무자)의 개정

① 개정안

현행	개정안
지방세법 제107조(납세의무자) ① 재산세 과세기준일 현재 재산을 사실상 소유하고 있는 자는 재산세를 납부할 의무가 있다. 다만, 다음 각 호의 어느 하나에 해당하는 경우에는 해당 각 호의 자를 납세의무자로 본다. 3. 「신탁법」에 따라 수탁자 명의로 등기·등록된 신탁재산의 경우: 위탁자별로 구분된 재산에 대해서는 그 수탁자. 이 경우 위탁자별로 구분된 재산에 대한 납세의무자는 각각 다른 납세의무자로 본다.	지방세법 제107조(납세의무자) ① 재산세 과세기준일 현재 재산을 사실상 소유하고 있는 자는 재산세를 납부할 의무가 있다. 다만, 다음 각 호의 어느 하나에 해당하는 경우에는 해당 각 호의 자를 납세의무자로 본다. 3. 수탁자 명의로 등기·등록된 신탁재산의 경우: 위탁자. 다만, 영리법인(「도시 및 주거환경정비법」 제8조 제4항에 의거 사업시행자로 지정받은 수탁자는 그 지정사업에 한하여 영리법인으로 보지 아니한다.)이 아닌 수탁자가 위탁자 이외의 자로부터 취득(원시취득을 포함한다)한 신탁재산은 수탁자로 하되, 이 경우 수탁자의 고유재산에 대한 납세의무와 다른 납세의무로 본다.

② 개정안의 요지

신탁재산[238)]에 대한 재산세의 납세의무자를 수탁자에서 위탁자로 변경하는 것을 원칙으로 하되, 수탁자에게 '취득세'의 납세의무가 발생하는(즉, 물물대응이 불가능한) 경우에는 '재산세'의 납세의무자도 수탁자가 되도록 하여 취득세와 재산세의 납세의무자가

---

238) 이 경우의 신탁재산은 개정안 지방세법 제6조 제1호 단서에 의거 신탁법 또는 자본시장과 금융투자업에 관한 법률에 의한 신탁재산이 해당한다.

일치되도록 한다.

수탁자가 재산세의 납세의무자가 되는 경우에도 이 때의 납세의무는 수탁자의 고유 재산에 대한 납세의무와는 별개라는 점을 명시하여, 신탁재산에 대한 재산세의 체납이 있더라도 수탁자의 고유사업의 수행 시 신탁재산에 대한 체납세액의 존재로 인하여 발생할 수 있는 장애가 발생하지 않도록 한다.[239] 신탁재산에 대하여 체납처분을 하면 체납 재산세를 징수할 수 있으므로 수탁자의 고유사업활동에 지장을 초래하면서까지 간접적으로 강제할 이유가 없기 때문이다.

〈표 Ⅵ-1〉 개정안의 신탁재산에 대한 취득세 · 재산세의 납세의무자 구분

수탁자	신탁재산의 취득 시 상대방		납세 의무자		물물대응 가능여부	비고
			취득세	재산세		
영리법인	승계 취득	위탁자	위탁자	위탁자	○	도관론
		제3자				
	원시취득					
영리법인이 아닌 자	승계 취득	위탁자	위탁자	위탁자	○	도관론
		제3자	**수탁자**	**수탁자**	×	**실체론**
	원시취득					

③ 개선효과

개정안에 의하면 신탁재산에서 '취득세 납세의무자가 곧 재산세 납세의무자'가 되고, 신탁재산을 '자신의 자산으로 회계처리하는 자가 곧 재산세의 납세의무자'가 된다. 그러면 재산세는 '자신의 자산으로 인식하여 회계처리하는 자가 그 자산에 대한 납세의무자가 된다'는 일반인의 관념에 부합하는 과세 제도가 된다.

또한, 신탁재산의 경우 형식적 처분권은 수탁자가 가지고 있으나 사실상의 사용권 · 처분권은 위탁자가 가지고 사용 · 수익하는 것이 현실이므로, 재산세가 수익세적 특성도 갖고 있는 점을 감안하면[240] 위탁자에게 재산세를 부과하는 것은 재산세의 특성에도 부합하게 된다.

재산세 납세의무자가 종합부동산세의 납세의무자로 되는데, 재산세 납세의무자(위탁

---

[239] 즉, 수탁자의 고유재산에 대해서는 체납이 없더라도 신탁재산에 대한 재산세의 체납이 있으면 수탁자의 납세증명서의 발급 시 체납한 세액이 있는 것으로 표시될 가능성의 문제, 수탁자의 인허가 사업이 제한될 가능성이 있는 문제 등이 발생하지 않도록 한다. 수탁자가 재산세의 납세의무자로 됨에 따라 발생하는 문제점에 대해서는 김성균(주230), 6~7면 참조.

[240] 정승영 · 송영관(주207), 57면 참조.

자)가 소유한 주택 등을 관리신탁 등의 형태로 신탁회사(수탁자)에게 이전하더라도 재산세의 납세의무자는 여전히 위탁자인 것이므로 신탁을 하더라도 종합부동산세 부담의 회피방안이 될 수 없게 되어 이런 형태에 의한 조세회피 행위가 방지된다.

또한, 신탁재산을 구분관리할 능력이 없는 수탁자(예: 재건축조합 등)가 신탁받은 금전 또는 신탁받은 부동산을 처분한 대금으로 제3자로부터 신탁재산을 취득하는 경우[241]에는 수탁자가 그 신탁재산의 재산세 납세의무자가 되므로, 이 경우에는 등기부상 소유자가 곧 재산세 납세의무자가 되기 때문에 행정청의 징세행정에도 문제가 없게 된다. 재건축조합 등 영리법인이 아닌 수탁자가 다수의 조합원 등으로부터 신탁받은 부동산을 보유하고 있는 경우에는, <표 Ⅲ-2> 및 <표 Ⅴ-3>에서 보는 바와 같이, 등기부상 등기원인이 '신탁'이고 등기부상 권리자를 '수탁자'로 등기하므로 과세관청은 이 신탁부동산의 위탁자가 누구인지를 등기부만으로도 파악이 가능하다. 따라서 이 경우 위탁자에게 재산세를 과세하는 데에 실무적 어려움이 발생하지 않을 것으로 생각된다.

이와 같이 재산세의 납세의무자의 조항이 개정될 경우 ① 수탁자 다음에 위탁자를 괄호에 병기하는 규정(지방세법시행령 제106조 제1항), ② 신탁재산의 재산세 체납 시 해당 신탁재산분만 압류가능하도록 한 규정(지방세법 제119조의2)은 불필요하므로 삭제하게 된다.

2) 지방세법 제106조(과세대상의 구분 등)의 개정

① 개정안

현행	개정안
지방세법 제106조 【과세대상의 구분 등】③ 「신탁법」에 따른 신탁재산에 속하는 종합합산과세대상 토지 및 별도합산과세대상 토지의 합산 방법은 다음 각 호에 따른다. 1. 신탁재산에 속하는 토지는 수탁자의 고유재산에 속하는 토지와 서로 합산하지 아니한다. 2. 위탁자별로 구분되는 신탁재산에 속하는 토지의 경우 위탁자별로 각각 합산하여야 한다.	지방세법 제106조 【과세대상의 구분 등】③ 신탁재산에 속하는 종합합산과세대상 토지 및 별도합산과세대상 토지는 수탁자의 고유재산에 속하는 토지와 서로 합산하지 아니한다. 〈삭제〉 〈삭제〉

② 개정안의 요지

대법원 판례[242]에서 "신탁법상 신탁재산은 강제집행이 원칙적으로 금지되고 수탁자의 고유재산과 구별하여 관리되어야 하는 등 수탁자의 고유재산뿐만 아니라 위탁자별로도

---

241) 이 경우는 개정안 지방세법 제107조 제1항 제3호 단서의 "…영리법인(…)이 아닌 수탁자가 위탁자 이외의 자로부터 취득…"에 해당한다.
242) 대법원 2014.11.27. 선고 2012두26852 판결.

각각 독립되어 있으므로, 수탁자가 신탁부동산을 대내외적으로 보유하면서 신탁의 목적에 따라 관리·처분할 수 있는 권능을 가진다고 하더라도 개별 신탁관계에 기초하여 각각의 부동산을 보유하는 것으로 보아야 한다"고 한 취지에서 보면, 설사 신탁실체론에 의하여 수탁자가 재산세의 납세의무자가 되는 경우라 하더라도, 수탁자의 고유재산에 속하는 부동산과 신탁재산에 속하는 부동산을 합산하여 재산세를 과세하는 것은 불합리하다.

따라서 수탁자를 재산세의 납세의무자로 하는 경우에도 수탁자의 고유재산에 속하는 부동산과 신탁재산에 속하는 부동산을 합산하여 과세하지 않도록 하는 현행 조항(지방세법 제106조 제3항 제1호)의 내용은 제3항 본문으로 옮겨서 그대로 존치하고, 위탁자별로 구분되는 신탁재산은 신탁도관론에 따라 해당 위탁자에게 재산세를 과세하므로 현행 지방세법 제106조 제3항 제2호는 적용될 여지가 없기 때문에 삭제한다. 또한 개정안 제6조 제1호 단서에서 신탁재산을 '신탁법 또는 자본시장과 금융투자업에 관한 법률에 따른 신탁재산'으로 정의하고 있으므로 "신탁법에 따른…"의 문언은 삭제한다.

신탁재산에서 수탁자가 재산세의 납세의무자가 되는 경우는 영리법인이 아닌 수탁자가 제3자로부터 신탁부동산을 취득한 경우이고 이 경우의 수탁자는 현실적으로 고유재산을 갖고 있는 경우가 거의 없으므로 수탁자의 '고유재산인 부동산'과 '신탁재산인 부동산'을 함께 보유하고 있는 경우는 거의 없다. 그러나 개정안 지방세법 제107조 제1항 제3호 단서에서 도시 및 주거환경정비법 제8조 제4항에 의거 사업시행자로 지정받은 수탁자(신탁회사)를 그 지정사업에 한하여 비영리법인으로 보도록 하여 수탁자를 재산세의 납세의무자가 되도록 하고 있으므로, 이 경우에 수탁자인 신탁회사(비영리법인으로 의제된 신탁회사)가 가진 '고유재산의 부동산'과 '신탁재산'의 부동산을 합산하여 과세하지 않도록 하는 데에 개정안 지방세법 제106조 제3항이 적용된다.

3) 지방세기본법 제44조(연대납세의무)의 개정

① 개정안

현행	개정안
지방세기본법 제44조(연대납세의무) 〈신설〉	지방세기본법 제44조(연대납세의무) ⑤ 「신탁법」 또는 「자본시장과 금융투자업에 관한 법률」에 따른 신탁재산(이하 이 항에서 "신탁재산"이라 한다)인 사실을 등기 또는 등록한 경우에는 그 신탁재산을 과세대상으로 하여 부과되거나 납부할 지방자치단체의 징수금(그 신탁재산을 청산할 때까지 부과된 것에 한정한다)은 그 신탁재산을 한도로 하여 수탁자가 해

	당 위탁자와 연대하여 납부할 의무를 진다. 이 경우 제28조 제2항 단서에 불구하고 수탁자에게 연대납부의무에 따른 납세의 고지와 독촉을 하지 아니할 수 있다.

② 개정안의 요지

㉮ 개정안의 요지

신탁재산을 한도로 하여 수탁자가 위탁자와 연대하여 납세의무를 부담하도록 지방세기본법을 개정한다. 이 때 연대납세의무는 그 신탁재산을 청산할 때까지 부과된 것에 한정하도록 한다. 왜냐하면 수탁자에게 연대납세의무를 부여하는 것은 위탁자의 재산을 사실상 보관하고 있는 자에 불과한 수탁자의 신탁재산에 대해서도 체납처분을 가능하게 하기 위한 것인데, 신탁재산을 청산한 이후에는 수탁자는 신탁재산을 보유하고 있지 않은 상황에서 수탁자에게 연대납세의무를 부여하는 것은 다른 사람(위탁자)의 조세를 징수하기 위해서 수탁자에게 체납처분을 허용하게 되는 불합리한 점이 초래되기 때문이다.

이와 같이 개선하면 신탁재산에 대한 지방세를 주된 납세의무자(위탁자)가 체납할 경우 수탁자가 연대납세자로서 이를 납부하지 않으면 신탁재산에 대해서도 체납처분을 할 수 있게 된다.

신탁재산에 대하여 체납처분을 할 경우 수탁자가 위탁자의 지방세 체납에 대한 고지서를 받지 않더라도 수탁자는 체납 세금의 경제적 부담자가 아니므로 체납처분의 사전 단계인 고지서의 수령을 수탁자가 별도로 요구할 실익이 있는 경우가 아니다. 따라서 수탁자에게 연대납세의무에 대한 납세고지와 독촉을 생략하더라도 수탁자에게 경제적 손실이 발생한다고 볼 수 없다. 따라서 고지서와 독촉장의 발송과 수령에 따른 과세관청과 수탁자의 실무적 부담이 덜어 질 수 있도록 납세고지와 독촉을 생략할 수 있게 한다.

㉯ 수탁자를 연대납세의무자로 한 이유

신탁을 통한 조세회피에 대처하기 위하여 수탁자를 2차납세의무자 또는 물적납세의무자로 하는 입법도 가능하다.243)

---

243) 김성균(주230), 8~9면에서는 재산세의 납세의무자를 수탁자로 그대로 두고 위탁자를 연대납세의무자로 하자는 주장을 하고 있고, 김성균(주184), 140면에서도 지목변경에 따른 취득세는 위탁자나 수익자에게 2차납세의무보다 연대납세의무를 지우는 것이 더 낫다라는 주장을 하고 있다. 마정화 · 유현정(주35), 99~100면에서는 신탁재산의 경우 수익자 등에게 2차납세의무를 지우자는 입장이다. 이전오, "신탁재산 등에 한 체납세액 징수방안 연구", 기획재정부, 2011, 91~93면에서는 신탁을 도관으로 본다고 하더라도 신탁재산은 별개의 재산이므로 신탁재산에 대해서 조세채권의 사실상의 선취권(先取權)을 인정하는 물적납세의무의 부과는 신중할 필요성이 있고, 신탁법상 신탁관계에서의 수탁자는 신탁재산에

2차납세의무 또는 물적납세의무는 보충적 납세의무이므로 주된 채무자(위탁자)의 재산으로 징수할 수 없는 경우에 부과가 가능하다. 그러나 만약 위탁자가 기업회생절차에 들어갈 경우 보충적 납세의무가 발생하는 시점[244]이 회생절차개시 이후이면 이 보충적 조세채권은 공익채권이 되는데, 그러면 수탁자를 2차납세의무자 또는 물적납세의무자로 할 경우, 이 조세채권이 공익채권으로서 회생채권, 회생담보권에 우선하여 변제되기 때문에 과세권자에게는 유리하지만 회생채권자 등 일반인에게는 크게 불리하게 된다.

그러면 위탁자가 저당권 설정 등 전통적 담보의 방식으로 차입한 경우에는 위탁자가 회생절차 개시 이전에 체납한 조세채권은 회생채권이 되는 것에 비하여 담보신탁방식 등에 의하여 차입한 경우에는 체납한 조세채권이 공익채권이 되게 되므로, 형평성에 어긋날 뿐만 아니라 회생채권자 등은 공익채권이 되는 불확실성을 이유로 회생계획안에 찬성하지 않을 가능성이 있다.

또한 수탁자를 2차납세의무자로 하면 신탁재산을 청산한 이후에도 수탁자에게 지방세를 추징할 가능성이 있으며, 신탁의 청산이 지연되거나 청산하더라도 세액추징의 위험성 때문에 수탁자는 예상추징세액만큼 유보하고 위탁자에게 지급하지 않을 가능성이 있다.

지방세기본법 제44조를 개정하는 것은 신탁제도를 이용한 위탁자의 조세회피 행위의 방지에 주된 목적이 있는 만큼, 신탁을 통한 조세회피 행위를 방지하는 효과만 거둘 수 있으면 족하다. 따라서 수탁자의 신탁재산에 대한 납세의무를 연대납세의무로 하여 위탁자가 회생절차에 들어갈 경우 회생채권자 등에게 불이익이 없도록 하고, 신탁재산을 청산한 이후에는 수탁자에게 지방세를 추징하는 사례가 발생하지 않도록 한다.

한편, 신탁재산에 대한 경제적 소유권은 위탁자가 가지고 있고 개정안에 의할 때 위탁자는 원칙적으로 취득세와 재산세의 납세의무자이므로, 이 신탁재산을 한도로 하여 수탁자에게 연대납세의무를 지우는 것은 곧 위탁자 자신에게 납세의무를 지우는 것과 다를 바가 없기 때문에 위탁자에게 경제적 불이익을 준다고 볼 수 없다.

또한 상속세 및 증여세법에서 명의신탁에 대한 증여세 과세 시 명의신탁재산의 명의수탁자를 증여세 납세의무자로 하면서 명의신탁재산의 실제 소유자인 명의신탁자에게는 연대납세의무를 부여하고 있다.[245] 이와 동일한 취지로 신탁재산의 경제적 소유자인 위탁자가 재산세를 납부하지 않으면 그의 실제적 자산(신탁재산)의 형식적 소유자인 수탁자를 연대납세의무자로 하여 그의 실제적 자산(신탁재산)을 한도로 하여 재산세를

관한 조세채권에 대해서 2차 납세의무를 부담하게 할 필요가 있다고 하고 있다.

244) 보충적 납세의무는. ① 주된 납세의무자의 조세 채무가 체납되고 ② 주된 납세의무자에게 집행해도 징수금액 부족이 인정되면 성립되고, 보충적 납세의무자에게 납부통지를 하면 확정된다.

245) 상속세 및 증여세법 제4조의2 제5항 제4호.

부담하게 하는 것은 정당성이 있다고 할 것이다.

수탁자를 연대납세의무자로 하면 채무자회생법 제250조 제2항에 의하여 부종성의 원칙에 구애받지 않고 재산세의 납세의무인 위탁자가 회생절차에 들어가더라도 신탁재산에 대하여 집행할 수 있으므로 과세관청의 입장에서는 수탁자가 재산세의 납세의무자인 현행 제도보다 징수행정상 불리한 제도가 아니다.

㉱ 유사 사례와의 비교

수탁자를 연대납세의무자로 하는 경우와 2차납세의무자 내지 물적납세의무자로 하는 경우의 장단점을 비교하면 다음 표와 같다.

〈표 Ⅵ-2〉 연대납세의무와 기타 제도와의 비교

구분	장점	단점	유사 사례
연대납세의무	·위탁자의 회생절차 개시 시 공익채권으로의 확대 방지가 가능	·연대납세자(수탁자)에게 고지서를 발급하는 실무적 번잡성 초래	·명의신탁에 대한 증여세 과세 시 명의신탁자의 연대납세의무 ·공유물에 대한 연대납세의무
2차납세의무	·수탁자가 보충적 납세의무를 부담하므로 조세회피 방지 취지에 부합	·위탁자에게 회생절차 개시 시 공익채권으로의 확대를 초래 ·신탁재산의 청산 이후의 추징가능성 때문에 청산이 지연되거나 예상추징세액을 유보하는 문제점을 초래	·사업양수인의 2차납세의무
물적납세의무	·수탁자가 보충적 납세의무를 부담하므로 조세회피 방지 취지에 부합	·위탁자에게 회생절차 개시 시 공익채권으로의 확대를 초래	·양도담보권자의 물적납세의무

③ 개선효과

2014. 1. 1.부터 신탁재산에 대한 재산세의 납세의무자를 위탁자로부터 수탁자에게로 변경한 것은 신탁을 통한 조세회피행위를 방지하기 위한 것이지만, 또 다시 종합부동산세의 회피사례가 발생하고 있다. 따라서 이러한 조세회피 문제를 해결하기 위해서 종전과 같이 재산세의 납세의무자를 원칙적으로 위탁자로 하는 것으로 변경하고 수탁자를 지방세의 연대납세의무자로 하면 위탁자의 체납 시 신탁재산에 대하여 체납처분 절차가 가능하기 때문에 신탁을 통한 조세회피행위에 대처할 수 있게 된다.

또한 신탁재산을 청산할 때까지 부과된 재산세만 수탁자에게 연대납세의무를 지우므로 청산한 이후에는 수탁자는 재산세의 추징의 위험에서 벗어나게 된다. 따라서 수탁자에게 남아 있는 추징의 가능성 때문에 신탁을 청산하지 못하거나 예상추징세액만큼을 수탁자에게 남겨두고 청산하는 등의 문제가 발생하지 않는다.

개정안과 같이 연대납세의무를 도입하면 주된 납세자에게 고지와 독촉을 할 때 연대납세자에게도 고지와 독촉을 해야 하는 실무적 부담이 초래되는데, 신탁재산에 대해서 연대납세의무가 발생할 경우에는 수탁자에게 납세의 고지와 독촉을 생략할 수 있도록 하면 이러한 실무적 부담이 덜어 지게 된다.

통상 신탁계약 시 신탁재산과 관련한 조세는 신탁재산의 환가액에서 최우선 변제를 하도록 특약을 두는 것이 현실이므로, 연대납세의무자(수탁자)에게 납세고지를 하지 않았다고 해서 주된 납세자(위탁자)가 이의를 제기할 것은 아니며, 수탁자는 체납 세금의 경제적 부담자가 아니고 신탁재산을 한도로 하여 연대납세의무를 부담하므로 수탁자에게 고지와 독촉을 하지 않았다고 해서 수탁자가 이의제기 등을 할 이유가 없다. 따라서 수탁자에게 납세의 고지와 독촉을 생략하더라도 문제가 없을 것이다.

3. 개정안에 따른 법령의 추가 개정

개선안에 의할 경우 현행 지방세 관련 법령 중 지방세법 제106조(과세대상의 구분 등) 제3항 및 제107조(납세의무자) 제1항 제3호를 개정하는 것과 지방세기본법 제44조(연대납세의무) 제4항을 신설하는 것 이외에 이와 관련하여 추가로 개정하게 되는 법령과 그 개정의 취지 등은 다음 표와 같다.

현행	개정	개정이유
지방세법 제119조의 2 【신탁재산에 대한 특례】 「신탁법」에 따라 수탁자 명의로 등기된 신탁재산에 대한 재산세가 체납된 경우에는 「지방세징수법」 제33조에도 불구하고 재산세가 체납된 해당 재산에 대해서만 압류할 수 있다. 다만, 재산세가 체납된 재산이 속한 신탁에 다른 재산이 있는 경우에는 그 다른 재산에 대하여 압류할 수 있다.	지방세법 제119조의 2 【신탁재산에 대한 특례】 <삭제>	신탁재산의 경우 수탁자가 지방세의 연대납세의무자가 되므로 수탁자 명의의 신탁재산에 대한 압류의 특례를 규정할 필요가 없으므로 삭제

지방세법시행령 제106조【납세의무자의 범위 등】① 법 제107조 제1항 제3호에 따른 납세의무자(위탁자별로 구분된 재산에 대한 수탁자를 말한다. 이하 이 항에서 같다)는 그 납세의무자의 성명 또는 상호(법인의 명칭을 포함한다. 이하 이 항에서 같다) 다음에 괄호를 하고, 그 괄호 안에 위탁자의 성명 또는 상호를 적어 구분한다.	지방세법시행령 제106조【납세의무자의 범위 등】 〈삭제〉	위탁자가 재산세의 납세의무자가 되는 것이 원칙이고 물물대응이 되지 않는 경우에만 수탁자가 납세의무자가 되므로 신탁재산의 위탁자의 성명 등을 부기할 이유가 없으므로 삭제

VII. 재건축조합 등 조합 관련 취득세 등의 문제점과 개선방안

1. 문제섬

(1) 취득세 납세의무 존부 파악의 어려움

주택조합, 재건축조합, 소규모재건축조합(이하, 이 세 가지 조합을 제VII장에서 주택조합등이라 함)이 조합원으로부터 신탁등기에 의하여 조합원용의 부동산을 취득하는 경우 현행 지방세법상 취득세가 비과세된다는 결론은 다음과 같은 과정을 거쳐야만 비로소 알 수 있을 정도로 난해하다.

① 신탁에 의한 취득은 지방세법 제6조 제1호에 정한 '취득'의 정의 조항에 의하여 취득의 범위에 해당되므로 취득세 과세대상이 된다. 지방세법 제6조 제1호의 법문이 "취득이란 … 유상·무상의 모든 취득을 말한다."고 되어 있으므로, 신탁에 의한 취득도 '무상의 모든 취득'에 해당하기 때문이다. ② 그러나 주택조합등이 조합원으로부터 취득하는 신탁등기는 '위탁자(조합원)로부터 수탁자(주택조합등)에게 신탁재산을 이전하는 경우'에 해당하고, 이 경우는 지방세법 제9조 제3항 '본문' 및 제1호에 의하여 취득세가 비과세되는 것으로 해석된다.

③ 그렇지만 지방세법 제9조 제3항 '단서'에서 '주택조합등과 조합원 간의 부동산 취득과 주택조합등의 비조합원용 부동산 취득'은 본문 적용을 배제하고 있으므로, 이 규정에 의하여 조합원으로부터의 신탁등기는 취득에 관한 원칙 규정으로 회귀한다. 따라서 이 경우 조합원으로부터 신탁등기에 의하여 주택조합등이 부동산 취득등기를 하는 것은 지방세법 제6조 제1호에 정한 취득의 정의 규정에 의하여 취득세의 과세대상에

해당하는 것으로 해석된다. ④ 그러나 지방세법 제7조 제8항의 '본문'에서 '주택조합등이 조합원용으로 취득하는 부동산은 그 조합원이 취득한 것으로 본다.'고 정하여, 주택조합등이 조합원으로부터 신탁등기에 의하여 부동산을 취득하는 것은 '주택조합등이 취득하는 것임에도 불구하고 주택조합등이 취득하지 않은 것으로 간주'하도록 정하고 있으므로(즉, 조합 취득＝조합원 취득), 이 경우에는 취득세가 과세되지 않는다는 결론이 도출된다.

⑤ 그렇지만 지방세법 제7조 제8항의 '단서'에서 '비조합원용 부동산은 본문 적용을 배제'하고 있으므로, 결론적으로, 조합원용 부동산은 취득세 과세대상이 아니나 비조합원용 부동산은 취득세가 과세되는 것으로 된다. ⑥ 그러나 취득세 과세대상이 되는 '비조합원용 부동산 중 조합원으로부터 취득하는 부동산'의 취득일을 지방세법시행령 제20조 제7항이 주택조합의 경우에는 '주택의 사용검사일'로, 재건축조합의 경우에는 '소유권이전 고시일의 다음 날'로 규정하고 있으므로 취득일을 판단하는 것 조차도 매우 난해하게 입법되어 있다.

주택조합등이 조합원 소유 부동산을 조합원용으로 신탁등기에 의하여 취득할 경우 취득세가 과세되지 않는다는 결론의 과정을 지방세법 규정에 따라 이를 요약하면 다음과 같다.

　① 제6조 제1호: '취득'에 해당 → 취득세 과세
　② 제9조 제3항 본문 및 제1호 → 취득세 비과세
　③ 제9조 제3항 단서: 본문 적용을 배제 → 취득세 과세
　④ 제7조 제8항 본문: 조합 취득은 곧 조합원 취득 → 취득세 과세제외(결론)

(2) 조합종류 간 비과세 규정의 상이 및 차별적 과세

현행 규정은 <표 Ⅳ-6>에서 보는 바와 같이 '지역·직장주택조합, 재건축조합'과 '재개발조합, 도시환경정비조합' 간에는 '조합이 조합원으로부터 부동산을 취득하는 경우'와 '조합이 신축한 건물과 그 부속토지를 취득하는 경우' 취득세 과세에 있어서 차이가 있고, 과세 제외 내지 면세를 규정한 법령도 지방세법과 지방세특례제한법으로 달리 규정하고 있다.

'지역·직장주택조합, 재건축조합'과 '재개발조합, 도시환경정비조합'은 조합원이 종전 주택 대신에 새로운 주택을 신축, 취득하는 것을 주된 목적으로 한다는 점에서 그 성격이 유사하고, 재건축조합, 재개발조합, 도시환경정비조합은 도시 및 주거환경정비법에서 함께 규정하고 있는데도 이렇게 과세상 차이를 두고 있는 점에 대하여 납세자

는 이를 수긍하기 곤란한 면이 있다.

이러한 점이 취득세 과세 시 조합 전체를 아울러서 통일적으로 법 해석을 하는 데에 어려움을 초래하는 원인 중 하나로 작용하고 있다.

(3) 취득 후 취득시기 도래시점까지 취득자의 공백 초래

조합이 조합원이 아닌 제3자 소유의 부동산을 취득하는 때에는 잔금일 등 일반적 취득시기에 취득하는 것으로 하여 취득세를 과세하는 것이 원칙이다. 그러나 지방세법시행령 제20조 제7항에서 ① 지역·직장주택조합이 '조합원으로부터 취득하는 토지 중 비조합원용(일반분양분)'은 당해 주택의 사용검사일에 취득한 것으로 보고, ② 재건축조합이 '조합원으로부터 취득하는 토지 중 비조합원용(일반분양분)'은 소유권 이전고시일의 다음날에 취득한 것으로 보도록 규정하고 있다.

지역·직장주택조합과 재건축조합이 '조합원으로부터 취득하는 토지 중 조합원용(<표 Ⅳ-1>의 a′토지)'은 지방세법 제7조 제8항 본문에서 '조합원이 취득하는 것으로 의제'하고 있으므로 취득 자체가 발생하지 않는다. 그러나 '제3자로부터 취득하는 토지' 중에서 ① 조합원용(<표 Ⅳ-1>의 b′토지)은 지방세법 제7조 제8항 본문에서 '그 취득자'를 조합이 아닌 조합원으로 정하면서 '그 취득시기'는 별도로 규정하고 있지 않기 때문에 일반적인 취득일(당해 토지의 계약일·잔금지급일 등)에 '조합원'이 취득하게 되고, ② 비조합원용(<표 Ⅳ-1>의 b″토지)은 지방세법 제7조 제8항 단서 및 제7조 제1항에서 '그 취득자를 조합'으로 정하고 있으나 역시 그 취득시기를 별도로 규정하고 있지 않기 때문에 일반적인 취득일에 '조합'이 취득하게 된다.

한편, 재개발조합, 도시환경정비조합이 취득하는 토지는 그 취득시기에 대해서 별도의 특례 규정을 두고 있지 않으므로, 조합원용과 비조합원용 모두 일반적 취득시기(당해 토지의 계약일·잔금지급일 등)가 취득일이 된다.

주택조합과 재건축조합이 조합원으로부터 비조합원용 토지(<표 Ⅳ-1>의 a″토지)를 신탁에 의하여 취득한 경우, 신탁등기에 의하여 취득한 것에 해당함에도 그 취득일을 '주택조합은 건축물의 사용검사일', '재건축조합은 이전고시일 익일'이 되도록 규정하고 있기 때문에 주택조합과 재건축조합이 조합원으로부터 취득한 비조합원용 토지(a″토지)는 '신탁등기일로부터 건축물의 사용검사일(또는 이전고시일 익일)의 전일'까지 취득세 과세상으로는 취득자가 공백이 되는 상황이 발생한다.

이렇게 취득세 과세상 취득자 공백 상황이 발생하는 이유는 조합이 조합원으로부터 신탁등기에 의하여 이전받는 시점에서는 그 취득 토지가 조합원용(a′토지)과 비조합원용

(a″토지)으로 확정되지 않고 건축물의 사용검사일(또는 이전고시일의 익일)이 되어야만 비로소 확정되기 때문에 '조합이 조합원으로부터 취득하는 토지 중 비조합원용'의 취득시기를 이 때로 늦춘 것이지만,[246] 취득자의 공백기간이 발생한다는 점은 납득하기 곤란한 면이 있다.

〈표 Ⅶ-1〉 현행 규정상 조합 취득 토지 중 취득시기별 취득 여부

취득 상대방	취득용도 (〈표 Ⅳ-1〉의 토지 구분)	일반적 취득(신탁등기)시점의 취득 해당성		주택조합등의 취득시점	
				사용 검사일	이전고시일의 익일
		재건축조합/ 주택조합	재개발조합	주택조합	재건축조합
조합원	조합원분(a′)	-*1)	○*4)	-	-
	일반분양분(a″)	△*2)	○*4)	○*5)	○*6)
제3자	조합원분(b′)	○*3)	○*3)	-	-
	일반분양분(b″)	○*3)	○*3)	-	-

*1) '조합의 취득＝조합원의 취득'이므로(지방세법 제7조 제8항 본문) 취득에 미해당함.

*2) 조합의 비조합원용의 취득이므로 취득에 해당하나(지방세법 제7조 제8항 단서), 취득시기를 건물의 사용검사일(주택조합)과 이전고시일 익일(재건축조합)로 연기해 두고 있음(지방세법시행령 제20조 제7항).

*3) '제3자로부터 취득하는 토지'에 대하여 지방세법에서 취득시기에 대해서 별도의 규정을 두고 있지 않으므로 조합원용과 일반분양용(비조합원용)을 구분할 필요없이 모두 일반적 취득시기(당해 토지의 잔금지급일 등)가 취득일이 됨.

*4) 신탁등기시점이 취득일이 되나, 지방세법 제9조 제3항 본문에 의거 이 경우는 취득세가 비과세되므로 취득일이 언제인가를 두고 쟁점이 발생하지 않음.

*5) 지방세법시행령 제20조 제7항 전단에 의거 이 날이 취득일이 됨.

*6) 지방세법시행령 제20조 제7항 후단에 의거 이 날이 취득일이 됨.

---

246) 조합이 취득하는 조합원용 토지(a′)는 곧 조합원이 취득한 것으로 의제하므로 이 경우는 취득 자체가 발생하지 않기 때문에 취득세의 문제가 없고, 따라서 이 경우는 소유자의 공백문제가 발생하지 않는다.

(4) 납세의무자(조합원)가 아닌 타인(조합)을 납세의무자로 신고 납부

조합이 조합원 이외의 제3자로부터 조합원분 토지(<표 Ⅳ-1>의 b′토지)를 취득하는 경우, 현행 규정은 당해 조합원이 그 신탁부동산을 취득한 것으로 보도록 규정하고 있으므로 당해 조합원이 취득세 납세의무자로서 그 취득일에 취득세를 신고납부해야 타당하다. 그러나 토지의 잔금일 등 취득 시점에는 이 토지가 조합원분(b′토지)이 될지 비조합원분(b″토지)이 될지 알 수 없고 건물이 준공되어야 확정적으로 알 수 있다. 따라서 현실적으로는 '당해 조합원은 b′토지를, 조합은 b″토지를 각각 취득'한 것으로 신고하지 않고 '조합이 b′토지와 b″토지를 모두 취득'한 것으로 보아 취득세를 신고하는 것이 현실이다.

또한 조합이 제3자로부터 조합원분 토지(b′토지)를 취득할 때 납세의무자가 조합원이라면 취득세의 과세표준은 납세의무자(당해 조합원)의 장부가액 등으로 해야 논리적이나 현실적으로는 수탁자(법인인 조합)의 장부가액을 기준으로 취득세 과세표준을 계산하여 취득세를 신고납부하고 있는 실정이므로 이것은 논리적이지 않다.

2. 개선방안

(1) 개선의 기본방향

조합이 재건축·재개발 등 사업기간 동안 취득하는 부동산 중 물물대응이 가능한 경우[247]에는 신탁도관론에 따라 해당 조합원을 납세의무자로 하고, 물물대응이 불가능한 경우[248]에는 신탁실체론에 따라 조합을 납세의무자로 하도록 하여, 조합이라고 하여 취득세와 재산세를 과세할 때 다른 납세의무자와 달리 취급하지 않고 동일하게 취급하도록 한다.

(2) 개선방안

1) 취득의 개념 및 납세의무자에 관한 규정의 개정

조합이 사업기간 동안 취득하는 부동산이더라도 <그림 Ⅴ-4>과 <표 Ⅴ-1>에서 제시한 원칙에 따라 원칙적으로 신탁도관론에 따라 과세하되 물물대응이 불가능한 경우에만 신탁실체론에 따라 과세할 수 있도록, ① 취득세를 개정안 지방세법 제6조 제1호, 제7조 제8항, 제9조 제3항에 의하여 과세 또는 비과세하도록 하고, ② 재산세를

---

247) 이 경우는 <표 Ⅳ-1>의 a′토지와 a″토지가 해당한다.
248) 이 경우는 <표 Ⅳ-1>의 b′토지와 b″토지가 해당한다.

개정안 지방세법 제107조 제1항 제3호에 의하여 과세하도록 각각 개정한다.

이렇게 개정하면 지방세를 물물대응의 가능 여부의 기준에 따라 과세하게 된다. 그러면 회계처리와도 일치하게 되고, 납세의무자가 조합이라고 해서 특별히 다르게 취급하지 않고 동일하게 취급하게 된다. 그러면 납세의무자가 납세의무의 해당성 여부 등을 잘 알 수 있게 될 뿐만 아니라 조세 중립성도 실현된다. 이 내용을 정리하면 다음 <표 Ⅶ-2>와 같다.

〈표 Ⅶ-2〉 조합의 신탁재산 종류별 과세관계의 비교

최초 신탁 물건	과세이론 적용	과세 관계	
		취득세	재산세
부동산	신탁도관론 (물물대응 가능)	· '조합원 → 조합'과 '조합 → 조합원'으로의 신탁재산 이전은 취득 대상에서 제외(개정안 지방세법 6조 1호 단서). · '조합원 → 조합'으로 이전된 신탁재산 중에서 신탁업무 수행대가로 받는 일반 분양용 토지는 건물 준공 시 조합이 취득세의 납세의무자임(개정안 지방세법 7조 8항 후단).	· 신탁기간 중 조합원(위탁자)이 신탁재산의 보유자로서 납세의무를 부담(개정안 지방세법 107조 1항 3호 본문).
금전 (신탁 부동산 매각 대금 포함)	신탁실체론 (물물대응 곤란)	· '제3자 → 조합'으로 신탁재산의 취득은 조합이 취득세의 납세의무자임(개정안 지방세법 6조 1호 본문). · '조합 → 조합원'으로 신탁재산의 이전은 비과세 대상임(개정안 지방세법 9조 3항 1호).	· 신탁기간 중 조합(수탁자)이 신탁재산의 보유자로서 납세의무를 부담(개정안 지방세법 107조 1항 3호 단서).

2013. 1. 1.에 지방세법 제107조 제2항 제5호를 개정하여 지역·직장주택조합이 조합원이 납부한 금전으로 매수하여 소유하고 있는 신탁재산의 경우에는 해당 지역·직장주택조합이 재산세의 납세의무자로 하도록 하고 있다가 2014. 1. 1.에 삭제되었는데, 개정안은 지역·직장주택조합뿐만 아니라 모든 수탁자가 물물대응이 불가능한 경우에는 수탁자가 재산세의 납세의무자가 되도록 하자는 것이다.

2) 조합의 조합사업 관련 부동산 취득 시 취득시기의 개정

① 개정안

현행	개정안
지방세법시행령 제20조 【취득의 시기 등】 ⑥ 건축물을 건축 또는 개수하여 취득하는 경우에는 사용승인서를 내주는 날(사용승인서를 내주기 전에 임시사용승인을 받은 경우에는 그 임시사용승인일을 말하고, 사용승인서 또는 임시사용승인서를 받을 수 없는 건축물의 경우에는 사실상 사용이 가능한 날을 말한다)과 사실상의 사용일 중 빠른 날을 취득일로 본다. 다만, 「도시개발법」에 따른 도시개발사업이나 「도시 및 주거환경정비법」에 따른 <u>정비사업(주택재개발사업 및 도시환경정비사업만 해당한다)으로 건축한</u> 주택을 「도시개발법」 제40조에 따른 환지처분 또는 「도시 및 주거환경정비법」 제54조에 따른 소유권 이전으로 취득하는 경우에는 환지처분 공고일의 다음 날 또는 소유권 이전 고시일의 다음 날과 사실상의 사용일 중 빠른 날을 취득일로 본다. ⑦ 「주택법」 제11조에 따른 주택조합이 주택건설사업을 하면서 <u>조합원으로부터 **취득하는 토지 중** 조합원에게 귀속되지 아니하는 토지를 취득하는</u> 경우에는 「주택법」 제49조에 따른 사용검사를 받은 날에 그 토지를 취득한 것으로 보고, 「도시 및 주거환경정비법」 <u>제16조 제2항에 따른 주택재건축조합이 주택재건축사업을 하면서 조합원으로부터 **취득하는 토지 중** 조합원에게 귀속되지 아니하는 토지를 취득하는</u> 경우에는 「도시 및 주거환경정비법」 제54조 제2항에 따른 소유권이전 고시일의 다음 날에 그 토지를 취득한 것으로 본다.	지방세법시행령 제20조 【취득의 시기 등】 ⑥ 건축물을 건축 또는 개수하여 취득하는 경우에는 사용승인서를 내주는 날(사용승인서를 내주기 전에 임시사용승인을 받은 경우에는 그 임시사용승인일을 말하고, 사용승인서 또는 임시사용승인서를 받을 수 없는 건축물의 경우에는 사실상 사용이 가능한 날을 말한다)과 사실상의 사용일 중 빠른 날을 취득일로 본다. 다만, 「도시개발법」에 따른 도시개발사업이나 「도시 및 주거환경정비법」에 따른 <u>정비사업으로 건축한 건축물을</u> 「도시개발법」 제40조에 따른 환지처분 또는 「도시 및 주거환경정비법」 제54조에 따른 소유권 이전으로 취득하는 경우에는 환지처분 공고일의 다음 날 또는 소유권 이전 고시일의 다음 날과 사실상의 사용일 중 빠른 날을 취득일로 본다. ⑦ 「주택법」 제11조에 따른 주택조합이 주택건설사업을 하면서 <u>조합원에게 귀속되지 아니하는 토지를 취득하는</u> 경우에는 「주택법」 제49조에 따른 사용검사를 받은 날에 그 토지를 취득한 것으로 보고, 「도시 및 주거환경정비법」 <u>제13조 제1항에 따라 설립된 조합이 정비사업을 하면서 조합원에게 귀속되지 아니하는 토지(제1항 또는 제2항에 따라 취득한 토지는 제외한다)를 취득하는</u> 경우에는 「도시 및 주거환경정비법」 제54조 제2항에 따른 소유권이전 고시일의 다음 날에 그 토지를 취득한 것으로 본다.

② 개정안의 요지

재건축 등에 따라 신축된 건축물은 도시 및 주거환경정비법 제54조에 의거 소유권 이전 고시일의 다음 날에 토지 또는 건축물을 분양받을 자가 소유권을 취득하며, 이 때 같은 법 제55조 제2항에 의거 '조합원분'은 환지로 조합원이 소유권을 취득하고[249] '조합분'은 체비지 또는 보류지로 조합이 소유권을 취득한다.[250] 이것은 법률의 규정에 의한 취득이며 이 내용은 주택재개발사업·도시환경정비사업이든 주택재건축사업이든 다를 바가 없다. 그러나 현행 지방세법시행령 제20조 제6항은 '주택재개발사업과 도시환경정비사업'만 소유권 이전 고시일의 다음 날에 신축한 주택을 취득하고 '주택재건축사업'은 주택의 사용승인일과 사실상 사용일 중 빠른 날에 취득하는 것으로 정하고 있으므로 법리에 맞지 않다고 할 것이다.

따라서 도시 및 주거환경정비법에 따른 정비사업으로 건축한 건축물은 주택이든 일반 건축물이든, 조합원분이든 조합분이든 또는 주택재개발사업·도시환경정비사업이든 주택재건축사업이든 이를 불문하고 모두 소유권 이전 고시일의 다음 날에 각각 취득한다는 당연한 사실을 훈시적으로 규정한다(지방세법시행령 제20조의 개정안 제6항).[251]

개정안에 따를 때 조합은 사업기간 동안 토지를 신탁에 의하여 취득하더라도, 물물대응이 가능한 경우에는 조합은 이 신탁토지를 취득하지 않고 당해 조합원이 계속 보유하고 있으며(신탁도관론의 적용) 물물대응이 불가능한 경우에만 조합이 취득하는 것으로 보게 된다(신탁실체론의 적용).

개정안에 의하면 조합이 신탁토지에 대한 취득세를 부담하는 경우는 ① 물물대응이 불가능한 토지(<표 Ⅳ-1>의 b′토지 및 b″토지)를 취득하는 경우와 ② 물물대응이 가능한 토지 중 신축 건축물의 부속토지(대지권)로 조합이 신탁업무의 수행의 대가로 취득하는 경우(<표 Ⅳ-1>의 a″토지)이다. ①의 경우는 조합원이 아닌 제3자로부터 취득하는 경우이므로, 신탁에 의하여 토지를 취득하는 경우라 하더라도, 신탁실체론이 적용되어 지방세법시행령 제20조 제1항 또는 제2항에서 정한 날(계약일 또는 잔금일)에 취득한다. ②의 경우는 a″토지가 신축 건축물의 부속토지가 되기 전(즉, 건축물의 준공일 또는 이전고시일)까지는 그 신탁토지를 조합이 취득하지 않고 조합원이 계속 보유하고 있는 경우인데(신탁도관론의 적용), 따라서 이 기간 중에는 현행 지방세법시행령 제20조 제7항에서 규정한 '조합원으로부터 취득하는 토지 중 조합원에게 귀속되지 아니하는 토지'가 개정안

---

249) 조합원이 취득하는 물건이 건축물이지만 도시 및 주거환경정비법 제55조 제2항에 의하여 이 건축물이 환지의 범위에 해당하게 된다.

250) 도시 및 주거환경정비법 제55조(대지 및 건축물에 대한 권리의 확정) ① 대지 또는 건축물을 분양받을 자에게 제54조 제2항의 규정에 의하여 소유권을 이전한 경우 종전의 토지 또는 건축물에 설정된 지상권·전세권·저당권·임차권·가등기담보권·가압류 등 등기된 권리 및 「주택임대차보호법」 제3조 제1항의 요건을 갖춘 임차권은 소유권을 이전받은 대지 또는 건축물에 설정된 것으로 본다.
② 제1항의 규정에 의하여 취득하는 대지 또는 건축물 중 토지등소유자에게 분양하는 대지 또는 건축물은 「도시개발법」 제40조의 규정에 의하여 행하여진 환지로 보며, 제48조 제3항에 따른 보류지와 일반에게 분양하는 대지 또는 건축물은 「도시개발법」 제34조의 규정에 의한 보류지 또는 체비지로 본다.

251) 서정수·서희열(주116), 102면에서도 같은 취지의 주장을 하고 있다.

에서는 조합에 존재하지 않는다. 개정안에 따를 때, 조합이 a″토지를 취득하는 시점은 신축 건축물이 준공되어 사용검사일 또는 이전고시일의 다음날이 되는 것이므로, 현행 지방세법시행령 제20조 제7항의 "…취득하는 토지 중…"은 개정안에서는 불필요하다. 따라서 이를 삭제한다.

또한 주택재건축조합 뿐만 아니라 주택재개발조합, 도시환경정비사업조합도 이전 고시일의 다음날에 조합원에게 귀속되지 않는 토지(즉, a″토지)를 체비지 또는 보류지로서 취득(법률의 규정에 의한 취득)하는 것이고 이 취득은 승계취득이 아니라 원시취득에 해당한다. 따라서 도시 및 주거환경정비법에 따라 이전 고시일 다음날에 조합이 토지를 취득하는 것은 법리상 당연한 것이므로 주택재건축조합에 한정하지 않고 주택재개발조합, 도시환경정비사업조합에도 적용되도록 하기 위해 '주택재건축조합'을 '도시 및 주거환경정비법에 따라 설립된 조합'으로 할 수 있도록 개정한다. 또한 이 취득은 원시취득인 만큼 승계취득의 문언인 '조합원으로부터 취득'의 문언은 삭제하되(지방세법시행령 제20조의 개정안 제7항),[252] 주택조합의 경우에는 이 취득은 조합원으로부터 승계취득하는 것이므로 '조합원으로부터…'의 문언을 그대로 둔다.[253]

한편, 조합이 제3자로부터 토지를 취득하는 경우[254]에는 일반적인 취득일[255]에 조합이 납세의무자로서 이미 취득세를 부담했으므로 이 토지는 이전고시일 다음날에 조합이 취득하는 것에 해당하지 않는다는 당연한 사실을 주의적으로 괄호 내에 규정한다.

(3) 개선 효과

개정안은 취득세와 재산세를 물물대응 원칙의 적용여부에 따라 신탁도관론과 신탁실체론이 적용되도록 구분하여 과세하므로 납세의무자가 조합이라고 해서 특별히 다르게 취급하지 않고 다른 납세의무자와 동일하게 취급한다. 따라서 납세의무자가 되는 조합 또는 조합원은 부동산을 취득할 경우 일반적인 경우에 취득세와 재산세를 부담하는 것과 동일하므로 자신이 취득세와 재산세의 납세의무자가 되는지 여부를 보다 쉽게 알 수 있게 될 뿐만 아니라 조세 중립성도 실현된다.

조합이 제3자로부터 조합원용 부동산(<표 Ⅳ-1>의 b′토지)을 취득하는 경우 현행 규

---

252) 이동식(주36), 51면에서는, 조합이 이전고시에 의하여 취득하는 a″토지는 원시취득이므로 조합원 소유의 부동산을 신탁 취득하는 것이 아니어서 현행법이 취하고 있는 형식적 취득 개념에 의하여 조합이 납세의무자가 된다고 하고 있다.
253) 직장·지역주택조합의 이 a″토지의 취득은 개정안 지방세법 제7조 제8항 후단에 의해서도 건축물의 사용검사일에 조합이 취득하게 된다.
254) 이 경우는 <표 Ⅳ-1>의 b′토지와 b″토지가 해당한다.
255) 이 일반적인 취득일은 지방세법시행령 제20조 제1항 또는 제2항에 정한 날이다.

정에 의하면 취득세의 납세의무자가 조합원이므로 그 과세표준도 조합원(납세의무자)의 장부가액 등을 기준으로 산정해야 논리적이다. 그러나 실제로는 조합의 장부가액을 기준으로 취득세의 과세표준을 산정하는데, 개정안에서는 취득자가 조합원이 아니라 조합이므로 현행 과세상의 이러한 비합리성이 개정안에서는 없어지게 된다.

또한 아래의 <표 Ⅶ-3>에서 보는 바와 같이, 현행과는 달리 개정안은, ① 조합이 취득하는 부동산의 취득일이 신탁도관론과 신탁실체론의 논리에 따라 정확하게 일치하고, ③ 이전고시일까지 토지 취득자가 신탁도관론이 적용되는 경우는 조합원이, 신탁실체론이 적용되는 경우는 조합이 각각 되므로 실무상 판단에 혼선이 발생하지 않게 된다.

〈표 Ⅶ-3〉 조합의 토지 취득일 및 이전고시일까지의 토지 소유자

취득 토지		도관론과 실체론의 적용		조합의 토지 취득일		이전고시일까지의 토지 취득자	
취득 상대방	용도	현행	개정안	현행	개정안	현행	개정안
조합원 (A토지)	조합원용 (a′토지)	도관론	도관론	–	–	조합원	조합원
	비조합원용 (a″토지)	실체론	도관론	사용검사일/ 이전고시일	사용검사일/ 이전고시일	공백 상태	조합원
제3자 (B토지)	조합원용 (b′토지)	도관론	실체론	계약일/ 잔금일	계약일/ 잔금일	조합원	조합
	비조합원용 (b″토지)	실체론	실체론	계약일/ 잔금일	계약일/ 잔금일	조합	조합

따라서 ① 현행 규정에 의할 때 a″토지의 경우 신탁실체론이 적용되는데도[256] 조합의 a″토지의 취득일을 신축 건축물의 사용검사일 또는 이전고시일의 다음 날로 규정함에 따른 취득시기 공백의 문제가 개선안에서는 발생하지 않는다. ② 또한, 현행 규정에 의할 때 b′토지의 경우 신탁도관론이 적용되어 조합원이 취득한 것이므로,[257] 이 신탁토지는 취득세 과세상 조합 → 조합원으로 이전될 가능성이 없다. 그럼에도 불구하고 현행 지방세법은 b′토지가 조합 → 조합원으로 이전될 가능성이 있다는 것을 전제로,

---

256) a″토지는 현행 지방세법 제7조 제8항의 단서에서 신탁도관론을 정한 본문의 적용을 배제하도록 정하고 있으므로 신탁실체론이 적용된다.

257) b′토지는 현행 지방세법 제7조 제8항 본문이 적용되므로 신탁도관론이 적용된다. 따라서 조합원이 취득한 것이 된다.

조합 → 조합원으로 이전될 때 비과세하지 않는다는 것을 현행 지방세법 제9조 제3항 단서에서 규정하고 있음에 따라 해석상 혼선이 발생하는데[258] 이러한 문제가 개선안에서는 발생하지 않는다.

이와 같이 조합 과세에 관한 규정이 개선되면, 아래 <표 Ⅶ-4>에서 보는 바와 같이, 현행 규정에 따라 취득세와 재산세의 과세 여부에 대한 논리가 개선안에 의할 때 달라지게 되어 납세자가 수긍하기 쉽게 된다.

〈표Ⅶ-4〉 개정안에 의할 때 조합관련 기존논리와의 비교

구분	기존 견해의 논리	개선안의 논리
신탁등기에 의하여 부동산을 조합에 이전하는 성질	· 현물출자에 해당함*1)	· 사업을 수행하는 수단에 불과함(도관의 성질)
지역조합원의 변경 시 신조합원에게 취득세 과세 여부	· 조합취득토지는 조합원의 취득에 해당(일반분양분은 조합 취득) → ∴ 신조합원은 구조합원으로부터 토지를 취득한 것임 → ∴ 취득세 과세가 타당*2)	· 조합취득토지는 조합의 취득에 해당 → ∴ 신조합원은 토지를 취득할 수 없음 → ∴ 취득세가 과세되지 않음
지역조합원의 추가 모집시 신조합원에게 취득세 과세 여부	· 신조합원은 조합원 지분만큼 부동산을 취득 → ∴ 취득세 과세가 타당*3)	· 신조합원은 신축건물을 취득하기 전까지는 부동산을 미취득 → ∴ 취득세가 과세되지 않음
지역조합원의 자격 상실시 조합에 납세의무의 존부	· 조합원 소유 부동산(∵조합 취득=조합원 취득이므로)이 조합 소유로의 전환에 해당 → ∴ 취득세 과세가 타당*4)	· 조합이 취득한 토지는 조합 소유 → ∴ 조합원의 자격상실은 조합소유토지에 영향없음 → ∴ 조합에 취득세가 과세되지 않음
조합원 중 미분양신청자에게 현금청산 시 취득세 과세 여부	· 조합원 소유토지를 조합 명의로 이전하는 신탁등기 시 이미 조합이 토지취득 → ∴ 조합원이 탈퇴해도 조합에게 재화이전이 없으므로 조합의 토지취득이 없음*5)	· 조합 명의로 이전하는 신탁등기 시 조합은 토지 미취득 → ∴ 조합원이 탈퇴하여 현금청산 시 조합이 비로소 토지 취득 → ∴ 이 때 조합에게 취득세 과세가 타당
조합의 일반분양분 토지 취득의 유·무상성	· 무상취득 → ∴ 과표는 공시지가이며, 취득세율은 3.5%*6)	· 체비지의 취득이므로 유상취득 → ∴ 과표는 조합원분 건물의 공사원가이며, 취득세율은 4%

---

258) b′토지는 현행 지방세법 제7조 제8항 본문에 의하여 조합원이 취득한 것으로 보는 것이므로 조합 → 조합원으로 이전될 가능성이 없는 토지이다. 그런데도 현행 지방세법 제9조 제3항 단서는 '신탁의 종료로 인하여 수탁자로부터 위탁자에게 신탁재산을 이전하는 경우(현행 제9조 제3항 제2호)'를 규정한 본문(비과세한다는 내용)을 적용하지 않는다고 규정하고 있는데, 그러면 얼핏보면 마치 신탁토지에 해당하는 b′토지가 조합(수탁자) → 조합원(위탁자)에게로 '신탁의 종료로 인하여 이전될 때는 비과세 하지 않는다(즉, b′토지는 처음부터 조합원이 취득한 것이 아니다)라는 듯한 외관을 주고 있어 혼선이 발생한다.

조합의 일반분양분 토지 취득에 대한 과세의 형평성	· 조합의 일반분양분 토지 취득에 대한 과세는 부동산신탁사의 비과세와 대비할 때 공평과세에 위배*7)	· 조합의 일반분양분 토지 취득은 체비지로 취득(일반건설사의 토지취득과 동일) → ∴ 이에 대한 과세는 당연 · 부동산신탁사의 비과세는 입법정책의 문제
재개발조합원이 청산금 지급시 과세표준의 안분	· 청산금에 대한 과세 규정만 있고 토지와 건물의 구분이 없으나, 관리처분계획상 가액을 기준으로 토지 및 건물가액의 안분이 타당*8)	· 일반적인 청산금의 지급 시는 '조합분 건물가액〉체비지 가액'인 경우임 → ∴ 청산금은 전액 건물취득가액으로 하는 것이 타당 · 다만, '종후토지면적〉종전토지면적'인 경우에는 그 면적증가분에 대해서는 토지취득가액임.
신탁에 의한 건축물의 보존등기 및 위탁자에게로의 환원등기의 성질	· 신탁에 의한 건축물의 보존등기시점에서는 신탁재산이 아니지만 이 건축물을 위탁자에게 환원할 때에는 신탁재산으로 보아 취득세를 비과세함*9)	· 신탁에 의한 건축물의 보존등기시점에도 신탁재산에 해당함 → ∴ 이 건축물을 위탁자에게 환원할 때에는 신탁재산의 이전이므로 취득세의 비과세가 당연함
사직동재건축조합 사건(대법원 2015.10.29. 선고 2010두1804)	· 제3자로부터 취득한 토지(A)를 조합원분과 일반분양분으로 비례배분하는 것이 타당 → ∴ A의 비례배분만큼 조합원이 취득*10)	· 조합원 취득분은 환지이고 조합이 취득하는 일반분양분은 '체비지+제3자로부터 취득분(A)'이므로 조합원이 A의 취득 여지가 없음
일반분양용 토지의 취득세 과세 사건(대법원 2008.2.14. 선고 2006두9320)	· '조합원용'의 단어에는 일반분양분은 제외됨 → ∴ 일반분양분 토지는 비과세되어야 함(판결이후 세법개정으로 해결)	· 일반분양분 토지는 이전고시에 의하여 조합이 취득한 것임 → ∴ 일반분양분에 대한 취득세 과세는 당연

*1) 손영철 · 남태현(주156), 219면.

*2) 전동흔 · 최선재(주34), 819면; 세정−456, 2004. 2. 3.; 지방세운영과−816, 2017. 10. 30.

*3) 김태호(주169), 313~314면.

*4) 세정−2364, 2007. 6. 20, 세정−3024, 2007. 8. 2; 세정−3968, 2007. 10. 1.

*5) 조세심판원, 조심2014지0812, 2014. 11. 24.

*6) 김태호(주169), 319면.

*7) 정지선(주120), 255~256면; 이종혁(주112), 154~155면.

*8) 김태호(주169), 1304면.

*9) 전동흔 · 최선재(주34), 1370면.

*10) 원심(부산고등법원), 2009.12.23. 선고 2009누2382 판결.

VIII. 요약 및 결론

1. 요약

부동산의 신탁에 있어서, 수탁자가 영리법인인 경우와 비영리법인인 경우로 나누고, 수탁자가 신탁부동산을 취득할 때 그 신탁거래의 상대방이 위탁자인지 위탁자 이외의 제3자인지로 나눈 다음, 수탁자 또는 위탁자가 부동산을 승계취득하는 경우와 원시취득하는 경우로 나누어, 각 사례별로 취득세의 납세의무가 발생하는지 여부 및 그 납세의무자가 누구인지, 그리고 신탁기간 중에 신탁재산에 대한 재산세의 납세의무자가 누구인지를 나누어서 본 연구에서 제시한 내용을 표로 요약, 정리하면 다음 <표 VIII-1>과 같다.

〈표 VIII-1〉 개정안에 의할 때 사례별 취득세 및 재산세의 납세의무 발생

수탁자	거래상대방	적요			취득세 납세의무 발생	취득세 납세의무자	취득세 과세(비과세)의 근거	신탁기간 중 재산세 납세의무자	설명
영리법인	위탁자	'위탁자 = 사업자'인 경우임			×	-	(§6.1.단서)	위탁자	①
	제3자	승계취득			○	위탁자	§7⑧전단	위탁자	②
		원시취득	건물		○	위탁자	§7⑧전단	-	③
			대지권		×	-	(원래 자기자산)	-	④
비영리법인	위탁자/제3자	위탁자	'위탁자=조합원'인 경우임		×	-	(§6.1.단서)	위탁자	⑤
		부동산의 신탁 (예: 재건축)	승계취득(제3자)		○	**수탁자**	§6.1.본문	**수탁자**	⑥
			원시취득	조합원분 건물	○	위탁자 (조합원)	§6.1.본문	-	⑦
				조합원분 대지권	×	-	(원래 자기자산)	-	⑧
				조합분 (일반분양) 건물	○	**수탁자 (조합)**	§6.1.본문	-	⑨
				조합분 (일반분양) 대지권	○	**수탁자 (조합)**	**체비지취득/§7⑧후단**	-	⑩
		신탁금전으로 부동산 매수 (예: 주택조합)	승계취득(제3자)		○	**수탁자**	§6.1.본문	수탁자	⑪
			원시취득	조합원분 건물	○	위탁자 (조합원)	§6.1.본문	-	⑫
				조합원분 대지권	×	-	(§9③.1.)	-	⑬
				조합분 (일반분양) 건물	○	**수탁자 (조합)**	§6.1.본문	-	⑭
				조합분 (일반분양) 대지권	×	-	(원래 자기자산)	-	⑮

*1) '§'표시는 개정안의 지방세법의 조문 표시임.

*2) 신탁회사가 재건축사업의 사업시행자로 지정받은 경우에는 비영리법인으로 의제됨.

위 <표 Ⅷ-1>의 각 사례별로 취득세의 과세와 신탁기간 중 재산세의 납세의무자 등에 관하여 개정안에 의하여 내용을 설명하면 다음과 같다.

①은 사업자(위탁자)가 사업 수행의 수단으로 토지신탁, 관리형신탁, 담보신탁 등을 하거나 개인 등(위탁자)이 관리신탁 등을 하는 경우이다. 이 경우는 개정안 지방세법 제6조 제1호 단서에서 '위탁자 → 수탁자'로 하는 신탁등기는 취득에서 제외하므로, 신탁등기를 하더라도 취득세 과세상 위탁자가 계속 신탁재산의 보유자가 된다. 이 경우 위탁자는 신탁한 이후에도 신탁재산을 자신의 자산으로 보아 회계처리하며, 개정안에서는 재산세의 납세의무자는 위탁자가 된다. 따라서 개인이 신탁을 통하여 종합부동산세를 회피하는 것이 방지된다.

②는 '제3자 → 수탁자'로의 취득이므로 개정안 지방세법 제6조 제1호 본문에 의거 수탁자가 신탁재산을 취득한 것에 해당하나, 개정안 지방세법 제7조 제8항 전단에 의거 이 신탁재산을 위탁자가 취득한 것으로 의제한다(신탁도관론의 명시). 이 경우 회계상 위탁자는 신탁재산을 자신의 자산으로 회계처리하며, 개정안에 의할 때 재산세의 납세의무자는 위탁자가 된다.

③은 건물의 준공 후 수탁자 명의로 보존등기하는 경우이지만, 개정안 지방세법 제7조 제8항 전단에 의거 위탁자가 이 신축건물을 원시취득한 것으로 의제한다.

④는 새로 신축한 건물(취득세 과세상 취득자는 위탁자)의 대지권이 되는 토지이다. 위탁자가 토지를 신탁하더라도 이 토지는 여전히 위탁자 보유 토지이므로('①' 참조), 이 신탁토지가 신축건물의 대지권이 되더라도 계속 위탁자의 토지이기 때문에 취득세 납세의무가 발생할 여지가 없다.

⑤는 조합원(위탁자)이 비영리법인인 조합(수탁자)에 그 소유부동산을 신탁등기하는 경우로서 '위탁자 → 수탁자'로의 신탁등기이므로 개정안 지방세법 제6조 제1호 단서에 의거 취득에서 제외된다. 따라서 신탁 이후에도 위탁자(조합원)가 계속 신탁재산의 보유자로서 재산세 납세의무자가 된다.

⑥은 재건축조합이 매도청구에 의하여 부동산을 취득하는 경우 등으로서 '제3자 → 수탁자'로의 부동산의 취득이므로 개정안 지방세법 제6조 제1호 본문에 의하여 수탁자(조합)가 취득한 것에 해당한다. 따라서 신탁기간 중에는 수탁자(조합)가 이 신탁재산에

대한 재산세의 납세의무자가 된다.

⑦은 재건축조합이 건축한 집합건물 중 조합원(위탁자)에게 환지로 돌려주는 것에 해당한다. 이 경우 조합원이 취득하는 건물 부분은 조합원이 원시취득하는 것이므로(대법원 판례) 보존등기에 따른 취득세의 납세의무자는 조합원이 된다.

⑧은 조합원(위탁자)이 원시취득하는 건물의 대지권이 되는 토지이다. 조합원이 조합에 신탁등기한 이후에도 여전히 위탁자 보유분으로서 자신의 토지이므로('⑤' 참조) 취득세 납세의무가 발생할 여지가 없다.

⑨는 재건축조합이 건축한 건물 중 일반분양하는 것으로서 조합이 원시취득하였다가 수분양자에게 이전등기하는 것에 해당한다. 이것은 준공 시점에 개정안 지방세법 제6조 제1호 본문에 의거 조합의 취득에 해당하므로 조합(수탁자)이 보존등기에 따른 취득세를 부담한다.

⑩은 건물 준공 후 이전고시를 하면 재건축조합이 일반분양 토지 부분을 체비지로 원시취득하는 것으로서 체비지 취득에 따른 취득세 납세의무가 개정안 지방세법 제6조 제1호 본문 및 제7조 제8항 후단에 의거 조합에 발생한다.

⑪은 지역·직장주택조합이 제3자로부터 조합원(위탁자)로부터 신탁받은 금전으로 아파트 건축용 부지를 취득하는 경우이다(신탁재산의 물상대위성). 이 경우는 '제3자 → 수탁자'로의 부동산 취득이므로 개정안 지방세법 제6조 제1호 본문에 의거 수탁자(조합)의 취득에 해당하고, 수탁자(조합)가 신탁기간 중 이 신탁부동산에 대한 재산세의 납세의무자가 된다.

⑫는 지역·직장주택조합이 건축한 건물 중 조합원에게 분양하는 것으로서 조합원(위탁자)이 원시취득하는 것에 해당하므로(대법원 판례), 조합원이 보존등기에 따른 취득세의 납세의무자가 된다.

⑬은 조합원이 원시취득하는 건물의 대지권에 해당하는 토지로서 이 토지를 조합이 제3자로부터 취득할 때 조합이 납세의무자로서 취득세를 부담한 것이다('⑪' 참조). 이 토지는 수탁자 → 위탁자(조합원)에게 신탁재산을 이전하는 경우이므로 개정안 지방세법 제9조 제3항 제1호에 의하여 비과세된다.

⑭는 주택조합이 건축한 건물 중 일반분양하는 것에 해당하는 것으로서 주택조합이 원시취득하는 것이므로 개정안 지방세법 제6조 제1호 본문에 의거 조합의 취득에 해당하고, 따라서 주택조합(수탁자)이 보존등기에 따른 취득세의 납세의무자가 된다.

⑮는 주택조합이 원시취득하는 일반분양분 건물의 대지권 토지이다. 이것은 수탁자가 신탁받은 금전으로 제3자로부터 취득한 토지로서 취득세 과세상 수탁자의 토지이므

로('⑪' 참조) 수탁자에게 취득세 납세의무가 발생할 여지가 없다.

<표 Ⅳ-4>에서 보는 바와 같이, 영리법인이 아닌 수탁자(예: 주택조합 등)가 신탁받은 금전으로 부동산을 취득하는 경우는 물물대응이 곤란한 경우이나 그 이외의 경우는 모두 물물대응이 가능하다. 이를 등기부상 등기사항으로 파악을 하면, <표 Ⅴ-3>에서 보는 바와 같이, 수탁자가 영리법인이 아닌 경우(예: 주택조합 등 비영리법인)에는 위탁자로부터 신탁에 의하여 부동산을 승계취득한 때에만 물물대응이 가능하고 나머지는 모두 물물대응이 불가능하다. 따라서 신탁부동산 중 물물대응이 가능한지 여부를 기준으로 하여 취득세와 재산세의 납세의무자를 구분한다 하더라도 그 구분은 등기부상 등기사항만으로도 구분이 가능하기 때문에 실무상으로 어려운 일이 아니다.

따라서 물물대응을 기준으로 과세하게 되면 '취득세 납세의무자 = 재산세 납세의무자 = 회계상 자산으로 처리하는 자'의 관계가 성립하므로 실무상으로 취득세와 재산세의 납세의무자에 관하여 혼선이 발생하지 않게 된다.

2. 결론

(1) 지방세법 및 지방세기본법의 개정

신탁과 관련한 취득세의 과세와 관련하여, ① 지방세법 제6조 제1호를 개정안과 같이 개정하여, 취득세 과세상 취득의 개념을 신탁도관론에 따르는 것을 원칙으로 하도록 하여 현재 취득세 과세상 나타나는 여러 가지 문제를 근원적으로 해결하면서 지방세의 체계가 간결하게 되도록 한다. ② 지방세법 제7조 제8항을 개정하여, 수탁자가 영리법인인 경우에는 제3자로부터 취득한 신탁재산은 해당 위탁자가 취득한 것으로 의제하여 신탁도관론의 논리가 일관되도록 하고, 수탁자가 영리법인이 아닌 경우에는 위탁자로부터 이전받은 신탁재산 중에서 신탁업무의 수행의 대가로 수탁자에게 귀속되는 부동산은 이 귀속 시점에 수탁자가 취득하는 것으로(즉, 당연한 사실을 주의적으로) 규정하여 논란이 발생하지 않도록 한다. ③ 개정안에서 위탁자로부터 수탁자에게 신탁재산을 이전하는 경우를 비과세가 아닌 취득의 개념에서 제외되도록 함에 따라 비과세를 규정한 지방세법 제9조 제3항을 보완한다. 이렇게 취득세와 관련한 규정을 개정하게 되면 이에 수반하여 부수적으로 관련 지방세법의 규정도 개정하여야 할 것이다.

신탁과 관련한 재산세의 과세와 관련하여, ① 지방세법 제107조 제1항 제3호를 개정하여, 신탁재산에 대한 재산세의 납세의무자를 수탁자로부터 위탁자로 변경하여 신탁재산의 실제적인 소유자인 위탁자가 재산세를 부담하게 한다. 이와 같이 개정이 되면 신탁을 통하여 종합합산에 따른 종합부동산세의 회피 행위를 하는 것을 방지할 수 있게 된다. 그러나 물물대응이 되지 않는 신탁재산{즉, 영리법인이 아닌 수탁자가 제3자로부터 취득(원시취득한 경우를 포함)한 신탁재산}은 수탁자가 재산세의 납세의무자가 되도록 하여 납세의무자를 쉽게 파악할 수 있게 함으로써 행정청의 징세업무의 애로사항이 발생하지 않도록 한다. ② 지방세기본법 제44조를 개정하여, 위탁자가 신탁재산을 통한 조세회피 행위를 하더라도 신탁재산을 청산할 때까지는 신탁재산에 대하여 체납처분을 할 수 있도록 수탁자에게 연대납세의무를 부여하여 위탁자의 조세회피 행위를 방지하도록 한다.

이렇게 재산세와 관련한 규정을 개정하게 되면 이에 수반하여 부수적으로 관련 지방세법의 규정도 개정하여야 할 것이다.

재건축조합 등 도시환경정비사업 관련 조합이 사업수행의 수단으로 하는 신탁과 관련하여, 위의 취득세와 재산세의 개선과 관련된 내용 이외에 조합의 조합 사업 관련 부동산을 취득할 때 그 취득시기를 주택조합·재건축조합·재개발조합 등을 구분하지 않고 모두 통일적으로 적용할 수 있도록 지방세법시행령 제20조를 개정하여 관련 업무의 수행 시 혼선이 발생하지 않도록 한다.

이와 같이 신탁과 관련한 취득세, 재산세와 관련한 내용과 재건축조합 등 도시환경정비사업조합에 관련된 지방세법을 개정할 경우, 위 <표 Ⅷ-1>에서 보는 것과 같이, 취득세의 납세의무자와 재산세의 납세의무자가 일치하게 되고, 납세의무자가 되는 위탁자 또는 수탁자는 신탁재산을 재무제표에 자신의 자산으로서 각각 계상하는 자이므로 회계와 세무도 일치하게 되어, 실무상의 혼선이 발생하는 것도 방지될 것이다.

(2) 조합 관련 회계처리의 개선

재건축조합, 지역·지역주택조합, 재개발조합 등 도시환경정비사업과 관련하여 설립된 조합이 사업 진행을 하면서 신탁제도를 많이 활용하고 있는데, 이것이 우리나라가 다른 나라와 달리 신탁 관련 세제가 복잡하고 분쟁이 많이 발생하는 원인 중 하나이다.

그런데 조합은 신탁재산에 대한 회계처리를 기업회계가 취하고 있는 신탁도관론을 따르지 않고 신탁실체론에 따라 처리하고 있으며, 법률적으로 조합은 조합원으로부터 사업기간 중에 현물출자를 받은 바가 없는데도 현물출자를 받은 것으로 회계처리한다. 이러한 회계처리는 신탁도관론에 따라 취득세를 과세하는 다수의 사례에 대한 실무와 상충되고, 이 점이 신탁과세를 어렵게 만드는 요인으로 작용하며, 조합의 사업과 관련하여 조세불복이 많이 발생하는 원인으로도 작용한다.

따라서 실무상 이러한 문제점이 발생하지 않도록 신탁관련 세제의 개편에 맞추어 신탁도관론을 따르도록 되어 있는 회계처리기준과 일치하도록 조합관련 회계처리도 변경되어야 하며, 따라서 서울시의 정비사업회계처리규정 등의 고시내용도 변경되어야 할 것이다.

참 | 고 | 문 | 헌

1. 단행본

김완석 · 황남석, 『법인세법론』, ㈜광교이택스, 2014.

김태호, 『지방세 이론과 실무』, 세경사, 2017.

마정화 · 유현정, 『부동산신탁에 관한 합리적인 지방세 과세방안』, 한국지방세연구원, 2016.

박훈, 『미국의 지방세제도』, 한국지방세연구원, 2017.

변강림, 『부동산신탁등기 · 재건축등기 · 재개발등기 실무』, 백영사, 2008.

손영철 · 서종균, 『금융상품과 세법』, 삼일인포마인, 2014.

오경조, 『신부동산등기법 강의』, 법률&출판, 2011.

유태현, 『취득세 · 등록면허세의 불합리한 과세체계 정비방안』, 한국지방세연구원, 2015.

이남우, 『주택조합설립과 등기 실무』, 로북스, 2017.

이동식, 『도시재개발사업 등에 대한 지방세 감면의 과세전환방안』, 한국지방세연구원, 2014.2.

이창희, 『제11판 세법강의』, 박영사, 2013.

임승순, 『조세법』, 박영사, 1999.

전동흔 · 최선재, 『2017 지방세법해설』, ㈜영화조세통람.

정승영 송영관, 『지방세 회피 방지를 위한 실질과세원칙 적용 방안』, 한국지방세연구원, 2017.

장재식, 『조세법』, 서울대학교출판부, 1990.

최명근, 『세법학총론』, 세경사, 2002.

행정자치부, 『2016년도 시행 지방세법령 적용요령』, 2016.1.

經濟法令硏究會, 『信託の基礎』, 經濟法令硏究會, 2015.

2. 논문 및 보고서

김성균, "부동산 신탁 관련 취득세 등 납세의무자 검토", 『중앙법학』, 제17권 제3호(통권 제57호), 중앙법학회, 2015. 9.

김성균, "부동산 신탁관련 재산세 및 부가가치세 검토", 『원광법학』, 제33권, 제1호, 원광대학교 법학연구소, 2017.3.

김종해 · 김병일, "영국의 신탁제도의 시사점", 『세무학연구』 제21권 제3호, 한국세무학회, 2011.

김진아, "주요국의 부동산 보유세제 개편과 시사점" 『재정포럼(제100호)』, 2004. 10.

노용성, "신탁법의 개정과 실무(3) ─ 부동산등기법의 신탁등기(1)", 『법무사』, 2012년 10월호.

노용성, "신탁법의 개정과 실무(3) ─ 부동산등기법의 신탁등기(2)", 『법무사』, 2012년 11월호.

박상우, "신탁등기의 실무", 『BFL총서⑨ 신탁법의 쟁점(제1권)』, 도서출판 소화, 2015.

배영석 · 김병일, "담보목적의 신탁등기와 취득세 추징사유에 관한 소고", 『조세논총』 제2권 제2호, 한국조세법학회, 2017.6.

배영석 · 김병일, "주택재건축사업의 과세에 대한 문제점과 개선방안에 관한 연구 ─ 사업소득계산을 중심으로 ─", 『조세연구』 제15권 제1집(통권 제28권), 한국조세연구포럼, 2015. 4.

서정수 · 서희열, "주택재건축·재개발조합의 토지 취득시기에 관한 연구", 『조세연구』, 제16권 제2집(통권 제32권), 2016.6.

손영철 · 남태현, "신탁소득 과세상 도관이론 적용의 문제점: 법인세법 제5조 제1항을 중심으로", 『법학논총』 제26권 제3호, 국민대학교출판부, 2014.2.

이전오, "신탁재산 등에 한 체납세액 징수방안 연구", 기획재정부, 2011.

이종혁, "재건축주택조합이 조합원들로부터 신탁받은 토지에 대한 취득세 과세 여부", 『조세연구』 연구논총 제7집, 2007.10.

이중교, "신탁법상 신탁에 관한 과세상 논점", 『법조』, 제58권 제12호(통권 제639호), 법조협회, 2009.12.

인성식, "토지신탁의 구조와 위험분석에 관한 연구", 한성대학교 대학원 박사학위논문.

임채웅, "재건축주택조합과 신탁에 대한 취득세의 부과에 관한 연구", 『저스티스』 통권 제102호, 한국법학원, 2008.2.

정기상, "신탁법상 신탁관계에서 토지 지목의 사실상 변경으로 인한 취득세의 납세의무자: 대상판결: 대법원 2012. 6. 14. 선고 2010두2395 판결", 『세무와 회계연구』 제1권 제2호, 한국세무사회 부설 한국조세연구소, 2012.12.

정지선, "재개발·재건축 관련 취득세와 재산세의 과세상 문제점과 개선방안에 관한 연구", 『세무학연구』 제28권 제 1호, 한국세무학회, 2011.3.

정지선, "지방세법상 취득세의 본질규명과 취득시기의 개선방안", 『세무학연구』 제23권 제2호, 한국세무학회, 2006.6.

한원식, "신탁소득의 납세의무자에 대한 연구" 『조세법연구』, 제19-2권, 세경사, 2013.8.

佐藤英明, "不動産の取得に対する地方税と信託", 2012.

Swenson, Bender's State Taxation: Principles and Practice, §23.04, 2014.

Matthew Hutton, *Tolley's UK Taxation of Trusts 18th ed*, 2008, LexisNexis.

4.3. 주택분양신탁 등에 따른 등록세 과세에 관한 소고

- 대법원 2014두38149 판결을 중심으로 -

4.3. 주택분양신탁 등에 따른 등록세 과세에 관한 소고*
- 대법원 2014두38149 판결을 중심으로 -

강남대학교 교수 김 병 일

Ⅰ. 사건의 개요

1. 처분의 경위

(1) 주식회사 성원주택건설(이하 '성원주택'이라 한다)은 주택법 제16조 소정의 주택건설 사업인 진주시 문산읍 삼곡리 1224 외 29필지(이하 '이 사건 대지'라 한다) 지상에 아파트 6개동, 세대수 351세대로 진주 문산 에이원 파란채 아파트 건물(이하 신축예정인 건물과 신축공사결과 신축된 건물을 통틀어 '이 사건 건물'이라 한다)을 신축하는 사업(착공예정일 2006. 1. 2., 사용검사예정일 2007. 12. 31.)을 하는 시행자이다. 성원주택은 2005. 12. 22. 원고와 사이에, 성원주택이 원고(대한주택보증 주식회사)에게 토지와 건물을 신탁하는 계약(이하 '이 사건 신탁계약'이라 한다)을 체결하였고, 같은 날 이 사건 대지에 관하여 원고 명의로 신탁을 원인으로 한 소유권이전등기를 경료하였다. 이 사건 신탁계약의 주요 내용은 다음과 같다.

---

* 본고는 2017년 3월 2일 대법원 비교법실무연구회에서 발표한 내용을 수정·보완한 것으로 비교법실무연구회 편, 『판례실무연구 (XIII)』, 사법발전재단, 2020, 364~408면에 수록된 내용이다.

위탁자겸 수익자 성원주택(이하 "갑"이라 한다)과 수탁자겸 수익자 대한주택보증㈜(이하 "을"이라 한다)은 아래와 같이 신탁계약을 체결한다.

제1조 (신탁부동산)

신탁부동산은 "갑"이 주택법 제16조의 규정에 의하여 사업계획승인을 얻어 주택건설사업을 하고자 하는 별지<신탁부동산목록> 기재의 토지(사업계획승인서상의 진입도로 및 기부채납 대상 토지를 포함한다. 이하 "토지"라 한다) 및 동 토지 위에 건축중이거나 건축된 건물을 말한다.

제2조 (신탁목적)

이 신탁의 목적은 "갑"이 토지 위에 사업계획승인내용에 따라 주택 및 부대복리시설(이하 "주택"이라 한다)을 건설하여 수분양자에게 분양계약을 이행하거나, "갑"이 분양계약을 이행할 수 없는 경우 주택법시행령 제106조의 제1항 제1호 가목에 따라 분양보증을 한 "을"이 분양보증을 이행할 목적(분양이행 또는 환급이행을 말한다)으로 신탁부동산을 관리·분양 및 처분(토지나 주택의 소유권이전을 포함한다. 이하 같다)하는 데에 있다.

제7조 (신탁부동산의 관리·운용 및 처분)

① 제5조의 경우 "을"은 다음 각호의 방법에 의하여 신탁부동산을 관리·운용한다.

1. 신탁부동산의 등기부상 소유권관리

2. 신탁부동산에 대하여 적정한 방법, 시기 및 범위 등을 정하여 수선, 보존, 개량을 위한 필요행위

③ "을"이 환급이행을 하는 경우 또는 제2항에 따라 수분양자에게 분양이행을 하는 경우 신탁원본과 수익이 있는 경우 "을"은 상당하다고 인정되는 방법 및 가액으로 신탁재산을 처분할 수 있으며 다음 각호의 순서에 따라 신탁재산처분금액을 지급한다.

1. 제세공과금 및 신탁사무처리를 위한 제비용

2. 제12조 제2항 제3호에서 정한 "을"의 채권

④ 제3항에 의하여 잔여금액이 있는 경우 위탁자겸 수익자에게 환급한다. 다만 제3자의 압류·가압류·가처분 등이 있는 경우에는 그러하지 아니하다.

(2) 원고는 이 사건 신탁계약과는 별도로 2005. 12. 28. 성원주택과 사이에, 성원주택은 부도, 파산 등의 부득이한 사유로 인하여 더 이상 사업을 계속할 수 없게 되는 경

우에는 수분양자에 대하여 보증책임을 부담하는 조건 하에 사업부지 및 지상 건축물에 관한 일체의 권리, 분양관련 분양계약자 및 제3자에 대한 일체의 권리, 기타 사업과 관련된 일체의 권리를 원고에게 양도하기로 하는 약정(이하 '이 사건 양도약정'이라 한다)을 하였다.

(3) 원고는 2006. 1. 6. 성원주택과 사이에, '주채무자인 성원주택이 보증사고[주채무자가 부도, 파산 등으로 주택분양계약을 이행할 수 없다고 원고가 인정하는 경우, 감리자가 확인한 실행공정율이 예상공정율보다 25퍼센트 이상 미달하여 보증채권자의 이행청구가 있는 경우(다만 입주예정자가 없다고 보증회사가 인정한 경우를 제외)]로 분양계약을 이행할 수 없게 된 경우에, 당해 주택의 분양이행 또는 납부한 계약금 및 중도금의 환급책임을 보증금액 48,703,690,000원의 한도 내에서 부담하고, 원고가 보증채무를 이행한 때에는 성원주택에 대하여 구상권을 가지며 보증채권자가 성원주택에 대하여 가지는 권리를 대위하여 가진다는 내용의 주택분양보증계약(이하 '이 사건 보증계약'이라 한다)을 체결하였다.

(4) 원고는 2008. 7. 28. 이 사건 건물에 대하여 부동산처분금지가처분 결정을 받아 그 가처분등기의 촉탁을 원인으로 한 성원주택 명의의 소유권보존등기를 경료하였다. 그 후 이 사건 건물 신축사업의 시공자인 에이원건설 주식회사가 공사를 장기간 중단하여 사용승인검사가 지연되자, 성원주택은 2008. 8. 11. 이 사건 건물 신축사업을 포기하였다. 2008. 5. 기준으로 이 사건 건물의 신축공사의 공정율은 94.75%이다.

(5) 원고는 이 사건 보증계약에 따라 2008. 9. 25.부터 2008. 12. 11.까지 보증채권자인 수분양자들 중 317세대에게 분양보증금으로 총 43,513,917,400원(이하 '이 사건 환급이행금'이라 한다)을 환급하였다. 원고는 이 사건 양도약정에 따라 2008. 11. 27. 성원주택과 사이에, 원고가 이 사건 대지와 건물을 양도받기로 하는 계약을 체결하고, 2008. 12. 18. 이 사건 건물에 관하여 2008. 11. 27.자 양도를 원인으로 한 원고 명의의 소유권이전등기를 경료받았다. 원고는 원고 소유의 이 사건 대지와 건물을 오성주택건설 주식회사에 30,530,000,000원에 매도하고, 2010. 6. 15. 이 사건 대지와 건물에 관하여 오성주택건설 주식회사 명의로 2010. 5. 24.자 매매를 원인으로 한 소유권이전등기를 마쳐주었다.

(6) 부동산등기법 제40조 제3항에 따라 이 사건 대지 전부는 이 사건 건물의 각 전유부분에 해당하는 공유지분별로 이 사건 건물의 각 전유부분에 관한 등기부에 각 대지사용권으로 2010. 9. 13. 등기가 경료되었고, 이 사건 대지 등기부는 폐쇄되었다. 당시 이 사건 대지와 건물의 소유자는 모두 주식회사 생보부동산신탁이었다.

(7) 원고는 2008. 11. 27. 이 사건 양도약정에 따라 성원주택으로부터 이 사건 건물을 취득한 사실에 대하여 시가표준액인 18,648,552,821원을 등록세 등의 과세표준으로 하고, 그에 대한 구 지방세법(2008. 12. 31. 법률 제9302호로 개정되기 전의 것. 이하 '구 지방세법'이라 한다) 제131조 제1항 제2호의 무상취득 세율인 등록세율 1.5%를 적용하여 산출한 등록세 279,728,290원과 지방교육세 55,945,650원을 신고·납부하였다.

(8) 피고는 2011. 12. 7. 원고에게, 원고가 이 사건 아파트(이 사건 대지권과 이 사건 건물을 합한 것이다)를 유상취득하였다고 판단하고 이 사건 환급이행금 전액을 과세표준으로 하여 구 지방세법 제131조 제1항 제3호의 유상취득 세율인 등록세율 2%를 적용한 등록세 906,730,530원과 지방교육세 169,535,080원을 추징한다는 내용의 세무조사 결과통지 및 과세예고를 하였다.

(9) 피고는 원고의 과세전적부심사청구 후, 원고가 취득한 이 사건 아파트는 주택분양보증의 이행을 위하여 취득하는 분양계약이 된 주택에 해당하므로 구 지방세법 제269조 제5항에 따라 위 세율의 50%를 경감하여 세액을 다시 산정한 다음 2012. 3. 12. 원고에게 취득가액 차액 24,865,364,579원[= 43,513,917,400원(피고가 과세표준으로 판단한 이 사건 환급이행금) − 18,648,552,821원(원고가 과세표준으로 신고·납부한 이 사건 건물의 시가표준액)]을 과세표준으로 하는 등록세 386,183,960원과 지방교육세 72,263,700원 및 등록세율 차이 0.25%[= 1%(피고가 적용한 구 지방세법 제131조 제1항 제3호의 유상취득 세율인 등록세율 2%의 50% 감경세율) − 0.75%(원고가 신고·납부한 구 지방세법 제131조 제1항 제2호의 무상취득 세율인 등록세율 1.5%의 50% 감경세율)]에 대한 추가 등록세 72,407,650원과 추가 지방교육세 13,549,080원을 각 납부하라는 등록세 등 부과고지(이하 '이 사건 처분'이라 한다)를 하였다.

(10) 원고는 2012. 5. 11. 이 사건 처분에 불복하여 조세심판원에 심판청구를 하였으나, 2012. 11. 6. 조세심판원으로부터 심판청구 기각 결정을 받았다.

2. 원심의 판단

(1) 당사자들의 주장

1) 피고의 본안 전 항변: 세율 차이에 따른 부과처분에 대한 본안 전 항변

원고가 제2심(원심)에서 추가한 등록세율 차이로 인한 추가 등록세 72,407,650원과 추가 지방교육세 13,549,080원의 각 부과처분의 취소청구 부분[1]은 제소기간을 도과한

---

1) 원고는 제1심에서 취득가액 차액에 따른 부과처분 부분만의 취소를 구함. 즉 제1심의 주위적 청구취지

것이다. 이는 원심에서 피고가 내세운 항변이다.

2) 원고의 주장

우선 주위적 주장을 살펴보면 이 사건 신탁계약과 양도약정은 양도담보계약으로서, 원고가 취득한 이 사건 건물의 사실상의 취득가액이 아닌 시가표준액을 등록세 등의 과세표준으로 봄이 타당하다. 아울러 등록세율은 유상취득이 아닌 무상취득이므로 2%의 세율이 아닌 1%의 세율이 적용되어야 한다.

다음으로 예비적 주장을 살펴보면 다음과 같다. 첫째, 설령 이 사건 환급이행금이 과세표준이라고 하더라도, 원고는 완성된 건축물을 취득한 것이 아니므로 이 사건 건물의 사실상의 취득가액인 환급이행금에 소유권이전등기를 경료할 시점의 공정률을 적용하여 과세표준을 산정해야 한다. 둘째, 이 사건 환급이행금은 이 사건 건물의 대지소유권에 대한 대금과 건물 부분의 대금이 포함되어 있다. 원고는 이 사건 양도약정으로 건물 부분의 소유권만을 이전받았으므로 위 환급이행금에서 대지 부분의 대금을 제외한 나머지 부분을 과세표준으로 하여 등록세 등을 산정해야 한다.

(2) 제1심의 판단: 원고 패소

1) 등록세 등의 과세표준으로 사실상 취득가액을 적용할 것인지 아니면 시가표준액을 적용할 것인지에 관하여, 다음의 점 등을 고려하면 이 사건 환급이행금은 이 사건 건물의 사실상의 취득가액으로서 등록세 등의 과세표준이다.

첫째, 이 사건 아파트는 집합건물의 소유 및 관리에 관한 법률상의 집합건물로서 같은 법 제20조 제1항, 제2항에 따라 그 대지사용권은 전유부분인 이 사건 아파트의 처분에 따라야 할 뿐만 아니라 전유부분과 분리하여 처분될 수 없다. 둘째, 앞서 본 바와 같이 이 사건 양도약정 당시 성원주택이 부도 등의 이유로 사업을 계속할 수 없는 경우 원고가 수분양자에게 보증책임을 부담하는 조건으로 성원주택으로부터 이 사건 대지와 아파트에 관한 일체의 권리 등을 양도받기로 하였는데, 이 사건 토지에 관하여는 이 사건 양도약정 이전에 원고 명의로 이미 소유권이전등기가 마쳐져 있었다. 셋째, 원고와 성원주택 사이에 이 사건 아파트의 대지, 건물 대금과 보증금액 사이의 대가관계

는 "피고가 2012. 3. 12.자로 원고에게 한 진주시 문산읍 삼곡리 1224 파란채아파트 취득가액 차액에 대한 등록세 386,183,960원과 지방교육세 72,263,700원의 각 부과처분을 모두 취소한다"이다. 그런데 원고가 원심에 이르러 세율 차이에 따른 부과처분의 취소도 아울러 구하였다. 즉 제2심의 청구취지는 "피고가 2012. 3. 21.자로 원고에게 한 진주시 문산읍 삼곡리 1224 파란채아파트 취득가액 차액에 대한 등록세 386,183,960원과 지방교육세 72,263,700원 및 등록세율 차이에 대한 추가 등록세 72,407,650원과 추가 지방교육세 13,549,080원의 각 부과처분을 모두 취소한다"이다.

를 구체적으로 약정한 사실이 없다는 점을 들 수 있다.

2) 공정률 적용과 관련하여 이 사건 아파트 공사는 2008. 5.경 기준으로 공정률 94.75%의 상태에서 오성주택 주식회사가 이를 원고로부터 매수할 당시까지 중단된 상태에 있었으므로 원고는 취득 당시의 공정률 94.75%인 이 사건 건물의 취득을 위하여 이 사건 환급이행금을 지급한 것으로 원고의 주장이 이유가 없다고 판단하였다.

3) 토지 부분 대금을 제외할 것인지의 여부에 대해서도 원고의 주장이 이유가 없다고 판단하였다. 원고는 이 사건 토지에 관한 소유권이전등기를 마친 상태에서 이 사건 건물을 취득하기 위하여 수분양자들에게 이 사건 환급이행금 상당의 분양보증금을 지급한 바 있다. 따라서 이 사건 환급이행금은 이 사건 건물을 취득하기 위하여 지출한 비용으로서 사실상의 취득가액으로 봄이 타당하다.[2]

(3) 원심의 판단: 원고 일부 승소

1) 제소기간 준수 여부: 피고 주장 이유 없음

이 사건 처분에는 '취득가액 차액을 과세표준으로 하는 등록세 386,183,960원과 지방교육세 72,263,700원' 및 '등록세율 차이로 인한 추가 등록세 72,407,650원과 추가 지방교육세 13,549,080원'이 모두 포함되어 있다. 원고는 이 사건 처분에 대하여 불복하여 전심절차를 거쳤으며, 이 사건 행정소송을 제기하면서 '취득가액 차액을 과세표준으로 하는 등록세 386,183,960원과 지방교육세 72,263,700원'에 대하여만 그 부과처분의 취소를 구하였다가 당심에 이르러 '등록세율 차이에 대한 추가 등록세 72,407,650원과 추가 지방교육세 13,549,080원'을 포함하여 이 사건 처분 전부의 취소를 구하는 것으로 청구취지를 확장하였는데, 위 청구확장은 동일한 처분의 범위 내에서 청구의 기초에 변경이 없이 이루어진 소의 변경에 해당하므로 제소기간 준수 여부는 당초의 소 제기시를 기준으로 판단하면 된다.

2) 사실상 취득가액 · 시가표준액 해당 여부 및 토지 부분 대금 제외 여부에 대한 판단

다음 사항 등을 고려하면, 이 사건 환급이행금 중 일부는 이 사건 토지를 취득하기 위하여 지출한 비용이고 일부는 이 사건 건물을 취득하기 위하여 지출한 비용이다. 따라서 이 사건 환급이행금 전부가 이 사건 건물의 사실상의 취득가액으로서 등록세 등의 과세표준이 되는 것은 아니다.

즉 대지사용권은 이 사건 토지의 소유권을 의미하는데, 이 사건 건물은 구 집합건물

---

[2] 제1심은 유상취득 인지 무상취득 인지의 여부에 따른 등록세율 적용에 관한 원고 주장에 대하여는 명시적 판단을 한 바 없다.

법의 집합건물로서 종전 「집합건물의 소유 및 관리에 관한 법률」 제20조 제1항 및 제2항에 따라 그 대지사용권은 전유부분과 분리하여 처분될 수 없다. 앞서 본 바와 같이 이 사건 양도약정 당시 성원주택이 부도 등의 이유로 사업을 계속할 수 없는 경우 원고가 수분양자에게 보증책임을 부담하는 조건으로 성원주택으로부터 이 사건 토지와 건물에 관한 일체의 권리 등을 양도받기로 한 것이다. 원고는 이미 신탁을 원인으로 한 이 사건 토지소유권이전등기를 마친 상태에서 성원주택의 부도 이후 이 사건 토지의 소유권을 확정적으로 취득하고 이 사건 건물의 소유권을 취득하기 위하여 수분양자들에게 이 사건 환급이행금을 지급한 것이다.

이 사건 처분의 과세물건은 이 사건 토지를 제외한 이 사건 건물의 등기이므로 이 사건 토지의 취득비용은 과세표준이 될 수 없으니, 이 사건 환급이행금으로부터 이 사건 토지의 취득비용에 해당하는 부분을 공제한 나머지 금액만이 이 사건 건물에 관한 소유권이전등기에 대한 등록세 등의 과세표준이 된다할 것이다. 환급이행금은 사실상 취득가액으로 과세준이 되나, 약 435억 원의 환급이행금은 건물과 토지 모두를 취득하기 위하여 지급된 것이므로 환급이행금 약 435억 원 중 토지를 취득하기 위하여 지급된 부분은 과세표준에서 제외되어야 한다는 취지이다. 아래에서 보는 바와 같이 시가표준액을 기준으로 약 435억 원을 토지와 건물에 관한 부분으로 안분하고 있다.

3) 정당 세액

이 사건 환급이행금은 43,513,917,400원이고, 이 사건 토지의 가액(이 사건 토지의 2008년도 공시지가 335,000원/㎡를 적용함)은 5,954,625,00원[3]이고, 이 사건 건물의 시가표준액은 18,648,552,821원인 사실을 인정할 수 있으므로, 이 사건 환급이행금 중 이 사건 건물의 취득비용에 해당하는 부분은 32,982,389,226원[4]이다. 따라서 이 사건 건물의 취득가액 차액 14,333,836,405원[5]에 대한 세율 1%로 계산한 정당한 등록세액은 222,618,800원[6]이고, 정당한 지방교육세액은 41,656,980원[7]이며, 등록세율 차이(0.25%)에 대한 정당한 추가 등록세액은 72,407,650원[8]이고, 정당한 추가 지방교육세액

---

3) 17,775㎡ × 335,000원이다.

4) 43,513,917,400원 × (18,648,552,821원 / (18,648,552,821원 + 5,954,625,00원))을 말한다.

5) 32,982,389,226원(이 사건 건물의 취득가액)에서 18,648,552,821원(이 사건 건물의 취득가액으로 신고한 시가표준액)을 차감한 금액을 말한다.

6) 143,338,360원(본세), 28,667,670원(신고불성실가산세) 및 50,612,770원(납부불성실가산세)을 합산한 금액을 말한다.

7) 28,667,760원(본세), 2,866,760원(신고불성실가산세) 및 10,122,550원(납부불성실가산세)을 합산한 금액을 말한다.

8) 46,621,380원(본세), 9,324,270원(신고불성실가산세) 및 16,462,000원(납부불성실가산세)을 합산한 금액을 말한다.

은 13,549,080원[9]이다. 원심 또한 유상취득인지 무상취득인지 여부에 대한 등록세율에 관한 원고 주장에 대하여 명시적인 판단을 한 바는 없다.

3. 상고이유의 요지

(1) 피고 상고이유의 요지

1) 상고이유 제1점: 제소기간 관련 법리오해

피고는 2012. 3. 12.자로 원고에게, 취득가액 차액에 대한 등록세 386,183,960원과 지방교육세 72,263,650원의 부과처분을 하고, 이와 별도로 세율 차액에 따른 등록세 72,407,650원과 지방교육세 13,549,080원의 부과처분을 하였다. 위 각 부과처분은 별개의 처분이다. 원고가 전심절차에서는 위 각 처분에 모두 다투었으나, 이 사건 소를 제기함에 있어서는 취득가액 차액에 대한 부과처분에 대하여만 소를 제기하였다. 원고가 세율 차액에 따른 부과처분에 대하여 제소기간 내에 소를 제기하지 않다가 항소심에 이르러 청구취지변경을 통하여 이를 다투는 것은 허용되지 아니하고, 제소기간을 도과한 것이다.

2) 상고이유 제2점: 지방세법 규정상 '사실상의 취득가액의 의미' 등에 대한 법리오해

환급이행금은 사실상의 취득가액으로서 등록세 등의 과세표준임에도, 원심은 환급이행금이 아닌 시가표준액이 등록세 등의 과세표준이 된다고 판단하였다.[10]

3) 상고이유 제3점: 토지 취득비용의 제외 여부

환급이행금은 건물을 취득하기 위하여 지출된 비용으로 사실상의 취득가액이라고 보아야 하고, 그 가액은 법인장부상의 환급이행금이므로, 토지 부분의 가액을 공제할 아무런 이유도 없다.

(2) 원고 상고이유의 요지

1) 상고이유 제1점: 과세표준 해석에 관한 법리오해

환급이행금은 건물취득가격에 해당되지 아니한다. 지방세법에서 말하는 '사실상의

---

9) 9,324,270원(본세), 932,420원(신고불성실가산세) 및 3,292,390원(납부불성실가산세)을 합산한 금액을 말한다.

10) 이 부분 상고이유는, 피고가 원심법원의 판단을 잘못 이해한 것으로 보인다. 앞서 본 바와 같이 원심은 환급이행금을 과세표준으로 보고 있다. 이 부분에 대한 피고의 주장은 원심 판결을 오인한 데에서 기인한 것이므로, 따로 검토하지 아니하기로 한다.

취득가격'이란 과세물건의 취득자가 당해 과세목적물의 취득을 위하여 실질적으로 투자하는 소요금액을 의미한다. 양도약정을 원인으로 소유권이전등기를 하는 데에 원고의 환급이행이 요구되지 않으므로, 당해 건물의 취득을 위하여 거래상대방에게 지급하는 금액 자체가 없다. 즉 건물취득을 위하여 지급하는 금액 자체가 없는 것이다. 환급이행금을 이 사건 건물 자체의 가격이라고 본다면, 수분양자의 數(분양률)나, 수분양자의 대금 지급의 정도라는 우연한 사정에 따라 건물 자체의 가격이 변하는 불합리한 경우가 발생한다.

2) 상고이유 제2점: 과세표준의 계산방법에 관한 법리오해 내지 판단유탈

시가표준액은 건물의 완공을 전제로 산정한 가액이다. 따라서 건축 중인 건물에 대하여는 시가표준액에 공정률을 반영한 가액이 정당한 과세표준이 된다. 원심은 아래와 같은 방식으로 환급이행금 중 이 사건 건물의 취득비용 부분(330억 원)을 계산하고 있다. 즉 330억 원은 435억 원(환급이행금) × {186억 원/186억 원(건물시가표준액) + 59억 원(토지의 공시지가)}이다.

그러나 위 186억 원은 이 사건 건물이 100% 완성되었음을 전제로 한 것이다. 따라서 환급이행금을 기준으로 하여 이 사건 건물의 안분가액을 산정해야 한다는 원심의 견해가 옳다고 하더라도, 공정률 94.75%를 적용한 이 사건 건물의 시가표준액 177억 원(= 186억 원 × 94.75%)을 기준으로 건물과 토지의 가액을 안분하여야 한다.

3) 상고이유 제3점: 등록세율의 적용에 관한 법리오해[11]

다음과 같은 점을 고려하면, 무상취득에 따른 세율이 적용되어야 한다. 첫째, 부동산 양도계약, 양도각서, 신탁계약 중 어디에도 이 사건 건물의 취득대가로 환급이행금을 지급하여야 한다고 정한 부분이 없다. 둘째, 양도각서에 의하더라도 보증사고가 발생하면 이 사건 건물을 양도받는 것이지, 원고가 보증책임을 선이행하여야 사업주체로부터 건물을 양도받는 것이 아니다.

---

11) 원고는 2014. 1. 13. 원심에 제출한 준비서면에서 『과세표준 및 세율에 관한 피고 주장의 부당성』이라는 소제목 하에 '원고는 이 사건 아파트를 분양보증을 이행함에 따라 구상채무를 담보하기 위하여 취득한 것으로 …… 결국 원고는 이 사건 아파트를 무상으로 취득한 것이라고 할 것입니다'고 주장한 바 있다. 그러나 원심은 이 부분 쟁점에 대해서 명시적으로는 판단하지 아니하였다.

Ⅱ. 주택분양보증신탁계약의 법적구조

1. 주택분양보증계약

(1) 주택분양보증의 의의

1) 도입취지

주택분양의 방법은 분양자와 수분양자간에 체결되는 계약에 의하여 주택의 준공 전·후의 분양시점에 따라 선분양제와 후분양제로 나누어 볼 수 있다. 후분양제는 주택의 준공 후에 분양이 이루어지므로 분양자체에 대한 보증문제가 발생할 여지가 없으나, 선분양제의 경우에는 사업주체가 주택의 착공시점에서 수분양자에게 주택을 분양하고 수분양자로부터 주택이 완성되기 전에 순차적으로 계약금과 중도금을 받을 수 있으므로 분양자가 분양계약상의 의무이행을 하지 못할 경우 수분양자의 분양권을 보호할 필요가 있다.[12]

이와 같이 사업리스크가 분양계약자인 수분양자에게 직접 노출되는 문제점을 해결하기 위하여 정부는 주택건설업체가 공동주택을 선분양하는 경우에 제3의 보증기관인 주택법 제76조에 설립근거를 둔 대한주택보증의 주택분양보증에 반드시 가입하도록 하고 있다. 즉, 주택분양보증은 분양계약자가 부담하는 선분양에 따른 리스크를 제3의 보증기관으로 이전시켜 주택소비자 보호, 주택공급의 확대, 주택시장 안정화를 도모하는 데 의의가 있다.[13][14]

2) 개념

주택분양보증은 주택사업자의 파산시 피해를 입게 되는 수분양자의 보호를 위해 건물의 준공, 또는 금전적 배상을 보증하는 제도이다.[15] 주택법시행령에서는 "사업주체가 파산 등의 사유로 분양계약을 이행할 수 없게 되는 경우 주택분양(사용검사 및 소유권 보존등기 포함)의 이행 또는 납부한 계약금 및 중도금의 환급을 책임지는 보증"으로 규정하고 있다.[16]

---

12) 손원손, "주택분양보증계약에서의 제3자에 대한 효과", 한양법학 제21권 제1집(2010.2), 231~232면.
13) 조흥연, "주택분양보증", 부동산금융의 현황과 과제, KDI(2012), 359~350면.
14) 대법원 2011.6.24. 선고 2011다4162 판결(주택분양보증제도가 마련된 취지는 사업주체가 주택의 완공 이전에 분양을 함으로써 발생하는 분양계약상의 의무를 이행하지 못할 위험으로부터 주택을 공급받고자 하는 선의의 수분양자를 보호하기 위한 것이다).
15) KB금융지주경영연구소, "주택분양보증의 이해", KB daily 지식비타민 13-38호(2013.4.8.), 1면.
16) 주택법 시행령 제106조(보증의 종류와 보증료) 제1항 제1호.

(2) 주택분양보증계약의 법적 성격

1) 의의

주택분양보증계약은 주택이 건설되는 대지의 소유권을 확보한 사업주체[17]와 대한주택보증주식회사 간에 장래에 불특정 입주자를 위해 체결되며, 보증의 내용은 사업주체가 파산 등의 사유로 분양계약을 이행할 수 없게 되는 경우 해당 주택의 분양의 이행 또는 납부한 계약금 및 중도금의 환급을 보증채무자인 대한주택보증주식회사가 입주자에게 책임을 부담하는 것이다. 이와 같이 주택분양보증계약은 사업주체와 대한주택보증주식회사 간에 계약당사자가 아닌 수분양자를 위해 체결되기 때문에 이는 제3자를 위한 계약에 속한다. 즉, 계약으로부터 생기는 권리를 계약당사자가 아닌 제3자가 직접 취득하게 하는 것을 내용으로 한다.[18]

2) 판례의 태도

주택분양보증은 구 주택건설촉진법(2003. 5. 29. 법률 제6916호 주택법으로 전문 개정되기 전의 것) 제33조의 사업계획승인을 얻은 자가 분양계약상의 주택공급의무를 이행할 수 없게 되는 경우 주택사업공제조합이 수분양자가 이미 납부한 계약금 및 중도금의 환급 또는 주택의 분양에 대하여 이행책임을 부담하기로 하는 조건부 제3자를 위한 계약인데, 제3자 지위에 있는 수분양자는 수익의 의사표시에 의하여 권리를 취득함과 동시에 의무를 부담할 수 있고, 제3자를 위한 계약의 수익의 의사표시는 명시적으로뿐만 아니라 묵시적으로도 할 수 있다.[19] 주택분양보증과 관련된 대법원 판례는 보증행위에 따른 채권·채무의 귀속범위에 대한 해석이 대부분이며, 이러한 해석을 위하여 주택분양보증 계약에 대한 법적 성격을 판단한 사례가 많이 있다. 판례를 통해 살펴본 주택분양보증의 법적 성격은 ① 제3자를 위한 조건부 계약, ② 정상 분양계약자 보호 및 ③ 보증채무 이행방법의 선택권 행사 등 크게 세 가지로 구분하여 볼 수 있다.

첫째, 대법원은 주택분양보증 계약의 법적 성격을 사업계획 승인을 얻은 자가 분양계약상의 '주택공급의무를 이행할 수 없게 되는 경우'를 '조건'으로 하는 '조건부 제3자를 위한 계약'으로 판단하고 있다.[20] 이는 주택분양보증 계약체결 당사자가 보증회사와 사업주체이고 보증채권자인 입주자는 계약당사자가 아니며, 보증회사가 발급한 분

---

17) 주택공급에 관한 규칙(국토교통부령 제382호(규제 재검토기한 설정 등을 위한 감정평가 및 감정평가사에 관한 법률 시행규칙 등) 일부개정 2016. 12. 30) 제15조 제1항 제1호 참조. 주택법 시행령 제16조에 따라 토지소유자 및 등록사업자가 공동사업주체인 경우에는 등록사업자를 말한다.

18) 손원선, 앞의 논문, 235면.

19) 대법원 2006.5.25. 선고 2003다45267 판결.

20) 대법원 1997.9.26. 선고 97다10208 판결 등 참조.

양보증서는 사업승인 관청에 보관될 뿐 입주자에게 통보되지 않는다는 점 등에 근거한 것으로 보인다. 제3자를 위한 계약의 경우에는 제3자(수익자=수분양자)가 보증인(낙약자=보증회사)에게 수익의 의사표시를 하여야 보증채권자로서의 권리를 취득하게 되는 것으로 해석할 수 있다.

둘째, 주택법과 「주택공급에관한규칙」에 의한 정상 분양계약을 제외한 대물계약 등 편법에 의한 분양계약은 주택분양보증의 책임대상에서 제외된다.[21] 주택분양보증은 주택법 및 동법 시행령에 의한 「주택공급에관한규칙」소정의 절차와 방법에 따라 분양계약을 체결하고 분양대금을 납부한 선의의 분양계약자를 보호하는 데 그 취지가 있는 것으로 판시하고 있다.

셋째, 2005년 1월 5일 주택법 시행령이 제정되기 전까지 (구)주택건설촉진법 시행령에 의하면, 주택분양보증의 내용은 "사업주체가 파산 등의 사유로 분양계약을 이행할 수 없게 되는 경우 당해 주택의 분양의 이행 또는 납부한 입주금의 환급을 책임지는 보증"[(구)주택건설촉진법 시행령 제43조의5 제1항 제1호 가목]이라고 규정하였다. 이를 근거로 분양보증약관은 보증채무의 이행방법 결정을 보증회사에 있는 것으로 규정하고 있으나, 대법원 판례는 환급이행과 주택분양 이행방법의 선택권은 분양계약자에게 있으며,[22], 보증약관에서 분양보증채무 이행방법의 선택권이 회사에 있다고 규정하였더라도 그러한 약관은 무효(대법원 2001다26330 판결)라고 일관되게 판시하고 있다(대구지방법원 2000나13274 판결, 대법원 2001다26330 판결). 이후 주택법 시행령은 보증채무의 이행방법 결정권이 분양계약자에게 있음을 명시하였으며, 분양보증 취급기관인 대한주택보증도 현행 법령에 따라 보증약관을 개정하여 보증사고가 발생하는 경우 입주자에게 보증채무 이행방법을 선택하도록 안내하고 있다.[23]

(3) 주택분양보증의 구조

1) 보증구조

주택분양보증은 보증회사와 분양계약자, 분양사업자의 3자 관계로 이루어진다. 보증서에 기재된 분양사업자인 건설회사가 주채무자가 되며, 해당 주택에 대해 분양계약을 체결한 수분양자가 보증채권자가 된다.

보증시점은 건설사가 미완성 주택을 선분양하기 위해 관할관청에 입주자 모집공고 승인신청을 할 때이며, 사업주체는 입주자모집공고 승인신청 시에 주택분양보증서를 반드

---

21) 대법원 1999.3.23. 선고 97다54406 판결, 대법원 2002.9.6. 선고 2001다5111 판결 등 참조.
22) 대법원 2000.2.25. 선고 99다52831 판결.
23) 주택법 시행령 제106조 제1항 제1호 가목.

시 첨부하여야 한다. 대한주택보증은 분양보증을 취급하기 위하여 사업부지의 신탁 또는 부기등기를 전제로 보증심사를 진행하여 보증서를 발급하며, 이후 관할관청이 입주자모집 공고(안)을 승인하면 시행사는 주택공급에관한규칙에 의하여 분양자 모집이 가능해진다.

이를 그림으로 나타내면 <그림 1>과 같다.[24]

〈그림 1〉 주택분양보증 구조

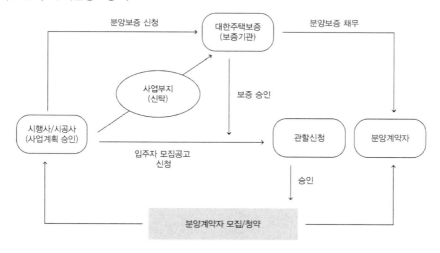

2) 보증대상 및 보증책임 등

주택보증대상은 주택사업계획의 승인을 얻어 건설하는 주택(부대시설 및 복리시설 포함)이 20세대 이상인 경우이다. 지역조합주택, 직장조합주택, 주택재건축정비조합 또는 주택재개발정비조합의 조합원에게 분양되는 주택은 제외한다. 보증상품은 보증대상의 성격에 따라 주택분양보증, 주택임대보증 및 주택복합분양보증으로 구분된다.

주택분양보증은 이행보증 성격 및 지급보증 성격을 가진다. 보증기관은 건설업체가 부도 등의 사유로 계약을 이행하지 못하는 경우에 선납한 계약금과 중도금 등의 환급 책임에 대한 의무를 보증책임으로 부담한다.[25] 즉 사업주체가 파산 등의 사유로 분양 계획을 이행할 수 없게 되는 경우 당해 주택의 분양의 이행 또는 납부한 계약금 및 중도금의 환급을 책임진다. 다만, 납부한 계약금 및 중도금의 환급은 입주자의 2/3가 원하는 경우에 한한다.

보증금액은 사업주체가 개인고객으로부터 받게 될 계약금 및 중도금을 합한 금액이며 입주자 모집공고승인일로부터 소유권보존등기일(사용검사를 포함)까지를 보증기간으로 한다.

---

24) 조흥연, 앞의 논문, 358면.
25) 조흥연, 위의 논문, 351면.

2. 주택분양(보증)신탁계약

(1) 의의

주택공급시 원활한 선분양을 위하여 사업주체와 대한주택보증회사 간에 법률상 주택보증계약이 반드시 필요하므로 이들 간의 법률관계를 법정분양보증관계라 할 수 있을 것이다.[26] 이에 덧붙여 대한주택보증은 주택사업에 금융보증을 제공하는 데 있어서 시행사의 자기부담과 사업부지의 신탁을 요구조건으로 정하고 있다. 사업부지는 대한주택보증에 신탁하여야 하며 시공사는 반드시 책임준공약정을 맺어야 한다.[27] 이와 같이 주택분양(보증)신탁계약을 통하여 사업주체의 부도 등에 의한 사업리스크를 최소화할 수 있다.

신탁이 다른 재산관리제도와 특별히 구별되는 특징 중의 하나는 도산격리기능으로 이를 확보하기 위한 장치가 바로 신탁재산의 독립성이다. 신탁재산 그 자체가 법인격을 갖지는 않지만 그 독립성에 기하여 위탁자와 수탁자의 고유재산으로부터 분리된다. 신탁재산이 수탁자의 명의로 귀속되더라도 수탁자 개인에 대한 채권자는 신탁재산에 대하여 강제집행 등을 할 수 없으며,[28] 신탁재산은 수탁자의 파산시에 파산재단을 구성하지 않는다.[29] 아울러 위탁자의 채권자도 신탁 전의 원인으로 발생한 권리에 기한 것이 아닌 한 더 이상 위탁자의 재산이 아닌 신탁재산에 대하여 강제집행 등을 할 수 없으며 위탁자 파산시에 수탁자 명의의 신탁재산이 위탁자의 파산재산을 구성하지도 않는다.[30]

(2) 구별 개념

1) 부동산담보신탁

① 의의

부동산담보신탁이란 채무자가 위탁자가 되고 채권자를 수익자로 하여 채무자 또는 제3자(일종의 물상보증인에 해당)가 신탁부동산의 소유권을 수탁자에게 이전하고 수탁자는 담보의 목적을 위하여 신탁재산을 관리하다가 채무가 정상적으로 이행되면 신탁재산의 소유권을 위탁자에게 환원하고, 만약 채무자가 채무를 변제하지 아니할 때에는 신탁재산을 처분하여 그 대금으로써 채권자인 수익자에게 변제하고 잔액이 있을 때에는 채무자에게 반환하는 방법에 의한 것으로 신탁제도를 이용한 부동산 담보방법이다.[31] 이

---

[26] 손원선, 앞의 논문, 236면.
[27] 김기형 외 4인, 부동산 개발사업의 Project Finance-금융조달의 이론과 실무-, 부연사(2012), 323~324면.
[28] 신탁법 제22조.
[29] 신탁법 제23조.
[30] 최수정, 신탁법, 박영사(2016), 30면.

제도는 신탁의 담보적 기능을 이용한 관리신탁과 처분신탁의 결합형으로서 현행의 저당제도를 대신할 수 있는 새로운 형태의 담보제도이다.[32]

현행 담보제도 하에서는 채권의 확보를 위해서 저당권을 설정해 놓지만, 담보신탁제도는 채무자인 위탁자가 채권자를 수익자로 하고 신탁회사를 수탁자로 하여 그 수탁자에게 담보목적으로 소유권 자체를 이전하는 형태이다. 또한 그 채권의 실행은 수탁자의 임의매각방법에 의하게 되므로 경매에 의한 실행방법보다 시간과 비용을 절감할 수 있으며, 매각대금도 경락가액보다 일반적으로 높다.

② **부동산담보신탁 거래구조**

부동산담보신탁은 위탁자가 금융기관으로부터 대출을 받고자 할 경우, 사전에 금융기관과 대출을 협의하여 금액, 이자 등의 대출조건을 결정한 후, 신탁회사에 부동산을 신탁하고 수익권증서를 발부받아 이를 금융기관에 제출하여 대출을 받는다. 이후 대출약정에 의거 원리금 상환이 원활하게 이루어지면 신탁된 부동산의 신탁은 해지되어 원소유자에게 귀속된다. 그러나 채무불이행시에는 대출금융기관에서 신탁회사에 환가를 요청하게 되고 신탁회사는 공매를 통해 매각하게 된다. 이후 금융기관에 원리금 및 제반비용을 변제하고 잔액이 남을 경우 원 소유자에게 지급하게 된다. 이를 그림으로 나타내면 <그림 2>와 같다.[33]

〈그림 2〉 부동산담보신탁의 거래구조

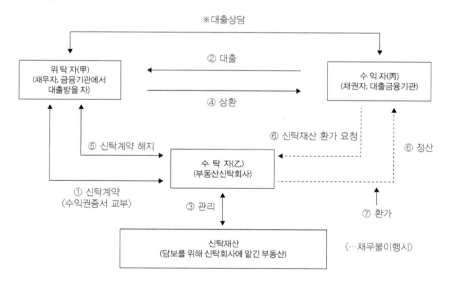

---

31) 광장신탁법연구회, 주석 신탁법, 박영사(2013), 538면.
32) 김재태·문형철, 부동산금융론－이론과 실무－, 부연사(2015), 133면.
33) 김재태·문형철, 앞의 책, 135면.

③ 위탁자, 수탁자 및 수익자의 법률관계

부동산담보신탁의 경우에는 수탁자의 지위와 수익자의 지위가 명확히 구별되는 바, 주택분양신탁과 기초적인 거래구조가 유사하다. 채무자이자 위탁자인 甲이 채권자인 丙으로부터 일정 금액을 빌리면서, 그 소유의 부동산을 수탁자 乙에게 신탁하고, 乙로부터 받은 수익증권을 丙에게 교부한다. 甲이 채무를 불이행하면 丙이 乙에게 신탁재산의 공매를 요청한다. 신탁재산이 차입금액보다 많은 금액에 처분되면, 乙(수탁자)은 그중 차입금액을 丙(채권자)에게 나머지 처분금액에서 차입금액을 제외한 나머지를 甲(채무자)에게 교부한다. 신탁재산이 차입금액보다 적은 금액에 처분되면 乙은 처분대금을 丙에게 지급한다. 이 경우 丙은 여전히 甲에 대하여 차입금액에서 교부받은 처분금액을 제외한 금액의 채권을 보유한다.

이러한 형태의 부동산담보신탁에 있어서도 乙명의로 경료되는 소유권이전등기가 무상취득인지 유상취득인가 여전히 문제될 수 있다.[34] 부동산담보신탁에 있어서 수탁자 乙은 그 소유권을 무상으로 취득하는 것으로 보는 것이 타당하다. 신탁계약에 따라 수탁자 乙은 위탁자 甲에게 관리용역 등을 제공하고 그 반대급부로 甲으로부터 용역수수료를 지급받는다. 이와 같은 의미에서 甲과 乙간에 체결된 신탁계약은 유상계약이다.

그러나 위 신탁계약이 유상계약이라고 하여 乙이 甲으로부터 신탁재산을 유상으로 취득하였다고 보기 어려울 것이다. 乙은 그 앞으로 소유권이전등기를 경료하지만, 前 소유자인 甲에게 돈을 지급한 것은 없고, 오히려 甲으로부터 용역수수료를 지급받을 뿐이다. 그렇다고 하여 채권자 丙이 甲에게 일정 금액을 빌려 준 대가로 乙이 그 명의로 소유권이전등기를 경료한 것으로 볼 여지는 없다.

乙은 채무자 甲과 채권자 丙 간에 발생할 수도 있는 분쟁을 미연에 방지하기 위하여 신탁재산을 잠시 맡아두면서 이를 보관·관리하는 지위에 있을 뿐이고, 이러한 용역제공의 대가로 용역수수료를 지급받는 것이다. 이러한 점에서 보면, 乙은 신탁계약에서 정한 보관·관리의무를 다하기 위하여 그 앞으로 소유권이전등기를 마칠 의무가 있다. 즉 乙이 그 명의로 소유권이전등기를 경료받는 것은 '권리를 취득'하기 위한 것이라기보다는, 약정에 따른 '의무를 이행'하기 위한 것이라고 보아야 한다.

---

34) 비록 지방세법 제128조에서 형식적인 소유권의 취득등기 등에 대한 비과세한다고 정하고 있으나, 이러한 규정이 없다면 지방세법 제131조 제2항 제2호(무상으로 인한 소유권의 취득)에 따라 1,000분의 15의 세율이 적용되는지 아니면 같은 항 제3호(유상으로 인한 소유권의 취득)에 따라 1,000분의 20의 세율이 적용되는지가 문제될 수 있다.

2) 양도담보

양도담보란 채권담보를 위하여 채무자 또는 제3자(물상보증인)가 목적물의 소유권을 채권자에게 이전하고, 채무자가 채무를 변제하지 않으면 채권자가 그 소유권을 확정적으로 취득하거나 그 물적물로부터 우선변제를 받지만, 채무자가 채무를 이행하면 목적물을 다시 원소유자에게 반환하는 방법에 의한 소유권이전형의 비전형담보 중 가등기담보법의 적용을 받지 않는 것을 말한다.[35]

이와 같은 양도담보에 있어서는 채권자와 채무자 또는 물상보증인 사이에 양도담보 설정에 대한 합의와 동시에 목적물이 부동산인 경우에는 등기, 동산인 경우에는 인도, 그 밖의 권리인 때에는 당해 권리의 이전에 필요한 방식을 갖추어야 한다. 양도담보에 의하여 채권자는 담보목적을 넘어 목적물의 소유권 또는 권리 자체를 취득하며, 채무이행이 있는 때에는 이를 반환하여야 하지만, 채무불이행시에는 그 권리를 확정적으로 취득하거나 목적물로부터 우선적으로 변제받을 수 있다.[36]

신탁을 담보목적으로 이용하기 위하여 다양한 구조를 설계할 수 있다. 예컨대, 채무자가 담보목적물을 수탁자에게 이전하고 채권자를 수익자로 지정한 경우 채권자는 수익권의 형태로 피담보채권의 실현가능성을 확보한다. 즉 채무자가 채무의 이행한 때에는 신탁이 종료되지만, 채무불이행시에는 수탁자가 신탁재산을 환가하여 그 대금으로부터 수익급부를 행하고 이로써 채권자는 자신의 채권의 만족을 얻을 수 있는 것이다. 만일 채권자를 수탁자 겸 다수 수익자 중 1인으로 하여 설정하였다면, 이 때 채권자에게 담보목적물의 소유권이 이전되는 현상은 양도담보와 유사하다고 볼 수 있다.[37]

한편, 양도담보에서는 채권자는 자기의 채권보전을 위해 담보권을 행사하는 것이 가능하나 신탁에서는 오로지 신탁계약에서 정한 범위 내에서 수익자를 위해서만 권한을 행사할 수 있다는 점에서 차이가 있다. 위의 예에서 신탁상 수탁자와 수익자의 지위는 별개이며 채권자는 수탁자가 아니라 수익자로서 신탁이익을 향유하는 것이다. 만일 수탁자가 신탁의 목적을 위반하여 신탁재산인 목적물을 처분할 때 다른 수익자는 이를 취소할 수 있으며,[38] 그러한 우려가 있는 때에는 유지청구도 가능하다.[39] 양도담보를

---

35) 지원림, 민법강의, 홍문사(2014), 867면.
36) 최수정, 신탁법, 박영사(2016), 10면.
37) 최수정, 앞의 책, 11면.
38) 신탁법 제75조(신탁위반 법률행위의 취소) ① 수탁자가 신탁의 목적을 위반하여 신탁재산에 관한 법률행위를 한 경우 수익자는 상대방이나 전득자(轉得者)가 그 법률행위 당시 수탁자의 신탁목적의 위반 사실을 알았거나 중대한 과실로 알지 못하였을 때에만 그 법률행위를 취소할 수 있다.
  ② 수익자가 여럿인 경우 그 1인이 제1항에 따라 한 취소는 다른 수익자를 위하여도 효력이 있다.
39) 신탁법 제77조(수탁자에 대한 유지청구권) ① 수탁자가 법령 또는 신탁행위로 정한 사항을 위반하거나

설정하는 목석은 신용의 담보복적에 한정되며, 피담보채권에 부종하는 점에서도 신탁과 다르다고 할 수 있다.

(3) 대한주택보증(원고)의 법적 지위

1) 관련 규정

본 사건의 경우 2005년 12월 22일 사업주체와 대한주택보증이 주택분양신탁계약을 체결한 점을 고려하여 당시 주택법의 규정을 살펴보자. 주택법(법률 제7600호, 2005.7.13.) 제76조 제1항[40]에서 대한주택보증주식회사의 설립근거를 밝히고, 같은 법 제77조 제1항 제4호에서 대한주택보증주식회사는 그 목적을 달성하기 위하여 같은 법 제40조 제6항[41][42][43]의 규정에 의한 주택건설대지의 신탁의 인수업무 등을 수행하도록 하고 있다.

위반할 우려가 있고 해당 행위로 신탁재산에 회복할 수 없는 손해가 발생할 우려가 있는 경우 수익자는 그 수탁자에게 그 행위를 유지(留止)할 것을 청구할 수 있다.

② 수익자가 여럿인 신탁에서 수탁자가 법령 또는 신탁행위로 정한 사항을 위반하거나 위반할 우려가 있고 해당 행위로 일부 수익자에게 회복할 수 없는 손해가 발생할 우려가 있는 경우에도 제1항과 같다.

40) 주택법 제76조 (대한주택보증주식회사의 설립) ①주택건설에 대한 각종 보증을 행함으로써 주택분양계약자를 보호하고 주택건설을 촉진하며 국민의 주거복지향상 등에 기여하기 위하여 대한주택보증주식회사를 둔다.

41) 주택법 제40조 ⑥ 사업주체의 재무상황 및 금융거래상황이 극히 불량한 경우 등 대통령령이 정하는 사유에 해당되어 제76조의 규정에 의하여 설립된 대한주택보증주식회사(이하 "대한주택보증주식회사"라 한다)가 분양보증을 행하면서 주택건설대지를 대한주택보증주식회사에 신탁하게 할 경우에는 제1항 및 제3항의 규정에 불구하고 사업주체는 당해 주택건설대지를 신탁할 수 있다.

⑦ 제6항의 규정에 의한 대한주택보증주식회사의 신탁의 인수에 관하여는 신탁업법의 규정을 적용하지 아니한다.

42) 주택법시행령 ⑤ 법 제40조 제6항에서 "대통령령이 정하는 사유"라 함은 다음 각호의 1에 해당하는 경우를 말한다.

1. 최근 2년간 연속된 경상손실로 인하여 자기자본이 잠식된 경우

2. 자산에 대한 부채의 비율이 500퍼센트를 초과하는 경우

3. 사업주체가 법 제40조 제3항의 규정에 의한 부기등기를 하지 아니하고 법 제76조의 규정에 의한 대한주택보증주식회사(이하 "대한주택보증주식회사"라 한다)에 당해 대지를 신탁하고자 하는 경우

43) 주택법 제40조 (저당권설정 등의 제한) ①사업주체는 제16조 제1항의 규정에 의한 사업계획승인을 얻어 시행하는 주택건설사업에 의하여 건설된 주택 및 대지에 대하여는 입주자모집공고승인 신청일 이후부터 입주예정자가 당해 주택 및 대지의 소유권이전등기를 신청할 수 있는 날 이후 60일까지의 기간동안 입주예정자의 동의없이 다음 각호의 1에 해당하는 행위를 하여서는 아니된다. 다만, 당해 주택의 건설을 촉진하기 위하여 대통령령이 정하는 경우에는 그러하지 아니하다.

1. 당해 주택 및 대지에 저당권 또는 가등기담보권 등 담보물권을 설정하는 행위

2. 당해 주택 및 대지에 전세권·지상권 또는 등기되는 부동산임차권을 설정하는 행위

3. 당해 주택 및 대지를 매매 또는 증여 등의 방법으로 처분하는 행위

③ 제1항의 규정에 의한 저당권설정 등의 제한을 함에 있어서 사업주체는 입주예정자의 동의없이는 양도하거나 제한물권을 설정하거나 압류·가압류·가처분 등의 목적물이 될 수 없는 재산임을 소유권등기에 부기등기하여야 한다. 다만, 사업주체가 국가·지방자치단체 및 대한주택공사

여기서 당시 주택법상 신탁대상 부동산은 주택건설대지로 한정하고 있다.

(2) 대한주택보증(원고)의 법적 지위

① 주택보증신탁계약의 기본구조

신탁법상 신탁이란 신탁을 설정하는 자(위탁자)가 신탁을 인수하는 자(수탁자)와의 신임관계에 기하여 수탁자에게 특정의 재산(신탁재산)을 이전하거나 담보권을 설정하는 등의 처분을 하고, 수탁자로 하여금 그 재산을 일정한 자(수익자)의 이익 또는 특정한 목적을 위하여 관리, 처분, 운용, 개발, 그 밖의 필요한 행위를 하게 하는 법률관계를 의미한다.[44]

주택분양신탁 또한 신탁법상 신탁에 해당한다. 위탁자는 사업주체인 성원주택이고 수탁자는 대한주택보증이며, 수익자는 양자가 모두 이에 해당한다. 신탁부동산은성원주택이 주택법 제16조의 규정에 의하여 사업계획승인을 얻어 주택건설사업을 하고자 하는 토지 및 동 토지 위에 건축 중이거나 건축된 건물을 말한다. 이 신탁의 목적은 "성원주택이 토지 위에 사업계획승인내용에 따라 주택 및 부대복리시설(이하 "주택"이라 함)을 건설하여 수분양자에게 분양계약을 이행하거나, 성원주택이 분양계약을 이행할 수 없는 경우 주택법시행령 제106조의 제1항 제1호 가목에 따라 분양보증을 한 대한주택보증이 분양보증을 이행할 목적(분양이행 또는 환급이행을 말함)으로 신탁부동산을 관리·분양 및 처분(토지나 주택의 소유권이전을 포함)하는 데에 있다.

② 수탁자로서 지위

수탁자로서 대한주택보증은 신탁목적에 따라 분양보증을 이행할 목적(분양이행 또는 환급이행을 말함)으로 신탁부동산을 관리·분양 및 처분할 수 있으며, 신탁부동산 중 토지를 인수하고 신탁을 원인으로 소유권이전등기 및 신탁등기를 하도록 하고 있다. 다만, 건물의 경우에는 건물은 완공 후에 신탁등기를 한다.[45]

또한 선량한 관리자의 주의로서 신탁부동산을 관리할 경우에는 신탁기간 중 또는 신탁종료 후 신탁부동산에 대하여 발생된 하자 및 그 하자가 있음을 원인으로 위탁자 또는 수익자와 제3자에게 발생된 손해 등에 대하여 책임을 지지 아니한다.[46] 그리고 주택건축공사, 신탁부동산의 관리·운용·처분 기타 신탁사무에 대하여 선량한 관리자의 주의로서 처리한 경우에는 위탁자 및 수익자에게 손해가 발생되더라도 그 책임을 지지

등 공공기관이거나 당해 대지가 사업주체의 소유가 아닌 경우 등 대통령령이 정하는 경우에는 그러하지 아니하다.

44) 신탁법 제2조.
45) 주택분양신탁계약 제3조.
46) 주택분양신탁계약 제4조 제2항.

아니한다.[47)

③ 수익자로서 지위

주택분양신탁계약 제12조 제1항에 따르면 이 신탁계약에 있어서 원본수익자는 위탁자인 성원주택 및 성원주택의 분양계약이행을 보증한 대한주택보증으로 하도록 규정하고 있다. 아울러 같은 조 제2항에서는 성원주택이 대한주택보증에 대한 채무를 불이행한 경우 성원주택은 원본수익권과 기한이익을 상실한다. 따라서 이 경우에는 수탁자인 대한주택보증이 신탁계약에 있어서의 원본수익자로서의 지위를 점하게 된다.

그리고 대한주택보증이 환급이행을 하는 경우 또는 수분양자에게 분양이행을 하는 경우 신탁원본과 수익이 있는 경우 대한주택보증은 상당하다고 인정되는 방법 및 가액으로 신탁재산을 처분할 수 있으며 제세공과금 및 신탁사무처리를 위한 제비용, 대한주택보증의 성원주택에 대한 채권의 순서에 따라 신탁재산처분금액을 지급한다. 이 경우 잔여금액이 있는 경우 위탁자겸 수익자에게 환급하도록 하여 처분정산을 하도록 하고 있다.[48)

III. 등록세의 과세구조

1. 개요

등록세는 재산권 기타 권리의 취득·이전·변경 또는 소멸에 관한 사항을 공부에 등기 또는 등록이라는 단순한 사실의 존재를 과세물건으로 하여 그 등기 또는 등록을 받는 자에게 부과하는 세금이다. 이는 그 등기·등록을 하는 때에 납세의무가 성립하며, 등기·등록을 신청할 때 등록세를 납부하고 영수증을 등기·등록서에 첨부하여야 하는 신고납부방식의 세금이다.[49)

등록세의 납세의무자는 재산권 기타 권리의 취득·이전·변경 또는 소멸에 관한 사항을 공부에 등기 또는 등록(등재를 포함한다)하는 경우에 그 등기 또는 등록을 받는 자이다.[50) 그리고 등록세는 등기나 등록의 형식을 기본으로 하는 조세이기 때문에 실질과세원칙의 적용 여지는 논리적으로는 없는 것이나 일부분에 대하여 실질내용에 따라

---

47) 주택분양신탁계약 제8조.
48) 주택분양신탁계약 제7조 제3항 및 제4항.
49) 김태호, 지방세개론, 세연T&A(2007), 278면.
50) 구지방세법 제124조.

판단하여야 하는 부분도 있다.[51]

2. 과세표준

(1) 원칙: 등기 · 등록 당시의 가액

부동산 · 선박 · 항공기 · 자동차 및 건설기계에 관한 등록세의 과세표준은 등기 · 등록 당시의 가액으로 한다.[52] 이 경우 과세표준은 조례가 정하는 바에 의하여 등기 · 등록 자의 신고에 의한다.[53] 다만, 신고가 없거나 신고액이 시가표준액에 미달하는 경우에는 시가표준액을 과세표준액으로 한다.[54]

여기서 '등기 · 등록 당시의 가액'의 의미에 대하여 살펴보자. 우선 취득세의 경우를 보면 취득세의 과세표준은 취득당시의 가액으로 하며,[55] 취득당시의 가액은 취득자가 신고한 가액에 의하도록 되어 있다.[56] 다만, 신고 또는 신고가액의 표시가 없거나 그 신고가액이 시가표준액에 미달하는 때에는 그 시가표준액에 의한다.[57] 이와 같이 등록 세와 취득세는 그 과세표준을 결정함에 있어서 동일한 구조[58]를 취하고 있으므로 등록 세의 '등기 · 등록 당시의 가액'을 취득세의 '취득당시의 가액'과 동일한 의미로 해석할 수 있을 것이다. 대법원은 취득세의 '취득당시의 가액'을 사실상의 취득가액으로 파악 하고 있다.[59]

---

51) 전동흔, 지방세실무해설, (주)영화조세통람(2010), 1339면.
52) 지방세법 제130조 제1항.
53) 지방세법 제130조 제2항 본문.
54) 지방세법 제130조 제2항 단서.
55) 지방세법 제111조 제1항 본문.
56) 지방세법 제111조 제2항 본문.
57) 지방세법 제111조 제2항 단서.
58) 다만, 연말에 부동산 등을 취득하여 다음 연도에 등기 · 등록을 하거나 신축건물 등의 보존등기를 지연 함으로써 취득과 등기에 수년간의 시차가 있는 경우에는 시가표준액의 차이로 인하여 취득세와 등록세 의 과세표준액이 다를 수 있다(김태호, 앞의 책, 281면).
59) 대법원 1997.12.12. 선고 96누17271 판결(지방세법 제111조 제1항에서 취득세의 과세표준으로 규정한 취득 당시의 가액은 원칙적으로 과세물건을 취득함에 소요된 사실상의 취득가격을 의미한다 할 것이 고, 제2항은 취득자가 제1항의 과세표준 즉 취득 당시의 가액을 신고하여야 하는데 그 신고가 없거나 신고가액이 과세시가표준액에 미달하는 경우에는 그 과세시가표준액에 의한다는 취지이며, 한편 법 제 111조 제5항 및 제6항에서 들고 있는 취득은 그 사실상 취득가격이 명백하게 드러나는 경우에 관한 규 정으로서 이 경우에는 취득자의 신고에 관계없이 사실상의 취득가격을 과세표준으로 정한다는 것을 규 정하였다고 풀이된다(대법원 1996.12.6. 선고 95누1491 판결 참조)).

(2) 시가표준액

등록세 과세표준의 신고 또는 신고가액의 표시가 없거나 그 신고가액이 「부동산 가격 공시 및 감정평가에 관한 법률」에 의하여 가격이 공시되는 토지 및 주택에 대하여는 동법에 의하여 공시된 가액 등 시가표준액[60]에 미달하는 때에는 그 시가표준액에 의한다.[61]

(3) 사실상 취득가액

① 국가 등으로 부터의 취득, 수입에 의한 취득, 공매방법에 의한 취득, 판결문·법인장부 등에 의하여 사실상 취득이 인정되는 경우(증여·기부 그 밖의 무상취득 및 「소득세법」 제101조 제1항의 규정에 의한 거래로 인한 취득을 제외한다)[62]에는 사실상 취득가액을 과세표준으로 한다.[63] 이와 같이 사실상의 취득가액이 인정되는 경우에는 취득세와 등록세의 과세표준액이 동일하게 된다.

다만, 사실상의 취득가액을 과세표준으로 할 때에도 등기·등록당시에 자산재평가 또는 감가상각등의 사유로 그 가액이 달라진 경우에는 변경된 가액[64]을 과세표준으로 한다.[65]

② 지방세법 제111조 제5항이 취득자의 신고 또는 신고가액의 표시가 없거나 신고가액이 과세시가표준액에 미달한 경우에만 적용되는지 여부에 대하여 대법원은 "구 지방세법(1994. 12. 22. 법률 제4794호로 개정되기 전의 것) 제111조 제5항은 법인장부 등 소정의 문서에 의하여 사실상의 취득가액이 명백하게 드러나는 경우 취득자의 신고에 관계없이 그 사실상의 취득가액을 과세표준으로 한다는 규정으로서, 취득자의 신고 또는 신고가액의 표시가 없거나 그 신고가액이 과세시가표준액에 미달한 경우에 한하여 적용되는 것이라고는 할 수 없다."고 판시하고 있다.[66]

③ 그리고 법인장부에 의하여 확인되는 취득은 그 법인장부상의 취득가격을 과세표준으로 하고 있다. 여기서 '법인장부에서 확인'된다 함은 당해 법인의 취득사실 뿐만 아니라 당해 법인이 매각한 경우에도 그 취득자에 대한 취득가격은 확인될 수 있으므

---

60) 지방세법 제111조 제2항.
61) 지방세법 제130조 제2항 단서.
62) 지방세법 제111조 제5항.
63) 지방세법 제130조 제3항 본문.
64) 여기서 변경된 가액은 등기·등록일 현재의 법인장부 또는 결산서 등에 의하여 입증되는 가액으로 한다(지방세법 시행령 99조의2). 그러므로 법인의 경우 등록세의 과세표준은 장부상의 가액으로 하는 것이므로 사실상의 취득가액이 명백히 입증되면 그 장부상의 가액이 등록세의 과세표준에 해당하는 것이다(전동흔, 앞의 책, 1368면).
65) 지방세법 제130조 제3항 단서.
66) 대법원 1998.11.27. 선고 97누5121 판결.

로 법인으로부터 취득한 자에 대하여 대하여도 이를 적용할 수 있다.[67] 법인의 경우 사실상의 취득가액을 적용하는 취지는 개인의 경우와는 달리 법인은 객관화된 조직체로서 일반적으로 거래가액을 조작할 염려가 적어 그 장부상 가액의 신빙성이 인정되기 때문이며, 법인의 장부가액이 사실상의 취득가액인가의 여부와 관계없이 그 장부가액을 취득세의 과세표준으로 하는 것은 아니다.[68]

④ 사실상 취득가격의 의미와 관련하여 지방세법상의 규정[69]과 판례[70]에 따르면, 과세물건의 취득과정에 지출된 비용이 사실상의 취득가격에 포함된다고 하기 위해서는 첫째, 시적 요건으로서 과세물건의 취득시기 이전에 지급원인이 발생 또는 확정된 것이어야 하고 둘째, 물적 요건으로서 과세물건 자체의 가격으로 지급되었다고 볼 수 있는 것이거나 그에 준하는 취득절차비용이어야 하고 취득의 대상이 아닌 물건이나 권리에 관하여 지출된 것은 이에 포함될 수 없다는 견해가 있다.[71]

---

67) 김의효, 지방세실무, 한국지방세연구회(2011), 730면.
68) 정지선, "지방세법상 취득세의 과세표준 결정에 관한 연구, 조세법연구 10-2, 세경사(2004), 345면; 대법원 92누15895 판결.
69) 지방세법 시행령 제82조의2 (취득가격의 범위) ① 법 제111조 제5항 제1호부터 제4호까지의 규정에 따른 취득가격은 취득의 시기를 기준으로 그 이전에 해당 물건을 취득하기 위하여 거래 상대방 또는 제3자에게 지급하였거나 지급하여야 할 직접비용과 다음 각 호의 어느 하나에 해당하는 간접비용의 합계액으로 한다. 다만, 취득대금을 일시급 등으로 지불하여 일정액을 할인받은 때에는 그 할인된 금액으로 한다.
   1. 건설자금에 충당한 차입금의 이자 또는 이와 유사한 금융비용
   2. 할부 또는 연불조건부 계약에 따른 이자상당액 및 연체료. 다만, 법인이 아닌 자가 취득하는 경우는 취득가격에서 제외한다.
   3. 「농지법」에 따른 농지보전부담금, 「산지관리법」에 따른 대체산림자원조성비 등 관계법령에 따라 의무적으로 부담하는 비용
   4. 취득에 필요한 용역을 제공받은 대가로 지급하는 용역비·수수료
   5. 취득대금 외에 당사자 약정에 의한 취득자 조건 부담액과 채무인수액
   6. 제1호부터 제5호까지의 비용에 준하는 비용
70) ① 사실상의 취득가격이라 함은 과세대상물건의 취득의 시기를 기준으로 그 이전에 당해 물건을 취득하기 위하여 거래상대방 또는 제3자에게 지급하였거나 지급하여야 할 직접·간접으로 소요된 일체의 비용을 말한다 (대법원 1999.12.10. 선고 98두6364 판결), ② 구 지방세법시행령(1993. 12. 31. 대통령령 제14041호로 개정되기 전의 것) 제82조의3에서 말하는 '취득가격'에는 과세대상물건의 취득 시기 이전에 거래상대방 또는 제3자에게 지급원인이 발생 또는 확정된 것으로서 당해물건 자체의 가격(직접비용)은 물론 그 이외에 실제로 당해물건 자체의 가격으로 지급되었다고 볼 수 있거나(취득자금이자, 설계비 등) 그에 준하는 취득절차비용(소개수수료, 준공검사비용 등)도 간접비용으로서 이에 포함된다 할 것이나, 그것이 취득의 대상이 아닌 물건이나 권리에 관한 것이어서 당해물건 자체의 가격이라고 볼 수 없는 것이라면 과세대상물건을 취득하기 위하여 당해물건의 취득시기 이전에 그 지급원인이 발생 또는 확정된 것이라도 이를 당해물건의 취득가격에 포함된다고 보아 취득세과세표준으로 삼을 수 없다 (대법원 1996.1.26. 선고 95누4155 판결).
71) 정덕모, "취득세의 과세표준", 특별법연구 제6권, 특별소송실무연구회(2001), 199~200면.

3. 세율

(1) 표준세율

부동산에 관한 등기를 받을 때에는 다음 표준세율에 의하여 등록세를 납부하여야 한다.[72]

〈표 1〉 부동산등기에 대한 등록세 표준세율

과세대상		과세표준	세 율	비 고
① 상속취득	농 지	부동산가액	1,000분의 3	지법 131조 1항 1호 (1)
	기 타	부동산가액	1,000분의 8	지법 131조 1항 1호 (2)
② 상속 이외의 무상취득		부동산가액	1,000분의 15	지법 131조 1항 2호 본문
③ 비영리사업자[73]의 무상취득		부동산가액	1,000분의 8	지법 131조 1항2호 단서
④ ①~③ 이외의 취득	농 지	부동산가액	1,000분의 10	지법 131조 1항 3호 (1)
	기 타	부동산가액	1,000분의 20	지법 131조 1항 3호 (2)

(2) 조례에 의한 가감조정

실제 적용세율은 지방자치단체의 조례에 의하여 50%범위 내에서 가감조정을 할 수 있으므로 특별시, 광역시, 도의 조례를 확인할 필요가 있다.

4. 등록세 감면 및 비과세

(1) 감면

「주택법」에 의한 대한주택보증주식회사가 동법 제77조 제1항 제1호의 규정[74]에 의한 주택분양보증의 이행을 위하여 취득하는 분양계약이 된 주택(복리시설 중 일반에게 분

---

72) 지방세법 제131조 제1항.

73) 제사, 종교, 자선, 학술, 기예, 기타 공익사업을 목적으로 하는 지방세법 시행령 제79조의 규정에 따른 비영리사업자를 말한다.

74) 주택법 제77조 (업무) ① 대한주택보증주식회사는 그 목적을 달성하기 위하여 다음 각호의 업무를 수행한다.

　　1. 사업주체가 건설·공급하는 주택에 대한 분양보증, 하자보수보증 그 밖에 대통령령이 정하는 보증업무

양되는 시설은 제외한다) 및 그 부속토지에 대하여는 취득세와 등록세의 100분의 50을 경감한다.[75)

(2) 비과세

신탁(「신탁법」에 의한 信託으로서 信託登記가 병행되는 것에 한한다)으로 인한 재산권 취득의 등기 또는 등록으로서 다음에 해당하는 등기·등록에 대해서는 등록세를 부과하지 아니한다.[76)

① 위탁자로부터 수탁자에게 이전하는 경우의 재산권 취득의 등기·등록

② 위탁자만이 신탁재산의 원본의 수익자가 된 신탁재산을 수탁자가 수익자에게 이전할 경우의 재산권 취득의 등기 또는 등록. 다만, 위탁자의 상속인에게 신탁재산을 이전하는 경우에는 이를 상속으로 인한 재산권 취득의 등기 또는 등록으로 보아 등록세를 부과한다.

③ 신탁의 수탁자 경질의 경우에 신수탁자의 재산권 취득의 등기 또는 등록

IV. 주택분양신탁 등에 따른 등록세 과세에 관한 사안의 검토

1. 피고의 본안 전 항변(=피고 상고이유 제1점) 관련 검토

(1) 쟁점사항

피고가 2012. 3. 12. 원고에게 한 등록세 72,407,650원과 지방교육세 13,549,080원의 부과·고지에 대한 제소기간이 도과하여 다툴 수 없는지의 여부에 대하여 살펴보자. 즉, 피고 주장의 요지는 취득가액 차이에 따른 부과부분과 세율 차이에 따른 부과부분이 하나의 처분이 아니라 별개의 처분이므로 제소기간이 도과하였다는 것이다.

(2) 등록세의 과세단위와 소송물

쟁점사항과 관련하여 과세단위와 소송물의 관계를 살펴보자. 과세단위라 하면 흔히 개인단위, 부부단위, 가족단위 등 인적인 요소가 결합된 것을 의미하나, 물적 요소로서 조세채무의 확정에 있어서 종목과 과세기간, 과세대상에 따라 다른 것과 구분되는 기본적 단위를 의미하기도 한다.[77) 시간, 장소, 원천 등으로 각 구분된 과세물건이 하나

---

75) 지방세법 제269조(소규모 임대주택 등에 대한 감면) 제5항.
76) 지방세법 제128조(형식적인 소유권의 취득등기등에 대한 비과세) 제1호.

의 과세단위를 이루고, 하나의 과세단위에 대한 과세처분은 하나가 된다. 그런데 부과결정과 고지는 흔히 일개의 결정서와 고지서로 행하여지지만, 실제로는 여러 개의 과세단위에 대한 과세처분이 병존하는 경우가 많기 때문에 부과결정서나 그 고지서의 개수에 따라 과세처분의 개수가 정하여지는 것은 아니다. 나아가 적어도 실체세액의 존부를 다투는 한 하나의 과세처분에 대하여는 하나의 소송물이 존재한다. 즉, 「하나의 과세단위 ＝ 하나의 과세처분 ＝ 하나의 소송물」이 원칙이고, 과세단위는 소송물의 전형적인 인식기준이 된다.78)

등록세의 경우 그 과세객체는 재산권 기타 권리의 취득·이전·변경·소멸에 관한 사항을 공부에 등기·등록하는 행위이며,79) 득실·변경되는 권리의 개수가 하나의 과세단위가 된다.80) 이와 같이 등록세에 있어 득실·변경되는 권리의 개수가 하나의 과세단위가 되는 이상, 취득가액 차이에 따른 부과부분과 세율 차이에 따른 부과부분이 별개의 부과처분이 될 수는 없을 것이다.

원고가 등록세 등을 신고·납부할 당시 취득가액과 세율을 잘못 적용하였다고 하더라도, 이는 정당한 세액을 구함에 있어 그 구체적인 계산식이 틀린 것에 불과하다. 그리고 피고가 취득가액 차이에 따른 부과부분과 세율 차이에 따른 부과부분을 별도로 고지하였다고 하더라도,81) 판례가 취하는 증액경정처분에 관한 흡수설의 법리에 충실한다면 나중의 부과부분은 증액경정처분에 해당하여 당초의 부과처분을 흡수하게 된다. 즉, 소송대상은 증액경정처분 자체가 하나의 소송대상이 되어82) 하나의 부과처분만이 있을 뿐이라고 보아야 할 것이다.

(3) 소결

따라서 쟁점사항인 피고의 본안 전 항변은 이유 없다 할 것이다.

---

77) 소순무, 조세소송(개정8판), (주)영화조세통람(2016), 439면.
78) 소순무, 위의 책, 440면; 이창희, 세법강의(13판), 박영사(2015), 236면에 의하면, "세금에 대한 항고소송은 과세처분의 취소나 무효확인을 구하는 소송이므로, 항고소송은 속성상 행정처분을 단위로 삼아서 납세의무자와 국가 사이의 다툼을 풀어나갈 수 밖에 없다. 그렇다면 "행정처분의 단위＝소송물의 단위 ＝조세채무의 단위"이어야 한다. 소송물이라는 개념이 바로 다툼의 단위, 재판의 단위인 까닭이다."라고 하고 있다.
79) 임승순, 조세법, 박영사(2009), 983면.
80) 소순무, 위의 책, 441면.
81) 다만, 이 사건에 있어서는 취득가액 차이에 따른 부과를 세율 차이에 따른 부과를 같은 날 동시에 이루어졌다는 점에서 별도의 증액경정처분이 있다고 보기 어려운 측면이 있다.
82) 소순무, 위의 책, 444면.

2. 과세대상거래에 대한 유·무상취득 여부 검토

(1) 의의

본 사안의 경우 지방세법 제131조 제1항에서 유상취득인지 무상취득인지의 여부에 따라 등록세의 세율(유상취득: 1,000분의 20, 무상취득: 1000분의 15)을 달리 규정하고 있으므로 세부담의 차이가 발생하게 된다. 따라서 본 사안의 과세대상거래가 유상취득에 해당되는지 아니면 무상취득에 해당되는지의 여부를 판단하는 것이 쟁점이 된다.

대법원은 명의신탁약정에 의하여 수탁자 명의로 소유권에 관한 등기를 경료하였다가 명의신탁을 해지한 후 명의신탁자 앞으로 매매를 원인으로 한 소유권이전등기를 경료한 경우, 구 지방세법 제131조 제1항 제2호 소정의 '무상으로 인한 소유권의 취득'에 해당하는지 여부가 쟁점이 된 사건에서 "………같은 법 제65조에 의하여 지방세에 준용되는 실질과세 원칙의 정신에 비추어 볼 때 등기신청서 또는 등기부의 형식적인 기재에 불구하고 등기원인 또는 권리관계의 실질에 따라 '무상으로 인한 소유권의 취득'에 해당하는지 여부를 판단하여야 할 것이고, 따라서 부동산에 관하여 명의신탁약정에 의하여 명의수탁자 명의로 소유권에 관한 등기를 경료하였다가 명의신탁을 해지하고 명의신탁자 앞으로 소유권이전등기를 경료하면서 그 등기원인을 매매로 하였다고 하더라도 그 등기의 실질이 명의신탁해지로 인한 소유권이전등기인 이상 같은 법 제131조 제1항 제2호 소정의 등록세율이 적용된다."판시한 바 있다.[83]

(2) 유상취득설의 논거

1) 취득원인계약의 성격: 유상계약

유상계약이란 당사자 쌍방이 서로 대가적 의미있는 재산상의 출연을 하는 계약을 말하고, 무상계약이란 당사자 일방만이 급부를 하든지 쌍방이 급부를 하더라도 그 급부들 사이에는 대가적 의미가 없는 계약을 말한다. 매매·임대차·도급 등은 유상계약에 속하고, 증여·사용대차는 무상계약에 해당한다.[84]

대한주택보증(원고)은 성원주택과 2005. 12. 28. 양도약정을 체결하고, 위 양도약정에 터 잡아 2008. 11. 27. 부동산양도계약을 체결하였다. 2005. 12. 28.자 양도약정에 따르면 "성원주택은 부도·파산 등의 사유로 인하여 더 이상 사업을 계속할 수 없게 되는 경우 ⋯⋯ 대한주택보증이 수분양자에 대하여 보증책임을 부담한다는 조건 하에 별첨

---

83) 대법원 1999.12.10. 선고 98두6364 판결.
84) 지원림, 민법강의, 홍문사(2014), 1308면.

사업과 관련된 아래 본인의 권리를 대한주택보증에 양도"하는 것이라고 한다. 따라서 원고가 보증책임을 부담하기 때문에 (보증책임의 부담 또는 보증책임이행에 따른 구상채권확보를 위하여) 대지·건물의 소유권이 이전되는 것이므로, 이를 무상취득으로 볼 수 없고 이는 유상취득에 해당한다고 볼 수 있다.

2) 주택분양신탁계약의 내용: 유상계약

2005. 12. 28.자 양도약정이나 2008. 11. 27.자 양도계약은 2005. 12. 22. 체결된 이 사건 신탁계약의 일부 내지 특약의 성격이 있는데, 성원주택이 원고에게 보험료를 지급하고, 원고는 신탁계약에서 정한 바에 따라 수분양자들에게 보증책임을 부담한다는 측면에서 위 신탁계약 또한 유상계약에 해당한다고 볼 수 있다.

성원주택은 원고에게 보험료를 지급하고, 그 반대급부로 원고는 수분양자에게 보증책임을 부담하는데, 2005. 12. 28.자 양도약정은 유상계약인 주택분양신탁계약의 내용을 확인하는 차원의 계약이므로, 원고가 토지·건물을 유상으로 취득한 것으로 보는 것이 타당하다.

3) 대한주택보증의 쟁점건물 취득: 수탁자 겸 수익자 지위

무상취득설은 오로지 원고의 '신탁계약상 수탁자 지위'만을 고려한 견해이나, 이 사건에서 원고는 엄연히 '수익자 겸 수탁자 지위'에 있다. 만일 수탁자와 수익자가 서로 다른 경우에는 무상취득설과 같이 수탁자의 신탁부동산 취득을 무상취득으로 보는 것이 타당할 수 있다.

그러나 이 사건과 같은 주택분양보증의 경우 원고인 대한주택보증은 수탁자인 동시에 수익자의 지위에 있는데도, 그중 수익자 지위 부분을 무시하고 오로지 수탁자 지위에만 착안하여 결론을 내릴 수는 없을 것이다. 더욱이 이 사건 주택분양신탁계약에 의하더라도 원고의 이 사건 건물 취득은 수탁자 지위만이 아니라 '수익자 지위'에서 이루어진 것이다.

이 사건 신탁계약은 ① 성원주택이 분양계약을 이행하거나 또는 ② 성원주택의 분양계약 이행이 불가능할 경우 원고의 분양보증 이행을 위한 목적으로 신탁부동산을 관리, 분양 및 처분하기 위한 것이다.[85] 여기서 ①의 경우에는 원고가 단순한 수탁자 지위에서 신탁부동산을 관리·분양할 뿐이고, ②의 경우에 비로소 원고가 신탁부동산을 '처분'할 수 있게 된다.[86] 이 사건은 위 ②의 경우로서, 이 경우 원고는 단순한 수탁자

---

85) 주택분양신탁계약 제2조.
86) 주택분양신탁계약 제7조.

가 아니라 구상채권의 확보를 위하여 수익자 겸 수탁자로서 신탁부동산을 제3자에게 처분하는 것이고, 그 전제로서 이 사건 건물을 취득하게 된 것이다.

이와 같이 쟁점 건물의 취득이 구상채권의 확보를 위하여 신탁 존속 중에 신탁의 이익을 향유하는 수익자의 지위 및 수탁자의 지위에서 이루어진 것이므로 유상취득으로 보아야 할 것이다.

4) 등기원인과 등기시점

우선 등기원인을 보면 원고는 이 사건 건물에 관하여 '2008. 11. 27.자 양도'을 원인으로 소유권이전등기를 경료하였으며 신탁을 원인으로 한 신탁등기를 경료한 것은 아니다. 또한 등기시점을 보면 원고가 2008. 12. 11.까지 수분양자들에게 435억 원을 지급한 직후 6일이 경과한 후에 건물에 관한 소유권이전등기가 마쳐졌다. 이러한 제반 정황을 고려하면, 당사자들의 의사는 원고가 보증책임을 이행함에 따라 건물에 관한 소유권을 이전하기로 합의한 것으로 볼 수 있다.

5) 대한주택보증의 성원주택에 대한 구상채권 소멸

대한주택보증(원고)은 2010. 6.경 오성주택건설에 대지·건물을 매각하고, 그 매각대금 29,713,535,180원[87]을 가지급금 457,652,950원, 소송대지급금 128,531,899원, 구상채권과태료 10,460,269,412원, 구상채권 18,667,181,919원에 변제충당하였다.

원고가 대지·건물에 대한 소유권을 취득함으로써 그 가액에 상당하는 원고의 성원주택에 대한 구상채권이 소멸하였다고 볼 수 있다. 비록 소유권이전등기 경료 당시 구상채권이 소멸하는 것은 아니지만, 원고가 토지·건물을 처분하여 그 채권변제에 충당하기로 미리 약정한 이상, 원고의 소유권취득과 장차 소멸될 원고의 성원주택에 대한 구상채권이 서로 대가관계에 있다고 볼 수 있다.

(3) 무상취득설의 논거

1) 쟁점 건물의 취득행위의 성격

① 신탁계약의 부속계약

2008. 11. 27. 체결한 양도계약[88]은 2005. 12. 22. 체결한 주택분양신탁표준계약(분양형)의 부속계약으로 이루어진 것이며, 동 주택분양신탁표준계약(분양형)은 신탁법 제3조

---

87) 매각대금은 30,530,000,000원이나 816,363,820원이 선납할인되었다.
88) 원고가 2008. 11. 27. 성원주택과 체결한 양도계약 제3조는 "본 계약서는 2005년 12월 22일 갑과 을 사이에 체결된 주택분양신탁표준계약(분양형)의 부속계약임을 인정한다"고 기재되어 있다.

제1항 제1호[89])의 신탁계약에 해당한다. 이와 같이 2008. 11. 27. 체결한 양도계약은 이 사건 신탁계약의 일부로 볼 수 있으므로 동 계약에 의한 소유권이전등기의 실질을 신탁계약으로 보는 것이 타당할 것이다.[90]) 따라서 2008. 12. 18. 자로 원고 명의로 소유권이전등기를 경료받은 이 사건 건물에 관하여 등기부등본 상 등기원인이 「2008. 11. 27. 양도」로 기재되어 있다고 하더라도, 그 실질적인 원인이 '신탁계약'으로 인정되면 이는 무상으로 인한 소유권의 취득에 해당한다고 보아야 할 것이다.

다만, 건축 중인 건물(미완성건물)이므로 지방세법 제128조 제1호(형식적 취득에 따른 등록세 비과세)에서 요구하는 신탁등기의 병행요건을 충족하지 못하여 등록세의 과세대상이 된다고 볼 수 있다.

② 처분정산

주택분양신탁표준계약(분양형) 제7조 제3항 및 제4항[91])에 따르면 대한주택보증이 환급이행하는 경우 상당한 방법 및 가액으로 신탁재산을 처분하여 신탁사무를 위한 제비용과 위탁자(피보증자)의 대한주택보증에 대한 채권을 변제하고 남은 잔액을 위탁자(피보증자)에게 환급하도록 하고 있다.

이에 따른 대한주택보증의 쟁점 부동산의 취득과 처분행위는 주택분양신탁표준계약(분양형)에서 정한 약정내용에 따른 처분정산의 형식[92])의 절차를 띠고 있다. 따라서 대한주택보증이 환급이행을 한다고 하여 곧 바로 쟁점 부동산을 취득하는 것(귀속정산의

---

89) 신탁법 제3조(신탁의 설정) ① 신탁은 다음 각 호의 어느 하나에 해당하는 방법으로 설정할 수 있다. 다만, 수익자가 없는 특정의 목적을 위한 신탁(이하 "목적신탁"이라 한다)은 「공익신탁법」에 따른 공익신탁을 제외하고는 제3호의 방법으로 설정할 수 없다.
    1. 위탁자와 수탁자 간의 계약
90) 명의신탁약정에 의하여 수탁자 명의로 소유권에 관한 등기를 경료하였다가 명의신탁을 해지한 후 명의신탁자 앞으로 매매를 원인으로 한 소유권이전등기를 경료한 경우, 구 지방세법 제131조 제1항 제2호 소정의 '무상으로 인한 소유권의 취득'에 해당하는지 여부가 쟁점이 된 사안에서 대법원은 부동산에 관하여 명의신탁약정에 의하여 명의수탁자 명의로 소유권에 관한 등기를 경료하였다가 명의신탁을 해지하고 명의신탁자 앞으로 소유권이전등기를 경료하면서 그 등기원인을 매매로 하였다고 하더라도 그 등기의 실질이 명의신탁해지로 인한 소유권이전등기인 이상 같은 법 제131조 제1항 제2호 소정의 등록세율(무상취득)이 적용된다고 판시하고 있다(대법원 1999.12.10. 선고 98두6364판결).
91) 주택분양신탁표준계약서(분양형) 제7조 ③ 을이 환급이행을 하는 경우 또는 제2항에 따라 수분양자에게 분양이행을 하는 경우 신탁원본과 수익이 있는 경우 을은 상당하다고 인정되는 방법 및 가액으로 신탁재산을 처분할 수 있으며 다음 각호의 순서에 따라 신탁재산처분금액을 지급한다.
    1. 제세공과금 및 신탁사무처리를 위한 제비용
    2. 제12조 제2항 제3호에서 정한 을의 채권
      ④ 제3항에 의하여 잔여금액이 있는 경우 위탁자 겸 수익자에게 환급한다. 다만 제3자의 압류·가압류·가처분 등이 있는 경우에는 그러하지 아니하다.
92) 수탁자(담보권자)가 신탁부동산(담보부동산)을 제3자에게 처분하여 그 매각대금에서 채권원리금의 변제에 충당하고 나머지를 채무자에게 반환하는 방법이다.

형식)이 아니며, 단지 수탁자 또는 양도담보권자의 지위에서 수탁한 건물을 처분하여 변제에 충당하고 잔여금이 있으면 이를 위탁자(피보증자)에게 반환하는 정산절차를 예정하고 있다.

③ 대가지급사실이 없음

대한주택보증은 쟁점 부동산을 취득하기 위하여 위탁자(피보증자)에게 어떤 대가도 지급한 사실이 없다. 원고인 대한주택보증이 보증책임을 부담하는 것은 위탁자(피보증자)로부터 보증보험계약에 따른 보증보험료를 받은 결과이며, 따라서 보증책임의 대가로 건물을 취득한 것이 아니다. 이와 같이 보증책임을 부담하는 것과 토지·건물의 취득과는 직접적인 관련성이 있다고 보기 어려울 것이다.

원고가 신탁목적물(토지 및 건물)의 매각대금으로 위탁자(피보증자)에 대한 구상채권에 충당하는 것은 주택분양신탁표준계약(분양형)에서 정한 "신탁부동산의 관리·운용 및 처분에 관한 약정"에 따른 것이라고 볼 수 있다.

④ 양도담보의 성격

위와 같은 대한주택보증의 주택분양신탁표준계약(분양형)에서 정한 약정내용에 따른 쟁점 부동산의 취득행위는 위탁자(피보증자)에 대한 구상채권을 담보하기 위하여 쟁점 부동산을 신탁 또는 명의신탁한 것인데, 이는 그 실질이 건물 소유권의 이전형식에 따른 구상채권에 대한 담보권의 취득, 즉 양도담보의 성격과 크게 다를 바 없다.

이와 같이 대한주택보증의 주택분양신탁표준계약(분양형)에서 정한 약정내용에 따른 쟁점 건물의 취득행위는 그 실질이 건물의 신탁인데, 이는 건물의 명의신탁으로 보거나 건물의 양도담보에 따른 취득으로 볼 수도 있을 것이다.

2) 건물의 신탁 또는 양도담보에 따른 취득의 무상성

① 위에서 살펴본 바와 같이 쟁점 건물의 취득이 신탁, 명의신탁 또는 양도담보 중 어느 것에 해당한다고 보더라도 그 취득을 위하여 어떤 대가도 지급한 사실이 없으므로 무상취득으로 보아야 할 것이다. 즉, 해당 건물의 소유권 이전과 관련하여 지방세법 시행령 제82조의2[93)]의 어느 하나에 해당하는 대가를 지급한 사실이 없으므로 무상취

---

93) 지방세법 시행령(2010. 9. 20. 대통령령 제22395호로 전부개정되기 전의 것) 제82조의2 (취득가격의 범위) ① 법 제111조 제5항 제1호부터 제4호까지의 규정에 따른 취득가격은 취득의 시기를 기준으로 그 이전에 해당 물건을 취득하기 위하여 거래 상대방 또는 제3자에게 지급하였거나 지급하여야 할 직접비용과 다음 각 호의 어느 하나에 해당하는 간접비용의 합계액으로 한다. 다만, 취득대금을 일시급 등으로 지불하여 일정액을 할인받은 때에는 그 할인된 금액으로 한다.
1. 건설자금에 충당한 차입금의 이자 또는 이와 유사한 금융비용
2. 할부 또는 연불조건부 계약에 따른 이자상당액 및 연체료. 다만, 법인이 아닌 자가 취득하는 경우는 취득가격에서 제외한다.

득에 해당하는 것이다.

② 명의신탁의 해지에 따른 소유권의 환원이 무상취득[94]이라면 명의신탁의 설정에 따른 소유권의 이전도 무상취득에 해당한다고 해석할 수 있다. 신탁의 성격도 명의신탁의 성격과 동일한 점과 신탁등기가 병행된 신탁을 형식적 취득으로 보아 구 지방세법 제128조 제1호에 따라 등록세 등을 비과세하고 있는 점 등에 비추어 볼 때, 신탁의 설정에 따른 소유권 이전은 무상취득에 해당한다고 해석하여야 할 것이다.

③ 양도담보의 실질은 소유권 이전형식에 따른 담보권의 설정이므로 취득대가란 있을 수 없으며, 따라서 무상취득으로 보아야 할 것이다. 즉, 양도담보계약에 의하여 채무자가 양도담보권자에게 토지 등의 소유권을 이전하거나 양도담보권자가 채권을 변제받고 채무자에게 토지 등을 반환하는 경우에는 모두 양도로 보지 아니한다.[95] 그러므로 양도소득세에 있어서 실질과세의 원칙을 반영하여 양도담보의 설정에 따른 소유권 이전을 양도로 보지 않고 있는 점을 고려해 볼 때 그 궤를 같이하고 있다고 볼 수 있다.[96]

3) 대한주택보증의 쟁점 건물의 취득: 수탁사의 지위

수탁자는 신탁을 대표하여 수익자를 위하여 신탁재산을 관리하는 자임에 반하여, 수익자는 신탁존속 중에 신탁의 이익을 향유하는 자로서 구별되는 개념이다. 수탁자의 직무권한 내에는 신탁재산에 대한 관리행위와 처분행위 등이 모두 포함되고, 수탁자는 신탁재산을 관리하고 운용할 의무가 있으며,[97] 이를 위반하는 경우 그에 상응하는 책임을 부담한다.[98]

이 사건에서 원고가 수탁자의 지위와 수익자의 지위를 겸(兼)하고 있는 것은 위탁자인 성원주택의 채무불이행이 있는 경우이고, 수탁자의 지위에서 발생하는 권리·의무

---

3. 「농지법」에 따른 농지보전부담금, 「산지관리법」에 따른 대체산림자원조성비 등 관계법령에 따라 의무적으로 부담하는 비용

4. 취득에 필요한 용역을 제공받은 대가로 지급하는 용역비·수수료

5. 취득대금 외에 당사자 약정에 의한 취득자 조건 부담액과 채무인수액

6. 제1호부터 제5호까지의 비용에 준하는 비용

94) 대법원 1999.12.10. 선고 98두6364 판결.

95) 김완석·정지선, 소득세법론, 삼일인포마인(2016), 571면; 채권담보의 목적으로 부동산에 관한 소유권 이전등기를 경료하였다가 채무자로부터 대체담보물을 받고 담보사유가 소멸되었다는 이유로 이를 환원하여 준데 불과하다면 그 부동산의 소유권이전에 따른 양도차익이 발생되었다고 볼 수 없다(대법원 1986.9.9. 선고 85누452 판결).

96) 소득세법 시행령 제151조.

97) 신탁법 제31조(수탁자의 권한) 수탁자는 신탁재산에 대한 권리와 의무의 귀속주체로서 신탁재산의 관리, 처분 등을 하고 신탁 목적의 달성을 위하여 필요한 모든 행위를 할 권한이 있다. 다만, 신탁행위로 이를 제한할 수 있다.

98) 광장신탁법연구회, 주석 신탁법, 박영사(2013), 185면 참조.

와 수익자의 지위에서 발생하는 권리·의무는 구별된다고 볼 수 있다.[99]

원고가 수탁자의 지위에서 성원주택으로부터 이 사건 건물에 관한 소유권이전등기를 경료받은 것이다.[100] 보증사고가 발생하지 아니하였다고 하더라도 즉, 수익자의 지위에 있는 원고가 수분양자에게 분양환급금을 지급하지 아니하였다고 하더라도, 성원주택은 이 사건 신탁계약에 따라 수탁자의 지위에 있는 원고에게 건물에 대한 등기를 마쳐주어야 할 의무가 있다. 이에 반하여 원고가 보증책임을 부담하거나 환급이행금을 반환한 것은 수익자의 지위에서 한 것이다.[101]

이와 같이 원고가 환급이행금을 지급한 것은 수익자의 지위에서 한 것임에 반하여 그 명의로 등기를 경료한 것은 수탁자의 지위에서 한 것이므로 환급이행금의 지급과 소유권의 취득은 대가관계에 있다고 보기는 어려울 것이다.

(4) 소결

본 사건은 당사자 간에 체결한 주택분양신탁표준계약서상의 계약내용(문언)의 해석이 그 해결의 핵심을 이루고 있는데, 특히 동 계약서 제1조,[102] 제3조[103] 및 제7조의 계약

---

99) 최수정, 신탁법, 박영사(2016), 538면(담보목적으로 신탁의 구조를 직접 이용하는 방식 중 하나는 타익신탁을 설정하면서 채권자를 우선수익자로 지정하는 것이다, 판례에서는 나타나는 사안들은 크게 두 가지 유형으로 구분된다. 첫 번째 유형은 채권자를 우선수익자로 정하는 것이다. …… 두 번째 유형은 채권자를 수탁자 겸 우선수익자로 정하는 경우이다. 대법원 2011.5.23.자 2009마1176 결정에서는 자금을 조달하기 위하여 위탁자가 신탁업자로부터 자금을 차용하면서 그에게 전 재산인 부동산을 신탁한 것이 사해신탁인지 여부가 쟁점이 되었다. 이 신탁계약에 의하면, 위탁자가 계속 당해 부동산을 운영하였고 그로부터 발생한 수익도 취득하며 위탁자가 수탁자로부터 차용한 자금을 모두 변제하면 신탁계약이 종료되어 신탁재산은 위탁자에게 반환되고, 이를 변제하지 못하면 수탁자 겸 신탁원본 우선수익자인 채권자가 신탁재산을 처분하여 그 대금을 관련 비용 및 대여금에 우선 충당한 후 잔액을 위탁자에게 반환하게 된다. 수탁자는 원칙적으로 신탁이익을 향유할 수 없지만, 다수 수익자 중 1인인 경우에는 가능하다(제36조). 위 사안에서는 위탁자가 수입수익권 및 잔여권을 가지고 채권자인 수탁자가 신탁원본 우선수익자로 지정된 점에서 첫 번째 유형과 차이가 있지만, 수익자와 수탁자의 지위는 별개이므로 그 구조 차체가 상이한 것은 아니다) 참조.
100) 주택분양신탁표준계약(분양형) 제8조(수탁자의 주의의무) 을은 주택건축공사, 신탁부동산의 관리·운용·처분 기타 신탁사무에 대하여 선량한 관리자의 주의로서 처리한 경우에는 갑 및 수익자에게 손해가 발생되더라도 그 책임을 지지 아니한다.
101) 주택분양신탁표준계약(분양형) 제12조(수익자) ① 이 신탁계약에 있어서의 원본수익자는 갑 및 갑의 분양계약이행을 보증한 을로 한다.
102) 주택분양신탁표준계약서(분양형) 제1조(신탁부동산) 신탁부동산은 갑이 주택법 제16조의 규정에 의하여 사업계획승인을 얻어 주택건설사업을 하고자 하는 별지<신탁부동산목록> 기재의 토지(사업계획승인서상의 진입도로 및 기부채납 대상토지를 포함한다. 이하 "토지"라 한다) 및 동 토지 위에 건축중이거나 건축된 건물을 말한다.
103) 주택분양신탁표준계약서(분양형) 제3조(신탁 및 신탁공시) ① 갑은 토지를 을에게 신탁하고, 을은 이를 인수한다.

내용과 그 내용대로 이행된 점에 비추어 볼 때 대한주택보증이 환급이행에 따른 구상채권을 대가로 하여 해당 건물을 양수한 것이라고 인정할 만한 근거를 그 어디에서도 찾아볼 수 없다 할 것이다.

그렇다고 하여 대한주택보증이 환급이행에 따른 구상채권을 대가로 하여 해당 건물을 양수한 것으로 하면 세금부담이 과중하기 때문에 이를 회피할 목적으로 계약에서 비정상적이거나 이상하게 제1조, 제3조 및 제7조와 같은 처분정산의 형식을 취한 것으로 인정할 만한 근거도 찾아볼 수 없다.

아울러 이미 기술한 바와 같이 쟁점 건물의 취득이 신탁, 명의신탁 또는 양도담보 중 어느 것에 해당한다고 보더라도 그 취득을 위하여 어떤 대가도 지급한 사실이 없으므로 무상취득으로 보아야 할 것이다.

따라서 본 쟁점부동산의 취득을 무상취득으로 보아 지방세법상 등록세의 세율을 적용하는 것이 타당할 것으로 사료된다.

3. 환급이행금의 건물·대지의 사실상 취득가액 해당여부 검토

(1) 논의의 전제

원고가 토지 및 건물을 무상으로 취득한 것으로 보면, 환급이행금 435억 원을 사실상 취득가액으로 보아 이를 과세표준으로 삼아 부과처분을 할 여지는 없다. 그 이유는 지방세법 제130조 제3항은 "제111조 제5항의 규정에 해당하는 경우에는 제2항의 규정에 불구하고 동조 동항의 규정에 의한 사실상 취득가액을 과세표준으로 한다"고 정하고 있는데, 지방세법 제111조 제5항은 "다음에 게기하는 취득(증여·기부 그 밖의 무상취득 및 소득세법 제101조 제1항의 규정에 의한 거래로 인한 취득을 제외한다)에 대하여는 제2항 단서 및 제3항의 규정에 불구하고 사실상의 취득가격 또는 연부금액에 의한다"고 정함으로써 무상취득의 경우에는 사실상의 취득가격을 과세표준으로 삼는 것을 배제하고 있기 때문이다.[104]

---

② 갑과 을은 신탁계약을 체결한 후 지체없이 토지에 대하여 신탁을 원인으로 한 소유권이전등기 및 신탁등기를 하여야 하고, 건물은 완공된 후에 신탁등기를 한다. 이 경우에 발생되는 비용은 갑이 부담한다.

[104] 대법원 2003.9.26. 선고 2002두240 판결(그리고 구 지방세법 제111조 제1항이나 제130조 제1항에서 취득세나 등록세의 과세표준을 정한 취득 당시 또는 등기·등록 당시의 가액은 원칙적으로 부동산 등 과세물건을 취득함에 소요된 사실상의 취득가액을 의미하고, 그 각 제2항은 취득자 또는 등기·등록자가 제1항의 과세표준인 취득 당시의 가액을 신고하여야 하는데 그 신고 등이 없거나 신고가액이 시가표준액에 미달하는 경우에는 그 시가표준액을 과세표준으로 한다는 의미로 해석되고, 사실상의 취득가액이 없는 무상취득의 경우에는 시가표준액에 의하여 그 과세표준을 산정하여야 하며 법인장부에 기재된 과

그러나 이와 달리 앞서의 유상취득인지 아니면 무상취득인지에 대한 논의에서, 원고가 수탁자의 지위에서 한 법률행위와 수익자의 지위에서 한 법률행위를 구별할 필요가 없고 보증책임을 부담하기 때문에 건물을 취득한 것으로 보는 것이 타당하다는 견해, 즉 유상취득설에 따르면, 환급이행금이 토지 · 건물의 사실상 취득가액에 해당할 가능성이 있다. 따라서 이하에서는 유상취득임을 전제로 살펴보는 것으로 한다.

(2) 환급이행금에 대한 원심 · 1심의 입장과 그 논거

1) 원심 · 1심의 입장

원고는 환급이행금 435억 원은 건물 · 대지의 취득과 무관하다고 주장한 반면, 피고와 제1심은 토지의 취득과는 관계없는 건물의 취득가액이라 하고 있다. 그리고 원심은 토지 및 건물을 취득하기 위하여 지급한 것으로 건물 · 대지의 사실상 취득가액이라고 설시하고 있다. 결국 제1심과 원심은 그 범위를 달리하고 있기는 하지만, 환급이행금 435억 원은 건물(또는 토지)의 사실상 취득가액이라고 보고 있다.

2) 주장 논거

이에 대한 원심과 제1심의 논거를 요약하면 다음과 같다. ① 원심의 주장 근거는 원고는 이 사건 토지의 소유권을 확정적으로 취득하고 이 사건 건물의 소유권을 취득하기 위하여 수분양자들에게 이 사건 환급이행금을 지급하였다고 할 것이므로, 이 사건 환급이행금 중 일부는 이 사건 대지를 취득하기 위하여 지출한 비용이고 일부는 이 사건 건물을 취득하기 위하여 지출한 비용이라는 것이다.

② 제1심은 원고가 성원주택의 부도 이후 사실상 이 사건 건물을 양도받기 위하여 그 수분양자들에게 이 사건 환급이행금 상당의 분양보증금을 지급하였다 할 것이어서, 이 사건 환급이행금은 이 사건 건물을 취득하기 위하여 지출한 비용으로 봄이 타당하다는 입장이다.

(3) 환급이행금이 토지 · 건물의 사실상 취득가격에 해당하는지 여부

다음 사항을 고려할 때 유상취득설이 타당하다고 하더라도, 환급이행금을 사실상 취득가액으로 보기는 어려울 것이다.

1) 대가성 · 견련성 유무 판단

원고가 환급이행금을 지급한 것은 2006. 1. 6. 성원주택과 체결한 주택분양보증계

세물건의 가격을 사실상의 취득가액이라 하여 과세표준으로 삼을 수 없다) 참조.

약105)에 따라 보증사고 발생시 계약금 및 중도금의 환급책임을 부담하기 때문이다. 굳이 원고가 수분양자들에게 지급한 환급이행금과 대가관계에 있는 반대급부를 찾는다면, 성원주택이 원고에게 이 사건 아파트의 소유권을 이전한 것이 그 반대급부가 되는 것이 아니라, 위 주택분양보증계약 체결 당시 성원주택이 원고에게 지급한 보험료를 반대급부로 보는 것이 상당하다. 따라서 환급이행금의 지급과 이 사건 건물의 취득 사이에 대가관계가 인정된다고 보기 어렵다.

또한 원고는 이 사건 건물의 소유권 취득과 관계없이 주택분양보증약관 제3조에 의하여 보증사고가 발생하기만 하면 납부된 계약금 및 중도금의 환급책임을 부담한다. 즉, 원고로서는 이 사건 건물의 소유권을 취득하지 못하였다는 이유로 수분양자들에게 계약금 및 중도금의 반환을 거절할 수 없다. 따라서 원고가 수분양자에게 지급한 환급이행금과 원고가 취득한 이 사건 건물 간에는 견련성도 인정되지 아니한다.

이와 같이 등록세 과세표준과 관련하여 지방세법상 사실상의 취득가액의 경우 판례상 대가성 및 견련성이 요구되는 것으로 이해되는 점106)107)을 고려할 때, 이 사건에 있어 원고가 이 사건 건물 또는 토지를 취득하기 위하여 환급이행금을 지급한 것으로 보기는 어려울 것이다.

2) 환급이행금의 액수와 대지·건물의 가치와의 관련성 여부 판단

원고가 수분양자들에게 반환하여야 할 환급이행금은 보증사고 발생시까지 수분양자들이 시행사인 성원주택에 납부한 계약금·중도금의 합계액108)으로서 건물·대지의 실제 가치109)와는 전혀 관련이 없다.

---

105) 주택분양보증약관 제3조(보증채무의 내용) 보증회사는 주택법시행령 제106조 제1항 제1호 가목에 따라 주채무자가 보증사고로 분양계약을 이행할 수 없게 된 경우에 당해 주택의 분양이행 또는 납부한 계약금 및 중도금의 환금책임을 부담한다.

106) 대법원 1996.1.26. 선고 95누4155 판결(구 지방세법시행령(1993. 12. 31. 대통령령 제14041호로 개정되기 전의 것) 제82조의3에서 말하는 '취득가격'에는 과세대상물건의 취득 시기 이전에 거래상대방 또는 제3자에게 지급원인이 발생 또는 확정된 것으로서 당해물건 자체의 가격(직접비용)은 물론 그 이외에 실제로 당해물건 자체의 가격으로 지급되었다고 볼 수 있거나(취득자금이자, 설계비 등) 그에 준하는 취득절차비용(소개수수료, 준공검사비용 등)도 간접비용으로서 이에 포함된다 할 것이나, 그것이 취득의 대상이 아닌 물건이나 권리에 관한 것이어서 당해물건 자체의 가격이라고 볼 수 없는 것이라면 과세대상물건을 취득하기 위하여 당해물건의 취득시기 이전에 그 지급원인이 발생 또는 확정된 것이라도 이를 당해물건의 취득가격에 포함된다고 보아 취득세과세표준으로 삼을 수 없다).

107) 전동흔, 지방세실무해설, ㈜영화조세통람사(2010), 854~855면.

108) 원심판결 이유에 따르면, 435억 원 중 330억 원은 건물의 취득가액이고, 105억 원은 대지의 취득가액이라는 것이나, 만약 보증사고 발생시 건물의 공정률이 100%가 아닌 50% 정도라고 하더라도, 원고는 그 건물의 공정률과는 무관하게 여전히 435억 원의 이행보증금을 지급하여야 하고, 공정률이 20% 정도에 불과하다고 하더라도 원고는 435억 원의 이행보증금을 지급해야 한다.

109) 원고가 2010. 5. 24. 오성주택건설 주식회사에 건물·대지를 305억 원에 양도한 점에 비추어 볼 때, 건

3) 정산의무와 대물변제

원고가 이 사건 건물에 관한 소유권이전등기를 경료함으로써 원고의 성원주택에 대한 구상채권 435억 원이 소멸한다면, 이는 대물변제에 해당하고 소멸된 구상채권 435억 원을 사실상 취득가액으로 볼 여지가 있다. 피고는 원고가 수익자의 지위에서 이 사건 건물에 관한 소유권이전등기를 경료한 것을 구상채권의 변제를 위하여 대물변제 받은 것으로 보아 이 사건 처분에 이른 것으로 보인다.[110]

그러나 위 소유권이전등기가 경료됨으로써 435억 원의 구상채권이 소멸하지 아니하였으므로 대물변제로 볼 수 없을 것이다. 원고가 토지·건물을 2010. 6. 15. 305억 원에 오성주택건설에 매각하여, 동 매각대금으로 위 채권의 변제에 충당되었을 뿐이다.

4. 당사자들의 그 밖의 상고이유 주장에 대한 검토

(1) 토지 취득비용의 제외 여부(피고 상고이유 제3점 관련 사항)

이는 원고가 지급한 환급이행금이 사실상 취득가액임을 전제로 하면, 위 435억 원이 토지·건물을 취득하기 위하여 지급된 금원인지, 아니면 건물만을 취득하기 위하여 지급된 금원인지가 쟁점으로 건물의 취득이 무상취득이거나 또는 시가표준액이 과세표준이 된다는 견해에 따르면 논의의 실익이 없는 쟁점이라 사료된다.

(2) 공정률 고려 여부(원고 상고이유 제2점 관련사항)

원고 앞으로 소유권이전등기가 마쳐질 당시 건물의 공정률은 95%에 불과한 점을 고려할 때 공정률 100% 건물의 시가표준액을 기준으로 435억 원을 토지의 취득가액과 건물의 취득가액으로 안분할 것이 아니라, 공정률 95% 건물의 시가표준액을 기준으로 435억 원을 안분하는 것이 타당하다고 생각된다.

물·대지의 가치(= 당해 물건의 가치)는 305억 원 정도에 불과하다고 말할 수 있다.

110) 조심 2012지392(2012.11.07)결정 중 처분청 의견에 따르면, "청구법인의 경우 소유권이전과 관련하여 양도담보계약이라든지 이전된 권리를 다시 환원한다는 약정내용이 없었고, 소유권이전등기원인이 주택분양신탁계약서 제2조의 부속계약에 따른 2008. 11. 27. 부동산양도계약에 의한 것임이 확인되고 있어 청구법인은 쟁점부동산을 매각하여 대위변제한 분양보증금환급금을 회수하기 위하여 이전등기를 한 것이며, 양도담보계약서상 대물변제 형식으로 소유권을 이전하였다 하더라도 분양보증이행 환급금 등을 취득의 대가로 지급한 경우라면 그 채권·채무액이 등록세 과세표준이 되어야 할 것으로서, 청구법인이 쟁점부동산 매각대금을 대위변제한 구상채권과 그 외 구상채권 과태료, 가지급금, 소대지급금 등에 충당된 사실로 볼 때 청구법인의 쟁점부동산 취득은 대가성이 있는 유상취득(대물변제)으로 보는 것이 타당하다."하고 있다.

V. 결 론

본 사건은 당사자 간에 체결한 주택분양신탁표준계약서상의 계약내용(문언)의 해석이 그 해결의 핵심을 이루고 있다고 볼 수 있다. 특히, 동 계약서 제1조, 제3조 및 제7조의 계약내용과 그 내용대로 이행된 점에 비추어 볼 때 대한주택보증이 환급이행에 따른 구상채권을 대가로 하여 해당 건물을 양수한 것이라고 인정할 만한 근거를 그 어디에서도 찾아볼 수 없다.

그렇다고 하여 대한주택보증이 환급이행에 따른 구상채권을 대가로 하여 해당 건물을 양수한다면 세금부담이 과중하기 때문에 이를 회피할 목적으로 계약에서 비정상적인 이상한 방법으로 동 계약서 제1조, 제3조 및 제7조와 같은 처분정산의 형식을 취한 것으로 인정할 만한 근거도 찾아볼 수 없다.

아울러 쟁점 건물의 취득이 신탁 또는 양도담보 중 어느 것에 해당한다고 보더라도 그 취득을 위하여 어떤 대가도 지급한 사실이 없으므로 무상취득으로 보아야 할 것이다. 따라서 본 쟁점부동산의 취득을 무상취득으로 보아 지방세법상 등록세의 세율을 적용하는 타당할 것으로 사료된다.

이상과 같은 이유로 무상취득설에 따른 파기환송 의견입니다.

참 | 고 | 문 | 헌

광장신탁법연구회, 『주석 신탁법』, 박영사, 2013.

김기형 외 4인, 『부동산 개발사업의 Project Finance ―금융소날의 이론과 실무―』, 부연사, 2012.

김동근·정동근, 『주택법 이론과 실무』, 진원사, 2016.

김완석·정지선, 『소득세법론』, 삼일인포마인, 2016.

김의효, 『지방세실무』, 한국지방세연구회, 2011.

김재태·문형철, 『부동산금융론 ―이론과 실무―』, 부연사, 2015.

김태호, 『지방세개론』, 세연T&A, 2007.

법률연구회, 『(신) 부동산 신탁법 실무』, 법률정보센터, 2015.

소순무, 『조세소송(제8판)』, (주)영화조세통람, 2016.

손원손, "주택분양보증계약에서의 제3자에 대한 효과", 『한양법학』 제21권 제1호, 2010.2.

이중기, 『신탁법』, 삼우사, 2007.

임승순, 『조세법』, 박영사, 2009.

전동흔, 『지방세실무해설』, (주)영화조세통람, 2010.

정순섭·노혁준 편저, 『신탁법의 쟁점(제2권)』, 도서출판 소화, 2015.

정지선, "지방세법상 취득세의 과세표준 결정에 관한 연구, 『조세법연구 10-2』, 세경사, 2004.

조홍연, "주택분양보증", 부동산금융의 현황과 과제, KDI, 2012.

지원림, 『민법강의』, 홍문사, 2014.

최수정, 『신탁법』, 박영사, 2016.

KB금융지주경영연구소, "주택분양보증의 이해", KB daily 지식비타민 13-38호, 2013.4.8.

제5장 부가가치세법상 신탁세제 등

5.1. 부가가치세법상 납세의무자에 관한 연구
−신탁법상 위탁자와 수탁자를 중심으로−

5.1. 부가가치세법상 납세의무자에 관한 연구*

-신탁법상 위탁자와 수탁자를 중심으로-

김종해** · 김병일***

Ⅰ. 머리말
Ⅱ. 부가가치세 관련 신탁의 일반적 고찰
Ⅲ. 신탁법상 부가가치세 납세의무자 판단의 문제점 및 개선방안
Ⅳ. 맺음말

국문요약

신탁의 본질은 신탁재산의 법적 · 경제적 소유권이 분리되는 이중적 소유구조를 취하고 있다. 이러한 분리구조는 부가가치세법상 신탁의 처리에도 반영될 것이다. 부가가치세는 다단계 거래세로서 법률적 납세의무자와 경제적 담세자가 다른 구조를 취하고 있고, 부가가치세의 핵심적인 부분은 사업으로서 사업의 수행자가 납세의무자가 되는 것이다. 즉 부가가치세는 하나의 사업에 하나의 사업자가 존재하는 것을 전제로 한다. 하지만, 법원은 수탁자과세를, 세법 개정안은 위탁자과세라는 상반된 입장을 취하고 있어서, 부가가치세와 관련하여 경제적 비효율성을 초래하게 될 것이다. 이와 같은 상황에서 수탁자는 신탁계약 등에 의해 부여된 법적인 소유권으로 신탁재산을 운용 · 관리 · 처분하는 사업 활동의 주체라는 점에서 부가가치세 납세의무자로서 적격한 지위를 갖고 있다고 볼 수 있다. 다음과 같은 부분을 통하여 부가가치세법상 수탁자과세의 적절성을 확보할 필요가 있다.

첫째, 수탁자과세가 적용되는 범위는 자익신탁은 위탁자과세를 유지하며, 타익신탁은 신탁재산의 독립성을 기준으로 판단하여 수탁자과세를 적용해야 할 것이다. 하지만, 우리나라 신탁의 현실이 위탁자의 지배력이 상당한 상태이며, 수탁자의 재량권 행사가 불분명한 상황에서 일정한 사회적·경제적 성숙이 이뤄지는 시점까지 타익신탁 중 신탁재산의 독립성이 약한 신탁에 대해 위탁자과세를 고려해 볼 필요가 있다.

둘째, 위탁자와 수탁자간의 신탁재산의 이전에 대한 처리문제이다. 즉 신탁이 신탁재산별로 하나의 사업 활동을 수행하므로, 이들 간 신탁재산의 이전은 사업 활동의 구성요소에 불과하므로 재화의 공급으로 보기 어렵다. 즉 부가가치세는 통상 수직적 부가가치의 합인 반면, 이들 간의 거래행위는 부가가치의 수평적 이동에 불과하기 때문이다. 이는 전단계세입공제법의 적용이 불필요하다는 것을 의미한다.

셋째, 수탁자과세는 다음과 같은 문제를 초래한다. 신탁의 업무과중으로 인한 신탁수수료의 증가 등과 분별관리의무에도 불구하고 고유재산이 침해되는 문제로 인하여 신탁시장이 위축될 수 있으므로, 이에 대한 적절

---

　* 『세무학연구』제34권제3호(2017.12, 한국세무학회)에 게재된 논문이다.
　** 세무학박사, 강남대학교 경제세무학과 강사, 주저자
　*** 법학박사, 강남대학교 경제세무학과 교수, 교신저자
**** • 논문접수일 2017년 11월 21일 • 게재확정일: 2017년 12월 6일

힌 대비가 필요힐 깃이다.

이와 같이 법원과 과세당국은 신탁법상 납세의무자에 대하여 신탁의 본질과 부가가치세의 본질이 조화를 이루는 관점에서 숙고할 필요가 있으며, 이를 통해 신탁제도의 정착에 기여하기 바란다.

☑ 주제어: 자익신탁, 타익신탁, 위탁매매, 신탁재산의 독립성, 수탁자과세, 위탁자과세

Ⅰ. 머리말

신탁은 위탁자와 수탁자가 특별한 신임관계에 기하여 위탁자가 특정의 재산권을 수탁자에게 이전하거나 기타의 처분을 하고 수탁자로 하여금 수익자의 이익을 위하여 또는 특정의 목적을 위하여 그 재산권을 관리, 처분하게 하는 법률관계를 말한다(신탁법 제2조). 소득세제는 신탁도관이론에 근거한 수익자과세원칙을 채택하고 있지만, 부가가치세와 관련하여 명확한 기준이 없이 해석에 의존하고 있다. 해석상 위탁자와 수익자가 동일한 자익신탁에 대하여 대법원이나 과세당국 모두 위탁자를 부가가치세의 납세의무자로 보았지만, 위탁자와 수익자가 다른 타익신탁에 대하여 대법원과 과세당국의 견해가 달랐다. 즉 대법원은 수탁자를 납세의무자로 보았고,[1] 과세당국은 실질적 지배력의 이전여부에 따라 수익자를 납세의무자로 해석하고 있던 중 최근 세법개정안에는 위탁자로 할 것을 담고 있다. 이와 같은 법원과 과세당국의 다른 입장은 신탁관련 당사자들로 하여금 상당한 혼란을 초래하게 할 것이다.

이러한 상황은 신탁의 본질이 신탁재산의 법적·경제적(수혜적) 소유권이 분리되는 특수한 소유구조로써, 부가가치세의 재화나 용역의 소유자와 거래행위자가 일치하는 일반적인 구조와 달리 신탁은 신탁재산의 소유자와 거래행위자인 사업(business)의 수행자가 상이한 구조를 갖고 있기 때문이다. 그런데 부가가치세의 핵심적인 부분은 사업이며(WALTER SINCLAIR AND BARRY LIPKIN, 388, 2014), 하나의 사업에 하나의 사업자가 존재할 것을 전제로 하고 있고, 부가가치세가 거래행위에 기초한 다단계 거래세이므로 신탁을 통한 사업도 하나의 활동이며, 그 사업 활동의 주체가 신탁이라는 측면에서 신탁재산의 소유자가 아닌 사업의 수행자를 기준으로 부가가치세의 납세의무자를 판단하는 것이 신탁의 본질에 부합할 수 있을 것이다.

이와 같은 측면을 고려할 때, 위탁자가 수탁자에게 법률상 신탁재산을 이전함으로써, 위탁자는 신탁재산에 대한 권한이 없으며 사업의 수행자가 아니므로 부가가치세의

---

1) 대법원 2017.5.8. 선고 2012두22485 판결.

납세의무자가 될 수 없다. 또한 수익자는 신탁소득의 귀속자이므로, 사업활동의 주체가 될 수 없으므로 부가가치세의 납세의무자가 아니다. 반면 수탁자는 단순한 관리인이나 대리인이 아니며, 신탁재산별로 신탁계약이나 신탁증서에 부여 받은 권한으로 신탁재산의 독립성을 기초로 하여 신탁재산의 운용·관리·처분 권한을 부여받아 사업 활동을 수행하는 자이므로 수탁자가 부가가치세의 납세 의무자가 될 수 있다. 신탁과 유사한 구조인 파트너십도 다수의 당사자인 파트너가 존재하지만, 사업 활동은 신탁처럼 파트너십이 수행하며 납세의무자가 된다.

또한 신탁이 신탁재산별로 하나의 사업 활동을 수행하므로, 신탁내부거래인 위탁자와 수탁자 간 신탁재산의 이전은 재화의 공급으로 보기 어렵다. 즉 부가가치세는 부가가치의 수직적 합을 전제로 결정되는 반면 이들 간의 거래행위는 부가가치의 수평적 이동에 불과하며, 사업 활동을 구성하기 위한 요소에 해당하기 때문이다. 따라서 위탁자와 수탁자간 재화의 이전에 대하여 전 단계세입공제법(invoice method, prior tax credit method)의 적용이 불필요하다는 것을 의미한다. 다만, 수탁자과세에 있어서 신탁의 업무과중으로 인한 신탁수수료의 증가 등과 분별관리의무에도 불구하고 고유재산이 침해되는 문제로 인하여 신탁시장이 위축될 수 있으므로, 이에 대한 적절한 대비가 필요할 것이다.

한편, 세법 개정안은 위탁자를 부가가치세법상 납세의무자로 규정하고 있다. 이는 신탁의 본질인 신탁재산의 소유권 분리를 침해하고 있다. 즉 위탁자를 경제적 소유권자와 법률적 소유권자로 봄으로써, 신탁제도 자체를 무력화 시킬 수 있다. 또한 부가가치세의 핵심인 사업이 아니라 재화의 실질적 귀속자를 사업자로 봄으로써, 부가가치세의 원리에도 부합되지 않는다.

이상과 같은 점을 고려하여 본 연구는 부가가치세법상 납세의무자에 대한 수탁자과세의 적절성과 그에 따른 후속문제를 해소하기 위한 방안을 제시함으로써, 신탁제도의 법적 안정성과 예측 가능성을 제고하기 위한 것이다.

II. 부가가치세 관련 신탁의 일반적 고찰

1. 부가가치세의 납세의무자에 관한 학설대립

(1) 위탁자설

법률적으로는 수탁자가 신탁재산의 관리·처분 등 신탁업무의 처리와 관련한 법률행위의 당사자이지만, 경제적 실질의 관점에서 보면 위탁자가 당사자이므로 위탁자를 부가가치세법상 사업자로 보아 부가가치세를 부과해야 한다는 견해이다. 이와 같은 견해의 근거는 다음과 같다(조철호 2005, 288~390).

첫째, 구체적인 법률행위를 직접 행하는 당사자는 수탁자이지만, 신탁재산의 개발·관리·처분 등으로 발생한 이익과 비용은 최종적으로 위탁자에게 귀속하게 되는 것이므로, 경제적 실질 측면에서 보면 수탁자의 신탁업무 처리는 명의만 수탁자 이름으로 행하여지는 것일 뿐이고 실질적으로는 위탁자의 계산에 의한 것이라고 보아야 하기 때문에 위탁자를 부가가치세 납세의무자로 보아야 한다.

둘째, 신탁은 수탁자 명의로 사업을 행하지만 그 계산은 위탁자에게 귀속된다는 점에서(즉, '자기의 명의+타인의 계산'이라는 점에서) 위탁매매의 경우와 구조가 동일하다.[2] 그렇다면, 위탁매매의 경우에 법적 실질이 아닌 경제적 실질을 중시하여 계약당사자인 수탁자가 아닌 위탁자를 사업자(공급자 또는 공급받는 자)로 보는 것에 준하여, 신탁에서도 위탁자를 부가가치세법상 납세의무를 지는 사업자로 보아야 한다.

셋째, 과세관청의 행정해석도 신탁재산의 관리·처분·개발행위 등 신탁업무의 처리와 관련한 사업자 및 부가가치세 납세의무자를 위탁자로 보고 있다.[3]

(2) 수탁자설

신탁법상의 신탁은 신탁재산의 관리·처분권은 수탁자에게 귀속되므로 수탁자가 신탁재산의 관리·처분·개방행위 등 신탁업무의 처리와 관련한 계약의 당사자가 되어 수탁자 자신이 재화 및 용역을 공급하거나 공급받게 되므로, 수탁자를 부가가치세법상 사업자가 된다는 견해이다. 이의 근거는 다음과 같다.

첫째, 신탁제도는 위탁매매제도와 달리, 수탁자가 위탁자에 대하여 신탁재산의 독립

---

2) 대법원 2003.4.25. 선고 2000다33034 판결 등.
3) 부가 46015－2329, 1993. 9. 27.

성이 강하게 나타나고, 제3자에 대하여 완전히 독립된 지위에 있다. 이는 신탁재산의 소유자로서 그 부동산을 처분할 수 있는 대외적 처분권자가 수탁자이며, 재화의 공급자 또는 공급받은 자가 될 수 있다는 점이다.

둘째, 신탁재산을 관리·처분·개발하는 주체는 수탁자이므로, 수탁자를 부가가치세의 납세 의무자가 되는 것은 타당하다.

셋째, 부가가치세의 과세대상은 거래행위에 발생한 부가가치이지, 신탁재산에 발생한 이익을 과세대상으로 하지 않는다는 점이다. 즉 납세의무의 확정은 법적 실질에 따라야 한다. 따라서 신탁재산의 관리·처분·개발에 대한 부가가치세의 납세의무자가 누구인지를 신탁계약의 법적 실질과 신탁계약에서 누가 실질적으로 재화와 용역을 공급하는지 여부를 가지고 판단해야 하기 때문이다.

(3) 수익자설

수익자에게 납세의무를 부여할 수 있는 경우는 자익신탁에 해당한다. 하지만 타익신탁은 신탁재산의 관리·처분·개발에 따른 수익은 모두 수익자에게 귀속되므로, 부가가치세의 그 수익을 향유하는 수익자에게 부과되어야 한다는 견해이다. 이 견해는 실질과세의 원칙에 근거로 한 국세기본법 제14조 제1항인 과세의 대상이 되는 소득, 수익, 재산, 행위 또는 거래의 귀속이 명의(名義)일 뿐이고 사실상 귀속되는 자가 따로 있을 때에는 사실상 귀속되는 자를 납세의무자로 한다는 규정이다. 부가가치세법도 실질과세의 원칙이 적용되고 있기 때문이다(조철호, 393).

(4) 시사점

부가가치세 납세의무자를 판단함에 있어서, 전술한 학설의 대립이 있다. 이러한 학설은 각각 장단점이 존재하지만, 부가가치세 납세의무자의 판단에 있어서, 신탁의 본질에 따른 접근이 우선되어야 할 것이다. 즉 신탁은 단순한 위탁매매의 대리인이나 관리인의 지위가 아니라 신탁재산의 독립성에 의해서 신탁재산에 대한 관리·운용·처분의 대내외적 소유자 되며, 신탁재산에서 발생한 수익을 귀속하는 대상이 아니다. 이는 신탁이 법률적 경제적 소유자가 분리된 특수한 구조를 취하고 있다는 것을 구체화한 모습일 것이다. 이러한 접근은 소득과세뿐만 부가가치세에도 그대로 적용되어야 할 것이다.

하지만, 위탁자설이나 수익자설은 신탁의 본질에 부합하지 않는 모습으로 판단된다. 첫째, 위탁자설은 수탁자를 단순한 자산관리인이나 대리인으로 취급하는 견해로서, 신탁재산의 실질적 소유자는 위탁자이며, 실질적으로 신탁재산의 수익을 수익자에게 직집 시급하는 형태를 취하게 된다. 이는 일반적인 부가가치세에 있어서 재화의 공급자와 소유자가 일치시킨다는 측면에서 간명할 수 있지만, 신탁재산의 독립성의 부인 및 신탁목적이나 신탁의 본질을 위배되는 견해로 보인다. 둘째, 수익자설은 경제적 소유자를 수익자로 보는 도관이론에 적합한 접근이며, 실질과세의 원칙이 구현되는 견해이다. 하지만, 수익자는 신탁수익의 귀속자 일뿐 신탁재산의 관리·운영·처분의 주체가 아니므로, 계약당사자로서 재화의 공급자 및 공급받는 자가 될 수 없다. 셋째 수탁자설은 신탁재산의 독립성과 신탁의 본질인 이중적 소유구조를 유지하고 있으며, 수탁자는 신탁재산의 대외적인 처분자로서 거래상대방과의 계약당사자가 된다. 또한 신탁구조 자체가 위탁자가 신탁재산을 보유함으로써 발생하는 위험을 회피하고 경제적 이익을 극대화하기 위하여 의도적으로 수탁자에게 신탁재산을 이전하여 운용하게 함으로써 최종적으로 수익자에게 환원하는 것이기 때문에 다른 거래유형이 아닌 신탁을 선택한 것이므로(마정화·유현정 2013, 92~92), 신탁 기간 중 신탁재산을 통한 사업활동을 수탁자가 수행한다고 이해해야 할 것이다. 이는 실질 과세원칙과 적용함에 있어서 고려되어야 할 부분이다. 즉 부가가치세에서도 실질과세의 원칙이 적용되지만, 소득과세에 적용되는 경우와 달리 거래행위에 있어서도 실질적인 사업의 수행자는 위탁자나 수익자가 아닌 수탁자로 이해되어야 할 것이다. 이러한 점을 고려할 때, 수탁자설이 부가가치세 납세의무자의 판단기준으로 적절한 견해로 보인다.

2. 신탁관련 부가가치세의 납세의무자에 관한 법원 및 과세당국의 입장

(1) 판례의 입장

종전 대법원의 견해는 신탁재산의 관리·처분 등으로 인하여 발생한 이익과 비용의 귀속자에 따라 부가가치세의 납세의무자를 판단하는 도관이론에 의한 수익자과세원칙을 적용하고 있었다. 이를 기준으로 대법원은 자익신탁은 위탁자로, 타익신탁은 신탁재산의 귀속자인 수익자를 부가가치세 납세의무자로 판단하고 있었다.[4] 즉 신탁재산의 처분에 있어서 수탁자가 신탁재산의 관리·처분하면서 재화의 공급을 하거나 공급받게 되는 경우 수탁자 자신이 계약의 당사자가 되지만, 신탁재산의 관리처분 등에서 발생한 이익과 비용은 위탁자에게 귀속되므로, 자기(수탁자)명의의 타인(위탁자)계산에 의한

---

4) 대법원 2003.4.22. 선고 2000다57733, 57740.(변경), 대법원 2003.4.25. 선고 99다59290(공2003상, 1232)(변경), 대법원 2003.4.25. 선고 2000다33034(공2003상, 1236)(변경), 대법원 2006.1.13. 선고 2005두2254(변경), 대법원 2008.12.24. 선고 2006두8372(변경).

다. 이는 부가가치세법상 위탁매매 또는 대리매매와 동일 한 구조를 취하고 있다. 즉, 자익신탁구조와 동일하다고 할 것이다.

신탁법률관계에서 위탁자 이외의 수익자가 지정되어 신탁의 수익이 우선적으로 수익자에게 귀속하게 되는 타익신탁의 경우, 그 우선수익권이 미치는 범위 내에서는 신탁재산의 관리·처분 등으로 발생한 이익과 비용도 최종적으로 수익자에게 귀속되어 실질적으로는 수익자의 계산에 의한 것으로 되므로, 이 경우 사업자 및 이에 따른 부가가치세 납세의무자는 위탁자가 아닌 수익자로 봄이 상당하다고 판시하고 있다. 이와 함께 타익신탁의 수탁자가 신탁부동산을 처분하면서 매수인으로부터 거래징수한 부가가치세 상당액은 매매대금의 일부로서 신탁재산에 속한다고 보아야 할 것이고, 수탁자가 거래징수한 부가가치세 상당액을 재화의 공급가액과 별도로 부채과 목인 예수금계정으로 회계 처리한다고 하여 달리 볼 것이 아니라고 보고 있고, 부가가치세 환급 청구권의 귀속권자는 부가가치세 납세의무자인 위탁자이므로, 부가가치세 환급청구권은 신탁법상 신탁재산에 속하지 않는다고 볼 수 없다고 판시하고 있다.5)

이와 같이 이전판례는 수익자과세원칙에 근거한 부가가치세의 납세의무자를 판단하고 있으며, 이는 소득세 및 법인세에 적용되는 과세원칙과 동일한 전제를 두고 있다. 즉 전술한 바와 같이 이들 세법은 신탁재산의 이전에 대하여 형식적인 명의의 이전으로 파악하고 있다는 점에서 공통점을 갖고 있다. 이는 신탁과세원칙의 일관성을 유지하고 있다는 점에서 바람직하다. 하지만, 타익신탁에 대한 부가치세법상 수익자가 사업자로서 적격한가에 대한 의문이 남는다. 즉, 사업자는 부가가치세를 창출해낼 수 있는 정도의 사업형태를 갖추고 계속적으로 재화나 용역을 공급하는 자이므로, 이 요건을 구비하지 못하고 단순히 소득이 귀속되는 자를 부가가치세 납세의무자로 보는 것은 사업자의 개념에 부합하지 않는다는 비판은 바람직하다(이중교 2009, 355~356).

최근 판례는 이전판결과 달리 다음과 같은 관점에서 부가가치세의 납세의무자를 수탁자로 보고 있다.6) ① 부가가치세의 부과원리인 재화나 공급의 거래행위를 과세표준으로 보고 있다는 점이다. 이전 판례는 해당 거래에서 발생한 이익이나 비용의 귀속자를 거래행위자로 보고 있는 반면 본 판례는 '재화 또는 용역의 공급'이라는 거래 그 자체를 과세대상으로 보고 실질적인 소득이 아닌 거래의 외형에 대하여 부과하는 거래세의 형태를 띠고 있다는 점에 착안하여 부가가치세의 부과원리에 부합한 판결이다. ② 재화의 공급으로서 인도 또는 양도는 재화를 사용 소비 할 수 있도록 소유권의 이전행

---

5) 대법원 2003.4.25, 선고 99다59290 판결.
6) 대법원 2017.5.17. 선고 2012두22485, 대법원 2017.6.15. 선고 2014두6111, 대법원 2017.6.15. 선고 2014두13393.

위를 전제하고 있다는 점에서도 부가가치세의 과세원칙과도 부합한다. ③ 사업자의 정의를 근거로 수탁자를 재화의 공급자로 보고 있다는 점이다. 즉 사업자란 사업 목적이 영리이든 비영리이든 관계없이 사업상 독립적으로 재화 또는 용역을 공급하는 자를 말한다.[7] 이러한 관점은 타익신탁인 담보신탁도 신탁재산이 법률적 형식적으로 수탁자에게 이전되며, 신탁재산의 소유권을 수탁자가 보유하고 있다고 본 것이다. 이는 부가가치세법의 재화공급의 전제조건인 소유권의 이전행위라는 점에서 적절한 접근이며, 거래행위의 주체인 수탁자를 대외적인 공급자로서 사업자로 인정하고 있다는 점이다. 또한 타익신탁의 수탁자를 세법상 납세의무자로 보는 판결과 일관성을 유지하고 있다고 보인다. ④ 본 판결은 부가가치세 납세의무자를 거래상대방이 쉽게 인식할 수 있는 수탁자라고 함으로써 신탁을 둘러싼 이해관계인들 사이의 복잡한 부가가치세 관련 세무문제를 한결 더 간명하게 처리할 수 있는 계기를 마련함과 동시에 과세실무상 혼란을 제거하고 조세법률관계의 안정화에 기여할 수 있다는 점은 매우 큰 의미가 있다.

(2) 과세당국의 행정해석

과세당국의 행정해석은 신탁의 종류와 관계없이 부동산 소유자가 부동산을 신탁하고, 신탁회사가 수탁받은 부동산을 분양 및 임대하는 경우 부가가치세의 납세의무자는 위탁자에 해당한다는 입장을 취하고 있다.[8] 이는 자익신탁과 관련된 경우로서 종전 대법원의 견해와 동일하다.

한편, 행정해석은 타익신탁에 대하여 우선수익자를 부가가치세의 납세의무자로 보고 있다. 즉 행정해석은 실질적 통제권의 이전(사용·수익 및 처분 권한)이라는 기준으로 실질적 통제권이 이전된 경우에는 실질적 통제권이 이전된 시점에서 우선수익권이 미치는 범위 내에서 위탁자로부터 우선수익자에게 재화를 공급한 것으로 보아서,[9] 우선수익자를 부가가치세법상 납세의무자로 보고 있다. 다만, 실질적 통제권의 이전시점에 대하여 신탁부동산 매각시점에 우선수익자에게 부가가치세를 과세하는 것과 별개로 위탁자가 우선수익자에게 실질적 통제권을 이전하는 시점에서 위탁자에게 부가가치세를 부과해야 하고 신탁부동산에 대한 실질적 통제권의 이전여부 는 실질내용에 따라 사실 판단할 사항이라는 입장을 취하고 있다.[10] 또한 위탁자의 공급가액은 우선수익권보다 우선하는 비용을 차감한 금액이 아닌 신탁부동산의 시가로 보아야 하므로, 위탁자는 수익

---

7) 부가가치세법 제2조 제3호.
8) 부가 46015－536, 2001.3.21.
9) 서면3팀－2134, 2007.7.30.
10) 부가가치세과－582, 2014.6.18., 법규부가 2013－231, 2013.9.5 등.

자에게 신탁부동산의 시가를 과세표준으로 하여 세금계산서를 발급했다가, 위 신탁부동산이 실제로 매각된 때에 신탁부동산의 시가와 매각가액의 차액에 대하여 수정세금계산서를 발급해야 한다고 해석했다.[11] 다만, 행정해석이 신탁재산의 이전에 대한 명백한 견해를 제시하지 못하고 있고, 실질적 지배권이란 용어에 대한 명확한 정의가 부족한 측면과 실질적 통제권 이전시점 및 이에 따른 공급가액의 산정기준을 제시하고 있지 못한 부분이 존재하고 있었다.

이에 대하여 최근 조세심판원은 실질적 지배력에 대한 실질적 지배력의 가이드라인을 제시했다.[12] 즉, 부가가치세는 재화의 이동을 과세대상으로 보아 부과하는 세목으로 부동산이 신탁되는 경우에는 소유권 이전이 발생하는 경우가 없으므로 원칙적으로 신탁부동산에 있어 실질적 소유권의 이전이 발생하지 않는 경우가 대부분이며, 실질적 통제권이 이전되는 경우는 상당히 제한적일 수밖에 없기 때문이다. 이에 조세심판원은 위탁자와 수탁자간에 신탁부동산의 소유권에 대한 합의가 있는 경우 등과 같은 예외적인 경우에만 실질적 통제권이 이전된 것으로 해석하고 있다.

하지만 행정해석도 대법원 전원합의체 판결을 반영한 예규를 다음과 같이 발표했다.[13] ① 수탁자가 위탁받은 신탁재산을 매각하는 경우 부가가치세법 제3조에 따른 납세의무자는 수탁자이며, 이는 신탁 유형에 관계없이 적용하는 것이다. ② 동 질의회신은 우리 부의 질의회신일 이후 공급하는 분부터 적용가능하다. 다만, 관련 대법원 전원합의체 판결의 취지에 따라 판결일 이후부터 예규 회신일 전까지 수탁자가 해당 부가가치세의 납세의무자로서 부가가치세를 신고한 경우에는 수탁자를 납세의무자로 할 수 있다. ③ 신탁계약에 따라 위탁자가 수탁자에게 신탁재산을 이전하는 경우에는 관련 세금계산서를 발급하지 않는다 라고 보고 있다.

다만, 세법 개정안은 기획재정부 예규와 배치되는 위탁자과세의 관점을 유지하고 있다. 구체 적인 내용은 다음과 같다. 부가가치세법 제3조의2 및 제10조 재화공급의 특례 규정에 신탁관련 특례 규정을 신설했다. 부가가치세법 제3조의2 신탁관련 부가가치세의 납세의무자와 관련하여, 신탁재산을 수탁자의 명의로 매매할 때에는 신탁법 제2조에 따른 위탁자가 직접 재화를 공급하는 것으로 봄. 다만, 위탁자의 채무이행을 담보할 목적으로 대통령령으로 정하는 신탁계약을 체결한 경우로서 수탁자가 그 채무이행을 위하여 신탁재산을 처분하는 경우에는 수탁자가 재화를 공급하는 것으로 본다.

보충적 물적납세의무 부과와 관련하여, 다음 중 어느 하나에 해당하는 부가가치세ㆍ

---

11) 법규부가 2013-233, 2013.7.12.
12) 조심 2015 서 766, 2016.10.13.
13) 부가가치세제과-447, 2017.09.01.

가산금 또는 체납저문비를 체납한 납세의무자에게 신탁재산이 있는 경우로서 그 납세의무자의 다른 재산에 대하여 체납처분을 하여도 징수할 금액에 미치지 못할 때에는 그 신탁재산을 한도로 신탁법 제2조에 따른 수탁자는 부가가치세법에 따라 납세의무자의 부가가치세 등을 납부할 의무가 있다. ① 신탁 설정일 이후에 국세기본법 제35조 제1항 제3호에 따른 법정기일이 도래하는 부가 가치세 또는 가산금(부가가치세에 대한 가산금으로 한정한다)으로서 해당 신탁재산과 관련하여 발생한 것, ② 위 '①'의 금액에 대한 체납처분 과정에서 발생한 체납처분비 신탁 설정일 이후 법정기일이 도래하는 부가가치세로서 해당 신탁재산과 관련하여 발생한 국세, 가산금, 체납처분비에 대하여 수탁자는 신탁재산을 한도로 물적납세의무를 진다.

재화의 공급으로 보지 않는 경우를 신설했다. 즉, 신탁재산을 위탁자로부터 수탁자 또는 수탁자로부터 위탁자로 이전하거나 수탁자가 변경되어 신수탁자에게 이전하는 경우 이와 같이 세법개정안은 부가가치세의 납세의무자를 위탁자로 정하고 있으며, 논란이 많았던 위탁자와 수탁자 간 신탁재산의 이전을 재화의 공급에서 배제하고 있다.

3. 소득세제와 부가가치세제와의 관계

신탁의 본질은 법적·경제적 또는 수혜적(beneficiary) 소유가 분리된 구조이다. 이는 신탁의 소유권은 사용수익권과 처분권이 분리되어 있어서, 사법상 소유권관계와 다른 점을 갖고 있다. 이는 위탁자는 신탁의 설정자이며, 법적으로 신탁재산에 대한 통제권을 수탁자에게 이전하고 경제적으로 신탁재산에 대한 권리를 갖지 않으며, 수탁자는 신탁재산에 대한 법률상 소유자로서 신탁법과 신탁증서에 의한 신탁설정목적 내에서 소유권을 제한적으로 행사할 수 있으며, 수익자는 신탁재산에 대한 경제적 소유자가 된다. 이러한 신탁재산의 법적·경제적 소유자의 분리로 인하여 신탁재산에 대한 소유권을 어느 기준으로 판단할 것인지 어려운 상황이다.

이러한 상황에서 소득세제와 부가가치세는 다음과 같은 분명한 차이점이 존재한다. 소득세제는 신탁도관이론에 근거한 법인세법 제5조 제1항과 소득세법 제2조의2 제6항 등을 기준으로 신탁재산의 소유자를 수익자로 보는 수익자과세원칙을 취하고 있다. 즉 신탁이익의 실질적인 귀속자를 기준으로 납세의무자를 판단하고 있다. 반면, 부가가치세는 소득이 아닌 거래행위를 기준으로 판단하는 세목으로, 부가가치세의 중심이 사업과 전단계세액공제라는 측면에서 소득의 귀속자에 대한 판단이기 보다는 거래행위의 법률적 효과가 누구에게 귀속되는가의 문제이기 때문이다(이전오 2015, 394). 이에 대법원도 '재화 또는 용역의 공급'이라는 거래 그 자체를 과세대상으로 보고 실질적인 소득이 아닌 거래의 외형에 대하여 부과하는 거래세의 형태를 띠고 있다는 점을 고려하여 수탁자를 부가가치세의 납세의무자로 보고 있다.[14] 따라서 소득세제와 부가가치세처럼 성격이 다른 세목에 대한 다른 접근이 바람직할 것이다.

한편, 소득세제는 타익신탁이나 자익신탁과 같은 신탁의 관념상 기준으로 전술한 소득의 귀속자를 판단하고 있다. 이러한 구분은 위탁자의 신탁재산에 대한 지배력에 따른 것으로써 신탁 재산 독립성에 따른 수탁자의 재량권 행사와 관련되어 있다. 이는 신탁재산에 기초한 사업 활동의 범위나 책임 등을 정하는 기준이 될 수 있으며, 실제로 부가가치세법상 사업 활동의 행위자가 누구인지를 판단하는 기준이 될 수 있기 때문이다. 즉, 신탁이 법인처럼 하나의 사업을 수행하는 사업자이지만, 신탁재산의 독립성에 기인하여 실질적인 거래행위자를 위탁자로 볼 것인지 수탁자로 볼 것인지를 구분할 수 있기 때문이다.

이러한 점에서 소득과세의 분류기준인 신탁재산의 독립성은 신탁의 사업 활동의 독립성과도 밀접한 관계가 존재한다. 비록 소득과세와 부가가치세라는 다른 성격과 다른 법체계를 갖고 있지만, 신탁재산을 기초하여 발생한 소득의 귀속이나 사업 활동의 행위자라는 결과가 다를 뿐 그 근간은 동일하기 때문이다.

Ⅲ. 신탁법상 부가가치세 납세의무자 판단의 문제점 및 개선방안

1. 신탁법상 부가가치세 납세의무자에 대한 판단기준 및 적용범위

(1) 대법원의 수탁자과세의 판단기준 및 적용대상 신탁

대법원은 ① 부가가치세의 과세원리인 재화나 용역의 공급이라는 거래행위를 과세대상으로 보고 있다. 즉 '재화 또는 용역의 공급'이라는 거래 그 자체를 과세대상으로 보고 실질적인 소득이 아닌 거래의 외형에 대하여 부과하는 거래세의 형태로 보고 있다. ② 재화의 공급으로서 인도 또는 양도는 재화를 사용·소비할 수 있도록 소유권의 이전행위를 전제하고 있다. ③ 사업자의 정의를 근거로 수탁자를 재화의 공급자로 보고 있다. 즉 사업자란 사업 목적이 영리이든 비영리이든 관계없이 사업상 독립적으로

---

14) 대법원 2017.5.17. 선고 2012두22485, 대법원 2017.6.15. 선고 2014두6111, 대법원 2017.6.15. 선고 2014두13393.

재화 또는 용역을 공급하는 자를 말한다.[15] 이러한 관점은 신탁재산의 독립성에 기초하여 위탁자로부터 신탁재산이 법률적·형식적으로 수탁자에게 이전되며, 재화공급의 전제조건인 소유권의 이전행위이고, 거래행위의 주체는 대외적인 공급자인 수탁자로 보고 있다. 즉 신탁재산의 독립성에 기초하여 신탁설정 후 위탁자와 수탁자로부터 독립된 신탁재산의 운영주체는 수탁자이며, 부가가치세가 다단계 거래세라는 점에서 법률상 납세 의무자와 경제적 담세자가 다를 것을 전제로 한다는 점에서 최종적인 소비자가 수탁자가 아니라는 점도 고려한 견해로 보인다.

이와 유사한 입법례는 영국의 경우로서 구체적 내용은 다음과 같다.[16] 신탁은 인(person)이 아니라 의무(obligation)라고 보고 있다. 신탁의 본질은 법적·수혜적 소유권의 분리로 보고 있다. 영국은 수탁자가 신탁재산을 이용하여 재화를 공급하는 경우에 신탁의 부가가치세 납세의무자를 수탁자로 보고 있다.[17] 다만, 신탁재산을 이용하여 재화를 공급하는 자가 수탁자인지 여부는 사실과 법률문제(a matter of fact and law)에 따라 결정된다고 보고 있다. 또한 수탁자가 납세 의무자가 될 경우, 수탁자의 고유재산과 신탁재산의 충돌을 방지하기 위해 수탁자의 고유 활동과 수탁자로서 수행하는 활동을 분별 관리할 것을 정하고 있다는 점에서 신탁재산의 독립성 여 부에 따라 부가가치세 납세의무자를 결정하고 있다고 보인다.

한편, 일부 수탁자가 신탁재산의 보유 이외의 책임이 없는 경우에는 관리인(custodian)이나 수동수탁자(bare trustee), 명의자(nominees)자가 되며, 재화의 공급자로 보고 있지 않다. 또한 영국은 사업 활동과 관련하여 수탁자뿐만 아니라 수익자도 부가가치세의 납세의무자로 보고 있으며, 이러한 처리는 정책적 접근이라는 점을 분명히 밝히고 있다.[18]

한편, 일본은 수익자과세신탁과 법인과세신탁에 따라 부가가치세의 납세의무자를 결정하고 있다. 수익자과세신탁의 경우 수익자(수익자로서의 권리를 실제로 가진 것에 한함)를 신탁재산의 소유자로 보며, 신탁재산의 거래[19]를 수익자의 거래로 간주하여 수익자에게 소비세의 납세 의무를 부여하고 있다.[20] 이때 수익자는 신탁내용의 변경권한을 실제로 보유하면서 신탁재산의 급부를 받게 될 자를 의미한다. 법인과세신탁의 경우 법인과세신탁의 범위에 해당하는 신탁의 수탁자를 소비세의 납세의무자로 보도록 정하고

---

15) 부가가치세법 제2조 제3호.
16) HMRC, VAT treatment of trustee activities, VATREG12800.
17) https://www.out-law.com/en/topics/tax/property-tax-/vat-on-property-transactions/, VAT 1994, sec 4.
18) HMRC, trustee activities not requiring separate VAT treatment-VATREG12850.
19) 일본 소비세법 제14조. 자산 양도 등 과세 매입 및 과세 화물의 보세지역의 인수를 의미한다.
20) 일본 소비세법 제14조.

있다.[21] 이때 수탁자는 고유재산과 신탁재산을 구분하여 관리할 것을 정하는 분별관리 의무를 부여하고 있다.

우리나라의 부가가치세도 영국과 일본 입법례처럼 신탁의 본질을 전제로 신탁재산의 독립성에 기초한 사업 활동의 수행자에 초점을 맞출 필요가 있다. 즉 신탁재산이 위탁 자로부터 수탁자에게 완전히 이전되었다는 점을 전제로 사업 활동의 주체가 수탁자라 는 관점에서 바라볼 필요가 있다. 다만, 수탁자의 역할이 명의인이나 수동신탁의 수탁 자, 관리인에 해당하는 경우는 사업 활동의 주체가 아니라는 점은 분명하다.

(2) 세법 개정안의 부가가치세의 납세의무자의 판단기준 및 적용대상 신탁

세법 개정안에서는 신탁의 부가가치세의 납세의무자를 위탁자로 보고 있다. 이의 근 거는 실질과세의 원칙에 근거하여 거래의 사실상 귀속자를 기준으로 판단하고 있다. 즉, 세법 개정안은 수탁자를 거래의 명의자에 불과하다고 보아 실제 공급자는 위탁자 로 본다는 것이다. 이는 국세 기본법 제14조에 따라 과세대상이 되는 소득, 수익, 재산, 행위 또는 거래의 귀속이 명의일 뿐이고 사실상 귀속자가 따로 있는 경우에는 사실상 의 귀속되는 자가 납세의무자를 진다는 규정을 적용하고 있는 것이다. 따라서 세법 개 정안은 부가가치세법상 신탁재산에 대한 경제적·법률적 소유자를 위탁자로 보고 있으 며, 수탁자는 거래의 명의자에 불과하다는 견해를 취하고 있다.

이러한 견해는 세법 개정안에서 신탁의 본질인 신탁재산에 대한 법적 소유자와 수혜 적 소유자의 분리라는 부분을 부정하는 것이다. 하지만 수탁자는 신탁증서나 신탁계약 을 통해 신탁재산에 법적 처분권을 보유함과 동시에 신탁재산에 대한 의무를 부담하고 있다. 이는 신탁재산에 대한 법적 소유자와 수혜적 소유자의 분리로 인하여 발생할 위 험을 수탁자에게 책임을 부여하고 있는 것이다. 게다가, 부가가치세 납세의무자의 판단 기준이 사업의 수행자인 것을 고려할 때, 신탁재산을 이용하여 재화를 공급하는 자인 수탁자가 부가가치세의 납세의무자가 된다. 반면 위탁자는 신탁재산에 대한 경제적 소 유자이지만, 신탁설정 후 신탁재산의 운영·관리·처분권한 보유하고 있지 않아서 사업 의 수행자가 아니며, 위탁자가 신탁계약이나 신탁증서의 내용을 위반하거나, 신탁증서 의 변경에 수익자가 동의하지 않는 경우는 신탁종료사유가 될 수 있다. 즉 신탁법상 위 탁자는 신탁설정 후에 신탁재산과 격리된 상태이며, 신탁이란 사업활동의 수행자가 될 수 없다. 다만, 신탁재산의 경제적 소유자와 위탁자가 동일한 경우에는 조세정책상 위 탁자나 수익자를 부가가치세 납세의무자로 볼 수 있을 것이다.

---

21) 일본 소비세법 제15조.

〈표 1〉 대법원과 세법개정안의 부가가치세법상 납세의무자 판단기준

구분	대법원의 입장	세법개정안
과세부과원칙	수탁자과세	위탁자과세
판단기준	• 재화 또는 용역의 공급이라는 거래행위를 기준 • 계약상·법률상 원인에 따라 재화를 인도, 양도한 자	• 실질과세의 원칙에 의한 거래의 사실상 귀속자를 기준 • 수탁자는 거래의 명의자에 불과하므로 실제 공급자가 아님
각 당사자 간 세금계산서 교부 및 수취	• 위탁자와 수탁자 간 거래행위에 대한 세금계산서 교부 및 수취 인정하지 않음 • 수탁자가 제3자에게 재화나 용역을 공급할 때 세금계산서 교부	• 위탁자와 수탁자 간 거래행위에 대한 세금계산서 교부 및 수취 인정하지 않음
공급시기	• 수탁자가 제3자에게 재화나 용역을 공급하는 시점	• 수탁자가 제3자에게 재화나 용역을 공급하는 시점
장점	• 거래행위를 기준 부과하는 부가가치세법의 과세원리에 부합	• 실실과세의 원직에 중실
단점	• 실질과세의 원칙에 위배될 소지 • 수탁자의 납세의무 증가로 인한 신탁수수료의 증가 및 업무과중으로 신탁 시장 위축 우려 • 전단계세액공제법을 구현하지 못함	• 신탁법에 의한 타익신탁의 경우 신탁재산의 실질적인 소유자는 이익과 수익이 귀속되는 자는 위탁자가 아닌 수익자가 됨 • 대법원과의 견해의 배치로 인하여 불복청구시 과세당국의 불리한 점 • 거래당사자 인식에 있어서 혼란을 초래 및 세무행정의 비효율성 초래

따라서 세법 개정안은 자익신탁에 적용하는 것은 무리가 없지만, 타익신탁의 적용에 있어서 신탁재산의 완전한 귀속자는 수탁자이지 위탁자가 아니라는 신탁법리와 부가가치세의 과세원리인 거래외형에 대해 부과하는 다단계 거래세의 취지에 부합되지 않는다. 또한 거래안전측면에서 거래상대방은 재화의 공급자를 수탁자로 보고 세금계산서 등과 같은 세무처리를 함에 있어서, 상당한 혼란을 야기할 것이다.

(3) 신탁재산의 독립성에 기초한 부가가치세법상 수탁자과세의 적절성

전술한 바와 같이 신탁의 본질은 신탁의 구조인 3자 관계로서 법적 소유권과 수혜적 소유권이 분리된다는 것이며, 이를 근거로 신탁관련 당사자로부터 신탁재산이 독립하게 된다. 당사자로부터 독립된 신탁재산은 수탁자에게 귀속하게 된다.[22] 이는 사법상

소유자의 개념과 이질적인 부분이다. 따라서 직접세뿐만 아니라 간접세에서도 사법상 소유권 개념을 적용하여 신탁재산의 소유자를 판단하는 것은 신탁제도에 대한 오해에서 초래된 부분일 것이다.

또한 부가가치세의 핵심은 사업이다. EU나 영국의 기준에 의하면 부가가치세는 사업을 전제로 하며, 하나의 사업에는 하나의 사업자가 존재할 것을 전제로 하고 있으며 사업자등록요건을 취하고 있다.23) 이에 EU 및 영국은 부가가치세법상 납세의무자 (taxable person)를 해당 활동의 결과나 목적이 무엇이든 간에 어떤 장소나 어떤 경제적 활동에 대해 독립적으로 수행하는 자라고 정의하고 있다.24) 이러한 논리는 신탁에도 그대로 적용될 것이다. 즉 수탁자는 신탁사업의 독립적이고 직접적인 활동을 수행하므로 납세의무자의 지위로서 적격성을 갖는다고 볼 수 있다. 따라서 수탁자는 신탁재산의 대내외적인 소유자 및 신탁사업의 운영주체이며, 사실상·법률상 처분권을 보유한 자로서 재화나 용역을 공급하는 자이므로 부가가치세법상 납세의무자로 보는 것이 타당하다. 다만, 수탁자가 단순히 신탁재산의 명의자나 관리인의 역할을 수행하는 경우에는 사업자가 아니라고 보고 있다.

한편 수탁자과세의 적용범위와 관련하여 다음과 같은 추가적인 검토가 필요하다. 즉 이는 타익신탁 중 위탁자의 신탁재산에 대한 통제 및 권한 등의 영향력과 관련되어 있다. 위탁자의 영향력과 관련된 타익신탁은 철회가능신탁과 철회불능신탁으로 구분된다. 타익신탁 중 위탁자의 영향력이 배제되는 신탁은 철회불능신탁으로 사업신탁 (business trust)형태를 취하는 금전신탁이나 부동산신탁제도 등에 적용되고 있는 반면 철회가능신탁은 타익신탁구조를 취하고 있지만 위탁자의 지배력이 사업활동에 영향을 미치고 있다. 철회불능신탁은 신탁재산의 독립성이 엄격히 유지되어 있어서 부가가치세법상 수탁자과세를 적용할 수 있지만, 철회가능신탁은 전술한 이유로 부가가치세법상 수탁자과세가 가능한지에 대한 의문이 제기될 수 있다. 이와 관련하여 구체적으로 상술하면 다음과 같다.

---

22) 대법원 2002.4.12. 선고 2000다70460 판결.
   대법원의 이전 판결에서 신탁재산의 독립성에 기초한 위탁자로부터 신탁재산이 수탁자에게 이전된 경우에는 수탁자는 이전된 신탁재산에 대한 대내외적으로 완전히 수탁자명의의 재산으로 되므로 위탁자로부터 독립된다고 보고 있다.
23) 캐나다의 경우도 부가가치세의 영업활동(commercial activity)과 관련하여 사업자등록 요건 및 매입세액 공제 적격의 판정에 있어서 중요한 개념을 파악하고 있다: 이준봉, 『주요국의 조세제도─캐나다편』, 한국조세재정연구원, 2013.11, 293면.
24) Articles 9 and 10 of Directive 2006/112/EC (The Principal VAT Directive), Article 9(1) and HMRC VTAXPER32000: "Taxable Person" shall mean any person who, independently, carries out in any place any economic activity, whatever the purpose or results of that activity.

① 철회불능신탁[25]은 신탁설정 後 위탁자의 통제와 권한이 제한되며, 수탁자에게 이전된 신탁재산은 위탁자에게 반환되지 않는다. 즉 신탁재산의 독립성은 위탁자의 지배력에서 벗어난 상태에서 채권자로부터 신탁재산을 보호할 수 있는 도산격리기능이 있으며, 더 이상 신탁재산은 수탁자나 위탁자의 소유가 아니라는 점이다. 또한 철회가능신탁의 신탁재산도 수탁자의 고유재산과 구분되어 신탁재산의 독립성을 강화하고 있다.[26] 이러한 점에서 철회불능신탁은 신탁재산의 독립성이 온전히 지켜지는 신탁유형이며, 수탁자의 재량권이 비교적 넓게 적용되고 있다. 철회불능신탁의 대표적인 형태는 부동산신탁제도이다.[27] 그 밖에 철회불능신탁에 해당하는 유형은 담보신탁,[28] 갑종관리 · 처분형신탁,[29] 사업신탁 등이 있다.

② 반면 철회가능신탁은 위탁자가 철회권이나 유보권의 행사와 같은 통제와 권한을 행사함으로써, 신탁재산의 독립성이 약한 구조이며, 수탁자의 재량권 행사가 비교적 좁게 적용될 것이다. 즉 위탁자는 수탁자에게 이전된 신탁재산에 대하여 언제든지 통제와 권한을 행사할 수 있고, 신탁내용의 변경도 가능한 상황이다. 이러한 상황이 철회가능신탁의 수탁자가 명의인이나 관리인 또는 수동신탁의 수탁자와 유사한 역할을 수행한다고 볼 수 있는가의 문제와 위탁자의 철회권이나 유보권이 사업활동에 지속적으로 영향을 미칠 수 있는가의 문제이다.

구체적으로 위탁자의 철회권 또는 유보권은 신탁종료나 수익자 지정이나 철회와 관련된 것으로서 신탁재산의 독립성을 침해하는 정도는 아니므로, 철회권 또는 유보권이 있다고 해서 해당 신탁의 수탁자가 명의인이나 관리인의 역할을 수행하는 것은 아니

---

25) Once assets are placed in an irrevocable trust, the property no longer belongs to the Grantor; it now belongs to the trust; http://irrevocable−trust.ultratrust.com/top−7−differences−between−irrevocable−trust−and−revocable−trust.html

26) http://keydifferences.com/difference−between−revocable−and−irrevocable−trust.html# ixzz4v00xCrgK

27) 부동산신탁제도는 부동산소유자가 자신의 소유 부동산을 신임관계(fiduciary regime)를 바탕으로 부동산신탁회사 앞으로 신탁등기를 하여 소유권을 이전하고 신탁회사는 선관주의에 기초하여 수탁 받은 부동산을 신탁목적에 따라 관리 · 개발 · 처분하는 것을 말한다.

28) 담보신탁은 위탁자가 특정부동산을 신탁회사(수탁자)에 신탁하면, 신탁회사가 다른 채권자에 우선하는 수익권증서를 발급교부한 뒤 이 증서를 담보로 금융기관이 대출하여 주도록 하는 신탁방식으로 신탁회사는 위탁자의 채무불이행시 채권금융기관의 반환요청에 따라 부동산을 처분하여 원리금을 상환하게 된다.

29) 관리신탁은 신탁회사(수탁자)가 위탁자를 대신하여 부동산에 대한 관리를 수행하는 신탁으로 부동산에 관련된 복잡하고 다양한 권리의 보호와 합리적인 운용을 위한 신탁상품으로, 토지 및 건물의 임대차, 시설의 유지보수, 소유권의 세무, 법률문제 등 제반사항에 대한 종합적인 관리를 하는 갑종관리신탁과 단순한 소유권 보존만을 관리하는 을종관리신탁이 있다. 또한 처분신탁은 대형 고가의 부동산, 권리관계가 복잡하여 처분하기 어려운 부동산 등을 대상으로 신탁회사가 부동산 소유자를 대신하여 수요자를 찾아 효율적으로 처분이나 매각을 하는 신탁상품이며, 이 신탁도 관리신탁과 마찬가지로 갑종과 을종으로 구분되며, 을종처분신탁도 을종관리신탁과 유사한 구조를 취하고 있다.

다. 또한 철회권이나 유보권과 같은 영향력은 직접세와 관련하여 소득의 실질적 귀속자를 판단하는 것과 관련되어 있다는 점이다. 반면 부가가치세는 소득이 아닌 거래행위가 과세대상이며, 지속적인 사업활동인 점을 고려할 때, 위탁자의 지배력인 철회권이나 유보권이 사업자의 독립적인 활동을 침해할 수 있는 부분은 아니므로, 철회가능신탁과 철회불능신탁의 수탁자를 달리 처리할 근거로는 타당하지 않다. 다만, 신탁재산의 독립성이 미미한 자익신탁[30]처럼 수탁자가 단순히 신탁재산의 명의 등을 제공하는 경우에는 위탁자나 수익자에게 부가가치세법상 납세의무를 부여하는 것은 타당할 수 있다.

하지만, 우리나라 신탁의 현실이 위탁자의 지배력이 상당한 상태이며, 수탁자의 재량권 행사가 불분명한 상황이므로, 정책적으로 법률이나 경제적 현실이 성숙되기 전까지 철회가능신탁의 유형에는 위탁자과세를 고려해 볼 필요가 있을 것이다.

2. 수탁자과세와 전단계세액공제법과의 관계

(1) 의 의

신탁은 법인처럼 사업체 구조이며 3자구조로서 수탁자가 중심적인 역할을 수행하는 구조이다. 수탁자가 납세의무자가 될 경우 위탁자와 수탁자 간의 거래에 대하여 전단계세액공제법을 적용할 수 있는가의 문제이다. 이러한 검토는 다음과 같은 상황 때문이다. 즉 수탁자가 사업자가 될 경우에는 위탁자는 신탁설정이전 거래에서 발생한 매입세액공제만 받고 수탁자는 매출세액 납부책임만 부담하는 불균형한 문제가 존재하기 때문이다. 반면 세법 개정안처럼 위탁자를 사업자로 볼 경우 전술한 문제가 해소될 수 있지만, 실제로 재화를 공급하는 자가 아닌 자가 거래상 대방에게 재화를 공급하는 모순이 존재하게 된다. 이는 신탁제도는 수탁자가 중심되어 수행되는 것으로서 수탁자가 위탁매매의 단순한 명의대여자가 아니기 때문이다.

이러한 점에서 위탁자와 수탁자 간의 신탁재산의 이전을 부가가치세법상 거래행위에 해당하는지 살펴 볼 필요가 있다.

---

30) 자익신탁에는 토지신탁, 을종관리·처분형신탁, 분양관리신탁 등이 있다. 토지신탁은 토지소유자와 수익자가 위탁자가 되며, 위탁자가 토지를 신탁회사(수탁자)에게 신탁하고, 신탁회사는 신탁계약에 따라 건설자금의 조달, 건축물의 건설, 임대분양, 건물의 유지관리를 수행하며, 여기서 발생한 신탁수익으로 토지소유자에게 교부하고 신탁회사는 수수료를 수취하는 방식으로 운영된다.

(2) 위탁자와 수탁자간 신탁재산 이전의 재화의 공급 해당 여부

일반적으로 신탁거래는 ① 위탁자가 수탁자에게 재산을 이전하는 거래단계, ② 수탁자가 신탁재산을 관리·처분하는 거래단계, ③ 마지막으로 신탁재산의 수익권을 양도하는 거래단계로 이루어진다. 위탁자와 수탁자간 신탁재산의 이전이 재화의 공급에 해당하는가를 파악하기 위해서는 위탁자의 신탁재산 이전행위가 사업의 요건에 해당하는가를 판단할 필요가 있다.

우선, 사업자의 범위와 관련된 부분이다. ① 사업의 범위와 관련하여 EC의 제2지시권고에서 사업을 생산자, 상업자 또는 용역제공자(Any activity of producers, traders or persons supplying services)로서의 활동이라고 하고, 천연자원개발사업, 농업 및 자유직업을 포함하는 모든 경제활동이 망라되도록 넓은 의미로 이해되어야 한다고 했다(최명근, 90, 2002). 또한 대법원은 "부가가치를 창출해 낼 수 있는 정도의 사업형태를 갖추고 계속·반복적인 의사로 재화 또는 용역을 공급하는 것"[31]을 사업이라고 보고 있다.

② 사업상 재화나 용역이 공급이 독립적이어야 한다. 여기서 독립적이란 의미는 '자기책임으로 또는 자기계산'으로 라는 것과 같은 의미이다. 즉 경제적 재정적 또는 조직관계적으로 다른 사업자에게 예속되어 있을 지라도 법적으로 자기책임 또는 자기계산이 충족됨으로써 독립되어 있으면 '독립적'이라는 요건이 충족될 것이다.

③ 계속·반복성에 대하여 EC 제2차 권고지시에서는 '계속적으로 거래에 종사(hanitually engage in)'라고 표현하고 있으며, 그 부속서에서 '이따금 그러한 거래에 종사하는(engage occasionally in the transactions referred to)'라고 표현하고 있다(최명근, 91, 2002).

둘째, 재화의 공급 정의는 계약상·법률상의 모든 원인에 의하여 재화를 인도 또는 양도하는 것을 의미한다. EC 지령(Drctive)은 공급을 소유자의 지위에서 재산의 처분권을 이전하는 것으로 정의한 바 있다. 영국에서는 재화상에 존재하는 소유권 전체(all right of ownership existing in th goods)의 모든 이전(any transfer)이 재화의 공급이라고 했다(최명근, 138).[32] 우리나라도 본래의 재화공급에 대해 다음과 같이 제시하고 있다. 상대방에게 재화의 사실상·법률상의 처분권을 이전한다는 전제이다. 그 처분권의 이전은 소유자의 지위에서 행하는 것이 원칙이라고 보아야 한다. 공급은 공급의제 등 예외를 제외하고는 본래적으로 대가를 받고 행하는 이전을 원칙으로 하고, 부가가치세는 가격기구를 통하여 소비자에게 전가되는 조세이며, 부가가치세를 전가시키는 운반구는 가격인 대가이다(최명근, 138). 이와 관련하여 영국은 원칙적으로 대가가 없는 공급은 부가

---

31) 대법원 1989.2.14.선고, 88누5754 판결.
32) UK Tax Guide(London: butterworths, 1986), p.1214.

가치세의 영역 밖에 있다고 볼 수 있으며, 일본의 부가가치세인 소비세에서도 대가가 있는 공급을 그 과세거래로 보지만 특정한 경우 무상공급을 법률이 공급의 범위에 포함시키고 있다.[33] 공급은 사업자에 의하여 국내에서 행해지는 것이 과세대상이 된다고 보고 있다.

이상과 같은 부분을 고려해 보면, ① 신탁의 사업 활동은 위탁자가 아닌 수탁자가 수행한다는 점을 전제로 파악해야 한다. 왜냐하면 대외적인 처분행위는 수탁자와 제3자가 행하는 것이며, 신탁이 행하는 사업도 한 가지이므로, 위탁자와 수탁자가 별개의 사업행위를 수행하는 것이 아니기 때문이다. ② 재화공급의 정의에 의할 경우에도 '계약상·법률상의 모든 원인에 의하여 재화를 인도 또는 양도'라는 점에서도 대외적인 처분을 전제로 하는 것이지 신탁처럼 위탁자가 신탁재산을 이전하는 신탁 내부적 행위에 적용되는 것은 아닐 것이다. 왜냐하면, 전술한 바와 같이 신탁이 하나의 사업을 수행한다는 점에서 위탁자와 수탁자간 신탁재산의 이전은 ㉠ 사업을 위하여 실질적인 사업수행자에게 이전하는 행위, ㉡ 그 수행자의 전문성 등을 이용하여 부가가치 창출에 초점이 맞춰진 부분으로서, 신탁재산의 수평적 이동에 불과한 것이지 개별사업의 형태로서 발생하는 부가가치를 수직적으로 통합하는 과정은 아니기 때문이다. ③ 재화의 공급이 소유자의 지위에서 행사는 처분행위로서, 법률상 처분권을 위탁자가 수탁자에게 하는 이전하는 행위이다. 신탁의 본질처럼 법적 소유자와 수혜적 소유자의 분리를 목적으로 신탁재산을 대내외적으로 수탁자에게 완전히 이전되고,[34] 위탁자로부터 분리·독립되어 있으며, 수탁자 명의이지만 독자적인 신탁목적 달성을 위한 관리제도가 신탁이라는 점에서 고려해 볼 때, 경제적·법률적 처분권 모두는 신탁에서 제3자에게 이전되는 경우에만 재화의 공급으로 볼 수 있다. 따라서 위탁자가 신탁재산을 이전하는 경우는 재화의 공급에 해당하지 않으며, 전단계세액공제법도 적용될 여지가 없는 것이다.

(3) 위탁자의 수탁자간 신탁재산의 이전에 따른 처리

1) 의 의

전술한 바와 같이 신탁은 하나의 사업에 다수의 당사자들이 존재한다. 따라서 신탁의 대내적 신탁재산의 이전은 취득으로 보지 않으므로,[35] 부가가치세법에서도 재화의 공급으로 보지 않게 된다. 다만, 신탁설정전단계에서 발생한 위탁자의 매입세액공제의 처리가 선행될 필요가 있다.

---

33) 일본 소비세법 제2조 제1항 8호.
34) 대법원 2003.1.27. 선고 2000마2997 판결 등.
35) 지방세법 제9조 제3항 제1호.

2) 위딕자와 수탁자간의 신탁새산 이선에 대한 처리

이와 관련 하여 신탁재산이 위탁자가 신탁설정 이전에 공급받은 재화에서 발생한 매입세액제를 받은 경우이다. 이 경우는 신탁설정시점에서 매입세액공제를 받은 재화를 이전 사업의 잔존재화로 보고 간주공급으로 처리하여, 매입세액과 매출세액을 정산한다. 그 후 간주공급가액으로 위탁자가 수탁자에게 신탁재산을 이전함으로써, 부가가치세 문제는 발생하지 않는다.

[사 례 – 담보신탁]

A(채무자)는 은행 C(채권자)에게 자금 100억 원을 차입하였다. 채무자 A는 신탁회사 B에 부동산인 건물(신탁설정시점 110억 원, 취득시점 80억 원)을 담보목적으로 신탁하고 수익자를 채권자인 은행 C로 지정했고, 채무를 변제하지 않은 경우에는 수익자로 하여금 신탁재산을 처분하고 그 대금을 채무로 변제한 후 잔액이 있다면 채무자에게 반환하도록 했다. 변제기간은 5년으로 정했다. 그런데 변제기간이 경과하는 시점까지 채무자는 채무를 변제하지 못했다. 이에 채권자는 담보권을 실행하고 제3자 D에게 담보목적물인 건물을 120억 원에 매각했다.

위 사례에서 위탁자는 신탁설정 이전에 건물취득시점에서 8억 원의 매입세액공제를 받았다. 하지만 신탁설정의 설정은 새로운 사업개시로써 신탁재산에 해당하는 건물은 잔존재화로 보고 간주공급으로 처리하는 것이 바람직하다. 이때 건물에 대한 평가가액인 110억 원을 매출세액으로 한다. 이러한 처리 후 신탁설정시 재화의 가액 100억 원으로 신탁재산을 위탁자가 수탁자에게 이전함으로써, 위탁자와 수탁자간 부가가치세 문제는 발생하지 않을 것이다.

3. 수탁자과세에 따른 후속처리문제

(1) 업무과중 문제

부가가치세법상 납세의무자를 대법원 판례처럼 수탁자로 보는 경우 이로 인하여 업무과중을 가져오는 신탁유형은 부동산신탁제도에 해당하는 토지신탁, 관리 · 처분신탁이나 분양관리신탁 일 것이다. 부동산신탁은 다수의 위탁자와 수익자가 있지만, 수탁자는 신탁회사 하나로 이루어진 경우가 대부분이므로, 수탁자인 신탁회사는 이들과 복잡한 법률관계가 존재하여 상당한 업무가 존재한다.

이 중 세금계산서 발급 및 수취와 관련된 부분이다. 대상판결에 의하면, 위탁자와 수탁자간 거래행위를 재화의 공급으로 볼 경우에는 세금계산서를 발급해야 할 것이다. 즉 위탁자와 수탁자 간 계약에 따라 재화에 해당하는 신탁개산의 소유권이 이전된 것이므로 과세대상 거래에 해당하며, 위탁자와 수탁자 간 세금계산서를 발급하게 된다. 그 후 수탁자는 제3자 거래에서 납세 의무자이므로, 그 이전 거래인 위탁자와 수탁자 간 거래의 납세의무자는 위탁자로 보아 세금계산서를 발급하는 것이 부가가치세법상 전단계세액공제방식에 적합한 방식이다. 그러나 토지신탁 및 관리신탁형(분양관리신탁 포함)처럼 수탁자가 위탁자를 대신하여 다수의 당사자들과 계약이나 사무처리 등을 진행하는 경우에는 수탁자의 업무부담이 과중되므로 신탁수수료의 인상 등과 같은 비용 증가가 불가피하다.

한편, 신탁관련 신설규정에 의하면, 위탁자와 수탁자간 거래행위를 재화의 공급으로 보지 않을 경우에는 세금계산서의 발급이 필요치 않을 것이다. 이는 위탁매매처럼 수탁자가 위탁자의 명의로 세금계산서를 발급하기 때문이다. 또한 위탁자가 직접 재화를 인도하는 경우에는 위탁자가 세금계산서를 발급할 수 있지만, 수탁자의 등록번호를 병기해야 한다. 그러나 전술한 바와 같이 위탁자는 신탁재산 취득으로 매입세액공제만 받게 되고, 수탁자는 매입세액공제 없이 신탁재산 처분에 따른 매출세액만 납부하게 되는 문제가 남게 되어, 추가적으로 수탁자의 사업자 적격성 문제가 제기될 것이다.

(2) 고유재산의 침해 가능성 문제

신탁법 제37조 제1항에서는 수탁자는 분별관리의무에 의하여 신탁재산과 고유재산을 구분하여 관리할 의무가 있다고 정하고 있으며, 동조 제2항에서는 여러 개의 신탁을 인수한 수탁자는 각 신탁재산을 분별하여 관리하고 서로 다른 신탁재산임을 표시하여야 한다고 정하고 있다. 즉 위탁자가 신탁계약을 통해 수탁자에게 토지 등 재산권을 이전하게 되면 그 재산권은 수탁자의 완전한 소유가 되고, 신탁재산은 위탁자의 채권자 또는 수탁자 고유재산의 채권자로부터 강제집행이 금지되며 수탁자의 고유재산과 분별하여 관리하도록 규정되어 있다. 이는 신탁법 제22조 강제집행 등의 금지[36]와 더불어 신탁재산의 독립성을 기초로 하고 있다.

하지만, 비록 신탁법 제22조에서 강제집행 등을 금지하고 있고, 신탁법 제37조 제2항인 분별 관리의무 규정도 존재하지만, 수탁자인 신탁회사의 어느 신탁재산에서 발생

---

[36] 대법원 2013.2.28. 선고 2012다34047 판결.
　　신탁재산은 대내외적으로 소유권이 수탁자에게 완전히 귀속되므로 위탁자에 대한 조세채권에 기하여는 수탁자의 소유재산을 압류하거나 그 신탁재산에 대한 집행법원의 경매절차에서 배당을 받을 수 없다.

한 부가가치세 납세 의무 불이행으로 인한 체납이 다른 신탁재산 또는 신탁회사의 고유재산으로 파급되는 현상이 발생할 여지가 있다(민홍기 2017, 23). 이를 방지하기 위하여 관련 세법에서는 신탁재산의 독립성에 기초하여 위탁자별로 구분된 신탁재산의 수탁자 각각을 다른 부가가치세 납세의무자로 규정할 필요 있으며, 국세징수법에서도 각 신탁재산에서 발생한 부가가치세의 체납이 다른 신탁재산으로 파급되지 않도록 규정을 신설할 것을 고려할 필요가 있을 것이다.

4. 세법 개정안의 검토 및 개선사항

신탁에 관하여 2017년 8월 2일 세법 개정안에 따라 위탁자를 납세의무자로 보는 규정이 신설 되었다. 이는 대상판결의 의견을 일부 반영한 신속한 입법행위이다. 세법 개정안은 신탁관련 규정의 부재로 법원과 과세당국의 견해가 각각 달라 혼란을 초래했던 부분을 어느 정도 해소하는 역할을 할 수 있다. 이를 통하여 신탁관련 조세법의 법적 안정성과 예측 가능성을 제고할 수 있다는 점에서 바람직하다. 이와 관련하여 세법 개정안에 대한 검토사항은 다음과 같다.

첫째, 부가가치세의 납세의무자와 관련하여 "신탁재산을 수탁자의 명의로 매매할 때에는 위탁자가 직접 재화를 공급하는 것으로 본다. 다만, 위탁자에 대한 채무이행을 담보하기 위한 신탁 계약을 체결한 경우로서 채무이행을 위하여 신탁재산을 처분하는 경우에는 수탁자가 재화를 공급하는 것으로 본다는 규정이다."

단서규정인 담보신탁의 경우 수탁자를 납세의무자로 간주하고 있지만, 위탁자와 수탁자간 거래행위를 재화의 공급으로 허용하지 않으므로 전단계세액공제법이 작동되지 않는다. 그 결과 수탁자의 신탁재산 처분시점에서 위탁자의 장부가액에는 그대로 신탁재산이 남아 있게 되어 부가가치세의 상호대상기능이 작동되지 않는 문제가 발생한다. 이를 해소하기 위하여 신탁재산의 처분은 신탁종료를 의미함으로 위탁자에게 남아 있는 신탁재산을 폐업시 잔존재화처럼 간주공급으로 처리할 필요가 있다.

둘째, 위탁자와 수탁자간 거래행위나 수탁자의 변경으로 인한 신탁재산의 이전과 관련하여 "신탁재산 소유권 이전으로서 위탁자로부터 수탁자에게 신탁재산을 이전하는 경우나 수탁자가 변경되어 신수탁자에게 이전하는 경우 등은 재화의 공급으로 보지 아니한다." 이 규정은 위탁자와 수탁자간 취득세가 면제된다는 점과 통일성을 기하고 있다.

한편, 이 규정은 위탁매매의 위탁매매수탁자와 다를 바가 없는 지위를 수탁자에게 부여하게 되는데, 신탁의 중심적인 역할을 수탁자가 수행한다는 점에서 볼 때, 전술한 부가가치세의 납세의무자를 위탁자로 보는 것은 신탁제도 자체를 부가가치세법상 무력화할 수 있다는 비판에 직면하게 될 것이다. 즉, 이 규정과 부가가치세법상 납세의무자를 위탁자로 본다는 것은 신탁제도가 수탁자 중심에서 위탁자 중심으로 바뀐다는 것이기 때문이다.

따라서 영국의 부가가치세법상 납세의무자는 수탁자나 수익자(정책상)이며, 일본은 수익과세 신탁은 수익자를, 법인과세신탁은 수탁자를 부가가치세법상 납세의무자로 보고 있고, 이는 신탁의 구조인 3자 관계로서 신탁의 본질인 법적·경제적 소유권의 분리 구조를 유지하고 있다는 점을 고려할 필요가 있다.

셋째, 보충적 물적납세의무 부과와 관련하여 "부가가치세 등을 체납한 납세의무자가 신탁재산이 있는 경우 그 납세의무자의 다른 재산에 대하여 체납처분을 집행하여도 징수할 금액에 미치지 못하는 경우에는 그 신탁재산의 수탁자에게 체납액을 징수할 수 있는 규정이다."

이 규정은 다음과 같은 점을 고려할 필요가 있다. 물적납세의무제도는 "양도담보된 재산"으로, 양도담보는 금전을 대차함에 있어서 채무자가 담보로 제공한 재산을 계속 점유하여 사용·수익하면서 그 재산의 소유권만을 채권자에게 이전시키는 방법에 의하여 채권담보의 수단으로 활용되는 제도이다. 또한 양도담보는 법형식상 소유권 이전이지만, 그 실질이 채권담보이므로 이에 과세실체법상 실질주의와 징수절차법상의 형식주의를 조화시켜 적용하고 저당권 등의 담보권과 균형을 유지하기 위한 것을 취지로 한다(최명근 2007, 271~272).

하지만, 물적납세의무를 부담시키려면, 경제적 소유권과 법적 소유권이 분리되어야 하지만, 위탁자설의 입장에서는 경제적 소유권과 법적 소유권을 위탁자가 모두 보유하게 되며, 수탁자는 단순한 관리인에 지나지 않게 된다. 즉, 신탁법상 통설인 채권설에 의하면, 신탁행위는 재산권의 이전 또는 기타의 처분인 물권적 효력과 일정한 목적에 따른 관리·처분이라는 채권적 효력이 한 세트(set)로 실현된다(안성포 역 2010, 46).[37] ① 이는 신탁재산은 위탁자로부터 수탁자에게 명의뿐만 아니라 관리권 및 처분권을 포함한 법률상 완전히 소유권을 완전히 이전되므로, 소유권만 이전할 것을 전제로 하고 있다. ② 채권담보목적과 달리 신탁재산은 신탁목적에 의하여 이전되므로, 담보신탁을 제외하고는 채권담보목적이라는 물적납세의무의 취지에 부합하지 않는 것이다. ③ 신탁재산은 강제집행을 금지하고 있는 신탁법과 충돌을 초래할 것이다. ④ 위 규정에 의

---

[37] 재산권의 이전은 관리권, 처분권뿐만 아니라 그 명의까지 포함하여 위탁자로부터 수탁자에게 법률상 완전한 이전을 의미하며, 채권적 구속력을 통하여 신탁재산의 관리처분에 관한 제약을 받게 되는데, 이는 수익자의 이익을 위하여 활용되어야만 하는 것이다.

하면, 수탁사는 난순한 도관에 불과한데 수탁자에게 귀속된 신탁재산이 없음에도 불구하고 수탁자에게 보충적 물적납세의무를 부과하는 것은 수탁자로 하여금 신탁재산의 처분에 따른 부가가치세를 대리납부를 요구하는 것과 다르지 않기 때문이다. 오히려, 조세징수목적상 조세회피 등을 방지하려면, 물적납세의무보다는 위탁자와 수탁자에게 연대납세의무를 부여하는 것이 타당할 수 있다.

이와 같이 신탁관련 세법 개정안은 위탁자설에 기초한 경제적 실질에 의한 접근을 하고 있다. 이 입법규정은 대상판결의 수탁자를 납세의무자로 보는 견해와 충돌은 불가피하며 법적 분쟁도 지속될 것이다. 이는 조세의 비효율성으로 이어져 신탁제도의 정착에 부정적인 영향을 미칠 것이다. 이와 같은 혼란을 최소화하기 위하여, 신탁의 본질과 부가가치세의 본질인 사업을 중심으로 신탁을 바라볼 필요가 있으며, 실질과세원칙은 제한적으로 적용될 필요가 있다. 또한 각 세법상 신탁에 대한 부과기준의 일관성을 확보하기 위하여 명확한 신탁에 대한 과세이론을 정립하여 신탁제도의 법적 안정성 및 예측 가능성을 확보할 필요가 있다.

Ⅳ. 맺음말

신탁의 본질은 신탁재산의 법적 · 경제적 소유권이 분리되는 이중적 소유구조를 취하고 있다. 이러한 분리구조는 부가가치세법상 신탁의 처리에도 반영될 것이다. 부가가치세는 다단계 거래세로서 법률적 납세의무자와 경제적 담세자가 다른 구조를 취하고 있고, 부가가치세의 핵심적인 부분은 사업으로서 사업의 수행자가 납세의무자가 되는 것이다. 즉 부가가치세는 하나의 사업에 하나의 사업자가 존재하는 것을 전제로 한다. 하지만, 법원은 수탁자과세를, 세법 개정안은 위탁자과세라는 상반된 입장을 취하고 있어서, 부가가치세와 관련하여 경제적 비효율성을 초래하게 될 것이다.

이와 같은 상황에서 수탁자는 신탁계약 등에 의해 부여된 법적인 소유권으로 신탁재산을 운용 · 관리 · 처분하는 사업 활동의 주체라는 점에서 부가가치세 납세의무자로서 적격한 지위를 갖고 있다고 볼 수 있다. 다음과 같은 부분을 통하여 부가가치세법상 수탁자과세의 적절성을 확보할 필요가 있다.

첫째, 수탁자과세가 적용되는 범위는 자익신탁은 위탁자과세를 유지하며, 타익신탁은 신탁재산의 독립성을 기준으로 판단하여 수탁자과세를 적용해야 할 것이다. 하지만, 우리나라 신탁의 현실이 위탁자의 지배력이 상당한 상태이며, 수탁자의 재량권 행사가 불분명한 상황에서 일정한 사회적·경제적 성숙이 이뤄지는 시점까지 타익신탁 중 신탁재산의 독립성이 약한 신탁에 대해 위탁자과세를 고려해 볼 필요가 있다.

둘째, 위탁자와 수탁자간의 신탁재산의 이전에 대한 처리문제이다. 즉 신탁이 신탁재산별로 하나의 사업 활동을 수행하므로, 이들 간 신탁재산의 이전은 사업 활동의 구성요소에 불과하므로 재화의 공급으로 보기 어렵다. 즉 부가가치세는 통상 수직적 부가가치의 합인 반면, 이들 간의 거래행위는 부가가치의 수평적 이동에 불과하기 때문이다. 이는 전단계세입공제법의 적용이 불필요하다는 것을 의미한다.

셋째, 수탁자과세는 다음과 같은 문제를 초래한다. 신탁의 업무과중으로 인한 신탁수수료의 증가 등과 분별관리의무에도 불구하고 고유재산이 침해되는 문제로 인하여 신탁시장이 위축될 수 있으므로, 이에 대한 적절한 대비가 필요할 것이다.

참 | 고 | 문 | 헌

마정화·유현정, "부동산신탁에 관한 합리적인 지방세 과세방안" 한국지방세연구원 2017.

민홍기, "부동산펀드 지방세 과세 문제", 금융조세포럼 제71차 발표 2017.

안성포 역, 『신탁법』, 전남대학교출판부, 2010.

이전오, "부동산신탁의 부가가치세 납세의무자에 관한 연구", 『성균관법학』 제27권 제2호, 2015.

이준봉, 『주요국의 조세제도 – 캐나다편』, 한구조세재정연구원, 2013.

이중교, "신탁법상의 신탁에 관한 과세상 논점", 『법조』 58권 12호 (통권 639호), 법조협회, 2009.

조철호, "부동산신탁에 있어서 신탁부동산의 처분에 대한 부가가치세 납세의무자", 『재판자료 108집』. 법원도서관.

최명근, 『부가가치세법론』, ㈜영화조세통람사, 2002.

_____, 『세법학총론』, 세학사, 2007.

WALTER SINCLAIR AND BARRY LIPKIN, ST.JAMES'S PLACE TAX GUIDE 2014 – 2015 43RD, pagrave macmilla, 2014.

https://www.gov.uk/browse/tax/vat.

https://www.out – law.com/en/topics/tax/property – tax – /vat – on – property – transactions/ http://irrevocable – trust.ultratrust.com/top – 7 – differences – between – irrevocable – trust – and – revocable – trust.html

http://keydifferences.com/difference – between – revocable – and – irrevocable – trust.html#ixzz4v00rCrgK

https://ec.europa.eu/taxation_customs/business/vat/eu – vat – rules – topic/taxable – persons – under – eu – vat – rules_en

Abstract

A Study on Taxpayer for Value Added Tax Law
-Focusing on Settlor and Trustee for Trust Law-

Kim, Jong-Hae*·Kim, Byung-Il**

The essence of a trust is the separation of legal and beneficial ownership And this separation is reflected in the VAT treatment of trustees. Also as multiple-stage turnover tax, value-added-tax has structure not consisted with legally taxpayer and economical tax-bearer, the center of value- added-tax is business, whose performer becomes taxpayer. That is, value-added-tax is on the assumption that one business is one provider. But, while Court decisions considers trustees as taxpayer of value-added-tax, tax-revised considers settlor as taxpayer of value-added-tax, so it'condition will cause economic inefficiency. For such condition, trustees can have status of eligibility as taxpayer of value-added-tax in terms of the center of business activities maintain trust asset through legally ownership granted by agreement and deed. Through following these, trustee taxation need to be supplemented.

First, The range of trustee taxation depends on independence of trust, which needs to consider of a matter of fact and law, Through this, trustee taxation should be applied. Considering current Korea's trust market, trust influenced by settlor's control and power can apply settlor taxation.

Second, it is problem that treats about transfer of trust asset between settlor and trustee. Since trust performs one of trust activities as each trust asset, transfer of trust asset between settlor and trustee is only element of trust activities, so this transfer is nor supply of goods. of Thus, this means that this transfer doesn't have to be applied to prior tax credit method.

Third, trustee taxation can lead to the following problem. As centralization of duties, trust fee can rise, and as invading trustee's own property, trust market can be shrunk.

Thus, Court and tax authority need to carefully consider the essence of trust and vat about taxpayer for Trust Law. Through all this stated above, Korea taxation of trust hopes to contribute to vitalizations Korea trust system.

☑ Key words: trust property independence, trustee taxation, settlor taxation

---

  * Instructor, Department of Economy and Tax Science, Kangnam University, dawnsea5@naver.com, First Author

** Professor, Department of Economy and Tax Science, Kangnam University, Corresponding Author

5.2. 기타 외국신탁 과세문제 (자산유동화와 국제조세문제)

5.2. 자산유동화와 국제조세문제*

김병일**

국문요약

이 논문은 자산유동화를 행할 경우에 제기될 수 있는 국제조세법상의 문제를 살펴본 것이다. 우리 경제의 국제화가 급속히 진전됨에 따라 자산유동화 또한 국경을 초월하는 형태로 행하여지고 있다. 즉, 해외에 유동화전문회사를 설립한 후, 당해 유동화전문회사에 유동화자산을 양도하여 유동화증권을 발행하는 경우가 발생한다. 국내법상 비거주자와외국법인인 국외 유동화전문회사가 利票債나 割引債를 발행하여 비거주자나 외국법인인 외국투자가에게 매각할 때 그 이자나 상환차익에 대하여 조세조약에 의해 과세되는 경우가 있다. 그리고 이에 대한 우리나라의 원천과세를 회피하기 위하여 이중구조의 유동화전문회사를 이용하게 되면 조세회피도 가능하게 된다.

그리고 자산유동화와 관련하여 검토가 필요한 국제조세문제로는 다음 사항을 들 수 있다. 첫째, 중층구조인 국외 유동화전문회사를 통하여 자산유동화가 행하여지는 경우 이들 유동화전문회사간에 관련회사로 인정되면, 과소자본세제의 적용 여부에 따라 유동화증권 지급이자에 대한 손금산입 여부 등 과세상의 차이가 발생할 수 있다. 둘째, 국외 유동화전문회사의 자산관리자가 당해 유동화전문회사의 고정사업장이 될 수 있는지가 문제로 될 수 있다. 셋째, 유동화전문기구로 외국신탁을 이용하는 경우 이에 대한 과세문제를 이해하기 위해서는 우선 당해 신탁의 거주지문제를 검토해야 할 것이다. 즉, 신탁관계의 당사자인 위탁자, 수탁자, 수익자 및 신탁재산의 소재지 등에 의해 당해 신탁의 거주지가 영향을 받을 수 있기 때문이다. 넷째, 이전가격세제, 조세피난처세제 및 외국납부세액공제제도 등의 적용가능성에 대해서도 검토를 요한다.

☑ 핵심어 : 자산유동화, 국외 유동화전문회사, 조세회피, 과소자본, 자산관리자, 외국신탁, 이전가격, 조세피난처, 외국납부세액공제

---

 * 『조세법연구』 제8권 제2호(2002.11, 한국세법학회)에 게재된 논문이다.
** (주)대현 상임감사, 법학박사

I. 머리말

1997년 아시아를 엄습한 외환위기를 극복하는 과정에서 태국[1]과 일본[2]이 자산유동화제도를 도입함에 따라, 우리나라에서도 금융기관의 부실채권을 정리하기 위하여 자산유동화를 촉진하기 위한 법률을 제정하기에 이르렀다.

정부는 1998년 4월 14일 '금융·기업구조개혁 촉진방안'을 발표하고 기업이 보유한 부동산의 매각촉진을 통한 기업구조조정방안의 일환으로 資産擔保附證券(asset-backed securities: ABS)의 발행을 위한 특별법 입법작업에 착수하였다. 같은 해 9월 16일 제정된 '자산유동화에 관한 법률'에서는 신탁과 유한회사를 통하여 자산을 유동화하는 방식을 취하고 있으며, 현금흐름이 양호한 재산적 가치가 있는 자산[3]을 증권화(securitization)함으로써 유동성을 제고하는 데 그 목적을 두고 있다. 뿐만 아니라 대차대조표 우변의 전통적인 부채(금융기관차입, 사채발행 등)와 자본(유상증자, 사내유보)을 통한 자금조달로부터 대차대조표 좌변의 자산을 이용한 자금조달(asset-based finance)[4]로 그 흐름이 바뀌고 있음을 보여준다.[5]

그런데 자산유동화는 우리나라가 IMF위기를 맞기 전[6]은 물론 지금도 제도와 규제면

---

1) 태국은 1997년 6월 '증권화를위한특수목적법인에관한법률(Royal Enactment on Special Purpose Juristic Persons for Securitization)'을 제정하였다(자산유동화 실무연구회 편, 『금융혁명 ABS - 자산유동화의 구조와 실무』, 한국경제신문사, 1999, 24면; 홍성웅 편, 『자산 디플레이션과 부동산 증권화: 그 이론과 실제』, 한국건설산업연구원, 1998, 203면).
   태국정부는 외환위기로 인한 경제난 극복을 위하여 외환위기 발생 직전인 1997년 6월 27일 16개 금융기관에 대한 1차 영업정지, 외환위기 발생 이후 같은 해 7월 2일 변동환율제 채택, 7월 18일 IMF에 구제금융 신청, 8월 5일 42개 금융기관에 대한 2차 영업정지, 12월 8일 부실금융기관으로 분류된 58개사 중 56개 금융기관에 대한 영구폐쇄조치를 단행한 바 있다(한국산업은행 국제금융부, "태국의 금융산업 구조조정과 지원방안", 『산업경제』 제113호, 한국산업은행, 1998.9.15, 63면).
2) 일본에서는 1998년 6월 15일 '특별목적회사에의한특정자산의유동화에관한법률'이 제정되어 같은 해 9월 1일부터 시행되었다(藤本幸彦·鬼頭朱實, 『基礎解說 證券化の稅務』, 中央經濟社, 2001, 88面).
3) 자산유동화에 관한 법률 제2조 제3호에서는 유동화자산을 자산유동화의 대상이 되는 채권·부동산 기타의 재산권으로 규정하고 있다.
4) 미국에서는 이를 'LHS funding(left hand side balance sheet funding)'이라고 한다(자산유동화 실무연구회 편, 전게서, 19면).
5) 자산유동화 실무연구회 편, 상게서, 19면.
6) 우리나라의 경우 외화자산과 부채의 만기불일치 문제를 해결하고 외화자금 조달기반을 확대하기 위하여 재정경제원은 1997년 6월 9일 새로운 외화자금조달 수단인 ABS 발행을 허용하는 '외화채권 해외유동화 방안'을 마련, 1997년 6월부터 10월 사이에 5개 종합금융회사와 1개 은행에 대하여 약 22억 달러에 달하는 외화채권의 매각을 허가한 바 있다. 그런데 이른바 IMF위기로 대변되는 경제위기를 맞아 국가신용등급의 하락 등으로 그동안 역외금융시장에서 추진되어 온 모든 유동화거래가 좌절되고 말았다.

에서 유동화거래가 한결 용이한 해외에서 이루어질 수 있다.[7] 즉, 우리 경제의 세계화 (globalization)가 진전됨에 따라 자산유동화 또한 국경을 초월하는 형태로 행하여지고 있다. 이러한 점을 감안하여 우리나라에서도 자산유동화업무를 전업으로 하는 유동화전문회사(special purpose company: SPC)를 외국법인으로 설립할 수 있도록 하고 있다.[8] 외국의 투자가를 상대로 유동화증권을 매각하여 자금을 조달하고자 하는 경우 우리 나라에 SPC를 만들어 자산유동화를 하게 되면, SPC가 국내법상의 규제를 받게 되고, 또한 유동화증권에 대한 이자·배당소득을 해외의 투자자에게 지급할 때에 원천징수의무가 발생되므로 수익률이 낮아지게 되고 효율성이 저하될 수 있다. 이에 따라 특히 외국의 투자가를 상대로 자산유동화를 행할 경우에는 바하마(Commonwealth of the Bahamas) 등의 조세피난처(tax haven)에 SPC를 설립하여 그 SPC에 유동화자산을 양도하고, 당해 SPC가 증권을 발행하는 형태를 취하고 있다.

우리나라 세법상 비거주자·외국법인인 국외 SPC가 利票債나 割引債를 발행하여, 이를 비거주자·외국법인인 해외의 투자가에게 매각한 경우, 그 이자나 상환차익이 해외에서 발생되기 때문에 우리나라에서는 과세를 할 수 없는 것으로 여겨지기 쉽다. 그런데 우리나라의 조세법규와 조세조약 등을 검토하면 그렇게 간단히 결론을 내릴 수 없을 것이다. 아울러 국외 SPC의 국내지점에서의 법인세법상 손금산입의 문제, 과소자본세제, 국외 SPC의 자산관리자의 조세법상 지위문제 및 국외 SPC로서 신탁이 이용되는 경우의 과세문제 등을 검토할 필요가 있다. 이하에서는 우선 자산유동화시 국외 SPC의 이용방법에 대하여 간단히 살펴본 후, 우리나라의 조세법상 외국에 설립된 SPC를 어떻게 취급해야 되는가를 중점적으로 검토하기로 한다. 다만, 내국법인인 SPC의 해외자회사 등에 대한 국제조세문제는 법인설립에 의한 해외진출이 극히 미미할 것으로 예상되므로,[9] 본고에서는 조세피난처세제 및 외국납부세액공제 등 제한된 범위 내에서만 살펴보기로 한다.

II. 국외 유동화전문회사의 이용방법

SPC를 해외에서 설립하는 경우 일반적으로 다음의 세 가지 방법이 활용될 수 있다.[10]

---

7) OECD; prepared by John K. Thompson, Securitisation: An International Perspective, OECD, 1995, p.45.
8) 자산유동화에 관한 법률 제2조.
9) 자산유동화에 관한 법률 제20조 제2항 및 제22조 제1항 제6호 참조.
10) さくら綜合研究所, 『SPC&匿名組合の法律·會計稅務と評價』, 淸文社, 2000, 123面 참조.

그런데 국내자산을 유동화할 때에 이들 해외에 매각하면 원천징수의 문제뿐만 아니라, 자본거래에 해당되어 외국환거래법상의 문제도 발생할 수 있기 때문에,[11] 일반적으로 자산의 양도는 국내에서 행하여지는 경우가 많다. 즉, 자산 보유자의 자산양도는 국외 SPC의 국내지점이나 자회사를 통하여 행하여진다.[12]

1. 국외 유동화전문회사 국내지점방식

해외에 설립된 SPC가 국내지점을 만들어 당해 지점으로 하여금 국내자산에 투자하도록 하는 국외 SPC 국내지점방식을 들 수 있다. 이 방식에서는 자산보유자는 유동화자산을 국내지점에 양도하고, 유동화자산의 매입자금을 조달하기 위하여 해외 본점이 유동화증권을 발행하여 조달한 자금을 본지점간 론(loan)으로서 국내지점에 보낸다.[13] 이 경우 해당 국내지점은 고정사업장(permanent establishment: PE)으로 되어, 동 외국법인의 국내사업장이 국내에서 신고납부하기 때문에 법인세법 제98조에 의하여 대가를 지급하는 내국법인이 별도로 원천징수를 할 필요가 없다. 이 방식이 실무에서 많이 이용되고 있다.[14]

2. 국외 유동화전문회사 자회사방식

해외에 설립된 SPC가 우리나라에 자회사를 만들고 당해 자회사가 국내자산에 투자하는 경우로서 국외 SPC 자회사방식이라고 말할 수 있다. 외국법인이 국내에 투자하여 설립한 자회사는 국내법에 준거하여 설립된 내국법인에 속한다. 따라서 당해 자회사 자체에 대한 고정사업장의 판정문제는 발생하지 않을 것이다.

3. 국외 유동화전문회사 직접방식

이는 해외에 설립된 SPC가 직접 국내자산을 취득하는 방식이다. 이 방식에서는 국내에 사업장을 두고 있지 않는 경우이다. 따라서 유동화된 채권의 채무자가 SPC에게 지급하는 이자에 대해서는 원천징수를 하여 납부하여야 할 것이다.

---

11) 외국환거래법 제18조 참조.
12) 北康利, 『ABS投資入門』, シグマベイスキャピタル, 1999, 66面.
13) 北康利, 상게서, 66面.
14) 中里實, 『金融取引と課税』, 有斐閣, 1998, 423面.

Ⅲ. 자산유동화와 국제조세문제

1. 국외 유동화전문회사와 원천징수문제

자산유동화의 진전으로 금융중개업무의 형태가 변화하게 되면 원천징수제도 또한 큰 영향을 받게 될 것이다. 우리나라의 금융거래와 관련하여 주로 이자소득에 대한 원천징수제도는 원본소유자가 이자수취인이라는 등식이 계속하여 변하지 않을 것이라는 기본적인 가정하에서 출발하였다고 볼 수 있다. 그러나 자산유동화와 같은 거래가 진행되면 투자가가 보유하는 증권은 전전유통되므로 원천징수제도를 적용할 때 문제가 발생할 수 있다. 이는 우리나라의 자산이 유동화되는 경우에 당해 자산이 나오는 현금흐름(cash flow)에 대하여 어떻게 원천징수를 행할 것인가의 문제가 대두된다. 이는 유동화전문기구(special purpose vehicle: SPV)의 설립 내지 이용의 방법에 의해 원천징수의 유무가 영향을 받을 것이다.[15]

따라서 이하에서는 우리나라 세법상 자산유동화 구조에 따라 원천징수가 어떠한 형태로 관계되고 있는가를 분석의 편의상 두 가지 유형으로 분류하여 살펴보고자 한다. 첫째 유형은, 자산보유자가 국외 SPC의 한국지점에 유동화자산을 양도하고, 국외 SPC의 본점이 유동화증권을 발행하여 해외에 거주하고 있는 투자자에게 매각하는 경우이다. 둘째 유형은, 중층구조(two-tier structure)로서 자산보유자가 국외 SPC1의 한국지점에 유동화자산을 양도하고, 국외 SPC1의 본점이 발행한 유동화증권을 국외 SPC2에게 모두 인수케 한 후, 국외 SPC2가 인수한 유동화증권을 기초로 하여 발행한 자산담보부증권을 투자자에게 매각하는 경우이다. 여기서 두 가지 유형 모두 자산보유자(originator)는 우리나라 거주자·내국법인이고, SPC의 본점, SPC1의 본점 및 SPC2는 모두 바하마 등 조세피난처(tax haven)에 있고, 투자자는 해외에 거주하고 있다고 가정한다. 이와 관련하여 조세피난처는 아니지만 조세조약을 이용하여 원천과세의 부담을 줄이기 위한 국외 SPC의 설립형태에 대해서도 여기에서 아울러 살펴보고자 한다.

(1) 단층구조인 국외 유동화전문회사와 원천징수

1) 利票債 발행

우선 국외 SPC가 利票債(interest bearing bond)를 발행하는 경우의 과세문제에 대하여

---

15) 中里實, 전게서, 421~422面.

살펴보기로 하자. 이는 국외 SPC가 비거주자인 투자자에게 지급하는 유동화증권의 이자가 국내원천소득(domestic source incomes)에 해당되느냐의 문제라고 볼 수 있다. 만일 국내원천소득에 해당된다고 하면 국외 외국법인인 SPC가 투자자에게 지급하는 이자에 대하여 원천징수하여 우리나라 과세관청에 납부할 의무를 부담하느냐의 문제로 귀결된다. 원천징수의 대상으로 되는 소득의 지급은 소득세법 제127조 제1항에 규정되어 있고, 대부분의 국내원천소득이 그 대상으로 된다. 비거주자의 국내원천소득은 소득세법 제119조에 규정되어 있으며, 이자소득을 소득세법 제16조에서 열거하고 있는 소득을 인용하고 있다. 즉, 비거주자가 국가 · 지방자치단체 · 거주자 · 내국법인 · 법인세법 제94조에 규정하는 외국법인의 국내사업장 또는 소득세법 제120조에 규정하는 비거주자의 국내사업장으로부터 지급받는 소득세법 제16조 제1항에 규정하는 이자 및 기타의 대금의 이자와 신탁의 이익이라고 규정하고 있다. 다만, 거주자 또는 내국법인의 국외사업장을 위하여 그 국외사업장이 직접 차용한 차입금의 이자는 제외하고 있다.[16] 그런데 국외 SPC는 조세피난처인 바하마 등의 법인으로 설립되어 있고 본점도 바하마 등에 있기 때문에, 내국법인에는 해당하지 않는다. 따라서 우리나라 세법상 국외 SPC가 투자자에게 지급하는 유동화증권의 이자는 원천징수의 대상이 될 수 없을 것이다.

그러나 국외 SPC가 발행하는 유동화증권의 투자자가 우리나라와 조세조약을 체결하고 있는 미국, 유럽 등에 거주하고 있는 투자자이고, 동 조세조약의 이자조항에 의해 국내법의 소득원천규정이 수정된 경우에는 사정이 달라질 수 있다. 예를 들어 OECD모델 조세조약에 의하면, 이자의 지급인이 일방체약국의 거주자인가 아닌가에 관계없이 일방체약국 내에 그 이자지급의 원인이 되는 채무의 발생과 관련된 고정사업장을 가지고 있고, 그 이자가 그 고정사업장에 의하여 부담되는 경우에는 해당 이자는 그 고정사업장이 소재하는 체약국에서 발생하는 것으로 간주한다라고 규정되어 있다.[17] 이와 같은 규정이 한미조세조약에서도 거의 똑같이 마련되어 있다.[18] 즉, 이자가 항구적 시설이 있는 법인에서 나올 때는 국내원천소득으로 된다. 국외 SPC는 국내지점에서만 사업을 행하고 있지 않기 때문에, 이 유형에서는 투자가가 예컨대 미국법인이면 이자는 국내원천소득으로 되어 버린다. 우리나라의 세법규정과 조세조약이 다를 때에는 조세조약이 국내법에 우선하여 적용되기 때문에,[19] 결국 국외 SPC 본점이 이자를 지급하는 경우에는 원천징수를 하지 않으면 안 될 것이다. 요컨대 본 유형과 같이 국외 SPC가

---

16) 소득세법 제119조 제1호.
17) OECD모델 조세조약 제11조 제5항 단서.
18) 한미조세협약 제6조 제2항.
19) 맹동준 · 남시환 · 배영식, 『금융소득종합과세 해설』, 삼일인포마인, 2001, 532면.

이표채를 발행하는 경우에는, 투자가의 거주지국 여하에 따라 원천징수의무가 결정될 것이다.

2) 割引債 발행

할인채의 경우에는 이자가 지불되는 것은 아니고 償還差益(original issue discount)의 형태로 투자가에게 소득이 발생한다. 소득세법 제16조 제1항에서는 채권 또는 증권의 할인액을 이자소득에 포함시키고 있다. 따라서 비거주자가 내국법인 등으로부터 받는 할인채의 할인액은 국내원천소득에 포함된다. 다만, 국외 SPC가 외국법인이고 직접 비거주자인 투자자에게 할인채의 상환이익을 지급하므로 국내법상 원천징수의 대상으로 되지 않는다.

그런데 OECD모델 조세조약에 의하면 상환차익을 명시적으로 이자에 포함시키고 있지 않으며, 상환차익을 규정하고 있는 조항도 존재하지 않는다. 이러한 경우에는 동 조약 제21조 제1항에서 정하는 기타소득에 해당한다. 동 규정에서는 소득의 원천지를 불문하고 본 조약의 각 조에 규정되지 아니한 일방 체약국의 거주자의 소득에 대하여는 해당 일방 체약국에서만 조세를 부과할 수 있다라고 규정하고 있다. 즉, 거주지국과세로 된다. 그 결과 국내법상 원천징수의 대상으로 되지 않는다. 다만, 우리나라와 조세조약 체결시 상환차익을 이자에 포함시키고 있는 경우에는 이표채를 발행한 경우와 동일한 결과를 가져올 것이다.

(2) 중층구조인 국외 유동화전문회사와 원천징수

1) 이용목적

위에서 살펴본 바와 같이, 국외 SPC가 발행한 유동화증권의 투자자가 우리나라와 조세조약을 체결하고 있는 국가에 거주하고 있는 비거주자이고, 동시에 당해 조세조약에 이자조항이 있는 경우에는, 국내법의 소득원천규정상 국외 SPC에 원천징수의무가 발생되지 않아도 조세조약의 이자조항에 의해 동 규정이 수정되어 국외 SPC에게 원천징수의무가 부과될 가능성이 있게 된다.[20] 이와 같이 원천과세가 부과될 가능성을 회피하기 위하여 이용되고 있는 것이 중층구조(two-tier structure)이다. 이 구조의 또 하나의 목적은 자산보유자가 국외 SPC1에게 진정한 양도에 의한 자산매각을 행한 후에, 다시 자산보유자와 실질적인 지배(effective control)관계에 있지 않는 SPC2에게 자산을 이전함으로써 회계상의 부외처리를 완전히 행할 뿐만 아니라, 자산보유자의 파산위험을 확실

---

20) 久禮義継, 『流動化・證券化の會計と税務』, 中央經濟社, 2001, 77面.

히 제거시키는 데에도 그 목적이 있다.[21]

2) 거래구조

우리나라의 자산보유자가 조세피난처에 설립된 국외 SPC1의 한국지점에 채권을 양도한다. 국외 SPC1의 본점은 SPC1과 동일한 국가 내에 별도로 설립된 국외 SPC2에 대하여 양수한 원채권을 담보로 하여 사채를 발행하여, 동 사채의 발행대금을 SPC1 한국지점에 원채권매입자금으로 제공한다.

국외 SPC2는 양수한 사채를 담보로 조세피난처의 국내에서 유통성이 있는 사채를 우리나라에 항구적인 시설을 가지고 있지 않은 불특정다수의 투자자에게 발행한다. SPC2는 사채발행대금을 SPC1이 발행하는 사채의 구입자금에 제공한다.

원채무자로부터 회수되는 원채권의 원리금은 SPC1 한국지점으로부터 SPC1 본점에 회수되어, SPC2에 대한 사채의 원리금 지급에 충당되며, SPC2는 SPC1으로부터 지급받은 원리회수금을 SPC2의 투자자에 대한 원리금 지급에 충당한다는 구조로 되어 있다.[22]

3) 중층구조와 원천징수의무

중층구조에 있어서는 우리나라와 조세조약을 체결하고 있지 않는 조세피난처에 설립된 SPC2만이 SPC1이 발행하는 사채의 투자자이기 때문에, SPC1이 SPC2에게 지급하는 이자에 대해서는 국내법만이 적용되고, 소득세법 제119조의 원칙에 따라 국내원천으로는 되지 않으므로 원천징수는 행하여지지 않는다.

그리고 SPC2가 투자자에게 지급하는 사채의 이자는 당해 SPC가 국내에 항구적 시설을 가지고 있지 않으므로 국내원천소득에 해당되지 않는다. 따라서 SPC2가 발행한 사채에 대한 이자 지급은 당연히 원천징수의무가 발생되지 않는다. 즉, 투자자에게 원천징수를 하지 않고 이자를 지급할 수 있게 되어 단층구조를 이용할 때의 원천징수 가능성이 없어지게 된다. 할인채의 경우 조세조약과의 관계에서 상환차익이 이자와 동일시될 때에도 이 구조를 이용하면 마찬가지로 원천징수를 면할 수 있다.

(3) 조세조약 편승과 원천과세 회피

조세조약상의 혜택은 당연히 조약당사국의 거주자에 한하여 향유할 수 있는 것이다. 그럼에도 불구하고 조약의 혜택을 받을 수 없는 제3국의 거주자가 전세계에 체결되어 있는 수많은 조약 가운데서 자기에게 유리한 조약을 물색하여 조세조약의 혜택을 부당

---

21) 北康利, 전게서, 76~77面.
22) 久禮義継, 전게서, 80面.

히 취하는 것을 가리켜 조세조약 편승(treaty shopping)이라 한다.[23]

예를 들면, 자산유동화시 우리나라와 아일랜드간의 조세조약의 경우 이자에 관해서는 원천징수가 적용되지 않는 점[24]을 이용하기 위하여 아일랜드에 국외 SPC를 설립하여 이를 활용하는 경우를 들 수 있다.

이를 구체적으로 살펴보면, 우선 우리나라(甲국)와 유리한 조세조약의 적용을 받을 수 있는 체약국인 아일랜드(乙국)에 국외 SPC1을 설립한다. 우리나라 자산보유자는 국외 SPC1의 한국지점에 채권을 양도한다. 국외 SPC1은 양수한 원채권을 담보로 하여 사채를 발행하고, 이를 아일랜드에 별도로 설립된 SPC2가 인수한다. 국외 SPC1은 동 사채의 발행대금을 SPC1 한국지점에 원채권 매입자금으로 제공한다. 국외 SPC2는 양수한 사채를 담보로 유통성이 있는 사채를 아일랜드와의 조세조약에서는 이자에 대한 원천징수가 행하여지지 않지만, 우리나라에서의 이자소득에 대해서는 원천징수가 행하여지는 국가(丙국)의 투자자에게 발행한다. SPC2는 사채발행대금을 SPC1이 발행하는 사채의 구입자금에 제공한다. 원채무자로부터 회수되는 원채권의 원리금은 SPC1 한국지점으로부터 SPC1 본점에 회수되어, SPC2에 대한 사채의 원리금 지급에 충당되며, SPC2는 SPC1으로부터 지급받은 원리회수금을 SPC2의 투자자에 대한 원리금 지급에 충당한다.

여기에서 국외 SPC1가 SPC2에게 지급하는 이자에 대해서는 우리나라와 아일랜드간의 조세조약에 의하여 원천징수가 행하여지지 않는다. 그리고 국외 SPC2가 丙국 투자자에게 지급하는 사채의 이자 또한 아일랜드와 丙국간의 조세조약에 의하여 원천징수가 행하여지지 않는다. 이와 같이 병국의 투자자는 조세조약을 이용하여 조세혜택을 누릴 수 있다.

(4) 원천과세 회피에 대한 대응

이 문제는 자산유동화시 중층구조를 이용하는 목적이 회계상 완전한 簿外處理를 도모하고, 자산보유자의 파산위험을 확실히 제거시킴으로써 자산유동화를 원활히 하기 위한 수단이라는 점을 고려할 때 자산유동화의 본질에 관한 문제라고 생각될 수도 있으나, 그렇다고 하여 조세법상의 고려를 완전히 무시해도 좋다는 의미는 아닐 것이다. 따라서 자산유동화시 중층구조를 통한 조세회피행위에 대해서는 국제조세법의 기본이념에 비추어 본질적인 검토가 필요할 것이다.[25]

---

23) 이태로·안경봉, 『조세법강의』(신정 4판), 박영사, 2001, 697면.
24) 한국과 아일랜드 조세조약 제11조.
25) 中里實, "租稅回避否認類型化論(中)~深刻化するタックスシェルター─問題と 財政再建", 『稅硏』第95号,

그런데 이와 같은 소세회피행위에 대하여 한 국가에서 방지방안을 강구할 경우 당해 국가는 자산유동화를 통하여 외화자금을 조달하기가 어렵게 되는 등 국제적 자원배분이 왜곡될 수 있을 것이다. 그러므로 OECD 등 국제기구를 통한 국제적인 대응책을 마련하는 것이 바람직하다고 생각된다. 최근 OECD에서 활발히 논의되고 있는 유해조세경쟁 방지대책이 그 예이다.

그리고 지금까지 살펴본 국외 SPC의 구조와 관련하여 과세의 관점에서 중요한 문제로서 국외 SPC가 투자자에게 지급한 이자를 국외 SPC의 한국지점에서 손금에 산입할 수 있는지의 문제와 과소자본세제의 문제가 대두된다. 이하에서는 각각에 대하여 항목을 나누어 별도로 살펴보기로 한다.

2. 국외 유동화전문회사의 국내지점의 이자 손금산입문제

국외 SPC의 국내지점에서의 법인소득 산정상 지급이자의 손금산입에 대하여 검토한다. 국외 SPC가 사채를 발행한 경우, 그 이자는 본점이 부담한 것처럼 기장되지만, 국외 SPC의 국내지점이 동 이자를 비용으로서 손금산입할 수 있을 것인가라는 문제가 제기된다. 즉, 국외 SPC가 국내에 사업장을 등록하고 국내사업장에 귀속되는 국내원천소득에 대한 법인세의 과세표준을 계산할 경우, 동 SPC가 외국투자가에게 지급한 유동화증권에 대한 이자를 국내사업장의 소득금액 계산시 손금에 산입할 수 있는지가 문제로 된다.

(1) 이자의 원천지국 판단기준

1) 국제조약상의 기준

OECD모델이나 UN모델에서는 원칙적으로 이자의 지급인을 기준으로 하는 지급지기준을 채택하고 있으나, 예외적으로 이자를 지급하는 자금이 타방국에 가지고 있는 고정사업장과 명백한 경제적 관계를 가지고 있는 경우에는 사용지기준을 채택하고 있다.[26] 자금을 타방국에 존재하는 고정사업장이 차입하여 당해 고정사업장이 사용했을 경우에는 당해 고정사업장 소재지에서 과세할 수 있도록 한 것이다. 즉, 당해 고정사업장에서 이자를 손금에 산입한다. 따라서 고정사업장 본국 소재지국에서 이자소득에 대하여 원천징수를 할 수 없는 것이다.[27]

2001.5, 70~71面.

26) OECD모델 및 UN모델협약 제11조 제5항.
27) 김영근, 『국제거래조세』, 세경사, 2001, 156면.

이와 같이 고정사업장 등이 소재하는 국가가 이자의 발생지국이 되기 위해서는 자금의 대부와 고정사업장간에 경제적 관련성이 분명하여야 하는바,[28] OECD모델협약 주석(Commentary) 제11조 제5항 제27호에서는 그 구체적인 사례로 다음 세 가지를 들고 있다. 첫째, 고정사업장의 특별한 필요에 의하여 그 사업장 자신이 차입계약을 체결하고 채무를 부담하며 이에 대한 이자를 채권자에게 직접 지급하는 경우, 둘째, 기업의 본사가 차입계약을 체결하고 이에 대한 이자를 본사가 지급하였으나, 실질적으로는 차입금이 오직 타방국에 소재하는 고정사업장의 목적만을 위하여 사용되었으며 궁극적으로는 고정사업장이 그 이자를 부담하는 경우, 셋째, 기업의 본사가 차입계약을 체결하고 차입한 자금을 각기 다른 나라에 소재한 고정사업장에서 사용하는 경우이다.

2) 국내 세법상의 기준

우리나라 법인세법 제93조 제1호에서는 국가·지방자치단체·거주자·내국법인·외국법인의 국내사업장 또는 비거주자의 국내사업장으로부터 지급받는 이자를 국내원천소득으로 규정하여 원칙적으로 지급지를 기준으로 하는 지급지기준을 채택하고 있다. 그러나 법인세법 제93조 제1호 단서에서, 다만 거주자 또는 내국법인의 국외사업장을 위하여 그 국외사업장이 직접 차용한 차입금의 이자는 제외한다고 규정하고 있다. 즉, 이자소득의 원천이 되는 자금의 차입금을 국외사업장이 직접 차용하여 사용한 경우에는 국외원천소득으로 국내에서 과세를 제외하고 있다.

법인세법 제93조 제1호 나목에서는 외국법인 또는 비거주자로부터 지급받는 소득으로서 당해 소득을 지급하는 외국법인 또는 비거주자의 국내사업장과 실질적으로 관련하여 그 국내사업장의 소득금액 계산에 있어서 필요경비 또는 손금에 산입되는 이자를 국내원천소득으로 분류한다고 규정하고 있다.

(2) 이자의 손금산입 가능성 검토

국외 SPC가 해외에서 유동화증권을 발행하는 것은 유동화업무의 한 부분이며, 유동화증권의 발행을 통하여 조성된 자금은 전액 국내에서 유동화자산을 양수하는 데 사용되고 자산유동화업무에서 발생된 수익으로 유동화증권의 원금과 이자를 상환하는 경우, 위의 요건들을 고려할 때, 국외 SPC가 해외투자자에게 지급하는 유동화증권의 이자는 궁극적으로 국내사업장이 부담하는 것이므로 국외 SPC의 해외투자가에 대한 채무, 즉 유동화증권 상환의무는 전적으로 국외 SPC의 국내사업장과 실질적·경제적으로 밀접하게 관련되어 있다고 말할 수 있다. 따라서 국외 SPC가 해외투자가에게 지급하는 이자는

---

28) 이용섭, 『국제조세』, 세경사, 2001, 230면.

낭해 SPC의 국내사업상의 소득금액 계산시 손금에 산입할 수 있다고 생각된다.

과세당국에서도 국내에 사업장을 두고 있는 국외 SPC가 해외에서 자금을 차입하여 그 차입금을 국내사업장을 위하여 사용한 것이 객관적으로 확인되는 경우, 동 차입금의 이자는 법인세법 제93조 제1호 나목에서 규정하는 국내원천소득으로서 법인세법 제92조의 규정에 의하여 동 국내사업장의 각 사업연도 소득금액 계산시 손금에 산입하는 것이라고 해석하고 있다.[29]

(3) 본점 등 경비배분에 의한 손금산입문제

외국법인의 국내사업장의 각 사업연도의 소득금액을 결정함에 있어서 본점 및 그 국내사업장을 관할하는 관련지점 등의 경비 중 공통경비로서 그 국내사업장의 국내원천소득의 발생과 합리적으로 관련된 것은 국내사업장에 배분하여 손금산입한다.[30] 따라서 외국법인이 국내에서 지출한 비용이라 할지라도 국내원천소득과 합리적으로 관련성이 없는 것은 소득금액 계산상 손금으로 용인되지 않으며, 외국법인의 본점경비라 할지라도 당해 외국법인의 국내원천소득에 관련되는 것은 손금으로 용인된다.[31] 이는 고정사업장의 이윤을 결정함에 있어서 동 고정사업장의 목적으로 발생된 경영비 및 일반관리비를 포함하는 제 경비는 동 고정사업장이 소재하는 체약국 또는 다른 곳에서 발행하였는가에 관계없이 비용공제가 허용된다고 한 조세조약상 관련경비배분의 원칙[32]과 같은 취지이다.

본점 등 경비배분방법에 관한 국세청고시 제2001—10호(2001.2.27)에서는, 배부대상이 되는 관련점의 경비는 관련 본·지점에서 발생한 경영비 및 일반관리비를 포함하는 경비로서, 그 경비가 국내사업장에 대한 산업상 또는 상업상의 이윤을 얻는 데 합리적으로 관련이 있다고 인정되는 경비항목과 금액을 말한다. 다만, 그 경비가 발생국의 조세법령에 따라 비용으로 공제되는 것에 한한다라고 규정되어 있다. 따라서 영업외비용인 이자비용이 산업상 또는 상업상의 이윤을 얻는 데 합리적으로 관련이 있다고 인정되는 경비에 해당되는지의 여부가 문제로 된다고 할 수 있다. 이자비용은 성격상 영업외비용으로 분류되고 이는 판매비 및 일반관리비 등 영업비용과는 달리 자동적으로 이윤과 합리적인 관련성을 가진 것으로 보기 어려우나, 이자발생의 근거가 된 차입금이 국내에서 발생된 이윤과 합리적으로 관련되었음이 인정되는 경우에는 손금으로 인정할

---

29) 국총 46017—582, 1999.8.26.
30) 법인세법 시행령 제130조 제1항.
31) 김영근, 전게서, 368면.
32) OECD모델협약 제7조 제3항.

수 있다.[33]

요컨대, 국외 SPC는 자산유동화업무를 전업으로 하고 국내지점에 유동화증권의 매각을 통하여 조달한 자금을 유동화대상자산의 구입을 위하여 제공한 것이므로, 동 자금이 국내에서 발생된 이윤과 합리적으로 관련된다고 볼 수 있다. 따라서 국외 SPC가 발행하는 사채의 이자의 지급액을 국내지점에 배부하여 손금산입하는 방법도 가능하다고 생각된다.

3. 과소자본세제 적용문제

(1) 과소자본세제 규제의 필요성 및 내용

다국적기업은 현지법인 소재지국의 세부담을 줄이기 위한 수단으로 현지법인의 부채비율을 증가시키려 한다. 그 이유는 타인자본인 차입금에 대한 지급이자는 원칙적으로 전액 손금산입이 허용되지만 자기자본인 출자 등에 대한 배당은 손금으로 되지 않고, 모회사가 지급받는 이자에 대한 원천징수세는 제한세율 덕택에 현지법인의 법인세 부담보다는 훨씬 적기 때문이다. 모기업이 받아가는 배당금에 대하여 현지법인 소재지국이 배당세액공제를 인정하여 이중과세의 부담을 없애준다면 이러한 경향은 없어지겠지만, 우리나라를 포함한 대부분의 나라에서는 외국인투자자에 대하여 법인세와 배당소득세를 이중과세한다.[34] 국내에 진출한 다국적기업에 있어서 과소자본(thin capital-ization)이 특히 문제로 되는 것은 과소자본에 의해 경감된 법인세가 해외로 유출될 뿐만 아니라, 지급되는 이자에 대한 원천세마저도 조세조약에 의하여 우대되는 경우가 있기 때문에 외국기업이 국내기업에 비하여 유리한 입장에 서게 되는 수가 있다는 점이다.[35] 이처럼 다국적기업이 우리나라 소재 자회사의 부채비율을 올려서 법인세 부담을 줄이려 하는 것에 대한 대책으로 과소자본세제가 마련되어 있다.

과소자본세제를 규정하고 있는 '국제조세조정에 관한 법률' 제14조에 의하면, 내국법인(외국법인의 국내사업장을 포함한다)의 차입금 중 국외지배주주[36]로부터 차입한 금액과 그가 지급보증한 제3자로부터 차입한 금액이 그의 당해 법인에 출자한 출자지분의 3배

---

33) 국심 46830—2666, 1993.11.10.
34) 이창희, 『세법강의』, 박영사, 2001, 520면.
35) 이태로 · 안경봉, 전게서, 659면.
36) 국외지배주주란 내국법인 또는 외국법인의 국내사업장을 실질적으로 지배하는 외국의 주주 · 출자자 또는 본점 · 국외에 소재하는 지점으로서, ⅰ) 내국법인의 의결권 있는 주식의 50% 이상 직접 또는 간접 소유(참가요건), ⅱ) 내국법인의 사업방침의 전부 또는 중요한 부분의 실질적 지배라는 요건 중 하나 이상을 충족하는 자를 말한다(국제조세조정에 관한 법률 제2조 제1항 제11호 및 동법 시행령 제3조).

(금융업의 경우 6배[37])를 초과하는 경우에는 그 초과분에 대한 지급이자 또는 할인료는 법정의 산정방법에 의하여 산출한 금액만큼 배당(직접 차입의 경우) 또는 기타사외유출 (지급보증의 경우)로 처분된 것으로 보고 손금산입이 허용되지 않는다고 규정하고 있다. 다만, 차입금의 규모 및 차입조건이 특수관계가 없는 자간의 통상적인 차입규모 및 조건과 동일 또는 유사한 것임을 내국법인이 입증하는 경우에는 위에서 기술한 손금불산입 규정의 적용이 배제되도록 하고 있다.[38] 이는 특수관계자간의 거래라 하더라도 특수관계가 없는 독립기업들간의 거래와 동일 또는 유사한 것인 경우에는 특수관계자라는 이유만으로 불리한 대우를 받지 않아야 한다는 기본입장을 반영한 것으로 OECD모델조약 제9조 제1항의 독립기업원칙에 입각한 것이라고 할 수 있다.[39]

(2) 자산유동화에 대한 과소자본세제의 적용

국외 SPC의 한국지점을 활용하여 유동화를 실행하는 경우, 일반적으로 당해 국외 SPC의 주주는 공익신탁(charitable trust)의 수익자인 자선단체이므로,[40] 당해 SPC의 투자가가 비거주자나 외국법인이더라도 국외지배주주 등에 해당한다고는 보기 어렵기 때문에 실제로 문제로 될 가능성은 매우 낮다고 생각된다. 그리고 국외 SPC가 우리나라 투자가에게 증권 등을 발행하는 경우에는 애초부터 과세자본세제의 문제는 발생하지 않는다.

다만, 국외 SPC의 중층구조를 통한 자산유동화가 행하여질 경우, SPC1과 SPC2가 관련회사로서 인정되면, 과소자본세제의 적용에 의해 SPC1 한국지점에서의 과세소득 계산상, SPC2에게 발행한 증권 등에 관계되는 지급이자를 전액 손금으로 산입하는 것이 인정되지 않을 가능성이 있다.[41] 따라서 자산유동화시 중층구조를 채택한 경우에는 과소자본세제의 적용 여부에 대해서도 충분히 확인할 필요가 있다. 예를 들어, 조세피난처인 바하마 등에서 설립되고, 자산유동화를 전업으로 하는 유동화전문회사(SPC1)가 자산유동화에 관한 법률 제3조의 규정에 따라 유동화계획을 금융감독위원회에 등록을 하

---

37) 국제조세조정에 관한 법률 시행령 제26조.
38) 국제조세조정에 관한 법률 제14조 제3항.
　　 이 규정의 적용을 받고자 하는 내국법인은 이자율, 만기일, 지급방법, 자본전환 가능성, 다른 채권과의 우선순위 등을 고려할 때 당해 차입금이 사실상 출자에 해당되지 아니함을 입증하는 자료 및 당해 내국법인과 동종의 사업을 영위하는 비교 가능한 법인의 자기자본에 대한 차입금의 배수에 관한 자료를 법인세법 제60조 제1항의 규정에 의한 신고기한 내에 과세당국에 제출하여야 한다(국제조세조정에 관한 법률 시행령 제27조 제1항).
39) 이태로·안경봉, 전게서, 662면.
40) アンソニー·ブライアン·トラヴァース(渥美博夫 譯), "ケイマン諸島における證券化のための關連法制度", 『NBL』 No.529, 1993.9.15, 31面.
41) 久禮義継, 전게서, 67面.

고 해외에서 유동화증권을 발행하여 관계회사(SPC2)에게 인수시킨 경우를 살펴보자.

이 경우 형식적으로는 SPC1이 해외에서 유동화증권을 발행하여 자금을 차입하지만, SPC1이 SPC2에게 지급하는 이자는 궁극적으로 국내사업장이 부담하는 것이므로 SPC1의 SPC2에 대한 채무는 SPC1의 국내사업장과 실질적·경제적으로 밀접하게 관련되어 있다고 할 수 있다. 그리고 SPC1이 SPC2에게 지급하는 이자가 SPC1의 국내사업장의 과세소득 계산상 손금에 산입되어 과세소득을 감소시켰기 때문에 과소자본세제가 적용되어야 할 것이다. 또한 SPC1의 국내사업장이 '자산유동화에 관한 법률' 제22조에서 규정된 자산유동화업무를 전업으로 하는 경우 동 회사는 금융업의 범위에 포함되므로,[42] 국제조세조정에 관한 법률 시행령 제26조의 규정에 의거 본점으로부터 차입한 자금이 동 국내사업장의 자기자본 상당액(자산총액－부채총액)의 6배를 초과하는 경우에는 그 초과분에 대한 지급이자는 국제조세조정에 관한 법률 제14조 제1항의 규정에 의하여 손금에 산입되지 않는다고 해석되어야 할 것이다.

그러나 관련회사로서 인정되느냐의 여부는 주로 자본관계나 실질적인 지배관계 등을 고려하여 판단할 사항으로서, 처음부터 각각의 국외 SPC의 업무내용을 미리 제한하고 동시에 과소자본세제가 적용될 가능성을 회피하기 위한 조치로서, 예를 들면 SPC1과 SPC2간에 임원을 겸직시키지 않는다 등의 조치를 취한 경우에는, SPC2가 SPC1의 사업 방침을 좌우할 수 있는 정도의 기업지배를 인정하기는 어려울 것이다.

4. 국외 유동화전문회사의 자산관리자의 조세법상 지위문제

SPC는 자산보유자가 보유하고 있는 자산을 자산보유자의 파산위험으로부터 분리시켜 투자자로 하여금 자산에서 나오는 현금흐름으로부터 투자금을 회수하기 위하여 설립된 특수목적기구(SPV)에 불과하다. 따라서 SPV을 위하여 당해 SPV가 취득한 자산의 추심, 기타 관리업무를 수행해 줄 기관, 즉 자산관리자(servicer)가 필요하다. 이러한 점을 고려하여 신탁회사를 제외한 SPC 등은 반드시 자산관리자와 자산관리위탁계약을 체결함으로써 자산의 관리를 위탁하도록 의무지우고 있다.[43] 자산관리자가 될 수 있는 자는 자산보유자, 신용정보의이용및보호에관한법률 제4조 제3항 제1호 내지 제3호의 업무를 허가받은 신용정보업자 및 기타 자산관리업무를 전문적으로 수행하는 자로서 일정한 요건을 갖춘 자[44]로 정하고 있다.

---

42) 국총 46017－331, 1999.5.14.
43) 자산유동화에 관한 법률 제10조 제1항.
44) 자산유동화에 관한 법률 제10조 제1항 제3호 및 동법 시행령 제5조.

이와 관련하여 국내법인인 자산보유자 또는 신용성보업자 능이 국외 SPC의 자산관리자로서 국외 SPC로부터 수탁한 채권추심업무를 영위하는 경우, 국외 SPC의 국내사업장으로 간주되어 국내원천소득을 각 사업연도 단위로 합산하여 내국법인에 적용되는 제반 신고절차에 따라 법인세를 신고하여야 하느냐의 문제가 제기된다.

(1) 외국법인의 간주국내사업장

일반적으로 외국법인의 사업소득에 대해 국내에 지점 등 고정사업장이 존재하는 경우에는 한국에서 과세하고, 존재하지 않는 경우에는 거주지국에서만 과세하는 것이 통상적인 과세원칙이다. 고정사업장을 규정하는 기준은 고정사업장의 설치 등 물리적인 판단기준과 기능적인 판단기준이 있으며, 최근에는 예컨대 종속대리인과 같이 주로 기능적인 방법에 중점을 두고 있다.[45] 여기서는 후자의 기준에 해당되느냐의 여부에 관한 문제이다.

1) 법인세법상 규정

현행 법인세법은 "외국법인이 국내에 사업의 전부 또는 일부를 수행하는 고정된 장소를 가지고 있는 경우에는 국내사업장이 있는 것으로 한다"라고 규정하고 있다.[46] 그리고 국내에 사업장이 되는 고정된 장소를 가지고 있지 않은 때에도 기능적인 측면에서 외국법인을 위하여 사업을 영위하는 자를 두고 사업을 영위하는 경우에는 그 자의 사업장 소재지(사업장이 없는 경우에는 주소지, 주소지가 없는 경우에는 거소지)에 사업장이 있는 것으로 본다.[47] 이러한 간주국내사업장(종속대리인)에 해당하는 자로서는 다음의 자를 들고 있다. 첫째, 우리나라에 당해 외국법인을 위하여 계약을 체결할 권한을 가지고 그 권한을 반복적으로 행사하는 자, 둘째, 우리나라에 당해 외국법인의 자산을 상시 보관하고 관례적으로 이를 배달 또는 인도하는 자, 셋째, 중개인·일반위탁매인 기타 독립적인 지위의 대리인으로서 주로 외국법인만을 위하여 계약체결 등 사업에 관한 중요한 부분의 행위를 하는 자, 넷째, 보험사업(재보험사업 제외)을 영위하는 당해 외국법인을 위하여 보험료를 징수하거나 국내 소재 피보험물에 대한 보험을 인수하는 자를 두고 국내에서 사업을 영위하는 경우에 국내에 사업장이 있는 것으로 본다.

2) 조세조약상 규정

우리나라가 체결한 조세조약은 고정사업장의 범위를 법인세법에서 규정한 국내사업

---

45) 안창남, "전자상거래와 조세 대응방안", 『조세학술논집』 제14집, 1998, 189면.
46) 법인세법 제94조 제1항.
47) 법인세법 제94조 제3항 및 동법 시행령 제133조 제1항.

장의 개념과 골격은 유사하게 규정하고 있으나, 그 실질적 내용은 국가마다 상당히 다르다. 우리나라가 주로 진출하고 있는 후진국과의 조약에서는 고정사업장의 범위를 가급적 축소하여 우리나라 기업을 상대국의 과세권으로부터 보호하고, 주로 우리 나라에 많이 진출하고 있는 선진국과의 조약에서는 고정사업장의 범위를 광의로 규정함으로써 외국기업에 대하여 과세권의 확대를 도모하고 있다.[48]

조세조약은 법인세법과 마찬가지로 외국법인이 국내에 자기를 위하여 계약을 체결할 권한을 가진 종속대리인을 두고 사업을 영위하는 경우에는 국내에 사업장을 가지고 있는 것으로 명시하고 있다.[49] 조세조약에서 채택하고 있는 종속대리인의 유형으로는 계약체결대리인, 주문취득대리인, 재고보유대리인 및 보험대리인 등이 있다.

그러나 일방체약국의 기업이 중개인 · 일반위탁매매인과 같은 독립적인 지위의 대리인을 통하여 타방국에서 사업을 수행할 경우 동 대리인이 자기사업의 통상적 과정에서 그러한 행동을 하는 한, 그 활동과 관련하여 그 기업은 타방국에 고정사업장을 가진 것으로 간주되지 않는다.[50] 조세조약상 외국법인의 국내사업장에 해당되지 아니하는 독립대리인(independent agent)이 되기 위해서는 다음의 두 가지 요건을 갖추어야 한다.[51] 첫째, 그 대리인이 그 외국법인으로부터 법적으로 또한 경제적으로 독립된 지위에 있어야 한다. 둘째, 그 대리인이 그 외국법인을 위하여 수행하는 행위가 그 대리인 자신의 통상적인 사업으로 수행되어야 한다.

(2) 자산관리자의 고정사업장 해당 여부 검토

1) 행정해석

과세당국은 부실채권을 인수한 외국법인(국외 SPC)이 부실채권의 관리위탁계약을 내국법인과 체결하여 내국법인이 자산위탁관리자의 지위에서 채권의 관리 · 운용 및 처분 등의 업무를 동 외국법인을 위하여 계속적으로 대행하는 경우, 동 외국법인의 사업행위의 본질적이고 중요한 업무가 내국법인을 통하여 대부분 국내에서 수행되므로 동 외국법인은 법인세법 제56조 제3항(현행 제94조 제3항)의 규정에 의한 국내사업장을 두고 있는 것으로 볼 수 있다라고 해석하고 있다.[52]

따라서 동 외국법인은 부실채권회수와 관련하여 발생된 사업소득에 대하여 법인세법 제58조(현행 제97조)의 규정에 의하여 신고 · 납부하여야 하며, 이 경우 당해 외국법인의

---

48) 이용섭, 전게서, 434면.
49) OECD모델협약 제5조 제5항 및 UN모델협약 제5조 제5항 및 제6항.
50) OECD모델협약 제5조 제6항 및 UN모델협약 제5조 제7항.
51) 법인세법 기본통칙 94—133···3.
52) 국총 46017—819, 1998.11.30.

국내사업상에 귀속되는 국내원천소득은 채권회수액을 수입금액으로 하고 기업회계기준 및 세법규정에 의하여 자산별로 계상한 취득가액을 매출원가로 하여 법인세법 제53조(현행 제91조)의 규정에 의하여 계산하여야 한다라고 하고 있다.

이는 '중개인·일반위탁매매인 기타 독립적인 지위의 대리인으로서 주로 특정 외국법인만을 위하여 계약체결 등 사업에 관한 중요한 부분의 행위를 하는 자(이들이 자기사업의 정상적인 과정에서 활동하는 경우를 포함한다)'를 고정사업장으로 간주되는 종속대리인에 포함되는 것으로 규정한 법인세법 시행령 제133조 제1항 제2호에 근거하여 내린 해석이라고 생각된다.[53]

2) 검 토

① 법인세법 적용대상 국외 유동화전문회사

법인세법 시행령 제133조 제1항 제2호는 주로 '특정 외국법인만을 위하여' 계약 체결과 같은 사업에 관한 중요한 부분의 행위를 한 때에 한하여 독립대리인임에도 불구하고 외국법인의 국내사업장으로 간주한나는 취시로 해석뇐나. 따라서 농 ㅑ성을 난순히 외국법인의 사업상 중요한 업무를 수행한다는 사실만으로는 바로 독립대리인을 외국법인의 국내사업장으로 간주한다는 취지로 해석하기는 어려울 것이다. 요컨대, 외국법인의 독립대리인임에도 불구하고 외국법인의 국내사업장으로 간주되기 위해서는 다음의 요건을 모두 충족해야 된다고 생각한다. 첫째, 독립대리인이 외국법인의 사업 중 중요한 부분을 하여야 할 것이다. 둘째, 주로 '특정 외국법인만을 위하여' 그러한 업무를 하여야 한다. 한편, 조세조약상 대개 독립대리인이 그의 본래의 사무를 통상의 방법으로 행하는 경우에는 이러한 활동으로 인하여 본인의 고정사업장으로 간주되지는 않는 것으로 규정하고 있다.[54]

따라서 비록 법인세법 시행령 제133조가 자기사업의 정상적인 과정에서 활동하는 독립대리인으로서 주로 특정 외국법인만을 위하여 계약 체결 등 사업에 중요한 부분의 행위를 하는 경우에는 여전히 그 외국법인의 국내사업장에 해당하는 것으로 규정하고 있더라도, 이 조항은 조세조약이 없는 국가의 거주자인 외국법인의 경우에 한하여 적용되어야 하는 것이며, 조세조약이 체결되어 있는 국가의 거주자인 외국법인의 경우에는 조세조약에 기초하여 고정사업장 여부를 판단하여야 할 것이다.[55]

---

53) 황호동, "자산유동화관련 조세문제", 『조세법연구 Ⅴ』, 세경사, 1999, 62면.
54) OECD모델협약 제5조 제6항 및 UN모델협약 제5조 제7항.
　　우리나라의 조세조약에서도 OECD모델 및 UN모델협약과 마찬가지로 독립대리인은 고정사업장의 범위에서 제외하고 있다(이용섭, 전게서, 163면).
55) 황호동, 상게논문, 62~63면.

② 조세협약 적용대상 국외 유동화전문회사

조세조약상 자기사업의 정상적인 과정에서 활동하는 독립대리인의 경우에는 외국법인의 고정사업장으로 간주되지 않는다고 명시적으로 규정하고 있는 이상, 자산관리자가 자기사업의 정상적인 과정에서 국외 SPC의 독립대리인으로 활동하였음에도 불구하고 동 외국법인의 사업행위의 본질적이고 중요한 업무를 수행하였다는 이유만으로 고정사업장에 해당된다고 간주하기는 어려울 것으로 생각된다.

그러면 국외 SPC로부터 자산관리를 위탁받은 자산관리자를 그 유형별로 살펴보자. 첫째, 자산유동화에 관한 법률 제2조 제2호의 규정에 의하면 자산보유자는 대부분 금융기관으로 자기사업의 통상적인 과정에서 유동화자산 관리업무를 수행하고, 자산보유자의 활동이 거의 전적으로 하나의 국외 SPC를 대신해서 행하여진다고 볼 수 없으므로 국내사업장으로 간주되지 않을 것이다. 둘째, 신용정보업자인 경우를 보면, 동 신용정보업자는 국내의 수많은 채권자를 위하여 채권추심업무를 수행할 수 있기 때문에 주로 국외 SPC만을 위하여 이 업무를 수행하고 있다고 볼 수 없다. 따라서 자산관리자인 신용정보업자는 국외 SPC의 국내 고정사업장에 해당되기 어려울 것이다.[56] 셋째, 2000년 1월 21일 자산유동화에 관한 법률 개정시 자산관리자로 추가된 자산관리업무를 전문적으로 수행하는 자는 관리할 유동화자산의 규모가 클 경우 하나의 국외 SPC만을 위하여 자산관리업무를 수행할 수 있고, 당해 국외 SPC의 세부지시나 포괄적 통제에 따라 동 업무가 수행될 수 있으므로 고정사업장으로 간주될 가능성을 배제할 수 없을 것이다.

(3) 국내 세법에 입법적 보완

자산유동화에 관한 법률 제10조 제1항 제1호 및 제2호에서 규정하는 자산보유자 및 신용정보업자의 경우에는 조세조약상 자기사업의 정상적인 과정에서 활동하는 독립대리인에 해당될 가능성이 크기 때문에 외국법인의 고정사업장으로 간주되기는 어려울 것이다. 그러나 자산관리업무를 전문적으로 수행하는 자로서 일정한 요건을 갖춘 자[57]는 자산관리업무만을 위하여 설립되므로 자산관리위탁계약에 따라서는 종속대리인으로서의 역할을 담당할 수 있을 것으로 생각된다. 따라서 법인세법을 보완하여 우선 조세조약을 체결하지 않는 경우에 대비하고, 조세조약을 체결하고 있는 국가에 대해서도, 자산관리자는 관리를 위탁받은 유동화자산을 그의 고유재산과 구분하여 관리하고,[58] 유동화자산의 관리에 관한 장부를 별도로 작성·비치하는 점[59]을 고려하여 조세조약상

---

56) 황호동, 전게논문, 63면.
57) 자산유동화에 관한 법률 시행령 제5조.
58) 동법률 제11조 제1항.

이들 고정사업상으로 간주하노독 하는 국제적 노력이 필요할 것이다.

5. 외국신탁인 유동화전문기구에 대한 과세문제

(1) 외국신탁과 자산유동화

국경을 초월하여 자산유동화를 행할 때에 SPV로서 신탁을 이용하는 것도 가능할 것이다. 자산유동화에 관한 법률에서는 SPC에 준하여 자산유동화업무만을 전업으로 하는 외국법인도 자산유동화를 위한 SPC가 될 수 있도록 규정하고 있다.[60] 법인이면 되고 법인의 형태는 묻지 않는다. 따라서 신탁에 법인격이 부여되는 국가의 신탁을 이용하는 경우에는 그 신탁도 자산유동화에 관한 법률에서 규정하는 외국법인에 속한다.[61] 거주자와 비거주자간의 신탁계약에 의한 자본거래에 대해서는 외국환거래법의 개정 (2000.10.23)에 의해 재정경제부장관의 허가사항에서 제외됨으로써 원칙적으로 신고사항으로 변경되었다고 볼 수 있다.[62]

(2) 외국신탁의 거주지 문제

우선 외국신탁과 관련하여 외국신탁의 거주지 문제를 검토해야 할 것이다. 신탁관계의 당사자로서는 위탁자, 수탁자, 수익자, 신탁재산의 소재지의 네 가지를 생각할 수 있고, 각각 다른 국가에 존재하는 경우, 신탁의 거주지가 어디로 될 것인가가 문제로 된다. 가령 경제관계에 착안하여 수익자의 거주지라고 해석하더라도, 수익자가 다수 있고 서로 다른 국가에 거주하고 있는 경우에는 판단이 곤란할 것이다.

이하에서는 하나의 사례를 들어 세법상 과세를 함에 있어, 우선 SPV인 신탁이 어느 나라의 거주자인가를 살펴보기로 한다.[63] A국에 거주하는 위탁자(settlor)가 B국의 법률에 준거하여 신탁을 설립한다. 신탁의 수탁자(trustee)는 C국의 거주자이고, C국에서 신탁자산을 보유·관리하고 있다. 신탁의 유일한 수익자(beneficiary)는 D국의 거주자이다. 위탁자도 수익자도 신탁자산을 관리·처분할 권한을 가지고 있지 않다고 가정하자.

1) 미국의 경우

미국 연방세법은 거주자·비거주자에 대한 확립된 정의 규정을 두고 있지 않다. 이에

---

59) 자산유동화에 관한 법률 제11조 제2항.
60) 동법률 제2조 제1호 가목.
61) 자산유동화 실무연구회 편, 전게서, 300면.
62) 외국환거래법 제21조 제1항 및 제2항 참조.
63) 占部裕典, 『信託課税法 ― その課題と展望』, 清文社, 2001, 346面, 352~354面, 360~361面.

대한 실질 테스트(substantial presence test)를 포함하고 있는 규정[64]도 신탁에는 적용되지 않는다. 연방세법은 외국신탁(foreign trust)을 신탁으로 정의하고 있다.[65] 미국 국외원천소득 및 미국의 영업 또는 사업과는 실제로 관계가 없는 소득은 총소득(gross income)에 포함되지 않는다. 그러나 이는 정의라기보다는 결론에 불과하다. 이 영역에서 여러 규정(rule) 및 판례는, 신탁의 거주지를 신탁의 설립장소, 관리장소, 위탁자의 주된 거주지, 위탁자의 거주지 등에 의해 판정하고 있다.

첫째, 미국과 신탁과의 관련성이 유일하고 위탁자가 미국에서 거주하고 있으면, 당해 신탁은 아마 미국 거주자로서 취급될 것이다. 미국 거주자인 수익자를 가지는 신탁에 대한 연방세법 규정[66]은 미국 시민이 외국신탁의 위탁자인 것을 전제로 하고 있다. 위탁자가 미국 거주자인 경우에는, 다른 요인과 관련하여 신탁을 미국 거주자로 간주할 수 있을 것이다. 이 사실만으로는 당해 신탁의 거주지가 미국이라고 할 수 없다.

둘째, 미국과 신탁과의 관련성이 유일하고 신탁이 미국법에 근거하여 설립된 경우에는 미국에서의 다른 부가적인 관련성과 함께 거주지의 존재를 확신할 수 있더라도 그 요인만으로는 당해 신탁을 미국 거주자로서 취급하는 것은 곤란하다. 미국 시민을 비거주외국인으로 분류할 수 없기 때문에 미국법에 의해 설립된 신탁의 거주지는, 미국 국세청에서는 명확한 견해를 밝히고 있지 않지만 다음과 같은 결론에 따르는 것으로 생각된다. Rev. Rul. 60—181(1960—1. CB 257)에서 외국법인에 의해 설립된 신탁(미국 자산으로 구성되어 있지 않지만, 미국 수탁자에 의해 관리되고 있는 신탁)은 미국 연방세법상 과세를 함에 있어 거주자로 간주된다. 그 결과 신탁이 미국법에 따르냐의 여부가 미국에서의 거주지를 판정하기 위한 유일한 요소라고는 말할 수 없다.

셋째, 수탁자의 미국 거주사실은 신탁의 거주지 판정시 매우 중요한 요소로 작용한다. B. W. Jones Trust v. Commissioner of Internal Revenue, 46BTA531 (1942), aff'd, 132F. 2d(4th Cir., 1943)에서, 영국법에 의해 설립된 신탁으로서 수탁자의 다수가 영국의 거주자이고 수탁자 중 1인만이 미국의 거주자였지만, 이 미국 수탁자가 신탁재산의 운용에 관하여 큰 영향력을 행사하고 있고, 또한 당해 신탁재산이 미국 자산으로 구성되어 있다는 이유로, 법원은 당해 신탁은 미국 거주자라고 판시했다.[67] 미국 국세청장이 명확히 언급한 것은 아니지만, 수탁자의 거주지는 매우 중요한 요인으로 간주되며, 그 자체만으로 충분히 미국 거주자로 될 수 있다고 해석되고 있다.

---

64) I.R.C. §7701(b).
65) I.R.C. §7701(a)(31).
66) I.R.C. §679.
67) 中里實, 전게서, 364面.

닛새, 수익자가 미국 거주자인 것만으로는 신탁이 거주자라고는 말할 수 없다. 미국연방세법 중 몇 가지 규정[68]은 미국시민이 외국신탁의 수익자라는 것을 명확히 예정하고 있다.

2) 호주의 경우

호주의 소득세법(the Income Tax Assessment Act: ITAA) 제95조 제2항은 다음과 같은 경우에 신탁은 거주신탁재산으로 간주된다고 규정하고 있다. 즉, 신탁의 수탁자가 어느 시기를 불문하고 당해 연도에 호주의 거주자였던 경우 또는 신탁의 관리·지배가 당해 연도의 어떠한 시점에도 호주에 존재하고 있던 경우를 말한다. 이러한 일반원칙은, ⅰ) 거주신탁재산의 순소득에 호주 국내외 원천에서의 신탁소득, ⅱ) 거주신탁재산으로서의 자격을 가지고 있지 않은 순소득에는 호주원천에서의 신탁소득만이 포함되어 과세된다고 하는 것이다. 거주신탁재산이 아닌 신탁의 경우, 수탁자는 호주 이외의 원천에서 신탁이 파생시킨 소득(이 소득에 대해서는 과세연도 말까지 수익자가 권리를 취득하지 않고 있다)에 대해서는 호주에서 과세되는 일은 없다. 신탁이 당해 과세연도 중 거주재산이면 수익자는 그와 같은 소득에 대하여 호주에서 세금이 부과된다. 따라서 거주재산의 개념은, 수익자가 당해 과세연도 말까지 권리를 취득하고 있지 않는 국외원천소득의 과세에 대해서만 의미를 가진다. 그러면 위의 사례에 대하여 살펴보자.

첫째, 위에서 설명한 테스트하에서 신탁의 위탁자가 호주 거주자라는 사실은 당해 신탁이 거주신탁재산이라는 결론을 가져오지는 않는다. 신탁이 ITAA 제95조 제2항의 두 가지 요건의 어느 것인가를 충족하지 않으면 신탁은 거주신탁재산으로는 간주되지 않는다. 둘째, 신탁이 호주법에 의해 설립되었다는 사실은 그 신탁을 거주신탁재산으로 하는 데에 충분하지 않다. ITAA 제95조 제2항의 두 가지 요건 중 어느 하나를 충족할 필요가 있다. 셋째, ITAA 제95조 제2항 a호에 있어서 신탁의 수탁자가 그 과세연도의 일정기간 호주의 거주자였다는 사실은 그 신탁을 거주신탁재산으로 간주하게 된다. 넷째, 수익자가 호주 거주자였다는 사실은 그 신탁을 거주신탁재산으로서 간주하는 것은 아니다. 위의 일반원칙에서 기술한 두 가지의 기준 중 어느 하나를 충족시키지 않기 때문이다.

요컨대, 어떤 과세연도 중에 수탁자 1인이 거주자이거나 신탁의 관리지배가 호주에서 행하여지는 경우에는 당해 신탁은 거주자로 된다. 유의해야 할 점은 신탁 그 자체의 거주지를 추상적으로 논하는 것이 아니고, 수탁자에 착안하여 제도가 만들어졌다는 점이다.[69]

---

[68] I.R.C. §668.
[69] 中里實, 전게서, 363面.

3) 우리나라의 경우

우리나라 법인세법은 설립지를 납세의무자 거주지국 판정의 기준으로 제시하고 있다. 또한 소득세법상 납세의무자는 국내에 주소를 두거나 1년 이상 거소를 둔 개인 또는 거주자가 아닌 자로서 국내원천소득이 있는 개인을 말하고 있어 이는 국적에 관계 없는 개인의 거주성이 납세의무자 판정기준이다.[70] 우리나라에서는 SPV인 외국신탁에 대한 거주지 문제에 대하여 조세조약상 거주자의 해당 여부 및 고정사업장 존재 여부는 별론으로 하고 일정한 기준을 마련하고 있지 않다.

그런데 신탁에 대한 국제적인 관심이 점점 고조되고 있으며 신탁의준거법및승인에관한헤이그조약(Hague Convention on the Law Applicable to Trusts and on their Recognition)은 이러한 산물 중의 하나이다. 헤이그신탁법조약의 채택은 각국으로 하여금 신탁에 관한 과세제도를 정비하게 하는 효과를 가져왔다.[71] 따라서 우리나라도 외국신탁을 이용한 조세회피 등에 대처하기 위하여 이에 대한 제도적 보완책을 강구해야 할 것이다.

따라서 우선은 조세조약 체결국인 경우 거주자 증명제도를 활용하고, 상호정보교환을 통하여 거주지국 문제를 일부 해결할 수 있을 것이다.[72] 조세조약은 주로 일반적 과세원칙만을 규정할 뿐 그 구체적인 절차는 규정하고 있지 않다. 이에 따라 당해 조약의 해석 또는 적용상의 문제가 발생할 수 있다. 이 경우 양국의 권한있는 당국간 상호협의[73]를 통하여 문제를 해결할 수 있다.[74] 당국간의 상호협의의 대상 중의 하나가 거주자 증명제도라고 할 수 있다. 예를 들면 네덜란드 거주자가 이자 · 배당 또는 사용료에 대한 제한세율을 적용받기 위해서는 한국과 네덜란드간(한국과 벨기에간에는 소득세 감면신청서)에 네덜란드 거주자임을 확인받아 제출하는 경우에만 적용될 수 있다.[75] 그리고 우리나라가 체결한 모든 조약에서는 정보교환에 관한 조문을 두고 있으므로,[76] 일방체약국의 거주자가 비거주자에게 이자 · 배당 또는 사용료를 지급하는 경우 일방체약국은 조세조약의 제한세율 적용목적상 타방체약국에게 소득의 수취인이 타방체약국의 거주자이며, 수익적 소유자인지에 관한 정보를 요청할 수 있다. 아울러 이자 · 배당 또는 는 사용료의 수익적 소유자의 거주지국에서는 원천지국에게 동 소득의 지급금액에 대

---

70) 안창남, 전게논문, 187면.
71) 中里實, 상게서, 361面.
72) 안창남, 상게논문, 188면 참조.
73) 조세조약의 해석 또는 적용상의 일반적 분쟁에 대한 양국간의 상호합의는 양체약국의 행정부를 구속한다(이용섭, 전게서, 343면).
74) OECD모델 및 UN모델협약 제25조 제3항 참조.
75) 안창남, 상게논문, 188면.
76) 이용섭, 상게서, 347면; OECD모델 및 UN모델협약 제26조.

한 정보를 요청할 수 있다.[77]

외국신탁의 거주지 문제와 관련하여 위에서 살펴본 미국과 호주의 경우를 생각해 볼때, 신탁재산의 관리운용을 행하는 수탁자의 거주지에 착안하는 것이 가장 중요한 요소라고 생각된다. 자산유동화의 경우 유동화자산을 SPV인 외국신탁에 이전한 후, 신탁의 관리지배가 우리나라에서 행하여지고 수탁자가 우리나라 거주자인 경우에는 동 신탁을 거주자로 인정할 수 있는 가능성이 그만큼 크다고 볼 수 있다.

(3) 거주자의 외국신탁에 대한 지급과 과세문제

다음으로 우리나라 거주자가 SPV인 외국신탁에 지급하는 경우의 과세문제를 생각해 볼 수 있다. 예컨대 위탁자가 우리나라의 거주자이고, 수탁자가 미국의 거주자, 수익자가 프랑스의 거주자인 경우, 위탁자로부터 수탁자에게 지급된 우리나라 원천소득에 대한 원천징수는 단지 형식적으로 보아 한미조세조약에 의거하여 행하여지는가, 아니면 미국에서의 신탁의 조세투명체(tax transparency)의 관점으로부터 수익자에게 착안하여 한불조세조약에 의거하여 행하여지는 것인지의 문제가 규명되어야 할 것이다. 본 논문에서는 이 문제에 대하여 문제제기에 그치기로 한다.

6. 이전가격세제의 적용문제

(1) 이전가격세제와 자산유동화

기업이 해외자회사 등과 이루어지는 거래에서 거래가격이 독립한 기업간에 행하여지는 경우의 거래가격과 다른 결과, 당해 기업의 소득이 감소하는 경우, 세무당국은 그 거래가 독립기업간에 행하여지는 것과 동일하게, 적정한 가격으로 행하여진 것으로 가정하여 소득을 다시 계산하고, 법인세의 과세를 행하고 있다.[78] 이러한 제도를 이전가격세제라고 부른다. 이 제도는 우리나라 기업의 다국적화·글로벌화가 진행됨에 따라 우리나라와 다른 나라 사이의 법인세율의 차이를 이용하여, 해외자회사에 대한 상품의 수출가격(이를 '이전가격'이라 한다) 등의 거래가격을 조작하고, 세율이 낮은 국가에 소득을 이전하는 것으로, 기업그룹 전체로서의 세부담을 적게 하는 것을 방지하기 위하여 채용되고 있는 것이다. 특히 고도로 통합되고 있는 국제거래와 신속하고 고도화된 국제금융기법을 활용한 저세율국가로의 부당한 소득이전을 방지하여 조세회피를 차단할

---

77) 이용섭, 전게서, 349면.
78) 국제조세조정에 관한 법률 제4조 참조.

필요성이 제기된 것이 이전가격세제의 도입의 주요 요인 중의 하나라고 볼 수 있다.[79] 우리나라의 경우에는 국제거래에 의한 조세회피행위에 대하여 별도로 정하지 아니하고 국내외 거래로 인한 조세회피행위에 대하여 부당행위계산의 부인에 관한 규정을 적용하였다. 그러나 국제거래에 대한 부당행위계산의 부인에 관한 규정의 적용상의 문제점으로 인하여 법인세법 시행령(1988.12.31, 대통령령 제12565호) 제46조 제4항에 국제간 거래에 적용할 이전가격세제를 마련하였으나,[80] 국내거래에 적용되는 부당행위계산 부인제도[81]의 틀 안에서 운영됨에 따라 양자간의 이질적인 요소와 제도의 미비점으로 인하여 운용에 혼선이 초래하였다. 이에 따라 정부에서는 이전가격세제를 1995년 말에 제정된 국제조세조정에 관한 법률에 과소자본세제 및 조세피난처세제와 함께 규정하기에 이르렀다.

자산유동화와 이전가격세제를 살펴보면 다음과 같다. 자산보유자(originator)와 국외 SPC와의 관계가 친자회사로 인정되는 경우, 자산양도에 관하여 이전가격세제의 문제가 발생하는 경우를 생각할 수 있다. 즉, 자산보유자가 국외 SPC에게 유동화대상자산을 낮은 대가를 받고 양도한 경우에는 자산보유자의 과세소득을 감소시켜 소득을 해외에 이전시킨 것이므로 당해 거래시 성립된 이전가격과 정상가격과의 차이로 인하여 발생한 소득은 동 매각거래가 행하여진 날이 속하는 각 사업연도의 익금에 산입하거나 손금에 불산입하여야 할 것이다.

(2) 유동화대상자산의 평가기준 마련

유동화대상자산 양도시 자산보유자(originator)와 국외 SPC가 親子會社로 인정되는 경우에는, 위에서 살펴본 바와 같이 세무 리스크가 발생할 수 있다. 따라서 유동화대상자산의 적정한 평가기준을 마련하여 동 자산의 양도가액을 산정하는 것이 바람직할 것이다.

일본의 경우 1998년 10월 일본공인회계사협회로부터 '유동화목적의 채권의 적정평가에 대하여'라는 제하의 보고서가 제출되어, 1998년 12월 국세청으로부터 동 보고서에 근거하여 산정된 가액으로 세무상의 취급을 인정한다는 요지의 회신을 받은 바 있

---

79) 재정경제원 세제실 국제조세과, 『국제조세조정에 관한 법률 해설』, 1997.2, 5면.
80) 채수열, "이전가격세제상의 독립기업간 가격", 『국제법무연구』 제4호, 경희대학교 국제법무대학원, 2000, 224면.
81) 부당행위계산 부인제도는 일반특수관계인간의 부당한 거래행위를 규율하는 제도인 반면에, 이전가격세제는 국외특수관계자간의 소득이전행위를 규율하는 것이다. 또한 이전가격세제는 독립기업간 가격(정상가격)을 기준으로 하며, 부당행위계산제도는 시가를 기준으로 하고 감정가격 및 공시지가 등도 활용되고 있으나, 이러한 가격은 이전가격 과세시 활용하기 곤란한 측면이 있다(재정경제원 세제실 국제조세과, 전게서, 7면).

나. 이는 주로 금융기관의 부실채권을 대상으로 한 것이나, 기본적으로는 다른 채권에도 원용될 수 있을 것이다. 동 보고서는 일본의 자산유동화에 있어서 적정평가(due diligence)의 효시라고 말할 수 있을 것이다. 그 개요를 간단히 소개하면 다음과 같다.[82] 유동화목적의 채권의 적정한 매매가격은 유동화목적의 채권이 주로 투자대상으로 취득되며, 투자에 대한 채산성의 측정이 채권에서 얻어지는 장래의 현금흐름에 의해서 이루어지기 때문에, 유동화에 의해 가져오는 현금흐름의 현재할인가치에 의해 측정된다. 현재할인가치를 산정함에 있어 장래 현금흐름에 대해서의 평가일로부터 회수일까지의 시간의 경과와 회수의 불확실성을 고려하여, 평가일 현재의 시장금리수준에 일정한 신용스프레드(spread)를 더한 이율로 할인을 행한다. 또한 장래의 현금흐름은 합리적인 최선의 예상치에 의해 산정되지 않으면 안 된다. 그리고 부동산담보대출금 중 오직 담보부동산에 의한 수입 또는 그 처분수입 이외의 다른 변제수단이 없는 경우에는 不動産收益還元評價法을 사용하여 평가한다.

(3) 이전가격 사전승인제도의 활용

이전가격 사전승인제도(advance pricing approval)는 특수관계기업간의 거래가 성립하기 전에 일정기간에 걸쳐 특수관계거래의 정상가격을 결정하기 위한 적정한 기준(appropriate set of criteria)을 마련하는 것을 말한다. 이 제도는 납세의무자의 신청에 의해 시작되며, 때로는 거래관련 당사국과의 협상을 필요로 하고, 이러한 경우 조세조약의 규정에 따른 상호합의(mutual agreement)가 필요하다.[83] 우리나라에서 현재 시행되고 있는 이전가격 사전승인제도는 1991년 미국이 처음으로 도입하여 시행하고 있는 이전가격 사전합의제도(advance pricing agreement: APA)[84]를 변형하여 도입한 것으로, 이는 납세자와 과세당국이 합의를 통해 과세표준과 납부세액을 확정하는 합의제도와는 달리, 납세자의 요청에 따라 과세관청이 이를 승인하는 형식의 승인제도를 제도화하여 국제조세조정에 관한 법률에 도입하여 시행하고 있다.[85]

이전가격 사전승인제도의 적용 조건은 다음과 같다.[86] 첫째, 이전가격 사전승인제도

---

82) 北康利, 전게서, 323~328面 참조.
83) 안창남, "효과적인 이전가격 조정을 위한 이전가격 사전승인제도 연구", 『국제법무연구』 제1권 제1호, 경희대학교 국제법무대학원, 1998.12, 64면.
84) APA란 납세자와 관련 당사자간에 행하여지는 특정한 거래에 대하여 합의에 입각한 이전가격 산출방법(transfer pricing methodology)을 적용하기 위한 미국국세청과 납세자간에 체결되는 구속력 있는 합의(binding agreement)이다(Richard L. Doernberg, International Taxation in a Nutshell(5th ed.), West Group, 2001, p.287).
85) 국제조세조정에 관한 법률 제6조.
86) 안창남, 상게논문, 67~69면.

의 적용대상은 거주자이며, 여기에는 외국법인의 국내사업장이 포함된다.

둘째, 적용대상 거래는 국제거래의 전부 또는 일부에 한정된다. 여기서 국제거래란 거래당사자의 한쪽 또는 모두가 비거주자 또는 외국법인인 경우로서 유·무형자산의 매매 등 모든 거래를 의미한다.

셋째, 원칙적으로 이전가격 사전승인제도는 장래에 발생되는 거래에 적용된다. 그리고 이전가격 조정의 근거가 되는 경제지표 및 거래조건 등이 급변하는 점을 감안하여 그 승인대상기간이 3년 이내로 제한되어 있으며, 1차에 한하여 3년간 연장할 수 있다.[87]

이전가격 사전승인제도를 자산유동화 거래와 관련하여 살펴보면, 자산보유자가 해외 자회사인 국외 SPC에 유동화자산을 양도하는 경우에 이전가격 사전승인제도를 활용하게 되면 세무상의 리스크가 감소될 것이다. 다만, 동 제도가 원칙적으로 장래에 발생되는 거래에 적용되며, 일반적으로 이전가격 사전승인의 종료까지 소요되는 기간이 외국의 경우 2년 6개월이 소요되는 점[88]을 감안할 때, 자산유동화 거래시 자산보유자가 이전가격 사전승인제도를 활용하는 경우는 거의 없을 것으로 예상된다.

7. 조세피난처 세제의 적용문제

(1) 제도의 의의

전통적인 세제는 국외의 사업을 지점형태로 운영하면 소득의 발생시점에 거주지국 (본점소재지국)이 이를 바로 과세하지만, 사업을 자회사 등 현지법인형태로 운영하면 배당되지 않은 소득은 거주지국(모회사 소재지국)이 이를 과세하지 않아 결과적으로 과세이연(tax deferral) 혜택을 주게 된다. 따라서 기업들은 소득세가 없거나 세율이 낮은 나라, 즉 조세피난처(tax haven)에 자회사를 설립하여 소득을 그 자회사에 유보하는 경향을 보이게 된다. 이를 막기 위하여 우리나라를 포함한 대부분의 OECD회원국들은 조세피난처에 세운 자회사가 실질적이고 적극적인 경제활동을 수반하지 않은 채 소극적 활동으로 소득을 얻는다면,[89] 자회사에서 아직 배당을 하지 않는 상태의 자회사 소득을 모회

---

87) 국제조세조정에 관한 법률 시행령 제9조 제2항.
88) 안창남, 전게논문, 75면.
89) 이용섭, 전게서, 744면.
　　조세피난처과세제도는 내국법인 등이 조세피난처에 가공회사(paper company) 등을 설립하여 소득을 부당히 유보하는 경우 동 유보소득을 동 내국법인 등의 배당소득으로 보아 과세하는 것이며, 정상적인 해외진출기업(적극적 사업활동을 통한 소득)에는 적용되지 않는다. 즉, 특정외국법인이 조세피난처에 사업을 위하여 필요한 사무소·점포·공장 등의 고정된 시설을 가지고 있고 그 시설을 통하여 사업을 실질적으로 영위하고 있는 경우에는 특정외국법인의 유보소득을 배당으로 간주하지 아니한다(국제조세조정에 관한 법률 제18조).

사에 대해 과세한다.[90]

우리나라 국제조세조정에 관한 법률에 의하면 조세피난처란 법인의 실제발생소득의 전부 또는 상당부분에 대하여 조세를 부과하지 아니하거나, 당해 법인의 법인세차감전 당기순이익에 대한 조세가 그 금액의 100분의 15 이하인 국가 또는 지역[91]을 말한다.[92] 법인의 실제발생소득의 전부 또는 상당부분에 대하여 조세를 부과하지 않는 국가 또는 지역이라 함은 업종, 회사형태 또는 소득원천지별로 실제발생소득에 대하여 비과세하거나 동 소득의 100분의 50 이상을 감면하는 제도를 가진 국가 또는 지역을 의미한다. 법인세차감전 당기순이익이라 함은 외국법인의 거주지국 세법에 의하여 산출된 법인소득에 대한 조세 및 이에 부수되는 조세에 의하여 부담되는 금액을 차감하기 전의 순이익을 말한다.

조세피난처에 대한 과세제도의 적용대상자는 조세피난처에 있는 특정외국법인의 각 사업연도 말 현재 총발행주식의 총수 또는 출자금액의 100분의 20 이상을 직접 또는 간접으로 보유하고 있는 내국인(내국법인·거주자)을 말한다.[93] 여기서 간접소유비율이란 국제조세조정에 관한 법률 시행령 제2조 제2항에서 규정하는 간접소유비율을 말한다.

(2) 국외 유동화전문회사에 대한 조세피난처 세제의 적용가능성

국외 SPC가 유동성 보완조치로서 현금유보계정이나 스프레드계정 등의 명목으로 일정의 자금을 적립하는 구조에 의해, 양도자산의 원리금회수액 중 수취이자 등의 수익으로서 인식되는 부분이나 잉여금의 운영수익에서 SPC의 투자가에 대한 지급이자, 서비스 수수료 및 SPC의 유지운영비용 등을 차감한 후에 잉여자금이 존재하는 경우에는 당해 SPC에 유보소득이 발생하게 된다. 이 유보소득은 당해 SPC에서 과세가 끝난 것이나, 이 부분에 대하여 국내 조세피난처 세제를 적용할 수 있는지를 판단할 필요가 있다. 통상 국외 SPC의 주주는 명목적 주주인 公益信託(charitable trust)[94]이고, 자산보유자

---

90) 이창희, 전게서, 521면.

91) 이에 대하여 우리 법은 비과세 또는 명목적인 세율, 효율적인 정보교환의 부족, 투명성 부족, 거래의 실질성 요건의 결여 등 OECD의 조세피난지역 판정기준에 설정되어 있는 여타 요인을 고려하지 않고 당해 지역의 구체적인 세율 등 과세제도만을 기준으로 하여 획일적으로 조세피난처를 규정하고 있는데, 이는 투자유치 등을 위해 각국이 어느 정도의 '조세경쟁'을 벌이고 있는 상황을 감안할 때 지나치게 그 범위를 확대할 소지가 있다는 견해가 있다. 이 견해에 의하면, 특히 우리 법인세의 세율도 16%의 세율을 기본으로 하고 있는 점을 고려할 때 세율 15%를 기준으로 하는 것은 그 범위를 너무 확대된 감이 있다고 한다(신창선, "조세피난처의 범위", 『경영법무』 제88호, 2001.7, 108~109면).

92) 국제조세조정에 관한 법률 제17조 제1항 및 동법 시행령 제30조 제2항.

93) 국제조세조정에 관한 법률 제17조 제2항.

94) 빈민구제, 교육진흥, 종교활동의 조성, 건강의 장려, 정부·자치체 목적의 추진, 기타 사회일반의 이익을 위하여 설정된 신탁을 말한다(田中英夫, 『英米法辭典』, 東京大學出版會, 1991, 139面 참조).

등 내국법인과 국외 SPC와의 사이에 자본관계가 없는 것이 일반적이므로, 당해 SPC는 외국자회사 등에 해당하지 않고 문리해석상 조세피난처 세제가 적용될 여지는 없다고 볼 수 있다.[95] 한편, 자산보유자가 자산양수인인 국외 SPC의 주식을 소유하고 있는 경우에는 위의 조세피난처 세제가 작용하게 된다. 자산보유자와 국외 SPC간에 자본관계가 위의 조세피난처 세제의 적용요건을 충족하면, 국외 SPC의 유보소득 중 그 지분에 해당하는 부분을 자산보유자의 과세소득에 합산하여 과세하게 된다.

(3) 유해조세경쟁과 조세피난처 세제

유해조세경쟁(harmful tax competition)이란 주로 다른 나라의 과세기반을 침식하는 과세입법 또는 행정조치에 의하여 무세 또는 저과세되는 제도를 말한다.[96] 유해조세경쟁이 만연될 경우 정부가 손실된 세수입에 대응하여 지출을 감소하지 않으면 노동, 소비 등 이동성이 없는 경제활동에 대해 조세부담을 과중하게 증가시키게 될 것이다. 이러한 조세부담의 전가는 조세제도를 불공평하게 만들고 과세기반은 좁아져서 더욱 더 조세부담의 왜곡이 심화될 것이다.[97] 국가간 조세경쟁으로 인한 악영향에 대처하기 위하여 OECD는 1998년 5월 유해조세경쟁에 관한 보고서를 작성하고, 회원국들이 자국의 세제에 내포되어 있는 유해로운 조세특혜관행 여부를 판별할 때 그 기준으로 삼아야 할 지침(guidelines)과 일련의 권고(recommendations)를 담고 있다.[98] 유해조세관행을 규제하고 개선하기 위하여 현실적인 가이드라인으로 유해특혜조세제도와 조세피난처에 대한 판정기준을 설정하였다.[99]

유해특혜조세제도(potential harmful preferential tax regimes)를 판정하는 주요 네 가지 기준으로는, ① 관련소득에 대한 비과세 또는 낮은 실효세율(no or low effective tax rate), ② 감면 격리제도(ring fencing of regimes),[100] ③ 투명성의 결여(lack of transparency), ④

---

95) 久禮義継, 전게서, 68面.

96) 최명근, "새천년 세제·세정에 던져지는 난제들", 『국세법무월보』 제17호, 국세청, 2000.5, 44면.
　　다음과 같은 나라들은 유해조세경쟁국에 해당한다. ① 예컨대, 일반적으로 비과세하거나 명목적으로만 과세하는 조세피난처, 조세피난처란 비거주자들이 그들의 거주지국의 납세의무를 벗어나기 위하여 사용할 수 있는 장소를 제공하는 과세지역을 의미한다. ② 개인이나 법인의 소득에 과세하는 세수입을 많이 징수하고는 있지만, 외국인투자소득에 대하여는 저부담 또는 비과세를 허용하는 우대제도를 설정하고 있는 조세제도를 실시하는 것, ③ 개인이나 법인의 소득에 과세하는 세수입을 많이 징수하고는 있지만, 개인이나 법인의 소득에 적용되는 실효세율의 수준이 다른 나라의 그러한 실효세율의 수준보다 크게 낮은 조세제도를 실시하는 것을 들고 있다.

97) 최명근, 상게논문, 46면.

98) 최명근, 상게논문, 42면.

99) 하병기, 『OECD의 유해조세관행 규제 현황 및 시사점』, 산업연구원, 2002.4, 14면.

100) 외국투자자(비거주자 및 외국법인)와 내국인(거주자와 내국법인)에 대한 조세지원을 차별화하여 외국

효과적인 성보교환의 결여(lack of effective exchange of information)를 들고 있다. 그리고 조세피난처를 파악하는 우선적 기준은 소득(금융·서비스 관련소득)에 대하여 비과세하거나 명목적인 조세(no or only nominal taxes)만 부과하고 비거주자의 조세회피 소재지로 활용하거나 혹은 활용하도록 한다고 인식되는 경우이다. 이 기준은 필요조건으로 이 기준을 만족한다고 조세피난처로 규정되는 것이 아니고, ① 효과적인 정보교환의 결여, ② 법규정 혹은 행정규정상의 투명성의 결여, ③ 실질적인 사업수행이 없을 것(no substantial activities) 등 세 가지 요소 중 하나 이상을 만족시킬 경우에 조세피난처로 규정된다.[101]

OECD 지침에 따라 1998년에 조직된 유해조세경쟁포럼(the Forum on Harmful Tax Practices)은 사무국이 파악한 47개 조세피난처 후보국가를 심사대상으로 서면 질문서, 대면 협의 등을 통하여 1999년 11월의 5차 회의에서 이들 중 42개 조세관할권을 잠정적으로 조세피난처로 판정하기에 이르렀다.[102] 그 후 OECD는 2000년 6월 29일 42개국 중 7개국[103]을 제외한 35개 조세피난처 명단을 발표하였으나,[104] 최근 통가(Tonga)와 몰디브(the Republic of Maldives)에 대해서는 조세피난처 기준을 충족하지 않는 것으로 결정하였으며 바베이도스(Barbados)에 대해서는 OECD회원국과 조세정보교환 협정을 체결하고 있으며 제도개선을 통하여 조세의 투명성을 제고하고 있는 점을 감안하여 명단에서 제외하였다.[105] 그리고 2002년 4월 18일에는 7개 비협조적 조세관할권(uncooperative tax haven)[106]을 공표하였다.[107]

유해조세경쟁을 방지하기 위한 OECD의 작업은 금융거래와 같은 조세관련 정보에

투자자에 대한 조세지원이 국내시장에 영향을 미치지 않도록 격리(insulated from the domestic economy)하는 것을 의미한다(최명근, 상게논문, 44면).

101) 하병기, 전게서, 21면; 이형철, "OECD 유해조세경쟁(Harmful Tax Competition) 논의 동향", 『세무사』(계간), 1999년 가을호, 70면 참조.

102) 하병기, 상게서, 31면.

103) 1개 관할권은 재정자율권(fiscal autonomy)을 보유하지 않는 것으로 확인되어 제외되었으며, 버뮤다(Bermuda), 케이만군도(Cayman Islands), 사이프러스(Cyprus), 몰타(Malta), 모리셔스(Mauritius), 산마리노(San Marino) 등 6개 조세관할권은 유해조세관행을 제거하기로 약속하였기 때문에 제외되었다(하병기, 상게서, 31~32면).

104) 신창선, 전게논문, 107면.

105) OECD, Tax Havens Update, 2002(http://www.oecd.org/EN/document/0,,EN−document−103−3−no−4−4393 2002−06−23).

106) 안도라(Andorra), 리히텐슈타인(the Principality of Liechtenstein), 라이베리아(Liberia), 모나코(the Principality of Monaco), 마샬군도(the Republic of the Marshall Islands), 나우루공화국(the Republic of Nauru), 바누아투공화국(the Republic of Vanuatu) 등 7개 조세관할권이다.

107) OECD, The OECD Issues The List Unco−operative Tax Havens, 2002.4.18.(http://www.oecd.org/EN/document/0,,EN−document−103−3−no−12−285 2002.6.23).

대한 국가간의 상호교환의 활성화를 비롯하여 각국의 국내법의 정비, 조세조약의 체결, 다자간의 협약 등에 대한 권고안을 포함해 다양한 채널을 통해 유해한 조세경쟁으로부터의 부정적인 파급효과를 최소화하는 데 노력을 기울이고 있다.[108] 그런데 지금까지는 경제의 세계화, 자본자유화 및 정보통신기술의 발달에 따라 국제적인 자본거래가 급속도로 확대됨에 따라 조세피난처에 서류상의 회사를 설립하는 사례가 늘어나고 조세피난처에 소득을 부당하게 이전하는 경우가 발견되고 있음에도 불구하고, 조세피난처에 대한 정보가 극히 한정되어 이에 대한 이해가 어려웠다. 그러나 지금은 OECD에서 조세피난처 명단을 공표하고 있고, 앞으로 이에 대한 보고서도 채택될 것이다. 그러면 우리나라도 현행 조세피난방지세제를 집행함에 있어 더욱 효과적이고 공신력이 있는 과세체계를 갖추고 국제적인 탈세 및 조세회피를 방지해 나가는 데 큰 도움이 될 것이다.[109] 즉, OECD가 공표한 조세피난처에 자회사를 설립하여 해외소득을 유보하는 경우 조세피난처에 대한 과세정보의 축적으로 보다 체계적이고 신속한 대응을 해 나갈 수 있을 것이다. 또한 국제적인 조세회피 등을 방지하기 위해서는 다자간 협력과 각국의 조세주권의 조화를 통하여 다자간 협정방안이 마련되는 것이 바람직할 것이다.[110]

우리나라는 앞에서 간단히 살펴본 바와 같이 조세피난처에 본점 또는 주사무소를 둔 외국법인으로서 내국인이 20% 이상을 출자하고 있는 법인, 즉 특정외국법인의 배당가능유보소득에 대하여 내국인의 당해 특정외국법인에 대한 주식보유비율을 곱하여 계산한 금액을 내국인이 배당을 받은 것으로 간주하여 내국인의 각 사업연도소득에 합산하여 과세한다. 이를 통하여 국내법인이 조세피난처에 자회사를 설립하여 당해 자회사의 소득을 계속적으로 배당하지 않고 유보하여 조세회피수단으로 활용하는 것을 방지하고 있다.

특정외국법인의 배당가능유보소득은 당해 특정외국법인의 거주지국에서 재무제표 작성시에 일반적으로 인정되는 회계원칙에 의하여 산출한 처분전 이익잉여금으로부터 특정사항에 대한 조정과 공제를 하고 난 금액이다.[111] 그런데 만일 당해 거주지국에서 일반적으로 인정되는 회계원칙이 우리나라의 기업회계기준과 현저히 다른 경우에는 우리나라의 기업회계기준을 적용하여 배당가능유보이익을 계산하여야 한다.[112] 배당가능유보소득의 산출과정에서 임의적립금은 공제항목으로 인정하지 아니한다. 만일 임의적립금의 공제를 인정하는 경우 모든 특정외국법인은 임의적립금을 최대로 늘려 설정함

---

108) 한도숙, "국제적으로 논의되고 있는 유해한 조세경쟁이슈", 『국제법무연구』 제4호, 경희대학교 국제법 무대학원, 2000.2, 304면.
109) 이형철, 전게논문, 83면.
110) 한도숙, 상게논문, 298면 참조.
111) 국제조세조정에 관한 법률 시행령 제31조 제1항.
112) 국제조세조정에 관한 법률 시행령 제31조 제1항 단서 및 동법 시행규칙 제9조의2.

으로써 배낭가능유보소득이 사실상 발생하지 않노록 할 것이기 때문이다.[113] 또한 당해 사업연도 개시일 이전에 내국인에게 배당된 것으로 보아 이미 과세된 금액 중 이익의 배당금 또는 잉여금의 분배액으로 처분되지 아니한 금액은 당해 사업연도 배당가능유보소득 계산시 공제가 가능하다.[114] 이는 동일 소득에 대하여 이중과세하는 것을 방지하기 위한 것이다. 그런데 여기서 당해 연도에 실제배당이 이루어졌다고 하면 동 배당은 이미 과세된 이익잉여금과 아직 과세되지 아니한 당기순이익 중 이미 과세된 이익잉여금에서 우선 이루어졌다고 보고 실제 배당액이 이익잉여금보다 큰 경우라야 비로소 그 차이만큼 당기순이익에서 배당이 이루어졌다고 본다.[115] 그리고 조세피난처 과세제도 도입 이전에 이미 조세피난처의 특정외국법인에 출자하고 있는 경우 소급과세를 피하기 위해서 당해 사업연도의 배당가능유보소득 계산시 1997년 이전의 배당가능유보소득을 차감해 줌으로써 이에 대하여는 배당간주에 의한 내국인의 소득금액조정을 하지 않도록 하였다. 배당으로 간주하는 금액은 당해 특정외국법인의 각 사업연도 종료일의 다음날부터 60일이 되는 날 현재의 환율을 적용하여 환산한다.[116] 그리고 특정외국법인이 조세피난처에 사업을 위하여 필요한 사무소·점포·공장 등의 고정된 자산을 가지고 있고 그 시설을 통하여 사업을 실질적으로 영위하고 있는 경우에는 특정외국법인의 유보소득을 배당으로 간주하지 아니한다.[117] 다만, 주로 특수관계자와 거래하거나 소득이 주로 이자·배당·부동산소득 등 수동적인 소득을 얻는 특정외국법인인 경우에는 조세피난처에 대한 과세제도를 적용한다.[118]

(4) 국내 유동화전문회사에 대한 조세피난처 세제의 적용

그러면 우리나라에서 설립된 유동화전문회사에 대한 해외 자회사의 조세피난처과세제도의 적용문제에 대하여 살펴보자. SPC가 국제조세조정에 관한 법률상 조세피난처세제가 적용되는 자회사를 두는 경우로는 다음의 경우를 상정할 수 있다. 첫째, SPC가 자산보유자로부터 특정외국법인의 주식 또는 출자지분을 유동화자산으로 매입하는 경우이다. 즉, SPC가 유동화증권을 발행하기 위한 기초자산인 유동화자산을 양수하는 과정에서 발생할 수 있다. 그런데 일반적으로 자산보유자가 보유하고 있는 자산 중 증권시장에서 거래되는 주식 등은 증권시장에서 매각을 통한 자금조달이 용이하므로 SPC

---

113) 이용섭, 전게서, 743면; 이경근, 『국제조세조정에 관한 법률의 이론과 실무』, 세경사, 1998, 353면.
114) 국제조세조정에 관한 법률 시행령 제31조 제1항 제5호.
115) 이경근, 상게서, 355면.
116) 국제조세조정에 관한 법률 시행령 제33조.
117) 국제조세조정에 관한 법률 제18조 제1항 본문.
118) 동법률 제18조 제1항 제1호 및 제2호 참조.

에게 양도하여 유동화하려는 유인은 매우 적을 것이다. 둘째, SPC가 일시적으로 보유하는 여유자금으로 외국법인의 주식 등에 투자하는 경우를 들 수 있다.[119] 그러나 SPC는 유동화자산으로부터의 현금흐름에 의한 유동화증권의 원활한 상환을 목적으로 설립된 도구에 불과하므로 유동화증권 투자자의 이익을 해할 만큼 위험성이 있는 자산에 투자해서는 안 된다. 따라서 여유자금의 투자방법 등에 관하여 사전에 일정한 기준을 정하여 자산유동화계획에 반영하지 않으면 안 된다.[120] 이와 같이 SPC가 외국법인의 주식을 취득하는 데에는 여러 가지 제약이 따르기 때문에, SPC가 해외의 조세피난처에 자회사를 일부러 설치하여서 조세회피를 도모하는 형태의 투자를 하는 것은 일반 내국법인의 경우에 비하여 쉽지는 않을 것이다. 따라서 SPC에 대하여 조세피난처세제가 적용될 가능성은 크지 않다고 볼 수 있다.

8. 유동화전문회사의 외국납부세액공제 문제

(1) 문제의 제기

자산유동화에 관한 법률은 자산유동화의 대상이 될 수 있는 자산의 범위를 채권·부동산 기타 재산권으로 규정하여 특히 이에 대해 제한을 가하고 있지 않다. 자산보유자가 보유할 수 있는 것으로서 일반적으로 현금흐름을 창출할 수 있는 것이면 그 종류를 묻지 않는다. 다만, 동법에 의한 자산유동화는 대상자산의 양도 또는 신탁을 전제로 하므로 양도 또는 신탁할 수 있는 재산권이어야 한다. 따라서 자산보유자가 보유하고 있는 채권·부동산 기타 모든 양도 또는 신탁할 수 있는 재산권이 자산유동화의 대상이 될 수 있다.[121]

이와 같이 자산유동화에 관한 법률에서 유동화대상자산의 범위에 대한 특별한 제한을 가하고 있지 않으므로, SPC는 자산보유자가 보유하고 있는 외국법인의 주식, 외화채권 등을 양도받아 이를 기초로 유동화증권을 발행할 수 있다. 한편 SPC는 보유하고 있는 해외자산으로부터 창출되는 배당 및 이자소득 등을 수취할 수 있다. 이 경우 SPC에 대해서도 배당소득인 국외원천소득에 대한 외국납부세액을 공제할 수 있는지의 여부를 명확히 할 필요가 있다. 또한 SPC가 자산보유자로부터 외국법인의 주식을 일정비율 이상 취득함으로써 당해 외국법인이 법인세법상 SPC의 국외 자회사에 해당할 경우, 이에 대한 간접 외국납부세액공제가 가능한지의 여부에 대해서도 검토가 요청된다. 한

---

119) 자산유동화에 관한 법률 제22조 제1항 제6호.
120) 자산유동화 실무연구회 편, 전게서, 414~415면.
121) 자산유동화실무연구회 편, 상게서, 305면.

년 산수외국납무세액공제(tax sparing credit)제도[122]는 많은 조세조약에서 배당·이자·사용료와 같은 투자소득에 대한 모든 조세감면을 간주외국세액공제대상으로 인정하는 것이 아니라, 당해 국가의 경제발전을 촉진시키기 위한 특별조치(special measures)에 의하여 부여되고 있는 조세감면[123]에 한정하고 있는 점[124]을 감안하여 본고에서는 검토대상에서 제외하기로 한다.

(2) 현행 외국납부세액공제제도

1) 일반 외국납부세액공제

국경을 초월한 경제활동이 일상적으로 행하여짐에 따라 국제적 이중과세를 배제할 필요성이 증대되었다. 이는 국제적 경제활동에 대한 장애요인을 제거하기 위하여 필요할 뿐만 아니라, 투자나 경제활동에 대한 세제의 중립성을 유지하기 위해서도 필요하다. 국제적 이중과세를 배제하기 위해서는 두 가지의 방법이 활용된다.[125] 첫째는, 국가의 과세권을 속인주의적인 입장에서 보고, 자국의 국민이나 법인의 소득에 대하여 그 원천이 어느 나라에 소재하든 상관없이 그 전부를 과세의 대상으로 하는 제도[126]를 택하여, 외국정부에 납부한 소득세 내지 법인세의 세액(외국납부세액)을 자국의 소득세 내지 법인세의 세액으로부터 공제하는 방법이다. 이 방법을 외국납부세액공제법[127] 또는 세액공제법(credit method)이라고 말하고, 이 방법하에서 자국의 세액에서 외국납부세액을 공제하는 것을 외국납부세액공제(foreign tax credit)라고 한다. 또 하나는, 과세권을 속지주의적인 입장에서 보고 국외에 원천이 있는 소득을 과세대상에서 제외하는 방법이다. 이 방법을 국외소득면제법[128] 또는 면제법(exemption method)이라고 한다.

우리나라의 소득세법 및 법인세법은 거주자 내지 내국법인의 소득에 대하여 그 원천

---

122) 간주외국납부세액공제제도란 주로 개발도상국이 자국의 경제발전을 위하여 외국인투자자에게 국내법 또는 조약에 의해서 부여한 감면세액을 거주지국(주로 선진국)이 당해 납세자의 세액을 계산함에 있어서 원천지국에서 실지로 납부한 것으로 간주하여 산출세액으로부터 세액공제하여 줌으로써 실질적인 조세감면혜택을 투자자에게 귀속시키는 제도이다.
123) 우리나라의 구외자도입법상의 조세감면이 여기에 해당된다.
124) 이용섭, 전게서, 323면.
125) 金子宏, 『租税法』(第6版), 弘文堂, 1997, 303面.
126) 이를 '전세계소득과세주의(world-wide system)'라고 한다.
127) 외국납부세액공제법은 국내에 원천이 있는 소득과 국외에 원천이 있는 소득간에 과세의 공평을 유지하는 데 유용할 뿐만 아니라 투자나 경제활동을 국내에서 행하든 국외에서 행하든지 간에 세제의 중립성을 유지하는 데에도 유용하다. 이를 'capital-export neutrality'라 한다(金子宏, 상게서, 303면).
128) 국외소득면제법은 자국의 국민이나 기업이 소득의 원천지국에서 그 국가 및 다른 나라의 국민이나 기업과 동일한 조건하에서 경쟁할 수 있다고 하는 의미에서 공평 및 중립성을 유지하는 데 유용하다. 이를 'capital-import neutrality'라 한다(金子宏, 상게서, 303면).

의 소재를 묻지 않고 그 전부를 과세대상으로 하고, 세액공제법에 의해 국외원천소득에 대한 이중과세를 배제하고 있으며,[129] 외국납부세액을 필요경비 내지 손금에 산입하는 방법을 선택적으로 인정하고 있다.[130] 그리고 외국납부세액의 공제를 '(전세계소득에 대한 과세표준에 세율을 적용한 금액)×(국외원천소득)/(전세계소득에 대한 과세표준)'이라는 한도 내에서만 인정한다.[131] 이와 같은 한도를 두지 않는다면 다른 나라가 우리나라보다 높은 세율로 세금을 부과하는 경우 우리나라는 그와 같은 세금에 대해서도 공제를 해주게 된다. 이는 우리나라의 기업이 국내에서 벌어들인 소득에 대한 세금의 일부를 다른 나라에 그냥 넘겨주는 결과가 되기 때문에 외국납부세액에 대한 공제한도를 두고 있다.[132] 이와 같은 일반 외국납부세액공제는 원천지국에 고정사업장을 두고 경제활동을 하는 거주지국 본점법인의 경우에도 적용된다.

2) 간접 외국납부세액공제

간접 외국세액납부공제는 거주지국의 모회사가 출자하여 원천지국에 子會社(현지법인)를 설립하고 그 현지법인을 통하여 간접적으로 해외사업활동을 하는 경우에 적용된다. 자회사에 대한 외국납부세액공제는 모든 국가의 외국자회사에 대하여 인정되는 것이 아니고, 조세조약에서 정하는 국가에 대하여만 허용하고 있다.[133] 현재 조세협약상 간접 외국납부세액공제제도를 채택하고 있는 국가는 미국, 일본, 영국, 덴마크, 이스라엘 등이다.[134] 여기서 외국자회사라 함은 내국법인이 총발행주식 또는 출자총액의 100분의 20 이상을 출자[135]하고 있는 외국법인으로서 배당확정일 현재 6월 이상 계속하여 보유하고 있는 법인을 말한다.[136] 이러한 규정에도 불구하고 조세협약에서는 모회사의 자회사 주식소유비율이 협약체약국에 따라 달리 규정하고 있다. 예를 들면, 미국과의

---

129) 소득세법 제57조 및 제118조의6 제1항; 법인세법 제57조.
130) 소득세법 제57조 제1항 및 법인세법 제57조 제1항.
131) 소득세법 제57조 제1항 제1호 및 법인세법 제57조 제1항 제1호.
132) 이창희, 전게서, 505면.
133) 법인세법 제57조 제4항.
134) 김영근, 전게서, 676면.
135) 외국세액의 간접공제의 대상으로 되는 외국자회사인가의 여부는 출자지분의 비율에 의하므로, 국외 SPC가 명목적인 발행가액에 의한 무의결권주식은 이것을 보통주식으로 환산하여 출자지분의 비율을 계산한다. 예컨대, 국외 SPC에 대한 주식소유비율이 8%인 국내법인이 보통주식 외에 액면금액이 보통주식의 1/1,000정도의 무의결권주식을 보통주식수의 20% 정도 발행하고, 이를 모두 인수하는 경우 주식소유비율이 23.3%[(8+20)/(100+20)]로 되어 외국자회사의 요건인 20%를 충족하는 것은 아니다. 이 무의결권주식을 보통주식으로 환산한 것으로 SPC에 대한 실질지분을 계산하면 8.01%[(8+20×1/1000)÷(100+20×1/1000)]에 불과하다(渡辺淑夫, "タックス・ヘイブンのSPCが名目的な無議決權株式を發行する場合の間接稅額控除", 『INTERNATIONAL TAXATION』 Vol.20 No.9, 2000.9, pp.59~60 참조).
136) 법인세법 제57조 제5항 및 동법 시행령 제94조 제9항.

협약에서는 그 비율을 10% 이상으로 정하고 있다.[137] 그런데 우리나라가 체결한 많은 조세조약에서는 '세액공제에 관한 국내법의 규정에 따를 것을 조건으로'(subject to the provisions of Korean tax law)하여 이러한 세액공제가 허용된다고 규정하고 있다.[138]

(3) 유동화전문회사에 대한 외국납부세액 공제제도 적용

우리나라는 모든 조세조약에서 우리나라 거주자의 이중과세방지방법으로서 일반 외국세액공제방법을 채택하고 있다. 우리나라는 대부분의 조세조약에서 외국세액공제방법에 관하여 우리나라 국내세법의 규정에 따르도록 규정함으로써 소득세법 및 법인세법에 규정된 공제절차 · 공제한도 등이 그대로 적용되도록 규정하고 있다.[139] 따라서 SPC에 대해서도 현행 법인세법상 과세주체로서 일반 외국납부세액공제 규정이 적용되어야 할 것이다. 다만, 간접 외국납부세액공제제도는 자산유동화에 관한 법률에서 유동화대상자산의 범위를 재산권 일반으로 포괄적으로 규정한 결과, SPC가 외국법인의 주식을 보유하는 것도 가능하게 되었기 때문에 동 제도의 적용 여부에 대한 문제가 부각되었다고 볼 수 있다. 그러나 1995년에 도입된 간접 외국납부세액공제제도는 국내기업이 외국에 진출하는 경우 지점형태와 현지법인형태와의 형평성을 도모하기 위하여 인정되는 것이고, 어디까지나 자산의 유동화를 목적으로 설립된 SPC의 성질 등을 고려해 볼 때, SPC에 대해서는 동 규정의 적용을 배제하는 것이 간접 외국납부세액공제제도의 도입취지에도 부합된다고 생각한다.

그런데 우리나라의 간접 외국납부세액공제제도는 앞서 살펴본 바와 같이 조세조약이 간접 외국납부세액공제를 규정한 경우에만 가능하도록 되어 있어[140] 간접 외국납부세액공제가 가능한 나라는 미국, 영국 등 몇 나라에 불과한 실정이다. 더욱이 SPC가 조세조약상 간접 외국납부세액공제를 규정한 국가의 유동화자산의 양수 또는 여유자금의 투자에 의한 주식매입 등을 통하여 해외자회사를 두는 경우는 매우 드물 것이다. 따라서 SPC에 대하여 간접 외국납부세액공제 규정을 적용하는 경우에도 그 실익은 크지 않을 것이다.

---

137) 한미조세협약 제5조 제1항.
138) 이용섭, 전게서, 313면.
139) 이용섭, 상게서, 321면.
140) 법인세법 제57조 제4항.

Ⅳ. 맺음말

우리나라는 1997년 외환위기를 극복하는 과정에서 1998년 9월 기업이 보유한 부동산의 매각촉진을 통한 기업구조조정방안의 일환으로 자산담보부증권(ABS)의 발행을 위해 자산유동화에 관한 법률을 제정하였다. 이를 통하여 금융기관 및 기업들의 구조조정과정에서 부실채권 및 부동산을 처분하여 현금화하고, 특히 구조조정에 투입된 공적자금을 조기에 회수할 수 있는 제도적 장치를 마련하는 등 구조조정에 따른 경제적·사회적 비용을 최소화하는 데 기여하였다.

그런데 외자유치를 목적으로 자산유동화를 추진하는 경우 해외의 조세피난처에 2단계 내지 다단계의 유동화전문회사를 설립하여 원천과세의 회피 등 조세회피수단으로 이용될 가능성이 많다. 이 경우 국외 유동화전문회사의 본점과 국내지점 구조를 이용하는 방법, 조세조약 편승에 의한 방법 등이 있을 수 있다. 비록 자산유동화라는 새로운 금융기법의 흐름에 대하여 세제가 장애요인으로 작용해서는 안 되겠지만, 필요한 경우에 적정한 과세를 하고 조세회피를 방지하기 위한 방안을 강구하는 것도 그에 못지 않게 중요하다. 따라서 자산유동화와 관련하여 국제적으로 행하여지는 조세회피행위에 대하여는 OECD 등 국제기구를 통한 국제적인 대응책을 마련하는 것이 바람직할 것이다. 최근 OECD에서 활발히 논의되고 있는 유해조세경쟁 방지대책이 그 중의 하나라고 볼 수 있다.

참 | 고 | 문 | 헌

1. 국내문헌

김영근, 『국제거래조세』, 세경사, 2001.

맹동준·남시환·배영석, 『금융소득종합과세 해설』, 삼일인포마인, 2001.

신창선, "조세피난처의 범위", 『경영법무』 제88호, 2001.7.

안창남, "전자상거래와 조세 대응방안", 『조세학술논집』 제14집, 1998.

_____, "효과적인 이전가격 조정을 위한 이전가격 사전승인제도 연구", 『국제법무연구』 제1권 제1호, 경희대학교 국제법무대학원, 1998.12.

이경근, 『국제조세조정에 관한 법률의 이론과 실무』, 세경사, 1998.

이용섭, 『국제조세』, 세경사, 2001.

이창희, 『세법강의』, 박영사, 2001.

이태로·안경봉, 『조세법강의』(신정4판), 박영사, 2001.

이형철, "OECD 유해조세경쟁(Harmful Tax Competition) 논의 동향", 『세무사』(계간), 1999년 가을호.

자산유동화 실무연구회 편, 『금융혁명 ABS – 자산유동화의 구조와 실무』, 한국경제신문사, 1999.

재정경제원 세제실 국제조세과, 『국제조세조정에 관한 법률 해설』, 1997.2.

재정경제원, "이하채권 채이유동하 방안", 1997.6.9.

채수열, "이전가격세제상의 독립기업간 가격", 『국제법무연구』 제4호, 경희대학교 국제법무대학원, 2000.

최명근, "새천년 세제·세정에 던져지는 난제들", 『국세법무월보』 제17호, 국세청, 2000.5.

하병기, 『OECD의 유해조세행행 규제 현황 및 시사점』, 산업연구원, 2002.4.

한국산업은행 국제금융부, "태국의 금융산업 구조조정과 지원방안", 『산업경제』 제113호, 한국산업은행, 1998.9.15.

한도숙, "국제적으로 논의되고 있는 유해한 조세경쟁이슈", 『국제법무연구』 제4호, 경희대학교 국제법무대학원, 2000.2.

홍성웅 편, 『자산 디플레이션과 부동산 증권화』, 한국건설산업연구원, 1999.

황호동, "자산유동화관련 조세문제", 『조세법연구 Ⅴ』, 세경사, 1999.

2. 외국문헌

さくら綜合研究所, 『SPC&匿名組合の法律·會計稅務と評價』, 淸文社, 2000.

アンソニー・ブライアン・トラヴァース(渥美博夫 譯), "ケイマン諸島における證券化のための 關連法制度", 『NBL』 No.529, 1993.9.15.

『稅硏』 第95号, 2001.5.

久禮義繼, 『流動化·證券化の會計と稅務』, 中央經濟社, 2001.

金子宏, 『租稅法』(第6版), 弘文堂, 1997.

渡辺淑夫, "タックス・ヘイブンのSPCが名目的な無議決權株式を發行する場合の間接稅額控除", 『INTERNATIONAL TAXATION』Vol.20 No.9, 2000.9.

藤本幸彦·鬼頭朱實, 『基礎解說 證券化の稅務』, 中央經濟社, 2001.

北康利, 『ABS投資入門』, シグマベイスキャピタル, 1999.

田中英夫, 『英米法辭典』, 東京大學出版會, 1991.

占部裕典, 『信託課稅法 – その課題と展望』, 淸文社, 2001.

中里實, 『金融取引と課稅』, 有斐閣, 1998.

_____, "租稅回避否認類型化論(中)~深刻化するタックスシェルター 問題と 財政再建",

OECD ; prepared by John K. Thompson, Securitisation: *An International Perspective*, OECD, 1995.

Richard L. Doernberg, *International Taxation in a Nutshell*(5th ed.), West Group, 2001.

http : //www.oecd.org/EN/document/0,,EN – document – 103 – 3 – no – 4 – 4393 2002 – 06 – 23.

http : //www.oecd.org/EN/document/0,,EN – document – 103 – 3 – no – 12 – 285 2002 – 06 – 23.

Abstract

International Taxation Issues of Asset-Backed Securitization

Asset-backed securitization(ABS) is utilized to raise funds from the capital market by issuing securities based on the pool of assets of low liquidity. Originators need not rely on the traditional debt financing. Under this scheme, the ownership of the underlying assets is transferred to a special legal entity called "SPV". Thus, the originators can improve their financial status including the capital adequacy ratio, since they reduce the handsome amount of risk-weighted assets from their balance sheets.

In order to cope with the unprecedented foreign exchange crisis, the Korean government established a special law to facilitate asset-backed securitization of debt-ridden financial institutions and corporations. References to the law and practices in the United States as well as the new legislation of Thailand and Japan were made. Based on the plan to promote the impending financial restructuring of the Ministry of Finance and Economy in April 1998, a task force was established to prepare a special law on asset-backed securitization. A few months later, the Act on Asset-Backed Securitization(usually referred to as the "ABS Act") was passed by the National Assembly, and put into force on September 16, 1998(Law No.5555), as amended thereafter. Since its implementation, the ABS scheme has been the main tool in the capital markets to raise funds by securitizing non-performing assets.

The purpose of this paper is to analyze international taxation issues that can arise from ABS. Due to the rapid globalization of the Korean economy, asset-backed securities can be issued by transferring underlying assets to offshore special purpose companies(SPCs). When they were sold to foreign investors, stated interest or original issue discount can be taxed due to the tax treaties. But, if two-tier structure SPCs are used, it is possible to evade taxes. Therefore, it is desirable to develop countermeasures against international tax evasion using ABS through cooperation with international organizations such as OECD. Preventing harmful tax competitions, which is actively discussed nowadays by the OECD, can be regarded as one of these measures.

There can be other international taxation problems related to ABS. Firstly, when asset-backed securities are issued through offshore SPCs and these companies are regarded as related companies, there can be differences in taxation due to whether there can be deductible expenses for the interest of asset-backed securities or not, which is determined by tax rules for thin capitalization. Secondly, the problem is whether the servicer of offshore SPCs can be a permanent establishment of the SPCs or not. Thirdly, to understand taxation issues when foreign trusts are used for offshore SPCs, the residence of the trusts should be examined. Fourthly, the applicability of various taxations such as tax rules for transfer pricing, tax haven and foreign tax credit should be examined.

☑ Key word: ABS, offshore SPCs, tax evasion, thin capitalization, servicer, foreign trusts, transfer pricing, tax haven, foreign tax credit

저자소개

김병일

약력

· 고려대학교 정경대학 경제학과 졸업(경제학사), 한국방송통신대학교 법학과·영문학과(법학사·문학사)
  －평생교육진흥원·교육인적자원부 학점은행제(경영학사)
· 서울대학교 행정대학원 행정학과 졸업(행정학석사)
· 동경대학 대학원 법학정치학연구과 졸업(법학석사)
· 경희대학교 대학원 법학과 졸업(법학박사)

주요 경력

· (현) 강남대학교 평생교육원장 및 경제세무학과 교수
· (현) 한국조세법학회 회장, 한국신탁학회 부회장 및 한국금융소비자학회 이사
· 제27회 행정고등고시 합격
· 국세청·재무부·재정경제원 행정사무관 및 재정경제원(부) 서기관
· (주) 대현 감사, 현대커머셜·미래에셋대우·미래에셋자산운용 감사위원장
· 경희대학교 법무대학원 조세법무학과 겸임교수
· 한국항공대학교, 아주대학교 및 서울시립대학교 법학전문대학원 강사
· 금융위원회 금융발전심의위원회 및 금융개혁회의 위원
· 금융감독원 제재심의위원회 및 금융분쟁조정위원회 위원
· 한국거래소 시장효율화위원회 위원장, 코넥스협회 자문위원
· 국세청 국세법령해석심의위원회 위원
· 기획재정부 세제발전심의위원회 및 공공기관 경영평가단 위원
· 국무총리실 조세심판원 비상임 조세심판관
· 국회입법조사처 자문위원회 위원
· 국가공무원 5급 공개경쟁채용시험, 세무사시험, 관세사시험 등 각종 시험위원
· 한국세무학회·한국세법학회·한국조세연구포럼·한국회계정보학회 부회장, 금융조세포럼 감사

상훈

· 홍조근정훈장 수상
· 총무처 중앙공무원교육원장 표창
· 한국조세연구포럼 최우수논문상, 설린 최명근 조세대상 수상
· 한국세무사회 한국조세연구소 조세학술상 논문상 수상

주요 저술

· 블록체인과 법(공저, 박영사, 2019.)
· 자산유동화와 국제조세문제(조세법연구, 2002.11.)
· 국제도산과 조세채권의 실현(고황법학, 2004.3.)
· 파생금융상품의 과세에 관한 연구(국세청, 2007.12.)
· 신탁법 개정에 따른 신탁세제 개편방향에 관한 연구(조세연구, 2010.8.)
· 세무대리인의 책임과 리스크 관리방안에 관한 연구(세무학연구, 2011.12.)
· 신탁법상 수익자과세에 관한 연구(세무와 회계저널, 2012.3.)
· 일본의 외국자회사배당 익금불산입제도의 도입과 그 시사점(조세연구, 2012.12.)
· 법인세법상 자본거래와 손익거래의 혼합거래 과세에 관한 연구(조세연구, 2016.9.)
· 상속세 및 증여세제의 개편방안－최명근 선생의 정책제안을 중심으로－ (조세연구, 2017.9.)
· 자금세탁 조세범죄의 국제적 동향과 그 전제범죄에 관한 연구(조세학술논집, 2017.10.)
· 가상화폐에 대한 과세방안(경희법학, 2018.6.)

- ICO(Initial Coin Offerings)에 대한 과세문제(법조, 2019.4.)
- 사회보험료 징수실태의 문제점과 개선방안에 관한 연구(조세논총, 2020.6.) 등

김종해

약력

- 강남대학교 대학원 세무학 박사

주요 경력

- (현) 강남대학교 경제세무학과 강사
- 서울디지털대학교 세무회계학과 초빙교수
- 강남대학교 세무학과 겸임교수, 대우교수

주요 저술

- 조합과세제도에 관한 연구(경희대학교, 석사학위논문(법학석사), 2007.2)
- 신탁과세제도에 관한 연구(강남대학교, 박사학위논문(세무학 박사), 2011.2)
- 현행 조합과세제도의 문제점과 개선방안(회계학논집, 2007.6.)
- 연결납세제도의 문제점과 개선방안(회계학논집, 2009.12.)
- 미국의 신탁과세제도와 그 시사점(조세연구, 2010.3.)
- 신탁법상 위탁자 과세제도에 관한 연구(조세연구, 2011.12.)
- 영국의 신탁과세제도와 그 시사점(세무학연구, 2011.9.)
- 생전신탁과세에 관한 연구: 상속세 및 증여세법을 중심으로(조세법연구, 2012.8.)
- 개정신탁법 시행에 따른 신탁과세구조의 개선방안(세무와회계저널, 2012.9.)
- 상속세 및 증여세법상 유언대용신탁에 관한 과세방안(조세법연구, 2013.4.)
- 상속세 및 증여세법상 수익자연속신탁에 관한 과세방안(조세연구, 2013.12.)
- 신탁세제상 장래이익에 관한 세무처리방안: 상속세 및 증여세법을 중심으로(조세법연구, 2014.11.)
- 신탁세제상 수탁자과세제도의 도입방안에 관한 연구(조세법연구, 2015.11.)
- 상속세 및 증여세법상 신탁이익에 관한 평가문제: 유언대용신탁 및 수익자연속신탁을 중심으로(조세연구, 2016.12.)
- 부가가치세법상 납세의무자에 관한 연구 신탁법상 위탁자와 수탁자를 중심으로(세무학연구, 2017.12.)
- 수익자연속신탁에 따른 세대생략이전세제에 관한 연구(조세연구, 2019.9.) 등

배영석

약력

- 성균관대학교 경영학과, 방송통신대학교 법학과 졸업
- 성균관대학교 경영대학원 세무학과 경영학석사
- 강남대학교 대학원 세무학박사

주요 경력

- (현) 진일회계법인 대표이사, 공인회계사
- 산동회계법인, 우리회계법인 근무
- 한국산업은행, 신한은행 근무
- 금융권 등의 세무고문 역임(신한금융지주, 신한은행, 대구은행, 조흥은행, 외환은행, 동화은행, 동남은행, 충청은행, 신한증권, 국민연금관리공단 등)
- 서울지방국세청의 납세자보호위원 역임

주요 저술

1) 신탁 관련 논문
- 주택재건축사업의 과세에 대한 문제점과 개선방안에 관한 연구−사업소득 계산을 중심으로−(한국조세연구, 2015.4.)
- 담보목적의 신탁등기와 취득세 추징사유에 관한 소고(조세논총, 2017.6.)
- 신탁재산의 취득시 취득개념 재정립을 통한 지방세 과세익 합리화방안(한국지방세연구원, 2018.1.)

2) 기업회생절차 관련 논문
- 기업회생절차의 출자전환 관련 세제에 관한 연구(강남대학교 박사학위논문, 2015.12.)
- 출자전환 시 채무면제익에 관한 연구−입법론상 개선방안을 중심으로−(세무학연구, 2016.9.)
- 기업회생절차에서의 출자전환 관련 입법적 개선방안의 검토(회생법학, 2016.12.)
- 출자전환 및 회생채권 관련 대손금과 대손세액공제에 관한 연구−해석론의 정립방안을 중심으로−(세무학연구, 2017.3.)
- 출자전환으로 취득하는 주식의 취득가액에 관한 연구(세무학연구, 2017.9.)
- 출자전환 행위의 조세회피행위 해당성 여부에 관한 소고−액면증자 후 무상감자방식을 중심으로−(세무와 회계 연구, 2018.5.)
- 회생절차에서 출자전환 후 즉시 감자 시 대손세액공제 허용성−대법원 2018. 6. 28. 선고 2017두68295 판결−(세무와 회계 연구, 2018.11.)
- 회생절차에서 출자전환 후 감자한 매출채권의 대손세액공제액에 대한 추징 가능성 여부−대법원 2019. 7. 4. 선고 2019두35329 판결사건을 중심으로−(회생법학, 2019.7.)

신탁과 세제

초판발행   2021년 1월 29일

지은이   김병일 · 김종해 · 배영석
펴낸이   안종만 · 안상준

편 집   장유나
기획/마케팅   손준호
표지디자인   이미연
제 작   고철민 · 조영환

펴낸곳   (주) **박영사**
           서울특별시 금천구 가산디지털2로 53, 210호(가산동, 한라시그마밸리)
           등록 1959. 3. 11. 제300-1959-1호(倫)
전 화   02)733-6771
f a x   02)736-4818
e-mail   pys@pybook.co.kr
homepage   www.pybook.co.kr
ISBN   979-11-303-1099-2 93320

정 가   39,000원